TEATRO COMPLETO

Matías Montes Huidobro (Sagua la Grande, 1931). Dramaturgo, narrador, poeta y ensayista. Doctor en Pedagogía por la Universidad de La Habana. Se da a conocer como dramaturgo al recibir el Premio Prometeo por *Sobre las mismas rocas* y a inicios de la década de los sesenta estrena obras como *Los acosados* y *Gas en los poros*. También ejerce la crítica teatral en el periódico *Revolución* y colabora extensamente en *Lunes de Revolución*. Luego de salir de Cuba ejerció la docencia en la Universidad de Hawaii, donde se le concedió el grado de Profesor Emérito. De su extensa y sostenida labor literaria dan fe las novelas *Desterrados al fuego*, *Esa fuente de dolor* —Premio Café Gijón, España, 1997—, *Una saga yoruba* y *Caravaggio: juego de manos*, y los libros de poemas *Nunca de mí te vas* y *Un salmo quisiera ser*. Entre sus obras teatrales destacan títulos como *Exilio*, *Su cara mitad* y *La sal de los muertos*. En su producción ensayística sobresalen *Persona, vida y máscara en el teatro puertorriqueño*, *La narrativa cubana entre la memoria y el olvido*, *El teatro cubano durante la República*, *Del areíto a la independencia: claves literarias de las letras cubanas* y *Cuba detrás del telón*, serie en cuatro volúmenes sobre el teatro cubano entre 1959 y 1979. Ha sido también un gran divulgador de las letras cubanas. En 1976 funda, con la colaboración de su esposa Yara González-Montes, la revista *Caribe*, y en 1987 Editorial Persona. En 2015 la Feria del Libro de Miami le otorgó el Primer Reconocimiento por la Trayectoria Literaria y en 2017 la Academia Norteamericana de la Lengua Española le concedió el Premio Enrique Anderson Imbert.

Matías Montes Huidobro

TEATRO COMPLETO

Edición revisada por el autor
al cuidado de Ernesto Fundora

De la presente edición, 2018:

© Matías Montes Huidobro
© Editorial Hypermedia

Editorial Hypermedia
www.editorialhypermedia.com
hypermedia@editorialhypermedia.com

Edición y compilación: Editorial Hypermedia
Maquetación y corrrección: Editorial Hypermedia
Diseño de colección y portada: Herman Vega Vogeler

ISBN: 978-1-948517-35-5

Quedan prohibidos, dentro de los límites establecidos en la ley y bajo los apercibimientos legalmente previstos, la reproducción total o parcial de esta obra por cualquier medio o procedimiento, ya sea electrónico o mecánico, el tratamiento informático, el alquiler o cualquier otra forma de cesión de la obra sin la autorización previa y por escrito de los titulares del copyright.

PALABRAS PRELIMINARES

Dentro del marco de toda mi obra creadora y crítica, el teatro tiene una importancia protagónica. Reconocida la misma dentro de la narrativa, la poesía, el ensayo, y tal vez algún otro género que no se ha inventado todavía, el teatro ha sido, desde la primera palabra que escribo hasta aquella que, finalmente y con suerte suba a escena, de una importancia primordial, porque mis vínculos con el género dramático se extienden desde que recibo el Premio Prometeo en 1951, a los veinte años, por *Sobre las mismas rocas*, precedido por una mención honorífica que se me otorgó en dicho concurso un año antes y seguido unos años después por el Premio Nacional de Teatro José Antonio Ramos de 1959, que es el primero que se le concede a un dramaturgo cubano en el proceso de transición de la República a la Revolución, con la gesta adicional del Exilio, como si este fuera una nueva geografía. Este hecho va a determinar que yo haya sido el único dramaturgo cubano que haya producido su obra en los tres períodos y espacios histórico-geográficos más significativos de la historia cubana contemporánea: República, Revolución y Exilio. Aunque mi trabajo en la narrativa ha sido también reconocido por dos premios de considerable importancia —el «Primera Novela» del Fondo de Cultura Económica de 1975 por *Desterrados al fuego*, que es un texto imprescindible, y el «Café Gijón» por *Esa fuente de dolor* de 1997—, el teatro en conjunto tiene un significado único.

Esta edición de mi *Teatro completo* espero que lo confirme, no por la calidad de los textos, que quedan a juicio del lector, sino por el significado personal e histórico que le adjudico, que trasciende cada uno de ellos, algunos de los cuales se publican por primera vez, como el caso de los inciertos pasos de *Las cuatro brujas* —mención honorífica del concurso Prometeo de 1950—, la primera edición de *Sucederá mañana* y *El verano está cerca*, obras sin estrenar como *Las paraguayas* y *Funeral en Teruel*, hasta llegar a textos de madurez después de *Exilio*, que abren un nuevo ciclo. En todo caso, lo que intento decir es que no son meros textos dramáticos, sino que es como si a través del teatro me hubiera escrito a mí mismo, y el teatro fuera mi cuerpo, que configura este libro.

Por ello es motivo de satisfacción para mí que Hypermedia los haya publicado y que Ernesto Fundora, a quien tanto aprecio, investigador cubano, perfeccionista, minucioso y sistemático con un doctorado de la Universidad de Miami y una trayectoria ya de peso en el campo de las letras cubanas, haya estado a cargo de la presente edición y le diera calor a esta idea que se hace realidad y ha sido su fraternal empeño.

Este cuerpo teatral cubano que es mi persona cubre a través del teatro el vórtice huracanado que es la historia de Cuba en un péndulo que para mí ha sido muy difícil, y que me ha recorrido de arriba abajo, en el intento de superar todas las dificultades gracias a una voluntad férrea, que es el único modo de superar barreras y fronteras que parecen infranqueables, y tratar de hacer algo. El teatro para mí ha sido un ejercicio técnico del intelecto en contra de la adversidad de la historia.

Matías Montes Huidobro

LAS CUATRO BRUJAS
AQUELARRE TEATRAL

1949/2015

PERSONAJES

Hombre
Las cuatro brujas
Coro de brujos

Fletera: Rosaura
Chulo: Moreno
Copleros:
    Rodrigo
    Salcedo
    Ochaso

Sombra
Coro de Mujeres
Coro de Hombres
Muchacha/Demente

Nota del autor

El texto que sigue es una versión considerablemente abreviada del original en una especie de montaje y reconstrucción del mismo, y por consiguiente ha sido sometido a diferentes cambios. La pieza original, que recibiera una mención de honor en el concurso Prometeo de 1950, tiene cincuenta y una páginas a un espacio. Hasta la mitad he sido bastante fiel al original, pero en la segunda parte muy a pesar mío he eliminado muchas páginas. Los versos «lorquianos», para llamarlos de algún modo, son bastante fieles a los que escribí en el cuarenta y nueve, pero un cierto número de cambios y omisiones resultaron imprescindibles para mejorar la torpeza del original. De ahí que algunas «coplas» sean nuevas o hayan sido objeto de alteraciones de vocabulario o rima, pero respondan al espíritu y forma que me llevó a crearlas. El original, a los efectos de cotejar con la que ahora se publica, será donado a la Cuban Heritage Collection de la Universidad de Miami, y lo terminé de escribir en diciembre de 1949. En la presente edición, las didascalias relativas al montaje aparecen en negritas, así como cualquier transformación que me pareciera substancial mencionar. Aunque permaneció inactiva por más de medio siglo, dada adiciones y omisiones ulteriores, podría afirmarse que la obra se escribió, en su versión original, en diciembre de 1949, y en su versión definitiva en enero del 2015, separadas por un período de cincuenta y cinco años, aunque es fundamentalmente un texto de 1949.

Cámara negra. La obra carece de una específica localización geográfica. La escena está formada por una desorganizada distribución de columnas y bloques de piedra; al lado izquierdo, sobresaliendo de las restantes, una gran columna bordeada en su base por anchos escalones. El Hombre, vestido todo de blanco, está al lado de la misma, estático, envuelto en una capa. Late una atmósfera cargada de tonos misteriosos, nocturnos y rojizos. Tras unos minutos de silencio, se oyen los gritos de las brujas y brujos que celebrarán un aquelarre.

CORO DE BRUJOS. (Voces). ¡Aleluya! ¡Aleluya!
    ¡El consejo de los brujos!
LAS CUATRO BRUJAS. *(Voces).* ¡El consejo de las brujas!

Entran y se distribuyen por la escena. Las brujas llevan un paño negro en la cabeza; de las manos llevan pebeteros quemando incienso. Los brujos visten de negro, con túnicas semejantes a la de los sacerdotes, ancho cuello blanco.

CORO DE BRUJAS Y BRUJOS. Reunidos nos encontramos
    en el festín del dolor.
LAS CUATRO BRUJAS. Somos las brujas de Macbeth
    que bajo tierra cayó.
CORO DE BRUJOS. SOMOS LOS BRUJOS DE HAMLET
    que bajo tierra cayó.
LAS CUATRO BRUJAS. Somos las brujas de Otelo
    que bajo tierra cayó.
CORO DE BRUJAS Y BRUJOS. Visiones somos del mundo
    en su festín del dolor.
    Por la tierra y por los mares
    el cáncer del corazón.

BRUJA 1. ¡Macbeth!
BRUJA 2. ¡Macbeth!
BRUJA 3. ¡Macbeth!
BRUJA 4. ¡Macbeth!
LAS CUATRO BRUJAS. Tu cabeza en nuestras manos:
    estás en nuestro poder.
CORO DE BRUJOS. La locura en los reyes
    y en las damas de su grey.

LAS CUATRO BRUJAS. La miseria de los niños
    que padecen en sus playas.
CORO DE BRUJOS. La miseria de los pobres
    bajo las botas sin ley.
CORO DE BRUJAS Y BRUJOS. ¡Aleluya! ¡Aleluya!
    ¡La rueda con su correr!
BRUJO 1. Decidme, brujas de Macbeth,
    ¿la misión cumplida está?
BRUJA 1. La muerte por su reinado.
BRUJA 2. Un puñal ensangrentado.
BRUJA 3. Su mujer ya es un cadáver.
BRUJA 4. Los niños muertos están
CORO DE BRUJAS Y BRUJOS. ¡No hay salida! ¡Ya verán!
    ¡La misión cumplida está!
BRUJO 1. Decidme, brujas de Hamlet,
    ¿la misión cumplida está?
BRUJA 1. Hamlet rodeado de muerte…
BRUJA 2. De sí mismo y de su amada…
BRUJA 3. De su amigo y de sus reyes…
BRUJA 4. No hay remedio para el mal.
BRUJO 2. Decidme, brujas de Otelo,
    ¿la misión cumplida está?
BRUJA 1. Su amada bajo la almohada…
BRUJA 2. Un cadáver junto a ella…
BRUJA 3. Otelo nada en los mares…
BRUJA 4. ¡Borrasca! ¡Rayos y fieras!
LAS CUATRO BRUJAS. ¡Con vida nunca saldrás!
BRUJO 3. Decidme brujas del mundo,
    ¿la misión cumplida está?
LAS CUATRO BRUJAS. ¡Muerte y hambre! ¡Muerte y guerra!
    ¡La rueda rueda por tierra!
    ¡Aleluya! ¡Aleluya!
    ¡Las brujas serán eternas!
CORO DE BRUJAS Y BRUJOS. ¡Gozaremos! ¡Gozaremos!
    ¡Con la rueda del dolor!
CORO DE BRUJAS. ¡Estamos dentro del alma!
CORO DE BRUJOS. ¡Y estamos fuera del también!
CORO DE BRUJAS. ¡Llegaremos donde estén!
CORO DE BRUJOS. ¡Fatalmente! ¡Fatalmente!
CORO DE BRUJAS. ¡Nunca, nunca, escaparéis!

Salen. Se escucha el doblar de una campanas. Un foco de luz ilumina al Hombre.

HOMBRE. La mañana de Santiago
    va llenando cementerios.

En el poblado pequeño:
el festival de los muertos.
Cifuentes reluce y arde
repicando en el desierto.
La fiesta recorre el pueblo.
Doblan tristes las campanas
cuando alegres van llamando.
La mujer gira en la rueda
y yo me quedo llorando.
¿Dónde estás, lirio amarillo?
¿Dónde estás, mi lirio blanco?
¿Dónde estás, mi amor eterno?
¿Y la fiesta? ¿Y los gritos?
¿Y los bailes? ¿Y el vestido?
Los caballos, el alboroto,
pierden al lirio amarillo.
Llamando el tren de la luna
lágrimas va derramando.
La gente baila la danza
y yo me quedo llorando.
Un callejón sin salida
me pierde lejos del mar.

Entran las cuatro brujas.

LAS CUATRO BRUJAS. ¡De este infierno no saldrás!
BRUJA 1. Las brujas que te rodean
  tu lirio se llevarán.
LAS CUATRO BRUJAS. ¡De aquí no te escaparás!
BRUJA 2. ¡Sin lirio te quedarás!
BRUJA 3. ¡El misterio de la mar!
CORO DE BRUJAS. ¡En sus llamas arderás!

Salen.

Transformación escenográfica, que no está especificada en la versión original. Conversión de la escenografía en una valla de gallos onírica, surrealista. Las múltiples referencias a la valla de gallos están en el original, previo al montaje de Electra Garrigó de Francisco Morín, donde el efecto de la pelea de gallos es utilizado por el director. La posibilidad de la conversión de la escenografía en una valla de gallos, se me ocurre en la presente versión a los efectos de una cubanización del texto, que subyace en el original. Detrás de la descubanización «shakesperiana» de la versión original, está la presencia pueblerina cubana que es el punto de partida de Las cuatro brujas. La que ahora reconstruyo deja constancia más específica con la referencia a Cifuentes, pueblo de la provincia de Las Villas donde pasé parte de mi infancia, que no se nombra en el texto original. Hay elementos carnavalescos con referencias lúbricas y míticas a Santiago de Cuba, que por aquellos tiempos utilicé en Las caretas, que desapareció cuando evolucionó y se convirtió en La navaja de Olofé, a los efectos de darle a la obra otra dinámica.

Se escucha la risa de Rosaura, que entra en escena en compañía de Moreno. Juego erótico entre los dos.

MORENO. La mañana de Santiago
 calienta sueños de fuego.
 Es la fiesta santiaguera
 de jolgorios y de gritos.
 Negros y blancos se mezclan
 entran comparsas feroces.
 ¡Todo arde! ¡Todo quema!
 ¡Todo es fuego y es sonido!
 Las máscaras se desnudan
 de caretas y vestidos.
 Hay resonar de tambores,
 de guitarras y de güiros
ROSAURA. Estate quieto, Moreno,
 vamos a ver los guajiros,
 burlarnos de sus caballos
 y de sus trajes con brillo.
MORENO. Dame tus pechos, Rosaura,
 que no nos ve tu marido,
 pezones mirando al cielo
 relucen bajo el corpiño.
 Dame tu carne trigueña
 para tener cinco hijos,
 y para que ellos sean
 morenos con otros cinco.
ROSAURA. Quita la mano, Moreno,
 déjala para la noche,
 cuando la fiesta termine
 y yo en mi cama te acolche.
MORENO. ¿Dónde estará tu marido?
 ¿Dónde va con sus suspiros?
ROSAURA. Mi marido por la feria
 irá contando su historia.
 Quiere su fama cantar
 con canciones de otros tiempos,
 cuando adúlteras mujeres
 que hoy moran en cementerios
 en la cama no hacían cuentos.
 Las mujeres en volantas
 clamaban buscando cuerpos,

                y los viejos engañados
                se tragaban tales cuentos.
MORENO.   Ahora sabrá que lo engañan
                y que le crecen los cuernos,
                y que los cuernos se entierran
                en la carne de los viejos.
                Los cuernos brillan dorados
                con el colorado vivo,
                y el pueblo se va llenado
                de los cuernos amarillos.
ROSAURA.   El pueblo reluce estrellas
                con el brillo de los pechos.
                Van las mujeres poniendo
                a los viejos muchos cuernos.
                La calle se va llenando
                de unos cuernos y otros cuernos.
                Las niñas los van llevando
                en los juveniles pechos.
                Reluce la medianoche
                en el pueblo de los cuernos.
                El farol junto a la iglesia
                es un cuerno colorado
                que nunca duerme su sueño,
                y las palmas en el parque
                tienen brillantes penachos
                donde relucen los cuernos.

Se escucha el coro de las coplas.

COPLEROS. ¡Zalamero! ¡Zalamera!
                ¡Pega cuernos! ¡Pega cuernos!
                ¡Al buey manso! ¡Al buey bueno!
                ¡Que un cuerno pare otro cuerno!
MORENO.   Dame tus pechos, Rosaura,
                antes de la medianoche
                que esperar mucho más no puedo.

Salen. Foco sobre el Hombre.

HOMBRE.   El tren viene por la línea.
                Se va se va,
                corre que se va.
                Dancemos con los disfraces:
                es la hora de bailar.
                Desnudos y disfrazados:

miremos el tren bailar.
Viene del cañaveral:
todos saben que se acerca,
pocos saben que se va.
—Quítate la ropa,
mujer zalamera.
—Desnúdate en la cama
mujer embustera.
El tren sube a la luna:
nadie deja de bailar.
Se va, se va,
corre que se va.

El Hombre queda a oscuras. Entran los copleros: Rodrigo, Salcedo y Ochaso, que continúan un diálogo que han comenzado antes de entrar en escena.

RODRIGO. Una ramera en la calle:
    mañana se acostará conmigo.
    Una se fugó en la noche:
    pasado dormirá contigo.
SALCEDO. Era joven, era hermosa,
    ¡y ya le hicieron un hijo!
RODRIGO. Uno le salió borracho,
    el segundo mujeriego,
    la hija le será ramera,
    homosexual el tercero.
OCHASO. Se la llevó por la noche
    mulato de pelo crespo.
RODRIGO. Yo recuerdo tiempo atrás
    otros hombres, otras mujeres,
    que siempre hacían lo mismo
    en batallas cuerpo a cuerpo.
SALCEDO. Cuando el marido se iba
    entraba por la ventana.
    Cuando el marido volvía
    en la cama ya no estaba.
OCHASO. Y la gente comentaba
    mis amores y mis cuentos,
    y los chismes se corrían
    por las bodegas del pueblo.
RODRIGO. Las viejas con sus guitarras
    iban cantando mis coplas
    de combates en la cama
    de mis amores por horas.

Baile burlesco-carnavalesco. Entre ellos sobresale el marido de Rosaura, con cuernos. Rosaura, con grandes pechos postizos al aire; Moreno, con erecto falo gigantesco. Entran los copleros. Gallos gigantescos simulan una pelea de gallos. Elementos coreográficos a libertad del director.

SALCEDO. Pasando va por la calle
 el querido de Rosaura;
 moreno de pelo negro,
 viene pensando en la fiesta.
OCHASO. Rosaura, pechos al aire,
 va dispuesta a lo que sea,
 cuando pasa por su lado
 remeneando las caderas.
RODRIGO. El viejo que lleva tarros
 con un bastón se sostiene,
 ya que el bastón que no baila
 cabizbajo nada puede.
SALCEDO. Las viejas van comentando
 todo lo que allí sucede,
 mientras que el moreno majo
 majea con lo que tiene.
OCHASO. No te vayas, no te vayas
 —dice la mujerzuela
 que provoca con las tetas
 mientras el viejo cojea.
RODRIGO. Que se vaya, que se vaya
 —exclama la gran fletera—,
 es hora que yo disfrute
 de lo que en los machos cuenta.
SALCEDO. El hombre anda vestido
 con un disfraz colorado
 pensando que por las noches
 hay disfraces que navegan.
OCHASO. Ya me largo, ya me largo
 —dice el viejo que se aleja.
 Es hora que ya se marche
 con los cuernos que le pegan.
RODRIGO. El marido por las calles
 se aleja junto a las viejas.
 Las viejas todo lo cuentan
 y él simula gran sorpresa.
SALCEDO. La mujer ya sin refajo
 deja las puertas abiertas.
 Entra el chulo con el falo
 y la cama le calienta.
OCHASO. El viejo se va mirando
 los cuernos de bueyes mancos;

        la mujer con el amante
        en la cama lo celebran.
RODRIGO. El amante y la ramera
        juegan-juegan en la cama
        dando vueltas y más vueltas
        hasta que pierden la cuenta.
SALCEDO. En la valla van peleando
        rojos gallos de Santiago.
        La fiesta va comenzando
        con el color de los gallos.
OCHASO. Gallinas con culo al aire
        con sus plumas cacarean,
        y los gallos emplumados
        mientras espolean, queman.
RODRIGO. Los gritos llenan la valla
        mientras espuelas jadean,
        y las lenguas se calientan
        cuando clavan las espuelas.
SALCEDO. Mientras pelean los gallos,
        el negocio se acrecienta,
        corren-corren las apuestas:
        sacan los ojos a tientas.
OCHASO. Tintos en sangre, navajas,
        hasta en el coño penetran.
        ¡Las puertas están abiertas!
        ¡Saltan y bailan las tetas!
SALCEDO. De una cuarteta a la otra
        el gallo pintiparado
        para lo que pinta y suena
        pero pierde la cabeza.

Entra el Hombre. Foco sobre él.

HOMBRE. *(Desconcertado, buscando).*
        ¿Dónde anda la paloma?
        ¿Dónde mi lirio que sueña?
        El tren de la luna viene
        y a mis brazos no te acercas.
        La brujas andan rondando
        con sus vestimentas negras.

Entran las cuatro brujas.

LAS CUATRO BRUJAS. ¡La rueda te llevará!
        ¡Fatalismo! ¡Fatalismo!

¡Remedio no tiene el mal!
¡El arroyo rumbo al mar!
¡En el mar te morirás!
¡Los gusanos gozarán!
¡Los gusanos comerán!

Salen las cuatro brujas. La escena se oscurece. Cámara negra. Desaparecen todos los accesorios escenográficos previos. Entra Rosaura.

ROSAURA. Por la noche iré al arroyo
y me acostaré con él,
con sus besos y caricias
sus brazos he de tener.
Bajo la alta enramada
yo me bajaré la blusa.
Él me besará los senos
mientras mi boca lo busca.

Rosaura rueda por el piso del escenario, lúbrica y desesperada.

HOMBRE. *(En un tono diferente al de los copleros).*
La conga se va alejando
con los negros y los blancos
que se unen en el fuego
de muslos entrelazados.
La noche negra se vuelve
cuerpos que ya no están.
Nadie entra, nadie sale,
y ella quiere mucho más
La mujer está soñando
con el soñar colorado,
sin saber que su color
es el color del lagarto.
La gente esperando está
mordidas que se desgarran
y los gritos que se pierden
bajo el goce de las aguas.
Y en la noche de los brujos
los hijos no tendrán cuna,
porque la noche no tiene
la blanca cuna de luna.
ROSAURA. *(Violenta, agresiva, retadora, con soberbia).*
Pasados los nueve meses
un hijo nacer querrá.
Horas de Cristo maldito

que mi hijo formarán.
Malditos hijos del cielo
queriendo venir al mundo.
Amantes con hijos quiero
pero sus hijos no busco.
Un hijo nacer querrá
y en el fango quiero verlo.
En este mundo podrido
Rodaré hasta el Infierno.
¡Que se muera! ¡Que se muera!
Todo es sucio, todo es puerco.
¡Un aborto que me lo saque
y que me lo saque muerto!

Entran las cuatro brujas.

BRUJA 1. ¡Asesina! ¡Sinvergüenza!
BRUJA 2. ¡No lo mates! ¡No lo mates!
BRUJA 3. ¡Criminal! ¡Hija de perra!
BRUJA 4. ¡Nosotras sabemos más!
BRUJA 1. Un pacto siniestro haremos
para torturarlo más.
El hijo de tus entrañas
jamás podrá descansar.
LAS CUATRO BRUJAS. ¡Las brujas lo matarán!
BRUJA 2. Me darás hijo que paras.
Ninguno más parirás.
Alfileres en su vientre,
estéril al tuyo harán.
LAS CUATRO BRUJAS. ¡Las brujas lo gozarán!
BRUJA 3. Gozarás y sin simientes
nada podrá germinar.
Tus amantes por las noches
tus hijos no formarán.
LAS CUATRO BRUJAS. ¡Las brujas lo ayudarán!
BRUJA 4. ¡En un infierno siniestro
tu cuerpo arderá de gozo
y en el gozo morirás!
Tus amantes por las noches
hijos no te formarán.
LAS CUATRO BRUJAS. ¡Amantes muchos tendrás!
¡Los hijos no nacerán!
¡Es la maldición del cielo
a las hijas de Satán!
¡La rueda rodando va!

> ¡La rueda te llevará!
> ¡El arroyo rumbo al mar!
> ¡Es la maldición del cielo
> a las brujas de Satán!

ROSAURA. *(Poseída por los demonios, delirante).*
> ¡Aleluya! ¡Aleluya!
> ¡Las brujas me salvarán!

Sale Rosaura.

HOMBRE. El mar cruje en paroxismo. Las brujas llegan y mienten, saltan y bailan, triunfan y gritan. Así, eternamente, hasta el final. *(Pausa, transición).* Pero todo es inútil. Los gallos morirán en la pelea, con las espuelas punzantes cargadas de veneno, colorados y verdes. La sangre inundará las risotadas de la valla de gallos, haciendo saltar los puñales metálicos. Los gritos saldrán del pico rojo con sabor al verde de la muerte. El sol descenderá y quemará las carnes; se abrirá y entrarán los cuerpos encendidos, y el llanto será quemante y dorado. La madre dará al hijo y el hijo morirá sin haber nacido. Yo daré mi mano a la rueda y sentiré el sueño triturado por mi mano y la tuya. Los cadáveres se abrirán a la noche con sabor rojo y verde. Por lo eterno, desde antes de la nada y tras ellas, la semilla sin trigo será enterrada, naciendo cargada de espinas, con su caos y sus lágrimas. Los brujos celebrarán un consejo, y todos se darán la mano en la rueda. Quedaré yo y quedarán ellos mismo. Quedaremos todos y les daremos vueltas, de día en día, a la rueda triunfante de nuestro propio infierno.

LAS CUATRO BRUJAS. ¡Triunfaremos, triunfará, triunfaremos!

BRUJAS 1 Y 2. ¡La rueda triunfando va!

BRUJAS 3 Y 4. ¡La rueda girando va!

HOMBRE. No obstante, es necesario que el sueño fructifique, que lloremos y gritemos por el hijo que no nace, por el alma que se desgarra. Es necesario soñar con una rueda blanca, con la luna suave en la palma de la mano; necesario y nulo. Después, cuando sea la nada y el no-ser, cuando todo sea estéril y vacío, pensaré en el sueño en la sepultura. Ayer fue así; mañana y siempre.

La escena se oscurece totalmente, comenzando una secuencia caracterizada por la acentuación de elementos impresionantes y visiones siniestras. Se escucha una voz, sonora y fuerte, que nace de las sombras.

SOMBRA. Un hombre, atormentado y nocturno, es la sombra de mí mismo. Abre los ojos en el sueño en grito, mira la noche cargada de crispados nervios. Tu pesadilla crujirá desesperada y el cristal saltará sobre el telón negro. El telón se llenará de gritos al sentir la línea afilada del cristal, y el cristal saltará también ante las espinas que nacen en la malla. Abre los ojos y mira, mírate y mírame, escucha mi voz que nace en ti. Contempla el hombre herido de cristales y los cristales dispersos por el suelo. Aquí están las sombra del sueño, del sueño en pesadilla, del sueño al despertar. Abre los ojos y enciérrate en las rejas del sueño.

LAS CUATRO BRUJAS. ¡Anda al sueño! ¡Anda al sueño!
> ¡Pesadilla! ¡Realidad!

BRUJAS 1 Y 2. ¡El mar te tragará!
 ¡El mar te tragará!
BRUJAS 3 Y 4. ¡Lanzándote a la mar!
 ¡Lanzándote a la mar!
LAS CUATRO BRUJAS. ¡El sueño en tempestad!
SOMBRA. Y aparecieron figuras en el sueño.

Aparece el Coro de Hombres. Son cuatro personajes que llevan el rostro cubierto por una máscara. Ropas idénticas, preferiblemente de blanco, aunque los puede envolver una capa roja. Cada uno de ellos lleva en las manos una carabela y una copa dorada. Son iluminadas con luces rojas, mientras el Hombre, en el centro del escenario, está iluminado por una luz verde. El resto de la escena continúa en la mayor oscuridad. Están encadenados por largas cadenas que permiten movilidad escénica. Estos personajes pueden reducirse a dos, de acuerdo con el criterio del director.

Pantalla. Imágenes plásticas, al modo de Dalí, se proyectan sobre ellas, como representación visual del texto dramático del Coro de Hombres.

PRIMER HOMBRE. Aquí estoy, con mi rostro donde florecen las llagas de las hierbas de la tierra, con las llagas donde brota la sangre. Aquí estoy, con las llagas que se ocultan bajo la careta fría. La sangre arde en el infierno de la calma aparente. Y tú, con las llagas que se ocultan bajo la máscara semejante a la mía, fuiste el culpable de las llagas que nacieron en mí.
SEGUNDO HOMBRE. Yo dormía bajo el árbol que crece donde nace la golondrina, a la orilla del río que nace del sol y del ave cristalina. Y mi rostro tenía el candor de la inocencia. Yo te ofrecí mi rostro. Me lo rasgaste y fuiste culpable. Tú me diste tu cara y de mis uñas nacieron tus llagas, nacieron de mí porque eran mías. Y el otro me ayudó. Las caras cayeron bajo ocho manos. Saltó la sangre. Saltó el ojo derecho y me quedé ciego para siempre.
TERCER HOMBRE. Desde siempre ocurrió el hecho extraño. En medio de la noche y sobre una estrella vestida de luto, apareció una mesa mágica con cuatro bandejas doradas. En cada una de ellos había una cabeza: la mía y la de ellos. Tomamos cuchillos largos y afilados y cortamos una a una las partes de su cuerpo. Saciábamos la sed con la sangre y el hambre con la carne. Quise tocar mi cabeza con mis manos manchadas de sangre, pero sobre el cuello sólo había un olor a carne putrefacta. Quise tocar mis labios, pero no estaban. Lo contemplé todo con la mirada de mis ojos en la manos del hombre situado frente a mí.
CUARTO HOMBRE. Todo es una noche ajena al tiempo. Gozamos en el deleite de beber la sangre. Sufrimos al sentir las uñas enterradas en las órbitas. Mientras mis manos crecían en el rojo brotó mi sangre, saltaron los ojos y los labios cayeron al suelo. Se juntaron en el fondo del pozo sus labios y los míos, sus ojos y los míos, su grito junto al mío. Y los cuatro gritos se abrieron en un abrazo creciente. Por eso estamos ante todo con el cráneo en las manos, con las manos heridas, con bandejas con copas de sangre.

Final de la proyección.

LAS CUATRO BRUJAS. ¡Tu cara se llevarán!
   ¡Tu cara te rasgarán!
   ¡El misterio de la mar!
HOMBRES 1, 2, 3 Y 4. *(Acosando al Hombre).* ¡Por eso estamos ante ti y queremos acabar contigo! Porque gozaremos si nos dejas tomar tu nariz, tus labios y tus ojos, para hacerlos saltar de las órbitas, para que tu sangre corra como un río en dirección al mar. ¡Danos tu cara! ¡Danos las venas que recorren tu cuerpo para hacer con ellas un río que desemboque en el mar!
LAS CUATRO BRUJAS. ¡Acabaremos contigo!
   ¡De ti nada quedará!
   ¡El misterio de la mar!

Aparece el Coro de Mujeres. Son cuatro mujeres vestidas de negro, hieráticas y pálidas. Llevan bandejas doradas con una copa y una carabela en cada una de ellas. Estarán iluminadas por luces verdes. Se dirigen al Hombre.

PRIMERA MUJER. Quiero acostarme sobre un lecho frío y muerto, y que tú, enrojecido y fogoso, me desnudes y arranques con tus manos que arden mi vestido negro. Tus labios se acercarán a los míos en busca del beso escondido del deseo, pero sólo encontrarás el frío luto de la muerte. Desnudarás mi cuerpo con la ansiedad del fuego, pero quedarás congelado a mi contacto con el frío del invierno.
SEGUNDA MUJER. Una mano de fuego acarició mi seno tibio, sintiendo yo las campanas de mi muerte. El seno se congeló bajo la mano ardiente. Nadé por los lagos y los ríos con mi cuerpo glaciar. Los ríos del trópico me cubrieron de lodo. Los peces perecieron bajo las grandes avalanchas de fango.
TERCERA MUJER. Yo también te ofrezco la posesión de mi lecho antártico, el que me dio mi madre de mis abuelos. El lecho será de los hijos ciegos y de los nietos muertos. Hombre engañado de la noche, desnuda tu cuerpo y enfríalo en la muerte del sueño. Desnúdate a mi lado y siente el frío delicioso de mi seno.
CUARTA MUJER. Llevamos bandejas doradas. En ellas tenemos el cráneo seco que acompañó al cuerpo. La sangre no está, porque no fue el goce rojo el que nos llevó a la muerte. No hay sangre en mi copa, ni la hay en mi pecho, ni en mis manos tampoco. Sólo agua helada, agua más fría que todo, agua incolora e insípida.
LAS CUATRO MUJERES. ¡Y frío te quedarás!
   ¡Y frío te morirás!
   ¡Tu hijo no nacerá!
   ¡Bien muerto se quedará!

Las cuatro mujeres se lanzan sobre él. Dejan caer el vestuario negro y se ven ahora envueltas en una malla que se ajusta al cuerpo, desnudas como la luna, en una especie de composición de un cuadro simbolista.

LAS CUATRO MUJERES. Entrarás en mi lecho. Penetrarás en mi carne. Acabaré contigo.

Entra la Muchacha, como si fuera la Ofelia de Shakespeare, enloquecida, repartiendo por el escenario margaritas, flores marchitas.

MUCHACHA. Los rubios cabellos míos
   junto a la luna yo peino,
   soñando lejos del fango
   y lejos del viento violento.
   ¡Qué lindas las florecitas
   y los pajaritos muertos!
   ¡Qué horrible la noche larga
   con los lagartos de infierno!
   ¡Amado, amado mío!
   ¡Huye del lagarto negro
   y busca cerca del cielo
   la ternura de mis besos!
HOMBRE. Yo soy el hombre que te ama; el hombre que no puede dormir plácidamente, el asesino, el hombre que desciende a los abismos de la medianoche, el fantasma de mí mismo. Te amo, pero yo seré el que acabaré contigo porque mi cerebro escucha la voz del enemigo.

Los cuatro hombres acosan al Hombre.

CUARTO HOMBRE. Su cabeza tiene piojos largos y pestilentes.
TERCER HOMBRE. Entre sus piernas lleva el cáncer de las putas.
SEGUNDO HOMBRE. La sífilis corre por la podredumbre de las venas.
PRIMER HOMBRE. No escaparás porque el coño te llevará de una orilla a la otra, como el barquero de la laguna de la muerte.
CORO DE HOMBRES. *(Al Hombre).* ¡No escaparás! ¡No escaparás! ¡No escaparás!
MUCHACHA. *(Repartiendo flores secas).* Amado, amado mío, hombre amado de la orilla del mar, besa con ternura estos labios que son sólo para ti. Ámame con la ternura de un niño. Bésame, suavemente, para que nunca me olvides…
CORO DE HOMBRES. *(A la Muchacha).* ¡No escaparás! ¡No escaparás! ¡No escaparás!
CORO DE HOMBRES. *(Al Hombre).* ¡No escaparás! ¡No escaparás! ¡No escaparás!
MUCHACHA. *(Canta, alucinada).*
   Amado del pelo negro
   no me abandones jamás,
   que estar sola es mi castigo
   y nunca podré nadar.
   Navega siempre a mi lado:
   me tienes que acompañar.
   Cúbreme con tus besos
   para que me quieras más,
   de la eternidad yo vengo
   y a la eternidad tú vas
LAS CUATRO BRUJAS. ¡Ahógala ya! ¡Ahógala ya!
   ¡Caballero de la mar!
MUCHACHA. *(Lánguidamente).* ¡Mienten…! ¡Mienten…! ¡Mienten…!
TODOS LOS HOMBRES. ¡Miente! ¡Miente! ¡Miente!
MUCHACHA. *(Desesperada).* ¡Mienten…! ¡Mienten…! ¡Mienten…!

Entran las cuatro brujas.

BRUJA 1. ¡Tiene piojos! ¡Tiene piojos!
    ¡Con cabellos de coral!
BRUJA 2. ¡Tiene piojos! ¡Tiene piojos!
    ¡Que tu sangre chuparán!

Los hombres encadenan al Hombre, que ofrece resistencia, pero está vencido.

HOMBRE. La negrura de la noche
    la maldad nacer hará.
    El río anda creciendo
    y mi barca en él está.
    Los remos se me perdieron
    y yo no sé navegar.
    Balsero a la medianoche
    Te perderás en el mar.
    Mujer de la luna nueva
    en mi barca te hundirás.
LAS CUATRO BRUJAS. ¡Mañana y siempre!
    ¡Mañana y siempre!
    ¡Mañana y siempre!

Mientras las cuatro brujas hacen su aquelarre, los hombres se lanzan sobre la muchacha que dejan tirada en el piso. Salen.

La Muchacha se transforma. Se va incorporando, personificando a la Demente. Lleva ahora una larga peluca negra que la envuelve.

DEMENTE. ¡La demente! ¡La demente!
    ¡Anda diciendo la gente!
    ¡La demente! ¡La demente!
    ¡Surtidores de una fuente!
    Ven en mis ojos la luna
    y me llaman la demente.
    ¿Por qué va llorando el niño?
    La demente, la demente,
    nacen gritos en el río.
    ¡Llevo en el alma suspiros!
    Me voy en mi luna blanca,
    hombre de mis locos sueños.
    Y me refugio en tus brazos,
    galán de mis ojos negros.
    Los sueños y las palomas
    flotan en aire de espejos

y en tus brazos de mancebo.
  Con el hombre de la luna,
  palomas y niños muertos,
  entre los muertos me quedo,
  soñando medio dormida
  lo que tampoco recuerdo.
HOMBRE. Mi lirio de blancas alas
  entre las sombras no encuentro.
  Un callejón sin salida
  me encierra con sus recuerdos.
  ¡Aleluya! ¡Pesadilla!
  Campanas doblan mis versos.

Se escucha el redoblar de unas campanas. Las cuatro brujas asedian a la Demente.

LAS CUATRO BRUJAS. ¡Cancerosa! ¡Cancerosa!
  ¡Por quién doblan las campanas!
  ¡Hija negra de Satán!
  ¡Morirás con cien espinas!
  ¡Los bichos te comerán!
  ¡Escarabajos y hormigas!
  ¡De ti nada quedará!
DEMENTE. ¡Llegaron! ¡Llegaron ya!
  Llaman y llaman.
  ¡En mi cabeza están!
  El río crece:
  las brujas bailan.
  La luna sube:
  llorando está.

El Hombre corre hacia la Demente. Se abrazan y se sacuden, locos, desesperados.

HOMBRE. ¡De aquí nadie escapará!
  DEMENTE. La cabeza me da vueltas.
  Todo gira, todo danza.
  Todo me hiere y me acaba.
  Todo me grita y me llama.
  El alma me despedazan.
  ¡La luna! ¡La luna blanca!
  ¡De mi mano huyendo va!
  ¡Las brujas! ¡Las brujas negras!
  ¡Mis manos heridas están!
  ¡Mis hijos no nacerán!
  ¡Tus besos no llegarán!
HOMBRE. Es inútil que me acerque.
  ¡Las manos me cortarán!

LAS CUATRO BRUJAS. ¡La rueda rodando va!
　　¡La rueda rodando está!
BRUJA 1. Muñeco de trapo haremos.
　　De una soga colgará.
BRUJA 2. Buscaremos alfileres.
　　En el trapo se hundirán.
BRUJA 3. ¡Alfileres en su vientre,
　　estéril el tuyo harán!
BRUJA 4. ¡Alfileres en su pecho,
　　al tuyo le hará penar!
BRUJA 1. Cuando al corazón lleguemos,
　　¡el tuyo perecerá!
LAS CUATRO BRUJAS. ¡Sin salida te hallarás!
　　¡Gozaremos! ¡Gozaremos!
　　¡La rueda rodando va!

Entran Moreno y Rosaura, seguidos de los copleros —Rodrigo, Salcedo y Ochaso— y gallos fantásticos y surrealistas, con espuelas doradas y picos gigantescos, atacándose unos a otros.

MORENO. ¡Zalamera, zalamera!
　　¡Ven con el agua a jugar!
　　¡A gozar de lo que tengo!
　　¡Que con lo que tú tienes va!
　　¡Zalamera, zalamera!
　　¡Ven con mi cuerpo a gozar!
　　¡Mientras más cerca lo encuentres!
　　¡Mucho más lo gozarás!
　　¡Ven con el agua a jugar!
　　¡Ven con mi cuerpo a bailar!
　　Arrímate a la candela
　　para que te quemes más.
RODRIGO. La mujer va sin refajo
　　en dirección a la iglesia,
　　y le va diciendo a todos
　　que bajo el santo habrá fiesta.
SALCEDO. Largas ramas lleva ella
　　en los pechos y en los muslos.
　　El cura la está gozando
　　sin ancho sayón oscuro.
OCHASO. Se ha quitado la sotana
　　y también los calzoncillos.
　　Ya todo lo lleva al aire
　　penetrando el objetivo.
RODRIGO. La niña los quince años
　　celebra con sus velitas.

    Encendidas están las velas:
    quince años encendidos.
TODOS LOS COPLEROS. *(Risotadas, algarabía).*
    No hay hombre que esté dormido.
    La cintura está despierta.
SALCEDO. La niña baila en la sala
    del colorín colorao,
    por las puertas y ventanas
    se queman de arriba abajo.
OCHASO. La mujer junto al amante
    bajo la enramada vieja;
    van creciendo los lunares
    en el cielo y en la tierra.
TODOS LOS COPLEROS. *(Risotadas, algarabía. Lubricidad y violencia).*
    ¡Las puertas están abiertas
    y por las puertas se entra!
SALCEDO. El marido en las iglesias
    deambula como un mendigo
    mientras su señora esposa
    baila con el monaguillo.
RODRIGO. La sotana dejó el cura,
    la mujer desnuda está,
    tiene una erección rotunda
    más tremenda que un altar.
TODOS LOS COPLEROS. *(Risotadas, algarabía. Lubricidad y violencia).*
    ¡Las puertas están abiertas
    y por las puertas se entra!
    ¡Tarros! ¡Tarros! ¡Putas! ¡Putas!
    ¡Gozando todos están
    y gozando se calientan!
    ¡Las puertas están abiertas
    y por las puertas se entra!
    ¡Hay que tirarse a las hembras!
    ¡Abrirlas de arriba abajo!
    ¡Meterle lo que uno tiene!
    ¡Y gozar este relajo!

Risotadas, algarabía. Lubricidad y violencia. Salen.

Transición. Vuelven las cuatro brujas con grandes alfileres plateados, como si fueran espadas o cuchillos.

LAS CUATRO BRUJAS. ¡El alfiler! ¡El alfiler!
    ¡En su vientre el alfiler!
    ¡Las brujas te matarán!
    ¡Las brujas son de Satán!

                    ¡El alfiler! ¡El alfiler!
                    ¡En su pecho el alfiler!
DEMENTE. Perdida estoy, no hay remedio
           ¡El alfiler en el pecho!
           ¡Es inútil el luchar!
           ¡Miles de alfileres hay!
           En mi cuerpo los entierran
           y al alma derecho van.
LAS CUATRO BRUJAS. La medianoche ha llegado
           ¡Acabemos de una vez!
DEMENTE. Llorando voy a la muerte.
           A la muerte que se acerca.
           A la muerte que me grita.
           No hay remedio ni salida:
           todas las puertas se cierran.
           La luna no será mía.
           Tus besos no lo serán.
           Míos no serán tus labios.
           Ni mis labios besarás.
           Mi ángel de blancas alas
           en mi vientre morirá.
           Será un recuerdo de espuma
           que en mi vientre dormirá.
           No saldrá el sol ni la luna:
           la noche lo envolverá.
           Las cuatro brujas nocturnas
           un rastro no dejarán.
           Llegando ya llegan ya.
           Llegando ya llega ya.

Las cuatro brujas se lanzan sobre la Demente, le entierran los alfileres y acaban con ella. El Hombre, hierático, al centro.

HOMBRE. Inmóvil como una estatua
           esculpo su alma y la mía
           en la caverna más honda
           donde mi corazón habita.
           Por parajes olvidados
           caminan nuestros despojos.
           La sal en la mar se pierde
           mientras las rocas crepitan.
           No hay cicatriz que pueda
           curarme estas heridas.
           Va creciendo la tormenta
           que acaba siendo infinita.

Entra el coro de brujos. Lo apresan con una malla. Le colocan unos capuchones negros en la cabeza. Una soga desciende de lo alto del escenario. Se la ponen al cuello como para una ejecución. En un oscuro rápido lo ahorcan y lo reemplazan por un muñeco informe hecho de sogas. Las cuatro brujas danzan con los alfileres en alto como para enterrárselos.

BRUJA 1. La medianoche ha llegado.
  No es posible esperar más.
  Alfileres como espadas.
  Sin principio ni final.
BRUJA 2. Acabaremos con todo.
  Ni la sombra quedará.
  La fiesta terminaremos.
  Ni cinturas quedarán.
BRUJA 3. El aquelarre del mundo
  al infierno volverá.
  Con las espuelas en llamas
  ni los gallos vivirán.
BRUJA 4. Visiones somos del mundo
  en su festín del dolor.
  Por la tierra y por los mares
  el cáncer del corazón.
LAS CUATRO BRUJAS. ¡Aleluya! ¡Aleluya!
  ¡Es el triunfo de las brujas!
  ¡La rueda rodando va!
  ¡El mundo girando está!

CAE EL TELÓN

SOBRE LAS MISMAS ROCAS

1951

A Yara, en azul

Reparto

EDGAR COTTON
A
B
C
D
E
F

Durante la primera escena Edgar Cotton es un niño, así como A, B y C.

La acción se desarrolla en un pueblo de los Estados Unidos durante la década de los cuarenta. El vestuario corresponderá a este periodo.

La escenografía puede ser ejecutada con absoluta libertad. Pero en todo momento será sobria, sin detalles innecesarios. Puede ser el exterior de una calle con edificios al fondo. Quizás motivos abstractos, geométricos. Puede reducirse a una cámara negra o a la simple boca de un escenario desierto.

Entre la primera escena y la segunda habrán pasado unos diez años aproximadamente. La tercera escena ocurre unos pocos años después de la segunda.

A pesar de estas referencias específicas sobre lugar y fecha de la acción, los efectos lumínicos (oscuridad, penumbra, niebla, etcétera) crearán una cierta irrealidad que colocará la acción, en última instancia, fuera del tiempo y el espacio.

ESCENA I

Teatro a oscuras. Poco a poco se va creando un efecto cósmico, espacial, de pequeñas luces que se desplazan en la oscuridad, como si se tratara de una bóveda celeste. Se escuchan los gritos de unos muchachos que juegan a la pelota.

VOZ UNO. ¡Ahora le toca batear a Willy Price! ¡Le dará a la pelota hasta las nubes y no habrá quien la agarre! ¡Ganaremos el partido haciendo una carrera más! ¡Que viva Larry Price! ¡Que viva Johnny Price!
CORO. *(Como si estuviera dando patadas sobre las tablas de una galería y aplaudiendo rítmicamente).* ¡Que viva Willy Price! ¡Que viva Larry Price! ¡Que viva Johnny Price!

Se descorre el telón, pero el escenario está envuelto en una espesa niebla que produce un nuevo efecto de irrealidad. Muy gradualmente se irá aclarando la niebla, pero sin romperse la penumbra de un posible amanecer.

VOZ UNO. ¡Vamos, Willy Price, tira la pelota y no lo pienses más! ¡Vamos Willy Price, tírale la pelota a Willy Price! ¡Vamos Larry Price, tírale la pelota a Larry Price! ¡Vamos Johnny Price, tírale la pelota a Johnny Price!
CORO. *(Como antes, siempre desde fuera).* ¡Vamos Willy Price-Larry Price-Johnny Price!

Lentamente entra en escena un niño. Se trata de Edgar Cotton. Es un inválido y maneja con sus manos su silla de ruedas. Todavía el escenario está envuelto en la niebla, aclarándose muy lentamente. Parece escuchar. Primero dirige la silla de ruedas hacia la parte anterior del escenario. Tras una pausa, gira y se dirige hacia la izquierda y al fondo del escenario, como quien busca el lugar de donde vienen las voces. Gira nuevamente, como si tratara de determinar el origen de las voces. Acción simultánea con el texto.

VOZ UNO. ¡Willy Price es de los ganadores! No hay juego que no gane y pelota a la que no le dé por lo alto. ¡Es el más loco de los muchachos del barrio y el de las piernas más ligeras!
CORO. *(De igual forma).* ¡Que juegue! ¡Que juegue! ¡Que juegue para ganar!

Se repite rítmicamente. Frenético, Edgar Cotton gira en la silla de ruedas. Después regresa al frente del escenario y se coloca de espaldas al público. Mientras tanto, sin interrupción, prosigue el texto.

voz uno. ¡Willy Price ya tira la pelota! ¡Miren como gira la bola redonda! ¡Miren como gira la bola en el aire! ¡Tremendo batazo de Willy Price! ¡Tremenda carrera de Larry Price! ¡Miren como gira la bola de Johnny Price!

Cesan los gritos. Entran por la izquierda tres niños. El menor de ellos está en traje de baño. B, el segundo, viene vestido como si perteneciera a un equipo de básquetbol. C, el mayor, llega con un traje de pelotero, bate y guante. Los tres, durante la siguiente escena, estarán en constante movimiento, pero cada cual independiente uno del otro. Aparentemente juegan con una pelota imaginaria, diferente para cada uno de ellos, que no traen a escena. Practican el juego correspondiente. Algunas veces jugarán entre sí. Mientras hablan, están en constante movimiento, acrecentando así la parálisis de Edgar Cotton.

c. *(Dirigiéndose a B).* ¿Tú conoces a Willy Price?
b. Sí. El vivía al lado de mi casa cuando era más pequeño. Mis padres eran amigos. Todas las mañanas iban al patio de mi casa y jugábamos a la pelota. Pero siempre jugó mejor que yo. Larry Price siempre jugó bien.
c. ¿De dónde tú eres?
b. Yo soy de Boston, pero desde que murió mi padre nos mudamos para acá. A mi mamá no le gusta vivir aquí. Pero a mí sí. Me gusta mucho más que Boston.
c. A casi todo el mundo le gusta más vivir aquí. A mí también. Además, así puedo jugar con Willy Price. Cuando sea mayor seré un gran pelotero de las grandes ligas en el Gran Stadium. Por eso yo quiero ser su amigo ahora que soy muchacho. Podré decir mañana: «Yo jugué en el equipo de Willy Price».
b. Yo también quisiera jugar con él en el equipo donde tú estás. Larry Price es muy fuerte y sabe mucho.
a. Y yo también quiero jugar con él, ¿saben? ¡Yo también quiero jugar con Johnny Price!
c. *(Se dirige a B, refiriéndose a A).* ¿Lo conoces? ¿Es amigo tuyo?
b. *(Mirando al otro muchacho, en duda).* Creo que sí, pero, no sé, no te puedo decir. Se parece mucho a un primo que yo tengo, pero no estoy seguro. Yo tengo un primo que es huérfano y mi mamá lo recogió. Desde entonces vive en mi casa y come en mi casa, pero no estoy seguro si es mi primo... *(Se dirige a A).* ¿Eres tú mi primo?
a. No lo recuerdo claramente. No te sé decir. Tú te pareces mucho a un primo que yo tengo, pero... No, quizás no... Tú me pareces algo diferente... Bueno, no me acuerdo...

Por un momento se intensifica el juego algo frenéticamente.

c. No lo recuerdo.
b. No me acuerdo.
a. No lo recuerdo exactamente.

Esto puede repetirse varias veces mientras juegan por su cuenta. Transición.

c. *(Señalando a Edgar Cotton).* Miren, allí está Richard Rice en su sillón de ruedas.

Por un momento, los niños se «congelan», menos Edgar, que se aleja. Dejan de jugar. Después, agresivamente, se dirigen unos a otros, de una forma un tanto irreal.

B. ¿Richard Rice? ¡Yo no conozco a ningún Richard Rice!
C. ¡No seas idiota! A Richard Rice lo conocen todos los muchachos del barrio. Siempre está sentado ahí y no camina.
A. ¡Estúpidos, ese no es Richard Rice ni es su sillón de ruedas! Se llama Olivier y vivía al lado de mi casa en Kansas. Su tía era amiga de mi tía. El fue a la fiesta que dieron en casa cuando mi tía se casó. Todo el mundo fue a la fiesta y se comieron dulces hasta reventar. *(Se tira en el piso grotescamente, saca la lengua y hace como que vomita).* Comí tantos dulces que tuve que vomitar.
B. Ese no es Richard Rice ni es ningún Olivier, ni su sillón es ese. ¡Ustedes no saben nada de nada! Se llama Randall y vivía al lado de mi casa en Boston. Nos veía jugar a Larry Price y a mí. Una vez le tiramos la pelota y no la pudo coger.
C. *(Hace acrobacias, ejercicios de gimnasia. Con cierta superioridad y retórico).* ¡Estas discusiones son tontas! ¡Ninguno de ustedes lo conoce de verdad como yo lo conozco! El nació aquí y no es ni de Kansas ni de Boston. Es tan conocido como Willy Price. *(Dando un gran salto, deteniéndose después).* Todo el mundo conoce el Empire State, la Estatua de la Libertad y el Capitolio de Washington. *(Se tira en el piso, arrastrándose).* Y todo el mundo conoce los hospitales, los asilos y las cárceles. *(Hace acrobacias que terminan en un grotesco, como si no las hiciera bien).* Por eso todo el mundo conoce a Richard Rice en su sillón de ruedas y sus patas que no corren, como también conocen a Willy Price y sus pies que corren; y también al perro cojo *(cojea como un perro cojo)* que le regalaron a Willy para que sintiera la diferencia entre tener piernas y no tenerlas.
A. ¿Es cierto que Johnny Price tiene un perro cojo?
C. Sí, nosotros se lo regalamos a Willy el día de su cumpleaños.
B. No me importa que Larry Price tenga un perro cojo y que ustedes se lo regalaran; pero ese no es Rice ni nació aquí, ni es Olivier ni nació en Kansas: es Randall y nació en Boston.

Agresivamente, unos a otros. Violencia lúdica. Se repite tres veces.
A. ¡Es Olivier!
C. ¡Es Rice!
B. ¡Es Randall y nació en Boston!

A. ¡Es Olivier!
C. ¡Es Rice!
B. ¡Es Randall y nació en Boston!

A. ¡Es Olivier!
C. ¡Es Rice!
B. ¡Es Randall y nació en Boston!

Se dirigen a Cotton. A veces los personajes funcionarán como niños, pero en otras ocasiones se transformarán más agresivamente, actuando de una manera irreal, distorsionada. Perseguirán a Cotton, que huirá por el escenario en su sillón de ruedas. Darán saltos grotescos en una actitud lúdica infantil, en unas ocasiones; irreal en otras —generalmente cada cual por su cuenta. Algunas veces jugarán con las pelotas imaginarias que llevan.

A. ¡Eh, tú, el del sillón, vuélvete, queremos verte la cara!
B. Vamos, de prisa, que queremos verte.
C. ¡Vuélvete, coño!

Cotton se vuelve, sin acercarse. Después retrocede, alejándose pero sin darles la espalda.

A. ¿No lo dije? ¡Es Olivier!
B. ¡Es Randall!
C. Es Richard Rice y nada más que Richard Rice.
A. *(A Cotton)*. ¿Cómo te llamas? ¿No eres Olivier?
COTTON. Mi nombre es Edgar Cotton y nací en Phoenix.
C. *(Burlándose)*. ¡Mi nombre es Edgar Cotton y nací en Phoenix! Mientes. No me hagas reír. Eres Richard Rice aunque digas ser Edgar Cotton.
C. No tienes derecho a decir otra cosa.
COTTON. No, yo soy Edgar Cotton.
C. *(Tomándole la cara por un momento)*. Tienes los mismos ojos y la misma cara que Rice. *(Dándole una vuelta rápida al sillón)*. Y también el mismo sillón y las mismas piernas. ¡No puedes negarlo!
COTTON. *(Rápido, alejándose)*. No, yo soy Edgar Cotton.
A. Y la misma voz que Olivier. La misma forma de decir su nombre y abrir la boca. Cuando lo conocí en Kansas también me dijo lo mismo.
COTTON. *(Movimiento hacia A)*. No, yo soy Edgar Cotton.
B. Mi tía me dijo que el médico dice que tú no puedes caminar porque no quieres. ¿Es cierto eso?
COTTON. Sí, es cierto. El médico dice que puedo caminar... pero no puedo.

Acrobacias, juegos individuales, distanciamiento de Cotton.

C. *(Burlándose)*. Vaya, él puede caminar pero no puede.
B. ¿Y eso qué cosa es? ¿Es un acertijo?
C. *(Cojeando, grotesco)*. Yo puedo caminar... pero no puedo.
B. *(Cojeando, grotesco)*. Yo puedo caminar... pero no puedo.
C. Saca las bolas, vamos a jugar.
B. ¡Vamos!

Simulando el juego, B y C se preparan a jugar a las bolas —canicas—, que sacan del bolsillo. Simulan hacer un círculo donde van a colocar las bolas, hacen la raya, etc. Mientras hablan, realizan los movimientos propios del juego, acompañados de distorsionados saltos entre acrobáticos y simiescos, todo muy exagerado. A medida que lo hacen hay una nueva transformación lumínica, creándose un área hacia donde juegan B y C; otra hacia donde se aleja Edgar Cotton. Mientras tanto, A juega por su cuenta.

B. Haz la raya derecha y el círculo redondo.
C. Lo redondo es circular.
B. Las cosas redondas y circulares giran.
C. Dan vueltas.
B. Saltan.

c. Hacen cabriolas en el aire.
B. *(Cojeando, grotesco).* ¡Yo puedo, pero no puedo caminar!
c. *(Cojeando, grotesco).* ¡Yo puedo, pero no puedo caminar!
B. ¿Y eso qué cosa es? ¿Es un acertijo?

Risas de B y C. Canturrean:

«Richard Rice puede pero no puede caminar».
«Randall puede pero no puede caminar».

Se repite varias veces. Las voces parecen esfumarse. Una niebla los envuelve.

A. *(A Cotton).* ¿Quieres que te tire la pelota?
COTTON. No sé si podré cogerla.
A. ¿Quieres hacer la prueba?
COTTON. Bueno...

Se inicia otro simulacro lúdico con la pelota de playa que no se ve. Charlan y juegan.

A. ¡Ahí va!
COTTON. ¿Por qué tú estás en traje de baño?
A. ¿Acaso no estamos en la playa?
COTTON. Yo no estoy en la playa.
A. Pero yo sí. *(Señalando al público).* ¿No ves el mar allí? *(Agarrando la pelota que va hacia el público).* ¡Ten cuidado! ¡No quiero que me tires la pelota en el agua!
COTTON. Yo no sé donde estoy. No recuerdo donde están mis padres. No sé de dónde vengo. Me dijeron una vez que nací en Phoenix, pero no lo recuerdo. Como si perteneciera a muchos lugares diferentes. Solo estoy seguro de mi nombre. Me llamo Edgar Cotton, aunque a veces me confunden con otros. No sé por qué lo hacen, pero estoy seguro de ser Edgar Cotton... *(Leve pausa, como de duda. Después, como si se reafirmara a sí mismo:)* Sí, estoy seguro. Me llamo Edgar Cotton. *(Sin darse cuenta, se ha quedado con la pelota en la mano).*
A. Tírame la pelota.
COTTON. *(Se la tira).* A veces creo que estoy en muchos lugares, pero al mismo tiempo como si no estuviera en ninguno.

Prosigue el juego con la pelota.

A. Ten cuidado con la pelota. Si se cae al agua, la voy a perder.
COTTON. No hay agua por ninguna parte. Solo veo una gran planicie y muchachos y niños jugando y gritando. Mueven las piernas unos tras otros y unos ante los otros.
A. Ten cuidado, que se puede caer al mar, y aquí el agua es profunda y todos dicen que está llena de tiburones.
COTTON. Todos van juntos y separados. Pertenecen a distintos países y a distintas tierras.
A. Presta atención. ¿Es que tú no has visto jugar a Johnny Price? Mira lo que haces, ¿no?

En las partes oscuras del escenario se produce un efecto cósmico, como de una constelación de estrellas que se mueve por la bóveda celeste.

COTTON. Algunos van en traje de baño. Otros llevan trajes de vaquero y pistolas en la cintura. Algunos visten de policía y otros juegan a los bomberos. Veo balones saltando en las canastas y muchachos que juegan a la pelota y otros que montan en bicicleta. Algunos gritan en español, pero otros lo hacen en francés, en inglés, en ruso, como si el mundo fuera una gran constelación de palabras y de gritos. Pero todos se entienden, como si hablaran un mismo idioma y yo desconociera todas las palabras que se han dicho.

A ¡Ten cuidado! No haces más que decir tonterías y no se entiende nada de lo que dices. ¿Es que tú no has visto jugar a Johnny Price? ¡Tira la pelota, coño!

Por un momento Edgar Cotton se ha vuelto a quedar con la pelota. Se la tira al niño. Prosigue el juego, pero Edgar Cotton va a girar en la silla de ruedas mientras juega, desconcertando a A, que tiene que moverse alrededor de él.

COTTON. Otros juegan a las bolas. Algunos bailan trompos que giran y giran. Las niñas montan en carruseles y bailan a la suiza y a la rueda y saltan y bailan y se suben a los columpios y a las ruedas giratorias y a las sillas voladoras. Todo se mueve y rueda velozmente, como si nada nunca fuera a detenerse.

A. ¡Cállate! Este juego no sirve. ¿Es que no has visto jugar nunca a Johnny Price? ¡Cuidado! ¡Cuidado! ¡No tires la pelota de esa manera!

COTTON. Todos están corriendo y todo gira en el cielo y en la tierra, y todo gira y se mueve y da vueltas, vueltas y más vueltas…

A. ¡La pelota! ¡Coño!

Aparentemente Edgar Cotton ha tirado la pelota en dirección al público.

A. ¡Estúpido! ¡Idiota! ¡Mira lo que has hecho! Se la llevan las olas, porque allí no puedo meterme. ¿No te lo dije? ¿No te lo advertí? ¡Bien me habían dicho que no se podía jugar contigo! ¡Eres un inválido indecente! ¡Se lo diré a mi primo, que es grande y fuerte, y él te partirá la cara en dos! ¡Ya verás como mi primo acabará haciéndote pedacitos!

Cambio de luces. A se dirige al fondo del escenario, donde están B y C jugando a las bolas.

B. *(Dirigiéndose a A)*. Te lo dije antes de que empezaras a jugar. Quieres jugar en el equipo de Larry Price y te pones a jugar con un inválido indecente.

A. Perdóname. Yo quiero jugar con Johnny Price. No le digas nada.

C. Le diré a Willy Price lo que has hecho. No permitirá nunca que entres en su equipo.

B. Quizás te regale un perro cojo para que juegue con él.

A. No, no se lo digan. No volveré a jugar nunca con un inválido.

B. Bueno, podríamos perdonarte, pero tienes que jurar.

A. Sí *(se dirige a C)*, te prometo *(se dirige a B)*, te juro, que nunca jugaré con un inválido como Olivier.

B. Jurarás sobre el guante sudado.

c. Jurarás sobre la pelota que gira.
a. *(Con firmeza).* ¡Juraré!

Foco de luz al centro del escenario donde tiene lugar la ceremonia ritual del juramento. Con los puños cerrados, los niños van a juntar las manos para el juramento. El resto del escenario se oscurece.

a. *(Al centro del grupo, de frente al público).* Juro y prometo sobre el guante y la pelota del equipo de Johnny Price, por Johnny Price y la gloria de su equipo, por el Gran Estadio y el Empire State, por la séptima torre del Kremlin y por la octava fábrica de tanques rusos para la paz, por la libertad de palabra de los estúpidos, por el capitalismo, el fascismo, el comunismo y el nuevo orden, que nunca más volveré a jugar, por los siglos de los siglos, con Olivier, inválido que no puede caminar, que no juega y que solo piensa.
b. Nunca, nunca jugaré con Randall.
a. Nunca, nunca jugaré con Olivier.
c. Nunca, nunca jugaré con Rice.
los tres. ¡Nunca jugaré! ¡Nunca jugaré! ¡Nunca jugaremos!
a. Jugaré con Johnny Price.
b. Jugaré con Larry Price.
c. Jugaré con Willy Price.

Salen los tres. Edgar Cotton entra en el cono de luz. Oscurecimiento cada vez más intenso. Constelación de estrellas en todo el ámbito del teatro. Gradualmente, a su vez, efecto de niebla que acabará envolviendo a Edgar Cotton.

cotton. No se vayan. Yo soy Edgar Cotton y no ese que ustedes dicen. Están equivocados. Estoy confuso con tantos nombres y tantas cosas. No puedo entender lo que nos pasa. ¡Este paisaje! ¡Esta noche! ¡Esta soledad! Yo soy Edgar Cotton y no sé quiénes son aquéllos con los cuáles me confunden. Nunca los he visto. No sé si existen. No sé donde están. Ustedes no saben lo que dicen y hacen. Giran y bailan a mi alrededor y yo no los entiendo. Hablan usando nombres diferentes y siempre se comprenden, como si se refirieran a una sola persona que es un todo verdadero. Pero yo estoy solo y soy Edgar Cotton y nada más que Edgar Cotton. Pero yo estoy solo y soy Edgar Cotton y nada más que Edgar Cotton.

Se apaga el foco de luz; el escenario y el teatro quedan completamente a oscuras.

ESCENA II

Sin interrupción, después de la escena anterior, teatro a oscuras. Nuevamente se escuchan la voz y los coros de la primera escena, pero la voz uno ya no es la de un niño, sino la de un escandaloso comentarista deportivo, y los gritos del coro proceden de las roncas gargantas de hombres fuertes y sudorosos que gritan en el de las grandes ligas. Todo parece escucharse a través de estruendosos amplificadores. Mientras tanto, prosigue también el efecto cósmico.

voz uno. Esta noche juega Willy Price, el nuevo ídolo deportivo. Pronto aparecerá en su novena intervención en su primera temporada en las Grandes Ligas. ¡El gran Willy Price! ¡El loco Larry Price! ¡El gigante Johnny Price! ¡La Gloria de América! ¡El Orgullo del Mundo!

CORO. *(Como en la primera escena, pero más fuerte).* ¡Que salga Willy Price! ¡Que salga Larry Price! ¡Que salga Johnny Price!

Los efectos del principio del acto se repiten: espesa niebla que produce un efecto de irrealidad. Muy gradualmente se irá aclarando la niebla, pero sin romperse la penumbra de un posible amanecer. Edgar Cotton, niño, de espaldas al público, permanece hacia un costado del escenario. Todas los textos corresponden a Edgar Cotton joven.

VOZ UNO. Ya entra Willy Price en la arena, con sus piernas robustas y su cuerpo ágil. Tenerlo a su lado es la seguridad del triunfo. ¡Es el gran Larry de las piernas que corren! ¡Es el gran Johnny de las piernas que ruedan! ¡Es el gran Price que siempre triunfará!
CORO. *(Igual).* ¡Que juegue Willy Price! ¡Que corra Larry Price! ¡Que gane Johnny Price! ¡Que juegue, que corra, que gane, Willy Price-Larry Price-Johnny Price!

Lentamente entra Edgar Cotton, que ahora es un joven. Repite los movimientos de Edgar Cotton niño, cuando entró al principio de la obra. La niebla se va aclarando.

VOZ UNO. ¡Ya gira y vuela y rueda en el aire la pelota redonda! ¡Ya mueve el bate de Price la mano de Willy-Larry-Johnny Price! ¡Tremendo batazo del bate de Price!
CORO. *(Idéntico efecto).* ¡Que corra Willy Price, que corra Larry Price, que corra Johnny Price! ¡Que juegue, que corra, que gane, Willy Price-Larry Price-Johnny Price!

Frenético, Edgar Cotton gira en la silla de ruedas. Regresa al frente del escenario y esta vez queda de frente al público. Entran tres muchachas de la misma edad que Edgar Cotton. Hablan animadamente. Las tres visten de forma diferente. D lleva un vaporoso traje de noche. E viste de tarde. F va de sport, con pulóver y escarpines brillantes, al modo de la década del cuarenta.

F. ¡Ese Willy Price es un jugador formidable! ¡Ha hecho el mejor juego de la temporada!
E. Larry Price no tiene comparación, ¿no es cierto?
D. Debemos designarlo el mejor jugador del año. Johnny Price es maravilloso.
F. Es nuestro único ídolo.
E. Mi novio jugó con él cuando era chiquito. Eran vecinos.
F. El mío jugó en el equipo que formó en su barrio.
D. El mío por poco no puede jugar. Sin saberlo jugó a la pelota con un inválido. ¡Ya se pueden imaginar! No sabía que se trataba de un pecado beisbolero. Pero juró sobre el guante sudado y la pelota que gira y le perdonaron su pecado.
F. No podemos quejarnos. Nuestros novios jugaron con Willy Price, uno de los grandes jugadores que ha dado el mundo.

Con un ritmo coral:

D. ¡Johnny Price es un Dios!
E. ¡Es de los grandes hombres!
F. Pertenece a la historia.
D. ¡La historia le pertenece a él!

E. Y nosotros le dimos la mano...
F. ¡Para escalar la gloria!
LAS TRES. ¡Para ser el Dios de la historia!

Pausa.

E. *(Suspirando).* ¡Pobre Randall!
F. ¿Randall?
E. ¡Yo puedo... pero no puedo caminar! ¿No le decían así?
D. ¿Quién es Randall?
E. *(Señalando a Edgar Cotton).* Juraría que ese es Randall, ¿no es cierto?
D. ¿Randall? Yo no conozco a ningún Randall.
E. ¿Que no lo conoces? Randall es el inválido con el que jugó tu novio cuando era niño.
D. Aquél se llamaba Olivier y tenía un sillón de ruedas como ese. Es probable que sea Olivier.
F. Se equivocan. Ese es Richard Rice.
D. Veremos. Vamos a preguntárselo a él mismo, pero con disimulo. Me parece que no nos ha oído. Tratemos de comprenderlo y de no dañar su sensibilidad.
F. Tienes razón. Vamos a hablarle como si fuera como nosotros. Acabo de ver una película contra la discriminación racial y dicen que los negros y los blancos son iguales. Debe pasar algo semejante con los que tienen piernas y los que no las tienen.
D. ¡Debemos cuidarnos! ¡Podrían hacer una película contra eso!

Risas de D y F. E se acerca a Edgar Cotton. Las otras también lo hacen.

E. ¿No eres Randall?
D. ¿No eres Olivier?
F. ¿No eres Richard Rice?
COTTON. *(Volviéndose lentamente hacia ellas).* No, yo soy Edgar Cotton.

Repitiéndolo tres veces, exageradamente. Mímica disparatada.

F. ¡Qué mentiroso, Dios mío!
E. ¡Qué locura!
D. ¡Qué disparate!

F. ¡Qué mentiroso, Dios mío!
D. ¡Qué locura!
E. ¡Qué disparate!

D. ¡Qué mentiroso, Dios mío!
E. ¡Qué locura!
F. ¡Qué disparate!
LAS TRES. ¡Tú no eres Edgar Cotton!
COTTON. Sí, les aseguro que soy Edgar Cotton.

Las tres muchachas se mueven en diferentes direcciones. Se alejan de Cotton. El las sigue con la silla de ruedas Se establece así una especie de juego.

F. Bueno, si no te conocemos, nos vamos.
D. ¡Adiós!
E. ¡*Arrividerci*!
F. ¡*Ciao*!
D. ¡*Sayonara*!
F. Nos vamos
D. Con la música a otra parte.
E. ¡Hasta la vista!
D. Si te he visto no me acuerdo.
F. *(Falsa)*. De todas formas, ha sido un placer.
E. Un verdadero placer.
D. ¡El placer es mío!

Se acrecienta la intensidad del juego. Cotton mueve la silla de ruedas con destreza, como si tratara de agarrarlas. Gran parte del éxito de esta escena, como de algunas anteriores, depende de la habilidad del actor para mover la silla de ruedas por el escenario. Las muchachas a veces empujan la silla o le dan una vuelta inesperada que sorprende a Edgar Cotton. D se aleja acercándose a donde está Cotton niño. Lo contempla de espaldas y queda pensativa.

COTTON. No, no se vayan. Yo soy Edgar Cotton.
F. ¡Qué noticia!
E. ¡Qué novedad!
F. ¡Qué descubrimiento!
E. ¡Qué disparate!
COTTON. Esperen un momento.
F. ¿Nosotras?
E. ¿Por qué vamos a quedarnos?
F. ¿Esperar?
E. ¡Qué locura!
F. ¡Qué disparate!
COTTON. No se vayan.
E. ¿Acaso sabes bailar?
F. ¿El tango?
E. ¿La conga?
F. ¿El charlestón?
E. ¿El chachachá?
COTTON. Por favor, quédense conmigo.
F. ¿Han escuchado?
E. No puede bailar
F. ¡Y pretende que nos quedemos con él!
E. ¿Pueden imaginarse un absurdo mayor?
F. ¡Qué locura!
E. ¡Qué disparate!

Se acrecienta el ritmo.

F. ¡Vámonos!
E. ¡Pronto!
F. ¡Rápido!
E. ¡Huye!
F. ¡Corre!
E. ¡Salta!
F. ¡Vuela!
E. ¡Ya!

En medio de este frenesí, E simula que se le ha roto un collar de cuentas, interrumpiéndose de pronto la acción.

E. ¡Mi collar! ¡Me has roto mi collar! *(A Edgar Cotton).* ¡Estúpido! ¿Ves lo que has hecho? Y ahora, ¿crees tú que podrás recogerlas? ¡Inválido! ¡Inútil! ¡Yo puedo… pero no puedo caminar! ¡Yo puedo… pero no puedo caminar!

Edgar Cotton retrocede. E y F se agachan para recoger las cuentas. Un efecto de niebla las envuelve. Oscurecimiento gradual. Efecto cósmico en las áreas oscuras del escenario, con constelación de estrellas. Foco de luz sobre Edgar Cotton joven y Edgar Cotton niño, de espaldas al público.

F. ¡Las cuentas están girando y no cesan de girar! ¡Huyen! ¡Se escapan! ¡Saltan! ¡Vuelan! ¡Son redondas y no cesan de dar vueltas! ¡Corren! ¡Brincan! ¡Bailan! ¡Juegan!
D. *(Mirando a Edgar Cotton niño, aunque se dirige realmente al otro, que es el que contesta).* ¿Por qué querías que me quedara?
COTTON. Estoy muy solo y nunca hablo con nadie.
D. Yo no tengo la culpa de que no hables con nadie.
COTTON. Siempre pasan de prisa. A veces ni me ven. Otras veces me miran, comentan lo de mis piernas y siguen de largo.
D. Esta es una calle céntrica. Siempre habrá alguien que se quede a charlar contigo.
COTTON. No, a veces hacen algún comentario. Saludan quizás. Pero nunca se detienen a conversar conmigo.
D. Tendrán que ir al trabajo, a alguna parte… Alguna cosa importante, no te vayas a creer.
COTTON. Nada tienen que hacer.

D se aleja. Recorre el escenario. Durante el parlamento que sigue, Edgar Cotton gira la silla de ruedas, siguiendo a la muchacha, que siempre se aleja.

D. Todo el mundo camina por alguna parte y todo el mundo tiene algún trabajo que hacer. No puedes negarlo. Lo que pasa es que tú no tienes adonde ir y no tienes nada que hacer. Eso es todo. Te pasas la vida pensando y sin importarte nada. Pensando solamente en las cosas que ves. Y en las que no ves también, supongo. Pero yo no pienso. ¿Desde cuándo pensar es un trabajo y tiene importancia? Es lo que dicen todas mis amigas. Y mis amigos también. Yo no sé cómo hay gente que lo puede hacer. Es una mortificación insoportable. Por eso yo no pienso. Esa es mi filosofía. Una filosofía pragmática, ¿no te parece? No tengo tiempo para ocuparme de tonterías. Tengo que ir a los juegos de pelota y gritar en el coro. Escuchar la radio y conocer las últimas canciones. Ir al cine y fijarme en las modas de las artistas. ¿Qué dirían de mí si no conociera esas cosas? Sería una muchacha sin trato social. Además de estudiar taquigrafía y leer artículos condensados y vestirme de baile para salir con mi novio. Si no lo hago sería poco femenina. En fin, cumplir el código de una muchacha moderna, sin olvidarme de los grandes deberes morales: formar dioses en las esquinas, practicar la caridad hipócrita, ejercer el sufragio y gozar de los privilegios que da la democracia a los estúpidos. Mi filosofía es pragmática: el último «hit» de las doctrinas filosóficas… Y ahora me voy, porque he dicho todo lo que tenía que decir. Eso es todo. Adiós. Chao. Hasta la vista.

D inicia el mutis. Cotton le intercepta la salida con la silla de ruedas. Este juego se repetirá varias veces.

COTTON. Espera. Todavía no han acabado.
D. ¿Quiénes no han acabado?
COTTON. Tus amigas. Las que vinieron contigo.
D. Yo no vine con nadie. Nadie vino conmigo. Ya me lo habían dicho, que los que eran como tú siempre están imaginando lo que no existe.
COTTON. Espera…
D. Me voy. Es tarde. Tengo que irme. La verdad es que si sé que estabas aquí nunca hubiera cruzado por esta calle.
COTTON. Otras veces has pasado, pero nunca me ves. Pero esta noche… Me has visto, aunque fuera por un instante… Por un instante solamente.
D. Eso no tiene sentido. Si no te he visto antes, sería porque no estabas aquí. No creo que seas invisible. No hay nadie invisible. Todo el mundo es de carne y hueso.
COTTON. Cuando pasas y no me ves creo que soy invisible. A veces quiero hablarte, pero siempre vas acompañada de mucha gente.
D. Siempre que paso por esta calle lo hago sola, porque, a la verdad, a nadie le gusta venir por aquí. Pero a mí, de pronto, no sé, se me mete alguna idea en la cabeza. Como si fuera otra, y es entonces cuando vengo por acá. Pero te advierto que voy a dejar de hacerlo.
COTTON. No llegaste sola ni lo estás. Es por eso… Es por eso que quizás nunca puedas estar conmigo.
D. No seas tonto. Por un momento pensé… Se me ocurrió pensar que hablar contigo podría tener algún sentido… Ahora me doy cuenta que no es más que un gran disparate.
COTTON. No, no. Eso no puede ser.
D. Pero, ¿no te das cuenta? No seas tonto. Hay que pensar con la cabeza. Algún día… Algún día encontrarás a un inválido como tú y podrás pasar un rato… Hasta es posible que pasen un rato divertido… ¡Déjame! Y hasta puede que te cases con una inválida. ¿No te parece una buena idea? ¿La más sencilla y la más efectiva?
COTTON. No, no me lo parece.
D. Pues a mí me parece lo más apropiado.
COTTON. Quizás, si me escucharas por un momento y quisieras entender…
D. ¿Entender qué? Yo no tengo que entender nada porque lo tengo entendido todo. ¿Qué te propones? ¿Por qué ese empeño en hablar conmigo?
COTTON. ¡Porque me has visto! ¡Porque por un instante me has podido ver!
D. Bien, habla. ¡Ve al grano! Di lo que tengas que decir y termina de una vez.

COTTON. Bien, trataré de acabar pronto, pero no me apures demasiado. Tengo miedo de lo que voy a decirte… Porque… Si entonces… Si después fueras a desaparecer… Porque si entonces fuéramos a desaparecer… Sería… Sería como si estuviéramos muertos…

D. ¿Estás loco? ¿Has perdido el juicio?

COTTON. Pero… de todos modos… no puedo callarlo por más tiempo… Te necesito… Quiero que me ayudes a caminar. No puedo quedarme solo durante toda la noche.

D. ¿No ves que eso no tiene sentido? Yo no soy un médico. No puedo hacer nada por ti.

COTTON. No es preciso que lo seas. El médico me dijo que no había ningún motivo físico para que no caminara. Si tú me ayudaras podría hacerlo.

Cotton se le acerca, pero ya no es el juego anterior.

D. *(Lo rehúye).* No te muevas. Podrías caerte.

Mientras habla, Cotton le toma una mano.

COTTON. Necesito que tengas fe en mí. No puedo quedarme aquí toda la vida. Necesito que me comprendas. Hasta ahora solo veo mujeres que van y vienen, que bailan y saltan sin detenerse, que salen de los *nightclubs* y de los bailes de carnaval. Necesito que te quedes a mi lado, que me ayudes y tengas fe en mí.

D. Pero eso no puede ser. ¿No te das cuenta?

Ella se suelta. Edgar Cotton visualiza sus imágenes mirando al público.

COTTON. Otras van vestidas de tarde y se detienen en las vidrieras y contemplan los zapatos y las pieles y entran en las tiendas y salen de ellas y compran nuevos zapatos y pieles… Algunas van montan en bicicleta y llevan escarpines y pulsos y van a la playa y se divierten… Juegan al tenis en las sociedades femeninas y usan shorts y se cortan los rubios cabellos como hombres y se pintan los labios como muñecas… *(Volviéndose hacia la muchacha).* Necesito que te quedes conmigo y me ayudes a caminar.

Ella queda como petrificada. El avanza hacia ella en la silla de ruedas.

COTTON. Todos van de un lugar a otro, van y vienen y son felices y adaptados, pero yo no puedo caminar. Pero tampoco quiero quedarme en esta noche oscura donde estoy, que es como un túnel, un muro también, un mundo de paredes largas, lisas y sin puertas.

D. *(Rehuyéndolo con el gesto, pero sin moverse).* No te vayas a mover. Podrías caerte.

COTTON. *(Imperativo casi).* Ayúdame. Yo puedo caminar pero algo misterioso me detiene. Ayúdame, necesito tu ayuda. Yo puedo caminar, pero no puedo.

D. *(Retrocediendo rápidamente, burlándose).* ¡Yo puedo caminar, pero no puedo! ¿Es un acertijo?

COTTON. *(Rápido, la sigue).* ¡No te burles! ¡No te burles de mí!

D. *(Temiendo que se le acerque más).* No te vayas a mover. Podrías caerte. ¡Olvídate de esto! ¡Piensa en otra cosa! ¡Yo me voy de aquí!

COTTON. Quiero ir contigo. Quiero ir con alguien que camine sobre la tierra. ¡No me dejes aquí! ¡No permitiré que me dejes aquí!

La sigue en la silla de ruedas. La agarra por el vestido y haciendo un supremo esfuerzo vital, apoyándose parcialmente en la silla y en ella, se levanta. Ella retrocede y al hacerlo, él cae y le rasga el vestido.

D. ¡Mi vestido! ¡Mira lo que has hecho! ¡Me has roto el vestido! ¿Ves? ¿Lo ves bien? ¿Ves el resultado de todos esos disparates? ¿Te das cuenta de lo que has hecho?

Cotton se va a ir incorporando hasta sentarse en la silla nuevamente. Mientras D va marcando el mutis, se encuentra con E y F. Hay un ligero efecto de niebla que gradualmente se irá intensificando. Un foco de luz cae siempre sobre Edgar Cotton.

F. Te lo advertí. ¿No te dije que no hablaras con Richard Rice? Es un loco. Ahí tienes el resultado.
D. ¡Maldito Olivier! Miren como me ha puesto. Me ha roto el vestido.
E. Bien merecido te lo tienes, porque te advertí que no hablaras con Randall.
F. Vámonos. Lo mejor es dejar a ese imbécil.
D. *(Insegura)*. ¿Ustedes lo creen?
F. ¿Por qué íbamos a dudarlo?
D. No es por él. Pero esas películas a favor de los negros me tienen preocupada. Ya tenemos bastante con ellas para que hagan ahora una película a favor de los inválidos. No sería buena propaganda. Lo mejor es fingir, disimular. Si no, ¿qué van a pensar de nosotras?
E. Pero él tuvo la culpa.
D. No importa. *(Transición. Fingiendo, exagerada)*. ¿Es que acaso vamos a olvidar nuestro espíritu cristiano?
F. *(Riendo)*. No, mamá.
E. *(Riendo)*. No, abuelita.

Esta secuencia funciona como un aquelarre. D y F se encorvan y hacen de viejas. Se envuelven en una capa negra. E hace el papel de niña y se envuelve en una capa naranja. Aumenta el efecto de niebla.

D. Menos mal que es Halloween.
E. ¡La Noche de las Brujas!
F. ¡La Noche del Aquelarre!
E. ¡La Fiesta de las Calabazas!
F. ¡Olvidar nuestro espíritu cristiano! No, eso no se puede olvidar, hijas mías, que para eso somos protestantes.
E. Sí, abuelita.
D. Sin contar que a lo mejor tú fuiste un poco violenta.
E. Sí, mamá.
F. El Pastor nos lo dijo una vez. Es conveniente tener espíritu cristiano.
E. Claro, tía.
D. Y pedir disculpas no cuesta nada.
F. Un buen negocio, una buena caja contadora.
E. Sí, mamá. Sí, abuelita. Claro, tía.
F. *(A D)*. Vamos, vamos, ponte la careta.

D. Sí, mamá.
F. *(A E)*. Vamos, vamos, ponte la caretica.
E. Sí, abuelita.
D. *(A F)*. Vamos, vamos, ponte la caretuda.
F. Sí, mi hijita.

El efecto de vapor neblinoso se acrecienta. Las tres mujeres se ponen las caretas, falsean la voz.

F. Rice, queremos pedirte disculpas.
E. Randall, lamentamos mucho lo sucedido.
D. Olivier, te ruego perdones mis palabras.
F. Estábamos alteradas.
D. Excitadas.
E. Nerviosas.
LAS TRES. ¡Esquizofrénicas!

Las tres mujeres chillan, saltan, gritan desarticuladamente.

LAS TRES. ¡Aleluya! ¡Aleluya! ¡El consejo de las brujas!. Somos las brujas de Macbeth que bajo tierra cayó. Visiones somos del mundo en su festín del dolor. Por la tierra y por los mares el cáncer del corazón.
D. Somos las de antes.
E. Las de ahora.
F. Las de mañana.
E. Las que no hemos llegado todavía.
LAS TRES. ¡La Noche de las Brujas! ¡La Noche del Aquelarre! ¡La Fiesta de las Calabazas!

Se acercan a Edgar Cotton. Hacen girar la silla de ruedas varias veces.

F. Te pido perdón en nombre de Willy Price.
E. En nombre de Larry Price.
D. En nombre de Johnny Price.
F. ¡La Noche de las Brujas!
D. ¡La Noche del Aquelarre!
E. ¡La Fiesta de las Calabazas!
LAS TRES. *(Mientras hacen mutis)*. ¡La Noche de las Brujas! ¡La Noche del Aquelarre! ¡La Fiesta de las Calabazas!

Oscuridad absoluta en todo el escenario y el teatro a excepción del foco de luz que ilumina a Edgar Cotton joven. Constelación de estrellas en la oscuridad, que es la bóveda celeste.

COTTON. Se han ido. Me he quedado solo para siempre con los fantasmas de mi propia imaginación. Fui un iluso pensando que tal vez iba a tener compañía. Pero, así y todo, no sé... Siento sombras difusas en la angustia y la distancia... Palabras en los secretos de los anaqueles... *(Interrogando al vacío)*. ¿Hay alguien aquí? ¿No es cierto que hay alguien aquí...?

Se apaga el foco de luz. El escenario y el teatro quedan completamente a oscuras.

ESCENA III

Sin interrupción, después de la escena anterior. Teatro a oscuras. Se produce el mismo efecto de la voz, los coros, el paisaje cósmico, etc.

VOZ UNO. Esta noche juega otro gran juego el glorioso Willy Price. El último juego de Larry Price en esta gloriosa temporada. Mañana embarca para Europa con la gloria en los pies, en las manos, y en el corazón de todos los americanos. ¡Que viva Willy-Larry-Johnny Price!

CORO. *(Igual: gritos, patadas).* ¡Que viva Willy Price! ¡Que viva Larry Price! ¡Que viva Johnny Price!

Niebla, efecto de irrealidad, foco de luz sobre los dos inválidos, el niño y el joven, a ambos lados y al frente, izquierda y derecha del escenario. Ambos están de espaldas al público.

VOZ UNO. Mañana partirá para Europa, representando el espíritu del nuevo mundo. ¡Ya sale a la arena deportiva para hacer otra de sus jugadas sensacionales! ¡Adiós Willy-Larry-Johnny Price! ¡Bienvenido el hijo de Price! ¡Bienvenido el nuevo Willy-Larry-Johnny Price!

CORO. *(Como de costumbre).* ¡Que viva el nuevo Price! ¡Que viva el nuevo Willy-Larry-Johnny Price!

Entra Edgar Cotton, algo mayor, completamente reconcentrado en sí mismo. Es el mismo actor. Un doble ocupa su lugar en la otra silla de ruedas. Se reiteran los movimientos previos. Queda de frente al público.

VOZ UNO. Ya corre la bola por el aire y se mueve el bate de Price. ¡Tremendo batazo de Price! ¡Miren como corren el padre y el hijo! ¡Miren como corren Willy-Larry-Johnny Price, Willy-Larry-Johnny- Price!

CORO. *(Igual).* ¡Que corra el hijo de Willy-Larry-Johnny Price! ¡Que corra el padre de Willy-Larry-Johnny Price! ¡Que corran el padre y el hijo de Price!

Entran tres matrimonios jóvenes. Son A-D, B-E, C-F. Las actrices son las de la escena anterior. Van cogidos de las manos, distorsionadamente, poseyéndose, dominándose, entrelazadas las manos de una manera más bien violenta y dominante. Las parejas hablarán al mismo tiempo y realizarán los mismos gestos y movimientos. Una pareja viste de invierno, otra como si fuera primavera y la tercera de pleno verano.

C-F. Price ha llegado a la cumbre.
B-E. Ahora le toca al pequeño Larry Price.
A-D. Johnny Price Jr. está comenzando.
C-F. El tiempo pasa volando, pero no nos podemos quejar.
B-E. Nuestro hijo juega con el hijo de Larry Price.
A-D. Otro tanto hace el nuestro. El hijo de Johnny Price es su mejor amigo.
C-F. Nosotros nos casamos en la misma época que se casó Willy Price y nuestro hijo juega en el equipo donde está el suyo.

TODOS. ¡Qué felicidad! ¡Hemos colmado todos nuestros objetivos!
C-F. *(Dirigiéndose a A-D).* ¿Es cierto lo que nos dijeron del hijo de ustedes?
B-E. ¡No lo quisimos creer!
C-F. Ni nosotros tampoco.
B-E. Pero pensamos: la historia vuelve a repetirse.
C-F. De tal palo, tal astilla.
B-E. De casta le viene al galgo ser rabilargo.
C-F. Es que el pecado inicial quedó como un estigma.
A-D. Pero juró sobre el guante sudado como si fuera una Biblia. Y después escupió tres veces.
TODOS. Suerte que juró y se arrepintió plenamente.

Pausa.

A-D. ¿Se acuerdan de Olivier?
B-E. ¿De Randall? No nos acordamos de él.
C-F. ¿Hay alguien que se acuerde de Richard Rice?
A-D. ¿Vivirá todavía?
B-E. ¿Se habrán acabado los inválidos?
C-F. En realidad, los hemos olvidado.
A-D. Los inútiles.
B-E. Los que nada tienen que hacer.
C-F. Aquellos que solo piensan.
A-D. Entonces Olivier se habrá ido para no volver.
B-E. No lo vemos por ninguna parte.
C-F. Nosotros tampoco.
TODOS. Estará perdido para siempre.

Se dirigen hacia el fondo del escenario. D se detiene. Todos se vuelven.

D. Por cierto, ayer me encontré una palabra desconocida en el diccionario. Empezaba con I. Es una palabra extraña. Inválido. La acompañaba una corta explicación que decía así: «palabra en desuso con la cual se designaba a las personas que no podían caminar». ¿Se imaginan una persona que no pueda caminar? ¿Un hombre que no sepa caminar? Es para morirse de risa o estarse riendo toda la vida.
TODOS. ¡Un hombre que no puede caminar! ¡Un hombre que no sabe caminar! ¿A quién se le ocurre tamaño disparate? Es lo más cómico que he oído en mi vida. ¡Inválido! ¡Un hombre que no puede caminar! ¡Es para morirse de risa!

Ríen. Quedan como «congelados» hacia el lado izquierdo del escenario. Edgar Cotton se desplaza hacia el lado derecho.

COTTON. Estoy solo. Perdido en alguna galaxia que se mueve en el espacio para siempre. Nadie me ve y es como si nadie me hubiera visto nunca. *(Transición).* Pero si ellos llegaran ahora tampoco los vería ni los podría reconocer, como ellos no me reconocerían porque nunca me han visto. Pero si lo hicieran, todo volvería a repetirse…

La «congelación» de las tres parejas termina:

C-F. Nosotros diríamos: «Miren, ahí llega Richard Rice».
B-E. Y nosotros: «Miren a Randall».
A-D. «Aquí tienen a Olivier otra vez».

Las tres parejas comienzan a actuar como si Edgar Cotton hubiese llegado en realidad por el fondo y lado izquierdo del escenario, cuando en verdad está al lado opuesto, al frente y derecha del escenario. A los dos extremos siguen estáticas las otras dos figuras en sillas de ruedas. Por consiguiente, al hablar con Cotton lo harán en dirección opuesta a donde Cotton se encuentra. Por su parte, Cotton actuará de la misma manera, respondiendo a las parejas como si ellas le hablaran directamente a él y no al Cotton que no existe. Los personajes actúan en relación con un vacío, aunque debe haber una correlación en los movimientos. Para no exagerar el carácter hierático-ritual del texto a dúo, las parejas hablarán independientemente (salvo indicación en contrario), aunque repetirán mímicamente los movimientos.

COTTON. Yo soy... Edgar Cotton
TODOS. ¡Qué disparate!
COTTON. Todavía me confunden. Como siempre. Como la primera vez. Tanto... que a veces he llegado a pensar que no estoy... que no existo en ninguna parte... para... finalmente... encontrarme en todas ellas...
A. Es evidente que este muchacho...
D. ... es el mismo de siempre.
COTTON. Entonces... Es cierto... Que esos tres nombres existen para tres personas diferentes.
TODOS. *(Con burla)*. ¡Naturalmente!
C. Nosotros conocemos a Richard Rice...
F. ... y Richard Rice no es ni Randall ni Oliver...
B. Ni Randall es Olivier...
E. ... como tampoco puede ser Richard Rice.
A. Por todo lo cual, Olivier no es Randall...
D. ... y no puede ser Richard Rice.
TODOS. *(Dogmáticamente)*. ¡Naturalmente!
A. Hace tiempo que...
D. ... no te veíamos.
B. Y es que ahora te vemos...
E. ... pero no te podemos ver.
C. Te vemos...
F. ... sin llegar a verte.
TODOS. *(Categóricos)*. ¡Naturalmente!
COTTON. Y sin embargo, eso me pasa a mí también, porque no puedo distinguirlos claramente.

Tratan de tocar a Edgar Cotton en el espacio vacío frente a ellos. Cotton hace otro tanto.

A-D. *(Extendiendo las manos)*. Te escapas.
B-E. *(Extendiendo las manos)*. Te esfumas.
C-F. *(Extendiendo las manos)*. Te pierdes.
COTTON. *(Haciendo lo mismo)*. Se escapan. Se esfuman. Se pierden.
A. Debe ser...

D. que hace…
B. tanto tiempo…
E. que no te vemos…
C. que hemos acabado…
F. por olvidarte.
COTTON. Será que nunca pasan por aquí.
TODOS. Pasamos…
A-D. Todas las mañanas.
B-E. Todas las tardes.
C-F. Todas las noches.
COTTON. Nunca los veo. No los veo desde hace años. Es… como si ustedes se hubieran ido… Como si me hubiera ido yo también… Como si el tiempo no existiera y como si yo existiera dentro de un tiempo indefinido…
TODOS. Vámonos… Esto… No tiene… Sentido…

Inician un mutis, hablando siempre en dirección opuesta a donde está Edgar Cotton.

C. Te advierto, Richard Rice, que nos hubiera gustado ayudarte.
F. Han descubierto un nuevo tratamiento médico para los inválidos.
B. Te aseguro, Randall, que valdría la pena que probaras.
E. Porque además, según tengo entendido, es muy económico.
A. Te garantizo, Olivier, que es lo mejor que se ha descubierto últimamente.
d. Es por eso que queremos ayudarte.
B. Podríamos hablar para que te ingresaran en la clínica.
E. Se llama «Clínica Larry Price».
A. Propiedad de Johnny Price, naturalmente.
D. En la puerta hay una estatua de un perro cojo.
C. Y un letrero que dice: «Creada por Willy Price para aumentar el número de peloteros».
F. ¿Por qué no pruebas? ¿No te parece una idea estupenda en beneficio de la humanidad?
COTTON. Se equivocan. Ya no necesito caminar, porque ahora entiendo. Es que no tengo que caminar con ustedes. Ahora camino con Randall, con Olivier, con Richard Rice… Ahora puedo caminar con Edgar Cotton y con todos los demás.

El contacto con Edgar Cotton se ha perdido completamente. Todos miran hacia arriba, hacia la constelación de estrellas que empieza a verse en la oscuridad, que es como una galaxia de lo eterno.

A. No es posible… Yo ya, no puedo distinguirlo.
D. Se va, se pierde…
E. Será, a lo mejor, un extraterrestre…
C-F. ¡Adiós!
B-E. ¡Chao!
A-D. ¡*Arrivederci*!
TODOS. ¡*Good-bye*!

Edgar Cotton se mueve hacia el centro del escenario. Sobre él cae un cono de luz. El resto del escenario se oscurece. Empieza un efecto de niebla, no muy marcado, que acrecienta la irrealidad.

COTTON. Se han ido… Las sombras… Las voces… Se han ido para siempre… Ahora lo entiendo… Y los veo venir… A Rice, a Randall, a Olivier, a todos los Edgar Cotton del cielo y de la tierra…

Un cono de luz cae sobre las otras dos figuras en sillas de ruedas a izquierda y derecha del escenario.

COTTON. No, ya no están… Pero no estoy solo… Ahora lo veo claramente… Los otros… Los inválidos como yo… Los destruidos, los inútiles, los desposeídos, los ilusos y los soñadores, los que sienten y piensan, mis hermanos, a esos los veo venir entre las sombras, como no los había visto nunca, unidos más allá del tiempo y del espacio, en un gesto superior de dolor, angustia y esperanza.

Las tres figuras en sillas de rueda están al fondo del escenario y se irán desplazando hacia adelante, formando un triángulo con Edgar Cotton joven, al frente.

COTTON. Sí, se acercan. Los veo venir por todos los caminos de la tierra, en sus silbas de ruedas, con sus corazones destrozados, sus fantasías y sus sueños… Veo a Richard Rice, a Randall, a Olivier, todas esas criaturas que hay en mí, confundidos todos en el sueño de Edgar Cotton… Estamos en una misma escena, en un mismo tablado, sobre las mismas rocas y en la misma tierra… Ya no estamos solos. No lo estaremos más… ¡Tres personas distintas en un solo foco verdadero!

Las sillas comienzan a girar sobre sí mismas y, seguidas por los focos, se van acercando hacia el centro del escenario, envuelto a su vez en una ligera capa de niebla, confundiéndose en su solo foco verdadero. A oscuras, todo el teatro se vuelve un firmamento gigantesco, una inmensa constelación de estrellas.

OSCURO TOTAL

NOTA DEL AUTOR

Si recuerdo correctamente, Francisco Morín redujo la utilería al mínimo, y los elementos físicos de la acción (la pelota que se va hacia el público, el collar con las cuentas que ruedan por el piso), fueron eliminados y sugeridos por la acción de los personajes. La escena del «aquelarre» no estaba en la versión original, y la inserté posteriormente —procede de una secuencia de Las cuatro brujas. La escena final Francisco Morín la resolvió colocando una linterna en las piernas de Edgar Cotton, que le iluminaba la cara, cuyo resultado fue muy efectivo e impresionante, así como el uso de la cámara negra.

SUCEDERÁ MAÑANA

1953/2015

Personajes

En casa de Tom Morgan:

    Tom Morgan
    Emily, su mujer
    Tommy, su hijo, niño
    Tommy, joven
    Harry Morgan, tío de Tom
    Kathy, esposa de Harry Morgan
    Taylor
    Dr. William Spencer, médico
    Invitados a la boda, amigos de Tom, miembros del partido (demócrata, republicano) soldados, músicos, banda

En casa de Karl Roller:

    Karl Roller
    Liza, su mujer
    Paul, su hijo, niño
    Paul, joven
    Melania, tía de Liza
    Otto, tío de Liza
    Klaus
    Invitados a la boda, amigos de Karl, miembros del partido (fascista, comunista), soldados, música, banda.

La escenografía

Exterior de las casas de Tom Morgan y Karl Roller, en el campo. Los portales de ambas casas estarán dispuestos oblicuamente, uno frente al otro, aunque no completamente de frente entre sí, ni tampoco de frente al público. Las casas, de dos plantas, denotan una posición perteneciente a la clase media rural. La estructura de las mismas es parecida, con algunos detalles que determinen la nacionalidad: la de Morgan es norteamericana; la de Roller es alemana. Un espacio común entre ambas. Entre las casas, al fondo, árboles; salida al campo. También existen salidas laterales al campo, en direcciones opuestas.

El lugar

El autor pretende liberar el espacio escénico. El escenario teatral restringe la acción. El autor pretende ampliarla. Por eso, emplea recursos parciales dentro de cada situación y generales dentro del desarrollo.

La época

Cualquier momento de la primera mitad del siglo xx. El acto final se encuentra separado del primero por cerca de veinte años.

Primer acto

Primera parte

En las casas de Tom Morgan y Karl Roller el día de sus respectivas bodas

ESCENA I

Bullicio y animación. Familiares e invitados llenan la escena, entremezclándose indistintamente de un lado a otro, sin distinción de grupo, de pie y sentados por el patio y los portales, aunque a medida que se desarrolla la acción se van agrupando hacia un lado u otro, de acuerdo con la identidad de los mismos. Todos ríen y hablan en voz alta, bailan, en una secuencia casi coreográfica. Se escuchan melodías no muy bien definidas a veces, entremezcladas, que producen una cierta disonancia. Deben de manifestar una especie de choque, desarreglo o desarticulación musical. Si es posible denotará un espíritu norteamericano una y germánico la otra, de carácter popular ambas. Hacia el proscenio, Harry Morgan, tío de Tom, habla con Taylor, amigo de la familia.

HARRY. ¡Tom y Emily! ¡Emily y Tom! Esta boda no va a olvidarla nadie, porque es un gran día en la historia de nuestro pueblo…
TAYLOR. De nuestro pueblito, tío. No hay que exagerar. Esta boda es igual a todas las que se celebran en el mundo.
HARRY. ¡Ninguna, pero ninguna, como la de Tom y Emily! ¡Una pareja como hay pocas!
TAYLOR. Lo que pasa es que se trata de su sobrino. Todos los tíos piensan lo mismo.
HARRY. Hoy en día los matrimonios duran poco, pero nuestra familia no cree en esas vueltas que da el mundo. Tom tiene la cabeza en su lugar y Emily es una muchacha seria y sensata, educada a la antigua, que no hace las mismas tonterías que otras chicas.
TAYLOR. Por favor, tío, no me haga reír. Tom… Bueno, Tom no es ningún santo.
HARRY. Y yo no digo que lo sea, pero no hay más que verle la cara a esos muchachos. Se quieren como nos queríamos Kathy y yo cuando éramos jóvenes, y cuando pasen los años se querrán como mi mujer y yo nos queremos todavía. ¡No habrá otro hogar como el de Tom Morgan!
TAYLOR. Esas son palabras de tío.
HARRY. El mundo anda perdido. Pero mi sobrino sabe lo que hace.
TAYLOR. Desde que nací he estado asistiendo a bodas y bautizos, y siempre he encontrado tíos así en las bodas de los sobrinos. ¡Pues habrá que celebrarlo y ponernos a beber hasta emborracharnos y no podamos dar un paso!

Kathy Morgan, la mujer de Harry, entra en escena con una bandeja repartiendo pasteles de manzana. La hermana de esta entra repartiendo ponche. Ambas se acercan. Acciones paralelas en casa de los Roller.

HARRY. *(Al ver a Kathy).* A lo que no estás acostumbrado es a los pasteles de manzana que prepara mi mujer. Cuando los pruebes estarás de acuerdo conmigo y te darás cuenta de que se trata de una boda diferente.
KATHY. *(Acercándose con una bandeja con pasteles).* Mi marido exagera, como siempre. No le hagas caso.
TAYLOR. Si saben tan bien como parece, acabaremos llegando a un acuerdo.
KATHY. Pues no tienes más que probarlos. *(Le acerca la bandeja).* A lo mejor es cierto, porque muchos repiten ese disparate. Y no lo digo para darme tono. Es que sigo al pie de la letra la receta que me dio mi madre, y ella siguió la que le dio mi abuela. Y así sucesivamente.
TAYLOR. *(Comiendo golosamente).* ¡Es el mejor pastel de manzana que he comido en mi vida! Me gustaría que me diera la receta para dársela a mi novia y que me haga uno parecido.
KATHY. A Harry no le gusta que le cuente mis secretos a nadie, sin contar que este es un secreto de familia, que va de una generación a la que le sigue.
HARRY. Dale la receta, Kathy, pero nunca será lo mismo, porque no hay manos como las tuyas, y esas no se las puedes dar a nadie, porque son mías.

Todos ríen. Se acerca la cuñada de Kathy Morgan con unas copas. Comen y beben. Se acrecienta el bullicio.

KATHY. (A Taylor). Pues bien, dile a tu madre que mezcle dos taza de harina y una taza de leche y después le agregue unas almendras tostadas… (Prosigue hablando y el bullicio apaga las voces).

ESCENA II

En casa de Karl Roller, Melania, tía de Liza, en una situación paralela a la de Kathy y Taylor, le habla a una joven.

MELANIA. ¡Y después se corta con un cuchillo!
JOVEN. ¡Oh, Mely, es una receta maravillosa!
MELANIA. ¡Acuérdate! ¡No quiero que se la cuentes a nadie! Es única en el mundo.
JOVEN. ¡Cuente conmigo!
MELANIA. ¡Recuerda que el amor entra por la cocina!
JOVEN. Y a mi novio, no le diré ni pío, para que piense que es invención mía.
MELANIA. Le darás una sorpresa. Y si tú sabes guardar mi secreto yo sabré guardar el tuyo.
JOVEN. Trato hecho.
MELANIA. Bueno, el caso es que los novios llegarán de un momento a otro y tengo miles de cosas que hacer.
JOVEN. No creo que a nadie le importe mucho si llegan más tarde más temprano, porque todos se están divirtiendo de lo lindo.

MELANIA. ¡Qué manera de pasarla bien! Principalmente con el ponche, que se les va a la cabeza!
JOVEN. No recuerdo una boda como esta. Ya la gente no celebra las bodas así.
MELANIA. Liza siempre había soñado con ella. Desde que era chiquitita. Como si quisiera repetir la que su padre y yo hicimos hace unos cuantos años.
JOVEN. Seguramente estará loca de la alegría…
MELANIA. Nosotros siempre quisimos que fuera así. Es una alegría poder hacer que los sueños se hagan realidad. Familias como las nuestras apenas quedan en el mundo.

ESCENA III

la animación en ambas casas se acrecienta. Todos miran hacia la platea. Los invitados comienzan a gritar como si se acercaran los novios. Indistintamente, van diciendo los bocadillos. Los textos que siguen se repiten de un lado y el otro al unísono.

¡Ya vienen los novios!
¡Todos ríen y cantan!
¡Más gente! ¡Dios mío!
¡Qué alboroto!
¡Qué algarabía!
¡Se divierten de lo lindo!
Pero los novios lo que quieren es que se acabe la boda.
Para quedarse solos.
Ya se bajan.
¡Él la levantó en el aire cuando la sacó del coche!
¡Parecía que iba a salir volando!
¡Se le enredó el velo a la novia con una de las ruedas!
Pero él logro zafarlo.
¡Qué linda luce!
¡Qué traje de novia!
¡Y él no puede ser más guapo!
¡Que vivan los novios!
¡Que viva la novia!
¡Y el novio!
¡Que viva la boda!

ESCENA IV

Desde la platea entran las dos parejas, ambas al mismo tiempo. Los trajes de las novias son idénticos. Los de ellos, impecables, también parecidísimos. Todos se acercan, los rodean, riendo y gritando, festejando, felicitando a las parejas. Llegan a los respectivos portales de las casas en el mismo momento.

¡Que viva la novia!
¡Que viva el novio!
¡Que viva el marido!
¡Que viva la mujer!

¡Que viva la madre!
¡Que viva el padre!
¡Que vivan los niños por nacer!
¡Que hable el novio de su suerte!
¡Que hable! ¡Que hable! ¡Que no se nos escape!
¡Que hable antes de entrar en la alcoba!

Se hace silencio para que hablen los novios. Quieren hacerlo, pero no pueden. Les faltan las palabras, entre la timidez, la emoción y la sorpresa.

TOM. Yo... Quisiera decir... Quisiera...
KARL. Poder decir... Decir... Que yo... ¡Qué sé yo!

Risas.

VARIOS. *(De un lado y del otro).* ¡Que se calle! ¡Que se calle! ¡El novio no sabe lo que dice! ¡Que cargue a la novia! ¡Que no diga nada!
MUCHOS. ¡Que se vaya y no hable en la cama!

Tom Morgan se dispone a cargar a Liza, mientras Karl carga a Emily. Todos miran a la una o a la otra de acuerdo con el grupo al cual pertenecen. Al irla a cargar, Emily ofrece resistencia. Algo la disturba. Se queda mirando fijamente a Liza, «viendo» en la distancia, descubriendo la presencia de la otra. Hay un gran silencio, como si la acción se congelara. Emily se aleja de Tom, transfigurado el rostro, fija la mirada. Da unos pasos por el portal. Baja por la corta escalerita. ¿Qué le pasa? Liza se desprende de los brazos de Karl, que ya la había cargado. Ella también ve a Emily. Emily camina con el rostro extraviado, las manos en los cabellos. Todos la dejan pasar y la miran. Nadie se atreve a decir una sola palabra. ¿Qué le pasa? ¿Qué mira? Tom da unos pasos, pero no baja del portal, llegando al primer escalón. Emily, después de acercarse a la casa de los Roller, se vuelve anonada y mira hacia la platea. Vacila. Está más allá de todo. Tiene una visión dentro de sí misma. Una terrible verdad le transfigura el rostro, antes alegre. Liza la sigue mirando, sin saber lo que le ocurre a «aquella mujer» que solo ella percibe. Emily, ya al frente, se tambalea, y se desmaya. A punto de caer, Tom corre hacia ella para evitar que lo haga y la sostiene en sus brazos.

TOM. *(Alarmado).* ¡Tía Kathy! ¡Tía Kathy! ¡Corre, trae un vaso de agua! ¡Emily se ha desmayado! *(A Emily, tratando de hacerla reaccionar).* ¡Emily, Emily, escúchame, soy yo, Tom!
KATHY. *(Se acerca con un vaso).* No te asustes, Tom. Esto no tiene la menor importancia. *(Humedeciéndole los labios a Emily).* Son cosas de las novias. *(Emily vuelve del desmayo).* Ha sido un simple desmayo.
TOM. Pero, Emily, ¿qué te ha pasado?
EMILY. *(Sobrecogida).* Nada, no ha sido nada... Estaba un poco nerviosa... *(Abrazándose).* No ha sido nada. Cálmate. *(Separándose).* Ya puedo sostenerme.

Gradualmente, vuelve la animación.

HARRY. *(A los invitados, animándolos).* ¡Vamos, vamos, que vuelva la fiesta! ¡Que aquí no ha pasado nada! ¿No han estado nunca en una boda? Siempre hay una novia que se desmaya. ¡O una madre que es un mar de lágrimas! ¡La emoción! ¡La alegría! Así pasa siempre. Ahora, ¡a bailar! ¡a cantar! ¡a divertirse! ¡Como se debe! Les aseguro que se trata de la fiesta más alegre de todas las que se han celebrado en el mundo, desde el Polo Norte al Polo Sur. ¡Vamos! ¡Vamos! ¡A cantar y a bailar! ¡Que siga la boda!

Se acrecienta el bullicio, poco a poco, en ambas casas. Emily se pierde entre los invitados. Liza está algo impresionada, más bien desconcertada. Bailan, mezclándose con los invitados. El tío Harry busca a Emily y no lo encuentra. Tom hace otro tanto de un lado para otro, entre las parejas que bailan.

HARRY. *(A Tom).* ¿La has visto?
TOM. No, no sé dónde se habrá metido.

Se pierden, buscándola. Entra Emily. Harry se topa con ella.

HARRY. ¿Qué te pasó, sobrina? ¿Por dónde andabas?
EMILY. Nada, nada… Que las piernas no podían sostenerme…
HARRY. Pues no pretendas que por eso voy a dejar de bailar contigo… Dije que eras la novia más bella y más fuerte. Y que tus hijos serán los más rollizos, los más saludables… No me vas a hacer quedar mal…
EMILY. No, no, tío, claro. Ya me siento mejor.
HARRY. Pero para eso habrá que encontrar a Tom, que lo tienes dando vuelta como un trompo, buscándote por todas partes. *(Alejándose).* ¡No te vayas de aquí! ¡Voy a buscarlo!

Las parejas bailan como si fuera un musical. La zarandean un poco. Ella se mueve insegura. En una de esas entra Tom y la toma en los brazos, más bien sosteniéndola.

TOM. Pero Emily, ¿qué te sucede? ¿Te pasa algo?
EMILY. Nada… Nada… No me hagas caso.
TOM. Esa no es respuesta para mí.
EMILY. ¿Cómo quieres que te convenza?
TOM. No quiero que me convenzas, Emily. Quiero que me digas la verdad.
EMILY. ¿Con un beso? ¿Con un beso sería suficiente?

Ella lo besa, como aferrándose a él. Se besan apasionadamente. Bailan, besándose.

EMILY. Te quiero, Tom. Te quiero hasta el punto que me duele quererte tanto.

Aunque se besan con pasión, ella lucha por separarse.

EMILY. *(Transición).* ¡Déjame…! ¡Déjame…! No puede ser.
TOM. *(Más apasionado).* ¡Nunca! ¡Jamás!

Se pierden, bailando y besándose. Karl y Liza entran, de forma parecida, pero en otro tono, riendo, más alegre, Repiten al unísono:

KARL. ¡Nunca! ¡Jamás!
LIZA. ¡Nunca! ¡Jamás!

ESCENA VI

El Ballet de Nunca Jamás

Toda la secuencia que sigue debe resolverse coreográficamente, a modo de ballet. Las parejas de los novios se cruzan, sin verse. Indistintamente, los de un grupo se entremezclan con los del otro, en una coreografía musical, repitiendo a coro «¡Nunca! ¡Jamás!»., e inclusive intercambiando parejas, pero nunca en el caso de los novios. El escenario se va oscureciendo. Los bailarines van saliendo hasta que quedan en escena las novias bailando con los novios respectivos. Hay un desasosiego en el caso de Emily y Tom, que contrastan con Liza y Karl. Se acrecienta la situación, hasta el punto que Emily se separa de Tom y baila sola, separando a Liza de Karl, que no entiende. Tom baila su desasosiego por su cuenta, mientras Karl baila el suyo. Se forman así dos parejas de mujeres en lucha, en oposición a la de los hombres. Karl y Tom lo hacen en tono de enfrentamiento violento, casi de batalla, a matarse, hasta un clímax de desesperación en que Emily en cae en el proscenio al grito de «¡No, no! ¡Nunca! ¡Jamás!». mientras Liza sube al portal al grito de «¡No, no! ¡Nunca! ¡Jamás!»., en tono opuesto al de Emily. Karl toma a Liza en los brazos, como una recién casada, y entran en la casa mientras Tom corre hacia donde está Emily. Ocurre un apagón y cesa la música.

ESCENA VII

Liza reaparece en el portal, seguida de Karl, que la abraza por la espalda. Ella se aleja un poco ensimismada, absorta pero imprecisa, pero se deja llevar por Karl. Baja las escaleras, y hay un juego amoroso entre la pareja, que tiene lugar durante la escena siguiente entre Emily y Tom. Liza no está consciente de la presencia de la otra pareja, aunque a veces hay cierta inquietud, muy indefinida.

Tom entra en escena por un lateral, buscando a Emily, que sigue en la misma posición que al final de las escena del baile. Por su parte, ella sí parece «ver» lo que ocurre entre Karl y Liza, que al final de la secuencia entran en la casa y se apagan las luces gradualmente de la planta baja. Al terminar la escena, solo está encendida la luz de una ventana en la planta alta.

TOM. ¿Qué te pasó?
EMILY. Me caí sin darme cuenta. Tropecé con algo.
TOM. *(Ayudando a levantarla)*. ¿Te diste golpe?
EMILY. No, no fue nada... *(Levantándose)*. Estoy muerta de cansancio.
TOM. No te preocupes, porque ya todos se han marchado.
EMILY. Precisamente.
TOM. ¿Qué quieres decir?
EMILY. Nada. No quiero decir nada.
TOM. *(Reteniéndola, algo bruscamente)*. ¿Me has dejado de querer?

EMILY. ¿Dejarte de querer? ¿Cómo pudiera hacerlo, Tom? Te querré ahora y siempre. Precisamente. Durante toda la vida.

TOM. *(Besándola).* Te quiero. Emily. Estoy loco por ti.

EMILY. *(Separándose).* Pero no puede ser, Tom. Nunca ¡Jamás!

TOM. ¿Te has vuelto loca?

EMILY. Que no puede ser. Que no quiero que sea. Es, como si de pronto, lo hubiera sabido todo.

TOM. ¿Qué es lo que has sabido? ¿De qué estás hablando? ¡Explícate!

EMILY. Que no me deje llevar por ti. Por el amor que te tengo. Por lo mucho que te deseo. Precisamente. Por mi propio deseo de querer estar contigo. Que me lo arranque de raíz como si fuera una mala semilla.

TOM. *(La atrae hacia sí).* Eso no vas a conseguirlo.

EMILY. Tengo miedo, Tom.

TOM. ¿Me tienes miedo? ¿Qué daño podría hacerte si tu eres lo que más quiero en la vida? ¿No te das cuenta? ¿Qué razón puede llevarte a que me digas lo que me has dicho y me hagas lo que me estás haciendo en este momento...?

EMILY. Perdóname...

TOM. Tiemblas... De pies a cabeza... La noche se hace demasiado fría y acabarás enfermándote... *(Da unos pasos).* No entiendo. *(Brusco).* Entremos en la casa de una vez por todas, porque esta situación no tiene sentido.

EMILY. Me haces daño.

TOM. ¿Cómo es posible que pueda hacerte daño? Lo que quiero es quererte. Hacerte mía de una vez. Subir a nuestra alcoba. Acariciarte como lo que somos, marido y mujer. Quitarte el traje de novia y desnudarte, como he deseado hacerlo tantas veces... Unidos para siempre... Ser un niño y un hombre para ti...

EMILY. No. Nunca. Jamás.

TOM. Serás mía, Emily. ¡Y tendremos un montón de chiquillos que serán la prueba de nuestro cariño! ¡Robustos y fuertes!

EMILY. Eso, ¡no! ¡Eso mucho menos! No intentes despertar mi ternura de madre, porque eso, Tom, no podrá ser. No, yo no puedo hacerlo. No lo entiendes y no puedo explicártelo. Quieres perderte. Perderme. Perderlo. Pero yo resistiré hasta el último momento. ¡Nunca! ¡Jamás! ¡Conmigo no cuentes!

TOM. Pero, ¿en qué estás pensando, Emily? ¿Te has vuelto loca? ¿Qué ideas tan disparatadas se te ha metido en la cabeza? Lo que propones tampoco puede ser. ¿Es que quieres ponerme en ridículo? Tienes que se mía, Emily, que será la medida de nuestro cariño. ¿Es que no te das cuenta que yo soy un hombre de carne y hueso? *(Entra en la casa).*

ESCENA VIII

Emily queda sola. Las luces de la casa de los Morgan se van apagando gradualmente. Emily recorre el escenario, que parece desolado. Mira a la ventana de la supuesta alcoba de Karl y Liza, cuyas luces se apagan. Permanece encendida la luz de la alcoba de Tom.

EMILY. Se ha ido. Estoy sola y no puedo hacer nada. Y tengo miedo de estar aquí. *(Pausa).* No, no puede ser. Estoy perdida. Como si me estuviera congelando. *(Transición).* Pero ella no, porque lo tiene todo. No tiene frío, no tiembla como yo, arde en sus brazos... *(Transición).* ¡Tom!

¡Tom! No me toques, no te acerques a mí... Y sin embargo... ¡Te quiero, te deseo, quiero que hagas de mí todo lo que tú quieras! *(Pausa)*. No, esto no puede ser... No, no me dejaré llevar por el deseo que me quema, por el amor que le tengo... Pero, ¿qué pensará de mí? ¿Cómo es posible que yo...? *(Pausa)*. Una noche larga que no se acaba nunca... Y esta soledad... Este frío que se cala... Y ese viento que penetra hasta mis huesos. ¡Yo quiero vivir! Haré algo, tengo que hacer algo. ¡Tocaré, tocaré a la puerta de ellos y no dejaré que se besen, que se acaricien, que se entreguen el uno al otro! ¡Tocaré hasta que me despedace! ¡Los llamaré! Solamente así podré correr a los brazos de Tom, solamente así nacerá mi hijo. *(Sube al portal de la casa de los Roller. Golpea la puerta. Nadie responde. Cae de bruces ante la puerta)*. Es inútil, no me escucharán. Besos... Caricias... Murmullos... *(Repite en otro tono)*. Besos... Caricias... Murmullos... *(Incorporándose, bastante alucinada)*. A menos que estén muertos... Muertos y enterrados... Que se rechacen, que se detesten, que no se entreguen... Y que ella tenga las entrañas secas... *(Baja las escaleras del portal de casa de los Roller)*. Tengo miedo... Es... es como si no existiera... Como si hubiera desaparecido... Solo la soledad tan solo... Todo dura hasta que ya no existe y todo existe hasta que deja de ser... *(Transición)*. Pero mi cuerpo... Mi cuerpo, Tom... ¡El tuyo y el mío! *(Llevándose la mano al vientre)*. ¿Y mi hijo? *(Transición)*. ¡Calla! ¡Silencio, silencio, no digas nada! ¿No ves que lo hago por ti? ¿No comprendes que he de arrepentirme luego? *(Mirando alrededor)*. Solo la soledad. La casa vacía, los campos vacíos, la luna vacía, las estrellas vacías. ¡Solo la soledad tan solo! *(Ya en el portal de su casa)*. ¡Tom, detenme, no me dejes ir, ahoga la sangre de mi cuerpo y el grito de mi vientre! No quiero entrar, no quiero subir... ¡Pero es más fuerte! ¡Hay algo que es más fuerte que todo!

Entra en la casa y cierra la puerta tras sí. Gradualmente, todas las luces se van apagando. Por un momento, solo queda encendida la luz de la alcoba de los altos, que finalmente se apaga. Todo queda a oscuras. Cae el telón.

Segunda parte

En las casas de Tom Morgan y Karl Roller durante los nueve meses siguientes.

ESCENA IX

Iluminación gradual. Una brillante mañana de sol ligeramente oscurecida hacia la casa de los Morgan. Aparece Liza, vestida pulcramente, almidonada, fresca. Contempla la mañana. Está llena de vida. Simultáneamente, aparece Emily en el portal de su casa, despeinada, en un estado de ánimo opuesto al de Liza. Da unos pasos hacia el frente de la casa.

LIZA. *(Da vueltas: alegre y feliz)*. ¡Lindo sol...! ¡Linda mañana...! ¡Linda noche de bodas
EMILY. *(Cubriéndose los ojos. En tono negativo)*. ¡Lindo sol...! ¡Linda mañana...! ¡Linda noche de bodas! *(A Liza, burlona, sarcástica)*. ¡Lindo sol...! ¡Linda mañana...! ¡Linda noche de bodas ¿Cómo es posible que todo ocurriera de ese modo?
LIZA. *(Ve a Emily. Se le acerca)*. ¿Qué le pasa?
EMILY. *(Movimiento de rechazo)*. ¡Vaya, ya se despertó la novia! ¿Es cierto que la noche de bodas ha sido hermosa?
LIZA. Claro. Y la mañana también, con los pájaros, los árboles, el sol... ¿No lo sientes así? Es

como si todo se llenara de vida, ¡con más fuerza que nunca!

EMILY. ¡Cómo puedes decir tal cosa! ¡La noche! ¡La mañana! ¡El sol!

LIZA. *(Girando sobre sí misma, convencionalmente feliz).* ¡La noche! ¡La mañana! ¡El sol! ¿No ves como lo digo?

EMILY. *(Descaracterizándola. Expresión corporal en sentido opuesto, negativa).* ¡La noche! ¡La mañana! ¡El sol! ¿No ves como lo digo? *(Transición).* Es como si el sol quemara todas las cosas, las desmenuzara, las hiciera trizas. ¡Negro es el sol! ¡Negra ha sido la noche! ¡Maldita la hora en que le conocí, en que me rendí a sus brazos!

LIZA. ¡Qué locura! ¡Qué disparate! ¿Te has vuelto loca?

EMILY. *(Monologando, alejándose de Liza).* Ella… Ella si puede estar feliz… No sabe ni presiente… Nada teme… Vestida de limpio, segura de que nada sucederá… ¡Novia, novia, novia…!

LIZA. *(Acercándose).* Eso no tiene sentido. ¿Qué ha pasado? ¿Por qué te pones así? Piensa lo que va a pensar tu marido si te ve de ese modo. Mucho peor, si te ven los vecinos. ¿Qué van a pensar? Es cierto que desde ayer, cuando me miraste…

EMILY. No debí hacerlo

LIZA. Pero lo hiciste.

EMILY. Porque no pude evitarlo.

LIZA. ¿Mirarme? ¿Qué importancia podía tener?

EMILY. Todo.

LIZA. Era una novia como otra cualquiera.

EMILY. Eso pensaba yo. Pero eres todo lo contrario.

LIZA. Cuando me miraste, temblé de pies a cabeza. Hubiera preferido que no lo hubieras hecho.

EMILY. Nunca temblarás como yo.

LIZA. Mejor hubiera sido que hubieras vuelto la cabeza.

EMILY. Sí, tienes razón. Pero no lo hice, porque tenía que saber.

LIZA. ¿Qué cosa?

EMILY. Lo que tenías encerrado en el fondo de tus ojos. Porque en tu pupila estaba escrito todo.

LIZA. No me hagas reír. ¿Que en mi pupila estaba escrito todo? Quieres asustarme, meterme miedo.

EMILY. No, no lo quiero. Es el miedo que tengo yo, que se transparenta, que todo lo llena. No me queda más remedio. Pero tenía que saber.

LIZA. Quiero que sepas que soy una ignorante. No sé nada de nada. Salvo lo que anoche me enseñó mi marido, y a eso no te podrías referir porque antes nunca había estado conmigo. *(Se dirige al portal de su casa).* Es mejor que no te haga caso.

EMILY. Dirás que te quiere.

LIZA. *(Volviéndose).* Claro que me quiere. ¿Qué quieres decir?

EMILY. Que la noche fue estrellada y que sus besos fueron tibios.

LIZA. Mucho más, más todavía.

EMILY. Que te besó en los labios…

LIZA. Que besó todo mi cuerpo…

EMILY. *(Como si recreara su propia experiencia amatoria).* Que te descubrió a ti misma…

LIZA. *(Retándola).* Con pasión, como un volcán… como si se hubiera vuelto loco. ¡Y yo también!

EMILY. Que te hizo suya…

LIZA. Que me hizo suya…

EMILY. *(Reteniéndola por el brazo)*. ¡No, no, dime que no es cierto!

LIZA. *(Soltándose)*. ¡Es cierto! ¡Es cierto! De nada vale que lo niegues… De nada vale que digas todo lo contrario.

EMILY. *(Retrocediendo)*. Sueñas… No sabes lo que dices… No te vio nunca… No estuvo contigo… ¡No puede ser! ¡No quiero que sea!

LIZA. ¿Es que acaso, contigo, no pasó lo mismo? ¿No te hizo suya?

EMILY. *(Furiosa, casi con rabia)*. ¡Con pasión, como un volcán… como si se hubiera vuelto loco!

LIZA. *(Susurrante)*. Con pasión, como un volcán… como si se hubiera vuelto loco…

Se separan.

ESCENA X

Entra Karl silenciosamente. Se aproxima por detrás de Liza. La abraza y la besa.

KARL. Como si me hubiera vuelto loco.

LIZA. ¡Locura de amor!

KARL. Como en una novela.

LIZA. Como en una película.

KARL. Te estás levantado muy temprano. Quiero que descanses. Déjame verte. *(La toma por la barbilla cariñosamente)*. Más bella que nunca… Pero te noto un poco pálida. ¿Te pasa algo?

LIZA. *(Ligeramente evasiva)*. Nada. Son cosas momentáneas. Pensamientos que me vienen a la cabeza.

KARL. Solo debes pensar en mí. Y tienes que cuidarte. El tiempo está cambiando y deberías abrigarte un poco más. No vayas a resfriarte. No solo por ti.

LIZA. ¿Qué quieres decir?

KARL. Tú sabes…

LIZA. Me cuidas demasiado. Ya sabes que no existen motivos.

KARL. ¿Pretendes engañar a quién descubre todos tus secretos?

LIZA. Yo no tengo secretos para ti.

KARL. ¡Quién sabe!

LIZA. Nunca te he engañado.

KARL. ¿Ni de broma?

LIZA. Bueno, de broma quizás.

KARL. Entonces admito que tengo motivos para cuidarte. Puedes que estés jugando conmigo.

LIZA. Si sabes todos mis secretos, podrás descubrir si estoy jugando contigo.

KARL. Esta noche arreglaremos cuenta. Ahora tengo que irme para el trabajo, porque tengo que mantenerte bien alimentada. *(La besa ligeramente. Se aleja)*. No te olvides. No trajines mucho. Hay que cuidarse…

LIZA. *(Reteniendo a Karl, cuando está a punto de salir de escena. Corre hacia él)*. ¡Karl!

KARL. *(Él se vuelve)*. ¿Qué pasa…?

LIZA. *(Se abraza a Karl. Están en el medio del escenario. Emily, que nunca ha salido de esce-*

na, de pie, en el portal de su casa, observa). ¡Bésame! ¡Bésame otra vez! ¡Para que no te vayas, para que siempre estés conmigo! *(Se besan. Karl sale).*

ESCENA XI

EMILY. *(Sin interrupción. Acercándose).* La quiere.
LIZA. Sí.
EMILY. La mima.
LIZA. Sí.
EMILY. No quiere que se enferme.
LIZA. Naturalmente.
EMILY. La cuida por algo.
LIZA. Porque me quiere.
EMILY. La cuida por algo más.
LIZA. Porque no quiere que me enferme. ¿No es natural? Tu marido tampoco lo querrá.
EMILY. Me daría lo mismo estar más muerta que viva.
LIZA. A mí me pasa todo lo contrario.
EMILY. ¿Por qué? Sus razones tendrás
LIZA. Por algo que a ti no te interesa. ¡Basta ya! Por algo que a ti no te importa. Todas las mañanas estás ahí, espiando mi vida, vigilando mis actos, acechando todo lo que ocurre en mi casa. ¿Por qué lo haces?
EMILY. Somos vecinas.
LIZA. Quiero que me dejes en paz. Que si hago esto o que si hago aquello. ¿A ti qué te importa lo que haga o deje de hacer?
EMILY. Es por tu bien. No deberías molestarte.
LIZA. Solo quiero que me dejes tranquila.
EMILY. Tratas de engañarme pero no podrás hacerlo. Algún día tendrás que decírmelo. Es mejor que me lo digas antes de que sea demasiado tarde.
LIZA. ¿Me amenazas?
EMILY. Me ocultas algo, pero tarde o temprano sabré la verdad.
LIZA. ¿Qué podría ocultarte?
EMILY. ¡Que vas a tener un hijo!
LIZA. Ni que fuera un pecado. Estoy casada. Tengo un marido. Es cierto, voy a tener un hijo.
EMILY. *(Como loca).* ¡Es cierto, es cierto! ¡Nada lo puede evitar! ¡Un hijo! ¡Va a tener un hijo!
LIZA. Sí, voy a tener un hijo.
EMILY. Y lo dices con orgullo, como una victoria.
LIZA. Bueno, no es para tanto. Eso le pasa a miles de mujeres. Pero sí, es un orgullo y una victoria.
EMILY. Lo sé. Para ti puede serlo.
LIZA. Para todas las madres.
EMILY. No para mí.
LIZA. No sabrás lo que es eso.
EMILY. ¿Estás segura?
LIZA. ¿Cómo?
EMILY. Que estás en estado. A lo mejor estás equivocada.

Se inicia el asedio de Emily, que persigue a Liza para atraparla en sus redes.

LIZA. Estoy segura.
EMILY. Puede que sean síntomas de otra cosa.
LIZA. Estoy segura que esos son los síntomas.
EMILY. Pero nunca has tenido hijos.
LIZA. Una mujer no se engaña. Lo sabemos siempre.
EMILY. Muchas mujeres se equivocan.
LIZA. Yo no soy una de esas.
EMILY. ¿Y te alegras? Un hijo es siempre un peso para la casa, un problema. Yo no los tengo, pero sé como son esas cosas.
LIZA. No me importa.
EMILY. Ustedes son jóvenes y sacrificarán muchas diversiones.
LIZA. Esa será nuestra mayor diversión.
EMILY. No creo que su marido gane mucho. Y eso no está bien. Tener hijos es una gran responsabilidad. Hay que pensarlo dos veces. No es bueno traerlos al mundo para que pasen trabajo.
LIZA. Mi marido gana lo suficiente. Nuestra casa es grande y cómoda. Los terrenos que la rodean son fértiles. Sus frutos son abundantes y jugosos. Este año esperamos una buena cosecha.
EMILY. A veces vienen épocas malas.
LIZA. Les haremos frente. Nosotros nos arreglaremos
EMILY. No importa... Cualquier cosa...
LIZA. Nadie sabe cuándo van a suceder.
EMILY. Ciclones... Epidemias... Inundaciones... Desastres naturales...
LIZA. ¿Por qué me dice eso?
EMILY. Porque quiero ayudarla. Salvarla de cualquier peligro. Un parto siempre es peligroso... ¿No tiene miedo?
LIZA. Soy joven y fuerte.

Se acrecienta el asedio, que llega a niveles físicos.

EMILY. Yo también... Sin embargo, me da miedo tener hijos... El miedo no cree en mujeres jóvenes y fuertes... Ni la muerte tampoco... He visto casos... Mi mejor amiga, con la cual fui al colegio, se casó. Su marido era fuerte... Ella era fuerte... Sus padres también... Desde niña la cuidaron mucho... Siempre se alimentó bien... Durante los nueve meses del embarazo tuvo una atención esmerada... El médico llegó a tiempo... Todo estaba preparado... Sin embargo, no pudo resistirlo... Se les fue en un abrir y cerrar de ojos, y el niño nació muerto.
LIZA. ¡Cállate! Esas son cosas de Dios. Nadie sabe cuándo van a suceder.
EMILY. Pueden suceder en tu caso. En cualquier caso. Algunas mujeres han dejado con vida a las criaturas. Unas pobres criaturas sin madre, sin calor, sin amparo... Las primerizas...
LIZA. ¡Basta! ¡Es suficiente!
EMILY. *(Sin soltar a su presa).* Y los marido, jóvenes y viudos, con una pérdida dolorosa e irreparable, solos para siempre, destruidos.
LIZA. ¡No, nada de eso pasará! ¡No sigas!
EMILY. Puede pasar, te lo aseguro. ¡Es mejor que tu hijo no nazca!

LIZA. ¿Qué dices? ¿Has perdido completamente el juicio? ¿De qué monstruosidad me hablas?

EMILY. De ninguna. De lo que te conviene. Es por tu bien. Por el bien de tu marido. Por el de tu hijo. Yo te ayudaré. Conozco una mujer… Una enfermera…

LIZA. *(Que quiere deshacerse de Emily, que trata de dominarla físicamente)*. ¡No, no! ¡Déjame!

EMILY. No te dolerá. Todo lo hará en un abrir y cerrar de ojos.

LIZA. ¡No, no! ¡Suéltame!

EMILY. Estamos a tiempo. Apenas está formado. ¡No es un crimen! ¡No tendrás complicaciones!

LIZA. ¡De ninguna manera! ¡No creas que vas a poder conmigo!

EMILY. Yo pagaré los gastos. Yo me encargaré de todo.

LIZA. *(Como si pidiera auxilio)*. ¡Karl! ¡Karl! *(Deshaciéndose de Emily)*. ¡No estoy sola! ¡El está conmigo!

EMILY. ¡Decídete! ¡No lo dejes para mañana!

LIZA. *(Ya en lo alto del portal de la casa, con la mano en el vientre)*. ¡Mi hijo nacerá! Yo me cuidaré lo suficiente para que nazca… ¡Ni tú ni nadie…!

EMILY. No esperes a que sea demasiado tarde.

LIZA. ¡No puedes hacer nada! ¡Ellos están conmigo! *(Entra en la casa)*.

EMILY. *(Camina destrozada hacia el pórtico de su casa y se desploma en los escalones)*. ¡Oh, Dios! ¡Oh, Dios! ¡Han sido inútiles todas mis palabras!

ESCENA XII

Emily se incorpora. Da unos pasos. Tom sale de la casa. Emily, escurridiza, esquiva, áspera.

TOM. Emily, ¿qué te pasa?

EMILY. Nada.

TOM. ¿Te sientes mal?

EMILY. No, no me pasa nada.

TOM. Te noto pálida, demacrada.

EMILY. *(Áspera)*. Mis motivos tengo.

TOM. ¿Motivos? Entonces…

EMILY. ¡Déjame! ¡Son cosas mías!

TOM. Por un momento pensé… Que quizás… Bueno, entiende… *(La abraza por la espalda y pone la mano sobre el vientre de Emily)*. Lo que me habías dicho… Lo que queríamos tener…

EMILY. *(En voz baja, ahogadamente)*. Suéltame…

TOM. Que te sentías mal… Bueno, por lo que se sienten mal las recién casadas…

EMILY. No lo digas.

TOM. Debías dormir más. Descansa. Lo hago por tu bien.

EMILY. Si es por mi bien, hazlo… Pero no intentes hacerlo por más nadie…

TOM. ¿Te he faltado en algo?

EMILY. *(Alejándose)*. No, no, en nada.

TOM. Perdóname…

EMILY. No tengo nada que perdonarte. La culpa es mía… Me molesta… todo… Tus atenciones, tus mimos… Pero no tienes culpa de nada…

TOM. Antes no eras así.

EMILY. Antes... Antes todo era distinto...

TOM. Perdóname por haberte hecho cambiar.

EMILY. No importa. No tiene remedio. No puede hacerse nada.

TOM. ¿Qué quieres decir?

EMILY. Nada. Exactamente nada

TOM. *(Tomándole un brazo, volviéndola hacia él).* ¿Es que ya no me quieres?

EMILY. *(Esquivándolo).* No me preguntes eso.

TOM. ¿Es esa la verdad?

EMILY. La verdad que oculto no es esa... Es... No, no puedo decírtelo.

TOM. Entonces... Soy yo... *(Pausa).* Me ofendes, Liza... Como hombre... Que yo no era lo que tú esperabas... Que la noche de bodas... Yo creía... Yo creía que eras feliz, que te gustaba lo que estábamos haciendo...

EMILY. ¡Cállate, Tom! ¡No es eso!

TOM. ¿Y si no es eso qué es lo que es? ¡Explícate!

EMILY. *(En un arranque de ternura).* Te quiero, Tom. Eres exactamente como yo quiero que seas. *(Tom va a decir algo. Ella le sella los labios con los dedos).* No, no vuelvas a repetir nada parecido... Te quiero como te he querido siempre... Más todavía... Es otra cosa lo que me pasa...

TOM. ¡Dímelo!

EMILY. *(Inflexible).* Nunca.

TOM. Te consumes día a día. Te separas de mí. Me rechazas. Acabas contigo y conmigo.

EMILY. Quizás ese sea tu castigo.

TOM. ¿Castigo por qué? ¿Qué culpa he tenido?

EMILY. Yo también tengo el mío, que es más fuerte todavía. Como si me hubieran condenado a muerte.

TOM. ¿Pero no es eso lo que estás haciendo conmigo? ¿Acaso no es suficiente el amor que te tengo?

EMILY. Tu amor no detiene lo inevitable. Quizás sea culpable. Y también el mío.

Tom sale hacia el campo. Emily camina hacia el proscenio. Da unos pasos imprecisos. Liza aparece en el portal de su casa. Emily se tambalea y está a punto de caer. Liza, solícita, corre a ayudarla y la sostiene.

LIZA. ¿Le pasa algo? ¿Se siente mal?

EMILY. *(Recuperándose, se separa bruscamente).* ¡Suélteme! Me pasa lo que me tiene que pasar. Pero le aseguro que no dejaré que nada me pase. Se lo aseguro. *(Se vuelve y entra en la casa).*

ESCENA XIII

liza se encuentra desconcertada ante la abrupta salida de Emily. Entran Melania y Otto, que la sacan de su abstracción. Besos y abrazos.

MELANIA. ¡Liza! ¡Liza!

LIZA. ¡Qué sorpresa! No esperaba que llegaran tan temprano.

MELANIA. De ahora en adelante, no te dejaremos ni a sol ni a sombra, porque venimos a cuidarte.
OTTO. ¿Y cómo anda ese chiquillo? ¿Dando pataditas?
LIZA. No me hagas reír, tío.
MELANIA. Pero te noto pálida, Liza.
LIZA. No es nada, tía. Es natural.
MELANIA. ¿Estás preocupada?
LIZA. No, no lo estoy. ¿Por qué iba a estarlo?
MELANIA. Cosas que se les ocurren a veces a las primerizas. Porque después, una se acostumbra, y es cosa de coser y cantar. Ese semblante no anda bien del todo.
OTTO. ¿Y tu marido?
LIZA. Trabajando. Hay que comer, tío.
MELANIA. Pues tendrá que prestarte más atención, porque primero estás tú, y ese chiquillo. Pero todo está bien, te lo aseguro. Eres joven y fuerte y te quedan muchos críos por delante. Yo me encargo de todo. Te sentarás en un sillón y no harás nada en todo el día.
LIZA. ¡Pero eso es una locura tía!
MELANIA. ¡Nada, nada! ¡Lo que digo yo! ¡A tejer! ¡A bordar! ¡A cortar los pañales!
OTTO. Pero no tienes buen color. ¡No, no, no queremos muchachos enclenques en la familia! Tienes que cuidarte y alegrar esa cara.
LIZA. Son malos pensamientos momentáneos.
MELANIA. ¡Qué locura! Nada, ni una palabra más. Queremos que estés de buen humor.
OTTO. Y que ese niño sea el más guapo y fuerte del mundo. *(Sale)*.
LIZA. Todo los niños son igualmente hermosos, pero el mío tiene que ser más hermoso que todos los demás.
MELANIA. *(Hay un par de sillones en el portal. Melania apuntará hacia uno de ellos)*. Te sentarás en ese sillón y no te moverás para nada.
LIZA. No, no es necesario que me cuiden tanto. Este chiquillo acabará siendo un holgazán.
MELANIA. *(Con una cesta en la que hay hilos, aguja)*. Aquí traigo hilos y agujas. ¡A tejer se ha dicho! *(Mostrándole un bola de hilo rosado)*. ¡Mira que rosado tan brillante! Si fuera niña…
LIZA. *(Sostiene una bola de hilo azul en la mano)*. Pero será varón…
MELANIA. ¡Un niño o una niña! A la larga da lo mismo. *(Pausita)*. Yo siempre quise tener un hijo, ¡pero Dios me dio una sobrina! *(Ríen)*. En todo caso, ¿qué preocupaciones tienes en esa cabecita?
LIZA. *(Deja de tejer. Se pone de pie)*. A veces tengo miedo…
MELANIA. ¿Miedo de qué? Eres joven y fuerte.
LIZA. *(Se pone de pie, ensimismada. Habla de una manera extraña, como si no fuera ella, como si le dictaran las palabras. Baja del portal. Melania teje)*. El miedo no cree en mujeres jóvenes y fuertes… Ni la muerte tampoco… Se han visto casos… Muchachas muy saludables… Siempre se alimentó bien… Durante los nueve meses del embarazo la cuidó su tía… Se les fue en un abrir y cerrar de ojos…
MELANIA. *(Algo alarmada, deja de tejer, la sigue)*. ¿Pero quién te ha metido esos disparates en la cabeza?
LIZA. *(Como en una letanía, creciente dramatismo)*. Puede pasar… Puede pasar…
MELANIA. No pasará, Liza, no pasará. ¿Acaso ya sientes sus pataditas?
LIZA. *(Se lleva las manos al vientre)*. No, no las siento todavía…
MELANIA. Pues las sentirás más tarde o más temprano, porque ese niño es la vida.

Suben de nuevo al portal. Tejen, ríen, conversan. Después, Melania entra en la casa y Liza queda sola, tejiendo.

ESCENA XIV

Del lado de los Morgan, Emily aparece en el portal, desencajada, despeinada. Tom entra por un lateral, sube al portal y va a entrar en la casa. Se vuelve y ve a Emily.

TOM. ¿Te ocurre algo?
EMILY. Siempre me preguntas lo mismo.
TOM. Porque me preocupas.
EMILY. No, no me pasa nada.
TOM. ¿Por qué sigues así conmigo?
EMILY. No me hagas caso.
TOM. ¿No vas a cambiar?
EMILY. Vete al pueblo. Ve a la consulta del Dr. Spencer y dile que venga a verme. Me siento mal.
TOM. *(Da unos pasos hacia su mujer. Se detiene. Ya a punto de bajar la escalerilla del portal, se vuelve nuevamente.)* ¿Es cierto lo que me sospecho?
EMILY. ¿Qué cosa?
TOM. Que estás en estado. Que vamos a tener un hijo. ¿Es que eso no te hace feliz?
EMILY. *(Seca. Dura).* Ve y dile al médico que venga. No preguntes más.

Sale. Emily se queda mirando al portal de la otra casa.

ESCENA XV

Sin interrupción. Liza teje. Entra Karl en escena, procedente del interior de la casa.

KARL. Liza, ¿por qué no te acuestas?
LIZA. Quiero quedarme aquí un rato más, Karl.
KARL. Debes cuidarte de la luna, que dicen que puede hacerle daño a las mujeres embarazadas.
LIZA. Nos hace soñar.
KARL. No te olvides que vas a tener un hijo, hermoso y fuerte.
LIZA. No puedo olvidarlo. Sueño con él día y noche. Y contigo. El hijo de nuestro cariño. Saberlo que me hace más fuerte cada día.
KARL. Tienes que cuidarte y cuidarlo.
LIZA. Lo estoy haciendo. Será sano y robusto.
KARL. Vivirá largos años.
LIZA. Pronto acabaré de cortar los pañales.
KARL. Tu tía ya acabó de bordar las colchitas.
LIZA. No pasará frío.
KARL. Tiene todo un mundo por delante. *(La besa. Se separan).* Vuelvo ahora, creo que tú tía está llamando. *(Hace como si fuera a entrar en la casa).*

EMILY. *(Saliendo alterada al portal de su casa).* ¡Yo no lo cuidaré! ¡Yo no lo cuidaré!
LIZA. *(Reteniendo a Karl. Se pone de pie. Asustada de forma imprecisa).* ¡No, no te vayas! ¡Ayúdame a subir! ¡No me dejes sola! *(Salen).*

ESCENA XVI

Emily ha bajado del portal. Da unos pasos hacia la casa de Karl y Liza, fijos los ojos en ella. Entran Tom y el Dr. Spencer, con maletín médico, por el lado opuesto. Van a subir al portal. Tom ve a Emily.

TOM. Emily, aquí tienes al doctor Spencer.
DOCTOR. ¿Qué tal se siente, señora Morgan?
EMILY. *(Con aspereza).* Tom, quiero hablar a solas con el médico.
TOM. *(Dolido, pero cariñoso).* Lo que tú digas, Emily. Pero no se demoren mucho. Quisiera que terminaras pronto para saberlo todo y estar a solas contigo.
EMILY. *(Separándose con brusquedad).* Tendremos tiempo para estarlo, Tom.
DOCTOR. Despreocúpese, Morgan. Esto es rutina. Aún no ha llegado el momento difícil.
TOM. *(Bromeando).* Para ustedes, los médicos, los maridos siempre estamos de más.
DOCTOR. *(Bromeando).* Salvo para pagar las cuentas.
TOM. *(Entrando en la casa).* Pero ese momento no ha llegado todavía, doctor. *(Sale).*
EMILY. *(Al médico, después que se han quedado solos).* Ya sabe para qué lo he llamado.
DOCTOR. Todas las mujeres jóvenes me llaman para lo mismo.
EMILY. *(Siempre áspera, brusca).* Yo lo llamo para lo mismo y también para algo más.
DOCTOR. Seguramente tendré que reconocerla. ¿No le parece mejor que entremos?
EMILY. No es necesario.
DOCTOR. Luce cansada. No tiene muy buen aspecto. ¿Por qué no se relaja? Esa tensión no le conviene.
EMILY. Usted no sabe lo que me conviene o me deja de convenir.
DOCTOR. No se olvide que yo soy el médico.
EMILY. Pero yo sé lo que me conviene.
DOCTOR. Su rostro está transfigurado. No me recuerda a la muchacha que conocí poco antes de la boda.
EMILY. No lo soy.
DOCTOR. ¿Por qué tiene esa manera de comportarse, como si estuviera irritada? Le advierto que se ve realmente mal. No en balde su marido estaba preocupado.
EMILY. No lo llamé para hablar sobre las preocupaciones de mi marido, ni tampoco de mi aspecto y mi conducta. En mi casa hay espejos. Lo llamé para otra cosa.
DOCTOR. Todo forma parte del tratamiento. Si como me sospecho se encuentra en estado...
EMILY. Lo estoy. No le quepa la menor duda.
DOCTOR. Atiendo a muchas mujeres en parecidas circunstancias, pero esa manera de comportarse no la tiene ninguna...
EMILY. Porque no saben...
DOCTOR. ¿Qué cosa?

EMILY. Lo que puede pasar... Lo que sucederá mañana...
DOCTOR. Todas lo saben... Que a los nueve meses tendrán un recién nacido entre sus brazos...
EMILY. Pero yo sé algo más y por eso soy una madre diferente.
DOCTOR. Su marido está muy contento porque va a ser padre.
EMILY. Dejará de estarlo dentro de poco.
DOCTOR. ¿Por qué?
EMILY. Es mejor que su alegría dure poco. Así su dolor será menor. Usted y yo tendremos que llegar a un acuerdo.
DOCTOR. Conmigo no existe más que un tipo de acuerdo.
EMILY. No es cierto. Con usted puede existir otro tipo de acuerdo.
DOCTOR. *(Alarmado)*. Pero, ¿qué es lo que pretende?
EMILY. Que mi hijo no nazca.
DOCTOR. ¿Se da cuenta de lo que está diciendo?
EMILY. Sí, claro. Naturalmente.
DOCTOR. Vamos, piénselo dos veces. No tiene sentido lo que dice. No puede hablar en serio...
EMILY. Nunca he hablado más en serio en mi vida
DOCTOR. Es un estado depresivo que tiene que superar... Esas cosas pasan... Pero pasará... Recapacite... Yo la ayudaré, pero no pretenda que me pueda hacer cómplice de un crimen... Sería una traición... A mis obligaciones profesionales... A la naturaleza... A la ley de Dios...
EMILY. ¿A un crimen que pueden cometer los otros...?
DOCTOR. Recapacite...
EMILY. ¿A la ley de Dios que puede quitármelo de un momento a otro...?
DOCTOR. *(Cambiando a un tono más familiar, con el fin de convencerla)*. Comprende, razona. Piensa lo feliz que será Tom, que tanto te quiere, la dicha de ser madre. Verán crecer a un niño hermoso y fuerte, sangre de su sangre, que los hará quererse más que nunca... Tom ha fijado en él sus sueños, Emily.
EMILY. No quiero que Tom se haga ilusiones con un futuro que nunca llegará. Ni tampoco que nazcan anhelos, sueños e ideales en el pecho de mi hijo. Si no nace, nada sucederá. Ni mañana ni nunca. Si lo hace, destruirá todos esos sueños y su propio corazón se volverá añicos... Cada vez que lo vea pensaré en un mañana tinto en sangre. Sería una traición de mi parte, porque conociendo el final debo estrangular los sueños del principio. No, no podré quererlo nunca.
DOCTOR. Piensa, Emily, en todo lo que ser madre significa. No puedes negarte a ti misma. A lo más íntimo, porque una mujer siempre lleva dentro de ella un espíritu materno del cual jamás puede deshacerse.
EMILY. No me hable de la naturaleza de las mujeres. Me repito esas palabras a diario. Mi castigo es serlo. De lo contrario hubiera hasta podido resistir la tentación de estar en sus brazos.
DOCTOR. Yo no haré lo que me propones, ni tú tendrás el valor para hacerlo.
EMILY. Mis palabras son el producto de la razón, no de la locura. La locura ha venido después, cuando me he dado cuenta que estoy acorralada, cuando la razón me ha negado la dicha. Mi hijo tiene que morir antes de venir al mundo.
DOCTOR. Eso mismo no tiene sentido. No es posible morir si uno no está vivo. Soy algo más que un médico, Liza. A Tom lo quiero como si fuera mi propio hijo. No puedo hacerle ese daño, destruirlo.

EMILY. Precisamente, lo destruirá si no me ayuda. Lo hago por el… por mí… por el amor que nos tenemos… Por la felicidad de nuestro hijo… Inclusive, y no, no es una locura, por el amor de madre que ya le llevo en las entrañas… *(Con mayor insistencia)*. Me ayudará sin decirle una palabra de la verdad… Que los síntomas que tengo son otros… Que se ha equivocado…

DOCTOR. No me haré cómplice de un crimen.

EMILY. ¿Acaso piensa que lo hago por placer, por gusto, por perversión? ¿Por la satisfacción de matar una parte de mí misma? ¿Un crimen? ¡El crimen de todos los demás! ¿Es que no me estoy matando yo al mismo tiempo? ¿No es posible que comprenda mi sacrificio?

DOCTOR. Nadie tiene el derecho de acabar con las vidas ajenas.

EMILY. ¿E Isaac? ¿No cumplía órdenes estrictas de la ley de Dios?

DOCTOR. Solo comprendo que estás cometiendo un asesinato.

EMILY. De un crimen que se hará realidad más tarde o más temprano. Mientras más pronto mejor. Es inútil que trate de quitarse la parte de culpa que le corresponde. Todo el mundo la tiene. Nadie es inocente. Pero por lo menos, si muere ahora, no tendremos la culpa de una masacre colectiva. Será… casi… como un cordero pascual con todo su significado, que de alguna manera nos redime de los pecados del mundo… Será como una propuesta de nosotros los mortales… ante todos los crímenes que hemos cometido…

DOCTOR. *(Firme, definitivo)*. Estas loca, Emily. Has perdido el juicio. Eres una egoísta. No cuentes conmigo. *(Se prepara para salir de escena)*.

EMILY. Nadie tiene derecho a quitarme lo que es mío… Lo que yo mismo he engendrado. No puedo aceptar, que me lo quiten cuando otros lo determinen. ¡Mi hijo es mío! ¡Soy egoísta, sí, y si mi hijo tiene que ser destruido, seré yo y no otro quien lo haga!

DOCTOR. Es monstruoso todo lo que dices.

EMILY. ¿Acaso no lo soy desde el momento en que lo concebí en mi vientre? ¿Dejaría de serlo trayéndolo a este mundo?

DOCTOR. Me voy. Ni una palabra más. Es usted un monstruo, señora Morgan.

Sale el médico. Emily queda de pie, como una estatua.

ESCENA XVII

TOM. *(Saliendo de la casa)*. Emily, ¿ya se fue el médico?

EMILY. Acaba de irse.

TOM. Pero, ¿qué dijo?

EMILY. *(Separándose)*. Dijo lo que tú y yo sabíamos. *(Tom se le acerca)*. ¡No me toques! Bastante daño me has hecho con tus palabras y tus manos. ¡En mala hora nací mujer!

TOM. ¡Basta, Emily, basta! ¿Qué ha sucedido?

EMILY. Te lo diré. No creas que voy a guardar el secreto. Bastantes secretos tengo ya. Spencer se negó a pactar conmigo.

TOM. ¿Pactar? ¿Qué pacto era ese?

EMILY. Le propuse que me hiciera un aborto. Se negó.

TOM. *(Desconcertado)*. ¿Un aborto? ¿Te das cuenta de lo que estás diciendo? ¿Eres tú la que hablas?

EMILY. Si, soy yo. Quiero que vayas al pueblo y me busques a alguien que lo haga. Una curandera o quién sea. No me importa. Que venga pronto, porque este hijo me lacera las entrañas. Hay que terminar con él lo más pronto posible.

TOM. ¡No entiendo, Emily! ¡No entiendo!

EMILY. ¡No te niegues, Tom! Tienes que ayudarme. Tú eres el padre y no podrás negarle la felicidad. Si Spencer se niega, otros pueden hacerlo. Ve ahora. Corre. No te detengas. No dejes que la muerte haga con él lo que a ella le dé la gana.

TOM. ¿Pero no es eso lo que propones?

EMILY. No, no es lo mismo. Haz lo que te digo.

TOM. No iré. Si tú has perdido el juicio, yo sé lo que hago.

EMILY. Lo perdiste, Tom, cuando me hiciste un hijo.

TOM. No te comprendo, Emily. Esto no puede ser otra cosa que una pesadilla. No, no eres la Emily que siempre he conocido.

EMILY. Sí, yo soy Emily, exactamente la misma. Pero ahora sé lo que no sabía. Y no tengo otra solución, Tom. No hay opción posible.

TOM. *(Reteniéndola con sus brazos, frente a frente).* ¡Óyeme, Emily! Ese niño es tan mío como tuyo, aunque lo lleves en las entrañas. Y tendrá que nacer. No habrá modo que logres lo que te propones. Te vigilaré mañana, tarde y noche para que no le pase nada. Y si le pasara, que Dios no querrá que tal cosa ocurra, sería yo el que te estrangule con mis propias manos. *(Dispuesto a salir).* ¡Será bello! ¡Hermoso! ¡Robusto como el más potente de los árboles!

EMILY. *(Desde lo alto del portal).* Hasta que venga una avalancha y acabe con él. No lo dejaré nacer. No dejaré que se salgan con la suya. No quiero cuidados. Nunca vendrá al mundo para oler esta pestilencia, esta destrucción. Seré yo y no otra quién lo destruya. Y si llegara a traerlo al mundo, será un feto muerto. No me cuidaré y no dejaré que me cuide ni tú ni nadie. Trabajaré y trabajaré hasta desfallecer. No lo podrás evitar. Nadie podrá evitarlo. ¡Tu hijo nacerá muerto! *(Entra en la casa.)*

TOM. *(Mientras sale por un lateral).* ¡Vivirá, Emily, vivirá!

ESCENA XVIII

Tom está sentado en la escalera que conduce al portal de la casa. Karl, sentado de forma parecida en la suya. Entran un coro de amigos, que se mueven indistintamente de un espacio al otro. Rápido. Los diálogos se superimponen.

AMIGO. *(A Tom).* ¿Así que pensabas ocultarnos la verdad?

AMIGO. *(A Tom).* Eso siempre se nota.

AMIGO. *(A Karl).* ¿Cómo anda tu mujer?

KARL. ¡Estupendamente!

AMIGO. *(A Tom).* ¿Para cuándo viene el niño?

AMIGO. ¡Quizás sea una niña!

TOM. Tarde o temprano.

KARL. ¡Cuándo Dios quiera!

AMIGO. Y que tu mujer ayude.

AMIGO. ¡Quizás se trate de un par!

TOM. Lo que sea

KARL. Lo que sea sonará.

AMIGO. ¡A gritos!

AMIGO. Si es varón, ¿cómo se llamará?
AMIGO. Tom, naturalmente, como el de la cabaña.
AMIGO. Karl, como si fuera el káiser.
AMIGO. ¿Y si es niña?
AMIGO. Emily
AMIGO. Liza
AMIGO. ¡Pues ya están bautizados! *(Ríen).*
AMIGO. ¿Y cómo se llamaran los nietos?
AMIGO. Karl y Liza
AMIGO. Emily y Tom
AMIGO. Serán granjeros, se casarán y tendrán hijos.
OTRO AMIGO. Serán granjeros, se casarán y tendrán hijos.
TODOS LOS AMIGOS. ¡Hasta que la muerte los separe!
AMIGO. Esto hay que celebrarlo, Karl.
AMIGO. ¡Con unas cervezas! ¡Vamos!
AMIGO. Esto hay que celebrarlo, Tom.
AMIGO. ¡Con unos tragos! ¡Vamos!

Salen todos juntos, abrazados, menos Tom, que no se mueve. Oscuro.

ESCENA XIX

La danza de los nueve meses

Foco de luz en el proscenio, centro del escenario, que se irá ampliando gradualmente. Entra Liza, en estado, rozagante. Entra Emily, destrozada, también en estado. Música dodecafónica, desarticulada, incoherente. Emily baila en torno a Liza, trazando círculos. Liza trata de escapar. La coreografía, a libertad del director. Lo esencial es indicar que se trata de un movimiento en nueve círculos marcados por Emily. Al final, Emily cae y Liza escapa por el lateral de su casa.

ESCENA XX

MELANIA. *(Sale gritando desde la casa de los Roller).* ¡Karl, Karl, pronto, ve a buscar al médico!
KARL. *(Entra Karl por un lateral).* ¿Qué ha pasado?
MELANIA. Que ha llegado el momento. ¡Corre a buscar el médico!
EMILY. *(Incorporándose con dificultad, a los pies de Tom).* Tom, detenlo, no lo dejes ir.
TOM. *(Confundido).* ¿A quién quieres que detenga, Emily? Tienes fiebre…
EMILY. No, no, no dejes que vaya a buscarlo. ¡Mátalo!
TOM. Deliras… No sabes lo que dices…
EMILY. Si no lo detienes, el médico llegará a tiempo y matarás a mi hijo.
TOM. *(La toma en los brazos).* ¿Qué puedo hacer contigo, Emily? ¿Cómo puedo salvarte?
EMILY. ¡Matándolo a él! ¡Una escopeta, Tom, una escopeta para acabar con ellos de una vez!
 (Apenas puede moverse. Tom la sostiene). ¡Si los matas a ellos, salvarás a tu hijo!

Corriendo, entran Karl y el médico, que puede ser el mismo doctor Spencer, que entra en la casa de Karl. Se ilumina la habitación de los altos y se oye el llanto de un recién nacido.

EMILY. *(Se separa de Tom. Con dificultad, llega al portal).* Todo fue inútil, Tom. Ya nada puedo hacer, ni siquiera evitar que mi hijo no nazca. Es una fuerza mayor que no se detiene, que crece… No, no llames a nadie… Que venga solo si él quiere venir… A cada esfuerzo mío lo he sentido latir, luchando él también por la vida que he querido quitarle. ¡Pues bien, que tome la vida, que algún día perderá sin poder evitarlo! Ya es demasiado tarde.
TOM. ¡Nacerá, Emily, nacerá!
EMILY. Entonces, ¿cuándo se la quitarán? Mañana, pasado, cuando mi corazón sienta por él un amor más intenso y no pueda hacer nada… Cuando yo misma muera en un mar de lágrimas… ¿Es eso lo que quieren? Morir cuando otros fijen la fecha. ¡Oh, Dios, quién pudiera odiarlo! Y sin embargo, ¡desde ahora lo amo! Nadie se puede imaginar lo desgraciada que soy.

Emily entra en la casa. Todo se oscurece. Se escucha el llanto de otro niño recién nacido. Después, el llanto a coro de ambos.

CAE EL TELÓN

SEGUNDO ACTO

Primera parte

La escenografía es la misma que la del acto anterior. En un primer nivel, la acción en ambas casas tienen un carácter realista, con naturalidad, entradas y salidas de los personajes, manejados indistintamente por el director, que hacen cosas de carácter doméstico. Tal vez una tendedera de ropa de una casa a la otra, donde las mujeres tienden la ropa. Hombres que cruzan la escena con aperos de labranza. En otro nivel, que contrasta con lo mencionado, como en las escenas de los niños, hay una ambientación irreal, onírica, brumosa, exigiendo juegos de luces que sirvan para contrastar con el enfoque más real de otras: tratamiento fantasmal, sombrío, expresionista. A veces, la acción en ambas casas se desarrolla en un espacio común. Como en un sueño, no hay lógica en las escenas más fantasmagóricas. Emily y Liza interactúan sin que los otros personajes, que funcionan en un plano más real, se den cuenta.

ESCENA I

Paul y Tommy, niños, juegan. Ambientación de cierta textura onírica.

PAUL. ¡Tommy, Tommy!
TOMMY. ¿Paul?
PAUL. ¿Dónde estás?
TOMMY. ¿Cómo?
LIZA, EMILY. *(Indistintamente, en la distancia, llaman, varias veces).* ¡Tom! ¡Paul!

PAUL. No, no, más allá... Hacia el otro lado...
TOMMY. No te veo...
PAUL. ¿Quieres jugar a las canicas?
TOMMY. ¡Vamos!
LIZA, EMILY. *(Indistintamente, en la distancia, llaman, varias veces).* ¡Tom! ¡Paul!
PAUL. ¿Cuántas tienes?
TOMMY. Ninguna, ¿y tú?
PAUL. Tres grandes y dos pequeñas.
TOMMY. No importa. ¡Serán suficientes!
PAUL. ¡Juguemos!
LIZA, EMILY. *(Indistintamente, en la distancia, llaman, varias veces).* ¡Tom! ¡Paul!

Niebla. Disolvencia hacia la oscuridad.

ESCENA II

Tommy, de unos dieciocho años, aparece sentado en la escalerita del portal, taciturno. Paul, de la misma edad, toca una armónica y produce una melodía ligera y alegre, también sentado en la correspondiente escalera que conduce al portal de su casa. Entra Tom, sudoroso, como si regresara del trabajo.

TOM. Buenas, hijo.
TOMMY. Buenas, padre.
TOM. Hace un calor terrible.
TOMMY. Insoportable.
TOM. Estoy empapado en sudor.
TOMMY. Yo no me quedo atrás.
TOM. ¿No vas al pueblo?
TOMMY. No tengo ganas.
TOM. Que no me oiga tu madre, pero no te vendría mal.
TOMMY. Hay cosas que hacer, padre.
TOM. Deberías divertirte. Eres más taciturno de la cuenta.
TOMMY. Salí a ti, me parece.
TOM. No lo creas. Cuando tenía tu edad sabía divertirme.
TOMMY. Pero ahora no lo hacen. Ni mamá ni tú.
TOM. Somos un par de viejos.
TOMMY. Eso es una exageración. No es para tanto.
TOM. En todo caso...

Luz: disolvencia gradual.

ESCENA III

Penumbra irreal, onírica. Paul y Tommy, niños, Liza y Emily, como en el acto anterior, algo fantasmales. Brumas.

LIZA. *(A Paul).* Hijo, estás jugando solo.
PAUL. Sí, mamá. Me gusta hacerlo.
LIZA. *¿Quién gana?*
PAUL. *Él.*
TOMMY. *¿Con quién hablas?*
PAUL. Con mi mamá.
TOMMY. Es linda.
PAUL. *¿La ves?*
TOMMY. No.
PAUL. *¿Entonces?*
TOMMY. Yo estoy ganando.
EMILY. No te dejes ganar, Tommy
PAUL. *(A Tommy). ¿Quién eres tú?*
TOMMY. ¿Yo?
LIZA. *(A Tommy). ¿No te gustaría jugar con mi hijo?*
EMILY. ¡No!
TOMMY. ¡Sí, mamá!
PAUL. *¿Mamá?*
LIZA. *¡Mi hijo eres tú!*
EMILY. Ese niño se ha perdido.
LIZA. *¿Qué estás diciendo?*
EMILY. Lo hemos perdido para siempre.
LIZA. Pero hace un momento estaba aquí.
EMILY. *(Llama. Camina desconcertada).* ¡Tommy! ¡Tommy!
TOMMY. Somos hermanos, mamá.
EMILY. *(Abrazando a Karl).* No te dejes engañar, Tommy.
PAUL. Somos hermanos, mamá.
LIZA. Todos son mis hijos.
EMILY. *(Abrupta, volviéndose, a Liza).* Es un juego peligroso.
TOMMY. *(A Paul). ¿Tienes un hermano?*
PAUL. Yo.
LIZA. *(Abrazando a Tommy).* ¡Mi hijo, mi único hijo!
EMILY. *(Abrazando a Paul).* No, este niño es mío.
PAUL. *¿Con quién estabas hablando?*
TOMMY. Hablaba con mamá.
PAUL. Me dijeron que tu mamá no te quería.
EMILY. *¿Cómo es posible que le hayan dicho eso?*
TOMMY. En el colegio pasan esas cosas.
LIZA. Tú conducta, tu manera de actuar.
EMILY. *¡Pero, Paul! Hace trampa en el juego.*
TOMMY. Mientes, mamá, no es cierto.
EMILY. *(A Tommy).* Entra, no juegues más.
LIZA. Están jugando al escondido. ¿Dónde se habrán metido? ¡Paul! ¡Paul!
PAUL. Somos hermanos.
LIZA. Todos son mis hijos.

EMILY. *¡Y míos también!*
TOMMY. *(A Paul). ¡Calla!*
PAUL. *(A Tommy). ¡No digas nada!*
EMILY. *(A Tommy).* Después no digas que no te lo advertí.
LIZA. *(A Paul).* No le hagas caso.
EMILY. *(A Liza).* La pagaremos todas juntas.
LIZA. Tom es tu hermano, Paul.
EMILY. Es una tramposa.
PAUL. ¿Tengo un hermano, mamá?
LIZA. Sí.
PAUL. ¿Cómo se llama?
LIZA. Tommy. El hijo de Emily y Tom.
PAUL. *(A Tommy).* ¿Eres mi hermano?
TOMMY. No.
PAUL. ¿Tienes hermanos?
TOMMY. Tú, Paul.
PAUL. ¿Quieres que te cuente el cuento de la buena pipa?
TOMMY. Sí…
PAUL. No, yo no te digo que sí. Yo te digo que si quieres que te cuente el cuento de la buena pipa.

Salen los dos niños. Liza y Emily recorren el escenario, buscando, llamando indistintamente: «¡Paul! ¡Tommy! ¡Tommy! ¡Paul! ¡Paul! ¡Tommy! ¡Tommy! ¡Paul! ¡Paul! ¡Tommy! ¡Tommy! ¡Paul!»., como si lo repitieran hasta el infinito.

ESCENA IV

Luces. Escena en línea de continuidad con la segunda escena de este acto. Sube la armónica de Paul. La disposición de los personajes es la misma que la que tenían al final de la misma. Se escucha el claxon insistente de un auto.

PAUL. *(Llamando hacia el interior de la casa).* ¡Mamá, mamá, asómate! ¿No es aquel el auto de Klaus?
LIZA. *(Saliendo al portal).* Sí, vendrá en busca de tu padre.
PAUL. ¿Para qué?
LIZA. El Comité da una fiesta en honor del Mayor.
PAUL. *(Tocando la armónica).* ¿Qué comité?
LIZA. El del Partido.
PAUL. *(Pausa. Indiferente).* ¡Ah! *(Vuelve a tocar con más entusiasmo).*
LIZA. Subo a avisarle a tu padre. *(Entra en la casa).*
KLAUS. *(Entrando por un costado, desde el lado de la casa de los Morgan).* Hola, Paul.
PAUL. Hola.
KLAUS. ¿Y tu padre?
PAUL. Mi madre fue a buscarlo.
KLAUS. ¿No vienes a la fiesta?

PAUL. No.

KLAUS. ¿Cómo es eso? Los muchachos de la Juventud del Partido estarán allí y la pasan estupendamente. ¿No perteneces a ella?

PAUL. No. *(Toca la armónica)*. ¿Qué le parece esta tonadilla? La inventé yo.

KLAUS. Me parece una tontería, Paul. Hay cosas más importantes. Tendré que tirarle de las orejas a tu padre, porque tienes que ponerte al día, muchacho. Las cosas cambian y estamos rodeados de muchos enemigos. Dentro de poco tendrás que dejar esas tonadillas y ponerte a tocar el himno del Partido.

LIZA. *(Se detiene en el dintel de la puerta. Ha escuchado las últimas palabras de Klaus. Se queda pensativa)*. Buenas tardes, Klaus,

KLAUS. Buenas, señora. ¿Usted tampoco viene?

LIZA. ¿Yo? ¡Qué locura! ¡Con lo que tengo que hacer! Con la casa no se acaba nunca. Ustedes los hombres no se lo pueden imaginar siquiera.

KLAUS. Hay otras cosas, señora Morgan, que no pueden descuidarse. ¡La economía! ¡La política! ¡Los problemas nacionales! ¡La injerencia extranjera! ¡Tampoco se lo puede imaginar!

LIZA. Bueno, eso se lo dejamos a ustedes. Pero cuídeme a Klaus, que creo que se acicala demasiado para resolver todos esos problemas que nos vienen encima.

KLAUS. Precisamente. *(Bromeando)*. Hace mal en no acompañarnos. Hay mujeres muy guapas en el Comité de Mujeres del Partido, se lo advierto. Tiene que ponerse a la altura de los tiempos. La mujer también está comprometida. Dentro de poco tendremos el control del país y ustedes tienen una gran tarea por delante.

KARL. *(Saliendo de la casa)*. Hola, Klaus. Ya veo que cumples tus funciones al pie de la letra.

KLAUS. Por supuesto, Karl. Los tiempos cambian. Tenemos que hacernos fuertes para lograr una vida mejor. Y las mujeres y los jóvenes tiene una gran tarea por delante. La sociedad pasada las relegó a la casa y a las diversiones. Nosotros no podemos hacer lo mismo.

LIZA. Perdone, Klaus, pero me parece que algo se me está quemando en la cocina. Por el momento tengo que correr para que no se me achicharre la carne asada.

KARL. A mi mujer le va a ser muy difícil liberarla de lavar la ropa, limpiar la casa y preparar una buena cena. *(Riendo)*. Es un caso perdido.

Karl le da un beso rápido a Liza. Liza entra en la casa. Karl y Klaus salen por el fondo. Paul toca suavemente la armónica. Tommy saca otra filarmónica del bolsillo y toca una melodía un poco desafinada.

ESCENA V

Entran Tom y Taylor, como siguiendo una conversación.

TAYLOR. ¡Vamos, Tom, vamos! ¡No te quedes ahí como una momia! El Dr. Spencer va en la candidatura senatorial de los demócratas y tiene que salir en las elecciones. No te puedes quedar con los brazos cruzados.

TOM. ¡Déjame en paz, Taylor! ¡Ya te dije que no iría a ninguna parte!

TAYLOR. Pero es necesario Tom. Todos los votos cuentan.

TOM. Por mí que no cuente ninguno. Todos los politiqueros son iguales.

TAYLOR. ¿Y la democracia? ¿Es que eso no cuenta?

TOM. Durante veinte años no he hecho otra cosa que trabajar. Arar. Sembrar la tierra. ¿Qué importa lo que haga?
TAYLOR. Estamos rodeados de enemigos. Quieren acabar con nosotros.
TOM. ¿Quién te ha dicho eso?
TAYLOR. Todo el mundo lo sabe. La libertad está en riesgo y tienes que comprometerte, apoyar al candidato que esté dispuesto a enfrentarse a todos los peligros que nos amenazan. Formar parte de las fuerzas vivas de este país y, cuando menos, votar el día de las elecciones. ¡Es la democracia, Tom, la democracia haciendo brillar las estrellas con más fuerza, alzándose sobre la esclavitud y la dictadura! ¡Es el hombre dueño de su destino!
TOM. Todo eso me tiene sin cuidado, Taylor. Yo siempre he sudado la gota gorda, he cumplido con mis obligaciones y con mi familia. Pero mi vida ha sido una desgracia y nada ha valido la pena.
TOMMY. Eso me duele, padre. Yo creía que había significado algo para ti.
TOM. *(A su hijo. Lo abraza)*. Sí, mi hijo, claro. Tú eres el único consuelo que he tenido en esta vida.
TAYLOR. ¿Vienes o te quedas?
TOM. No te preocupes, Taylor. Iré. Cuenta conmigo.

Tom sale con Taylor. Emily aparece en lo alto del portal, toda desencajada. Corre a dónde están su marido y su hijo. Abraza a Tommy.

EMILY. ¡Nunca nadie podrá imaginar lo mucho que los he querido!
TOMMY. Lo sé mamá, no llores.

ESCENA VI

Liza sale al portal. Vagamente contempla la escena. Después, camina impaciente de un lado a otro, como si estuviera esperando a alguien, nerviosa. Llega Karl, ligeramente agitado.

LIZA. *(Corre hacia Karl)*. ¡Cuánto te has demorado, Karl! ¿Ha pasado algo?
KARL. ¿Qué podría haber pasado, Liza? ¡Todo ha salido estupendamente! El régimen estaba podrido y ha caído de su peso. El cambio se ha realizado sin dificultad alguna. Apenas han ocurrido derramamientos de sangre, aunque estábamos dispuestos a derramarla si hubiera sido necesario. Era necesario cambiar y lo hemos logrado.

Emily se acerca a Liza. Liza se sorprende. Retrocede.

EMILY. ¿No se lo dije? ¿No se lo advertí?
LIZA. No, no, usted no me dijo nada.
EMILY. ¿Y mis temores? ¿Y mi angustia? ¿Es que eso no le decía nada?
LIZA. *(A Karl)*. Entonces… Han triunfado…
KARL. *(Vivamente)*. ¡Hemos triunfado, Liza, hemos triunfado! *(Al ver que Liza no comparte su mismo entusiasmo)*. Pero, ¿no te alegras?
LIZA. ¡Cómo no voy a alegrarme! ¿No era eso lo que tú querías?
KARL. ¡Lo que todos queríamos, Liza! ¡Un cambio radical que terminará con todas las injusticias!

LIZA. No sé, Karl... Yo sé que eres un idealista, pero, piensa, no todos lo son.

KARL. ¿Cómo puedes decir eso? ¿Qué motivos tienes para asumir tal cosa? En la unión está la fuerza.

LIZA. ¿Y el Mayor? ¿Estás seguro que el Mayor...?

KARL. Por supuesto. ¿No ha demostrado siempre una rectitud sin tacha? ¿No se ha sacrificado siempre por la causa...?

LIZA. ¿La causa...?

EMILY. *(A un espacio vacío).* ¿Y qué es la causa, Tom? ¿Cómo puedes dejarte llevar por algo que tú no entiendes, ni tienes la más remota idea de lo que es? ¿La causa...?

LIZA. *(A Karl).* ¿Estás seguro de la honestidad del Mayor y de que no va a traicionarlos?

KARL. Por supuesto. ¿Por qué iba a dudar?

LIZA. Pero... Ese hombre... El Mayor... ¿Qué hace? ¿Qué dice? ¿Qué piensa? ¿Cómo es?

KARL. Piensa como un hombre del Partido. Dice lo que le corresponde decir a un hombre del Partido. Se ha entregado a nuestra causa en cuerpo y alma. Por méritos propios ha escalado la posición que tiene. Es nuestro guía. Tengo fe en todo lo que hace. ¡Es nuestro líder, Liza, porque es uno de los nuestros!

EMILY. No hay remedio. Estamos perdidas.

LIZA. *(A Emily, vacilante).* El es... como... nosotros

EMILY. No me hagas reír

KARL. ¡Nuestros hombres saben cuál es el camino y la meta!

EMILY. ¡Te lo advertí! ¡Te lo dije!

LIZA. *(A Karl).* Pero ¿cuál es la meta? ¿Cuál es el objetivo?

KARL. Un mundo mejor que sea más bello para todos. Un mundo sin hambre.

EMILY. *(A Liza).* ¡Dile que no, Liza! ¡Que nos está lanzando al abismo! ¡Que tome una pistola y lo mate!

LIZA. Pero eso no puede ser.

KARL. *(Volviéndose, como si hubiera escuchado).* ¿Qué es lo que no puede ser?

LIZA. Nada... Nada... Un mundo sin hambre... No, no será posible... ¡Eres un iluso, Karl, un soñador! Quisiera tener la fe que tú tienes, pero no puedo.

EMILY. *(Insistente).* ¡No es suficiente, Liza! ¡Ni tus lágrimas ni tus lamentaciones te llevaran a ninguna parte! ¡Dile que lo mate!

KARL. Es necesario que entiendas, Liza. Nuestra fe no se basa en lo abstracto. Las razones son específica. Somos dueños de nuestro destino.

LIZA. ¿Cómo?

KARL. Puedes unirte al movimiento. Tú también puedes intervenir y decidir. Mañana mismo puedes formar parte del Comité de Mujeres Defensoras de la Libertad del Mundo...

LIZA. No sé Karl, no puedo. ¿Qué sería de mí si me diera cuenta de que todos estábamos equivocados? No estoy segura de nada... Lo que para ti es tierra firme para mí es una tembladera... Tu fe siempre me había sostenido, pero, ¿qué sería de mí si la pierdo? ¿Acaso no me volvería loca? Entonces, ¿de qué me valdrían mis ilusiones y tus sueños?

ESCENA VII

Sale Emily de su casa con un rifle.

EMILY. ¡No es suficiente, Liza! ¡Corre! *(Alargándole el rifle).* ¡Dile que lo mate!

LIZA. ¿Y qué haces tú? ¿Por qué no le dices a tu marido que mate al Candidato?
EMILY. ¿Asesinar al Candidato?
LIZA. ¿Matar al Mayor?
EMILY. Ellos son responsables.
LIZA. Todos somos responsables.
EMILY. Yo hice todo lo que pude, pero tú no hiciste nada. No prestaste atención a lo que te venía diciendo.
LIZA. Ni tú tampoco. Después de todo, lo engendraste y lo dejaste nacer.
EMILY. No pude evitarlo.
LIZA. Pero vino al mundo.
EMILY. Tenemos que hacer algo. Tomar partido. Evitar el crimen.
LIZA. Todos son mis hijos.
EMILY. Acabar con los asesinos.

Dan vueltas.

LIZA. Un círculo vicioso…
EMILY. Una ratonera.
LIZA. Un callejón sin salida.

Karl aparece en el dintel de la puerta.

KARL. Vámonos, Liza, que se hace tarde.
LIZA. *(Sin fuerzas para resistir, para oponerse).* Vámonos…

Tom aparece en el dintel de la puerta. Emily sostiene el rifle en la mano. Lo contempla. Apunta hacia el público.

TOM. ¿Qué haces, Emily?

Emily se vuelve. Apunta a Tom.

TOM. *(Con cierto sentido del humor).* ¿Es que piensas pegarme un tiro?

Ella no dice nada. Baja el rifle. El se acerca. La abraza con cariño. Se besan. El toma el rifle. Apunta a las estrellas. Dispara. Entran en la casa.

APAGÓN.

ESCENA XVIII

Brumas, niebla, irrealidad.

LIZA. *(Entra por el fondo).* Paul, Paul, ¿dónde te has metido?
EMILY. ¿Qué quieres? ¿Qué vienes a robar?

TOMMY. *(Entra corriendo de un lado del escenario).* ¡Mamá! ¡Mamá!
LIZA. ¡Hijo mío! *(Se abrazan).*
EMILY. ¡Cómo te atreves!
PAUL. *(Entra por el lado opuesto).* ¡Mamá! ¡Mamá!
EMILY. ¡Tommy! Yo creía que no ibas a regresar.
PAUL. Estaba jugando a los escondidos, mamá.
LIZA. Me asustaste, Tommy, no lo vuelvas a hacer.
EMILY. *(A Paul).* ¿Y por dónde anda tu padre?
TOMMY. *(A Liza).* Se quedó tomándose unas cervezas, mamá.
EMILY. *(A Tommy).* ¡Contéstame! ¡Dime! ¡Eso no es forma de comportarse!
LIZA. *(A Tommy).* No sabe lo que dice. No le hagas caso.
PAUL. *(A Tommy).* Había un alboroto muy grande, Tommy.
TOMMY. *(A Emily).* Yo creo que todos estaban borrachos.
EMILY. *(A Paul).* Tu padre nunca toma, Paul.
LIZA. Eso no es posible, Tommy. Yo creía que eras Paul.
EMILY. ¿Por qué insistes? ¿Es que acaso no lo reconoces?
LIZA. ¿Y tú? Tú misma no sabes lo que dices.
EMILY. ¿Una treta? ¿Una manipulación?
LIZA. Es posible que la enfermera se equivocara.
TOMMY. Todos los niños son iguales.
PAUL. Un error lo tiene cualquiera, mamá.
TOMMY. *(A Paul).* ¡Pero esto es un disparate, Tommy! ¡Yo soy Paul!
PAUL. Entonces, no podemos saber quién soy.
TOMMY. Ni yo tampoco.
EMILY. A una madre no se le engaña tan fácilmente. *(A Paul).* Un hijo es un hijo, Tom.
LIZA. ¿Cómo no iba a ser posible que no supiera que eras tú?
EMILY. Las señas de identidad…
LIZA. Son inconfundibles.
EMILY. Uno no puede pasar por el otro.
TOM. ¡Quién es quién, Tom!
PAUL. ¡Quién es quién, Paul!
EMILY. *(A Liza).* ¡Te lo dije! ¡Te lo dije!
LIZA. ¡Qué peligro!
EMILY. ¡Estamos perdidos!
LIZA. *(Como si estuviera ciega, buscando).* ¡Todos son mis hijos! ¡Todos son mis hijos!

Dan vueltas, sin saber a dónde van o de dónde vienen. Una espesa niebla lo va envolviendo todo. Repiten: «Tom… Tom», «Paúl… Paul», «Mama, mamá», con diferentes tonos, matices, intensidad, hasta producir una angustia opresiva.

ESCENA IX

Entra un grupo de hombres y mujeres del partido democrático. Los precede Taylor. Buscan a Tom Morgan.

TAYLOR. ¡Tom, Tom, vamos, asoma la cabeza!
TOM. *(Sale).* ¡Aquí me tienen!

Aplausos y vivas de la gente.

TAYLOR. Tom Morgan, venimos a darte las gracias.
TOM. ¿A mí? ¿Y puede saberse por qué?
TAYLOR. Te debemos nuestro triunfo.
TOM. No entiendo.
TAYLOR. Y el Dr. Spencer…
VARIOS. *(Gritos, aplausos).* ¡El Senador! ¡El Senador! ¡El Candidato!
TAYLOR. Que ha ganado las elecciones, quiere que te demos las gracias.
TOM. Sigo sin entender.
TAYLOR. Escucha. Nosotros suponíamos que el triunfo de nuestro partido era seguro, y en especial el de Spencer, que era nuestro candidato. Pero la lucha fue reñida. El Partido Demócrata logró el triunfo, pero los conservadores tenían fuerzas poderosas de su lado y estuvieron a punto de ganarnos. En fin, nuestra victoria estuvo en peligro. Los verdaderos ideales democráticos estuvieron a punto de ser derrotados por la vieja camarilla. Pero tú saliste a votar y eso cambió la cosa. La democracia es así. Ganamos por un solo voto: el tuyo.

Más aplausos y vivas. Sale Emily. Después Tom.

TOM. *(Pensativo).* Entonces… mi voto decidió.
TAYLOR. Sí, ¿no te alegras?
TOM. Claro, por supuesto.

Se oye el claxon de un automóvil. Entra un grupo en plan de celebración del lado de los Roller, con Karl a la cabeza, seguido de Paul. Aplausos, vivas.

KARL. ¡Ganamos, Liza, ganamos! Ahora nadie, pero nadie, nos pondrá el pie encima. ¡Somos libres, pero libres de verdad, y con nuestra fuerza liberaremos a todos los pueblos oprimidos! ¡Liza, sal, para que veas que la batalla no ha sido en vano! ¡Que por algo estamos aquí!

Sale Liza, un poco desencajada. Gritos de vivas. Gran algarabía.

TAYLOR. *(A Tom).* Tu contribución es un ejemplo a seguir, que va a la médula de la democracia. Si no fuera por hombres como tú, la democracia no valdría nada. Hiciste lo más grande que podías haber hecho. Ir a votar. Bien te dije que estábamos en un país democrático y libre. Tu voto es el ejemplo. Has decidido el destino del mundo. Mi fe en la democracia y en el mundo no ha sido defraudada. Veo venir un mundo mejor. Te doy las gracias.
TOM. *(Retrocede).* Me confunden. No sé qué decir.
TAYLOR. No tienes que decir nada. Nuestra nación quedará en alto gracias a ti. La libertad se extenderá por todos los países oprimidos. La democracia será el camino de la liberación. Tu voto nos ha dado mayoría en el senado y tú has decidido lo que quedaba por decidir…

Gran algarabía en ambas casas. Gritos. Vivas. Exclamaciones de todo tipo, que podrían ser en varios idiomas. Inclusive, los de un grupo se unen a los otros, se abrazan. Después se van alejando hacia el grupo al cual corresponden.

Un hombre se acerca a Taylor y le dice algo al oído, mientras que en el mismo momento, otro hombre se une a la celebración en casa de los Roller y le dice algo a Karl.

KARL. *(Calmando al grupo).* ¡Silencio, silencio, que tengo una gran noticia que darles. Como todos sabemos, no todos los pueblos del mundo han logrado establecer el nuevo sistema de vida que nosotros disfrutamos. Pero a partir de este momento las cosas sucederán de otro modo. Hasta mi propia mujer, que tanto quiero, llegó a dudar en un momento del funcionamiento del partido, y de nuestras luchas en beneficio de todos. Pues bien, el Mayor ha estudiado nuestras sugerencias políticas, los sufrimientos de los pueblos dominados por aquellos que quieren perpetuar la miseria, la necesidad de mejoras que tienen las clases pobres y oprimidas de esos países. Ha evaluado nuestro manifiesto sobre tales problemas con notable agudeza, y en conclusión, de acuerdo con nuestro propio criterio, ha tomado una decisión...

TAYLOR. *(Terminando la oración interrumpida).* ¡Declarar la guerra!
KARL. *(Terminando la oración interrumpida).* ¡Declarar la guerra!

APAGÓN RÁPIDO.

Segunda parte

ESCENA X

Al unísono, aparecen Tommy y Paul en el pórtico. Están uniformados. Los uniformes se parecen pero no son iguales. No se recomienda una específica referencia a la nacionalidad a la cual corresponden los uniformes, ni si son representativos de una determinada ideología. Al mismo tiempo, entran Tommy y Paul, de niños, caracterizados como soldados, que «juegan a la guerra», disparándose con pistolas y ametralladoras de juguete, jugando, adoptando posiciones estratégicas en el portal, acechándose en guerra de guerrillas, entrando y saliendo de la casa, por el frente, el medio, los laterales.

PAUL. *(Refiriéndose a los uniformes).* ¿Tú también?
TOMMY. Por lo visto.
PAUL. ¡No me habías dicho nada!
TOMMY. ¿Y qué tenía que decirte?
PAUL. ¿Cómo que qué tenías que decirme? ¡Ponerse un uniforme no es cosa de todos los días!
TOMMY. Pues lo hacíamos de niños. ¡Nos tiroteamos muchas veces!
PAUL. A pistoletazo limpio.
TOMMY. ¡Nos ametrallamos una y otra vez!
PAUL. ¡Pero nos levantábamos!
TOMMY. Para volvernos a matar.
PAUL. Era divertido.
TOMMY. Unos contra otros.
PAUL. Uno junto al otro. En la misma brigada.
TOMMY. O en milicias diferentes.

PAUL. Una guerra a muerte.
TOMMY. A mi mamá no le hacía la menor gracia.
PAUL. Ni a la mía tampoco.

Entran Liza y Emily. Los niños corretean. Ellas les caen atrás, llamándolos repetidamente: «¡Tommy! ¡Tommy! ¡Paul! ¡Paul!». Indistintamente, pueden confundir los nombres de sus propios hijos. «¿Tom? ¿Paul» Una bruma onírica los envuelve. Van y vienen.

LIZA. ¿Los has visto?
EMILY. ¿Dónde se habrán metido?
LIZA. ¡Qué barbaridad!
EMILY. No piensan en otra cosa.
LIZA. ¿Y es eso lo que le enseñan en la escuela?
EMILY. A veces vienen amoratados.
LIZA. ¡De los golpes que se dan!

Ambas siguen gritando: «¡Tommy! ¡Tommy! ¡Paul! ¡Paul!».

TOMMY. Pero todos los muchachos hacían lo mismo.
PAUL. ¿Te acuerdas aquella vez?
TOMMY. ¿Cuándo aquel japonés venía con el cuchillo?
PAUL. ¡Yo creía que era un chino!
TOMMY. Estuvo a punto de enterrártelo.
PAUL. ¡Me salvaste la vida!
TOMMY. Cuando te vi, creí que una granada te había destapado la tapa de los sesos.
PAUL. Me hacía el muerto, para meterte miedo
TOMMY. Entonces llegó mamá y me tiró de las orejas.
PAUL. ¡Fue una paliza tremenda!

Emily, finalmente, logra asir a Paul niño y lo empuja hacia la casa de los Morgan; Liza hace otro tanto con Tommy niño. Ofrecen resistencia.

EMILY. ¡Esto se acabó!
LIZA. ¡Mira como te has puesto!
EMILY. ¡Cuándo venga tu padre…!
LIZA. ¿Es ese modo de comportarse?
EMILY. ¡Tienes un chichón en la cabeza!
LIZA. ¡Mira como tienes el brazo!
EMILY. ¡Dios! ¡Dios mío!
LIZA. ¿Pero no es ese tu mejor amigo?
EMILY. ¿Te parece bien lo que has hecho?
TOMMY. ¡Estábamos jugando!
PAUL. ¡Estábamos jugando!
TOMMY. *(A Liza, deshaciéndose de ella. Se miran sin reconocerse. Retrocede. Corre a los brazos de Emily. Se cruza con Paul).* ¡Mamá! ¡Mamá!

PAUL. *(A Emily, deshaciéndose de ella. Se miran sin reconocerse. Retrocede. Corre a los brazos de Liza. Se cruza con Tommy).* ¡Mamá! ¡Mamá!

Todos se quedan perplejos, congelados por un momento.

PAUL. Era divertido.
TOMMY. No, yo no le veo la mayor gracia.
PAUL. ¿Qué quieres decir?
TOMMY. Que ahora es diferente.
PAUL. Tenemos que defendernos.
TOMMY. Nos amenazan por todas partes.
PAUL. No es posible quedarse con los brazos cruzados
TOMMY. ¿Entonces?
PAUL. La Patria es lo primero, Tommy.
TOMMY. Yo creía que éramos amigos.
PAUL. ¿Pero es que no lo somos?
TOMMY. ¿Qué seguridad tenemos?
PAUL. Será un juego, como el que jugábamos antes.
TOMMY. Piénsalo dos veces.
PAUL. No nos queda más remedio.
TOMMY. Pero somos amigos.
PAUL. Uña y carne.
TOMMY. Esto no puede ser.
PAUL. Será
TOMMY. ¿Qué cosa?
PAUL. Que la guerra es un hecho.
TOMMY. ¿Quién lo dice?
PAUL. Tu uniforme.
TOMMY. Será el tuyo.
PAUL. No importa el de quién.
TOMMY. ¿Te acuerdas como jugábamos?
PAUL. Yo ganaba.
TOMMY. Perdíamos. Siempre te lo dije. Pero no me hacías caso.
PAUL. Estaba entrenado.
TOMMY. Yo también.
PAUL. Yo creía…
TOMMY. Pero estabas equivocado.
PAUL. Que luchábamos juntos.
TOMMY. Pero era todo lo contrario.
PAUL. ¿Quién te lo dijo?
TOMMY. Nadie.
PAUL. Eso no podía ser.
TOMMY. Todas las guerras son iguales.
PAUL. Éramos amigo.
TOMMY. Enemigos mortales.

PAUL. Estábamos jugando.
TOMMY. Pero era la realidad.
PAUL. Eso no tiene sentido, Tom.
TOMMY. Eso no tiene sentido, Paul.
PAUL. Uno junto al otro. En las trincheras.
TOMMY. Uno contra el otro. En el campo de batalla.
PAUL. Un tiroteo…
TOMMY. Una bala perdida…
PAUL. Una granada que se tira…
TOMMY. Una que se recibe…
PAUL. ¿Entonces?
TOMMY. Teníamos que matarnos.
PAUL. No quedaba más remedio.
TOMMY. Todos estaban de acuerdo.
PAUL. Para que nos mataran.
TOMMY. Carne de cañón…
PAUL. No digas eso…
TOMMY. ¿Estás ciego?
PAUL. Morir por la Patria es vivir.
TOMMY. Joderse.
PAUL. ¿Qué cosa?
TOMMY. Morir por la Patria es joderse.
PAUL. ¡Patria o Muerte, Tom!
TOMMY. ¡Vete al carajo!
PAUL. Las consignas
TOMMY. Una detrás de la otra.
PAUL. Los muertos de hambre.
TOMMY. Los que lo tienen todo.
PAUL. Tener o no tener.
TOMMY. Ser o no ser
PAUL. Todo o nada.
TOMMY. La democracia.
PAUL. El socialismo.
TOMMY. El capitalismo
PAUL. El comunismo
TOMMY. La tiranía
PAUL. La libertad
TOMMY. ¡Dios!
PAUL. ¡El Diablo!
TOMMY. ¡Mahoma!
PAUL. ¡Jesucristo!
TOMMY. ¡Lo que sea!

Toman las metralletas. Juego bélico.

PAUL. ¿Qué estás diciendo?
TOMMY. ¡Lo que oíste!

PAUL. ¿Cómo te atreves?
TOMMY. Lo aprendí en la escuela.
PAUL. ¿Quién te lo dijo?
TOMMY. Hitler.
PAUL. ¡Stalin!
TOMMY. ¡Si das un paso adelante te pego un tiro!
PAUL. ¿Esto es un juego?
TOMMY. Lo aprendí en la escuela.
PAUL. Nos entrenaban.
TOMMY. ¡Que sí! ¡Que no! ¡Tampoco!
PAUL. ¡Que sí! ¡Que no! ¡Tampoco!

Se escuchan las voces de Liza y Emily: «¡Paul! ¡Tommy! ¡Paul! ¡Tommy! ¡Paul! ¡Tommy!».

TOMMY. ¡Mamá! ¡Mamá!
PAUL. ¡Mamá! ¡Mamá!
TOMMY. ¡No seas comemierda, Paul!
PAUL. ¡No te hagas el maricón, coño!
TOMMY. ¡Te la voy a meter, carajo!
PAUL. ¡El coño de tu madre!
TOMMY. ¡Cobarde! ¡Comemierda!
PAUL. ¡La tuya, maricón, la tuya!

Transición.

TOMMY. ¡Es como una fiesta!
PAUL. ¡Nos divertiremos!
TOMMY. ¡La pasaremos bien!
PAUL. ¡Tomaremos cerveza!
TOMMY. ¡Conoceremos mujeres!
PAUL. ¡Una parranda detrás de la otra!
TOMMY. ¡Chicas por todas partes!
PAUL. ¡Putas de todos los colores!
TOMMY. ¡La guerra, Paul, la guerra!
PAUL. ¡Una batalla detrás de la otra!
TOMMY. ¡Muchos han muerto!
PAUL. ¡Ni tú, ni yo!
TOMMY. Un tiro en la cabeza
PAUL. ¡Y otro en el pecho!
TOMMY. ¡Me mataste tú, hijo de puta!
PAUL. ¿Cómo puedes decir eso?
TOMMY. ¡Era un infierno!
PAUL. ¡Eres mi mejor amigo, coño, mi mejor amigo!
TOMMY. Quizás por eso
PAUL. ¡Los uniformes, coño, los uniformes!

TOMMY. ¿Los mismos? ¿Son diferentes?
PAUL. Estás loco.
TOMMY. Somos vecinos.
PAUL. Nos criamos juntos.
TOMMY. Somos como hermanos.
PAUL. Uña y carne.
TOMMY. ¿Cuándo te vas?
PAUL. Mañana.
TOMMY. ¿Estás seguro?
PAUL. A las ocho
TOMMY. Yo también.
PAUL. A la misma hora.
TOMMY. En el mismo momento.
PAUL. Juntos.
TOMMY. ¡Hasta que la muerte nos separe!
PAUL. *(Irónico).* ¡Hasta que la muerte nos separe!

Se abrazan y se separan.

PAUL. ¡Calla!
TOMMY. ¡Habla!
PAUL. Tendré que matarte.
TOMMY. Tendremos que matarnos.
PAUL. Los dos al mismo tiempo.
TOMMY. No quedará más remedio.
PAUL. Un campo de batalla.
TOMMY. Un ejército…
PAUL. Unos tipos estupendos.
TOMMY. Un millón de muertos.
PAUL. Yo te protegeré.
TOMMY. No tengas miedo.
PAUL. ¡Sobre mi cadáver!
TOMMY. ¡Sobre el tuyo tal vez!
PAUL. Amigos siempre.
TOMMY. Hasta la muerte.
PAUL. ¡Patria o muerte!
TOMMY. ¡Patria o muerte!
AMBOS. *(Se abrazan).* ¡Venceremos!

Música. Acordes marciales. Brumas. Entran soldados uniformados como Paul, de un lado, y del otro soldados uniformados como Tommy. Marcha militar. Los dos jóvenes son arrastrados en direcciones opuestas, por un oleaje de soldados, a cuya fuerza no pueden oponerse. Tommy y Paul forcejean, pero nada pueden. A lo lejos se escuchan detonaciones de bombas, sonidos de ametralladoras y metralla, explosiones, toda clase de efectos sonoros y visuales, hasta llegar a un clímax. Las luces intermitentes dejan ver los cadáveres de

Tommy y Paul en escena, y de Liza y Emily, hieráticas y estatuarias, en el portal de sus respectivas casas, hasta llegar a un oscuro total.

Nota del autor

Posiblemente Sucederá mañana sea una obra que debí haber eliminado de mi Teatro completo porque, siendo una pieza de juventud, está plagada de defectos. No la he eliminado porque, en primer lugar, haber sobrevivido en unas páginas amarillentas que tienen casi seis décadas la hacen merecedora de que no lo haga. La idea, además, como atestigua Natividad González Freire, me parece excepcional y un resumen de mi concepción del teatro: «Con una técnica preferentemente expresionista se desarrolla la obra, en una sucesión vertiginosa de escenas, imaginarias unas y reales otras, sin ninguna continuación ordenada de lugar, de tiempo o espacio a fin de unir en un solo bloque de vida, la historia de la humanidad». Es por consiguiente una obra muy ambiciosa, que responde a un momento en que el teatro cubano asumía una posición que se alejaba de lo estrictamente «cubano», en su sentido más limitado, porque pretendíamos pertenecer a una vanguardia universal. Por otra parte, no deja de ser paradójico que el concepto de las dos orillas haya sido la marca de fábrica de la vida cubana desde hace más de medio siglo. En este caso, de un lado, la democracia y, del lado opuesto, un discurso político entre fascismo y el marxismo. La descripción del «lugar» que aparece en esta edición, es estrictamente la del original, que denota un concepto básico de mi dramaturgia desde fecha tan temprana. La acción en casa de los Roller la sitúo en Europa, aunque se vuelve evidente que se trata de Alemania; la de los Morgan, en los Estados Unidos, ambas entrecruzándose entre dos orillas ideológicas.

Dividida en dos actos subdivididos en dos partes, yo diría que la primera parte es la más fiel al original y sobrevive con pocos cambios, gracias a la caracterización de Emily, «la madre vidente de lo que sucederá mañana», que es lo que sostiene la pieza más allá de cualquier otra cosa. Aunque el concepto atemporal y antiespacial se mantiene del principio al final, tuve que enfrentarme a textos que debía tirar a la basura, cambiarlos u omitirlos, cuyos cambios solo podrán ser determinados por aquellos que se decidan a cotejarlos con el original, lo cual sería un acto heroico que, en primer lugar, no vale la pena hacer, y en segundo, que es muy dudoso que encuentre con un académico dispuesto a llevarlo a efecto. De no decidirme a destruir la versión original, es posible que la deje en la Cuban Heritage Collection de la Universidad de Miami, por si alguien quisiera tomarse ese trabajo. En cuanto a la segunda parte del segundo acto, aparece reconstruida casi en totalidad, así que podría decirse que la fecha de escritura de la misma es el 2015, con connotaciones contemporáneas ya que, sencillamente, todos los discursos bélicos se parecen. En la versión original, Paul era el sobreviviente, mientras que Tommy muere en el campo de batalla, simbólicamente víctima de Paul. En la versión final, he decidido que ambos mueran en la guerra, con los dos cadáveres en el proscenio y un encuentro entre Liza y Emily que aparecen en el pórtico como figuras trágicas, más o menos como fueron concebidas originalmente.

Finalmente, no la he eliminado porque Sucederá mañana forma parte de mi percepción humanística de la literatura. A pesar de mi pasión por la palabra como tal, me parece algo hueco y vacío si más allá de ella no juega un papel primordial el destino del hombre, por muy pueril que eso fuera para un joven dramaturgo, como era yo en ese momento, de poco más de veinte años.

EL VERANO ESTÁ CERCA

1954/2017

Para Daisy Fontao

Personajes

Eulalia: De unos sesenta años quizás. Edad algo indefinida. Bella pero envejecida, con cierta modesta distinción. El pelo lo lleva recogido hacia atrás y con un moño. Envejece de un acto al otro.

David: 20 años. Desgarbado, flaco, descuidado en el vestir. Entre James Dean y Montgomery Clift.

Tina: 21 años. Muy atractiva, trigueña, elegante y con una saya ancha, que no tiene que ser de vestir; parecida a Jennifer Jones, a Tina Modotti, con un toque de Elizabeth Taylor cuando joven.

José Antonio: 22 años. Muy guapo, alto, fuerte, masculino; entre Gary Cooper y Ernest Hemingway.

La acción en Cuba, en La Habana, tiempo impreciso, siglo xx.

Teóricamente la obra está dividida en tres actos pero puede presentarse de forma continuada sin interrupción, salvo un breve apagón entre uno y otro, para llevar a efecto la transición y cualquier cambio que sea necesario.

Escenografía

Cámara negra. Montaje minimalista, con cubículos negros distribuidos por el escenario que los propios actores pueden mover a su antojo, para sentarse, acostarse, funcionando como mesa, silla, sofá, librero, cualquier cosa, según determine la acción, con una concepción geométrica. Se destacará elementos de utilería, según el texto. Una máquina escribir antigua. Un par de sillas. Discretamente, sobre uno de estos cubículos, una imagen de la Caridad del Cobre, con una velita sin encender. En algún lado, un sombrero de pajita. Sobre una mesa, o cualquier cubículo, hay una caja de zapatos negra, sin referencia comercial, en cuyo interior hay una pistola, con una tapa gris, explícitamente colocada para que el público esté consciente de su presencia. En definitiva se trata de un apartamento habanero o pieza de puntal alto, que podría sugerirse con tablas de planchar, escoba, tirados aquí y allá. Aunque el autor no recomienda una escenografía realista, cachivaches, objetos de limpieza, escoba, palo de trapear, tabla de planchar, camisas, pantalones, ropa, libros, revistas, periódicos, discos, lo que sea, están esparcidos por el escenario, que los personajes utilizarán a su antojo. Todo esto permitiría una acción independiente del texto, abigarrada, incoherente, atemporal. La posición de los bloques, en general, puede cambiar de un acto al otro. Hay pocas indicaciones específicas sobre las acciones de los personajes.

Durante el desarrollo de la acción, los personajes van y vienen haciendo algo, o no haciendo nada: poner la mesa, pelar papas, limpiar el arroz, leer el periódico, cualquier cosa, sin tener que ver necesariamente con el texto, y que pueden repetirse para marcar cierta irrealidad en los actos que se hacen, y servir para fijar el texto. Sin embargo, no tiene que haber una correlación directa, salvo para que los actores tengan un asidero para memorizarlo. Algunas incoherencias son intencionales así como transiciones abruptas. Todo esto queda enteramente a decisión del director. A los efectos, las acotaciones aparecen reducidas al mínimo El diálogo, a veces, es aparentemente incoherente, pero en el fondo no lo es. Es intencionalmente así. Hay una coherencia deliberadamente fragmentada. Se utilizará la caja de zapatos de la forma que parezca más efectiva, haciendo uso de los zapatos de dos tonos y de la pistola, que se mencionan varias veces, salvo en el caso de alguna indicación al final del acto, de carácter más específico. Durante el desarrollo de la obra se oyen tiroteos, explosiones, aldabonazos, aunque no es necesario que los personajes reaccionen a ellas. También se indica el teclear de una máquina de escribir. Si se quiere, efectos de luces relacionados con estos disparos, que vendrían de fuera. Vestuario de los años cincuenta, más o menos.

En la obra hay varias referencias a la película We Were Strangers (Rompiendo las cadenas) (1949), protagonizada por Jennifer Jones, John Garfield y Pedro Armendáriz, sobre la caída de Machado, dirección de John Houston, guión de Houston y Peter Viertel sobre China Valdés, una novela de Robert Sylvester. El montaje podría abrirse con los créditos de la película y las primeras escenas hasta que aparece la Universidad de La Habana, aunque esto no es imprescindible.

Primer Acto

La acción empieza in medias res. Eulalia y David están en escena haciendo cualquier cosa.

EULALIA. No creas que a una madre se le engaña tan fácilmente.
DAVID. *¿Pero quién te quiere engañar, mamá?*
EULALIA. Ustedes.
DAVID. *¿Quiénes?*
EULALIA. Tu hermano y tú.
DAVID. No sé a qué te refieres.
EULALIA. *¡Cuándo tu padre llegue…!*
DAVID. *¡Qué tontería, mamá! Sabes que papá…*
EULALIA. Puede llegar de un momento a otro.
DAVID. Sería demasiado tarde.
EULALIA. Sí, estoy hecha un guiñapo.
DAVID. *(Natural, cariñoso).* Yo no he dicho eso, mamá.
EULALIA. Pero lo has pensado.
DAVID. Nunca. Eres muy linda.
EULALIA. Tu padre no piensa lo mismo.
DAVID. Mi padre lo pensó.
EULALIA. Pero dejó de pensarlo.
DAVID. Porque nunca te arreglabas, mamá.
EULALIA. Nunca fui presumida. La presumida era Lolín.
DAVID. Pero tú eras la más bonita.
EULALIA. *¡Si no hubiera sido por ella!*
DAVID. No hubiera tenido Reyes Magos.
EULALIA. Debiste habérmelo dicho.
DAVID. *¿Qué cosa? ¿Qué eras la más bonita?*
EULALIA. No, que ibas a la universidad.
DAVID. Te hubieras preocupado. Como están las cosas…
EULALIA. No estoy ciega, aunque veo peor cada día.
DAVID. No hagas caso
EULALIA. *¿Y las noticias? ¿Y los tiroteos? ¿Y las perseguidoras?*
DAVID. Precisamente…
EULALIA. Tampoco estoy sorda.

DAVID. Por eso no te dije nada.
EULALIA. Bombas... Explosiones... Atentados...
DAVID. Se exagera, mamá...
EULALIA. Los periódicos solo traen malas noticias.
DAVID. Tienen que venderse...
EULALIA. Es para volverse loca...
DAVID. Dicen lo que les da la gana
EULALIA. Esto no es vida...
DAVID. No, no lo es.
EULALIA. Un paso en falso...
DAVID. ... y todo está perdido.
EULALIA. Así no se puede vivir...
DAVID. *(Leyendo de un libreto tirado por alguna parte).* El verano está cerca.
EULALIA. ¿Y eso qué quiere decir?
DAVID. Es lo que estoy escribiendo.
EULALIA. ¡Qué disparate! Ni que estuviéramos en el polo norte. ¡Con este calor!
DAVID. Había quedado en verme con Tina.
EULALIA. ¿Dónde?
DAVID. En Infanta y San Lázaro.
EULALIA. ¡A quién se le ocurre! ¡Con ese tiroteo!
DAVID. Pensábamos ir a ver una película
EULALIA. ¿Por la tarde?
DAVID. En la cinemateca
EULALIA. Esa muchacha es una cabeza loca.
DAVID. ¿Qué quieres decir?
EULALIA. Que no confíes en ella.
DAVID. Pero, ¿a qué viene eso, mama?
EULALIA. La primera vez que vino aquí vino a ver Julián. ¿Qué se trae entre manos?
DAVID. Le traía una circulares que Julián quería repartir cuando organizó la huelga.
EULALIA. Hay mujeres que son la perdición de los hombres. Lo venía a ver a él. No venía a verte a ti.
DAVID. Porque no nos conocíamos y ella también estaba metida en ese asunto de la huelga y las demostraciones.
EULALIA. Esas no son cosas propias de una muchacha.
DAVID. Son otros tiempos, mamá.
EULALIA. Siempre es lo mismo, Davisín.
DAVID. Julián no estaba y se enamoró de mí. Amor a primera vista, mamá.
EULALIA. No seas tonto. ¿Y si Julián hubiera estado? No es que quiera aguarte la fiesta, pero recuerda que Julio Antonio es mucho más guapo que tú y que todas las muchachas se enamoran de él.
DAVID. Lo sé. No me lo tienes que decir.
EULALIA. ¿Estás seguro que Tina...?
DAVID. Sí, mamá, estoy seguro.
EULALIA. ¿Pero ella te lo dijo?
DAVID. No se lo pregunté, pero ella me lo dijo.

EULALIA. *¿Cómo?*
DAVID. Porque yo quería decírselo y no se lo llegaba a decir. Se me hacía un nudo en la garganta. Pero a ella, no.
EULALIA. Eres muy tímido. No saliste a tu padre. Ni a tu hermano tampoco.
DAVID. Papá era un mujeriego.
EULALIA. Tampoco me lo tienes que decir.
DAVID. *(De pronto, alteradísimo).* ¿Entonces por qué lo mencionas?
EULALIA. *(Pensativa).* A José Julián le decían la pata de Diablo. Para una madre eso es muy doloroso.
DAVID. ¿Es que no vivimos mejor desde que se largó? ¡¿Por qué no dejas que papá se acabe de morir?!
EULALIA. *¡Porque no está enfermo, Davisín! ¡No está enfermo! Acabará enterrándonos a todos.*

Larga pausa. Eulalia pone o quita platos de una mesa o de uno de los cubículos colocados en plan de mesa de comedor. David toma un libro de Historia de Cuba, algo grueso. Lee.

DAVID. *(Leyendo).* «Patria o muerte, ¡venceremos!».
EULALIA. *(Deja lo que está haciendo. Se para en seco).* Pero, ¿qué estás leyendo?
DAVID. La Historia de Cuba.

A lo largo de la escena, ocasionalmente, entre una cosa y otra, trata de leer, recurso que puede utilizarse en algunas transiciones. Gradualmente el diálogo se vuelve irracional, quizás violento, vertiginoso, cambiando de un ritmo al otro sin mucha lógica.

EULALIA. *¿Y qué película iban a ver?*
DAVID. *Rompiendo las cadenas*
EULALIA. ¿Las cadenas de quién?
DAVID. De unos desconocidos.
EULALIA. Pero, ¿de qué trata?
DAVID. Sobre el machadato. Basada en hechos reales.
EULALIA. *(Alarmadísima).* ¡Sobre el machadato! ¡Basada en hechos reales!
DAVID. Unos desconocidos. Nadie sabía quién era quién.
EULALIA. Eso no tiene pies ni cabeza. ¡Qué disparate! Y si eran unos desconocidos, ¿para qué querían verse?
DAVID. Porque estaban conspirando.
EULALIA. *¿Conspirando?*
DAVID. Contra Machado.
EULALIA. Pero, ¿quién eran? ¿Cómo se llamaban?
DAVID. Nombres inventados… Nicanor… Cuauhtémoc…
EULALIA. Entonces eran mexicanos.
DAVID. *¡No me hagas reír, mamá!*
EULALIA. *¡Pero eso es peligrosísimo, hijo!*
DAVID. Eso ya pasó. Hace mucho tiempo.
EULALIA. No estés tan seguro. Tu madre será una ignorante, lo sé, y no pasé del sexto grado, pero en la clase de historia todos los nombres se me confundían. Algo malo se traerán entre manos.
DAVID. Es una película…

EULALIA. ¿Una película o una obra de teatro? Sabe Dios quiénes son. Porque si son unos desconocidos…
DAVID. Basada en hechos reales.
EULALIA. ¿No te lo dije? ¡En qué lío te podrían meter! Cualquier cosa podría pasar. No se puede confiar en nadie.
DAVID. Durante el machadato.
EULALIA. ¿Pero no es lo mismo? Hace unos días, pusieron una bomba en Radio Cine.
DAVID. *(Pensando en otra cosa).* De todos modos, no voy a volver.
EULALIA. Lo mejor que puedes hacer. Pero te vas para el cine.
DAVID. No me queda más remedio. En la cinemateca.
EULALIA. ¿Y eso qué cosa es?
DAVID. Ese lugar en la calle Consulado donde Guillermito, Germán y Néstor ponen películas, no muy lejos de aquí. Después, quería ensayar una escena de la obra.
EULALIA. ¿De qué obra?
DAVID. De la que estoy escribiendo, mamá. *El verano está cerca*
EULALIA. ¡Qué título, Dios mío, qué título! ¿Cómo te atreves? Porque después del verano vienen los ciclones.
DAVID. Eso es otra historia.
EULALIA. Recuerda el del treinta a tres…
DAVID. Era muy pequeño.
EULALIA. Acaban con todo.
DAVID. Le dije a Tina que pasara por aquí.
EULALIA. ¿Cuándo? ¿Ahora? Tendré que ponerme a pasar la escoba. ¿Por qué no me lo dijiste antes?
DAVID. Tina es de confianza, mamá.
EULALIA. Esa muchacha no sabe lo que hace. ¿A quién se le ocurre meterse en esos líos?
DAVID. Tú no la conoces.
EULALIA. Una madre siempre quiere lo mejor para sus hijos.
DAVID. Ella es lo mejor, mamá.
EULALIA. ¿Qué se trae entre manos? Porque si le saca fiesta a Julio Antonio y a ti…
DAVID. ¿A Julio Antonio?
EULALIA. No, no, eso no está bien visto. ¿Qué va a pensar la gente?
DAVID. Estás hablando disparates…
EULALIA. Dirán que es una cualquier cosa. Peor todavía, una revoltosa, una revolucionaria… Y con ese apellido.
DAVID. ¿Qué apellido?
EULALIA. Monetti… ¿No me dijiste que se llamaba Tina Monetti?
DAVID. No, yo no te dije eso, mamá. Yo creía que habías perdido la memoria.
EULALIA. No, hijo. Porque a mí no se me olvida nada. Yo lo recuerdo todo. *(Pensativa).* Lo que pasa es que a mí se me olvida después. Y si se va a casar contigo, más vale que recuerde su apellido.
DAVID. ¿Qué se va a casar conmigo? ¿Quién te lo dijo?
EULALIA. Me lo dijiste tú, Davisín. Bueno, a lo mejor se casa con Julio Antonio, porque después de todo, si Julio Antonio se mete en política… Concejal… Representante… Senador… Como hubiera querido ser tu padre… Pero el pobre José Julián no pasó de agente de barrio.
DAVID. Julio Antonio es un revolucionario, mamá.

EULALIA. Bueno, pues le pegarán un tiro... Con algo se empieza, naturalmente.
DAVID. No es asunto tuyo, mamá
EULALIA. *¿Qué no es asunto mío la vida de mi hijo? ¿Qué no es asunto mío la mujer con la que mi hijo se va a casar?*
DAVID. Yo no me voy a casar con nadie, mamá. Y Julián mucho menos.
EULALIA. *(Alterada. Con un periódico en la mano).* Crímenes... Asesinatos...Violaciones.
DAVID. Calla, mamá. No sigas
EULALIA. *(Alterada).* Injusticias... Torturas...
DAVID. Es solo una película.
EULALIA. *¿El titular de una película que* aparece en la primera página? «*¡Tiroteo en la Universidad*». *(Leyendo).* «¡Tres muertos y cinco heridos!».
DAVID. *(Le quita el periódico). ¡Es un afiche,* mamá! ¡Para que la gente vaya a ver la película! *(Muestra un afiche donde aparecen Jennifer Jones y John Garfield anunciando la película). ¡Una* farsa, mamá, un cuento de camino! ¡Una obra de teatro!
EULALIA. Pero yo creía que era una película. ¿No me dijiste que era sobre el machadato? ¿Entonces? ¿Tengo o no tengo razón? Porque en esa época se mató a mucha gente... La Porra... Seguridad del Estado... Los juicios sumarios... No, Davisín, no quiero hablar más del asunto.
DAVID. *(Trata de leer).* Ni yo tampoco, mamá, ni yo tampoco. ¡Tranquilízate!
EULALIA. Pero, *¿cómo voy a tranquilizarme? ¿Cómo voy a poder descansar? Así no se puede vivir.*

Pausa larga. Eulalia se deja caer en una silla. David lee. Después, con dificultad, Eulalia se pone de pie. Trajina.

DAVID. *¿Es cierto eso?*
EULALIA. *¿Qué cosa?*
DAVID. Que también Tina quiere a Julián. ¿Ella te lo dijo?
EULALIA. Cuando vino por primera vez ella venía a verlo, ¿no es así?
DAVID. Sí, es cierto. Con unas circulares que tenía que repartir
EULALIA. ¿En la universidad?
DAVID. No, creo que en una asamblea... En los muelles...
EULALIA. Esa muchacha no lo piensa dos veces...
DAVID. *¿Qué tenía que ver? Cosas de Julián, que estaba metido en aquello de la huelga.*
EULALIA. *¿Una huelga? Yo creía que las huelgas estaban prohibidas.*
DAVID. Eso era antes.
EULALIA. *¿Antes o ahora?*
DAVID. *(Alterado). ¡No sé,* mamá! ¡No sé!
EULALIA. Ella venía a ver a Julián. Pero entonces te apareciste tú.
DAVID. *¿Pero ella te lo dijo?*
EULALIA. Sí, que venía a ver a Julián, pero que yo le dije que estaba en la universidad.
DAVID. *¿Pero ella te dijo que a quien quería era a Julián?*
EULALIA. No, ¿cómo iba a decirme tal cosa si apenas nos conocíamos? Pero me dijo que quería ver a Julián y yo le dije que estaba en la universidad.
DAVID. Ella me quiere a mí, mamá.
EULALIA. *¿Estás seguro?*

DAVID. Ella me lo ha dicho.

EULALIA. Pero, ¿tú le has preguntado? ¿Una declaración de amor como se hacía antes en las novelas?

DAVID. Bueno, no de esa manera.

EULALIA. *¡El mundo está perdido! ¿Y de qué manera puede ser?. En todo caso,* esa muchacha no es de confiar. Te va a dejar plantado. Te lo digo yo, que soy la madre de todos. Hay mujeres que son la perdición de los hombres. Mira, mira lo que me hizo tu padre...

DAVID. *¿Papá...?*

EULALIA. Tú lo sabes mejor que nadie. Tu padre era la pata del Diablo. Como José Antonio... De tal palo tal astilla, Pero al revés. *¡No me lo recuerdes! (Se deja caer en una silla). ¡Me quisiera morir, David! ¡No puedo más!*

DAVID. Pero, ¿por qué?

EULALIA. Tu padre... *(Le muestra la fotografía de la boda que hay por alguna parte).* Mira lo que me... Cuando nos casamos... Tan fino, tan educado... ¿Quién me lo iba a decir? ¿Cómo pudo engañarme de tal modo?

DAVID. No te pongas así, mamá.

EULALIA. *¿Cómo no me voy a poner? (Alterada, casi incoherente). ¿Y las bombas? Y ahora tú...* Irte a ver esa película.

DAVID. Ir al cine no es para tanto.

EULALIA. Y Juliancito con eso de la huelga... Lo tiene entre ceja y ceja... Todos los días ponen una bomba... Un muerto... Un tiroteo ¿No lo oyes?

DAVID. *¿En el Fausto o en el Actualidades?* ¡Sería cómico que lo maten a uno viendo una película!

EULALIA. *¿Cómico? ¿Que le maten a un hijo?*

DAVID. Entre Jennifer Jones y John Garfield luchando contra Machado.

EULALIA. *(Traspapelada. Desesperada. Como si fuera un hecho). ¡Un hijo muerto! ¿En un cine? ¿En la cuneta de la carretera?*

DAVID. O ante el paredón de fusilamiento

EULALIA. *¿Un paredón de fusilamiento? ¿De qué estás hablando?*

DAVID. No me hagas caso.

EULALIA. *¿Cómo no te voy a hacer caso? ¿Te parece poco?*

DAVID. Cálmate. Ya pasó.

EULALIA. *¿Cuándo? ¿Por qué?*

DAVID. No tiene sentido.

EULALIA. *¿Que es lo que me queda? ¡Nada! La historia de Cuba...* Ese libro que estás leyendo. *(Desesperada, teatral). ¡Me han quitado las palabras de la boca! ¡Mis hijos muertos! ¡Unos desconocidos!*

DAVID. Es una película, mamá. Rompiendo las cadenas. Con Jennifer Jones y John Garfield.

EULALIA. *¿Y esos quiénes son?*

DAVID. Unos actores.

EULALIA. *¿Pero están aquí?*

DAVID. En la película. Rompiendo las cadenas.

EULALIA. *¿Las cadenas de quién?*

DAVID. Construyen un túnel que conduce al panteón de los Estrada Portela, el jurisconsulto que es la mano derecha de Batista... De la universidad al cementerio.

EULALIA. Pero… ¿por qué hacen un túnel, si se puede saber?
DAVID. Porque van a dinamitar un panteón.
EULALIA. ¡Dios mío! ¡Será una masacre!
DAVID. Es una película, mamá. Una película de John Houston que ponen en la cinemateca.
EULALIA. ¡Qué susto me has dado!
DAVID. Cálmate, mamá. En la cinemateca no matan a nadie
EULALIA. Pero tú mismo me has dicho que te iban a matar.
DAVID. ¿Yo?
EULALIA. Que estabas luchando contra Machado y que te iban a matar de un momento a otro… Un atentado…
DAVID. Yo no dije eso, mamá.
EULALIA. Claro que lo dijiste *(Pausita. Pensativa)*. Serán cosas de José Julián… De Julián… De José Antonio… ¡De la pata del Diablo!
DAVID. ¡No, sigas, mamá, no sigas!
EULALIA. *(Buscando el cuadro que tiene en la mano, desconcertada)*. ¿Y la fotografía? ¿Dónde la metiste? ¿Cómo fue posible que todo se hiciera pedazos?
DAVID. En el cementerio
EULALIA. ¿Una bomba en el cementerio?
DAVID. No, lo dije por decir…
EULALIA. ¿En el Capitolio…? ¿En la Manzana de Gómez?
DAVID. En la Manzana de Gómez
EULALIA. Pero a la Manzana de Gómez va mucha gente…
DAVID. Se me ocurrió. Un lugar como otro cualquiera.
EULALIA. ¿En el Prado? ¿En el Malecón? *(Se sienta)*. No se podrá salir a la calle.
DAVID. No sabía lo que estaba diciendo…
EULALIA. Pero también lo dicen los periódicos.
DAVID. Tienen que venderse.
EULALIA. Y tu padre, todos los días, saliendo a la medianoche. No sé lo que se trae entre manos.
DAVID. ¿A papá qué puede importarle?
EULALIA. Tu padre siempre se ha ocupado de ustedes.
DAVID. Papá hace tiempo que se fue, mamá. Sin dar explicaciones.
EULALIA. De aquí para allá. De un lado para otro.
DAVID. ¿No te lo dije?
EULALIA. Y si lo matan, ¿de qué vamos a comer?
DAVID. No sé, mamá.
EULALIA. Pero, ¿por qué tu padre tuvo que abandonarnos?
DAVID. No tengo la menor idea. Sabe Dios lo que tiene entre manos.
EULALIA. ¿Por qué tenía que hacerme tal cosa? ¿Qué motivos tenía?
DAVID. El que la hace la paga, mamá.
EULALIA. Si no fuera por Lolín estaríamos pasando hambre.
DAVID. ¡Cálmate, no sigas! ¡Papá está muerto y enterrado!

Con los bloques, pueden hacer como un ataúd.

EULALIA. *¿Muerto? ¿Muerto y enterrado? ¿Y Julián? ¿Y Juliancito?*

DAVID. Julián está bien.

EULALIA. Si está vivo lo pueden matar. ¿Y cómo podemos saber si tu padre está vivo o muerto?

DAVID. *¡No podemos saberlo, mamá! Nos dejó. Se fue. No sabemos nada.*

EULALIA. Juliancito necesitaba una mano dura.

DAVID. No hubiera podido con él. Julián siempre ha hecho lo que la da la gana.

EULALIA. Quizás Tina sea la horma de su zapato. Tendrá que decidirse. No le queda más remedio.

DAVID. *(Pensativo. Toma el libro. Lee).* Una cosa o la otra.

Pausa larga, como si los personajes estuvieran extenuados. Eulalia está confundida. Se mueve insegura. Coloca la fotografía en cualquier parte, bocabajo. Da vueltas, desorientada. Como marcando los lugares por donde camina, un foco de luz la lleva de un lugar a otro: la máquina de escribir, la imagen de la Caridad del Cobre, el sombrero de pajita, hasta llegar a la caja de zapatos, que Eulalia mira pensativa. Tras una pausa larga toma la caja de zapatos. No sabe dónde ponerla. Finalmente la pone en el piso, centro y frente del escenario.

DAVID. Yo creía que habías puesto la caja de zapatos sobre la mesa, mamá.

EULALIA. ¿Yo? *¡Dios me libre!* La caja de zapatos debía estar en el piso, que era donde la había puesto tu padre.

DAVID. A lo mejor fue Julián.

EULALIA. Pero ¿tú no me dijiste que Julián estaba entre los que había tomado el edificio?

DAVID. *(Refiriéndose a la caja).* Yo pensé que ahí estaban las cenizas de papá.

EULALIA. ¿Cómo se te ocurre? ¿En una caja de zapatos? Eso sería una falta de respeto.

DAVID. Nos abandonó. No se ocupó ni de ti, ni de mí, ni siquiera de Juliancito.

EULALIA. Para que estuvieran allí las cenizas tu padre tendría que estar muerto. ¿Qué tienes en la cabeza? ¿Cuándo fuiste al entierro?

DAVID. Tienes razón.

EULALIA. Es lo que te vengo diciendo.

DAVID. Lo que estamos hablando no tiene pies ni cabeza.

EULALIA. *(De pronto, asustada).* ¿Qué van a hacer conmigo? ¿Encerrarme en un manicomio? ¿Eso es lo que Tina se trae entre manos para quedarse con ustedes dos?

DAVID. ¡Me vas a volver loco, mamá!

EULALIA. ¿Y dónde me van a encerrar cuando se vayan para México? ¿En una celda?

DAVID. Nadie se va para México, mamá.

EULALIA. ¿Es una amenaza?

DAVID. ¿Qué cosa?

EULALIA. Lo que está pasando.

David se irrita. Da patadas. Tira unos bloques. Eulalia los vuelve a poner en su lugar.

DAVID. Entraron en la universidad con las metralletas. Se metieron en el rectorado y se apertrecharon allí. Tomaron varios edificios. Tiraron los pupitres por las ventanas. Van a acabar con todo.

EULALIA. ¿Y para qué fuiste? ¿Por qué te apareciste por allí?

DAVID. Para ver la nota que me habían dado, que siempre ponen en tablilla. Estaba preocupado. Si no pasaba la asignatura no iba a poder graduarme. Entonces fue cuando sentí algo frío en la cabeza. Me volví y me encontré que era Julián que me tenía puesta la pistola en la nuca.

EULALIA. ¿Julián? ¡Pero Julián es tu hermano!

DAVID. ¿Y eso que tiene que ver?

EULALIA. ¡Que es mi hijo!

DAVID. Pero me puso la pistola en la nuca y después entre ceja y ceja. Me iba a matar, mamá. Sin contar que era la pistola de papá.

EULALIA. ¿La pistola de tu padre? ¿Por qué inventas tal cosa? ¿Quién te ha metido esas ideas en la cabeza? ¿Tina?

DAVID. Tina no tiene nada que ver en este asunto.

EULALIA. ¿Y si es una revolucionaria?

DAVID. Si Julián me puso la pistola en la sien...

EULALIA. Julián es mi hijo, David, como tú, y Juliancito no puede hacer cosa semejante ¡Tendría que pasar sobre mi cadáver!

DAVID. Lo hizo, mamá, y me iba a pegar un tiro.

EULALIA. Hermano contra hermano. No tiene sentido. *(Pausa).* Claro que tu padre...

DAVID. En las revoluciones pasan esas cosas

EULALIA. ¡Pero no en esta familia! ¡Qué diría tu padre! ¿Es eso lo que pasa en la película?

DAVID. ¿En qué película, mamá?

EULALIA. La de esos desconocidos que iban a poner una bomba en un panteón en el cementerio. Esos que están rompiendo las cadenas. Cuando Tina le trajo las circulares a Julián para repartirla entre los obreros, me di cuenta del peligro en que estaban.

DAVID. Esa es otra historia.

EULALIA. Ahí tienes a tu padre, que se va de parranda todas las noches.

DAVID. Yo creo, mamá, que estás mal de la cabeza. Una cosa no tiene que ver con la otra.

EULALIA. ¿Acaso no has sido tú el que ha dicho que tu padre tenía escondida una pistola en la caja de zapatos?

DAVID. ¿Yo? Eso lo has dicho tú, mamá. Que papá tenía una pistola para matarte

EULALIA. ¿Cuándo? ¿Dónde?

DAVID. En la caja de zapatos.

EULALIA. *(Apuntando a la caja).* ¿En esa?

DAVID. En la que tenía Julián debajo de la cama.

EULALIA. ¿Te parece poco?

DAVID. No, no me parece ni poco ni mucho. Te estoy diciendo lo que me dijiste.

EULALIA. Estás levantando un falso testimonio.

DAVID. ¿Y qué quieres que te diga? ¿Una mentira?

EULALIA. ¿Es eso lo que ocurrió en la película?

DAVID. Lo que pasó en la película ocurrió hace veinte años. Durante el machadato. En el treinta y tres, para ser exactos. Y en el cine.

EULALIA. ¿Y lo de los zapatos de dos tonos? ¿Es que no se usaban entonces los zapatos de dos tonos y sombreros de pajilla?

DAVID. Eso lo sabrás tú, mamá, mejor que yo. Porque en el treinta y tres yo no había nacido. Yo no tengo la culpa de lo que los demás estaban haciendo.

EULALIA. *¿Qué tú no habías nacido en el treinta tres? ¿Y me lo dices a mí? ¿Acaso no soy tu madre?*
DAVID. Pero yo soy el que vino a este jodido lugar, mamá. Por lo menos, creo que en eso no voy a equivocarme.
EULALIA. *¡Ni yo tampoco! ¿Cómo una madre no va a saber cuándo trajo sus hijos al mundo? Naciste en el* treinta y uno, Davisín. Los dolores del parto nunca se olvidan.
DAVID. A mí no me metas en eso, mamá. Desde niño, siempre nos has hablado de los zapatos de dos tonos de papá. Que te enamoraste de él porque usaba zapatos de dos tonos y sombrero de pajilla.
EULALIA. *¡Esto es el colmo! Yo nunca he dicho cosa semejante. Los zapatos de dos tonos, te advierto, nunca los he podido ver. Son de mal gusto, una vulgaridad. ¡Si tu padre hubiera usado zapatos de dos tonos nunca me hubiera casado con él!*
DAVID. Entonces, todo ha sido un mentira. Que lo que papá metía en la caja de zapatos era una pistola, y que él se la dejó a Julián debajo de la cama para que me matara. ¿Es eso lo que has querido decirme, mamá? ¡Habla, mamá, habla de una vez! ¿Es eso lo que tú querías?
EULALIA. No, no es eso. ¿Cómo voy a querer cosa semejante? ¡Pero debí ponerme a gritar! ¡Que todos estábamos locos! ¡Que no usara zapatos de dos tonos!

Breve pausa. David se sienta delante de la máquina de escribir. Pone la mano sobre el teclado. Después deja caer la cabeza. La madre se le acerca. Le acaricia la cabeza.

DAVID. Entonces lo estamos soñando.
EULALIA. ¿Qué cosa?
DAVID. Todo. Lo que estamos diciendo en este momento. La verdad y la mentira. Lo que acabas de decir. Lo que te estoy diciendo. Todo esto que está pasando. Lo que me dé la gana. Como si estuviera escribiendo *El verano está cerca*. (*David se pone de pie*). Basado en hechos reales que ocurrieron cuando la dictadura de Machado. Que papá nunca tuvo zapatos de dos tonos. Que no usaba sombreros de pajilla. Que estábamos soñando. Que queríamos engañarnos a toda costa. Que lo que tenía en realidad era una pistola y que la puso debajo de la cama de Julián para que acabara conmigo, con la quinta y con los mangos.
EULALIA. (*Emocionada, abrazándolo*). *¡Basta, hijo mío, no* pienses en eso!
DAVID. Cálmate, mamá.
EULALIA. (*Alteradísima. Histérica, a punto de desplomarse*). ¡No escribas una palabra más! *¡Te lo prohíbo! ¡Te lo prohíbo!*
DAVID. (*La sostiene*). ¡Déjame, mamá, déjame!.
EULALIA. *¡Debí gritar! ¡Decir algo!* (*Se calma*). Claro, yo no puedo hacer nada.

Eulalia toma unos platos, los cambia de lugar. Se pone a hacer cualquier cosa: barrer, pasar el palo de trapear, sacudir los muebles.

DAVID. *Tú lo haces todo*, mamá.
EULALIA. Cosas inútiles que no sirven para nada.
DAVID. Limpiar la casa...
EULALIA. Lavar la ropa...
DAVID. Preparar la comida...

EULALIA. Lavar los platos…

David se le acerca. Se abrazan.

DAVID. Papá iba a irse de todos modos, mamá.
EULALIA. *¿Y qué podía hacer yo?*
DAVID. Nada.
EULALIA. Cuando se le metía una cosa en la cabeza…
DAVID. *(Sombrío, siniestro).* Era una mala semilla… Sólo un puñal en el cráneo…
EULALIA. Yo misma pude haberlo evitado.
DAVID. *¿Qué cosa?*
EULALIA. Que fueras a la universidad. Julián pudo haberte matado. ¿No hubiera sido peor?
DAVID. Tenía que arriesgarme. Quería saber si Julián era capaz de meterme un tiro.
EULALIA. Pero no lo hizo, gracias a Dios. ¿Qué hubiera sido de mi con un hijo en la cárcel y otro en el cementerio?
DAVID. Serías una madre modelo.
EULALIA. Tú sabías lo que estaba pasando y que los estudiantes habían tomado varios edificios pistola en mano tirando los pupitres por la ventana, los bustos de Martí y de Félix Valera.
DAVID. Tenía que ir…La idea no se me quitaba de la cabeza… Julián me había enseñado la pistola unos días atrás. Hermano contra hermano.
EULALIA. Cosas de tu padre. Como aquel día en que le puso la pistola en la mano.
DAVID. *¿Es cierto eso?*
EULALIA. Sí, claro.
DAVID. *¿Pero tú qué hiciste?*
EULALIA. Nada, no hice absolutamente nada. Temblaba de pies a cabeza.
DAVID. Por eso, hoy por la mañana cuando busqué la pistola debajo de la cama y me encontré con la caja vacía… Comprendí… Comprendí que papá y Julián me estaban tendiendo una redada… Que Julián se estaba citando conmigo… Como en las películas del lejano oeste para un encuentro al mediodía… *High Noon… (Despacio). Una… caja… de… zapatos… vacía…* Como si fueran cosas de Virgilio… *(Pausita).* Por un tiempo pensé que tenía las cenizas de papá.
EULALIA. *¿De tu padre?*
DAVID. Papá decía que tú lo consentías.
EULALIA. *¿A quién? ¿A Julián? En todo caso, yo te consentía a ti.*
DAVID. De todos modos, debiste haberme dicho algo.
EULALIA. *¿Y qué hubieras ganado con eso?*
DAVID. Llevarme la pistola
EULALIA. Pero si ya Julián se la había llevado, no sé qué te ibas a llevar. No, no quería preocuparte. Además, ¿cómo te iba a explicar qué tu padre le enseñaba a tu hermano como disparar? Hizo que metiera el dedo en el gatillo. Temía que se le fuera a disparar. Pensé que… que estaban jugando… No lo podía creer… ¿Cómo era posible que tu padre hiciera semejante cosa?
DAVID. Lo estaría entrenando. Hay padres así. Era un tarado, mamá, y yo soy un cobarde.
EULALIA. *¿Por qué dices eso?*
DAVID. Porque papá no me enseñó a usar la pistola. Porque papá no me explicó cómo poner el dedo en el gatillo.

EULALIA. *¡Gracias a Dios! Ahora es Julián quién está en peligro de que lo maten.*
DAVID. No lo creo. Se defenderá como gato bocarriba. A Julián nadie lo puede detener. Julio Antonio puede acabar con todos nosotros.
EULALIA. *(Interrogándose). ¿Julio Antonio? ¿José Julián? ¿Juliancito?*
DAVID. Un desconocido. Son nombres inventados, mamá. Para que no se sepa quién es el responsable.
EULALIA. Eso no es posible.
DAVID. Claro que es posible. Lo borrará todo. No dejará ni la memoria de lo que fuimos. Estamos perdidos.
EULALIA. *¿En qué estás pensando?*
DAVID. Que lo entrenaba en el tiro al blanco. Donde pone el ojo pone la bala.
EULALIA. No sigas. Estás inventando. Cosas que se te ocurren. Que se me ocurren a mí también. Como si las estuviera soñando. Tu padre era un santo.
DAVID. Estás mintiendo, mamá.
EULALIA. Sabes que estoy muy mal de la cabeza. No recuerdo si hoy es hoy o si hoy se mañana. Lo mismo puede ser sábado o domingo. Lunes o martes.
DAVID. *(Pausa muy breve).* Todos los días aparece un muerto en la cuneta de la carretera.
EULALIA. Eres su hijo. Y Julio Antonio también.
DAVID. Sabe más que la bibijagua
EULALIA. Es posible que yo tuviera la culpa.
DAVID. No digas eso, mamá.
EULALIA. El día menos pensado…
DAVID. A lo mejor mi padre está muerto.
EULALIA. *¡No, no, no lo repitas…!*
DAVID. Bicho malo nunca muere.
EULALIA. Ni que fueras Julián, porque Juliancito es el que dice esas cosas.
DAVID. Más vale que lo fuera.
EULALIA. No, no, es mejor que no. *(Pausa larga. Ella trajina por «la cocina». David lee un periódico). ¿Cómo se te pudo ocurrir tal cosa?*
DAVID. ¿Qué cosa?
EULALIA. Lo de la caja de zapatos
DAVID. Porque Julián me puso la pistola, que había escondido, entre ceja y ceja.
EULALIA. Pudo ser otra. Todas las pistolas son iguales. Hay pistolas de juguete, David. Como la que le pidió a los Reyes Magos y tu padre le trajo.
DAVID. ¿No te lo dije? Papá le puso una de verdad, para pegar que me pegará un tiro. ¿Acaso no fue él quién puso la caja de zapatos debajo de la cama?
EULALIA. Pensé que eran los zapatos de tu padre.
DAVID. *¿Debajo de la cama de Julián?*
EULALIA. Tú padre siempre los ponía en la caja de zapatos debajo de la cama. Tenía esa manía.
DAVID. No tiene sentido.
EULALIA. Eso pensaba yo. Pensé que había regresado a buscarlos.
DAVID. Podía haberse comprado unos nuevos.
EULALIA. Sí, tienes razón, pero a lo mejor no tenía dinero. Esos zapatos son caros.
DAVID. Nunca se me ha olvidado.

EULALIA. *¿Qué cosa?*

DAVID. Como limpiaba los zapatos de charol, con unos huequitos blancos. Todos los chulos hacían lo mismo.

EULALIA. No te expreses de ese modo. Limpiaba los zapatos, pero nunca se los ponía

DAVID. Estaría esperando el momento. *¡Nos estaba entrenando!*

EULALIA. Pero, *¿para qué los estaba entrenando?*

DAVID. Para que nos matáramos el uno al otro. Pero a lo mejor le salió el tiro por la culata y lo matamos a él

EULALIA. No, hijo, no sabes lo que estás diciendo.

DAVID. Era la lección. Escribíamos la historia de Cuba. Así, como dos y dos son cuatro ¿Acaso no era él quién quería que jugáramos a los policías y ladrones?

EULALIA. *¿Y eso que tenía de malo? ¿No era un juego de* niños?

DAVID. No, mamá, no era un juego de niños. Recuerda que papá le daba siempre la pistola a Julián, porque Julián siempre quería hacer de policía.

EULALIA. *¿Pero no decían que era un revolucionario?*

DAVID. Es lo mismo. Lo estaba entrenando para matar. Para que acabara con nosotros. Para que acabara con Cuba.

EULALIA. *¡Qué exageración! Yo temblaba de pies a cabeza, porque si a Juliancito se le disparaba la pistola podía* matarte. O el mismo podía matarse, al menor descuido.

DAVID. Papá nunca me la daba a mí, porque decía que yo tenía muy mala puntería.

EULALIA. Juliancito era un niño y apenas sabía cómo meter el dedo en el gatillo.

DAVID. ¡Sabía, mamá, sabía! Me mató un centenar de veces.

EULALIA. De mentira, Davisín, porque no era más que un juego. Tienes que reconocer que si Julián te hubiera matado de verdad no estarías vivo.

DAVID. Escucha, mamá, Julián era el macho de la película y entre papá y él me preparaban la emboscada ¡Julián tenía el papel principal y podía hacer conmigo lo que le diera la gana! Lo llevaba al cine todos los domingos para ver las películas del Lejano Oeste. Y a mí me dejaba en la casa con los muñequitos. Y como yo tenía un papel secundario, hasta era un *happy ending* y aparecería la palabra *fin*.

EULALIA. Si, yo lo recuerdo. Te llevaban preso, pero te quedabas vivo, que para mí era lo más importante. Tu padre decía que el mundo es así, y que había enseñarlos a que se mataran unos a otros. Que él era un gran pedagogo. No, no lo hacía por malo. Después se moría de la risa ¿Te acuerdas?

DAVID. Sí, claro. ¿Cómo voy a olvidarlo?

EULALIA. Y al final, cuando ustedes corrían a donde yo estaba, los acariciaba, los besaba porque estaban vivos y se me corría las lágrimas. *(Pausa larga. Cambio de luz).* Cuando se fue, dejó la caja de zapatos. Yo vi la caja y pensé que iba a volver. El sombrero de pajilla lo dejó en la percha, y allí se ha quedado para toda la vida. Eso me tranquilizó, porque si se hubiera ido para siempre se hubiera llevado el sombrero, ¿no te parece? Si había dejado los zapatos, eso quería decir que volvería, para estrenarlos, porque yo creo que no se los había puesto nunca. Claro, yo la miraba y no me atrevía a tocar la caja, porque tenía miedo. No me atreví a cogerla. Cuando la veía, temblaba de pies a cabeza.

Conmovidos, ambos se abrazan, temerosos. Se consuelan en silencio. Aparentemente lloran, quedamente. Después se separan. Eulalia barre y hace más o menos lo que dice el texto, hasta que finalmente toma la caja, saca la pistola, y la tira como si le hubiera mordido la mano.

EULALIA. La dejé debajo de la cama, como si fuera un sarcófago vacío y como si de él hubiera escapado un cadáver. Cuando barría, no me atrevía hacerlo debajo de la cama, porque tenía miedo, aunque tocaba la caja, para estar segura de que la caja estaba allí, porque eso me tranquilizaba. Hasta que un día me di cuenta que la caja ya no estaba allí. Me agaché, miré, y efectivamente, la caja no estaba. Creí que me volvía loca, pensé que había venido a la medianoche y cuando yo estaba dormida había entrado en el cuarto y se había llevado la caja para poner en ella los zapatos, y empecé a buscar la caja por todas partes, sin encontrarla, ... Finalmente, buscando y buscando, barriendo y barriendo, encontré la encontré debajo de la cama de Julián... Me quedé atónita... Con la boca abierta... Pero sin pensarlo dos veces la abrí y encontré con la pistola envuelta en un paño... La tiré, como si me hubiera mordido la mano... Se hubiera podido disparar, naturalmente... La envolví más o menos con el paño y la dejé donde la había encontrado, para que no se dieran cuenta...

David toma la pistola.

DAVID. Cuando entré en el cuarto estaba asegurándose de que la pistola funcionara bien y la limpiaba cuidadosamente. Después ponía los cartuchos en el cargador, como hacen los gánsteres en las películas, metía el dedo en el gatillo y apuntaba hacia mí, que estaba en el dintel de la puerta. Yo creía que iba a disparar. Estoy seguro que era la pistola de papá.

Durante este parlamento, Tina entra en escena. Viste de forma sencilla pero elegante, con una falda ancha azul celeste, casi una aparición, sobre el fondo negro del escenario. Escote insinuante, pero sin exageración, en forma de V. Tiene un par de libretos en la mano. Eulalia, de pie, la mira, y después desaparece en la penumbra, como una sombra. No se sabe si ha salido de escena. David apunta hacia Tina.

OSCURO TOTAL

SEGUNDO ACTO

Tras un apagón breve, con David y Tina en la misma posición que los dejamos al final de la escena anterior, prosigue la acción prácticamente sin interrupción. Así que todo parece indicar que no ha pasado el tiempo, aunque esto no se sabe exactamente. David coloca la pistola sobre la mesa junto a la caja de zapatos. Durante el transcurso de la acción se escuchan tiros y detonaciones, como si fuera una banda sonora permanente. Quizás focos de luces en la oscuridad, como linternas.

TINA. Creí que ibas a disparar.
DAVID. Pero no te inmutaste.
TINA. ¿Y por qué iba a inmutarme?
DAVID. En el fondo sabías que no iba a hacerlo.
TINA. Pero, ¿qué razones podía haber para que lo hicieras? *(Refiriéndose al libreto).* En el texto no había ninguna indicación.
DAVID. Y aunque la hubiera tenido, te amaba demasiado para poder disparar.
TINA. Nunca me lo habías dicho.

DAVID. Porque estabas tan segura de ti misma que no me has prestabas atención.

TINA. Tal vez debiste decírmelo.

DAVID. Las palabras no me salían de la boca. No sabía cómo decirlas. Creías que tú eras la que las estabas decidiendo. Que yo no era el que tenía que decidir. Que yo no tenía necesidad de decidir lo que ya tú habías decidido.

TINA. Yo no había decidido nada.

DAVID. En todo caso, lucías realmente tan bella con aquel vestido azul, que eras algo así como una aparición. Tal vez por eso me quedé mudo.

TINA. ¿Con aquel vestido azul? ¿Con el que tengo puesto?

DAVID. Bueno, no exactamente. Porque en un minuto ha pasado el tiempo.

TINA. ¿Un minuto o toda una vida?

DAVID. Un minuto y toda una vida.

TINA. Entonces, has cambiado de punto de vista.

DAVID. No Tina, porque cuando yo tomo una decisión la tomo para siempre.

TINA. Y yo también.

DAVID. Es por eso que hemos nacido el uno para el otro.

TINA. En el libreto no había ninguna acotación de que fueras a disparar. En todo caso, era yo la que sacaba la pistola, que llevaba en la cartera.

DAVID. Pero no la trajiste. Llegaste con el libreto en la mano. Las cosas han cambiado.

TINA. Pero no entre tú y yo.

DAVID. *(Él la mira fijamente. Ella desvía la mirada).* Yo soy el mismo.

TINA. Yo creo que es mejor que ensayemos el texto. ¿No era eso lo que tú querías?

Transición. Cambio de luz. Tina y David empiezan a «ensayar». Tina le da un libreto a David y se queda con otro. Leen, aunque en algunos momentos pueden dejar de leer. La acción se invierte. David hace como si acabara de llegar. Las comillas indican que están leyendo.

TINA. El verano está cerca.

DAVID. «¿Y Julián? ¿Se ha ido?».

TINA. «Sí, acaba de salir».

DAVID. «Yo creía que iba esperarme».

TINA. «Me dijo que era mejor que te quedaras en la retaguardia».

DAVID. «Pero estábamos de acuerdo en que yo...».

TINA. «Cosas del último momento».

DAVID. «Por un momento pensé que iba a ser diferente».

TINA. «*Me dijo era mejor para todos*». Declamaba. «Contra los capitalistas que solo piensan en el dinero; la burguesía que solo quiere salir en la crónica social; los politiqueros y malversadores, que piensan que a río revuelto ganancias de pescadores...».

DAVID. *(Sin leer).* La lucha estudiantil... El clandestinaje... Las utopías... Dar la vida por Cuba.

TINA. «*Necesitaba hablar contigo*».

DAVID. «*Y yo también*».

TINA. «*¿Recuerdas cuando yo llegué? Era como si me estuvieras esperando*».

DAVID. «Sí, lo recuerdo. No lo he olvidado jamás». ¿Cómo podría olvidarte? En aquello días pensaba que Julio Antonio ganaba la partida...

TINA. «*¿Y ahora?*».

DAVID. «*No te sé decir*». *(Transición, Con cierta violencia)*. Que Julio Antonio te había convencido… Porque cuando hablaba parecía que te hipnotizaba… La Revolución… Las demostraciones… Los estudiantes… Los policías… Las bombas… El pueblo que se había tirado para la calle…
TINA. *(Tina, sin leer)*. Tus dudas…
DAVID. *(Pensativo)*. Sí, no te lo voy a negar…
TINA. «Morir por la patria es vivir…».
DAVID. «Tiburón se baña pero salpica…».
TINA. «Menocal sonando el cuero…».
DAVID. «La enmienda Platt…».
TINA. Estudiábamos la historia de Cuba.
DAVID. Siempre pensé que Julio Antonio se burlaba de nosotros.
TINA. Que estaba más adelantado…
DAVID. Que sabía más que tú y que y yo juntos.
TINA. Conocía toda la República al dedillo…
DAVID. Y la Revolución.
TINA. *¿La Revolución? No, la revolución no había llegado todavía.*
DAVID. La de Marx y Lenin.
TINA. Sí, sí, se la sabía al dedillo
DAVID. *(Lee)*. «*La caída de Machado…*».
TINA. *(Corrigiendo)*. De Batista.
DAVID. ¿De Batista?
TINA. Sí, de Batista. Sigue.
DAVID. «*El 4 de septiembre…*».
TINA. *¿El asalto al cuartel Moncada?*
DAVID. No, no esa es otra cosa.
TINA. *¿Pero no era lo mismo?*
DAVID. ¿El 26 de julio?
TINA. Julio Antonio siempre nos enmendaba la plana.
DAVID. «*El golpe del 10 de marzo*».
TINA. Siempre se te confundían las fechas
DAVID. ¿No fue el 4 de septiembre?
TINA. «*El treinta y uno de diciembre*».
DAVID. Bueno… *(Inseguro, lee, con un gesto)*. «*El treinta y uno de diciembre*».
TINA. «*La huelga del primero de enero*».
DAVID. *(Sin leer)*. «*Los juicios sumarios*».
TINA. «*La invasión de Bahía de Cochinos*».
DAVID. *(Abruptamente, sin leer. Transición)*. Julián… Julián te gustaba más que yo.
TINA. No es cierto…
DAVID. Un cubanito con todas las de la ley. Un atrevido.
TINA. Lo explicaba todo mejor. No puedes escatimárselo.
DAVID. Mentía…
TINA. Salía a bailar. Era más divertido. Tienes que reconocerlo
DAVID. Decía lo que yo no me atrevía a decir…
TINA. *(Leyendo)*. «Dijiste que nuestros caminos se habían encontrado y ya no podrían separarse jamás».

DAVID. *¿Estás segura de lo que estás leyendo? ¿No te parece algo picúo?*

TINA. *(Leyendo).* «No me importa la actitud que tengas ante la vida. Lo que hagas o dejes de hacer. Lo que importaba es mi amor».

DAVID. El texto es el mío…

TINA. *¿Tu amor? ¿El mío?*

DAVID. *(Leyendo, rectificando).* «Nuestro cariño…».

TINA. *(Leyendo).* «Nuestro amor, que es mucho más todavía».

DAVID. *¿No te parece algo retórico? ¿Lo borro?*

TINA. Pero, ¿no era cierto? Si era cierto no podía ser retórico. No puede borrarse.

DAVID. Sí, sí, es cierto. Tienes razón. *(Leyendo).* «También lo recuerdo». Pero también te dije que no iba a hacer nada. Que Julián era el que iba a hacerlo todo. Que conmigo no contarán para pegarle un tiro a nadie.

TINA. *¿Dijiste eso?*

DAVID. Más o menos.

TINA. Entonces no es posible borrar lo que se dijo.

DAVID. Sigue, Tina… Lee lo que dice… Ni una palabra de más, ni una de menos.

TINA. *(Un tanto retórica).* «¿Crees que he sido infiel a mi palabra? ¿Que te mentía?».

DAVID. No, no me mentías. *(Un tanto retórico también).* «Creo que en aquel momento eras infiel contigo misma. A veces uno quisiera borrar lo que ha sentido, sus propios actos, pero no es posible. Hay algo que se va haciendo cada vez más fuerte, que sobrepasa a otros de nuestros deseos… Nuestro propio corazón…». *(Sin leer). ¿Lo dije así? ¿No te suena a novelón radiofónico? Esto no sirve. Tendré que escribirlo nuevamente.*

TINA. *(Violenta, tirando el libreto).* Entonces, si lo sabías, si sabías que todo aquello era una farsa, una mentira, ¿por qué no hiciste algo? ¿Por qué no me besaste? ¿Por qué no me lo dijiste?

DAVID. Porque fui un cobarde, Tina. Un acomplejado. Porque en la escalinata de la universidad unos estudiantes se estaban matando y hacían la revolución… Y yo no estaba haciendo nada… Porque Julio Antonio, aquel mismo día, me había puesto una pistola en la nuca y después el cañón entre ceja y ceja, y yo no hice nada, sino congelarme de pies a cabeza y me entró a golpes Y me puse a escribir… Lo había decidido, porque no quería hacer la revolución. *(Deja el libreto junto a la máquina de escribir).*

Transición. Cambio de luz. Tina y David dejan de «ensayar».

TINA. *¿Por qué te pusiste a escribir lo que podíamos haber vivido en aquel momento?*

DAVID. Mamá dice que aquel día buscaba a José Antonio.

TINA. *¿Y cómo podía saber que no te buscaba a ti?*

DAVID. Porque cuando Julio Antonio tomaba la palabra en aquellos mítines en que podía estar hablando horas y horas, hipnotizaba a todo el mundo y no había nadie que abriera la boca.

TINA. Eso creerías tú, pero tú eras el que me hipnotizaba. Fue amor a primera vista y ya había decidido.

DAVID. Desde ese momento no pude quitarte los ojos de encima, y volví la cabeza una y otra vez, pero como era un pusilánime a veces desviaba la mirada.

TINA. Nunca me dijiste nada. Y después, en aquella manifestación que organizó Julio Antonio frente al Palacio Presidencial donde se repartieron las circulares que yo había tirado, en la que él habló y nos cayeron atrás a garrotazos…

DAVID. En la que tú estabas con él y tampoco nos dirigimos la palabra.

TINA. No, David, yo no estaba con nadie. Me había metido en esto y tiraba las circulares, las llevaba a las demostraciones y las repartía…

DAVID. Con las arengas que Julián escribía.

TINA. En todo caso cuando yo vine a esta casa la primera vez, te estaba buscando a ti y no a Julián, aunque tú no lo creas.

DAVID. *¿A mí, cuando tenías a Julio Antonio que era mucho mejor parecido que yo? Del cual se enamoraban todas las mujeres, alto, fuerte y bien parecido,* guapo como un artista de cine.

TINA. Precisamente, porque yo no estaba buscando a ningún artista de cine.

DAVID. Quizás estabas buscando un revolucionario. Escultórico. Listo para que lo esculpieran en la Plaza Roja como si fuera una muestra del realismo socialista…

TINA. A mí nunca me ha gustado el realismo socialista.

DAVID. Mientras que yo… Flaco, desgarbado, mal vestido, torpe, que hasta parecía hambriento.

TINA. Precisamente, David. Precisamente por eso.

DAVID. Que solo sabía escribir, poner una palabra detrás de la otra…

TINA. Que decían más o menos lo mismo, porque teníamos los mismos ideales.

DAVID. En eso los tres estábamos de acuerdo, aunque de modo diferente… No eran exactamente los mismo ideales. Había que derrocar a Batista…

TINA. *¿A Batista? ¿A Machado o a Batista? ¿Qué quieres decir?*

DAVID. A la Tiranía…

TINA. *¿Y no era eso razón suficiente para que estuviéramos unidos?*

DAVID. No, no lo era, Tina, porque Julio Antonio se sabía que era marxista leninista, y se conocía el *Manifiesto comunista* al dedillo. Pero yo no. *(Pausa breve).* Hasta que finalmente… En aquella reunión secreta en 12 y 23, cuando organizó el atentado de «el panteón en el cementerio» para pegarle un tiro a Estrada Portela… No recuerdo bien…

TINA. *(Interrumpiendo).* A Vázquez Bello…

DAVID. El ministro sin cartera del dictador, su mano derecha, que se llenaba los bolsillos con el dinero que robaba con la otra.…Con el plan de excavar un túnel hasta el panteón familiar, dinamitarlo y acabar de una vez por todos aquellos politiqueros y toda su camarilla… No dije esta boca es mía.

TINA. Te levantaste y te fuiste, y no regresaste a ninguna otra reunión…

DAVID. Porque no estaba de acuerdo.

TINA. Te llamaron traidor.

DAVID. *¿Una conspiración entre un grupo de desconocidos en la que* solo Julián conocía a todos los demás, incluyéndote a ti? ¿En la que se planeaba el asesinato de padre de Conchita Estrada Portela, a la que veíamos todos los días en la Plaza Cadenas antes de asistir a clases? No, Tina, no podía aceptarlo… No soy un revolucionario… Tengo que reconocerlo.

TINA. Te hiciste sospechoso. Y pusiste a Julio Antonio en una situación muy difícil. Sacó la cara por ti y asumió el riesgo, afirmando que tú eras su hermano y que eras incapaz de cometer delito de traición.

DAVID. Y tenía razón, porque, a menos que escriba el *Manifiesto comunista*, ¿escribir de qué sirve…? ¿Qué importancia tiene poner una palabra detrás de la otra?

Eulalia, reaparece, natural, como si nunca se hubiera ido. Es posible que haya permanecido todo el tiempo en escena, haciendo tareas domésticas, limpiando los muebles, arreglando libros y adornos, cambiándolos de su lugar, sin apenas hacer ruido, entre las sombras, sin que nadie se diera cuenta. Como si no estuviera. Esta vestida y peinada de la misma forma, pero más canosa, como si hubieran pasado algunos años, lo que le da una apariencia algo espectral, con una capa de polvo por encima.

EULALIA. Menos mal, hijo mío. Menos mal… Porque escribir no le hace daño a nadie… Un lápiz… Una pluma… Una máquina de escribir…

DAVID. *(A Tina. Retomando un libreto)*. «Quedamos en vernos en la cafetería de Infanta y San Lázaro a las tres de la tarde. Pero no te apareciste».

TINA. «¿A las tres de la tarde, en el parquecito por *Infanta* donde está el busto de Mella?».

EULALIA. *(Sorprendida)*. ¿De Mella? Yo creía que Julio Antonio se había ido para México. ¿No era eso lo que decían?

TINA. ¡Déjate invenciones, David! En Infante y San Lázaro no hay ninguna cafetería.

EULALIA. Es posible que la cerraran.

DAVID. *(Volviéndose, a Tina)*. ¿No fue en ese momento cuando tú llegaste?

TINA. *(Transición. Bastante teatral. Algo falsa, artificial. Leyendo del libreto que tiene en la mano. Como si entrara en escena. Lee, más bien de carretilla. Como quien retoma un papel que estaba pendiente y fue interrumpido en algún momento)*. «¡Estabas aquí! ¡Qué susto me has dado! Me dijeron que te habían visto por la Escuela de Pedagogía, donde se habían atrincherado los estudiantes y quise llegar allí, pero era imposible cruzar la Plaza Cadenas, porque estaba llena de policías. Las patrullas estaban subiendo por la escalinata y las perseguidoras habían cerrado todas las calles. ¡Ya te puedes imaginar las cosas que me vinieron a la cabeza!».

DAVID. *(Con ironía)*. Rompiendo las cadenas, como la película.

TINA. «Después del tiroteo creí que estabas muerto». *(Auténticamente alterada, pero todavía leyendo)*. «Traté de bajar por San Lázaro hasta el parque Mella, pero allí había un alboroto tremendo, porque al busto le habían cortado la cabeza». *(Deja caer el libreto)*. Vine corriendo como una loca. Temí que te hubiera pasado algo. Se decía que Salas Cañizares había subido por la escalinata con una ametralladora para sacarlos a todos, vivos o muertos. Pero, ¿dónde se había metido Julio Antonio? No dejaba pasar a nadie. En fin, que no sabía qué hacer…

DAVID. *(Deja caer el libreto que todavía tiene en la mano. De buen humor)*. Tendrás que quedarte conmigo, porque por lo menos estoy vivo. Algo es algo.

TINA. Habíamos quedado en ir al cine.

DAVID. Que nos veríamos en la cafetería de Infanta y San Lázaro.

TINA. ¿Dónde te habías metido?

DAVID. Eso mismo digo yo.

TINA. Te buscaba por todas partes, pero no te podía encontrar.

DAVID. Por un momento pensé que estabas con José Antonio. *(La besa. Se separan. La mira detenidamente)*. Cada día te pareces más a Jennifer Jones… Hasta tienes sus mismos manierismos… Es lástima que no te hubieran dado el papel protagónico… Lo hubieras hecho mejor.

TINA. *¿Qué papel?*

DAVID. El de China Valdés rompiendo las cadenas. Esa muchacha que vio como balaceaban a su hermano. El que hizo Jennifer Jones. La que se metió a conspirar contra Machado, la que torturaron y violaron y estuvieron a punto de llevar al paredón por las fuerzas represivas… La que luchaba por la libertad de Cuba…

TINA. No sigas, por favor. Porque este es un asunto demasiado serio para tirarlo a broma.

DAVID. No lo tiro a broma.

TINA. Podría pasarte algo a ti también.

DAVID. *(Violento, resentido)*. ¿A mí también? Como pasa con los extras en los papeles secundarios. El tiroteo en la escalinata, como si se estuvieran filmando *El Acorazado Potemkin*.

TINA. Cállate. No digas eso. Confundes una cosa con la otra. Así no podremos entendernos. No sé de lo que estás hablando.

DAVID. De la caída de Machado, naturalmente

TINA. *¿De la obra que va a montar Teatro Estudio sobre la caída de Batista?*

EULALIA. *(Reaparece. Sorprendida, de pronto)*. ¿Pero Batista ya cayó?

DAVID. No, mamá. Estamos hablando metafóricamente.

EULALIA. Eso pensaba yo. Que no se había caído todavía.

TINA. Sobre la caída de Machado.

EULALIA. Pero eso pasó hace mucho tiempo, Tina. Ni siquiera Davisín había nacido.

DAVID. No mamá, ya yo había nacido. En 1931.

EULALIA. *¿De veras? Con la edad, las fechas se nos confunden. Era un niño muy mono.*

DAVID. Con las tiranías pasa lo mismo. Como si una cosa fuera la otra. Y las personas.

TINA. Entiendo lo que quieres decir. Pero eso no resuelve nada.

EULALIA. Quién es quién, lo comprendo, porque hay personas que se parecen. *(Pausita)*. Pero tú eras muy joven Davisín, para saber la fecha en que naciste. *(Pausita)*. *¿Cómo va a saber esas cosas un recién nacido?* Uno, exactamente, no sabe cuando nace, porque eso lo dice la partida de nacimiento. La madres son las que lo saben, porque es ella los traen al mundo. ¿Cómo va a saber un niño que acaba de nacer la fecha en que nació? No tiene sentido.

DAVID. No, no, mamá, yo me acuerdo la fecha en que nací. Lo que no recuerdo es la fecha en que nacieron los demás.

EULALIA. Entonces sería Julio Antonio, que es mayor que tú.

DAVID. Lo que tú digas.

EULALIA. Pero, tú, Tina, ¿no fuiste a la universidad a encontrarte con Julián? *(Dubitativa)*. *¿O eras tú Davisín el que iba a encontrarse con* ella? Un día no es igual al otro y la noche mucho menos.

Tina y David se miran, porque lo que dice no tiene sentido, confusos, pero con cierto entendimiento, aunque en realidad, y con frecuencia, muchas cosas que dicen parecen que no lo tienen, incoherentes.

DAVID. Por la noche, todos los gatos son pardos.

EULALIA. *¿Le ha pasado algo* a Julián? *¿Le ha pasado algo y ustedes no me lo quieren decir?*

DAVID. No, mamá, no le ha pasado nada.

EULALIA. *¿Cómo puedes estar seguro?*

DAVID. Porque lo vi en la universidad.

EULALIA. Sí, claro, porque me dijiste que te había puesto una pistola en la nunca y otra entre ceja y ceja… Entonces, eso quiere decir que cuando tú lo viste estaba vivo todavía.

DAVID. *¡Sí, mamá, por Dios! ¡Cuando me puso la pistola entre ceja y ceja no estaba muerto y él* tampoco! ¡Me hizo eso y me entró a patadas!

EULALIA. Eso no puede ser. ¿Cómo Julián iba a hacerte algo semejante? ¿Qué razones tenía? Estarían jugando a los policías y ladrones, como cuando eran niños, que a tu padre le gustaba tanto. david. Especialmente cuando Julián me mataba a mí.

EULALIA. No digas eso. ¿Acaso estás seguro que fue Julián?

DAVID. Sí, mamá.

EULALIA. ¿Julián o Julio Antonio? Porque tu padre siempre quiso llamarlo Julio Antonio. *(A Tina).* Primero quería llamarlo como él, José Antonio; pero yo me negué y se armó una tremenda. Ya te puedes imaginar la confusión. Y nunca llegamos a podernos de acuerdo, aunque sea poca la diferencia. Y en la escuela, te advierto, pasó siempre lo mismo. *(A Tina). ¿Julián o Julio Antonio?*

TINA. *(Con dudas).* Julián… o Julio Antonio.

EULALIA. *¿Lo ves? Porque todos los nombres se parecen. Se confunden. Y hasta las personas también. Como si tuvieran la misma cara (Pensativa). A ustedes… ¿no les pasa lo mismo?*

DAVID. En ese caso, mamá, habrá que buscar la partida de nacimiento.

EULALIA. Ahora no me irás a decir que está muerto.

TINA. *(A David).* Pero, ¿Julián te golpeó?

DAVID. Como si estuviera entrenado y quisiera hacerlo.

TINA. *¿Cuándo?*

DAVID. *(Irritado).* Antes de que tú lo fueras a buscar para saber si el muy degenerado estaba vivo o estaba muerto.

TINA. *¿Qué quieres decir?*

DAVID. Que estás de acuerdo con él

TINA. *¡Yo no fui a verlo, David!*

DAVID. Mientes, Tina. Lo fuiste a ver y por eso no pudiste llegar a tiempo para ir el cine.

EULALIA. *¿Al cine?*

DAVID. Una función especial de la cinemateca donde ponían una película para comemierdas como yo.

TINA. *¿Por qué haces esto? ¿Por qué te pones a escribir estas cosas que no tienen pies ni cabeza? ¿Esta mescolanza? Y después, después piensas que las cosas fueron así. De este modo no se puede llegar a ninguna parte, solucionar nada. ¿Qué te propones?*

DAVID. Enredar la pita.

TINA. *¿Sacar a tu madre en escena como si estuviera medio loca y a mí de Jennifer Jones haciendo de China Valdés y como si fuera Tina Modotti? Sí sigues así, acabarás tú mismo enredado en ella y no sabrás como salir del atolladero*

DAVID. *(Toma un libro y lee).* «Zayas era mucho presidente para dejarse impresionar por un comunista, y se presentó en el aula magna, se sentó en la presidencia, agitó la campanilla y con unas breves palabras abrió el curso».

TINA. *¿Pero de quién estás hablando? ¿Zayas? ¿Qué tiene que ver Zayas con todo esto?*

DAVID. Más de lo que tú te imaginas.

TINA. *¿Batista o Machado? ¿Hitler o Stalin? (Tras una pausa muy breve). ¿Fidel?*

DAVID. *(Salta unas páginas. Toma el libro de historia de Cuba y lee).* «Convencido Chibás de haber perdido su popularidad, que descansaba mucho en acusaciones espectaculares, el domingo cinco de agosto, al final de la trasmisión, cuando creía que aún estaban escuchándolo, se pegó un tiro gritando que aquel era su último aldabonazo».

EULALIA. Yo seré una ignorante, Davisín, pero ese no es modo de contar la vida de nadie. No en balde no nos entendemos. ¿Cómo vamos a entendernos si no sabemos quién es quién? Eso le dije a tu padre, con aquel empeño de llamarlo José Julián, como si fueras José Martí, cuando yo quería que se llamara Julián, que es más sencillo. ¿Acaso estas cosas no pasaron después?

DAVID. No mamá. ¡Eso pasó antes!

EULALIA. ¡Este muchacho! *(A Tina)*. Te aseguro, Tina, que nunca llegó a aprenderse la historia de Cuba, que Juliancito se sabía al dedillo.

TINA. ¡Por Dios, David, no sigas!

DAVID. ¿Yo? ¿Pero no es mamá la que lo está diciendo?

TINA. Pero tú eres el que lo está escribiendo.

DAVID. *(Rápido, corre a la máquina de escribir, se sienta ante ella, escribe y lee. Violento)*. ¡El verano está cerca! ¡El verano está cerca! ¡El verano está cerca!

TINA. ¡Explícate!

DAVID. ¡Sería perder el tiempo, Tina, porque la historia de Cuba cada cual la cuenta como le da la gana!

TINA. Pero esto, ¿qué tiene que ver todo con *El verano está cerca*?

DAVID. Nada, no tiene que ver con nada.

TINA. Ni que fueras Julián. ¿Lo estás imitando?

DAVID. *¿Imitar yo a Julián? ¿A Julián que parece un artista de cine y que cuando se pone su sombrero de vaquero, de ala ancha, está entre James Dean y Gary Cooper, con su toque de realismo socialista, como para que lo esculpan en el sitio de Stalingrado?* No, no lo estoy imitando, porque Julio Antonio tiene el dedo en el gatillo y yo no hago más que escribir mierda con el teclado.

TINA. Entonces lo envidias.

DAVID. Lo envidio en la medida que a ti te gusta él.

TINA. Eres un acomplejado. A mí me gustas tú.

EULALIA. Siempre ha tenido esa idea en la cabeza. Que José Antonio...

TINA. Julio Antonio, Eulalia.

EULALIA. Que Juliancito era más guapo que él. Pero no es verdad, Tina. Cuando Davisín tomó la primera comunión, era, realmente, el niño más bonito de los Jesuitas... Claro que Juliancito era un pícaro, lo que la gente llamaba un mataperros, y era muy difícil meterlo en cintura. Y además, como era ateo como su padre, nunca quiso tomar la primera comunión.

TINA. Y Julio Antonio no se ha muerto todavía.

EULALIA. *(Insegura, ida)*. ¿Julián...? ¿Julio Antonio...? *(Transición)*. ¿Y el cementerio?

TINA. El cementerio, Eulalia, no queda por ahí, y no tiene nada que ver con el asunto.

EULALIA. ¿Que el cementerio no tiene nada que ver con esto tampoco? ¡El cementerio, Tina, tiene que ver con todo!

DAVID. *(Está junto a la máquina de escribir. Escribe y lee)*. «A cada instante otro ser se apodera de nosotros para confundirnos y negarnos la explicación». *(Sigue escribiendo)*.

EULALIA. Pero eso no tiene sentido, David. ¿Cómo se te ocurren esos disparates? *(Desconcertada)*. ¿Acaso no se supone que la loca sea yo? Por lo menos Julio Antonio escribe «Abajo con el imperialismo yanqui», que es un disparate también, porque, ¿cómo vamos a acabar con el imperialismo yanqui? Si acabamos con él, ¿qué vamos a comer?

DAVID. *(Deja de escribir. Se pone de pie. Volviéndose a Tina).* Conmigo no cuenten, porque no voy a poner bombas en ninguna parte.

TINA. *¡Menos mal!*

EULALIA. *(A Tina).* ¿Lo oyes? ¿No te lo decía? *(A David).* ¡Cállate, hijo mío, que te van a llevar preso! Ni que fueras un terrorista. Un contrarrevolucionario.

TINA. No le preste atención, doña Eulalia.

EULALIA. *(Sorprendida).* ¿Doña Eulalia? ¿De donde sacas eso, Tina? ¡Ni que fuera mexicana!

TINA. *¿Todo esto por una película de pacotilla?*

EULALIA. ¿Una película?

TINA. La que estamos viviendo, Eulalia, una película de la cual nunca acabamos de salir.

EULALIA. ¿Qué película, David, qué película? Explícate, porque estoy confundida.

DAVID. *¡Una película, sí, mamá, una jodida película! Rompiendo las cadenas,* dirigida por John Ford, con John Garfield como Tony Ferrer y Jennifer Jones como China Valdés, sobre la caída de Machado, en 1933, ¡cuándo, coño, mamá, ya yo había nacido!

EULALIA. *¡Qué manera de hablar, Davisín! ¡Cómo es posible? ¡Un niño como tú! ¡Que daba gusto ver! ¡Qué era tan dulce y que nunca decía una mala palabra! ¡Tomando la primera comunión!¡Arrodillado! ¡Aprendiendo el catecismo, que te sabías de memoria! ¡Comulgando todos los domingos! Tendrás que confesarte. ¿Cómo es posible qué escribas esas cosas? (A Tina).* Cuando iba al colegio se portaba tan bien que la maestra me preguntaba si estabas enfermo.

DAVID. *¡Un comemierda, mamá, un comemierda! Como decía papá, que no hacía otra* cosa que tirarme a mierda.

EULALIA. Pero, David, ¿quién te ha enseñado esas palabrotas? *(A Tina).* ¿Has sido tú, Tina? *(Volviéndose a David).* ¿Por qué me has gritado de ese modo?

DAVID. Porque he perdido la paciencia, mamá. Porque me has sacado de quicio.

EULALIA. *(Alterada).* ¿Yo? Y Tina, ¿que se fue a ver a Julio Antonio a la Universidad? ¿Y tu hermano que te puso la pistola entre ceja y ceja? Se habrá confundido, porque tal vez no andaba en buena compañía. ¿Cómo es posible que digan que la loca soy yo cuando ustedes son los que han perdido el juicio? *(Volviéndose a Tina).* Julio Antonio, Tina, me ha dado muchos dolores de cabeza. Primero yo pensé que iba a ser un gánster, porque siempre estaba jugando a eso de los policías y ladrones, con las pistolas que le regalaba su padre. Cuando era joven su padre se pintaba un bigotico, con un poco de carbón, para hacerse un politiquero, un chulito de barrio, ¡qué idea, Dios mío, qué idea!. Juliancito salió a su padre, o como su padre hubiera querido ser, y cuando tenía quince años todas las muchachitas se volvían locas por él. Hasta que después le ha dado por ser revolucionario, con el peligro que lo metan en la cárcel. O que lo maten.

DAVID. Mamá, por favor, no sigas.

EULALIA. *¿Cómo no voy a seguir?*

DAVID. Porque mi padre era una mala semilla, podrido por dentro, y solo podía engendrar carroña, porquería… Y tú lo sabías mamá…

EULALIA. No, no, yo no sabía nada. ¿Cómo iba a poder saberlo, yo, que había sido educada en un convento? Yo, en realidad, le tenía miedo, y en un principio no me quería acostar con él y especialmente tener hijos suyos… *(Se lleva la mano a la boca como horrorizada por lo que está diciendo).*

DAVID. *(Desatado).* Porque el muy cabrón tenía muy mala leche, un tarado, un hijo de puta.

TINA. ¡Basta, David, basta!

DAVID. ¡Una tara familiar! Unos hermanos monocigóticos paridos al mismo tiempo que se matan unos a otros, una y otra vez, para que todos se vayan al coño de su madre porque estaban más tarados todavía!

David arremete contra la máquina de escribir, en un arrebato, golpeándola y gritando coños y carajos.

DAVID. ¡Coño, coño, coño! ¡Hijo de puta!

EULALIA. ¡¿Y la loca soy yo?! ¡¿Y la loca soy yo?!

Eulalia está a punto de caer. Tina corre y la sostiene.

TINA. ¡Cálmese, Eulalia, cálmese!

Se oyen varios aldabonazos, al principio distantes, separados unos de otros, que se acrecientan gradualmente.

DAVID. *(Transición, Calmado).* Conmigo no cuenten, porque no voy a poner bombas en ninguna parte.

EULALIA. *(Sobresaltada).* ¿Un aldabonazo?

DAVID. Será Eduardo Chibás.

TINA. Cálmese, Eulalia. No le haga caso

DAVID. Tocan a la puerta, mamá.

EULALIA. ¿Estás seguro? No, no, porque a esta hora aquí nunca viene nadie. No, no, yo no he oído nada.

Más aldabonazos. Disparos lejanos. Ruidos indefinidos.

EULALIA. *(Sin hacerle caso).* En este país, Tina, la locura es contagiosa. Es por eso que no hemos podido resolver nada y hace años que estamos en lo mismo. Hereditaria. Va de una generación a la otra. Naturalmente, algunos locos tienen su pizca de razón. Lo que pasa es que no sabemos exactamente quién está más cuerdo. O más loco. Y hasta es posible que todos sean una misma persona con nombres diferentes. *(Asustada).* Sin contar a ese hombre, ese hombre con bigote, el capitán Armando Arriete, el jefe de la policía, que puede aparecerse de un momento a otro y acabar con todos nosotros. A mí, Tina, nadie me engaña. Nadie se me despinta. Sin contar, David, que ese hombre es tu padre. El de la fotografía.

DAVID. ¿Quién es mi padre?

EULALIA. El Capitán Armando Arriete, el jefe de la policía. Es por eso que se puso así cuando vio lo del *Manifiesto comunista* que José Julián tenía debajo de la almohada. Lo sé de buena tinta. Sin contar que he visto la fotografía.

TINA. *¿La de quién?*

EULALIA. La del jefe de la policía, que sale en los periódicos todos los días. Retratado con el Presidente.

DAVID. Pero ese es Pedro Armendáriz, mamá. Un actor mexicano.

EULALIA. *¿Cómo mexicano? ¿Es que aquí no tenemos suficientes matarifes para irlos a buscar a México?*

DAVID. Un actor excelente, mamá.

EULALIA. Y actores, ni se diga. Tú dirás lo que quieras, pero aquí tenemos grandes sinvergüenzas que son grandes actores. ¡Grandes actorazos! No tenemos que irlos a buscar a ninguna parte para hacer el papel de… ¿cómo se llama?

DAVID. El jefe de la policía…

EULALIA. *¡Qué memoria la mía! ¡Cómo son tantos!*

TINA. *¡Salas Cañizares, Eulalia, Salas Cañizares!*

Eulalia deambula por el escenario mientras se acrecientan los ruidos: explosiones, tiroteos, aldabonazos, chispas, luces intermitentes.

EULALIA. Lo peor del caso no es eso, porque ese hombre no es ni Pedro Armendáriz, ni Armando Arriete, ni Salas Cañizares. Ese hombre es tu padre, Davisín. Con bigote, naturalmente, para que nadie pueda reconocerlo. Yo me lo sospechaba, pero no quería decir nada, porque tampoco quería asustarlos. Claro, ¿por qué les iba a dar ese disgusto? A ustedes, espacialmente, que quieren derrocar el régimen y están contra esos esbirros. *(Transición).* Tu padre, siempre quiso ser actor… Es por eso que… cuando se fue de casa y nos dejó… Con los zapatos de dos tonos… Se dejó crecer el bigote, que había sido el sueño de toda su vida. Yo nunca se lo permití, porque era cosa de gentuza y, además, hacía el ridículo, un papelazo… *(Pausa, transición).* Cuando vi la pistola por primera vez, me quedé anonadada, no sabía qué decir, escondida debajo de la cama, metida dentro de los zapatos de dos tonos… Pero al irse de la casa, ¿quién le iba a quitarle esa idea de la cabeza? ¿Decirle a un capitán de la policía que no se podía dejar el bigote? Hasta que al fin, me di cuenta de una vez y todo se me aclaró, porque estaba ganando galones y se iba de tortura todas las noches. Comprendo que debí horrorizarme, y sin embargo… Aquellas salidas a la media noche que no me dejaban dormir, pensando que se iba por ahí, a acostarse con… con alguna prostituta. Como es natural, no podía explicarme nada, decirme que no era un chulo de Colón y Trocadero, sino un torturador, aunque eso me hubiera tranquilizado. ¡Al fin podría respirar! ¡Dormir a pierna sueltas! Entender sus idas y venidas. *(Pausa).* Por eso, cuando se dio cuenta que aquel libro era el *Manifiesto comunista*, puso el grito en el cielo. «¡Un hijo comunista, coño! ¡Cabrón, degenerado! ¡A ese hijo lo mato!». *(A David).* Y cuando llegaste del Instituto te entró a patadas, que te puso al parir, y tú sin saber el motivo, porque el libro era de Juliancito. *¿Te acuerdas?*

DAVID. Si, claro que me acuerdo, mamá. ¡El muy cabrón! ¡El muy degenerado! ¡Yo creía que me partía el culo!

Deja de escucharse toda aquella algarabía y solo se escuchan los aldabonazos.

EULALIA. Fue una escena terrible, Tina. *¡Un criminal, un torturador! Yo… que lo conozco como la palma de mi mano, me di cuenta enseguida.* Aquel hombre era un monstruo y tenía un bigote como el de Pancho Villa. *¡El sueño de su vida! Por eso, cuando vi aquella fotografía gigantesca torturando a no sé quién, lo reconocí de inmediato de sopetón… (Pausa).* Como es natural, lo llevaron al paredón, pero no les dije nada. Porque, a estas

alturas, ¿para qué iba a decirte, Davisín, que ese era tu padre? Si había vivido con él toda la vida, ¿qué sentido tenía que después de tantos años, con la revolución triunfante, que era el sueño de todos ustedes, me pusiera a gritar que ese era el padre de mis hijos y hacernos sospechosos, como si fuéramos contrarrevolucionarios y nos hicieran un acto de repudio? ¿Qué pensaría el comité de barrio? Por eso no dije esta boca es mía. Sobre todo por Julio Antonio, el hombre nuevo, como decía Martí. *(Transición).* ¡Dios mío, Davisín! ¡Que esos golpes me parten la cabeza!
DAVID. ¡*Abre la puerta, mamá! ¡Abre la puerta!*

Sale Eulalia. Hay un largo silencio, como si todo volviera a la «normalidad». Tina está de pie.

TINA. *(Tras una pausa).* Yo creo que Eulalia ha perdido el juicio…
DAVID. *(Incorporándose).* No, no, mamá no está loca… El que está loco soy yo… Escribiendo lo que no debo. Al principio pensé lo mismo, y sin embargo, poco a poco que me di cuenta que no, que no estaba loca… Que mamá ocultaba una verdad terrible que no se atrevía a confesar… Una enfermedad contagiosa, que se pega de cualquier cosa, de un apretón de manos, de un abrazo… Mamá está tan cuerda como tú y como yo…
TINA. Entonces, lo que ella dijo tú lo escribiste… Que es peor todavía… *¿El verano está cerca? ¿Era este el libreto?*
DAVID. *¿Yo? No, no, yo no le escribo nada a nadie. Siempre he estado a favor de la libertad de expresión.* Que cada cual diga lo que le dé la gana. A menos que lo que diga esté entre comillas.
TINA. Lleva tu marca de fábrica.
DAVID. Bueno, no está hecho en China.
TINA. *¿A quién si no a ti se le hubiera podido ocurrir estas locuras?*
DAVID. A mamá.
TINA. Y sacar a relucir a Pedro Armendáriz.
DAVID. No te olvides que a Pedro Armendáriz lo sacamos a relucir nosotros… Tú misma te bajaste con la idea de la película. Claro que esa idea de que Pedro Armendáriz es papá, y que papá es Salas Cañizares… Bueno, son cosas de mamá… Pero todo es lo mismo… Si lo ponemos junto, mirando al trasluz, al revés, el negativo…
TINA. ¡Loca, loca de remate!
DAVID. Tal vez no le falte un tornillo. Quizás ella sea la que esté cuerda. Y que nosotros hayamos perdido la razón…
TINA. De tal palo tal astilla.
DAVID. Por eso, Tina, es mejor no tener hijos.
TINA. Pero Julio Antonio…
DAVID. Puede que esté más loco que yo.
TINA. A su manera, naturalmente.
DAVID. Cada cual está loco a su manera, Tina. De lo contrario no tendría sentido.
TINA. Los locos en escena siempre se llevan la obra.
DAVID. Ojalá, porque locos me sobran. Como si fuera Shakespeare.
TINA. Te advierto que eso de la confusión de identidades no es nada nuevo.
DAVID. Pero siempre funciona. Y la muerte también. Hay cosas que no pierden su vigencia. Todo tiene su razón de ser ¡Una cosa viene detrás de la otra! Causa y efecto. Dos y dos son cuatro. Volver al punto de partida. No en balde me entraron a patadas

TINA. Pero, ¿quién te entró a patadas? ¿Julián o Julio Antonio?
DAVID. Julián y Julio Antonio... Los dos al mismo tiempo... Porque todos somos hermanos gemelos. ¿Entiendes?

Una luz cae sobre la caja de zapatos, haciéndola enfática.

TINA. No, yo no entiendo nada. ¿Quién te entró a patadas? Contesta, David, explícate. ¿Te tiró Julián o te tiró Julio Antonio? ¿O es que sigues inventando para que no se entienda lo que dices?
DAVID. Yo no estoy inventando nada. La historia lo está inventado todo, porque la Revolución se escribe con sangre.
TINA. No haces más que enredar la pita. Yo no sé como irás a desenredarla.
DAVID. Ni yo tampoco. Pero lo de la pistola va en serio.
TINA. Una pistola de utilería. Una pistola de teatro. Y las pistolas de teatro, David, no resuelven nada.
DAVID. Eso no se sabe. No te olvides que mamá se pasa todo el tiempo esperando un milagro. *El verano está cerca.*

Luces intermitentes. Tiroteos. Entra Eulalia, con un periódico en la mano, con grandes titulares. Sobresale el nombre del periódico Revolución, con la R invertida. Debajo, Rompiendo las cadenas, con las fotos de Jennifer Jones, John Garfield y Pedro Armendáriz.

TINA. ¿Quién era, Eulalia, quién era?
DAVID. (Al unísono). ¿Quién era, mamá, quién era?

Eulalia le pasa el periódico a Tina.

EULALIA. Era... el repartidor del periódico, con las noticias del día... Era el capitán Arriate...

Entra Julián. Viste uniforme de campaña. No lleva sombrero. Por un efecto de luces, sobresale la silueta. El carácter del uniforme queda a definirse de acuerdo con el montaje. Tiene una pistola en la mano.

DAVID. Cuando me volví reconocí a mi hermano, que me había puesto la pistola entre ceja y ceja, y al mismo tiempo, no sé cómo, me daba media vuelta y me ponía una venda en los ojos. Creí que me llevaba al paredón de fusilamiento, pero me metió un empujón, me tiró en el piso y me entró a patadas. Así, como te lo cuento. Todo en un instante. De un momento al otro.

Julián hace más o menos lo que indica David.

JULIÁN. ¡Cabrón! ¡Hijo de puta! ¡Degenerado! ¡Cabrón! ¡Hijo de puta! ¡Degenerado! ¡Cabrón! ¡Hijo de puta! ¡Degenerado!

OSCURO TOTAL

Tercer Acto

La acción empieza, más o menos como continuación del acto anterior. Cualquier cambio debe hacerse de la forma más rápida posible, mientras tiene lugar se va escuchando a David, que musita: «El verano está cerca». Aparece otro foco de luz sobre la máquina de escribir. David está tirado en el piso, boca abajo. Camisa y pantalón blancos. La ropa muestra manchas de sangre. Un foco de luz cae sobre él, para destacar su presencia y su circunstancia. Poco a poco pierde intensidad. En algunos momentos, el texto acotará la intervención de David, pero el personaje lo podrá ir repitiendo sin que haya ninguna indicación en el libreto. Gradualmente se incrementa la iluminación. Este murmullo, a modo de oración que se susurra, se reiterará a lo largo de la escena, hasta que David se sienta delante de la máquina después de la entrada de Eulalia. Julián aparecerá de pie junto a David. Es alto, fuerte y guapo, como se ha indicado previamente. Parece un actor de cine. Viste uniforme de campaña, un tanto impreciso. Evoca la figura de Julio Antonio Mella, sin que por ello sea José Antonio Mella. El uniforme puede ser negro, tirando a lo falangista; verde-olivo, tirando a la de los rebeldes de la revolución cubana, sin que la identidad se defina claramente. O simplemente, si se prefiere, en mangas de camisa. En cuanto a Tina hay un par de opción. Podría vestir toda de blanco con un diseño igual al del acto anterior; también, de blanco, imitando a Tina Modotti, sin ser Tina Modotti. Elegante aunque sencilla, de buen gusto, con un toque de mujer fatal. Pelo corto. Parece que no tiene maquillaje, lo que acrecienta su atractivo, que se vuelve más natural, aunque en realidad está maquillada. Detonaciones distantes a lo largo de la escena. David se arrastra por el piso, inquieto, adolorido, apaleado, hasta el momento en que se sienta delante de la máquina de escribir. Encima de algún cuadrilátero hacia un lado del escenario, puede haber elementos de utilería y vestuario que se usen durante la acción.

JULIÁN. No, no está muerto. Se hace el muerto para ver el entierro que le hacen.
TINA. Eso no es cierto. David sabe lo que hace
JULIÁN. ¿Y tú sabes lo que haces?
TINA. Yo no sé lo que hago, pero sé lo que voy a hacer.
JULIÁN. ¿Es una amenaza?
TINA. No, pero esto tendrá que resolverse
JULIÁN. ¿Para qué carajo tuvo que ir a la universidad? ¿Qué necesidad tenía? ¿No es ese mi territorio? La federación es cosa mía y nadie tiene que meterse. ¿No se daba cuenta que podía perjudicarme? Estoy allí para que me sigan y no para que me vayan a joder, coño.
TINA. Quería saber la nota que le habían dado, porque si no pasaba el examen no iba a poderse graduar.
JULIÁN. ¿Es un comemierda? ¿Cómo puedes repetir tontería semejante? ¿Y de qué se iba a graduar? ¿De doctor en Pedagogía? ¿Para darles clases a negritos en las escuelas públicas o a niños bitongos en las privadas? ¿Es que no entiende? La hora de la lucha es este momento y no la de comer mierda. Te advierto que si te casas con él te estarás comiendo un cable o acabarás en Nueva York trabajando en una factoría. Hasta que también se acabe todo aquello. Porque el capital también se va para casa del carajo.
TINA. David es tu hermano. ¿Qué derecho tenías a darle esa pateadura…?
JULIÁN. Precisamente, tenía que darle esa pateadura para ver si aprendía algo, pero evidentemente no aprendió nada porque sigue repitiendo esa misma mierda. ¿Es que crees que no lo quería…? Le estaba tirando la toalla… ¿Cómo puedes pensar que quería matar a mi hermano?

TINA. Querías pegarle un tiro en la sien.

JULIÁN. Quiero que sepas que esa pateadura se la tenía que dar. Si se apendejaba iba a acabar con nosotros. Todos creían que era un peligro... Le salvé la vida porque querían meterle un tiro... Trabajo me costó convencerlos... Querían tirarlo al borde de una cuneta y hacerlo pasar como otro crimen de la tiranía, porque se había vuelto sospechoso y se temía que cuando Salas Cañizares le apretara los cojones con un torniquete desembuchara el plan.

TINA. *¿Qué plan?*

Julián se mueve en torno de Tina en un movimiento circular, agresivo, como si estuviera medio loco Tina se desplaza y él la sigue.

JULIÁN. El de la película. ¡*Rompiendo las cadenas*, coño, *Rompiendo las cadenas*! ¡No me vengas ahora! Porque después de todo, la idea inicial fue de David, que era el único que la había visto y se puso a hablar mierda en aquella reunión del Partido donde tuve que mandarlo a callar, porque pensaban que estaba loco... En primer lugar para que no sea tan comemierda y piense que puede hacer algo con obritas de teatro. *¿El verano está cerca?* ¿Y eso que quiere decir? ¿En un país donde no hay ni primavera, ni otoño ni invierno, donde el verano es todo el año y el sol nos hace sudar por los poros y nos deja con esta jodida peste a grajo? *¿El verano está cerca?* ¡Si Stalin se entera! ¿Cine? ¿Con los bolcheviques que tienen a Podovkin y hablando como si fuera Cantinflas? La película que ustedes mismos inventaron como si estuvieran haciendo cine, escribiendo un guión, dirigiendo las tomas y haciendo los cortes, que era el sueño de Guillermito? Pero aquí el que dirige la obra soy yo... Un túnel hasta un panteón en el cementerio adónde iban a enterrar al compinche del tirano, Estrada Portela, y todos iban a volar por el aire a pedacitos... Pero cuando me la contó después, con pelos y señales como si fuera John Houston, me di cuenta que era yo el que tenía que ponerla en práctica, porque David solo tenía cojones para escribir el argumento... Bueno, que para algo tiene que servir la literatura...¡La Revolución no es cine, coño, pero puede meterle mano *a la película*. Fue como si me hubiera puesto el dedo en el gatillo...

Tina se detiene. Él se detiene.

TINA. Porque la pistola tú eras el que la tenía.

Julián sigue dando vueltas.

JULIÁN. Estamos conspirando de verdad, Tina. Hay que derrocar el régimen, romper las cadenas, como dicen los titulares. No hay tiempo para otra cosa. Hay que acabar con el capital, con todos esos hijos de puta que lo que quieren es metérselo todo en el bolsillo. . ¡En el culo, coño, en el culo! ¡Metérselo por el culo para que revienten! Meterse en la boca del lobo y meterle mano al dólar.

Se detiene. Pausa. Va a una percha donde hay un sombrero de ala ancha. Se lo pone, mirando al público, con presunción, como si se mirara en un espejo.

TINA. Te van a cortar la cabeza.

JULIÁN. ¿Te rajas? ¿Me tiras a la cuneta como si fueras Salas Cañizares?
TINA. La estás poniendo para que te la corten.
JULIÁN. Estaba decidido. Pero se necesitaba un panteón con nombre y apellido. Y el del Estrada Portela nos venía como anillo al dedo, con toda su rimbombancia, la mano derecha del tirano, el padre de Conchita, la rubia de platino, esa mequetrefe amiguita de ustedes... La Jean Harlow de la Plaza Cadenas que iba al Miramar Yacht Club y Batista la sacó a bailar cuando cumplió los quince... Muerto el viejo se acabó la rabia... Solo quedaba reunirlos en el panteón, debidamente dinamitado, para acabar con toda la plana mayor y hacerlos picadillo. A Batista, a Machado, a quien carajo fuera... Pero entonces David se rajó y se cagó en los pantalones. ¡Coño, Tina, yo soy el que le ha salvado la vida! Esto no es un juego. ¡Muertos, muertos de carne y hueso! Hay que acabar con la quinta y con los mangos. Aquí hay que hacer la Revolución del proletariado, ¡coño! *Esta lucha hay que llevarla hasta el final. Acabar con todos estos cabrones que lo que quieren es enriquecerse y olerle el culo al imperialismo yanqui. ¡El dólar, coño, el dólar!*

Se quita el sombrero y lo tira.

TINA. (*Afirmando, ligeramente en dudas*). Entonces, no hay marcha atrás.
JULIÁN. ¡Ni para coger impulso! *No puedo dar marcha atrás porque si* lo hago me pegan un tiro. Estoy comprometido hasta la médula de los huesos, pero esta partida la gano yo, porque los cojones no me los van a cortar. Si en el machadato no salió, no creas que vamos joderno de nuevo. Por algo me llaman *«El Machete»*.
TINA. Eso es lo que dicen de ti... Que eres un violento... Un indisciplinado... Un ambicioso que no sigues las reglas del juego... Que no entras por el aro...
JULIÁN. ¿Quién te lo dijo?
TINA. Todo el mundo lo sabe. Un insubordinado que algún día tendrán que expulsar del partido...
JULIÁN. ¿Pero no eres una revolucionaria? ¿No luchas por lo mismo que yo? *Porque en eso habíamos quedado, ¿no?*
TINA. O mandarte a matar... Liquidarte... No cuentes conmigo....Quizás David tenga razón.
JULIÁN. ¿Qué tiene que ver David con lo que pase entre tú y yo? ¿*El verano está cerca? ¡Una obra de teatro! ¡Cuatro renglones en un pedazo de papel?*
TINA. Que vale tanto como lo que tú dices.
JULIÁN. Pero no como lo que yo hago: la Liga Antiimperialista de Cuba... La Federación Estudiantil Universitaria... La Universidad Popular... El Primer Congreso Internacional de Estudiantes... ¿Te parece poco?
TINA. Es posible que sea demasiado.
JULIÁN. David es un sordo que no oye los disparos... ¡Un comemierda!
TINA. El tiro puede salirte por la culata.
JULIÁN. ¿Estás hablando en serio? *¿No eras tú la marxista-leninista? ¿No habíamos planeado todo esto juntos?* Meterse en la boca del lobo.
TINA. Estás en la boca del lobo y no vas a poder salir. No creas que vas a hacer lo que te dé la gana. No te van a dejar. Te lo advierto. Como hizo Machado.
JULIÁN. Claro, naturalmente, pero, ¿acaso no le tiré un manifiesto en tinta roja en que decía que era un asesino? Un salvaje, un animal, una bestia con garras.

TINA. O como Stalin, que acabará contigo y a quién también le quieres poner rabo.

JULIÁN. ¿A Stalin?

TINA. A Stalin o a Machado, a Mussolini o a Franco. No te van a dejar. Te van a quitar del medio, porque estorbas, porque eres un loco, un indisciplinado. Te van a liquidar. Es «*la única salida*».

JULIÁN. *¿Cómo lo sabes si no estoy muerto todavía? ¿Quién te lo dijo? ¿Te lo dijo David? ¿Cómo puede saberlo si él está vivo? ¿Quién, Tina, quién te lo dijo?*

TINA. Nadie.

JULIÁN. *(Perplejo). ¿Es que acaso…?*

TINA. ¿Qué quieres decir?

JULIÁN. Nada. La única salida soy yo, Tina. La única salida.

TINA. Cuando todas las salidas están cerradas no se puede salir a ninguna parte.

JULIÁN. Yo creía que tú, que tú, entendías…

TINA. Yo entendía…

JULIÁN. David te escribe. Se quiere acostar contigo. Tendré que matarlo.

TINA. A mí no me escribe nadie. ¿Y a ti quien te escribe?

JULIÁN. La Revolución me escribe.

TINA. La Revolución te va a enredar en la pata de los caballos.

JULIÁN. Yo creía que lo habías decidido.

TINA. Yo lo creí también…

JULIÁN. Que estabas con el revolucionario y no con el comemierda. Habla claro. Eso no va conmigo.

TINA. Ni conmigo tampoco.

JULIÁN. Tienes que definirte. ¿Con la revolución o con la literatura? ¿Es que piensas quedarte con los dos al mismo tiempo? *(Se le acerca. Posesivo).* Estoy loco por ti, Tina. Como si fueras un botín de guerra.

TINA. *(Separándose).* Precisamente, Julián. Precisamente.

JULIÁN. *(Se le acerca. La besa casi).* Él te pone las palabras en la boca. Como si fueras otra.

TINA. Quizás pueda más que tú.

JULIÁN. Un texto no puede más que un hombre de carne y hueso

TINA. *(Le cuesta trabajo resistir).* Eso no puede ser. Déjame.

JULIÁN. El viaje a la Unión Soviética *(Pausita).* ¿No habíamos quedado en eso? O a donde nos manden. El amor libre, como dice Stalin.

TINA. ¿Stalin? ¿El amor libre con un tirano? Eso no es posible.

JULIÁN. En la cama quiso decir.

TINA. Lo del amor libre es el mismo cuento que el de la Virgen María.

JULIÁN. De igual a igual. Mi libertad vale tanto como la tuya.

TINA. Mentiras, Julián, Mentiras. Aunque yo tenga tantos derecho como tú.

JULIÁN. *(Transición, riendo).* En lo que cabe, quiero decir. En la cama me gusta tener la sartén por el mango. *(Transición. Descarado).* Pero me gustas tanto, que con el mango puedes hacer lo que te dé la gana. *(Seductor, tirándosele encima).* ¡Coño, Tina, *yo creía que tú y yo podríamos hacer un hijo!*

TINA. *(Brusca. Alejándose).* ¡Suéltame! ¡Ni te me acerques! No estoy jugando, Julián.

JULIÁN. Ni yo tampoco…Yo creía que tú… que tú sabías lo que estabas haciendo. Tendrás que volver a leer al *Manifiesto comunista.* ¿Se te está olvidando? ¿Tendré que recordártelo?

TINA. Recuerda que las lecciones te las daba yo a ti.

JULIÁN. Pero tú eras mi mejor alumna.

David musita: «El verano está cerca, El verano está cerca».

TINA. Acabaremos muertos enterrados.
JULIÁN. ¿Cómo? ¿Una ópera, un tango o un melodrama? *(Dándole una patada a David. Cruel. Despiadado).* ¡Cállate, cabrón, cállate! *(Volviéndose, a Tina).* ¿Cosas de David, no?. ¿Te lo escribió él? ¿Pero no es así como acaba todo el mundo? ¡Debí dejar que lo mataran! *(Patea a David).* ¡Cabrón! ¡Solapado! Ellos tenían razón. ¡Un traidor! ¡Un contrarrevolucionario! ¡Tendré que mandarlo al paredón, coño!
TINA. Basta, no sigas.
JULIÁN. Entonces… ¿Te quedas con él? ¡Míralo, coño, míralo! ¿Es que no fue suficiente? ¡Un cobarde! ¡Un comemierda! Tiene que aprender la lección, porque si no lo hace le va a costar la vida. *(Arranca un papel de la máquina de escribir).* ¿El verano está cerca? Y a Marx y a Lenin ¿dónde coño lo dejan?
TINA. Entonces, ¿qué vas a hacer conmigo?
JULIÁN. *¡Acabarte! Comerte, hacerte pedacitos.*
TINA. ¿Entrarme a patadas? ¿Ponerme una pistola en la sien?
JULIÁN. Eso es otra cosa.
TINA. No, eso es todo y lo mismo, Julio Antonio.
JULIÁN. La cama es otra cosa.
TINA. No estoy dispuesta a hacer ese papel.
JULIÁN. Entonces me vas a dejar plantado.
TINA. Te van a matar.
JULIÁN. No le tengo miedo a la muerte, Tina. Lo único que siento es que me van a matar por la espalda, y la que me va a matar eres tú.
DAVID. *(Dando vueltas, tratando de levantarse, internalizando el texto). El verano está cerca… El verano está cerca…*
JULIÁN. *(A Tina).* Todo lo que hay entre nosotros…
TINA. Entre nosotros no hay nada, Julián.
JULIÁN. *(Transición. En otro tono).* Aunque no lo creas… Aunque no lo parezca… Lo único que me importa eres tú… Como si amarnos fuera el crimen más grande que pudiera cometer… Creo que voy a perder la razón cuando no estás conmigo…
TINA. Estás mintiendo. Tú no quieres a nadie. A la Revolución. A un millón de muertos.
JULIÁN. Separarme de ti sería lo peor que pudiera pasarme… Estoy loco por ti…
TINA. Tú no estás loco por nadie. *Tú estás loco por ti. Y lo que tú quieres es acostarte conmigo. Que no es lo mismo.*
JULIÁN. ¿Y no es eso lo que tú quieres? No creas que él está ciego, porque él bien sabe que lo que único que tú quieres es acostarte conmigo.
TINA. ¡No seas cínico! ¡Eres un mentiroso y un descarado, y tú lo sabes mejor que nadie! Aquí nadie quiere que esta lucha se termine para siempre, porque lo que todos quieren es que siga hacia adelante, para ver lo que pueden sacar.
JULIÁN. ¿Cínico yo? Ahora la cínica eres tú, Tina.
DAVID. *El verano está cerca.*
JULIÁN. *(A Tina).* ¿Y ese qué coño es lo que dice?

TINA. *El verano está cerca.*

JULIÁN. *¿En noviembre? ¿Le falta un tornillo? ¿Se está haciendo el loco como Hamlet?*

TINA. Algún día la pagarás todas juntas.

JULIÁN. En todo caso, la pagaremos todos juntos. Porque de aquí no sale nadie con vida. La pagaremos todos a la vez. No creas que te será tan fácil, porque aunque no lo creas, David no se saldrá con la suya. Ni tú tampoco. *(Pegándosele).* ¡La pagaré en el Infierno! ¡Contigo! ¡Quemándonos de pies a cabeza! ¡Coño, Tina! ¿O te acuestas con él o te acuestas conmigo? ¿O es que tú eres las dos caras Eva? ¡Si no te acuestas conmigo tendrán que matarme! Si hay que joderse, aquí nos jodemos todos, porque esto es un holocausto.

TINA. Entonces, ¿eso es para ti el destino de Cuba?

DAVID. *El verano estás cerca. El verano estás cerca. El verano estás cerca.*

JULIÁN. ¡Que se calle, coño, que se calle!

De espaldas al público, saca la pistola y parece que va a matar a David.

JULIÁN. ¡Cabrón! ¡Hijo de puta! ¡Degenerado! ¡Cabrón! ¡Hijo de puta! ¡Degenerado! ¡Cabrón! ¡Hijo de puta! ¡Degenerado!

Entra Eulalia, que está a punto de tropezar con David. Muy encorvada, muy envejecida, muy delgada. Viene con un bastón, o con un andador, o inclusive sin nada, para acrecentar el efecto de que se va a caer de un momento al otro. Apenas puede sostenerse en pie. Casi no ve y casi no oye. Viste una batica de casa, blanca o amarilla. Encorvada, no lo mira detenidamente. A punto de caer, David, que está ya de pie, la sostiene.

DAVID. ¡Mamá!

EULALIA. ¡Dios mío! ¿Un muerto...? ¿Qué ha pasado? ¿A qué se debe esa gritería?¡Un cadáver! ¿Un atentado?

DAVID. ¡No, mamá!

EULALIA. *(Apoyada en David, pero sin darse cuenta del todo).* ¿Julián? ¿David?

DAVID. Sí, soy yo...

EULALIA. Entonces... Estás vivo todavía.

DAVID. Sí, mamá. Estoy vivo todavía.

JULIÁN. *(Violento. Sarcástico).* ¡Sí, mama, coño, todavía no he tirado la pata!

EULALIA. *(Todavía apoyándose en David, pero dirigiéndose hacia donde está Julián).* ¡No digan eso! ¡No se expresen así! ¡Menos mal que la Caridad del Cobre no nos ha abandonado! ¡Qué susto me han dado!

Mientras tanto Julián saca unos bigotes postizos del bolsillo. Se los pone de frente al público, como ante un espejo. Todavía sostenida por David, Eulalia le habla como si fuera Julián.

EULALIA. Yo creía que en México, donde hay tantos bandoleros, que esa mujer te había traicionado y te iban a pegar un tiro.

JULIÁN. No, mamá, no me lo pegaron. Estaba bien protegido. Y eso que soy ateo.

EULALIA. *(Dirigiéndose a Tina, agresiva).* ¿Y esa gritería? ¿Por qué estaban gritando?

TINA. *(Acercándose, solícita. La sostiene también).* Nada, Eulalia. No preste atención.

EULALIA. *(Rechazándola). ¿Que no preste atención? ¿Con ese escándalo?*
TINA. Estábamos ensayando.
EULALIA. *¿Ensayando que...?*
TINA. Yo creía que David se lo había dicho.
EULALIA. *¿Escribiendo? ¿Así? ¿Tirado en el piso?*
JULIÁN. No, mamá. David no está tirado en el piso.

David, efectivamente, ha vuelto a la máquina de escribir. Tina sostiene a Eulalia. Eulalia se vuelve hacia Julián.

TINA. Era una escena.
EULALIA. Me están engañando.
JULIÁN. No, mamá. No te estamos engañando.
DAVID. *(Feroz, escribe).* ¡Cabrón! ¡Hijo de puta! ¡Degenerado! ¡Cabrón! ¡Hijo de puta! ¡Degenerado! ¡Cabrón! ¡Hijo de puta! ¡Degenerado!

Va como a abrazarlo. Le acaricia el rostro. Siente el bigote. Se asusta. Se aleja un poco. Lo mira detenidamente. Retrocede espantada. Durante la secuencia que sigue, David escribe frenéticamente y se oye el incesante ruido del teclado de la máquina de escribir hasta casi el final de la obra. El ruido del teclado se entremezcla sinfónicamente con el texto, interrumpido a veces por distantes detonaciones, explosiones, disparos.

EULALIA. *¡Dios mío, no lo puedo creer! ¡José Julián!*
JULIÁN. *(Haciendo de Armando Arriete, se inclina y le besa la mano).* A sus órdenes. Permítame presentarme: El capitán Armando Arriete. Que Dios la bendiga, doña Eulalia.
EULALIA. *¡Al fin! ¡El sueño de tu vida! ¡Un bigote a lo Pancho Villa! ¡Unos zapatos de dos tonos! ¡Un trabajo permanente! ¡Lo que siempre habías querido! ¿Eres feliz?*
JULIÁN. Como tú recordarás, siempre quería dejarme el bigote y ponerme zapatos de dos tonos, pero nunca me dejaste. Así que no me quedó otro remedio que irme de la casa para hacer de las mías. Que Dios la bendiga, doña Eulalia. *(A pesar de la observación, sigue con las botas puestas).*
EULALIA. Pero bien podías haberme avisado. O yo irme contigo.
JULIÁN. ¿Y los niños? ¿Dónde los íbamos a dejar?
EULALIA. Podían haberse ido con nosotros.
JULIÁN. Pero mi trabajo...
EULALIA. Si, comprendo, no tenías tiempo para nada... *(Transición).* Y las putas... *(Violenta).* ¡Una puta al doblar de cada esquina...!
JULIÁN. Eso da trabajo. ¡Y no quedaba más remedio! ¿Qué iban a decir de mí si no lo hacía? No te olvides que era un torturador al servicio de la tiranía.
EULALIA. ¿*La* Tiranía? ¿De qué Tiranía estás hablando? ¿La de Machado? ¿La de Batista? ¿La de Grau y Carlos Prío?
JULIÁN. *(A Tina, refiriéndose a David).* ¿No te lo dije? ¿Acaso no tenía razón? ¿Acaso no debí pegarle un tiro?
EULALIA. ¡Ahora lo entiendo todo, Dios mío! *(A Julián. Transición. A partir de este momento adquiere una energía y una violencia en la más absoluta contradicción con toda su apariencia*

física). ¿Cómo es posible que te hayas atrevido a tanto? Esto es una trampa. *(Refiriéndose a Tina)*. ¿Y esa mujer? ¿Qué hace esa mujer en mi casa? ¿Por qué no te quedaste dónde estabas? ¡Meterme esa mujer en mi casa bajo mis propias narices! ¿No te era suficiente robarme a mis dos hijos? Yo sé bien que eres un asesino. Que querías que mis hijos se mataran los unos a otros, para acabar con ellos. Para acabar con Cuba. El pobre David, que solo quiere escribir obras de teatro y sueña conque *El verano está cerca* se la lleven a escena. ¿Es justo eso?

JULIÁN. *(A Tina)*. Un pelagatos que cree que escribiendo puede acabar conmigo. *(En realidad refiriéndose a David)*. Coño, Tina, dile que se calle, porque si no se calla tendré que matarlo de una vez.

EULALIA. *(A Julián, físicamente agresiva, tomándolo por un brazo o algo así)*. ¡Eres un canalla! ¡Una mala semilla! ¡No, no creas que no sé quién eres, porque te conozco como la palma de mi mano! ¡Armando Arriete! ¡Armando Arriete! ¡Canalla! ¡Juegos! ¡Trucos! ¡Mentiras!

JULIÁN. Mamá, no sigas…

EULALIA. No, no, Julio Antonio era el hijo de tu padre, porque el mío era Julián. ¿No lo recuerdas? ¿No recuerdas, Juliancito, como yo te llamaba? No, no, tú eres su padre. ¡Patear a su hermano! ¡Dejarme a mí por esa mujerzuela, por esa cualquier cosa! ¿Y tus hijos? ¿Es que no pensaste en ellos? *(Mirándolo detenidamente)*. Dios mío, estamos perdidos, porque ese hombre… ¿¡Cómo ha sido posible todo esto!? Claro, el machadato, el batistato, la revolución, el exilio, una guerra civil, un callejón sin salida ha creado esta confusión. Nadie es lo que parece… Y los nombres… La memoria… El olvido… ¡Desconocidos! ¡Conspiradores! ¡Terroristas! ¡Mafiosos! ¡Revolucionarios! ¡Contrarrevolucionarios! ¡Agentes de la CIA! ¡Seguridad del Estado! Yo, naturalmente, ¿qué podía hacer? Porque todos eran iguales! ¡Confiesa! ¡Habla! ¡Dilo de una vez! ¿Por qué engendraste todo esto, José Julián? Un asesino a sueldo, un torturador que trabajaba para la tiranía ¡Un delator con una caja de zapatos donde guardaba la pistola y el *Manifiesto comunista*! Han acabado con Cuba, Dios mío. ¡Un callejón sin salida!

JULIÁN. *(Se quita el bigote)*. Mamá, soy yo, Julio Antonio.

EULALIA. Oye, escúchame. Metido dentro de ti lo sabe todo, tus más mínimos movimientos, a dónde vas y de dónde vienes. ¿Entiendes? ¿Comprendes? ¿No te das cuenta? ¡Capaz de hacerse pasar por el hijo para que él no mate a su padre! ¡Un padre que es su hijo para matar al hijo…! ¡Un hijo que es su padre para matar al padre! Tu padre se quitó el bigote para ser tú, aunque tú eres más guapo, y más joven, naturalmente, y más alto, como un americano, como debieron ser los irlandeses, los celtas más bien!

JULIÁN. ¡Y los negros, mama, y los negros!

EULALIA. Y si él eres tú, ya tú no eres porque eres él, para matarte mejor, para acabar contigo… porque… ¡él y tú son lo mismo! ¡Dios mío! ¡Dios mío! ¡No lo hagas, José Julián! ¡No lo hagas! ¡La historia de Cuba!

Eulalia golpea a Julián en el pecho. Tina se acerca, para calmarla. Finalmente se desploma, sobre unos bloques que configuran un sarcófago.

JULIÁN. ¡Coño, David, deja de escribir! ¡No jodas y acaba de una vez!

David se deja de escribir. Se pone de pie. Tiene una pistola en la mano.

JULIÁN. *¿Es que no quieres comprometerte? ¡Vete al carajo, coño! ¿Un reencuentro? ¿Un happy ending? ¿Una componenda? ¿Un final abierto donde cada ponga lo suyo y lo que carajo le dé la gana?*

Tina camina sin saber a dónde ir. Se acerca a la imagen de la Virgen de la Caridad del Cobre. Vacila. No sabe qué hacer. Julián camina hacia el proscenio. Tiene una pistola en la mano. David camina hacia el proscenio también. Tiene otra pistola en la mano. Todo tiene la apariencia de un duelo. Se colocan al centro, uno de espaldas al otro. Empiezan a caminar en dirección contraria. Al unísono, se vuelven. Se apagan las luces. Apagón.

JULIÁN Y DAVID. *¡Coño, coño! ¡Péguenme un tiro! ¡Disparen! ¡Apunten! ¡Fuego!*

Tiroteo.

OSCURO TOTAL

NOTA DEL AUTOR

la versión original de esta obra se escribió en la segunda mitad de los años cincuenta, en el Vedado, La Habana, después de mi matrimonio con Yara González, en 1953. Teníamos de vecina a Josefina de Cepeda, poeta cubana que estuvo casada con José Antonio Ramos, y que fue de las primeras personas que me puso en contacto con el teatro de Ramos, cuya lectura es posible que dejara alguna influencia en la primera versión, muy distanciada de Ramos en esta versión final. Posiblemente, además de mi esposa, la única persona que conocía el texto fuera Natividad González Freire, a quien se lo entregué con motivo de sus investigaciones sobre el teatro cubano y que lleva a efecto un breve y adecuado análisis de la misma (en su versión original) en su libro Teatro cubano (1927-1961), que me ha ayudado a reconstruir la obra desde nuevas perspectivas. Quizás la leyera Rine Leal, pero no estoy seguro. Al irme de Cuba en 1961 perdí la obra, de la cual mi madre me envió las páginas finales, de la sesenta a la setenta y cuatro, que todavía conservo, pero que debo confesar poco se parece a este resultado. La versión que ahora doy a conocer con motivo de la revisión de mis obras de teatro a los efectos de la publicación de mi Teatro completo sigue algunos lineamientos generales del argumento, pero por lo demás difiere totalmente. La escribí después de Sucederá mañana. Por consiguiente podría decirse que la escribo entre la primera parte de los cincuenta y que no termino hasta el año 2017, con considerables cambios.

LOS ACOSADOS

1959

A Manina

Los personajes

El Hombre
La Mujer

El espacio y el tiempo. La acción se desarrolla en Cuba en un espacio concreto, limitado, antes de 1959. El tiempo transcurre en escena, liberado, durante varios meses.

La escenografía. Es sencilla. Dos sillas. Una puerta. El fondo del escenario estará en función de la puerta. La puerta será el secreto, la clave de la escenografía.

Las luces. Ayudarán a crear una atmósfera y jugarán dramáticamente. A través de la puerta penetrará una luz intensamente amarilla. Al frente, donde la acción transcurre, las luces han de ser claras, sin crear nunca la chocante claridad de un mundo totalmente real y definido.

Música. Se recomienda: Steve Reich. «Music for 18 Musicians». Debe utilizarse de una forma reiterativa entre las secuencias y transiciones, con el propósito de producir angustia y desesperación de parte del espectador. Esta pieza se ajusta perfectamente a este propósito dramático.

La luz y la música funcionan como si formaran parte de la acción y compusieran una sinfonía.

El movimiento. Rápido. Alucinante.

El Hombre y La Mujer están junto a la puerta, tal vez como saliendo de su interior, pero no se puede determinar exactamente.

LA MUJER. Es bonito. Mientras más lo miro más me gusta.
EL HOMBRE. El cuarto es pequeño. En un cuarto más grande luciría mejor todavía.
LA MUJER. Eso será cuando nos mudemos.
EL HOMBRE. Entonces tendrá que esperar para lucir como debe.
LA MUJER. ¿Crees que nos demoraremos en mudarnos?
EL HOMBRE. No debemos pagar un alquiler más caro. Ahora, por lo menos.
LA MUJER. Nueve meses, todavía nos quedan nueve meses.
EL HOMBRE. El tiempo pasa volando. Ya verás.
LA MUJER. *(Ahogadamente).* ¿Sabes en lo que nos hemos metido?
EL HOMBRE. Sí, lo sé, pero era necesario, ¿no es así?
LA MUJER. Sí, es cierto, era necesario. No podíamos seguir sin el juego de cuarto.
EL HOMBRE. Debemos pagarlo cuanto antes.
LA MUJER. Uno no sabe lo que puede suceder.
EL HOMBRE. No sé cómo vamos a hacer para pagarlo.
LA MUJER. De todas formas el dinero nunca nos alcanza.
EL HOMBRE. Ya veremos. Lo sacaremos de alguna parte.
LA MUJER. Sí, de alguna parte, pero de la comida no podrá ser.
EL HOMBRE. No podíamos vivir sin muebles, ¿no es cierto? Tú eras la primera en lamentarte. Nos arreglaremos. Ya tú estabas desesperada. Ahora nos sentiremos mejor.
LA MUJER. ¿De veras lo crees? Son tantas cosas… Uno nunca deja de querer y desear. Ahora, al menos, podremos respirar, soñar, dormir en una buena cama… En fin, seremos felices nuevamente… ¿No tienes miedo? Yo ya le tengo miedo a todo. Hasta a moverme.
EL HOMBRE. Nunca estás conforme con nada.
LA MUJER. Tenemos que comprar un colchón nuevo.
EL HOMBRE. Nunca eres paciente y tienes calma.

Pausa breve. Rápido cambio de luz, muy ligero.

LA MUJER. *(Transición).* ¿Pasaste por tu casa?
EL HOMBRE. Sí. Madrina va mañana a hacerse la radiografía. No se le quita el dolor del brazo. Me encontré con mi mamá por el pasillo esta mañana y estaba llorando. ¿Qué será lo que ella tiene?

LA MUJER. Debieron comenzar por la radiografía. Ya te lo dije.
EL HOMBRE. Estoy preocupado.
LA MUJER. No te preocupes. Estoy segura que no es nada malo.
EL HOMBRE. Uno vive en un torbellino. Son demasiadas las cosas que tenemos en la cabeza.
LA MUJER. Dejaste encendida la luz del cuarto. Nunca tienes cuidado.
EL HOMBRE. No vamos a discutir por eso.
LA MUJER. Después querremos comprar un televisor para la niña.
EL HOMBRE. Nunca se acaba.
LA MUJER. Y si nos dejan cesantes... Aquí nunca hay un trabajo seguro... No sé qué nos haremos.
EL HOMBRE. Ya salimos del juego de comedor. Ya veremos. Dios aprieta pero no ahoga.
LA MUJER. *(Un poco en dirección a la puerta).* Es bonito el juego, ¿no te parece? Pero un poco caro, demasiado caro. Nos quedan cuatrocientos pesos a pagar en ocho meses. Es una agonía. No sé de dónde vamos a sacar esos cincuenta pesos todos los meses.
EL HOMBRE. Ya veremos...
LA MUJER. *(Con inusitada alteración y movimientos rápidos).* ¡Ya veremos! ¡Ya veremos! Todo se te vuelve ya veremos. Pero con el ya veremos no vamos a hacer nada. ¿Y si te dejan cesante? ¿Y si yo pierdo el trabajo? ¿Entonces qué nos hacemos?
EL HOMBRE. Después de todo es un acto heroico
LA MUJER. *(Con desdén).* ¡Es tan risible!
EL HOMBRE. ¿No te sientes enaltecida con este secreto heroísmo?
LA MUJER. ¡No seas ridículo!
EL HOMBRE. Tú no llegas a entenderlo. Nada más que te detienes a pensar lo peor.
LA MUJER. Después serás el primero en tirarte de los pelos. Te conozco. Entonces seré yo la que tenga que calmarte.
EL HOMBRE. ¿Por qué nunca estamos de acuerdo? ¿Por qué no nos ponemos de acuerdo para evitar torturarnos de este modo?
LA MUJER. Tú siempre me acusas de que yo pienso lo peor. Pero no es cierto.
EL HOMBRE. ¿Qué quieres que te diga? No se puede vivir con una mujer como tú. Antes no podías vivir sin el juego de cuarto; ahora no puedes vivir con él. ¿Por qué no te conformas y te callas?
LA MUJER. Para ti todo es muy fácil. Todo es muy fácil para ti.
EL HOMBRE. Podíamos haber comprado otro más barato.
LA MUJER. Tú bien sabes que estaban horribles. Es una desgracia tener buen gusto y ver las cosas buenas.
EL HOMBRE. Hay que aprender a conformarse.
LA MUJER. Empezando por ti. Tú eres el primero que quieres lo mejor.
EL HOMBRE. No empecemos con lo mismo. Yo no he dicho que fueras tú.
LA MUJER. Pero eso es lo que parece.
EL HOMBRE. Esta discusión no nos conduce a ninguna parte.
LA MUJER. ¿Es que todo tiene que llevarnos a algo? Tú siempre me estás echando la culpa de todo, como si yo fuera culpable de todo lo que pasa.
EL HOMBRE. Yo no he dicho eso, ya te lo dije. No quiero seguir dándote explicaciones. Vamos a salir de esto. Ya comienzas a ponerte de mal humor.
LA MUJER. El que se pone de mal humor eres tú. ¿Es que tú no te estás viendo?

EL HOMBRE. ¿Por qué no nos ponemos a disfrutar de lo que tenemos? Yo creía que con el juego de cuarto te ibas a poner contenta.
LA MUJER. Lo estoy. De veras que lo estoy y soy feliz.

Pausa breve. Otro rápido cambio de luz, como si fuera un fallo eléctrico.

EL HOMBRE. *(Transición).* Sabes que Madrina se sintió peor hoy. Los dolores no se le quitan.
LA MUJER. Estábamos hablando del juego de cuarto.
EL HOMBRE. Pero no vamos a pasarnos la vida hablando de lo mismo. Hace un mes que hablamos de él.
LA MUJER. Es que me siento feliz con él. No quiero enturbiar esa dicha.
EL HOMBRE. Pero es inevitable. No podemos dejar de hablar de ese asunto.
LA MUJER. Salimos poco. ¿De qué podríamos hablar?
EL HOMBRE. *(Transición).* De que a Manina los dolores no se le quitan.
LA MUJER. ¿No es posible evadirlo?
EL HOMBRE. Ahora le duele la pierna.
LA MUJER. Ella me dijo que se le había aliviado el dolor del brazo.
EL HOMBRE. Sí, del brazo se siente mejor, pero después que se hizo la radiografía le duele mucho la pierna. Dice que cuando la acostaron en la mesa se la apretaron mucho.
LA MUJER. ¿Cuándo están los resultados?
EL HOMBRE. Es posible que mañana. Creo que voy a tener que darles cinco pesos para que la paguen.
LA MUJER. ¿Pero no decían que iban a hacerle una rebaja?
EL HOMBRE. Eso no se sabe todavía.
LA MUJER. Un gasto encima del otro. No se acaba nunca.
EL HOMBRE. ¿Sabes qué le preguntó el radiólogo?
LA MUJER. Ya me lo dijo tu mamá.
EL HOMBRE. Es un imbécil. Ahora ella está intranquila.
LA MUJER. *(Impersonal, angustiada).* Le preguntó si la habían operado del pecho alguna vez.
EL HOMBRE. Es estúpido todo esto. No puede ser. ¿Crees tú que sea algo malo?
LA MUJER. Las radiografías están mañana. No te preocupes.
EL HOMBRE. Ojalá que no sea nada malo.
LA MUJER. ¿Por qué va a serlo? No te preocupes. La pregunta no tuvo nada que ver. Tú sabes que la gente con tal de hablar... *(Transición).* Dejaste encendida la luz del cuarto. Siempre se te olvida apagarla.

Pausa. Cambio de luz más prolongado. Uso más intenso de la música.

EL HOMBRE. Yo tengo ganas que se acabe de saber todo.
LA MUJER. A veces tengo miedo de entrar en el cuarto. Temo que el juego de cuarto no esté, que abra la gaveta y solo encuentre los recibos. Nada más que los recibos. Es ridículo y da ganas de reír cuando se dice así, pero a veces da miedo.
EL HOMBRE. Uno se desespera con esta incertidumbre.
LA MUJER. *(Desesperada).* Vamos a hablar de otra cosa.
EL HOMBRE. Sí, es lo mejor.

LA MUJER. ¡Nos hemos esforzado tanto!
EL HOMBRE. *(Pausa)*. Mañana cobro.

Hay un largo silencio. Los dos están sentados, abrumados, en las sillas. Las luces se van oscureciendo como en el crepúsculo, pero el escenario no llega a quedar a oscuras. Música prolongada. La luz del cuarto se acrecienta en intensidad. Ella se pone de pie y camina hacia la puerta. Se ve en el dintel. El se queda sentado.

LA MUJER. ¿Te pagaron ya?

Él no responde. El escenario se aclara algo. La luz del cuarto decrece. La música cesa gradualmente.

LA MUJER. ¿Te pagaron ya?

Él sigue sin responder y en la misma actitud.

LA MUJER. ¿Te pagaron ya?
EL HOMBRE. *(En la misma posición)*. Sí, pero no pude cambiar el cheque.
LA MUJER. Mañana yo voy a la mueblería y pago el segundo plazo y así se empieza a salir de esa cuenta. Ya nos queda menos. *(Tras una breve pausa)*. ¿Qué te pasa?
EL HOMBRE. Acabo de pasar por casa.
LA MUJER. ¿Hablaste con tu mamá?
EL HOMBRE. Ella no sabe nada. Me lo dijo mi prima.
LA MUJER. ¿Pero qué le pasa?
EL HOMBRE. Tiene el cuerpo minado. Ya no tiene remedio.
LA MUJER. ¿Quién te lo dijo? ¿Quién te habló de eso?
EL HOMBRE. La radiografía. Yo vi la radiografía. La radiografía del brazo y de la pierna y de la cara y del cráneo. Está minada. Lo tiene en todos los huesos de su cuerpo. Ya ella no existe. El no le ha dejado un lugar libre.
LA MUJER. Cálmate. No te pongas así.
EL HOMBRE. Sabes, es como si alguien se hubiera apoderado de sus huesos, de su cuerpo. Cuando tenemos un mal, somos nosotros y alguien más. Es la compañía. Ya no estamos solos nunca más.
LA MUJER. Pero ella no se ha dado cuenta.
EL HOMBRE. No, no se da cuenta... *(Pausita)*. Creo.
LA MUJER. Es mejor que no se dé cuenta.
EL HOMBRE. ¿Cómo es posible estar podrido por dentro durante tanto tiempo sin que nadie lo sepa? Y pensar que tiene que pasar por tantos dolores, por tantas cosas; por las pequeñas, asquerosas penas. Es absurdo y estúpido que tenga que pasar por ellas. *(Se pone de pie)*. Y va a costar dinero. Las enfermedades cuestan. *(Ríe)*. Un mal negocio. Se va a morir después de todo. No tiene remedio.
LA MUJER. ¿Qué piensan hacer?
EL HOMBRE. Nada. No existe palabra mejor. Aspirinas, inyecciones, cuentos. Y ver como se pudre y se retuerce.
LA MUJER. ¡Es cruel! ¿Por qué siempre piensas lo más malo?

EL HOMBRE. No empieces a reprocharme cosas.
LA MUJER. Debemos olvidar.
EL HOMBRE. Nos pasamos la vida tratando de hablar de otra cosa, pero siempre estamos en lo mismo. Hablemos del juego de cuarto.
LA MUJER. No, del juego de cuarto no. De otra cosa.
EL HOMBRE. Vamos a mirarlo… Vamos a acostarnos. *(La mira. Alarga la mano).*
LA MUJER. ¡Déjame! ¡Eso no puede ser! ¡Me asfixio! ¡Es un callejón sin salida!
EL HOMBRE. Vamos a inventar un juego.
LA MUJER. ¿Un juego?
EL HOMBRE. Así lograremos distraernos.
LA MUJER. *(Transición. Entusiasmada).* Sí, vamos. Un juego. ¡Será lo que tu digas!
EL HOMBRE. *(En otro tono).* El juego de las cosas desaparecidas
LA MUJER. No empieces con ideas extrañas. Esas locuras tuyas…
EL HOMBRE. *(Transición imprecisa).* Te vendaré los ojos. *(Le venda los ojos).* Yo cerraré los míos. *(Le da una vuelta).* Entonces pensaré en algo que puede desaparecer y tú lo adivinas.
LA MUJER. No me gusta ese juego. ¿No es posible pensar en algo distinto?
EL HOMBRE. Cuando te quiten la venda ya habrá desaparecido.
LA MUJER. *(Sin gestos que afirmen lo que dice. Camina a tientas).* Me niego a jugar. Es un juego terrible.
EL HOMBRE. Juega. Yo estoy pensado en algo que puede desaparecer. *(Pausa breve).* Ya lo he pensado.

Ella se va acercando a tientas hacia la puerta.

LA MUJER. No quisiera que desapareciera el cuadro de la sala.
EL HOMBRE. Eres tonta. No es eso.
LA MUJER. El juego de comedor no.
EL HOMBRE. Tampoco.
LA MUJER. Los vasos… Tal vez sean los vasos.
EL HOMBRE. No te das cuenta. Es obvio. Es una trampa.
LA MUJER. ¡El juego de cuarto! *(Angustiada).* ¡El juego de cuarto! *(Se quita la venda).*
EL HOMBRE. *(Riendo y sujetándola por la muñeca).* Es una broma, un broma nada más.
LA MUJER. *(Zafándose).* Me lastimas. Me aprietas la mano. Me haces daño.
EL HOMBRE. Perdóname. No sé lo que hago.
LA MUJER. Es necesario que te calmes. Yo estoy nerviosa también.
EL HOMBRE. Me tengo que ir para el trabajo.
LA MUJER. *(Natural).* En seguida te preparo el desayuno.

Movimiento como quien va a ejecutar una acción, pero queda detenida en mitad del trayecto.

EL HOMBRE. No sé cómo voy a tener ánimo para trabajar.
LA MUJER. Es cierto. Es terrible todo esto.
EL HOMBRE. Yo quiero que se muera pronto.
LA MUJER. No digas eso. Quizás ella quiera vivir más tiempo.

EL HOMBRE. ¿La has visto bien? Él la ha torcido por dentro.
LA MUJER. No te pongas así. Dios se encargará de todo.
EL HOMBRE. ¿Por qué no se apresura? ¿Por qué la tiene viva aún? Estoy cansado, cansado del trabajo y de todo esto. No hago más que pensar en Madrina.
LA MUJER. Debes tener fuerzas para lo que ha de venir.
EL HOMBRE. ¿Lo que ha de venir? *(Pausa)*. Es tarde. Debo irme. Voy a llegar tarde.

Se levanta, se mueve decidido, pero la acción no llega a realizarse. Ella lo detiene con una charla absurda.

LA MUJER. Tiene gracia, ¿pero has visto que no se puede apagar la luz del cuarto?
EL HOMBRE. Hay que hacerlo. Subirá la cuenta de la luz.
LA MUJER. Llamaré a la Compañía para que vengan a ver de qué se trata.
EL HOMBRE. Eso no tiene sentido.
LA MUJER. En esta vida hasta los misterios tienen una explicación física o química. Eso me hace reír.
EL HOMBRE. ¿Has tratado de apagarla?
LA MUJER. Dos veces, pero ha sido inútil.
EL HOMBRE. Debes insistir.
LA MUJER. ¿Para qué?
EL HOMBRE. Porque es una locura. ¿A quién se le ocurre?
LA MUJER. Después de todo no la apagamos nunca. Le tenemos miedo a la oscuridad.
EL HOMBRE. ¿Cuántos plazos hemos pagado ya?
LA MUJER. Tres plazos, ¿No te parece increíble y maravilloso?
EL HOMBRE. *(Natural)*. Es increíble que ella haya durado tanto. Cuando vi la radiografía creí que no iba a durar un mes.
LA MUJER. Así es la vida.
EL HOMBRE. ¿Crees que podamos pagar todo el juego de cuarto?
LA MUJER. No te preocupes por eso. Después de todo no tiene importancia. Ya ves como son las cosas...
EL HOMBRE. Pero tenemos que tener un juego de cuarto, una casa, un techo, un radio. Es inevitable. Una verdadera pesadilla. Para después morirnos.
LA MUJER. No te dejes deprimir. Tienes que tener fe.
EL HOMBRE. Ya no la tengo. Cuando compramos el juego de cuarto yo era el primero que te alentaba, ahora me tiro de los pelos. Efectivamente, tenías razón. Eso es inexplicable.
LA MUJER. Pero ya ves como vamos pagando. Ya estamos a fin de mes y ya estamos a punto de pagar nuevamente
EL HOMBRE. ¿Crees que nos dará tiempo?
LA MUJER. ¿Tiempo?
EL HOMBRE. Yo la noto desmejorada por día. Hoy estaba muy pálida y tenía los labios resecos. Cada día está más delgada.
LA MUJER. No pienses más en ella. Al menos, las aspirinas la calman. Es un consuelo.
EL HOMBRE. Siente mucho dolor por la noche, al irse a acostar. Después se duerme y pasa bien las noches.
LA MUJER. ¿No te parece mejor hablar de otra cosa?
EL HOMBRE. Lo que tú digas.

LA MUJER. ¿Cuándo podremos comprar las lámparas?
EL HOMBRE. ¿Ya vinieron todos los cobradores?
LA MUJER. Vino el cobrador de la luz. Falta el gas.
EL HOMBRE. Al menos las aspirinas no cuestan mucho.
LA MUJER. Menos mal.
EL HOMBRE. Me duele la cabeza. Creo que se me parte.
LA MUJER. También pasaron el recibo de la casa.
EL HOMBRE. Quizás tengan que ingresarla, pero ella no querrá.
LA MUJER. En el fondo sería lo mejor. Estaría mejor atendida. Una enfermera siempre hace mejor las cosas.
EL HOMBRE. Ya hace tres meses que me dieron la noticia y me parece que hace un siglo. Yo no creía que iba a poder vivir un día más, pero vive aún, respira, aún respira.
LA MUJER. Debes pensar en otra cosa. No haces más que pensar en eso.
EL HOMBRE. También pienso en las cuentas. En lo que debemos todos los meses. En el juego de cuarto. A veces creo que ese juego de cuarto me va a sacar la vida.
LA MUJER. Tengo esperanzas que se pueda pagar.
EL HOMBRE. ¿Y ella? Mi mamá vendrá a vivir con nosotros después que ella se muera.
LA MUJER. Todo se resolverá.
EL HOMBRE. *(Entre risas)*. Ahora eres tú la que lo dices.
LA MUJER. ¿No puedes tener alguna esperanza?
EL HOMBRE. Ella no puede salvarse.
LA MUJER. Resígnate. Es necesario.
EL HOMBRE. ¿Sabes tú lo que cuesta una bóveda?
LA MUJER. ¿Para qué hablas de eso?
EL HOMBRE. Es necesario. ¿Por qué vamos a engañarnos?
LA MUJER. No debemos pensar en eso desde ahora.
EL HOMBRE. De todas formas hay que hacerlo.
LA MUJER. Es una estupidez.
EL HOMBRE. Ella respira todavía pero ya hay que hablar de una bóveda. No debemos dejar las cosas para última hora.
LA MUJER. Otra cuenta. No sé cómo vamos a pagarla.
EL HOMBRE. Ya veremos.
LA MUJER. ¡Ya veremos! ¡Ya veremos!
EL HOMBRE. Quizás la podamos comenzar a pagar después que terminemos de pagar el juego de cuarto.
LA MUJER. Uno nunca acaba. Primero, el refrigerador; después el juego de comedor y de cuarto. Se va llenando la casa poco a poco.
EL HOMBRE. Llama mañana por teléfono y averigua algo sobre la bóveda.

Brevísima pausa. Momentáneo cambio de luz. La música marca el paso del tiempo.

LA MUJER. *(Transición)*. No pude comunicar. El teléfono de tu prima no comunica.
EL HOMBRE. Tienes que volver a llamar mañana.

Instantáneo cambio de luz. La música marca el paso del tiempo.

LA MUJER. *(Pausa)*. Al fin pude comunicar. Llamé a la funeraria. Las venden a plazos.

EL HOMBRE. *(Comienza una farsa absurda de extraño regocijo)*. ¿No te parece cómico?

LA MUJER. Yo estuve a punto de echarle la carcajada en la cara.

EL HOMBRE. *(Entre risas)*. ¿Sabes de qué me acuerdo? De eso que dice: «Un minuto para comprar y un año para pagar».

EL HOMBRE. Uno se acuerda de esos anuncios.

LA MUJER. O de ese que dice: «Compre en diciembre y pague en febrero».

EL HOMBRE. *(Recordando)*. Hay otro: «Compre más barato con plazos más largos».

LA MUJER. *(Sin poder aguantar la risa)*. Es algo risible. Realmente lo es.

EL HOMBRE. *(Riendo a su vez)*. Estaremos pagando aunque nos estemos pudriendo. Yo pediré que me entierren con el juego de cuarto.

LA MUJER. Eso ha de salirte un poco más caro.

EL HOMBRE. Nos podemos morir en un instante, pero nos dan años para pagar el lugar donde seremos enterrados. Dan facilidades.

LA MUJER. Es hora de dormir. Es tarde. Nos hemos divertido bastante esta noche.

EL HOMBRE. Hacía tiempo que no nos reíamos tanto.

Pausa. Especie de transición. No saben qué hacer. Especie de sonambulismo escénico.

LA MUJER. Estoy cansada. Mañana hay que levantarse temprano.

EL HOMBRE. Tienes razón. ¿Qué hora es?

LA MUJER. Son cerca de las doce. Tengo sueño. *(Ella se dirige al cuarto. Después se detiene)*.

EL HOMBRE. *(El está sentado en una silla, como dormido)*. Ahora ella se estará acostando.

LA MUJER. Es una pesadilla. Estás soñando.

EL HOMBRE. Quizás la aspirina le esté haciendo efecto y la calme.

LA MUJER. Seguro que sí.

EL HOMBRE. *(Entre sueños, el cuerpo flácido en la silla)*. Hoy no la tuvieron que inyectar. Ella aguanta.

LA MUJER. Sí, aguanta.

EL HOMBRE. La tienen que ayudar a acostarse. Todo le duele. Cada movimiento le duele.

LA MUJER. Calla. Tengo miedo.

EL HOMBRE. Se acuesta. *(Sobresaltado)*. ¿Quién apagó la luz del cuarto?

LA MUJER. Calla. Nadie. Te he dicho que nadie la puede apagar. Algo que no funciona bien.

EL HOMBRE. Yo he visto como la han apagado.

LA MUJER. ¡Despierta! ¡Despierta! Te has quedado dormido. Estás demasiado cansado. Mañana no podrás ir al trabajo. Es una pesadilla.

EL HOMBRE. *(Como quien despierta de un sueño angustioso)*. ¿Cómo? ¿Por qué no estamos acostados?

LA MUJER. Íbamos a acostarnos. De pronto, estabas tan cansado que te quedaste rendido ahí. Entonces te dio una pesadilla.

EL HOMBRE. No me acuerdo de nada.

LA MUJER. Es mejor así.

EL HOMBRE. Estoy cansado. Me duele todo el cuerpo.

LA MUJER. Después de todo apenas disfrutamos de la cama.

EL HOMBRE. Vamos a acostarnos. Ya es tarde.

LA MUJER. No puede ser. Ya es demasiado tarde. Amanece.
EL HOMBRE. Es cierto. Tengo que irme para el trabajo. Prepárame el desayuno. ¿Te has dado cuenta cómo pasa el tiempo?
LA MUJER. Pasan los días y uno no se da cuenta.
EL HOMBRE. Apúrate. Voy a llegar tarde al trabajo.

La misma actividad inútil, tronchada, que no llega a consumarse. La música marca el paso del tiempo.

EL HOMBRE. Tocan a la puerta.
LA MUJER. Enseguida voy a abrir.

Ella se mueve, corre tal vez, pero no hace ningún movimiento concreto, definido, de abrir una puerta. Sus movimientos no tienen lógica, pero se mueve. La música cesa.

EL HOMBRE. ¿Quién era?
LA MUJER. Un cobrador.
EL HOMBRE. ¡Inevitable! ¿Es que esos señores no se cansan?
LA MUJER. ¿Qué quieres que hagan?
EL HOMBRE. Se pasan la vida tocando a las puertas de las casas.
LA MUJER. Es su trabajo.
EL HOMBRE. Nadie puede escapar de un cobrador. ¿Has visto gente más persistente y obstinada?
LA MUJER. No hables así. No es para tanto.
EL HOMBRE. Son empecinados y tercos. Los detesto.
LA MUJER. Ellos no tienen la culpa.
EL HOMBRE. Se prestan a todo. Y, ¿te has fijado? Si falla uno mandan a otro.
LA MUJER. ¡Piensas cada cosas! Tu cerebro nunca descansa.
EL HOMBRE. Nosotros nos vamos a morir. Todo pasa. Las generaciones pasan, pero los cobradores permanecen.
LA MUJER. *(Con cierta risa forzada).* Me haces reír. Le encuentras gracia a todo.
EL HOMBRE. A veces opinas lo contrario.
LA MUJER. ¿De veras? Será que no me doy cuenta.
EL HOMBRE. Dices y te contradices.
LA MUJER. ¡Uno es tan extraño! Uno envejece y no se da cuenta. También cambiamos por dentro.
EL HOMBRE. Yo no tengo la culpa.
LA MUJER. No me hagas caso.
EL HOMBRE. ¿De veras que te pareció un buen chiste?
LA MUJER. ¿Qué cosa?
EL HOMBRE. Lo de los cobradores.
LA MUJER. Por supuesto que sí. Tenemos que divertirnos con lo que tenemos a nuestro alcance.
EL HOMBRE. Hoy estás de muy buen humor.
LA MUJER. ¿De veras? Tengo ganas de reír, de divertirme. De irme a pasear.

EL HOMBRE. ¿A dónde podemos ir?

LA MUJER. A ninguna parte. Cosas que se me ocurren.

EL HOMBRE. No tenemos dinero.

LA MUJER. Tienes razón. Estamos a fin de mes y a principios tampoco tendremos.

EL HOMBRE. Inventaré un juego.

LA MUJER. No, por favor.

EL HOMBRE. Te prometo un juego divertido.

LA MUJER. Tus juegos siempre acaban mal. No tienes sentido del humor.

EL HOMBRE. Hace un momento me decías lo contrario.

LA MUJER. ¿Yo? Debió ser otra. La gente dice una cosa hoy y mañana se contradice. Eso le pasa a todo el mundo.

EL HOMBRE. Pero a algo tenemos que atenernos.

LA MUJER. A nada.

Rápido cambio de luz. Durante el texto que sigue puede haber, ocasionalmente, un cambio intermitente de la luz. Remota intermitencia de la música.

EL HOMBRE. Mi mamá tendrá que venir a vivir con nosotros cuando ella se muera y tendremos más gastos.

LA MUJER. Su agonía no termina nunca. ¿Por qué la muerte viene tan despacio? Es lenta, es brutal.

EL HOMBRE. Ella no es ella. Es una llaga. La pinchan. La martirizan.

LA MUJER. ¿Es posible que esté engañada?

EL HOMBRE. No sé. Yo creía que tú creías que yo tenía sentido del humor, pero no era cierto. Un sarcasmo solamente. Por eso no sé si ella lo sabe o no.

LA MUJER. ¡Era cierto lo que te dije! ¡Te juro que era cierto!

EL HOMBRE. No puedo saber a qué atenerme. Yo espero que ella no sepa a qué atenerse consigo misma. Así jamás descubrirá la verdad. Un día se afirmará que es el mal que se extiende por sus huesos, al día siguiente se afirmará a sí misma que no es el mal, que el dolor no es el dolor, que son los nervios. ¡Es tan fácil! ¡Es tan simple! No nos damos cuenta.

LA MUJER. Hablemos del juego de cuarto. A veces creo que es lo más entretenido.

EL HOMBRE. ¿Te has fijado? Mientras más tiempo dure su agonía mejor resultará para nosotros.

LA MUJER. No hables así. ¿Por qué tienes ese afán de torturarte?

EL HOMBRE. Es cierto. Quizás nos dé tiempo a pagar el juego de cuarto. Solo quedan cuatro meses.

LA MUJER. No seas cruel contigo mismo.

EL HOMBRE. Los entierros cuestan. Cuando ella se muera mi mamá tendrá que vivir con nosotros y tendremos más gastos. No tendremos para pagar el juego de cuarto.

LA MUJER. No podemos perderlo.

EL HOMBRE. Lo perderemos.

LA MUJER. No, no ¡basta! No tiene sentido. Es estúpido aferrarse a los objetos.

EL HOMBRE. Los objetos se aferran a nosotros. Son serpientes. Nos sueltan cuando ya estamos muertos.

LA MUJER. ¡Y es tan inútil! ¡Nos afanamos tanto! Creemos que son nuestros cuando son ellos en realidad quienes nos poseen.

LA MUJER. *(Arrastrada, enloquecida).* ¡Es cierto! ¡Tienes razón! A veces siento que la cómoda tiene brazos y que el espejo me absorbe. ¡Viven! ¡Viven!
EL HOMBRE. Pero uno se muere.
LA MUJER. Debemos deshacernos de ellos. Son nuestros enemigos.
EL HOMBRE. No es posible. Ya es demasiado tarde.
LA MUJER. No me había dado cuenta. He estado ciega todo este tiempo. Hay que hacer algo.
EL HOMBRE. No podemos hacer nada, nada.
LA MUJER. Comienzo a detestar ese juego de cuarto. Es demasiado, nos cuesta demasiado.
EL HOMBRE. Perderíamos dinero si nos deshacemos de él. Han sido muchos sacrificios.
LA MUJER. No ha sido más que una trampa.
EL HOMBRE. Hay que sonreír y resignarse. Para los dolores de cabeza están las aspirinas. Además, hay inyecciones, calmantes.
LA MUJER. ¿Cómo eres capaz de acatarlo todo?
EL HOMBRE. ¿Qué voy a hacer? Hay cosas que no tienen remedio.
LA MUJER. Pero hay otras que lo tienen. No vamos a pasarnos la vida en esto. Un día llegará en que todo tendrá su solución y su salida.
EL HOMBRE. Es cierto, pero ella se va a morir y es inevitable.
LA MUJER. Eso es otra cosa. La muerte es otra cosa.

Cambio de luz. Cesa cualquier intermitencia. Oscurecimiento gradual mientras sigue el diálogo.

EL HOMBRE. *(Transición).* Me llaman de mi casa. Debe haber pasado algo. Voy enseguida.
LA MUJER. Debes calmarte. Es necesario que ella no se dé cuenta de nada.
EL HOMBRE. No se dará cuenta. Te lo aseguro.

Él se mueve hacia un extremo del escenario. Queda inmóvil. La luz vuelve a la normalidad.

LA MUJER. ¿Qué ha pasado?
EL HOMBRE. Nada. No ha pasado nada. Hoy no ha podido levantarse de la cama.
LA MUJER. Yo creo que ya falta poco.
EL HOMBRE. Vamos a jugar. Necesito hacer algo. No puedo quedarme así, inactivo.
LA MUJER. No me atormentes. No quiero jugar esos juegos terribles.
EL HOMBRE. Es necesario. Tienes que ayudarme. Es necesario jugar día tras día y pedir. Quizás Dios nos oiga. La vida está llena de misterios inexplicables.
LA MUJER. Me obligas. Estoy en contra de tus ideas.
EL HOMBRE. *(Venda sus ojos).* Te vendaré los ojos. Yo cerraré los míos y pensaré en algo que pueda desaparecer.
LA MUJER. Ya lo sé. Yo tengo que adivinarlo. *(Ligera):* ¿Cómo sabré que no haces trampa?
EL HOMBRE. Es un juego honesto. Todo depende de tu confianza en mí.
LA MUJER. Es fácil. Recuerdo la otra vez. Era el juego de cuarto. Ya no me importa porque te dije que comenzaba a detestarlo.
EL HOMBRE. Te equivocas. Esta vez no es eso. Sería demasiado fácil. Se valen seres humanos.
LA MUJER. *(Se acerca a él, angustiada).* No puedes ser tú. Júrame que no puedes pensar en ti mismo. No podría vivir sin ti.
EL HOMBRE. Podrías. Pero no te asustes. No he pensado en mí.

LA MUJER. No me gusta el juego, te lo dije. No quiero jugar más.

EL HOMBRE. Tienes que seguir jugando. Eso quiere decir que estamos vivos.

LA MUJER. No diré jamás de quien se trata. Para mí sería como un crimen.

EL HOMBRE. Habla, tú sabes de quien se trata. Una sola palabra y desaparece. Es un bien. Es mejor que muera pronto para que no siga sufriendo.

LA MUJER. Quizás ella quiera vivir.

EL HOMBRE. ¡Habla!

LA MUJER. *(Con desesperación).* ¡Es ella! ¡Es ella! *(Se quita la venda).*

EL HOMBRE. Tal vez esté muerta. Dios quiera que se haya cumplido mi deseo.

LA MUJER. No sabes lo que dices. No tenemos dinero para pagar el entierro. Yo no sé qué haremos.

EL HOMBRE. Algo tendremos que hacer. Ya veremos.

LA MUJER. *(Con risa histérica).* ¡Ya veremos! ¡Ya veremos!

EL HOMBRE. ¿No te das cuenta? Es una farsa para pasar el rato. Después de todo, todo depende del mal. Tomas los juegos en serio.

LA MUJER. ¿No oyes voces otra vez? ¿Como si alguien te llamara?

EL HOMBRE. Es de mi casa. Todos están desesperados. Mi tía tiene miedo. ¿Quién estará con ella cuando se muera?

LA MUJER. ¿Es un acertijo?

EL HOMBRE. Haremos apuestas.

LA MUJER. Perderás. La mala suerte nos persigue y no nos deja tranquilos.

EL HOMBRE. Quizás gane y pueda pagar el entierro. Necesito sacar dinero de alguna parte.

LA MUJER. Podremos pagar después. Ya nos quedan dos plazos del juego de cuarto. Ya es casi nuestro. El tiempo ha pasado en un abrir y cerrar de ojos.

EL HOMBRE. El tiempo ¡Ella ha sufrido tanto durante este tiempo! Es una enfermedad terrible, implacable. Y es terrible verla condenada, próxima a una ejecución inevitable. ¿Cómo la vida puede ser así? La vida misma no tiene corazón, es una roca. Nadie puede hacer nada. Ver que a cada instante se reduce su vida a un leve respirar, a un ronquido hondo e inexplicable; y ver y callar.

LA MUJER. ¿Cuándo podremos olvidarla? ¿A qué hora podremos divertirnos?

EL HOMBRE. Temo que al pasar por casa me den la noticia.

LA MUJER. Algún día tendrá que suceder. Debes guardar fuerzas para ese momento.

EL HOMBRE. Los vecinos hacen apuestas sobre su muerte.

LA MUJER. Estás loco. No me sigas atormentando con cuentos fantásticos.

EL HOMBRE. Todo el mundo quiere jugar y cambiar la suerte. Es el único modo de cambiar las cosas. Apostaré.

LA MUJER. ¡No lo hagas! No. Perderemos el dinero. No tendremos suerte.

EL HOMBRE. Quizás muera cerca de las tres. Cualquier hora es buena para una cosa o la otra. Ganar o morir.

LA MUJER. No debemos jugar con la muerte. La muerte es más cruel que los hombres. Hay cosas sagradas que deben respetarse.

EL HOMBRE. Pagaremos el entierro con ese dinero. La bóveda la pagaremos a plazos.

LA MUJER. ¡Si alguien te oye pensará horrores de ti! ¿Por qué quieres aparentar lo que no es cierto?

EL HOMBRE. Es cierto. *(Se pone de pie y camina).* Temo que al pasar por casa me den la noticia.

LA MUJER. Estás loco. No me sigas atormentando con cuentos fantásticos.

EL HOMBRE. Quizás muera cerca de las tres. Cualquier hora es buena para ganar.
LA MUJER. ¡No lo hagas! No debemos jugar con la muerte. La muerte es más cruel que los hombres. Hay cosas sagradas que deben respetarse.
EL HOMBRE. Pagaremos el entierro con ese dinero. La bóveda la pagaremos a plazos.
LA MUJER. ¡Si alguien te oye pensará horrores de ti! ¿Por qué quieres aparentar lo que no es cierto?

Insistente parpadeo de la luz

EL HOMBRE. Llaman a la puerta. ¿No has oído?
LA MUJER. Es un cobrador. No te asustes. El mes que viene nos darán la propiedad, gracias a Dios.
EL HOMBRE. ¿Ya vino el cobrador de la luz?
LA MUJER. No ha venido todavía, pero ya pasó el gas. Este mes gastamos menos de gas.
EL HOMBRE. ¿Habrá siempre que pagar cuentas?
LA MUJER. Algún día vendrá un mundo maravilloso que no tendrá cobradores.
EL HOMBRE. Con algo habrá que pagar, te lo aseguro.
LA MUJER. Jamás volveremos a escuchar ese toque a la puerta. Ese día… Entonces la gente será verdaderamente libre…
EL HOMBRE. En todo caso, tengo que ir al trabajo.
LA MUJER. El trabajo, claro.
EL HOMBRE. Estoy tan cansado que apenas voy a tener fuerza para hacerlo.
LA MUJER. Tienes que irte ya. No nos queda otro remedio.

Salen los dos personajes. Insistente parpadeo de la luz. Cesa la música. La Mujer y El Hombre entran al unísono por lados opuestos del escenario, a la inversa del lugar por donde salieron previamente. La luz se normaliza.

LA MUJER. ¡Pensar que el juego de cuarto es casi nuestro!
EL HOMBRE. Sí, ya somos casi de él.
LA MUJER. Lo hemos pagado a costa de grandes sacrificios.
EL HOMBRE. Es lo más ridículo de todo. Nos hemos sacrificado durante ocho meses por un pedazo de madera.
LA MUJER. No hables así. ¡No destruyas nuestro esfuerzo!
EL HOMBRE. Tú misma me dijiste una vez que comenzabas a detestarlo. ¿Has cambiado de idea?
LA MUJER. Fue un momento de desesperación y de locura. Es nuestro juego de cuarto, ¿no te das cuenta? Es algo más que un pedazo de madera. También es parte de nosotros.
EL HOMBRE. Ya es tarde. Debemos dormir un poco. Apenas descansamos.
LA MUJER. Ven. El juego nos espera.
EL HOMBRE. No quiero. Dormiré aquí en la silla. No me acostumbro a dormir en esa cama, con esa luz que nunca se apaga.
LA MUJER. Amanecerás molido de los huesos. No se duerme bien en una silla. Es cosa de locos.
EL HOMBRE. ¿Qué es cosa de locos? En esta vida todo lo es. Los cobradores son absurdos, pero todos los meses vienen a nuestras casas y nos chupan la sangre, lentamente. Pero nadie dice que es una locura. Yo no entiendo estas cosas de la vida.
LA MUJER. Los cobradores son invenciones de los hombres cuerdos. Tú no lo comprendes porque está más allá de tu capacidad de raciocinio.

EL HOMBRE. *(Con ironía).* Pagar un juego de cuarto es lógico, sin duda.
LA MUJER. No empieces a destruir nuestra propia obra. Eso no hace más que dañarnos. Mientras pienses así no llegaremos a ninguna parte.
EL HOMBRE. Déjame dormir aquí. Es todo lo que quiero. Hablar y razonar también es cosa de locos.
LA MUJER. ¿Por qué no podremos descansar como seres normales?
EL HOMBRE. No es culpa nuestra. La vida no nos deja. Todo nos cuesta demasiado y cuando llega a nuestras manos está aniquilado, hecho pedazos.
LA MUJER. Pero, lo poco que tenemos...
EL HOMBRE. ¿Qué hora es?
LA MUJER. Ya son cerca de las tres...
EL HOMBRE. La apuesta... Tengo que ganar esa apuesta... ¡Ella ha sido siempre tan buena conmigo! ¡Me ha querido tanto! La muerte se la llevará ahora, con su último dolor secreto, para ayudarme.

El escenario se oscurece casi totalmente.

EL HOMBRE. *(En grito).* ¡Basta! ¡Basta! ¡No quiero sufrir más!
LA MUJER. *(Lo sacude).* ¡Despierta! ¡Despierta! ¡Es una pesadilla!
EL HOMBRE. ¡No quiero más! ¡No quiero más!

Vuelven las luces.

EL HOMBRE. *(Como si despertara, sobresaltado).* ¿Qué es esto? ¿Qué ha pasado ahora?
LA MUJER. Nada. No ha pasado nada. Te quedaste dormido cerca de las tres, en esa silla, y te dio una pesadilla.
EL HOMBRE. No recuerdo qué soñé. Recuerdo voces entre sueños y que alguien tocaba por la ventana. Después tu voz y que alguien decía que ya se había muerto.
LA MUJER. Pero eso no ha sido un sueño. ¿No te das cuenta?
EL HOMBRE. Entonces, he estado despierto todo este tiempo. En este momento no tengo ganas de llorar.
LA MUJER. No llores. No te desesperes así.
EL HOMBRE. No tengo ganas de llorar. No me importa que esté muerta. No tengo corazón. Mi corazón es tan duro como el corazón de la vida misma. Es de piedra y no tiene sangre ni raíces.
LA MUJER. ¿Por qué no te callas?
EL HOMBRE. ¿Qué hora es?
LA MUJER. Poco más de la tres.
EL HOMBRE. Entonces he ganado la apuesta. *(Pausita).* Ves, mis manos no tiemblan. Ahora ya nadie vendrá a tocar con malas noticias. Ya sabremos que son los cobradores. Nada más que cobradores.
LA MUJER. Todo ha terminado.
EL HOMBRE. Sí, es cierto, todo ha terminado. La farsa, la comedia, el drama. El entierro quedó mejor de lo que me imaginé. Tuvo un entierro decoroso. Bonito como un juego de cuarto.

Parpadeo de las luces, como si dialogara. Después cesa.

LA MUJER. Y todo ha salido mejor de lo que nos imaginábamos. Nos hemos roto la cabeza por gusto. Todo el mundo puso de su parte y ya se han salido de las deudas del entierro y las coronas.

EL HOMBRE. La pobre, ¡ella pidió tan poco antes de morir! Inyecciones, calmantes, un poco de agua. Apenas ocasionó gastos.

LA MUJER. Debemos rehacer nuestra vida. Hemos sufrido mucho.

EL HOMBRE. Sí, también tenemos derecho a la vida. Algún día tendremos nuestra propia muerte y sabremos entretenernos con ella.

LA MUJER. Mañana cobras.

EL HOMBRE. Es cierto. Pagaremos el juego de cuarto.

LA MUJER. Se nos quitará esa preocupación de la cabeza.

EL HOMBRE. ¿No te parece maravilloso el tiempo? Cura las heridas y hace aparecer otras nuevas. ¿Tienes miedo?

LA MUJER. Un poco. ¡Todo es tan misterioso! Es inevitable tener un poco de miedo.

EL HOMBRE. A veces se me ocurren ideas tan terribles que temo decirlas. Temo que esas ideas cobren vida y se apoderen de mí.

LA MUJER. Es mejor callar. No hacemos nada con desesperarnos.

EL HOMBRE. Ahora mi mamá vendrá a vivir con nosotros y tendremos más gastos.

LA MUJER. Tengo una idea. Es ridícula, tal vez, pero es cierta, inevitable. Tendremos que comprarle un juego de cuarto, al menos, un pequeño juego de cuarto.

EL HOMBRE. *(Ríe falsamente).* ¡Es divertido! ¡Es divertido!

LA MUJER. Tendremos que volver a recorrer las mueblerías como locos. Buscaremos el mejor y el más barato.

EL HOMBRE. No sé cómo vamos a pagarlo.

LA MUJER. Siento que la vida renace nuevamente.

EL HOMBRE. *(Riendo, con entendimiento).* ¡Ya veremos!

LA MUJER. *(Comprendiendo, entre risas).* ¡Ya veremos!

EL HOMBRE. Nos reiremos en medio de las pesadillas.

LA MUJER. No podemos reír de otra forma…

EL HOMBRE. No nos queda otro remedio.

LA MUJER. Es cierto. Me siento feliz, alegre.

EL HOMBRE. Espero que no cambies.

LA MUJER. Trataré, pero nunca se sabe. A cada instante otro ser se apodera de nosotros para confundirnos y negarnos la explicación.

EL HOMBRE. Estoy cansado. Necesito descansar un poco para volver mañana al trabajo.

LA MUJER. Mañana cobrarás y volverán los cobradores.

EL HOMBRE. Es tarde ya.

LA MUJER. *(Con un dejo de ironía).* ¡El juego de cuarto nos espera!

EL HOMBRE. ¡Nos ha costado tanto trabajo comprarlo!

LA MUJER. Una vez me dijiste que te parecía un pulpo que te ahogaba.

EL HOMBRE. ¿De veras? Lo dijiste tú, si mal no recuerdo.

LA MUJER. No importa.

EL HOMBRE. Da lo mismo.

AMBOS. *(Al mismo tiempo, riendo).* ¡Una cosa como la otra!

EL HOMBRE. Ya es nuestro y nos pertenece.

LA MUJER. Debemos seguir hacia adelante.

Dan un paso hacia adelante. Se detienen. Tocan a la puerta fuertemente. Ellos se miran. Están a punto de reír. Pero tal vez estén un poco asustados. De frente al público.

EL HOMBRE. Tocan a la puerta.
LA MUJER. Es un cobrador. Volverá.
EL HOMBRE. Es cierto. Es un ejército.
LA MUJER. *(Riendo).* No me hagas reír. Le buscas lasca a todo.
EL HOMBRE. La luz sigue encendida. Cada día tenemos que pagar más electricidad.
LA MUJER. Sí, es cierto. Está subiendo la cuenta.
EL HOMBRE. Es una luz extraña.
LA MUJER. Sí, es una luz extraña.

Quedan inmóviles hacia el frente como si fueran a entrar, pero no se puede precisar exactamente. La luz se intensifica hasta cegarnos.

LA BOTIJA

1959

Personajes

El Hombre
La Mujer
El Personaje

Escenografía: un sillón, una silla y una mesa de noche; una ventana de persianas, cerrada, al fondo

La acción se desarrolla en Cuba, en 1959.

EL HOMBRE. *(Agitado, en el sillón, con un bastón a su lado).* No puedo más. Es demasiado para mí.
LA MUJER. Necesitas calmarte. No consigues nada por ese camino.
EL PERSONAJE. Es peligroso para su salud.
LA MUJER. *(Alterada).* Pero usted no se ocupa de cuidarlo.
EL PERSONAJE. ¿Qué quiere que haga?
LA MUJER. ¿Qué clase de veterinario es usted?
EL PERSONAJE. ¡Vaya usted a saber!
LA MUJER. Algo se le debe ocurrir.
EL PERSONAJE. *(Vagamente).* Un cocimiento de mejorana...
EL HOMBRE. Los mareos no se me quitan.
EL PERSONAJE. Me gustaría conocer sus síntomas.
LA MUJER. *(Rápida).* ¡Síntomas! ¡Síntomas! ¿Cuántas veces en su vida pretende escucharlos? ¿Se los piensa aprender de memoria?
EL PERSONAJE. Sí pretende usted que realice mis curas sin un pleno conocimiento de las causas... Un médico...
LA MUJER. ¿Un médico...? ¿Un médico o un veterinario?
EL PERSONAJE. Lo que usted diga.
LA MUJER. ¡Un entrometido!
EL HOMBRE. ¡Me muero! ¡Me muero! ¡Qué desconsideración! ¿Estarán discutiendo hasta el último momento?
EL PERSONAJE. La señora, como usted habrá podido notar, se ha vuelto a poner impertinente. Comprenderá que la ciencia necesita cierto clima propicio, ligeramente favorable...
EL HOMBRE. Vuelven los mareos... Mi cabeza me da vueltas y vueltas...
LA MUJER. Es la digestión...
EL HOMBRE. ¡No he comido nada!
EL PERSONAJE. Son los calmantes. Su señora, como bien sabe usted, se empeña, insiste... Afirma que las pesadillas...
LA MUJER. Las pesadillas verde olivo...
EL HOMBRE. ¡Ni me las nombre!
LA MUJER. Pero un médico debe imponerse... ¡Usted lo sabe bien! La salud de un paciente...
EL PERSONAJE. Las impertinencias de su mujer...
LA MUJER. ¡Los nervios! ¡Las pesadillas! ¿Es que usted no ha estudiado? ¿Es que no sabe que los nervios pueden destrozar, aniquilar, arruinar, destruir, aplastar —¡sabe Dios cuántas cosas más!— la vida de un hombre? Mi esposo, como desde hace semanas

se lo vengo diciendo, ha sufrido un largo, penoso proceso. *(Grandilocuente).* Nuestra fortuna —honesta, sin tacha, absolutamente honesta y malversada— ha sido —ya no necesito insistir, señor farmacéutico— ¡recuperada! ¡Los nervios! ¡Los nervios! ¿Pretende que mi marido sufra esta revolución sin un solo calmante?

EL PERSONAJE. No irá a decir que soy yo el que lo estoy matando...

LA MUJER. Debemos irnos para La Habana. Necesitas un buen especialista.

EL HOMBRE. Economías. Bien sabes que después de todo lo que nos ha pasado, son necesarias las economías...

LA MUJER. En La Habana, un buen médico, te ayudará a pasar todos estos aprietos...

EL HOMBRE. ¡La Habana! *(Entre accesos de tos).* ¿Es que no te das cuenta? ¿Es que quieres matarme? Allí me puse peor. Cuando de la asamblea, casi me caigo en medio de la acera. ¡Ese proceso, esos jueces, esa investigación! ¡La Habana estuvo a punto de acabar conmigo! Mi dinero, el escándalo, cada cual tratando de salvar la tira del pellejo.

EL PERSONAJE. Los trapos sucios...

EL HOMBRE. ¡Estuve a punto de morirme! Sin contar los oportunistas y descarados, ¡a río revuelto ganancia de pescadores!, tratando de quitarme el poco dinero que...

LA MUJER. *(Lo interrumpe, recelosa de la presencia de El Personaje).* ...el poco dinero que nos queda.

EL HOMBRE. Sí, de acuerdo... Precisamente...

LA MUJER. No hables más del asunto... Es algo que yo me sé de memoria, con puntos y comas... Y no dirás que fui yo quien te mezcló en todo esto... Pero si no hubieras seguido los consejos del veterinario...

EL PERSONAJE. ¡Tenía que ser! ¡Yo, su querido enemigo, cargando siempre con la culpa! ¿Es que no tiene usted un mejor procedimiento?

LA MUJER. ¿Se atreve a negarlo...?

EL PERSONAJE. Lo recuerdo claramente... Se trataba de una simple sugerencia... Ustedes estaban consternados... Acababan de perder todas sus tierras... Una solución se hacía inevitable...

EL HOMBRE. *(Grandilocuente).* ¡Mis tierras! ¡Mis tierras! ¡No las nombre, no las nombre!

EL PERSONAJE. Yo no tengo la culpa. Ustedes, realmente, no sabían qué hacer. No hice más que indicar, sugerir...

LA MUJER. ¡La contrarrevolución! ¿Es que eso le parece a usted una simple sugerencia? ¡El descubrimiento, el ridículo, los hilos, el proceso! ¡Poco más, la cárcel!

EL HOMBRE. Afortunadamente...

LA MUJER. Nos salvamos... Pero mi marido, ahí lo tiene usted. ¡Ahí tiene su producto!

EL PERSONAJE. Me niego a aceptar lo que usted dice, querida señora. En un principio, si mal no recuerdo, todos éramos partidarios...

EL HOMBRE. ¡No hablemos más de eso! Me estoy muriendo, pero todavía ustedes andan discutiendo sobre lo mismo.

LA MUJER. ¡Muriendo! No debemos exagerar la situación... Estás grave, lo comprendo... Los sufrimientos... Tu corazón... Tu lesión en el pulmón... Los años... Los disgustos... El dinero perdido... La presión demasiado alta... ¡La revolución! Los tractores... Los arados... La reforma agraria... La reforma tributaria... Las preocupaciones... El reumatismo... Los glóbulos rojos... La artritis... ¡Todo lo comprendo perfectamente! ¡Todo perfectamente razonable! Pero de ahí a las amenazas de tu muerte... Es inaceptable... ¡Es intolerable!

EL PERSONAJE. Usted misma, señora, debía someterse a un tratamiento... Su salud está quebrantada... Esas alteraciones no se las recomiendo...

LA MUJER. ¡Sus recomendaciones! ¡Y todavía se atreve a dar recomendaciones! Por sus recomendaciones hemos perdido miles de pesos. ¡Veinticinco mil, para ser exactos! Hemos vivido en la abundancia; pero ahora, esa gente ¡Dios mío!, esa gente, con sus investigaciones, nos arruinan... Porque las malversaciones de mi marido...

EL PERSONAJE. *(Con regocijo).* Está llamando las cosas por su nombre.

LA MUJER. ¡Es un decir! ¡Como dicen ahora!

EL HOMBRE. *(Una rectificación supuestamente honorable).* ¡El peculado, querida, el peculado!

LA MUJER. ¡Lo que sea, no viene al caso...! Si no hubieras invertido ese dinero en esa empresa descabellada...

EL PERSONAJE. Recuerdo que llegó a parecerle un plan estupendo... Su marido, si no me equivoco, dirigiría la reforma agraria en el nuevo gabinete. Las tierras que hemos perdido volverían, por otra parte, a sus manos... La idea no les pareció imposible...

LA MUJER. Sabe usted que en un principio me opuse.

EL PERSONAJE. Porque no sabía el alcance... Pero al final...

LA MUJER. ¡Mi marido! ¿Pero no recuerda usted a mi marido? ¿Y no se recuerda a usted mismo? Pues a mí no se me ha olvidado un solo detalle. Usted se veía saliendo de este pueblo convertido en el señor Secretario. ¡El señor Secretario del señor Ministro en La Habana! ¡Y aquí no ha pasado nada! ¡Por favor, no saquemos los trapos sucios a relucir!

EL HOMBRE. ¡Los trapos sucios! Te relamías con los que te ibas a comprar nuevamente.

LA MUJER. *(Recriminante).* Y ahora tú estás de su parte... ¿Cómo puedes decirme eso? Si él no hubiera venido con la idea, no hubiéramos perdido esos veinticinco mil pesos que no fueron a ninguna parte... Al revés, que al final cayeron en manos de los revolucionarios... *(Alterada).* ¡Si no hubiera sido por él lo tendríamos aún en la botija! *(Gesto de sorpresa. Mano en la boca.).*

EL HOMBRE. ¡Mujer!

EL PERSONAJE. *(Vivamente).* ¿La botija?

LA MUJER. *(Turbada).* Me equivoco... Ha sido una...

EL HOMBRE. *(Rápidamente).* ¡Metáfora!

LA MUJER. *(Ficticia).* Yo también estoy nerviosa, señor veterinario. A veces... a veces me confundo, no sé lo que digo. ¡Han pasado tantas cosas! ¡He sufrido tanto!

EL HOMBRE. Me siento peor... Me vuelve aquella debilidad en el estómago... Aquel malestar indefinido...

LA MUJER. *(A El Personaje).* Si no hubiera traído a relucir esa conversación tan desagradable.

EL PERSONAJE. *(Asombrado).* ¿Yo?

EL HOMBRE. Esta vida. Estas preocupaciones.

LA MUJER. Debes alejarlas de tu cabeza...

EL HOMBRE. Desde que abro los ojos y contemplo lo que tengo a mi alrededor... Los campos sembrados...

EL PERSONAJE. *(Aparte).* ¡Ojos para no ver! ¡Tal vez sea mejor quedarse ciego!

EL HOMBRE. Esta habitación comienza a asfixiarme...

EL PERSONAJE. Podríamos abrir la ventana... Es necesario un poco de aire.

LA MUJER. ¿La ventana? ¿Se ha vuelto loco? Los campesinos están ahí, arando en el traspatio.

EL HOMBRE. ¡En el traspatio!

LA MUJER. ¡No te alarmes!

EL PERSONAJE. Además, contemplará el trabajo de los tractores…

LA MUJER. *(A El Personaje)*. ¿Es usted un monstruo? No irá a hablarle a mi propio marido de los progresos de la revolución… Podría ser un golpe de muerte.

EL HOMBRE. Me falta el aire…

LA MUJER. *(Más alterada)*. Desde hace tiempo lo venía venir. ¡Todo esto!. Pero mi marido ha estado ciego, completamente ciego, sin escuchar una sola palabra. Y ahora usted se quiere hacerse el necesario, el imprescindible, como si no tuviéramos a nadie más…

EL PERSONAJE. Todo el mundo le ha dado la espalda. Usted lo sabe bien.

LA MUJER. Una simple etapa. Pero cuando las cosas cambien, cuando todo vuelva de nuevo a su lugar y nuestras tierras, y nuestros esclavos que se han rebelado por culpa de esos malditos mambises —¡el cepo, el cepo, a todos los pondré en el cepo!—, cuando regresen las criadas, cuando todas las propiedades y siervos vuelvan a nuestras manos…

EL PERSONAJE. ¿Piensa usted eso?

LA MUJER. ¡Lo pienso, claro que lo pienso! ¿Por qué no voy a hacerlo? ¡Nuestra casta! ¡Nuestro abolengo!

EL PERSONAJE. ¡Admirable! Ha encontrado al hombre para el caso… De acuerdo con eso, no vacilará usted si le digo, si le comunico, si le pongo en antecedente…

LA MUJER. ¿Es que vuelve usted por la picada?

EL PERSONAJE. Comprenderá usted que la contrarrevolución necesita dinero. Esas cosas no se hacen de gratis. Y la botija…

LA MUJER. *(Alterada)*. ¿La botija? ¿Ha dicho usted la botija? ¿De qué botija habla usted? *(Se vuelve al marido)*. ¿No has escuchado, querido? ¿Te das cuenta?

EL HOMBRE. ¡Un ladrón! ¡Un asesino! No puedo más… Es demasiado…

EL PERSONAJE. *(Persuasivo)*. Se altera usted fácilmente. Todo lo toma a mal.

LA MUJER. ¡Nuestra fortuna! Hemos perdido veinticinco mil pesos en su último plan y veinticinco mil nos han quitado por malversación… Y ahora viene usted. Y quiere quitarnos lo poco que nos queda…

EL PERSONAJE. No es culpa mía…

EL HOMBRE. ¡Me muero! ¡Me muero!

LA MUJER. *(Irritada, al Personaje)*. ¿Sería usted tan amable y traerle a mi pobre marido un vaso de agua?

Sale El Personaje. La Mujer camina de un lado a otro.

EL HOMBRE. ¡Me muero! ¡Me muero! ¡No puedo respirar!

LA MUJER. ¿Serías capaz? ¿Serías capaz de morirte en este momento? No pensarás hacerlo y dejarme sola con este hombre, que piensa, además, que tenemos una botija… ¡Un espía, un asesino! ¡Un entrometido que no nos pierde pies ni pisada! Que a veces se hace pasar por el médico y otras por el veterinario… ¡Que lo mismo acaba con un hombre que con una vaca! ¡No podemos dormir tranquilos! Terminarán obligándonos a trabajar después de no haberlo hecho nunca… Estamos rodeados de enemigos y no hacemos más que discutir, insultarnos…

EL HOMBRE. Me falta el aire. Me ahogo. Se me sale la lengua.

LA MUJER. Nunca me has querido escuchar. Nunca has seguido mis consejos. Esta casa marcha a la ruina. Todo se nos vienen encima. ¡La casa caída! ¡El pozo seco! ¡Aquella canción de cuna que me cantaba mi abuela! Es algo que no tiene remedio.

EL HOMBRE. Basta, basta…

LA MUJER. La postergada, la abandonada por todos. Verás como al final tengo razón. Como otras veces. Pero llegarás a comprenderlo demasiado tarde. Cuando ya no tenga remedio y cuando perdamos hasta el último centavo. La ruina total. ¡Cuándo nos lo quiten todo!

EL HOMBRE. Siempre vuelves por el mismo camino.

LA MUJER. ¿El mismo camino? ¿No has sido tú, precisamente tú, el que me has obligado a recorrerlo? Yo no tengo la culpa. Lo sé. No vacilarás en acusarme. ¡Sabe Dios a dónde piensas llegar! ¡Acabarás diciendo que soy una cualquier cosa! ¡Una fletera!

EL HOMBRE. Te están oyendo.

LA MUJER. ¿Y qué voy a hacer? ¿Y el peligro en que nos encontramos con ese hombre que no se va nunca de esta casa. Que nos vigila mañana, tarde y noche. ¡No, no vas a ponerme un tapón en la boca! No voy a enmudecer. Basta que te decidas a botarlo. Necesito hablar. Acabaste con mi fortuna —el dinero de mi padre, la herencia de mis abuelos, propiedades, ¡tierras y más tierras!— y ahora no te decides a defender lo que nos queda. ¡Cobarde! ¡Cobarde!

EL HOMBRE. ¡Te has vuelto loca!

LA MUJER. Esta intimidad. Esta promiscuidad. A lo que hemos llegado. *(Irónica)*. Si quieres pondremos un paraván que nos separe… Este hombre se trae algo entre mano y que se mete en todo.

EL HOMBRE. No puedes vivir tranquila y en paz. Siempre estás buscando camorra.

LA MUJER. ¿No se te ocurre nada? ¿No viene nada a tu pobre, infeliz cabeza, para volver a la situación de antes?

EL HOMBRE. ¡La situación de antes! ¡Qué más quisiera yo! ¡La buena vida! *(Toma el bastón, se incorpora inesperadamente y da unos bastonazos. Da unos pasos)*. Pero bien sabes que después que se ha decretado la libertad de los esclavos…

El Personaje entra con el vaso de agua, que se lo va a dar al Hombre. La Mujer se lo quita de la mano y bebe. La Mujer aprovecha que El Hombre se ha puesto de pie y se tira en el sillón. Cambio de luz. Transición.

LA MUJER. *(Desfallecida)*. ¡Esas ideas! ¡Esas ideas modernas…! ¡La revolución francesa! Todo es culpa de la revolución francesa…

EL PERSONAJE. Querida señora, usted se pierde. Su cabeza da vueltas y no sabe a dónde va. Si se decidiera a calmarse y a prestarme un poco de atención.

LA MUJER. Es cierto. Dios mío. Estoy desorientada… ¡No sé lo que estoy diciendo!

EL PERSONAJE. *(Sinuoso, alambicado)*. Por supuesto, no soy un hombre de confianza. No me lo tiene que decir.

EL HOMBRE. *(Desatado, dando bastonazos)*. ¡Las maquinarias! ¡El populacho! ¿Se da cuenta? Todo el mundo quiere ahora un poco de rapé! ¡De rapé nada menos! ¡Mi apellido! ¡Un golpe brutal, salvaje! ¡Esos esclavos, esos cimarrones! ¡Basta, basta! ¡El ladrido de los perros! ¡Que se los coman, que se los coman vivos!

LA MUJER. *(Aferrándose a El Personaje)*. Nuestro dinero… Nuestro dinero…

EL PERSONAJE. *(Insinuante)*. Ese dinero, querida señora, la atormenta… Tritura su pobre, enfermo corazón…

LA MUJER. Tal vez quizás usted pueda hacer algo, porque lo que es mi marido…

EL PERSONAJE. Necesita unas compresas frías en la cabeza… Tal vez una sangría…
LA MUJER. *(Exagerada)*. ¡No puedo más! ¡No puedo más!
EL PERSONAJE. Esta tensión, querida amiga, está a punto de matarla… No podrá resistir mucho tiempo así… Necesita salir de estas cuatro paredes… Ese dinero, además, le hace daño… Su marido está grave. Puede morirse de un momento a otro. Necesita reposo. Recuperarse. Volver a la vida de antes. Hacer nuevos planes… Si se decidiera a invertir algo estoy seguro que las cosas seguirán hacia adelante y cambiarán de un momento al otro…

La Mujer se pone de pie. Camina hacia las persianas del fondo, medio alucinada.

LA MUJER. Nos quieren robar nuestros ahorros, lo que hemos ganado con tanto trabajo… No, no, no diremos nada… Allá, en el traspatio… Junto a la ceiba… ¡La botija!
EL PERSONAJE. *(Codicioso, a El Hombre)*. ¿Es cierto eso…?
EL HOMBRE. ¿Está usted loco? ¿No comprende que no sabe lo que dice? ¡Delira! ¡Delira! ¡Ha perdido el juicio!
LA MUJER. ¿Loca yo? ¡Ladrón, degenerado!
EL HOMBRE. *(A La Mujer)*. ¡No irás a decírselo! No irás a decirle donde está el dinero… ¡Mi dinero!
EL PERSONAJE. *(A La Mujer)*. Es necesario que le tome el pulso…
LA MUJER. ¡No quiero! ¡Déjeme!
EL PERSONAJE. ¡Cálmense! ¡No lo tomen así! No pueden seguir con ese peso en la conciencia… El dinero, la botija, no los deja vivir… Y encerrados como están entre estas cuatro paredes…
LA MUJER. ¡Mi botija!
EL HOMBRE. ¡Mi dinero!
EL PERSONAJE. ¡La botija! ¡Es necesario que se deshagan de la botija!
EL HOMBRE. Pero eso no puede ser, ¡coño!
EL PERSONAJE. *(Obsesivo, dando vueltas en torno a los otros personajes, hasta darse golpes contra la pared, en paroxismo)*. ¡La botija! ¡La botija! ¡La botija! ¡La botija! ¡La botija! ¡La botija! ¡La botija! ¡La botija!
LA MUJER. *(Al público)*. ¿Lo oyen ustedes? ¡Su dinero! Ahora todo el dinero era de él, como si yo nada tuviera que ver en el asunto. *(A El Hombre)*. Dirás que lo robaste tú solo, que los negocios sucios los hiciste tú solo, sólo tú, como si yo no participara en nada… Como si no tuviera derecho a la parte que me toca.
EL HOMBRE. ¿Y participabas? ¿Qué quieres decir? ¿Participaste en la contrata del Palacio de Comunicaciones? ¡Tú no estabas en eso!
LA MUJER. Pero el señor Ministro… Recordarás que visité al señor Gobernador…
EL HOMBRE. ¿Y qué tiene eso que ver?
LA MUJER. Te iban a dejar fuera… No ibas a contar para nada… ¡El botín te lo quitaban de las manos!
EL HOMBRE. ¿Por una conversación? ¿Una simple visita…?
LA MUJER. ¡Una simple visita! Fue algo más que una simple visita… Interpretas las cosas muy ¿Es eso lo que tú crees?
EL HOMBRE. *(Esforzándose)*. ¿Y quieres que crea otra cosa? ¿Quieres que imagine que el señor Ministro te hizo caso, como si no tuviera medios para buscarse cosas mejores? *(Muy violento)*. ¿No te has visto al espejo, perra? ¿No te has visto bien?

LA MUJER. ¡Es cierto! ¡Es cierto! Por eso participaste, por eso no te dejaron fuera… ¡Es cierto! ¡Te juro por el Diablo que es cierto!

EL HOMBRE. ¡Mientes! ¡Mientes!

LA MUJER. ¡Desgraciado! Y ahora dirás que nunca he sido hermosa, que nunca he valido para nada. ¿Lo oyen ustedes? Dirás también que me has tenido asco y que te acostabas conmigo por compromiso. ¡Eso es lo que me faltaba por escucharte! ¡Como si el señor Ministro fuera capaz de despreciarme! Eres un perro. ¡He sacrificado mi vida! ¡He malgastado mi tiempo! Y ahora dices que el dinero es tuyo, sólo tuyo, como si yo no hubiera hecho nada por él! ¡Pero lo he hecho! ¡He hecho lo que no te imaginas! ¡No iba a oler siempre la peste de tus queridas! ¡El dinero es mío, mío, y te vas a morir, y te voy a enterrar, para quedarme con la botija!

El Hombre no puede más. Deja caer el bastón y se tira en el sillón.

EL HOMBRE. *(Alarga las manos).* ¡Las gotas…! ¡Las gotas! ¡Me muero, mi corazón, las palpitaciones!

LA MUJER. Eso quiero yo, que te acabes de morir… ¡Muérete! ¡Ya! ¡Ya!

EL HOMBRE. ¡Mi cabeza!

EL PERSONAJE. Es la botija.

EL HOMBRE. No puedo más. Mi cabeza me da vueltas.

EL PERSONAJE. Es la botija.

EL HOMBRE. Todo gira. Las cosas no se detienen.

EL PERSONAJE. Es la botija.

EL HOMBRE. No puede ser… No puede ser…

EL PERSONAJE. Su mujer intenta robarlo… Su propia mujer…

LA MUJER. ¡Canalla! ¡Canalla!

EL HOMBRE. ¡Mi botija! ¡Mi botija!

LA MUJER. No se lo irás a decir… ¡Acaba de morirte! ¡Acaba de largarte al infierno con todas tus queridas!

EL PERSONAJE. Una palabra… ¡La contrarrevolución!

EL HOMBRE. *(Hace esfuerzos por hablar).* ¡La botija! ¡Perra! ¡La botija está…!

Agoniza. El Personaje se ha acercado al Hombre para escuchar. El Hombre hace esfuerzos por hablar pero no puede. Está a punto de rodar por el piso. Parece que se muere. La Mujer, temiendo que hable, corre precipitadamente hacia la mesa de noche, la abre y toma la botija. Cambio de luces.

LA MUJER. Es mía, es mía… Nadie la cogerá…

EL PERSONAJE. *(Como quien la piensa cazar).* Querida amiga…

LA MUJER. No dé un paso más.

EL PERSONAJE. Querida amiga…

LA MUJER. Es mía. ¡Váyase usted! ¿Qué derecho tiene a meterse en esta casa?

EL PERSONAJE. Querida amiga, la contrarrevolución necesita de usted…

LA MUJER. ¡Ese cuento! ¡Ese hueso! Volverá usted por el mismo camino… ¡Pero no le haré caso! ¡No quiero perder mi dinero en esos planes que no conducen a ninguna parte! ¡El dinero es mío, mío!

EL PERSONAJE. ¿Y pensará usted que voy a desaparecer? ¿Qué me voy a morir? ¿Qué me tragará la tierra? ¿Tiene la cabeza sobre los hombros? ¿Cree que la voy a dejar aquí con mi botija?

Se encienden todas las luces del teatro. Inesperadamente, El Señor sube desde el público.

EL SEÑOR. ¿Mi botija? ¿Están hablando ustedes de mi botija?
LA MUJER. *(Alterada).* ¿Quién es usted? ¿De dónde ha salido?
EL SEÑOR. ¿Supone usted que se puede dormir con este escándalo? Los vecinos se quejan. Harán venir a la policía.
LA MUJER. ¿La policía?
EL PERSONAJE. ¿Ha dicho usted la policía?
EL SEÑOR. Todo el mundo está molesto. El público no resiste una palabra más. Y al oír que ustedes hablaban de mi botija…
LA MUJER. ¿Qué es esto? Será necesario poner las cosas en su lugar…
EL SEÑOR. Efectivamente. Yo pido mi botija. El público pide su botija. ¡Nuestra botija! No les pertenece. Todos lo sabemos ya. El dinero robado jamás pertenece a los ladrones.
LA MUJER. ¡No pensará recuperarlo! ¡Esto también! Comprenderá que mi marido ha muerto por algo…
EL SEÑOR. Cosa, por otra parte, muy lamentable… Pero el público pide su parte…
LA MUJER. ¡Esto es un insulto!
EL PERSONAJE. ¡Un escarnio!
LA MUJER. No representamos nuestra tragedia para esto.
EL PERSONAJE. Es un fraude.
LA MUJER. Nos quejaremos al señor Director. Esto no estaba en el libreto.
EL SEÑOR. Nuestra botija…
LA MUJER. ¡Nuestra botija! Es el colmo…
EL PERSONAJE. Ha sido una trampa.
LA MUJER. Estamos acosados por todas partes…
EL SEÑOR. Cosa, sin duda, muy lamentable. Si me permite la botija…

Con naturalidad, toma la botija. La Mujer no opone resistencia. Sale de nuevo por la sala. Se apagan las luces. Cae el telón.

GAS EN LOS POROS

1960

«Había una vez...».

Los personajes

La Madre
La Hija

La Escenografía

La boca del escenario funciona como una ventana imaginaria. Mobiliario diverso, antiguo: un sofá, una mesita frente al sofá. Al lado opuesto, otra mesita con una botella de vino tinto y una copa. En cualquier parte, otra mesita con un teléfono: no es una sala ni un comedor, es un ambiente

Época y Lugar

No muy precisamente definidos.

La hija se dirige hacia unos escalones laterales que conducen a la platea, como si fuera a salir de escena.

LA MADRE. *(Enérgica, dominante).* No vas a salir. No darás un paso hacia adelante.
LA HIJA. *(Retrocediendo, nerviosa, agobiada).* No quiero salir, mamá, no me atrevo. *(Sobrecogida, las manos en la cara).* ¡Dios mío, tengo miedo!
LA MADRE. *(Frenética, movimientos alucinantes, inesperados, irreal, retorcida).* ¡El miedo, el miedo, el miedo! ¡Es exactamente lo necesario! *(Siniestra y, a la vez, casi con euforia).* Eso es bueno. Es saludable.
LA HIJA. Recuerdo las noches… Las pesadillas…
LA MADRE. *(Acariciándole extrañamente la cabeza a la hija. Le tira un poco de los cabellos en una especie de caricia. La abraza de forma opresiva tal vez de los cabellos).* ¡Pobrecita mía! Pobre… Miserable corazón.
LA HIJA. *(Se separa, huye).* ¡Atrapada en un redil! ¡Acosada por los cuatro costados!
LA MADRE. *(Riendo).* ¡Qué exageración; ¡Qué manera de trastocar las cosas! Quizás… quizás pudiéramos hacer algo más constructivo… Buscar otro modo de entretenerse… Comprendo que es difícil encontrar algo que hacer… ¡Entre estas cuatro paredes! Pero siempre se puede encontrar algún modo de llenar todo este tiempo… todo este vacío…
LA HIJA. *(Lentamente, incorporándose).* Yo sé que no me quieres explicar, mamá, pero no estoy conforme…
LA MADRE. *(Frívola, banal).* ¿Explicar? ¿Explicar? Las clases de piano comenzaban a las cinco y la música era siempre agradable. ¿Por qué no piensas en eso y te olvidas de todo lo demás? No pienses en nada maligno.
LA HIJA. No puedo estar conforme con todo esto.
LA MADRE. ¿Y quién lo está? Yo también tengo corazón. *(Nueva caricia cruel).* Te hace daño. ¿O es que acaso te hago daño yo? Ven. *(Atrayéndola hacia sí).* Duerme. Descansa. «Había una vez…».
LA HIJA. No puedo dormir. Tú lo habrás notado. Por las noches me acuesto en mi cama y empiezo a moverme. Empiezo a sudar también. Las almohadas se vuelven pegajosas y todo mi cuerpo se torna grasiento. Me da asco.
LA MADRE. Es el verano. Estos veranos calientes que no acaban nunca. Nos bañamos y al minuto estamos sudando.
LA HIJA. Tú tampoco puedes dormir.
LA MADRE. Algunas veces.
LA HIJA. Debe ser mi cuarto. No hay una sola ventana y el calor lo llena todo como si fuera un horno.
LA MADRE. Te he dicho que dejes la puerta abierta. Así podrá llegarte la brisa de la sala…

LA HIJA. Estoy cansada... Estoy cansada de estas conversaciones diarias, de esta letanía constante.
LA MADRE. ¿Y qué quieres? Después de todo, la vida en los pueblos es así, lenta como una vieja. Le pide permiso a un pie para mover el otro.
LA HIJA. Han pasado cosas, sin embargo...
LA MADRE. *(Firme)*. No te hagas ilusiones. Todo está en el mismo sitio. En el fondo aquí no ha pasado nada.
LA HIJA. *(Inesperadamente violenta)*. ¡Tú escuchabas los gritos! ¡Tú conocías de las torturas en el sótano!
LA MADRE. *(Sobresaltada, pero sin perder el equilibrio)*. ¿Qué quieres decir? ¿De qué cosas estás hablando? ¿El sótano? El muro querrás decir. Te he dicho más de una vez que se trataba de un muro. Un muro solamente. Un muro es un muro; una pared sin significado. *(Agresiva)*. ¿Entiendes ahora? ¿Entenderás algún día?
LA HIJA. Está bien. No quiero discutirlo.
LA MADRE. *(Suavemente)*. No hay nada que discutir, hija mía.
LA HIJA. *(Evocando, casi superficial)*. En invierno esta casa es húmeda. Entonces no se puede dormir por la humedad y el frío. Eso desvela también. Tenía que despertarme.
LA MADRE. *(Siguiendo a la hija)*. Tenías el mal gusto de espiarnos. Debí castigarte la primera vez. Hice mal. Ya sabemos la regla: un castigo a tiempo es una cura para siempre. Pero vacilé. Fui demasiado débil y ahora pago las consecuencias.
LA HIJA. *(Volviéndose)*. Escuchaba las conversaciones... Que si el sótano era el lugar más conveniente... Que nadie iba sospechar nada... Que era el lugar más discreto y seguro....
LA MADRE. La primera vez que hablaste del sótano, debí ponerme de pie, alargar la mano, darte una bofetada. *(Le da una bofetada, como si el pasado se hiciera presente)*.
LA HIJA. *(Alejándose, con rabia)*. De nada te valdrá. De nada podrá valerte.
LA MADRE. El Sr. Ministro me lo dijo Te mimaba. El tenía razón. Todos lo sabían en esta casa. ¿No era acaso una madre ejemplar?
LA HIJA. *(Girando sobre sí misma)*. El Ministro... El Alcalde... El Gobernador... El Senador... El Representante... ¡El Jefe de la Policía!
LA MADRE. *(Altiva)*. Nuestros amigos, por cierto... Otra clase de gente.
LA HIJA. *(Con decaimiento)*. Soy demasiado nerviosa. No he servido para otra cosa que para recoger la mesa. *(Suplicante)*. ¡Mamá, por favor, yo no puedo vivir de espaldas a todo!
LA MADRE. *(Suavemente, casi con ternura)*. Querida niña, mi hija es una pequeña educada a la antigua. Tú no tienes la culpa, pequeña mía. Todo es demasiado complicado para ti y no eres otra cosa que una muchacha educada en un convento. Holguín... Bayamo... La iglesia... El confesionario... Las monjitas... El coro también... Recordarás la sacristía, ¿no es cierto? Había un delicioso aroma de jazmines... Hace mucho tiempo de eso, es cierto. Siglos tal vez. *(Ríe)*. ¿Te acuerdas? ¿Lo has olvidado? Entonces vivíamos de otro modo...
LA HIJA. Está todo demasiado lejos. Pasaron muchas cosas después. Además, todo era igual que ahora.
LA MADRE. *(Dolida)*. ¿Por qué dices eso? Tú eras feliz, recuérdalo.
LA HIJA. ¿Por qué tratas de engañarme?
LA MADRE. Hice todo lo posible para que lo fueras. Era sincera. Creía que era lo mejor. Nada ni nadie podría hacerte daño. Después de todo, creaba la seguridad a tu alrededor.
LA HIJA. ¿La seguridad?
LA MADRE. Una pequeña barrera que te libraba de todos los peligros.

LA HIJA. ¿Y el sótano? ¿Qué me dices del sótano, mamá?

LA MADRE. No existía entonces. ¿Por qué piensas en él?

LA HIJA. *(De pie, hacia el frente)*. Entonces, ha existido alguna vez.

LA MADRE. *(Riendo, evasiva)*. ¿Por qué hablar de cosas desagradables? Hay otros temas...

LA HIJA. Entonces, es cierto...

LA MADRE. Me cansas. ¿Es que tú piensas que yo no quiero olvidar? Yo casi lo he olvidado, pero te empecinas en recordar lo que no se debe recordar. Lo que está muerto y enterrado... ¡Qué empeño tan absurdo! ¡Qué idea tan inusitada! Ya no existe, hija. Cuando se abre la puerta, nos encontramos con un muro. Un simple muro de ladrillos.

LA HIJA. Sin embargo, la puerta estuvo alguna vez.

LA MADRE. ¿Y quién puede probarlo? Ya no está. Ahora podrás descansar. Las dos podremos dormir tranquilas. Yo misma, por las noches, di fin a toda aquella turbia historia que solo se empeñaba en manchar mi reputación. Habladurías, calumnias que podían ser muy peligrosas. ¡No te puedes imaginar cómo es la gente! *(Amenazante)*. ¡Ni se te ocurra ponerte de su lado! Has sido una niña mimada y consentida a la cual le he dado todo lo que ha querido.

LA HIJA. Procuras confundirme, taparme los ojos para que no pueda ver. Pero yo lo tengo que saber todo... «Había una vez...».

LA MADRE. Trato de conducirte por el buen camino, pero no quieres. Como si quisieras perderte tal vez... Eres una muchacha... *(ríe)* rebelde.

LA HIJA. Había una vez, mamá... *(Casi autoritaria)*. «Había una vez...».

Primera secuencia de «Había una vez...».

Cambio de luces.

LA MADRE. Quieres que te lo cuente todo. Está bien. No te cansas de recordar. Ya no tenemos otra cosa en qué entretenernos. *(Pausa)*. «Había una vez una madre, una hija, un sótano y un lobo feroz...». *(Transición)*. Recordarás aquella mañana en que empezaron a traer los ladrillos. *(Con asco)*. Aquellos muchachos sucios y repelentes, casi desnudos, cubiertos de aquel sudor agrio que inundaba la casa y que me daba ganas de vomitar. *(Violenta)*. Pero había que tolerarlos. ¡Jóvenes y fuertes! ¡Con sabe Dios qué ideas en la cabeza! ¡Ahora hay que tolerarlos! *(Pausa)*. Pusieron los ladrillos junto a la puerta. Y el saco de cemento. Te dije que quería hacer una repisa. Fue una idea absurda, claro. ¿Acaso no parecía una historia inverosímil? Eran más ladrillos de la cuenta. Una fantasía, una locura tal vez. No iba a necesitar tantos para hacer una pequeña repisa. ¿Cómo pudiste creerme? Tú eras tonta, ¿o querías hacerte? ¿Por qué no cuentas esa parte de la historia? ¿Es que acaso no quieres descubrir la verdad de lo que estabas pensando? *(Pausa)*. En todo caso, estabas en una de esas etapas con aquellos sudores y aquellos turbios y asqueantes espasmos. Comencé mi tarea. Tenía que hacerlo yo misma. ¿Iba a esperar algo de ti? Fueron varias noches de un trabajo agotador. *(Mirándose las manos)*. ¡Piensa en estas pequeñas manos de mujer que jamás se han manchado de fango! Pero no podía esperar. Día a día la situación se hacía más comprometida. Quería hacer un buen trabajo, perfecto, y que nadie se diera cuenta. *(Ligera)*. Bajaba con unos pocos ladrillos y la mezcla de cemento en un cubo. Era como un juego. Nunca he jugado a solas, pero jugaba. ¿Sabes que me divertía también? ¡Qué extraña felicidad! Aquello tenía algo de pasión y de locura. Era… era como si renaciera nuevamente… *(Transición)*. Bueno, es inútil que te lo quiera explicar. No entenderías.

LA HIJA. *(Ahogadamente)*. Te entiendo.

LA MADRE. ¿Es posible?

LA HIJA. Jugabas a las trampas. Hacías trampas por las noches y eso te fascinaba, te enloquecía. Lo entiendo, mamá, lo entiendo. Comprendo tus sensaciones y tu juego. Me parece verte. Quizás algún día también pueda aprender.

LA MADRE. ¡Qué ilusa eres! ¡Qué idea tan loca se te ha metido en la cabeza!

LA HIJA. Podría continuar tu historia. Podría contar tus pasos en la escalera, tu tensión en el pecho.

LA MADRE. Lo sabes… Lo sabes todo…

LA HIJA. No, no. Es como si quisiera aprender en el recuerdo. Pero, ¿qué era para mí saber o no saber en aquel instante? Todo era turbio, helado, pegajoso… No podía entender.

LA MADRE. Es demasiado fácil para ti.

LA HIJA. Sigue… Sigue…

Bajo el efecto de luz, la madre recrea la escena, haciendo los movimientos del caso de acuerdo con las sugerencias del texto.

LA MADRE. Las escaleras… El pasillo… Temía caerme… Después de todo, no soy joven… El pasillo estaba a oscuras y temía que algún vecino abriera la puerta de un momento a otro. Una noche, me crucé con alguien. No puedo recordar exactamente quién. Estoy segura. Me llegó un aliento alcoholizado y repelente en medio de la oscuridad. ¡Lo conocía tan bien! ¡Era tan idéntico! Me preguntó vagamente. Le dije que iba a sembrar jazmines en el jardín. Naturalmente, aquello no tenía sentido. Pero, ¿es que tenía importancia que lo tuviera o lo dejara de tener? A veces me pongo a pensar que fue una ilusión, una pesadilla. Comenzamos a reír al mismo tiempo. *(Cambiando la voz)*. «¿Jazmines en el jardín?», me dijo. «¿A estas horas de la noche?». Me era difícil explicar todo aquello: el cubo, la mezcla de cemento, los ladrillos. *(Cambiando la voz)*. «¿No sabe usted que los jazmines se siembran de día?». *(Cambia nuevamente)*. «No creo en esas ideas modernas», le respondí. Todo era absurdo. Mientras lo decía me daba cuenta. El jardín ni siquiera existía. Lo había inventado de pronto, como si estuviera en verdad al pie de la escalera. ¿Comprendes?

Termina la secuencia «Había una vez…». Cambio de luces.

LA HIJA. *(Ríe de modo casi infantil)*. Es divertido. «Había una vez…». Es como si me cantaras una canción de cuna y me fuera a dormir… A veces, en medio del tedio, presiento que algún día me pasarán cosas semejantes.

LA MADRE. No te puedes imaginar mi situación. Él estaba borracho, afortunadamente. Le dije lo primero que me vino a la cabeza y no se dio cuenta de nada. Yo estaba sola para pensarlo todo. Ponerlo todo en su lugar. No podía contar contigo. Ni siquiera explicarte nada. ¡Eras tan delicada! ¡Tan susceptible! Tal vez te hacías la endeble. Para ti, yo era la única comprometida.

LA HIJA. ¿Acaso lo estaba yo, mamá? ¿Acaso lo estaba?

LA MADRE. En cierto modo.

LA HIJA. ¿En cierto modo? No te entiendo. Yo no entendía una palabra. Recuerda que no podía dar dos pasos por mi cuenta, abrir la puerta siquiera… Atada al piano… al solfeo… a la clase de música…

LA MADRE. *(Sinuosa, le pasa la mano por la cabeza)*. ¡Es tan fácil vivir de ese modo!

LA HIJA. Estaba acorralada. Vigilada. No podía hacer ni una cosa ni la otra.

LA MADRE. Entonces, estás libre de culpas, ¿no es así?

LA HIJA. ¿Acaso no me obligabas tú? ¿Acaso no tenía que repetir: «mamá no quiere», «mamá no me deja»?

LA MADRE. Está bien. Yo no te acuso. Pero alguien tenía que mantener en pie esta casa. Eran tiempos difíciles, no me lo irás a negar. Yo tenía que hacerle frente a la comida y al peligro. Había que vivir, ¿no? Yo no podía dormir en paz, no te vayas a creer. Todo era demasiado peligroso. También para ti. Temía que alguien abriera la puerta del sótano y se encontrara de pronto con aquello. ¡El Jefe de la Policía lo había dejado todo de forma tan irregular e inesperada! ¡Era asqueroso! ¡Era realmente repelente! Alégrate. Después de todo, repetir: «mamá no quiere», «mamá no me deja», resulta mucho más fácil.

LA HIJA. *(Enfrentándosele)*. Pero yo quería, ¿entiendes? ¡Yo quería! Esa es la diferencia.

LA MADRE. No tuviste que enfrentarte a aquel hedor insoportable, al piso manchado de sangre, a los restos de todo aquello.

LA HIJA. ¿Eso fue todo?

LA MADRE. Eso creo. No tiene sentido hablar de ese pasado que ya está muerto.

LA HIJA. Trato de recordar… ¿No dije yo alguna palabra?

LA MADRE. Callabas de tal modo que parecía que habías enmudecido para siempre.

LA HIJA. *(Indagando en su propia verdad)*. Tal vez, en voz baja… Las recuerdo vagamente… A veces, mientras alargaba la mano, así, sobre la mesa, y mientras el Sr. Ministro y tú charlaban, de pronto —apenas lo recuerdo, apenas me daba cuenta— decía la palabra… libertad…

LA MADRE. *(Ríe histéricamente)*. ¿La decías? ¿Te atreviste alguna vez? Debió resultar realmente cómico.

LA HIJA. Era… como si la dijera tan bajo… que ni yo misma llegara escucharla…

LA MADRE. *(Sarcástica)*. Quizás lo hiciste. No, no voy a negar tu gesto de valor, pero como ni tú misma la escuchabas era como si no la hubieras dicho jamás.

LA HIJA. Y yo no me atrevía a gritarla…

LA MADRE. Yo alzaba la voz un poco, solo un poco… *(Ríe)*. Reía.

LA HIJA. A repetirla…

LA MADRE. *(Casi encima de ella, maltratándola)*. Porque eras cobarde. Todos lo sabíamos. Eras ridícula con tu miedo en el rostro.

LA HIJA. «Mamá no quiere». «Mamá no me deja». *(Violenta)*. ¡No es mi culpa! ¡Sabes que el Jefe de la Policía se sentaba ahí, tranquilamente, horas y horas, y me hacía temblar!

LA MADRE. *(Natural)*. Pero hija mía, apenas decía una palabra.

LA HIJA. ¡El sótano! ¡El sótano! ¡Eso era lo que decía una y otra vez!

LA MADRE. Estabas al tanto de todo. Sabías tanto como yo.

LA HIJA. Tú me hiciste estúpida, pequeña, mezquina…

LA MADRE. Te dabas cuenta y comprendías la difícil situación en que nos había dejado tu padre… Tenía que sacar dinero de alguna parte… Y a cambio de eso, tenía que prestar algún servicio… El sótano estaba vacío y ellos lo sabían. Me propusieron un negocio. Querían arrendarlo. No me podía negar. ¡Aquellas cosas se hacían! No podía hacer nada y ellos tenían las armas en la mano.

LA HIJA. *(Abatida)*. Una pequeña pesadilla.

LA MADRE. *(Acariciándola, sinuosamente)*. Has sido siempre una muchacha enferma. *(Alzándole levemente la cabeza)*. Déjame ver ese rostro. *(La mira fijamente)*. Estás pálida, tiemblas. *(La hija se deja abrazar, aterrorizada)*. ¿Es que tienes miedo? ¿Por qué vas a temer? ¿Por qué no lo olvidas todo y decides vivir en paz? Estamos un poco alteradas, eso es todo; pero nos quedaremos aquí. Un pedazo de pan… Un poco de comida… Te lo he dicho mil veces. Todo se resolverá. Aquí no ha pasado nada, como aquel que dice.

LA HIJA. *(Separándose)*. ¿Y si te dijera que escucho?

LA MADRE. ¿Escuchas? No hay nada que escuchar ya.

LA HIJA. ¿En dónde me has encerrado, mamá? ¿En qué cárcel he vivido durante todos estos años?

LA MADRE. En una celda donde estabas segura y nadie podía hacerte daño. Como una monja. Eres una ingrata. No te das cuenta de los peligros que te acechan por todas partes. Sigue así y ya verás adonde irás a parar. ¿Escuchas? ¿Qué escuchas?

LA HIJA. Sonidos… Voces… Palabras…

LA MADRE. No, tú no escuchas nada.

LA HIJA. *(Señalando a la ventana que se supone esté en la boca del escenario)*. ¿Oyes?

LA MADRE. *(Acercándose a las supuestas persianas)*. Esos ruidos no te dejan dormir. Cerraré las ventanas.

LA HIJA. Escucho, mamá.

LA MADRE. *(Cerrando las supuestas persianas)*. Hay que cerrar. Entra el polvo de la calle.

LA HIJA. Necesito un poco de sol, un poco de aire.

LA MADRE. Olvida… Olvida…

LA HIJA. Recuerda, mamá, recuerda… Cántame esa canción de cuna otra vez… «Había una vez… Había una vez…».

LA MADRE. No, no… Acabaremos despiertas, acabaremos encerradas en la pesadilla…

LA HIJA. *(Apoderándose de la situación)*. Recuerda, mamá, recuerda… «Había una vez…».

LA MADRE. Cállate, entretente en otra cosa. Estas escenas me cansan. ¡Ya estoy muy vieja para hacer ese papel! Y eso no nos conduce a ninguna parte.

LA HIJA. *(Aferrándose a la madre)*. ¡Quiero ese aliciente, mamá, quiero ese aliciente! ¿Y si no he vivido otra cosa? «Mamá no quiere», «mamá no me deja». ¿Es que podré hacer algo?

LA MADRE. Tú no puedes hacer nada.

LA HIJA. Entonces dame ese veneno. Es un sopor que me calma. Solo me queda el pasado. *(Incorporándose)*. «Había una vez…».

LA MADRE. No quiero…

Segunda secuencia de «Había una vez…».

Cambio de luces. La hija extiende la mano como si creara la magia de una secuencia teatral.

LA HIJA. Entran…

LA MADRE. Pero esto no puede ser…

LA HIJA. El General, el Alcalde, el Senador, el Representante, el Jefe de la Policía… ¡La vieja camarilla, mamá!

LA MADRE. *(Nerviosa, arreglándose los cabellos, entrando «en escena»)*. Pero han entrado demasiado pronto. Te gusta que haga el ridículo ante ellos. No has dispuesto la escena. Las tazas de café…

LA HIJA. *(Que ha ido colocando unas imaginarias tazas de café sobre la mesita).* Ya está listo.
LA MADRE. ¿No te parece que el Jefe de la Policía es un hombre muy simpático?
LA HIJA. *(Por lo bajo).* Pero tiene la camisa manchada de sangre.
LA MADRE. No es sangre. Es vino.
LA HIJA. *(Insistiendo).* Tiene la camisa manchada de sangre.
LA MADRE. *(Irritada).* ¡Eso no es así! ¡Eso no lo dijiste jamás!
LA HIJA. Te lo dije, te lo advertí, pero tú no querías escucharme.
LA MADRE. No sirves para nada. Ni para esto siquiera. Todo lo dispones de la manera que no fue. *(Interpretando).* «El café, hija mía. Todos esperamos el café».
LA HIJA. Está sobre la mesa.
LA MADRE. Si al menos lo dispusieras todo tal como sucedió. El café no estaba sobre la mesa. Tú llegabas con él en la bandeja.
LA HIJA. Lo siento.

La hija simula recoger las tazas de café y colocarlas sobre una bandeja que tampoco está. Se aleja con ellas hacia la puerta.

LA MADRE. Temblabas. La sola presencia del Jefe de la Policía te ponía nerviosa. Yo, por el contrario, estaba muerta de la risa.

La madre simula reír a carcajadas, pero no se le oye.

LA HIJA. Pero él estaba levemente nervioso.
LA MADRE. Lo conocías bien poco. No se ponía nervioso jamás.
LA HIJA. *(Acercándose de nuevo a la mesita frente al sofá).* De pronto, al inclinarme hacia ustedes, aquella descarga inesperada de ametralladoras, cerrada.
LA MADRE. Las tazas temblaron sobre la bandeja. Yo no dejaba de reír.

La madre ríe de igual modo.

LA HIJA. Me sobresalté. Algo estaba pasando. Corrían por los tejados. ¡Lo recuerdo! ¡No lo puedo olvidar!
LA MADRE. ¡Las tazas, las tazas, pronto, las tazas!

Se repite el juego. La hija vuelve a colocar «las tazas» sobre la mesa.

LA HIJA. Corrían, trataban de escapar. Se escuchaba todo demasiado cerca. El Jefe de la Policía comenzó con sus chistes obscenos y tú no dejabas de reír.

La madre ríe sin que se le escuche.

LA HIJA. Tratabas de ocultar los pasos, la cacería humana, los aullidos de los perros y los gritos de las víctimas. ¡Tu risa, mamá, tu risa! ¿Era que nunca ibas a dejar de reír? Y yo sentada entre los dos, presa, sumida en mi pequeño mundo de terror del cual no podía salir.

LA MADRE. *(De pie).* Los dejaron escapar. Aquella noche se escaparon varios delincuentes. Unos chiquillos despreciables, muertos de hambre. ¿Cómo iba a ser posible que no te protegiera?
LA HIJA. Jamás me dijiste que se habían escapado.
LA MADRE. No iba a darte esa alegría, porque yo sabía que estabas de su parte. Era un rescoldo de felicidad que tenía que ir enterrando día tras día.
LA HIJA. De pronto, el Jefe de la Policía palideció inesperadamente.
LA MADRE. Había reconocido el aullido de uno de los perros. Alguien se le escapaba.
LA HIJA. Se puso de pie.
LA MADRE. *(Interpretándose a sí misma en el pasado).* «¿Adónde vas?».
LA HIJA. *(Cambiando la voz, como si fuera el Jefe de la Policía, firme pero tapándose los oídos).* «Al sótano».
LA MADRE. *(Interpretando).* «No, deja ahora…».
LA HIJA. *(Cambiando la voz, imitando al Jefe de la Policía).* «¿Y para cuándo quieres que lo deje?».
LA MADRE. ¡Los endemoniados, chorreando sangre, se burlaban una vez más! La sangre saltó por la ventana.
LA HIJA. *(De espaldas al público).* Estaba de espaldas. No la pude ver.
LA MADRE. Era un río de sangre que se extendía por todas partes. ¿Cómo era posible que no lo hubieras visto?
LA HIJA. *(Interpretándose a sí misma).* «No vayas, mamá. No lo sigas».
LA MADRE. «Iré».
LA HIJA. «Tengo miedo».
LA MADRE. *(Junto a la puerta).* ¿Qué hiciste entonces?
LA HIJA. ¿Qué podía hacer? Me había quedado sola. No podía moverme. Esperaba. ¿Qué cosa era todo aquello? ¿Lo sabía yo acaso? Estaba confusa. Era una pesadilla que carecía de explicación para mí. Un pequeño mundo. Un torbellino. Y, además, me sentía rodeada, cercada por todas partes. ¿Por qué no me explicaste que se trataba de un crimen?
LA MADRE. No tenía nada que explicar. Después de los disparos corrí tras el Jefe de la Policía. Tú me viste salir. ¿No podías deducir que se trataba de un asesinato?
LA HIJA. Estaba en ese mundo cobarde en que me has hecho consumirme desde pequeña.
LA MADRE. Un mundo color de rosa, por otra parte. Deja de fingir y termina esta escena de una vez para siempre.
LA HIJA. Regresaron.
LA MADRE. Y tú estabas junto a la puerta, en acecho. *(Interpretando).* «Estás pálida, ¿qué te pasa?».
LA HIJA. *(Interpretando).* «Esos pasos. ¿Ha pasado algo?».
LA MADRE. *(Interpretando).* «¿Qué podría pasar?».
LA HIJA. *(Preguntándole a un personaje imaginario).* «¿Ha pasado algo, Sr. Ministro?».
LA MADRE. *(Cambiando la voz, como el Sr. Ministro).* «Aquí no ha pasado nada».
LA HIJA. *(Corriendo hacia otro lado del escenario, preguntando).* «¿Ha pasado algo, Sr. General?».
LA MADRE. *(Cambiando la voz, como si fuera el Sr. General).* «Nada. Es el viento. Estamos en septiembre y los ciclones…».

La hija repite las preguntas una y otra vez a personajes imaginarios. Huye, trata de escapar. La madre la persigue, cambiando la voz, haciendo de múltiples personajes.

LA HIJA. «¿Ha pasado algo? ¿No ha pasado nada?».
LA MADRE. «¡Atájela! ¡No la deje salir!».
LA HIJA. «¿Ha pasado algo? ¿No ha pasado nada?».
LA MADRE. «¡Por allí! ¡Por allá! ¡Por el otro lado!».
LA HIJA. «¡Suélteme! ¡Socorro! ¡Sáquenme de aquí!».
LA MADRE. «¡Al sótano! ¡Al sótano! ¡Que no salga viva de aquí!».
LA HIJA. «¡Socorro! ¡Socorro! ¡Sáquenme de aquí!».
LA MADRE. *(Agarrando a la hija).* ¡Calla! ¡Calla de una vez! ¿Es que no te das cuenta? ¿Es que quieres acabar como todos ellos? Si no te callas no podrás salir viva y acabarás como todos los demás. *(Feroz, cambia la voz).* «¡Al sótano! ¡Al sótano! ¡Que no salga viva de aquí!».

Termina la secuencia «Había una vez…». Cambio de luces.

LA MADRE. *(Soltando a la hija).* ¡Mientes! ¡Mientes! ¿Por qué me haces decir palabras que no dije jamás?
LA HIJA. Las dijiste, mamá, las dijiste.
LA MADRE. ¿Supones que porque todo haya cambiado y porque esta casa no sea la misma de antes estoy dispuesta a tolerarlo todo?
LA HIJA. «Había una vez…». El olvido tiene una memoria que se clava en el recuerdo y tiene que salir.
LA MADRE. No dejaré que agregues una sola palabra.
LA HIJA. Pero ahora sé cosas que no sabía antes.
LA MADRE. Demasiado tarde. No permitiré que le agregues al pasado palabras que no fueron dichas.
LA HIJA. Porque tú me ahogabas. Por eso no fueron dichas.
LA MADRE. Ahora te quedarás con ellas atravesadas por siempre en la garganta. No las has dicho nunca y jamás las podrás decir.
LA HIJA. *(Suplicante).* ¿Es que no entiendes, mamá? Solo quisiera un poco de aire… No es mucho pedir… A veces, entre las persianas, contemplo la calle y no acabo de entender… La gente… Las aceras… Los autos…
LA MADRE. ¿Y qué derecho tienes tú? Tienes que vivir en el recuerdo, pero en un recuerdo sin palabras de más.
LA HIJA. Pero es que oigo palabras. Extrañas palabras que están en el aire y que no pueden silenciarse. Que se escuchan por todas partes como un murmullo que inunda la ciudad y lo envuelve todo con un sonido diferente.
LA MADRE. ¿Qué quieres decir?
LA HIJA. Palabras nuevas, que quiero entender, porque nunca me has enseñado su significado.
LA MADRE. ¡Calumnias! ¡Mentiras! ¡Cuentos! *(Amenazante).* Esas patrañas se las dirás una a una al Jefe de la Policía.
LA HIJA. El Jefe de la Policía está muerto. Ha sido ametrallado, mamá.
LA MADRE. *(Acercándose al teléfono).* ¿Es que has perdido el juicio? Lo llamaré y te tendrás que tragar esas palabras para siempre.
LA HIJA. Ha sido fusilado, mamá. Bien sabes que estamos incomunicadas. Encerradas entre estas cuatro paredes como si fuéramos las prisioneras de sus crímenes. Ya no puedes comunicarte con nadie. El teléfono ya no funciona para tus crímenes. Tus crímenes, mamá. Los de todos ustedes.

LA MADRE. Piensas acorralarme, pero te equivocas, porque yo encontraré algún modo de salir.
LA HIJA. Te parabas junto a la ventana y los veías. Veías a los jóvenes en las esquinas y reconocías fácilmente a los culpables. A los inocentes, quiero decir. Los culpables del heroísmo.
LA MADRE. *(Ríe histéricamente).* ¿Y esas palabras? ¿Dónde las has oído? ¿Quién te las dicta?
LA HIJA. Quiero vivir.
LA MADRE. Es demasiado tarde.
LA HIJA. Es que ahora es cuando encuentro las palabras.
LA MADRE. ¡Palabras, palabras, palabras! ¿Qué es eso? ¿Qué quieres decir? ¿En qué mundo crees vivir?
LA HIJA. ¿Acaso lo sé? Vivo en un mundo impreciso. Y siento cosas que nacen, gérmenes. El pasado se llena de palabras nuevas. Distingo cosas en medio de la noche, en la oscuridad. *(Pausa. Firme, enfática).* Sé cosas, mamá, que antes ignoraba. Más de las que tú crees.
LA MADRE. Inventas. Estuviste soñando otra vez. Te quedaste dormida cerca de la ventana y volvieron esos sueños turbios, como si te hubieras liberado de tus más secretos y oscuros deseos. Tal vez no era más que una fantasía. Un hombre que te violaba. ¿No te das cuenta que estás pecando y acabarás envuelta en las llamas del infierno?
LA HIJA. No, mamá, no vas a meterme miedo... La joven que vive al otro lado de la calle... Esa con la que no me permitías que cruzara una palabra... Salió de la casa, así como escurriéndose, para que nadie la viera... Anoche... Entre las persianas, dejó caer una carta.
LA MADRE. *(Declina en fuerzas).* Te pasas el tiempo tejiendo tramas para enredarme. A tu vieja madre. A tu pobre madre infeliz...
LA HIJA. La muchacha se ha escapado, mamá.
LA MADRE. Las mentiras te obsesionan. Por favor, déjame dormir...
LA HIJA. Una pequeña muchacha rebelde.
LA MADRE. ¿Pero conoces a la abuela? Es vieja, pero fuerte como un roble. Viene de una estirpe que no se doblega fácilmente. La domina a bastonazos. ¡Ya verás! ¡Ya verás!
LA HIJA. Trataron de detenerla... Pero corría demasiado rápido... Lo vi claramente, por la ventana, cuando dormitabas en el sillón.
LA MADRE. Otras han muerto en el trayecto.
LA HIJA. Pero ella no. Corrió entre el enrejado. La vi entre las sombras. ¡Logró escaparse!
LA MADRE. *(Pausa).* Además, a esa muchacha no la has visto nunca. Sencillamente, no existe. Estás hablando disparates.
LA HIJA. ¡Existe! ¡Existe! Se escapaba... Era un lince... Un meteoro tal vez...
LA MADRE. ¡Deliras! Tendré que llamar al médico. Por la noche no se distinguen los rostros y la calle estaba a oscuras. Por allí, además, no pasa nadie después que oscurece. Esos son delirios de tu imaginación.
LA HIJA. No era la primera vez. Pero esta vez, me lo dijo, era para siempre.
LA MADRE. Confundes los papeles, hija mía. No se trata de una verdadera rebelión. ¿No te das cuenta? Era... una cualquier cosa... Simplemente, andaría buscando a alguien con quien acostarse.
LA HIJA. Mientes. Tú sabes mejor que yo de qué se trata. Sentía desde hace días una opresión profunda en el corazón. Se escapaba por las noches, pero regresaba al amanecer, temblando, como si fuera a morir si la descubriesen.
LA MADRE. Es natural.

LA HIJA. Me lo contó a través de las persianas, en voz muy baja. Pero yo temía que te pudieras despertar y que me descubrieras y que me torturaras y que me arrastraras hasta el sótano y que el Jefe de la Policía volviera otra vez y posara las manos sobre mí…

LA MADRE. Estás perdiendo la razón. Entre estas cuatro paredes, nada se sabe… ¿Qué certeza tienes? Todo se confunde en tu cabeza e imaginas lo que no es… Las mezclas… El sueño y la realidad… ¡Es tan extraño para ti! ¡Es una madeja tan confusa! Oyes voces… Nada existe… Sueñas.

LA HIJA. Invento, entonces…

LA MADRE. Inventa. No tiene nada de malo. Me molesta, no te lo voy a negar, pero ahora que estamos solas, hay que pasar el tiempo… Me resigno… Ya no tengo al Jefe de la Policía, que tanto me divertía y me hacía reír… Y volver al pasado me agobia, mucho más cuando tú te empeñas en agregar palabras que no fueron dichas… No, no, es una locura… Es mejor olvidar, irse a dormir…

Tercera secuencia de «Había una vez…».

Cambio de luces.

LA HIJA. No, mamá. «Había una vez…». *(Pausa).* Anoche, cuando estaba junto a la ventana, ella se acercó nuevamente. Tenía una nueva historia. Me lo explicó todo lentamente, como si fuera una lección. Una voz extraña… Nueva… Distinta… Un mundo nuevo… Como si estuviéramos en un confesionario y finalmente se confesara toda la verdad.

LA MADRE. Me aburres… Es un disparate… Eso no tiene sentido…

LA HIJA. Por la tarde estaban todos reunidos en la sala. Eran casi las siete y todos tenían que acostarse porque a esa hora todos tienen que irse a dormir… Se había escapado tres veces, pero ya estaba cansada de escapar y regresar… Su abuela había hecho algunas alusiones en la mesa, con su tío, que era el General.

LA MADRE. La abuela es una mujer extraordinaria, chapada a la antigua. Domina la casa. Los criados no respiran, no descansan. Pero no le va mal. Todos la respetan y nadie se mueve cuando ella da con su bastón en el piso. *(Da unos golpes en el piso).*

LA HIJA. Ella escuchaba. Estaba atenta a todo lo que ellos tenían que decir. Pero temblaba. Temblaba de pies a cabeza.

LA MADRE. *(En el sofá. Cambio de voz).* «Anoche, a eso de las once, sentí que se abría una ventana. Temí que fuera algún rebelde. Son a veces demasiado osados. Se juegan el todo por el todo *(Gesto).* Puse mi mano en el rifle por si tenía que disparar. Supongo que fuera el viento. Pero debemos estar alerta. Son tiempos peligrosos. En cualquier casa podría pasar lo mismo y no hay otro remedio que matar».

LA HIJA. Ella sabía que la estaban acechando. De un momento a otro podrían descubrirla y entonces la encerrarían entre las cuatro paredes de su cuarto, sin ventanas, solo con una abertura en el techo. La abuela pidió un tabaco.

LA MADRE. *(Cambio de voz).* «Un tabaco… Un tabaco… Hace días que no fumo…».

La hija se acerca a la mesita situada al otro lado del escenario. La madre está en el sofá, reclinada de tal modo que está casi de espaldas a la mesita y no ve lo que hace la hija. La hija aparentemente toma un tabaco y una fosforera, que no es necesario que aparezcan físi-

camente en escena, y se los da a la madre, que encenderá el tabaco, posiblemente un habano, aunque no se especifica.

LA HIJA. Los tabacos estaban en una mesita no muy lejos de la ventana. Ella se los alcanzó. Pero antes miró a través de las persianas y contempló la extraña calle, abierta y libre. Su abuela hablaba de los rebeldes, de la guerra, de los bombardeos…

LA MADRE. *(Cambio de voz, haciendo como si fumara).* «¡Que les quemen las cañas, que arda todo, que no quede más que ceniza y sal!».

LA HIJA. Todo el mundo comenzó a reír. Ella estaba a punto de caer y reclinó la cabeza junto a las persianas. Contempló la calle nuevamente, furtivamente, casi con miedo, cuidando que nadie se diera cuenta. Nadie se daba cuenta. Estaban en su mundo. Era como si hubiera desaparecido para los demás… Entonces fue cuando le pidieron el vino… Dio unos pasos… Estaba cansada de aquellos siglos de opresión, de silencio, de palabras que no fueron dichas… Se acercó nuevamente a la mesita y vio la copa vacía… Un cáliz que solo tenía que llenar…

La hija está junto a la mesita y toma la copa en la mano, iniciando así una especie de ceremonia ritual. Acaricia la copa como un cáliz. Servirá el vino. Buscará el veneno en la gaveta y lo disolverá en la copa, llevándoselo después a la madre.

LA HIJA. Entonces recordó el veneno que su abuela escondía en la gaveta. El mismo que usaba con los gatos que después se retorcían por los tejados. ¡Su abuela había disfrutado tanto de aquellas muertes! Lo tomó en la mano. Era como si hubiera aprendido la lección.

LA MADRE. *(Cambio de voz).* «Y hay ladrones, además. ¿Qué puede hacer uno con los ladrones sino quemarlos en la hoguera?».

LA HIJA. Sirvió una copa. Disolvió el veneno lentamente. Había sufrido tanto que había olvidado la pena.

LA MADRE. «¡El vino! ¿Qué pasa con el vino?».

LA HIJA. Aquella mujer era una mujer detestable. Yo nunca la conocí. Pero ella me había hablado tantas veces y había llorado tanto que siento conocerla como si me hubiera enterrado sus garras durante toda mi vida. Dominante, la voz cruel, el gesto duro, los gritos a los esclavos en el batey, la hacienda llena de humo… Tus collares… Tus pulsos… Tu cabeza siempre levantada… Tu abominable orgullo… Tu juego de naipes… Tus amistades… Tu Jefe de la Policía… Tu Ministro muerto y enterrado… Tu sótano lleno de sangre… *(Pausa. Se miran).* La miró con odio, me dijo. Una última mirada de odio. Carecía de piedad. Aquella mujer solo entendía el lenguaje de los bastonazos.

La madre da unos golpes en el piso. Cambio de luz. Fin de «Había una vez…». La madre tiene la copa en la mano. La hija se vuelve hacia la ventana.

LA HIJA. Una larga jornada, demasiado larga para mí… ¿Qué soy? He vivido tan tristemente que no sé si tengo derecho a algo… Le había dado la copa pero ella no se daba cuenta. Estaba segura de vivir.

LA MADRE. *(Bebe).* Tiene un sabor extraño.

LA HIJA. Esas fueron sus exactas palabras.

LA MADRE. *(Pausa)*. ¿Qué pasa? ¿Qué ha sucedido? ¡Es una trampa! ¡Una maldita trampa! Es necesario llamar al doctor, es necesario... ¡Un médico, maldita, un médico! Un momento de descuido y mi maldito castillo de naipes ha sido derrumbado... Una pequeña vacilación...
LA HIJA. Interpretas un papel... Juegas...
LA MADRE. ¡Es un crimen! ¡Un asesinato!
LA HIJA. No, es algo más simple. Es la libertad.
LA MADRE. ¡La rebelión! ¡La rebelión de mis esclavos! ¡Yo soy el amo!
LA HIJA. *(Confusa)*. Pero, ¿qué somos? ¿En dónde estoy? ¿En dónde ha ocurrido todo esto?
LA MADRE. ¡Me asfixio! ¡Necesito un poco de aire!
LA HIJA. Abriré la ventana.
LA MADRE. ¡Ábrela, ábrela al fin! ¡Tu libertad no te será fácil!
LA HIJA. Es cierto. Todos lo sabemos.

La madre muere. La hija empieza a abrir la ventana. Cae el telón lentamente.

EL TIRO POR LA CULATA

1960

Personajes

Don Gaudencio, hacendado
Casimiro, su administrador
Isidro, campesino
Ramona, su mujer
Carmelina, su hija

La acción tiene lugar en Las Villas, Cuba, en 1957. Las escenas uno y tres se desarrollan en la hacienda de don Gaudencio; la escena dos, en el bohío de Isidro.

ESCENA UNO

En la hacienda de don Gaudencio

Despacho en la hacienda de don Gaudencio, en Las Villas. Casa de madera, pero acomodada. Don Gaudencio, gordo y sanguíneo, está sentado ante una mesa y mira unos papeles; su administrador, Casimiro, está a su lado.

GAUDENCIO. ¿Así que todo anda bien por aquí?
CASIMIRO. Bueno, yo no diría que bien del todo… Ni mal tampoco… Pero vamos tirando… Tanto como bien no se podría decir… No hay que exagerar… Para como están las cosas…
GAUDENCIO. Vamos, vamos, Casimiro… Que no vengo a darte dolores de cabeza… Después de todo, tú y yo sabemos…
CASIMIRO. Pero don Gaudencio no sé qué querrá decir…
GAUDENCIO. No quiero decir nada… Comparo estos papeles y tus cartas, pero no importa… No me quiero meter en camisas de once varas… Después de todo, allá en La Habana, no se pasa mal…. Y aquí, para qué vamos a andar con cuentos… No me quiero calentar la cabeza…
CASIMIRO. Usted sabe que soy un fiel servidor…
GAUDENCIO. Sí, sí, naturalmente. Y no he venido a negarlo, sino, precisamente, a comprobar que lo eres… Sin averiguar nada… La hacienda va sobre ruedas, según tú dices… Aunque arreglos por aquí, cercas por allá, para que no se deterioren las cosas, cuestan algo… Y no me importa, te aseguro que no me importa…
CASIMIRO. Yo procuro…
GAUDENCIO. Sin embargo, mirándolo bien, me parece que la cerca de púas está casi como antes…
CASIMIRO. Con el ciclón que vino después que la pusimos, se vino a quedar casi en las mismas…
GAUDENCIO. Mala suerte de la que no tienes la culpa… Y el gallinero nuevo, que mandaste a hacer porque el ciclón también hizo de las suyas entre las gallinas…
CASIMIRO. Que la mitad de ellas se ahogaron, por cierto…
GAUDENCIO. Y que tan caro costó, si mal no recuerdo. Se me pareció mucho al viejo cuando pasé por allí…
CASIMIRO. Que no se fijó bien, don Gaudencio, si usted me perdona el atrevimiento…
GAUDENCIO. ¡Pero si no había por qué fijarse más de la cuenta! Que el ciclón tiene buenas espaldas para cargar con las culpas y las cuentas, y que como anda de un lado a otro nadie piensa seguirlo para arreglar las cuentas que dejó ni los cuentos que hizo.

CASIMIRO. Usted sabe, don Gaudencio, que como yo hay pocos administradores por estas tierras, y que mientras usted está en esos negocios en La Habana entre senadores y presidentes, soy yo el que me ocupo de lo suyo como si fuera mío...

GAUDENCIO. Como si fuera tuyo, que eso está muy bien y demuestra tu fidelidad y empeño...

CASIMIRO. Lo hago lo mejor que puedo... Y le corro atrás a esos condenados para que paguen lo que deben... Y no pego los ojos ni de día ni de noche, vigilando para que no se roben ni una piedra de lo que le pertenece.

GAUDENCIO. ¿Y quien afirma lo contrario? Cuando mi mujer me dice que por un lado las cuentas suben y que por otro bajan, porque hay que arreglar entuertos por aquí y por allá, según tú nos informas y cuentas, soy yo el que disputo con ella y le digo que no hay administrador más fiel y más honrado. Que no es esto lo que he venido a tratar, ni mucho menos... Y no vengo a discutir el modo en que tú trabajas mientras yo atiendo a mis negocios en La Habana, porque no se puede estar en misa y repicando y no me quiero romper la cabeza.

CASIMIRO. Si usted quiere...

GAUDENCIO. ¡Al grano, al grano, que lo que quiero olvidar son los negocios y los problemas! *(Pausa)*. Decías que la hija de Isidro...

CASIMIRO. No se preocupe por ella. Creo que el asunto no es necesario que venga al caso...

GAUDENCIO. ¡Que sí viene, recontra! ¡Y que precisamente de eso es de lo que más quiero hablar!

CASIMIRO. ¡He notado que se sofoca!

GAUDENCIO. Eso a ti no te importa que no eres médico ni cura, sino un administrador que se las trae... Muy bien que empezaste a hablarme de ella, por cierto... Hasta más bien de la cuenta, diría yo... Pero al grano... ¿Qué edad tiene?

CASIMIRO. Dieciséis, don Gaudencio.

GAUDENCIO. ¡Dieciséis años, quién lo iba a decir! ¡Cómo pasa el tiempo! La flor de la edad, como aquel que dice... Pero supongo que no le habrás puesto los ojos encima...

CASIMIRO. Yo no me atrevo, que no soy hombre de esos... Tengo mujer e hijos... Y si don Gaudencio anda interesado por medio, mucho menos...

GAUDENCIO. ¡Que Dios te ampare y aguante tu lengua, que nada más que piensas en lo malo! Si en algo me he interesado por la hija de don Isidro es porque somos compadres...

CASIMIRO. Eso era lo que yo venía pensando, pero como me empezó a preguntar cómo andaba por este y por el otro lado...

GAUDENCIO. Tú porque estás metido por aquí y no ves más allá de tus narices. ¿Pero no te han dicho que el desarrollo del cuerpo es casi una parte de la educación? *Mens sana in corpore sano.*

CASIMIRO. Si es lo que digo. Yo la he mirado con la misma intención. Sana... sana...

GAUDENCIO. Por eso la habrás mirado. De eso no me cabe duda.

CASIMIRO. Como mirarla, la he mirado. Después de todo, Dios me ha dado ojos.

GAUDENCIO. A lo hecho, pecho. Si la has mirado, habla, que soy todo oídos. ¿Cómo es de la parte de arriba?

CASIMIRO. No hay mucho desarrollo, que digamos.

GAUDENCIO. Mejor, mejor, a esa edad todo se permite. ¿Y hacia abajo?

CASIMIRO. Cuando camina, promete.,

GAUDENCIO. ¡Y pensar que yo la llevé en brazos a la pila bautismal! Me enardezco cuando me entero que una criatura así debe su condición cristiana a que yo la tuve en mis brazos en la iglesia.

CASIMIRO. Esa devoción y esos pensamientos religiosos son en realidad admirables y ponen muy en alto su nombre, si es que alguien dudó en algún momento de su altura y de la grandeza de sus principios…

GAUDENCIO. Hablas muy bien, mi fiel Casimiro… No pareces ya un simple administrador de provincias, sino un letrado de las grandes capitales… Es lo que siempre me ha gustado de ti y por eso te defiendo siempre ante las críticas de mi mujer, que para desconfiada no hay otra y que si no fuera por sus curas y sus iglesias, que la entretienen buena parte del tiempo, no me dejaría ni un momento libre para practicar, a mi modo, la caridad cristiana entre mis ahijadas…

CASIMIRO. Es usted un alma de Dios…

GAUDENCIO. Por eso, en marcha. No puedo demorar un minuto más el placer —placer no, que no es la palabra y que Dios me libre de ella, porque está llena de pecados, aunque no encuentro otra mejor— el placer, digo, el placer puro y sin mancha, de ver como esa niña ha crecido hasta convertirse en una graciosa joven de afilados, de afilados pensamientos…

CASIMIRO. Pero el bohío de Isidro está un poco lejos y no creo que usted se encuentre en condiciones para montar a caballo por tan largo rato… Podría encargarme yo, en nombre suyo, de darle algún mensaje… Con mucho gusto lo haría…

GAUDENCIO. De ningún modo.

CASIMIRO. Ya sabe usted que no hay administrador más fiel y que siento lo suyo como si fuera mío… Y desde que me ha empezado a contar la devoción por esa ahijada que Dios le ha dado, la siento como si hubiera sido yo el que la llevara a la pila bautismal… Y que si antes me había fijado en ella a diferentes horas y diferentes luces, ahora me fijaré el doble aunque cuando miren mis ojos lo harán en nombre de los suyos.

GAUDENCIO. ¡Que no vayas tan lejos, hombre, que yo puedo valerme por mí mismo en algunas ocasiones y esta es una de ellas…! Quiero atender este asunto personalmente… ¡Que no se hable más de ello!

CASIMIRO. Como usted mande…

GAUDENCIO. A propósito y antes de partir… ¿Ha pagado Isidro últimamente por aquel préstamo que le hice?

CASIMIRO. Ha tenido un mal año, según dice…

GAUDENCIO. ¡Y tú lo has pasado por alto!

CASIMIRO. Interpretaba su buen corazón, como aquel que dice…

GAUDENCIO. Me vienes cansando un poco con tus interpretaciones… No ha pagado, ¿no es así?

CASIMIRO. En ocho meses…

GAUDENCIO. Bonita cosa… En eso mi compadre ha sacado mal sus cuentas… Que yo no estoy muerto…

CASIMIRO. ¡Qué Dios nos libre que alma tan bondadosa nos abandone!

GAUDENCIO. ¡Al diablo con la bondad, que solo la usas cuando te conviene!

CASIMIRO. Ninguno es tan generoso como usted, que siempre usa la bondad cuando le conviene a los otros.

GAUDENCIO. ¿No he dado prueba de ello?

CASIMIRO. Como un espejo… Déjeme a mí, que no se merece usted ver frente a frente a su compadre… Se sentirá disgustado… Yo arreglaré cuentas… En verdad, ha abusado un poco y debió pagar y no se merece las molestias que se iba a tomar por su ahijada…

GAUDENCIO. ¿Qué dices?

CASIMIRO. Que yo me encargo de todo y que usted no tiene que molestarse… Si por descuido de mi parte —no voy a negarlo—, no ha pagado lo que debe, yo me encargaré de cobrarlo a buena hora… No se preocupe, que ese compadre y esa ahijada no se merecen los desvelos que ha venido teniendo…

GAUDENCIO. No digas ahijada, que mi corazón cede y se enternece… Entonces lo olvido todo y solo me acuerdo de ella y el deber que tengo… Quería estar al día, eso es todo, por lo que pudiera pasar… Y ya estoy enterado, pero me olvido y te aseguro que no volveré a acordarme hasta tanto no llegue el momento preciso… Vamos a partir, que se hace tarde…

CASIMIRO. Será una sorpresa…

Salen.

ESCENA DOS

En el bohío de Isidro

Interior de un bohío cubano convencional. Mesa, taburetes, aparador. El padre aparece reclinado en un taburete. La madre realiza quehaceres cotidianos.

ISIDRO. ¿Y qué hemos hecho de malo? Eso es lo que yo me pregunto.

RAMONA. Eso sí es verdad que nadie lo sabe.

ISIDRO. No es que yo lo crea, pero esto parece a veces cosa de castigo.

RAMONA. Vamos, que hay que llevar las cosas con calma. ¿No la hemos pasado peor?

ISIDRO. ¿Peor? Sí, claro que la hemos pasado peor, pero eso no es ningún consuelo. Y ahora, para colmos, con esta hija y ese carácter suyo, que no sé de dónde diablos ha salido…

RAMONA. No protestes tanto de tu hija, que pudo ser peor… Por ahí las hay que hacen cosas peores… Ella, después de todo, lo único que hace es no huirle al trabajo…

ISIDRO. Pero es una mujer, ¿no? Y una mujer, aunque sea pobre y repobre como nosotros, está para hacer ciertas cosas y no para andar de un lado para otro buscando trabajo como un mulo de carga.

RAMONA. Le gusta. ¿Y qué quieres? ¿Que se vaya por ahí por la guardarraya como las hijas de Andrés Quintana? Pues por mí, que sea trabajadora y cabezona y porfiada, que me tiene más tranquila con eso que con otras cosas… Ya llegará algún hombre que la mire por lo que vale y no por lo fácil que se dé por los caminos.

ISIDRO. ¿Y qué clase de padre te crees que soy? La quiero así, pero quisiera que el trabajo no la hubiera hecho tan dura y tan porfiada y que la vida le hubiera dado las cosas que no tiene y que nosotros, con esta maldita miseria que nos ha seguido siempre, no le hemos podido dar…

RAMONA. No me hables de la miseria, que es más vieja que nosotros, según nos contó mi padre y hasta mi abuelo. Así que con eso no hacemos nada…

ISIDRO. A propósito, y no quiero alarmarte, pero ya sabes que por ahí anda don Gaudencio…

RAMONA. Ya me lo dijeron…

ISIDRO. Y sabes que le debo ocho meses de aquel dinero que me prestó, cuando Carmelina se puso tan mala el año pasado.

RAMONA. Ya lo sé también...

ISIDRO. Y que como la avaricia siempre está presente no dudo que se ponga a escarbar entre los papeles...

RAMONA. Es tu compadre, ¿no?

ISIDRO. ¿Y eso qué tiene que ver, fuera de pedirme el voto para las elecciones? ¿Es que tú te desayunas ahora después de veinte años en que estamos viviendo aquí?

RAMONA. Que Dios nos ampare, pero espero que no venga con nada nuevo por aquí... Ojalá que se mantenga bien lejos y que no le veamos ni las narices...

ISIDRO. Eso es lo que quisiera también, porque esperaba este año poder salir de esa deuda si las cosas no nos resultaran tan mal como el pasado...

RAMONA. ¡Todos los años malos! ¡Y siempre una deuda y una cuenta! Gracias a Casimiro que después de todo nos ha ido dejando pasar...

ISIDRO. Buen ladino el Casimiro ese...

RAMONA. No hables de ese modo.

ISIDRO. ¿Pero es que no tengo ojos para verlo?

RAMONA. ¿Y yo no? ¿Desde cuándo estoy ciega?

ISIDRO. Entonces no le des las gracias, que las gracias que el muy cochino anda buscando ya sabemos que son diferentes.

RAMONA. ¿Pero y por qué? ¿Es que le valdrá de algo con Carmelina? Si fuera otra, estaría temblando, pero el día que Casimiro tome las cosas en serio, no solo se la va a encontrar conmigo y contigo, Isidro, sino con ella.

Entra Carmelina con unos cubos de agua para la tinaja.

CARMELINA. Por ahí vienen.

RAMONA. ¿Quién viene?

ISIDRO. ¿De qué estás hablando, muchacha?

CARMELINA. De lo que ustedes están hablando desde que salió el sol... ¿O es que suponen que yo soy boba, idiota o no sé qué? El desgraciado de Casimiro y el viejo Gaudencio...

ISIDRO. Niña, no te expreses así, por educación, que es tu padrino.

CARMELINA. ¿Mi padrino? ¿Y cuándo en su vida se ha acordado mi padrino de que yo existo, como o vivo? ¡Mi padrino! Lo que más me asombra es que todavía hablen ustedes de ese viejo ridículo, sinvergüenza, que está aplastando al desgraciado caballo con la barriga que le ha puesto encima. ¡Mi padrino! ¿Qué clase de padrino es ese?

RAMONA. Después de todo, y no es que yo lo defienda, pero prestó el dinero para que no te murieras hace un año...

CARMELINA. ¡Al diablo él y su dinero, que si me salvó la vida con él, ahora es mía y soy capaz de caerle a patadas si se aparece por esta casa!

ISIDRO. ¡A bofetada limpia te voy a caer, desgraciada, que no eres un peón de ingenio para tener ese lenguaje y esas maneras! Aquí mando yo, y el que cae a bofetadas y a patadas en esta casa soy yo, mientras tenga pies y manos. ¡Y métete en ese cuarto y no salgas de él, oigas lo que oigas, porque si asomas la cabeza te la voy a partir a palos!

CARMELINA. No saldré así se caiga la casa.

Entra.

ISIDRO. ¿La ves? Y después tú dices que no es una desgraciada. Si encima de la miseria pones a una fiera por engendro, es para que te dejes comer por la miseria y por la fiera.
RAMONA. Ella, después de todo, no tiene la culpa.
ISIDRO. Así es que la defiendes.
RAMONA. Se defiende, que no es lo mismo... Nosotros con nuestra vida miserable, tal vez no hemos logrado tener las armas que ella tiene...
ISIDRO. ¿Qué armas?
RAMONA. No sé... Su carácter... Ella tiene sus razones para ser así, Isidro, y si es una desgracia ser de ese modo, que Dios la libre... No la podemos cambiar... Se defiende, eso es, se defiende... A veces es peor ser de otro modo...
ISIDRO. Pero, ¿qué sabe ella de don Gaudencio?
RAMONA. ¿Y qué sabemos nosotros, después de todo? Lo que todos sabemos con los ricos y los pobres, que es bastante...
ISIDRO. Sí, se sabe bien...
RAMONA. Todo el mundo lo sabe, Isidro... Siempre hay un papel que uno firma y que nos enreda... Es un cuento viejo... Carmelina lo sabe bien...
ISIDRO. Cállate, porque alguien sube.
RAMONA. *(Se asoma a la puerta).* Sí, son ellos.
ISIDRO. Pues vamos a ver...
RAMONA. Sí, vamos a oír el cuento...

Entran Gaudencio y Casimiro.

GAUDENCIO. Buenas tardes por aquí.
RAMONA. Buenas tardes, don Gaudencio. Es una sorpresa verlo por los alrededores.
GAUDENCIO. Un abrazo, compadre. *(Se abrazan).*
ISIDRO. Vaya sorpresa que nos ha dado.
GAUDENCIO. *(Mirando a Casimiro).* Muchos se han sorprendido.
CASIMIRO. Pero yo lo esperaba más o menos por esta época.
RAMONA. Hacía tiempo que no venía. De seguro que sus ocupaciones en La Habana no le dejaban un momento libre...
GAUDENCIO. En eso tiene razón, pero estaba tranquilo... Cuando uno deja detrás un administrador de confianza como Casimiro, se puede dormir a pierna suelta...
ISIDRO. No hay que andarle atrás a la tierra, mientras otros se ocupan de ella...
GAUDENCIO. Ahí tienes razón, compadre... Ya yo estoy demasiado viejo para ciertos menesteres y montar a caballo no es para mí cosa de todos los días... Hay que dejarlo para otros...
ISIDRO. Mujer, prepárales una tacita de café a don Gaudencio y Casimiro.
GAUDENCIO. No sería mala idea...

Sale la mujer.

GAUDENCIO. A propósito, Isidro. No te he preguntado por mi ahijada... Entre la alegría de verte después de tanto tiempo... Pero ha de estar crecida, ¿no es así...? Lo menos doce años ha de tener...
ISIDRO. Ya cumplió los dieciséis, y va para los diecisiete...

GAUDENCIO. Pues no me digas… Pensar cómo pasa el tiempo… ¿No es así, Casimiro?
CASIMIRO. Así es, don Gaudencio.
GAUDENCIO. Y ahora, ¿por dónde anda?
ISIDRO. Está metida en el cuarto, porque no anda muy bien de la cabeza…
GAUDENCIO. Me gustaría verla antes de irme, pues tú sabes que es como una hija para mí…

Entra la mujer con el café.

ISIDRO. No hay que exagerar… Después de todo, ha pasado bastantes necesidades después que la bautizara…
GAUDENCIO. Hacía años que no tomaba un café tan bueno, comadre.
RAMONA. Gracias, don Gaudencio.
GAUDENCIO. Me imagino que mi ahijada haya salido a usted.
RAMONA. No crea… Tiene su carácter…
GAUDENCIO. Me gustaría verla… Además, Isidro, ¿te parece bien que después de tanto tiempo no salga mi ahijada a saludarme?
ISIDRO. Eso no lo podrás decir, porque mi hija está bien educada. ¡Carmelina!… *(Pausa).* ¡Carmelina!… *(Pausa).* ¡Carmelina!…
RAMONA. Carmelina, sal, que te llama tu padre.
ISIDRO. ¡Carmeliiina! ¡Carmeliiinaaa, que no te quiero sacar a golpes…!
RAMONA. Vamos, Isidro, que tú le dijiste que si salía le ibas a partir la cabeza a palos.
ISIDRO. Pero ahora se la voy a partir porque no sale. ¡Carmelina!
GAUDENCIO. Vamos, vamos, no hay que hacer correr la sangre… pero es una lástima, porque desde que me puse en camino, me puse a pensar en ella y en cómo solucionarle algunos problemas…
ISIDRO. No se preocupe, don Gaudencio, que los problemas de ella se los soluciono yo enseguida…
GAUDENCIO. De ningún modo, compadre; para algo soy su padrino y tengo mi responsabilidad…
RAMONA. Nosotros ya la entendemos y los peores años ya han pasado… Si ha llegado con vida a los dieciséis, no dudo que llegue a los noventa…
GAUDENCIO. Yo sé lo que me digo, y esa niña, por ser ahijada mía, merece lo mejor… Desde que llegué se lo vengo diciendo a Casimiro. ¿No es así, Casimiro?
CASIMIRO. Así es, don Gaudencio.
GAUDENCIO. Lo cual demuestra mi preocupación constante, aunque apenas la conozco… Vivir en La Habana me ha alejado de las cosas más queridas y quiero rectificar… Esta niña me viene preocupando más de la cuenta y muchas noches me ha hecho perder el sueño, pensando como crecía por todas partes… y como su educación crecía bien poco, seguramente…
ISIDRO. Que no está mal educada, aunque a veces le tenga que partir la cabeza para que obedezca…
GAUDENCIO. Nadie lo discute, compadre, pero en La Habana podrá tener lo que aquí no tiene…
RAMONA. ¿En La Habana?
ISIDRO. ¿Cómo? ¿A quién se le ocurre llevarla tan lejos para que aprenda que dos y dos son cuatro? ¡Porque de la educación de Carmelina me ocupo yo!
GAUDENCIO. Basta, basta, que no hay que ponerse de ese modo. Mi mujer está relacionada con muy buenas instituciones benéficas y le podrá conseguir unas magníficas becas para que estudie y sea una señorita en toda la regla…

ISIDRO. Aquí nadie ha pedido ninguna beca y al que pretenda otra cosa le parto la cabeza...
CASIMIRO. ¿Pero se ha vuelto loco?
GAUDENCIO. Vaya manera de hablar, de comportarse y de agradecer... Que no es este el modo de tratar a un compadre que con las más puras intenciones viene a ofrecerle una ayuda para su hija...
ISIDRO. Pues yo no estoy seguro de esas intenciones.
RAMONA. Y si cree que porque somos pobres nos vendemos al que pague mejor...
CASIMIRO. Es mejor que mida sus palabras, porque me parece que esto va por mal camino... *(A Gaudencio).* Bien se lo dije yo, que dejara esto de mi mano, porque un alma tan generosa como la suya no es siempre bien interpretada.
GAUDENCIO. Esto lo tenemos que poner en claro... y le voy a advertir que por sus palabras no voy a dejar que mi misión quede sin cumplir, que por algo he venido desde La Habana... Esa pobre niña es mi ahijada y me he hecho el firme propósito de velar por su educación, aún por encima de sus padres...
ISIDRO. ¡Ah, si me voy a olvidar que usted es don Gaudencio!
GAUDENCIO. Pues más vale que no lo olvide, compadre, porque tengo un papel firmado por usted en el que se hace constar el dinero que me debe y tendré que desalojarlo de estas tierras.
RAMONA. ¡Isidro!
GAUDENCIO. Y si no puedo llevar a feliz término mis intenciones de educar a mi ahijada como es debido —cosa que me tiene sin luz y sin sombra desde que me he enterado de lo mucho y lo bien que ha crecido—, le aseguro que pondré este asunto en manos de un abogado que lo resolverá del mejor modo y manera...
ISIDRO. Esto es un abuso y usted se está aprovechando.
GAUDENCIO. Me importa poco el nombre que usted quiera darle, pero esa pobre niña tiene que caer bajo mi tutela...
CASIMIRO. No veo por qué se oponen de esa manera, cuando todo ha de ser por bien de la niña...
GAUDENCIO. Esta misma noche me voy... así que tienen unas pocas horas para decidirlo... Vámonos, Casimiro, que aquí no hay nada que hacer.

Sale Carmelina con un bulto de ropa.

CARMELINA. Vamos...
ISIDRO. ¿Pero qué es esto?
RAMONA. ¡Hija!
GAUDENCIO. ¡Ahijada, que bien sabía yo que escucharías la voz de tu padrino!
CARMELINA. Y bien que la he escuchado bien, así que no quiero que se gaste más saliva, que no sé si ha de tener mucha... Y si tan preocupado está porque me eduquen, aquí estoy para aprender todo lo que me enseñen...
ISIDRO. *(Cogiendo una tranca).* Que con este palo voy a partir en cuatro la cabeza de cada uno, porque la miseria no me ha hecho olvidar lo que es ser decente. Primero sales muerta. ¡Y vamos a ver si ustedes salen de mi casa, que mientras el abogado va y viene esta es mi tierra!
GAUDENCIO. Ya veremos, ya veremos.

Salen Gaudencio y Casimiro.

RAMONA. ¡Isidro, Isidro, que tú también te has vuelto loco!

ISIDRO. ¿Es que quieres que esta desgraciada se pierda?

CARMELINA. ¿Y qué te crees tú? *(A la madre)*. ¿Que soy menos honrada de lo que tú eres? ¿Pero de dónde crees que he salido, mi padre? Yo sé bien lo que me traigo entre manos, que no me vendo por una peseta ni por un peso, ni por todos los pesos de esta tierra. ¿Es que no me conocen? ¿Es que no me han visto como me defiendo de todos los que me ponen el ojo encima? ¿Es que creen que me voy a dejar hacer por el viejo ese? Lo que me duele es que no me conozcan, porque si me conocieran me dejarían ir sola hasta el fin del mundo, que no necesito que nadie cuide mi honra.

ISIDRO. *(A su mujer)*. ¿La estás oyendo? ¿La estás oyendo?

CARMELINA. Claro que me está oyendo. ¿Es que mi madre es sorda? ¿Es que no grito bastante? ¡Que a mí me oyen hasta las piedras cuando quiero que me oigan y así me iba a oír ese don Gaudencio que se cree que tiene la sartén por el mango y que el día menos pensado se queda con el mango en la mano y sin sartén! Que el horno no está para roscas y yo no soy rosca para el horno. ¿Es que tú crees que todo se arregla con esa tranca que tienes en la mano? Con la tranca a veces, pero también con otras cosas. ¿Y qué nos hacemos cuando se aparezcan por esa puerta abogadillos de mala ley con sus papeles? ¿Con la tranca, no? ¿Y cuando venga después la guardia rural con sus patadas y sus escopetas? ¿Con la tranca, no? ¿Es que no te das cuenta que la tranca nos la pueden quitar y meternos trancazos con ella? Con esos hay que saber hacer las cosas, padre.

Cae en un taburete.

RAMONA. Carmelina.

CARMELINA. ¡Qué yo les iba a hacer tragar un café amargo y todas las letras que tiene el alfabeto!

SE APAGAN LAS LUCES.

ESCENA TRES

En la hacienda de don Gaudencio

GAUDENCIO. Esto es el colmo, el colmo.

CASIMIRO. Se lo advertí. Era mejor que lo dejara de mi mano.

GAUDENCIO. Me voy para La Habana y lo pondré en manos del abogado.

CASIMIRO. Y después, ¡la guardia rural!

GAUDENCIO. Tú lo has dicho, porque ellos merecen su castigo. ¿Y viste a la pobre niña? ¡Qué alegría cuando supo que se iría a La Habana a realizar sus estudios! ¿Viste su pechito? ¡Ay, cómo se agitaba y subía con la emoción! ¡Y su vientre y sus caderas, cómo temblaban y latían! ¡Quién hubiera podido tener a esa pobre niña en sus brazos! ¡Me agito de solo pensarlo!

CASIMIRO. No se ponga de ese modo, don Gaudencio… Con sus años…

GAUDENCIO. ¡Mi misión, mi misión! ¡Es sagrado todo lo que digo! ¡Y ese compadre de mala muerte se opone a que realice la tarea que me ha sido encomendada!

CASIMIRO. Delegue en mí, don Gaudencio… Yo me podría ocupar de la educación de esa niña… Sabe que soy un hombre preparado y aunque no sería todo lo deseado, con el amor que le tengo, algo aprendería… Y como yo administro sus negocios con el mismo celo que usted lo haría, le aseguro que cumpliría mi misión como si usted la estuviera haciendo…
GAUDENCIO. ¡De ningún modo, que para esas cosas me valgo yo sin el auxilio de nadie!
CASIMIRO. ¡Calle, que me parece que alguien viene!

Entra Carmelina con un bulto de ropa.

CASIMIRO. Pero si es la niña.
GAUDENCIO. Mi ahijada, mi linda ahijada. ¡Cuánta alegría! Pero no te quedes en la puerta, pequeña, ven para acá, que esta es tu casa y yo soy como tu padre, que para eso soy tu padrino. Vamos, vamos, no tengas miedo, que para mí tu educación es lo primero. Acércate. *(A Casimiro)*. Y tú, Casimiro, déjanos solos, porque esta niña quiere comenzar a aprender y tanto el padrino como la ahijada están desesperados por entrar en materia. Sal, sal, y por nada del mundo interrumpas nuestra clase.

Sale Casimiro.

GAUDENCIO. *(Acercando las sillas)*. Ahora siéntate bien cerca de tu padrino, que vamos a empezar por el abecé, porque sin saber bien el abecé no se adelanta nada…

Carmelina se sienta y empieza a llorar exageradamente.

GAUDENCIO. ¿Pero qué te pasa?
CARMELINA. ¡Ay, don Gaudencio, que soy muy desgraciada, porque ni yo misma he comprendido de pronto la bondad de su corazón y mucho menos mi padre y mi madre, que han sido tan injustos y tan interesados!
GAUDENCIO. No te pongas así, corazón mío, que no es para tanto.
CARMELINA. ¡Ay, don Gaudencio, no me diga corazón mío, que no me lo merezco, porque si usted tuviera mi corazón dentro del pecho, que es amargo como la hiel de la vaca, acabaría con el suyo en una hora! Y mi padre, don Gaudencio, ¡que ante su bondad solo ha demostrado interés…!
GAUDENCIO. No te preocupes, pequeña mía, que mi bondad está acostumbrada a encontrarse con cosas iguales y peores al frente.
CARMELINA. Pero es que usted no sabe todavía de la misa a la media y de las exigencias que me ha hecho mi padre para poder llegar hasta aquí y continuar mis estudios. Ya usted lo ha visto.
GAUDENCIO. *(Acercándose)*. Pera acércate un poco, para que ese corazón lleno de pena reciba el consuelo que merece…
CARMELINA. *(Alejándose)*. ¡Ay no, don Gaudencio, que usted no debe respirar siquiera el aire que yo respiro, porque de lo mala que soy lo enveneno! Con las cosas que mi padre quiere, me da pena hasta entrar en este cuarto.
GAUDENCIO. *(Acercándose)*. Pero olvídate de tu padre, que es una mala sombra que nos sigue.
CARMELINA. ¿Y cómo lo voy a olvidar si me ha dado un mensaje?
GAUDENCIO. *(Acercándose más)*. Pues dímelo al oído para que nadie se entere…

CARMELINA. *(Alejándose el doble)*. De ningún modo se lo diré tan cerca, pues no he perdido la vergüenza... De una vez por todas: mi padre quiere que le devuelva el papel que le firmó en el que prometía pagar sus deudas o entregar las tierras arrendadas.
GAUDENCIO. *(Se aleja de pronto)*. Así que ese era el mensaje y por eso son esas lagrimitas.
CARMELINA. *(Llorando exageradamente)*. Ay, que no me hable así, don Gaudencio, que no me merezco yo el castigo de ser hija de tal padre y que si me sigue hablando de ese modo voy a salir gritando y llorando por esa puerta y no me verá más nunca!
GAUDENCIO. *(Acercándose)*. ¡Eso sí que no! La vida no vale tanto y lo que me he propuesto tiene que realizarse.
CARMELINA. ¡Pero mi padre!
GAUDENCIO. Al diablo con tu padre, que ya es hora de que te liberes de él y de todas sus artimañas.
CARMELINA. Pero es que no puedo, don Gaudencio, porque me ha prometido partirme la cabeza si no hago lo que me mandó; así que para poder cumplir con mis obligaciones en el estudio, es necesario cumplir con su encargo.
GAUDENCIO. *(Se pone de pie)*. ¡Al diablo el maldito papel y todo lo que se trae! *(Lo busca en la mesa y se lo entrega)*.
CARMELINA. *(Mientras toma el papel y se lo guarda en el seno)*. ¡Ay, don Gaudencio, que usted no sabe lo feliz y desgraciada que me hace! ¡No sabe lo malo que hemos sido!
GAUDENCIO. *(Sentándose y acercándose)*. Ahora al estudio, que es lo que importa...
CARMELINA. Usted lo ha dicho... Vamos...
GAUDENCIO. Primero hay que aprender la A. Con la A se escribe amigo, amistad, adoración... y amor.
CARMELINA. ¡Ay, don Gaudencio, pero no me hable de esa letra que me recuerda muy malas cosas! La A viene de abuso, que es querer tomar lo que no le pertenece y apretar el cuello; la A viene de ahogado, que es el que tiene la soga al cuello y el agua le viene encima, de tan malas que andan las cosas por todos lados; la A viene de adulterio, que es cosa mala que le hace el marido a la mujer y la mujer al marido; la A viene de agrícola, agricultor y agricultura, que todas ellas necesitan reformas para que no ande tan mal repartido el mundo; la A viene de hambre...
GAUDENCIO. ¡Que no viene de hambre, niña, porque hambre se escribe con H...!
CARMELINA. Pero a mí no me importa y yo lo escribo sin H. Se la han puesto para que el hambre sea muda y así no poder decir que hambre pasó mi abuelo y mi abuela, mi padre y mi madre y todos los hijos que ellos parieron.
GAUDENCIO. No es manera de hablar, niña. Cuando al hambre le han puesto una H muda por algo será... Pero pasamos a la B, que es letra más agradable... Con la B se escribe bueno, bondad, bello, bonito... y beso y besito...
CARMELINA. ¿Pero me va a enseñar la B? ¡Ay, señor don Gaudencio, que estoy aprendiendo demasiado, porque con la B se escribe burro, que es lo que somos cuando nos dejamos quitar lo que nos pertenece; y bobo, que es peor todavía, porque nos lo dejamos quitar sin darnos cuenta; y bozal, que es lo que le ponen al perro para que no muerda; y bandido, que es el que se burla del bobo y del burro y el que le pone bozal al perro para que lo deje robarse las gallinas, entrar en el gallinero, comerse lo que no es suyo, acabar con la casa, amarrar al padre y a la madre y violar a la hija...
GAUDENCIO. Pues vamos a pasar a la C si esta te molesta tanto...

CARMELINA. Es mejor así. Porque la A y la B, más o menos, son letras que uno conoce. ¡Ay, señor don Gaudencio, usted me está refrescando la memoria!

GAUDENCIO. ¡Ya lo veo, y me parece que la refresco más de la cuenta!

CARMELINA. Verá usted como aprendo más rápido de lo que usted se imagina.

GAUDENCIO. Sería mucho mejor que te llevara a la cama, porque para el primer día ya hemos hecho mucho... Descansar y que te arrope no vendría de más...

CARMELINA. ¡De ningún modo, don Gaudencio, porque quiero aprender esas letras y otras muchas y no quiero perder el tiempo!

GAUDENCIO. No hay que exagerar, pero si quieres, pasemos a la C, que espero que te guste, ya que con la C se escribe cama y cariño...

CARMELINA. ¡La C, claro que me gusta! Porque con la C se escribe campesino y campo, cosecha y cosechero, palabras todas que hablan de la tierra; se escribe cuento, que es el que me vienen haciendo, pero también se escribe cuenta, que son las que algún día nos vamos a cobrar con los ladrones y sinvergüenzas que siempre están abusando de la C de campesino, de la C de cosecha y de la C de cultivo; y se escribe también castigo, que es la palabra que acabará con el bandido de la B que nada más se está aprovechando del hambre de los pobres; y para terminar diré que se escribe la palabra cárcel, que es el lugar donde irán a parar los viejos verdes y sinvergüenzas que quieren tomar lo que no es suyo y que no pagan ni con trancas partidas en la cabeza —que también se escribe con C— todas las canalladas —vaya otra vez la C— que están haciendo. Pero siga, don Gaudencio, no se desanime, que a mí el pan de la enseñanza me tiene hambrienta y que pienso aprender muchas cosas más, y hasta enseñarlas, para cuando llegue a la Z.

GAUDENCIO. ¡Al diablo tú, tu padre y tu madre, que en mala hora te traje a mi casa, porque si sigues aprendiendo una letra más me muero! ¡Y lo mejor que haces es tomar esa guardarraya por donde viniste y volverte con tu padre y tu madre, porque me has resultado más alfabeta de la cuenta y no encuentro modo de domarte para lo que yo quiero!

CARMELINA. *(Se pone de pie)*. Pues si no quiere enseñarme me retiro, porque para eso vine yo y no para otra cosa... ¡Ay, don Gaudencio, que usted ha sido muy bueno y algún día los campesinos se lo tendrán en cuenta!

Sale.

GAUDENCIO. ¡Ojalá que no! ¡Porque con las letras y palabras que tiene el alfabeto, algunas buscarán que me vengan como anillo al dedo!

CAE EL TELÓN

LA SAL DE LOS MUERTOS

Obra tres actos y un epílogo

1960

PERSONAJES

LOBITO
AURA
LOBO
TIGRE
CUCA LA CAVA
CARIDAD

Lugar: Cuba

Tiempo: Diciembre, 1958

ESCENOGRAFÍA

Cámara negra. Un espacio amplio al centro permitirá la mayor movilidad en el juego de los actores, particularmente hacia la última parte de la obra. Piso cuadriculado, en blanco y negro, como un tablero de ajedrez. Algunas cortinas rojas con arabescos plateados. Todo austero, sombrío. Una escalera conduce a la planta alta. Los cambios de luces indicarán cambios en el carácter de la acción.

En la versión original se proponía una escenografía realista. Pieza en una casa de una familia acomodada, posiblemente el comedor, aunque si definirse claramente. Se destacará principalmente un aparador con unos candelabros de plata, pero se evitará una mesa de comer. Muebles buenos, de buen gusto, antiguos. Una chaise longue hacia un lado del proscenio, una butaca, varias sillas, una consola con un espejo, mesitas. Una silla de ruedas. Adornos de plata. Un espacio amplio al centro que permita el libre movimiento de los actores. Hacia un lado, una escalera que conducirá al piso alto. Entradas laterales.

Otra opción escenográfica. Cámara negra. Del fondo, desciende una rampa. Cuadriláteros negros que podrán disponerse de forma diversa de acuerdo con la acción, para que los personajes se sienten en ellos o se pongan de pie encima de ellos, los muevan, los coloquen de forma diversa. Desde lo alto del escenario, a los extremos laterales, cuelgan un par de cortinajes plateados: telas de uno o dos metros de ancho.

Los textos entre comillas representan desdoblamientos metateatrales.

NOTA DEL AUTOR

Esta obra se escribió en Cuba en 1960. En 1971 fue seleccionada por Orlando Rodríguez-Sardiñas y Carlos Miguel Suárez Radillo para representar el teatro cubano en tomo tercero de Teatro selecto contemporáneo hispanoamericano (Madrid: Escelicer, 1971: 117-220).

De esta obra hay varias versiones. La que se escribió en Cuba, a la que corresponde, con ligeros cambios, la de Teatro selecto contemporáneo hispanoamericano, que es la que sigue la presente edición, con algunos cambios adicionales en los diálogos, su ordenación, y en las acotaciones. Finalmente, hay una versión más corta, que apareció publicada en Tres dramaturgos, tres generaciones (Miami: Editorial Conexos, 2012: 29-84) —y que sirvió de base para el montaje— que quizás sea la más efectiva de todas ellas.

Primer Acto

Entre las sombras se presiente la presencia de una figura furtiva, alguien que no se puede definir claramente, pero que se acerca a los objetos de plata, los toca, los toma y los vuelve a dejar, en caso de que el director se decida por una escenografía realista. Inesperadamente, un foco de luz cae sobre la figura, que se vuelve violentamente, sorprendido, y se pone a la defensiva, como un ladrón.

Es Lobito. Tendrá cerca de quince años, tal vez menos, tal vez más— aunque no es estrictamente necesario ajustarse a una cronología; hay una fuerza precoz que resulta chocante, como si estallara. A primera vista nos luce un ser brutal. Viste un sucio pullover y un pantalón mecánico no menos sucio. Es terriblemente fuerte, atronadoramente sólido. Su sicología y su mentalidad descubren un ser monstruoso y desproporcionado, ni niño ni hombre. Insolente, malcriado, ordinario. Robusto. Ligeramente cargado de espaldas.

LOBITO. *(Rápido, entra por la rampa al fondo del escenario. Cae un foco de luz sobre él. Se detiene, poniéndose las manos en la cara).* ¡Coño! ¡Las luces! ¡Las cochinas luces! *(Avanza, volviendo el rostro).* ¡Apaguen esas luces, coño! ¡A la mierda con esas luces! *(Cambio de luz).* ¡Cabrones! ¡Degenerados! *(Gira. Da una media vuelta, de espaldas al público, apuntando a los cortinajes).* ¡Voy a acabar con todo, porque todo lo que hay aquí tiene que ser mío! *(Volviéndose, apuntando al público).* ¡No va a quedar títere con cabeza! *(Tirándose sobre un par de bloques al frente del escenario).* ¿Quieren verme, no? ¡Pues me van a ver desnudo! *(Todavía en posición supina).* Si me quieren ver y requetever y meterse en lo que no les importan, tendrán que oírme. Van a tener para rato. ¡No volverán a sus casas con los estómagos vacíos! *(Incorporándose. Transición. De pie. Movimientos distorsionados, como quien se burla. Inicia una especie de pantomima en tono de mofa).* ¡Soy el niño lindo de mamá! ¡Soy el niño lindo del abuelo! Cada cual ha puesto su grano de arena para hacerme. ¡Soy el engendro de todo esto y mucho más! Y todo el mundo sabe lo que hace el niño lindo de mamá y del abuelo... *(Pausa).* ¡Soy Lobito y me dicen Bola de Churre! Tengo catorce años. ¡Sí, coño, tengo catorce años! Y un centenar de malas palabras. ¿Y por qué, no? ¡El abuelo las dice! ¡Mi padre las dice! ¡Hasta mi madre las dice si le pisan un callo! Existen... Yo no he inventado ¡ni una! Aprendí muchas en el colegio... *(Gestos paródicos).* Entre las sotanas de los curas... La fila... La misa de las siete y media... La sagrada comunión... Entre una cosa y otra, la lista de malas palabras... ¡Coño! ¡Carajo! ¡Hijo de puta! En el pizarrón, como una bofetada, mil veces la palabra coño! ¡Sí, coño, mil veces la palabra coño! *(Inicia un juego mímico múltiple, parodiando, interpretando personajes, falseando la voz, moviéndose rápidamente).*

En la casa:
>   «—¿Qué aprendió el niño?
>   —¿Adelanta el pequeño?
>   —¿Cuántas malas palabras sabe ya?
>   —¿Las lee, las escribe, las coge al dictado?».
>
> *(Dando un salto).* Después, en el colegio:
>   «—Confiese, hable, ¿qué mala palabra se dijo en el almuerzo?
>   —¿Qué dijo su madre?
>   —Y el viejo Tigre, ese cochino viejo mal hablado, ¿a quién mandó al carajo?».
>
> *(En tono jovial casi).* ¡Ese viejo Tigre! ¡Mi abuelo! Las sabe de los años que fue concejal, alcalde, gobernador, representante, senador, ministro, embajador, presidente del senado... ¡Una colección de ellas! ¡Es mi maestro, mi verdadero maestro! De tal palo tal astilla, y las va a pagar todas juntas. *(Iniciando la parodia otra vez, falseando la voz. Se acerca a los cortinajes. Juega con ellos. Se enmascara con ellos).*
>   «—Crece.
>   —Aprende.
>   —Llegará a algo con el tiempo.
>   —No es más que un niño».
>
> *(Riendo, natural).* Es cierto. No soy más que un niño... Tengo catorce años y tres años atrás jugaba con fango en el patio. Hacía tortas de fango y después me las pasaba por la cara. Y cuando me decían bola de churre los mandaba a la madre misma que los parió... *(Saca un tabaco, lo enciende, fuma, echa unas bocanadas de humo).* Pero ahora juego mejor; me revuelco con las putas y el viejo tigre me ríe la gracia. *(Saborea el habano).* ¡Soy un niño precoz y le recuerdo sus buenos tiempos de concejal, alcalde, gobernador, representante, senador, ministro, embajador, presidente del senado...! *(Transición, tirando el habano).* Y sin embargo, en definitiva, no soy más que un niño. Me gusta jugar a la pelota, coleccionar postalitas de Tarzán y pegarlas en el álbum... *(Violento. De pie).* ¡Pero no me dejan vivir en paz, coño! Cuando se encendieron las luces contaba la plata que hay escondida en esta casa. Esta casa está llena de plata por todos lados... Me llevo lo que puedo y algún día me lo meteré todo en el bolsillo. *(Transición).* Aquí, coño, la vigilancia es de marca mayor... Nos vigilamos todos... Mamá vigila a papá, papá vigila a Cuca la Cava, Cuca vigila al viejo Tigre... Pero algún día todo esto será mío... *(Pausa).* ¡El canalla de Tigre hizo los negocios sucios y se amarró el dinero entre las piernas! ¿Y quién se lo saca? Mamá lo quiere, papá lo quiere, la vieja Cuca lo quiere. Y yo soy Lobito y lo quiero también... Para cualquier cosa... *(Desesperado).* ¡Quiero vivir! ¡Coño, coño, quiero que me suelten!

Es Aura. Entra. Es una mujer aspecto duro. Viste de negro. Pulcra y bien peinada. Sin ningún adorno; quizás, un discreto collar de perlas. Algo cargada de espalda.

AURA. *(Susurrante, en tono muy bajo, como si apenas quisiera que la escucharan).* ¡Lobito...! ¡Lobito...!
LOBITO. *(Escondiéndose entre los cortinajes).* ¡Aquí la tenemos! ¡La que faltaba en el entierro! ¡La vieja! Me persigue por todas partes. Dice que me quiere, pero lo único que quiere es el dinero. Se queja y se lamenta y si puede se hace la mártir, pero es para ver el entierro que le hacen. Por la noche, cuando nadie vigila, viene y lo cuenta todo y se esconde entre las cortinas.

AURA. ¿Estabas aquí? ¿Por qué no contestabas? Tenías que oírme. Estoy segura que tu padre... ¿Por qué no me contestas, Lobito?

LOBITO. *(Sin prestarle mucha atención).* No soy sordo. Te estoy oyendo.

AURA. *(Escuchando).* ¡Calla! ¿Oíste ahora? Debe ser tu padre. *(Pausa).* Anoche, cuando dieron las tres, comencé a oír pasos por el tejado. ¿No eras tú? Temí que fueran ladrones y comencé a correr por toda la casa, por si se llevaban algo... Lo cuido... Te he prometido cuidarlo todo... *(Pausa).* ¿No eras tú? Tu padre se levanta y camina como si estuviera en una jaula... Todos estamos como encerrados, prisioneros de algo; pero tenemos derecho a un descanso, ¿no te parece? ¿Me entiendes, Lobito? ¿Te das cuenta de lo que te digo?

LOBITO. *(Toda una explicación).* Tengo catorce años, mamá.

AURA. *(Melodramática).* Nada más que piensas en escaparte, por ahí, por la calle del río, no sé por dónde... Pero no tienes derecho a dejarnos solos. ¡Estamos viejos! ¡No nos abandones!

LOBITO. *(Burlón).* ¡Mamá hace la comedia! ¡Mamá interpreta la tragedia! ¿Por qué no dejan tú y papá que me defienda solo? ¡Todos me tienen seco! Siempre me vigilas y acabas por encontrarme dondequiera que estoy... Menos en algunos lugares donde no te atreves a aparecerte... *(Desesperado).* ¡Quiero jugar solo, mamá! ¡Suéltame, déjame de una vez!

AURA. Juega solo, Lobito. Pero no puedo perderte de vista. A los catorce años aún se cuida a los hijos... *(Pausa breve).* ¡Catorce años! ¡Todo ha sido tan rápido! ¡Tan violentamente rápido! Cuando tenías un año, ya parecías tener cinco.

LOBITO. *(Como un niño malcriado).* ¡Mamita, mamita linda!

AURA. *(Falsa, melodramática).* Soy tu madre y acunarte es un insano deseo que me asalta, de pronto, a la medianoche. Temo que te hayas ahogado en la cuna, que no puedas respirar. Por la noche corro a tu cuarto como si fueras un recién nacido... Pero no estás. Tu cuarto está vacío, ¡vacío! ¡Tan pronto, santo Dios!

LOBITO. *(Igual juego).* ¡Mamita, mamita linda!

AURA. *(Rechazándolo).* ¡Lobito, por Dios, déjame! Me haces más daño todavía. Hace un instante te veía jugar en el patio con los otros niños y me decía que eras el de siempre, mi pequeño Lobito, feliz e inocente. Y de pronto saltaste la cerca, empezaste a correr, frenético... No sé... Corría detrás de ti, pero no podía alcanzarte.

LOBITO. No sigas, mamá. No me hagas reír. Esos cuentos me aburren. Papá ni siquiera los cree ya. *(Burlón).* ¿Los creyó alguna vez? ¿Lo engañaste alguna vez con tu sufrido corazón?

AURA. *(Herida).* Te gustan los corazones de plomo.

LOBITO. *(Penetrante).* De plata. Como a ti.

AURA. *(Con amargura).* Eres cruel y malo.

LOBITO. ¿Y qué otra cosa se podría esperar?

AURA. En esta vida lo peor es la imposibilidad de hacer un pacto. No hay remedio para la soledad.

LOBITO. Porque mientes, mamá.

AURA. ¿Cómo puedes decir eso de mí?

LOBITO. Pero como tú eres mi madre, yo siempre ando desnudo.

AURA. En esta casa todos estamos así, como desnudos. Y apenas nos da vergüenza... Y sin embargo, estamos cubiertos de pies a cabeza.

LOBITO. ¡Mentiras, solo mentiras! Esta misma mañana jugaba a los policías y los ladrones en el patio. Respiraba, era libre, podía vivir. Pero descubrí que me estabas mirando detrás de las persianas, persiguiendo a tu pequeño Lobito... ¡Por eso salté y me escapé, porque huía de ti! Creí que cuando había dado la vuelta a la manzana me habías perdido de vista. ¡Pero estabas ahí, escondida, enroscada, hecha un ovillo!

AURA. Estoy loca. No tengo a Lobito. Eso es todo.

LOBITO. Tienes a papá. Por las noches los oigo. Hablan, susurran horas y horas…

AURA. ¿Y de quién hablo yo, Lobito? Hablo de Lobito… Lobito por todas partes, como si fueras el único tema de conversación… Lobito, Lobito, Lobito… Que si Lobito esto… Que si Lobito aquello… Que si Lobito es malo… Si llegaste tarde… Si juegas a las cartas… Si juegas al billar… Si tienes las manos manchadas de sangre… ¡No soy yo! ¡Somos nosotros!

LOBITO. Peor todavía… No me dejas vivir, mamá. Y cuando no estás presente, me persigues más todavía…

AURA. ¿Qué sería de ti si no te defiendo? Te advierto que tu padre… No, no te lo debo decir. El sospecha cosas…

LOBITO. ¿Qué cosas?

AURA. Todo le intriga. Tus gritos en los juegos, como si hubieras perdido el juicio. Tus pleitos sangrientos y brutales con los otros muchachos. Que qué vamos a hacer contigo. Disciplina. Castigos. No te puedes imaginar. Que debíamos meterte en un correccional… ¿No te das cuenta que todos son cargos en contra tuya? Yo, claro, disimulo. Trato de convencerlo de que no es así. Cada vez que das un paso no haces más que cometer errores… faltas… y yo tengo que estar al tanto y defenderte.

LOBITO. *(Colérico)*. ¡Mientes, mamá, haces trampa! ¡Tramposa, cochina tramposa!

AURA. *(Herida)*. ¿Y mis sacrificios por ti no cuentan para nada? ¿Cómo puedes hablarme así? ¡Una madre…! *(Transición)*. Después de todo, quizás tu padre tenga razón. Eres malo, Lobito. Pero yo te defiendo día y noche. No importa lo que digas de mí.

LOBITO. Te conozco bien. Los conozco bien a todos.

AURA. *(Melodramática)*. Sacrifícate, arruina una vida, destruye una juventud… ¿Y cuáles son los resultados? Lobito me rechaza, Lobito es cruel, no me quiere a mí. ¡Yo no presentía tanta lucha, Dios mío!

LOBITO. Quieres tenerme para ti, meterme debajo de tu falda.

AURA. *(Firme, autoritaria)*. Pues bien, yo también tengo derechos. No te vayas a equivocar. En esta casa se vive en un constante sobresalto, es cierto. Que si tu padre quiere salirse con la suya… Que si Cuca la Cava solo quiere tirar la casa por la ventana… Que si Caridad está enferma de los nervios… Que si esto y que si lo otro… Que si Tigre vigila mañana, tarde y noche y no se acaba de morir… Pero no creas que por eso vas a hacer lo que te dé la gana…

LOBITO. ¡Tengo catorce años, mamá! ¡Tengo catorce años y salto dentro de la ropa!

AURA. *(Nostálgica)*. Cuando yo tenía tu edad, jugaba a las muñecas… Mi hermano jugaba con sus soldaditos de plomo… Era un pequeño mundo de juguetes, donde todo el mundo era feliz… Cuando crecí me di cuenta que me estaban haciendo trampa… que otros habían tomado la delantera… Cosas de familia, quiero decir… Yo, claro, era una niña inocente… Todo era un poco tarde para mí… Fue un desengaño, no te lo voy a negar… Me dije: uno… tiene… que ser… bueno… Porque… de lo contrario… *(Transición)*. Con un poco de paciencia, también llegarás… No estás en edad, Lobito, para pensar de ese modo… Tienes que esperar… como todos los demás.

LOBITO. ¿Hasta cuándo, mamá?

AURA. Tienes que portarte bien, porque de lo contrario vas de cabeza al Infierno.

LOBITO. Coño, mamá, no me hagas reír.

AURA. Detesto ver como te enroscas.

LOBITO. *(Violento, muy agresivo).* ¿Qué has dicho?

AURA. *(Vacilante).* No he dicho nada.

LOBITO. Lo dijiste, ¡te enroscas! ¡te enroscas! *(Amenazante).* ¡No lo niegues! ¡Y sabes que en esta casa eso no se puede decir!

AURA. *(Evasiva).* No he sido yo. Fueron las palabras.

LOBITO. ¿Me enrosco?

AURA. *(Enfrentándosele).* Por favor, Lobito, no te hagas el inocente. Eres el hijo de tu padre. ¿Lo has visto, no es así? *(Con amargura y desdén).* ¡Yo también!

LOBITO. *(La toma violentamente y la vuelve frente al público, doblegándola, el cuerpo retorcido).* ¿Y tú, vieja bruja, te has mirado al espejo? ¿Te has mirado?

AURA. *(Forcejeando).* ¡Suéltame, suéltame!

LOBITO. *(Dándole un empujón pero soltándola).* Estás tan jorobada como todos los demás.

AURA. Pero una vez fui hermosa. ¡Te juro que era hermosa! No era un árbol torcido. Era esbelta y alta como una palma.

Cambio de luz.

LOBITO. *(Parodia grotesca. Lobito deja de ser Lobito e inicia los cargos, como si fuera un juez).* Se inicia la defensa... La jorobada se enfrenta al jurado con su joroba y niega los cargos... —«No soy jorobada, señor juez... Es que usted no ve bien».

AURA. *(Violentamente).* Fue una joroba que vino después. Cargada de espaldas, eso es todo.

LOBITO. —«Pero ha de tener un mal congénito».

AURA. Mi familia era sana. Ningún caso de locura. Ningún caso de lepra.

LOBITO. —«Pero alguna tara, escondida por alguna parte, entre los genes».

AURA. *(Aura lo dice todo con un sentido paródico, artificioso, con cierta nota de humor amelcochado).* No, no es cierto. Nos llevábamos bien. Una familia modelo, ejemplar. Yo era la favorita de papá. La niña de sus ojos. Claro que mi hermano, bueno, me hizo trampa. Un juego sucio, no lo voy a negar... ¿Usted sabe lo que es un juego sucio?

LOBITO. —«Es nuestra especialidad. ¿Quién no sabe lo que es un juego sucio? Un juego limpio sería la excepción».

AURA. Entonces comprenderá mi situación... Estaba en un callejón sin salida... Entre la espada y la pared... Y yo, naturalmente, quería salvarme... Pero todas las puertas estaban cerradas y no podía salir...

LOBITO. «Pudo haber llamado a la policía... Ir a la iglesia tal vez... En fin, gritar y pedir auxilio».

AURA. ¡Lo hice, lo hice una y otra vez! Pero nadie me hacía caso. *(Con un mohín algo cómico).* Ahora pienso que todos estaban muertos.

LOBITO. —«Bonita historia, señora. ¿Y supone que un jurado sensato podrá creerlo? Usted quería desquitarse. Esperaba su parte en el botín. ¡Confiese, confiese de una vez, diga la verdad de una vez para siempre!».

AURA. ¿Y qué iba a hacer, tirarme a morir? Yo tenía derecho... tenía derecho...

LOBITO. —«¡Tenía derecho a buscarse una joroba!».

AURA. *(Derrotada).* Está bien. En aquel callejón, donde no veía ni la sombra de mí misma, me topé con Lobo. Como estaba tan oscuro no se podía ver. ¡Yo creí que era el final! Pensé que era el Destripador de la Calle Obispo. Después lo comencé a ver a todas horas. Lobo al amanecer. Lobo por la tarde. Lobo por la noche. Entonces fue cuando empecé a torcerme. *(Inicia su parodia. Movimientos peculiares, voz falseada, caricatura de sí misma).* Decía:

—«Te quiero».

—«Te adoro».

—«No puedo vivir sin ti».

Y después Tigre:

—«No está mal, no está mal».

Cuca la Cava comenzó a tenerme lástima.

—«Eres joven. Todavía tienes tiempo. Huye de aquí».

Ella misma, el día menos pensado, se iría de allí. Y comenzaba a reírse, a pintarse, a envolverse en pieles. Pero, ¡Dios mío! ¡Ella también estaba jorobada! Y yo comencé a verlos, día tras día, y no pude evitarlo. También comencé a torcerme. *(Angustiada).* ¡Pero yo no era así, Lobito, no era así!

LOBITO. *(Infantil).* ¿Y yo? ¿Cómo era, mamá?

AURA. *(Evasiva, cantando).* «Duérmete mi niño, duérmete mi amor…».

LOBITO. ¡Di, mamá! ¿Cómo era yo?

AURA. *(Evasiva, cantando).* «Duérmete pedazo de mi corazón».

LOBITO. ¡Mamá, contesta, por favor!

AURA. *(Evasiva, cantando).* «Este niño lindo, que nació de día…».

LOBITO. ¡Jorobada, contesta, jorobada!

AURA. *(Dura).* El hijo de tu padre. El nieto de tu abuelo. Estabas jorobado como todos los demás.

LOBITO. Me traicionas, mamá, me hieres.

AURA. ¿Qué más quisiera yo? Cuando naciste pensé que todo podría evitarse. *(Parodiando, como si hubiera perdido el juicio).*

—«¡No será, no será, no será!».

El viejo Tigre se reía.

—«¿Por qué se ríe? ¿Qué derecho tiene?».

Me veía rezar por los rincones y se burlaba de mí… Quería irme de esta casa, sola, contigo, a la playa… Olvidarlo todo… Protegerte… Pero Lobo no me dejó… Quería quedarse a solas con el viejo Tigre. Preparar el terreno. Hacerte parte de ellos mismos… Desde que tuviste cinco años ya eras como ellos. Tal vez, si hicieras un esfuerzo. Eres hermoso, Lobito. Casi perfecto. Si fueras un niño, realmente un niño… Yo cuidaría de ti.

LOBITO. ¿Me quieres mucho, mamá?

AURA. Es la maternidad. No puedo evitarlo. *(Abrazándolo, aleccionándolo).* Te portarás bien. No gritarás. No harás maldades. Estudiarás. Aprenderás la lección. No tocarás los objetos de plata…

LOBITO. *(Separándose, paródico, burlón).* Me portaré bien… Estudiaré las lecciones… Haré las tareas… Obedeceré al maestro… No haré trampas en el juego… No gritaré… No le pegaré a mis compañeros… No diré una mala palabra… No jugará a los dados… No tomaré un trago… ¡No fornicaré…! ¡No rezaré para que el viejo Tigre estire la pata…! No me meteré en el bolsillo los objetos de plata… Los dioses sagrados del abuelo… ¡Cien en conducta, mamá! ¡Cien en conducta!

AURA. ¿Es cierto eso, Lobito? Sería la madre más feliz del mundo. ¿No te estás burlando?

LOBITO. ¡Al carajo entonces! ¡Esto no tiene remedio!

Se miran. Después Lobito sale rápidamente.

Cambio de luz.

AURA. *(Larga pausa, como si recobrara fuerzas).* Representamos una comedia de espanto... Diré que quiero a Lobito, pero nadie me lo creerá, porque cuando se engendra un monstruo, aunque sea dentro de nosotros mismos, se detesta... *(Suspirando).* Cuando llegué a esta casa yo era otra cosa. Pero Lobo y yo empezamos a esperar que se muriera el viejo Tigre. Soñábamos cada día con su entierro y empezamos a retorcernos en el lecho. No podíamos pensar en otra cosa... Tigre tenía movimientos espasmódicos... Nosotros lo sentíamos en nuestros brazos, en nuestro cuerpo... Hasta el propio Lobito empezó a darse cuenta de la agonía...
(Falsea las voces, todo muy rápido, interpreta todos los papeles).
—«Dicen que se muere el viejo».
—«Los objetos de plata serán nuestros».
—«Los muebles... La casa... Las propiedades... Todo...».
—«Hay oro escondido. Hay que buscarlo».
—«¿Cuándo se morirá, Lobo?».
—«¿Qué podré comprar, mamá?».
—«Ya falta poco, Aura».
—«¿Tendré juguetes?».
—«Lobito empieza a pensar en sí mismo».
—«Es una idea que no se le quita de la cabeza».
—«¿Cuándo se morirá? ¿Cuándo?».
Entonces toda la casa se comenzó a llenar de aquel cuándo se morirá. Hasta el viejo Tigre, en medio de la comida, comenzaba a preguntarlo:
(Sigue el juego).
—«¿Cuándo se morirá el viejo Tigre, eh?».
—«¿Qué dice Lobo?».
—«¿Qué dice Aura?».
—«¿Qué dice Lobito».
—«¡Hagan juego, señores, hagan juego!».
(Pausa breve).
Lobito crecía, crecía...¡Supliqué tanto para que Lobito fuera de otro modo! Para que Lobito fuera... normal. Pero Lobo decía:
—«¿Qué es la normalidad, Aura? ¿No somos nosotros, precisamente, la normalidad?».
Y yo, sorprendida:
—«¿Somos nosotros la normalidad? Entonces es espantosa, es horrenda... Un fantasma dentro de cada cual».
(Pausa).
No sabía qué hacer. Estaba desconcertada. Me veía al espejo y no me podía reconocer, algo cargada de espaldas. Después de todo, era mi imaginación y a lo mejor ellos tampoco estaban jorobados. Como si fuera una metáfora. Como si nuestra deformidad... estuviera por dentro. Lo cual era todavía peor.
—«Crees que mi muerte lo resolverá todo».
(Desesperada). ¡Basta, basta, está bueno ya!

Rápido cambio de luz.

Es Lobo. Entra sinuosamente. Surge de la penumbra, como si estuviera en acecho. Es un hombre alto, delgado, de muy mal color, también algo cargado de espaldas. En todos los casos se debe evitar el grotesco y no debe exagerarse. Viste elegantemente, pero de modo sombrío, fúnebre. La codicia y la espera le han hecho perder gran parte de su antigua distinción.

LOBO. *(Sacude a su mujer).* Aura, despierta... Sal de esa pesadilla... El viejo está al bajar y no debe encontrarte en esas condiciones...

AURA. *(Como saliendo de un mal sueño).* ¿Cuándo se muere, Lobo, cuándo?

LOBO. Pronto bajará las escaleras. Despierta.

AURA. ¿Bajará? Entonces... ha mejorado otra vez...

LOBO. Se siente mal, pero no confía en nadir... Dice que le están ocultado cosas y que necesita hacer un inventario. Al menos, y se ríe cuando lo dice, para morir en paz.

AURA. Ahora mismo estaba soñando, Lobo. Estaba soñando que mejoraba y que comenzaba a correr apoyado en el bastón, pero muy ágilmente, tan ágilmente que casi alcanzaba a Lobito en su carrera... Al principio no me daba cuenta, pero después comprendí que era a Lobito a quien perseguía, como si jugara con él a los policías y ladrones y lo quisiera matar, y en su propia vejez volviera a la infancia para empezar otra vez... Y los veía hacerme muecas desde lejos, trastocados y burlones, la cabeza de Tigre en el cuerpo de Lobito y la de Lobito en el cuerpo de Tigre... Fue entonces cuando entraron en un edificio blanco y yo los seguí y la enfermera me llevó a la habitación al final del pasillo diciéndome que todo había salido bien, un parto perfecto. Y en la habitación estaba Tigre, acostado, que era la parturienta, y decía, sonriente, «yo lo he acabado de engendrar; me dolió, pero es todo mío», y me lo enseñaba acunado en sus brazos. No de niño, sino grande, completamente desnudo, obsceno y sucio... Pero de pronto Lobito y Tigre estaban corriendo uno detrás del otro, desnudos los dos, envueltos en un baño de plata que lo iluminaba todo, de una plata sucia ellos mismos, con unos cuchillos gigantescos que empuñaban para matarse, unos cuchillos de plata que estaban teñidos de sangre...

LOBO. Estás loca, has perdido el juicio. ¿Qué arreglas con esto? Deliras. El viejo no puede encontrarte en este estado. ¿Es que quieres hacerlo feliz?

AURA. ¿Cuándo se muere, Lobo? ¿Cuándo?

LOBO. *(Mirando a su alrededor).* ¿Has tocado algo? No puede faltar nada. Cada cosa debe estar en su lugar.

AURA. *(Más tranquila).* ¿Oíste los pasos anoche? ¿Hacia eso de las tres? Alguien rondaba por esta casa... Estoy segura... *(Transición).* Si no fuera porque el viejo Tigre está realmente enfermo... Está realmente enfermo, ¿no es así? No, no eran los pasos del viejo Tigre... Creí que era Lobito... Jugando a los policías y los ladrones. O que regresaba de madrugada... No sé. ¿Quién era, Lobo?

LOBO. Dormía.

AURA. No duermes jamás... Estabas despierto y oías como yo... Caminabas de un lado para otro y temblabas. Tenías miedo, Lobo. *(Desesperada).* ¿Por qué nos cuesta tanto trabajo todo?

LOBO. Son tus nervios. Necesitas descanso. ¿Por qué no te tomas unas vacaciones? Esta tensión te hace daño. Yo podría estar alerta, esperar que el viejo se muera. Entonces tú podrías...

AURA. *(Con un dejo de ironía).* ¡Eres bueno, Lobo!

LOBO. A tu regreso todo estaría terminado. Yo y Lobito nos encargaríamos de los últimos detalles.
AURA. *(Con una nota de cansancio).* ¡Parece tan fácil!
LOBO. *(Casi afectuoso).* Descansa. Lo necesitas.
AURA. *(Sarcástica, violenta casi, riéndose tal vez).* Lobito me lo dice: que todos somos unos cochinos y redomados hipócritas. Hasta te pondrías de acuerdo con el viejo Tigre para que se muriera cuando yo no estuviera aquí... Padre e hijo... El oro, después de todo, quedaría en casa... Pero, ¿por qué crees que tengo esta joroba, Lobo? ¿Por qué supones que lo he resistido todo durante todos estos años? No me iré a ninguna parte. Te debo demasiados favores para abandonarte en el último momento...
LOBO. *(Suave, cariñoso).* Mi adorada mujercita... ¿Por qué eres así? Si no se tratara de una depresión nerviosa llegaría a creer que... dudas de mí.
AURA. *(Violenta).* Este juego lo hacemos por partida doble... ¡Hasta el final!
LOBO. Claro... Naturalmente...
AURA. En esta vida lo peor es la imposibilidad de hacer un pacto. No hay remedio para la soledad.

Gradual cambio de luz.

Especie de representación, con humor negro.

LOBO. Cuando nos casamos...
AURA. Sabía perfectamente a lo que me estaba ateniendo...
LOBO. Mi joroba no fue precisamente seductora...
AURA. En el primer momento sentí una especie de repugnancia...
LOBO. Pero después supiste pasarla por alto...
AURA. Como si fuera menos desagradable... La fealdad comenzó a lucirme diferente...
LOBO. Apenas la distinguías...
AURA. En la penumbra...
LOBO. Iluminada por objetos de plata...
AURA. ¡Todo era tan romántico!
LOBO. El dinero de mi padre...
AURA. Las cuentas...
LOBO. Y dejé caer libreta de banco...
AURA. Descuidadamente...
LOBO. Como el que no quiere las cosas...
AURA. Con una intención deliberada...
LOBO. Te apresuraste a recogerla...
AURA. Era el amor, Lobo. Amor a primera vista...
LOBO. ¿No era realmente seductor?
AURA. Y el viejo Tigre, en la cama, tan enfermo...
LOBO. Temblabas cuando subiste al piso alto...
AURA. Tenías las manos heladas...
LOBO. Eran las suyas.
AURA. Parecía que se iba a morir de un momento al otro.
LOBO. Estabas transfigurada.
AURA. Apenas pudo reconocerte. Parecían estertores de agonía.

LOBO. Hasta el médico pensó que se nos iba.
AURA. ¡Fue una escena conmovedora! Tú estabas a punto de echarte a llorar. ¡Era maravilloso! ¡Todo fue tan luminoso por un instante…! Por un momento llegué a creer que te quería…
LOBO. Que nos queríamos.
AURA. ¡Éramos tan buenos actores!
LOBO. Nadie nos podía poner un pie por delante.
AURA. Salvo, Tigre, naturalmente. Eso tendrás que reconocerlo.
LOBO. ¡El lucía tan cadavérico!
AURA. Yo temía reír… ¿Qué ibas a pensar de mí?
LOBO. Pero reíamos por dentro.
AURA. Era…¡tan divertido! Temía darte una impresión demasiado macabra.
LOBO. ¿Qué peligro podía ofrecernos?
AURA. Eras tan guapo, Lobo… Unos buenos ingresos, un padre al borde de la muerte, una herencia estupenda… Cuentas en el banco… Propiedades… Apartamentos… ¿Qué otra cosa podía pedir?
LOBO. Una buena joroba cargada de oro.
AURA. Mi joroba, naturalmente.
LOBO. Que era toda para ti.
AURA. Mientras más la miraba más bonita me parecía.
LOBO. ¡El pobre viejo! Estaba tan enfermo que no pudo asistir a la boda.
AURA. Nos hacía abrigar sueños…
LOBO. Ilusiones.
AURA. Durante la luna de miel comenzamos a hacer planes. La herencia…
LOBO. Había que invertir un poco en los funerales. El panteón, que ya estaba preparado…
AURA. Éramos felices. Haciendo cuentas…
LOBO. No dormimos en toda la noche.
AURA. Nunca lo olvidaré. Pocas novias han abrigado tanta dicha. Salvo el traje de novia, todo lo que me había comprado era negro. Del luto más riguroso…
LOBO. *(Con intención).* Especialmente la ropa interior…
AURA. *(Insinuante).* Especialmente. Tú te enardecías con aquellas señales de luto sobre mis pechos…
LOBO. *(Alejándola y alejándose).* ¡Qué hipócrita eres! Eres capaz de todo, de atraparme entre la lujuria y las lágrimas. *(Violentamente).* No te esfuerces. ¿Acaso no te estabas burlando de mí?
AURA. Yo era una novia, después de todo, y tenía derecho a aquellos minutos de felicidad.
LOBO. ¿Me engañaste alguna vez con tu sufrido corazón?
AURA. *(Herida).* Te gustan los corazones de plomo.
LOBO. De plata… Como a ti… De oro, que es mejor todavía.
AURA. *(Amargamente).* Eres cruel y malo.
LOBO. ¿Y qué otra cosa era de esperarse?
AURA. En esta vida lo peor es la imposibilidad de hacer un pacto.
LOBO. *(Riendo histéricamente).* ¡No hay remedio para la soledad!
AURA. *(Aferrándose a él).* ¡No hay remedio, Lobo! ¡No lo hay!

Cambio de luz.

LOBO. ¡Suéltame, suéltame¡ ¿Hasta dónde pretendes llegar? Sé muy bien, Aura, que nunca creíste en los escombros de amor que yo podía ofrecerte. ¡Tu farsa apesta!
AURA. *(Separándose, dolida)*. Apesta desde el primer día, porque desde que nos conocimos me engañabas.
LOBO. Te he dicho mil veces que no te mentía, pero nunca lo has creído. Las cartas estaban boca arriba.
AURA. Tú y Tigre se habían puesto de acuerdo aquella tarde, cuando yo subía las escaleras. Le habías dicho:
«—Hazte el muerto, papá, hazte el muerto…
—Haz como si no te quedase más que una hora de vida… Caerá en la trampa…
—El oro la seduce… No podrá resistirlo…
—Hazte el muerto, papá, hazte el muerto…».
LOBO. Estás equivocada. Durante todos estos años te lo he repetido: Tigre se burlaba de los dos, nos tendía una trampa. Ni siquiera has querido comprender que yo también estaba en ella.
AURA. ¡Y yo creyendo que te reías porque él pronto sería un cadáver! Pero tú estabas haciendo la comedia. *(Parodiando, en tono burlón)*.
«—¿Viste lo demacrado que está? ¿Cuántas horas le echas?
—¿Has notado la respiración entrecortada, los ojos casi en blanco?
—¿Lo has visto bien?».
(Transición). ¡Y todo era una maldita farsa!
LOBO. Eso era el amor, en el que no creíste.
AURA. *(Con convicción)*. Creí, pero me mentías. ¡No hay piedad!
LOBO. *(Burlón)*. ¿Lo creí o no lo creí…? ¿Era cierto o fingía…? ¿Sí o no…? ¿Me quiere o no me quiere? *(Transición)*. Mientras tanto, Tigre se prepara para acabar con nosotros. ¿Es que no comprendes que debemos estar de acuerdo? ¿Que no tenemos más remedio?
AURA. ¡No hay piedad! *(Pausa breve. Vencida)*. No te asustes, Lobo. Desgraciadamente, todo lo comprendo.
LOBO. *(Mirando hacia lo alto de la escalera)*. Es él.

Oscuro rápido y breve.

Segundo acto

Casi sin interrupción. Efectivamente, es Tigre. En Tigre la monstruosidad se acentúa de modo notable. Puede presentarse como un típico político criollo. Corpulencia, buena vida, vientre prominente, un inmenso tabaco, sortija de brillante. Evidentemente la muerte le ronda, pero hay en él una vitalidad que se impone. Caridad, insignificante, menuda, frágil, a punto de quebrarse frente a la violencia de los demás. De haber una escalera, entra apoyándose en Caridad; si hubiera una rampa lo hará en la silla de ruedas. O la silla de ruedas podría estar en la planta baja y se sienta con la ayuda de Caridad. Se sienta con dificultad, ayudado por Caridad. Después, Cuca se adelanta al proscenio. Se dirige al público. Tigre y Caridad quedan en la oscuridad o en lo alto de la rampa. Cuca, la mujer de Tigre, se impone con su vulgaridad y sus desplantes. Muy pintarrajeada, con una piel barata y de mal gusto que se le enrosca al cuello. Cambio de luces, que se concentran en Cuca.

CUCA. Yo soy Cuca... Alias la Cava, gracias a un Secretario de Educación, muy culto, y cuyo nombre no recuerdo... El sabría por qué me lo puso... Los otros empezaron a repetirlo por hábito, porque eran unos brutos... Yo no tengo la menor idea... (Se detiene. Mirando alrededor). Pero, ¿por qué esto está oscuro y huele a queso? ¿Por qué no hay más luz? (Dando unos pasos inciertos). Ya sé, el pequeño Lobito —esa alimaña que nos da punto y raya a todos y que acabará por comernos vivos... (Volviéndose, gesto). Esta casa es un pleito de perros... Tigre, Lobo, Aura y el pequeño Lobito, que si sigue como va acabará con todos nosotros y no dejará títere con cabeza. (Pausa breve). Nos llevamos mal, hay que reconocerlo, porque lo cierto es que todos solo piensan en el dinero... Y no es que yo tenga nada contra los billetes de banco, pero no me pongo a pensar en ellos, porque el dinero, hijos míos, es para gastarlo, como decía mi abuela. (Exagerada). ¡Dios mío, yo no he nacido para este brete! ¡Les aseguro que si me imagino que el dinero de Tigre me iba a traer esta vida de perros...! (Cambio). Al principio sí, mientras no nos casamos, que fueron los mejores años de nuestra vida... (Gesto con las manos). Muchos collaritos de perlas, abanicos de marfil, cubiertos de plata, copitas del Rin; pero después... nada de nada. (Movimiento corporal rítmico). Que si en el Ministerio de Gobernación le dieron la mala... Que si el Presidente le dijo primero que sí y después que no... Que si la Primera Dama se hace papelillos... (Gesto concluyente). Después que me convertí en «señora» todo se acabó y hasta se acabó (achusmeada) «lo que se daba». (Pausita). El caso es que de aquellas fiestonas del Cerro no ha quedado (gesto) nada. Y aquí me ven, con Lobo, con Aura y el bicho de Lobito... Y la pobre Caridad, que aparentemente no cuenta para nada. (Sentándose). ¡Abur, Lola! (Coloquial, como quien cuenta una historia). Éramos tres hermanas, y papá, que era más bueno que un pan, nos dejó una casa en el Cerro cuando se murió... Como mamá estaba muerta también y no teníamos a nadie que nos vigilara, comenzamos a divertirnos... Y no nos vino mal, ¡ah, no! ¡de ningún modo! ¡En esa casa se daban las fiestas más divertidas de La Habana! ¡Qué ratos aquellos, señor mío! Un día venía el Secretario de Justicia, el otro el Secretario de Hacienda Pública y el tercero el Secretario de Comunicaciones... ¡Ay, Dios mío, el Secretario de Comunicaciones! Y ningún compromiso... Quítate tú para ponerme yo... Liberales y Conservadores... ¡Cuántas leyes del congreso se aprobaron allí! Y todo sin dejar uno de divertirse... (Gesto). Hasta que vino Tigre... (Pausa). Ya estábamos un poco maduras y una comenzaba a resentirse... Los jaleos aquellos producían su desgaste... Blanca Emilia, la mayor, estaba realmente preocupada y fue la primera en asentar cabeza... Sindulfo Arias, comerciante en vinos y licores... Y no le fue muy mal, aunque nos visitaba poco, porque a Sindulfo... (Gesto). Nada, que se fueron en un viajecito a España y cuando regresó llegó dándose golpes de pecho... Marina, la del medio, no se decidió por nada. Y por ahí anda, tirando de un lado para otro... (Pausa. Suspiro). Yo me tiré a Tigre... Bueno, no estaba mal, porque en aquel entonces no tenía barriga y andaba derechito... Me llevaba quince años y lo cogía cansado, porque ya había corrido lo suyo... Tal vez hasta iba a poder celebrar su entierro... En todo caso, no me daría mala vida. (Transición. Se pone de pie. Camina). ¡Créete tú eso! (Pausa). Casarme fue lo peor que pude hacer. (Llevándose las manos a la cabeza). ¡Qué tacañería, Dios mío! ¡Y tener que verlo a todas horas! Para sacarle un centavo me costaba un ojo de la cara... O de cualquier otra parte. (Mostrando lo que lleva encima). ¿Ven esta piel? Un poco vieja, pero legítima, eso sí... Se la saqué una semana antes de la boda... (Mostrando lo que lleva puesto). Y el collar, y los aretes, y la sortija... Todo bueno, y es por eso que no me lo quito de encima Después, baratijas... En fin, que cuando me di cuenta ya había caído en la trampa. ¡Y aquí me ven, jodida hasta estas santas horas...!

Cambio de luz.

TIGRE. *(Malhumorado, sentado en la silla de ruedas. Utilizará la silla de ruedas para moverse de un lado para otro, agresivamente, según el texto)*. ¡Cállate, Cuca, no jodas más! Esta vieja sinvergüenza no hace más que darle a la sinhueso. *(Por momentos Tigre, como el resto de los personajes, se mueve en el pasado —pero el pasado y el presente tienen una línea divisoria difícil de definir, salvo en las secuencias marcadas específicamente entre comillas, donde el tono debe ser enfático, caricaturesco a veces, acentuando mucho el juego; en otros momentos los personajes pasan del presente al pasado, o viceversa, de un modo natural)*. Espero que no me haya llamado el Secretario. ¿Por qué no me avisaste, Lobo? La reunión estaba señalada para las tres y voy a llegar tarde. Repartirán sin mí... *(A Aura)*. A ti, Aura, procuraré conseguirte un abono en la ópera, de esos que reparten en la Alcaldía... ¿Qué te parece? ¿O acaso tú piensas que eso es cosa de la Secretaría de Justicia?

AURA. *(A Lobo)*. Actúa...

LOBO. *(A Aura)*. Delira...

TIGRE. Por lo visto en esta casa todo el mundo conjura... ¿No lo ha notado mi fiel Cuca? *(Transición abrupta)*. ¿Y los liberales que hacen? ¿Ya se saben los escrutinios de Camagüey?

CUCA. *(Dando un paso de baile)*. Para Camagüey se va Panchita.

TIGRE. ¡Cállate, Cuca! ¡Contesta, Lobo!

LOBO. Estaba seguro que Bolaños te iba a hacer traición...

AURA. *(Agresiva, a Lobo)*. ¿Te ha hecho caso tu padre alguna vez?

CUCA. ¡Liberales y conservadores! ¡Qué locura! ¡Qué pachanga, Dios mío!

LOBO. Cuca tiene razón, papá. Ahora será el corre-corre y todo el mundo querrá impugnar las elecciones.

AURA. No le hagas el juego, Lobo.

TIGRE. El Partido Conservador no puede llevarse la Alcaldía en el pico...

LOBO. ¿Y la coalición? ¿Qué me dices de la coalición?

TIGRE. ¿Qué sabes tú de la coalición? Te he dicho que eso no va. Los liberales llevan la delantera en la compra de células electorales. Siempre te he dicho que la política de la mano abierta es la mejor. ¿Qué averiguaste del reparto de dinero?

AURA. *(Aparte, a Lobo, también en el pasado)*. Es necesario exigir ahora. No te demores más. Dispone de ti como una ficha en el tablero. Exige ahora, Lobo. Es el momento.

TIGRE. ¿Qué averiguaste, Lobo?

LOBO. No he podido averiguar nada, papá.

AURA. *(A Lobo)*. ¿Por qué pierdes tu tiempo? Es inútil con él.

TIGRE. Decir que yo no tengo la solución a todos los problemas es comer de lo que pica el pollo. Todo el mundo que se ha sometido a ese régimen alimenticio ha tenido que lamentarlo. A nadie le gusta mi historia, pero todos se aprovechan de ella... «Tiburón se baña pero salpica...». Oye el lema de Cuca, pero no te afiles los dientes, Lobo. «La política de la mano abierta...». Muy bonito, pero Cuca abre las piernas para otra cosa... Convéncete, Lobo, yo soy el hombre fuerte del partido. Los negocios son los negocios. La política es la política. Y aquí la política no conduce a otra cosa que a los buenos negocios. ¿Por qué tú crees que me metí en el negocio del acueducto de Vento?

AURA. *(A Lobo, en aparte)*. ¿Está tu padre metido en el negocio del acueducto? ¿Sabes tú lo que ha rendido eso? ¿Qué parte te ha dado?

LOBO. Las piltrafas. Eso es lo que me ha dado.

AURA. *(A Lobo).* Tienes que hacer algo

LOBO. Todo tiene su límite, papá. No metas la mano de ese modo. Te desacreditas. Hay muchos modos de hacer las cosas… No es necesario… Los periódicos no hacen más que hablar del asunto.

TIGRE. Coño, Lobo, no seas hipócrita. *(Transición, a Aura).* Lobo dice que yo frustré su carrera política, Aura. Pero tú debiste haberlo conocido antes. Si lo hubieras visto, ni siquiera te hubieras casado con él. Convéncete, mujer. No servía para nada. ¿Por qué tú crees que lo hice mi secretario?

LOBO. ¿No era ridículo que fuera solo tu secretario? ¿No tenías nada mejor que ofrecerme?

TIGRE. *(A Aura).* Nunca sirvió para otra cosa, y no creas que hacía su trabajo bien del todo. Un flojo, un pusilánime. ¿Por qué no te buscaste alguien que valiera la pena?

LOBO. *(Violentamente).* Suéltame, papá, suéltame.

TIGRE. ¿Lo oyen? Así se ponía, hecho un histérico.

LOBO. No quiero hacer alarde de que soy tu hijo, pero tengo tu apellido…

TIGRE. No harás alarde, pero cada vez que compras algo lo pones a cuenta mía… Y tu mujer hace lo mismo… Con el apellido no se come. Por lo menos, tú eres un glotón y no te basta mi apellido. Si te interesara la política, podría darte una oportunidad por Las Villas.

AURA. *(A Cuca).* El viejo quiere que nos vayamos a vivir donde el diablo dio las tres voces.

TIGRE. ¿Qué tiene de malo Las Villas? Si emplearas el tiempo en abrirte un porvenir por tus propias manos…

CUCA. No es que esté de su parte, Tigre. Lobo, después de todo, nunca ha sido santo de mi devoción, pero tenía algunas simpatías por el barrio de San Lázaro…

TIGRE. *(Insultado, a Cuca).* ¡Esto no es asunto tuyo! *(A Lobo).* Si pretendes ir contra mis intereses, allá tú. Haz lo que te parezca, si crees que sirves para algo, pero no voy a repartir botellas entre una pila de vagos que no aportan nada. Ninguno valía dos kilos. ¿Qué pasó cuando vino el ejército y les sonó el cuero? Nadie fue a la manifestación. Se acabó en la misma explanada de la Punta. ¿Cuántas cédulas conseguiste, vamos a ver?

AURA. *(A Lobo, confidencial).* No hagas eso. Es el trabajo sucio.

TIGRE. ¿Por qué se mete tu mujer? ¿Qué cartas tiene ella en este asunto? ¿Quién le dio vela en este entierro?

Reacción en otro tono de parte de Cuca, Aura y Lobo.

CUCA. *(Vivamente).* ¿En este entierro?

AURA. *(Burlona).* ¿Ha dicho en este entierro?

LOBO. *(A Tigre).* ¿En este entierro, papá?

CUCA. *(A Aura).* Vete, Aura, vete… Esta casa es un infierno… No te cases con Lobo… Oye mis consejos…

TIGRE. Déjala, Cuca. Métete la lengua en el culo. No te metas en lo que no te importa. Si no fueras una vieja chismosa te iría mejor. Que se case con quien le dé la gana.

LOBO. El egoísmo de papá. *(A Aura).* ¿Qué puedo hacer frente al egoísmo de papá?

AURA. Luchar. Defenderte.

TIGRE. Todo lo que hay en esta casa lo hice yo y no lo hizo la putería de Cuca, Aura… Era una ficha y bien caro me costó… No se puede confiar en ella… Ni en nadie tampoco… Por eso quiero un inventario de todo lo que dejo. Al menos, cuando me muera quiero hacerlo en gracia de Dios.

CUCA. *(Aparte).* El viejo Tigre se divierte con sus funerales… *(Dando unos pies, con intención).* «A esto le zumba, apenas sintió la conga el muerto se fue de rumba…».
TIGRE. Es mejor que te metas la lengua en el culo, porque esto va en serio, vieja puta.
CUCA. ¡Qué bárbaro eres! ¿Es que aquí no se puede hacer ni una broma?
TIGRE. Esto no es una broma. Es un inventario.
CUCA. Entonces es mejor que Caridad prepare una taza de café.
TIGRE. Coño, Cuca, el café es un estimulante y nosotros no necesitamos ninguno.
CUCA. Lo que eres tú, no; pero yo lo necesito para soportar todo esto.
TIGRE. Dramatizas. Hacer un inventario es cosa de contador público. Todos ustedes son unos exagerados. Además, es un asunto de justicia…
AURA. Creí que había sido Ministro de Justicia para poner la balanza de su parte.
TIGRE. ¿Quieres ver mayor interés en la Justicia? La oposición era injusta cuando me atacaba. ¿Cómo iba a edificar todo esto sin la ayuda de la Justicia? En Cuba han habido muchos buenos Ministros de Justicia, pero yo les he dado punto y raya a todos. La Justicia es ciega y hay que abrirle bien los ojos. Es por eso que tan pronto me vio se puso de mi parte. No es tan boba como parece.
CUCA. *(A Aura).* Eso mismo digo yo. En la casona del Cerro, cuando Tigre empezó a cortejarme, se reunían los mejores jurisconsultos de La Habana. Entonces fue cuando empezó a abrir bien los ojos.
TIGRE. Yo siempre tuve los ojos bien abiertos, Cuca. No vayas a coger galones. No fue precisamente para que me abrieras los ojos para lo que fui a la casona del Cerro, porque allí se abrían otras cosas.
CUCA. Eres un puerco, Tigre. Pero tengo corazón y también tengo cerebro.
TIGRE. El del mosquito, nadie lo discute.
CUCA. *(A Aura, en aparte).* Convéncete, Aura. Tigre es un bicho y no podemos nada contra él.
TIGRE. Todo lo que ustedes quieren es mi dinero. *(A Cuca).* ¿Dónde lo tengo metido? *(A Lobo).* ¿Dónde, Lobo? *(A Aura).* ¿En qué lugar? *(Dando vueltas en la silla de ruedas, con júbilo).* ¡Dinero, dinero, y nada más que dinero! *(Parándose en seco, al escuchar gemidos que ha empezado a emitir Caridad, que se mueve convulsa en el rincón donde había quedado).* ¿Ha vuelto Caridad con eso?
CUCA. *(A Aura).* Es mejor que Caridad se calme. Saca a Tigre de quicio.
TIGRE. ¿Qué le pasa a esa muchacha?
CUCA. *(A Caridad).* Niña, ¿pero qué te duele?
TIGRE. Dile que no joda más, Cuca. No la resisto. ¿Qué es lo que coño quiere?
AURA. *(Confidencial, a Lobo).* No te dejes coger la baja. Tienes que hacerle frente.
TIGRE. *(Girando).* Y a tu mujer que no siga empujando.
LOBO. ¿Por qué no me das ese puesto en el Senado? Me tienes de cachanchán, de portero, papá. Es una vergüenza.
TIGRE. Vete, Lobo, la puerta está abierta.
CUCA. *(A Caridad, que se ha puesto de pie como si fuera a salir de escena).* No Caridad, siéntate. No es contigo. ¡Cálmate! Porque tú tampoco puedes salir de aquí, ya lo sabes… Y nosotros estamos aquí para ayudarte. *(La hace volver a un rincón en la penumbra).*
AURA. *(A Lobo, que ha dado unos tímidos pasos como si fuera a salir también, aunque en dirección opuesta a Caridad).* Si no te ayuda es porque no quiere. No podremos salir. Estamos copados… El ejército… La guardia rural… La policía… ¡La política, Lobo! ¡Es un callejón sin salida!

CARIDAD. *(Que se ha vuelto a levantar y camina hacia una dirección imprecisa).* Por aquí, conozco el camino...

CUCA. ¿Estás loca? No sigas, muchacha, porque te vas a caer.

LOBO. *(Atontado).* ¿Es Caridad?

AURA. Caridad conoce el camino.

CUCA. *(Riéndose).* ¡Dios mío, me orino de la risa!

TIGRE. Supongo que si a ustedes les resta un ápice de sentido común, no irán a hacerle caso a esa desquiciada mocosa. Pero, en fin, no será Tigre quien los detenga... Vete tú, Cuca... A lo mejor te encuentras con una hermosa piel de sapo.

CUCA. Está bueno, Tigre, está bueno. Déjame en paz.

TIGRE. Vamos, Cuca, embúllate, lárgate.

CARIDAD. *(A Aura).* Es cierto. No hay razón para quedarse. En la galería que conduce al piso alto yo he descubierto... Ven, por allí podríamos salir... *(Haciendo que Aura de unos pasos).* Ahora... Ahora...

LOBO. *(Deteniendo a Aura).* ¿Es que nos vamos a dejar guiar por la locura de Caridad? ¿No te das cuenta? No sabe a dónde va ni de dónde viene.

AURA. Precisamente.

LOBO. ¿Y qué pasará cuando salgas de aquí? Tú misma, hace un momento, me lo decías... *(Aferrándose a Aura).* ¡Tigre tiene razón! No podemos salir de aquí.

TIGRE. *(A Aura).* ¿Lo ves? ¿No era eso lo que te venía diciendo?

CARIDAD. *(A Cuca).* Tuve un sueño, Cuca. De algún modo...

TIGRE. *(Alejándose en la silla de ruedas).* Es una comemierda.

CARIDAD. Iba por un camino bordeado de arecas... Era la única salida... Claro, era difícil, porque no se veía bien y nos dábamos golpes... Pero después... Nos dejábamos caer, nos deslizábamos, por la pendiente...

LOBO. ¿Hacia dónde...?

TIGRE. *(Burlándose).* ¡Hagan juego, señores, hagan juego! ¿Alguien quiere arriesgarse?

AURA. *(Como si bajara por alguna parte y temiera caerse. Paródica, con melindres).* ¡No puedo bajar! ¡Esos escalones! ¡Mis zapatos de tacón alto! ¡Puedo resbalarme...!

CUCA. *(A Caridad).* Pero muchacha, ¿todo ese viaje a pie? Tal vez, en la máquina de Tigre...

TIGRE. ¡El Premio Gordo! ¡Hagan juego! ¡Hagan juego!

CARIDAD. El pájaro de plata...

CUCA. ¡Un avión! Muchacha, ¿por qué no lo dijiste antes?

AURA. *(Extendiendo la mano en el vacío).* Dame la mano, Lobo, que me puedo caer...

LOBO. No, no tienes derecho a dejarme solo.

CARIDAD. El pez de acero...

CUCA. ¡El Magallanes! Hija, pero si esto se pone bueno, buenísimo. La verdad es que a mí me encantan los viajes. Voy a divertirme de lo lindo.

AURA. *(Retrocediendo).* Pero, ¿y el dinero? ¿Dónde está el dinero de Tigre?

CUCA. *(A Caridad).* Vamos, nena, ayúdame a empacar.

CARIDAD. Hay... que dejarlo... todo... Cuca...

CUCA. *(Sorprendida).* ¿Estás loca? ¿Dejar todo esto? Mi vestido de organdí... Mi saya de tafetán... Mi sombrero de plumas...

TIGRE. Coño, ¿no se dan cuenta? Esa chiquilla está falta de macho.

CARIDAD. No, no, eso no es cierto. ¡Tengo que irme! ¡Tengo que salir!

AURA. *(Desconcertada)*. El dinero... Las joyas... Esta casa... ¡Los años perdidos! No, no, no puede ser.

TIGRE. Mil veces te he dicho, querida nuera, que no podrán ir a ninguna parte. Las lluvias son torrenciales. Los caminos están inundados. Lo perderán todo.

AURA. *(A Lobo)*. ¿Es verdad eso?

CUCA. *(Contando un equipaje imaginario)*. Uno... Dos... Tres... Cuatro baúles... Ocho maletas... Dos jabas de papel...

TIGRE. *(Agarrando a Cuca violentamente y arrancándole la piel)*. Vieja pelleja, si te vas de aquí te vas encuera.

AURA. *(A Caridad)*. Comprende, si al menos fuera posible esperar un tiempo... El tiempo necesario para que Tigre se muera... Comprende, no es posible irse así, perderlo todo de la noche a la mañana...

CUCA. *(Vencida, llorando grotescamente)*. No soy demasiado vieja, Caridad, pero ya no soy la misma que era antes... Comprende...

CARIDAD. No, ahora mismo, en este instante... Vámonos, vámonos... Abriremos la puerta...

AURA. *(Buscando a Lobo)*. Lobo... Lobo... ¿Dónde te has metido?

LOBO. Conmigo no cuentes.

CARIDAD. Podremos salir del laberinto. Otra vida. Podrán empezar otra vez.

LOBO. Me quedo. El dinero de papá...

AURA. Sí, quizás tengas razón... Llueve a cántaros... Un resfriado... Una pulmonía tal vez... Nos iremos otro día, Caridad... Cuando deje de llover...

CARIDAD. *(Se retuerce. Pega un grito inarticulado)*.

CUCA. ¿Cómo? Muchacha, habla más alto. ¿Que a Lobo le pegaron los tarros?

AURA. ¿Qué dice Caridad? ¿Alguien entiende lo que dice Caridad?

LOBO. *(Acercándose a Caridad)*. Habla alto, Caridad. Nadie puede escucharte...

CARIDAD. *(Tratando de hablar, no puede hacerlo. Abre la boca...)*. ¡Ahh... ahh...!

CUCA. No se entiende nada, no se entiende ni pío.

AURA. Habla claro, muchacha... Así nadie puede entenderte...

LOBO. Vamos, di algo...

CARIDAD. *(Acorralada por Aura y Lobo, Caridad trata de decir algo)*. Hay que...

CUCA. *(Buscando algo)*. ¿Caridad? ¿Qué Caridad? ¿Alguien ha visto a Caridad?

LOBO. *(A Caridad)*. Habla...

AURA. *(A Caridad)*. Contesta...

CARIDAD. *(Deshaciéndose de Lobo y Aura, corre hacia donde está Cuca)*. ¡Hay que... hay que... salir de aquí!

CUCA. *(Deshaciéndose de Caridad, empujándola. Caridad cae el piso y retrocede)*. Muchacha, ¿te has vuelto loca? *(Buscando protección en Tigre)*. ¡A esa chiquilla hay que hacerle un despojo!

TIGRE. *(Avanzando en la silla de ruedas)*. Se lo he dicho un centenar de veces. Esa muchacha va a acabar con la quinta y con los mangos. Si se descuidan, acabará dejándolos con una mano alante y la otra atrás. Anoche mismo. ¿No era ella la que bajaba las escaleras? Allá ustedes, pero tendrán que pagar las consecuencias. *(Se aleja)*.

AURA. ¿Caridad?

CUCA. ¿Y eso que tiene que ver? ¿Acaso no es Tigre quién guarda todas las llaves?

AURA. Entonces era Caridad la que caminaba por el traspatio.

CUCA. No le hagas caso. Quiere sembrar cizaña.

LOBO. Anoche vino Caridad y me dijo que tenía las llaves del laberinto.
AURA. Tiene metido eso en la cabeza.
CUCA. Habrá que llevarla al psiquiatra.
AURA. Caridad sueña.
CUCA. Esa muchacha tiene pesadillas.
AURA. *(A Lobo)*. ¿A qué hora fue? ¿A eso de las tres?
CUCA. ¿No eran los pasos que se escucharon a eso de las cinco?
LOBO. El reloj daba doce campanadas. Estoy seguro.
AURA. Entonces, ¿quién vino a las cinco?
CUCA. ¿Tigre?
AURA. ¿Lobito?
LOBO. No sabemos nada.
AURA. Tienes razón, Lobo. Y no es posible dar marcha atrás. Si uno no hubiera perdido estos años en el laberinto, te aseguro que estaría dispuesta a salir de él. Pero, ¿qué ha sido de mí misma? *(Pausa breve)*. Si uno pudiera ver la realidad y no las visiones de la realidad…
CUCA. Eso es un disparate.
AURA. Pero, ¿cuál es la realidad? ¿Caridad?
LOBO. Tigre.
AURA. Es demasiado tarde. Aún para arrepentirse.
TIGRE. *(Acercándose nuevamente)*. Yo no me arrepiento de nada. Es muy fácil querer ahora todo esto. Pero, ¿por qué se creen ustedes que llegué a la Secretaría de Justicia? ¿Por mi linda cara? ¿Por mis manos limpias? Un juego sucio. ¿Sabe Aura lo que es un juego sucio?
AURA. Lo comprendo. Este es un juego sucio.
TIGRE. Nuestra especialidad. Un juego limpio sería la excepción.
AURA. *(Con odio)*. Algún día no tendré nada de qué arrepentirme.
TIGRE. *(A Lobo, pero tomándole las manos a Aura)*. Mira estas manos, Lobo. ¿Cómo puedes dormir con ella? Tiene uñas de cuervo, como las mías. Podría sacarte los ojos, aunque fuera sin querer. Se han visto casos. Aprende de mí. *(Acercándose a Cuca, sentándola en las piernas)*. Cuca por lo menos sabe esperar y se conforma con una piel de gato. Es violenta, pero no es peligrosa….
CUCA. *(Levantándose, se aleja)*. Eres un viejo chocho.
TIGRE. *(Alejándose hacia un extremo del proscenio)*. No le hagas caso, Lobo.
LOBO. *(En el lado opuesto, a Cuca, aparte)*. Se alimenta bien.
CUCA. *(A Lobo, en voz baja)*. Come bien, pero tiene miedo. Son los síntomas. Esta vez la enfermedad va en serio.
AURA. *(Con alegría)*. Hasta las grandes torres se derrumban…
CUCA. *(Haciendo juego)*. …¡para pasar a la historia!
LOBO. *(Alejados de Tigre)*. Recuerda, Aura. Hace quince años…
—«¿Qué peligro puede ofrecernos?».
AURA. Pero Cuca dice…
LOBO. Y ahí lo tienes.
AURA. *(Íntima)*. ¿Qué esperanza hay, Lobo?
LOBO. Ninguna.
AURA. ¿Su muerte?
LOBO. No, no es posible. Acabará enterrándonos a todos.

CUCA. Oigan esto: cuando bajaba las escaleras se inclinaba tanto sobre la pobre Caridad que creí que ambos iban a rodar hacia abajo... Yo tenía que apoyarme en la baranda... Presentía que iba a suceder... Y no iba a poder resistirlo... Ya saben que cuando veo caer a alguien, especialmente si tiene bastón, me orino de la risa...
AURA. *(A Lobo).* ¿No te lo decía?
TIGRE. *(Que siempre parece oír, saberlo todo; acercándose).* ¿Y qué certidumbre tienes, Aura, de que Cuca la Cava no esté de acuerdo conmigo?
AURA. *(Corriendo y abrazando a Lobo).* ¡Dile que se muera, Lobo, no lo tolero más!
TIGRE. Un inventario, Aura, ¿qué te parece si hacemos el jodido inventario?
LOBO. ¡Cuenta, papá, cuenta de una vez!
TIGRE. Empecemos por los cubiertos de plata.
CUCA. Necesito una taza de café. Caridad, haz el favor de preparar un poco de café, porque tengo mareos...
AURA. Por favor, Cuca...
LOBO. Empieza, papá...
CUCA. Hay cosas que no puedo pasar por alto. Y una taza de café ahora es una de ellas.
TIGRE. Vamos, Caridad, coño, prepárale a esta vieja una taza de café...
LOBO. *(Como buscando a Caridad).* Caridad... Caridad...
AURA. *(Como buscando a Caridad).* Caridad... Caridad...
TIGRE. Coño, chiquilla de mierda, déjate de joder.
CARIDAD. *(Surgiendo de entre las sombras).* Escuchaba...
AURA. ¿Qué estabas haciendo?
LOBO. ¿Dónde te habías metido?
CARIDAD. Escuchaba...
CUCA. Y mi tacita de café, vamos a ver. ¿Dónde está mi tacita de café?
CARIDAD. Escuchaba... Los manteles de hilo... La vajilla... Los cubiertos de plata... Hablan, como si quisieran vivir... Esperan, por una vez, un poco de calor...
CUCA. ¿Está loca?
LOBO. ¿Ha perdido el juicio?
AURA. ¿Qué tiene esa muchacha metido en la cabeza?
CARIDAD. ¿Ponemos los cubiertos? ¿Encendemos los candelabros?
AURA. ¿Y si los roban?
LOBO. ¿Y si desaparecen?
AURA. ¿Y si se los llevan de aquí?
TIGRE. ¡Hagan juego, señores, hagan juego!
LOBO. ¿Por qué no te callas, Lobo?
AURA. ¿Por qué no te callas, Aura?
CUCA. ¿Por qué no te callas, Cuca?
LOBO, AURA, CUCA. ¿Por qué? ¿Por qué? ¿Por qué?
TIGRE. Basta, coño, no jodan más. Dejemos que Caridad disfrute de la vida. Después de todo, la plata es la plata. Que ponga la mesa, use la vajilla, las copas de bacará, el mantel y las servilletas de hilo, encienda los candelabros y use el servicio de plata... Por una vez en la vida, vamos a tirar la casa por la ventana, ¿qué les parece? ¡Vamos, Caridad!
CUCA. ¿El servicio de plata?
AURA. El servicio de plata

LOBO. Sí, claro, el servicio de plata.

Un cono de luz se proyecta hacia el frente del escenario donde se supone que esté el aparador. Caridad se mueve hacia el frente y entra en el cono de luz. Se detiene.

LOBO. ¿Qué esperas?
AURA. ¿Qué haces?
CUCA. Vamos, Caridad.
CARIDAD. Cuando uno abre algo, siempre tiene miedo. Nadie sabe lo que hay adentro.

Pausa larga. Lentamente, hace como si abriera la gaveta.

CARIDAD. No hay nada. El servicio de plata ya no está. Es demasiado tarde. Todo está vacío.
CUCA. ¿Vacío?
LOBO. ¿Has dicho vacío?
AURA. Eso no puede ser.
LOS TRES. *(Al unísono).* ¡Vacío! ¡Vacío! ¡Vacío!
TIGRE. Hagan juego, señores, hagan juego con el viejo Tigre.
AURA. Anoche a las tres, comencé a escuchar pasos por el tejado.
LOBO. ¿No eras tú?
AURA. ¿No eras tú?
CUCA. ¿No eras tú?
TIGRE. Construye una casa, edifica un mundo, inclina la balanza... Al final, ¡porquería! ¡basura! ¡ladrones! ¿Pero qué se han creído ustedes? ¿Es que van a jugar conmigo?
LOBO. ¿Ladrones?
AURA. ¿Robo?
CUCA. Es necesario que la policía tome cartas en el asunto.
TIGRE. ¡Porquería! ¡Basura! ¡Ladrones!
LOBO. *(Dando vueltas).* Debemos vigilar a Cuca.
AURA. *(Dando vueltas).* Debemos vigilar a Lobo.
CUCA. *(Dando vueltas).* Debes vigilar a Aura.
LOS TRES. *(Girando, unos detrás de otros).* ¡Vigilar! ¡Vigilar! ¡Vigilar!
TIGRE. *(Girando también en la silla de ruedas).* ¡Vigilar, vigilar, vigilar!
LOBO. ¿Quién era?
AURA. ¿Quién tocó?
CUCA. ¿Quién llama?
TIGRE. *(Gritando, deteniéndose).* ¡No se atraquen más! ¡Está claro! ¡Fue Lobito!
AURA. ¿Lobito? ¿Mi hijo Lobito?
LOBO. Pero Lobito, papá...
AURA. No es más que un niño...
TIGRE. Si lo apañan les sacará los ojos.
CUCA. ¿Lobito?
AURA. No es posible que Lobito...
LOBO. ¿Qué seguridad tenemos, papá?
AURA. Un error... Una equivocación...

CUCA. La educación de ese muchacho, a propósito, no es justamente la más correcta. La moderna pedagogía…
TIGRE. A la moderna pedagogía me la paso yo por el culo. De ese chiquillo me encargo yo. El y yo arreglaremos cuentas.
AURA. ¡No sabemos nada!
LOBO. Quizás Caridad…
CUCA. Habla, niña, no seas boba, no tengas miedo.
TIGRE. ¡Cabrones, malditos cabrones! Dejen a esa mosquita muerta en paz. Ustedes son una partida de cobardes, pero Lobito es un ladrón de mi misma especie y tendrá que rendirme cuentas… Conmigo no se juega y no va eso de ladrón que roba otro ladrón… Pero de algo quiero que estén seguros… Lo que soy yo, no me voy a morir. Bicho malo nunca muere. *(Girando en la silla de ruedas).* ¡Bicho malo nunca muere!

Un cono de luz se intensifica sobre caridad mientras el resto del escenario se oscurece lentamente.

CARIDAD. Cuando volví la cabeza, ya las palmas no estaban. El verano había avanzado demasiado y hacía demasiado calor. Todo parecía quemarse. Todo ardía. La playa estaba desierta y comencé a caminar. El mar tenía inmensas olas rojas con espumas de sangre… Todo el mundo comenzaba a conjurarme, pero en el fondo solo había un abismo… Era el mar, me decía, porque la isla solo tenía mar por todas partes y nadie podría librarme de aquel mar que era rojo, de un solo color. Comencé a correr como si aquella huída tuviera significado, pero no la tenía.. ¡Cuántas ilusiones dentro del mar que nunca fue azul! Y no tenía sentido abrir puertas, porque todo era lo mismo. Yo sabía que al final de cada puerta solo hallaría el abismo. ¡Cuánta lástima sentía por mí misma! Y nadie me daba la mano, para ayudarme. No tenía sentido… Pero yo me empeñaba en correr, en correr, siempre engañada y rodeada por el mar… Y aquel verdor de los campos, arecas, cañas, palmas, que se perdía en aquel mar que yo había soñado azul, y que era rojo, con aquella proliferación maligna…

OSCURO TOTAL

Tercer acto

El escenario aparece casi totalmente a oscuras. Hacia el frente, reclinada en el chaise longe, está Aura, la cabeza hacia atrás, los ojos cerrados. Lobo, el fondo, apenas se distingue. La escena se irá aclarando lentamente.

AURA. *(Como si hablara consigo misma).* Sentí cuando abriste la puerta.
LOBO. Dormía. La situación está clara. La noche del robo fuiste tú la que corriste fuera de este cuarto. Oíste a Lobito. Yo no me moví. Me hice el sordo. ¿Por qué tratas de encubrirlo?
AURA. ¿Y qué certidumbre tenemos? Cualquiera de nosotros…
LOBO. Sabes que fue Lobito. Lo sabes mejor que nadie. ¿Por qué lo encubres, Aura?
AURA. ¿Y qué puedo hacer yo para encubrirlo?
LOBO. Decir en lo más profundo de tu corazón que es inocente.
AURA. Por favor, Lobo. ¿No te parece un poco tarde para hablar de nuestro corazón? ¿Acaso tenemos derecho a mencionarlo? Yo no puedo hacer nada por Lobito. ¿Quién puede

hacerlo? Es el viejo Tigre quien tiene la palabra... Como siempre... *(Pausa)*. A menos que alguien estuviera dispuesto a confesar...

LOBO. Nadie puede confesar. Solo el culpable. Y nosotros somos inocentes.

AURA. *(Sarcástica)*. Desgraciadamente... Nunca le has hecho frente a tu cobardía.

LOBO. Cría cuervos y te sacarán los ojos. ¿Qué ganas con herirme?

LOBO. Yo no he dicho nada.

AURA. Acabas de hacerlo.

LOBO. ¿Y qué certidumbre tenemos de nuestras propias palabras?

AURA. ¿No te parece un modo demasiado abyecto de defenderte?

LOBO. Uno como otro cualquiera.

AURA. *(Poniéndose de pie)*. Podría acusarte.

LOBO. ¿Crees que el viejo Tigre no te conoce? Se sabe de memoria todas tus mañas. Y lo sabe todo. Aunque cierres puertas y ventanas, Tigre siempre sabe la verdad.

AURA. ¡Tigre, siempre Tigre! *(Desfallecida vuelve a tirarse en el* chaise longe. *Cierra los ojos)*. Yo no toqué la puerta. Estaba tendida en la cama con los ojos abiertos. Tú caminabas de un lado a otro en el cuarto como si estuvieras en una jaula. Además, me vigilabas a través del espejo.

LOBO. ¿Qué certidumbre tenemos el uno del otro? Cuando cerraste los ojos, ¿cómo podías saber lo que yo estaba haciendo?

AURA. *(En otro tono, casi con coquetería)*. No soy tonta. Soy una mujer celosa. Te amo y te conozco como la palma de mi mano.

LOBO. ¿No te das cuenta que la respiración se nos escapa?

AURA. ¿Es que acaso hemos respirado alguna vez?

LOBO. *(En acecho)*. ¿Oyes?

AURA. ¿Será Lobito?

LOBO. Es Tigre que respira...

AURA. Es el pulso de Cuca que tintinea...

LOBO. Es el corazón de Tigre que palpita...

AURA. ¿Te has movido? ¿Me he movido yo?

LOBO. En esta oscuridad, ¿cómo podremos saberlo?

AURA. ¿No es Caridad que baja las escaleras?

LOBO. ¿Será Cuca que las sube?

AMBOS. *(En un juego)*. ¿Lobito? ¿Caridad? ¿Cuca? ¿Tigre? ¿Cuca? ¿Caridad? ¿Lobito?

AURA. *(Desesperada)*. ¡Soy yo, que no puedo escapar!

LOBO. Eres una «mater dolorosa», entre la espada y la pared. ¿Cómo es posible que lo ames?

AURA. ¡No lo puedo evitar! Es mi hijo y temo por él.

LOBO. Atacará, no te quepa la menor duda.

AURA. A él lo amo y lo odio. Lo quiero ver vivo y lo quiero ver muerto. Son dos pasiones intensas. Solo a un hijo se puede amar así.

LOBO. Es nuestro peor enemigo. Más que Tigre.

AURA. Es posible. Estamos vencidos. No podemos luchar.

LOBO. Yo pienso que quizás se devoren el uno al otro.

AURA. Cuca la Cava te diría: «El que vive de ilusiones muere de desengaños».

LOBO. Pero también dice:

—«Tigre no duerme. No dejará que Lobito se salga con la suya».

AURA. ¿Te imaginas lo que hará Tigre con Lobito?
LOBO. Lo hará pedacitos.
AURA. ¿Y si no lo hace?
LOBO. Lobito nos comerá vivos. Es joven y fuerte. Tigre es viejo. Por ley natural tendrá que morir.
AURA. *(Riéndose)*. «Bicho malo nunca muere».
LOBO. *(Haciéndole el juego)*. «No hay mal que dure cien años...».
AURA. ¡No me hagas reír! Después de todo, es tu padre y es nuestro hijo, su nieto también. Porque él lo ama. A su modo y manera, naturalmente.
LOBO. *(Burlón, dando vueltas)*. ¡La madre se enternece! ¡El abuelo se enternece! ¡El nieto ha heredado sus muelas ¿No sería mejor meterlo en una jaula de hierro?
AURA. ¡Lo amo! ¡Lo adoro! ¡Quisiera protegerlo de todo por un muro de cristal para no dejar de verlo!
AURA. *(Jugando, como si estuvieran deshojando margaritas)*. ¡Lo amo...! ¡Lo odio...!
LOBO. ¡Deshojando margaritas!
AURA. ¡Lo amo! ¡Lo odio!
LOBO. ¡Lo amo!
AURA. ¡Lo odio!
LOBO. *(Riéndose)*. ¿Lo ves? ¿No te lo decía?
AURA. Eres un tramposo. ¡Un tramposo! ¡No es posible jugar contigo!
LOBO. *(Dando vueltas alrededor de ella)*. ¿Es el pequeño Lobito tu pequeño ángel guardián? ¿El que viene a salvarte? ¿O el que viene a devorarte? ¿El demonio que viene a sacarte de las llamas del infierno?
AURA. *(Rehuyéndolo)*. Soy su madre... Me adora... No puede vivir sin mí...
LOBO. Acabarás obligándome a lo peor...
AURA. ¡No, no lo hagas!
LOBO. Seré tu Lobito. Diré sus palabras. Te lo pondré cara a cara.
AURA. Ten piedad... Escucha...
LOBO. *(Violentamente, apretándole las muñecas, haciéndole volver la cara, encima de ella)*. Me obligas, Aura. Te pondré a Lobito ante ti y lo verás frente a frente, lo recordarás y no te quedará otro remedio que odiarlo y clamar por su muerte...
AURA. Me matas... Me destruyes...
LOBO. ¡Cómo si al nacer te hubiera envenenado las entrañas! ¡Lobito el santo! ¡Lobito el inmaculado! Lo verás y te devorará como si fuera la cabeza de la Medusa! ¡Nada quedará de ti! *(En una lucha brutal, la fuerza, la domina, la retuerce)*.
—«¿Y tú, vieja bruja, te has mirado al espejo? ¿Te has mirado bien?».
AURA. ¡Suéltame, Lobito, soy tu madre! ¿Es que no lo ves?
LOBO. ¿Ves a Lobito ahora? ¿Lo reconoces?
AURA. Soy yo. Eres tú
LOBO. Soy Lobito.
AURA. No juegues. Prefiero no verlo.
LOBO. *(Forzándola nuevamente)*. ¡Mírate bien, mírate bien la joroba!
AURA. ¡Suéltame, suéltame Lobito!
LOBO. *(Haciendo de Lobito)*.
—«No te escaparás, mamá. Tú eres mi viejo Tigre, mamá, que se enrosca y se viste de mujer. Mi viejo Tigre devorador... ¿Son esos tus estertores de agonía?».

AURA. No sigas, Lobito. Basta, Lobo, basta.
LOBO. Soy un monstruo creado a imagen y semejanza… En esta vida lo peor es la imposibilidad de hacer un pacto…
AURA. *(Lejanamente)*. No hay… remedio… para… la… soledad…
LOBO. *(Como Lobo)*. ¿Te rindes ahora? ¿Te convences?
AURA. Sigue Lobo, sigue con el juego. Entierra el puñal hasta el final. Acabaré recogiendo a mi hijo muerto y ya no me importará el crimen de Tigre.

Cambio de luz.

LOBO. *(La suelta. Aura se desploma)*. Aquella tarde…
AURA. *(Sin fuerzas)*. Aquella tarde…
LOBO. Recordarás aquellos meses en que estuviste enferma.
AURA. Lo recuerdo perfectamente… Estaba terriblemente deprimida. El viejo Tigre subía a visitarme. Nunca lo había visto tan alegre, tan complaciente… Todos ustedes… *(Haciendo un gesto con la mano)*. Me parece estarlo viendo: Tigre, tú, la vieja Cuca la Cava con su piel al cuello…
LOBO. Y un poco más al fondo…
AURA. Y un poco más al fondo…
LOBO. Dilo de una vez.
AURA. El pequeño Lobito…
LOBO. ¿Nos escuchabas?
AURA. Yo creía que me iba a morir.
  LOBO. *(Representando a los otros)*.
  —«¿Cuándo se morirá, Lobo?».
  —«¿Tendré nuevos juguetes, papá?».
  —«Lobito empieza a pensar en sí mismo».
  —«¿Cuándo se morirá? ¿Cuándo?».
AURA. Todos creían que me iba a morir. Hasta yo misma que comenzaba a preguntarme:
  —«¿Cuándo se morirá la vieja Aura, cuándo se morirá?».
  LOBO. *(Entusiasmado)*. ¡Hagan juego, señores, hagan juego! Si te dijera que nunca te habíamos querido tanto no lo llegarás a creer! Tigre te preparaba un bonito funeral. Y yo estaba de acuerdo. Me gustan las ceremonias. Por un instante te rodeábamos con otra clase de amor. ¿No lo sentías?
AURA. Sí, lo sentía. Era un amor que me recorría toda la espina dorsal.
LOBO. Al viejo Tigre, te lo aseguro, se le saltaban las lágrimas. Se emocionaba fácilmente. Hablaba de tus virtudes: la constancia, el amor materno… Te aseguro, Aura, que fue más generoso que cuando nosotros nos ponemos a soñar con su muerte.
AURA. *(Sarcástica)*. Tendré que estarle eternamente agradecida.
LOBO. Hacíamos planes para el futuro. El viejo Tigre nos aseguraba que iría todos los domingos al cementerio, llevándote esos gladiolos que te gustan tanto. Solo Lobito…
AURA. No me irás a decir…
LOBO. Estaba loco porque te acabaras de morir. No tenía paciencia. Se agitaba. Subía a verte una y otra vez con la esperanza de que todo acabara de terminar para siempre…
AURA. Serían las conversaciones de sobremesa. Me las imagino. ¿No sería Tigre quien deformaba aquel inocente corazón?

LOBO. Eres injusta con papá. Papá tiene sus sentimientos. Respeta los cadáveres. Honra los muertos. Hablaba de ti con un respeto sepulcral.

AURA. Dada las circunstancias…

LOBO. Pero Lobito… Perdía la paciencia… Las perretas eran terribles y hasta se tiraba sobre ti y te zarandeaba para ver si estabas viva o muerta.

AURA. Lo sé. Lo recuerdo perfectamente. No me lo tienes que decir.

LOBO. ¿Reconoces los síntomas?

AURA. Claro, naturalmente. Tomaba mis manos entre las suyas.

LOBO. —«Tiene las manos heladas, papá. Apenas pudo reconocerme».

AURA. Me hacía la muerta para hacerlo feliz.

LOBO. —«Tramposa, cochina tramposa».

AURA. Después de todo, es mi hijo. No es necesario que me cuentes. Yo puedo hacerlo como si hubiera estado allí. Sentados a la mesa Tigre y Lobito solo hablaban de mí:
—«¿Es cierto que mamá está grave?».
—«Yo creo que se muere el día menos pensado».
—«¿Y el médico?».
—«Ha perdido las esperanzas…».
—«¿Pero existe el peligro de su salvación?».
—«La esperanza es lo último que se pierde, Lobito».
—«Pero nosotros podríamos hacer algo, abuelo Tigre. La ayudaríamos, ¿no es así?».
—«Este muchacho acabará dándole punto y raya a cualquiera».
—«¿No es una magnífica idea, papá? Mamá, después de todo, podría descansar un poco».
—«¿Una cura de cementerio, no es así?».

Pausa, transición, dejando de actuar, a Lobo.

AURA. ¿Por qué no lo ayudaste, Lobo? ¿Qué te detuvo? *(Se deja caer en el* chaise longe). ¿Por qué no acabaste conmigo de una vez?

LOBO. Porque me iba a quedar solo, ¿no te das cuenta? *(La abraza).* ¿Y el miedo? ¿Qué me dices del miedo? Eran los dos: Tigre y Lobito. Yo no contaba. Jugaban a las cartas y yo los veía. Reían y eran felices. ¿Dónde estaba yo? *(Como si fuera sincero).* Aura, he vivido durante todos estos años a tu lado y ni por un instante has comprendido que te amaba…

AURA. —«Una dosis doble, abuelo Tigre, una dosis doble…».
—«Sabe más que la bibijagua, Aura. ¿No te parece, Lobo?».

Cambio gradual de luz.

LOBO. Entonces fue cuando subí las escaleras y comencé a llamarte, porque estabas ida, como si ya no estuvieras aquí. Lo recuerdo perfectamente. Si tenía algún aliado, el aliado eras tú. No te podías morir. Tenía que salvarte, sacarte de allí. Te habías alejado hacia un mundo desconocido al cual yo no tenía medios para llegar. Te perdías en un abismo y no te atrevías a enfrentarte a toda la verdad de quién era Lobito. Pero la verdad era tu única posibilidad de salvación.

AURA. Pero, ¿cómo iba a reconocerlo, Lobo? Si Lobito era así, a Lobito lo habíamos engendrado nosotros.

LOBO. Precisamente. Tienes que darle la cara a la realidad. Hacerle frente a los hechos.
AURA. Quiero estar ciega, muerta. Me voy, Lobo. Deja que Lobito acabe conmigo.
LOBO. Tienes que entender… Te aplicará una doble dosis y no podrás resistirlo…
AURA. Es… horrible… para… una… madre…
LOBO. ¿Y Tigre? ¿Qué me dices de Tigre? Porque si Tigre es el que está detrás de todo esto, si él es el manipulador, entonces… entonces está manipulando a Lobito… para que él sea el que acabe contigo.
AURA. Entonces…
LOBO. Tienes que salvarte para salvar a Lobito, porque, ¿qué no haría una madre por su hijo?
AURA. Por favor, Lobo, no me hagas reír…
LOBO. *(La ayuda a incorporarse)*. Cuando lleguen, tienen que estar de pie.
AURA. *(Escuchando)*. ¿Oyes…? ¿Oyes…?
LOBO. Se acercan… Esperemos… Vamos a ver…
AURA. Es Lobito, Lobo… Ha regresado… Lobito está aquí…

Entra Tigre en la silla de ruedas seguido de Cuca. Movimientos parecidos con la silla de ruedas, pero más moderados que en el acto anterior.

TIGRE. ¿Ha regresado?
CUCA. ¿Ves? Te agitas y te fermentas. Acabarás matándote. Te lo vengo diciendo.
TIGRE. ¿La oyen? Resulta que ni siquiera Cuca quiere que me muera. Cuca tiene miedo de Lobito. Teme que se lleve su piel de gato.
AURA. Cada puerta que se abre es Lobito. Cada ventana que se cierra es Lobito. Cada palabra se torna Lobito una y otra vez. Cada instante es el peligro de Lobito que nos amenaza. Estoy cansada. ¡Acaba de una vez, Tigre!
TIGRE. Al fin la pequeña Aura invoca a los dioses tutelares. El feroz Lobito a unificado a la familia. Me siento conmovido.
AURA. ¿Es que no he sufrido bastante? ¿Es que no tengo derecho a vivir este rescoldo de mi juventud?
TIGRE. Lo tienes, nena, claro que lo tienes.
CUCA. Esta casa se volverá luz y alegría…
TIGRE. *(Sarcástico)*. En la unión está la fuerza, ¿no? Y para la mano dura, no hay nadie mejor que el viejo Tigre.
CUCA. Siempre lo dije. La educación de Lobito no ha sido la más adecuada. Pero yo no he contado para nada en esta casa. Ahora tenemos que pagar las consecuencias… los mimos de Aura… las debilidades de Lobo… todo se unió para que Lobito acabara haciendo las cosas que no debía… ¡Yo no he tenido la culpa! Si por mí hubiera sido, hace tiempo que hubiera puesto a Lobito en un reformatorio.
AURA. ¿Un reformatorio? ¿Cómo puedes decir tal cosa?
CUCA. Árbol que crece torcido jamás su tronco endereza.
LOBO. Nunca es tarde si la dicha es buena.
CUCA. ¿Podía alguien en esta casa regañar a Lobito? ¿Quién le castigaba cuando no quería compota? ¿Quién podía cambiarle los pañales cuando se orinaba en la sala? ¿Quién lo requería cuando mordía al perro y al gato?
AURA. *(Aparte, muerta de la risa)*. ¡Está loca, completamente loca!
CUCA. Aura, convéncete, así no se puede criar a un muchacho. Era yo quien decía, quien señalaba, quien ponía los puntos sobre las íes. Pero nadie me hacía caso.

TIGRE. *(Violento)*. ¡Ese muchacho, vieja reputa, era el orgullo de mamá, de papá y del abuelo!
LOBO. Hay cosas que se llevan en la sangre.
CUCA. ¿El robo se lleva en la sangre? ¿El odio se lleva en la sangre?
AURA. *(Ahogadamente)*. Precisamente, en la sangre.
CUCA. Bueno, no hay que exagerar, pero un reformatorio no estaría de más. Sería una solución, ¿no les parece?
LOBO. Cuca cura el cáncer con aspirinas…
CUCA. La herida tal vez no sea demasiado profunda y quizás pueda cicatrizar.
AURA. Pero la infección tiene pus…
CUCA. Existe la penicilina, ¿no?
AURA. Nadie puede ir a la farmacia con esta lluvia.
LOBO. No hay yodo…
AURA. Ni mercurocromo…
CUCA. Un reformatorio no es el fin del mundo… Detesto la tragedia… Soy la alegría personificada. Si Tigre me dejara esta casa sería tan alegre como aquella en el Cerro… ¡Qué vida aquella! Levantarse, acostarse, dormirse, despertarse, peinarse, desvestirse, denudarse, sobarse, alegrarse, orinarse, cagarse, olerse, bañarse, apestarse, tentarse, chuparse, romperse, gozarse, irse, venirse, enfriarse, calentarse…
TIGRE. ¡Cállate, Cuca la Cava! ¿A dónde vas a llegar?
CUCA. ¡Al final, Tigre, al último buchito!
AURA. ¡Yo no doy marcha atrás, Cuca la Cava! Si no te gusta la tragedia, lárgate con la música a otra parte.
CUCA. Un correctivo… Un reformatorio… Lobito no ha sido nunca santo de mi devoción, Tigre, pero tampoco es cosa de matarlo.
LOBO. ¿De matarlo?
AURA. *(Falsamente asustada)*. ¿Quién ha dicho cosa de matarlo?
TIGRE. Cuca ha dicho cosa de matarlo.
CUCA. No, Tigre, no, yo no he dicho eso.
AURA. ¡Pero una madre…! Una madre no puede aceptar cosa semejante. *(Actuando, histérica)*. Yo he vivido sin un minuto de amor, falta de cariño. ¿Sabe alguien lo que es eso? ¡Suéltame, Lobo! ¡Suéltame, Cuca! ¡Suéltame, Tigre! ¡Acaben de una vez conmigo!
TIGRE. *(Tranquilizador)*. No te pongas así. Todo se andará a su debido tiempo. Nunca has sabido tener paciencia. Estoy aquí. No hay que perder la calma. ¿La pierdo yo porque un mocoso intente ponerme rabo? Todavía soy un hombre fuerte. A mí, que no me vengan con amenazas. No me gusta que jueguen conmigo. Y no me han gustado las jugadas de Lobito, que tendrá que pagar sus faltas. Yo me encargo de todo, Aura.
CUCA. Pero no te excites, que te sube la presión.
TIGRE. Te advierto, Aura, que por algo soy el abuelo y no hago otra cosa que recordarlo. El pequeño Lobito no era más que un pequeño Tigre feroz que afilaba sus garras. Todo el mundo lo recuerda. Las paredes están llenas de fotografías. Lobito cumpliendo tres años, apagando las velitas, comiendo el cake de cumpleaños…
AURA. Era un niño monísimo.
LOBO. Teníamos una camarita de la Kodak.
AURA. Lobito tomando el biberón.
TIGRE. Chupándose el dedo.

LOBO. Arañando los muebles.
AURA. Rompiendo el jarrón de porcelana.
CUCA. ¡Qué muchacho, Dios mío!
TIGRE. ¡Acabando con la quinta y con los mangos!
LOBO. ¿En qué fallamos, papá?
TIGRE. Fuimos demasiado lejos.
LOBO. Sí, fuimos demasiado lejos.
AURA. Demasiado… lejos…
CUCA. ¿No les decía yo? Demasiado lejos.
TIGRE. De acuerdo. Por primera vez estamos de acuerdo. ¿Qué pago nos ha dado ese… ese hijo de puta? Lo sabemos bien. No es necesario que nadie lo diga. Y a mí, en particular, a su propio abuelo… Después de viejo, un mal paso. Una cáscara de plátano. Un hueso partido. El viejo Tigre con un hueso partido. Detesto la injusticia, Aura. Me gusta la Justicia cuando está de mi parte. Cuando la Justicia no está conmigo, me dan ganas de echar mano a mi pistola y pegarle un tiro. Mi pequeño Lobito ha hecho mal. Soy su abuelo del alma pero tengo que reconocerlo. Pero el pequeño cabronzuelo se ha puesto a jugar con el dinero del abuelo y esa es una deuda que tiene que pagar.
CUCA. Tienes toda la razón. Yo solo quiero que no te excites…
TIGRE. ¡No quiere que me excite! ¡Me pone rabo, me parto una costilla, y Cuca la Cava quiere que me calme! ¡Me excito, me violento, me vuelvo un toro! Ya le he pasado bastante. Recordarán que lo mimaba también, yo que soy una fiera… Recordarán que le compré un tren eléctrico cuando tenía cinco años y lo rompió a patadas y no le dije nada… Voy a castigarle y todos estarán conforme… ¿Es que alguien se opone?
LOBO. *(Escuchando)*. ¿Oyen ustedes?
CUCA. Sí, son los pasos de Caridad. Cojea levemente y se apoya contra la baranda. Los puedo reconocer.
AURA. *(Firme, segura)*. Es Lobito…

Lobito entra de pronto, muy rápidamente. Queda paralizado ante el súbito encuentro con todos los demás. Todos lo miran fijamente. Por la escalera o las plataformas que conducen al piso alto aparece Caridad. Durante toda la escena que sigue irá bajando muy lentamente, escalón por escalón, hasta el final de la escena cuando llegará al nivel de los otros personajes.

LOBITO. ¡Coño, la familia!
AURA. Por lo visto sigue tan sucio y malhablado como antes.
TIGRE. ¡Bah, déjate de mojigaterías, Aura! Lobito repite lo que oye. Todo el mundo dice sus ñetas y sus ajos. ¿No es cierto, muchacho?
LOBITO. Mamá, ya sabes… Siempre aguando la fiesta… Jode un poco…
CUCA. *(Vacilante)*. ¿Estás seguro, Tigre que no deberías de…? ¿No sería mejor que… subieras a… subieras a tomar las gotas…?
TIGRE. ¡La vieja Cuca! Acabo de llegar y no voy a subir tan pronto… Particularmente ahora que Lobito ha venido a hacernos compañía… ¿No es cierto, Lobo?
LOBO. Tú dirás… Es asunto tuyo, papá.
TIGRE. De acuerdo, ya lo sabemos. Fue una pregunta… retórica. Tú serás el mismo hasta el final. *(A Lobito)*. Tu padre se escandaliza por las pequeñas traiciones, muchacho. Por

las que hacen los demás, naturalmente… Es una lástima, Lobito. ¡Tú me entiendes tan bien! Sabes que soy una cosa sucia, pero que siempre me visto de limpio.
CUCA. Tigre, yo detesto los problemas de familia.
TIGRE. ¿Problemas de familia? ¿Pero qué problemas hay aquí? ¿Quieres decir que esto es una familia mal llevada?
CUCA. Quiero decir… ¿Podría subir a acostarme?
TIGRE. Si, vieja, sí, cómo no. ¡Sube y vete al diablo! Aquí no tienes nada que hacer. Si no fuera por esa curiosidad malsana y enfermiza, vulgo chisme, estarías roncando. Pero no hagas la comedia, como Lobo, de lavarte las manos como Poncio Pilatos.
LOBO. Déjame en paz, papá. No te metas más conmigo. ¿Qué ganas con eso?
AURA. Es que Cuca da marcha atrás.
TIGRE. Un pasito palante, un pasito patrás… Así, vieja bruja, no se va a ninguna parte…
CUCA. Todo esto acabará afectándote la digestión… ¿Acaso no sería mejor dejar para mañana el caso de Lobito? Cuando se consultan los asuntos con la almohada…
LOBITO. ¿Qué sucede ahora? ¿Qué pasa conmigo?
CUCA. Vete a jugar, Lobito. Vete al patio a jugar a la pelota.
TIGRE. Cuca sigue siendo una piruja del barrio de Jesús María. No hay quien la haga cambiar.
LOBITO. *(Tratando de irse)*. Me voy. Esto huele a queso. Me voy a jugar al patio.
AURA. *(Reteniéndolo)*. Demasiado tarde. Puedes molestar a los vecinos.
CUCA. Hija, si es temprano…
AURA. Yo creía que tú querías mandarlo al reformatorio.
LOBITO. ¿Al reformatorio?
CUCA. Fue un decir… Y además, esto sería hasta razonable.
TIGRE. ¡Lárgate, Cuca! Eres una bruja pelleja y cobarde. ¡Pero aquí no haces falta para nada!
CUCA. *(Saliendo de escena)*. Si quieres algo, pega un grito.
LOBO. Supongo que tú no me necesites, papá.
TIGRE. Tienes razón, porque con Aura es más que suficiente.
AURA. *(A Lobo)*. Soy yo la que no quiero que te vayas. ¿No te parece demasiado fácil?
LOBITO. Tengo sueño, mamá. Quisiera acostarme.
TIGRE. *(Cariñoso)*. Siéntate, Lobito.

Lobito se sienta. Lobo retrocede unos pasos y permanecerá entre las sombras hasta su próxima intervención.

TIGRE. *(A Lobito, fingiendo)*. Nuestro pequeño lobito quiere dormir. «Cuatro pilares tiene mi cama, cuatro angelitos que me la guardan…».
AURA. *(Cantando)*. «Duérmete mi niño, duérmete mi amor…».
LOBITO. *(Violento)*. ¿Qué pasa, mamá? ¿Qué se traen ustedes? ¡Coño, puta, está bueno ya!
AURA. ¡Qué manera de hablar! ¿Qué palabras son esas?
TIGRE. *(A Aura, sonriente)*. Nuestra familia degenera, mi queridísima nuera. El cerebro de Lobito no da para mucho. No lo voy a negar, pero a mí también me gustan las malas palabras. Yo soy el primero en decirlas. Pero la mezclaba con otros asuntos: partido conservador, partido liberal, revolución y capitalismo. *(Girando en la silla, volviéndose a Lobito)*. Tú solo dices: coño, puta, puta, coño, coño, carajo…
LOBITO. *(Gracioso, inocente)*. Solo soy un niño, abuelo. Tengo mucho que aprender.

TIGRE. Acabarás haciendo llorar a tu madre. Eso sería demasiado triste.
LOBITO. *(Se acerca tiernamente a Lobito pasándole la mano por los cabellos).* Solo Dios sabe lo que he querido a Lobito. Es mi hijo. He sufrido por él y eso no ha sido una comedia.
TIGRE. *(Irónico).* ¿Y quién ha llegado a dudarlo?
LOBITO. *(A Aura, ingenuamente falso).* ¿Y quién ha llegado a dudarlo, mamá? *(Igual, a Tigre).* Yo nunca he dudado del cariño de mamá, abuelo.
AURA. *(Alejándose).* ¿Nunca? *(Muy despacio).*
—«Mientes… mamá… haces… trampa… Tramposa… cochina… tramposa».
TIGRE. *(A Aura).* No irás a hacerle caso a un juego de muchachos. Lobito solo jugaba contigo. *(A Lobito).* ¿No es así, Lobito?
LOBITO. Claro, abuelo
TIGRE. El juego de las trampas abiertas. Basta jugar y el que pierde grita: «Tramposa, cochina tramposa». Es decir: un halago, un premio. Cuando uno habla de estas cosas se siente joven otra vez. Vuelvo a la infancia. Quisiera jugar, Lobito. ¿Qué me dices? ¡El juego de las trampas abiertas! ¿Hay algo más divertido? *(Dando vueltas en la silla de ruedas).* ¡Doy vueltas! ¡Me agito!
LOBITO. Estás muy viejo, abuelo. Podría darte un infarto.
TIGRE. Ese es el juego. Me partiría un hueso, pero podríamos divertirnos un rato. Aura, ¿qué te parece? Tú eres una mujer de empuje, ¿qué dices?
AURA. Si el niño y el abuelo quieren… Ellos mandan…
TIGRE. ¡No, no, Aura, recuerda que las mujeres mandan!
LOBITO. ¡Sí, mamá, déjanos jugar…!
AURA. *(Con sorna).* ¿Cómo podría oponerme?
TIGRE. ¡Juguemos! ¡Me siento joven otra vez! ¡Mi bastón, coño, denme mi bastón!

Cambio de luz.

Aura le da el bastón. Tigre se levanta con dificultad. Cada personaje se coloca como una ficha en un tablero y comienzan a moverse dando saltos, como si el piso fuera el tablero. Así cambiarán de posición en el transcurso de la escena, usando la silla de ruedas como parte del juego, cuyo desarrollo será casi coreográfico a manos de la imaginación del director: El movimiento establece relaciones dramáticas entre los personajes de acuerdo con el texto. Todo debe estar dispuesto para que haya suficiente espacio y el juego se pueda realizar con movilidad.

LOBITO. Vamos a disponer las fichas. Juega, mamá, juega.
AURA. *(Moviéndose).* Es difícil. Me puedo caer.
TIGRE. Un paso más, Aura… Un paso hacia el centro.
LOBITO. ¡Cuidado! Hace juego el abuelo.
TIGRE. ¡He aquí el tablero! La vieja Aura al centro. ¡Un juego de damas!
AURA. *(Moviéndose).* ¡Me entusiasmo! Lobito es un niño y lo tengo nuevamente entre mis brazos. *(Acercándose a Lobito).* «Duérmete mi vida, duérmete mi amor».
TIGRE. *(En juego con Aura, cercando a Lobito, paródico).* «Duérmete pedazo…».
AURA. No podrás irte de mis brazos, mi niño, mi bebito. Mío… Mío… Siempre mío…
TIGRE. «… de mi corazón…».
LOBITO. *(Salta y se les escapa).* ¡De eso, nada!

TIGRE. La trampa, Aura, en tu corazón.. Allí mismo… Estuviste a punto de caer…
LOBITO. *(Distante).* ¡No le hagas caso, mamá! Un pasito hacia delante… Un pasito hacia atrás…
AURA. *(Moviéndose, cantando).* ¡Este niño lindo, que nació de día…!
TIGRE. Haces trampa, Lobito.
AURA. *(A punto de caer).* Me empujas, mi hijo… Así no vale.
LOBITO. Es el juego, mamá… Yo no hago trampas…
AURA. «… que nació de día…».
TIGRE. Un paso mal dado…
AURA. Y como si nos lanzáramos al abismo.
LOBITO. *(Mientras salta, como si pasara por varios cuadros a un mismo tiempo y como si rodeara a Tigre y a Aura).* Tengo catorce años, viejo Tigre. ¡Salto! ¡Yo puedo saltar así! ¿Lo ves, viejo Tigre? Hay que saltar. ¡Darle la vuelta a la silla y saltar junto a ella! ¡Cómo un canguro! ¡Tengo catorce años, abuelo! Dos fichas. Me las llevo de encuentro. ¡A mí no hay quien me gane esta partida!
AURA. «…quieren que lo lleven…».
TIGRE. *(Molesto).* ¡Coño, carajo! ¡Yo saltaba, Lobito, yo saltaba! ¡Por encima del partido conservador y del partido liberal! ¡En las mismas narices del presidente! Yo saltaba en La Habana como no saltaba nadie. Aún puedo hacerlo. *(Toma impulso, pero no salta).*
LOBITO. ¡Salta, abuelo, salta!
AURA. *(A Tigre, casi como un aviso).* ¡Saltaba! ¡Saltaba!
LOBITO. ¡Salto, salto como un canguro! ¡Salto como un hombre!
AURA. ¡Saltaba! ¡Pasado! ¿No entiendes que no es el presente?
TIGRE. ¡Calma, Aura! ¡Calma! ¡No tengas miedo! *(Dando un pequeño salto, grotescamente corto).* Salté. *(Agitado, se sienta en la silla).* ¡Me la gané! ¡A mí no hay quien me ponga un pie por delante!
LOBITO. *(Furioso).* ¡Mamá hace trampa! ¡Esto es una mierda, coño!
TIGRE. *(Riéndose).* Es el juego de las trampas abiertas, muchacho. Todo está permitido. Hacemos trampa. De otro modo no tendría sentido. *(Alargando sus brazos).* ¡Ven, abraza a tu abuelito! ¡Te enseñaré a saltar como un mono!
LOBITO. *(Dando santos agilísimos).* ¡Créete tú eso! ¡Mira, abuelo! ¡Mira como salta tu nietecito!
TIGRE. *(Levantándose con dificultad, caminando como si lo estuviera haciendo por una cuerda floja).* ¡Mira! ¡Mira!
LOBITO. *(Acercándose a Tigre, como ayudándolo).* Juguemos contra mamá, abuelo.
AURA. ¡Cuidado, cuidado…! Una cáscara de plátano… Un viejo con una costilla partida… ¿Hay algo más ridículo?
LOBITO. Yo no la puse, abuelo. Son inventos de mamá.
AURA. Un paso en falso… La trampa está abierta.
TIGRE. *(Transición, violento).* ¿Lobito abrió la trampa otra vez?
AURA. *(Haciéndose la loca, tarareando).* «¡Este niño lindo! ¡Que nació de noche…!».
LOBITO. *(Mirando a un abismo imaginado).* ¡Cuidado! ¡Han movido las fichas! ¡La abrió mamá, abuelo! ¡Para que te destarres!
AURA. *(Mismo juego).* «¡Quieren que lo lleven… a pasear…!».
LOBITO. *(Eufórico).* «¡En coche!».
TIGRE. *(Dubitativo).* «¿En coche?».

LOBITO. ¿Dónde está la trampa, Lobito?
AURA. ¿Dónde está la trampa, Aura?
TIGRE. ¿Dónde está la trampa, Tigre?

La escena se oscurece. El área de juego se va reduciendo. Al frente cae un cono de luz, que será el área lúdica.

AURA. ¿Quién apagó las luces?
TIGRE. ¿Quién movió la silla?
LOBITO. ¿Quién escondió las fichas?
AURA. *(A Lobito).* ¿Eres tú?
LOBITO. *(A Tigre).* ¿Eres tú?
TIGRE. *(A Aura).* ¿Eres tú?
TODOS. ¿Yo? ¿Tú? ¿El? ¿Nosotros? ¿Vosotros? ¿Ellos?
AURA. ¿Ellos?
LOBITO. ¿Ellos?
TIGRE. ¿Ellos?
LOBITO. Es mamá quien pone trampas en esta casa. Mamá es la tramposa. ¡Tramposa, cochina tramposa!
TIGRE. ¡Juega, juega ahora, Aura!
LOBITO. ¡Tramposa, cochina tramposa!
TIGRE. ¡Juega, juega ahora, Aura!
LOBITO. *(Feroz, de espaldas a Tigre, frente a Aura).* ¡Tramposa, cochina tramposa!
AURA. *(A Lobito, confundiéndolo).* ¡Ten cuidado, Lobito! ¡Por la espalda! ¡Rápido! ¡Te va a matar! ¡Entierra el cuchillo!

Impulsado por el juego y el instinto, Lobito saca un cuchillo de plata, creyendo que Tigre está a sus espaldas para atacarlo. Este cuchillo puede ser real o, sencillamente, el actor debe empuñarlo sin que se materialice físicamente. No sabe que ha caído en una trampa.

TIGRE. *(Deteniendo la mano en alta de Lobito por la muñeca).* ¡Canalla, el cuchillo de plata!
LOBITO. *(Resistiendo).* ¿El cuchillo de plata?
AURA. ¡El cuchillo de plata!

Forcejean. Lobito ofrece resistencia. Tigre, desde la silla de ruedas, le retuerce la muñeca, hasta que el cuchillo cae, real o figurativamente. Aura lo toma y se queda con él en la mano.

LOBITO. ¿No es un juego? Jugaba al juego.
TIGRE. ¿No es un juego? Jugabas al robo, Lobito. Eres un tramposo y un cabrón.
LOBITO. ¿No es un juego? ¿No está permitido el juego? Tú mismo lo has dicho.
AURA. *(Parodiando a Tigre).* «¿Un robo? ¿Qué tiene de malo el robo. El robo, después de todo, lo practica todo el mundo».
TIGRE. ¡Pero no con lo que es mío, coño! *(A Lobito).* En este juego llevas las de perder.
LOBITO. Juego al robo, abuelo. Es legal. Yo no te tengo miedo. Ladrón que roba a otro ladrón... ¡Tengo catorce años y puedo saltar y puedo acabar con todo!

TIGRE. ¡El cuchillo, los cubiertos, el servicio de plata! ¡Todo! ¡Joyas! ¡No dejaste nada! ¡Mi plata! ¡Robaste, ladrón, robaste! ¡Lo robaste todo!
LOBITO. *(Lanzándose sobre Aura le arranca el cuchillo)*. ¡Robé, robé este cuchillo de plata! ¡Pero con él voy a terminar con todos, contigo, con mamá, con papá, con cualquiera que se me ponga en el camino! ¡Tengo catorce años y puedo acabar con todos! ¡Con todos!
LOBO. ¡Cuidado, Lobito, que te matan!

Lobito se vuelve. Con una agilidad inesperada, Tigre se lanza sobre Lobito y se entabla una lucha cuerpo a cuerpo. Ruedan por el piso. Lobo entra en el área de luz, donde está Aura y siguen la escena. Un cono de luz sigue a Tigre y Lobito en su lucha, hasta que de algún modo se acuchillan mutuamente.

OSCURO TOTAL

EPÍLOGO

Tras un oscurecimiento algo prolongado, l encenderse la escena todos los objetos de plata han desaparecido. Hacia un extremo del escenario aparece Cuca colocando unas horrendas guirnaldas de papel que cruzan el escenario de un extremo al otro. Cuca está encaramada en una silla. Hablará siempre a gritos, como si Aura y Lobo estuvieran en mundos muy alejados al suyo. Aura y Lobo hablarán en voz baja, hacia el proscenio, algo apartados, entre ellos, como si temieran alzar la voz, salvo cuando se dirigen a Cuca: entonces hablan a gritos como si Cuca estuviera sorda.

CUCA. ¿Está demasiado alta? ¿Lucirá bien? ¡Tengo miedo de caerme, pero me gusta esto! ¡Dios mío, si Tigre me viera! ¡Se volvería a morir!
AURA. *(A Lobo)*. Habla como si estuviera muerto.
LOBO. Lo está, ¿no?
CUCA. ¿Colocaré la guirnalda un poco más allá? ¿Sería mejor colocarla un poco más acá? Soy partidaria, sencillamente, de pintar las paredes de rosado, que es un color tan alegre.
AURA. *(A Lobo, entre ellos)*. En este momento se apagaron las luces.
LOBO. Una mera coincidencia.
CUCA. Sería mejor correr aquella butaca, ¿no les parece?
AURA. *(A Lobo)*. Pero cuando se volvieron a encender los cadáveres no estaban allí.
LOBO. *(A Aura)*. ¿Y este mal olor? ¿Acaso no es prueba suficiente de que están muertos? ¿Muertos y bien muertos? Ni las siete potencias de Cuca la Cava hacen desaparecer ese tufito que casi no nos deja respirar.
AURA. Por eso sería mejor encontrarlos. Me sentiría más segura y podríamos respirar un aire más puro.
LOBO. ¿No es lo que estamos haciendo? Pero no hemos tenido suerte.
AURA. Ni los cadáveres, ni el oro, ni la plata… ¡Cómo si los hubiera tragado la tierra!
CUCA. *(A Caridad, que pisa una guirnalda)*. ¡Muchacha, mira por donde caminas, me estás pisando las guirnaldas!
LOBO. *(A Aura, refiriéndose a Caridad)*. Para mí ella tiene que ver.
AURA. ¡Se hace la loca para ver el entierro que le hacen!
LOBO. Debemos enredarla en sus propias redes.

AURA. Me canso.

LOBO. Eres feroz, pero te desanimas.

AURA. Para ti fue más fácil. Solo interviniste en el último momento.

LOBO. Una intervención decisiva. Tú estabas a punto de desmayarte.

AURA. El juego era agotador. Tengo los nervios destrozados. Parecían dos fieras.

LOBO. Pero ganamos. Matamos dos pájaros de un tiro.

AURA. ¿Te imaginas? Si los dos estuvieran muertos seríamos libres. *(Pausa breve)*. Pero yo no estoy tan segura de eso. Y además, ¿de qué nos ha valido? ¿Qué ha dejado Tigre? ¿Qué hemos podido encontrar? Documentos, libretas de banco con las cuentas cerradas, papeles que no tienen ningún valor. Solo ha dejado este mal olor, este desagradable olor a muerto.

LOBO. Es natural. Tendremos que seguir buscando.

AURA. ¿Dónde, Lobo, dónde?

LOBO. Tendremos que seguir buscando hasta encontrarlos, a ellos, a los cadáveres y al dinero.

AURA. A veces he llegado a pensar... Sería mejor que los dos estuvieran vivos...

LOBO. ¡Qué locura! ¡Se mataron el uno al otro! El antes y después. El capital y la revolución se estrangularon con la tripa del ombligo...

CUCA. *(Cantando)*. Yo tengo ya la casita... Que tanto te prometí... Muy llena de margaritas... Para ti, para mí...

LOBO. No te desanimes, Aura. Lo que quieren ellos es que te dejes vencer. No puedes hacerlo.

AURA. Apenas tengo fuerza.

LOBO. Mira, seamos sensatos por una vez en la vida. Es mejor que nos pongamos de acuerdo.

AURA. ¿Qué quieres decir?

LOBO. ¿Quiénes son los que se han quedado vivos?

CUCA. *(A Aura)*. ¿Qué te parece, Aura? ¿No son unas guirnaldas preciosas? ¡Unas por aquí! ¡Otras por allá! ¡Esto me hace recordar tantas cosas!

AURA. *(Hablando casi consigo misma)*. Todo está mezclado: fotografías, expedientes, recortes de periódicos, tarjetas postales, sellos, hipotecas, cuentas por pagar, números... Pero de dinero, nada. ¡Nada!

LOBO. Todo lo que tiene valor ha desaparecido. No hay tiempo para pensar en los muertos, sino en los vivos. En Caridad... En Cuca la Cava.

AURA. Pero Caridad se ha quedado completamente ciega. Ella bien poco puede hacer.

LOBO. ¿Ciega? ¿Qué seguridad tenemos? ¿Y si es un truco?

AURA. ¿La crees capaz?

LOBO. Aquí todo el mundo es capaz de todo. Además, ha dicho que ha visto a Tigre.

AURA. Y a Lobito.

LOBO. Entonces, ¿está ciega o ve?

AURA. Pero tú mismo has dicho que Tigre y Lobito están muertos. Te contradices. ¿Están muertos o están vivos?

LOBO. Está bien. Me contradigo. Dejemos las visiones de Caridad a un lado...

AURA. Los ciegos, sin embargo, tienen una cualidad especial para ver.

LOBO. Tracemos un plan de acción. Concentrémonos en Cuca. Es posible que ella sepa algo que nosotros no sabemos.

AURA. ¿Qué quieres decir?

CUCA. *(A Aura)*. ¿Pero es que a ti no te gusta así?

LOBO. *(A Aura)*. Contesta. Cuca te está preguntando.

AURA. ¡Perfecto, Cuca, perfecto! Esa guirnalda roja es preciosa. Cuando las luces caen sobre ella las flores brillan una barbaridad.

CUCA. ¡Soy tan feliz, Aura! *(Canta)*. «Ya tengo ya la casita, que tanto te prometí, por cierto muy singular, toda llenita de flores, para saltar y bailar».

AURA. ¡Qué locura, Cuca! ¡Esa no era la letra! ¡Ay, Cuca, eres la pata del diablo!

CUCA. *(Que va cambiando la silla de lugar y sigue arreglando guirnaldas por la pieza)*. ¡Me recuerdan los carnavales del año veinte! ¡Qué carnavales aquellos, virgen santa! ¡Hace dos días que estoy recordando esos carnavales!

AURA. ¡Pero si estamos en Navidad, mujer!

CUCA. ¿Y qué más da? ¡Cómo si fuera ayer! Vino la parranda de Santa Clara. *(Canta)*. «Ahora seremos felices, ahora podremos cantar, aquella canción que dice así, con su ritmo tropical». *(Transición)*. ¿Es seguro que Tigre está muerto y enterrado?

AURA. *(A Lobo)*. ¿La oyes? Eso lo dice con intención.

LOBO. Es una vieja bruja, pero te aseguro que no nos costará mucho trabajo...

AURA. Prefiero el drama. Prefiero la tragedia. Detesto la farsa que ahora tengo que representar. Me da asco. ¡No la resisto, Lobo, no la resisto! Es una cualquiera.

LOBO. Tus estúpidos escrúpulos. Tus elucubraciones. Piensa en las ganancias.

AURA. No sabemos nada. Estamos perdiendo el tiempo.

LOBO. ¿Dónde iba a esconder Tigre su dinero constante y sonante? ¿Salía de esta casa? ¿No estaba en una silla de ruedas? ¿No vigilábamos a todas horas del día y de la noche? ¡No podemos dejar que Cuca se nos escape con las manos llenas!

CUCA. ¡Ay, Lobo, quién pudiera ser joven otra vez!

LOBO. Lo eres, Cuca, lo eres.

CUCA. *(Bajándose de la silla)*. ¡Ya verán, ya verán! ¡Esta casa será la más alegre de La Habana! Si no estuviera en Miramar, juraría que estoy en el Cerro. Llamaremos a mi hermana Marina y todos sabremos lo que es vivir y divertirse. *(Transición)*. ¿Ha limpiado Caridad la mancha de sangre?

AURA. Ha hecho lo que ha podido.

CUCA. ¡La pobre! *(Mirando al piso)*. Sí, lo ha hecho bastante bien para no ver nada. Es increíble. ¿Quién iba a decir que Tigre tenía tanta sangre dentro? ¿Y Lobito? Aquí casi se podía nadar en sangre. Yo creo que se ahogaron en su propia sangre. ¿No te parece, Aura?

AURA. Sí, eso debió ser.

CUCA. ¡Voy a prepararme una tacita de café! *(Sale de escena cantando)*. «Esto le zumba, apenas sintió la conga el muerto se fue de rumba».

AURA. ¿Oyes lo que canta?

LOBO. ¿Es que quiere tomarnos el pelo?

AURA. ¿Tendrá el dinero del viejo Tigre?

LOBO. ¿Vamos a dejar que ella se salga con la suya?

AURA. ¿Es un truco lo que se trae entre manos?

LOBO. ¿No nos hemos ganado el pan con el sudor de nuestra frente?

AURA. ¿Es que no hemos vivido año tras año en acecho?

LOBO. ¿Vigilar? ¿Vigilar siempre?

AURA. ¿Dónde está el dinero?

LOBO. ¿Entre las piernas de Cuca?

AURA. Buscar, buscar siempre...
CUCA. *(Entrando con una taza de café en la mano)*. ¡Café Pilón, Aura, sabroso hasta el último buchito! Pero no pongas esa cara, mujer. ¿Qué te pasa? ¡Aprende de mí! Hago de tripas corazón. Lo que te digo: no hay que tirarse a morir. Lobito era tu hijo, de acuerdo, pero no vamos a negar que ese muchacho, hija mía, estaba para meterlo en un reformatorio. Al fin y al cabo, hizo como Chacumbele. Y a la larga verás que todo ha sido mejor así. Él y Tigre estaban cortados por la misma tijera y no hubiéramos podido vivir en paz si Tigre hubiera dejado a Lobito o Lobito hubiera dejado a Tigre. Ahora los dos están a la diestra o siniestra del otro. Y aquí paz y en el cielo gloria. *(Sale cantando y bailando sola)*. «Si me pides el pescao te lo doy, si me pides el pescao te lo doy...».
LOBO. *(A Aura)*. ¿La oyes? Esa casa del Cerro la tiene fascinada... Y si la seguimos y nos metemos en ella con ella, acabará hablando, diciendo donde tiene el dinero...
AURA. Estás loco, Lobo, completamente arrebatado. ¿Y si no sabe nada?
LOBO. ¿Y si nos hace trampa? Le ofreceremos el pasado como un manjar envenenado.
AURA. *(Como en un eco)*. Le ofreceremos... el... pasado... como... un... manjar... envenenado...
CUCA. *(Vuelve, con el mismo juego)*. «¡Arroz con picadillo, yuca! ¡Sal de la cueva, cuacuá!».
LOBO. ¡Hagan juego, señores, hagan juego!

Cambio de luces.

Durante esta secuencia, Aura y Lobo iniciarán un juego para hacer caer a Cuca en una trampa. El montaje queda en libertad del director, pero el efecto debe ser caótico, violento y alucinante. Caridad permanece en las sombras hasta el final de esta escena.

CUCA. La aguja sabe lo que cose y el dedal lo que empuja.
AURA. *(A Lobo)*. Eso no tiene sentido. ¿Qué quiere decir?
LOBO. *(A Aura)*. No le hagas caso. Síguele la corriente.
AURA. *(A Cuca)*. Tengo el doble nueve, Cuca. ¿No es la ficha más alta?
LOBO. *(Afable, en voz alta)*. ¡Ten cuidado, no vaya a ser que te haga trampa!
CUCA. ¿Trampa yo?
AURA. Cuca no sería capaz de hacernos trampa. Sé lo mucho que quería a Lobito.
CUCA. Lo cortés no quita lo valiente. Doble nueve. Doble ocho. Doble siete. Doble seis. ¿Colocaremos aquí el fonógrafo? Es un RCA. Pero todo está lleno de polvo. ¿Qué le pasa a Caridad que no limpia?
LOBO. No ve bien, Cuca. Se está quedando completamente ciega.
CUCA. ¿Ciega? A lo mejor ve hasta donde el jején puso el huevo.
AURA. *(Riendo)*. Mujer, eres la pata del diablo. Eso me recuerda... Marina...
CUCA. ¿Marina? ¿Y qué tiene que ver Marina con todo esto?
AURA. Fue una imprudencia que Marina se asomara por los postigos.
LOBO. Doble siete. Doble cinco. Doble cuatro...
CUCA. *(Riendo)*. ¡Si hubiera sido Blanca Emilia! Tiene gracia.
LOBO. No disimules, Cuca. Sabemos lo que te traes entre manos.
CUCA. ¿Disimular yo? La verdad, no sé a qué te refieres, Lobo. En todo caso, la mampara de cristales conducía al cuarto de papá... Era un hombre chapado a la antigua, como decía Blanca Emilia.

AURA. *(Haciendo de Blanca Emilia)*. «Un hombre chapado a la antigua que se sentaba siempre en el sillón de mimbre junto a la ventana…».
CUCA. ¿Estás segura?
AURA. ¡Segurísima! *(Haciendo de Blanca Emilia)*. «Mamá prefería la comadrita junto a la verja. En aquella casa del Cerro todo se volvía Estrada Palma».
CUCA. ¿Cómo lo sabes?
AURA. «¿Cómo que cómo lo sé? Porque yo también estaba allí».
LOBO. Ahora no tienes que disimular, Cuca. Durante años nos has estado contando, a hurtadillas, esas historias… ¡El portal, el zaguán, la antesala, la sala, los dormitorios…! ¡Con pelos y señales!
CUCA. ¿Y eso qué tiene de malo? Tigre no me dejaba hacer otra cosa y tenía que soñar con lo que no tenía. ¿Por qué no me dejaba ser feliz? Pero ahora está muerto, ¿no? ¿No está ahí la mancha de sangre?
LOBO. Tú lo sabrás.
CUCA. Yo no estaba presente. Yo estaba en el piso alto.
LOBO. ¿Y qué hacías tú en el piso alto?
CUCA. Escuchaba *El derecho de nacer*.
AURA. ¿Cómo puedes probarlo?
CUCA. Porque esa noche habló don Rafael del Junco, el personaje que no podía decir ni pío.
LOBO. ¿Y Blanca Emilia? ¿Qué decía Blanca Emilia?
CUCA. Que si éramos hijas de veteranos… Que Marina era muy joven para tirarse por la calle del medio… Que si sería un mal ejemplo…
AURA. *(Como Blanca Emilia)*. «Pon el fonógrafo, Cuca, porque hay que divertirse».
CUCA. *(Bailando y cantando)*. «Si me pides el pescao te lo doy… Si me pides el pescao te lo doy…».
AURA. *(Como Blanca Emilia)*. «No pierdas la cabeza, Cuca, hay que tener los pies sobre la tierra y tener los ojos abiertos… ¡hasta para dar el culo!».
CUCA. ¡Pero Marina! ¡Pero Blanca Emilia!
AURA. «Saca cuenta. Cobra. No te conformes con un abaniquito de marfil».
CUCA. Pero muchacha, ¿cómo es posible que tú… que hasta el otro día… eras una mosquita muerta?
AURA. «No pierdas la cabeza, Cuca. El dinero en efectivo es lo mejor».
CUCA. Pero, ¿acaso hacen daño la buena ropa y los buenos zapatos? ¿Y los collares de perla? ¿Y los aretes de brillante?
AURA. ¡Dinero, dinero, dinero!
LOBO. ¡Dinero y nada más que dinero, Cuca!
CUCA. ¿Dinero?
LOBO. *(Acrecentando el acoso)*. ¿Cuánto te ha dado?
AURA. *(Acrecentando el acoso)*. ¿Dónde lo tienes metido?
CUCA. ¿Dinero? Pero, ¿el dinero de quién?
AURA y LOBO. *(Acosándola más)*. ¡El de Tigre, Cuca, el de Tigre!
AURA. El que le sacabas en la cama. ¡El que le sacabas de entre las piernas!
CUCA. *(Canta, en otro tono, como si se desgarrara)*. «Si me pides… el pescao… te lo doy… si me pides… el pescao… te lo doy…».
LOBO. *(Como Tigre)*. «¡Coño, Cuca, no me pidas más! ¡Te lo he dado todo! ¡Me has llevado a la ruina, vieja cabrona! ¡Me lo has chupado todo, degenerada!».
AURA. *(Muy agresiva)*. ¿Dónde lo tienes, Cuca? ¿Dónde lo has metido? ¿En la cómoda? ¿En la mesa de noche? ¿Debajo del colchón? ¿En el escaparate? ¿En la botija?

LOBO. *(Sacudiendo a Cuca, violentísimo).* ¡En el culo! ¡En el coño! ¡En el culo! ¡En el coño!
AURA. ¡Sácaselo, sácaselo de una vez!
CUCA. *(Forcejea. Lobo finalmente la tira por el piso).* ¿Se han vuelto locos? ¿Es que van a acabar conmigo? *(Confusa).* ¿Lobo? ¿Lobito? ¿Tigre? *(Huyendo hacia donde está Aura, como si fuera Blanca Emilia. A Lobo, incoherente).* No entiendo, Tigre, no entiendo. *(A Aura).* Te aseguro, Blanca Emilia… ¿Blanca Emilia? ¿Eres tú Blanca Emilia? ¿O eres tú Marina? ¡El dinero de Tigre! ¡Qué mal me salió todo! ¿Quién me dijo que me acostara con el viejo ese? ¿Tú? ¿Marina? ¿Blanca Emilia? Acaso… ¿yo misma? ¡Ve tú a saber! ¡Dios me perdone, pero espero que el Diablo lo tenga cogido por el rabo! *(Pausa breve).* Todas las noches metía el dinero en un lugar diferente. Yo me hacía la dormida, pero a veces no podía más y me quedaba rendida… Esperaba que me durmiera para cambiarlo. Y a la mañana siguiente me ponía a buscar como una loca por los rincones… ¡Nada, nada! *(Pausa breve).* ¡El dinero, Lobo, Tigre se lo llevó al cementerio se ha llevado al cementerio. ¡Una historia que no se acaba nunca! ¡Un cuento que se repite! ¡El cuento de la buena pipa! *(Volviéndose a Aura).* Yo no quiero el dinero, Blanca Emilia, yo lo que quiero es vivir!
AURA. *(Abofeteándola).* ¡Estúpida, vieja bruja! ¡Yo no soy Blanca Emilia!
LOBO. *(Sacudiéndola brutalmente).* ¡Habla, Cuca la Cava, habla de una vez!
CUCA. *(Suplicándole a Lobo).* ¡Tigre, te lo juro por lo más sagrado! ¡Yo no tengo el dinero de Tigre!
LOBO. ¡Sube, vieja pelleja, que no te vea nunca más! ¡Enciérrate! ¡Encarcélate! Entre cuatro paredes, porque nadie puede ya salir de aquí.
CUCA. *(Subiendo las escaleras).* ¡Me han robado! ¡Han acabado conmigo! ¿Quién me hizo trampa? ¿Qué trampa me hice? ¡Tramposo, cochino tramposo! ¡Tramposo, cochino tramposo!
CARIDAD. *(Interviene de pronto, saliendo de entre la oscuridad, advirtiéndole a Cuca).* ¡Allí, Cuca, cuidado! ¡El cuchillo al final de la escalera!
CUCA. ¡Que me maten! ¡Lobito! ¡Tigre! ¡Aquí tienen a Cuca la Cava, la vieja pelleja y revieja! ¡Acaben con ella de una vez! *(Sale).*

Cambio de luces.

Apagón rápido. Foco de luz sobre Caridad, que está como «iluminada». En su ceguera, todo lo ve. Aura y Lobo en la penumbra.

CARIDAD. Son ellos. Están ahí.
AURA. Lobo, ¿qué ocurre? ¿Qué está pasando ahora?
CARIDAD. Son ellos. Están ahí.
AURA. ¿Quiénes? ¿Quiénes?
CARIDAD. Tigre. Lobito. No se van a morir.
AURA. ¿Y Cuca? ¿Qué le ha pasado a Cuca?
CARIDAD. Cuca está tinta en sangre.
LOBO. No le hagas caso. Caridad está loca. ¿No te das cuenta, Aura, que Caridad está ciega?
AURA. ¿Ciega? ¿Cómo podemos estar seguros?
CARIDAD. Los he visto. Estaban allí, al final de la escalera, con el cuchillo en alto. Como si se hubieran puesto de acuerdo. El Demonio en persona.
AURA. Pero Caridad dice que ellos están vivos.
LOBO. Esa muchacha miente. Se mataron el uno al otro.
AURA. ¿Y los gritos de Cuca? ¿Por qué iba a gritar así?

LOBO. ¡Teatro, Aura, puro teatro! Cuca la Cava siempre ha sido una exagerada. ¡Una escandalosa! ¡Una mala actriz!

AURA. Y si la mataron, ¿quién pudo haber sido?

LOBO. ¿Te has vuelto loca?

AURA. ¿Tigre? ¿Lobito?

LOBO. No pueden ser ni Tigre ni Lobito, porque están muertos. ¿No te das cuenta? Caridad está inventando todo esto para meternos miedo. Es una mosquita muerta. ¡Quiere volvernos locos! Hacerse la que ve cuando está más ciega que un topo y porque ella es la que tiene el dinero..

AURA. Entonces sube y dile a Cuca que baje.

LOBO. Cuca está en el piso tinte en sangre.

AURA. Pero no me habías dicho que estaba viva

LOBO. No, no, yo solo dije que estaba muerta y enterrada.

AURA. ¡Sube…! ¡Sube a buscarla!

LOBO. Esto no tiene sentido. Yo mismo la mandé a subir y a que se encerrara en su cuarto. ¿Cómo le voy a pedir que baje?

AURA. Cobarde.

LOBO. ¿Cobarde de qué? Tigre y Lobo están muertos…

AURA. Pero no enterrados. ¿Por qué no dejas de ser cobarde una vez en tu vida? ¿Por qué no te llenas de valor y subes y acabas de una vez para siempre?

LOBO. Porque no están vivos. Porque ellos se acuchillaron en tus propias narices. Porque Caridad está al final de la escalera…

AURA. Ellos están allí.

LOBO. Oye. Razona. Es Caridad, ¿no te das cuenta? Ahora estamos en sus manos. Todo ha sido una intriga de ella, desde el principio. ¡La inocente! ¡La que las mata callando! ¿Quién dijo que el servicio de plata no estaba? ¿Quién lo inventó todo? ¿Acaso no fue ella? ¿Qué seguridad tenemos en una sola cosa de lo que ella diga o deje de decir? ¿Cómo le vas a creer a una ciega que dice que ve? Y a Lobito. ¿No fue ella la que lo acusó ante los tribunales y le hicieron un juicio sumario? ¿Te has vuelto completamente loca?

AURA. Pero acaso no es cierto que todo lo que decimos no tiene ni pies ni cabeza. Estamos perdidos. Ellos están ahí, Lobo. Nos esperan, para matarnos… Ya es hora… Yo voy a subir… Es el Infierno…

LOBO. *(Deteniéndola, en un gesto único de acercamiento que parece auténtico).* No Aura, te lo suplico, no vayas… No podría resistir esta… soledad…

AURA. ¿Y qué vamos a hacer?

LOBO. Quedarnos.

AURA. Al final no nos quedará otro remedio… Ganarán… Porque ellos… nunca… se acabarán de morir…

LOBO. Ni nosotros tampoco. El Infierno, Aura, el Infierno somos los demás.

AURA. Nosotros… ya estamos… muertos…

LOBO. Hay que jugar al juego.

AURA. ¿Otra vez?

LOBO. *(Se abrazan).* Siempre.

AURA. *(Regocijada, como si dijera lo contrario).* ¡Será el Infierno!

LOBO. ¿Y Caridad?

AURA. ¿Subirá Caridad?

LOBO. Alguien tendrá que sacrificarse.

Cambio de luz. luces fantasmagóricas.

Aura y Lobo están separados, frente a frente. A partir de este momento, Aura y Lobo abrirán puertas imaginarias en busca de salidas imaginar hacia soluciones imaginarias.

AURA. *(Abre).* Cuando uno abre algo siempre tiene miedo. Nadie sabe lo que puede encontrar.
LOBO. *(Abre).* ¡Abre, abro! ¿Un vicio? ¿Un engaño? ¡Jugar al juego! ¡Abre!

Cada una de las intervenciones de los personajes estará acompañada del gesto de abrir puertas, palpar paredes, cerrarlas ocasionalmente.

LOBO. ¿No es este el pasillo?
AURA. ¿Qué pasillo es este?
LOBO. ¿A dónde va?
AURA. ¿De dónde viene?
LOBO. ¿Dónde estás? ¿Dónde te has ido?
AURA. Enciende una luz. Tengo miedo y siento que estoy a punto de caerme.
LOBO. ¡Aura, ven. Cuca la Cava vuelve la cabeza, tinta en sangre
AURA. ¿Dónde está mi hijo? ¿Dónde se ha metido Lobito?
LOBO. Araña la tierra
AURA. Palpa las paredes.
LOBO. Encuentra el dinero.
AURA. Busca la botija
LOBO. Tengo las manos manchadas de sangre.
AURA. Es la sangre de Lobo.
LOBO. Es la sangre de Aura.
AURA. ¡No puede ser! ¡No puede ser!
LOBO. Alguien te persigue, Aura. ¡Cierra la puerta! ¡He visto una sombra detrás de ti!
AURA. ¡Ten cuidado Lobo! ¡Siento los pasos del viejo Tigre! ¡Huye! ¡Cierra la puerta!
LOBO. ¡Abre pronto, abre! ¡Es Tigre! ¡Viene con un cuchillo!
AURA. ¿Dónde está Lobito, Lobo? ¿Dónde está?
LOBO. ¡Junto al abismo! ¡Junto al despeñadero! ¡Se van a matar!
AURA. ¡El cuerpo mutilado de Cuca!
LOBO. ¡Han dejado un rastro de sangre!
AURA. ¿Me has tocado? ¿La cabeza? ¿Los brazos?
LOBO. Es Caridad. La han tirado por el precipicio.
AURA. ¿Dónde estás, Lobo?
LOBO. No sé. No tengo la menor idea.
AURA. ¿Dónde estoy, Lobo?
LOBO. No sé. No tengo la menor idea.
AURA. ¿Oyes? Son los pasos de Tigre.
LOBO. ¿Oyes? Son los pasos de Lobito.
AURA. ¡Tigre!

LOBO. ¡Lobito!
AURA. No sé.
LOBO.. No tengo la menor idea.
LOBO. ¿Y el dinero?
AURA. Busco. Escarbo. Nada.
LOBO. Entre la ropa interior. Entre los calzoncillos.
AURA. ¿Y el oro? ¿Y la plata?
LOBO. Busco. Escarbo. Nada.
AURA. Nos han robado, Lobo.
LOBO. Es Lobito.
AURA. Eres tú, Lobo.
LOBO. Eres tú, Aura.
AURA. Estamos desnudos.
LOBO. No tenemos nada.
AURA. ¡Es Lobito! ¡Me roba! ¡Me entierra un cuchillo!
LOBO. Oro. Plata. Escarba. Busca.
AURA. Busco. Escarbo. Oro. Plata.
LOBO. ¡Matar a Tigre!
AURA. ¡Matar a Lobito!
LOBO. ¡Matar a Lobo!
AURA. ¡Matar a Aura!
LOBO. Aquí. Allá. En el otro lado.
AURA. Antes. Después. Mañana. Siempre.
LOBO. ¿Está vivo Tigre?
AURA. ¿Está muerto Lobito?
LOBO. ¿Dónde estamos?
AURA. ¿Adónde vamos?
LOBO. ¿De dónde venimos?
AURA. Por aquí, un poco a la derecha.
LOBO. Por acá, al otro lado del camino.
AURA. La cabeza del Minotauro. ¡Metidos en el laberinto!
LOBO. Ni antes ni después.
AURA. Basta, Lobo. ¡No puedo más!
LOBO. Abre... Sigue... Abre... Cierra... Vive... Muere...
AURA. Abre... Sigue... Abre.. Cierra... Vive... Muere...
LOBO. Padre Nuestro... Abre... Muere... Sigue... Cierra...
AURA. Que estás en los cielos... Cierra... Muere... Sigue... Abre...
LOBO. Hágase tu voluntad... Abre... Muere... Sigue... Cierra....
AURA. Así en la tierra... Cierra... Muere... Sigue... Abre...
LOBO. Como en el cielo... Abre... Vive... Sigue... Cierra...
AURA. El pan nuestro... Abre... Cierra...De cada día...

Mientras esto ocurre, Caridad sube la escalera envuelta en un capa. Un foco de luz cae sobre ella y se intensifica, hasta el punto de una luminosidad brillante que casi ciega, mientras cierra la obra con su texto en lo alto de la escalera.

CARIDAD. Cuando volví la cabeza, ya las palmas no estaban. No habían estado nunca. Yo las había soñado alguna vez. El verano había avanzado demasiado y hacía demasiado calor. Todo ardía. Todo parecía quemarse. Yo misma era una llama, porque me habían prendido fuego y empezaba a arder. No existía nada en mí, porque todos me habían despojado. Inútilmente gemía, inútilmente palpaba las paredes, porque había visto. Y al ver tenía que cegarme, porque al ver todo se me había rebelado. La playa estaba desierta y comencé a caminar, pero ya yo sabía hacia adonde. Todo estaba perdido. El mar tenía olas rojas con espumas de sangre. Voces inútiles las mías. ¡Cuánto gemir! ¡Cuánto palpitar inútil! Porque ellos me desposaban para siempre y yo no podía decir ni que sí ni que no, sino desposarme en un beso de agua, siempre al final de la escalera. Era… la historia de mi vida. Porque la Isla tenía mar por todas partes y nadie podría librarme de aquel mar que ya era rojo, de un solo color. Ya no corría, sino que avanzaba porque había comprendido. Ciega por haber visto…. Y ya no soñaba aquel verdor del campo ni aquel azul del mar que nunca había sido, porque el Padre había engendrado al Hijo, tres en uno, y me sumergía en aquella trinitaria proliferación maligna como si ese fuera el único modo de redimirnos.

LUMINOSIDAD TOTAL

BEBÉ Y EL SEÑOR DON POMPOSO

Adaptación del cuento de José Martí

1961

Libertad es el derecho que todo hombre tiene a ser honrado, y a pensar y hablar sin hipocresía.
José Martí

Personajes

Por orden de aparición:

Bebé
El Viejito
Niño Rico
Niño Descalzo
Mamá
Don Pomposo
Dos criados
Actores para la pantomima y los cambios escenográficos

Escenografía

Al principio y al final, cámara negra. En lo restante el escenógrafo podrá trabajar de acuerdo con las posibilidades materiales a su alcance. Los cambios escenográficos pueden hacerse de vista al público.

Nota del autor

De no poderse encontrar actores infantiles, que sería lo más indicado, el papel de los niños lo podrían hacer actores de aspecto ágil y juvenil, con ciertos detalles que los identificaran como niños, pero nunca al punto de la exageración y el ridículo. La Madre estará elegantemente vestida, en traje de época. Aunque la acción y el texto se han mantenido de acuerdo con el original del año 1961, he hecho algunos cambios en el proceso de revisión y reescritura del original. El más importante ha sido la propuesta de un final diferente como una segunda opción. Sin embargo, el montaje de la obra no debe alterarse hasta ese momento, salvo que, si este es el caso, los papeles infantiles no deben ser interpretados por niños. Ningún otro cambio es recomendable, y mucho menos la caricaturización de los niños, el Viejito y la Madre en ninguna de las opciones.

Entra Bebé jugando con un aro imaginario. Juega por la escena y finalmente se detiene. Se vuelve hacia el público y habla con los niños que hay allí de una forma directa y natural.

BEBÉ. Yo soy Bebé. Ustedes y yo vamos a pasar la tarde juntos hablando de cosas que a mí me han sucedido. Este es mi aro. ¿No lo ven? Pues no hay más que cerrar los ojos para verlo. El teatro es así. Algunas cosas están en escena, pero otras cosas no están y ustedes se las imaginan. El aro es color de fuego. *(Señalando)*. Y allí, en el piso, balde y paleta: el balde es color violeta. *(Pausa)*. Tengo cinco años… Bueno, no exactamente, pero como estamos en el teatro ustedes se lo pueden imaginar… A mí me visten siempre así, con pantaloncitos cortos ceñidos a la rodilla y camisa con cuello de marinero, de dril blanco como los pantalones, y medias de seda colorada y zapatos bajos. Y llevo rizos, que es un poco ridículo, pero esos eran otros tiempos y ahora a los niños le cortan el pelo bien corto y se les ven las orejas grandes, como si fueran elefantes.

Desde el fondo de la platea surge El Viejito de entre las últimas filas. Lleva bastón y, sin exagerar, hay en él una nota de otros tiempos en el vestuario; nada caricaturesco.

VIEJITO. ¡Hay una cosa que no es cierto en todo eso, Bebé! ¡Si lo sabré yo! *(Hacia el público)*. Como ustedes saben, no soy nada joven. Tengo mis años. ¡Que más vale no contar! Pero hace muchos años, en los tiempo de Bebe, precisamente, yo era un niño exactamente como Bebé… ¿Qué no lo creen? ¡Pero si esto es teatro y todo se puede creer! Pues he venido a aclarar el punto… Bebé decía…
BEBÉ. ¿Les parece raro como yo me visto? Bueno, pues antes —y yo viví hace muchos, muchos años—, los niños vestían así.
VIEJITO. A eso voy, Bebé. A eso precisamente. A tu ropa. Y recordarás, Bebé —porque tú bien lo sabes—, recordarás que no todos los niños vestían como duquesitos. ¿Lo recuerdas, no es verdad?
BEBÉ. *(Dubitativo)*. ¿Que no todos los niños vestían de este modo?
VIEJITO. ¡Claro! ¡Claro!

Entra un niño vestido de forma similar a Bebé, pero con colores diferentes. Juega con una pelota imaginaria. Bebé no parece verlo todavía.

VIEJITO. Piensa, Bebe. Haz tu papel. Recordarás lo que pasó hace mucho tiempo. Lo sabes mejor que yo *(Al público)*. ¡Y ustedes verán que no todos los niños vestían del mismo modo!
NIÑO RICO. ¡Bebé, Bebé! ¿Estás ahí? *(Pausa)*. ¿Vienes a jugar? ¿Has visto mi nueva pelota? ¡Salta! ¡Brinca! ¡Es más grande que la tuya! ¡Ven a verla, Bebé, ven a jugar conmigo!

BEBÉ. *(Al público)*. Bueno, mi amigo me llama y no voy a dejar que espere demasiado. Vuelvo enseguida. Tengo que hacer el papel que me han dado…
NIÑO RICO. ¿Vienes o no vienes? ¿Juegas o no juegas? ¿Saltas o no saltas?
BEBÉ. ¡Voy, voy! *(Pausa breve)*. Es bonita tu pelota. Redonda como el sol.
NIÑO RICO. Mi pelota está llena de colores: azul, verde, amarillo.
BEBÉ. *(Mostrándole el aro imaginario)*. Este es mi aro. Un aro color de fuego.
NIÑO RICO. *(Burlándose)*. ¡Un aro color de fuego! ¡Qué disparate! ¿Te has vuelto loco? *(Jugando con la pelota)*. Mira, olvídate del aro y vamos a jugar con mi pelota. Ponte un poco hacia atrás. Hacia la derecha, al lado de la mata que está allí. *(Se la tira)*. ¡Cógela! *(Juegan)*. ¡Corre, Bebe, no te quedes pasmado! *(Siguen jugando)*.
VIEJITO. ¡La pelota en el aire, rodando, brincando, saltando! ¡Qué energía! ¡La que yo no tengo!
NIÑO RICO. ¡Juega, juego, no la dejes caer!
BEBÉ. ¡Mira como corre y salta y rueda y brinca la pelota redonda!
NIÑO RICO. ¡No la tires tan bajo! ¡No la tires tan alto!
BEBÉ. ¡Salta en el aire! ¡Brilla en el cielo!
NIÑO RICO. *(De mal humor)*. ¡Atiende, Bebé! ¡Fíjate en el juego! Perderás si no dejar de hablar esas idioteces, ¿entiendes?

Bebé da un salto en alto para agarrar la pelota, pero la pelota se le escapa de entre las manos.

NIÑO RICO. ¡Perdiste, perdiste! Ya te lo decía.
VIEJITO. *(Dando unas palmadas, llamando hacia bambalinas)*. ¡Pronto! ¡Pronto! ¡El niño descalzo! Es la hora… Es el momento… Para que Bebé recuerde… Para que todos los niños del mundo aprendan…

Como empujado a escena, entra el niño pobre. Mira hacia el piso y ve rodar la pelota imaginaria a sus pies. Se agacha y la coge. Su ropa, blanca, está limpia, pero es muy pobre. Está descalzo.

NIÑO DESCALZO. Una pelota… ¡Una pelota!
NIÑO RICO. *(A Bebé)*. ¿Has visto? ¿Te has dado cuenta a lo que has dado lugar? ¡Es mi pelota y la has tirado donde no debías! *(Al niño pobre!* ¡Dámela! ¡Ladrón! ¡Sinvergüenza!
NIÑO DESCALZO. ¡Eso no es verdad! La miraba. Jugaba por un momento con ella. ¡Yo no le robo pelotas a nadie!
NIÑO RICO. Si te la llevas, ya sabrá mi papá dónde meterte y qué hacer contigo. ¡Suelta mi pelota! ¡No quiero que la toques con tus manos sucias!
BEBÉ. Podría jugar con nosotros. No tiene pelota y podría entretenerse. Y hasta puede ser nuestro amigo.
NIÑO RICO. ¿Nuestro amigo? Así, ¿descalzo? ¿Has dicho jugar con nosotros y con mi pelota?
BEBÉ. Eso no tiene nada de malo. Jugaremos los tres y…
NIÑO DESCALZO. *(Entregándole la pelota a Bebé)*. No importa. Yo no quiero jugar. ¡Yo no necesito esa pelota para nada! ¡Se pueden quedar con ella!
NIÑO RICO. Es mejor así. Vamos, Bebé. Yo nunca jugaría con un niño sin zapatos. ¡Un muerto de hambre! Mamá se pondría brava y papá se volvería una fiera. *(A Bebé)*. Vamos, jugaremos en otro lugar *(Empujando a Bebé, que no se mueve)*. Vamos, vamos…

BEBÉ. *(Resuelto, se vuelve hacia el niño pobre)*. ¿Quieres jugar con mi aro color de fuego?
NIÑO RICO. Vamos, Bebé. ¿Vienes o no vienes?
BEBÉ. *(Sin hacerle caso. Al niño pobre)*. ¿Has visto mi balde y mi paleta?
NIÑO RICO. Si no lo haces ahora, nunca volveré a jugar contigo. ¡Ya lo sabes, Bebé! ¡Una cosa o la otra! Te sacaremos a patadas y no podrás jugar en ninguna parte.
BEBÉ. *(Al niño descalzo)*. Mi balde es color violeta.
NIÑO RICO. ¡Se lo diré a mi mamá! ¡No volverás a entrar en mi casa! ¡Jugar con un niño descalzo! ¡Con los niños sin zapatos no se juega! ¡Con los niños sin zapatos no se juega!

Sale el niño rico.

BEBÉ. *(Firme)*. Vamos a jugar con mi aro, no mi balde y mi paleta.
NIÑO DESCALZO. *(Jugando)*. ¡Un aro color de fuego! ¡Un balde color violeta!
VIEJITO. *(Pasando por la escena, al público, aparte)*. ¿Oyeron, oyeron bien? ¿Qué les parece eso de «con los niños descalzos no se juega»?

Juego de los niños.

NIÑO DESCALZO. *(Dejando de jugar, a Bebé)*. No debiste ponerte a jugar conmigo. Has perdido a un amigo y tenía una bonita pelota de muchos colores.
BEBÉ. No me importa la pelota. Y si he perdido un amigo he ganado otro. Y un amigo de verdad, porque el otro no lo era. *(Mirando a los pies del niño pobre)*. ¿Por qué estás sin zapatos?
NIÑO DESCALZO. Tenía, pero se rompieron. Mi papá está sin trabajo y no ha podido comprar otros.
BEBÉ. *(Pensativo, cruzando el escenario)*. Pero… «con los niños descalzos no se juega».
NIÑO DESCALZO. *(Pensativo, cruzando el escenario en dirección contraria, encontrándose ambos en el centro)*. Sí, «con los niños descalzos no se juega». Lo sé. Siempre me lo han dicho.
VIEJITO. *(Al público)*. ¿Creerán eso? ¿Es posible creer tal cosa?
NIÑO DESCALZO. Me voy. Aquí tienes tu aro. Allí están tu balde y tu paleta.
BEBÉ. ¡No, no! Te regalo mi aro, mi balde y mi paleta. Pero hay algo más: «con los niños descalzos no se juega». Y es verdad, no debe haber un niño descalzo. *(Bebé comienza a quitarse los zapatos. Se los da al otro, que empieza a ponérselos)*. ¡Yo tengo más en mi casa! ¡Iré a buscarlos! ¡Entonces todos seremos iguales, todos tendremos zapatos, todos podremos jugar!

Cambio de luces. Foco sobre el viejito.

VIEJITO. ¡Ya lo ven! No todos los niños pueden vestir como duquesitos, pero Bebé hace lo que puede para que todos los niños sean iguales y tengan zapatos para que no se lastimen los pies y para que las cosas en este mundo estén mejor repartidas. Pero no es un santo, ¡oh, no!

A partir de este momento el diálogo que sigue podrá ser visualizado por medio de una pantomima con música, si las condiciones materiales lo permiten, o por medio de grandes dibujos alegóricos a las situaciones que va describiendo el viejito.

VIEJITO. *(Al público).* Le tuerce los ojos a la criada francesa cuando no le quiere dar más dulces... Rompió un día un jarrón muy hermoso corriendo detrás de un gato... Y le sacó la lengua a su nodriza... Pero cuando ve un niño descalzo le quiere dar todo lo que tiene... A su caballo le lleva azúcar todas las mañanas y lo llama «caballito de mi alma»... Con los criados viejos está horas y horas oyéndoles los cuentos de su tierra de África, de cuando ellos eran príncipes y reyes y tenían muchas vacas y muchos elefantes... ¡Así es Bebé! Ahora está sin zapatos, pero es feliz porque ha realizado una buena obra. ¡Así son las cosas de Bebé! Pero, ¡silencio! Ahora Bebé regresa descalzo y no sabemos lo que va a suceder... ¡Con tal que no le den una zurra!

Luces en general para la escena. El Viejito se mueve hacia el proscenio, a la derecha. Entra La Mamá, muy agitada y un tanto teatral, pero también como si fuera un juego.

MAMÁ. ¡Dios mío! ¿Dónde estará ese muchacho? ¡Cuántas cosas por hacer! ¡Un viaje, señor, un viaje! ¡Los trajes, los sombreros, los zapatos! ¡Las despedidas! ¡El equipaje! ¡Pero dónde estará metido Bebé? ¿Qué le habrá pasado? ¡No sabe la sorpresa que le espera! *(Volviéndose y haciendo las acciones que indica el texto, casi como un juego).* Lo he buscado por todas partes y no aparece por ninguna. ¿Estará debajo de la cama? ¿Estará dentro del escaparate? ¿Estará escondido debajo de la mesa? ¿Se ocultará detrás de una puerta? ¿Se habrá caído el muy goloso dentro de la olla? *(Llamando).* ¡Bebé! ¡Bebé! ¿Le habrá pasado algo?

VIEJITO. *(Directamente al público, burlón).* ¿Se lo comería el lobo? ¿Se lo tragaría el león? *(Dirigiéndose a la mamá).* Pero no se asuste, señora, que aquí aparece Bebé...

Entra Bebé descalzo, cabizbajo y caminando lentamente.

MAMÁ. ¿Qué es lo que tienes, Bebé? ¿Te pasa algo? ¿Por qué vienes con la cabeza baja? ¿Por qué caminas...? *(Comprendiendo).* ¡Pero, Bebé! ¿Y los zapatos? ¿Dónde están tus zapaticos bajos? ¿Qué has hecho con ellos? ¿Dónde los has metido?

BEBÉ. *(Vacilante).* Mamá, había un niño... había un niño pobre que no tenía zapatos...

MAMÁ. ¿Otra vez, Bebé?

BEBÉ. Los otros niños no querían jugar con él, porque no tenía zapatos... Y él tenía ganas de llorar... Y como yo tengo muchos más...

MAMÁ. Bebé le dio sus zapatos...

BEBÉ. ¿Estás enojada?

MAMÁ. No, no... *(Besándolos).* ¿Cómo voy a estarlo si te tengo a ti?

BEBÉ. Mamá, ¿por qué todos los niños no visten de igual modo? ¿Por qué todos los niños no tienen zapatos...?

MAMÁ. *(Buscando una explicación, pero sin encontrarla).* Porque... Porque... Porque no visten igual... ¡Porque no te sé decir, Bebé!

El Viejito, meditabundo, cruza el escenario hacia el otro extremo del proscenio.

VIEJITO. ¡Este mundo...! ¡Qué cosas tiene...! ¡Así es la vida! ¡Así es la vida!

Continuando el diálogo, haciendo caso omiso de la presencia de El Viejito.

MAMÁ. Pero tengo otras cosas que contarte...
BEBÉ. ¿Un cuento? ¡Que no sea el de la buena pipa, mamá!
MAMÁ. Hay sorpresas, Bebé... Hay sorpresas.
BEBÉ. ¡Sorpresas! ¡Qué bueno, qué bueno!
MAMÁ. ¿Y te imaginas lo que puede ser?
BEBÉ. ¡Una gran fiesta! ¡Con dulces y regalos para todos!
MAMÁ. ¡Frío, frío!
BEBÉ. ¡Soldaditos de plomo para que juegue!
MAMÁ. ¡A la otra casita! ¡A la otra casita!
BEBÉ. ¡Un papalote de seda para que vuele!
MAMÁ. Agujita, agujita, ¿dónde tú estás?
BEBÉ. ¡Una guitarra para que cante!
MAMÁ. ¡A la una, a las dos, a las tres!
BEBÉ. ¡Un barco de vela para que viaje!
MAMÁ. ¡Un viaje, Bebé! ¡Un viaje a París!
BEBÉ. ¿A París? ¿Y dónde está París, mamá?
MAMÁ. ¡París, Bebé, es el sueño de las cigüeñas!
BEBÉ. ¡Mamá! ¡Mamá! ¡Yo quiero jugar con ellos!
MAMÁ. ¡Y un globo, Bebé! ¡Lleno de bebés que viajan por el cielo!
BEBÉ. ¡Qué bueno, mamá, qué bueno!
MAMÁ. ¿Te imaginas, Bebé, cómo te vas a divertir? ¿Cuántas cosas lindas vas a ver?
BEBÉ. ¡Leones! ¡Tigres! ¡Elefantes!
MAMÁ. No, no, Bebé... Nada de eso... Pero verás al hombre que llama a los pájaros...
BEBÉ. ¿Nos iremos en el vapor grande, con tres chimeneas?
MAMÁ. Más grande todavía, Bebé.
BEBÉ. *(Pensativo)*. Pero, mamá, hay una cosa... No me gusta la historia del hombre del melón.
MAMÁ. ¿La historia del hombre del melón?
BEBÉ. Sí, el cuento del gran comilón...
MAMÁ. *(Sonriente, cariñosa, completando la idea)*. ...que se que se murió solo comiendo melón.
BEBÉ. Mamá, yo no quiero ser el hombre del melón...
MAMÁ. Pero si no lo serás, Bebé.

Lo toma de la mano para salir, pero Bebé no se mueve.

MAMÁ. ¿Qué te pasa, Bebé? ¿No estás contento?
BEBÉ. Es que no quiero ir solo, mamá.
MAMÁ. Pero irás conmigo, Bebé.
BEBÉ. Yo quiero ir con otro niño que juegue conmigo.
MAMÁ. ¿Con quién, Bebé? ¡Dime!
BEBÉ. Con mi amigo, mamá, con mi mejor amigo.
MAMÁ. Pues irá, Bebé. Se hará lo que tú digas.
BEBÉ. *(Alegremente)*. ¿Es cierto eso?
MAMÁ. ¡Claro que sí! Irá con nosotros. Y pasaremos por todo París con él.
BEBÉ. ¡Ahora si es bueno! ¡Ahora sí voy a divertirme!
MAMÁ. *(Bailando)*. ¡A París! ¡A París! ¡A París! ¡Y allí veremos al señor don Pomposo!

Cambio de luces. Foco sobre El Viejito. La siguiente narración podría ser escenificada de forma similar a la secuencia anterior, ya sea con pantomima y música, o, de no ser posible, aunque nuevamente con dibujos. La acción podría limitarse a la presencia del Bebé, la Mamá y el Niño Descalzo caminando por la escena como si estuvieran de paseo por París, reaccionando del modo correspondiente mientras recorren la ciudad. Queda a la libertad de la dirección y a las posibilidades materiales de la realización.

Otras opciones, ulteriores al texto original, sería una secuencia coreográfica —ballet, musical— intercalada dentro del paseo de los personajes; o una proyección fílmica, preferiblemente en blanco y negro, con vistas de París —mientras más a principios del cine, mejor.

El Niño Descalzo está bien vestido, pero no tanto como Bebé, y tiene la peculiaridad de ir sin zapatos.

VIEJITO. ¡Y así sucedió! ¡A París se fueron todos y vieron las cosas de París! Fueron a la tienda del Louvre, donde le regalan globos a los niños, y al teatro Guiñol, donde hablan los muñecos, y el policía se lleva preso al ladrón y el hombre bueno le da un coscorrón al hombre malo. Han ido con su mamá a ver a los ciegos, que leen con los dedos, en unos libros con letras muy altas. Han ido a la calle de los periódicos a ver a los niños pobres, que no tienen casa donde dormir, y que compran diarios para venderlos después y poder comer. Y ahora Bebé, la mamá y el niño van a un hotel muy elegante, con criados de casaca azul y pantalón amarillo, a ver a un señor muy flaco y estirado, el tío de Mamá, el señor don Pomposo...

Esta última parte requerirá necesariamente la intervención de dos actores que entrarán para disponer la escena. Visten librea, con la peculiaridad de estar descalzos. Toda esta utilería será grotesca y se aumentará desproporcionadamente sus dimensiones, sin pretender en ningún momento acercarse a la realidad porque está vista a través de los ojos de Bebé: una gran puerta al fondo, una cómoda de gavetas, un espejo, una banqueta, un sombrerera, varios cojines y cuatro sillas, y un arcón que colocan en medio del escenario. Tres de las sillas se disponen una cerca de la otra, mientras la cuarta silla, al otro extremo del escenario, estará completamente alejada y fuera del marco del movimiento escénico. La Mamá y Bebé vestirán ropas mejores que Raúl, el primo de Bebé, el cual, aunque correcto, denotará su pobreza y seguirá descalzo. En ninguno de estos tres personajes debe haber nada caricaturesco, contrastando con la caricaturesca y desproporcionada presencia del Señor don Pomposo, que llegará después.

MAMÁ. Debes portarte bien, Bebé. No hagas ninguna de las tuyas. El señor don Pomposo, mi tío, es un caballero muy elegante y cortés, así que tienes que comportarte como debes...
BEBÉ. ¿Y quién es el señor don Pomposo, mamá? Nunca oí hablar de él.
MAMÁ. Porque hace muchos años que el señor don Pomposo vive en París. Es un hombre de mundo, como dicen.
BEBÉ. ¿Hombre de mundo? ¿Y eso qué quiere decir?
MAMÁ. *(Sonriendo)*. No me hagas caso, Bebé, porque son cosas de los mayores y tú no entiendes de eso. Hasta yo me estoy poniendo nerviosa, porque es una persona muy importante. Llegará de un momento a otro y es mejor que nos preparemos. Tú, Raúl, siéntate allí. *(Y señala una de las sillas cercanas)*. Y Bebé allí. *(Cambiando de idea)*. No, no, en la otra. *(Ligera confusión. Cambio de sillas. Finalmente todos se sientan, un poco tiesos)*. Ahora a esperar que llegue...
BEBÉ. El señor don Pomposo.

RAÚL. Que es un señor muy importante.
BEBÉ. *(Aguantando la risa)*. ¡Importantísimo!
MAMÁ. ¡Vamos, vamos! A portarse bien. Cuando abra la puerta se ponen de pie. Sí él les extiende la mano, ustedes se la dan. Después se sientan y dejan el sombrero sobre las piernas, a menos que el señor don Pomposo se los pida.

Entran los criados con gran pompa.

CRIADOS. *(Anunciando)*. ¡El señor don Pomposo!

Aparece en el marco de la puerta el señor don Pomposo. Es muy flaco y muy alto. Sus piernas serán muy largas y para lograr el efecto requerido el actor tendrá que caminar en zancos. Llevará una leontina muy grande y en la corbata una brillante inmenso. El bigote será desproporcionadamente grande.

POMPOSO. *(Mientras todos se ponen de pie)*. ¡Querida mía! ¡Qué alegría tan grande! ¡Qué sorpresa tan inmensa! ¡Inmensísima! *(Abrazando y besando a la madre, que se siente desconcertada. Todo falso, artificial)*. ¡Qué dicha verte! *(Apabullándola entre sus brazos, situación cómica)*. ¡Qué felicidad estrechar a mi sobrina entre mis brazos! ¿Cómo estás? ¡Dime! ¿Cómo te encuentras? ¡Pero siéntate, siéntate!
MAMÁ. *(Balbuceante)*. ¡Tío...!
POMPOSO. ¡Nada, nada! ¡Ya te puedes imaginar...! ¡Tienes toda la razón! ¡Ni una cosa ni la otra! *(Dándose cuenta de la presencia de Bebé)*. ¿Y este niño tan lindo? ¡Pero no, no me lo digas! ¡Pero no me lo digas... ¡Tú hijo! ¡Nada menos que tú hijo! ¡Ese niño prodigio! ¡Bebé, Bebé! *(Da una vuelta y le da un pequeño empujoncito a Raúl. Después, dirigiéndose a Bebé)*. ¡Pero, dame la mano, muchachito! *(Se dan la mano. Bebé no sabe qué hacer. Se inclina)*. ¡Es todo un hombre! ¡Todo un caballero! ¡Qué modales! ¡Qué elegancia! *(Indicándole la silla, alejando un poquito más a Raúl)*. Pero siéntate, Bebé, estás en tu casa. ¡Deme el sombrero, caballerito! ¡Qué sombrero tan lindo! *(Toma el sombrero y lo coloca en la sombrerera. Como al descuido, va alejando a Raúl, que acaba sentándose en la silla más apartada)*. ¡Qué alegría, sobrinita mía! ¡Sentándose! ¡Qué contento estoy de que estén aquí!
MAMÁ. Estábamos por venir, pero...
POMPOSO. *(Interrumpiéndola)*. ¡No me lo cuentes! ¡No me lo cuentes! ¡Me imagino! ¡Las cosas son las cosas! ¡Figúrate! ¡París es siempre París! ¡Hay tanto que ver! ¡No habrás visto ni siquiera la mitad! *(Mirando a Bebé)*. ¡Pero, qué sobrino tan lindo y tan educado! ¡Déjame darle un beso! *(Se pone de pie, va hasta donde está Bebé y le da dos sonoros besos en las mejillas. Regresa y se sienta)*. ¡Muy interesante, muy interesante lo que dices, queridísima sobrina! ¡Muy bien dicho, muy sensato, muy bien pensado! ¡Yo, decididamente, opino lo mismo! *(Pausa)*. Pero, estarás incómoda... ¡Qué tonto soy! ¡Qué descortesía! *(Dando una palmaditas, a los criados)*. ¡Vamos, vamos! ¡La butaquita! ¡El descansapiés! ¡Para que mi sobrinita ponga los pies! *(Viene un criado con una butaquita)*. ¿Y un cojín? ¿Qué te parece un cojín?
MAMÁ. ¡No, tío, gracias! Estoy bien así.
POMPOSO. ¡Cuánto me alegro! ¡París es París! ¡Yo solo vivo para París! Por supuesto, todo esto cuesta, como te lo puedes imaginar! ¡Dinero! ¡Mucho dinero! ¡Y las cosas están tan mal últimamente! ¿Has visto este brillante que tengo en la corbata¡ ¡Carísimo! ¡Carísimo! ¡Y fue el más barato que pude encontrar! ¿Y esta leontina de oro? ¿La ves? ¡Carísima! ¡Carísima! ¡Y me

costó un Potosí, como aquel que dice! Pero en París no se puede prescindir de estas cosas, de estos de detalles. ¡La moda es la moda, mi querida sobrina! Las apariencias, naturalmente.

MAMÁ. Tío, quería decirte…

POMPOSO. ¡Nada, nada, no tienes por qué preocuparte! Precisamente, quería decirte que… Los negocios son los negocios… la familia… las obligaciones… ¡El dinero es el dinero! Y en realidad, tengo que decirte, que las rentas que me llegan desde Cuba no son suficientes… Nada… No queda más remedio que vender… Y con ese dinerito, invertir en algún negocio aquí en París…¡Una confitería por ejemplo! ¡Una confitería! ¡Para que Bebé coma dulces y caramelos! ¡Así de grande! ¡Ven, ven, muchachón, para que te des gusto! *(Le da una chambelona gigantesca, haciéndole señas a Bebé para que la tome. Bebé se levanta).* ¿Y qué se dice? *(Bebé no sabe qué contestar).* Merci, merci, como dicen en francés. *(A la sobrina).* Nada, lo que te digo, que quisiera vender mi parte en la herencia de tu abuelo… ¡que en gloria esté y en paz descanse…! A tu marido, naturalmente, que está podrido en dinero, para que algún día Bebé, con el sable que voy a darle, sepa defender lo que le pertenece.

MAMÁ. *(Poniéndose de pie).* Tío, creo que es hora…

POMPOSO. *(Mirando a la leontina).* ¡La hora, señor, la hora! ¡Cómo pasa el tiempo! ¡Qué lástima! ¡Con esta conversación tan agradable! *(Poniéndose de pie).* ¡Tendrán que irse! ¡Cuánto lo siento! *(Todos se ponen de pie).* Pero antes, tengo una sorpresa para Bebé! ¡Una gran sorpresa! ¡Ya verás, Bebé, ya verás!

MAMÁ. ¡Pero tío, no, no… no es necesario…!

Don Pomposo se acerca al arcón, que tiene un candado. Va a la gaveta de la cómoda y saca un manojo de llaves gigantescas. Va al arcón y lo abre con una de ellas. Saca un sable dorado, inmenso, con un gigantesco cinturón de charol. El otro niño, siempre alejado, se pone de pie y con gran interés, contempla lo que está pasando.

POMPOSO. Mira, Bebé, lo que tengo guardado para ti. ¡Desde hace muchísimos años del tiempo de no volverás! ¡Un sable!

MAMÁ. *(La Mamá, un poco alarmada).* ¡Un sable!

POMPOSO. ¡Un sable!

BEBÉ. ¿Un sable?

NIÑO DESCALZO. *(Aparte. Fascinado y reflexivo).* Un sable… ¡Un sable! ¡Un sable todo dorado y con el puño brillante, como si fuera de sol! ¡Un sable para Bebé! ¡Jamás tendré nada! ¡Quisiera soñar que algún día.. soñar que algún día… tendré… una sable que será mío!

MAMÁ. ¿Un sable de verdad?

POMPOSO. ¡Naturalmente!

BEBÉ. ¿Para matar a la gente?

POMPOSO. ¡Naturalmente! ¡Naturalmente! ¡Un recuerdo de familia! ¡De los Caballeros Templarios! ¿Qué te parece? ¿No es maravilloso? ¡Un sable! ¡Un gran sable! *(Lo exhibe).* ¡Qué cuesta muchísimo dinero! ¡Que vale un Potosí! ¡Oro puro! *(Bebé se acerca. Le pone un cinturón, con el sable, y Bebé casi no puede caminar. Don Pomposo empuja a Bebé para que se vea ante el espejo).* ¿Cómo se dice? *(Haciendo aspavientos).* Merci, merci. ¡Hasta la vista! Adiós, sobrina, y en cuento al dinero, ¡que no se te olvide! *(Sale aparatosamente).*

Bebé se quita el sable y lo pone sobre el arcón. La Madre toma de la mano a Bebé, le pone el sombrero y salen. Se oscurece el escenario. En la oscuridad el sable reluce en el arcón. El Niño

Descalzo se acerca, contempla el sable, y se queda de pie junto a él. En la oscuridad, sacan todos los muebles. Entra El Viejito. Foco de luz sobre El Viejito.

VIEJITO. ¡Vaya, vaya con el señor don Pomposo! ¡Qué pomposo el señor don Pomposo! ¡Qué manera de ser tonto! ¡Y se fijaron ustedes como apenas miró al pobrecito Raúl, que no quería levantar la cabeza! ¡Todo era para Bebé! Y ese cariño me parece que estaba un poco mal repartido. ¿No les parece a ustedes?

El escenario se vuelve una cámara oscura. El Niño Descalzo sigue en la misma posición ante el sable. Entran Bebé, con una rosa blanca en la mano, y la Mamá.

BEBÉ. *(Lloroso y soberbio)*. ¡Oh, qué sable tan feo! ¡Qué tío tan malo, tan malo!
VIEJITO. ¡Vaya, vaya con Bebé! ¡No le gustó el tío! ¡No le gustó el sable! Pero ¿y al otro muchachito…? ¡No, no creo que piense lo mismo…!
MAMÁ. *(Quitándose el sombrero. Al Viejito)*. Me pareció un poco interesado este señor don Pomposo! Por supuesto, nos trato con toda clase de cortesías, pero un poco empalagoso, y le dio el sable a Bebé, pero, ¿a quién se le ocurre? ¿Darle un sable a un niño que no sabe qué hacer con él? Y el dinero, nada más que estaba pensando en el dinero, en el dinero, en el dinero por todas partes… *(Pensativa)*. Y el dinero… El dinero no lo es todo…
VIEJITO. *(Siempre manteniendo el contacto con el público)*. ¡Por supuesto que no pensaba más que en el dinero, el dinero por aquí, el dinero por allá, el dinero por el otro lado!
BEBÉ. *(Por su lado, pero también dirigiéndose a El Viejito y a su mamá)*. ¡No me gusta este sable! ¡No quiero este sable! ¡A mi amigo le gustaba y no le dieron nada! ¡Ni un dulce, ni un caramelo! ¡No es justo que se quede con las manos vacías!
MAMÁ. *(Al público)*. Comprendo lo del sable, pero el señor don Pomposo, que después de todo es su tío abuelo, debió mirar por un instante, al pobre . ¡Un sable para Bebé! No, no diré que no me alegro, pero el pobre Raúl… se quedó con las manos vacías… ¡ni siquiera un caramelo!

Una niebla empieza a envolver a los personajes. Efecto de luces.

RAÚL. ¡Un sable! ¡Un sable para mí…!

Todos los personajes entran en la niebla luminosa que produce un efecto onírico.

VIEJITO. Vaya modo de hacer las cosas… El mundo, realmente, está muy mal hecho… Bebé sufre porque tiene el sable y Raúl sueña con tenerlo algún día. ¡Verdad que se trata de un gran sable! Y a pesar de lo que dice Bebé, es un sable muy bonito… ¡Siempre y cuando no sea para matar a nadie…! ¡Pero los sables…! Bueno, hay que tener cuidado… ¡Un sable inmenso! ¡Un sable brillante! Pero lo sables… para jugar está bien, pero también sirven para la guerra. *(Chocheando un poco)*. Así eran los sables de los generales el día de la procesión… ¡Y Bebé irá en un caballo morado como la sotana que tenía el obispo!
BEBÉ. ¿Un caballo morado…?
VIEJITO. ¡Un caballo morado! Nunca has visto caballos morados, pero te lo mandarán a hacer.
BEBÉ. Y a mi amigo, ¿quién le hace caballos morados como la sotana del obispo?
VIEJITO. Nadie… Nadie…

BEBÉ. ¿Y vestidos de duquesitos...?
VIEJITO. Nadie... Nadie...
BEBÉ. ¿Y quién lo peina para que tenga rizos...?
VIEJITO. Nadie... Nadie...
BEBÉ. ¿Y quién le compra medias de seda colorada...?
VIEJITO. Nadie... Nadie...
BEBÉ. ¿O zapatos nuevos como los míos?
VIEJITO. Nadie... Nadie...
BEBÉ. ¿Y quién hace algo para que su mamá pueda estar con él para cuidarlo y estar a su lado cuando se enferme?
VIEJITO. Nadie... Nadie...
BEBÉ. ¡Oh, qué sable tan feo! ¡Oh que mundo tan malo! ¿Y es que nadie hace nada?
VIEJITO. Tienes que ser tú, Bebé. Solo tú.
BEBÉ. ¿Yo?
VIEJITO. Sí, porque no puedes esperar que lo hagan los demás.
BEBÉ. Pero los otros....
VIEJITO. ¿Los otros? Los otros son los demás, Bebé. Los otros, claro, también serán buenos. Pero tus buenas acciones eres tú el que las llevas dentro. ¿Entiendes?
BEBÉ. Sí, entiendo, entiendo...
VIEJITO. Recordarás: «¡con los niños descalzos no se juega! ¡con los niños descalzos no se juega!».
BEBÉ. ¡Sí, es verdad! ¡No debe haber un niño descalzo!
VIEJITO. Esa es la lección, Bebé.
BEBÉ. ¡No debe haber un niño sin un sable!
MAMÁ. (*Acercándose al proscenio, al público, saliendo un poco de la niebla. Ríe*). ¡De juguete, naturalmente!

Bebé va hacia Raúl, sonriente, y le da una flor blanca que lleva en la mano, Se abrazan, sonrientes, como hermanos que se quieren.

VIEJITO. (*Afable, al público. Caminando con un bastón*). Bueno, creo que mi labor ha llegado a su fin. Aclaré unas cuantas cosas ¿no les parece? Hay que hacer el bien, sobre toda las cosas. Por la parte que a mí me toca, vuelvo otra vez a mi butaca, para ver como sigue la historia.

Cae el telón.

Otra opción como final de la obra: final alternativo que no estaba presente en el texto original, pero que resulta de mayor actualidad y más ajustado a los hechos. El Niño Descalzo se inclina y toma el sable. Pudiera musitar: «Un sable para mí...». Lo levanta en alto. Bebé le da la espalda. Mientras el anciano va saliendo del escena por la platea, la madre entra y grita, llevándose la mano a la boca mientras el Niño Descalzo atraviesa a Bebé con el sable. No es necesario hacer ningún cambio en el resto del montaje.

MAMÁ. ¡No, eso no!

OSCURO TOTAL

LA MADRE Y LA GUILLOTINA

1961

Personajes

La Madre
Ileana
Silvia
Peluquera

Se sugiere que la Madre vista de negro; Silvia e Ileana, saya y blusa, rojo y negro, haciendo juego y contrastando; la Peluquera con un uniforme de miliciana, color verde olivo. Ileana lleva una peluca de rubia de platino. Silvia con el pelo rojizo.

Escenografía

El fondo del escenario estará dominado por un gran mural, enloquecedor e impresionante, donde aparece una guillotina. En la parte anterior del escenario, dos sillas de tijera. Una de ellas debe estar colocada en el mismo centro, de frente al público. Allí estará sentada la Madre durante casi toda la obra. Si se prefiere, en lugar de sillas se pueden utilizar rústicos banquillos. En una plataforma ligeramente más alta, otras dos sillas y una pequeña mesa o tabla alargada funcionando como si fuera la mesa de un camerino, con espejos, potes, cremas, cabezas de plástico con un par de pelucas, donde las actrices podrían maquillarse ocasionalmente para producir un efecto teatral, a discreción del director. Algún efecto de peluquería.

Juego de luces de acuerdo con el foco de acción.

La acción en Cuba, 1959.

Sentada en una de las sillas está la Madre, cabizbaja, preocupada. Ileana está de pie frente al público. Después se vuelve hacia la Madre.

ILEANA. *(Agresiva).* ¿Qué papel representa usted en la comedia?
LA MADRE. *(Siempre preocupada).* Yo soy la madre.
ILEANA. ¿La madre de quién?
LA MADRE. De usted y de la manicure.
ILEANA. ¿De las dos?
LA MADRE. Sí, de las dos.
ILEANA. *(Algo desdeñosa).* Supongo que será un papel difícil.
LA MADRE. No estoy segura. Es el mismo personaje.
ILEANA. Un poco complicado, ¿no es cierto? A mí me pasa lo mismo. Los autores siempre complican las cosas. En la vida real todo es más simple.
LA MADRE. *(Angustiada).* ¿Está usted segura?
ILEANA. *(Con desdén).* Al menos me hago la idea.
LA MADRE. *(Con naturalidad).* ¿Le gusta a usted el teatro?
ILEANA. *(Con cierto descaro).* Vivo de él.
LA MADRE. *(Seria).* Pero, ¿lo toma en serio?
ILEANA. La vida es un juego peligroso en el que hay que defenderse como gato boca arriba.
LA MADRE. *(Algo desconcertada).* No la entiendo muy bien.
ILEANA. ¿Por qué?
LA MADRE. *(Vacilante).* Ileana… ¿Se llama usted Ileana, no es así?
ILEANA. Sí.
LA MADRE. ¿No cree usted que debemos irnos conociendo poco a poco? Después de todo, estamos tan cerca…
ILEANA. *(Con cierta brusquedad).* Como usted quiera.
LA MADRE. No quisiera tomarle afecto y cariño. Pero quizás sea inevitable. Temo sufrir una decepción y que esto no sea una comedia. ¿Ha leído usted la obra?
ILEANA. No. *(Chocante).* Pero, ¿de qué habla usted? ¿No le pagan por esto?
LA MADRE. Yo soy su madre. Temo que le pueda pasar algo.
ILEANA. *(Que poco a poco es la hija, cambiando de actitud. En otro tono).* Mamá, yo sabré defenderme. Hasta ahora me las he arreglado bien, ¿no es así?
LA MADRE. No puedo evitarlo. No estoy tranquila. Quizás las cosas nos vayan mal.
ILEANA. ¡Bah, no te adelantes a los acontecimientos! Aquí lo que hay es que no morirse y yo siempre he sabido nadar para no ahogarme.

LA MADRE. *(En un tono impersonal).* Espero llevarme bien con usted. La manicure tiene un carácter difícil.

ILEANA. Eso he oído decir. Yo la detesto, realmente. Supongo que, siendo usted mi madre, ella será mi hermana. ¿Lo es en realidad?

LA MADRE. *(Perpleja, sin saber qué decir).* No, yo creo que no... Pero no se asuste... Realmente... Yo no estoy segura de nada...

ILEANA. Pero... ¿sabe usted algo de mí?

LA MADRE. *(Vacilante).* Yo creo... Pero no... Cualquier cosa que diga podría ofender... Y yo, en realidad...

ILEANA. No, no... Hable... Diga lo que tiene que decir... Es importante para mí...

LA MADRE. La gente... la gente dice que usted... que usted es... que usted era la querida del comandante Camacho.

ILEANA. *(Sin salir de su asombro).* ¿El asesino?

LA MADRE. *(En voz baja).* Sí... El mismo...

ILEANA. *(Alterada).* No... Eso no es cierto... Tengo que desmentir calumnia semejante, porque, claro, me perjudica. Eso no puede quedarse así...

LA MADRE. Cálmese, por favor... No se altere de ese modo...

ILEANA. *(Inquisitiva).* ¿Y ella?

LA MADRE. *(Temerosa).* ¿Ella?

ILEANA. ¡Sí! ¡Ella! ¡La manicure!

LA MADRE. No recuerdo bien... No recuerdo claramente... Pero se habla de un tal César... del Ministerio de Educación... o de Hacienda... No estoy segura.

ILEANA. *(Dejándose caer en una silla).* Bueno, entonces puedo tranquilizarme... Al menos en parte... Porque si ellos se ponen a decir que yo... que si esto... que si lo otro... que si el comandante Camacho me daba o me dejaba de dar... mientras ella tenía lo suyo con el tal César... En fin, que tendrá que callarse.

LA MADRE. ¡Si eso fuera tan fácil!

ILEANA. Yo no la puedo ver.

LA MADRE. Bueno, lo comprendo. ¿Qué le puedo decir?

ILEANA. Yo no la puedo ver...

LA MADRE. *(Vacilante).* Y sin embargo... La verdad es... Que tiene una manera de ser...

ILEANA. Sí, lo creo. Ya otros me habían dicho que hablaba mal de mí... Y usted debe saber mucho más sobre el asunto... ¿Qué otra cosa le ha dicho?

LA MADRE. *(Evasiva).* No puedo decirlo. No me comprometa.

ILEANA. *(Transición, dulcemente).* Por fuerza lo tienes que saber, mamá.

LA MADRE. *(Evasiva).* Más vale que no hablemos del asunto.

ILEANA. Se trata de mí, mamá. ¿No te das cuenta? Estoy aterrada. Y ahora que los fusilamientos están a la orden del día...

LA MADRE. Hija mía...

ILEANA. En estos momentos todos estamos en peligro... La dictadura ha caído... La Revolución triunfa... Y la Revolución es blanca y roja, inmaculada y sangrienta, ¿no es así?

LA MADRE. Hija mía, yo no sé nada de política.

ILEANA. Y todos quieren sacarle el mejor partido... Esto da asco... Es repugnante, mamá... Las habladurías de la manicure pueden llegar lejos. Tú bien sabes que tratan de comprometerme porque me acosté con él. ¡Cómo si esas cosas no se hicieran! ¡Cómo si fuera pecado! Tenía que arreglármelas de alguna manera, ¿no es verdad? Y Camacho era bueno conmigo, en cierto sentido. Eso no lo voy a negar. Pero no ha habido más nada. De ahí no pasó la cosa. Ninguna delación. Ningún chivatazo. Tú lo sabes bien… Hay gente que solo quiere levantar falsos testimonios.

LA MADRE. Tengo miedo. Me encuentro en una difícil situación.

ILEANA. ¿Es que no estás de mi parte?

LA MADRE. *(Implorante)*. ¿Cómo no voy a estarlo? *(Desesperada)*. Pero ella es mi hija también, ¿no te das cuenta? No puedo hablar de ella contigo. Le puedo hacer mal.

ILEANA. *(Violenta. De pie.)*. Pero no vacilas en dañarme a mí. Ahora sí, ahora todos me dan la espalda porque estoy abajo… Pero cuando estaba arriba… Hasta mi madre, claro… Y te pones del lado de la otra, que nada tiene que temer… No sé por qué. Debe ser porque es una estúpida, ¿no te parece? Porque aquí no hay nada seguro, mamá… Nada que no pueda desplomarse… Ella, que tiene sus pecados y sus faltas, que es una alimaña…

LA MADRE. Calla, calla…

ILEANA. ¿Serás tan cobarde? ¿Serás capaz de dejar que me lleven hasta el cadalso sin decir una palabra?

LA MADRE. ¿Por qué el cadalso? ¿Qué razones habría? Tú no has hecho nada. No me asustes así.

ILEANA. Las calumnias. Las mentiras. Nunca falta un roto para un descosido.

LA MADRE. *(Poniéndose de pie)*. No, tu muerte no, Ileana. Eso no podría soportarlo.

ILEANA. ¿Mi muerte? ¿De qué está hablando usted?

LA MADRE. *(Confusa)*. No, no me hagas caso. No sé lo que digo.

ILEANA. ¿Me avisarás? ¿Me avisarás al menor peligro?

LA MADRE. Lo haré… Te lo juro…

Entra Silvia.

SILVIA. Buenas tardes. ¿He llegado tarde para el ensayo?

ILEANA. *(Siempre a la defensiva)*. ¿Quién es usted?

SILVIA. Yo soy la manicure. *(Mirando a Ileana de arriba a abajo)*. ¿Y usted? Usted es Ileana, sin duda.

ILEANA. Sí, es cierto.

SILVIA. *(En tono desagradable)*. ¿Le gusta su papel?

ILEANA. *(Falsamente)*. Me encanta. Es un personaje maravilloso. Estoy contentísima. Una oportunidad única, ¿no cree usted? Y es el más importante de la comedia.

SILVIA. Tengo entendido que es un drama.

ILEANA. ¿Qué sabe usted? ¿Quién le ha dicho ese disparate? El programa dice que es una comedia.

SILVIA. Su personaje no es muy digno que digamos.

ILEANA. Yo he firmado un contrato. Me atengo al papel que me dan.

SILVIA. ¿De veras?

ILEANA. ¿Es Ud. de las que trabaja por amor al arte?

SILVIA. Es preferible a trabajar por dinero, ¿no le parece? Por dinero somos capaces de cualquier cosa. Hasta de interpretar esos personajes.

ILEANA. ¿Qué quiere insinuar?

SILVIA. Yo no podría resistir ese tipo de papel. Es como el papel de un abogado defendiendo a un criminal.

ILEANA. Es usted muy estricta con los demás.

LA MADRE. *(Amonestándolas).* Ileana, Silvia, por favor, no sigan por ese camino. Ese camino es un callejón sin salida que no conduce a ninguna parte.

SILVIA. *(Sin prestarle atención).* Yo soy muy estricta con todo. No admito ningún tipo de bajeza.

ILEANA. *(A Silvia).* He leído el libreto. Más vale que no se ponga a sacar los trapos sucios porque lo que es usted no los tiene muy limpios que digamos.

SILVIA. *(Sorprendida).* ¿Se refiere usted a mí?

ILEANA. ¡No, qué va, me refiero a la tamalera de la esquina! Usted se lo anda buscando. Me molestan los inmaculados. Mucho más las que se quieren hacer inmaculadas.

SILVIA. *(Enfática).* Yo no fui de las que colaboró, directamente, con el gobierno.

ILEANA. ¡Qué descaro! Ahora, claro, no ha colaborado nadie. Además, ya me han dicho que usted la tiene cogida conmigo. Y si la cuestión es cogerla con otro y tratar de hacerle todo el daño posible, verá como nadie me pone un pie delante. ¡Usted debía tener la cabeza metida en un cubo!

SILVIA. Camacho...

ILEANA. César... ¿Me oye usted bien? ¡César!

SILVIA. ¿César? Le aseguro que no tengo la menor idea de quién habla usted.

ILEANA. No, no pretenda hacerse la mosquita muerta.

SILVIA. ¿Acaso lo confunde usted con algún amigo...?

ILEANA. *(Impersonal, como si se refiriera a un texto).* Pero se da a entender que «su amigo» la ayudó a fabricar su casa.

SILVIA. *(Fuera de quicio).* ¡Las calumnias! ¡Las calumnias! ¡Las calumnias siempre! *(A la madre).* Mamá, ¿por qué la gente tiene que ser así? Tan mala... tan perversa... *(A Ileana).* Esa casa era para mi madre. Eso también se dice, pero a usted no le conviene sacarlo a relucir. Y se dice también que hice grandes sacrificios por mi madre, para que cuando todo terminara ella tuviera su vejez asegurada. *(A la madre).* ¿No es verdad, mamá, todo lo que digo? ¿Qué no haría una madre por su hija y una hija por su madre? El amor y el sacrificio de una hija...

ILEANA. *(Escandalizada).* ¡El amor y el sacrificio de una hija! ¡Qué valor, Dios mío!

SILVIA. *(Volviéndose a Ileana).* Claro que para una mujer como usted, una difamadora vulgar como usted, eso no importa. El amor y el sacrificio de una hija no son más que palabras.

ILEANA. ¡Qué cara, Dios mío, qué cara! ¿Cómo puede decir eso?

SILVIA. Porque esa casa nunca ha sido mía, sino de mi madre...

ILEANA. Un juego sucio para cubrir las formas y esconder lo que había detrás de la fachada.

SILVIA. Es usted una envidiosa... una resentida...

ILEANA. ¿Y César? ¿Qué va a contar cuando le vengan preguntando por él?

SILVIA. ¿César?

ILEANA. *(Imitándola, burlándose).* ¿César? ¿César? ¿Pero se creerá usted que le podrá tomar el pelo a todo el mundo?

SILVIA. *(Con naturalidad).* Pero, ¿de qué César habla usted?

ILEANA. *(Al público).* ¿Han visto ustedes un descaro mayor?

SILVIA. *(Sin alterarse, con naturalidad, como si hablara consigo misma y en cierto sentido con el público).* Será necesario cambiar un poco el diálogo de la obra. Hay gente que no comprende nada. *(Señalando a la Madre).* Como esta infeliz, confundida y atormentada por su conciencia. Lo peor es que el público no entenderá si no se aclara este enredo, esta maraña. Ella quiere comprometerme, echarme una mancha encima, y si no hago algo no me la podré quitar. ¡La gente se deja engañar tan fácilmente! Es necesario poner los puntos sobre las íes, terminar con la confusión y decir claramente, de una vez por todas, quien soy. *(Pausa)*. ¿César? Pero, ¿qué César es ese? ¿Bruto? ¿César? ¿Cleopatra? Eso no es otra cosa que fantasía, teatro nada más. *(Grandilocuente, en parte a Ileana pero en parte también al público)*. Miren, no le hagan caso. Yo soy yo. Yo soy en la vida real (¡en la vida real, sí!). una mujer que ama la revolución y repudia el crimen. Todos repudian el crimen, ¡pero no como yo! Por eso estoy inconforme con ciertas cosas (ciertas cosas nada más). de mi personaje, y no las voy a aceptar como ella hace, porque ella, santo Dios, ella no tiene una explicación razonable respecto a su conducta… Porque ella…

ILEANA. *(Lanzándose, violentamente, hacia Silvia)*. ¡Eso no es verdad! ¡Eso es una calumnia! ¡Es usted una mentirosa!

SILVIA. *(Escandalizada)*. ¡No se atreva a tocarme! ¡No me interrumpa! *(Gritando con todos sus pulmones)*. Porque en la vida real soy distinta y no quiero que me chiflen y me griten «chivata» cuando salga a escena.

Silvia sale indignada. Ileana, destrozada por la tensión, se deja caer en una silla, cerca de la Madre.

ILEANA. ¿La has oído? Me odia, me detesta, es mi mayor enemiga.

LA MADRE. Debes calmarte. No te desesperes. Todo se andará.

ILEANA. Quiere hundirme. Hablará con el director para perjudicarme. Y en mi vida particular no dudo que lo haga. Ya usted lo sabe: esta Revolución está en todo, y los oportunistas y aprovechados también, cambiando de color, como el camaleón, para que nadie los reconozca entre la maleza. Pero yo tengo mis planes. No voy a dejar que me corten la cabeza.

LA MADRE. Ileana… Ileana, por favor, no es el momento de echarnos enemigos. Ya es suficiente lo que le ha pasado a él.

ILEANA. ¡A él! ¡A él! ¡Bastantes enredos tengo por su culpa! Ahora todo el mundo me señala con el dedo como la querida de Camacho. ¡Para lo que le pude sacar! Siempre quise un banquero, un viejo banquero con bastante plata, pero tuve mala suerte. *(Pausa, reprochándose)*. ¿Pero de qué me sirve pensar en esto a estas alturas?

LA MADRE. Debes serenarte. Después de todo, tú no tienes culpa de nada. No tienes por qué temer. Ella no podrá nada en contra tuya.

ILEANA. ¿Cómo lo puedes saber?

LA MADRE. Hija mía, no te entiendo. ¿Es que hay algo más? ¿Algo que no me has contado? *(Temerosa)*. ¿Acaso… acaso hiciste cosas que yo no sé…?

ILEANA. ¿Estás del lado de ella? ¿Serías capaz? *(Transición, estableciendo una distancia. Se incorpora)*. Pero hablo demasiado. Después de todo, usted también es su madre.

LA MADRE. ¿Cómo eres capaz de pensar eso de mí?

ILEANA. *(Enérgica, alterada. Por un momento, vuelve a ser la hija)*. ¡Júrame que no hablarás de esto, mamá, de todo lo que sabes de mí!

LA MADRE. ¿Cómo podría hacerte daño?

ILEANA. No sé, no sé. A veces tengo un poco de miedo, es cierto.

LA MADRE. Descansa.

ILEANA. *(En plano de actriz)*. ¿Cree usted que hablará con el director para quitarme el papel? ¿Me acusará públicamente?

LA MADRE. Duerme.

ILEANA. Ella es capaz de todo. Es más papista que el Papa. Y eso que no es ni cura. Porque tiene sus faltas, ¿no es así?

LA MADRE. Olvida.

ILEANA. ¿Qué más sabe usted de la manicure?

LA MADRE. Ella es mi hija también, ya te lo dije. No podría hacerle daño.

ILEANA. *(Levantándose)*. ¡Ella, la preferida!

LA MADRE. Nunca lo ha sido. Tú lo sabes bien.

ILEANA. ¿Cómo pretendes que la quiera si jamás confías en mí? Habla. Es mi hermana. Soy de la familia. Yo también me preocupo. ¿Ha estado complicada en algo? ¿No tiene nada grave de lo que pueda arrepentirse? ¿Ha estado metida en algún chanchullo? Habla, mamá. ¡Contesta! Porque yo quisiera ayudarla también. ¿Es que yo soy una extraña en esta casa? ¿Es verdad ese cuento de que él no le pedía nada, que se lo daba todo por su linda cara y todo lo demás?

LA MADRE. Jamás te diré nada sobre Silvia.

ILEANA. *(En un tono diferente, casi acusador)*. Usted, señora, ha de conocer todas sus actividades. Toda su vida.

LA MADRE. No diré nada. El libreto está ahí.

ILEANA. *(Persuasivamente)*. Hay cosas, secretos íntimos, que no se dicen; que se descubren en una mirada, en un silencio. Esos secretos son los que yo quisiera saber...

LA MADRE. Yo no puedo decir nada. Solo puedo callar.

ILEANA. ¡Se aferra! ¡Es inútil, Señor!

Agitada, Ileana está a punto de salir de escena, pero da una vuelta abrupta.

ILEANA. *(En otro plano)*. ¿Sabe usted algo de mi vida privada?

LA MADRE. ¿A qué vida se refiere? Nosotras, las actrices...

ILEANA. A mi vida privada, por supuesto...

LA MADRE. Acabamos de conocernos. Es la primera vez que la veo. Como usted comprenderá...

ILEANA. Le aseguro que mi vida privada es radiante como el sol.

LA MADRE. Por supuesto, naturalmente. La manicure...

ILEANA. Ella le hablará horrores de mí. Me detesta. Me envidia como actriz y por lo que soy en la vida real, los personajes que me dan en escena y los premios que he recibido. Es capaz de cualquier cosa. Cuando hurgamos en la nariz siempre encontramos algo.

LA MADRE. Eso es de mala educación, muchacha. Desde niña te lo vengo diciendo.

ILEANA. Todo es asqueroso. Es asqueroso tener que hacer esas cosas, pero a veces no queda más remedio.

LA MADRE. Hay gente que no se hurga. Al menos, en público. Siempre te he dicho que es lo que hay que hacer. Volver la cabeza. Usar un pañuelo.

ILEANA. Esos son los inteligentes y los descarados. Los que niegan haber tenido un catarro cuando tienen las narices que dan asco. Como la manicure. Es un verdadero milagro que nadie la descubra. Tal vez hasta esté envuelta en crímenes y atentados. Y probablemente se esté afilando los dientes para hacerlo otra vez. Volverá a denunciar a la gente y hará de las suyas de nuevo. Es la misma historia de siempre.

LA MADRE. ¿Siempre? ¿Otra vez?

ILEANA. *(Inesperadamente, recorriendo el escenario con la vista)*. ¿Cree usted que la guillotina sea de papel?

LA MADRE. *(Aterrada)*. ¿La guillotina? ¿De qué habla usted?

ILEANA. *(Con cierta naturalidad)*. ¿No ha leído la obra? ¿No se ha fijado en el título?

LA MADRE. Bueno, sí, pero no le di demasiada importancia.

ILEANA. Hacia el final funciona la guillotina. Es solo un minuto, un instante, allá, en el fondo del escenario…

LA MADRE. ¿De veras?

ILEANA. Lo que usted oye.

LA MADRE. Esta obra es terrible. No puedo resistirlo.

ILEANA. *(En plano de actriz)*. María Antonieta… Los cabellos recogidos… El fino, delgado cuello blanco… La cabeza hacia abajo… Sería un final impresionante…

LA MADRE. ¡Basta! ¡Basta!

ILEANA. *(Transición)*. ¿Pero se ha vuelto loca? ¿Por qué se altera de ese modo? Esto es teatro. Teatro y nada más que teatro.

Entran Silvia y la Peluquera. Traen unos libretos. La Peluquera viene uniformada, sin ningún atributo que confirme que es una peluquera. Porte autoritario, masculino y agresivo Se ilumina la plataforma donde están las otras dos sillas. Silvia se sienta con el libreto. Le pasa la vista, como si quisiera leer el diálogo, pero parece no encontrarlo.

PELUQUERA. Son situaciones difíciles, es cierto.

SILVIA. Espero que se pueda hacer algo.

ILEANA. *(Acercándose)*. Buenas tardes, ¿es usted la peluquera?

PELUQUERA. *(Continuando su conversación con Silvia)*. Es una situación desagradable, pero debemos hacerle frente. Es por el bien del teatro. Debemos seguir sacrificándonos. ¡Hacer todo lo que esté en nuestras manos! *(Volviéndose con cierta violencia, a Ileana)*. Hay que tener coraje para interpretar su papel. Comprendo que es teatro, pero desde el momento que Ud. lo ha aceptado, tiene que haber algo podrido en Ud. para poder interpretarlo a plenitud, como lo viene haciendo. Lo hemos podido notar en los ensayos.

ILEANA. Es usted vil, cruel, injusta. Usted no tiene calificativo.

PELUQUERA. ¿No era usted todas esas cosas cuando colaboró de forma tan decidida con los criminales?

ILEANA. Pero, ¿qué dice? ¿Quién le dijo tal cosa? ¿No sabe lo que es el teatro? ¡Usted se equivoca! Soy una actriz. Se trata de un personaje.

PELUQUERA. Su vida privada no debe estar muy limpia.

ILEANA. ¿Y qué hizo usted? ¿Puso bombas? ¿Ayudó a derrocar el régimen?

PELUQUERA. Lo di todo por la patria. Y tengo un automóvil rojo símbolo de la Revolución. ¿Quiere una posición más vertical?

ILEANA. Bueno, en eso no me lleva ventaja. Yo tengo una blusa roja y una saya negra que son simbólicas también. Me las pondré y nadie será capaz de negar que soy una gran revolucionaria.

PELUQUERA. Pero yo leí mi poema «La paloma descabezada» el día primero a las ocho de la mañana cuando entraron los rebeldes en la ciudad.

ILEANA. Pienso leer uno parecido.

PELUQUERA. ¿Se atrevería a tanto?

ILEANA. ¿Y qué tiene eso de malo?

PELUQUERA. ¿Sería capaz?

ILEANA. Yo interpreto los papeles que me dan.

SILVIA. *(Bastante agitada. Tira el libreto)*. Es necesario que hagan arreglos en la obra. Una cosa no va con la otra. No es posible que todo siga así, tan confuso. La vida no es así. La vida es clara como el sol.

ILEANA. Más vale que se calle. ¿Por qué no deja las cosas como están? ¿Le agradaría que aclararan a su personaje?

SILVIA. ¿Por qué no? Yo estoy limpia de culpa.

ILEANA. ¿Qué se dijera todo lo que tiene que decirse? Quizás no salga usted muy bien. Su juego, se lo advierto, es un juego peligroso.

SILVIA. Yo no tengo miedo.

ILEANA. A lo mejor tiene alma de «chivato». Después de todo, si lo es en potencia es como si lo hubiera sido. Lo puede ser en cualquier momento. Solo falta que las circunstancias la favorezcan.

SILVIA. Usted se merece la pena capital.

ILEANA. ¿Y no tiembla cuando lo dice?

SILVIA. Trata de atemorizarme, de sobornar mi conciencia.

ILEANA. Es una trampa y no se da cuenta. Pero yo también puedo jugar. Hablaré con el director para que me aclare todo esto.

SILVIA. *(A la madre).* ¿La ha oído? Me odia, me detesta. Es mi mayor enemiga.

LA MADRE. *(Vagamente).* Debes calmarte. No te desesperes. Todo se andará.

SILVIA. Quiere hundirme. Hablará con el director para perjudicarme. Y en mi vida privada no dudo que lo haga. Ya usted sabe: esta Revolución está en todo, y los oportunistas y aprovechados también, cambiando de color como el camaleón para que nadie los reconozca entre la maleza. Pero yo tengo mis planes. No voy a dejar que me corten la cabeza.

ILEANA. *(Arrobada, frenética, en un torbellino).* ¡Se equivoca, se equivoca! ¡Lee mi papel! ¡Gracias, Dios mío!

LA MADRE. *(A Silvia).* Ten cuidado, hija. Creo que te confundes.

SILVIA. Estoy segura… No se preocupe usted…

PELUQUERA. *(Aprehensiva).* La vida está llena de peligros.

LA MADRE. Debemos medir nuestras palabras y nuestros actos.

SILVIA. Yo sé lo que digo y lo que hago

PELUQUERA. ¿Y si llegan a confundirla?

SILVIA. ¿Confundirme con quién?

PELUQUERA. ¿Y si llegan a pensar que usted es la otra?

SILVIA. Pero eso no tiene sentido.

ILEANA. *(Acercándose a la Madre, excitada).* ¡Mamá! ¿Te das cuenta? Se equivoca. Se confunde. Hace mi personaje… Quizás pueda salvarme…

LA MADRE. *(Agobiada y desesperada por el peso de todo esto).* Silvia, Silvia.

ILEANA. *(La sacude).* Mamá, mamá, soy yo, Ileana…

SILVIA. Ella es capaz de todo. Es más papista que el Papa. Y eso que no es ni cura. Porque tiene sus faltas, ¿no es así?

LA MADRE. *(Gritando).* ¡Olvida!

SILVIA. ¿Qué más sabe usted de la mani…? *(No logra terminar la pregunta. Se da cuenta de la confusión).*

PELUQUERA. Calle… Calle…

SILVIA. *(Aterrorizada, frenética).* Es una trampa, es una maldita trampa. ¡Quiere atraparme como a un ratón! Es una vergüenza. ¡Es una degenerada! Nos están encerrando en un laberinto. ¡Oh, Dios mío, en esta vida qué cuidado hay que tener! Ni una palabra, ni un movimiento, ni un gesto en vano. Una intriga asquerosa… una inmundicia…

ILEANA. Siga, siga por ese camino. Yo no tengo la culpa. Es usted la intrigante. Es usted de las que quiere salvarse hundiendo a los demás. Es usted la que vino aquí para insultarme. Ahora aténgase a las consecuencias. Ya verá a donde irá a parar.

Parecen que van a salir de escena, pero la intervención de la Madre las detiene.

LA MADRE. *(Se pone de pie. Da unos pasos hacia el proscenio).* ¿Es que no se puede vivir en paz? ¿Es que todos se creen con derecho a tirar la primera piedra? *(Teatral).* La vida no vale tanto. ¡Todo es tan decepcionante! *(Muy dramática, entre la autenticidad y la teatralidad).* Luchan. Se matan. Se destruyen. Uno los ve morir, aniquilarse, sin poder hacer nada. *(Pausita).* Las madres somos así. Es una desgracia. Debíamos unirnos, formar una liga, un comité, algo, para evitar que nuestros hijos se tiren piedras y se partan la cabeza... *(Pausita).* Nosotros no somos los héroes, ni somos los mártires... Yo solo le dijo a mis hijas que recen...En verdad, solo tenemos a Dios. *(Se vuelve a sentar).*

Ileana y Silvia, a la izquierda del escenario, como comentando la escena.

ILEANA. *(Sonriente, a Ileana, en un punto de acuerdo, en plano de espectador).* Un poco exagerada, ¿no te parece?
SILVIA. Sobreactuada, diría yo. Entre la tragedia y el melodrama.
ILEANA. Las madres son todas iguales.
SILVIA. Es mejor no hacerles caso.
ILEANA. No tienen remedio.
LA MADRE. *(Por su cuenta, abstraída).* La justicia... La venganza...
SILVIA. ¿Pero no me dijo que tenía turno en la peluquería?
ILEANA. Si, es verdad. Se me había olvidado. Con el lío de mamá.
SILVIA. Yo me encargo de ella, no te preocupes
ILEANA. ¿Este pelo? ¿Es que puedo salir a la calle con el pelo así?
LA MADRE. *(Por su cuenta, abstraída).* La justicia... La venganza...

Ileana sube a la plataforma, donde está la Peluquera, que se le acerca. Se sienta y La Peluquera la peina con cierta violencia.

PELUQUERA. *(Obsequiosa).* Siento que haya tenido que esperar tanto, pero en estas últimas semanas hemos tenido un trabajo tremendo. Ahora el que no se peina se hace papelillos. No se puede imaginar el trabajo tan grande que tenemos. ¡El maquillaje! ¡Las caretas! ¡Ni que fueran los carnavales! Nadie quiere ser lo que parece.

La Madre queda cabizbaja. El área donde ella se encuentra se va oscureciendo muy lentamente hasta que queda entre las sombras. La acción se concentra hacia la plataforma. De vez en cuando musita de forma casi inaudible.

LA MADRE. *(Por su cuenta, abstraída).* La justicia... La venganza...

En toda esta secuencia la Peluquera la trata a Ileana con rudeza. En el proceso, la peina y despeina, le quita la peluca rubia y sale con una peluca negra al terminar la escena, pero no debe llevarse a extremos de grotesco y de ridículo. Al final sale, efectivamente como si fuera otra.

ILEANA. Quiero que me corte el pelo lo más corto posible.

PELUQUERA. No debería hacerlo, porque el pelo largo le queda estupendamente.

ILEANA. Con este calor es lo más conveniente.

PELUQUERA. Tiene razón. Quizás no sea tan mala idea. Tiene usted el cuello de un cisne. *(Sinuosa, lo acaricia).* Fino, alargado, que podría cortarse de un solo tajo. No lo había pensado. Decididamente es una buena idea.

ILEANA. *(Recelosa).* ¿Qué quiere decir?

PELUQUERA. No, yo no quiero decir nada.

ILEANA. Y no se alarme, pero también quiero teñírmelo

PELUQUERA. *(Sorprendida).* ¿Por qué? Ese rubio platinado, se lo aseguro, es de los pocos que quedan…

ILEANA. Precisamente, ya no se usa… Me hace lucir… como si no fuera… de aquí…

PELUQUERA. ¡Pero le queda tan bien!

ILEANA. Estoy decidida.

PELUQUERA. Si se lo quita no podrán reconocerla.

ILEANA. Tal vez me quite uno cuantos años de encima

PELUQUERA. ¿No es usted a la que le decían «la rubia de platino»?

ILEANA. Estoy decidida a quitarme esas cosas de la cabeza…

PELUQUERA. ¡Es una locura! *(Burlona).* Tiene usted un rubio natural bellísimo.

ILEANA. Las trigueñas están de moda.

PELUQUERA. Yo creo que ha perdido el juicio.

ILEANA. Precisamente, todo lo contrario.

PELUQUERA. ¡Con tal que no pierda la cabeza!

ILEANA. Sin contar que quiero cambiarme de peinado, de acuerdo con las circunstancias.

PELUQUERA. Claro, precisamente.

ILEANA. Y quiero que me pinte las uñas.

PELUQUERA. *(Con ironía).* ¿Y de qué color quiere las uñas? Lo único que falta es que se las haga pintar de verde olivo.

ILEANA. *(Riendo).* ¡Naturalmente!

PELUQUERA. *(Hace como si le cortara el pelo, con brusquedad).* Es una lástima, una verdadera lástima. ¿Va usted a un desfile?

ILEANA. ¡Sí, por supuesto, en la Plaza Cívica!

PELUQUERA. *(Maligna).* ¿Un juicio tal vez…?

ILEANA. *(Sobresaltada).* ¿Cómo lo sabe?

PELUQUERA. ¿Ha sido usted involucrada?

ILEANA. ¿Cómo se atreve a preguntar tal cosa?

PELUQUERA. ¿La han acusado de algo?

ILEANA. ¡Es usted una atrevida!

PELUQUERA. Tengo entendido que usted tenía relaciones con el comandante Camacho.

ILEANA. *(Alterada).* Eso no tiene nada que ver… Yo no soy responsable de lo que él hacía o dejaba de hacer cuando no estaba conmigo.

PELUQUERA. Pero se investiga, usted sabe, se investiga. Muchas cosas quedarán en claro.

ILEANA. *(Con risa forzada).* ¡No en mi caso, chica! ¡No en mi caso! En otros casos tal vez. Todo ha sido un error que se aclarará a su debido tiempo. El depurador me dijo que yo no tenía nada que temer.. Después de todo, yo no soy más que una indefensa mujer…

PELUQUERA. Es una vergüenza que por tan poca cosa tenga que teñirse usted. *¡Mírese al espejo! ¡Parece usted otra!*

Ileana se levanta. La Peluquera la empuja fuera de escena. Salen.

La Madre está sentada al centro, proscenio. Van entrando las tres mujeres y se dirigen hacia donde está la Madre

SILVIA. *(Alterada, refiriéndose a Ileana).* Es una descarada. No sé como la tienen suelta. Me indignan las mujeres como esa. ¡Y pensar que hay muchas como ella! Pero… ¿no se dan cuenta? Quiere transformarse. Aprovecha la confusión del momento y se hará pasar por revolucionaria si fuera necesario. Es capaz de todo. Esa gente merece que la maten. No se debe tener piedad.

Lentamente se va oscureciendo el área superior. El área donde está sentada la Madre se ha ido iluminando. Silvia va hacia allí y se deja caer en otra silla.

SILVIA. *(Desfallecida).* Estoy extenuada…
LA MADRE. *(Se pone de pie, solícita).* Enseguida te sirvo. ¿Mucho trabajo?
SILVIA. ¡Figúrate! Ahora las mujeres quieren pintarse las uñas de verde olivo.
LA MADRE. En mis tiempos… En mis tiempos no pasaban esas cosas…
SILVIA. Son unas descaradas. Ahora se quieren hacer pasar por honestas y decentes.
LA MADRE. Debes calmarte. No te empeñes en cambiar el mundo.

Entra Ileana. Hace papel de sirvienta. Lleva delantal y un plumero. Alejada de Silvia y La Madre, estas no notan su presencia todavía.

ILEANA. *(Al público).* En todas partes cuecen habas, señoras y señores.
SILVIA. Tenemos que acabar de raíz con mujeres de esa calaña.
LA MADRE. No seas exagerada. Deja vivir a la gente. Descansa… Olvida…
SILVIA. Me indigna, mamá. No puedo resistirlo.
ILEANA. *(Chocante, sarcástica, sacudiendo la silla donde está sentada Ileana. Atrevida, quita el polvo con un plumero, incluyendo a la propia Silvia).* El caballero César la llamó por teléfono esta mañana.
SILVIA. *(Alterada).* ¿Qué hace usted aquí? ¿Qué quiere en mi casa? ¡Dios mío! Nos vigilan, mamá, nos vigilan.
ILEANA. *(Mientras sigue limpiando muebles imaginarios).* Soy la nueva sirvienta. ¿No es eso la cosa más natural del mundo? ¿A qué viene esa lipidia?
SILVIA. Mamá, explícate. ¿Qué significa todo esto?
LA MADRE. Necesitas descansar. Tienes exceso de trabajo. ¿Qué es lo que te pasa?
SILVIA. Esa mujer. ¿Cómo te has atrevido a colocarla?
LA MADRE. *(Sorprendida).* ¿La sirvienta? Pero… ¿qué tiene de particular? Llamé a la agencia y…
SILVIA. Es ella, Ileana, esa mujer que me detesta… Esa alimaña… ¿No la reconoces?
LA MADRE. ¿Ileana? ¿Aquella muchacha que le decían «La rubia de platino»?
SILVIA. Tiene una peluca.
ILEANA. *(Sarcástica, a Silvia).* ¿Me acusa?
LA MADRE. No te entiendo, Silvia. ¿Qué quieres decir?
ILEANA. Miente, señora. Se lo aseguro. Todo ha sido una confusión, una maraña.
SILVIA. *(Llegando a dudar).* ¿No es usted…?

ILEANA. ¡No, claro que no! *(Enseñándole un carnet).* Aquí tiene mi carnet y mi nombre. Me confunde con otra.

SILVIA. *(Rechazándolo).* ¡Es ella, es ella! No puedo tolerarlo. Me atrapan en un círculo. Acabaré sin poder salir a la calle. *(A la Madre).* Y tú estás de su parte. Ha sido un acuerdo entre las dos para destruirme, para aniquilarme…

LA MADRE. Mi hija, ¿cómo eres capaz…? Mis lágrimas, Señor, mis lágrimas… ¿Qué es esto? Yo no entiendo esta vida… Es demasiado complicada.

SILVIA. Mamá, mamá, ¿pero no te das cuenta?

LA MADRE. Yo no la conozco, Silvia, te lo juro. Yo no sé quién es esa mujer.

SILVIA. *(A Ileana).* ¡Váyase de aquí, déjeme! Sus intrigas, sus artimañas. ¡Maldita, maldita! ¿No le basta con los crímenes que ha cometido? ¡No me envuelva en sus cochinadas! Yo soy inocente. ¡Soy inocente! ¡Váyase! ¡Lárguese de aquí!

ILEANA. *(Se aleja riéndose).* El caballero César la llamó. ¿Qué tiene eso de particular? El caballero César. ¿Lo recuerda? El caballero César, el que tenía la sartén por el mango.

Ileana se pierde entre las sombras.

ILEANA. *(Desde la oscuridad se escucha su voz).* ¡César! *(Distante, como si fuera un eco).* ¡Ceeeesaaaaaar! Ceeeeeeesaaaaar!

Cambio. En otro tono. Conversación entre la madre y la hija.

LA MADRE. ¿Qué harás con él? ¿Qué has decidido?

SILVIA. Acabar con él de una vez para siempre.

LA MADRE. Pero…

SILVIA. Como si no existiera.

LA MADRE. Pero si te vuelve a llamar…

SILVIA. ¿Es que quiere perjudicarme? ¿Hundirme para que no pueda levantarme jamás? Yo no puedo hacer nada por él. Que me deje en paz.

LA MADRE. Insiste. No ha dejado de llamarte.

SILVIA. Dile que no estoy, que no quiero saber nada. ¡Si yo tuviera lo que él tiene! Pero cuando estaba en el Ministerio nada más que me echaba las migajas. ¡Que se vaya a la mierda!

LA MADRE. ¡Silvia!

SILVIA. Sí, mamá, que se vaya a los quintos infiernos. No hace más que perjudicarme. Que lo manden a un campo de concentración a hacer trabajos forzados. ¡Mi carrera, mamá, mi carrera! Es mi futuro el que está en juego. Mi honor y mi carrera… ¿Es qué quiere hacerme trizas? ¿Qué gana con eso? ¿Es que quiere hundirme porque él es un barco que se hunde? ¡Que lo metan en la cárcel, por ladrón! ¡Que le peguen un tiro!

LA MADRE. No te alteres, hija. No es para tanto. *(Levemente angustiada).* Después de todo, tú no tienes nada que temer, ¿no es así?

SILVIA. ¡Claro que no! No voy a dejar que me aniquile. No se lo voy a permitir.

LA MADRE. No es para tanto.

ILEANA. *(Desde la oscuridad se escucha su voz).* ¡César! *(Distante, como si fuera un eco).* ¡Ceeeesaaaaaar! Ceeeeeeesaaaaar!

SILVIA. Te volviste loca colocando a esa mujer. Ahora sabe muchas cosas, muchos secretos. Inventará, irá a los tribunales, divulgará todo lo que pasa en esta casa. Tratará de perjudicarme por todos los medios habidos y por haber, pero yo sabré defenderme. Yo tengo mis enchufes con el nuevo régimen, no te vayas a creer... Todo el mundo sabrá mi posición vertical.

ILEANA. *(Volviendo a escena. Cruza el escenario, riendo).* Pero en la cama todos estamos en posición supina.

SILVIA. ¡Que se calle, mamá! ¡Que se vaya de aquí!

ILEANA. No crea que va a ponerme un tapón en la boca.

SILVIA. *(De pie, agresiva).* ¡Lárguese de una vez!

ILEANA. Me iré, pero volveremos a encontrarnos. El mundo es pequeño y da muchas vueltas.

SILVIA. Yo sabré defenderme.

ILEANA. Yo también.

Sale Ileana.

SILVIA. *(Cae desfallecida en una silla).* Estoy agotada. Este guirigay no me deja vivir.

ILEANA. *(Se escucha su voz, distante, como si fuera un eco).* ¡Ceeeeeeesaaaaaaaar! ¡Ceeeeeeesaaaaaaaaaar...!

Los planos de la teatralidad se confunden en la acción y en los textos

LA MADRE. *(Levanta la cabeza lentamente. Está sobrecogida, angustiada, como si fuera camino de una verdad. Se pone de pie. Avanza hacia el frente del escenario).* Vuelve otra vez. Es terrible lo que tengo que decir. Se me hace un nudo atroz en la garganta. *(Volviéndose, a Silvia).* ¿No se dan cuenta? *(Desesperada, entre la teatralidad y la autenticidad).* ¡He sufrido tanto! ¡He llorado tanto! ¡Era tan joven, tan niño, tan bueno! A veces pienso que no debí mandarlo al colegio... ¡Sus ideales...! ¡Sus anhelos...!

PELUQUERA. *(Entra, alarmada).* ¿De quién habla usted? ¿Tenía usted un hijo?

LA MADRE. *(Sorprendida).* ¿Un hijo? ¿Un hijo ha dicho usted?

ILEANA. *(A la Peluquera).* No le haga caso. Mamá, ya está muy vieja y apenas sabe lo que dice.

LA MADRE. ¿Un hijo? ¿Un hijo?

ILEANA. *(En plano de actriz).* Descanse. Toma usted el teatro muy a pecho.

SILVIA. *(Histérica).* ¿Qué teme usted? ¡Déjela que hable! ¿Por qué trata de coaccionarla?

LA MADRE. ¿Un hijo? *(De pie).* ¡Mi hijo, sí, mi hijo! He sufrido tanto... He pasado tanto... A veces no quisiera ni recordarlo... Ni siquiera... quisiera... recordarlo... a él... Porque me duele... Su amor... su amor hacia... No sé... es una palabra que me hiere la garganta como si no tuviera modo de expresarla... es un dolor... Su muerte... ¡Su muerte! ¡No, no puede ser...!

PELUQUERA. *(Inquisitiva).* ¿Tenía usted un hijo?

LA MADRE. A veces, con tal de tenerlo vivo a mi lado, preferiría cualquier cosa antes que su muerte. Las madres solo tenemos hijos, hijos nada más. Es difícil pensar otra cosa. Es difícil hacerle ver a nuestro corazón las razones. ¡Es tan difícil, Dios mío! Hijos, hijos muertos... *(Se desploma en la silla).*

PELUQUERA. ¿Y la venganza? La justicia y la venganza... La justicia llevará consuelo a su corazón... Y la venganza...

SILVIA. *(A La Madre, como actriz)*. ¿Por qué no se toma un pequeño descanso?

LA MADRE. Ojalá pudiera. Ese hombre, César, ¿alguna vez la impulsó a hacer el mal?

SILVIA. ¿Qué quiere decir? ¿De quién habla usted?

LA MADRE. ¿Le confió acaso cosas que no debía? Una pequeña indiscreción y, tal vez...

SILVIA. ¿Usted también?

LA MADRE. ¿No fue... nada más... que su amante?

SILVIA. Mi amigo, mi amigo solamente. ¡He llegado a detestar este papel! ¡Se han tejido tantas calumnias a su alrededor!

LA MADRE. Bueno, ahora todos dicen lo mismo. Ahora nadie quiere confesar la verdad. *(Desesperada)*. Pero alguien tuvo la culpa. Alguien lo traicionó vilmente y lo llevó a su muerte. Alguien fue culpable de su mal y mis desgracias.

SILVIA. *(Asustada)*. ¡No yo! ¡No yo! *(Reaccionando y buscando una escapatoria aunque tenga que perjudicar a los demás)*. Pero tal vez esa mujer, la Ileana esa... Siempre me ha parecido sospechosa. No se olvide que ella tenía relaciones con el comandante Camacho. Y el comandante Camacho era una persona de mucha importancia en la Policía Secreta, ¿no es cierto? Por consiguiente...

LA MADRE. ¿Pero no se da cuenta que eso no es solución para mí? Al contrario, un castigo, un puñal que me rasga.

SILVIA. A lo mejor es culpable.

LA MADRE. Es una pesadilla. Cuando me dieron el papel me dijeron que era la madre de Ileana y de usted. Estuve dispuesta a aceptarlo, aunque no lo entendía del todo. Pero ahora lo comprendo todo, ¡me exigen demasiado!

SILVIA. Se atormenta inútilmente. Después de todo, la guillotina es de cartón.

LA MADRE. Está ciega. No se da cuenta. ¡Yo soy la madre de ÉL! Ya se lo dije. Es una trampa.

SILVIA. ¿De él?

LA MADRE. ¡Sí, de ÉL! Y él está muerto y mi corazón gime y se retuerce y clama, clama locamente, como una pesadilla. ¡No quiero oírlo! Quiero un silencio profundo y no saber más nada.

SILVIA. Usted exagera, como siempre... Como prima dona y se quiere robar la obra...

LA MADRE. No puedo evitar recordarlo. Es mi hijo también. ¿Por qué tengo que ser la madre de él? Su voz... Su sonrisa... Sus palabras... Pero quiero que todo eso se aleje de mí... Sufro demasiado... Es demasiado doloroso... ¿Por qué me han dado este papel? Dios mío, Dios mío, no quiero ser la madre de todos...

SILVIA. Delira. No puede seguir trabajando. Este papel le ha destrozado los nervios.

LA MADRE. ¿Podría tener, alguna vez, seguridad plena de su inocencia?

SILVIA. ¿Me cree capaz de algo indebido? Soy una mujer decente, ya se lo dije. Mi dignidad... Mi posición vertical...

LA MADRE. Me alegro, me alegro de que sea inocente... Pero no puedo olvidar su cuerpo mutilado, su muerte...

SILVIA. *(Sobrecogida, temerosa)*. Usted se confunde y complica las cosas. Se ha equivocado de obra. Ese personaje no es el suyo. Representa un papel que no le pertenece.

Entra Ileana. Rodean a la Madre, cerca, apretadamente.

ILEANA. *(Exaltada, colérica)*. ¡Ahí tiene su obra! ¡Ahí tiene el resultado de todos sus esfuerzos! Siga revolviendo lo que no se debe revolver y acabaremos ahogados por la peste.

LA MADRE. ¿Es que ustedes se atreverán a negármelo? ¿Es que yo, que he sufrido tanto, no voy a estar segura de haberlo llevado en mis entrañas, de haberlo amado, de haberlo visto con sus propios ojos muertos, de haber escuchado mi propia voz quebrada en la garganta?

SILVIA. *(Insegura, angustiada, persuasiva).* Es una farsa… Es una farsa…

LA MADRE. *(Firmemente).* Mi hijo está muerto. Eso no es una farsa.

ILEANA. Es necesario darle unas pastillas para los nervios. ¿Es que no quiere a su madre? Usted la ha llevado al borde de la locura. *(Solícita, a la Madre).* Duerme, mamá… Descansa, olvida…

LA MADRE. Yo no puedo dormir ni olvidar. El era mi hijo, ¿no es cierto? Su joven cuerpo mutilado, destrozado, cubierto de llagas y de sangre.

ILEANA. Es una pesadilla, mamá. Duerme, descansa.

LA MADRE. No traten de acorralarme. Yo necesito que paguen los culpables. Solo así, quizás, descansaré. Fue ella, sin duda, la que lo delató. Confiaba demasiado en esa mujer. Le revelaba todos sus planes. Esa mujer… ¡Esa mujer!

SILVIA. ¿Esa mujer?

LA MADRE. Sí, una mujer. Fue una mujer la que me lo arrancó de mi lado. Recuerdo su voz. Lo llamaba por teléfono.

SILVIA. Si usted oyera su voz, ¿sería capaz de reconocerla?

ILEANA. *(A Silvia).* No sea estúpida. Acabará hundiéndonos.

LA MADRE. Sí, yo recuerdo su voz. Jamás podré olvidarla.

SILVIA. *(A Ileana).* Yo sabré defenderme de todo esto. Ya verá. Usted no podrá escapar.

LA MADRE. Demasiado tarde se dieron cuenta de quién era ella.

SILVIA. *(Con entusiasmo).* Usted… usted ha sido algo más que la querida de Camacho. Ya verá como salen a la luz los culpables. *(A la Madre. Cambiando la voz, con voz ronca).* «No se preocupe, señora. Todo se aclarará». *(Refiriéndose a Ileana).* Siempre la tuve entre ceja y ceja.

ILEANA. *(Furiosa).* Usted no tiene pruebas en contra mía. Nadie las tiene. No podrán probarme nada.

SILVIA. *(Con voz ronca).* «¡Confiese! ¡Confiese! ¡Hable de una vez!».

ILEANA. No tengo nada que confesar. No tengo nada de qué arrepentirme.

LA MADRE. *(Que ha vuelto a sentarse).* La voz… Esa voz…

SILVIA. ¿La reconoce?

ILEANA. *(De rodillas).* Mamá, ¿no te das cuenta?

LA MADRE. *(Firmemente).* Era mi hijo también.

SILVIA. ¿Podría reconocer su voz? ¿Puede?

LA MADRE. ¿Cómo podría olvidarla?

ILEANA. *(Riendo histéricamente, enloquecida).* ¡César! ¡César!

LA MADRE. Esa voz… La recuerdo…

SILVIA. *(A Ileana).* ¿Por qué no quiere que hable?

LA MADRE. *(Refiriéndose a Silvia).* Sí, es ella. Señor Comisario, estoy completamente segura. No me cabe la menor duda.

SILVIA. Yo no estoy envuelta como usted en esos negocios sucios. A usted el fango le llega hasta las orejas, pero de mí nadie sabe nada.

LA MADRE. *(Levantándose).* ¡Justicia! Es necesario que se le haga justicia a mi hijo muerto.

SILVIA. *(Con voz ronca).* «Se le hará, señora, se le hará. La Revolución castiga cuando tiene que hacerlo, sin palo ni piedra. Puede estar segura de ello. Su justicia es infalible». *(Natural, consolándola, a la Madre).* No te preocupes, mamá, todo se resolverá.

LA MADRE. *(Refiriéndose a Silvia, aunque sin mirarla).* La misma voz. La recuerdo. Es esa.

SILVIA. *(Sorprendida, temerosa, se da cuenta de lo arriesgado de la situación).* Soy yo, mamá, Silvia.
LA MADRE. *(Camina por el escenario como si estuviera ciega y persiguiera la voz).* Esa voz... Esa voz... ¡No la dejen escapar! ¡Es ella...!
SILVIA. Es mi voz, mamá...
LA MADRE. *(Como fondo al diálogo siguiente, repetirá constantemente:).* Es ella... Es ella...
SILVIA. *(Abrumada).* Ha perdido el juicio. Se ha vuelto loca. ¡Mi pobre madre! Será necesario recluirla. *(A Ileana).* ¡Nuestra madre, Ileana! ¿No te das cuenta que tendremos que encerrarla en un manicomio?
ILEANA. ¡Frío! ¡Caliente! ¡César!
LA MADRE. *(Vagamente, repitiendo entre las sombras, como una obsesión).* Es ella... Es ella...
ILEANA. ¿Culpable? ¿Inocente? ¡César! ¡Frío! ¡Caliente! ¡César! ¡Hagan juego, señores, hagan juego!
SILVIA. ¿Pero te has vuelto loca tú también?
LA MADRE. Sí, señor Comisario, la puedo reconocer... La podría reconocer entre miles de personas.
SILVIA. Soy yo, tu hija, tu propia hija...
LA MADRE. ¿Mi hija? ¿Una hija? No, no lo recuerdo... Usted está equivocada. Se trata de mi hijo y de su muerte. Calle, no puedo evitarlo... No soy más que una madre que pide justicia...
SILVIA. *(Cae en una de las sillas).* Loca... Loca...
LA MADRE. *(Como si quisiera atrapar la voz).* Su voz...
ILEANA. ¡Frío! ¡Tibio! ¡Caliente! ¡Que te quemas!
LA MADRE. *(Ciegamente, como si quisiera atrapar la voz).* Su voz... Estoy segura...
ILEANA. *(Cae, desfallecida, en la silla donde ha estado sentada la madre antes).* Ya es demasiado tarde.
LA MADRE. Sí, es su voz. Estoy segura.

El escenario se oscurece. Se va escuchando, poco a poco, el redoblar de unos tambores. Unos reflectores caen sobre la espectral escenografía del fondo donde se ve la guillotina. Comienzan a perfilarse algunas sombras de soldados tocando tambores. Se ilumina el escenario nuevamente. Aparecen Ileana y Silvia, figuras fantasmales, el cabello recogido, quizás llevando extrañas cofias blancas. Las sillas y la mesa no están.

ILEANA. *(Dando un paso hacia el frente).* Morir...
SILVIA. *(Retrocediendo aterrada).* ¿Morir? ¿Es verdad eso?
ILEANA. *(Hacia adelante).* ¿Inocente o culpable?
SILVIA. *(Retrocediendo).* ¡Yo soy inocente! ¡Yo no he hecho nada!
ILEANA. *(Avanzando).* ¡Miente! Todos nosotros hemos hecho algo.
SILVIA. *(Ya al fondo, junto a la guillotina, pero de espaldas a ella).* Eso no es verdad. Eso no es cierto. ¡Es ella! No he sido yo. ¡No me maten así! ¡Basta! ¡Basta! ¡Soy inocente! *(Cae de rodillas).*
ILEANA. *(Sarcástica. Se vuelve hacia Silvia y aplaude).* ¡Magnífico! ¡Estupendo! Sin lugar a dudas usted es la mejor actriz. ¡Le darán el premio como la mejor actriz del año! *(Se acerca a Silvia. La coge por un brazo y la arrastra hacia el frente del escenario).* ¡Venga, venga! Tiene que recibir las flores, escuchar los aplausos... *(Inclinándose ante el público).* ¡Salude a ese público que la admira! ¡Así, ligeramente, como yo hago! *(Con sentido del humor).* Pero usted preferirá el estilo socialista, naturalmente. *(Aplaude).* ¡Aplauda! ¡No tenga pena! ¡Aplauda!
SILVIA. *(Separándose bruscamente y retrocediendo).* ¿Cómo es capaz de seguir con su sarcasmo? ¿No se da cuenta que estamos condenadas a muerte?

ILEANA. *(Transición, superficial).* Pero, ¿lo toma usted en serio también? ¿Cómo esa ridícula madre de todos que llora por nosotros y por él? Mire, todavía yo pienso trabajar en televisión.
SILVIA. ¿Está usted segura que la guillotina es de papel?
ILEANA. *(En plano de actriz).* María Antonieta... Los cabellos recogidos... El fino, delgado cuello blanco... La extraña, abrumante cuchilla bajo el sol... *(Ríe).* ¡Soy una imaginativa! ¡Entre Brecht y Stanislavski! Sería un final impresionante...

El sonido de los tambores va en aumento. El escenario se oscurece. Las siluetas blancas de los dos personajes se ven entre las sombras. Quedan de pie al fondo del escenario junto a la alucinante presencia de la guillotina. La Madre aparece al frente, en el centro del escenario, dentro de un foco de luz.

ILEANA. ¡Ceeesaaaaaar! ¡Ceeeeesaaaaaaar!
LA MADRE. *(Acusando).* Es ella, señor Comisario. Es ella. No me cabe la menor duda.
SILVIA. ¡Querrá decir el comandante Camacho! ¡Comandante Camacho! ¡Camacho!
LA MADRE. *(Acusando).* Sí, señor Comisario. Es ella. No me cabe la menor duda.
ILEANA Y SILVIA. ¡No, no! ¡Socorro! ¡Soy inocente!
LA MADRE. *(Cae de rodillas).* ¡Mi hijo, mi pobre hijo muerto! ¡Al fin! ¡Al fin!

El escenario se oscurece. De pronto, después de una silenciosa pausa, se oye un grito. Las luces caen hacia la parte anterior del escenario, donde está la Madre. Ileana y Silvia ya no están. Entra la Peluquera. Viste un uniforme blanco, de hospital, manchado de sangre.

PELUQUERA. ¡Socorro! ¡Socorro! ¡Es un baño de sangre! ¡Dios mío! ¿Qué ha sido esto? ¡No puede ser! ¡Se han equivocado!
LA MADRE. ¡Silvia! ¡Ileana! ¡Mis hijas! ¡Ha sido una trampa! ¡No era una pesadilla!
PELUQUERA. ¡Un médico¡ ¡Un médico! ¿Es que no hay un médico que pueda salvarlas?
LA MADRE. ¡Mis hijas! ¡Hable! ¿Dónde están?
PELUQUERA. ¡Sangre! ¡Se mueren! ¡Se desangran!
LA MADRE. *(Atónita).* ¡La guillotina!
PELUQUERA. Sí. es cierto. ¡La guillotina! Nos han engañado. Todo era mentira. La sangre corre otra vez, como antes, mucho más que antes. No era una comedia.
LA MADRE. Pero usted me dijo, me juró, que era de papel. ¡Mi pobre, mi pobre y adorado hijo muerto! Y ahora ellas, mis hijas, mis pobres, mis pobres hijas muertas... No hay misericordia, no hay piedad... Nadie siente piedad por nadie.
PELUQUERA. Es una trampa.
LA MADRE. ¿No es posible hacer algo para salvarlas?
PELUQUERA. Están muertas... Ya es demasiado tarde...
LA MADRE. *(Con la voz ahogada).* La guillotina... La guillotina...

OSCURO TOTAL

OJOS PARA NO VER

1979

PERSONAJES

SOLAVAYA
MARÍA
    MARÍA DE LA MONTAÑA,
    MARÍA LA ANUNCIACIÓN,
    MARÍA LA MAGDALENA,
    MARÍA LA CONCEPCIÓN
    (la misma actriz representará el mismo personaje)
CIEGO DE LA BAHÍA PÚTRIDA
MADRE SUPERIORA
RUPERTA
LA CONGA
MANENGUE
ANDRAJOSAS 1 Y 2
SOLDADOS 1 Y 2

ESCENOGRAFÍA

Cámara negra; detalles acotados en el texto.

Primer acto

Escena I

SOLAVAYA, MANENGUE

Se escucha una descarga de ametralladoras. Se ilumina el centro del escenario con un cono de luz. Aparece Solavaya con uniforme militar, los brazos cruzados, las piernas abiertas.

SOLAVAYA. *(Gritando desaforadamente).* ¡Manengue, Manengue!
MANENGUE. *(Surge de las sombras. Se cuadra de una forma algo grotesca. Lleva un uniforme militar que le queda grande).* ¡A sus órdenes, mi General!
SOLAVAYA. ¿La cogieron? ¿Qué pasó con la puta esa?
MANENGUE. Lo de siempre, pero la agarramos en el último momento.
SOLAVAYA. ¿Le entraron a golpes?
MANENGUE. Como de costumbre.
SOLAVAYA. ¿Y con quién fue esta vez?
MANENGUE. Como de costumbre.
SOLAVAYA. ¡Cabrón, contesta! ¿Con quién fue esta vez?
MANENGUE. Con el ciego que cruza la bahía.
SOLAVAYA. ¿Y lo fusilaron en el Muro de la Victoria?
MANENGUE. Como de costumbre.
SOLAVAYA. ¡Vete al carajo!
MANENGUE. ¡Como de costumbre! *(Cuadrándose).* ¡A sus órdenes, mi Coronel!

Desaparece Manengue entre las sombras. Oscurecimiento lento. Solavaya, en pose, al centro. Nuevas descargas se prolongan en la oscuridad.

Escena II

CIEGO, MARÍA

Luz azul que inunda el escenario como un mar inmenso e indefinido. Aparece el Ciego de la Bahía caminando con cierta inseguridad. Lo sigue María de la Montaña, vestida de blanco, azul y rojo. Está encadenada. Parecen perseguidos. Lejanas descargas de ametralladoras.

MARÍA. ¿Oyes?
CIEGO. Es el mar.
MARÍA. ¿No es el viento?
CIEGO. Es el agua.
MARÍA. ¿Crees que llegaremos? ¿Podremos cruzar a la otra orilla?
CIEGO. No sé. ¿Quién puede saberlo? ¿Recuerdas la última vez? Esa vez fueron las alambradas.
MARÍA. Estuvimos a punto de llegar, pero yo sabía que no iba a ser posible.
CIEGO. Siempre llevamos la de perder. Es la historia de siempre.
MARÍA. ¿Vendrán a buscarnos?
CIEGO. Eso dicen, pero no hay que confiar en ello.
MARÍA. En el pueblo se dice, de buena tinta…
CIEGO. No lo creas… Ilusiones de la gente…
MARÍA. Aseguran que…
CIEGO. Rumores… No les hagas caso…
MARÍA. Eso me digo yo, y sin embargo… Siempre tengo esperanza…
CIEGO. No hay que hacerse demasiadas ilusiones.
MARÍA. Y a ti, ¿cuántas veces te han matado?
CIEGO. He perdido la cuenta.
MARÍA. ¿Te has ahogado también?
CIEGO. Sí, y hasta me han comido las pirañas.
MARÍA. Debe ser terrible.
CIEGO. Uno se acostumbra hasta a la muerte.
MARÍA. ¿Cuál es peor?
CIEGO. Da lo mismo una cosa que otra.
MARÍA. El mar debe estar lleno de cadáveres.
CIEGO. Lo peor es tener que intentarlo mil veces.
MARÍA. Tiene que haber alguna solución. Una vez, lo recuerdo, yo pude. Éramos tres y yo iba entre ellos.
CIEGO. Ahora es otra cosa. Son otros tiempos. Ya ha pasado la época en que se te daba crédito por salvar en medio de tempestades. Ahora no eres nadie, María.
MARÍA. Tiene que haber alguna solución.
CIEGO. No te hagas ilusiones. Procura acostumbrarte.
MARÍA. No puedo. No podré jamás. Ya hay demasiados muertos.
CIEGO. Lo de siempre.
MARÍA. Estoy cansada… ¡Quisiera que me mataran de una vez para no volver a nacer nunca más!
CIEGO. ¡Qué más quisiera yo!
MARÍA. ¡Estoy perdida! ¡No quiere deshacerse de mí! *(Enseñando las cadenas).* ¿No ves cómo me tiene?
CIEGO. Pronto habrá terminado todo.
MARÍA. ¿Será posible?
CIEGO. Para empezar de nuevo, quiero decir.
MARÍA. Quizás no. Tal vez podamos cruzar el bosque. Tal vez encontremos el bote y podamos cruzar a la otra orilla. ¿No estará el bote cerca de aquí?
CIEGO. *(Palpando en el vacío).* Eso creía yo, pero no acabo de encontrarlo. ¿Lo ves tú por alguna parte?
MARÍA. Nada. Todo está cerrado. No encontraremos la puerta de salida.

CIEGO. Es inútil, pero uno siempre lo intenta.

MARÍA. Mañana no podré. Me resignaré a mi suerte. No salir. No escapar jamás. Es demasiado para mí. ¿Es que no voy a poder detenerme? Caigo y me levanto como si sacara fuerzas que no tengo. No lo haré más.

CIEGO. Inténtalo si quieres. Pero no podrás. Es más difícil que morir un millón de veces. Yo siempre lo he intentado inútilmente. Pero la pesadilla es un círculo vicioso que llevo como una corona de espinas en la frente. Creo que voy a cruzar el mar: que caminaré sobre las aguas o que las aguas se irán para darme paso. Pero cuando ya estoy en la playa y escucho el rumor del mar, llegan y me llevan preso. Después me fusilan en el muro de Monte Calvario. O me dejan muerto en la arena. *(Pausa)*. La rutina. Lo de siempre.

MARÍA. ¡No, no, esta vez no quiero que suceda!

CIEGO. Sucederá aunque tú no lo quieras. Y lo peor del caso es que volveremos a tratar.

MARÍA. ¡No, no, eso duele demasiado!

Se han escuchado a lo largo de la escena descargas de ametralladoras cada vez más cercanas. La coloración va cambiando hacia un tono rojizo. Los personajes intentan ocultarse, pero no tienen dónde.

SOLAVAYA. *(Grita fuera de escena)*. ¡María… María…! ¿Pero dónde se ha metido esa hija de perra?

SOLDADOS. *(Voces)*. ¡Ciego de la Bahía! ¡Date preso! ¡Hijo de mala madre! ¡Entrégate!

CIEGO. *(Se yergue. Grita como si abriera el pecho a las balas, de frente al público)*. ¡Ahora, aquí, siempre, apunten, disparen…! ¡Fuego!

Detonaciones. Cae muerto.

MARÍA. *(Se lanza sobre él. Lo abraza llorando)*. ¡No, no, no…!

ESCENA III

MARÍA DE LA MONTAÑA, CIEGO, SOLDADOS, LAS ANDRAJOSAS

Tono rojizo. Los soldados entran con ametralladoras. Las Andrajosas, desmelenadas, ripios grotescos, entrarán un poco después. Cuando entran, los soldados arrastran violentamente al Ciego de la Bahía y le dan unas patadas a María.

SOLDADO 1. *(Al Ciego)*. ¡Cabrón, delator de mierda! ¿Y creías que ibas a salirte con la tuya? ¿Para qué crees que hacemos guardia aquí en la playa?

SOLDADO 2. ¡Ese es el que hacía señales a los barcos!

SOLDADO 1. El General seguro que nos va a dar una medalla por haber matado al Ciego en acción de guerra.

SOLDADO 2. Yo creo que lo que nos dará es una patada por el culo.

Entran las andrajosas.

ANDRAJOSA 1. ¿Lo mataron al fin?

SOLDADO 1. Ese sí es verdad que ahora no hace el cuento.
ANDRAJOSA 2. Créete tú eso. Dicen que el Ciego de la Bahía tiene siete vidas.
SOLDADO 2. ¿Y quién te hizo a ti ese cuento en contra de Juan Tolete, vieja cochina?
ANDRAJOSA 2. Se dice por ahí...
SOLDADO 1. ¡Cuidado con ponerte a correr bolas! ¡En una de esas te caes! ¡Por menos que eso mataron a Lola!
ANDRAJOSA 2. ¿Ya mí, qué? ¿Quieres que te enseñe mi tarjeta de Comadre de la Bandera? Soy una abanderada, cabo sin dientes. ¡Yo estoy clara, Ruperto!
SOLDADO 2. *(Aparte)*. ¡Clara como el agua sucia!
ANDRAJOSA 1. *(Llorando casi)*. ¡Pero qué canalla! ¡Pero qué sinvergüenza! ¡Ponerse así, de acuerdo con los enemigos de la Marsellesa! ¿Se ha visto cosa igual? ¡Y tanto que ha hecho el Generalísimo por los pobres! ¡Esto le va a partir el corazón de oreja a oreja! ¿Se ha visto tanta ingratitud? ¡Qué pena, Visitación, qué pena tan grande!
ANDRAJOSA 2. *(Escupiendo)*. ¡Tenía que ser Ciego!

Los soldados salen y arrastran al Ciego fuera de escena.

ANDRAJOSA 1. *(Mirando a María, que está tirada por el piso)*. ¿Y esta quién es?
ANDRAJOSA 2. ¿Pero tú no la conoces? Chica, ¿pero tú no lees las noticias sobre las Reformas del Orinoco? Es María de la Montaña, la puta de Pico Palas y el dolor de cabeza de mi General.
ANDRAJOSA 1. ¿Y por qué no se toma una aspirina?
ANDRAJOSA 2. ¿Pero quién ha visto que se cura el cáncer con aspirinas? ¡Esta mujer es un cáncer!
ANDRAJOSA 1. ¿Y no se puede hacer nada?
ANDRAJOSA 2. ¡Nada! Figúrate, el Comandante ha dado órdenes de no matarla, y ahí la tienes, vivita y coleando.
ANDRAJOSA 1. Pero la pobre, la tienen encadenada. Seguro que no puede hacer el ejercicio más antiguo del mundo.
ANDRAJOSA 2. ¡Créete tú eso! ¡Hasta con el Ciego de la Bahía!
ANDRAJOSA 1. ¡Qué bárbara! ¡Qué gandinga! ¡No puedo creerlo!
ANDRAJOSA 2. ¡Lo que tú oyes!
ANDRAJOSA 1. ¿Y qué dice Robespier...?
ANDRAJOSA 2. ¡Figúrate! ¡Está que se lo lleva la guillotina! Dice que como mi General es un improvisado, que tiene la Declaración de los Derechos del Hombre prendida con alfileres, firma donde le ponen la pluma...
ANDRAJOSA 1. ¿Y él, qué hace?
ANDRAJOSA 2. ¿Robespier...? Chica, ¡él es de la vieja escuela! Para poner el salvoconducto primero pide la tarjeta de identidad.
ANDRAJOSA 1. ¡Es que es muy macho nuestro General!
ANDRAJOSA 2. ¿Y qué se le va a hacer? ¿Es que Robespier no sabía que aquí se seguía la cartilla de Pancho Villa, que se iba con su guacamole para que le calentara la cantina? Entre guerrilla y guerrilla Bigotes estaba listo para el rancho.
SOLAVAYA. *(Grita fuera de escena)*. ¡María, hija de mala madre, degenerada...!
ANDRAJOSA 2. *(Suspirando)*. ¡Pobre Bestia de la Soledad!
ANDRAJOSA 1. *(Empujando a María con el pie)*. ¡Muchacha! ¡Levántate! ¡Abre la escupidera! ¡Mira que ahí viene el General con el tole-tole!

MARÍA. *(Incorporándose).* ¿Es verdad que mataron al Ciego de la Bahía?
ANDRAJOSA 2. ¿Y a ti qué te da ese? ¿No sabes que está conectado con Dinero-En-Mano, el enemigo de Nada-Tiene?
ANDRAJOSA 1. ¿Ya no te acuerdas cuando el Abate Marchena recogió a todas las putas de la Alameda del Machupicho y las metió en chirona?
ANDRAJOSA 2. ¡Niña, no seas cabeza loca! El General te adora y admira tu fuente del conocimiento. ¿Es que le diste agua de tempestades? ¿Es que le pusiste góticas de pica-pica con su poquito de ají guaguao? ¡No seas así con él! *(Indicando, abriendo los brazos).* ¡Mira todo lo bueno que ha hecho por la Patria! ¡Mira a tu alrededor! *(Grotesca).* ¡Mírame a mí!
ANDRAJOSA 1. *(Dándole con el codo a la otra).* A nosotras, querrás decir...
SOLAVAYA. *(Gritando desde afuera).* ¡María! ¡Bicho malo! ¡Cabrona!
ANDRAJOSA 2. Pero si tiene un pico de oro...
ANDRAJOSA 1. Es lo que decía mi abuela, cuando a un hombre le dan agua de claraboya coge el frenillo del tragaluz y no hay quien lo saque de su motivo constante... El mal no tiene purgante que le quite el tapón a su desgracia... ¡Aunque sea teniente-coronel, general o comandante!
SOLAVAYA. *(Violenta la voz, más cerca).* ¡María! ¡María! ¡Que te voy a matar!

Salen las andrajosas. Oscurecimiento total.

ESCENA IV

PÚTRIDA, SOLAVAYA, MANENGUE

Antes de iluminarse la escena se va escuchando un pregón: «¡Tamalerooooooo! ¡Con picante y sin picante!». También, lejanamente: «Si Adelita se fuera con otro... la seguiría por tierra y por mar...». Se mezcla con: «Turrón de yemas para el muñeco... y de Alicante para bailar...». Otro: «Agua de coco... Plátano dulce...». «Caserita no te acuestes a dormir sin comprarme un cucurucho de maní... De maní, ay de maní... ¡El manisero se vaaaaaaa!». Cambio a: «La seguiría por tierra y por mar... Por mar en un buque de guerra... Y por tierra en un tren militar...». Más cerca: «¡Tamalerooooooo!».

Luces en amarillo. Al centro, sentado, Solavaya. Entra Pútrida con una lata de tamales: pequeño fogón portátil, con carbones encendidos para mantener calientes los tamales.

PÚTRIDA. *(Viste traje de pitonisa; es decir, como las Andrajosas pero con algún toque helénico que la distinga).* ¡Polvitos de adivinar! ¡Con picante y sin picante! ¿Me compra uno, mi General?
SOLAVAYA. ¡Vieja pelleja! ¿Quién te ha dejado subir hasta las cumbres de Machupicho?
PÚTRIDA. ¡Ay, mi Teniente-Coronel, no me pegue usted que la estoy pasando sin paraguas contra la lluvia y sin piloto que me quite el resfriado! ¡Que por poco me ahogo pasando por el Lago Titicaca!
SOLAVAYA. *(Llamando).* ¡Manengue, Manengue!
MANENGUE. *(Sale de las sombras. Se para y se cuadra ante Solavaya).* ¡A sus órdenes, mi Coronel!
SOLAVAYA. ¿Quién ha dejado entrar a esta vieja?
MANENGUE. Es una vieja tamalera, mi General. Por eso tiene salvoconducto. Además, ha mandado a muchos a la tierra de Vete-Y-Nunca-Volverás. De ahí que tenga la medalla de mérito en el culo.

PÚTRIDA. *(Se vuelve y se la enseña).* Linda cosa esa, ¿no le parece, mi General?
SOLAVAYA. *(Tranquilizado).* Vamos, que con esa identificación ya es otra cosa. ¡Que desembuche!
MANENGUE. *(Dándole una patada a Pútrida).* ¡Desembucha, vieja Pútrida! ¿No oyes que lo manda el Generalísimo?
SOLAVAYA. Habla, buena mujer, que aquí no se le hace caso a nadie.
MANENGUE. *(Por lo bajo, rectificando, a Solavaya).* Daño a nadie, mi Coronel.
SOLAVAYA. *(Maquinalmente).* Daño a nadie, mi Coronel. La Junta Soberana es generosa, criatura. Aquí la cosa no pasa de la guillotina.
PÚTRIDA. Es lo que yo vengo diciendo y nadie me oye el canto.
SOLAVAYA. ¿Acaso no eres de las que ilumina lo que está oscuro?
PÚTRIDA. Con el filo del puñal que entierro, mi Jefecito.
SOLAVAYA. Habla, que tu boca debe ser santa.
PÚTRIDA. Yo soy de lo mejorcito, mi Teniente, a pesar de que apesto un poco.
SOLAVAYA. ¿Y eso qué tiene que ver? ¿Alguien te ha criticado la peste?
PÚTRIDA. Me da pena, porque tengo mal aliento.
SOLAVAYA. Habla, que para apestar estamos todos. Si alguien se tapó las narices habrá hecho traición y lo mando a tostar a fuego lento.
PÚTRIDA. Una señora de copete del reparto Mírame-Y-No-Me-Toques, donde me guardaban las sobras, decía que yo tenía peste a furrumalla podrida.
SOLAVAYA. ¿Y cómo se llama la jeta esa?
PÚTRIDA. Diorama de la Luz de Capital en Oro.
SOLAVAYA. ¡Manengue, toma nota y prepara la bala en el directo!
PÚTRIDA. ¿Y podría meterle mano a todo lo que deje?
SOLAVAYA. Eso ya es otra cosa, porque no cae en mi jurisprudencia.
PÚTRIDA. ¡Ay, pero que legalista te has vuelto!
SOLAVAYA. Arréglatelas con Dantón, que es el que controla el reparto de la comuna…
PÚTRIDA. Pero es que a mí me gusta ese palacete que está al otro lado de Versalles.
SOLAVAYA. Hoy por hoy están todas las plazas llenas. Hay más demanda de la cuenta y menos palacios de los que construyó la monarquía. Pero tan pronto tengas un puesto en el escalafón irás subiendo. Lo mismo que antes con las oposiciones de maestros. Además, no hay que olvidar que la Guillotina ayuda mucho en el asunto del desempleo. Un muerto es un integrado más y un desempleado menos.
PÚTRIDA. Siempre lo leía en las cartas de la baraja: cuando la bomba de Apaga-Y-Vámonos, en que pusieron del otro lado a trescientos, un equivalente tuvo que comer. ¡Qué carnicería! ¡Qué manera de atracarse!
MANENGUE. No te embulles con el escalafón, vieja pelleja, que tienes el noventa mil que termina en tragedia.
PÚTRIDA. ¡Ay, mi General, que yo estoy muy vieja y tengo los años contados para la defensa!
MANENGUE. Así dijo Ofelia y delató a cuarenta.
PÚTRIDA. *(Sorprendida).* ¡Pero si a Ofelia se la llevaron muerta!
SOLAVAYA. La muy imbécil no sabía contar. No sabía que ella era el número treinta y nueve.
MANENGUE. *(Riéndose).* ¡Hizo como Chacumbele!
PÚTRIDA. Hablando de Chacumbele. *(A Solavaya).* Figúrese usía que Robespier me quiere intervenir la latería. ¿No podría hacer algo para quitarle esa idea de la masa de donde surge la teoría? Porque sin las sobras de la Viuda de Capital de Oro (que anda ya de puerta en puerta y casi de

tamalera) y sin la empresa privada del tamalito caliente, no sé qué será de mí, mi Capitán de Corbeta. Y no es que le tenga tirria a Robespier, que yo sé que lo hace por la Declaración de Principios, que es el texto de la Marselle a, ¿pero de qué voy a vivir, Excelencia?

SOLAVAYA. ¿Así que vienes a darle vueltas a lo que no se debe en mis propias narices? ¿Es que no sabes la letra de la Nacional del Pueblo?

PÚTRIDA. ¡Qué va, mi General! ¡Que yo no me pierdo una lección de catecismo! ¡Que yo me sé todas las letanías! ¡Que yo delaté a mi abuela! ¡Que yo lo quiero con el polvo que lo cubre! ¡Que yo era comadrona y lo traje al mundo!

SOLAVAYA. ¡Tú eres una embustera! Algo te sabrá Robespier cuando quiere quitarte la lata esa.

PÚTRIDA. ¡Que es el pan de mis hijos, Padre de los Descamisados!

SOLAVAYA. *(Violento)*. ¡Pero el tamal de la Patria lo envuelvo yo primero!

PÚTRIDA. *(Huye a un rincón, como si fuera a evitar un golpe. Aparte, sin que él la oiga)*. No en balde sale tan mal envuelto.

MANENGUE. No la mate, mi Generalón, que es un cáncer del pueblo.

SOLAVAYA. *(Calmándose)*. No la voy a matar, porque si la mato me cubro de lo que más huele. *(Compungido)*. ¡Cómo me pasó cuando le metí mano a tu hermano!

MANENGUE. No se ponga así, Cabo de la Guardia, que una equivocación la tiene cualquiera y mi hermano era sordo.

SOLAVAYA. Eres mi mano izquierda, Manengue, pero tu hermano era la derecha. Si no lo hubiera mandado a matar hoy no sería manco.

MANENGUE. Fue un pronto, mi General.

SOLAVAYA. En un estado de sitio siempre pasan cosas como esas.

MANENGUE. ¡Qué se le va a hacer!

PÚTRIDA. *(Obsequiosa, que se va acercando otra vez)*. Soplos del oficio. Consecuencias del huracán. Vientos de la situación.

SOLAVAYA. ¡Es mi destino histórico, Cabrón!

PÚTRIDA. ¡Es su cabrón destino histórico, coño!

MANENGUE. ¡La historia lo limpiará de culpa, Padre de la Geografía!

PÚTRIDA. Pero que no lo manche de otra cosa, mi Pancho Villa.

MANENGUE. Gajes del oficio. Una goma se le pincha a cualquiera.

SOLAVAYA. Era tu hermano, pero no hay que tomarlo demasiado a pecho. Dile a tu vieja que fue sin querer y que contigo tendré más cuidado y contaré hasta tres.

MANENGUE. Gracias, mi Capitán.

PÚTRIDA. *(Dando vueltas con la lata de tamales, a Solavaya)*. ¿Con picante o sin picante?

SOLAVAYA. Ese olor a rancio despierta el apetito. ¿Quieres uno, Manengue?

MANENGUE. *(Mirando con desconfianza a Pútrida)*. No me arriesgo.

PÚTRIDA. *(Acercándole la lata a Solavaya)*. Déjelo a la suerte, Lindoro. *(Apuntando con el dedo en el aire en dirección al público para ir a terminar en la lata de tamales)*. ¡Tin marín de dos pingüé cúcara mácara títere fue! *(Sacando de la lata un paquetico tinto en sangre)*. ¡Ay, pero qué golpe de ojos tiene usted! ¡Eso debe ser por las prácticas del tiro al blanco! ¡Pero mire como apuntó al paquetico punzó! Y todo porque tiene color a sangre derramada. ¡Es lo que digo yo, mi polvillo de adivinar no falla!

SOLAVAYA. *(Sorprendido)*. Pero yo creía que tú eras tamalera…

PÚTRIDA. ¿Tamalera? ¡Ay, Dios, pero qué equivocada vive cierta gente! ¡Si lo que yo soy es pitonisa! ¿Es que no me ves la túnica griega y mi calzado marca Coturno? ¡Qué manera de mirar al bosque! Lo que pasa es que vengo con el toque de La Nacional. La comparsita local, ¿tú sabes? Esa que tocan con acompañamiento de leyenda. Verás que lo que digo sale, porque tengo el secreto del chino en las cartas de la baraja y trasmito la adivinanza de lo que tiene el perro en la panza. *(Acercándole un tamal a las narices)*. ¡Huela, mi General, que esta adivinanza sí pega!

MANENGUE. *(Alarmado)*. ¡Tenga cuidado, mi General, que puede ser un tamal envenenado!

SOLAVAYA. ¡Qué tamal ni qué ocho cuartos! Pero si tiene el color de la Patria, ¡imbécil!

MANENGUE. Pero mi General, que ha de ser harina de maíz abonada con estricnina. Esa que produce muerte fulminante.

SOLAVAYA. *(A Pútrida)*. ¿Con qué se come esto? ¿Con cuchara, con tenedor o con pollo frito?

PÚTRIDA. *(Empalagosa)*. Es una cosa que inventaron los griegos. ¡Polvitos de adivinar!

SOLAVAYA. A mí me parece que esto viene de África.

PÚTRIDA. Tiene su injerto. Sin contar con la cantidad de potencia. ¡Se huele y se adivina entonces! *(Como si mirara el futuro en una bola de cristal)*. Si me parece estarlo viendo… Es un globo terráqueo con espacio y tiempo… Veo una sombra gigante, con unas alas de avión de propulsión a chorro que todo lo cubre… Va…

SOLAVAYA. ¿A dónde va…?

PÚTRIDA. Viene…

SOLAVAYA. ¿De dónde viene…?

PÚTRIDA. Es…

SOLAVAYA. ¿Quién…?

PÚTRIDA. Ay, mi Generalote, que esto parece una película de misterio… No se ponga tan afanoso, que le tiemblan los dientes… ¡Huela! ¡Polvitos de adivinar donde está el secreto de los tiempos!

SOLAVAYA. *(Reaccionando)*. ¿Y tú todavía andas creyendo en esto? ¿Es que tú crees en el poder de la piedra y la verdad de los caracoles? ¿A ti no te han obligado a repetir el catecismo del lado de donde yo vengo? ¿De dónde sales tú, vieja sin dientes?

PÚTRIDA. *(Sin contestar, mira la bola imaginaria)*. Si me parece estarlo viendo…

SOLAVAYA. Manengue, vigila mejor, que esta vieja se ha colado. Yo creo que se metió por el cañón del Cuzco. No en balde Robespier…

PÚTRIDA. *(Igual)*. Va… Viene…

MANENGUE. No lo creo. Le aseguro que ha mandado buena carne al matadero…

PÚTRIDA. *(Enfática)* Es…

SOLAVAYA. *(Atraído, pero violento)*. ¿Quién? ¿Quién es?

PÚTRIDA. Pero no monte en cólera, Generalísimo, que se puede desembocar y romperme el globo del tiro. *(Le vuelve a acercar un tamal mal envuelto)*. ¡Huela! ¡Polvitos de adivinar donde está el secreto de los tiempos! ¡Adivine, mi Comandante!

SOLAVAYA. *(Tomando un tamal)*. Está bien. En seguida lo abro. *(Solavaya abre el tamal, que puede ser un paquete pequeño de cualquier tipo. Después lo tira violentamente)*. ¡Mierda de gato! ¡Mierda de gato!

PÚTRIDA. *(Carcajeándose de lo lindo)*. ¡Se lo dije, mi General! ¡Adivinó, mi Coronel! ¡Nunca falla, mi Comandante!

SOLAVAYA. *(Furioso)*. ¡Manengue, llévate a esta vieja! Es una rata enemiga de la Victoria del Olivo… Poco más y hubiera estirado la pata…

PÚTRIDA. *(Grotescamente mimosa)*. Pero no se ponga así, mi General. Que yo soy surrealista y me pusieron en la lista. *(Con un grotesco de coquetería)*. Yo tengo una cabellera seductora porque me la peino con Glostora.

SOLAVAYA. ¡Pégale tres tiros, Manengue!
PÚTRIDA. *(El mismo juego).* ¡Pero mírame, chinito, que yo soy la rebelión de las masas con su ración de pellejo!
SOLAVAYA. ¡Sáquenla de aquí, sáquenla de aquí!
PÚTRIDA. *(Mientras Manengue forcejea con ella).* No te pongas así, culito de rana, que si no sana hoy sanará ¡mañanaaaaaaaaaaa!
SOLAVAYA. ¡Que le metan un tiro de gracia en la Cárcel del Mudo!

Manengue arrastra a Pútrida fuera de escena. Pútrida grita, patalea y ríe a carcajadas mientras se la llevan.

ESCENA V

SOLAVAYA

Iluminación gradual en rojo. Solavaya queda vivamente impresionado y se inclina, tratando de leer las señales de los tiempos en la mierda de gato esparcida por el escenario.

SOLAVAYA. ¿Será verdad lo que dijo? ¿Tendrá poderes esa vieja para la adivinanza? ¿Acaso mi destino está escrito en la corrupción del gato? ¿Qué misterio puede encerrar el intestino del animal? ¿Acaso estoy dominado por las fuerzas de su mecánica? ¿Acaso no es el crimen el medio más seguro de asegurar la vida? Y si mato, ¿por qué tengo que preocuparme del muerto que no me puede matar? ¿Es que la muerte no está asegurada contra sí misma? ¿No soy yo el que corta el bacalao? ¿No soy yo el que castro a los puercos? ¿Quién tiene en este pueblo el poder de la tijera? ¿No es acaso el que corta el que sabe hacia donde dirige el filo del cuchillo? Y si corto, ¿por qué voy a temer ser cortado? ¿No es la castración de los otros la seguridad de mis testículos? ¿Es que Changó se cree con poderes en contra mía? ¿Es que San Judas podrá en realidad contra el imposible? ¿Acaso me va a negar San Pedro las llaves que le he quitado? ¿Acaso el temor no es cosa de maricas? Y si no soy marica, ¿no quiere esto decir claramente que soy hombre? Y si soy hombre y corto, ¿no quiere esto decir que soy caballo? Y si soy caballo, ¿no es evidente que soy el que se acuesta con la yegua? Entonces, ¿no prueba esto que la mierda del gato no puede traerme los peligros de la muerte? *(Descarga de ametralladoras).* ¿No es cada descarga una reafirmación de mí mismo? *(Pausa).* ¿Reafirmación de mí mismo? *(Pausa).* ¿Es mi imagen en el espejo una reafirmación de mí mismo? ¿Mato luego existo? ¿Peligro si me duplico o aumenta mi seguridad? ¿Soy único o soy múltiple? ¿Debo ser la excepción o debo ser la regla? ¿Es que creando me descreo? ¿Es ese el problema? ¿Debo eliminar mi sombra para que no se levante en contra de su amo? ¿Es que, porque he sembrado llanto no me queda otro remedio que recoger tempestades? ¿Es que no puedo recoger los frutos porque me dedico a la agricultura de la sangre? ¿Siembro historia o siembro olvido? ¿Es que la destrucción del Paraíso imposibilita la posibilidad de la manzana? ¿Es el dolor el principio creador de mi dicha? ¿Soy la destrucción de los opuestos? ¿Soy la anulación de mi afirmación? *(Nuevas descargas).* ¿Soy un absoluto negativo? *(Descargas).* ¿Soy la negación del Verbo? *(Descargas).* ¿Soy la imposibilidad? *(Descargas).* ¿Q es ella la imposibilidad? *(Descargas).* ¿Es que no puedo alcanzarla aunque la tenga, tenerla aunque la posea, poseerla aunque me goce en ella? *(Descargas).* ¿Soy la expresión concentrada de la muerte? *(Descargas).*

Oscurecimiento.

ESCENA VI

SOLAVAYA, MANENGUE

Luces neutras.

MANENGUE. *(Entrando y cuadrándose),* ¡Órdenes cumplidas, mi General!
SOLAVAYA. ¿Cuántos muertos llevamos hoy?
MANENGUE. Treinta y tres, mi Coronel.
SOLAVAYA. ¡Alguien me hace traición! No me vengas con la edad de Cristo, ¡degenerado!
MANENGUE. Cuestión de números, mi Teniente.
SOLAVAYA. ¿Y qué dijo la vieja antes de estirar la pata?
MANENGUE. Que en la mierda de gato había gotas de sangre.

OSCURECIMIENTO TOTAL.

SEGUNDO ACTO

ESCENA I

MARÍA, MADRE

Cono de luz. María la Anunciación, en blanco, aparece arrodillada en un reclinatorio. Entra la Madre Superiora, con hábito monjil tradicional. Lleva un libro en la mano. Pausa. Contempla a María que, finalmente, se vuelve.

MARÍA. ¡Ay, Madre, perdone usted! No la había sentido llegar.
MADRE. Da gusto verte, niña. Tu inocencia petrifica a cualquiera. Por un momento estuve a punto de retirarme.
MARÍA. ¿Me habría abandonado?
MADRE. No, pero no irás a negarme que hay trabajitos que se las traen. Hoy en día la confusión es tremenda, pero hay que seguir tirando.
MARÍA. No entiendo, Madre.
MADRE. Ni falta que hace. Se supone. No esperaba menos de ti. No te preocupes, que tú estás por encima de las cuestiones teológicas.
MARÍA. ¿Qué quiere decir?
MADRE. Que han ordenado que nos vistamos de corto.
MARÍA. ¿De veras?
MADRE. ¡Lo que tú oyes! ¡Quién me iba a decir que yo iba a vivir para ver tal cosa! Pero ya el Papa lo dijo en la nueva encíclica: «lo que se coman los gusanos que lo gocen los humanos».
MARÍA. *(Sin entender).* ¿Cómo?

MADRE. ¡Es lo que digo yo! ¡Y en estos tiempos! No en balde te han echado el ojo.
MARÍA. ¿Qué significa eso?
MADRE. Es una cita del Nuevo Testamento.
MARÍA. ¡Sabe usted tanto!
MADRE. Soy vieja, y como dicen los protestantes, más sabe el diablo por viejo que por diablo.
MARÍA. ¿Y es cierto eso?
MADRE. *(Aparte).* ¡Qué estúpida es! ¡No sé qué le ha visto el canalla ese! ¡Qué obsesión! ¡Qué monomanía con el dulce! ¡Con tan buenas hembras que andan tiradas por ahí! *(Melosa, a María).* Es que tengo entre manos una misión delicadísima, una cosita que decirte.
MARÍA. Entonces…
MADRE. Una cosita, que como un rayo de luz, busca el camino de tu oreja…
MARÍA. *(Ríe).* Eso me parece gracioso.
MADRE. ¡Vaya modo de decir! Pero presta atención, porque si te entra por una oreja y te sale por la otra, no vale… Un Verbo mal conjugado que no serviría para nada.
MARÍA. Soy toda oídos…
MADRE. *(Aparte).* Me alegro, para ver si se le abren las entendederas. *(A María).* Esa expresión vale un tesoro.
MARÍA. ¿Cuál?
MADRE. La de abrir los oídos, naturalmente. No pienses otra cosa.
MARÍA. Gracias.
MADRE. *(Le extiende un libro).* Por eso te voy a dar un regalito.
MARÍA. *(Retrocediendo, sin tomarlo).* ¿Un libro?
MADRE. Santo. Es el libro de la vida. Es una apertura al misterio.
MARÍA. ¡No puedo!
MADRE. ¿Dudas de mí?
MARÍA. ¡Desfallezco…!
MADRE. No me vendrás con aquello de a palabras necias oídos sordos.
MARÍA. ¡No, de ninguna manera…!
MADRE. Porque con esas ideas de chorlito en la cabeza no hubiéramos ido ni de aquí a la esquina.
MARÍA. Solo quise decir…
MADRE. No has querido decir nada. Tómalo, tiene aprobación eclesiástica.
MARÍA. *(Sin tomarlo todavía).* ¿Y eso qué significa…?
MADRE. Que el mundo da muchas vueltas.
MARÍA. No debo leer.
MADRE. Pero podrás ver las ilustraciones.
MARÍA. No debo verlas.
MADRE. *(Transición).* ¿Quién te ha metido esas ideas en la cabeza?
MARÍA. Nadie.
MADRE. ¿Ha estado por aquí Pepe el Monaguillo?
MARÍA. No.
MADRE. ¿El Padre Calvo?
MARÍA. Tampoco.
MADRE. ¿Estás segura? Porque él siempre hace el cuento del lobo y se hace pasar por la abuela. ¡Con tal que no te haya despertado con el cuento!
MARÍA. *(Alejándose).* No entiendo. *(Pausa).* ¿Puedo retirarme?

MADRE. ¿Estás loca? Pero si no has visto nada todavía. No sabes ni de la misa a la media.

MARÍA. No quiero ver nada.

MADRE. Un par de figuritas no te van a hacer daño. Es como una guía de viaje, y hay lugares, en especial, donde se recomienda que se detenga el viajero. Las zonas de interés turístico, naturalmente…

MARÍA. Yo no quiero viajar. Yo no quiero ir a ninguna parte.

MADRE. ¿Quién te ha metido tal ignorancia en la cabeza? ¿No sabes que viajar es la fuente del conocimiento? ¿No tienes curiosidad? Porque hay lugares, chica, que a una le gustan mucho… *(La retiene).*

MARÍA. *(Que quiere deshacerse).* ¡Déjeme!

MADRE. ¡Imposible! Tengo órdenes estrictas. Tienes que ser tú, precisamente. Nada de la chica de la casa de al lado. No sabes lo difícil que es encontrar hoy día una criatura inocente. Es como buscar una aguja en un pajar. No sabes lo dañada que me llega la mercancía, con este adelanto que hay ahora en las comunicaciones. A ti es a quien se le hace llegar el mensajito.

MARÍA. ¿El mensajito?

MADRE. El verbo, que es lo mismo.

MARÍA. No entiendo.

MADRE. *(Fuera de quicio).* ¿Y quién te ha metido a ti en la cabeza que tienes que entender algo, cabeza de mosquito? ¿No sabes que la desobediencia es pecado?

MARÍA. Sí.

MADRE. Entonces lo único que tienes que hacer es obedecerme.

MARÍA. ¿Ciegamente?

MADRE. Ciegamente, claro. Por algo soy la Madre Superiora. ¿No es garantía suficiente?

MARÍA. *(Acercándose).* Tengo miedo, Madre.

MADRE. *(Abrazándola hipócritamente).* ¡Tontuela! ¿Es que alguien ha querido abrirte los ojos?

MARÍA. Sí.

MADRE. *(Alarmada).* ¡Cómo!

MARÍA. Cuando los he cerrado.

MADRE. Explícate. ¿Qué has visto?

MARÍA. *(Separándose).* Siete puñales en un corazón que sangraba.

MADRE. ¡Qué horror! ¡Qué barbarie! ¡Menos mal! ¡Qué crimen con una criatura tan inocente! A ti lo que te hace falta es un entrenamiento calisténico de las mil y una noche. *(Señalando a lo alto).* ¡Mira a esa pobre mujer! Sufrir tanto, ¿para qué? ¿Qué ganó con ello? ¿Es que no has aprendido todavía? ¿No fue víctima de las circunstancias? ¿Y quién se llevó los galones? Porque lo que es ella, no fue más que el recurso de la necesidad.

MARÍA. ¿Quién? ¿De qué habla?

MADRE. ¿Quién va a ser, chiquilla? ¿Es que tú no estudias el catecismo? ¡Pobre muchacha! Claro, como no entendía mejor que tú.

MARÍA. ¿A quién se refiere?

MADRE. ¡A la Madre de Todos!

MARÍA. ¿Y eso qué tiene que ver?

MADRE. Que como los hombres se llevan la mejor parte, ya es hora que uno se lleve la suya. No es que uno vaya a cambiar la marcha de los tiempos, porque todavía nos tienen la cama preparada. Y sin embargo… en lo que está a nuestro alcance… se podría hacer algo… Para salir mejor parada del entuerto…

MARÍA. Pero… si de todas formas… esos siete puñales…

MADRE. *(Dejándola por incorregible, aparte).* No en balde la inocencia es la madre de la estupidez. Pero que no se diga que yo no he tratado. Ahora bien, como a mí me dieron los treinta dinares, haré mi trabajo para la comuna. *(A María).* Nada. Obedece y calla. ¡Ciegamente, ¿me entiendes? ¡Así me tienes que creer! ¡Tonterías! *(Pausa breve).* Se aprovechan de tu inocencia para asustarte. ¿Y dónde se han visto tales cosas? ¿Quién sería capaz? Demasiados ayunos y abstinencias. Es bueno tener fe, pero no hay que tomar las cosas tan a pecho. Tratan de asustarte con los calvarios de la tradición. ¿Quién podría atreverse a enterrar puñales a un corazoncito tan inocente como el tuyo? *(Abrazándola).* Vamos, quítate esos espantajos de la cabeza. No hagas caso, te digo. Nunca cierres los ojos para ver lo que no debes. Nada de corazones ensangrentados y calvarios fuera de época. Desentonan. Obedece y calla. A las imágenes esas hay que aprender a darles un manotazo. *(Acrecentando la intimidad).* Se te prepara el terreno para mejores cultivos. La iglesia marcha a la altura de los tiempos. ¡Ya verás la cama que te hacen! ¡Qué arados! ¡Qué tractores! ¡Qué abono tan orgánico!

MARÍA. Yo no quiero sufrir, Madre.

MADRE. Eso me parece muy bien pensado. Así se habla: nada de puñalitos ensangrentados. Confía en mí y te llevaré de la mano hasta la altitud del goce. Cierra como si fuera un pozo negro: una noche oscura de la luz. *(Firme).* Vamos, cierra los ojos.

MARÍA. Tengo miedo.

MADRE. *(Firme).* Haz lo que te mando. ¡Obedece!

MARÍA. *(Ahogadamente, cerrando los ojos).* Obedezco… *(Cae de rodillas).*

MADRE. ¿Ves?

MARÍA. Negro.

MADRE. Rojo.

MARÍA. *(Se contorsiona).* Rojo… y negro…

MADRE. ¡Rojo y negro! ¡Luto y goce! ¡Al fin! ¡Estás dentro de ti!

MARÍA. *(Se contorsiona como en éxtasis, pero se niega).* ¡Noooooo…!

MADRE. *(Le toma las manos y hace que acaricie la cubierta del libro).* ¿Lo sientes?

MARÍA. Sí.

MADRE. No tengas miedo… Déjate llevar por la pluma y por la escama… ¿Lo sientes?

MARÍA. ¿Qué es… Madre?

MADRE. La última edición. Lo más avanzado. Lo más nuevo. El testamento mismo de todas las tentaciones. *(María toma el libro).* No hay nada que le ponga un pie por delante.

A partir de este momento el libro empieza a ejercer una especial atracción sobre María, que mientras la Madre Superiora habla experimenta el goce y tormento de las tentaciones. El movimiento del cuerpo será flexible y distorsionado a la vez, expresión libre, casi danzaría, del tormento y del goce. María permanecerá con los ojos cerrados, en creciente éxtasis.

MARÍA. ¿Qué libro es?

MADRE. *El Libro de las Especies*, que tiene todo el contenido de la materia. Es el libro de la creación del cuerpo. No hay dos ejemplares iguales en el mundo. Este es el del uno y el tres, pero no el antiguo sino el moderno. Nada de Antiguo ni Nuevo Testamento. Ultramoderno. Lo que se llama el último grito del clero. Todo especialmente preparado para ti, con su azúcar y su condimento, porque tú, María, eres de las pocas que quedan.

Recuerda, hija, que hasta las grandes torres se derrumban para pasar a la historia. Y tú eres una de ellas. ¡Con ese cuerpo eres lo que los hombres llaman un monumento! ¡Ay, María, qué suerte tienes!

MARÍA. Es suave.

MADRE. ¿Te gusta? Si lo tocas con las yemas de los dedos comprenderás las delicias de las superficies. Es pluma de ave, María. Las especies más refinadas con los colores más vistosos. Se acabaron los tiempos en que bastaba con el blanco de la paloma. Porque hay de todo. En él encontrarás las cosas más increíbles. Te abrirán los ojos aunque los tengas cerrados. No escaparás. Es la corrupción en la gloria.

MARÍA. *(Movimiento de rechazo).* ¿La corrupción?

MADRE. *(Rápida).* La gloria, quiero decir... *(Movimiento de atracción en María).* La gloria del tacto... No tengas miedo. Déjate llevar. Hay conocimientos insospechados. Bésalo. Es un libro sagrado que todo lo contiene. Si se te acerca deja que te toque con el pico. Bésalo, tonta, no tengas miedo, que no muerde... ¿Lo sientes?

MARÍA. Este lado es áspero.

MADRE. Son las escamas. Que también hay delicia en la escama de la serpiente. Segrega un aceite especial. ¿Es que no conoces el significado del aceite? El aceite tiene un significado sagrado, muchacha. Debiste estudiar la lección de teología... Sagrado y gozoso a la vez... ¿No te das cuenta? Es pluma de serpentario, el ave devoradora de serpientes. Que es como decir: escama del árbol, delicia de la prohibición. *(Pausa. Firme).* Ábrelo.

MARÍA. *(Abriendo el libro que hasta el momento había permanecido cerrado, pero sin abrir los ojos).* Lo escucho pero no quiero. Habla pero no debo... Es un pico de oro que me taladra con su veneno.

MADRE. Ábrele la oreja. Óyelo todo. Y estate quieta para que se te quede dentro.

MARÍA. Es un pájaro extraño que tiene silbido de serpiente.

MADRE. Tiene buen pico. Se va de pico, muchacha, pero déjalo ir. Es jarabe de pico. El Cielo y el Infierno. ¿Has escuchado alguna vez palabras como esas?

MARÍA. *(En agonía y éxtasis sin posibilidad de escapar, los ojos cerrados).* ¡Nunca, nunca, nunca!

MADRE. Nada puedes ya. *(Inicia movimientos eróticos que contrastan con los de María).* ¡Ay, quién pudiera escucharlo! Pensar que toda esa labia es para ti sola. ¡Ay qué belleza de verbo! ¡Ay qué musiquita de bolero! No lo oigo, pero me lo puedo imaginar. ¡Cuánta devoción en la letanía! Ese pico de oro debe producir las delicias del vocablo. *(A María).* ¿Entiendes?

MARÍA. *(En agonía, pero sin posibilidad de escapar, como si una violación tuviera lugar y ella no pudiera evitarlo).* ¡Nunca, nunca, nunca!

MADRE. ¿Y qué importa entender? ¿Pero no es sabido? ¿No es anticipo de las grandes cosas? ¿No es la telepatía del futuro? ¿Y quién ha visto gozar sin temor a las consecuencias? Porque, aunque me diga que no, no podrá negar que es un papelito de importancia. ¿Es que no está sobrentendido? ¡Pico es cúspide de montaña!

MARÍA. *(Igual).* ¡Nunca, nunca, nunca!

MADRE. *(Frenética).* ¿Decencia o inmoralidad? ¡Sigue, adelanta, avanza! ¿Perdición o encuentro? ¡Camina, corre, salta! ¿Verdad o mentira? ¡Escucha, oye, canta! ¿El uno o el tres? ¿Unidad o trilogía? ¿Unitaria o trinitaria? ¿Trinitaria y unitaria?

MARÍA. *(Espantada, abre los ojos, arroja el libro).* ¡Nunca! ¡Jamás!

MADRE. ¡Sigue, adelanta, avanza! ¡Camina, corre, salta! ¡Escucha, oye, canta!

MARÍA. *(Derrotada).* Nunca... Jamás...

MADRE. *(Triunfante).* ¡Siempre!

Oscurecimiento.

ESCENA II

MADRE SUPERIORA, SOLAVAYA

La Madre Superiora, extenuada por la faena anterior, se desploma en un asiento, se quita la toca y la tira por el piso.

MADRE. ¡Santo Dios! ¡Qué trabajito este! ¡El Discurso de las Tentaciones! Ni que fuera San Antonio, o a lo mejor era otro. Y después dirá Robespier que no cumplo con las consignas de la Bastilla. ¡Esto se las trae! ¡Y con el calor que dan los ropajes estos! Total, que ya el Papa está hablando de la mini. Pero, hija, Robespier quería el atuendo clásico. ¡Ese hombre es del carajete! ¡Como siga así habrá que mandarlo a la guillotina! *(Pausa).* La chica, a la verdad, ofreció más resistencia que San Antonio. Total, que no le quedaba más remedio que ceder, porque lo que está escrito está escrito y al que Dios se lo dio ni la Muralla China se lo quita… *(Pausa).* Eso sí, el que no se podrá quejar será el Generalísimo. ¡Tremendo banquetazo! ¡Qué labia! ¡Qué palabrotas! ¡Qué pronóstico para mañana jueves! ¡Qué aletazo de tiburón que se traga su presa! Y eso que estoy en el supongando y la extrasensorial, porque dato, lo que se llama documento oficial con firma de notario, ese sí que no lo tengo.

Surge Solavaya de entre las sombras.

MADRE. *(Sobresaltada)* ¡Ay, muchacho, pero qué susto me has dado!
SOLAVAYA. *(Avanzando).* ¿Y tú crees que se haya tragado la píldora?
MADRE. *(Poniendo el grito en el cielo).* ¡¡¡¿¿¿Cómo???!!!
SOLAVAYA. Que si la clave habrá sido entendida por el telegrafista.
MADRE. Hijo mío, ese titular va del *Pravda* al *New York Times*.
SOLAVAYA. ¿Tú crees eso?
MADRE. ¡Como si yo misma lo hubiera parido! Que con el esfuerzo que tuve que hacer casi creía que se me salían las entrañas. La noticia sale lo mismo por la UPI que por Prensa Latina.
SOLAVAYA. La verdad, que lo que era ella, estaba bastante alicaída.
MADRE. Con tal que no lo estuvieras tú.
SOLAVAYA. De que no lo estaba ya dejaré constancia.
MADRE. Nada, que la prueba documentada es lo que vale.
SOLAVAYA. Pero era como si ella no quisiera representar su papel.
MADRE. Eso ya es pedir demasiado y no estaba en el contrato. Lo que importa es que lo represente. Lo demás hay que dejar a las interpretaciones.
SOLAVAYA. Tienes razón.
MADRE. Tendrás una popularidad de los mil demonios capaz eclipsar a la paloma de la paz.
SOLAVAYA. Vieja, eres la pata del diablo.
MADRE. Y tú eres el rabo.

SOLAVAYA. Ojalá, porque yo quiero meterle mano a las actividades del potrero.
MADRE. ¿No te conformas con una distribución equitativa de la mercancía?
SOLAVAYA. Lo cortés no quita lo valiente. Yo no he nacido para esos procedimientos democráticos. Voy al todo o al nada.
MADRE. ¿No te comes lo mismo un bisté que un zapato viejo?
SOLAVAYA. Sí, pero yo funciono sin tarjeta de racionamiento.
MADRE. Comprendo. La chica esa abrió la oreja, por aquello de las consignas y porque tú no vas a ser menos, pero es de esperar que el órgano auditivo no sea el único que sirva para las relaciones internacionales…
SOLAVAYA. *(Riendo).* ¡Arreglados estaríamos!
MADRE. Claro que no podemos desechar las virtudes del símbolos.
SOLAVAYA. ¡De ninguna manera!
MADRE. No solo de pan vive el hombre.
SOLAVAYA. Sino de carne.
MADRE. Quieres estar en misa y repicando… Pero en este caso habrá que ponerse en contacto con Ruperta, para completar el cuadro. Ella es la que controla las llaves del matadero.
SOLAVAYA. ¡Buen San Pedro nos hemos buscado!
MADRE. Yo soy la teoría y ella la práctica. Robespier me ha puesto a mí para la propaganda de altura.
SOLAVAYA. Entonces, ¿qué debo hacer mientras el palo va y viene?
MADRE. Mira, según Ruperta, hay una reencarnación de carne y hueso. Es igual y la misma. En esto no hay contradicciones en los textos. Es una chica, opulenta ella, que será carne de pecado y flor de fango. Síguela como una sombra y verás como la ley de gravedad cumple con los instintos de la física. Ruperta, que es buena y del comercio, le asegura porvenir occidental en el Barrio Chino.
SOLAVAYA. ¿Y cómo se llama la jeta esa?
MADRE. María la Magdalena, mi comandante.

Oscurecimiento.

ESCENA III

MARÍA LA MAGDALENA, RUPERTA

Cono de luz. María la Magdalena, vestida de rojo, aparece sentada. Ruperta, en una especie de hábito gris, trajina, haciendo o aparentando hacer quehaceres domésticos.

RUPERTA. No le hagas caso. Es que quiere alarmarte.
MARÍA. Entonces… ¿tú crees… que todo es inventado…?
RUPERTA. Propaganda del imperialismo yanqui, que ve comunistas por todas partes.
MARÍA. Pero… Hay tantas versiones contradictorias…
RUPERTA. ¿Y qué otra cosa puede ser? Déjate de premoniciones. La Conga tiene de adivina lo que el frutero de la esquina.
MARÍA. ¡Ay, el frutero! ¡Tiene una mano para abollar la fruta!

RUPERTA. Ese es de los que la deja podrida de tanto manosearla. Cuídate, porque va a lo suyo y no tiene ojo para leer las señales de los tiempos.

MARÍA. ¡Ni que fuera tuerto!

RUPERTA. Pero yo no soy ciega, María, y te puedo decir el papel que te conviene.

MARÍA. La Conga dice...

RUPERTA. Lo que le pasa a la Conga es que me tiene envidia, porque soy más joven y bonita que ella. El poder que yo tengo la negra esa no lo deshace ni con cocimiento de milamores.

MARÍA. ¿Me lo pusiste en la tacita de café?

RUPERTA. Razona. ¿Por qué voy a hacerte daño?

MARÍA. Todo el mundo me dice: dime con quién andas y te diré quién eres. Y cuando digo que ando contigo me gritan hija de la grandísima pe.

RUPERTA. ¡Qué gente tan chusma! Mira, María, soy yo la que te digo que no andes con gentuza tan cochina y malhablada. ¿Acaso no eres una chica con opulencias regionales? Natura manda, candonga. Hija, en este país no se cultiva la nectarina.

MARÍA. Ay, Ruperta, cuando te pones a hablar en clave no hay quien te entienda. Déjate de telegrafía sin hilo y ponme una carta en lengua romance.

RUPERTA. ¿Es que tú no has estudiado geopolítica, María? Cualquier escriba de mala muerte opina como yo. No hay profeta que me contradiga. Ese trago amargo nadie te lo quita de encima.

MARÍA. Pero yo creía que era un vinito dulce.

RUPERTA. Era un decir metafórico. En otras palabras, el que no toma batido de plátano lo toma de frutabomba.

MARÍA. No me digas eso, Ruperta, que me ruborizo.

RUPERTA. A cada cosa el nombre que le toque.

MARÍA. Mamá afirma...

RUPERTA. Tu madre tiene guayabitos en la azotea. Hazme caso a mí, que sé lo que te digo. *(Se sienta)*. Mira, María, yo no soy Ruperta la Miope ni la Cegata de Bastonblanco. Acuérdate que a mí me llaman Ruperta Vistobueno. Yo conozco tu árbol genealógico y no hay cosa ultramarina que escape a mi experiencia histórica. Y eso que no fui a la universidad, sino a la de la vida. Yo hija, de teología no sé mucho, porque no soy Madre Superiora. Pero te puedo contar todo lo que ha pasado por la pupila del ojo nacional.

MARÍA. Si te acabaras de explicar.

RUPERTA. Que ahora te toca a ti ponerte para tu número. Tu abuela...

MARÍA. ¿Abuelita?

RUPERTA. No era ninguna santa, ¿tú sabes? Pero es que le dieron tremendo embarque. Y no te digo esto para sacar los trapos sucios a relucir. Ella no tuvo la culpa, porque la casaron con aquel maestrico de escuela que ni pedagogía sabía y se creía que la didáctica estaba en las tacitas de café. Como si no fuera necesaria la disciplina. Total, que acabó con Salpicón en vergonzoso concubinato, allá por el año nueve...

MARÍA. Yo no creo que Abuelita hiciera cosas como esas.

RUPERTA. Mira, María, quítate esos humos de la cabeza y hazle frente a la realidad. ¿Para qué andar con tapujos? ¿Para qué hacerse papelillos? No vas a ganar nada con la venda en los ojos. Lo que te cuento, no lo digo por malo. Son los hombres, que son unos canallas. Nada, la desgracia de ser mujer. ¿Qué iba a hacer la infeliz si estaba entre la espada y la pared? ¿Para dónde iba a tirarse? Y después de todo, Salpicón era manirroto. Le puso un chalé en Trocadero que era una monada. Pero hija, aquel relajo era de padre y señor mío y el muy canalla quería acostarla con toda la camarilla.

MARÍA. Eso no es verdad, Ruperta. Tú estás inventando todo eso para meterme miedo.

RUPERTA. ¡Niña, que mi boca se tiña de rojo si miento!

MARÍA. Mamá nunca me ha contado cosa semejante.

RUPERTA. Porque te ha criado en el engaño, María. ¡Cómo si a ella le hubiera salido bien la cosa! ¿Es que tu madre cree que va a arreglar el mundo ocultándote como se fabrica el mono? ¿Es que tú crees que los encarguitos vienen de París? Mira, no te hagas la boba. Hija, que el médico chino nos libre de las enfermedades venéreas.

MARÍA. Abuelito era un chino que sabía lexicografía.

RUPERTA. ¿Y quién ha visto objeto semejante? ¿Con ese cuento de hadas te ha dormido tu madre? Los hombres, María, para que lo vayas sabiendo, solo quieren aquello que la mariposa guarda en su capullo. Y te lo advierto, si se hincha revienta. *(Pausa)*. Por si no lo sabes, tu abuela murió de aborto. Y lo más grande del caso, de un aborto que se dio. Pero hija, yo no lo llamaría parto.

MARÍA. Mientes...

RUPERTA. Las consecuencias de un descuido... Un hombre culto, refinado, asfaltado, amante del concreto y al mismo tiempo otro enamorado de la sangre... Porque eso es siempre lo que ha pasado aquí... Cuando se dio cuenta se lo quiso sacar de encima... Y no era para menos... Hubo junta de médicos... Pero, ¡qué inepcia, María, qué inepcia...! Tres galenos famosos formaron el triunvirato y lo que hicieron fue una mierda... Yo creo que la desangraron más todavía, como si no hubiera sido suficiente lo que le había hecho la hiena... La pobre vieja se tuvo que morir, porque abortar a edad avanzada es francamente peligroso...

MARÍA. *(Débilmente, sin convicción)*. Mientes... Consuelo la maestra...

RUPERTA. Aquello fue el acabose... ¡El huracán del treinta y tres! La sangre de aquella criatura corría a mares... La ciudad era un río de sangre... Un Amazonas de la muerte... Todo lo que te diga es poco. Pero, ¿qué podía hacer tu abuela? No, yo no la culpo... Y lo grande del caso es que aquellos tres galenos hicieron el descubrimiento del barril. A la muerta la clasificaron de Virgen, Mártir y Madre... ¡Las tres cosas a la vez! ¡Lo que tú oyes! En vez de hacerle frente a la realidad prefirieron aprovecharse del cuento... *(Pausa)*. Muchacha, los caminos del parto son inescrutables. Y el feto, monstruoso, tirado por el piso y bañado de sangre, se negaba a morir, como si en lugar de abortar hubiera parido... Tu madre...

MARÍA. *(Violenta, de pie, enfrentándosele)*. ¡La tuya, Ruperta! ¡Si me inventas una más te parto la jeta!

RUPERTA. ¡Muchacha, que no es para tanto! La clase de historia la dejaremos para otro día. Eres una mal agradecida. Yo solo quería alumbrarte el camino del conocimiento. Y de paso evitarte un mal parto o cualquier hemorragia que te pudiera venir...

MARÍA. Acabarás diciéndome que conoces cirugía.

RUPERTA. Si te casaron con la mentira...

MARÍA. *(Se sienta, desfallecida)*. No lo puedo creer...

RUPERTA. Y te enseñaron a vivir con el engaño...

MARÍA. ¡No tengo a quien volverme, Ruperta!

RUPERTA. *(Conciliatoria)*. Me tienes a mí...

MARÍA. *(Agobiada)*. Tengo miedo, Ruperta. ¿Qué será de mí? Si es verdad lo que tú dices de mi abuela... Si es verdad lo que se dice de mi madre...

RUPERTA. *(Posiblemente fingiendo)*. ¿De tu madre? ¿De tu santa madre? ¿De tu santísima madre? No, no lo vayas a creer. Hay mucha lengua viperina suelta por ahí.

MARÍA. Que si esto... Que si aquello... Que si uno que jugaba en los dos bandos la metió en las mismas entrañas del Barrio Chino cuando paseaba por la Rambla, acostándola con todos los politiqueros y pandilleros de ocasión... Que si un chulito de bigotico chaplinesco le puso casa en Solimar y se dio a los placeres y a la buena vida... Que si estaba montando bicicleta y un general por poco la destarra y de la cama del hospital la pasó a la del ejército... Yo no sé, Ruperta. ¿Dónde está la verdad? ¿Dónde está la mentira? ¿Y qué debo hacer con ese material de engaño o de conocimiento? ¿Qué será de mí? Se dicen tantas cosas de mi madre que no sé ni qué pensar...

RUPERTA. Que es inocente... Que tuvo mala pata... Que nada le salió bien... Que le hicieron un número ocho...

MARÍA. Pero, aunque fuera verdad lo que dices, ¿qué puedo hacer yo?

RUPERTA. Yo puedo allanarte el camino.

MARÍA. Según la Conga... tú tienes trato con el enemigo.

RUPERTA. Según Ruperta... ella lo tiene con el mío.

MARÍA. ¿Qué quieres decir?

RUPERTA. Que yo soy la que conozco tu destino.

MARÍA. No acabo de entenderte del todo.

RUPERTA. Que si a tu árbol genealógico lo partió un rayo, no hay por qué dejar que el mismo rayo lo siga partiendo del todo.

MARÍA. Precisamente...

RUPERTA. Deja que el arado abra sus surcos. Pero hija, que la molienda no la haga el trapiche para el otro lado... Que si te van a surcar de todos modos te pongas a la altura de los tiempos.

MARÍA. Pero la Conga...

RUPERTA. Con esa habrá que tener una guerra a muerte. Es más intransigente que el cura de la esquina. Nada, que se niega a aceptar lo que tiene que venir y que tendrá que irse. O habrá que enterrarla viva. Déjate guiar por mí. Y si ves un charco de sangre, cruza por el otro lado.

MARÍA. Entonces... será lo mismo...

RUPERTA. Tienes que hacerle frente a la realidad.

MARÍA. ¿Tiene mi destino que cumplirse?

RUPERTA. Como el de todo el mundo. *(Pausa)*. A propósito, ¿has notado a alguien que te haya echado el ojo? Además del frutero de la esquina, quiero decir.

MARÍA. Me parece que hay una sombra que me sigue por todas partes.

RUPERTA. ¡Acabáramos!

MARÍA. La siento por detrás, pero cuando vuelvo la cabeza ya no la veo.

RUPERTA. Sigue. ¿Cómo es? ¿Tiene barba o lleva bigotico?

MARÍA. No te lo puedo decir, porque se esconde. Y además, le tengo miedo. Como si fuera mitad hombre y mitad bestia.

RUPERTA. ¡Niña, qué coco tienes!

MARÍA. Despide un calor que también es frío.

RUPERTA. ¿Tanto? No sabía que la cosa estuviera en estado tan avanzado. ¿Por qué no desembuchaste antes?

MARÍA. Pero si no está claro.

RUPERTA. ¿A eso tú lo llamas oscuro? ¡Y yo que creía que todavía estaba por las guerrillas de los Andes! ¡María, pero si ya lo tenemos aquí metido! ¡Esta es su casa, coño!

MARÍA. Tú estás loca.

RUPERTA. Debe ser el mismo... Que las otras mañanas... Cuando salía del matadero... Me preguntó por ti...
MARÍA. Será una mala sombra que me persigue para perderme.
RUPERTA. ¡Qué dramatismo! No será mala si es sabrosa.
MARÍA. La Conga dice que por nada del mundo deje que me toque con el pico.
RUPERTA. Palomo ha de ser.
MARÍA. Cuando se pone bajo el farol de la esquina me parece que se enrosca.
RUPERTA. Debe ser primo hermano de la serpiente.
MARÍA. No debo dejar que me toque ni con las escamas ni con el pico.
RUPERTA. Por lo que me dices y de acuerdo con la descripción, debe ser el mismo que siempre me saluda cuando voy al matadero. Yo creo que es un joven con porvenir y que te conviene.
MARÍA. Yo no quiero seguir los pasos de mi madre; no quiero que se cumpla el destino de mi abuela.
RUPERTA. Aprensiones tontas. Prejuicios de formación. Sin contar que el chico sabe lo que quiere.
MARÍA. ¿Es el final?
RUPERTA. Es el principio.
MARÍA. Tengo que ofrecer resistencia.
RUPERTA. De nada podrá valerte. Te tiene entre ceja y ceja.
MARÍA. Es la Muerte, Ruperta.
RUPERTA. Olvídate de lo que has aprendido: misticismos que la Conga te ha metido en la cabeza. Porque, vamos a ver, ¿qué hay de raro en todo esto? ¿Acaso no se pasa horas y horas a la puerta del matadero para verte pasar? ¿Acaso ha puesto al revés la casa de tu padre? Nada, María, exageraciones de la Conga para meterte miedo. Un ciclón... Una marejada... Un viento de agua... Lo de siempre, pero nada del otro jueves. ¡Cede, María, cede!
MARÍA. Quizás tengas razón y me estoy alarmando por muy poca cosa.
RUPERTA. De todos modos tendrás que hacer trabajo voluntario.
MARÍA. ¿Quiero? ¿Debo? ¿Debo? ¿Quiero?
RUPERTA. Si se te acerca, deja que la escama te toque con el pico.
MARÍA. ¿Pico? A veces no sé si es ave de lustroso plumaje o herramienta de cantero o cavador. ¿Mechero de candil? ¿Cúspide de alguna montaña? ¿Parte de alguna vasija por donde se vierte el líquido? ¡Tantas preguntas! ¡Tantas interrogaciones! *(Suspirando)*. ¿Parte que sobresale en la superficie de alguna cosa?
MARÍA. Era inevitable. Sabía que a eso íbamos a llegar. La potencia del caballo no tiene límites. ¿Te hiere? ¿Te lastima? ¿A un gustazo un trancazo?
MARÍA. Estoy perdida, lo sé. Estoy otra vez en un callejón sin salida. ¿Qué debo hacer, Ruperta? ¿Acabaré como una Magdalena arrepentida? ¿Se cumplirá en mí el destino de mi abuela, la salvación de mi madre, las leyes de la herencia, la desgracia constante de mi casa? ¿Es la fatalidad o es el libre albedrío? ¿La fuerza del medio ambiente? ¿Es que tengo otra vez sobre mí la nube que presagia la tormenta? ¿El rayo que desencadena tempestades? ¿Es que puedo esconderme en las cartas de la baraja? ¿Es que me puedo encerrar en la semilla del eucalipto? ¿Es que estoy predestinada a la sustancia que hace crecer al mono? ¿Es que nadie puede bendecir un puñado de sal porque está salado?
RUPERTA. ¡Ay, María, qué cerebral me has salido!
MARÍA. Mamá es un alma en pena a sol y sombra. No hay día que no salga a la calle que no me vea regresar ensangrentada y con el labio partido.

RUPERTA. No le falta razón, pero todo depende de cómo te lo partan... Además, a cualquier hijo de vecino lo puede coger una ruta ocho camino de su casa, pero nadie puede afirmar o negar que estaba escrito.

MARÍA. ¿Debo dejar que todo principio alcance su final? ¿Es verbo o es rugido? ¿Perdición o encuentro? ¿Es un hombre en forma de serpiente? ¿Es una serpiente en forma de ave? ¿Es un ave con cuernos de diablo? ¿Es un diablo con rabo de hombre?

RUPERTA. ¡Qué coco! ¡Qué enfermedad! ¡Qué epidemia! ¡Qué oportunidad! ¡Qué suerte loca!

MARÍA. Desfallezco... No puedo más... ¡Qué perdición, Ruperta! Abre... Déjalo pasar...

Oscurecimiento rápido.

ESCENA IV

RUPERTA, SOLAVAYA

Cono de luz roja. Prostíbulo de Ruperta. Un biombo con motivos orientales. Farolitos chinos. Ruperta se ha puesto un kimono oriental por encima de su vestimenta anterior. Es rojo y tiene bordado un dragón.

RUPERTA. Pasa, pasa, mi General.

SOLAVAYA. ¿Está todo preparado, Ruperta?

RUPERTA. Casi casi, mi Pancho Villa. Estamos poniendo sábanas limpias y almidonadas, por si las quieres manchar de sangre. Yo soy muy exigente con la higiene.

SOLAVAYA. ¿Y ella? No me irás a dar gato por liebre.

RUPERTA. ¿Pero qué tú crees? Aquí se cuelga la mejor carne y no hay engaño en el gancho que la sostiene. Si no pregúntaselo al cabroncito ese, al esbirro del régimen anterior que ahora te sirve de guardaespaldas.

SOLAVAYA. No he querido ofenderte, vieja.

RUPERTA. ¡Deja que la veas! ¡Un tocinito del cielo! Está predestinada para los grandes pintores, las grandes plumas, las grandes paletas...

SOLAVAYA. ¿Asegurada?

RUPERTA. A modo de precaución le hemos cortado las uñas y puesto las cadenas. Tiene sus altibajos místicos. Con la influencia de la Conga nunca se sabe. A propósito, ¿por qué no la mandas a matar?

SOLAVAYA. ¿Es que tú no sabes que es negra?

RUPERTA. Pero mi Coronel, ¡qué racista te has vuelto!

SOLAVAYA. ¡Vete a la mierda! *(Mirando alrededor).* Mira, más vale que lo pienses bien y que te hagas más nacionalista... *(Le entrega una bandera).*

RUPERTA. *(Sorprendida).* Pero... pero... pero yo creía que con estos detalles... se veía bien claro... que la carne de aquí... que el matadero era... nacionalista... que el matadero estaba... nacionalizado...

Solavaya se retira por detrás del biombo. Ruperta, vacilante, empieza a desdoblar la bandera que le han dado. Lentamente la extiende sobre el biombo chino.

ESCENA V

MARÍA LA CONCEPCIÓN, CONGA

Cono de luz blanca. Frente a frente, María la Concepción, en negro, Conga la Santera, en blanco.

CONGA. ¡Por los clavos de Cristo! ¡Por el caballo blanco de Santiago! ¡Por la espada colorada de Tarik! ¡Por la torre misma de Mahoma! ¡No te me acerques, María! ¿Pero cómo ha sido eso?
MARÍA. Tienes que hacer algo, Conga.
CONGA. ¿Yo? ¿Ahora? ¡Eso no se cura, María! Eso se envenena y se hincha.
MARÍA. No te debes acobardar, Conga. ¡Ayúdame! Esas son visiones.
CONGA. ¿Visiones conmigo? Pero si para eso mismo he nacido. Para ver. ¿Pero tú crees que gozo teniendo la sombra por delante y la noche por detrás? ¡Ay, Niña, ojalá estuviera loca! ¡Tu cuerpo es una Guerra Santa y a ti no hay reconquista que te salve! ¡Ojalá que me quemaran en la hoguera como hacían en tiempos de la Inquisición! Por bruja o por lo que fuera. *(Señalando al vientre de María).* Ojalá que el monstruo que ahí buscó su nido me saque de este calvario de una vez por todas… Ciega quisiera ser para no verte como hoy te veo.
MARÍA. *(Amargamente).* Me recuerdas a mamá con la agonía del labio partido.
CONGA. ¿Y tú crees que yo me alarmo por tan poca cosa? ¿Con el labio partido? ¿Y eso qué tiene que ver? Le pasa a cualquier hija de vecino, y las hay muy felices aunque se casen por la iglesia de los tomeguines. Pero lo tuyo, María, es otra cosa. ¡En pecado concebido solamente!
MARÍA. *(Sarcástica, pero herida).* ¿Una Virgen de oreja? ¿Un Jesucristo? ¿Un corazón clavado por siete puñales? ¿Una Dolorosa? ¿Una misión histórica que cumplir?
CONGA. ¡Que Dios nos coja confesados!
MARÍA. Aún se puede hacer algo. Dame los pases en cruz, Conga. Tomaré cocimiento de arrayán o lo que tú digas. Caminaré de rodillas como una penitente. Te traeré un gallo muerto y haré con sus plumas un altar al pie de la ceiba. Haré todo lo que sea necesario. Aún hay tiempo para que no nazca. Todavía se puede hacer algo.
CONGA. Nada. Estás preñada y tendrás que parir. ¡Aunque salgan bestias!
MARÍA. Habla, explícalo todo de una vez. Quiero conocer mi crimen.
CONGA. *(Se sienta. Habla con voz natural. María se sienta a sus pies. En algún momento pondrá la cabeza en el regazo de Conga. Todo dicho con mucha sencillez).* Hay crimen, pero no es el tuyo. ¿Qué culpa tiene la tierra de que caiga en ella la semilla? Ella no tiene culpa del arado, ni del fruto, ni de la flor. La tierra no tiene culpa de que la pisen. Es una injusticia. Es una barbarie. Es una violación a mano armada. Pero no se puede hacer nada contra todo eso. Aun Ella. ¿Es que no has visto su figura, unos rayos laminados en oro sobre Ella, mientras un ángel se le aparece y le anuncia… una desolación sin nombre en los ojos? ¿No son los ojos del espanto escuchando el arrullo de la paloma? No pudo decir que no. Porque María, la sangre del hijo es la sangre del hijo, cualquiera que sea la explicación. Y eso no era precisamente la monstruosidad, sino el llanto. *(Pausa).* No, tú no eres responsable de la monstruosidad. Tú nunca has estado consciente de la monstruosidad: estás libre de ella pero tienes que pagar tu libertad en carne y sangre. *(Pausa).* Por eso, todo se cumple: la cueva por donde sale la bestia es la misma por donde entra: es la Unidad en la Madre del Padre y del Hijo. Sería mejor no entender. Eso, María, es un monstruosidad bíblica en la cual tú representas la inocencia, aunque eres también la cuna de la culpa. *(Pausa).* No, nada se puede hacer. Es una purulen-

cia que surge de la tierra y que se eleva. Nada puede matarlo porque es la muerte. La cueva por donde sale la bestia, que es la misma por donde entra, tiene escrita las señales de los tiempos. *(Pausa. Se pone de pie)*. Lo que te ha pasado a ti es lo peor, lo que no tiene nombre. Porque aquí no hay hijo crucificado sino un cementerio de mil cruces. Cuando lo veas, cada una será para ti un clavo de Cristo atravesándote la frente. Pero al menos Ella podía decir: es Cristo Rey. Tú, nunca. *(Pausa)*. Es un feto vivo, María. Está vivo aunque tú lo entierres. Si ahora mismo un veneno te encendiera la sangre y el fuego purificara tu carne, viviría él en la sangre disecada y la ceniza. Está vivo aunque tú misma te enterrases, más allá de tu sepulcro. Es un alacrán que crece. Es un hongo de muerte.

MARÍA. *(De pie, desgarrada, ahogadamente)*. Sácamelo de aquí.

CONGA. ¿Cara o cruz?

MARÍA. Sigue.

CONGA. ¿Verdad o mentira?

MARÍA. Sigue.

CONGA. ¿Cima o sima?

MARÍA. Sigue.

CONGA. ¿Muerte o muerte?

MARÍA. Entierra el puñal hasta la verdad misma.

CONGA. ¿Habrá solución en ella o la habrá en la mentira? *(Pausa)*. No... sería mejor... utilizar... el remedio casero del engaño...

MARÍA. Es demasiado tarde. Prosigue. Apuremos el cáliz de una vez. Encontremos la solución o su incógnita. Hemos ido demasiado lejos. Yo misma quiero saber.

CONGA. ¿Saber? ¿No te lo he dicho todo? Aquí no hay más nada que saber. Hablemos de otra cosa... *(Pausa)*. Hace calor y parece que va a llover.

MARÍA. Este tema, María, no lo cambian las tempestades. Sepamos si hay que saber.

CONGA. *(Se sienta)*. Sigo. *(Pausa)*. Expliquemos la situación. Estamos tan solo en la mitad del crimen. Estamos tan solo en la mitad de la monstruosidad. No es posible retroceder, pero es posible seguir con una venda en los ojos.

MARÍA. Ojos para no ver.

CONGA. O para olvidar que han visto.

MARÍA. No es el caso. Sigue.

CONGA. *(Pausa)*, óyelo bien: la cueva por donde sale la bestia es la misma por donde entra.

MARÍA. *(De pie, de espaldas al público)*. Eso ya lo has dicho. Ve al grano. No esperes más.

CONGA. La bestia, cuando se aleja, es entonces que se acerca. Va y viene como si de ella nunca hubiera salido.

MARÍA. *(Contorsión de dolor)*. Lo sé. Lo he comprobado, Conga, Pero ese es un círculo que no me dice nada nuevo.

CONGA. Piensa lo que te voy a decir, María, pero no te vuelvas loca. Ni te saques los ojos para no ver, ni te ahorques para no saber que has visto.

MARÍA. ¡Sácalo de aquí!

CONGA. No puedo. La verdad es una espina que se encona y que se mete dentro. Solo la venda en los ojos tiene cicatrices de olvido.

MARÍA. Completa la historia de una vez.

CONGA. Yo no quiero tu mal sino la verdad, que es el mal mismo.

MARÍA. Habla, Conga. No le des más vueltas.

CONGA. ¿Es que no comprendes que el mayor espanto es la misma creación del Hijo? Cuando Él entraba, entraba el Hijo, porque el Padre es el Hijo mismo, todos haciendo uso de ti. Estás atada de pies y manos... ¿Cómo vas a llegar al crimen del Padre si el Padre es el Hijo? Un Hijo que es la monstruosidad del Padre y acabará ahogándolo todo. En tu vientre, María, está todo, que no es tuyo, que es principio, fin, vida y muerte... *(Pausa)*. Habrá que conformarse... Habrá que hacer de tripas corazón y buscarle los cinco pies al gato... En el fondo, tú no tienes ni vela en este entierro... Esta historia, muchacha, como las otras, tendremos que tomarla a relajo.

MARÍA. *(Volviéndose)*. ¿A relajo? Aquí, Conga, ya no se toman las cosas a relajo. El asunto es demasiado bíblico. *(Avanzando hacia el frente del escenario)*. Es demasiado tarde: pero no me sacaré los ojos para no ver ni me ahorcaré para olvidar que he visto.

Oscurecimiento.

Tercer acto

Escena I

ANDRAJOSAS 1 Y 2

Luz neutra. Entran las andrajosas, algo agitadas.

ANDRAJOSA 1. ¿Cómo? ¿Qué es lo que tú dices?
ANDRAJOSA 2. Lo que tú oyes.
ANDRAJOSA 1. No lo puedo creer.
ANDRAJOSA 2. Lo dice todo el mundo.
ANDRAJOSA 1. ¡Qué bárbaro!
ANDRAJOSA 2. ¿Pero no era abogado?
ANDRAJOSA 1. Ese hombre es de todo.
ANDRAJOSA 2. ¡Qué suerte ha tenido este país!
ANDRAJOSA 1. ¡Qué mano tan experta!
ANDRAJOSA 2. Figúrate, eso no lo hace cualquiera.
ANDRAJOSA 1. Mi tía era comadrona.
ANDRAJOSA 2. Pero no tu tío.
ANDRAJOSA 1. Es verdad.
ANDRAJOSA 2. Y sacárselo así.
ANDRAJOSA 1. Es un hombre que no necesita intermediarios.
ANDRAJOSA 2. Como encarecen la mercancía...
ANDRAJOSA 1. Ahora se usa que los padres presencien el parto.
ANDRAJOSA 2. Eso es otra cosa.
ANDRAJOSA 1. Dicen que es mejor para el trío de la creación.
ANDRAJOSA 2. Pero no es lo mismo meterle mano al asunto y sacarse a sí mismo.
ANDRAJOSA 1. ¡Sacarse a sí mismo!
ANDRAJOSA 2. ¿Cómo?
ANDRAJOSA 1. Que dicen que se parece mucho a él: imagen y semejanza.

ANDRAJOSA 2. Genio y figura.
ANDRAJOSA 1. Uña y carne.
ANDRAJOSA 2. Así el padre, así el hijo…
ANDRAJOSA 1. A Rey muerto Rey puesto.
ANDRAJOSA 2. Pero esto no es una monarquía.
ANDRAJOSA 1. No quise decir eso.
ANDRAJOSA 2. Ni tampoco se ha muerto nadie.
ANDRAJOSA 1. ¡Dios libre al pueblo!
ANDRAJOSA 2. Pero, ¿tanto se parecen?
ANDRAJOSA 1. Como un huevo a otro.
ANDRAJOSA 2. Eso se llama meterle a la genética.
ANDRAJOSA 1. Solo se diferencian en la edad.
ANDRAJOSA 2. Será el único modo de conocerlos.
ANDRAJOSA 1. Uno es mayor que el otro.
ANDRAJOSA 2. Se prestará a confusiones.
ANDRAJOSA 1. No entre ellos.
ANDRAJOSA 2. No estoy tan segura.
ANDRAJOSA 1. Se conocerán por los galones.
ANDRAJOSA 2. Uno es General y el otro no.
ANDRAJOSA 1. Pero ascenderá con el tiempo.
ANDRAJOSA 2. Con el tiempo y un ganchito.
ANDRAJOSA 1. Da lo mismo.
ANDRAJOSA 2. Robespier se está mojando las barbas porque teme que le puedan arder.
ANDRAJOSA 1. No hay que hacerle caso a los vecinos.
ANDRAJOSA 2. A mí me dijeron que lo bueno que tenía esto era lo malo que se iba poniendo.
ANDRAJOSA 1. ¿Por qué te pones a correr bolas?
ANDRAJOSA 2. Solo quise decir…
ANDRAJOSA 1. El pez por la boca muere.
ANDRAJOSA 2. Yo estoy clara.
ANDRAJOSA 1. Pues no te hagas la turbia.
ANDRAJOSA 2. En boca cerrada no entran moscas.
ANDRAJOSA 1. No faltará gusano.
ANDRAJOSA 2. No lo dirás por mí, que yo he pasado más hambre que tu madre.
ANDRAJOSA 1. O que la tuya.
ANDRAJOSA 2. Deja descansar a los muertos.
ANDRAJOSA 1. Todavía no he visto ninguno trabajando.
ANDRAJOSA 2. Vamos a cambiar el tema.
ANDRAJOSA 1. Ya era hora.
ANDRAJOSA 2. Dicen que el compañero recién parido es una monada.
ANDRAJOSA 1. Un niño robusto y muy saludable.
ANDRAJOSA 2. Y que se sabe toda la teoría.
ANDRAJOSA 1. Enseguida le meterá a la práctica.
ANDRAJOSA 2. Esa mujer era un elefante.
ANDRAJOSA 1. Y otra cosa también.
ANDRAJOSA 2. Ahora la podrán enterrar porque ya dio todo lo que tenía.

ANDRAJOSA 1. Un receptáculo muy práctico.
ANDRAJOSA 2. En fin, que se aumentó la tribu.
ANDRAJOSA 1. El sí puede decir que lo trajo al mundo.
ANDRAJOSA 2. Con tal que no se lo lleve al otro.

Oscurecimiento rápido.

ESCENA II

SOLAVAYA, MANENGUE

Luz amarilla. Solavaya tiene una mano vendada.

MANENGUE. Lo felicito, mi General. Tiene usted un hijo que se las trae.
SOLAVAYA. Más de la cuenta. Tiene unos dientes que por poco me arrancan la mano y me anulan el gatillo.
MANENGUE. Debió ponerse guantes para sacarlo. Por aquello de la infección.
SOLAVAYA. Ese no se infesta con nada.
MANENGUE. Pero la madre...
SOLAVAYA. Es más fuerte de lo que parece. Por algo tiene la exclusiva de los partos trascendentes. Siempre ha tenido particular resistencia para las sangrías. Se desangra pero resucita. Por algo se llama María. Además, le pusimos un suero y le hicimos una transfusión de sangre roja que resucita a un muerto.
MANENGUE. Debe sentirse orgulloso, Generalísimo. ¡Tremendo toro ha dado usted! Nacer con dientes no es cosa de todos los días.
SOLAVAYA. A lo mejor son muelas.
MANENGUE. Lo peor es nacer con tarros.
SOLAVAYA. *(Pensativo).* Yo me inclino a creer que son colmillos. *(Pausa. Se queda pensando. Después le da un tabaco a Manengue).* Mira, fúmate un puro.
MANENGUE. *(Obsequioso).* Gracias, mi Capitán.
SOLAVAYA. *(Descargas de ametralladora).* ¿A quién he mandado a matar a estas horas?
MANENGUE. A nosotros no ha sido.
SOLAVAYA. ¿Estás seguro?
MANENGUE. Como que estoy vivito y coleando.
SOLAVAYA. ¿Quién estaba en el menú del día?
MANENGUE. El Ciego de la Bahía, como de costumbre. Pero a ese lo matamos siempre a la medianoche.
SOLAVAYA. Tiene que haber una explicación, cabrón.
MANENGUE. Tendrá que haber alguna explicación cabrona, mi General, pero yo no me lo explico.
SOLAVAYA. Aquí no hay un cadáver sin que yo lo ordene. *(Mirándose la mano vendada).* Hay gente a quien se le da un dedo y se quiere coger la mano.
MANENGUE. Será para estrechársela, mi Comandante.
SOLAVAYA. Más vale que averigües. Corre y ve a echar un vistazo por el Muro de la Victoria para ver quien ha sido.

MANENGUE. *(Cuadrándose).* ¡A sus órdenes, mi Pancho Villa!

Sale Manengue. Nuevas descargas. Solavaya está visiblemente preocupado.

ESCENA III

SOLAVAYA, PÚTRIDA

Entra Pútrida disfrazada de uniforme blanco que le queda mal, como si fuera una enfermera, aunque bien pudiera ser el de un carnicero. Está sucio y manchado de sangre. Pedazos de esparadrapos, como si estuviera herida, por los brazos, piernas y cara.

PÚTRIDA. Con su permiso, mi Teniente Coronel, pero el niño quiere la teta.
SOLAVAYA. ¡Degenerada! ¡Hija de la grandísima! ¿Y a mí que me importa? Ni que yo fuera un producto lácteo.
PÚTRIDA. ¡Ay, mi Comandante, no me vaya a morder que yo no tengo la culpa! ¡Bastante tengo con los arañazos que me ha dado la criatura! No sabe lo que me hace padecer en la zona de la lactancia. ¡Ni que fuera la vasija de la lechera! Hijo, no hay que ofenderse ni hay que tomarlo a pechos, que bastante tengo con la apreciación del nene. La madre no se los puede dar porque las mamas se le han secado y la tarjeta de racionamiento no da para tanto.
SOLAVAYA. Pues que le preparen la fórmula correspondiente.
PÚTRIDA. Se la tragó con pomo y todo, pero no ha sido suficiente. Todavía tiene hambre. Yo creo, Generalísimo, que tendremos que intervenir alguna vaca o traer alguna del otro lado. Es un germen de batalla con un apetito de infantería.
SOLAVAYA. Daré órdenes para que le traigan un par de vacas de Concepción, que allí se dan con las ubres más grandes.
PÚTRIDA. Pero que sean lecheras, mi Teniente, porque si traen unas de esas que se pasean por el prado y matan moscas con el rabo, tolón-tolón, seguiremos con el tole-tole...
SOLAVAYA. Serán lecheras, cabrona de mierda.

Sale Pútrida.

PÚTRIDA. *(Mientras sale).* ¡Qué contento se va a poner el niño, mi General!

Descargas de ametralladoras.

SOLAVAYA. ¡Manengue, Manengue...! ¡Ven acá, cabrón! ¡Cabrón!

Se escucha su propia voz, lejana, fuera de escena, como un eco remoto: «¡Cabrooooooón... Cabrooooooón...!».

SOLAVAYA. *(Descargas).* ¡Manengue...! ¡Cabrón...! ¡Cabrón...!

Voz remotísima de Solavaya fuera de escena: «¡Caaaabroooooooón!».

Vuelve Pútrida. Está toda despeinada. Ligeros cambios. Lleva ahora un delantal. El delantal está sucio, al parecer de comida.

PÚTRIDA. Con su permiso, Teniente Coronel, pero el niño tiene tremenda perreta y me ha tirado la compota por la cabeza. ¡Mire cómo me ha puesto!
SOLAVAYA. Parece que te ha llenado de otra cosa.
PÚTRIDA. Si sigue así acabaré buscándome una embajada.
SOLAVAYA. Habrá que leerle la Declaración de la Guayana.
PÚTRIDA. ¿Pero por qué cree que tengo el brazo partido? Ese mojón, con el hambre que tiene, le mete el diente hasta al adoctrinamiento. Lo mismo se come la Biblia que el Corán. Nada, que para calmarle el apetito me puse a leerle el discursito de Gettysburg, y como es tan corto, se lo tragó de un bocado. Pero el muchacho tiene sus gustos, ¿sabe usted? Cuando empecé a leerle el Manifiesto Comunista, de un tirón me arrancó el texto y un pedazo de hueso. El feto no se anda por las ramas. Con decirle que de un buche se tragó aquel discursito que conmovió a los poetas, Palabras a Cuatro Gatos Comemierdas, y en seguida hizo la digestión. Eso fue de postre y le sirvió de laxante. Y anda pidiendo espinaca porque quiere ser más fuerte que el Padre y el doble de Popeye.
SOLAVAYA. ¿De Popeye? ¿Y quién le anda leyendo esa propaganda subversiva?
PÚTRIDA. Yo no sé, porque ya sabemos que aquí suspendieron los muñequitos. Alguien del clandestinaje, que se cree que esto es un juego de niños.
SOLAVAYA. *(Se escucha una detonación muy grande).* ¿Y eso que ha sido?
PÚTRIDA. Debe ser el Nene, que le ha dado por el terrorismo.
SOLAVAYA. Por si las moscas, hay que preguntarle la Cartilla del Tequendama, que es el Viva Hitler que yo escribí cuando estaba convaleciente de la Batalla del Caneje.
PÚTRIDA. Pero con el hambre que tiene hará con ella sopa de letras. A mí no me mete el diente porque en el fondo me quiere bien. Además, con la escasez de bicarbonato más vale ahorrarse una mala digestión.
SOLAVAYA. Habrá que darle caldo de presos y sopa de gusanos, para calmarle el apetito.
PÚTRIDA. ¡Qué manera de comer, Dios mío!

Se escucha la voz de Solavaya desde fuera de escena. Solavaya se sorprende al oírse a sí mismo.

SOLAVAYA. ¡Vieja pelleja! ¡Vieja degenerada! ¡Hija de mala madre!
PÚTRIDA. ¿Dónde yo he oído esa letra antes?
SOLAVAYA. *(Igual fuera de escena).* ¡Hija de mala madre!
PÚTRIDA. Ese muchacho tiene la sabiduría imitativa del mono que va de rama en rama.
SOLAVAYA. *(Igual fuera de escena).* ¡Vieja degenerada!
PÚTRIDA. Me voy porque mi ángel me llama. Seguro que con la conversación se le ha despertado el apetito. *(Alejándose).* No deje de mandarle un buen bocado, mi Comandante.

Hay un oscurecimiento gradual.

SOLAVAYA. *(Voz, fuera de escena).* ¡Vieja bruja! ¡Vieja canalla!
PÚTRIDA. *(Sale gritando).* ¡Ya voy, ya voy, polvillo de adivinar!
SOLAVAYA. *(Ahogadamente, como repitiendo).* Vieja pelleja… Vieja degenerada…

SOLAVAYA. *(Voz, fuera de escena, como un eco).* ¡Vieja pelleja! ¡Vieja degenerada!
SOLAVAYA. *(Más alto, como si experimentara con el sonido).* ¡Vieja pelleja! ¡Vieja degenerada!
SOLAVAYA. *(Voz, fuera).* ¡Vieja pelleja! ¡Vieja degenerada!
SOLAVAYA. *(Alto, desesperado).* ¡Vieja pelleja! ¡Vieja degenerada!
SOLAVAYA. *(Voz, grito fuera de escena).* ¡Vieja pelleja! ¡Vieja degenerada!
SOLAVAYA. *(Feroz, brutal, completo desgarramiento, como si contestara al otro grito).* ¡Vieja pelleja! ¡Vieja degenerada!

El oscurecimiento es casi completo. Después, cono de luz. Regresa Pútrida. Además del brazo, tiene ahora una pierna partida. Entra con una muleta. El pelo recogido hacia atrás en un moño. Regla en la mano. Se supone que sea una maestra. A pesar de estar coja, se moverá rápidamente, formando un círculo, alrededor de Solavaya.

PÚTRIDA. ¡Cállese, polvillo de adivinar, que coja y todo le voy a partir la regla por la cabeza!
SOLAVAYA. ¡Vieja bruja! ¡Vieja canalla!
PÚTRIDA. ¡Ángel desterrado, que te voy a dejar en penitencia!
SOLAVAYA. ¡Vieja coja! ¡Vieja tuerta!
PÚTRIDA. ¡Quebrantahuesos, que hay que respetar a la maestra!
SOLAVAYA. ¡Vieja coja! ¡Vieja tuerta!
SOLAVAYA. *(Voz, fuera).* ¡Vieja coja! ¡Vieja tuerta!
PÚTRIDA. *(Hace un círculo en dirección contraria).* ¡Ya voy, mi Comandante, mi General, mi Teniente Coronel! *(Como si fuera a salir de escena).* ¡Ya llego! *(Se vuelve nuevamente a Solavaya).* Aquí estoy, mierda de gato. ¡Que me vuelvo loca con tanta gritería!
SOLAVAYA. Yo no te llamé, vieja degenerada.
PÚTRIDA. ¿Y esta pata coja? ¿Quién me la hizo? ¿A qué se debe? ¿Es que me caí por gusto subiendo y bajando las escaleras? ¿Es que practico por gusto la técnica del subi-baja? Oiga, Teniente Quebrantahuesos, que cuando me hice normalista no me enseñaron la didáctica de la cáscara de plátano. ¡Hay que tomar medidas, mi Coronel! Porque, para colmos, el clandestinaje anda poniendo cáscaras por todas partes. Y no hay duda que esta salió de Mamaíta Yunai. *(Se sienta. Se dirige más bien al público. Solavaya va quedando entre las sombras. El cono de luz se concentra en Pútrida).* ¡Porque le zumba el tuti-fruti, compañeros! Es mucho riesgo este por el que tengo que pasar... Que si el Padre dice... Que si el Hijo quiere... Así de un lado para otro. ¡Un corre-corre! ¡Un dale-dale! Si esto sigue como vamos voy a tener que retirarme. ¡Miren lo destartalada que me encuentro! *(Pausa).* Eso sí, el chico es un niño prodigio. No en balde el Padre anda cabizbajo, porque eso de traer al mundo un feto que nos haga la competencia, tiene su pro y su contra, ¿no les parece? Pero, ¿no era eso lo que él quería? Porque si por un lado les hace publicidad a la Cartilla de Levantapueblos, al Testamento del Viejo y al Viva Solavaya de la Guerrilla de su Padre, ya que ha salido cagadito a su semejanza; por el otro lado se corre el riesgo del sabe demasiado, y poniendo en práctica la didáctica de la guerrilla que de mi Padre lo aprendí, le prepara la cama de los funerales... Como es un feto que se las sabe todas, lo mismo recita una cosa como la otra. ¡Un hombre nuevo, coño, un hombre nuevo! Conclusión, que no hay quien duerma por el peligro de quedarse en el sueño. Debe ser que como es un tragón que come pero no mastica, lo mismo se traga un Viva la Libertad que un Viva las Cadenas, un Quiéreme Mucho

que un Apunten Fuego, aprendiéndoselo todo de corrido. *(Volviéndose a Solavaya)*. ¡Qué verbo tiene el engendro, mi General! Porque cuando habla y repite sus discursos es como si los tuviera grabados en las cuerdas vocales! ¡Tiene un pico de oro que no es el de él, sino el suyo! *(Al público)*. ¡Qué Hijo, señores, qué admiración por el Padre! Porque los discursos del Padre los sabe como si fueran suyos. En fin, que cuando habla, es como si hablara el Hijo, digo, el Padre. *(Volviéndose a Solavaya)*. Pero mire que se le parece, mi Comandante. En eso le puedo asegurar que no hubo tarro.*(Al público)*. Porque todo el mundo lo dice: cagadito al Padre, que es el mayor elogio que se le puede decir a un Hijo. O cagadito al Hijo, que es el mayor elogio que se le puede decir al Padre. *(Volviéndose a Solavaya)*. Porque mire, mi General, si usted pone un espejo delante, dígame sinceramente, ¿a quién ve? *(De pie)*. ¿Ve al Padre o al Hijo? ¿A quién ve, mi Comandante?

SOLAVAYA. *(Se amplía el espacio lumínico, más natural)*. Me veo a mí. Soy todo y nada.

PÚTRIDA. *(Al público)*. ¿No se lo decía? A este viejo le falta un tornillo. *(A Solavaya)*. Cuando yo vi a Manengue salir de la Estación de Policía?

SOLAVAYA. ¿Y qué hacía Manengue, a esas horas, por la Estación de Policía?

PÚTRIDA. Usted lo sabrá y a mí no me lo pregunte, porque si estaban juntos sabrá de donde venían y adónde iban.

SOLAVAYA. *(Agarrándola por el cuello, sacudiéndola)*. ¡Eres un cáncer, vieja canalla! ¡Estás inventándolo todo! ¡Dime que mientes, degenerada!

PÚTRIDA. ¡No me mate, mi Jefecito! ¡No me convierta en tasajo! ¡Digo que miento degenerada!

SOLAVAYA. *(Amenazante)*. Que no era yo, Pútrida, a quien viste salir de la Estación de Policía.

PÚTRIDA. ¡Que no era yo, Pútrida, a quien viste salir de la Estación de Policía!

SOLAVAYA. *(La suelta. Pútrida rueda por el piso. Solavaya se desploma en un asiento, moralmente derrotado)*. Habla…

PÚTRIDA. *(Asombrada)*. ¡Hablar! ¡Dios me libre! ¡Yo no digo esta boca es mía! ¿Es que no quiere que me quede sin cabeza y caminando?

SOLAVAYA. Desembucha…

PÚTRIDA. Que lo haga tu abuela, que era muda y se había quedado sin dientes.

SOLAVAYA. *(Violento)*. ¡Vomita, pesadilla!

PÚTRIDA. Que si digo… Que si no digo… Que si hablo… Que si no hablo. Mire, Capitán de la Demarcación, que ya no puedo más con el Comité del Insomnio Patriotero, ese que nunca duerme para no tener pesadillas y para mandar a dormir a los demás… Que lo que digo… Que no era usted… Que yo tengo cataratas… Que yo tengo guayabitos en la azotea y no sé lo que digo ni lo que veo… Que la luz no me deja ver de la claridad que tiene y que la sombra tampoco de la oscuridad que la acompaña… *(Al público)* ¡Coño, este hombre está loco!

SOLAVAYA. *(Amenazante, medio enloquecido)*. ¿Y los fusilamientos? ¿Y los muertos? ¿Y las descargas? ¿Quién, Pútrida, sino yo, las ordenaba? ¿Y el hilillo de sangre que me corría por la boca? ¿Y aquel sabor a sangre que no se me quitaba? ¿De quién era, Pútrida, sino mío?

PÚTRIDA. *(Aparte)*. ¡Qué falta de tornillo! ¡Qué motor que da marcha atrás y marcha hacia adelante! ¡Qué carburador tan contradictorio! Habrá que seguirle la corriente. *(A So-*

lavaya). ¡Qué discurso, mi General! ¡Qué palabrotas tan bien ordenadas para el delirio de las masas! ¡Qué embutido tan bien fabricado! ¿De quién otro, sino de usted, podría ser aquella demagogia, aquella sarta de mentiras, aquel triqui-traque? Porque en eso, vamos a ver, ¿es que puede haber alguien que le pueda poner un pie delante?

SOLAVAYA. *(Una detonación; efecto del cono de luz).* ¿Es que puede haber... alguien... que me ponga... un pie delante? *(Detonación).* ¿No soy... yo... el que corta... el bacalao...? *(Detonación).* ¿No es acaso... el que corta... el que sabe... hacia donde dirige... el filo del cuchillo...? *(Detonación).* Y si corto..., ¿por qué temer... a ser cortado...? *(Detonación).* ¿No es la castración... de los otros... la seguridad... de mis testículos...? *(Descarga de ametralladoras).* ¿Reafirmación de mí mismo? ¿Es mi imagen en el espejo una reafirmación de mi persona? ¿Peligro si me duplico o aumenta mi seguridad? ¿Es que creando me descreo? ¿Es que existe alguien Pútrida mía, que pueda ser Yo, mi imagen y semejanza?

PÚTRIDA. *(Sorprendida).* ¿Es... que... puede ser... que El Otro... sea...? *(Cono de luz sobre Pútrida, que la sigue. Solavaya queda entre las sombras. Calculando).* Entonces... cuando la mierda de gato aventuró la profecía... las señales de los tiempos y las manchas de sangre... *(Pausa).* Cuando se iniciaron las clases internacionales de guerrilla y terrorismo y se les puso la toga y el birrete a los discípulos... Cuando hizo el discurso de apertura en el Aula Magna y... *(Pausa).* Entonces... Cuando explotó la Hiroshima que acabó con el Mercado Único y el Padre estaba durmiendo porque era por la mañanita... *(Pausa).* Entonces... Cuando vi pasar por la frutería de la esquina, entre el ñame, el plátano y la fruta bomba, la sombra aquella que se parecía al Padre pero a lo mejor era el Hijo... *(Pausa).* Entonces... Cuando vinieron los ministros plenipotenciarios y el Padre no pudo salir porque se había metido en la bañadera y tenía aquellos dolores de estómago tan fuertes a consecuencia de los calamares en su tinta, y el Hijo, con el turbante en la cabeza salió a repartirse las residencias de la Quinta Avenida... *(Pausa).* Entonces... las últimas masacres que han tenido tanta publicidad, que han sido tan aplaudidas por los partidarios del progreso, y que tantos cementerios han ido llenando con sus huesos correspondientes, mientras el Padre no se enteraba porque se estaba acostando con las putas... *(Pausa).* Entonces... cuando la mierda de gato aventuró la profecía... quería decir que... el Padre... el Hijo... ¡Cagadito al Padre! ¡Cagadito al Hijo! *(Pausa).* Es por eso que ayer... cuando yo me acercaba... uno... otro... todos... igual... lo mismo... ¡El futuro de un pueblo! ¡La tragedia griega de una casa! *(Pausa).* La anunciación de la Virgen... la concepción de la Mujer... el parto de la Madre... el calvario de la Mártir... la degradación de la Tierra... *(Pausa).* El coro siniestro de las Andrajosas... El acuerdo tácito de los soldados... Los miles de muertos en el Muro de la Victoria... La constancia del genocidio... ¡El Padre y el Hijo! ¡La historia de la tribu! *(Pausa).* Porque ayer, cuando entraba y cuando salía... Las barbas del Padre... *(Pausa).* ¡No, no! ¡Las barbas del Hijo! *(Pausa).* ¿Las barbas del Padre? ¿Las barbas del Hijo? *(Pausa).* Me dije que era el Padre. Me dije que era el Hijo... Porque si la mierda del gato dice que las manchas de sangre... ¿La sangre? ¡¿La historia de la tribu!? ¿El mismo perro con diferente collar? ¿Todo y nada? *(Descargas de ametralladoras).* *(Tirándose de los pelos).* ¡El Padre! ¡El Hijo! ¡El Coño de su Madre! *(Nuevas descargas).*

SOLAVAYA. *(Cambio de luces).* ¡Manengue! ¡Cabrón! ¡Manengue! ¿A quién he mandado a matar? ¿A quién están matando en el Muro de los Muertos? *(Se aleja).*

PÚTRIDA. *(Transición respecto al monólogo anterior: grotesco trágico).* ¡Qué familia, Señor, qué gente! ¡El Padre, el Hijo y la Madre que los parió me han puesto como un adefesio! *(Pausa).* En qué lío me he metido, lata de tamales. Porque aquí ni el Padre ni el Hijo salen con vida. Aquí no hay excepción que confirme la regla. Aquí no hay más eternidad que la mismísima muerte. Hay que acabar con Él antes que acabe conmigo, contigo, consigo. *(Pausa).* ¿Con Él? *(Pausa).* Aquí se trama algo diferente que es la repetición de lo mismo. *(Pausa).* Planteada la cuestión en términos tan equitativos, estoy dispuesta a aplicar el principio internacional de la supervivencia a toda costa... aunque tenga que jugarme un pase al otro lado si doy un traspiés... Pero, ¿de qué lado me pongo? Aquí nadie acaba en ejecutivo sino en ejecutado... Aquí todos somos cabeza de guillotina... *(Apuntando al público).* Tin marín de dos pingué cúcara mácara títere fue... *(Pausa. A Solavaya).* Mire, mi General, que a pesar de los pesares yo sé respetar las jerarquías y que si usted es el Padre y no el Hijo, tiene el sagrado derecho familiar y pedagógico de meterle las correspondientes patadas por el culo y mandarle a cortar la cabeza de las consecuencias... *(Pausa).* Comprendo que por otro lado, mi General, y siguiendo la moderna pedagogía de la lucha generacional mezclada con su correspondiente lucha de clases, que si usted es el Hijo y no el Padre, tiene el derecho tribal de meterle el ojo por ojo y diente por diente de la patada por la misma parte acompañada de la pena capital... Por consiguiente...

SOLAVAYA. *(Se le aproxima)* Por consiguiente...

PÚTRIDA. *(Retrocede atemorizada).* Por consiguiente...

SOLAVAYA. ¿Con quién hay que acabar, degenerada?

PÚTRIDA. *(Temblando).* ¡Con el Hijo, mi General!

SOLAVAYA. *(Avanzando, amenazante).* ¿Con el Hijo, degenerada...?

PÚTRIDA. *(Retrocede más, aterrada).* ¡Con el Padre, mi Comandante!

SOLAVAYA. *(La agarra como si fuera a estrangularla).* ¿Con el Padre, degenerada?

PÚTRIDA. *(Aterrorizada).* ¡Con el Padre! ¡Con el Hijo! ¡Mi General! ¡Mi Comandante! ¡Solavayaaaaaaaaaa!

Grito de Pútrida. Oscurecimiento rápido. Descargas.

ESCENA IV

SOLAVAYA, MANENGUE, MARÍA

Solavaya aparece como si lo fueran a ejecutar, una venda en los ojos. La transición entre la escena anterior y esta debe ser muy rápida.

SOLAVAYA. ¡Manengue! ¡Cabrón!

MANENGUE. *(Cuadrándose).* A sus órdenes, mi General.

SOLAVAYA. ¿A quién he mandado a matar? ¿A quién están fusilando en el Muro de la Muerte?

MANENGUE. No se ponga así, mi Comandante, que una equivocación la tiene cualquiera. Mire lo que le pasó a la pobre Ofelia, que como no sabía contar delató a cuarenta siendo ella la número treinta y nueve. En el dale que no te da pasan cosas como estas. Gajes del oficio. Vientos de la situación. Funerales de las circunstancias. Mire lo que le pasó a su mano izquierda, que se quedó sin la derecha. ¡No se atormente, que ya se consolará la vieja!

En lo alto aparecerá María o su representación: imagen abstracta. Figura cónica, esquemática casi, envuelta en un manto. El manto cambiará de color de acuerdo con las voces. Las voces, grabadas, llegarán desde fuera de la escena.

MARÍA. *(La Anunciación, en blanco; voz fuera de escena).* Lo escucho pero no quiero. Habla pero no debo... ¿Por qué, Madre, por qué? Es un pico de oro que me taladra con su veneno.

MARÍA. *(La Magdalena, en rojo; voz fuera de escena).* ¿Qué será de mí...? Si es verdad lo que tú dices de mi abuela... Si es verdad lo que se dice de mi madre... ¿Dónde está la verdad? ¿Dónde está la mentira? ¿Y qué debo hacer con este material de engaño o de conocimiento?

MARÍA. *(La Concepción, en negro; voz fuera de escena).* Todo se cumple: la cueva por donde sale la bestia es la misma que por donde entra... Estoy atada de pies y manos... El Padre... El Hijo... Acabarán ahogándolo todo... Todo y nada. Es demasiado tarde: no me sacaré los ojos para no ver ni me ahorcaré para olvidar que he visto.

SOLAVAYA. *(Inmediatamente, grito de Solavaya dando órdenes para su propia ejecución).* ¡Atención! ¡Apunten! ¡Fuego!

Oscurecimiento rápido. Descarga. No se verá caer a Solavaya. Pausa larga. En lo alto se va iluminando la imagen de María, ahora en azul.

Se repite el texto de principios de la obra. No están ni Solavaya ni Manengue. Voces fuera de escena.

SOLAVAYA. ¡Manengue! ¡Cabrón!
MANENGUE. ¡A sus órdenes, mi General!
SOLAVAYA. ¿La mataron ya?
MANENGUE. Órdenes cumplidas, mi Comandante.
SOLAVAYA. ¿La cogieron? ¿Qué pasó con la puta esa?
MANENGUE. Lo de siempre, pero lo agarramos en el último momento.
SOLAVAYA. ¿Y con quién fue esta vez?
MANENGUE. Con el Ciego que Cruza la Bahía.
SOLAVAYA. ¿Y lo fusilaron en el Paredón de la Victoria?
MANENGUE. Como de costumbre, mi General. Como de costumbre, mi Comandante.

Descargas de ametralladora. Oscurecimiento rápido.

ESCENA V

MARÍA, CIEGO

Esta escena debe representarse con una concepción coreográfica, como si fuera un ballet. Puede ser una interpretación danzaría entre María y el Ciego, con María como figura central; puede admitir más figuras. Todo dependerá de la imaginación, posibilidades, preferencias. El motivo musical que se seleccione puede introducirse desde el principio del último diálogo de voces fuera de escena entre Solavaya y Manengue, imponiéndose gradualmente. La música debe tener un contenido trágico y las palabras podrán repetirse hasta el infinito, como una secuencia coral que parece no terminar nunca. Se trata de una libre expresión de sentimientos, emociones, angustias. La figura cónica de María, arriba, en azul, dominará el escenario. La luz jugará dramáticamente, pero predominará el azul: el azul inundará el escenario como un mar inmenso e indefinido. La entrada del Ciego y de María evocará la de la segunda escena del primer acto. Después los movimientos cambiarán de acuerdo con el concepto dramático-coreográfico.

MARÍA. Nunca... Jamás... Siempre...
CIEGO. Nunca... Jamás... Siempre...
MARÍA. Nunca... Jamás... Siempre...
CIEGO. Nunca... Jamás... Siempre...
MARÍA. Nunca... Jamás... Siempre...

Crescendo en azul. Voces que se diluyen en la música, se pierden en el azul. Oscurecimiento gradual. Queda arriba, fija, cono en azul, el manto de la Virgen.

FUNERAL EN TERUEL

1979

Personajes

(Por orden de aparición)

Martina
Paco
Isabel de Segura
Doña Gertrudis
Eva
Doña Fefa
Don Pedro Segura
Calígula
Conde de Luna
Juanito Cosanueva
Los Yeyés
Las Gogós
Sangradores
Caprichos
Marsilla

Se evitará que hablen con acento castellano, salvo en el caso de don Pedro Segura, que podrá hacerlo con carácter paródico. Preferiblemente deben hablar como cubanos.

Doña Gertrudis llevará un pequeño antifaz. Doña Fefa, uno más elaborado, que podríamos llamar el antifaz «Gran Vía». Don Pedro Segura y Calígula llevarán cartas, aunque se evitará que les cubra la cara totalmente.

Tiempo y lugar

La acción, posiblemente, en Teruel, España. Fecha incierta.
El tiempo, el lenguaje, el vestuario, las situaciones, presentan anacronismos intencionales.

Escenografía

El escenario está dividido en dos niveles. Al nivel superior se sube por dos escaleras laterales; también, entrada directa, el centro, por el fondo del nivel superior. Las entradas al nivel inferior pueden hacerse libremente por las lados y el fondo. Ventanales de estilo gótico, con vitrales.

Otra opción sería: mantener el principio del doble nivel escenográfico, con alusiones paródicas fascistas, franquistas, totalitarias, o lo que se prefiera.

Intertextualidad

Obras citadas (señaladas entre comillas) o a las que se hace algún tipo de referencia:

El señor de Bembibre, de Enrique Gil y Carrasco
El trovador, de Antonio García Gutiérrez
Don Álvaro o la fuerza del sino, del Duque de Rivas
Don Juan Tenorio, de José Zorilla
Los amantes de Teruel, de Juan Eugenio Hartzenbusch
Idearium español, de Ángel Ganivet
Caprichos de Goya

Nota del autor

En Funeral en Teruel *al mismo tiempo que tomo elementos del romanticismo español y los trato «en serio», convierto el romanticismo en objeto de «choteo» siguiendo la tradición paródica del teatro bufo cubano. De esta forma,* Funeral en Teruel *une elementos de nuestra tradición hispánica y de nuestro temperamento nacional distorsionador de la realidad a través de la burla.*

Está concebida, además, como gran espectáculo conciliador de géneros y estilos diversos que buscan su unidad en la puesta en escena. El teatro se vuelve vehículo unitivo de una acción dramática donde la música, la coreografía y las artes plásticas son tan importantes como el texto. La escena sirve como medio integrador de opuestos, creándose así un espectáculo teatral respaldado por una visión casi «académica» del teatro español y la cultura hispánica. Este espectáculo es de naturaleza diversa, cuyo propósito se pone de manifiesto en los componentes antagónicos de este «disparate romántico». Por momentos sigue la línea del vodevil que se orienta hacia el tono guarachero del bufo, para cambiar a lo que podría llevarse a escena como un rock musical a la moda en el momento de su escritura. Esto, sin embargo, evoluciona, coreográficamente, hacia un ballet moderno donde sangradores y caprichos están asociados a una especie de cantata y/o recitativo lírico. No falta, si se quiere, el «destape», y mediante esta mezcla de géneros y estilos Funeral en Teruel *está concebida como un gran espectáculo globalizador de factores complementarios y hasta opuestos. Ni remotamente es teatro para leer, aunque nunca se haya representado. Finalmente, si fuera a escribirla en estos momentos (2018) le cambiaría el título por* Carnaval en Teruel.

Primer acto

escena I

Martina, con una exagerada minifalda, limpia los muebles con un plumero. Su uniforme es una versión grotesca del uniforme propio de una sirvienta de casa de familia adinerada. Paco, vestido de mayordomo, la persigue durante todo el tiempo que dura la escena mientras Martina hace la limpieza. Ella constantemente lo esquiva, pero con insinuante coquetería. Tono de vodevil.

MARTINA. Doña Isabel se va a tuberculizar, de eso no te quepa duda.
PACO. La verdad es que parece más muerta que viva.
MARTINA. ¡Cómo no va a ser! No come, ni se distrae, ni va a la playa a coger el sol.
PACO. No es más que hueso y pellejo.
MARTINA. Si Marsilla no se aparece pronto por aquí, se va a encontrar un globo desinflado.
PACO. Pero la hermanita…
MARTINA. Bueno, ya sabemos de la pata que cojea.
PACO. ¡Esa sí sabe buscar el fosforito que le ponga la mechita al horno!
MARTINA. ¡Ay Paco, qué sato eres!
PACO. ¡Debe ser candela!
MARTINA. ¿Que si lo es? Figúrate que cuando tenía doce años la encontraron con un paje en la torre del ala izquierda del castillo, la que da al lago de Carraceno…
PACO. ¡No me digas!
MARTINA. ¡Lo que tú oyes! Doña Gertrudis por poco se muere aquella noche. Esa muchacha le ha dado siempre bastantes dolores de cabeza.
PACO. ¿Y qué pasó?
MARTINA. Lo de siempre, me imagino. Rumores van y rumores vienen, pero nunca llegamos a enterarnos con pelos y señales… La gente dice que el pajecito estaba en puntos suspensivos…
PACO. ¿¿¿¡¡¡Y ella!!!???
MARTINA. Ella estaba en punto y coma.
PACO. ¡Vaya ropaje!
MARTINA. ¿Tú viste la película *La torre de Nestlé*? Pues al paje le pasó por el estilo. Lo subieron a la torre, le amarraron una piedra a una pata, le pegaron un tiro en la nuca y lo tiraron de cabeza al lago de Carraceno…
PACO. ¡Qué barbaridad!

MARTINA. ¡Lo que te cuento!

PACO. ¡Claro que el paje se debió haber dado su buen banquetazo...! A un gustazo un trancazo, ¿no es así?

MARTINA. ¡Pero hay gustazos de gustazos y trancazos de trancazos! De ese tipo a mí que no me den ni uno...

PACO. No te olvides que a mí me llaman Tranquilino.

MARTINA. Mira, no tires de la cuerda porque no he picado el anzuelo.

PACO. ¡Ni que fueras pescado!

MARTINA. *(Alejándose, limpiando con el plumero).* Y a ti, ¿quién te gusta más? ¿Isabel o Evita?

PACO. ¡Me gusta la manzana, Nena!

MARTINA. La verdad es que Evita no tiene mal corazón. Lo que pasa es que le gusta divertirse.

PACO. Y eso que tiene de malo.

MARTINA. ¿Pero eso no es un pecado capital?

PACO. Del capital, querrás decir. Si no, pregúntaselo a la serpiente, que todo lo contesta con la cola. Después de todo, lo que se van a comer los gusanos que lo gocen los cristianos, como dice la Biblia.

MARTINA. Bueno, aunque Isabel parece una santa acabada de canonizar, ¡la verdad que es una pesada! ¡Una impertinente! Acabará hecha una histérica, a menos que...

PACO. *(Abraza a Martina por la cintura y le dice al oído).* ¡El remedio lo tengo en la punta de la espada! ¡Sin contar que tengo jeringuilla!

MARTINA. *(Forcejea, tratando de separarse).* ¡Basta, Paco...! ¡No seas descarado! ¡No, no, por favor! ¡Ni que fueras médico!

PACO. ¡Del dicho al hecho no hay más que un trecho!

MARTINA. ¡No, no, suéltame ya!

Salen.

ESCENA II

Isabel aparece por el nivel superior, a tiempo para observar el final de la escena anterior. Queda un instante inmóvil. Lleva un fantástico vestido de monja, con una toca blanca, exuberante, gigantesca. Tiene un maquillaje que le da al rostro la transparencia de un «rayo de luna». Guantes blancos. No se traslucen las formas de su cuerpo. Doña Gertrudis entra un momento después. Lleva «un traje de época» de color morado, y un antifaz del mismo color, de proporciones mínimas, el «antifaz de la pena», que apenas se distingue. Bajan las escaleras.

ISABEL. *(Alterada ante lo que ha visto).* ¡Es horrible! ¡Es escandaloso!

GERTRUDIS. Vamos, Isabel, no te pongas así

ISABEL. Ay, mamá, tú siempre terminas aceptándolo todo.

GERTRUDIS. No, no es eso... Pero hay que transigir con ciertos cosas, aunque a uno le repugnen...

ISABEL. Basta... Es suficiente para mí... Yo no voy a transigir con nada de esto.

GERTRUDIS. Está bien, no voy a discutir nada contigo... Sé que sufres, que esta larga separación te está matando y lo menos que yo quiero es aumentar tu sufrimiento.

ISABEL. ¿Es que encima de todo tengo que tolerar a Martina?

GERTRUDIS. Isabel, hay que aceptar las faltas de la gente. Martina es buena. Hay que perdonarle sus cosas, que después de todo no son culpa de ella sino de los tiempos en que vivimos... Además, piénsalo... Este castillo es demasiado grande... Quince dormitorios en el ala derecha y otros quince en el ala izquierda... No, yo no puedo ocuparme de todos ellos...

ISABEL. *(Como quien está muy por encima de esas cosas; posiblemente sincera).* Mamá, tienes el corazón pequeño...

GERTRUDIS. *(Pasando un dedo por un mueble y haciendo el gesto correspondiente).* ¿Ves? Ni una gota de polvo... Entre la suciedad no se puede vivir...

ISABEL. Hay cosas peores entre las cuales vivimos y que tenemos que aceptar.

GERTRUDIS. Y las aceptamos porque estamos forzadas a ello... *(Transición, visiblemente molesta).* Pero no me hables más de Martina, porque no la despido.

ISABEL. ¿Y lo otro? ¿Sigues aceptando lo que dice papá?

GERTRUDIS. Sabes que estoy entre la espada y la pared.

ISABEL. Esa no es solución para mí, mamá. ¿Es que no lo comprendes?

GERTRUDIS. Sí, lo sé... Pero tu padre...

ISABEL. Te supliqué que volvieras a hablar con él...

GERTRUDIS. Sí, lo he hecho. ¿Cómo no iba hacerlo si eras tú la que me lo pedías? Pero persiste en sus ideas... Se niega a aceptar razones...

ISABEL. Lo sé. Papá solo piensa en el dinero y en su posición social.

GERTRUDIS. Sabes que, a pesar de todo, hay que tener en cuenta esas dos cosas. El mundo se mueve alrededor de ellas.

ISABEL. Sí, como Eva, que no piensa en otra cosa.

GERTRUDIS. Y no ha sido un mal padre, además. Siempre ha tratado de darles a sus hijos todo lo que han querido.

ISABEL. Papá me detesta.

GERTRUDIS. No digas eso. A ti y a Evita las ha mandado a los mejores colegios.

ISABEL. ¿Es que tú crees que eso ha sido suficiente?

GERTRUDIS. Si pajarito volando veían, pajarito volando les daba.

ISABEL. No me entiendes, mamá. Nunca me entenderás.

GERTRUDIS. Comprendo que es un hombre rígido, inflexible...

ISABEL. Inflexible en lo que le parece. Inflexible para que los demás hagan su voluntad pero flexible para hacer él la suya.

GERTRUDIS. Son las costumbres, cultura y civilización. ¿Es que no te han enseñado eso en el colegio? No deberías expresarte de ese modo. No te olvides que después de todo es español.

ISABEL. Mamá, quieres cegarte ante la razón y la justicia. Sabes que no tiene derecho a imponerme un matrimonio que detesto.

GERTRUDIS. Es un hombre chapado a la antigua. Lleva lo español en la sangre. El principio de la autoridad... las venerables tradiciones de los antepasados...

ISABEL. Pero cuando se trata de Eva...

GERTRUDIS. Se remonta a la Biblia. Es su debilidad, su flaqueza... No te lo voy a negar... *(Transición).* Pero tú tampoco quieres ceder, no irás a negarlo.

ISABEL. Yo quiero a Marsilla.

GERTRUDIS. ¿Y él? ¿Acaso él te quiere a ti? ¿Cómo puedes estar segura de su cariño?

ISABEL. Sí, estoy segura. Regresará a Teruel antes que se cumpla el plazo.

GERTRUDIS. Isabel, nunca quieres aceptar los hechos tal y como son. Marsilla se fue hace casi cinco años y no te ha puesto una postal siquiera. ¿Qué seguridad tienes de que aún te ame?

ISABEL. Estoy segura de su cariño.

GERTRUDIS. Pero hijita, en cinco años podía haberte hecho por lo menos una llamadita de larga distancia.

ISABEL. ¿Y las ambiciones de papá? ¿Acaso supones que él no tiene orgullo? ¿No es cierto que papá le dijo que no se le ocurriera regresar a Teruel a menos que se sacara la lotería?

GERTRUDIS. Si te quisiera, al menos te debió poner unas líneas él día de tu cumpleaños.

ISABEL. Ves cosas insignificantes. Nuestro amor no necesita de esas cosas que para otra gente es importante.

GERTRUDIS. Pero, ¿una postal? ¿Qué trabajo da una postal? ¿Qué cuesta? Nada. Cuatro o cinco líneas y ya... Todo el mundo lo hace... Cuando tu padre y yo fuimos de luna de miel a París, le mandamos postales a todo el mundo... Además, en una isla tropical... Tú bien sabes como son las cubanas... Que si los carnavales... Que si la conga... Que si las comparsas... Y ahora ese lío de la revolución... ¡Figúrate! Que si las milicianas... Que si el amor libre... Sin contar el asunto del dinero, porque Fidel se lo ha cogido todo y no sé como el pobre Marsilla va a poder sacar algún dinero de Cuba...

ISABEL. Mi fe en él no se quebrantará, mamá. Puedes decir lo que quieras. Puedes hablar como lo hacen Eva y papá.

GERTRUDIS. No, no es que dude de él. Bien sé que se trata de un buen muchacho. Tú bien sabes que yo siempre lo quise, que le tuve simpatía y que ocultamente, hasta a espaldas de tu padre, favorecía sus amores.

ISABEL. Eso no voy a negarlo.

GERTRUDIS. Pero lo cortés no quita lo valiente. También hay que tener los pies en la tierra.

ISABEL. Te refieres a la de ustedes, a la que ustedes pisan. ¡No cuentes conmigo! No es la nuestra, la de Marsilla y la mía. Nuestra realidad es bien diferente.

GERTRUDIS. Realidad tuya o nuestra, el hecho es que Marsilla es un hombre como otro cualquiera y no se la va a pasar en ayunas todo el tiempo... Y perdóname que sea grosera.

ISABEL. Algunas veces te alejas tanto de mí que llego a desconocerte.

GERTRUDIS. El sentido común me dice que debo decirte estas cosas y que te las debo decir de este modo... Es por tu bien que lo hago... Sé que nos desprecias... Sé que también me desprecias a mí...

ISABEL. No es cierto.

GERTRUDIS. Sí, es cierto. Sé que soy una mujer vulgar. Pero no deberías juzgar demasiado por las apariencias. El corazón tiene razones que hasta posiblemente tú desconozcas.

ISABEL. *(Acercándose, protestando).* ¡Pero, mamá!

GERTRUDIS. *(Alejándose).* ¡Es cierto!

ISABEL. Comprendo que no acabes de entenderme. Yo sé que parece ridículo todo lo que digo, como si mis palabras procedieran de algún lugar desconocido, como si jamás hubieran sido dichas o como si las hubiera encontrado en las páginas de un libro... Y sin embargo, te aseguro que para mí todo es cierto... ¿Comprendes? No sé, no entiendo por qué todo resulta tan extraño... Inclusive para ti... *(Abruptamente).* Porque tú amas a papá, ¿no es verdad?

GERTRUDIS. *(Confundida).* Sí, hija, por supuesto...

ISABEL. Yo amo a Marsilla.

GERTRUDIS. Tu padre no quiere que ames al Conde. Tu padre quiere que te cases con él.

ISABEL. Pero eso es inmoral, mamá. ¿Te hubieras casado con papá si no hubieras estado enamorada de él?

GERTRUDIS. *(Ligeramente vacilante)*. No, por supuesto que no...

ISABEL. ¿Te imaginas entonces...? ¿Compartir cada hora, cada minuto, con un hombre que uno detesta?

GERTRUDIS. Sí, debe ser horrible...

ISABEL. Sentir el tiempo junto a él... El tiempo perdiéndose lentamente en el vacío...

GERTRUDIS. *(Con absoluta certidumbre, para sí misma, con total autenticidad)*. Sí, es horrible.

ISABEL. Y cuando lleguen momentos más íntimos... Cuando en medio de la noche él se acerque a ti...

GERTRUDIS. *(Evasiva)*. No, no es necesario que te atormentes.

ISABEL. Tener que sentir el contacto sobre tu piel... Ha de ser una frialdad viscosa.

GERTRUDIS. *(Al frente y al centro del escenario, reviviendo momentos de su pasado)*. Sí, es una frialdad viscosa...

ISABEL. Y él, acercándose a ti...

GERTRUDIS. Su jadeante respiración...

ISABEL. Su calor y tu frío...

GERTRUDIS. Basta, Isabel. No me atormentes... Sí, tienes razón... Es repugnante... Y uno se siente humillada, como si se hubiera vendido... Es un pecado del cual no se escapa jamás.

ISABEL. ¿Entonces...?

GERTRUDIS. *(Terminando la reconstrucción de su experiencia anterior)*. Se comparten horas desagradables. Se fingen sensaciones que uno no siente o que no ha sentido jamás... *(Radical)*. Sí, es repugnante, Isabel.

ISABEL. *(Desconcertada)*. Mamá...

GERTRUDIS. *(Recuperándose, transición, en otro tono)*. Trataré nuevamente. Insistiremos contra los proyectos de tu padre.

ISABEL. ¿De veras?

Se abrazan.

GERTRUDIS. Calla. No hay más nada que decir.

ESCENA III

Entra Eva por el nivel inferior. Viste todo lo indecente que permita la moral escénica del momento. Todo su cuerpo se trasluce bajo cualquier diseño. Sin estar desnuda, producirá la impresión de desnudez, puro impacto corporal. Ni ella ni Isabel llevan antifaz.

EVA. *(Dirigiéndose a doña Fefa, todavía fuera de escena)*. Pero pase, doña Fefa. Mamá se alegrará muchísimo de su visita.

Entra doña Fefa. Traje de tarde color oscuro, como si fuera a merendar a un café de la Gran Vía, en época de Franco. Lleva el «Antifaz Gran Vía», que se le enreda al peinado. Gradualmente, Isabel se va alejando hacia el nivel superior.

FEFA. *(Entrando).* Pero yo, en realidad, no quiero importunar.

EVA. ¡Pero si usted no puede importunar! *(Avanzando).* No se lo decía, mamá está aquí.

GERTRUDIS. *(Acercándose a doña Fefa).* ¡Qué sorpresa, doña Fefa! ¡Cuánto me alegro de verla!

FEFA. Espero que no importe que haya venido sin avisar.

GERTRUDIS. ¡Pues claro que no! ¡Pero si estoy encantada! Usted bien sabe que es como de la familia y que esta es su casa.

FEFA. ¡Siempre tan cariñosa, tan amable, tan expresiva!

GERTRUDIS. ¡Por favor, no exagere Ud.! Pero, siéntese, siéntese, que estará cansadísima… Porque es una tremenda cuesta la que ha tenido que subir.

FEFA. ¡Cómo que es la cuesta del Generalísimo! Sin contar que ya los años se dejan sentir.

GERTRUDIS. ¡Ya era hora, querida amiga, ya era hora!

FEFA. *(Algo sorprendida).* ¿Qué quiere decir?

EVA. *(Interrumpiendo vivamente).* ¡Pero no se pueden imaginar lo que les tengo que contar!

GERTRUDIS. ¿Qué cosa?

EVA. ¿A que ustedes no saben quién se apareció hoy en la piscina con una bikini, de esas que ahora llaman tanga?

GERTRUDIS. ¿Quién?

EVA. ¡Maribel Fraga!

FEFA. ¿La nieta del señor Inquisidor?

GERTRUDIS. ¿La ahijada del Generalísimo?

EVA. La misma.

FEFA. ¡Qué horror!

EVA. Pues sí, mamá, Maribel Fraga se apareció con un bikini que le mandaron de París.

GERTRUDIS. ¡París, siempre París!

FEFA. O cuando no los Estados Unidos, que es peor todavía.

GERTRUDIS. ¿Es que ahora se habla de otra cosa?

EVA. A veces se habla de Rusia. Y por supuesto, de Fidel Castro.

FEFA. *(Persignándose).* ¡Dios nos coja confesados!

EVA. Por eso yo prefiero hablar de lo que enseña Maribel.

GERTRUDIS. ¡Acabaremos desnudos!

EVA. ¡Y sin taparrabos!

GERTRUDIS. ¡Niña! ¡No hables así, que hay señoras delante!

EVA. A pesar de que te escandalizaste cuando yo compré el bikini de Preciados, si vieras el de Maribel te darías cuenta de que yo soy una muchacha conservadora, porque lo que es, el de ella, no tiene ningún Corte Inglés.

GERTRUDIS. *(Cómicamente exagerada).* ¡Nadie lo ha puesto en duda, hija mía!

FEFA. *(Riendo).* ¡Es usted tremenda, doña Gertrudis!

GERTRUDIS. ¿Qué remedio me queda?

FEFA. No, no, pero si a quien se parece Evita es a su padre.

GERTRUDIS. *(Sarcástica).* Es posible…

EVA. Cuando Maribel llegó llevaba una capa verde de felpa que le caía hasta los tobillos. Todos nos empezamos a reír. Ya sabe usted como es Maribel, doña Fefa. Y los humos que tiene, desde que la bautizó el Generalísimo.

FEFA. ¡Figúrate cómo se va a poner cuando tome la Primera Comunión! *(Risas).*

EVA. Desde que estaba en el Sagrado Corazón se pasaba la vida con el rosario en la mano. Pues bien, Juanito Cosanueva, que es la pata del diablo, comenzó a reírse y a hacerme cosquillas por donde se esconde la bibijagua.
FEFA. *(A Gertrudis).* ¿La bibijagua? ¿Y eso qué quiere decir?
GERTRUDIS. *(Con intención, achusmeada).* ¡Vaya usted a saber! ¡Ni pregunte, doña Fefa, ni pregunte! *(Carcajadas inusitadas).*
EVA. ¡Ya saben cómo son esos muchachos! ¡Y como tienen el pelo largo! Bueno, que se les humedecía de la risa. *(Se desternillan de la risa).*
FEFA. *(Riéndose).* ¡No sigas, muchacha, por favor! ¡No sigas! ¡Que se me destornilla la fuente!
EVA. Bueno, pensamos que Maribel se iba a aparecer con un traje de baño del año de la nana.
GERTRUDIS. ¡Me parece estarlo viendo!
EVA. Pues bien, de pronto dejó caer la capa, muy suavemente, y nos quedamos con la boca abierta... Le juro doña Fefa que el bikini está formado por dos triangulitos equiláteros unidos por una coordenada lineal...
FEFA. ¡Es escandaloso! ¡Y nada menos que equiláteros!
EVA. Ella siempre sacaba muy buenas notas en geometría.
GERTRUDIS. *(Transición, ahora más en serio).* ¿Pero hasta dónde vamos a llegar?
EVA. ¡Oh, no es para tanto! Los «vértices» estaban perfectamente ajustados. No había nada impropio en el asunto. Pero, en fin, tratándose de Maribel era para sorprenderse. Siempre muy estudiosa, pero nada reveladora.
GERTRUDIS. Eso es cierto. Maribel siempre me había parecido una muchacha tranquila y conservadora.
FEFA. ¡Pero esto es un cambio radical!
EVA. Mamá, ¿tú crees que papá se enfade si encargo el bikini de Eva?
GERTRUDIS. ¿El bikini de Eva?
EVA. Sí, ese que tiene la hoja de parra.
GERTRUDIS. ¡Niña, ¿te has vuelto loca?!
EVA. Pero, mamá, es un asunto esencialmente bíblico...
GERTRUDIS. ¡Evita, por favor!
EVA. Está aprobado por el Antiguo Testamento.
FEFA. Pero, muchacha, hay que tener mucho cuidado con esas cosas. Si sigues así, acabarás en misa tocando la guitarra.
GERTRUDIS. ¡Yo soy tan anticuada, doña Fefa! ¡A mí que me den la misa en latín!
EVA. Pero mamá, te aseguro que de eso precisamente se trata. En el último figurín del ABC solo se ve la moda de antes.
FEFA. Por el camino que vamos, acabaremos como vinimos al mundo.
EVA. ¿Pero no es eso lo que Dios manda?
FEFA. Es lo que decía mi difunto esposo, que Dios tenga en su seno...
EVA. De todos modos, mamá, lo de Maribel es una competencia desleal. Hasta Juanito dejó de hacerme caso y no quería ponerme un dedo encima. Ni en ninguna parte.
GERTRUDIS. ¡Tranquilízate, Evita! Comprende. No sé si tu padre aceptará ideas como esas... Tú bien sabes que se trata de un hombre inflexible, de ideas rígidas, conservadoras... Nos cuesta trabajo adaptarnos a esas nuevas ideas que tú estás introduciendo en este ancestral palacio de Teruel...

FEFA. ¡Teruel, oh Teruel, quién te ha visto y quién te ve!
GERTRUDIS. ¡Simbólico Teruel!
ISABEL. *(Al centro, en el nivel superior).* Teruel...
FEFA. *(Sorprendida).* Pero, ¿quién es?
GERTRUDIS. Es Isabel.
FEFA. Pero, ¿estaba aquí Isabel?
ISABEL. Teruel... Teruel... Teruel...
EVA. ¡Ay, mamá, no empecemos otra vez con eso!
ISABEL. Monstruos que a Teruel bramando
    os acercáis
    con paso tenebroso
    escuchad el latido temeroso
    de corazones
    bajo sepulcros blancos...
FEFA. Realmente... no sabía que Isabel tuviera...
ISABEL. *(Bajando)*
    Feroces garras que hacia Teruel se extienden
    tened piedad de un corazón iluso
    que los recuerdos de Teruel
    para él proclama.
FEFA. Su hija declama muy bien, doña Gertrudis.
GERTRUDIS. Por favor, doña Fefa, no se burle usted. Esto es más serio de lo que a primera vista parece.
FEFA. ¡No lo puedo creer!
GERTRUDIS. ¡Lo que usted oye!
ISABEL. ¿Eres tú, Eva? Hay sombras que huyen de Teruel cuando tú te acercas.
EVA. No serán de carne y hueso.
ISABEL. *(Violenta).* ¡Atrás, atrás, retrocede! ¿Qué derecho tienes a destruir lo que no te pertenece?
FEFA. ¡Pero qué bien lo hace! ¡No saben el susto que me he llevado!
ISABEL. *(Violenta)*
    El espíritu reclama sus fueros
    privilegios del tiempo
    las huellas del pasado...
    ¡No borréis las huellas de esos pasos!
EVA. La ridiculez, señores, se ha apoderado de esta casa.
ISABEL. ¡Tú no tienes derecho, Eva! ¿Es que no son sagrados los muros de Teruel?
EVA. ¿Derecho? ¡Vaya coraje el tuyo, que te pasas la vida metiendo las narices donde no te pertenece! ¡Déjame vivir en paz, ¿lo oyes?, déjame vivir en paz!
GERTRUDIS. Por favor, niñas, ¿qué va pensar doña Fefa de todo esto? No sigan, no sigan...
ISABEL. Tengo derecho. Todo el mundo se ha olvidado de Teruel y yo lo defiendo. Yo soy la heredera de Teruel.
GERTRUDIS. No quiero otra discusión, Isabel. Hay que esperar que tu padre decida. *(A doña Fefa).* ¿No le parece a usted justo?
FEFA. Sí, a mí me lo parece... Además, es un hombre versado en el Antiguo Testamento.
ISABEL. Mamá, ¿es que no comprendes que Eva introduce la decadencia en esta casa?

GERTRUDIS. Pero, hija mía, yo tenía entendido que eso era cosa de los americanos.
FEFA. ¡Pero qué bien! ¿Y el diálogo? ¿El diálogo es también de Isabel?
EVA. ¡Quisiera que usted la oyera, doña Fefa! ¡Se le ha metido cada cosa en la cabeza…! Por las noches camina con un candelabro encendido por los pasillos del castillo, declamando versos nunca antes escritos, escuchando trovadores inexistentes, escapando en los brazos de galanes imaginarios, haciendo, en fin, todo tipo de inmoralidades.
FEFA. ¡Pero eso no puede ser! *(A doña Gertrudis)*. ¿No le parece? ¿Qué van a decir los vecinos?
GERTRUDIS. No se qué hacer, no sé qué decir…
ISABEL. Mamá se escapa, mamá se niega a tomar partido, a asumir responsabilidades.
EVA. Estás sola, Isabel.
ISABEL. Mamá siempre quiere evitar una decisión definitiva.
EVA. Estás sola, Isabel.
GERTRUDIS. Pero, ¿qué puedo hacer, doña Fefa? ¿No lo ve usted? Siempre estoy entre la espada y la pared…
FEFA. Sí, lo comprendo… Pero Agustina de Aragón, cuando nos invadieron los franceses…
GERTRUDIS. Los hijos son así… Luchan unos contra otros… Hermanos contra hermanos…
FEFA. ¡Ay, doña Gertrudis, no me asuste usted! ¡No me irá a decir que tendremos otra Guerra Civil!

Isabel y Eva inician una pantomima: pelea del perro y el gato, que corren en torno a doña Gertrudis y doña Fefa, interceptando el texto. Montaje a libertad del director.

GERTRUDIS. ¿Quién lo puede asegurar? Somos españoles,, no lo olvide usted. Durante años he tratado de mantener la tranquilidad y la paz entre las cuatro paredes de esta casa, pero ha sido inútil… El mismo don Pedro… Tiene un carácter inflexible, rígido, conservador… Todas las tradiciones hispánicas se reúnen en él: el concepto del honor, la ascética, la mística, la picaresca, el idealismo romántico, el quijotismo y el sanchopancismo… y el naturalismo, doña Fefa, ¡sobre todo el naturalismo!
FEFA. ¡Debe ser extraordinario vivir con un hombre así!
GERTRUDIS. Sí, pero francamente agotador, como es natural… Los años me han venido encima en un dos por tres…
FEFA. ¡Qué mujer, santo Dios! ¡Es usted una mártir!
GERTRUDIS. ¡Yo represento tantas cosas, doña Fefa!
FEFA. Niñas, ustedes deberían estar orgullosas de tener una madre como esta.
GERTRUDIS. Es una verdadera pesadilla… Evita tira de su lado, que si las ideas modernas, que si somos unos cavernícolas, que si es un atraso esto y aquello… que si debo vestirme con colores más alegres…
FEFA. ¿Y por qué no?
GERTRUDIS. Y si por un momento acepto alguna idea de Evita, entonces empiezan los celos de Isabel… Que si Evita es la favorita, que si ella se sale siempre con la suya, que si su padre nunca le dice que no… El concepto de las dos Españas, doña Fefa…
FEFA. Comprendo, comprendo… ¡Como si una no fuera suficiente!
GERTRUDIS. ¿No las ve usted?
FEFA. Sí, sí, ya veo.
GERTRUDIS. Isabel, en fin, es una romántica incurable, soñando siempre, alejada de la realidad, viviendo en un mundo lleno de fantasías, pensando en el regreso de Marsilla, fiel a él como Penélope a Ulises…

FEFA. *(Al público).* ¡Qué historia tan conmovedora! ¿No les parece?
GERTRUDIS. Las dos son mis hijas. Yo soy la Madre, doña Fefa. ¡Eso es lo que ellas dos nunca han llegado a comprender! Si cedo ante las peticiones de Evita, Isabel me culpa, me recrimina, me considera casi una mujer ligera, licenciosa...
FEFA. ¡Usted, una santa como usted! ¡Imposible, doña Gertrudis, imposible! ¿Qué dejaremos para los pecadores?

Transición. Termina el juego entre las dos hermanas.

ISABEL. ¡Yo nunca he pensado tales cosas, mamá!
GERTRUDIS. *(En otro tono).* Sí, lo piensas, lo has pensado siempre. Y quizás tengas razón. *(Amargamente, muy consciente de sus palabras y nada melodramática).* Sí, tienes más razón de lo que tú te imaginas que tienes.
ISABEL. *(Protestando).* No, mamá, eso no es cierto.
EVA. *(A Isabel).* ¿Lo ves? Haces desdichada a todo el mundo... Pero yo hago feliz a los demás. Tu bondad hace daño, Isabel.
GERTRUDIS. Evita es mi hija, Isabel.
ISABEL. *(Natural).* Lo sé, mamá. Perdóname.
GERTRUDIS. *(Intensa, honda).* No tengo nada que perdonarte. Tú eres mi hija también.

Isabel sube al nivel superior.

ESCENA IV

Entra Don Pedro Segura, Duque de Carraceno, seguido de Calígula. Hacen su entrada por el nivel inferior. Vienen en animadísima charla. Don Pedro viste como Francisco Franco con capa, de la época del Tercer Reich. Llevará alguna máscara, a menos que el maquillaje lo identifique. Calígula llevará la «máscara del pecado y la lujuria» y tendrá una pronunciada joroba. Doña Fefa se adelanta a saludarlos.

FEFA. ¡Pero don Pedro, qué escena se ha perdido usted! ¡Un momento de verdadero patetismo!
SEGURA. ¡Cuánto bueno por aquí, doña Fefa!
FEFA. ¡Qué mujer tiene usted, don Pedro! ¡No sabe usted la joya que tiene!

Doña Fefa, ante Calígula, se inclina con trabajo y le besa los pies. Eva se acerca y besa a su padre. Se va a inclinar después para besarle los pies a Calígula, pero este no la deja y la besa apasionadamente con la máscara. Ella no ofrece resistencia y nadie parece asombrarse.

GERTRUDIS. *(Que se pone de pie y extrañamente enloquecida, va hacia la escalera. Se deja caer en uno de los escalones y empieza a darse golpes contra ellos desesperadamente).* ¡Por mi culpa, por mi culpa, por mi grandísima culpa!
SEGURA. Querida doña Fefa, durante más de veinte años nos ha cobijado este mismo techo a doña Gertrudis y a mí, y ni un minuto siquiera ha sido puesta en duda su santidad y su inquebrantable espíritu de sacrificio... Ella ha sido el sostén en mis tribulaciones, el

consuelo en la adversidad, el alma piadosa que me ha sacado de la desolación y ha secado mi frente en el calvario... La virtud y la abnegación, en fin, hechas carne y sacrificio.

Isabel, en lo alto de la plataforma, ante el hermoso discurso de su padre, aplaude con sarcasmo. A Don Pedro, por supuesto, no le hace ninguna gracia.

GERTRUDIS. *(Golpeándose).* ¡Por mi culpa, por mi culpa, por mi grandísima culpa!
CALÍGULA. *(Acercándose a doña Gertrudis).* ¡Vamos, vamos, doña Gertrudis! ¡Basta ya de torturas!
GERTRUDIS. Cada vez que lo veo me siento culpable. ¡Usted, que es un santo! ¡El símbolo de la virtud! ¡Yo! ¡La escoria! ¡El pecado!
SEGURA. ¡Mujer, no nos amargues la vida, coño! ¡No jodas, por favor!
FEFA. ¡Es tan estricta consigo misma!
CALÍGULA. *(A doña Gertrudis).* ¡Cálmese! ¡Cuántas veces le he dicho que la caridad entra por casa! Pero en fin, veré como puedo conseguirle un par de indulgencias plenarias! *(Le quita un collar que doña Gertrudis lleva puesto y se queda con él después de mirarlo detenidamente, como tasándolo).* Si se siente mejor, lo aceptaré a modo de sacrificio. *(La ayuda a levantarse).* ¿Se siente mejor ahora?
GERTRUDIS. *(Apoyándose en Calígula, en tono superficial).* ¡Cuánto honor tenerlo por aquí, queridísimo Calígula!
CALÍGULA. El honor es mío al poder disfrutar por unos instantes de la grata compañía de dama tan ilustre y virtuosa.
FEFA. En realidad el diccionario se queda corto en adjetivos que puedan ponderar las virtudes de una mujer como doña Gertrudis.
CALÍGULA. ¡La virtud es la virtud que corona esta suma de virtudes!
SEGURA. ¡Oh, la virtud! ¡Oh, el honor! ¡Oh, el deber! ¿Qué sería de España sin la virtud, el honor y el deber? ¡Nada! ¡Un puñado de polvo sin grandeza ni prestigio internacional!
CALÍGULA. *(A doña Gertrudis).* Debería haber oído a su esposo en las Cortes esta mañana. Es todo un parlamentario.
SEGURA. El lugar de una mujer está en el hogar, entre la costura y el rosario.
FEFA. ¡En esta casa se respiran principios morales por los cuatro costados!
CALÍGULA. Usted lo ha dicho, ¡es un modelo de vida familiar! Por ejemplo, contemplemos estos dos divinos y terrenales pimpollos que coronan la dicha de esta sagrada familia. *(Acercándose a Eva, que en este momento está al pie de una de las escaleras).* De un lado la España tradicional, las ancestrales costumbres de nuestros antepasados, la austeridad, la rectitud moral...
FEFA. ¡Y el romanticismo, queridísimo Calígula, el romanticismo!
CALÍGULA. Y el romanticismo, doña Fefa, ¡cuánta razón tiene usted! *(Acercándose a Isabel, en el lado opuesto de la escalera).* Y del otro... del otro la España moderna, abierta a la civilización, al progreso, la industria y el comercio, dándoles un mentís rotundo a los que piensan que somos un pueblo atrasado y cavernícola. ¡La España, en fin, abierta a los sanos influjos internacionales!
EVA. En especial los Estados Unidos, queridísimo maestro.
SEGURA. Muy bien. Usted ha hablado muy bien, querido Calígula. Usted ha sabido situar las cosas en su justo medio.
EVA. A propósito de justo medio, papá. Isabel y yo acabamos de tener una tremendísima discusión.
SEGURA. *(Molesto ya).* ¿Isabel? ¿Una discusión?

GERTRUDIS. No te alteres, por favor... Es que quería evitarte un disgusto.
SEGURA. *(Molestísimo)*. ¿Un disgusto? ¿Un disgusto? ¡Si acabaran de explicarme!
FEFA. Una cuestión teológica, querido don Pedro. No se alarme usted. ¡Cosas del *Antiguo Testamento*!
CALÍGULA. ¡Delicado! ¡Delicadísimo!
EVA. Bueno, papá, la cosa empezó con el asunto de Maribel Fraga.
CALÍGULA. ¿Del Antiguo o del Nuevo Testamento?
SEGURA. ¿Maribel Fraga? ¡Vaya motivo de disgusto! En el Casino fue todo lo contrario.
GERTRUDIS. Por favor, Segura...
CALÍGULA. Con el permiso de doña Gertrudis y doña Fefa, y de los castos oídos de las muchachitas, lo cierto es...
FEFA. ¡No lo diga, por el amor de Dios!
CALÍGULA. ¡Nos lo contaron con lujo de detalles!
FEFA. ¡¡¡¿¿¿Cómo???!!! Al detalle, ¿dice usted?
CALÍGULA. Con puntos y comas, sin pelos en la lengua.
SEGURA. En fin, dejémonos de pamemas por unos minutos.
FEFA. ¡Pero yo no puedo creerlo!
CALÍGULA. ¡Lo que usted oye, querida amiga! ¡Lo que usted oye!
EVA. ¿Con lujo de detalles, papá?
SEGURA. La chica, después de todo, deja bien poco a la imaginación.
EVA. ¿Qué detalles, papá?
SEGURA. Cosas de hombre, Evita. Detalles que a ti no te interesan.
CALÍGULA. ¡Delicado! ¡Delicadísimo!
SEGURA. Pero, en fin, ¿qué coño tiene que ver Maribel Fraga con todo lo que ha pasado aquí?
EVA. Maribel está ofreciendo una competencia desleal... Entonces le pregunté a mamá que si tú no te opondrías a que yo me comprara el bikini de Eva...
SEGURA. ¿El bikini de Eva?
FEFA. Quiere decir, el del Antiguo Testamento.
CALÍGULA. *(Refiriéndose a Eva)*. ¡Esta chica, querido don Pedro, se ha vuelto una teóloga! *(Abrazándola)*. ¡Una teóloga de carne y hueso!
GERTRUDIS. ¿Le parece a usted?
CALÍGULA. No me cabe la menor duda.
EVA. Pero Isabel no tiene derecho a oponerse a lo que yo haga o deje de hacer.
FEFA. ¡Entonces fue cuando puso el grito en el cielo!
SEGURA. ¿Isabel? ¿Otra vez Isabel?
GERTRUDIS. En nombre, por supuesto, de las tradiciones de Teruel.
FEFA. Y doña Gertrudis, con ese buen juicio que le es tan característico, y con el debido respeto jerárquico, dijo que sería don Pedro la persona indicada para decir la última palabra sobre el asunto.
CALÍGULA. Muy propio, muy razonable.
GERTRUDIS. ¿Hice bien?
CALÍGULA. Por supuesto.
FEFA. ¡Cuánto nos alegra que tenga aprobación eclesiástica!
SEGURA. En fin, que si autorizo a Evita a usar la hoja de parra...
FEFA. Pero esa niña podría coger un resfriado.

EVA. El bikini de Eva, papá... Pero Isabel...

SEGURA. ¿Isabel?

EVA. Isabel, la pura, la santa Isabel, se opone.

GERTRUDIS. (*Bajo*). En nombre de Teruel.

SEGURA. (*Violento, como si fuera a subir por las escaleras*). ¿Y quién es Isabel, la pura, la santa Isabel, para determinar lo que en esta casa se haga o se deje de hacer?

GERTRUDIS. (*Deteniéndolo*). No, Segura, por favor, no te pongas así.

ISABEL. Déjalo, mamá, no lo detengas. Sobre todo, que se cumpla el destino de Teruel. Que me haga beber hasta la última gota de sangre.

GERTRUDIS. ¡No, no, Isabel!

ISABEL. Hay que representar, mamá. Hay que llevar esto hasta sus últimas consecuencias. Es el destino de papá. ¡Que se cumpla el acoso de Teruel!

GERTRUDIS. No a costa de tu sangre.

ISABEL. ¡Déjalos, mamá! ¡Ábreles paso! ¡La función no debe interrumpirse! ¡Yo estoy dispuesta!

Doña Gertrudis retrocede. Segura está hacia un lado de la escalera; Eva y Calígula, al lado opuesto; Isabel, en lo alto de la plataforma.

ISABEL. Hay que repetir, repetir siempre, hasta la destrucción definitiva. Como dice mamá, esto es más serio de lo que a primera vista parece... ¡Las máscaras! ¡Las máscaras! ¡Se abre el telón! ¡La función tan solo ha comenzado!

GERTRUDIS. (*Al frente, nivel inferior*). ¡No puede ser! ¡No puede ser!

ISABEL. ¡Sea!

ESCENA V

Oscurecimiento. Se escuchan las lejanas notas de un laúd. Isabel en la oscuridad, recita.

ISABEL. «¡Qué asperezas! ¡Qué hermosa y clara luna! ¡La misma que hace un año vio la mudanza atroz de mi fortuna, y abrirse los infiernos de mi daño!».

Isabel, al centro, nivel superior; doña Gertrudis, al centro, nivel inferior; Don Pedro, a un lado de la escalera; Eva, al otro. Las luces mantienen un impreciso tono violeta.

GERTRUDIS. Isabel tiene sueños, alucinaciones.

SEGURA. Mierda... Tonterías...

GERTRUDIS. Eres brutal, Segura. Siempre lo has sido.

SEGURA. ¿Es eso lo que piensas de mí?

GERTRUDIS. Es tu hija, ¿no?

SEGURA. Tú debes saberlo.

GERTRUDIS. ¿Por qué eres grosero?

SEGURA. Y tú, ¿por qué no te metes la lengua en otra parte?

GERTRUDIS. ¿No podrías cambiar de actitud? Tratar, al menos, de convencer a Isabel por otros medios...

ISABEL. *(Empezando a bajar las escaleras).* Mambrú... se fue... a la guerra... qué dolor... qué dolor... qué pena...

SEGURA. ¿La oyes? ¿No ves que me pone banderillas?

GERTRUDIS. Enloquece... Precisamente por eso...

ISABEL. Mambrú... se fue a la guerra... y no sé... cuando... vendrá...

SEGURA. ¡Basta, Isabel! Tu Mambrú no es más que el comemierda de Marsilla... ¡Cállate! Ese Marsilla es un mocoso y te has empecinado, yo creo que para llevarme la contraria.

EVA. Lo que pasa es que Isabel es demasiado fina y no ha toqueteado a Juanito Cosanueva.

ISABEL. *(Serena, a su padre).* Marsilla va a volver, papá.

EVA. Juanito Cosanueva, Isabel, es de carne y hueso.

SEGURA. ¿Has dicho volver?

ISABEL. Marsilla va a volver.

SEGURA. Pero no ha vuelto ni cosa que se parezca. Ni siquiera se sabe de él. No hay razón para pensar que regrese. A lo mejor se metió a contrarrevolucionario y Fidel Castro lo mandó al paredón. ¿Qué podemos saber? No es que yo sea un ogro, Isabel, un monstruo, un padre desnaturalizado, pero lo que tú dices y piensas no tiene ni pizca de lógica. Lo que tú tienes es una indigestión de romanticismo.

ISABEL. Marsilla va a volver, papá, te lo aseguro.

GERTRUDIS. Es lo que llaman una corazonada, Segura.

SEGURA. Yo no creo en esas idioteces.

GERTRUDIS. Pero a veces las corazonadas se dan. De veras.

ISABEL. Papá, yo comprendo que para ti es difícil ponerse en mi lugar. Yo, en realidad, no tengo modo de explicártelo. Se trata... Se trata... del amor.

EVA. ¿Del amor? ¿Y eso con qué se come, Isabel, con cuchara o con tenedor?

SEGURA. Nadie se opone a que tú ames o dejes de amar a quien te dé la gana. En especial si se trata de un amor platónico, claro. El asunto es que te cases con el Conde.

EVA. Te aseguro que Juanito Cosanueva no pondrá objeciones a tacto posteriori...

ISABEL. Eva no comprende que hay ciertas cosas que me repugnan.

EVA. Te repugnan porque no las has probado.

SEGURA. Evita, más vale que te calles la boca. No enredes la pita más de lo que está.

GERTRUDIS. Isabel será una desgraciada si se casa con el Conde.

SEGURA. *(Feroz).* ¿Y en qué te basas? Eres el eco de Isabel. Hablas por boca de Isabel. ¿Tú crees realmente lo que estás diciendo?

GERTRUDIS. *(En un grito casi, de forma inesperada, seriamente dramática).* ¡Sí, lo creo! ¡Estoy segura! ¡Estoy segura!

SEGURA. Me estoy llenando, ¿sabes? *(A Isabel).* Y tú deberías ponerte un poco más en razón y mirar los intereses tuyos y de la familia. Estamos en deuda hasta los topes y este matrimonio nos viene de perillas. Deberías darle gracias a Dios de que el Conde se fijara en ti.

ISABEL. Podrías casar a Eva.

SEGURA. Pero no es con Evita con quien se quiere casar el Conde, sino contigo. Convéncelo a él.

EVA. Imposible, papá. El Conde busca lo que yo no tengo, y como Juanito Cosanueva ya le ha metido el diente a la manzana... ¡Imagínate! Te aseguro, Isabel, que el Conde de Luna es también un romántico trasnochado.

SEGURA. Estoy segura que Evita lo haría si se lo pidiera. Y sin chistar. Pero no es el caso. Tu hermana tiene más madurez y sentido común que tú.

ISABEL. Yo no quiero tener ni madurez ni sentido común

SEGURA. Es imposible razonar contigo.

ISABEL. Lo que tú quieres, papá, es imponer tu voluntad porque conviene a tus intereses.

SEGURA. A nuestros intereses, a tus intereses también. Porque, ¿sabes lo que será de tu cacareado castillo de Teruel si no te casas con el Conde? Pues se lo traga el Banco Nacional. Tiene varias hipotecas y estamos a punto de perderlo.

ISABEL. Mejor. Teruel no nos pertenece. No, no vamos a perderlo. Lo hemos perdido ya. Quiero conquistarlo para mí, con mi propia sangre.

GERTRUDIS. Isabel se va a volver loca, Segura. Te suplico que no insistas en esa boda. No llames la desgracia a voces.

SEGURA. Que se case con el Conde y que se vuelva loca después.

EVA. Pero mamá, el Dr. Pacheco me lo explicó todo. Eres tú la que le haces daño a Isabel. Isabel lo que está es falta de animal que busca su cobija. En el Casino, cuando tiran la charada, sale Juanito Cosanueva en forma de caballo, que los más audaces llaman centauro. De todos modos, el tratamiento ha curado a casi media humanidad. La femenina, quiero decir. El Conde, no hay duda, pondrá su parte en ausencia de Marsilla. Papá solo quiere darle contrato final a la locura.

ISABEL. Papá intenta está jugando el número de la muerte.

GERTRUDIS. Isabel también es tu hija, Segura.

SEGURA. ¿Y qué tengo yo que ver con ella? Isabel es una hija que desconozco. No nos entendemos. Hablamos idiomas diferentes.

EVA. Pero a mí me entiende, Isabel.

SEGURA. Sin embargo, a Evita…

EVA. Pero yo obedezco, Isabel.

GERTRUDIS. *(A Isabel).* ¿Lo ves? ¿Es que yo…?

EVA. Entonces… ¿Me das permiso, papá? ¿Puedo comprarme el bikini del *Antiguo Testamento*?

SEGURA. *(Se acerca a Eva y la acaricia con intención nada paternal)-* ¡Seamos bíblicos, Eva!

EVA. Entonces… ¡puedo comprarme el bikini de Eva!

SEGURA. *(Soltándola bruscamente).* ¡Cómpralo! ¡Al cuerno con Isabel!

Oscurecimiento total.

ESCENA VI

Se escuchan las notas distantes de un laúd. Se va aclarando el escenario hasta quedar envuelto en una luz azulosa. Isabel sube las escaleras.

ISABEL. El monólogo de Isabel… Diré el monólogo de Isabel… *(Pausa. Ya en lo alto).*
«Esa soberbia ambición
que le ciega y le devora,
es ¡triste! mi perdición.
¡Y querer que al que me adora
le arroje del corazón!».
«No, jamás… La pompa, el oro
guárdelos el Conde allá;

ven, trovador, y mi lloro
te dirá cómo te adoro,
y mi angustia te dirá».

Teruel, me pierdo en los laberintos de Teruel... Si avanzo hacia el lado derecho del castillo, Eva juega con la baraja del caballo... El ala izquierda está dominada por los caballos de mi padre... Las yeguas cabalgan por las noches y mi madre grita porque han cerrado todas las puertas... ¡No es posible salir! Pero entonces, en lo alto, me han abierto las venas del cuello... Marsilla declama desde las torres de Teruel, pero ya está decapitado. ¡Ven, ven, le grito! ¡Se lanza por los aires como un ave! ¡Vuela por encima del mar! ¡Cae desolado en el agua! *(Pausa)*. Pero no importa. Si está muerto, al menos moriré con él... Escucho... Cierro los ojos... ¡Es Marsilla que vuelve! ¡Es la capa azul de mis sueños! ¡Teruel, no te mueras, Teruel! ¡Conozco los laberintos de Teruel! Porque mi vida está llena de trovadores que recorren las calles de Teruel... De noches inolvidables bajo la luna... ¡De ecos remotos que me hablan dentro de un rayo de luna...! *(Pausa, como alucinada)*. ¡Silencio, Teruel, silencio...! ¡Es Marsilla que vuelve envuelto en un rayo de luna!

Oscurecimiento. Aplausos, risas burlonas.

VOCES. *(Desde el público)*. ¡Bravo, bravo, que se repita!
VOCES. *(Desde el público)*. ¡Bravo, bravo!
VOCES. *(Desde el público)*. ¡Otra vez, que lo diga otra vez!

ESCENA VII

Luces. Isabel desciende por las escaleras. Don Pedro le extiende la mano, como si la ayudara a bajar. Hablan de forma relativamente natural, como si se tratara de una escena comenzada con anterioridad.

ISABEL. *(Transición)*. Y no es a Marsilla a quien yo debiera...
SEGURA. *(Conciliatorio casi)*. Si es que tu padre,
    entre otras cosas,
    ingrata, decisiones más altas no pidiera.
ISABEL. *(Separándose)*. Pero es que mi amor
    hacia él dirijo
    y no hay deber
    ni razón
    ni lazo humano
    que torcer pueda
    la dirección hacia do mi mano
    llena de temblores
    yo
    dirijo
SEGURA. *(Volviéndose, exageradamente)*
    ¡Callad, callad, insensata, loca...

deshonesta, impura, rebelde trasnochada...!
ISABEL. *(Arrojándose a sus pies).*
¡Oh, padre por favor,
tus palabras hieren!
(Entra doña Gertrudis, alarmada, por un lateral inferior).
GERTRUDIS. Que tu hija es,
Segura,
y vecinos pueden
oírte.
SEGURA. La autoridad paterna
que nunca entre nimiedades locas
debió perderse
reclama sus derechos
de hecho exige
silencio y obediencia.
ISABEL. Derecho tengo a morir.
SEGURA. ¡Vaya insolencia!
¿Morir sin mi permiso has dicho?
¡Primero muerta
verte yo quisiera!
¡Es una orden!
Morir no has de poder
hasta que os de permiso.
GERTRUDIS. No, Isabel,
no quiero que te mueras.
Piensa que una madre desolada
habrás de dejar
y que bien pronto
al sepulcro yo te seguiría.
Además,
si estas razones a ti no te bastaran,
tu padre se opone...
No puedes morirte.
ISABEL. ¿Con qué derecho?
SEGURA. La autoridad
que todo padre tiene
a gobernar su reino
como le venga en ganas.
ISABEL. ¿Y el amor,
es que el amor no tiene acaso,
privilegios,
fueros?
Yo a Marsilla mi mano prometí.
Mi corazón rebosante de amor,
en noche de luna

junto al lago,
tocando él su laúd,
le entregué...
SEGURA. ¡No os di permiso!
Inmoral relación
ésa
del laúd bajo la luna
entre penumbras que a tentaciones
conducen.
¡Vaya relajo el suyo!
GERTRUDIS. Y yo intercedo.
Por favor, Segura,
no condenéis a desdicha inmunda
a nuestra desventurada Isabel;
tened piedad
y atended sus ruegos.
SEGURA. ¡Imposible!
¿Qué más quisiera yo?
Pero las leyes del honor
aquí intervienen
Y al Conde prometí su mano,
y si cumplido el plazo señalado
Marsilla no aparece
no habrá más remedio,
que se cumpla
lo que le ha sido prometido.
Comprendo que Isabel,
llevada por ilusorios espejismos
de amores juveniles
y de textos románticos
indigestos,
vanos ensueños,
caprichos imagine;
pero es necesario que a su padre
obedezca.
¡Y punto!
ISABEL. Entonces
no hay otra salida posible.
SEGURA. (*Mientras sube hacia lo alto de la plataforma, por donde saldrá*).
Represento la autoridad paterna.
Exijo obediencia ciega
y aquel que a negármela se atreva
(*amenazante, desde lo alto*) le corto la cabeza.

Sale Don Pedro. Isabel se deja caer sobre el piso en el nivel inferior.

GERTRUDIS. ¿Lo ves? ¿Acaso no lo dije?
Interceder quise, mas en vano...
Es un hombre inflexible, un Calatrava,
incapaz de dar a torcer su brazo.
En terco, cabezón, obstinado
y cerrero
a nadie gana.
ISABEL. *(Se incorpora y se dirige después hacia lo alto de la plataforma).*
Es mejor,
dirige mi camino.
En este mundo
no hay lugar para mí,
y muero.
Es tan simple
como dos y dos son cuatro.
GERTRUDIS. Yo vivo.
Eso es lo horrible.
Ese es mi dolor,
y callo.
Isabel, si explicarte yo pudiera
lo que vivir significa,
acaso comprendieras
los torcidos caminos que la vida encierra.
(Se deja caer en una butaca).
No es tan simple.
Morir, en parte, es demasiado fácil.
Pero vivir encadenada a errores,
a culpas,
a pecados,
sin encontrar la luz
ni dirección alguna,
es más terrible.
Es un dolor humano.
ISABEL. No entiendo.
Pero elegida he sido y mi camino es simple.
Ahora Teruel sobre mí se extiende
y todo ha perdido su significado
salvo el camino que conduce
a la blanca pureza del sepulcro.
Bajo la luna,
escuchando el laúd de lejanos trovadores,
oigo el sonido de mis propios pasos
que se alejan
bajo bóvedas inmensas
celestiales

y sé que puedo alcanzar la meta.
Me alegro pues
de la desgracia horrenda
que me aqueja.
Adiós os digo

Doña Gertrudis solloza. Isabel se dispone a salir.

ESCENA VIII

Entra Don Pedro, que toma a Isabel por el brazo y la detiene violentamente cuando está a punto de salir.

SEGURA. ¿Ya acabaste?
ISABEL. Sí.
SEGURA. Bueno, pues te lo voy a decir en prosa por si no lo has entendido bien. Ahora soy yo quien tiene la palabra. Tus opiniones, y las de tu madre, si es que ella está de acuerdo contigo, se van todas ellas al unicornio. Si te estás haciendo la loca, no está mal lo que dices. Y puedes seguirlo diciendo cuantas veces te dé la gana. Pero si el chulito ese de Marsilla no se aparece por aquí antes de la fecha y hora qué le señalé, que no sé por qué cuernos le di la palabra y mucho menos por qué la mantengo, te casas y te vas a la cama con el Conde de Luna, que es el que nos conviene a todos y el que corta el bacalao. Como tiene la plata que nosotros no tenemos, tu cacareada fidelidad se vuelve un tarro.

Sale Don Pedro. Oscurecimiento rápido y total.

ESCENA IX

Iluminación en rojo, como color dominante. Sin embargo, otros efectos luminotécnicos podrán utilizarse. La intención es producir una sensación de vértigo y movimiento. Libremente se podrán utilizar efectos sonoros y musicales. Se recomienda la utilización de sonidos disonantes de todo tipo. También la composición auditiva queda en última instancia a libertad del director. Al iniciarse la escena Isabel aparece al centro en el nivel superior; doña Gertrudis al centro en nivel inferior; Don Pedro al pie de la escalera, hacia un lado; Eva al lado opuesto. La escena se encuentra dividida en varias secuencias con diferentes recursos verbales. Al principio predominan sonidos más bien inarticulados. Se trata de una «pantomima de la voz y del gesto». Los sonidos inarticulados tienen a veces un carácter erótico; otras veces, un carácter dramático y trágico. En ocasiones, burlesco. En realidad, todo queda en manos de la libre interpretación del director. El texto y en particular los sonidos inarticulados pueden variar. Debe ser una secuencia en que el actor exprese libremente, a través del gesto, la voz, los movimientos, el estado anímico de su personaje. La escena en general y la secuencia inicial en particular, puede reducirse o alargarse, de acuerdo con la «coreografía» dramática. Se trata de una discusión a veces inarticulada y feroz, mímica y/o pantomímica, que en algunos momentos representa una especie de monólogo interior de cada personaje. Cada actor se expresará libremente. Eva acompañará el «texto» con gestos y entonaciones voluptuosas, ver-

dadera cópula simbólica; doña Gertrudis tendrá tonalidades lastimeras; Don Pedro preferirá la grosería; Isabel manifestará el acoso. En conjunto, expresión desordenada y caótica del estado anímico de cada cual. Inclusive, el actor podrá agregar sus propios sonidos, palabras, en un juego de libre expresión. Las posibilidades son ilimitadas.

«Pantomima de la voz y el gesto».

ISABEL. ¡No… no… no…!
EVA. ¡Sí… sí… sí…!
ISABEL. ¡Nunca! ¡Nunca!
EVA. ¡Ahora! ¡Siempre!
GERTRUDIS. ¡Silencio! ¡Silencio!
EVA. Chichochachuchichichi…
SEGURA. Cacocuuuú… Cacocuuuuuuuú….
ISABEL. Do… Do… Do…
GERTRUDIS. ¡Ay… Ay… Ay… Alarayyyy…!
EVA. Chi… Chi… Chichuchichu…
SEGURA. Corocoooo… Corocooooo… Corocooooooooooooooooooo
EVA. Mmmmmmmmmmmmmmmm… Mmmmmmmmmmmmmmm…
ISABEL. Tim… Tam… Tom…
GERTRUDIS. Aaaaayyyy… Aaaaaaayyyyyyyy… Aaaaaaaaaayyyyyyyyyy…
ISABEL. Din… Dan… Don…
SEGURA. Ajruuuuuuuu… Ajruuuuuuuuuuuu… Ajruuuuuuuu-uuu…
EVA. Chrrrrrrrrr…
ISABEL. Do… Do… Do… DOOOOOOOOOOOOO… DOOOOOOOOOOOOOOOO…

«Batalla y cópula de las palabras».

SEGURA. *(Furioso, gritándole a Isabel).* ¡Trócalo! ¡Trócalo! ¡Trócalo!
EVA. *(Voluptuosa, «copulando» con las palabras).* ¡Trócalo…! ¡Trócalo…! ¡Trócalooo…!
ISABEL. *(Retrocediendo).* ¡No, no, nooooooooOOOOOOOOOOOO!!!!!!!
GERTRUDIS. *(Retrocediendo espantada).* Pozo…
ISABEL. *(Muy claramente).* ¡Laberinto!
SEGURA. *(Brutal).* ¡Ahora!
EVA. *(Sexual).* Siempre…
ISABEL. *(Ahogada).* ¡Nunca!
GERTRUDIS. *(Buscando a tientas).* ¡Agua…!
ISABEL. ¡Sed!
GERTRUDIS. *(Buscando a tientas).* Puerta…
ISABEL. ¡Salida!
GERTRUDIS. Soledad…
ISABEL. Amor…
EVA. Vida…
ISABEL. Muerte…
SEGURA. Cabrona…

GERTRUDIS. Silencio...

Todos repiten al unísono las palabras «soledad», «amor», «vida», «muerte», «cabrona», «silencio», como si ladraran.

ISABEL. «¡Amor, amor, amor!».
EVA. ¡Macho, caballo, perro! ¡Mucho-Macho, caballo y perro! ¡Macho, caballo, perro!
ISABEL. ¡Muerte! ¡Liberación! ¡Muerte!
EVA. ¡Lobo, lobito, lobezno!
GERTRUDIS. ¡Huye, Isabel, huye!
SEGURA. *(Avanzando).* ¡Mando, apunten, fuego!
GERTRUDIS. ¡Huye, Isabel, huye!
ISABEL. ¡Muerte! ¡Liberación!
SEGURA. ¡Obedezcan! ¡Obedezcan!
EVA. *(Jadeante, «copulando» con las palabras).* Obedezco... Obedezco... Obedezco...
GERTRUDIS. *(Atormentada).* Obedezco... Obedezco... Obedezco...
ISABEL. *(Agresiva).* Obedezco... Obedezco... Obedezco...
SEGURA. Goza...
GERTRUDIS. Obedezco...
SEGURA. Goza...
GERTRUDIS. ¡Obedezco...! ¡Obedezco! ¡Obedezco!
EVA. *(Jadeante).* ¡Obedezco! ¡Obedezco! ¡Obedezco!
GERTRUDIS. ¡Huye, Isabel! ¡Huye, Isabel!

«La cacería de Isabel»: Isabel trata de escapar abriendo puertas imaginarias, cayendo en abismos insondables.

ISABEL. Sangre... Conspiradores... Muertes... Laberintos... Caminos... Corredores... Cadenas... Calabozos... Cadenas... Jaurías... Perros... Fieras... Camino... Corro... Salto... Caigo... Desfallezco... Vuelvo... Camino... Corro... Salto... Caigo... Desfallezco... Vuelvo... Abro... Cierro... Abro... Cierro... Abro... Cierro... Muero... Escapo... Regreso...

Isabel repite el texto anterior una y otra vez. Se superimponen los gritos de los otros personajes.

EVA. *(Gritándole al padre).* ¡Detenla, papá, detenla!
GERTRUDIS. ¡Hay puertas secretas! ¡Ábrelas, Isabel! ¡Ábrelas!
SEGURA. ¡Ataja! ¡Cierra! ¡Corre!
GERTRUDIS. ¡Sálvate, Isabel! ¡Sálvame, Isabel!
EVA. ¡Papá, pronto, pronto, me ahoga Isabel!
SEGURA. *(A Isabel).* ¡Muere, degenerada!
EVA. ¡Socorro, papá, haz algo!
ISABEL. ¡Destruyo los invasores de Teruel!
SEGURA. ¡Maldita, cabrona, degenerada!
ISABEL. *(Eufórica, triunfante).* ¡Teruel! ¡Teruel! ¡Teruel!

«*Incesto*».

SEGURA. ¡No te alejes, nena! ¡No me dejes, linda! ¡Acércate, muñeca!
EVA. Muerde... Aprieta... Pega...
ISABEL. *(Repetirá varias veces el texto, pero irá perdiendo fuerza a medida que las voces de don Pedro y Eva adquieran más fuerza).* Teruel... Teruel... Teruel...
SEGURA. Besa... Acaricia... Besa...
EVA. Muerde... Aprieta... Pega...
SEGURA. Besa... Acaricia... Besa...
EVA. Muerde... Aprieta... Pega...
AMBOS. *(Repetición final al unísono).* Besa... Acaricia... Besa... Muerde... Aprieta... Pega...
GERTRUDIS. Teruel... Teruel... Teruel...
ISABEL. Amor... Teruel... Amor... Teruel...

Casi en un murmullo, doña Gertrudis seguirá repitiendo el texto anterior hasta el final de la escena, como si se tratara de una oración. Lo mismo ocurrirá con Isabel, cuya voz se irá extinguiendo. En aumento, hasta el final, se escucharán las voces de don Pedro y Eva repitiendo el texto que sigue. No tendrá lugar ningún contacto físico entre los personajes y las voces podrán variar su entonación. Inclusive, el tono no tiene que ser necesariamente erótico. Puede tratarse de un acoplamiento feroz de las voces. Al mismo tiempo, se escucharán unos aldabonazos, también en aumento hasta el final de la escena. Se acrecienta el juego de luces. La escena se puede prolongar hasta alcanzar el clímax deseado.

SEGURA. Pausas, aceleraciones, pausas, aceleraciones...
EVA. Aceleraciones, pausas, aceleraciones...
SEGURA. Jadeos, pausas, aceleraciones...
EVA. Jadeos...
SEGURA. Pausas...
EVA. Aceleraciones...
AMBOS. Jadeos, pausas, aceleraciones...

Oscurecimiento total.

ESCENA X

Al iluminarse la escena, el Conde de Luna aparece en el nivel superior. Es un hombre muy bien parecido y elegantísimo. Viste de negro y aparece envuelto en una capa negra de forro rojo, que lo cubre casi por completo. Su rostro tiene una marcada palidez y profundas ojeras. Hay algo siniestro y atractivo en él, pero no es nada caricaturesco. Es evidente que se trata de alguna versión de Drácula. Desciende las escaleras. No lleva máscara. Doña Gertrudis entra por el nivel inferior del escenario.

GERTRUDIS. Ilustre caballero,
 me adelanto a mi esposo y os saludo
 y doy la bienvenida,
 solemne nueva,

alegrándome de manera inusitada
de vuestro feliz regreso
a este bien amado
Teruel,
oh cuna,
oh sepulcro,
de ilustres dignidades…
(Transición). ¿Qué tal la situación en Flandes?
CONDE. *(Aparte)*. Vaya, la cosa es hoy en verso. Y yo que venía dispuesto a la prosa *(Se dirige a doña Gertrudis e se inclina galantemente)*.
Señora, ante vos me
inclino.
GERTRUDIS. Levantaos,
no inclinéis la frente,
ilustre caballero,
vuestra dignidad y porte
bien a las claras indican
la ilustre grandeza
de vuestra alma
que se impone por encima de injustas leyes…
CONDE. ¿Mi alma?
Gentileza es mencionarla, os lo aseguro, pero…
GERTRUDIS. ¿Qué tal la situación en Flandes?
CONDE. *(Aparte)*. Viene a cuento aquello de «el que me trata con tanto señorío…». Algo se trae entre manos la vieja esta… Vamos a ver con qué se baja… Bien sabe que mi alma la tengo vendida al diablo hace ya tiempo…
GERTRUDIS. *(Aparte)*. Recela… Se imagina… *(Vacilante)*. ¿Y si tratara el asunto en prosa? ¿Y si de profunda sinceridad mi corazón se llenara? *(Decidida)*. No, será inútil. El alma la tiene vendida hace ya tiempo, no hay más que verlo… Bueno, seguiré en verso… No es cosa de mezclar estilos… Evito la violencia… *(Al conde)*. ¿Decíais…?
CONDE. Que el frío es inclemente y la moral no es alta. Pero no viene a cuento que asuntos de estado aquí interfieran… *(Transición paródica al verso)*.
Abrid el pico.
GERTRUDIS. Gentil parecéis,
y no lo acepto.
CONDE. Se lo rechazo.
Primero las damas.
Espero por usted.
Id pronto al grano.
GERTRUDIS. *(Vacilante)*. Isabel…
CONDE. *(Vehemente)*. Nombre que a mis oídos llega,
sonido hecho cadencia de la aurora,
imagen de la luz,
a mi alma os acercáis con clamores de perfumadas flores…
(Sin saber cómo terminar). Y… y… verdores…

GERTRUDIS. *(Aparte)*. ¡Qué manera de versificar! No en balde Isabel no lo traga... ¡Tan bonito que rimaba Marsilla!
CONDE. *(Aparte)*. Trabajo cuestan estos refinamientos, pero, en fin, procuro complacer...
   Aunque lo dudo...
GERTRUDIS. *(Aparte)*. Es un hipócrita, pero seguiré adelante. No queda —otro remedio. *(Al conde)*. Isabel...
CONDE. Escucho.
GERTRUDIS. Se encuentra enferma.
   (Ante un gesto teatral del conde).
   Pero no, no os alarméis...
   Aunque se muere.
   Profunda tensión aqueja el pecho
   y agobia el alma
   de la infeliz doncella...
   Anoche... un vómito de sangre...
CONDE. Será una mala digestión...
   Las papas fritas...
   Demasiado aceite de oliva en el pescado...
   Y el ajo, naturalmente.
GERTRUDIS. No, no, es algo más grave,
   algo que corre por las venas,
   que agobia su pobre corazón enfermo,
   sepulcro de agonías,
   y sangra...
   Isabel se muere,
   os lo aseguro...
CONDE. Exageráis...
   Os alarmáis sin duda.
   ¿Qué dice el médico?
   ¿Le ha puesto una inyección?
   ¿Penicilina?
GERTRUDIS. Es inútil.
   La ciencia nada puede.
   Es algo más profundo que la mata.
   Un hombre que reclama sus derechos,
   los fueros del amor,
   una palabra...
   Otra palabra
   que pronto la libere
   del yugo mortal que así la oprime...
   Y vos tenéis la cura.
CONDE. *(Aparte)*. Gran farsa es esta.
GERTRUDIS. *(Suplicante, al conde, que empieza a subir las escaleras. Ella lo sigue).*
   Salvadla...
   Es una madre quien a vos lo implora.

>   Conocéis que Isabel,
>   por obediencia,
>   acepta las leyes por su padre impuestas
>   y dispuesta está
>   a un matrimonio
>   que su corazón rechaza
>   desde adentro…
>   Eso la mata,
>   porque otro nombre
>   repite su garganta a voces…
>   Clama…
>   Tened piedad,
>   salvadla,
>   desatad los lazos…

CONDE. *(Subiendo hacia el nivel superior).*
>   Mi respuesta es no.
>   Señora,
>   conozco sus chanchullos.

GERTRUDIS. *(Implorante, alargando los brazos).*
>   Tened piedad…
>   De corazón os pido…

CONDE. No… Yo insisto…

GERTRUDIS. *(Erguida, se detiene en la escalera).*
>   Entonces me obligáis
>   a resoluciones graves.
>   Comprendo yo a Isabel,
>   su repugnancia,
>   reconoce como viscoso,
>   helado…
>   Cuan mercader que atesora mercancías,
>   os acercáis
>   con vuestros turbios intereses
>   incapaz de conquistar un corazón que clama.

CONDE. Bien poco me entendéis,
>   mas poco importa…
>   Que yo bien sé
>   lo que en su sangre busco.
>   Ella es la única.
>   Ya nadie existe
>   que cual ella sea.
>   El culto del sagrario
>   en vórtice materno
>   allí se encuentra,
>   insobornable, único.
>   Y yo he de serlo,

emperador,
de especie que se extingue.
Yo la he buscado
por lejanos parajes de la nieve,
la cuenca milenaria
del misterio
que mío y de más nadie
podrá ser.
Ella es mi fuego.
¿Entendéis mi versión?
GERTRUDIS. No, yo no la entiendo.
Hay algo oscuro que nubla
la transparencia del amor…
si acaso hubiera…
CONDE. Será mi fuego…
y mucho más mi sangre…
GERTRUDIS. Que no es la de ella.
CONDE. En fin, inútil explicar
a quien tan solo
el monstruo en mí percibe.
GERTRUDIS. No ve otro ella.
CONDE. Lo sé, y es pena que me arrasa.
(Molesto). ¡Termine de una vez!
GERTRUDIS. Isabel,
que es la poesía,
envuelta en intereses financieros
se encuentra,
cual carne traficada.
CONDE. El padre…
(Señalando a Gertrudis). El traficante suyo…
El mercader que un día…
GERTRUDIS. (Sin darse por aludida). Pero ella se eleva,
a cumbres del amor y del espíritu,
inmaculada virgen,
inmaculada…
CONDE. … la comprara.
GERTRUDIS. ¡Dios mío!
CONDE. Virgen potente…
GERTRUDIS. No, vos no sois hombre.
CONDE. Sabéis bien poco.
Me confundís acaso.
GERTRUDIS. Sois fiera de la carne
y del dinero
esclavo.
El humano corazón desaparece

y solo queda
la materia vil,
la oscura carne,
los deseos que reclaman
satisfacciones yermas.
Yo a su lado estaré.
Yo me opondré a esa boda.
(Da unos pasos para bajar).
A su lado estaré pare evitarle
repugnantes
contactos…

Entra Isabel por la puerta que esta debajo de la plataforma, en el nivel inferior. Se detiene y escucha.

CONDE. Más no tolero.
GERTRUDIS. Repugnantes contactos…
CONDE. Contactos fálicos…
GERTRUDIS. ¿Pero es posible que a tanto os atreváis?
CONDE. Contactos fálicos
    que producirle puedan
    cadencias en ella desatadas…
    Contactos fálicos
    que estremecerse hagan
    las fibras de su carne…
    Contactos fálicos…
GERTRUDIS. ¿Pero hasta dónde…?
CONDE. ¿… pensáis llegar?
    Al fondo mismo, señora, de tanta hipocresía…
    Porque si Isabel
    esos derechos tiene,
    no es la voz de su madre quien debiera
    por ella reclamarlos.
    El papel bien mal os viene.
    Y si viscoso,
    helado,
    a vos os resultó Segura…
    Si sobre el lecho frigideces dejó…
GERTRUDIS. Pero, ¿qué es esto?
¿Por qué me humilláis así?
    ¿Cómo es posible?
    CONDE. Porque Isabel,
    que vos ahora
    reclamáis para las musas,
    es hija de una carne despertada
    bajo

contactos fálicos
feroces;
de un cuerpo otrora helado,
al fin estremecido
en
adulterio, ¡tarros!
GERTRUDIS. *(Dispuesta a bajar).*
No escucho más insultos.
CONDE. *(Deteniéndola con la fuerza de su palabra).*
Termino.
Esperad lo último y a mis pies os veré.
¿Con qué derecho pronunciáis
de Isabel el nombre?
¿Por qué mancháis
el alma y el espíritu
que aguarda latente
tras la carne?
Hablad de la carne y los placeres
que solo en infame
adulterio se conoce,
el lecho infiel
que deseos insepultos conocieron.
Escuchad las cartas.
Reconoced sus voces:
(Lee una carta). «Me repugna Segura. Evoco solamente tus contactos. El contacto de tu mano con la mía. El contacto de tus labios en mis pechos… Vuelve. Aquí me tienes…».
GERTRUDIS. *(Cae de rodillas).* ¡Es criminal! ¡No diga más! ¡Calle, por favor, calle!
CONDE. Querida doña Gertrudis, no pretenda. Isabel está sola. Usted no puede hacer nada por ella. Porque en su carta no se habla de amor. Del amor, ¡nada! Es pura cama. Y eso es cuestión suya, pero no lo invoque… Porque usted no es esta, sino aquella… puta… Este papel no le queda nada bien, se lo aseguro.
GERTRUDIS. ¡Basta, no siga, por piedad!
CONDE. *(Va bajando las escaleras).* Óigalo en verso…
Una historia vulgar…
Un marido engañado…
Un chulo de mala muerte…
¡Una fletera!
Una historia de cuernos…
GERTRUDIS. Pero, Isabel… ¿Qué culpa tiene Isabel?
CONDE. ¿Culpa? ¡Ninguna! Isabel… Tiene que ser precisamente Isabel… Porque Eva… Eva es una mala palabra… Pero Isabel… Isabel es el sueño que uno siente por una especie que se extingue, la virginidad que desaparece, el antiguo ideal que se satisfacía en la victoria, la Edad Media reconquistada, la sangre que uno solo puede beber, el cáliz nupcial que embarga para siempre…
GERTRUDIS. *(Se levanta con dificultad, pero recuperando su energía perdida. Sube hacia el nivel superior mientras el conde empieza a descender por la escalera opuesta).* ¡No podrá! ¡No lo dejaré! Porque usted no es el amor, ¡usted no es otra cosa que la muerte!

CONDE. *(Deteniéndose por un instante, mientras Gertrudis sale por el nivel superior).* No podrá detenerme... Precisamente, tiene que ser Isabel. *(Se vuelve, sigue bajando las escaleras, ve a Isabel).* Sí, tiene que ser, precisamente Isabel... Isabel... Ella no lo sabe... Ella no se da cuenta... Pero ella es el sexo...
ISABEL. *(Rechazándolo).* ¡No, yo no soy el sexo!
CONDE. *(Acercándose hacia Isabel).* ¡Eres el sexo, Isabel!
ISABEL. *(Retrocediendo).* No, yo no soy el sexo.
CONDE. *(Acercándose).* Eres la poesía. Eres el sueño. Eres el sexo, Isabel.
ISABEL. *(Retrocediendo).* No es cierto, no es cierto.
CONDE. *(Acercándose).* Eres la virginidad. Eres la pureza. Eres el sexo, Isabel. La ley del deseo.
ISABEL. *(Enérgica, ya en el centro del escenario).* ¡No, yo soy Isabel! ¡Yo soy Isabel!

Oscurecimiento total.

ENTREACTO

Opcional. Con la mayor brevedad, pasar de una secuencia a la otra. lo necesario para quitar cualquier mueble del escenario. Desaparece toda utilería. Bajo un cono de luz aparece en el nivel superior el Conde de Luna envuelto en una capa roja. No llevará máscara ni antifaz. Los rasgos más palpables del acto anterior se acentuarán: marcada palidez verdosa, profundas ojeras. Después entrarán los sangradores, que no estarán individualizados y representan, todos y cada uno de ellos, al Dr. Sangredo. Por consiguiente, llegado el momento, se alternarán en la interpretación del Dr. Sangredo. Llevan una gran máscara sangrienta, que es «la mascara del Dr. Sangredo». Esta secuencia está concebida como un número poético-musical-danzario. La coreografía integrará música, poesía y teatro en una unidad dramática. Esta escena requiere una determinada partitura musical, que juegue con el texto, el movimiento, las luces. La planificación coreográfica debe ir de lo hierático a lo frenético, siempre inspirada en el tema «invoquemos el culto de la sangre». Las intervenciones son en algunos casos individuales (solo) y en otros casos corales (coro). El color rojo y el amarillo serán los dominantes en la escena. El coro se mueve en torno al conde. El conde recitará; no cantará.

«INVOQUEMOS EL CULTO DE LA SANGRE».

CONDE. Invoquemos el culto de la sangre.
(Apertura musical al texto).
CORO. Sangre, sangre, sangre toda sangre.
Sangre, sangre, sangre toda sangre.
España, sangre, España toda sangre.
España, sangre, España toda sangre.
CONDE. Sangre, sangre, sangre toda sangre. España, sangre
CORO. ¡España toda sangre!
CONDE. «En la historia de la humanidad, jamás... jamás... jamás... se ha derramado tanta sangre...». ¡Invoquemos el culto de la sangre! «La interminable falange de sangradores impertérritos, que durante siglos se ha encargado... de aligerar el aparato circulatorio de los españoles... purgándolos de excesos sanguíneos... a fin de que pudiesen vivir... en relativa paz y calma...».

CORO. ¡Sangre toda sangre, Sangredo toda sangre!

SOLO. «ocurrencia genial»

SOLO. «nunca bastante alabada»

SOLO. «despedirse de la vida»

SOLO. «con una sangría suelta»

SOLO. «el descubrimiento de la circulación de la sangre»

CONDE. «¡Con una sangría suelta!».

SOLO. ¡Sangría!

SOLO. ¡Sangría!

CORO. ¡Servet! ¡Servet! ¡Servet! ¡Servet!

CONDE. ¡Sangre!

CORO. Sangría toda sangría, Sangredo, sangría toda sangre.

CONDE. «el supremo doctor alemán es el doctor Fausto...».

CORO. Sangre, Sangredo, sangre, Sangredo, Sangredo, sangre...

CONDE. «el supremo doctor español es el doctor Sangredo...».

CORO. «¡Sangradores! ¡Sangradores! ¡Sangradores!».

CONDE. «España toda sobrepuja a todas las demás naciones juntas *(pausa)* por el número y excelencia *(pausa)* ¡de sus sangradores...!».

CORO. «¡Jamás, jamás, jamás!».

SOLO. «En la historia de la humanidad»

CORO. «¡Jamás, jamás, jamás!».

CONDE. «¡Se ha derramado tanta sangre!».

CORO. ¡España de sangre!

SOLO. ¡España desangre!

CONDE. ¡España de sangrar!

CORO. ¡SANGRE! ¡INVOQUEMOS EL CULTO DE LA SANGRE!

Oscuro rápido.

Segundo acto

ESCENA I

De inmediato, a toda luz. En el nivel inferior sobre una plataforma algo elevada, hay un ataúd colocado al centro del escenario. Dentro de él está Isabel. Lleva un traje de novia, todo blanco. El velo de novia no debe cubrirle la cara. Está inmóvil, como si estuviera muerta, alimentada por un suero. El ataúd debe estar colocado de forma casi vertical, aunque ligeramente inclinado hacia atrás. Una aguja intravenosa aparece inyectada al brazo izquierdo. En el brazo derecho lleva un ramo de novia. La presencia de Isabel dentro del ataúd es el detalle que domina la escena. Cuando se descorre el telón el escenario aparece casi totalmente a oscuras, con excepción de un rayo de luna que cae directamente sobre Isabel. La atmósfera por unos momentos es auténticamente romántica y sepulcral. Unos relámpagos iluminan los ventanales. En la semioscuridad se empieza a distinguir una figura que se mueve de modo vacilante y temeroso. Es Martina, que vestirá como al principio de la obra y lleva un plumero en la mano. Se acerca al ataúd y queda inmóvil ante él. El escenario se va aclarando lenta-

mente. Silenciosamente entra Paco, nada impresionado por el ataúd, que ve como un mueble como otro cualquiera, sino por la presencia de Martina. Martina, recelosa y vivamente impresionada, alarga la mano como si fuera a tocarle el rostro a Isabel. Paco, silencioso y en puntillas, se acerca a Martina por detrás y cuando Martina está a punto de tocar a Isabel, Paco la estrecha por la cintura. Martina pega un grito. La escena se aclara. Los movimientos entre Martina y Paco tendrán el mismo carácter que en el primer acto.

MARTINA. ¡Santo Dios! ¡Qué bárbaro! ¡Qué susto me has dado!
PACO. ¿Pero es que todavía no te has acostumbrado?
MARTINA. Lo que soy yo nunca me acostumbraré a los muertos.
PACO. No me refiero a eso. No estoy hablando de los muertos, sino de los vivos.
MARTINA. Mira, Paco, que el entierro no está para tafetanes.
PACO. ¿Y quién te ha dicho que aquí hay un entierro?
MARTINA. Pero, ¿no lo ves? La señorita Isabel está más tiesa que un muerto.
PACO. ¡Créete tú eso! Cuando menos te lo pienses, esa sale de ahí vivita y coleando como la gallina de Santo Domingo de la Calzada, que voló después de asada.
MARTINA. Cada vez que entro en esta sala me parece que estoy visitando el Santo Sepulcro. ¡Me entra un calofrío en la espina dorsal!
PACO. *(Abrazándola).* Pues a mí, cuando estás tú, me pasa todo lo contrario. ¡Cómo soy un caballero templario!
MARTINA. *(Separándose).* ¡Ya te he dicho que no! Basta por ahora, que si te portas mal no tendrás merienda más adelante. No me gusta que hables así delante de la señorita Isabel. Deja que descanse en paz. No sé lo que te vas a hacer cuando salga de ahí y tome medidas con respecto a esas indecencias que me andas diciendo a todas horas. *(Se pone a limpiar el ataúd con el plumero).* ¡Y déjame, que tengo que hacer! Ya sabes cómo es doña Gertrudis con la limpieza…¡Que si la caja de muerto no brilla y reluce! ¡Que qué va a decir la gente si no está limpia! ¡Que los muertos merecen lo mejor! ¡Que la gente no hace otra cosa que darle a la lengua! ¡Que si patatín! ¡Que si patatán! Además no olvides que hoy es la fecha.
PACO. ¿Qué fecha?
MARTINA. La señalada por don Pedro. Ya sabes que empeñó su palabra hasta hoy a la medianoche. Isabel tendrá que casarse con el Conde de Luna si Marsilla no aparece antes del plazo señalado.
PACO. Que no aparecerá…
MARTINA. Eso no se puede asegurar. No olvides que hoy hay un vuelo de Iberia.
PACO. Conmigo no cuenten para que me dé un salto a Barajas. Además, ese vendrá en bote, porque lo que es por Iberia ya habría llegado. Y con Castro, además, no sabe uno a qué atenerse. A lo mejor nunca le dan la salida. O a lo mejor ya le dieron la salida por el paredón.
MARTINA. No seas fatalista. Yo tengo la seguridad que la señorita Isabel no ha perdido la fe. Hay que tener fe, que todo llega. Y si se aparece, estoy segura que resucita.
PACO. No lo dudaría, porque de un muerto así se puede esperar cualquier cosa. Cuando doña Isabel se apareció allá arriba en lo alto de la escalera y me dijo, «Paco, ve a la funeraria y cómprame un sarcófago que me voy a morir», me dije que era un muerto que se las traía.
MARTINA. La verdad es que yo nunca había visto nada así. Claro, primero la oí como quien oye llover; «que si me voy a morir»; «que si no aguanto esta separación», «que si tengo atravesado el corazón con un puñal de siete filos»… Ni gota de caso le hice. ¡Quién se iba a imaginar que la tragedia iba en serio!

PACO. Pero ese es el problema, que no va en serio esta vez tampoco. Lo que pasa es que ahora ha montado un tremendo show para que todos se traguen la píldora. ¿Cómo se puede confiar en un muerto así? Uno que te dice: «La quiero bien sencilla, Paco, pero de buena calidad. Que sea resistente a los gusanos. Mira a ver que sea de cedro del bueno. Que no te den gato por liebre. Sobre todo, apúrate, porque ya hace rato que tengo ganas de morirme».

MARTINA. No se puede negar que tiene una fuerza de voluntad tremenda.

PACO. Pero el Conde no se queda atrás y si se tiene que morir, se muere. ¿Tú has leído eso del matrimonio en la muerte?

MARTINA. ¡Pero eso es un disparate! ¿Sería capaz?

PACO. Ese hombre es capaz de cualquier cosa. ¡Se hace cada coco! ¡Es un lujurioso de marca mayor! Tiene el cerebro fundido. Él sí está enterrado con esa chica. Es capaz de cualquier cosa con tal de salirse con la suya. Pero yo no le arriendo la ganancia. *(Mirando a Isabel despectivamente).* ¡Es hueso y pellejo! ¡Y pálida como una muerta!

MARTINA. Yo creo que está en las últimas. Claro que ella nunca tuvo muy buen color, porque ni se bronceaba la piel como su hermana.

PACO. ¡Bah! ¡No le hagas caso! Es el maquillaje, como dice la señorita Eva. Dice que lucir pálida como un muerto es la última moda, y que la muerta le cogió la delantera.

MARTINA. Quizás tengas razón. Yo creo que se trae algo entre manos.

PACO. *(Acariciándola, intencionalmente descarado).* Aquí todo el mundo se trae algo entre manos. Pero el Banco Nacional es más puntual que Marsilla y no espera un minuto después de las doce. Porque si no cumple con la palabra empeñada el viejo se la desempeña.

MARTINA. Esa chiquilla está en el duro, pero don Pedro no encuentra ni uno partido por la mitad.

PACO. A menos que el Dr. Sangredo…

MARTINA. *(Con un calofrío de terror).* ¿El Dr. Sangredo?

PACO. Una eminencia, según dicen. Un matasanos que practica la intravenosa.

MARTINA. *(Santiguándose).* ¡Eso me huele a chamusquina!

PACO. A la medianoche…

MARTINA. A mí todo esto me pone la carne de gallina.

PACO. A mí me la pone de otra cosa.

MARTINA. Entonces, a la medianoche…

PACO. Sí, negra, a la medianoche es cuando es. *(Cantan)*

«EL PLUMERO»
(GUARACHA)

A la medianoche es
y no cuando tú decías…
Uno no quiere comer
solamente al mediodía.
¡Ay, negra, sacúdeme tu plumero!
¡Ay, negro, con tu plumero y el mío…!
Con tu plumero y el mío
 haremos una limpieza
que empezando por los pies

sacudirá la cabeza.
¡Ay, negro, sacúdeme tu plumero!
¡Ay, negra, que tu plumero yo soy!
Un matrimonio en la muerte
 debe tener mucho frío
mucho mejor calentarse
con tu plumero y el mío.
¡Ay, negro, que yo quiero tu plumero!
¡Ay, negra, que plumero tan dichoso!
Un plumero al mediodía
es un plumero inocente,
un plumero a medianoche
es un plumero indecente.
¡Ay, negro, que yo me quiero morir!
¡Ay, negra, que mi plumero se muere!
Ay Paco, que yo no quiero morir
y por tu plumero muero.
Ay Negra, que yo quisiera morir
dormidito en tu plumero.
Ay Paco, que susto tengo
y yo no sé a dónde voy.
Ay Negra, que yo me pierdo
en medio de tu plumero.
¡Ay, negro, sacúdeme tu plumero!
¡Ay, negra, que plumero tan dichoso!
A la medianoche es
y no cuando tú decías
que yo no quiero comer
solamente al mediodía.

ESCENA II

Entra Doña Gertrudis vestida de luto riguroso; doña Fefa, de colorado. Entran por el nivel superior del escenario y bajan las escaleras.

FEFA. ¿El Dr. Sangredo dice usted?
GERTRUDIS. ¡Cuántas cosas nuevas, doña Fefa! Figúrese, hasta se anda diciendo por ahí que la sangre circula.
FEFA. *(Santiguándose).* ¡Qué bárbaros! Eso a mí me suena a cosa de brujería.
GERTRUDIS. *(Santiguándose).* ¡Dios nos coja confesados, doña Fefa!
FEFA. Como van las cosas acabaremos en un auto de fe.

Aparece Eva en el nivel superior. Tiene puesto «el bikini de Eva», estilo hoja de parra: una malla que se le pega al cuerpo. Puede parecer desnuda, pero no lo está, gracias al diseño correspondiente.
GERTRUDIS. *(Santiguándose).* ¡Que nos proteja el Santísimo Sacramento del altar!

FEFA. *(Santiguándose).* ¡Que Dios nos acoja en su santo seno!

EVA. *(Que está observando a Isabel).* ¡Respira, estoy segura que respira! *(Violenta, a su madre).* Te aseguro, mamá, que Isabel se burla de nosotros. ¡Pero todo tiene un límite!

GERTRUDIS. ¡Muchacha, que tu hermana puede oírte!

EVA. *(Furiosa).* ¡Es una mosquita muerta! ¡Esa palidez! ¿Te has dado cuenta que está a la última moda? ¡Sangredo acabará volviéndose loco por ella!

GERTRUDIS. *(Sonriendo con condescendencia).* Evita es tan celosa, doña Fefa.

EVA. Siempre ha sido tu preferida mamá, y no te importa lo que yo pueda sufrir.

GERTRUDIS. Pero, ¿acaso no te complacemos en todo? Nunca estás conforme. ¿Lo ve, doña Fefa? Ya tiene el bikini de Eva, pero no está contenta. Cada día pide más.

FEFA. Yo diría que pide menos. Al paso que va acabará saliendo como vino al mundo.

EVA. Que es lo más natural, doña Fefa.

FEFA. Sí, eso es lo que decía mi marido.

EVA. Te digo, mamá, que si no acaba de morirse del todo la que se va a morir soy yo. ¡No la aguanto más!. *(Volviéndose a Isabel).* Pero no te saldrás con la tuya, Isabel.

GERTRUDIS. Cálmate, Evita, ¡ten piedad de una pobre mater dolorosa! *(Dejándose caer pesadamente en una butaca).* ¡Ay, doña Fefa, si cada vez que entro aquí me da un vuelco el corazón que creo que me voy a quedar muerta aquí mismo!

EVA. *(A su madre, refiriéndose a Isabel).* Es una inconsciente. Sería capaz de dejarse morir con tal de salirse con la suya. ¡Hay que tener gandinga para preparar escenitas como estas! El pobre papá está desesperado.

GERTRUDIS. ¡Ay, doña Fefa, estas niñas me están matando!

FEFA. Cálmese, viejita, que usted verá que todo acaba bien, como en las películas de Hollywood.

GERTRUDIS. ¿Lo cree usted?

FEFA. Naturalmente. Como yo siempre digo: «Tened fe y sabréis lo que son milagros». Hasta que llega el «happy ending» *(Mirando a Isabel).* Porque muerta, lo que se dice muerta, no está todavía, ¿verdad?

EVA. De eso no me cabe la menor duda.

FEFA. ¿Y qué han dicho los médicos?

GERTRUDIS. Lo de siempre. Los médicos, como es natural, no se han puesto de acuerdo. ¡Como son médicos españoles!

FEFA. Es natural. Pero son creyentes. No estará usted a favor de los médicos extranjeros.

GERTRUDIS. No, no, de ninguna manera. Es el Conde de Luna el que se empeña en traernos un desconocido, un primo suyo, de su parentela de Transilvania. Pero yo lo que le puedo decir es que Isabel se nos va. ¡Si es que no se nos ha ido ya, claro!

FEFA. ¿Le han dado el cocimiento de cundiamor?

GERTRUDIS. Sí, está ahí, en el suero. Lo que pasa es que no se ve. Ya sabe usted que no prueba bocado y que la alimentamos con suero. Ayer le hicimos un caldo de gallina (de esos que reviven muertos) y la gallina la adobamos con ajo molido y con cebolla picadita. Después le agregamos el cocimiento, como usted dijo, y lo metimos todo en la botella. Ahora lo que temo es una indigestión.

FEFA. Calma, calma. Tranquilidad, mucha tranquilidad es lo que necesita. Mucho reposo.

GERTRUDIS. ¡Pero si no hace nada! ¡Todo es inútil! Yo la veo más muerta que otra cosa.

FEFA. ¡En la flor de la edad! ¡Quién iba a decirlo!

GERTRUDIS. ¡Ella, ella nos lo dijo un millón de veces! Pero no le hicimos caso y ahí tenemos el resultado. ¡Jamás se lo perdonaré a Segura!

FEFA. No se exprese así. El pobre hombre está desesperado. No hace más que dar carreras de un lado para otro.

GERTRUDIS. Sí, del Banco de Bilbao al de Santander, del Banco de Barcelona a la Casa de Contratación. ¡Pero como no asalte la Torre del Oro o se vaya de bandolero a la Sierra Morena…!

FEFA. ¡Eso sería muy romántico, doña Gertrudis!

GERTRUDIS. Pero la gota lo acompaña donde no debe. Tendrá que pensar en otra cosa.

EVA. *(Mortificante, a Isabel)*. Pensaremos en otra cosa, Isabel.

GERTRUDIS. Yo, madre al fin, con cualquier cosa me conformo. Pero él, ¡no! ¡Es un caballero de capa y espada, doña Fefa! ¡Un caballero de Calatrava por los cuatro costados! ¡Figúrese usted! No le perdona a Isabel que nos haya dejado en la ruina pudiendo haber salvado este castillo. Por lo menos, como él dice, pudo morirse después.

FEFA. Realmente no le hubiera costado tanto trabajo, porque con esa vocación mortuoria se puede morir uno en cualquier momento.

EVA. En fin, que la querida Isabel, la salvadora de Teruel, ha preferido que esto se convierta en Parador de Turismo.

FEFA. Bueno, eso me parece razonable. Quizás hasta don Pedro lo pueda administrar. Después de todo, él conoce el castillo mejor que nadie.

GERTRUDIS. Jamás haría tal cosa. Segura tiene su orgullo, como sabe usted.

EVA. Si Isabel cree que su muerte cambiará el destino de Teruel, se equivoca de medio a medio.

GERTRUDIS. Cállate, Evita. No olvides que tu hermana está de cuerpo presente y podría oírte.

EVA. Mi hermana, querida mamá, debe saber que su muerte no cambiará el destino de Teruel. Más vale, si quiere cambiarlo, que no estire la pata. De todos modos, en algún momento se tendrá que morir, si tan decidida está a hacerlo. Pero morirse de verdad y no de mentiritas. Entonces yo seré el destino de Teruel. *(Volviéndose a Isabel)*. Sí, Isabel, yo soy el destino de Teruel. Aquí ya empezó el despelote y subió el destape.

EVA. Esta es la batalla de Teruel. Y la batalla de Teruel no la ganan los muertos.

FEFA. Pero niña, ¿quién te ha enseñado a decir tal cosa? Respeta las canas.

GERTRUDIS. Evita, ¿qué te traes entre manos?

EVA. Yo tengo mis relaciones, mamá. Lo que Isabel no se ha cansado de llamar «la chusma». ¡Pero una chusma que se las trae!

FEFA. Como todas las chusmas, muchacha.

GERTRUDIS. *(Refiriéndose a Isabel)*. ¡Debe estar desesperada! ¡Y sin poder decir esta boca es mía!

EVA. Pero yo sí. Si tú quieres que Isabel resucite, más vale que oiga todo lo que tengo que decir. O se muere de una vez por todas o sale vivita y coleando. Isabel, con su muerte, pretende hacernos a todos la vida imposible. Pero se equivoca de cabo a rabo. *(A Isabel)*. Te equivocas, Isabel, porque yo me encargo de los funerales.

GERTRUDIS. Respeta su memoria, Evita. ¿No es lo menos que podemos hacer?

FEFA. No es cosa de empezar una Guerra Civil, como decía mi suegro.

EVA. ¿No es verdad, doña Fefa, que cuando la Guerra de Cuba su abuelo se enredó con una mulata china que era tremenda y lo mató de un infarto?

FEFA. Es verdad. Si usted supiera, mi abuelo murió en la Guerra de Cuba y de nada valió.

GERTRUDIS. Eran otros tiempos. ¡Con el calor y los mosquitos!

FEFA. Lo cierto es que... que dicen... que había... que le dijeron a mi abuela... que una mulata santiaguera...
EVA. *(A Isabel).* Cuídate de la mulata santiaguera, Isabel...
FEFA. ¿No es verdad que el último sentido que se pierde es el oído?
EVA. No en el caso de los sordos.
FEFA. No hay peor sordo que el que no quiere oír.
GERTRUDIS. A palabras necias oídos sordos.
EVA. A mí me entra por un oído y me sale por el otro.
FEFA. ¡Qué muchacha tan indecente, Dios mío!
GERTRUDIS. *(A Eva).* ¿Por qué atormentas a Isabel con esos infundios?
EVA. Una mulata santiaguera, mamá, no es ningún infundio. Una mulata santiaguera es una realidad de carne y hueso.
FEFA. Pero Eva, no hay que sacarle a nadie la tira del pellejo. ¿Por qué vas a despellejarla?
GERTRUDIS. Además, Marsilla posiblemente se ha visto enredado en el papeleo de una conjura internacional. Hay personas que hace cinco años solicitaron el pasaporte y no han podido siquiera tomarse la fotografía.
EVA. Rumores... Cuentos... Versiones del imperialismo yanqui... La cuestión internacional es una mulata chancletera.
GERTRUDIS. *(Tranquilizando a Isabel).* La materia prima para el revelado está de pasado meridiano y se ha limitado el uso de los cuños. Sin contar que la carne de res ha sido racionada.
EVA. *(Violenta, chusma, chancletera, gritándole a Isabel).* ¡Pero no la pulpa de la papaya! ¡Estira la pata, Isabel, que yo soy el destino de Teruel!

ESCENA III

En lo alto de la plataforma aparecerá Juanito Cosanueva seguido de los yeyés y las gogós. Ellos son cuatro peludos con guitarra y ellas son cuatro chicas de pelos largos. Vestirán como los grupos de rock. Si se quiere, llevarán mallas de diferentes colores y los hombres usarán «El bikini de Adán» y las muchachas «El bikini de Eva». Estos bikinis en forma de hoja de parra serán fluorescentes, por lo cual el escenario debe oscurecerse rápidamente para la aparición escénica, que debe hacerse sin interrupción. En todo caso, el carácter de esta intervención puede variar de acuerdo con las modas musicales del momento. Esta parte permitirá simplemente integrar un componente musical de moda que sirva de incentivo para la puesta en escena en la Calle Ocho y atraiga al público. Ellos van a cantar el número del distanciamiento (brechtiano, por supuesto) titulado «¡Yo soy el destino de Teruel!».

«¡YO SOY EL DESTINO DE TERUEL!».
(NÚMERO ROCK)

JUANITO. ¡Yo soy el destino de Teruel!
YEYES. ¡Yo soy el destino de Teruel!
¡Yea, yea, yea!
¡Yo soy el destino de Teruel!
GOGÓS. ¡Yo soy el destino de Teruel!

¡Yea, yea, yea!
¡Yo soy el destino de Teruel!
JUANITO. La última noticia que yo tengo,
la tengo, la tengo que contar.
La última noticia que yo tengo,
la tengo, la tengo que contar.
La muerte por amor la llevan presa:
¡la acusan de pecado capital!
YEYES. ¡Yeayeayea! ¡Ay Teruel, tú no escaparás!
GOGÓS. ¡Yeayeayea! ¡Ay Teruel, tú no escaparás!

ESCENA IV

Juanito baja al primer nivel. Un foco de luz lo sigue. Juanito canta; los otros, en lo alto, bajo otros efectos de luces, tocan la guitarra y bailan. El recitativo de Juanito se puede acortar.

«¡QUÉ VIVA LA CHUSMERÍA!».

JUANITO. El destino de Teruel ha sido trazado por los astros.
Las estrellas han marcado el paso por la zona tórrida.
La revolución ha tocado el clarín de la libertad.
¡El goce se ha apoderado de tu casa!
Los mármoles han sido erradicados.
Y en los sepulcros de Teruel se organizan las orgías.
¡Teruel, a ti te queremos con sangre!
¡Teruel, a ti te queremos con carne!
La suma es tan sencilla como dos y dos son cuatro.
TODOS. ¡Que viva la chusmería!
yeyés, gogós. Aquí todo empieza y todo acaba.
¡Somos
el bullicio
y el silencio!
¡Principio y final!
¡Que viva la chusmería!
JUANITO. Nada podrá escapar a la trayectoria fornicante del universo.
La geometría del sexo configura los diseños de nuestra nada.
El amor es un destino que no existe
suplantado por el acto
que controla la mecánica geométrica
de nuestra existencia.
¡Nada quedará! ¡Nada quedará!
¡Viva la chusmería!
YEYES. ¡Yo soy el destino de Teruel!
¡Yea, yea, yea! ¡Yo soy el destino de Teruel!
¡Borramos todas las posibilidades!

¡Nosotros,
los órganos,
somos el destino de Teruel!
¡Las secreciones del presente y del futuro!
GOGÓS. ¡Nosotros,
los órganos,
somos el destino del mundo,
su principio y su final!
¡La verdad llevamos, vida y muerte!
¡Que viva la chusmería!
JUANITO. Teruel no puede tener carta preferencial.
¡Le quitaremos los privilegios del amor
y le daremos el desnudo del sexo!
Somos el gran orgasmo
¡Somos el destino de Teruel!
¡Aquí todo empieza y todo acaba!
TODOS. ¡Que viva la chusmería!
JUANITO. Todo será barrido por la zona tórrida de la cueva y la serpiente.
Es la ley
y Teruel
será profanada por el culto del caballo y de la yegua.
¡Que viva la chusmería!
GOGÓS Y YEYES. ¡Yo soy el destino de Teruel!
¡Yea, yea, yea! ¡Yo soy el destino de Teruel!
JUANITO. La última noticia que yo tengo,
la tengo, la tengo que contar.
La última noticia que yo tengo,
la tengo, la tengo que contar.
La muerte por amor la llevan presa;
la acusan de pecado capital.
YEYÉS. ¡Ay Teruel, tú no escaparás!
GOGÓS. ¡Ay Teruel, tú no escaparás!
TODOS. ¡Ay Teruel, tú no escaparas!
¡Que viva la chusmería!

Doña Fefa y doña Gertrudis se abrazan atemorizadas.

GERTRUDIS. ¿Pero qué es esto?
FEFA. ¿Qué va a pasar aquí, Dios mío?
GERTRUDIS. ¡Esto es una locura!
FEFA. ¡Esto es una pesadilla!
EVA. ¡Es un milagro, mamá, un verdadero milagro! ¡Un milagro de carne y hueso! ¡Han llegado las tropas! ¡Teruel está salvada!
JUANITO. *(Desde lo alto).* ¡Esto no nos lo quita nadie!
YEYES. *(Gritando).* ¡Yegua!

GOGÓS. *(Gritando).* ¡Caballo!
YEYES. *(Gritando).* ¡Yegua!
GOGÓS. *(Gritando).* ¡Caballo!
GERTRUDIS Y FEFA. *(Espantadas).* ¿¡Pero qué es esto, Dios mío, qué es esto!?
TODOS LOS OTROS. ¡Esto es un gran relajo! ¡Que viva la chusmería!

ESCENA V

Don Pedro entra en escena violentamente, seguido de Calígula. Visten como en el primer acto.

SEGURA. «¡Cual gritan esos malditos!
Pero, ¡mal rayo me parta
Si, en concluyendo» esta farsa,
«No pagan caros sus gritos!».
CALÍGULA. «Buen carnaval».
SEGURA. *(A Eva).* ¿Y quién es esa gentuza?
EVA. *(Acercándose y abrazando a su padre).* ¡Papá, estamos salvados!
SEGURA. ¡Desembucha!
CALÍGULA. Viejo amigo, no hay que alarmarse por tan poca cosa. Yo sé leer las señales de los tiempos, que por algo me doctoré en astronomía en Salamanca. Además de palmista y organista. Esto está más claro que el agua. Puedo leer las señales de la corrupción y la decadencia, que por otra parte es una lectura pornográfica que ha superado las limitaciones del dedo índice en beneficio de algún otro dedo. Buena señal, para ser exacto. ¡Esto es, señoras y señores, el reino del relajo y el contento!
FEFA. ¡Dios mío! ¡Ni que estuviéramos en Miami!
GERTRUDIS. ¡O en La Habana!
EVA. ¡Viejo Calígula, usted es un vidente!
CALÍGULA. ¡La Gran Cuba, carajo!

Los yeyés y las gogós han invadido la parte inferior del escenario y hacen toda clase de acciones groseras. Los personajes no salen de su asombro, menos Evita y Calígula. Calígula entra fácilmente en confianza y en cuatro patas, como un perro, recorre el escenario y le cae atrás a las gogós. En cierta ocasión un yeyé le da una patada a Calígula y este cae. Lejos de enfurecerse Calígula sigue el juego, arrastrándose grotescamente. Después entran Martina y Paco, que se mezclan con las gogós y los yeyés.

YEYÉ. *(A Segura).* ¡Viejo verde, quítate la careta!
YEYÉ. *(A Segura).* ¡Hipocritón, no seas lechuza!
YEYÉ. *(A Segura).* ¡Canalla, enseña tu doctrina!
YEYÉ. *(A Segura).* ¡Carcamal, destapa el pomo!
SEGURA. Esto es una insolencia. ¡Lo último que me quedaba por ver!
EVA. Mira, papá, Juanito Cosanueva es un joven con futuro y me lo ha explicado todo. A Marsilla le hicieron la trepanación de las entendederas y al Conde de Luna le metieron un tiro en el occipucio. Esta es la nueva ola, que es prima hermana de la ola marina.
FEFA. ¡Los pinos nuevos, como decía el Apóstol! ¡Las feministas, Dios mío! ¡El hombre nuevo, como se dice ahora!

CALÍGULA. ¡La gran pachanga!

GERTRUDIS. ¿Quién es esta gente? ¿Tú los conoces, Evita?

EVA. Claro, mamá. Es el coro de la chusmería.

GERTRUDIS. ¿Estás segura?

SEGURA. ¿Y las tradiciones? ¿Y el concepto del honor? ¿Y el quijotismo?

EVA. ¡Papá, por favor, no seas ridículo!

FEFA. Lo que soy yo, nunca voy por Torremolinos.

GERTRUDIS. ¿Y eso que tiene que ver, doña Fefa? ¿Ha perdido el juicio?

EVA. Pues debería ir más a menudo. Las he visto más viejas que usted.

GERTRUDIS. Esto no tiene sentido.

GOGÓ. *(A doña Gertrudis).* Vieja pelleja, quítate el antifaz.

GOGÓ. *(A doña Gertrudis).* Vieja bruja, que tú tienes la pata coja.

GOGÓ. *(A doña Gertrudis).* Vejestorio, déjate de penitencia.

GOGÓ. *(A doña Gertrudis).* Carcamal, desembucha el cuento.

GOGÓ. *(A doña Gertrudis).* Hipocritona, enseña tu pecado.

GERTRUDIS. ¿Pero esto qué es? ¡Necesito una explicación! Segura, sácalos de aquí.

EVA. Imposible, mamá. ¿No ves que ya están dentro?

FEFA. ¡Qué tiempos, señor, qué tiempos! ¡Se vive entre la espada y la pared! ¡Pero es que ya no respetan a las señoras de clase? *(A Evita).* Niña, ¿tú estás segura que son gente de confianza?

EVA. Claro, doña Fefa. No se alarme usted. Hay que ponerse al día y no ir para atrás

SEGURA. Para atrás, coño, ni para coger impulso.

FEFA. ¿No es esto lo que llaman el fracaso de las utopías?

EVA. ¡Te juro, mamá, que ahora sí debe estar muerta! ¡Al fin nos habremos liberado!

FEFA. *(Alejándose cómicamente de un yeyé).* ¡Ay, pero qué susto me ha dado!

EVA. No le hacen daño a nadie. Lo que pasa es que se han quitado la careta.

GERTRUDIS. ¿Qué quieres decir?

EVA. Que es hora que te la quites tú.

GERTRUDIS. ¿Cómo te atreves?

EVA. Mamá, el juego ha terminado. Es hora de enfrentarse con la verdad.

FEFA. ¡Pero si es un antifaz insignificante! Doña Gertrudis es una santa que nada tiene que ocultar.

SEGURA. *(Acercándose a su mujer).* ¿Y qué es lo que tú tienes que temer?

GERTRUDIS. *(Retrocediendo).* ¡No te me acerques, Segura! ¡Yo estoy del lado de Isabel!

EVA. Mamá quiere escaparse, papá. No la dejes salir.

GERTRUDIS. Pero, ¿qué es lo que pasa? ¿Qué es lo que quieren hacerme?

FEFA. No le haga nada, don Pedro. Doña Gertrudis es una santa mujer.

SEGURA. ¿Una santa mujer? *(A Gertrudis).* ¿Una mujer santa? ¿Por qué retrocedes? ¿Qué carajo puedes temer?

GERTRUDIS. ¡Déjenme! ¡Déjenme salir! ¡Yo estoy del lado de Isabel!

EVA. *(Acercándose a su madre).* ¡Mientes, mamá, has mentido siempre! ¡Ahora vamos a saber la verdad de una vez por todas!

SEGURA. ¡Déjala, Eva! ¡Deja que se largue!

EVA. No, papá, no seas cobarde. Tú también tienes que hacerle frente a lo que estamos viviendo.

GERTRUDIS. ¡Isabel, Isabel, sácame de aquí!

EVA. *(Lanzándose sobre su madre).* ¡Así, mamá, así! ¡Que te vean todos de una vez para siempre!

GERTRUDIS. *(Tapándose la cara).* «¡Me has puesto en la faz la mano!».

YEYÉS. *(A Segura)*. ¡Cornudo! ¡Cornudo! ¡Cornudoooooooooo!
PEDRO. *(Abofeteando a su mujer)*. ¡Vieja pelleja!
JUANITO. *(Avanzando bruscamente hacia Don Pedro).*
«¡Por Satanás, viejo insano.
Que no sé cómo he tenido
Calma para haberte oído
Sin asentarte la mano!
Pero di pronto quién eres,
Porque me siento capaz
De arrancarte el antifaz
Con el alma que tuvieres!».
(Le quita la gorra y se le ven unos cuernos). «Mira, pues…».
SEGURA. *(Violento. Le va encima)*. ¡Atrevido!

Las gogós y los yeyés intervienen, acrecentando la confusión, pero evitando que Segura ataque a Juanito Cosanueva.

YEYES. ¡Cabrón! ¡Cabrón!
GOGÓS. ¡Guanajo! ¡Comemierda!
SEGURA. *(Persiguiendo a las gogós)*. ¡Canallas! ¡Hijas de puta! ¡Ahora van a saber lo que es bueno!
YEYÉS. ¡Degeneradoooooooo!!!!
FEFA. *(Escandalizada, se dispone a salir)*. ¡Qué escándalo! ¡Yo no puedo seguir aquí! ¡De aquí hay que irse! ¡Esto no se puede tolerar!
CALÍGULA. *(Avanzando hacia doña Fefa y arrancándole el antifaz)*. ¡Celestina!
GOGÓS. ¡Trotaconventoooooooooooooossssssss!
CALÍGULA. *(Volviéndose a las gogós y persiguiéndolas. Se quita la careta y deja ver por debajo otra careta más monstruosa todavía)*. Satanás, por supuesto.

Evita y Juanito van subiendo las escaleras. Hay un efecto de luces, un cierto oscurecimiento o un cambio de colores lumínicos, en la parte inferior. En este nivel se oyen las voces de los yeyés y las gogós que entonan «Yo soy el destino de Teruel». La acción se va preparando para el final de esta escena, en la cual los personajes, cogidos de las manos, cantarán «Yo soy el destino de Teruel».

JUANITO. *(A Eva)*. Oye, ¿por qué no iniciamos el culto de la yegua y el caballo? ¿Qué te parece?
EVA. A mí, realmente, me parece la ocasión. Si he tenido siempre una virtud es que no he llevado careta.

Eva y Juanito empiezan a moverse como cuadrúpedos en celo.

JUANITO. *(Refiriéndose a los otros)*. Han pasado su sustico, pero ya se les pasará.
EVA. La fuerza de la costumbre.
JUANITO. Como son unos hipócritas, no están acostumbrados al despelote.
EVA. No por falta de ganas.
JUANITO. ¿Repugnancia con el dulce?

EVA. No hay mal que dure cien años...
JUANITO. Ni médico que lo asista...
EVA. Ni mujer que lo resista...
JUANITO. Ni hombre que no la embista...
EVA. A propósito de médico, ¿qué hacemos con Isabel?
JUANITO. Dejar que se acabe de morir y hacer con ella un esqueleto rumbero.
EVA. ¡Con tal que no se le ocurra bajarse con un matrimonio en la muerte!
JUANITO. ¡Inmoralidades, no! ¡Aquí no puede admitirse esa clase de relajo!
EVA. ¡Imagínate! ¡Una orgía de los huesos!
JUANITO. ¡Eso sí sería destape!
EVA. Hay que cumplir el destino de Teruel, papi.
JUANITO. ¡Enseguida, que te meto el diente, mami!
EVA. ¡Yo soy el destino de Teruel! ¡Tú eres el destino de Teruel!
JUANITO. ¡Nosotros somos el destino de los órganos!
JUANITO. ¡Hay que cumplir el destino de Teruel!
EVA. Ponle música al órgano, ¿no te parece?

Los yeyés y las gogós han formado un grupo, de frente al público, tomados de las manos. Doña Fefa cantará encorvada, retorcida, avergonzada tal vez. Calígula y Segura en franco descaro. Doña Gertrudis tendrá un remoto atisbo de dignidad y lo cantará atormentada, a un extremo, arrastrada más bien y avergonzada de que Isabel sepa la verdad. Martina y Paco se unirán al grupo. Eva y Juanito cantarán arriba.

«El destino de Teruel»

TODOS. ¡Yeayeayea, yo soy el destino de Teruel!
  ¡Yeayeayea, yo soy el destino de Teruel!
  La última noticia que yo tengo, la tengo, la tengo que contar.
  La última noticia que yo tengo, la tengo, la tengo que contar.
  La muerte por amor la llevan presa: la acusan de pecado capital.
  ¡Ay Teruel, tú no escaparás!
  ¡Ay Teruel, tú no escaparás! *(Se repite).*

Se oscurece la escena.

ESCENA VI

Sin transición. Luces intermitentes. El Conde, envuelto ahora en una capa negra de forro rojo, entra por un lateral del escenario, vestido como en el entreacto, hablando de forma coloquial. Lo sigue un «sangrador» que hace de Sangredo en ese momento. Van entrando los caprichos en escena, desde el nivel superior. Visten como algunas de las figuras de los «caprichos» de Goya. Por consiguiente, sus voces y ademanes corresponden al aspecto grotesco de los mismos. Los caprichos no están mayormente individualizados; es decir, como en el caso de los sangradores, el diálogo correspondiente a los caprichos podrá ser dicho por cualquiera de ellos. Si es posible, se pueden agregar paneles o proyecciones de los «caprichos» de Goya. La escena tendrá mucho movimiento y un sentido coreográfico.

CONDE. ¿Pero no ha visto usted el absoluto desparpajo en que se vive hoy día?
SANGRADOR. *(Natural)*. Cosas de la vida. Además, como se trata de un desprestigio internacional, no queda más remedio que aceptarlo como bueno.
CONDE. Pero este relajo es inadmisible
SANGRADOR. ¡Al fin y al cabo, son los signos de la decadencia! Y como siempre se ha dicho que los españoles son unos bárbaros, acabará diciendo que España se pone al fin a la altura de los tiempos.
CAPRICHO. *(Burlón, al conde)*. ¡No se alarme, no se alarme, es la marcha de los tiempos!
CAPRICHO. *(Burlón, al conde)*. ¡Pelos largos, falda corta, es la marcha de los tiempos!
CAPRICHO. *(A los dos, burlón)*. ¡Calma —calma calma— calma, no lo tomen tan a pechos!
CAPRICHO. *(A un sangrador)*. ¡Desprestigios de la gente, es la marcha de los tiempos!
CAPRICHO. *(A un par de sangradores)*. ¡Damas y caballeros, es la marcha de los tiempos!
CAPRICHO. *(A otros, riendo)*. ¡Qué relajo, qué relajo, es la marcha de los tiempos!
SANGRADOR. *(Al conde, enérgico)*. ¡Hay que desangrar!
CONDE. ¡Desangremos!
CAPRICHO. *(Al conde y al sangrador que habla con el conde, separándolos y burlón)*. ¿No lo saben?
CAPRICHO. ¿No lo dicen?
CAPRICHO. ¿Yo lo oigo?
CAPRICHO. ¿Me lo callo?
CAPRICHO. ¡La noticia!
SANGRADOR. ¡Solo la más absoluta inmoralidad pondrá a España a la altura de las potencias de primer orden! ¡Desangremos!
CONDE. ¡Desangremos!
CAPRICHO. *(A gritos)*. ¡Se repite! ¡Se repite!
TODOS. *(A otros sangradores, desde el nivel superior)*. ¡Desangremos! ¡Desangremos!
SANGRADOR. ¡Guerra Santa! ¡Desangremos!
CAPRICHO. *(A otro)*. ¡Eso dicen... eso dicen!
CAPRICHO. *(A otro)*. ¡Ni se diga!
CAPRICHO. *(A otro sangrador)*. ¡Alemanes!
CAPRICHO. *(A otro)*. ¡Los ingleses!
CAPRICHO. *(A otro)*. ¡Maricones y cabrones!
CAPRICHO. *(A otro)*. ¿Y las putas? ¡Qué contento!
CAPRICHO. *(A otro)*. ¡Ni se diga los franceses!
CAPRICHO. *(A otro)*. ¡Y los yanquis! ¡Vayan cuentos!
CAPRICHOS. *(Todos)*. ¡Qué relajo, señor mío! ¡Qué contento!
CAPRICHO. ¡Señoritas masajistas!
CAPRICHO. ¡Jovencitos masajeros!
CAPRICHOS. *(Todos)*. ¡Qué relajo! ¡Qué esperpento!
SANGRADORES. *(Varios, protestando)*. ¡No lo haremos!
SANGRADORES. *(Varios, protestando)*. ¡Imposible!
SANGRADORES. *(Varios, protestando)*. ¡No lo hacemos!
SANGRADORES. *(Varios, protestando)*. ¡No debemos!
SANGRADORES. *(Todos, en grito de guerra)*. ¡Desangremos! ¡Desangremos! ¡Desangremos!

CONDE. *(Natural, a un sangrador).* Entonces… ¿qué me dice de la virginidad? *(Gritos de burla de los caprichos).*
SANGRADOR. *(Natural).* El acabóse, querido amigo, el acabóse. Un sueño imposible. Una cuestión del pasado, como aquel que dice…
CONDE. *(Perplejo).* ¡No es posible! *(Transición).* Hice bien en llamarlo. No había otro remedio. De eso no me cabe la menor duda.
SANGRADOR. *(Natural).* Lamentablemente, soy imprescindible en muchos casos. Yo estoy escandalizado, se lo aseguro. ¡Ese culto indecente de la yegua y el caballo! Esa muchacha es una puta ¡No en balde siempre ha estado en tratos con la serpiente!
CONDE. Hay que sacar a Isabel de este antro.
SANGRADOR. *(Se acerca otro sangrador y sigue la conversación con naturalidad. El anterior se aleja).* No se desanime. Mientras hay vida hay sangre y mientras hay sangre hay esperanza. Desangremos.
CAPRICHO. *(Riendo).* ¡Ay, qué cursi!
CAPRICHO. *(Riendo).* ¡Qué picúo!
CAPRICHO. *(Riendo).* ¡Qué ridículo!
CONDE. ¡Invoquemos el culto de la sangre!
CAPRICHOS. *(Varios, huyendo, mofándose).* ¡Solavaya!
CAPRICHO. ¡Qué anticuado!
CAPRICHO. ¡Qué esperpento!
CAPRICHO. ¡Señor mío, no sea tonto, es la marcha de los tiempos!
CAPRICHO. ¡Come gofio!
CAPRICHO. ¡Come tripa!
SANGRADORES. Sangre, sangre, sangre toda sangre.
Sangre, sangre, sangre toda sangre.
España, sangre, España toda sangre.
España, sangre. España toda sangre.
CAPRICHO. ¡Qué barbarie!
CAPRICHO. ¡Qué salvajes!
CAPRICHO. ¡Qué locura!
CAPRICHO. *(A otro).* ¿Qué se dice?
CAPRICHO. ¡Lo que oyes!
CAPRICHO. ¡No me digas!
CAPRICHO. ¡Vaya cuento!
CAPRICHO. ¡Es la marcha de los tiempos!
CONDE. *(Contemplando extasiado a Isabel).* ¡Qué hermosa palidez!
CAPRICHO. ¿No estará muerta?
SANGRADOR. *(Tomando el lugar del anterior, siguiendo el texto).* No, no, en modo alguno… *(Se inclina como para escuchar el latido de su corazón. Natural).* Puedo oír el remoto latido, imperceptible casi. A mí no me engaña. *(Se vuelve. Tono natural, como si contara una sencilla historia).* Recuerdo claramente… hace un par de años, estando de paso en Lübeck…
SANGRADOR. *(Siguiendo el texto del sangrador anterior).* Me encontré con una hermosa doncella que me produjo esa peculiar palpitación en la médula del hueso…
CONDE. *(Apasionado, nada caricaturesco).* ¡Yo la he sentido ya!

SANGRADOR. Es una sensación única, un éxtasis difícilmente explicable, desconocido para muchos, placer de elegidos, que nos recorre de pies a cabeza...

La narración prosigue de un sangrador a otro, en diálogo que sostiene con el conde. Los sangradores, que son una proyección múltiple del Dr. Sangredo, cambian con la mayor naturalidad de uno a otro. El tono se opone al carácter paródico de los caprichos.

CAPRICHO. *(A otro)*. ¿Lo has oído?
CAPRICHO. ¡Luego dicen!
CAPRICHO. ¡Metafórico!
CAPRICHO. ¡Qué imprudentes!
SANGRADOR. *(Otro, continuando)*. ¡No es para menos!
SANGRADOR. *(Otro)*. En fin, la doncella notó mis malignas intenciones, y sin duda mi clase, y cuando llegó a su casa simuló un desmayo para hacer creer que estaba muerta.
SANGRADOR. *(Otro)*. Su tía, que con ella vivía, se alarmó sobremanera y empezó a pedir un médico a voces.
SANGRADOR. *(Otro)*. Pasé yo, le entregué mi tarjeta, y al ver mi nombre y doctorado se inclinó ante mí con una marcada reverencia.
SANGRADOR. *(Otro)*. Sin duda era versada, aunque nunca había tenido la dicha de un encuentro semejante. El destino se lo había deparado a su sobrina.
SANGRADOR. *(Otro)*. Yo le dije que tendría que esperar al toque de la medianoche. Es la hora ideal de la sangre. Ni un minuto antes, ni un minuto después. Ella comprendió y nos preparó, con sus propias manos, el lecho.
SANGRADOR. *(Otro, suspirando y dirigiéndose al conde)*. ¡Querido amigo, nunca he disfrutado tanto! ¡Las inmaculadas sábanas blancas llegaron a enrojecerse de tal modo que pensé que era mortal!
SANGRADOR. *(Otro)*. A la mañana siguiente su color era bien otro.
SANGRADOR. *(Otro)*. ¡Qué poderosa, que emanante y lasciva virginidad! ¡Qué auténtica! ¡Nunca he disfrutado tanto como aquella noche en que el goce se convirtió en una orgía de la sangre!
CONDE. *(Casi lanzándose sobre Isabel)*.
Isabel,
unir tu sangre con la mía,
la caudalosa sangre,
la inmensa fuente,
¡que siempre brote cual si fuera un río!,
la poderosa fuente que en ti nace,
no se seque jamás,
¡que yo la abra y se desborde!
mía tan solo,
y que me inunde
ya perdido en ti
y tú en lo mío.
CAPRICHOS. *(Gritándole al conde desde varios lados del escenario)*. ¡Asesino! ¡Matasanos! ¡Degenerado! ¡Indecente!
CAPRICHO. ¡Ay, qué cursi!

CAPRICHO. ¡Decadente!
CAPRICHO. ¡Qué ridículo!

El conde, apasionado, está a punto de lanzarse sobre Isabel. Los sangradores lo detiene. Tono dramático, pero natural.

SANGRADOR. Ahora no, habrá tiempo más tarde. Tiene que ser al filo de la medianoche, cuando el cuchillo afilado con su llanto, corte la vena mortal que nos da vida.
SANGRADOR. Por el momento, limitémonos a quitar la intravenosa. *(Le quita la intravenosa).* Nuestra ciencia es mucho más avanzada. Esto no lo necesita. Pronto ella misma será toda sangre, no otra cosa.
CONDE. ¿Dónde ha de ser?
SANGRADOR. *(Otro).* ¡Qué pasión juvenil! ¡Quién tuviera esos años! ¡Quién recordara esa primera vez como si se viviera todavía!
CAPRICHO. *(Aparte).* Pero, ¿de dónde viene esa gente?
CAPRICHO. *(Paródico, a la cubana).* ¡De Transilvania, ecobio, de Transilvania!
CONDE. ¿Dónde ha de ser?
SANGRADOR. ¡Es tan fácil!
SANGRADOR. *(Otro).* ¡En el cuello! El instinto te guiará. ¡No podrás equivocarte!
CONDE. *(Tratando de soltarse de unos sangradores que lo detienen).* ¡Suéltenme!
SANGRADOR. *(Otro).* ¡No, ahora no! ¡A la medianoche! ¡Son las reglas del juego!
CONDE. *(Sincero, apasionado).* Soy un animal en celo que siente una pasión feroz que lo devora. Quiero sumergirme en el terreno desconocido y misterioso que guarda para mí Isabel, el secreto reducto donde deberán consumarse unas bodas que nada puede igualar.
SANGRADOR. ¡Calma tu ardor! Sigue sutilmente el latido acelerado. Busca con el tacto el lejano palpitar que hay en su cuello. Lo sentirás rítmico y acelerado bajo tus dedos. Y ya nada podrá detenerte. Tuya para siempre, caerás sobre su cuello con el filo devorador de tu pasión de acero y alcanzarás el éxtasis en la laguna última de la sangre.
CAPRICHO. ¡Coño, qué manera de hablar disparates!
SANGRADOR. *(Otro).* Pero a la medianoche. ¡Son las reglas del juego!
SANGRADORES. ¡Invoquemos!
CAPRICHOS. *(Varios, preguntándose grotescamente unos a otros).* ¿Invoquemos? ¿Invoquemos? ¿Invoquemos?!!!!!!!
CAPRICHO. ¡Qué barbarie!
CAPRICHO. ¿No es mejor?
CAPRICHO. ¡Claro! ¡Es cierto!
CAPRICHO. *(A otro, juego de manos).* Toque-toque...
CAPRICHO. *(Lo mismo).* Dame-dame...
CAPRICHO. *(Sigue el juego).* Quita-quita...
CAPRICHO. *(Juego parecido).* Toma-toma...
CAPRICHO. ¡Cosa vieja!
CAPRICHO. ¡La corrida!
CAPRICHO. ¡Viva el fútbol!
CAPRICHO. ¡Ya veremos!
CAPRICHO. Domestican...

CAPRICHO. Cortan muchos...
CAPRICHO. ¡No lo creo!
CAPRICHO. ¡Te lo juro!
CAPRICHO. ¿Quién lo dice?
CAPRICHO. ¡Todo el mundo!
CAPRICHO. ¡Las muchachas!
CAPRICHO. ¡Y las putas!
CAPRICHO. ¡Maricones!
CAPRICHO. ¡Y cabrones!
CAPRICHO. ¡No hay cojones!
CAPRICHOS. ¡Castraremos! ¡Castraremos! ¡Castraremos!
SANGRADORES. *(Violentos, persiguiendo a los caprichos, que huyen, se burlan, gritan).* ¡Desangremos! ¡Desangremos! ¡Desangremos!
CONDE. *(A un sangrador).* Es verdad... El secreto de la vida está en la sangre.
SANGRADOR. La devoción instintiva de la sangre...
SANGRADOR. No hay amor sin sangre.
CONDE. La sangre es el secreto de las religiones fuertes.
SANGRADOR. Por eso, la virginidad...
CONDE. ¡Ah, la virginidad! ¡Ay, esa gota de sangre!
SANGRADOR. ¡Virgo Inmaculada! ¡Virgo Potente!
CAPRICHO. ¿Qué palabra?
CAPRICHO. ¿Tú la oíste?
CAPRICHO. ¡No la entiendo!
SANGRADOR. El mundo no sabe lo que se pierde. Pero allá ellos. ¡Cambian un goce momentáneo por una verdad eterna!
CAPRICHO. ¡Ay, qué miedo!
CAPRICHO. ¡Qué concepto!
CAPRICHO. ¿La corrida?
CAPRICHO. ¡No me gusta!
CAPRICHO. ¡Huele a muerto!
SANGRADORES. ¡Desangremos!
CAPRICHOS. *(Retando a los sangradores).* ¡Venceremos!
CONDE. El culto a la Virgen se ha convertido en una farsa. Es por eso que Isabel tiene que ser mía. No puedo permitir que me roben la sangre que me pertenece. Yo le sacaré la sangre al filo de la medianoche. Estoy aquí para bañarme en su inmaculabilidad. ¡Sangría! ¡Sangremos! ¡Brindemos! ¡Anticipemos el sabor exacto de la sangre!

Los sangradores y el conde se disponen a brindar con copas de plata que han sido llevadas a escena por los mismos sangradores.

CONDE. ¡Brindemos! *(Brindan el conde y los sangradores).*
SANGRADORES. ¡Sangre, sangre, desangremos!

El texto de los sangradores se vuelve grito de guerra. Los caprichos responderán con un ensordecedor ruido de matracas. Los sangradores perseguirán a los caprichos, que huyen burlándose pero que siempre regresan en esta «batalla entre caprichos y sangradores». Durante esta escena, los sangradores repiten las palabras del brindis, «¡Sangre, sangre, desangremos!»., mientras que los caprichos gritan, deforma coral o individual, caóticamente a veces, los títulos de los caprichos de Goya. Hay una gran algarabía en escena, llegándose a un completo caos.

CAPRICHOS. «¡Que viene el Coco!»., «Muchachos al avío», «El sí pronuncian y la mano alargan», «Tal para cual», «Nadie se conoce», «¡Que se la llevaron!»., «A la caza de dientes», «Están calientes», «¡Qué sacrificio!»., «Bien tirada está», «Se le quema la casa», «Todos caerán», «Ya van desplumados», «No hubo remedio», «Se quebró el cántaro», «Ya tienen asiento», «Ruega por ella», «Mala noche», «Hasta su abuelo», «Ni más ni menos», «Mucho hay que chupar», «¡Qué pico de oro!»., «Hasta la muerte», «Subir y bajar», «Sopla», «Trágala, perro», «¡Quién lo creyera!», «Aguarda que te unten», «Linda maestra», «Devota profesión», «Mejor es holgar», «¡Allá va eso!».

ESCENA VII

En medio del caos de la escena anterior, irán entrando los personajes que participan en esta escena. El ambiente es de carnaval, y cada cual hará lo que le venga en ganas de modo al parecer espontáneo. Por la puerta central del nivel inferior entrará Segura, arrastrando a su mujer. Eva y Juanito Cosanueva por el nivel superior. Los gogós y los yeyés por diversos lugares. Algunos cantan todavía «¿Yo soy el destino de Teruel!»., lo que acrecienta la confusión. Existe un ambiente de completa desmoralización, de juerga y borrachera.

JUANITO. *(Abrazando a Eva, brindando).* ¡Brindemos por el culto de la yegua y el caballo!
EVA. *(Brindando y bebiendo).* ¡Brindemos! *(Después).* ¡Chico, pero yo no sé si puedo con tanto galopar! ¡Estoy desbocada!
SEGURA. *(Brindando y dándole empujones a su mujer).* ¡Brindemos por la vieja pelleja de mi mujer!
GERTRUDIS. ¡Ten piedad, Segura, no me tortures más! ¡Yo no he querido esto!
CALÍGULA. *(Dándole con el codo a Segura y refiriéndose a doña Fefa, que anda corriéndole atrás a un yeyé).* ¿Te has fijado como la vieja Trotaconventos saca las uñas del plato? *(Brindando).* ¡Brindemos por la eternidad de las viejas alcahuetas!
YEYÉS, GOGÓS. ¡Brindemos por el futuro de Teruel!

Se oye de pronto el pito del cartero. Por un momento la acción se congela. El pito del cartero se impone sobre el escándalo. Persiste el pito del cartero hasta que todos hacen silencio por un momento. Después, empiezan a interrogarse libremente unos a otros.

TODOS. *(Agitados, moviéndose).* ¿Cómo? ¿Qué? ¿Qué pasa? ¿Qué suena? ¿Por qué? ¿Cuándo? ¿Ahora? ¿Cómo? ¿Por qué? ¿Luego? ¿Quién? ¿Con quién? ¿A quién?

Se vuelve a escuchar el pito del cartero.

YEYÉS, GOGÓS. *(Reanudándose la movilidad).* ¡Brindemos por el pito del cartero!

Copas en alto. Risas. Todos brindan menos el conde, los sangradores e Isabel. Entra Martina. Las copas quedan en alto. Al entrar Martina, la acción vuelve a congelarse y quedan paralizados los personajes.

MARTINA. *(Con un telegrama en la mano).* ¡Señor! ¡Señora! ¡Damas y caballeros, ¡¡¡Un telegrama para la señorita Isabel!!!
TODOS. *(Agitados, moviéndose).* ¿Cómo? ¿Qué? ¿Qué pasa? ¿Qué suena? ¿Por qué? ¿Cuándo? ¿Ahora? ¿Cómo? ¿Por qué? ¿Luego? ¿Quién? ¿Con quién? ¿A quién?

Nueva parálisis de los personajes, salvo Isabel. Martina tiene la mano en alto, con el telegrama. Con naturalidad, Isabel sale del ataúd. No hay nada sorprendente en sus gestos, pero denota gran firmeza, una absoluta seguridad.

ISABEL. ¡Marsilla!

Toma el telegrama de la mano de Martina, que no se mueve. Como los otros personajes, está petrificada. Isabel abre el telegrama y lo lee. Larga pausa.

ISABEL. ¡Brinden otra vez! ¡Antes de la medianoche Marsilla ya estará en Teruel!

Una luz blanca comenzará a caer sobre Isabel, como si se tratara de un milagro. Todo el resto de la escena se oscurece.

ISABEL. *(Al frente, intensamente iluminada, es un foco brillante, enceguecedor).*
En mi pecho late un ave
que vuela transparente
inmaculada fuente
intocable presencia
constante transparencia
segura de mi amor.
Recuerdo de una fuente
que nunca detenida
podrá volverse cuerpo,
ni hombre que lo palpe,
tener en él sosiego
reposo ni cabida.
Tan solo tiene fuero
la forma que no tenga
materia consentida
sino la transparencia
segura del amor.
Tan solo tiene cuerpo
acá dentro del pecho
amado que transite
diciendo la palabra
segura del amor.
Amor que no se manche
con carne ni con oro,
con sangre ni pecado

con tacto y con sentido,
sino solo el latido
seguro del amor.
Amor que no lo puede
la carne que lo toca.
Amor alado en ave
que sube y que se eleva
Amor que mano aleve
ni turba ni condena.
El tacto del deseo
ni puede ni lo toca.
Amor que es solo pura
cadencia de la aurora
amor amor amor
de mancha liberado
amor amor amor
de sexo no otorgado
amor amor amor
regazo así sagrado
amor amor amor
tu fuerza tan potente
el áncora se siente
intacta inmaculada
clemente poderosa
castísima purísima
amor amor amor.

El foco de luz que cae sobre Isabel va perdiendo brillantez hacia el final del texto lírico. Una especie de niebla romántica la rodea, envuelta en vapores que inundan la parte inferior del escenario. Se oye un coro distante que canta «Amor, amor, amor», mientras que lentamente, entonada por los yeyés y los gogós, va entrando una melodía, de otro carácter, la conga «Ay caballero, esto le zumba». En lo alto reaparece el conde, envuelto en la capa totalmente roja, con un puñal en la mano que coloca hacia la ingle. Lo envuelve una luz rojiza.

CONDE. ¡De sangre amor, amor de sangre!
¡Detén la luz que te ilumina
y enciende la sangre que me llama!

El contrapunto coral se intensifica.

GOGÓS, YEYÉS. *(Van entrando gradualmente en escena, procedentes de la platea. Voces distantes, tímidas).* «¡Ay caballero, esto le zumba, apenas sintió la conga el muerto se fue de rumba!».
CONDE. ¡No hay derecho, no, que te me vayas,
cuando el fuego que llevo te reclama!
¡Comprende que soy de sangre río!

¡Que te amo con fuego que quema la garganta
y entona el fuego el canto que te digo!
¡De sangre amor de sangre, amor de fuego!
¡Quémate en mi llama fuego mío!

Una luz roja muy intensa envuelve al conde. Se impone la conga.

ESCENA VIII

Tan pronto la conga llega a su clímax, de entre el público cargado por los sangradores, entra un féretro. Es el cadáver de Marsilla. Lo colocan junto al féretro de Isabe, verticalmente. Los yeyés y los gogós empiezan a entonar, muy por lo bajo, la melodía de «¡Yo soy el destino de Teruel!». Esta melodía irá en crescendo ahora, entonada por todos los personajes, que vuelven a escena, también de modo gradual. El tono habrá cambiado volviéndose triste y lúgubre. Isabel aparece ahora con el velo de novia que la envuelve con efecto de espuma.

CAPRICHO. ¡Muerto! ¡Muerto!
CAPRICHO. ¡Qué regreso!
CAPRICHO. ¡Vaya gusto! ¡Vaya cuento!
CAPRICHO. ¡Qué barbarie!
CAPRICHO. ¡Muerto! ¡Muerto!
CAPRICHO. ¡Yo lo vide! ¡Yo lo oíde!
CAPRICHO. ¡En la caja!
CAPRICHO. ¡Vaya boda!
CAPRICHO. ¡Sin festines!
CAPRICHO. ¡Sin toquines!
CAPRICHO. ¡Yo lo siento!
CAPRICHO. ¡Muerto! ¡Muerto!
CAPRICHO. ¡Esta boda!
CAPRICHO. ¡De los muertos!
CAPRICHO. ¡Qué lujuria!
CAPRICHO. ¡De los huesos!
CAPRICHO. ¡Calaveras!
CAPRICHO. ¡Colorines!
CAPRICHO. ¡Muerto! ¡Muerto!

Lentamente empiezan a sonar las doce campanadas de la medianoche, espaciadas hasta el momento de la muerte del Conde de Luna.

CAPRICHO. ¡A la hora!
CAPRICHO. ¡En la fecha!
CAPRICHO. ¡Puntualine!
CAPRICHO. ¡Pero incierto!
CAPRICHO. ¡Muerto! ¡Muerto!

Gradualmente, mientras cantan, los personajes se irán distribuyendo hacia un lado y otro del escenario. Se irán dando de la mano, formando dos cadenas, una a la derecha, otra a la izquierda, que irá del nivel inferior al superior. Todos entonan «¡Yo soy el destino de Teruel!». en el tono indicado. El Conde de Luna estará arriba, en el nivel superior, directamente sobre los féretros de Isabel y Marsilla, sin cantar.

ISABEL. «¡Madre del alma!».
   «Vedle allí».
   «¡Justo Dios! Inmóvil…».
   «¡Muerto!».
   «Cumplió» el destino «su feroz venganza»
   mas «no lo mató el honor ni la venganza».
   Ni «punta sutil envenenada».
   «Donde estuviera» amor, «¿quién lo tocara?».
   «Mi desgraciado amor, que fue su vida.
   Su desgraciado amor es quien le mata».
   «Por todo el cielo… El cielo que en la vida nos aparta.
   Nos unirá en la tumba».
   «Marsilla
   un lugar a su lado me señala».

Isabel se coloca sobre el rostro el velo de novia. Entra en el féretro con naturalidad. En lo alto, se escucha el lamento del Conde de Luna, que levanta el puñal.

CONDE. Yo no quiero vivir, morir me siento
   al morir la que para mí era la vida
   y así tiene que cumplirse mi destino.
   Romántico incurable de la sangre,
   en tu muerte mi sangre está cautiva.

Se entierra el puñal dentro del pecho.

CONDE. ¡Esta punta sutil envenenada
   es la sierpe feroz que me aniquila!

Tira la capa roja en medio del escenario.

TODOS. *(Tono lúgubre).* «¡Yo soy el destino de Teruel!». «¡Yo soy el destino de Teruel!».

La cadena se irá cerrando. En el plano superior la cierran los sangradores, por detrás del cadáver del Conde de Luna. Los laterales estarán dominados por los caprichos, después yeyés y gogós, hasta que en el nivel inferior se darán la mano los restantes personajes, uniéndose finalmente, al frente, Eva y Juanito Cosanueva. El féretro de Isabel y Marsilla no quedará oculto, sino que se destacará por encima de los otros, aunque están encerrados dentro del círculo que los otros han formado a su alrededor.

TODOS. *(Cantan).* ¡Yeayeayea, yo soy el destino de Teruel!
　　¡Yeayeayea, yo soy el destino de Teruel!
　　La última noticia que yo tengo,
　　la tengo, la tengo que contar.
　　La última noticia que yo tengo,
　　la tengo, la tengo que contar.
　　La muerte por amor la llevan presa,
　　la acusan de pecado capital.
　　¡Ay Teruel, tú no escaparás!
　　¡Ay Teruel, tú no escaparás!

Se repite. El escenario se irá oscureciendo. Una enceguecedora y brillante luz blanca cae sobre los cadáveres de Marsilla e Isabel; una intensa luz roja, sobre el cadáver del conde. Después, cae el telón.

LA NAVAJA DE OLOFÉ

1981

Lugar de la acción: Santiago de Cuba. Primera mitad del siglo XX. Época de los carnavales.

Personajes: Un hombre y una mujer. Ambos son mulatos. Él tiene unos veinte años. Ella tendrá unos cuarenta o cincuenta años. Por momentos resultará muy atractiva, pero en otros instantes dará la impresión de estar prematuramente envejecida. No deben llevar máscara.

Escenografía: Al fondo, puerta tradicional de la Cuba colonial, de persianas con arco de medio punto y vitrales de varios colores. La escenografía tendrá tres áreas de acción que ayudarán a establecer la correlación dual de los personajes.

CAMA

SILLÓN		ESPEJO

La cama, al centro, representará el área de la sexualidad, el foco de las relaciones eróticas entre El Hombre y La Mujer, que llevará a la castración.

El sillón es básicamente la zona de La Mujer envejecida, desplazada, como madre a veces. Como la amante, la acción tendrá lugar en el lecho. Al lado opuesto el área narcisista del espejo.

Al iniciarse la acción se escuchará la música de las comparsas santiagueras durante los carnavales. Ritmo de tambores. Fuegos artificiales podrán iluminar la escena en ocasiones. Este elemento musical, afrocubano, podrá utilizarse a libertad del director, enriqueciendo el montaje del modo que se estime pertinente, dándole mayor dimensión al espectáculo, con otros participantes corales, enmascarados o no, que podrían utilizarse pero que no están señalados en el texto.

Al descorrerse el telón, el hombre se estará afeitando ante el espejo con una navaja de barbero. Al lado del espejo, una mesita de noche, con una palangana pequeña de losa, preferiblemente blanca, y la utilería necesaria para afeitarse. El hombre está en camiseta blanca, o sin camisa, vistiéndose. Pantalones inmaculadamente blancos. El acto de vestirse nunca se llevará a efecto. Los detalles quedarán a libertad del director. En algún momento retocará con algún cuidado unos zapatos de dos tonos. También podrá haber una percha, de la que cuelgue una guayabera, también blanca. El área del espejo es el área del hombre donde se desarrolla el acto narcisista de adorarse a sí mismo.

Olofé debe ir con acento. Corrupción de Olofé, que generalmente va sin él.

MUJER. *(Al entrar, en plan de mujer agresiva. Blusa escotada. Tal vez con un chal, estola o pañuelo, de un solo color, amarillo, que es el color de Ochún, o azul, que es el de Yemayá, que la cubra o descubra, de acuerdo con las transformaciones del personaje, y el proceso de envejecimiento).* ¿Te vas? ¿Ya te estás vistiendo?
HOMBRE. *(Descarado, chocante).* ¿Qué te parece? ¿Que me peino o que me hago papelillos?
MUJER. Pero el Viejo no ha llegado todavía… *(Insinuante).*
HOMBRE. ¿Y…?
MUJER. Andará emborrachándose en la bodega de la esquina…
HOMBRE. ¿Para qué?
MUJER. *(Se acerca. Lo acaricia).* Nada…
HOMBRE. Nada. Eso es lo que te digo.
MUJER. *(Mismo juego).* Nada… Rico… *(Se separa y se tira en la cama, pero provocante).* ¡Ven…! ¡Otra vez…! ¡Mira…!
HOMBRE. *(La mira a través del espejo, indeciso, pero después la rechaza. Se sigue afeitando).* ¡No, carajo! ¡Déjate de tanta putería!
MUJER. *(En el lecho, en éxtasis, pero con desasosiego)* ¡Santiago está que arde! ¡Changó se ha tirado para la calle! *(Se levanta)* No se puede dar un paso… *(Baila)*
Oculé Mayá, Oculé Mayá,
Negro prieto, ¿dónde tú estás?
Oculé Mayá, Oculé Mayá,
Negro prieto, ¿dónde tú vas…?

(A medida que canta y baila, va ocurriendo una transición, y La Mujer va envejeciendo. Se acerca al sillón, y sin sentarse, empieza a mecerlo cantando una canción de cuna).

Drume, drume changocito
Que Yemayá te quiere a ti…
Drume, dume Changocito
Que Ochún pregunta por ti…

(Se sienta en el sillón, ya envejecida). Ten cuidado, hijo. No tomes mucho esta noche y ten cuidado de la navaja, que tiene la media luna.

HOMBRE. Cuentos, mamá, cuentos…
MUJER. Esa vida que tú lleva tiene forma de cuchillo. Me lo dijo Olofé, vestido de mariposa. *(Canta).*

Drume, drume Changocito
que Yemayá tiene un regalito…
Drume, negro bonito,
que no se despierte mi changocito…

HOMBRE. ¿Y desde cuando Olofé se viste de mariposa? Será por los carnavales. La gente se desbarata con estas fiestas. Y yo también, pero no me muero. Dile Olofé que se vista de negra vieja…

MUJER. ¡Pero yo no, negrito de azúcar prieta, porque soy Olofé vestido de negra vieja!

HOMBRE. *(Mirándola a través del espejo)* Mírate al espejo, negra,
   un pasito para lante y otro para atrás…
(Como sacándola a bailar). No te quedes en la acera,
que te pueden pisotear.

MUJER. *(Transición, rejuvenecida, de pie).* La fiesta… La conga… La rumba… El toque de tambores…

HOMBRE. ¡Hay que arrollar! ¡Nadie puede quedarse en casa!

MUJER. *(Bailando, cantando).* Hay que echar un pie, mi santo,
Hay que echar un pie, mi macho,

HOMBRE. *(Bailando, cantando).* ¡Por un lado y por el otro!
¡Por arriba y por debajo!

MUJER. *(Transición, como vieja loca, violenta).* ¡Pero yo no, que soy gandinga con quimbombó, güiro sin agua! *(De pronto cae de rodillas, levanta los brazos y grita).* ¡Olofé, Olofé, sácame del pozo donde me has metido! *(Transición, grotesca. De rodillas, se acerca al hombre en el área del espejo, como quien va a un santuario. Canta grotescamente).*
¡Tú ves, yo no puedo caminar!
¡Tú ves, ya yo no puedo sinchar!
¡Tú ves, que yo soy negra mandinga!
¡Tú ves, que yo soy negra sin dinga
y no sirvo para na! ¡Y no sirvo para nada!

HOMBRE. *(Le da un empujón o una patada)* ¡Coño, que te voy a mear toda!

MUJER. *(Arrastrándose llega al lecho).* ¡Olofé… Olofé… que soy negra sin… dinga…! *(Transición. Riendo).* ¡Ay, pero que lindo era Olofé cuando venía por las nubes! ¡Encuerito y sin taparrabos! La madre, la vieja Olofé estaba por las nubes que ya iba a llover, y le decía llorando, porque eran lágrimas: ¡Tápate el rabito, Olofé, porque las perras te lo van a comer! Y Olofé no lo quería creer, porque Olofé el Padre le había dicho: «Mira, Olofé, no le hagas caso a los cuentos de Mamá Olofé, porque siempre hay rabo, que sigue viviendo aunque se lo corten a la lagartija!». Y Olofé era dueño del mundo, pero la vieja Olofé, mamá Olofé, lloraba y por eso empezó a llover y se hizo agua… Pero… ¡Olofé se reía del agua! *(Hipnóticamente, el hombre deja de afeitarse. La mira a través del espejo).* ¡Ven, Olofé, le decía la montaña, que estaba partida en dos por el valle! ¡Ven, Olofé, que yo soy Tierra Olofé, la que lo tiene todo! ¡Mira estas dos cumbres, Olofé, rico, machito sabroso, chulito de la lengua! ¡Mira estas cumbres, Olofé, y se tocaba la punta de los senos! ¡Yo soy Tierra Olofé, y recorría la mirada por la montaña y bajaba al valle y entonces bajó, porque tenía hambre!

HOMBRE. *(Volviéndose)* ¿Cómo era Tierra Olofé?

MUJER. ¡Cómo la estás viendo! ¡Ven, Olofé, muñecón de la ceiba, tronco de palma, aguardiente de caña, melao de Santiago! Ven Olofé para que recuerdes a Tierra Olofé…! ¡Recuerda Olofé… Haz memoria, negrito lindo…

HOMBRE. *(Ensimismado).* ¿Olofé?
MUJER. Tierra Olofé.
HOMBRE. *(Ido).* ¿Olofé?
MUJER. *(Ya junto a ella, en la cama).* ¡Olofé era todo! ¡Todo lo era y todo lo es! Todo lo tenía y todo lo daba. ¡Ven, tócame Olofé! ¡Olofé soy yo! ¡Olofé eres tú! ¡Olofé es la cama! ¡Olofé! ¡Olofé! ¡Tiene de todo y da de todo! ¡El agua y el fuego! ¡Ahora y siempre! ¡Entrega y coge! ¡Quiere y se deja querer! ¡Sube y baja! ¡Besa y se deja besar! ¡Corre y salta! ¡Quiere y se deja querer! ¡Toca y se deja tocar! ¡Canta y baila! ¡Huele y se deja oler! ¡Come y se deja comer! ¡Olofé eres tú! ¡Olofé soy yo! ¡Vuela y nada! ¡Nada en el agua! *(Ella deja caer la cabeza hacia atrás y él está a punto de besarla. La posición es de la cópula, pero se distorsiona y la cabeza de ella cae hacia atrás, colgando fuera del lecho. Ella, con la voz angustiada ya, agrega:)* ¡Nada... en el... agua!
HOMBRE. *(Él se va incorporando, todavía sobre ella, dejando ver su torso desnudo, en la misma posición).* ¡Nada... en el... agua...! *(Se separa, vuelve al espejo y se mira).* ¡Olofé soy yo!
MUJER. *(Separándolo abruptamente)* ¡No, eso no!
HOMBRE. Niño que no llora no mama, coño
MUJER. *(Alejándolo).* Luego... Más tarde... *(Incorporándose).* Un dolor de cabeza... Una pesadilla... No te puedo decir *(Transición).* ¡Como pasa el tiempo! Todavía me acuerdo cuando jugabas a la pelota y cuando te llevaba al colegio, que nunca te gustó. *(Está sentada al borde de la cama. Se pone de pie y se dirige al sillón).* ¡Ay, hijo, como me duelen las piernas! *(Se va acercando al sillón y canta tristemente)*
Oculé Mayá, oculé Mayá,
Negro prieto, ¿dónde tú estás?
Oculé Mayá, oculé Mayá,
Negro prieto, ¿dónde tú vas?
(Se deja caer en el sillón). Todavía recuerdo a la maestra aquella, ¿cómo se llamaba? ¿Juana María?, que venía siempre a darme quejas de ti... Y parece que todo fue ayer... Pero no, fue hace, hace mucho tiempo... ¿no es verdad?
HOMBRE. No sé, no lo recuerdo...
MUJER. Y ahora, eres un hombre hecho y derecho... Ten cuidado... Esas mujeres te tienen trastornado el seso...
HOMBRE. *(Malhumorado).* No empieces con lo de siempre.
MUJER. *(Rabiando ahogadamente).* Los viejos a fregar... A la batea y a la cocina... Los otros a bailar y a desnudarse...
HOMBRE. Así es la vida.
MUJER. Las mujeres hoy son malas, hijo. Tienes que cuidarte.
HOMBRE. Que se cuiden ellas de mí...
MUJER. *(Desdeñosa).* Como decía mi madre... Hijos, ni de plátanos...
HOMBRE. Mira, vieja, yo no voy a seguir amarrado a tu falda para siempre.
MUJER. Ten cuidado, hijo. Esas mulatas jóvenes, que se desnudan en un dos por tres, son candela y puedes quemarte... ¡Acuérdate que te lo vengo diciendo hace mucho tiempo! ¡Putas, hijo, eso es lo que son! ¡Putas! ¡Jóvenes y putas!
HOMBRE. No faltará alguna medio vieja.
MUJER. *(De pie, irritada, pero todavía junto al sillón).* ¿Qué quieres decir?
HOMBRE. Lo que oíste.

MUJER. Aguantar... ¡Maldita sea! ¡Bonito papel...! ¡Qué papelazo! Los viejos a cuidar a los nietos mientras ellos van a divertirse tras las comparsas! *(Añorando. Camina hacia el espejo).* ¡Qué lejos están mis tiempos! Aquellas noches... El santo se me subía... Alcohol noventa con gotas de limón... ¡Ay hijo, si hubieras conocido a tu madre en otros tiempos! Es muy triste verse como yo me veo. Pero si fuera joven gozaría, ¿sabes? Yo también tuve mis buenos tiempos. Sería... una de ellas... ¡Sí, hace tanto tiempo! *(Transición).* Aún recuerdo cuando aprendiste a caminar. Eras un lindo mulatico, gracioso, y todo el mundo tenía que ver contigo. Te pasabas la vida pegado a mis faldas y cuando tenías miedo hasta te metías debajo de ellas... Allí aprendiste algunas cosas, tal vez... Entonces era yo la que iba a las comparsas... ¡Entonces era yo la que se miraba ante el espejo! *(El hombre está en la cama y poco a poco se dejará llevar por el texto de la mujer, como si él recordara también, en un doble plano de niño y de hombre).* Aquella noche... El Viejo no estaba en casa y tú te habías quedado dormido en mi cama, porque tenías miedo y te pegaste a mí... Entonces tocó a la puerta, con un silbido creo yo, y tú seguías dormido allí como un angelito... Yo no quería abrir... Y sabía que el Viejo no iba a ser porque se estaría emborrachando en el café... ¡Un borracho de mierda! ¡Un viejo chocho! *(Pausa muy breve).* Tocaba suavecito y yo sentía aquel toque por todo mi cuerpo, como si me estuviera acariciando antes de llegar... Desde hacía tiempo me tenía mirando: en la bodega de Felipe, en la frutería de Panchito, no sé... Y me decía aquellos piropos indecentes que tanto me gustaba oír... Después yo venía y me encerraba contigo, y te empezaba a cantar... «Drume, drume Changocito...». Pero no, no servía, no podía ser... Y por eso no importaba que yo me mirara o me dejara de mirar, porque la mirada ya la tenía dentro y me acariciaba todo el cuerpo... *(Está mirando al hijo a través del espejo. Se vuelve y se acerca al lecho).* Entonces me levanté y te dejé dormido, como un angelito, y yo caminé hacia la puerta, pero no tenía que abrirla, porque sabía que ya se había metido en la casa. Que ya estaba aquí. Me di cuenta que estaba aquí, en el cuarto, en la cama, y cuando abrí la puerta estaba ahí, el mismísimo Olofé, más bello que nunca, más bello todavía a como lo había visto siempre dentro de mi cabeza. Porque no era el viejo medio cañengo de la bodega, no, no era él. Era Olofé. Y me dijo todo aquello que ya tú sabes: «¡Ven, tócame Olfé! ¡Olofé soy yo! ¡Olofé eres tú!». *(La posición es similar a la secuencia anterior, pero los papeles se han invertido y la mujer está sobre el hombre. Ahora el tiene la cabeza hacia atrás. Ella, erguida y hermosa, grita casi).* ¡Yo soy Olofé!

HOMBRE. *(Violentamente, separándose).* ¡Tú eras Olofé!

MUJER. *(Pausa. Ella canta a modo de lamento:)*
>Oculé Mayá, oculé Mayá,
>Negra prieta, ¿dónde tú estás?
>Oculé Mayá, oculé Mayá,
>Negra prieta, ¿dónde tú vas?

Los negros a fregar... A la batea y a la cocina... Los otros a bailar y a desnudarse...

HOMBRE. *(Cantando con otro tono).*
>Oculé Mayá, oculé Mayá,
>Negra prieta, ¿dónde tú estás?
>Oculé Mayá, oculé Mayá,
>Negra prieta, ¿dónde tú vas?

MUJER. *(Transición, en plano de mujer celosa).* Estoy cansada de esto, ¿sabes? Estoy hasta el último pelo de que me dejes con las ganas y te vayas con las otras.

HOMBRE. Vamos, déjate de celos. Tú sabes que solo te quiero a ti.
MUJER. Eres un gallo de cresta colorada. Bien sé que me estás mintiendo como si fuera la gallina más vieja del corral.
HOMBRE. Vamos, no te pongas así con tu negro lindo.
MUJER. ¿Negro lindo? ¡Negro sinvergüeza querrás decir!
HOMBRE. *(Abrazándola).* El que te da donde más te gusta.
MUJER. ¡Déjame! ¡Suéltame!
HOMBRE. ¡Tú te lo pierdes!
MUJER. *(Vuelve al sillón. Se mece, como vieja).* Los viejos a fregar… a la batea y a la cocina… Los otros a bailar y desnudarse… El recuerdos… Los calderos y los gritos… Los nietos…
HOMBRE. Esta noche te voy a mandar a hacer los más lindos. Dentro de nueve meses las gallinas santiagueras empezarán a poner huevos gigantes de los que saldrán alegres gallos colorados.
MUJER. Sí, para eso tú crees que estoy. ¡Sinvergüenza! Para cuidar los hijos de esas mujerzuelas. Pero te equivocas. No lo voy a aguantar.
HOMBRE. Ya te veré comiéndotelos a besitos. Los tendrás hasta metidos debajo de la falda, como me tenías a mí.
MUJER. Créete tú eso. Hoy soy una vieja que ya no sirve para nada. Estoy hecha un guiñapo. Mis manos tienen callos de tanto darle a la batea. Han trabajado mucho para ti. ¡Qué vida tan miserable! ¡Qué hijos tan mal agradecidos!
HOMBRE. Todavía tienes sandunga, Vieja. Lo que tienes que hacer es irte para la calle a echar un pie con el Viejo.
MUJER. *(Como si no supiera quién es. Desconcertada, ida).* ¿El Viejo?
HOMBRE. Cuando no hay pan se come casabe.
MUJER. No, antes no era sí, no puedo…
HOMBRE. Pero, vamos, no te pongas así… ¡Eres mi Virgencita del Cobre!
MUJER. ¿Olofé?
HOMBRE. Oye, vieja, yo creo que a ti te falta un tornillo.
MUJER. ¡El Viejo! ¡El Viejo no es Olofé!
HOMBRE. *(Violento)* ¡Al carajo con Olofé! Que si Olofé esto, que si Olofé lo otro, que si Olofé lo de más allá. Tu viejo es Olofé.
MUJER. *(Furiosa, se pone de pie)* ¡Hijo de puta! ¡Te voy a entrar a galletas!
HOMBRE. ¡Vamos, cálmate! No te pongas así, porque no irás a ninguna parte. Oye lo que te digo. Alegra esa cara y no trates de meterme miedo. Esa guapería no vale conmigo. Ya estoy demasiado mayorcito para que me vengas con esto. Lo que pasó pasó. Me voy porque sí, y lo otro tienes que darlo por terminado.
MUJER. Sí, lo veo… Lo veo… Estoy gorda, gorda y vea como una lechona vieja… Gorda y fofa… Ya no me quieres…
HOMBRE. No es para tanto…
MUJER. Gorda y fofa…
HOMBRE. No hay que exagerar…
MUJER. Ya no me quieres.
HOMBRE. Y si no te gusta el Viejo, hay otros de medio tiempo.
MUJER. ¿Qué hombre ahora querrá acostarse conmigo? ¿No te das cuenta? Te entregué mi juventud… No, no te burles de mí… Pero tú sabes que yo aquí, en la cama, a la medianoche, es como si fuera otra mujer… ¡El Viejo! ¿Cómo te atreves a decir tal cosa?

HOMBRE. Porque es tu marido, ¡coño!
MUJER. ¿Y eso que tiene que ver? ¿Acaso no le he pegado los tarros?
HOMBRE. Porque se te ha metido eso en la cabeza: que yo soy Olofé. Y no es cierto. Mira a tu alrededor y verás otros como yo, que no saben lo que yo aprendí. ¡Oye, piensa! No tienen experiencia y tu podrás ser su maestra. Tú le enseñarás a ser Olofé. Razona. Piénsalo dos veces. No hay mal que por bien no venga. El Viejo está chocho y no le importa quién sea o deje de ser.
MUJER. Pero a mí sí… No creas que te vas a salir con la tuya. No será tan fácil terminar como a ti te dé la gana, porque cuando le empecé a pegar los tarros contigo.
HOMBRE. Con el otro… con el de la casa de al lado… con todo el vecindario…
MUJER. Contigo o con el otro… Ninguno se despegaba de mí… De aquí no salía nadie, con careta o sin careta, la noche del carnaval… Y ahora así, irte, enseñarle a las otras lo que aprendiste conmigo.
HOMBRE. *(Canta)*.
Oculé Mayá, oculé Mayá,
Negra prieta, ¿dónde tú vas?
MUJER. *(Chancletera)*. Sí, canta, diviértete, ponle la musiquita… «Negra prieta, ¿dónde tú estás?». Búrlate de mí… Pero hijo, neno, machón, eso se oye, se escucha todos los días… En la bodega de Pancho, en la carnicería de Felipe, en la quincalla de Paulina… La novela del mediodía… La marquesa, que se los pega al senador… con el chofer… El chulito que sube como la espuma y se hace representante por la oposición… El ginecólogo que se acuesta con la condesa, con la hija y con la enfermera… El abogado que vive con la secretaria… La señorita que dejó de serlo por una visita inesperada del tamalero… Lo que yo digo… Lo de todos los días… Y después, adiós, si te he visto no me acuerdo… ¿Acaso no me lo has dicho muchas veces? Lo sé… Me lo sé de memoria… La escena de celos… Que si hay una señorita decente, de buena familia, hija del alcalde, a la que por un descuido has preñado… Una encerrona, en fin… ¿Qué puede hacerse? Que si antes te burlabas de él, del Viejo, ya ahora te burlas también de mí… No, no me lo digas si no quieres… Aquí hay espejos, ¿sabes? Me puedo ver, cosa linda, chulito de mala muerte… Antes se los pegabas a él… Ahora me lo pegas a mí… Dos y dos son cuatro… El cabrón, la cabrona y el chulo de a peseta que acabó en Caballero de Colón… ¡Qué historia! ¡Qué novelón radiofónico!
HOMBRE. La vieja que me daba la teta.
MUJER. Y el niño que se la chupaba toda.
HOMBRE. Y el otro, que se la venía a quitar, que se la robaba a la mañana y a la medianoche. Siempre, siempre me quedaba con hambre…
MUJER. ¡Porque era un niño que se las traía!
HOMBRE. ¡Todo para mí! ¡No me quedaba conforme con nada!
MUJER. ¡Dímelo a mí!
HOMBRE. No, no era yo… Era Olofé. Canta:
Oculé Mayá, oculé Mayá,
Negra prieta, ¿dónde tú estás?
Oculé Maypa, oculé Mayá,
Negra prieta, ¿dónde tú vas?
MUJER. Ahora no, Olofé, que al nene le toca la teta…
HOMBRE. ¡Cabrón, desvergonzado, hijo de puta…! ¡A mí, a mi era a quién le pegabas los tarros! Venía así, encuero, delante de mí con el rabo en alto…

MUJER. *(Burlona)*. ¡Vamos, déjate de celos, tú sabes que solo te quiero a ti!
HOMBRE. Hasta que aquella noche yo lo dejé sin cabeza…
MUJER. ¿Aquella noche? No entiendo, Olofé. ¿Qué quieres decir?
HOMBRE. Era muy fácil de saber… *(Acercándose a la cama)*. Como venía cantando, se podía oír. Además, estaba dentro de ti…
MUJER. ¡Qué niño tan pícaro! Si tú supieras, algo me imaginaba yo, porque a ti te gustaba que te diere muchos besitos… Entonces, ¿era Olofé?
HOMBRE. Yo no estaba dormido. Me había metido en la cama para despertarme y cuando empezó a silbar «negra prieta, ¿dónde tú estás?»., yo empecé a dejarlo silbar por mi boca…
MUJER. ¿Tú? ¿Entonces, por eso, lo tenía tan cerca? Y él, que no es bobo, ¿no se daba cuenta?
HOMBRE. No, porque le gustaba tanto que mientras más me gustaba a mí más se creía que era Olofé.
MUJER. ¡Qué inmoralidad! ¡Qué historia tan indecente!
HOMBRE. *(Está ya en la cama)*. ¿Comprendes? Si yo hacía aquello contigo, entonces era yo el que se los pegaba a Olofé.
MUJER. Y yo así, de inocente, sin darme cuenta. Las mujeres, como siempre, somos juguetes en manos de los hombres.
HOMBRE. Claro, pero lo escuchabas tan cerca que se te iba metiendo dentro. Y yo lo sentía todo igual, idéntico, porque en tu carne ya se había metido Olofé, pero esta vez era yo Olofé y todo el aire que se respiraba en el cuarto era el aire de Olofé.
MUJER. ¡Qué locura! ¡Qué cuento de caminos! ¡Santo Dios! ¡La negra conga vuelve otra vez con su teología yoruba! ¡Chismes, mentiras, supersticiones, habladurías de la gente! Tu abuela era negra, tinta y retinta; pero tu abuelo era blanco y reblanco, católico, apostólico y romano. ¿Cómo puedes hacerte eco de esas historias de Olofé?
HOMBRE. Cuando te quedaste dormida…
MUJER. Imposible. ¿Quién cantaba la canción de cuna? ¿Eras tú o era yo? Y además, piénsalo bien, en aquel tiempo eras muy pequeño… Yo te bañaba y sabía que eras muy pequeño… Imposible, imposible… No pudiste ser Olofé…
HOMBRE. *(Sacando la navaja y colocándosela en el cuello)*. Eso lo sabía yo, pro yo tenía la navaja, y el que tuviera la navaja iba a ser Olofé.
MUJER. ¡No, no, eso no puede ser!
HOMBRE. Yo me había visto en el espejo y había visto a Olofé. *(La acaricia con el filo de la navaja)*. Él tenía lo que yo quería tener…
MUJER. *(Riendo)*. ¡No, no, lo que yo quería tener!

Lo acaricia hasta quitarle la navaja. A partir de este momento el juego de la navaja se repetirá una y otra vez, sexual y amenazante, a discreción del director.

HOMBRE. Cuando entró en el cuarto hizo lo de siempre. Como siempre estaba desnudo no tuvo que quitarse la ropa.
MUJER. Es cierto. Son costumbres de Olofé. Malas costumbres de Olofé.
HOMBRE. Cuando abrí la puerta todo estaba a oscuras. Yo, que había estado contigo, tenía tu perfume y todo el perfume era el perfume de Olofé. ¿Comprendes? No nos podíamos reconocer.
MUJER. Acabarás mintiendo. Acabarás diciéndome que quería acostarse contigo y que tú querías acostarte con él.
HOMBRE. Yo quería lo que tenía él.

MUJER. Esa no es razón suficiente.

HOMBRE. Sí, porque con lo que él tenía yo te podía tener.

MUJER. *(Suspirando)*. ¡Lo que tiene Olofé! ¡Ay, quién tuviera aquí lo que tiene Olofé! No, no lo entiendes, no puedes entenderlo… ¿Quién puede comprenderlo? Porque es anterior a ti… Todas las noches, antes de que tú vinieras al mundo, ya existía Olofé… Eso te lo he explicado una y otra vez… Cuando rezaba por las noches… Cuando le rezabas a Olofé… Comprende, era papá Olofé…

HOMBRE. Cada oración, cada palabra, cada letra, me incitaba contra Olofé… Me dormías con los rezos, pero entre sueños yo lo podía ver.

MUJER. *(Riendo)*. ¡Olofé, ahora no, Olofé! ¡Que me duele la cabeza, Olofé! ¡Luego, luego Olofé! ¡Deja esa cosa, Olofé! ¡Que viene el viejo Olofé, Olofé! ¡Sigue! ¡Déjame! ¡Sigue, sigue, Olofé! ¡No te vayas, Olofé! *(Transición. Saliendo del éxtasis que representa la evocación)*. No, no puedes comprenderlo. Porque, no creas, ni siquiera tú… Ni siquiera tú has podido… has podido como Olofé… Y no lo digo por ofender.

HOMBRE. *(Sacudiéndola)*. ¡Comprende, comprende de una vez, yo tenía la navaja para hacer mío lo que tú querías de Olofé!

MUJER. *(Riendo)*. ¿Ahora? ¡No, no, Olofé, si lo haces te verá Olofé, que está dentro ti! Por favor, hazlo por Olofé, que nos está mirando en el espejo… ¿Ahora? ¿Delante de él? ¡No, no puedo…! ¡Pero es Olofé, tu propio hijo Olofé! ¡Me da pena, me da vergüenza! ¡No me desnudes enfrente de Olofé, Olofé! Cuando me acostaba contigo, te creaba a ti, Olofé!

HOMBRE. *(Violentísimo, como si alguien estuviera ante el espejo, dentro del espejo)*. ¡Cabrón, cabroncito, hijo de puta, que se te ven los tarros!

MUJER. ¡No te pongas así, Olofé!

HOMBRE. *(A ella)* ¡Canalla! ¡Hija de puta!

MUJER. *(Violento, él la sacude brutalmente, pero esto no hace más que acrecentar su voluptuosidad)*. ¡Así, duro, fuerte, Olofé! ¡Mátame, tritúrame, acaba conmigo!

HOMBRE. ¡Oye! ¡Escúchame! Aquella noche… Cuando tú creías que yo estaba dormido… *(Enseñando la navaja)*. Afilada, cortante, en el cuerpo me la había escondido. El muy canalla… El muy hijo de puta… En la cama… Así… Con las piernas abiertas… *(Le da una vuelta por los cabellos. Ella se queda sobre él. El queda con la cabeza hacia atrás, caída y distorsionada hacia el público)*. Entiende, entiende de una vez. No lo reconociste. Porque cuando tú llegaste, ya yo tenía puesto lo que tenía Olofé.

MUJER. No, yo soy Olofé.

Ella levanta un brazo que tiene libre. La tiene agarrada por los cabellos, pero como la cabeza está caída hacia atrás, no puede verla. En la mano ella tiene la navaja de Olofé.

HOMBRE. Entiende, entiende de una vez. ¡Yo tengo lo que no tiene Olofé! Ahora es mío. Ahora lo tengo yo. Ahora yo soy, para siempre el hijo de Olofé. ¿No lo ves? ¿No lo reconoces? ¡Es Olofé!

MUJER. Es mío y ya no puedes irte. ¡Yo soy la que tiene lo que tiene Olofé! ¡Yo soy la Tierra y el Cielo! ¡Yo tengo la espada de Olofé!

Baja el cuchillo y castra a Olofé. Apagón rápido.

EXILIO

1987

Personajes

(Por orden de aparición)

Miguel Ángel
Victoria
Rubén
Román
Beba (La Gorda)

Todos tienen alrededor de treinta años al iniciarse la obra.

Primer Acto

La acción del Primer acto se desarrolla en un apartamento en Nueva York a principios de noviembre de 1958. Hay un sofá con dos butacas, una mesa de centro, dos mesitas con lámparas a cada lado del sofá. A un lado del escenario hay una mesita con una máquina de escribir portátil, una silla y un librero. Pocos adornos, pero los que hay son de mal gusto. Al fondo y al centro se ve una chimenea donde hay un aparato de calefacción. Sobre la repisa de la chimenea ha quedado la huella de un espejo. A cada lado de la chimenea hay dos ventanas que dan a la calle. Por una de ellas se ve una escalera de incendio. Dos puertas laterales: una a la calle y otra al interior del apartamento. También hay una puerta que da a un clóset.

Miguel Ángel tiene extendido un mapa sobre la mesa de centro. Sigue con el dedo una determinada dirección sobre el mapa. Lo detiene en un punto. Toma un lápiz y hace un círculo. Suena el timbre de la puerta. No va a abrir. Recorre nuevamente el mapa con el dedo y repite la operación. Hace otra marca. Vuelve a sonar el timbre de la puerta. Se pone de pie, mirando el mapa. Después va hacia la puerta mientras vuelve a sonar el timbre. Lo hace un tanto automáticamente, como si estuviera pensando en otra cosa. Entra Victoria. Trae un libreto en la mano. El diálogo debe mantener un tono superficial, sin perderse el doble significado que se desprende de algunos textos. El carácter de esta escena, particularmente hacia la primera parte de la misma, debe contrastar con la «teatralidad» de las secuencias que se desarrollan en la segunda parte del acto.

MIGUEL. ¡Ah, eras tú! Creía que era Beba que se le había olvidado la llave otra vez.
VICTORIA. *(Dejando en una butaca la bolsa y el libreto).* ¿No ha llegado todavía?
MIGUEL. No, y ya debería estar aquí.
VICTORIA. Espero que no se haya quedado a hacer *overtime*.
MIGUEL. ¿Sabía que venías?
VICTORIA. Nos invitó a comer. Y, por cierto, tengo un hambre canina.
MIGUEL. ¿Viene Román también?
VICTORIA. Me dijo que a lo mejor venía más tarde. Ha vendido algunas papeletas entre los camareros del hotel y quiere darle el dinero a La Gorda. ¿Sabes si ella las ha vendido todas?
MIGUEL. Todavía le quedaban algunas, pero dice que hoy las liquidaba. Después de todo, la clase obrera tiene que ponerse para su número, que para eso se hacen las revoluciones.
VICTORIA. *(Se quita el abrigo y lo guarda en el clóset. Volviéndose, con intención).* Pero no las *cantatas*.
MIGUEL. ¿Cómo puedes decir tal cosa? *(Falso).* El poeta es la voz de la revolución, Victoria.
VICTORIA. *(Toma la bolsa y el libreto. Guarda la bolsa en el clóset).* Y tú, ¿cuántas papeletas has vendido?

MIGUEL. Ninguna. El poeta es un obrero de vanguardia que no se mancha los dedos con el capital.
VICTORIA. ¡Qué revolucionario te has vuelto, Miguel Ángel! *(Con el libreto en la mano, va a ponerlo en la repisa. Se sorprende al ver que no hay espejo).* ¿Qué ha pasado con el espejo?
MIGUEL. Lo vendimos hace un par de días. La Gorda hizo un negocio estupendo.
VICTORIA. Pero ahora no tendrá dónde mirarse.
MIGUEL. *(Sarcástico).* Ahora nos miramos el uno al otro. Es terrible. Pero uno tiene que acostumbrarse. *(Mirando fijamente a Victoria, cortante).* ¿Acaso no te has acostumbrado tú? (Pausa. Ella sostiene la mirada. Cambiando el tono, pero mirándola aún). Tengo el estómago pegado al espinazo.
VICTORIA. *(Volviéndose).* No me mires a mí. No voy a ocupar el lugar de tu mujer.
MIGUEL. Te has puesto muy particular de un tiempo a esta parte.
VICTORIA. Y así pienso seguir. Yo no soy de las que se meten en la cocina. Ni siquiera en el teatro.
MIGUEL. Pero tú hiciste *Las criadas*.
VICTORIA. *(Teatral).* Aquello fue un acto ritual.
MIGUEL. No se te ocurra decirle eso a La Gorda.
VICTORIA. ¿Y no hay nada que picar?
MIGUEL. Mira a ver en el refrigerador. Algo debe haber por ahí.

Victoria sale. Miguel Ángel sigue mirando el mapa. Repite un par de veces la operación que ha estado haciendo antes. Victoria habla fuera de escena.

VICTORIA. Hijo, pero aquí parece que ha pasado un ciclón. ¿Cuándo vendieron el juego de comedor?
MIGUEL. Cuando vendimos el espejo.
VICTORIA. Ni espejo para verse ni mesa para comer. Ni vanidad ni gula. Aquí llegó la revolución antes de tiempo. ¿Y lo vendieron bien?
MIGUEL. Claro. Ya sabes que La Gorda es un tiro con el dinero. Tiene las dos caras de Eva: proletaria y usurera. De seguir aquí le daría punto y raya a Rockefeller.

Miguel Ángel toma una silla. La acerca a la repisa y se sube sobre la silla con el mapa en la mano y unas tachuelas. Lo coloca en el lugar donde antes estuvo el espejo.

VICTORIA. ¿Y cómo vamos a comer?
MIGUEL. Estilo *buffet*. Es más elegante.
VICTORIA. *(Mientras, entra con un bar portátil donde hay botellas de Coca-Cola, una botella de ron, varias botellas con otras bebidas, un cubito de hielo, galleticas, queso, servilletas, algunos cubiertos).* ¡Qué incomodidad! Lo que soy yo, no resisto comer con el plato sobre las piernas. *(Se queda sorprendida al ver a Miguel Ángel que está terminando de poner el mapa en la pared).* ¿Y eso qué cosa es?
MIGUEL. *(Escéptico, grandilocuente y sardónico).* ¿Pero no la reconoces? ¡Qué poco patriotismo, Victoria! Se llama «La Habana partida por el eje», reproducción exacta del choteo que se derrite en la memoria de todos y cada uno de nosotros. Es un rompecabezas de calles y avenidas donde uno puede ver las líneas imborrables del tráfico habanero, el jaleo de las guaguas, la virilidad de nuestros hombres y el ritmo cadencioso de la frutabomba tropical. La geometría del ser y de la nada, síntesis de la historia nacional.

VICTORIA. ¿Un plano de La Habana? ¿Lleno de cruces? Yo creía que era una radiografía del cementerio.
MIGUEL. Tiene algo de eso.
VICTORIA. ¿Y qué quieren decir las manchas rojas?
MIGUEL. Vómitos de sangre. La trayectoria del terrorismo. Un muerto más y un cubano menos.
VICTORIA. *(Dándole un vaso a Miguel Ángel).* Mira, te preparé un cubalibre.

Se sientan en el sofá. Comen unas galleticas con queso.

MIGUEL. *(Añorando).* ¿Te acuerdas de las galleticas preparadas?
VICTORIA. Tú querrás decir las croquetas.
MIGUEL. ¡Lo que es la memoria! Lo borra todo como si fuera una esponja. ¿Pero de veras no te acuerdas de las galleticas preparadas que hacían en El Europa? Era algo así como… el sueño de la razón…, las señas de identidad…, como si el espíritu del arco iris hubiera quedado apresado entre las variaciones pictóricas del jamón, el pepino y el queso…
VICTORIA. Eso me parece algo picúo, Miguel Ángel.
MIGUEL. No hay necesidad de ofender, Victoria.
VICTORIA. Esas ensoñaciones digestivas acabarán por llevarte al *delirium tremens*.
MIGUEL. Para mí no hay como una mesa bien puesta, y desde que La Gorda vendió el juego de comedor se me ha subido la fiebre. No pienso en otra cosa. ¡Figúrate en qué estado me voy a poner cuando venda la cama! El cuerpo se acostumbra a lo bueno.
VICTORIA. En especial el de alguna gente.
MIGUEL. *(Con intención).* ¿El tuyo no?
VICTORIA. No he dicho eso.
MIGUEL. La Beba se empeñó en vender el juego de comedor, porque no quiere vender las cosas en el último momento y darlas a precio de liquidación. Es la mujer ideal. Además, no entiende nada de poesía. *(Con intención).* Sabe darse su lugar.
VICTORIA. *(Mientras se pone de pie y va hacia la ventana, de modo algo conversacional).* Gracias.
MIGUEL. *(Más íntimo).* ¿Qué te pasa?
VICTORIA. *(Natural).* No sé.
MIGUEL. Si te explicaras.
VICTORIA. Todo ha sido explicado antes.
MIGUEL. *(Vacilante, le pone las manos en la cintura. Hay algo convencional en el gesto; sin embargo, no es del todo falso).* ¿Por qué no podemos ponernos de acuerdo… otra vez…, como antes…? Tú y yo nos entendemos, Victoria.
VICTORIA. *(Enfática. Separándose).* Nos entendíamos.
MIGUEL. *(Algo molesto).* Bueno, quizás no pienses que soy un gran poeta.
VICTORIA. ¿Lo piensas tú?
MIGUEL. Yo sí, naturalmente, de eso no te quepa la menor duda.
VICTORIA. No resisto tu sarcasmo.
MIGUEL. Eso no es ningún sarcasmo. Se trata de una realidad.
VICTORIA. Para ti la realidad no es otra cosa que una forma de sarcasmo.
MIGUEL. ¿Y la realidad de Román?

VICTORIA. La realidad de Román no tiene nada que ver con la nuestra.
MIGUEL. Es posible. En el fondo tu marido es un tonto.
VICTORIA. Desde tu punto de vista.
MIGUEL. ¿Y qué me dices del tuyo?
VICTORIA. No tengo nada que decirte.
MIGUEL. ¿Cómo fue posible que se le ocurriera ese disparate de casarse contigo? Mientras más lo pienso, menos puedo entenderlo... ¿Y tú? ¿Cómo pudiste hacerlo? ¡Casarte con «un inconformista de la realidad», como dijo él mismo en un texto, no lo irás a negar, que le salió bastante mal! Porque tu realidad, Victoria, no es la de Román. Es la mía, porque tú no puedes vivir sin una dosis de sarcasmo.
VICTORIA. *(Con cierta teatralidad).* O de inconformidad.
MIGUEL. Eres una gran actriz. En eso Román y yo estamos de acuerdo.
VICTORIA. Pero no lo soy.
MIGUEL. Te equivocas de medio a medio. *(Muy enfático).* ¡Tú eres una gran actriz, yo soy un gran poeta, y si te empeñas diré que Román es un gran dramaturgo! Cuando regresemos a Cuba, ¡ya verán!
VICTORIA. Román no sabe si va a regresar.
MIGUEL. Ah, ¿pero no se ha decidido todavía? ¿Sigue jugando al me voy o me quedo? Cuando gane Fidel, Román regresará como todo el mundo. Con todos sus escrúpulos y tonterías, también añora su parte en el botín. Y en todo caso, ¿qué nos importa que Román se vaya o se quede? Nosotros ya lo hemos decidido. Volveremos.
VICTORIA. Pero no juntos.
MIGUEL. ¿Qué hay entre tú y él?
VICTORIA. ¿A ti qué te importa?
MIGUEL. Tengo mis intereses sobre el particular.
VICTORIA. Los tuyos no son los míos.
MIGUEL. No te hagas la interesante. Ese matrimonio no puede funcionar.
VICTORIA. Está funcionando.
MIGUEL. *(Con doble intención).* No me lo puedo imaginar.
VICTORIA. No tienes que imaginarte nada.
MIGUEL. No entiendo cómo Román pudo casarse contigo bajo..., bajo tus circunstancias... ¿A quién se le ocurre?
VICTORIA. ¿Es necesario seguir con este tema?
MIGUEL. Para eso estamos aquí. Para seguir, seguir siempre, hasta que uno estire la pata.
VICTORIA. ¿Por qué no te callas? Estoy cansada de todo esto.
MIGUEL. ¿A qué te refieres?
VICTORIA. De mí misma... De todo esto... De Nueva York... El frío... He interrumpido mi carrera.
MIGUEL. Todo lo contrario. Vas a hacer la *Cantata de la Sierra*. Cuando regresemos a Cuba tendremos la *Cantata* por delante. ¿Te parece poco?
VICTORIA. *(Sincera).* Todo fue un error. Tengo que reconocerlo.
MIGUEL. *(Con auténtico interés).* ¿Qué cosa?
VICTORIA. *(Inconforme).* Mis esfuerzos inútiles por querer ser actriz.
MIGUEL. *(Sin doble intención).* Eres actriz, Victoria.
VICTORIA. Pero no hablo inglés.

MIGUEL. Hay muchas actrices que no hablan inglés.
VICTORIA. *(Pausa).* Quisiera ser como tu mujer.
MIGUEL. *(Volviendo inevitablemente a la actitud asumida previamente).* Si lo dices por estar conmigo...
VICTORIA. Siempre hemos sido injustos con ella... Ahí la tienes, trabajando como una mula sin quejarse nunca de nada.
MIGUEL. *(Ya de lleno en su tono burlón y sarcástico).* Está tan acostumbrada a la factoría que acabará por echarla de menos y dirá que fueron los días más felices de su vida.
VICTORIA. Yo no sirvo para nada.
MIGUEL. No exageres. Haces tu papel y cada cual hace el suyo. La Gorda es una gran cocinera. Es natural que sea la que trabaje. *(Pausa).* Lo cierto es que mi mujer, después de todo, es una ignorante.
VICTORIA. Eres un cínico. Porque, ¿qué somos nosotros? ¿Acaso no somos unos farsantes?
MIGUEL. ¿No te das cuenta que cada cosa debe estar en su lugar? La Gorda es una cocinera de primera, un ama de casa estupenda, una operaria fantástica y una caja de ahorro que sabe invertir su dinero. Y como en esta casa es ella la que lo maneja, eso la vuelve mi caja contadora. *(Tomándola por la cintura, posesivamente).* Tú, sin embargo, eres otra cosa. Con tu talento para el teatro no puedes ser otra cosa que mi caja de Pandora.
VICTORIA. Aquello se acabó, Miguel Ángel. Te lo he dicho mil veces. No ocurrirá otra vez.
MIGUEL. ¿Ni siquiera en escena?
VICTORIA. *(Soltándose).* Ni siquiera en escena. No estoy para bromas.
MIGUEL. No es chiste. Es absolutamente en serio.
VICTORIA. No creas que me hago la interesante. Simplemente, entre tú y yo eso está terminado. Lo siento.
MIGUEL. *(Herido).* Tú te lo pierdes. *(Pausa).* ¿Qué está tomando Román últimamente? ¿Testivital del Dr. Tarke?
VICTORIA. Le sientes envidia.
MIGUEL. ¿Y qué coño le puedo envidiar? ¿Que se esté comiendo un plato de segunda mesa?
VICTORIA. *(Resistiendo el ataque. Sin alterarse).* Le envidias el talento.
MIGUEL. ¡Qué poco me conoces, Victoria! ¿Crees que le puedo envidiar tan poca cosa? Con la materia gris solo se pueden hacer frituras de seso.
VICTORIA. Pero, ¿no te das cuenta? ¿Crees que cuando regresemos a Cuba, si es que regresamos, vamos a seguir haciendo estos juegos y representando el mismo papel?
MIGUEL. Yo no hago teatro.
VICTORIA. Es lo que siempre has estado haciendo.
MIGUEL. Además, todavía no nos hemos ido. Lo que propongo puede servir para final del primer acto. Antes de irnos de Nueva York, por ejemplo. Quizás una escena breve, intrascendente. Algo frívolo más bien antes de meternos en asuntos más serios. *(Encimándosele a Victoria, con creciente lujuria y doble sentido en todas las palabras, la acosa físicamente).* Algo así como un* vodevil *francés... Tú, que eres actriz de primera, que conoces el teatro mejor que yo... Una escenita ligera, antes que llegue La Gorda cargada de paquetes del A&P. (Gradualmente se acrecienta el erotismo de la escena. Hay violencia, sexualidad, atracción y rechazo).*
VICTORIA. *(Teatral, alejándose).* ¿Pero qué hacemos si aparece antes de llegar al clímax?
MIGUEL. *(De un salto le pone el pestillo a la puerta).* Le pondré el pestillo a la puerta. Si La Gorda llega, tú saldrás por la escalera de incendio y después volverás mientras yo le hago el amor en la bañadera.
VICTORIA. Será una escena difícil de montar.

MIGUEL. *(Volviéndose hacia Victoria, cayéndole atrás).* Todo lo contrario. Será una escena muda. El secreto está en el gesto, la posición, el movimiento… En las mejores escenas de este tipo no se dice nada… Harás uno de tus mejores papeles. Ni siquiera tendrás que hablar en inglés.
VICTORIA. Entre una cosa y la otra recitaré un poema de los tuyos, para levantarte el ego.
MIGUEL. Te juro, Victoria, que ya lo tengo levantado. *(Están en el sofá. Miguel Ángel, desatado, se le encima a Victoria. Esta responde con cierta teatralidad, que es su modo de defenderse, pero su resistencia parece algo debilitada).*
VICTORIA. *(Evasiva).* Tendré que repasar el libreto.
MIGUEL. No lo creo, ese papel te lo sabes de memoria. Lo has hecho una y otra vez.
VICTORIA. *(Teatral).* ¿Quieres decir que forma parte de mi repertorio dramático?
MIGUEL. No me cabe la menor duda.
VICTORIA. ¿Y no te importa?
MIGUEL. ¿Por qué iba a importarme? Siempre te he considerado una gran actriz. Desde la primera vez que lo hiciste. Te sabías el papel de memoria, como si lo hubieras hecho un millón de veces.
VICTORIA. Favor que me haces.
MIGUEL. *(Brutalmente, la toma por los cabellos, la cabeza echada hacia atrás, pura violencia casi).* ¿Acaso no estoy diciendo la verdad?
VICTORIA. No será más que un *reprís*. ¿Por qué insistes en repetir una repetición de lo repetido?
MIGUEL. ¡No me importa! Recuerdo al dedillo tus gestos, tus movimientos, las inflexiones de tu voz. No me importa que lo hayas hecho cien, mil veces. ¡No me importa!
VICTORIA. *(Logrando librarse un poco).* ¡Sí te importa! Y te advierto: cuando te conocí, ya había trabajado con mejores actores que tú. No era la primera vez que salía a escena.
MIGUEL. *(Conteniéndose, pero violento).* Es cierto. Ya eras una actriz consumada. Has hecho esa misma escena una y otra vez.
VICTORIA. Entonces, ¿para qué me pides que vuelva a hacerla? Cualquiera otra actriz, sin embargo… La propia Beba… Ella también se sabrá el papel de memoria.
MIGUEL. *(Con sarcasmo).* No creas, a veces olvida algunos bocadillos.
VICTORIA. Pero tú podrás recordárselos.
MIGUEL. No es lo mismo ni se escribe igual. Ya quisiera tener ella tu experiencia para un día de fiesta.
VICTORIA. No pasarías de hacer un papel secundario. No serías una primera figura.
MIGUEL. *(Más insinuante que agresivo).* Pero lo serías tú, Victoria. En estos momentos estoy dispuesto a pasarlo todo por alto.
VICTORIA. Yo no haría más que fingir. Sería puro teatro.
MIGUEL. Tenemos que vivirlo otra vez, Victoria. Antes que caiga el telón y sea demasiado tarde.
VICTORIA. Ya es demasiado tarde. El papel que quieres hacer ya no puedes interpretarlo.
MIGUEL. *(Nuevamente muy agresivo, pero con un carácter que ya no es estrictamente erótico. Forcejean con violencia. No se sabe exactamente si hay atracción o rechazo).* Te advierto que haré el papel que tenga que hacer, no me importa lo que tú y los otros digan y lo que quieran llamarlo. Porque no creas que voy a dar marcha atrás porque tú me digas que no puedo hacerlo. Ni tú ni nadie, Victoria. Lo haré a toda costa. Por encima de todo, y hasta tú misma acabarás queriendo que lo haga.
VICTORIA. *(Forcejeando por separarse).* Estás equivocado. Estás completamente equivocado. ¡Déjame…! ¡Déjame…!

Suena el timbre de la puerta.

VICTORIA. Déjame…
MIGUEL. ¡No te dejaré!

Victoria logra separarse de Miguel Ángel. La escena queda abruptamente interrumpida. El timbre suena un par de veces con mayor insistencia cada vez. Victoria se pone de pie. Se pasa las manos por los cabellos y adopta una posición convencional junto a la ventana. Miguel Ángel saca un peine del bolsillo y se peina rápidamente. Se mete la camisa por debajo de los pantalones y se acerca a la puerta. Mira alrededor, como para comprobar si todo está en orden. Mira a Victoria. Quita el pestillo de la puerta y la abre. Entra Rubén con un libreto en la mano. Hay un breve silencio. Rubén mira el pestillo de la puerta. Después a Miguel Ángel y a Victoria. En realidad, ni Victoria ni Miguel Ángel le dan la menor importancia a lo que pueda pensar Rubén. De pronto, Miguel Ángel y Victoria se miran y ríen de una manera irónica, con repugnancia, una mueca más bien.

VICTORIA. ¡Qué chasco!
RUBÉN. No lo dirás por mí.
VICTORIA. Lo digo por nosotros mismos.
RUBÉN. No deberían tomar estos ensayos tan en serio.
VICTORIA. No estábamos ensayando.
MIGUEL. Imagínate, creíamos que era Beba la que tocaba a la puerta. Y en su lugar eras tú.
RUBÉN. Lo siento.
MIGUEL. Hay una gran diferencia.

Rubén deja el libreto sobre la butaca. Se quita el abrigo y lo cuelga en el clóset.

RUBÉN. Tú sabrás por qué lo dices.
MIGUEL. De situación y de caracteres.
RUBÉN. Es verdad. La Gorda ha destruido su cuerpo comiendo hamburguesas y perros calientes. Ha «lonchado» de lo lindo. Yo, por el contrario, me mantengo en la línea.
MIGUEL. No será en la línea del hambre. Todo el mundo sabe que te has pasado el exilio pegando la gorra: pero no engordas, porque te pasa como al mulo…
RUBÉN. Hijo, que antipoético te has vuelto.
VICTORIA. *(Desencantada).* Por un momento llegué a pensar que iba a pasar algo.
RUBÉN. Entonces… ¿no pasó nada? No en balde están de tan mal humor. En todo caso, ¿qué querías que pasara?
VICTORIA. Cualquier cosa.
RUBÉN. No te preocupes, Fidel está haciendo la revolución.
VICTORIA. Mientras tanto…, mientras tanto nosotros hacemos teatro.
MIGUEL. Mientras el palo va y viene… se hará cualquier cosa…
VICTORIA. *(A Rubén).* ¿Quieres que te prepare un cubalibre?
RUBÉN. Sí, Vicky *darling. (Se sienta en el sofá y Victoria prepara el cubalibre. Sorprendido al ver el mapa).* ¿Y eso qué cosa es?
MIGUEL. El espejo en que todos queremos mirarnos. La Habana de todos y cada uno de nosotros.
RUBÉN. ¿Qué pasó con el espejo?

VICTORIA. Lo vendió La Gorda.

Victoria le da el vaso a Rubén. Durante el resto de la escena seguirán bebiendo, preparándose tragos, hasta emborracharse.

RUBÉN. *(A Miguel Ángel).* Entonces, ¿ya está planeado el desembarco?
VICTORIA. El *D-Day*, como dicen los americanos.
RUBÉN. Ojalá esa invasión no cueste muchas vidas. Porque esas cruces, Miguel Ángel, me parecen de mal agüero.
MIGUEL. Todo lo contrario. Ustedes saben que un primo de La Gorda es maletero del aeropuerto de Miami. Un esclavo del capital, como aquel que dice. Él la mantiene al día con una lista negra de los batistianos que van saliendo del país, así que tiene fichada las mejores residencias del reparto Miramar. La Gorda primero pensó en El Vedado, porque está mejor situado y pasan más guaguas por ahí. Pero yo le dije: «Oye, Gorda, no seas comemierda. Cuando gane la revolución, ¿quiénes van a montar en guagua?».
VICTORIA Y RUBÉN. *(A la vez, riendo).* ¡Los comemierdas!
MIGUEL. ¡Claro! Y para montar en guagua me quedo aquí en Nueva York y me meto en el *subway*. Después de todo, muchas horas en vela que he pasado buscando la palabra exacta para la *Cantata de la Sierra*. Por cierto, yo le tengo echado el ojo al palacete de los Gómez Vargas, que tiene tres plantas y como seis dormitorios.
RUBÉN. *(Apuntando a un lugar en el mapa).* ¿Y esa cruz cerca de 12 y 23?
VICTORIA. Será el cementerio.
RUBÉN. ¿Se acuerdan de aquel guagüero de la ruta 30 que cada vez que pasaba por allí decía que era la Puerta de Estadio?
VICTORIA. ¡Ay, Rubén, no te pongas nostálgico!
MIGUEL. La Gorda lo estuvo considerando.
VICTORIA. ¿Qué cosa? ¿El cementerio?
RUBÉN. *(A Miguel Ángel).* No me irás a decir que también le has echado el ojo al panteón de los Gómez Vargas.
MIGUEL. No, es que La Gorda se empeñó en que sería mejor buscar un «chalé» por 12 y 23. Trabajo me costó sacarla de allí y mudarla para Miramar, que tiene más clase.
RUBÉN. Pero a mí me parece que un chalé en 12 y 23 es mucho más práctico. 12 y 23 está muy bien situado. Y como yo no sé manejar. *(A Miguel Ángel).* ¿Te importa que me quede con él? *(A Victoria).* A menos que Victoria…
VICTORIA. No, no, yo no quiero complicaciones. Me conformo con un apartamento en La Rampa. Después vienen los líos con las criadas. Tengo el «trauma de Genet» y me horroriza ser señora.
MIGUEL. No tienes que serlo.
RUBÉN. Ah, ¿pero habrá criada?
MIGUEL. ¿Pero qué piensas tú? ¿Que La Gorda, después de sacrificarse como se ha sacrificado, después de andar vendiendo bonos para mandar armas para Cuba, va a seguir con el palo de trapear en la mano? A mí me parece que ella tiene derechos adquiridos… La Gorda piensa dar *soirées* culturales, especialmente para escritores extranjeros. Será una especie de Casa de la Cultura… Ya estoy confeccionando la lista… Octavio Paz…, Carlos Fuentes…, Celestino Gorostiza…

VICTORIA. ¿Pero nada más que vas a invitar a mexicanos?

RUBÉN. Será la casa del charro. O de la chingada. Ve tú a saber.

MIGUEL. A mí me parece una idea muy revolucionaria.

VICTORIA. Como todas las tuyas.

MIGUEL. Yo diría que revolucionaria ciento por ciento. Especialmente en el caso de La Gorda, que no porque sea mi mujer, pero bien se lo merece. Tendrá que ser reivindicada. Después de todo, ha sido carne de factoría y, como decía Martí, ha vivido en las entrañas del monstruo.

RUBÉN. ¿Y qué pasará después?

MIGUEL. ¿Después de qué?

RUBÉN. Después que gane Fidel.

MIGUEL. ¿Pero no te lo dije? ¿Qué quieres que pase? *(Como una consecuencia lógica).* Después que gane Fidel regresaremos. Yo me mudaré para Miramar, tú para El Vedado y Victoria tendrá un apartamento en La Rampa.

RUBÉN. No me refiero exactamente a eso.

MIGUEL. ¿Y a qué coño te refieres? Será el retorno de los emigrados, ¿no te das cuenta? Volverán los poetas, los novelistas, los dramaturgos, llenos de nuevas ideas y dispuestos a producir una revolución de la cultura… Y lo que me parece más importante todavía, ¡volveré yo! Regresarán hasta los tipos como tú. *(Sorprendido).* ¿Es que acaso piensas quedarte?

RUBÉN. No, hijo, no, yo pienso regresar también. Pero te pregunto que qué pasará después… Porque las revoluciones se harán para algo…

MIGUEL. Las revoluciones se hacen para poner las cosas en su lugar.

RUBÉN. Yo seré un ignorante, pero a mí me parece que las revoluciones se hacen para todo lo contrario. *(A Victoria).* ¿No te parece?

VICTORIA. No le hagas caso a Miguel Ángel, que de revoluciones no sabe ni jota. *(A Miguel Ángel, violenta casi).* Di, ¿qué sabes tú de eso?

MIGUEL. *(Igualmente violento, desproporcionadamente).* ¡Mucho más de lo que sabes tú! ¡Mucho más de lo que sabe todo el mundo! ¡Mucho más de lo que sabe tu marido de mierda!

VICTORIA. *(Muy violenta).* ¡Deja a mi marido en paz! ¡No lo toques, porque podría arrancarte la lengua!

MIGUEL. *(Dándole la espalda despectivamente y caminando hacia la estufa).* ¡No te atraques tanto!

VICTORIA. *(Histérica, rápida).* ¡Las revoluciones se hacen para que los degenerados como tú se vayan para casa del carajo! ¡Las revoluciones se han hecho para cortarles la cabeza a unos cuantos descarados! *(Tirando un vaso contra el mapa, cerca de donde está Miguel Ángel).* ¡Las revoluciones se han hecho para matarnos!

La violencia ha sido abrupta, inesperada. Victoria se deja caer en el sofá.

MIGUEL. *(Reaccionado rápidamente. A tono con la situación, pero metiéndola dentro de un contexto teatral. Aplaude).* ¡Magnífico! ¡Estupendo! ¡La gran actriz supera el éxito de Las criadas! Esto hay que celebrarlo. *(Bebe. Mira a Rubén, que está como asustado).* ¿Y a ti qué carajo te pasa, Rubén maricón? ¿Es que te has creído que todo esto es verdad? Estamos ensayando una escena de *La vida breve*, esa obra melodramática que Román no ha escrito todavía. ¿No te das cuenta? Estamos ensayando, ensayando nada más.

VICTORIA. Eso no es cierto. Esto es la realidad. Eres tú el que no me comprendes. *(Asustada).* ¿Qué es lo que nos va a pasar?

MIGUEL. No nos va a pasar nada. Estás asustada. Y le has metido miedo a Rubén.
RUBÉN. *(Temeroso).* ¿Qué es lo que va a pasar?
MIGUEL. *(Tranquilizador, pasándole el brazo por encima).* Nada. En la revolución no faltarán las locas como tú. Verás cómo también vas a gozar de lo lindo.
RUBÉN. *(Encogiéndose de hombros).* En ese caso...
MIGUEL. *(Animando a Victoria).* Vamos, Victoria, que la cosa no ha sido para tanto. *(Le da otro vaso).* ¡Brindemos por Cuba libre!
VICTORIA. *(Débilmente).* ¡Brindemos!
RUBÉN. ¡Pero con cubalibre!
MIGUEL. ¡Ron con Coca-Cola! ¡Cuba libre con cubalibre!

Beben. Se sientan. Pausa. Tono natural. Intención sutil, entre líneas.

RUBÉN. Es lástima que La Gorda no esté con nosotros.
MIGUEL. Sí, es verdad. Tengo un hambre canina.
RUBÉN. Si estuviera aquí ya le hubiéramos metido el diente a la carne asada, al congrí, los plátanos fritos y la ensalada de lechuga.
MIGUEL. ¡La dieta del desterrado!
RUBÉN. La Gorda me aseguró que ese era el menú del día. Se lo pregunté cuando me invitó a comer, porque a mí no me gusta el arroz con pollo.
MIGUEL. PERO HOY NO ES DOMINGO.
RUBÉN. ¡Qué rigidez! ¡Qué ideas tan absurdas las de la comida cubana! «Arroz con pollo todos los domingos». Parece una zarzuela.
MIGUEL. En ese caso sería paella.
VICTORIA. O zarzuela de mariscos, para ser más precisos.
RUBÉN. No se puede ir a casa de ningún cubano los domingos, porque todos se han puesto de acuerdo para cocinar arroz con pollo.
MIGUEL. Es que el arroz con pollo forma parte de nuestras raíces étnicas.
RUBÉN. Hijo, ni que fuéramos gallinas.
MIGUEL. Tú lo dices por pájaro. No te gusta comer animales de tu misma especie.
VICTORIA. ¿Pero eso del arroz con pollo es en serio?
RUBÉN. Tan en serio como lo del bacalao. Porque el viernes no hay quien escape de alguna forma del maloliente bacalao. Bacalao a la vizcaína... Frituras de bacalao... Ensalada de papas con bacalao... ¡Qué asco! ¡Qué mal gusto! Para mí no hay nada como un buen *steak* tejano.
MIGUEL. Pero si nunca has estado en Tejas.
RUBÉN. Todos los domingos me voy al *Texas Steak House*.
MIGUEL. ¿Y qué vas a hacer cuando la revolución gane y nos vayamos para Cuba?
RUBÉN. Tendré que conformarme con algún bistecito empanizado.
VICTORIA. La revolución pondrá de moda los platos típicos.
RUBÉN. No seas tonta, Vicky. No me irás a decir que la revolución irá a poner de moda la harina con boniato. ¡De eso nada! Te imaginas... Después de llevar a escena la *Cantata de la Sierra* irme a comer harina con boniato.
VICTORIA. *(Irónica).* Sí, es verdad, hemos luchado demasiado.
MIGUEL. No me irás a negar que hemos tenido dificultades para obtener permiso para llevar a escena la *Cantata*.

VICTORIA. *(Acrecentando la tensión).* Sabes que la sala no cumplía con las regulaciones del Servicio de Prevención de Incendios.

MIGUEL. No te hagas la interesante. Tú estás envuelta en esto tanto como yo.

VICTORIA. Desgraciadamente no estamos envueltos en nada. Nosotros estamos fuera de todo y de eso es de lo que no te das cuenta. Si estuviéramos en Cuba, estaríamos dentro: en la Sierra, en la guerra de guerrillas, en La Habana poniendo bombas... No sé, siendo útiles en alguna parte... Luchando por algo... Quizás sufriendo prisión...

MIGUEL. A lo mejor estaríamos muertos.

VICTORIA. Pero tendría sentido. Sería una manera de quedarse porque habríamos dado la vida por algo. No estaríamos desterrados.

MIGUEL. No seas estúpida, Victoria. En el fondo eres una romántica que no se da cuenta de lo que pasa a su alrededor. La muerte es el más brutal de los destierros. Cuando se está muerto no se está. Eso es todo. Lo que importa es no morirse.

VICTORIA. Pero hay que sobrevivir para algo. ¿Para qué vamos a sobrevivir?

MIGUEL. Para regresar.

VICTORIA. No estamos ni allá ni acá. Ni siquiera estamos aquí. *(Firme).* Nosotros estamos muertos.

MIGUEL. Estas ideas te las ha metido Román en la cabeza.

VICTORIA. Román cree que si es una revolución de verdad...

MIGUEL. ¿Pero qué piensa el ignorante de tu marido? ¿Que es una revolución de mentirita?

VICTORIA. Pero él no tiene la culpa.

MIGUEL. ¿La culpa de qué?

VICTORIA. De que sea una revolución del proletariado.

MIGUEL. *(Analítico, casi impersonal).* Pero no es ninguna revolución de proletariado. Ni siquiera ha habido una huelga. Los sindicatos no han jugado ningún papel en todo esto porque están vendidos a Batista. Tampoco es una revolución de los campesinos. Algunos de ellos se han metido en esto por accidente geográfico, porque Fidel está en la Sierra. ¿Quiénes ponen las bombas en La Habana? No las ponen los trabajadores. Las ponen los universitarios, Victoria. *(Pausa, con un imperceptible desdén).* Los idealistas de siempre.

VICTORIA. *(Con amargura).* Acabarás diciendo que las pones tú.

MIGUEL. No, no las pongo yo. Pero gente como yo, como nosotros... Hacemos lo que podemos... Recolectamos dinero, vendemos bonos...

VICTORIA. *(Irónica).* Yo creía que los vendía tu mujer.

MIGUEL. *(Pasando por alto el comentario).* Y con el dinero que recolectamos se compran armas para Cuba.

VICTORIA. Para que luchen los idealistas de siempre.

MIGUEL. *(«Razonable»).* Hay que vivir con la realidad.

VICTORIA. Acabarás diciendo que es una revolución del capital.

MIGUEL. *(Prosiguiendo con su interpretación).* Yo no he dicho esto, pero hay que reconocer que es una revolución de la clase media.

RUBÉN. *(Manifestando sincero interés en el análisis de la situación).* Yo sé que en política soy un ignorante, Miguel Ángel, ¿pero de cuándo acá hay revolución de la clase media?

MIGUEL. *(Con entusiasmo, pero sin perder el tono analítico).* ¿Y qué me dices de la Revolución francesa? Sin contar todas las revoluciones del siglo diecinueve en Latinoamérica. ¿Quiénes las hicieron? Los hacendados..., los liberales cultos... Profesionales, abogados... Y no te olvides que Martí, además, era un poeta. *(Cambiando el tono gradualmente hasta llegar al plano personal)*. Y lo mismo aquí. ¿O es que tú crees que George Washington era un carpintero? ¿Con ese *background* piensas hacer teatro en Cuba revolucionaria? A ti tendrán que fusilarte.

RUBÉN. Quizás seas tú el que tenga que cuidarse con el *background*, Miguel Ángel.

MIGUEL. Déjate de joder, Rubén.

RUBÉN. Es lo que tú siempre estás haciendo.

MIGUEL. *(Transición. De pie)*. Bueno, no te lo voy a negar. Joder es una característica nacional. O estar jodido. Todo el pensamiento filosófico cubano ha descansado en estas dos premisas. Es nuestro *to be or not to be*, joder *is the question*. Es algo así como la división del trabajo.

VICTORIA. O la lucha de clases.

RUBÉN. Pero hay personas que joden por joder.

MIGUEL. Eso se llama arte por el arte. Eso es joder con la pluma, el pincel, la espátula y el pentagrama. Lo demás es joder con brocha gorda. Joder por joder es la misión del artista. ¡Es la historia del arte y la médula del estilo! ¡Pura filosofía y pura estética! Es una escuela que va más allá del realismo y del surrealismo, y que lo mismo funciona con los simbolistas que con el realismo socialista. Los grandes escritores han sido los jodedores de su época, yendo con su jodida pluma más allá del espacio y del tiempo. El arte de escribir es la depuración de la palabra que se vuelve de jodida en jodedora. Es la joda inmortal. ¡Jodamos! Toda revolución tiene un principio de justicia poética donde los jodidos se vuelven los jodedores. Pone cada cosa en su lugar. ¡Jodamos, Rubén, jodamos! ¡Jodamos, jodamos, jodamos!

RUBÉN. *(Como en un brindis)*. ¡Jodamos!

MIGUEL. *(Chocando los vasos)*. ¡Jodamos!

La siguiente secuencia se desarrolla como ensayo teatral de un carácter a veces realista y a veces no. Victoria, Miguel Ángel y Rubén buscarán libretos, que estarán dispersos por el escenario entre libros, papeles, etcétera. Las partes entre comillas serán leídas. Los personajes de pie, en movimiento constante.

RUBÉN. ¿Ensayamos?

VICTORIA. *(Teatralmente fatalista)*. ¡Que se cumpla lo que se tiene que cumplir!

RUBÉN. Se descorre el telón... *(En choteo)*. ¡Apunten! ¡Fuego!

VICTORIA. *(Melodramática, teatral)*. ¿Acaso estamos en el vórtice de una pesadilla?

RUBÉN. *(Exageradamente)*. «Composición realista sobre el futuro nacional que se construye dentro de la alienación del desterrado. Acompañamiento danzario y coreográfico. El enigma del Destino, que siempre aparece con mayúscula, queda planteado por los agonistas del exilio que no saben dónde ponerse *(con movimiento incierto, se inicia una pantomima)* o qué partido tomar. ¿Quién soy? ¿Adónde voy? ¿De dónde vengo? Las tres preguntas de la charada china atormentan a los personajes *(sacudidas de cabeza)* que caminan *(enfático)* ¡por el vacío de las incógnitas! *(Los personajes caminan «por el vacío de las incógnitas»)*. Temen dar un traspié. *(Están a punto de darlo)*. Se mueven cuidadosamente porque un paso en falso podría ser fatal. *(Caminan con exagerado cuidado)*. Cualquiera, además, podría haber dejado caer una cáscara de plátano. Interpretación filosófica: ¿Qué nos tiene deparado el Destino? ¿Me voy con el trabajo o me quedo con el capital? *(Desconcierto, interrogación pantomímica entre los personajes)*. Con la descortesía del conocimiento, el Destino guarda silencio en un rincón del escenario. Victoria, Miguel Ángel y Rubén buscan por todas partes *(buscando, inclusive Rubén, mientras lee)*: debajo de la mesa, por los rincones, detrás de las puertas. *(Búsqueda)*. Jugando al escondido, sigue sin dejarse ver. Personaje principal, siempre está en escena a modo de interrogante. Victoria, Miguel Ángel y Rubén se interrogan desesperadamente con la mirada». *(Los tres personajes se interrogan desesperadamente con la mirada)*.

VICTORIA. *(Natural)*. Pero, ¿dónde está?

MIGUEL. *(Natural)*. Hace un momento me pareció que cerraban la puerta de la calle.

VICTORIA. Debiste retenerlo. No debiste dejarlo salir.

RUBÉN. Pero, ¿dónde se habrá metido?

VICTORIA. *(A Miguel Ángel)*. ¿Te fijaste si era un Destino con equipaje? Porque si llevaba alguna maleta… Eso quiere decir… *(exagerada, llevándose la mano a la boca)* ¡que el Destino está en Cuba!

MIGUEL. ¿Pero estamos ensayando la *Cantata*? Yo no recuerdo haber escrito eso. *(Le quita el libreto a Rubén, que busca otro)*. «En un principio fue la *Cantata*».

VICTORIA. *(Le quita el libreto a Miguel Ángel)*. «Violenta, irritada. No, no. En principio fue la revolución».

RUBÉN. *(De rodillas, encontrando un libreto debajo del sofá)*. «Más bien bíblico. En un principio fue el Verbo».

MIGUEL. *(Quitándole de nuevo el libreto a Victoria)*. «Convincente y convencido. Feliz ante la evidencia de los hechos. Con signos de exclamación. ¡El Verbo es la *Cantata*!». *(Triunfante)*. ¡Eso quiere decir que la *Cantata* es la revolución!

RUBÉN. *(De pie, caminando «en un círculo vicioso», seguido en forma de pantomima por Miguel Ángel y Victoria)*. «Aquella lógica absurda no era más que un círculo de tiza caucásico trazado por el distanciamiento de Bertolt Brecht para que los personajes caminaran en un círculo vicioso».

MIGUEL. *(Saliendo del círculo vicioso)*. ¡Qué comemierdas somos! Leemos un texto y nos creemos en el compromiso de cumplir su Destino… ¡A mí no me jodan más!

VICTORIA. *(Todavía dando vueltas)*. Pero tú lo escribiste. Eres tú el que no nos deja salir de aquí.

RUBÉN. Eres tú el que está jodiendo por joder haciéndonos dar vueltas por el escenario.

MIGUEL. Si nos limitáramos a ensayar la *Cantata*…

RUBÉN. *(Deteniéndose en seco)*. ¿Pero no lo es?

VICTORIA. *(Deteniéndose)*. Yo tenía entendido que esta era la *Cantata*…

RUBÉN. *(Buscando otro libreto)*. Aquí está. «*Cantata de la Sierra*. Cantata del poeta cubano Miguel Ángel Fernández. Homenaje a los héroes de la Sierra Maestra. Acto primero. *Living room* neoyorquino como el que aparece en escena. La Gorda, personaje ausente, se apodera de los otros personajes, agonistas de la nada que buscan el significado de su… destino». *(Aclarando)*. Está escrito con minúscula, así que no es el mismo. *(Volviendo al libreto)*. «Victoria y Miguel Ángel sentados frente a frente *(Victoria y Miguel Ángel se sientan frente a frente)* discuten el futuro del *overtime*».

VICTORIA. *(Natural)*. Mira, Miguel Ángel. Yo sé que tu mujer es una prosaica y que no entiende de justicia poética, ¿pero tú crees que vaya a joder como todo el mundo?

MIGUEL. Joderá, no te quepa la menor duda. Después de todo es cubana. Y está tan traumatizada por el capital, que en algo tendrá que entretenerse cuando no tenga que hacer *overtime*.

VICTORIA. *(Volviendo a leer).* «Con naturalidad, pero con un firme acento en la voz. Cuando Cuba sea libre todos trabajaremos *overtime*».
RUBÉN. Pero eso no tiene sentido, Vicky *dear*. Si es una revolución del proletariado, como tú dices, o de la clase media, como afirma Miguel Ángel, no tendremos que trabajar *overtime*. Las revoluciones tienen que hacerse para trabajar *undertime*.
MIGUEL. «Quizás La Gorda piense todo lo contrario». *(Irritado, tirando un libreto, busca otro).* Pero esta no es la *Cantata*, coño. ¿Por qué no estamos ensayando la *Cantata* en lugar de esta mierda?
RUBÉN. *(A Miguel Ángel).* ¿Quieres dejar de interrumpir? Por ese camino la *Cantata* no llegará ni de aquí a la esquina. *(A Victoria).* Dame el pie, por favor, Vicky *darling*.
VICTORIA. «Quizás La Gorda piense todo lo contrario».
RUBÉN. *(Refiriéndose al libreto).* ¡Pero si lo dice aquí! «El *overtime* se llamará trabajo voluntario. Firmado: Destino de Cuba». ¡Me siento como si el Babalao de Guanabacoa me hubiera visitado!
MIGUEL. Conmigo no cuenten ni por gusto ni por necesidad: yo no trabajo *overtime*.
VICTORIA. Tú no has trabajado *overtime* en esta vida, así que no vas a hacerlo en la otra tampoco.
RUBÉN. *(Dando vueltas mientras lee).* «Al descorrerse el telón se ven las cumbres de la Sierra Maestra. Se escuchan los acordes del Himno Nacional que se disuelven después en los del Himno del 26 de Julio, seguido de la *Guantanamera*. Entra el coro luctuoso, al estilo griego, que abre la obra con el *Llanto de Cuba,* interrogándose por el Destino incierto de la Patria».
VICTORIA. *(Atemorizada).* ¿El Destino?
MIGUEL. *(De pie, agresivo).* ¿El Destino? ¿El Destino incierto de la Patria? ¿Y quién carajo ha escrito eso? Porque esa mierda no la escribí yo. ¡Esa no es la *Cantata*! *(Se tira sobre Rubén y lo sacude. Tira el libreto contra la puerta de la calle).* ¡Esa mierda no es la *Cantata*! ¡La *Cantata* soy yo! ¡Yo soy el Destino, Rubén maricón!
RUBÉN. *(Pataleteando, algo grotescamente).* ¡Victoria, por favor, quítame a ese hombre de encima! ¡Me va a matar! ¡Ay, Dios mío, qué fatalidad! ¡A Miguel Ángel se le ha ido el Destino a la cabeza! ¡Qué *delirium tremens*! ¡Qué delirio de grandeza!
VICTORIA. *(Separando a Miguel Ángel, con tono retórico).* No, Miguel Ángel, no. Rubén no tiene la culpa. El Destino, tan sutil, tan evasivo, tan engañoso, se le va a uno entre las manos, como la vida misma. El Destino se va, Miguel Ángel. El Destino se nos escapa…
MIGUEL. ¡A mí no me vengas con ningún Destino de mierda!
VICTORIA. ¿No comprendes? El Destino tiene las obligaciones de la Esfinge. No da ni dice dónde hay. Es un documento firmado. *(Buscándolo).* Estará por aquí, escondido entre tantos papeles.
RUBÉN. *(Buscando).* Sí, sí, es cierto. Hay que buscarlo. Yo lo he visto hace poco. Por aquí…, por allá…, por el otro lado… Debajo del sofá…, junto a la butaca…, en la máquina de escribir… *(Saca un papel de la máquina de escribir).* ¿No se lo decía? ¡Aquí está! *(Mientras lee, Rubén hace el papel del «Destino»).* «Destino, entrando por la chimenea. Es un hombre barbudo, de unos treinta años, vestido con un traje de campaña color verde-olivo. Habla con naturalidad, de manera convincente, mirando fijamente a su interlocutor *(el pueblo)* y despertando seguridad entre los personajes que lo rodean».

(Haciendo un gesto conciliatorio). ¿Ven? Todo era una falsa alarma. No hay que preocuparse. Ya decía yo que el Destino es una bella persona.

VICTORIA. Esto es una farsa. No es posible tomar esto en serio.

RUBÉN. No, Victoria, no te pongas así. Vamos a ver lo que tiene que decir este buen señor. «Destino. No, una farsa no, un planteamiento ideológico, un cuestionamiento intelectual ante el Destino de Cuba del que todos formamos parte». *(Comentando).* ¡Qué amable! «No les quepa la menor duda, y si tenemos que firmar este documento con sangre…».

VICTORIA. *(Aterrorizada, poniéndose de pie).* ¿Con sangre?

MIGUEL. *(De pie).* ¿Estás seguro que dice con sangre?

RUBÉN. Sí, sí… *(Releyendo).* «Y si tenemos que firmar este documento con sangre para que se cumpla el Destino de Cuba, no por eso daremos un paso atrás. *(Temor pantomímico de Victoria, que busca la protección de Miguel Ángel).* La conciencia del regreso se impone. Han estado ayudando a la causa cubana en la medida de sus posibilidades desde las entrañas del monstruo *(Miguel Ángel asiste entusiasmado)*, vagando por los subterráneos neoyorquinos *(Victoria «agoniza» ante la descripción)*, alienados por el capital, pura mercancía de cambio, sin saber por dónde sacar la cabeza *(gestos)*, y esperan ansiosamente la caída de Batista para…, para… *(expectación)*, para lanzarse sobre la Patria Irredenta. *(Alivio).* Pero ahora Cuba los espera *(como si se dirigiera al público, seguido por las miradas de Miguel Ángel y Victoria, que asienten con la cabeza)*: poetas, novelistas, dramaturgos, cinematografistas, músicos, críticos, ensayistas, pintores, escultores, actores, actrices, directores *(entusiasmo)*, y al firmar esta declaración de los intelectuales y artistas con el tintero de la tinta roja *(desconcierto de Victoria)*, unidos todos en la reconstrucción del Destino Nacional *(entusiasmo de Miguel Ángel)*, se le garantiza un lugar en la Galería de la Fama. *(Entusiasmo de ambos. Transición. Miguel Ángel, Victoria y Rubén se miran desconcertados. Pantomima del desconcierto).* ¿Será una engañosa trampa del Destino? Rápidamente, descartan la posibilidad de un manotazo. *(Manotazos).* En silencio se interrogan *(gestos)*: ¿Qué te parece? ¿Es que tenemos algo que perder? ¡Yo creo que es un buen negocio! ¡Una ganga, diría yo! Hay en Victoria una lucha interior, y con un gesto de actriz de cine mudo *(gesto)* se lleva la mano a la cabeza y después da un paso hacia atrás *(da el paso)* seguido de un paso hacia delante. *(Da otro paso).* Rubén busca la pluma colocada *ad hoc* en un tintero que está sobre la repisa. *(Hace lo que señala el texto).* Se la da a Miguel Ángel y este es el primero en sellar el pacto. *(Miguel Ángel firma).* Vacilante, insegura, aniquilada por la lucha interior, Victoria firma. *(Victoria firma).* Rubén lo hace después, encogiéndose de hombros». *(Rubén firma).* ¡Todo está consumado!

VICTORIA. *(Arrepentida inmediatamente).* ¡Dios mío! ¿Qué he hecho? ¿Cómo es posible que yo…? ¿Dónde nos hemos metido? ¡Oh, Dios mío, estamos en el vórtice de una pesadilla! ¡No, no, nunca debí firmar ese documento! ¡Por favor, Rubén, haz algo! ¡Dame ese papel! *(Rubén le da un montón de papeles. Victoria busca desesperadamente).* Pero, ¿dónde está mi firma? ¿Dónde? ¿Dónde? ¿Qué ha hecho el Destino con ella?

MIGUEL. ¡Qué manera de comer mierda!

VICTORIA. *(Desatada, como si fuera a tirarse por la ventana. Los otros la detienen).* ¡Me ahogo! ¡Me asfixio! ¡No puedo más! ¡El Destino me ha tendido una trampa! ¡Sáquenme de aquí cuanto antes! ¡Me voy a matar!

MIGUEL. *(Transición).* No seas estúpida, Victoria. Quisiera arrancarme la lengua, pero te lo tengo que decir… *(Pausa).* Yo no creo en nada ni en nadie. Yo no creo en lo que está pasando aquí ni en lo que está pasando en ninguna parte. Es por eso que hay que firmar un pacto con el Diablo. Es lo único que vale. Pero no hemos firmado nada con sangre… Aquí todo se firma con mierda… ¡El Destino es un mundo lleno de mierda!

VICTORIA. ¡Qué asco! ¡No puedo más! Abre la ventana, Rubén. ¡Voy a vomitar!

MIGUEL. *(Abriendo la ventana, gritando).* ¡Vete al carajo, Destino de mierda! *(Haciendo arqueadas, Victoria se dirige a la ventana, pero se detiene en el momento en que Rubén prosigue la lectura).*

RUBÉN. *(Con alguna exageración).* «Inesperadamente, en el instante de mayor desesperación y cuando Victoria está a punto de tirarse por la ventana, el aire refrescante de la Patria lejana le llega melódicamente. En la distancia se oye el coro, que sigue entonando el *Llanto de Cuba*, lamentándose de su Destino tan jodido. Entonces, el Poeta comprende su misión histórica y la Actriz recompone su atuendo, conscientes de que la fiesta tiene que seguir… *(Lucha pantomímica de Miguel Ángel y Victoria que, retrocediendo y dando tropezones, llegan hasta la máquina de escribir).* Con el alma traspasada, Él, a punto de tirarse también al abismo, y Ella, a punto de vomitar, deciden no hacerlo. Una fuerza los succiona hacia atrás… luchando contra el vértigo suicida…, reculando…, reculando…, siempre reculando… hasta la máquina de escribir donde Miguel Ángel se dispone a componer los últimos acordes de la *Cantata de la Sierra*».

Miguel Ángel se sienta ante la máquina de escribir como un compositor ante un piano, Victoria como una cantante y Rubén sigue el ritmo como director de orquesta. Ritmo musical de guaracha o alguna música cubana.

MIGUEL. *(Escribiendo).* El nudo que así me ahoga,
  es fuerza que así me mata…
  VICTORIA. *(Cantando).* El nudo que así me ahoga,
  es fuerza que así me mata…
  MIGUEL. *(Escribiendo).* La soga que me condena
  es nudo que así me ata…
  RUBÉN Y VICTORIA. *(Cantando).* La soga que así me ata
  es fuerza que me condena…
  MIGUEL. *(Cantando mientras escribe).*
  ¡Ay, qué dolor, mamacita,
  ay, qué dolor, qué pena!
  ¡Qué dolor, qué dolor, qué pena!

Miguel deja de escribir y los tres se ponen a cantar y a bailar frenéticamente.

LOS TRES. El nudo que así me ahoga
  es fuerza que así me mata.
  La soga que me condena
  es nudo que así me ata…
  La soga que así me ata
  es fuerza que me condena…
  ¡Ay, qué dolor, mamacita,

ay, qué dolor, qué pena!
¡Qué dolor, qué dolor, qué pena!

Mientras bailan, suena el timbre de la puerta, pero no parecen darse cuenta. De pronto, se detienen en seco y escuchan.

VICTORIA. *(Exageradísima).* ¡Dios mío, tocan a la puerta!
MIGUEL. Sí. Ya veo. Tocan a la puerta.
RUBÉN. ¿No les parece que debemos de abrir para ver quién es?
VICTORIA. *(Melodramática).* ¡No! ¡Es Él! ¡Es Él! ¡No me cabe la menor duda!
RUBÉN. Un momento, que aquí debe decirlo. *(Toma un papel del piso, estrujado. Lo extiende y lee. El timbre suena otra vez).* «El timbre vuelve a sonar. Paralizados, los personajes han dejado de bailar temiendo que El Destino haya regresado a pedirles cuentas. Insistente *(suena el timbre de la puerta con insistencia)* el Destino llama tres veces, como el cartero...».
MIGUEL. *(Rectificando).* Dos veces.
RUBÉN. ¿Dos veces?
MIGUEL. El cartero siempre llama dos veces.

Sigue sonando el timbre de la puerta.

VICTORIA. *(Llevándose las manos a la cabeza, exageradísima).* ¡Ese timbre me está taladrando las sienes!
MIGUEL. ¡Coño, Rubén, déjate de joder y acaba de abrir la puerta!

Rubén abre la puerta. Es Román. Entra con un libreto en la mano.

RUBÉN. ¡Qué chasco!
MIGUEL. ¿No se lo dije?
ROMÁN. ¿Por qué se demoraron tanto en abrir? *(Pausa. Los mira).* ¿Estaban ensayando?
VICTORIA. *(Lo mira indecisa, a punto de responder algo. Camina hacia la ventana, mirando para afuera).* Está nevando.
MIGUEL. Estábamos comiendo...
RUBÉN. ...lo que no se debe comer.
ROMÁN. *(Quitándose el abrigo).* Por la cara que tienen parece que no les ha caído bien. *(A Victoria).* ¿Te pasa algo?
RUBÉN. Cuando tú llegaste creía que era El Destino.
MIGUEL. *(Irónico).* Y entonces entraste tú.
ROMÁN. Lo siento.
RUBÉN. *(A Román).* No es por nada, Román, pero ya te puedes imaginar cómo nos hemos quedado. ¡Figúrate! Especialmente Victoria, que ha tomado en serio su pacto con el Diablo.
ROMÁN. *(Tomando un libreto que Victoria tiene en la mano).* ¿Pero es que se han puesto a ensayar *La vida breve*?
RUBÉN. No, Román, ensayábamos la *Cantata*, que es la que tenemos que llevar a escena antes de irnos para Cuba después que se vaya Batista y gane Fidel Castro. Es nuestra prueba de fuego.

ROMÁN. *(Con furia inesperada).* ¡Las pruebas de fuego se tienen ante un pelotón de fusilamiento!
RUBÉN. *(A Victoria, por Román).* ¿Qué bicho le ha picado? ¿Qué bicho nos ha picado a todos?
VICTORIA. Será el hambre.
MIGUEL. ¡Si La Gorda no jodiera más y acabara de llegar para poner la mesa!
RUBÉN. Si la cosa es de paredón de fusilamiento es mejor que tú y yo nos quedemos aquí, Vicky. *(A Román).* Además, ¿por qué tendrá que haber pelotones de fusilamiento?
ROMÁN. En todas las revoluciones los hay. Y uno de nosotros será de los que diga: «¡Apunten! ¡Fuego!».
MIGUEL. ¿A quién carajo te refieres?
RUBÉN. Pero, Román, tú eres don Quintín el Amargado. ¿Cómo es posible que vayamos a irnos de aquí para empezar a matarnos los unos a los otros? ¡Conmigo no cuenten para dirigir esa masacre! ¡Ni siquiera en escena!
MIGUEL. No lo dirá por ti. Ya sabemos que tú no matas una mosca.
RUBÉN. ¿Y por quién lo va a decir? Bueno, lo dirá por La Gorda, que es de Ceiba Mocha y ha matado pollos y guanajos.
MIGUEL. Más vale dejar a La Gorda en paz.
RUBÉN. Esta *Vida breve* nos ha sacado de quicio.
MIGUEL. No es ninguna *Vida breve*. ¿O es que ya tú no sabes ni la obra que diriges?
RUBÉN. ¿Y eso qué tiene que ver? Porque tú no sabes ni la que escribes.
ROMÁN. *(A Victoria).* ¿Por qué no le explicaste?
MIGUEL. *(A Victoria, que se aleja evasiva).* ¿Es que tú lo sabías?
ROMÁN. *(Enfático).* Por lo visto eres tú de los últimos que se entera. Victoria sabía que estaba ensayando lo que yo había escrito, no lo que habías escrito tú.
MIGUEL. *(Mirando a Victoria).* Entonces estaba fingiendo.
ROMÁN. ¿Es que tú crees que mi mujer va a estar ensayando a espaldas mías?
MIGUEL. *(Con intención).* Recuerda que Victoria está haciendo la *Cantata* también.
ROMÁN. Pero eso es una cosa diferente. Ayer, cuando pasé por aquí, Beba me dijo que tú habías salido a cobrar el *unemployment* y que no vendrías hasta por la noche. Le pregunté si podía quedarme escribiendo. Entonces me puse a escribir el primer acto de *La vida breve*... Dejé unas cuartillas regadas por el piso... Escenas tiradas por todas partes... Le voy a tener que pedir disculpas a tu mujer, que le gusta tener el apartamento tan ordenado... *(A Victoria).* Anoche, cuando llegué a casa, te lo expliqué... Claro, tú estabas medio dormida.
VICTORIA. Estaba en el quinto sueño. Eran casi las dos de la mañana, ¿no es verdad?
ROMÁN. Nada de lo que escribí sirve para nada... Siempre cometo el error de tirar hacia lo filosófico...
RUBÉN. Sí, eso estaba pensando yo. Esa escena vas a tener que quitarla.
ROMÁN. *(Sincero).* ¿Se imaginan? Mientras tantos cubanos están luchando por la libertad de Cuba yo me pongo a escribir sobre el Destino en una obra que no tiene siquiera un título original.
RUBÉN. Pero, Román, ¿estás seguro que estamos hablando de la misma obra?
ROMÁN. Es que ahora quiero cambiarlo todo. En la escena final del primer acto, Victoria está ensayando la *Cantata* en este apartamento...
VICTORIA. *(Natural, a Miguel Ángel).* ¿No te ha dicho La Gorda cuándo acabará de coser la bandera?
MIGUEL. A La Gorda se le traba la aguja. Atormentada por el problema de la identidad, a veces piensa que es Betsy Rose y otras que es Mariana Pineda.
RUBÉN. Si La Gorda se sigue demorando, Victoria acabará saliendo desnuda a escena.
MIGUEL. Eso sería un éxito *off Broadway*.

VICTORIA. Probablemente no pasaría de una mortal pulmonía.
ROMÁN. Pero no es así. Casi al final del primer acto, Beba abre la puerta.

Entra Beba, que apenas puede con los paquetes que trae. Son paquetes del mercado A&P. Además, viene con una caja donde está el vestido que usará Victoria al final de la escena.

BEBA. ¡Dios mío, qué tiempo! Hay un frío que se cala hasta los huesos. No veo las santas horas de que gane Fidel y volver para Cuba. Pero no se queden ahí y vengan a ayudarme.

Román le quita los paquetes y los va llevando para el interior del apartamento, salvo la caja. Los otros personajes no hacen nada. Beba se deja caer en el sofá.

BEBA. Pero qué reguero, madre mía. ¿Qué han estado haciendo? ¿Es que por aquí ha pasado el ciclón del treinta y tres?
MIGUEL. Hemos estado ensayando.
BEBA. Si este es el ensayo no sé qué va a pasar cuando la lleven a escena… Pero supongo que estarán muertos de hambre… En realidad, no pensaba que me iba a demorar tanto, pero tenían que liquidarme algunas entradas de la *Cantata* y no quería irme sin venderlas todas. Claro, también me quedé haciendo su poco de *overtime*… Y entre pinchazo y pinchazo logré terminar el vestido de Victoria… Ya saben, de camuflaje, para que el capataz no se diera cuenta… *(Abre la caja y saca el vestido. Se pone de pie y se lo coloca por delante. Es una túnica que tiene por un lado la bandera cubana y por el otro la bandera del 26 de Julio, roja y negra).* ¿Qué les parece? *(Nadie dice nada. Se lo quita de encima y se lo da a Victoria).* Bueno, pruébatelo tú. Seguro que te queda mucho mejor que a mí.
RUBÉN. ¡Al fin tendremos un *dress rehearsal*!

Rápida, Victoria se lo pone. Beba empieza a poner en orden la habitación. Entra Román con un libreto y se lo da a Victoria.

ROMÁN. ¿Has visto al Destino?
VICTORIA. *(Leyendo).* «*Cuba, con naturalidad, sin afectación.* No sé… Mi Destino siempre ha sido incierto… Y sin embargo, ahora, una esperanza conmueve las fibras más íntimas de mi corazón… ¡El Destino de Cuba! Quizás ahora… Quizás ahora… *Cae el telón*».
MIGUEL. *(Alterado, mientras empieza a caer el telón).* ¡Pero esa no es la *Cantata*!
ROMÁN. No, Miguel Ángel, es *La vida breve*. *(Cae el telón).*

SEGUNDO ACTO

La acción del Segundo acto se desarrolla en el escenario del Teatro Nacional de Cuba, alrededor de 1963. El living room del Primer acto ha sido desmantelado. Las paredes han desaparecido y quedan algunos elementos de la estructura de madera, la puerta y la ventana. Hay un sofá, varias sillas de tijera, una de ellas donde antes estuvo la chimenea. Baterías visibles al público, bambalinas, micrófonos, deben producir el efecto de un escenario que se prepara para una función teatral, aunque no se puede definir claramente de qué obra se trata. Existe un gran desorden. Al foro, como telón de fondo, una representación «realista» de la Sierra Maestra. A la izquierda, hacia el frente del escenario, una percha de la que cuelga de un perchero el vestido que se puso Victoria al final del acto anterior: el diseño de la bandera del 26 de Julio de frente al público. También al frente, hacia la derecha, una guillotina que posiblemente pertenezca a alguna otra obra. Hay también una máquina de escribir colocada fuera del «área del living room». Obsérvese que va existiendo un cierto paralelismo escenográfico en los tres actos.

Apenas iniciado el intermedio se descorre el telón y los cambios para el Segundo acto se hacen frente al público. Tiene lugar el desmantelamiento de las paredes del living room. Durante el intermedio entra Victoria, que abre la puerta y la cierra tras sí. Trae un libreto en la mano. Viste con sencillez, de forma poco llamativa. Está poco maquillada y no lleva joyas. Se mueve libremente por el escenario. Se sienta en el sofá. Cuando queda sola en el escenario, se van oscureciendo las luces de la sala y aclarándose el escenario, particularmente el «área del living room». Victoria se pone de pie y pasa la mano por el respaldo de la silla que está en el lugar donde antes estuvo la chimenea. Pensativa, parece recordar. Deja el libreto sobre la silla. Después se dirige hacia el marco de la ventana, contemplando el «paisaje». Por el lateral opuesto a donde se encuentra Victoria entra Román con un libreto en la mano. Está en mangas de camisa. A punto de atravesar por el lugar donde antes estuvo una pared, se detiene, retrocede y entra por la puerta. Esta está cerrada, aunque no tiene el pestillo pasado. Visible desde el público, Román toca el timbre tres veces, con pausa entre una y otra llamada. Victoria no se mueve, más bien como si no escuchara. Román abre la puerta y entra.

ROMÁN. ¿Por qué no abriste?
VICTORIA. *(Sin moverse).* El pestillo no estaba pasado.
ROMÁN. Si mal no recuerdo, siempre estaba pasado el pestillo... Por temor a los ladrones y a los delincuentes.
VICTORIA. Sí, La Gorda siempre temía que la fueran a violar.
ROMÁN. *(Tocando el timbre).* No creo que suene exactamente igual.
VICTORIA. ¿Qué cosa?
ROMÁN. El timbre. *(Vuelve a tocarlo).* ¿No te suena diferente?
VICTORIA. Todos hemos cambiado. Es lógico que el timbre no suene como antes. Tampoco nosotros somos los mismos. Si sonara de la misma manera querría decir que no hemos cambiado en lo más mínimo. *(Pausa).* Pero no es así. No estamos en Nueva York. Ha ocurrido una Revolución y ahora estamos en Cuba. Tal vez hemos cambiado demasiado.
ROMÁN. Especialmente tú. Al regresar, llegaste a estar más entusiasmada que ninguno de nosotros. ¿Recuerdas cómo pasabas horas escuchando los discursos de Fidel?
VICTORIA. Es cierto... Como aquella noche en que salimos a comer espaguetis con Fidel y acabamos tomándonos un café con leche. ¿Te acuerdas? ¡Pensar que me puse a decir que parecía un dios que había bajado del Olimpo! *(Amarga, sarcástica).* ¿Cómo es posible que fuera tan cursi?
ROMÁN. Yo nunca he tomado café con leche con Fidel.
VICTORIA. ¡No te has perdido nada del otro jueves! Un café con leche siempre es un café con leche. *(Volviéndose a la ventana).* Claro que la memoria es traicionera. Precisamente, cuando tú llegaste trataba de recordar: el «deli», la lavandería, el puesto de frutas... Nunca había pensado que Nueva York fuera así, tan íntimo, tan familiar. Podía recordar algunas cosas con precisión, pero después todo se me borraba... *(Seca).* Entonces me di cuenta que desde aquí solo se veía la Sierra Maestra...

ROMÁN. *(Inquisitivo, preocupado).* ¿Qué te pasa?

VICTORIA. *(Enfrentándolo al hecho).* Lo mismo que a ti.

ROMÁN. *(Sombrío).* Te he dicho en varias ocasiones que a mí no me pasa nada.

VICTORIA. A todos nos pasa algo.

ROMÁN. ¿Y tu entusiasmo? Fuiste de las primeras en vestirse de miliciana.

VICTORIA. Era el entusiasmo de una primera actriz aclamada por el pueblo y el gobierno revolucionario. *(Sarcástica).* ¡Victoria del Pueblo, como dijo no sé quién!

ROMÁN. Entonces, ¿de qué te quejas? No debes sentirte así. Todo el mundo te conoce. Es ahora, Victoria, cuando tienes lo que tanto habías ambicionado.

VICTORIA. *(Natural).* Quizás tengas razón. Todos tenemos lo que siempre habíamos querido.

ROMÁN. *(Casi eufórico).* ¿No es cierto? ¿Te das cuenta que este será el escenario de *La vida breve*? ¡Quién iba a decir que iba a estrenar en el Teatro Nacional! Rubén está entusiasmado con la obra... *(Algo retórico).* He querido hacer una obra realista de enfrentamiento con la verdad.

VICTORIA. *(Riendo, sarcástica).* ¡De enfrentamiento con la verdad!

ROMÁN. No entiendo.

VICTORIA. Acabarás entendiendo cuando sea demasiado tarde.

ROMÁN. *(Molesto).* ¿Por qué hablas a medias tintas?

VICTORIA. Es el único modo de hablar.

ROMÁN. Yo no creo que sea el momento de andarse con pelos en la lengua. La propia Beba...

VICTORIA. *(Algo alterada).* La propia Beba anda con ese refranero de mirar la vida cara a cara, sacarlo todo, para que no quede nada por dentro. Vaciarnos para hacernos pedacitos.

ROMÁN. ¿Qué motivos tienes para hablar de Beba de ese modo?

VICTORIA. La Gorda se quiere meter en todo.

ROMÁN. Me parece injusto tratarla así. Pero, en fin, siempre hemos sido injustos con ella. Aunque yo creo que algunas cosas las entiende mucho mejor que nosotros.

VICTORIA. *(Muy enfática).* De eso no te quepa la menor duda.

ROMÁN. *(Caminando hacia la guillotina).* Yo creo que es necesario enfrentarse con toda la verdad: lo que éramos, lo que somos, lo que debemos ser. *(Sincero).* Yo quiero entender la Revolución, Victoria.

VICTORIA. Desde el primer momento no has entendido nada. Por lo menos Miguel Ángel...

ROMÁN. *(Rápido).* Yo no soy Miguel Ángel.

VICTORIA. *(Caminando hacia la percha).* A eso voy, precisamente, a que tú no eres Miguel Ángel y te tienes que enfrentar a la verdad de no serlo. Hay muchos como él por ahí. Y vendrán muchos más. Más vale enfrentarse a Miguel Ángel para comprender cómo somos. O si somos como los demás. *(Toma el vestido).* Después de todo, yo debo saberlo mejor que nadie. No te olvides que soy yo la que tengo que fingir, hacer una y otra vez la *Cantata de la Sierra*... *(Refiriéndose al vestido, haciendo lo que dice).* La que toma este disfraz, baja el zíper, se lo tira por encima y repite una y otra vez la escena del travestismo. *(Con la bandera del 26 de Julio al frente, inicia un grotesco recitativo).*

Una sola unión contra todos los enemigos:
con el fusil en guardia
empuñamos la pluma con la espada
y arrancamos todas las cadenas.

Y cuando he tenido mis dudas, Miguel Ángel me ha dicho: «Pero si tú eres actriz: solo tienes que proyectar la voz». Y cuando se lo he dicho a Rubén: «Pero, Vicky *darling*, si no es cosa de creer todo lo que se dice, *dear*. ¡Arreglados estaríamos! ¡Sería para volverse loco!». *(Pausa)*. Sí, si soy actriz tengo que fingir… Como Miguel Ángel, que hace la misma cosa siendo poeta. Porque no sé si te habrás dado cuenta, pero Miguel Ángel no hace más que ponerle rima a las arengas de Fidel. Él sabe de sobra el terreno que pisa. *(Pausa)*. Cuando yo hago la *Cantata* no hago más que declamar esos remiendos poéticos que toma Miguel Ángel de los discursos de Fidel a los metalúrgicos, a los tabaqueros, a los cortadores de caña, a los choferes de las guaguas… Esas rimas en contra del imperialismo yanqui, que copia Miguel Ángel de los cintillos de los periódicos… *(Entonando el texto «brechtianamente», mientras se va arrancando el vestido a medio poner)*.

En lucha contra el imperialismo yanqui
levanten los brazos que son de acero:
«¡Patria o Muerte! ¡Venceremos!».

(Con el vestido en la mano). ¿Cómo es posible que Miguel Ángel se haya degradado hasta tal punto? Porque eso no es poesía ni nada que se le parezca. *(Tira el vestido)*. Para entender todo esto no tienes que hacer ninguna reconstrucción sicológica de lo que fuimos o dejamos de ser. *(Violenta, junto a la guillotina)*. Lo que hay que hacer es lavarse el cerebro, Román.

ROMÁN. No puedo aceptar que todo lo que ha pasado aquí en los últimos años haya sido una farsa.
VICTORIA. *(Subiendo la cuchilla de la guillotina)*. Puro teatro. Teatro nada más. Teatro Nacional. Eso sí, un teatro de «Patria o Muerte» que nos puede costar la vida. De aquí hay que irse, Román. Al presente hay que cortarle la cabeza de un solo tajo. *(Deja caer la cuchilla)*.
ROMÁN. Eso quiere decir que no tiene sentido haber regresado.
VICTORIA. Tal vez hayamos regresado para comprender que tenemos que irnos. Irse. Partir. Exiliarse. Salir de aquí antes de que sea demasiado tarde. *(Refiriéndose a los restos del escenario anterior)*. Esto no reproduce nada, no tiene sentido… *(Acercándose a la ventana)*. Un apartamento en Nueva York… *(mirando por la ventana)* con vista a la Sierra Maestra.
ROMÁN. Eso era exactamente lo que mirábamos antes. Cuando nos asomábamos a la ventana mirábamos siempre hacia delante y nos veíamos donde estamos ahora.
VICTORIA. No, yo miraba la lavandería, el estanquillo de periódicos, la vieja aquella envuelta en harapos que en invierno se ponía a vender castañas…
ROMÁN. Eso lo ves ahora… porque no estás allí.
VICTORIA. Es posible, porque yo he estado en la Sierra Maestra, con Fidel, con Rubén, con toda la plana mayor… Con La Gorda, que en el fondo se burla de esa absurda *Cantata* entonada en las laderas del Pico Turquino. Esto no es un pasado imaginario. Es un presente de carne y hueso, formado de realidad… *(señalando)* y utilería. *(Pausa)*. Al pasado también hay que cortarle la cabeza de un solo tajo. *(Deja caer la parte superior del marco de la ventana a modo de guillotina)*. Solamente podemos vivir en el presente, Román.

Se oscurece toda el área que rodea el living room, salvo una línea azulosa que conduce a la puerta. La misma luz domina el área del living room, produciendo un efecto algo irreal.

ROMÁN. *(Junto a la puerta, pensativo. La abre. Sale. Vuelve)*. A menos… *(La frase queda inconclusa, como una interrogación)*. Todo es una contradicción… La vida… La Revolución… Nosotros mismos… *(Pausa)*. Sobre todo nosotros mismos…

Acercándose a Victoria, en voz baja, creándose entre ambos una misteriosa intimidad y como si hubiera, además, algún indefinido peligro.

VICTORIA. *(Llevándose la mano a la boca).* Hasta un día, cuando te pongan una mordaza en la boca… Entonces…, entonces no podremos contradecirnos. Tampoco podremos hablar. *(Con un escalofrío).* ¿No es eso lo que se llama la ley de la mordaza?

ROMÁN. Quizás tengas razón. Quizás sea conveniente que haya un gran silencio. Es más práctico. Y posiblemente más saludable.

VICTORIA. Los muertos nunca están enfermos.

ROMÁN. ¿Quién te ha dicho eso? A principios del cristianismo se afirmaba que el infierno es una larga enfermedad incurable donde el enfermo no se acababa de curar ni de morir.

VICTORIA. *(Como si le tapara la boca a Román, en gesto estilizado. Después, susurrando casi).* ¡Calla! ¡No debemos hablar tan alto! No olvides que los Comités de Defensa tienen la guardia en alto… *(Muy bajo).* Las paredes oyen, Román.

ROMÁN. *(Tranquilizador).* Pero aquí no hay paredes, Victoria. *(Están cerca de la ventana. Parecen más bien sombras en la oscuridad azulosa).*

VICTORIA. *(Mirando por la ventana).* Pero hay vendedoras de castañas… Está ahí, de día y de noche… ¿No te parece sospechosa? Desde aquí…, envuelta en harapos… Me recuerda a alguien, Román… Bajo el farol, la acera toda blanca y toda cubierta de nieve… *(Volviéndose, abrazando a Román).* ¡Es La Gorda, Román! ¡Nos está vigilando! ¡No nos pierde ni pie ni pisada!

ROMÁN. *(Tranquilizador).* Vamos, no te pongas así. Déjame ver. *(Mira por la ventana. Como una salida ocurrente).* Es el Chino de la Charada que está vendiendo cucuruchos de maní.

VICTORIA. *(Sin encontrarlo gracioso).* Por favor, Román, no me hagas reír.

Victoria camina hacia la guillotina y Román hacia la máquina de escribir. Un leve foco de luz cae sobre ambas áreas del escenario. El tono deja de ser susurrante.

ROMÁN. Quizás… no haya motivos para preocuparse…

VICTORIA. Siempre hay… *(Pausa larga).* ¿Has sabido de Rubén? ¿Le habrá pasado algo?

ROMÁN. ¿Qué le podría pasar?

VICTORIA. Si ha dicho lo que no se puede decir… lo mismo que a cualquiera de nosotros… Si La Gorda, que todo lo pregunta, que todo lo quiere saber…, que se ha vuelto terriblemente inquisitiva…

ROMÁN. En Nueva York era lo mismo. A Beba siempre le ha gustado el chisme. Recuerda los cuentos que traía de la factoría.

VICTORIA. Sí, pero cuando estaba en Nueva York era diferente. Eran como todas las demás que trabajan allí. Pero ahora, desde que se ha metido en todo, desde que está con la plana mayor… Es otra manera de preguntar…, es otra manera de querer saberlo todo… *(Mirando fijamente a Román al otro lado del escenario).* ¿Entiendes…?

ROMÁN. *(Despacio).* Temo… que sí…

Román se deja caer en la silla que está frente a la máquina de escribir y mira fijamente al teclado. Lentamente coloca las manos sobre el mismo. Por el fondo del escenario aparece Miguel Ángel, vestido de miliciano, sudoroso, cansado. Sus movimientos son inciertos, como si estuviera algo borracho, pero no mucho. Más bien se trata de una mezcla de cansancio y unas cuantas cervezas. Miguel Ángel, siempre con paso inseguro, entra en el *living room*. Tropieza con una silla o una butaca y está a punto de caer. Se empieza a aclarar el escenario muy lentamente. Camina por un momento hacia la ventana y se pasa la mano por el rostro, como si estuviera confundido al encontrarse en el *living room*. Parece que va a decir algo pero no lo hace y se lleva las manos a la garganta. Después, al dar otros pasos, pisa el vestido de Victoria. Lo toma. Lo mira con extrañeza. Finalmente, arropándose con él, se tira en el sofá y se queda dormido. El escenario se ilumina gradualmente como a principios del acto.

ROMÁN. *(Lee mientras escribe).* «Miguel Ángel, sudoroso y muerto de cansancio, se dirige al sofá. Envuelto en la bandera del 26 de Julio queda profundamente dormido».

VICTORIA. Yo lo diría de otro modo. *(Como si estuviera redactando el texto, pero sin leer. Hace una parodia de los movimientos de Miguel Ángel).* «Miguel Ángel, a punto de caerse porque ha tomado más cerveza de la cuenta, entra en el *living room*. Está medio borracho y tropieza en la oscuridad con todo lo que tiene por delante. Aunque el escenario está a oscuras, reconoce el *living room* del apartamento neoyorquino. Está confundido porque recuerda vagamente que ha regresado a Cuba y ha ido a una manifestación a la Plaza Cívica. Horrorizado, trata de gritar lo que ha estado gritando en los últimos años, paredón-paredón-patria-o-muerte-venceremos, pero se ha quedado afónico. Da un paso hacia atrás y está a punto de caer por la ventana, descalabrándose. Al pisotear la bandera del 26 de Julio, se dispone a salvarse. Toma la bandera. Una arqueada le sube a la garganta y, llevándosela a la boca, cae en el sofá, donde al fin podrá dormir la mona. Entran Román y Victoria. Miguel Ángel abre los ojos».

MIGUEL. *(Abriendo los ojos, pero sin incorporarse, como un locutor algo afónico).* En versión definitiva destinada a ponerle punto final a tanto infundio, Miguel Ángel Fernández ha decidido, una vez por todas y por última vez, redactar el texto correspondiente para que Victoria del Pueblo no se atraque tanto. *(Se pone de pie y hace una reconstrucción de su propia entrada en escena).* «Miguel Ángel, borracho como una cuba, bajando de la Sierra Maestra y saliendo de la Plaza Cívica, emula a Fidel Castro y hace su entrada en el escenario del Teatro Nacional, que el cabrón luminotécnico, siguiendo las instrucciones del dramaturgo, ha dejado casi a oscuras, con mala leche, para que se destarre. Víctima de una cabrona conjura internacional entre el marxismo-leninismo y el imperialismo yanqui, sudoroso y con peste a grajo, llevado por el narigón de su coyunda, La Gorda del Pueblo, ha sido expuesto al sol que raja las piedras en la Plaza Cívica, donde finalmente fue redimido por un torrencial aguacero, decretado por el clero, la contrarrevolución y el imperialismo yanqui. Buscando refugio en el sagrado Templo de Talía, entra empapado en el Teatro Nacional, donde se ve finalmente expuesto a la jodida joda de Román y Victoria. Dando los tropezones del caso, víctima del Complejo de Segismundo, se ve atrapado en las redes de «la vida es sueño», y busca el áncora de salvación del soliloquio». *(Declama, con el vestido en la mano, refiriéndose al* living room*).*

¡Válgame el cielo, qué veo!
¡Válgame el cielo, qué admiro!
(Mirando al vestido).
Con poco espanto lo miro,
con mucha duda lo creo.

Decir que sueño es engaño;
bien sé que despierto estoy.
¿Yo Miguel Ángel no soy?
Dadme, cielos, desengaño.
(Dirigiéndose a Román).
Decidme, ¿qué pudo ser
esto que a mi fantasía
sucedió mientras dormía,
y aquí me he llegado a ver?
(Declamatorio al centro del escenario).
Pero sea lo que fuere
¿quién me mete a discurrir?
Dejadme, quiero servir,
y venga lo que viniere.

(Pausa. Pensando lo que acaba de decir). ¿Se dan cuenta de que Calderón era comunista? Porque miren, piénsenlo bien. Si «La Revolución es como el melón, verde por fuera y roja por dentro», el primer verso, «pero sea lo que fuere», le viene como anillo al dedo; y si es cierto que «con la Revolución todo y sin la Revolución nada», ¿quién va a «meterse a discurrir»? Lo que es como decir que hay que meterse la lengua en el culo. «Dejadme, quiero servir…». *(puntualizando)*: haciendo guardia, trabajo voluntario, metiéndome a miliciano… y «venga lo que viniere». *(Concluyendo animado)*. «¡Patria o Muerte! ¡Venceremos!». *(Transición)*. ¡Si La Gorda me oye les aseguro que me propone para el Premio Lenin!

ROMÁN. Yo creía que tú estabas con todo esto, Miguel Ángel.

MIGUEL. Pues claro que lo estoy. Esos versos de Calderón me los creo a pie juntillas y de ahí no hay quien me saque. *(En un inesperado impulso afectivo, quizás con algo de borrachera, se acerca para abrazar a Román, que trata de zafarse del abrazo)*. Porque, aunque tú no lo creas, Román, en el fondo te quiero como a un hermano y no es posible que comas tanta mierda, ¡coño!

ROMÁN. *(Zafándose)*. Déjame, Miguel Ángel. Estás borracho.

MIGUEL. O te aprendes esos versos de Calderón o tendrás que irte para casa del carajo.

ROMÁN. Eso sí que no, Miguel Ángel. Yo tengo que creer de verdad.

MIGUEL. Tienes que lavarte el cerebro como cualquier hijo de vecino. ¿Es que tú crees que a mí no me ha costado trabajo?

VICTORIA. A ti no te ha costado tanto trabajo.

MIGUEL. ¿Cómo lo sabes? ¿Por qué tú te crees que he tenido que emborracharme? Me he pasado todo el día en la Plaza Cívica gritando por más de ocho horas «¡Patria o Muerte! ¡Venceremos!». Desgañitándome… Eso me da derecho a meterme los tragos que me dé la gana…

VICTORIA. No se te olvide que aquí nadie tiene derecho a nada, y no te vayas a creer que eres mejor que nadie. Desde que saliste de Nueva York estabas dispuesto a jugarte el todo por el todo. Esos versos de Calderón, «pero sea lo que fuere» y «venga lo que viniere», ya te los sabías de memoria desde entonces. Desde ese momento ya tenías vendida tu alma al Diablo.

MIGUEL. ¿Y qué derecho tienes tú a juzgarme? ¿Quién eres tú para tirar la primera piedra?

VICTORIA. No es necesario que vayas a parar al Nuevo Testamento. Ya tenemos bastante con Calderón.

MIGUEL. Pero eres tú quien sacaste a relucir al Diablo. Después de todo, tú también firmaste. ¿O es que te has olvidado? Déjate de hipocresías y golpes de pecho. *(Pausa).* Aquí el único que no firmó fue Román. Sin contar que tú también saliste con Fidel a comerte un plato de espaguetis.

VICTORIA. Estás distorsionando la verdad. Yo solo me tomé un café con leche.

MIGUEL. Y te voy a advertir una cosa, Román. Tienes que definirte. Públicamente. ¿O es que a ti te parece justo que yo ande injertando versos del discurso de Fidel a los metalúrgicos mientras tú andas haciendo metáforas con la guillotina?

ROMÁN. ¿Y qué tengo que ver yo con la guillotina?

MIGUEL. *(Señalando a la guillotina).* ¿Y esto qué cosa es? ¿La hoz y el martillo?

ROMÁN. Yo no tengo nada que ver con eso. Yo no he mandado a poner en escena ninguna guillotina. Como tampoco tengo que ver con ese mural de la Sierra Maestra. Eso es asunto tuyo.

MIGUEL. Entonces, ¿quién carajo lo mandó a poner? A otro perro con ese hueso. ¿No eres tú el dramaturgo?

VICTORIA. ¿Qué te traes entre manos? ¿Es que acaso quieres meter a Román en un lío?

MIGUEL. Lo que dices es una canallada, Victoria. Me conoces demasiado bien y sabes que yo no soy capaz de meter a Román en un lío semejante. Ni a Román ni a nadie. Porque si yo soy el Poeta de la Revolución tú eres Victoria del Pueblo. Ni tú ni yo podemos engañarnos. Porque si yo versifico esa lírica a los metalúrgicos y a los choferes de las guaguas que escribe Fidel, tú eres la que la repites noche tras noche. Si tú sufres noche tras noche fingiendo lo que no eres, ¿qué sabes tú por lo que yo paso? Tú y yo nos conocemos demasiado bien para poder engañarnos, y lo digo frente a Román, porque Román sabe que no hay nada que ocultar… *(Furioso).* ¡Coño! Saben que en el fondo los quiero a los dos…, a ti… y a Román… Y si algo bueno han tenido estos últimos años es que algunas cosas que existían entre nosotros…, que nos separaban…, se han borrado para siempre… *(A Victoria, más directamente).* Yo sé que quizás quede ese desprecio que siempre has sentido por mí… porque…, porque eso es inevitable… Porque yo también, en algún momento, he llegado a… *(Furioso).* ¡Coño, me cago en la mierda, yo detesto hablar con el corazón en la mano!

ROMÁN. ¿Por qué? ¿Por qué no podemos hablar con el corazón en la mano? ¿No sería mejor para todos?

VICTORIA. *(Acercándose a Miguel Ángel).* Entonces…, entonces eres tú el que está en peligro…, el que tiene que salvarse…

ROMÁN. Si habláramos todos con el corazón en la mano…

MIGUEL. ¡No se puede hablar con el corazón en la mano! ¡No se puede hablar con el corazón! Se puede hablar con la cabeza… Con el estómago… Con la boca llena de mierda… Pero no se puede hablar con el corazón en la mano, porque acabaríamos con el corazón tinto en sangre… ¿Te acuerdas cuando Fidel nos metió en la Biblioteca Nacional y nos dijo que le diéramos a la sin hueso, que aquí no se le hacía caso a nadie?

ROMÁN. Daño a nadie.

MIGUEL. Sí, daño a nadie… Y que había libertad para decir todo lo que a uno le diera la gana y toda aquella pila de mierda… ¡Coño, yo no dije esta boca es mía! La gente que lo dice todo, que no se queda con nada por dentro, acaba rehabilitada en las granjas agrícolas…, sembrando malanga…, en las cárceles…, en los paredones de fusilamiento…, con la boca llena de moscas en las cunetas de las carreteras. En boca cerrada no entran moscas, Román, y es mejor cerrarla cuando uno está vivo… *(Está junto a la guillotina, refiriéndose a ella).* Más vale que quites cuanto antes ese detallito de la guillotina, porque si tú eres responsable…

ROMÁN. Pero no lo soy.

MIGUEL. *(Alargándole un libreto que había quedado en una silla).* Mira las acotaciones. A lo mejor has metido una guillotina sin darte cuenta… Más vale que esa guillotina se la lleven a casa de la puta que la parió antes que empiece a cortar cabezas por su cuenta… *(A Victoria).* Tú eres testigo de que he hecho lo que he podido.

VICTORIA. A lo mejor es una idea de Rubén.

MIGUEL. No, Rubén no tiene cojones para tanto. Él se está cagando de miedo.

ROMÁN. ¿Miedo a qué?

MIGUEL. Miedo a todo, Román. El miedo que tiene todo el mundo… ¡Carajo, es imposible hablar contigo! Me desespera que ni siquiera Victoria te haya abierto los ojos… Hasta el pobre Rubén tiene miedo, lo cual yo diría que es una medida de seguridad… Es el instinto de supervivencia… Lo que pasa es que él, para colmo, le tiene miedo a todo y a algo más. Hoy estaba hecho un manojo de nervios. Se fue para la playa temblando de pies a cabeza.

VICTORIA. ¿Qué quieres decir con que le tiene miedo a todo y… a algo más?

MIGUEL. Que es maricón.

VICTORIA. No sabía que ese era un tipo diferente de miedo.

MIGUEL. Bueno, les voy a decir una cosa. Si yo fuera maricón también tendría ese tipo de miedo. No sé, pero alguien está corriendo la bola de que se prepara una redada contra los pájaros, que la Revolución y la homosexualidad son incompatibles, que no se puede ser buen revolucionario y buen maricón… Serán cosas o no de la contrarrevolución, campañas del imperialismo yanqui, pero si yo fuera una loca perdida como Rubén, me estaría cagando en los pantalones… o en lo que sea.

ROMÁN. Pero no tiene sentido.

MIGUEL. No lo tendrá para ti, pero la plana mayor piensa todo lo contrario.

VICTORIA. ¿Y qué van a hacer con Raúl Castro?

MIGUEL. Eso pregúntaselo a su mujer y a Fidel Castro, porque él es de los que juega en los dos equipos… En fin, que Rubén está cogido en una trampa, en un callejón existencialista que se le quedó a Sartre en el tintero… Hay que imaginarse el dilema de la decisión… Lo tomo o lo dejo… Como o dejo de comer… El personaje que tiene que elegir entre la tranca y el trancazo.

ROMÁN. Maldita sea la gracia que tiene.

MIGUEL. No, si no tiene ninguna. ¡Es una decisión del coño de su madre! Porque entre bromas y veras es cuestión de vida o muerte. «Con la Revolución todo y sin la Revolución nada». ¡Ayuno y abstinencia! ¡Le zumba el merequetén! ¡Ni que fuéramos místicos! Es lo que se llama una toma de conciencia, y Rubén tendrá que decidir con qué posición quedarse, con la vertical o con la supina.

VICTORIA. Espero que La Gorda no sospeche nada de esto.

MIGUEL. La Gorda sabe más que la bibijagua. Es ojos y oídos del mundo. Los otros días le dio un sermón marxista-leninista y estuvo a punto de ponerle un cinturón de castidad. Le contó la persecución a los homosexuales en época de Stalin y lo puso histérico con la vida, pasión y muerte de Mayakovski, asegurándole que Mayakovski se suicidó porque era maricón.

VICTORIA. ¿Pero qué sabe ella de lo que está diciendo?

MIGUEL. ¿Se acuerdan de Nueva York, cuando nos burlábamos de ella...?
ROMÁN. Yo nunca me burlé de Beba.
MIGUEL. ¿Se acuerdan cómo llegaba cargada de paquetes del A&P?
ROMÁN. *(Tono ligero).* ¿A quién se le puede olvidar? Me parece estarla viendo. Y enseguida empezaba a recogerlo todo. Cada cosa en su lugar.
VICTORIA. Para después meterse en la cocina a preparar la comida.
MIGUEL. *(Rápido, dando vueltas por el escenario, enumerando).* ¡La carne asada, el arroz con pollo, la ropa vieja...!
VICTORIA. *(Riendo).* ¡Qué manera de cocinar!
ROMÁN. *(Riendo).* ¡Qué manera de comer!
MIGUEL. *(Ligero* crescendo*).* ¡El picadillo a la criolla, las masitas de puerco fritas, el bacalao a la vizcaína...!
ROMÁN. Ella lo hacía todo sin quejarse, siempre de buen humor... Y no protestaba jamás, a pesar del día que había tenido, trabajando en la factoría y haciendo *overtime*... Después, a lo sumo, le echábamos una mano para recoger la mesa.
MIGUEL. (Crescendo *algo furioso).* ¡Los frijoles negros, la fabada asturiana, el potaje de garbanzos...!
VICTORIA. ¡Aquello sí era trabajo voluntario!
MIGUEL. *(Clímax frenético, ilógico, furioso, a gritos).* ¡La natilla! ¡El flan! ¡Las torrejas! ¡El arroz con leche! ¡El pudín diplomático!
VICTORIA. *(Pensando, sin seguir el frenesí de Miguel Ángel).* Yo a veces pensaba que era como el teatro, cuando uno repite una escena una y otra vez... *(Ensimismada en su análisis).* Como si ella representara un papel...
MIGUEL. *(Transición rápida, deteniéndose en seco).* ¿Por qué se te ocurría pensar eso? ¿No te parece una cosa rara?
VICTORIA. ¿No lo has pensado tú?
MIGUEL. No en aquel momento, pero lo he pensado después.
ROMÁN. Pero no era una escena de teatro... Era..., era demasiado natural...
MIGUEL. ¿Pero es que una escena de teatro no puede ser completamente natural?
ROMÁN. Sí, es posible... *(Pensando).* Como pasa con esas actrices que trabajan tan bien que uno no se da cuenta que están trabajando.
VICTORIA. Pero ahora es otra. Cuando la veo, nunca puedo recordarla llegando del mercado y haciendo las cosas que hacía en Nueva York. ¿No les parece extraño?
MIGUEL. Desde que llegó no ha puesto un pie en la cocina.
ROMÁN. Si todos hemos cambiado, quizás ella haya cambiado también.
VICTORIA. Es... como si hubieran puesto a otra persona en su lugar... *(A Miguel Ángel).* Tú lo debes saber mejor que nosotros, Miguel Ángel.
MIGUEL. Es que La Gorda y yo mantenemos nuestras distancias.
ROMÁN. Y sin embargo, ahora, cuando lo piensa uno, todo resulta demasiado exacto, demasiado preciso tal vez. Casi demasiado natural. Como si en el fondo, cuando llegaba de la calle, estuviera ocultando algo.
MIGUEL. ¡Coño! ¡A lo mejor me estaba pegando los tarros!
ROMÁN. Es que ha cambiado mucho. Hasta su sentido del humor.
MIGUEL. No sabía que tuviera sentido del humor.
ROMÁN. Bueno, porque tú no le hacías mucho caso.

VICTORIA. ¿No les parece que ha cambiado más de la cuenta? Porque, después de todo, nosotros no somos exactamente los mismos que éramos antes y, sin embargo, tampoco somos completamente diferentes. Podemos... reconocernos. *(A Miguel Ángel).* Quizás tú puedas recordar algún detalle..., algo que sea significativo.

MIGUEL. No hay nada significativo. La Gorda en la cocina. La Gorda limpiando la casa. La Gorda lavando los platos. Y si quieren, La Gorda en la cama. Pero nada que valga la pena recordar. Es que yo la miraba lo menos posible. Como si hubiéramos estado juntos todo el tiempo y no hubiéramos estado juntos jamás. Como si la viera por fuera, entrando, saliendo, pero nunca viéndola de verdad... *(Pausa).* Pero después, cuando regresamos, empecé a darme cuenta que existía. No sé cómo explicarlo. Era otra. *(Pausa).* Después vino lo del viaje a Pekín. Cuando ella me dio la noticia de que íbamos a Pekín, me quedé sorprendido. ¿Cómo era posible que ella lo supiera primero que yo? Porque si yo era el Poeta de la Revolución y ella, coño, ella no era nada ni nadie... *(Pausa).* ¿Acaso no era una ignorante? ¿Cuándo dijo algo que valiera la pena repetir? *(Pausa).* Hasta que un día empecé a cogerle miedo. La Gorda sabía cómo era yo. Conocía mis debilidades, mis flaquezas, mi cinismo, si quieren llamarlo así. Se me ponía la carne de gallina. *(Pausa).* Después, durante el viaje a Pekín, ella era conocida por todo el mundo en la delegación cubana... y se le trataba con una especie de deferencia, muy sutil, que se mezclaba a veces con algo de temor... Se trataba de tú con Fidel. Hablaba con la plana mayor del Partido Comunista como si se hubieran conocido de toda la vida. *(Furioso, junto a la ventana).* ¡A La Gorda la conocían hasta los chinos! ¡La debí tirar por esa ventana cuando todavía tenía tiempo para hacerlo! ¿Qué tiene que ver La Gorda, que está metida en la Federación de Mujeres Cubanas, el Consejo de Cultura, en la Asociación de Profesionales Revolucionarios, en la Escuela de Periodismo y hasta en la sopa, con la cocinera aquella del tamal y el majarete? Es que yo, como Rubén, también estoy entre la tranca y el trancazo.

VICTORIA. *(Tras una breve pausa).* Entonces ella lo sabe todo.

MIGUEL. Claro que lo sabe todo, porque mientras nosotros hablábamos sin pelos en la lengua, ella, ¡estoy seguro, segurísimo!, nos vigilaba metida en un plato de tasajo... Porque siempre hemos dicho lo que nos ha dado la gana...

VICTORIA. Sobre todo tú, Miguel Ángel, con tus juegos de palabras.

MIGUEL. Lo sabe todo. Y lo que es peor, me conoce como la palma de su mano. Porque se lo he dicho. Porque yo mismo me he burlado delante de ella de esas butifarras de Fidel que todo el mundo se traga como una salchicha gigantesca. ¿Se dan cuenta? Estoy atrapado. Se está vengando. Acabará apretándome los cojones con un torniquete.

VICTORIA. *(Alejándose hacia la puerta. Se vuelve).* Hay que irse.

MIGUEL. *(Confundido, sin entender).* ¿Irse?

VICTORIA. A Nueva York. A cualquier parte. Lo importante es salir de aquí. Desterrarse cuantas veces sea necesario.

MIGUEL. *(Acercándose a la puerta. Como si fuera a interrumpir una posible salida de Victoria. A punto de detenerla como si en realidad ya fuera a partir).* No, Victoria, tú no puedes hacerme eso. *(Volviéndose a Román en busca de ayuda).* Dile que no se vaya, Román. Ustedes no pueden hacerme eso. Porque tú no habrás pensado en irte. Tú no puedes hacer eso, Román.

ROMÁN. Pero tú también puedes irte de aquí.

MIGUEL. ¡¿Cómo?! ¡No me hagas eso, Román!

ROMÁN. Puedes elegir, Miguel Ángel.

MIGUEL. ¿Y dejar todo esto? ¿Y olvidarme de estos cinco años de mierda como si no los hubiera vivido jamás? ¿Es que tú no te has enterado todavía que soy el Poeta de la Revolución? ¿Perder lo que he ganado y lo que me queda por ganar?

ROMÁN. Pero tú mismo has dicho que La Gorda acabará apretándote los testículos con un torniquete.

MIGUEL. No me hagas caso. Me he puesto nervioso, eso es todo. ¿No eras tú él que quería entender todo esto, comprender la Revolución y toda esta vaina?

ROMÁN. A lo mejor has sido tú el que me has hecho comprender. *(Pausa breve)*. A mí me los cortarían de un tajo, con la cuchilla de la guillotina.

Miguel Ángel y Román están en el área de la guillotina, sobre la que caerá un foco de luz. Oscurecimiento gradual del resto del escenario.

MIGUEL. Mira, Román, déjate de joder con la guillotina. He tenido un mal día. Esa manifestación en la Plaza Cívica. Rubén muerto de miedo. Comprende lo que quiero decir. Si te quedas, Victoria no se irá. Estaremos juntos para querernos, odiarnos, mandarnos al carajo. Entre los tres, entre los cuatro, con Rubén también, todo será más fácil. *(Desolado)*. Pero si se van, entonces yo me quedo solo con La Gorda.

ROMÁN. Pero tú también puedes irte. Todos podemos salir de aquí.

MIGUEL. No, yo no puedo irme de aquí. Lo perdería todo. Hasta el nombre que estoy ganando. La *Cantata* ya empieza a recitarse por toda Latinoamérica. Y contigo pasará lo mismo, Román. Estrenarás por todas partes. En el Teatro Nacional. Te darán el Premio Casa de las Américas. Es fácil. No cuesta tanto trabajo. Solo tienes que ponerte para tu número. Pasar cosas por alto. Decir lo que no quieres decir. Decir lo que la gente quiere oír. Pero, ¿no es eso teatro? Tú eres el dramaturgo y puedes inventar eso y mucho más, y poner hasta si quieres entre col y col lechuga, pero no mucha, para que nadie se dé cuenta. Verás, no te costará trabajo con un poco de disciplina. La Gorda me lo deja caer. Hasta creo que se siente orgullosa de mí con esa *Cantata* a la medida, que es como un traje sastre. Tú puedes hacer lo mismo. Te estrenarán en todas partes. En México, en Colombia, en Argentina, en Venezuela, en el Perú. Te traducirán al inglés, al ruso, al checo, al alemán, al francés. No importa lo que escribas porque sale de aquí, donde hay una Revolución triunfante que mandará al carajo al imperialismo yanqui. Piénsalo, Román. No te dejes llevar por esa metáfora del torniquete. Será todo lo contrario. Te olerán el culo, porque es un culo cubano, Román, revolucionario, cubano-marxista-leninista. Y no importa la mierda que escribas, que cagues o dejes de cagar, porque será castrista-leninista y todos dirán que es una mierda documento, épica, colectiva, barroca y mágico-realista. Los críticos y los profesores, los escritores y descarados que andan sueltos por ahí, todos te olerán el culo, no importa la mierda que te pongas a escribir. Ahora piénsalo bien, oye lo que te digo. Que si te vas te jodes. Eso sí será tener los cojones en un torniquete. No podrás poner la tinta en ningún papel. Podrás cagar todas las palabras que quieras, pero no tendrás un texto donde dejar sus huellas. Lo harás en vano, Román. Escribirás en los terribles silencios de las madrugadas con los testigos de tu propia desolación. Escribirás en el exilio, Román.

Mientras finaliza la escena anterior se va iluminando gradualmente el área del living room. Román y Miguel Ángel quedan a oscuras al final de la escena. Victoria, al fondo, entre las sombras. Momentos después se aparece Beba. Queda por un instante en el umbral de la puerta. Lleva saya y blusa color verde olivo, zapatos de cordón, medias beige, algo oscuras. Es difícil reconocer a la

Beba del acto anterior, de aspecto común y extrovertido. Sigue gruesa, pero la impresión que produce es de dureza y corpulencia. Tiene el pelo firmemente peinado hacia atrás, recogido con un moño cuidadosamente hecho pero sin ninguna elegancia. Este arreglo acrecienta su dureza. Sonríe sutilmente, como si se burlara un poco de lo que ve. Se detiene junto a la silla que está donde antes estuvo la chimenea. Pasa la mano instintivamente por el respaldo, como quien supervisa para ver si hay polvo. Toma un libreto que hay en la silla. Mira por la ventana, pero sube la cabeza como si contemplara el mural del fondo. Va hacia el sofá, pero al ver el vestido de Victoria tirado por alguna parte, lo recoge y lo observa. Va hacia la máquina de escribir. Toma un papel que hay en el rodillo. Lo lee, lo estruja y lo tira en el cesto de papeles. Después, cuidadosamente, coloca el vestido sobre la máquina de escribir, cubriéndola y dejando, visible al público, la parte del 26 de Julio. Se sienta en el sofá. Lee un libreto. Sonríe, siempre de forma casi imperceptible. Entra Victoria, que se detiene por un momento en el umbral. La puerta queda abierta.

VICTORIA. *(Refiriéndose al libreto).* ¿Qué te parece?
BEBA. *(Pausa. Alzando la cabeza).* Una tontería. Supongo que pienses lo mismo que yo.
VICTORIA. *(Sentándose frente a Beba).* Sí, es una pérdida de tiempo.
BEBA. Es mucho más que una pérdida de tiempo y tú lo sabes bien.
VICTORIA. Sí, lo sé. Pero eso no quiere decir que lo sepa desde tu punto de vista.
BEBA. Estoy de acuerdo, pero eso es asunto tuyo.
VICTORIA. Tienes toda la razón.
BEBA. No es posible seguir funcionando dentro de estructuras burguesas. ¿No se lo has dicho a Román?
VICTORIA. No creo que se lo haya dicho de ese modo.
BEBA. Pues se lo diré yo.
VICTORIA. Me parece bien.
BEBA. Será un buen consejo. Román tiene muchas posibilidades si no pierde la cabeza.

Román entra en el área iluminada, pero Beba no lo ve todavía.

VICTORIA. Todos tenemos muchas posibilidades si no perdemos la cabeza. ¿Tienes algo que aconsejarme a mí?
BEBA. No, a ti no. Tú no necesitas mis consejos. Tú sabrás lo que tienes que hacer.
VICTORIA. Tienes razón.
BEBA. *(Pasándole la vista al libreto).* Es una lástima que Román no pueda terminar esta obra. Me hubiera gustado saber cómo entraba en escena.
VICTORIA. Entrarías por esa puerta, como hiciste hace un momento.
BEBA. Pero no uniformada, vestida de verde olivo.
ROMÁN. ¿Por qué no?
BEBA. *(Algo sorprendida por la inesperada aparición de Román, que le produce una vaga sensación de inseguridad).* ¿Estabas ahí? No te había visto.
ROMÁN. Entrabas como estás vestida ahora.
BEBA. ¿Estás seguro? Recuerda que siempre llegaba cargada de paquetes del mercado.
ROMÁN. Eso era antes. Ahora siempre *entrabas* como estás vestida ahora.
BEBA. *(Recuperando su aplomo y la seguridad en sí misma).* Es una lástima que no puedas terminar esta obra.

ROMÁN. ¿Por qué no?

BEBA. *(Natural, sin exagerar su intrínseco dogmatismo).* Le decía a Victoria que no es posible seguir funcionando dentro de estructuras burguesas.

VICTORIA. Rubén está entusiasmado con la obra y piensa dirigirla.

BEBA. *(Rápida).* ¿Ha estado Rubén por aquí?

VICTORIA. No. ¿Lo has visto?

BEBA. No. Pero hablé con él por teléfono.

ROMÁN. ¿Le pasa algo?

BEBA. ¿Por qué habría de pasarle algo?

ROMÁN. Ya debía estar aquí.

BEBA. Cuando hablé con él por teléfono quedó en venir por aquí.

VICTORIA. Está muy alterado últimamente… Tú sabes, esos rumores que se corren por ahí…, medidas represivas contra los homosexuales… Le he dicho que son bolas, pero de todos modos está aterrado.

ROMÁN. *(A Beba).* ¿Es cierto lo que se dice?

BEBA. *(Natural, pero manteniendo el carácter de una discusión ideológica algo en frío).* La Revolución no toma medidas de ese tipo, pero es cierto que los homosexuales representan un problema social que la Revolución tiene que resolver. ¿No les parece?

VICTORIA. Depende de la forma en que se resuelva el problema.

ROMÁN. No se puede contestar así en abstracto.

BEBA. ¿No crees que los intereses de la Revolución están por encima de todos los demás?

ROMÁN. *(Breve vacilación, calculando la respuesta).* Sí, es cierto. Fidel ha dicho que «con la Revolución todo».

BEBA. ¿Entonces…?

ROMÁN. ¿Pero qué tiene que ver una cosa con la otra?

BEBA. Hemos heredado una serie de problemas que proceden de la estructura burguesa.

VICTORIA. *(Ligeramente irritada).* No me irás a decir, Beba, que no hay pájaros en la Unión Soviética.

BEBA. Si te vas a poner en ese plano es inútil discutir el asunto.

ROMÁN. Pero Rubén siempre ha estado a favor de todas las medidas revolucionarias.

BEBA. Entonces estará a favor de estas medidas como ha estado con todas las demás, porque no se trata de medidas *contra* los homosexuales, sino para bien de ellos. Se trata de un proceso de rehabilitación de la conducta para ajustarla a los intereses del pueblo como un todo y no para el goce egoísta de unos pocos.

VICTORIA. ¿Qué quiere decir eso de rehabilitación de la conducta?

ROMÁN. ¿Por qué la conducta de Rubén tiene que ser rehabilitada? ¿Qué tiene que ver lo que haga por ahí con su posición a favor de la Revolución? No entiendo.

BEBA. No entiendes porque tu formación ideológica no es sólida.

VICTORIA. ¿Y la tuya?

BEBA. *(Firme, natural).* Sí lo es. Yo he sido marxista-leninista toda la vida.

VICTORIA. *(Burlona).* No lo dirás para congraciarte con Fidel.

BEBA. No, bien sabes que yo no entro en juegos de ese tipo. Desde antes de casarme, desde antes de ir a Nueva York, he estado trabajando por el Partido.

VICTORIA. ¡Qué calladito te lo tenías! ¿Lo sabe Miguel Ángel?

BEBA. Supongo que lo sepa, aunque no hemos discutido el asunto. Le costó trabajo darse cuenta de la verdad.

VICTORIA. De quién eres tú.

BEBA. Estaba seguro de que yo era una ignorante que no veía más allá de sus narices. Yo estaba allí de carne de factoría, dispuesta a hacer *overtime* en la cocina.

VICTORIA. El pobre Miguel Ángel no se daba cuenta de que ese era su modo de engañarlo.

BEBA. Él me engañaba a mí a su modo y manera. *(Dolida)*. Tragué mis buches amargos. *(Recuperándose)*. Pero ya eso pasó.

VICTORIA. Por lo menos para ti, aunque quizás no haya pasado para Miguel Ángel.

BEBA. Para eso estoy aquí. De la rehabilitación de Miguel Ángel me ocupo yo en persona. Pero no estábamos hablando de Miguel Ángel. Y, a la verdad, ni siquiera estábamos hablando del caso de Rubén. El inconveniente que tienen ustedes es que todo acaba en el plano personal. En primer lugar, no es de Rubén de quien estamos discutiendo. Estamos hablando de la necesidad que tiene la Revolución de darle una solución a problemas que emergen a consecuencia de la burguesía, entre los cuales se encuentra el homosexualismo; y un homosexual no puede representar a la Revolución debidamente. Aquí no se trata de problemas individuales.

VICTORIA. Pero Rubén es una persona de carne y hueso.

ROMÁN. No es posible tratarlo en esos términos. Como si no lo hubiéramos conocido nunca.

BEBA. Ustedes no hacen más que caer en las redes de la estructura burguesa en la cual se han criado.

VICTORIA. Tendrás que rehabilitarnos.

BEBA. Como hablan siempre en términos individuales, refiriéndose a Rubén y no al problema, no pueden distanciarse y adoptar una posición objetiva.

VICTORIA. Lo que quiere decir que Román y yo también seremos rehabilitados.

BEBA. *(Algo más alterada, pero siempre queriendo mantener su «objetividad» ante el planteamiento «ideológico»)*. Yo no he dicho tal cosa. Eso lo sabrás tú, pero si un individuo no funciona dentro de los parámetros revolucionarios, ese individuo tendrá que ser rehabilitado. Llámese Rubén o llámese como se llame. Sin contar que es injusto que mientras unos hacen la Revolución, los otros se hagan el amor…, o lo que sea…

ROMÁN. Habrá que rehabilitar a media Cuba con un torniquete en el lugar que más duela…, donde resida la culpabilidad…, en el cerebro…, en el corazón…, en el sexo… ¿Y quién puede hacerlo mejor que tú, Beba, que nos conoces a todos? Porque mientras tú eras marxista-leninista, sabías y sabes que nosotros no lo éramos ni lo somos todavía.

BEBA. Es lástima que te pongas en ese plano, Román. Siempre había pensado que entenderías.

ROMÁN. No, Beba, yo no quiero que tú te encargues de rehabilitarme.

BEBA. Me temo que Rubén entienda mucho menos, dadas las circunstancias.

ROMÁN. ¿Qué quiere decir eso de «dadas las circunstancias»?

BEBA. Yo lo siento muchísimo, pero precisamente hoy Fidel habló conmigo y me dijo que Rubén no podía quedarse al frente del Teatro Nacional, que necesitaba a alguien con una formación más sólida y con otra personalidad, aunque no estuviera metido en el teatro.

VICTORIA. ¿Cómo se explica eso de «otra personalidad»?

ROMÁN. Si va a dirigir el Teatro Nacional es lógico que esté metido en cosas de teatro.

BEBA. Yo le dije algo de eso, pero él insistió en que el triunfo de la Revolución impone un total replanteo de la función del artista en la sociedad y que…, que Rubén no era precisamente el tipo de persona que podría dirigir ese replanteo… Eso fue lo que dijo… Ahora, si ustedes no me creen o necesitan aclaraciones, vayan y pídanselas a él.

VICTORIA. ¿Y a quién van a poner al frente del Teatro Nacional?

BEBA. Fidel me ha pedido que yo me encargue de la Dirección del Teatro Nacional.

Como antes Román, Miguel Ángel parece surgir de las sombras y entra en el área de luz del living room. A pesar de que el texto parece indicar cierto sarcasmo, el tono de la voz no deberá mostrarlo. Será más bien sombrío y ahora se comportará de modo diferente. Beba volverá a sentirse algo desconcentrada ante situaciones que le resultan «teatrales». Esto la coloca fuera de base. Victoria y Román mostrarán cierta falsedad y «teatralidad», y como si estuvieran de común acuerdo.

MIGUEL. *(Besándola en la mejilla).* ¡Felicidades! ¡Ahora sí que estamos hechos!
BEBA. *(Sorprendida).* ¿Y tú qué haces aquí?
ROMÁN. Miguel Ángel ha llegado en el momento preciso, Beba. *(A Victoria).* Victoria, esto hay que celebrarlo.
VICTORIA. *(Poniéndose de pie).* Claro. Voy a preparar unos tragos.
BEBA. *(A Victoria. Dejándose llevar por la situación, a pesar suyo).* Si quieres yo voy.
VICTORIA. No, Beba, de ninguna manera. Esta vez me toca a mí. Tú no te muevas. Conozco el camino. *(Junto a la ventana, volviéndose).* ¿Ves? Y entraste como estás vestida ahora. A Román no se le escapa un detalle. *(A Román, riéndose, refiriéndose a algo que parece escapárseles a los demás).* El timbre no puede sonar exactamente igual, Román, pero se hace lo que se puede. *(Sale).*
BEBA. *(Moviéndose intranquila).* Espero que Rubén no lo tome como un asunto personal.
MIGUEL. ¿Por qué? ¿No te lo pidió el propio Fidel Castro?
BEBA. De todos modos. Fidel me sorprendió dándome la noticia en la tribuna presidencial, en mitad del desfile. Yo me quedé en una pieza. No sabía qué decirle, pero no podía decirle que no. Es para el bien de todos.
MIGUEL. Todos comprendemos que es necesario sacrificarse, Beba.
ROMÁN. *(Con sorna).* Tú has conocido el monstruo en sus mismas entrañas, Beba. Es justo que ahora tengas un reconocimiento.
BEBA. No es un reconocimiento. Servir a la Revolución es un privilegio.
MIGUEL. *(A Román, sombrío).* Apunta eso, coño. Eso se llama estar claro.

Entra Victoria con una bandeja y cinco vasos con unos tragos. La coloca en la mesa del centro. Le da un vaso a Beba. Todos toman un vaso. Queda un vaso en la bandeja. Se intensifica la oscuridad en el área alrededor del living room. Al mismo tiempo, se inicia un cambio de luces en el living room.

VICTORIA. Le prepararé un trago a Rubén. Estoy segura de que llegará de un momento a otro. ¿No es cierto, Román?
ROMÁN. Sí, llegará de un momento a otro.
MIGUEL. *(A Victoria. Refiriéndose a Beba).* Fidel en persona se lo pidió.
VICTORIA. ¿Qué cosa?
MIGUEL. Que aceptara el cargo.
BEBA. No podía rehusar.
VICTORIA. *(Falsa, teatral).* ¡Pero a quién se le ocurre pensar tal cosa!

Brindan.

VICTORIA. ¡Salud!
MIGUEL. ¡Por la Directora del Teatro Nacional!
BEBA. ¡Por la Revolución!
ROMÁN. ¡Por el teatro!

Una luz azulosa se hace visible en el área que conduce a la puerta del apartamento. La misma luz domina ahora el living room, más vagamente, produciendo un efecto irreal.

VICTORIA. ¿Qué le pasará a Rubén? ¿Por qué no habrá llegado? ¿Le habrá pasado algo, Beba?
BEBA. No creo. En todo caso, no creo que sea nada serio.
VICTORIA. *(A Román)*. ¿Qué tú crees, Román?
ROMÁN. No sé.

Miguel Ángel camina hacia un área de sombras.

VICTORIA. *(Caminando hacia la ventana y mirando por ella)*. He vuelto a ver a la vendedora de castañas. Estaba todo nevado. *(Pausa)*. Por un momento he tenido la impresión de que estaba en Nueva York. *(A Beba)*. ¿No te pareció eso, Beba?
BEBA. Estamos en Cuba.
VICTORIA. Yo creo que ha sido una reconstrucción bastante exacta. *(Riendo, a Román)*. ¡A pesar de las diferencias! ¡No hay nada perfecto en este mundo!
ROMÁN. *(A Victoria, siguiendo en el juego)*. ¿No crees que Beba debería entrar de nuevo cargada de paquetes del A&P?
VICTORIA. ¿Y con uniforme verde olivo? *(Riendo)*. No me hagas reír, Román. Se la llevaría presa el FBI como si fuera el enemigo público número uno.
ROMÁN. *(Burlándose)*. ¿Y no lo es?
VICTORIA. Yo creo que Beba ha entrado vestida para la ocasión.
ROMÁN. *(Atacado de la risa)*. ¡Y la ocasión la pintan calva!
BEBA. *(Poniéndose de pie)*. Esto no tiene ninguna gracia.
VICTORIA. Por favor, Beba, no lo tomes tan a pecho. Ha sido una broma.
BEBA. Ya yo no soy La Gorda a la que todos podían sopapear.
VICTORIA. *(Falsa)*. ¿Pero a quién se le puede ocurrir tal cosa? Tú eres la Directora del Teatro Nacional. ¿No es verdad, Román?
ROMÁN. *(Con sorna)*. Claro que sí. Fidel Castro en persona se lo ha pedido.
BEBA. *(Indecisa, porque no ve a Miguel Ángel)*. De todos modos yo creo que es hora de irse, Miguel Ángel.
VICTORIA. *(Acosándola un poco)*. Pero no puedes irte, Beba.
ROMÁN. No, no, Beba nunca se va. Beba es de las que se queda.
VICTORIA. Además, Román quiere que entres de nuevo.
ROMÁN. Exacto. Cargada de paquetes del A&P y vestida de verde olivo. *(Acercándose a Beba)*. Para ver el efecto que hace.
VICTORIA. *(Siguiéndola)*. Y no para que se la lleve presa el FBI.
BEBA. *(Separándose, dirigiéndose a un punto en la oscuridad)*. Vámonos, Miguel Ángel. No quiero estar a expensas de las locuras de Victoria y Román.
VICTORIA. ¿Y regresar a Cuba? Te voy a advertir, Beba, que ya en Nueva York no se consiguen apartamentos como este. ¡Y a este precio!

ROMÁN. Si este es el apartamento de Beba y Miguel Ángel, los que tenemos que salir somos nosotros.
BEBA. *(Amenazante, dando un paso hacia la puerta).* No se olviden que estamos en Cuba.
VICTORIA. *(A Román, riendo).* En 1963...
ROMÁN. *(A Victoria, riendo).* ...en el escenario del Teatro Nacional.
VICTORIA. *(Interponiéndose en el camino).* Si es así, todavía tiene menos sentido. Porque si Fidel te ha nombrado Directora del Teatro Nacional, no puedes salir de aquí. Somos nosotros los que tenemos que irnos.
ROMÁN. *(Cerrando la puerta).* «Esta es tu casa, Fidel».
BEBA. *(Volviendo hacia el centro del* living room *y recuperando su fuerza).* De acuerdo. Yo soy la Directora del Teatro Nacional. *(Amenazante).* En cuyo caso ustedes tienen que largarse.
VICTORIA. *(Mirando un libreto cualquiera).* Pero Román no ha señalado el mutis.
BEBA. *(Recuperando fuerza).* El mutis lo señalo yo.
VICTORIA. No, no, lo señala Román. Él es el autor de todo esto.
BEBA. *(Con desdén).* Me das lástima, Victoria. *(Firme).* El autor de todo esto es la Revolución.
ROMÁN. Además, todavía no ha entrado Rubén.
VICTORIA. Pero, Román, ¿dónde has metido a Miguel Ángel?
ROMÁN. Yo no lo he metido en ninguna parte. Fue Beba. Lo tiene entre bambalinas, en el cuarto, sometido a la tortura del torniquete.
VICTORIA. ¡Pobre Miguel Ángel, quién lo iba a decir!
BEBA. *(En el centro del escenario).* Eso les va a costar la cabeza a ustedes dos.
ROMÁN. *(Acercándose a Beba. Se enfrenta a ella con furia, pero Beba resiste el ataque sin moverse de su lugar).* Precisamente, para eso he puesto en escena la guillotina. Cuando quieras ponerme el torniquete en el cerebro, cuando quieras apoderarte de mi razón y mi locura, cuando tú y Fidel Castro y la Revolución y compañía, quieran apoderarse de lo que solo a mí me pertenece, de lo que no se puede robar, no serás tú la que aprietes, Beba, no serán ustedes. Seré yo, yo nada más, que habré inventado mi propio mundo al cual no podrás llegar jamás. Yo no me voy a vender, Beba, como están haciendo muchos otros. Conmigo no vas a jugar ni a ponerme el torniquete como harás con esa caterva de escritores y descarados que preside Miguel Ángel. No, no cuentes conmigo. *(Con violencia, quitando el vestido de la máquina de escribir y tirándolo al pie de la guillotina).* Esta obra es mía, mía y de nadie más, aunque yo sea el único que la viva y la represente.
BEBA. *(Segura otra vez de sí misma).* ¡Qué inocente eres, Román! Aquí el único que hace teatro es Fidel Castro... Él es el único poeta, el único novelista, el único dramaturgo... Aquí no se va a escribir otra cosa que lo que diga Fidel, porque él lo dirá todo, como lo sabe Miguel Ángel... ¿Pero es que tú no oyes lo que grita la gente? ¡Fidel! ¡Fidel! ¡Fidel! ¿Qué te has creído tú? ¿Que un escritor de pacotilla puede apoderarse de los designios de la historia? ¡Qué estúpido eres! Aquí hay que ponerse para su número y el que no se ponga, sí, es cierto, se tiene que ir, desterrarse, hundirse, perderse para siempre. Haz lo que te dé la gana. ¡Lárgate! Aquí el teatro se llama Revolución o se llama Fidel, y gente como yo es la que lo va a dirigir. Así que ya lo sabes. Aquí no hay otro teatro y no habrá ningún otro teatro para ti, para Victoria, para Rubén... ¿O es que tú crees que la obra de Rubén la estás escribiendo tú? ¿Sabes lo que le ha pasado? Pues es hora de que yo los ponga al día. Porque no me irás a decir que lo que te voy a contar lo escribiste tú. No, Román, lo que te voy a decir lo escribimos nosotros... A Rubén se lo han llevado preso, metido entre maricones como él, entre prostitutas, chulos, borrachos y mariguaneros. Entre maleantes, inadaptados, indeseables. Como un delincuente común.

Entra Rubén. Se le ve bajo la luz azulosa al otro lado de la puerta, del lado del pasillo. Ha sido brutalmente golpeado y tiene magulladuras, morados, vendajes. Sus pasos son inseguros y se sostiene junto a la puerta, del otro lado del pasillo, para no caer. Lleva una camisa con algún tipo de diseño tropical que ha sido rasgada por alguna parte. Un rayo de luz perfila, vagamente, la guillotina.

BEBA. Aquí el relajo se acabó y eso hay que dejarlo bien sentado. La cosa no va a terminar aquí, porque cuando se vayan allá, a donde sea, también nos van a encontrar a nosotros y a la gente como nosotros. No escaparás, Román. Tendrás que exiliarte hasta el día de tu muerte y no conocerás otra cosa. Allá tú, tú lo has elegido y tendrás que pagar las consecuencias. Acabaremos cortándote la cabeza, lavándote el cerebro tarde o temprano, porque esa guillotina no la pusiste tú ahí, porque esa guillotina la puso ahí Fidel Castro... *(Pausa)*. A Rubén se lo llevaron preso y bien merecido se lo tiene. Por pájaro, por estar haciendo lo que no se debe. ¿Qué se ha creído él? Sí, ha habido una redada contra los homosexuales, y él tiene que pagar sus culpas. Es una medida profiláctica. Se lo llevaron a La Cabaña clamando que era revolucionario, cuando no lo puede ser, cuando no es otra cosa que un vicioso, un degenerado al que tendremos que rehabilitar lo antes posible. Aquí se hacen las cosas a la medida de la Revolución. De la rehabilitación de Rubén no te vas a ocupar tú, porque esa obra la hacemos nosotros.

Por un juego de luces, unas sombras geométricas producirán sobre el escenario el efecto de un enrejado, como si los personajes estuvieran encarcelados. El monólogo de Rubén debe montarse teniendo en cuenta estas «rejas» creadas por el juego de luces.

RUBÉN. *(Abre la puerta y entra)*. No, Beba, esa obra no la van a hacer ustedes aunque la hayan escrito, porque todavía no han escrito el final. Yo tengo todos los textos escritos sobre el cuerpo. Letra por letra, sílaba por sílaba, palabra por palabra, consigna tras consigna. Aquí están, Beba. ¿Lo ves? *(Beba lo rehúye. Rubén la sigue)*. ¿Lo ves? ¿Puedes leerlo? Estos morados, estas magulladuras, estos golpes, estas heridas que ha escrito la Revolución: esta rehabilitación que ha iniciado ya pero que no dejaré llegar hasta la última palabra. *(Tomando el vestido de Victoria)*. Todo lo han escrito sobre mí: «Abajo el imperialismo yanqui», «Viva Fidel», «¡Patria o Muerte! ¡Venceremos!». Todo eso que yo he dirigido... una y otra vez... Mentiras, farsas nada más. *(Arroja el vestido. Toma un vaso)*. Sí, es verdad, esto hay que celebrarlo. *(Bebe de un solo trago)*. Porque voy a escapar. Porque voy a salir de aquí por el túnel de la imaginación... El maquillaje... El vestuario... Las máscaras... Las candilejas... Una fantasía de estrellas que yo solo podré ver o imaginar... Nadie, nadie más... Que yo tengo oculta también, Román, para que nadie me la robe... A pesar de aquella bofetada brutal, inesperada, en medio del bar... Porque me sacaron a empellones, y yo preguntaba «¿por qué?»., y ellos, «por maricón, cabrón, por maricón...». Entonces me metieron en la jaula, así, entre rejas... Como en las películas, Victoria... *(Está detrás de las «rejas»)*. Y yo mirando, sin saber exactamente lo que estaba pasando, mirando para afuera para no ver aquellos delincuentes, aquellas mujeres pintarrajeadas de arriba abajo... Después nos metieron en una celda, con una reja inmensa como la boca de un escenario, para tragarme, no dejarme salir. *(De acuerdo con el texto se iniciará un juego dramático con la «reja», moviéndose Rubén de un lado para otro, como si fuera una persona enjaulada que quisiera salir de la jaula. A veces se aferrará a los «barrotes», sacará las manos, se deslizará de un lado para otro, etcétera).* Y yo, de buena fe, decía que me sacaran de allí, que yo era revolucionario, que yo hacía milicia, iba a cortar caña, gritaba viva Fidel... *(Empieza a gritar y darse golpe con los «barrotes»).* «¡Viva Fidel! ¡Viva Fidel! ¡Viva Fidel! ¡Abajo el imperialismo yanqui! ¡Patria o Muerte! ¡Venceremos!». *(Abofeteándose enloquecido).* «¡Cabrón, hijo de puta! ¡Cabrón, hijo de puta! ¡Maricón de mierda! ¡Maricón! ¡Maricón!». *(Cae de rodillas).* Entonces los que estaban detrás de mí empezaron a gritarme: «¡Cabrón, hijo de puta! ¡Canalla! ¡Caña te vamos a dar, degenerado! ¡Trabajo voluntario, sinvergüenza! ¡Por culpa de la Revolución estamos aquí! ¡Por culpa de la Revolución estamos en esta jaula, en este calabozo! ¡Es lo último que nos faltaba por ver! ¡Canalla maricón revolucionario!». *(Movimiento junto a las «rejas» de acuerdo con el texto).* Y yo me arrastraba, huyendo, tratando de esquivar los golpes, y me levantaba y me volvía a caer... Gritaba que me sacaran de allí, que me iban a matar... «¡Que me van a matar! ¡Sáquenme de aquí! ¡Yo soy revolucionario! ¡Sáquenme de aquí!». Y ellos que sí, que si a mí me gustaba tanto me lo iban a hacer, por la Revolución marxista-leninista, y que ya vería lo que era bueno, que iba a tener lo que tanto me gustaba, que ahora iba a saber a un gustazo un trancazo... «¡A un gustazo un trancazo! ¡A un gustazo un trancazo!». Y aquellas mujerzuelas burlándose de mí... Y vinieron uno, dos, tres, no sé, diez, he perdido la cuenta... «¡Ahora verás! ¡Ahora verás!». «¡Carne fresca! ¡Carne fresca! ¡Carne fresca!». Como si fuera mi nombre y apellido. Y yo a que me soltaran, a que me dejaran de pegar, que yo no tenía que ver con nada, que yo era inocente de todo, que yo solo dirigía obras de teatro. «¡Obras de teatro te voy a dar!, ¡obras de teatro por el culo! ¡Canalla maricón revolucionario!». *(Sacudidas, golpes, desgarramiento de la camisa).* Y empezaron a sacudirme y a pegarme mientras me desnudaban. Y yo suplicando que no, que no me pegaran más. Desnudándome, desnudándose. Y las mujeres riéndose, como si valieran más que yo, todos mofándose de mí, gritando que me lo harían por revolucionario y maricón. *(Dándose golpes contra los «barrotes»).* «¡Por maricón y revolucionario! ¡Por revolucionario y maricón!». Que ahora iba a pagarlas todas juntas, porque si yo era comunista sería un comunista maricón... Y yo pensaba que sí, que tenían razón, que eso me pasaba por las dos cosas, porque yo había elegido las dos cosas... *(Pausa).* Después me dejaron tirado en el suelo..., se fueron..., me sacaron de allí..., un cuarto oscuro..., unos uniformes verde olivo..., que si yo era maricón..., que si yo era revolucionario..., que la Revolución no podía permitir tal cosa..., que yo era un degenerado..., y empezaron a repetir lo mismo que los otros... «¡Carne fresca! ¡Carne fresca!». Golpes, patadas, golpes, patadas... «La Revolución no puede permitirlo... Te vamos a dar una lección para que no lo seas... Para que no lo seas nunca más...». Y yo salí corriendo hasta el rincón donde estaba la ventana... con los barrotes..., todos los barrotes como si estuvieran cubriendo la boca del escenario para no dejarme salir... Y ellos que sí, que iba a aprender la lección..., que iban a rehabilitarme..., que se iban a encargar personalmente del asunto..., y yo tratando de escapar..., buscando la otra ventana..., la otra reja..., y ellos me seguían... «¡Ahora vas a saber lo que es la Revolución, cabrón-revolucionario-maricón!». «Porque no se pueden ser las dos cosas a la vez, ¿sabes? Y nosotros te vamos a rehabilitar personalmente, y vas a saber lo que puede hacer un marxista-leninista, porque este no va a ser un lavado de cerebro sino mejor...»., que ellos se dedicaban a eso, a castigar a los maricones como yo para que no siguieran haciendo lo que no debían hacer, que para eso estaban entrenados... Y uno me agarró la cabeza hacia atrás, como para arrancármela, como si me decapitara, mientras otra vez me desnudaban, más brutalmente todavía, hambrientos y feroces, tirando de los brazos, de las piernas, y yo gritaba que no, mientras me arrastraban hacia abajo, hacia un infierno donde yo veía la Revolución viniendo hacia mí... Y entonces lo comprendí, que eso que me hacían en ese momento era lo que nos hacía la Revolución, lo que nos había hecho a todos, porque a todos nos violaban de una forma o de la otra. Y por eso era inútil creer o dejar de creer, tratar de entender lo que no era posible entender, averiguar nada, porque si ya me habían rehabilitado ya lo conocía todo de sobra, ya lo había aprendido todo. *(Cae en el piso, con la cabeza hacia abajo. Gradualmente, Román y Victoria se irán esfumando hacia las sombras del escenario. Por el contrario, Miguel Ángel aparecerá y se colocará junto a Beba, no muy lejos de la puerta, casi de espaldas).* Entonces fue cuando entendí, Román. Tenía los ojos cerrados, pero lo veía todo claramente, Victoria. *(Incorporándose).* ¡El teatro donde éramos libres! ¡Las candilejas, los vestidos, el maquillaje! ¡Las luces, Román, un centenar de luces que venían hacia mí, hacia nosotros, aquellos fuegos artificiales de nuestra imaginación! Y todo era una fantasía adonde nadie podía llegar, un teatro donde se hacían todas las obras que uno quisiera hacer, un gran teatro que no cesaba de crear, que perduraba más allá de aquellos torniquetes que se le ponían al espíritu... ¡El teatro, Victoria, la única verdad posible! Escapábamos para siempre mientras Beba y Miguel Ángel quedaban encarcelados, apretando el torniquete de su propia pesadilla. *(Al frente, Rubén queda a oscuras; al fondo, cerca de la puerta, de espaldas al público, Beba y Miguel Ángel, «entre rejas»).* Escapaba, Victoria. Escapaba, Román. Escapábamos por los escenarios que nuestra imaginación había creado.

Se apagan todas las luces. Cae el telón.

Tercer acto

La acción del Tercer acto se desarrolla una noche de verano, unos veinte años después, en la sala de un penthouse neoyorquino. Hay una amplia puerta vidriera al fondo desde la que se ven los rascacielos de Manhattan y que conduce a una terraza. Los muebles son modernos, elegantes, de buen gusto, evocando el estilo de los años treinta. Todo bastante llamativo, pero principalmente elegante. Hay un sofá colocado de tal forma que desde él pueden contemplarse las luces de la ciudad. Hacia un lado del escenario un mueble cerrado, que es un bar donde se encuentran las bebidas. Al lado opuesto y hacia el frente del escenario, una mesa de idéntico estilo a la del resto del mobiliario, con una máquina de escribir y unos libros, pero el efecto no será de desorden. La puerta de entrada estará colocada en la misma posición que en el apartamento del Primer acto.

Al descorrerse el telón es casi de noche. Son los últimos momentos de un crepúsculo rojizo, abstracto y pictórico, donde se perfilan los rascacielos de la ciudad. El efecto desaparecerá gradualmente durante la primera escena hasta convertirse en un juego de luces neoyorquinamente espectacular aunque más bien abstracto, casi cósmico. Se aclaran gradualmente las luces del escenario. La escenografía debe ser muy llamativa, produciendo su correspondiente admiración en el auditorio como si fuera una pieza destinada a un público eminentemente «burgués». Suena el timbre del teléfono. Entra Victoria. Viste una elegantísima bata de un azul muy intenso. No lleva joyas. Está muy bien maquillada y peinada. Pero sin exageración. Su arreglo es al mismo tiempo cuidadoso y natural. Como si luciera elegante por naturaleza, no importa lo que lleve, lo que servirá para acentuar el contraste con Beba. Ha envejecido algo, pero luce muy bien.

VICTORIA. *(Tras breve pausa, contestando el teléfono). Hello!...*, sí, soy yo, Beba... No, no te preocupes... Entiendo perfectamente... Claro, son demasiadas cosas... Las obligaciones diplomáticas son así... Es natural... Sí, sí, por supuesto... No, Rubén no ha llegado todavía... Seguro que viene... Claro, si todo ha sido una idea suya...

Entra Román, de saco y corbata. Lleva un traje muy elegante que le queda muy bien. Bien conservado, ha envejecido menos que Victoria. En realidad, luce mucho mejor que en los actos anteriores y su sola presencia produce un efecto de equilibrio físico y mental que contrasta marcadamente con el resto de los personajes. Hay en él una fuerza interior que no tienen los otros, aunque Victoria manifiesta un mayor sosiego interior que en los actos anteriores. Román va al bar. Lo abre. Prepara unos tragos, posiblemente gin and tonic.

VICTORIA. Pero nosotros encantados... Figúrate... Los esperamos... Vengan cuando puedan... ¡Por favor, no tienes que pedir disculpas...! Hasta luego, Beba. Saludos a Miguel Ángel.
ROMÁN. *(Pasándole un vaso).* ¿Qué pasa?
VICTORIA. Nada. Que van a llegar un poco tarde... Un *cocktail* con la delegación rumana... Una fiesta en la embajada soviética... Cosas así...
ROMÁN. *(Brindando).* ¡Salud!
VICTORIA. *(Brindando).* ¡Salud!

Caminan hasta la puerta vidriera, contemplando los rascacielos.

VICTORIA. ¡Se ve lindo, verdad! Hace una noche preciosa, Román.

Román se vuelve hacia el público. Sonríe.

VICTORIA. *(Volviéndose también).* ¿Qué te pasa?
ROMÁN. *(Sonriendo).* Nada.
VICTORIA. *(Entendiendo).* ¡Por favor, Román, no lo vayas a decir!
ROMÁN. ¿Pero qué voy a decir?
VICTORIA. Lo que dices siempre, para echarlo a perder.
ROMÁN. Entonces vamos a decirlo al mismo tiempo. ¡Uno! ¡Dos! ¡Tres!
ROMÁN Y VICTORIA. ¡Pero desde aquí no se ve a la vendedora de castañas!

Ríen. Se sientan. Pausa. El tono de la siguiente escena es natural, de ritmo más bien lento, pausado, sutil.

VICTORIA. Se da *cachet*, ¿sabes?
ROMÁN. ¿Quién?
VICTORIA. Beba.
ROMÁN. ¿De veras?
VICTORIA. Sí, claro. Entre disculpa y disculpa aprovechó para dejar caer lo de la embajada rusa y la delegación rumana, los miles de compromisos que han tenido en los últimos días, y hasta mencionó un par de nombres...
ROMÁN. ¿Nombres de quién?

VICTORIA. Escritores… Diplomáticos… No me acuerdo.
ROMÁN. ¡La pobre!
VICTORIA. ¿Por qué la pobre?
ROMÁN. ¿Es que otra cosa se puede decir?
VICTORIA. Te aseguro que a mí se me ocurren muchas más.

Pausa. Beben. Lo harán con moderación, tomando pequeños sorbos.

ROMÁN. ¿No te parece un poco raro?
VICTORIA. ¿Qué cosa?
ROMÁN. Que vengan a vernos.
VICTORIA. Pero fue idea de Rubén. Desde que supo que Miguel Ángel vino a dar una conferencia en Nueva York University y que Beba estaba presidiendo la delegación cubana en las Naciones Unidas, se le metió este asunto entre ceja y ceja.
ROMÁN. ¿Y por qué se le ocurrió una idea tan absurda?
VICTORIA. No sé. A Rubén se le han estado ocurriendo ideas muy absurdas últimamente. Él mismo se puso en contacto con Beba.
ROMÁN. No entiendo ese empeño de Rubén.
VICTORIA. Yo tampoco. Y tampoco entiendo por qué Beba y Miguel Ángel le dijeron que sí.
ROMÁN. Bueno, tú le dijiste que sí a Rubén.
VICTORIA. Pero es distinto. Siempre le digo que sí a Rubén. Además, la última vez que estuvo por aquí, hace como un mes, cuando tú no estabas, lo encontré muy desmejorado… Como si le pasara algo…
ROMÁN. ¿De salud?
VICTORIA. Es posible…

Pausa. Beben. Román se pone de pie. Camina hacia la puerta vidriera. Es casi de noche, pero hay un último destello crepuscular color rojo sangre.

ROMÁN. Es raro.
VICTORIA. *(Pausa).* Sí, es raro. *(Pausa).* Y este plan absurdo de reunirnos los cinco otra vez… después de veinte años…
ROMÁN. No tenemos nada que decirnos. Por lo menos yo. Lo que yo tenía que decir lo dije hace veinte años, yéndome de Cuba. ¿Qué voy a decir ahora? Sería llover sobre lo mojado.
VICTORIA. ¿No te importa verlos?
ROMÁN. Claro que no. ¿Y a ti?
VICTORIA. No, a mí tampoco.
ROMÁN. Bueno, esperemos que a Rubén no se le ocurra nada desagradable.
VICTORIA. Eso me temo. Acabaremos pasando un mal rato.
ROMÁN. Ojalá que no. Ya yo no estoy de humor para eso.
VICTORIA. Ni yo tampoco.
ROMÁN. Hablaremos del tiempo. O mejor todavía, no nos diremos nada.
VICTORIA. Aquí se está bien. Afuera se ven mejor las luces de la ciudad, pero hace un calor insoportable. Aquí se está mejor.

ROMÁN. Sí, aquí se está mejor.

Román se sienta. Beben. Es ya casi de noche. El destello rojo ha desaparecido.

VICTORIA. Sí, lo mejor sería no hablar de nada.
ROMÁN. Claro, eso es siempre lo mejor. Algo hemos aprendido. *(Nostálgico).* ¿Te acuerdas como éramos?
VICTORIA. *(Riendo).* ¡No me lo recuerdes, por favor!
ROMÁN. Hablábamos hasta por los codos. *(Pausa).* Sí, hemos aprendido a hacer silencio. Ahora hacemos como los ingleses. Empezamos una oración y la dejamos en el aire, con una preposición, para que otro la termine.
VICTORIA. No me hagas reír, Román.
ROMÁN. No tiene nada de gracia. Es triste. Una cuestión de educación, de buenas costumbres.

Pausa. Beben.

VICTORIA. ¿Tú crees que ellos también... hayan cambiado?
ROMÁN. Claro que sí, pero de otra manera. Ellos han aprendido a hacer silencio porque han estado gritando demasiado. Suenan, que no es hablar, o se han quedado afónicos. *(Pensativo).* Hablábamos demasiado... Hablamos demasiado... todavía...
VICTORIA. Yo siempre te lo he dicho, Román.
ROMÁN. Bueno, me lo has dicho después.
VICTORIA. Pero Miguel Ángel...
ROMÁN. Miguel Ángel ya empezaba a enmudecer cuando lo vimos la última vez. A estas alturas se sabrá la lección de memoria. Hasta en silencio la repetirá como un papagayo.
VICTORIA. Beba parecía entusiasmada con la visita.
ROMÁN. ¿Y tú? ¿No parecías entusiasmada? Las dos pensarán lo mismo. En este momento estarán arrepentidos de haberle dicho que sí a Rubén, como si no les importara.
VICTORIA. Eso dijiste hace un momento. Que no te importaba.
ROMÁN. A lo mejor es cierto y no les importa.
VICTORIA. A lo mejor Beba quiere saber si ha envejecido mucho.
ROMÁN. Es posible. Después que Rubén abrió la caja de Pandora habrán salido todos esos males.
VICTORIA. Querrán saber cómo vivimos, si nos estamos muriendo de hambre, si estamos en el cuerno de la abundancia, si nos llevamos mal y andamos como el perro y el gato... Bueno, no sé qué tendrán en la cabeza.
ROMÁN. ¿Cómo vamos a saberlo? Pero ellos no saben tampoco lo que tenemos en la nuestra. Estamos de igual a igual.
VICTORIA. Ni qué decir de la cabeza de Rubén, que está de una crisis en otra. ¿Por qué se le ocurriría tamaño disparate?
ROMÁN. Ve tú a saber. No tengo la menor idea.
VICTORIA. No quisiera una escena.
ROMÁN. Ni yo tampoco. Además, no creo que Beba tenga interés. Nunca fue muy teatral. Y debe estar bien entrenada. Sabrá cómo comportarse. El entrenamiento de toda una vida.
VICTORIA. La verdad, debí decirles que no. Inventar alguna excusa y después arreglármelas con Rubén.

ROMÁN. Le das demasiada importancia. No vale la pena.

VICTORIA. Eso es lo que me irrita. No vale la pena, pero vamos a perder tiempo en esto. Desde la primera vez que hablé con Beba empezamos a darnos careta. Las dos sabíamos que estábamos fingiendo, que no queríamos vernos, pero ninguna se atrevió a decirlo.

ROMÁN. Es lo correcto. Hiciste bien. ¿A quién se le ocurre grosería semejante? Y si ella no te lo dijo a ti tampoco, quiere decir que también ellos han aprendido algo. Si hubieras puesto algún obstáculo a esta invención de Rubén y si ellos llegan a saberlo, habrían pensado que teníamos algún motivo para no quererlos ver. Como si quisiéramos ocultar algo. Es mejor así. Hablaremos del tiempo. De este verano tan caluroso en que apenas se puede respirar.

Victoria se pone de pie.

VICTORIA. ¿Y Rubén?

ROMÁN. Le pondremos una camisa de fuerza.

VICTORIA. Dará un espectáculo. Lo sé. Está alteradísimo. La última vez que hablé por teléfono con él llegó a decirme que no iba a venir.

ROMÁN. Quizás fuera lo mejor.

VICTORIA. Pero al final me dijo que sí, que sí venía. ¿Crees tú que Rubén se trae algo entre manos?

ROMÁN. ¿Como qué?

VICTORIA. Rubén acabará histérico. Cada día está peor. Con más obsesiones. Este encuentro no le hará bien. Y a nosotros en realidad, ¿qué nos importa ver a Beba y a Miguel Ángel? Todo eso ha quedado atrás.

ROMÁN. Tú misma estás muy alterada. ¿Qué te pasa?

VICTORIA. El pasado está muerto y enterrado. Como el teatro. Tú sabes que cuando vine para acá juré que iba a vivir otra vida y que ni iba a poner un pie en un escenario. Me siento satisfecha.

ROMÁN. Entonces, ¿por qué te alteras?

VICTORIA. Porque Rubén nos ha puesto en una situación estúpida que no me interesa vivir. Eso me tiene muy molesta.

ROMÁN. ¿Te acuerdas cuando teníamos aquella pesadilla en que estábamos en Cuba y no podíamos salir?

VICTORIA. Pero ya no la tengo. De hecho, ya no me acuerdo de haberla tenido.

ROMÁN. *(Pausa. Se pone de pie).* Sí, creo que nos estamos alterando demasiado por algo que no vale la pena.

VICTORIA. Quizás eso es lo que quiere Beba.

ROMÁN. En ese caso no debemos darle el gusto.

VICTORIA. Nos estará queriendo manipular de algún modo.

ROMÁN. Eso no tiene sentido. Si fue Rubén el de la idea, él es el manipulador, no Beba.

VICTORIA. Alguien se trae algo entre manos.

ROMÁN. Pues será Rubén. Yo no soy, dalo por seguro. Lo que me molesta de todo esto es tu irritación por algo que no debía irritarte en lo más mínimo. ¿Estás segura que no tienes dudas? Porque… en todo caso… quizás debamos verlos… para salir de dudas…

VICTORIA. *(Algo irritada).* ¿Cómo voy a tener la más mínima duda de haberme ido de un lugar donde tú sabes que la vida se había hecho imposible? *(Se sienta en el sofá).*

ROMÁN. Si es así quizás podamos darnos el lujo de portarnos incorrectamente.

VICTORIA. ¿Qué quieres decir?

ROMÁN. Que si no tenemos dudas, pero esta visita nos mortifica, lo único que tenemos que hacer es dejarlos plantados.

VICTORIA. ¿Cómo?

ROMÁN. Así.

Román apaga las luces de la sala. Es noche cerrada. En la oscuridad resplandecen las luces de la ciudad, que producen un efecto más bien cósmico. Se percibe la silueta de Román que se sienta junto a Victoria, abrazándola casi románticamente y contemplando las luces.

ROMÁN. Apagamos las luces y cuando suene el timbre de la puerta no abrimos.

VICTORIA. Pero tú dijiste…

ROMÁN. Ahora digo todo lo contrario… A menos que… *(Pausa).*

VICTORIA. ¿A menos qué?

ROMÁN. …estés arrepentida. Abandonaste el teatro. Interrumpiste tu carrera para siempre.

VICTORIA. He hecho otras cosas. Grace Kelly dejó el cine.

ROMÁN. Pero esto no es Mónaco.

VICTORIA. ¿No lo es? *(Breve pausa).* Soy feliz aquí.

ROMÁN. *(Pausa).* Ves, no hay nada más sencillo. Se cansarán de tocar el timbre y acabarán por irse. Nada ni nadie podrá manipularnos. Nos manipularemos nosotros mismos. *(Pausa).* Esto es lindo, Victoria. Así, solos, como si no existiera nadie más.

Hay una larga pausa, con un toque de irrealidad creado por el efecto de luces. Más que rascacielos, parece una noche estrellada, una abstracción cósmica que produce una agradable quietud. Suena el timbre de la puerta. La llamada se repetirá tres veces. A pesar de lo dicho, Victoria se levanta y enciende las luces. Se miran. Pausa. Finalmente, Victoria abre la puerta. Es Rubén. Está muy delgado. Más envejecido, se ve ojeroso, desmejorado, intranquilo, alucinado casi. Dará la impresión de un profundo desasosiego, que contrasta con el ambiente general de la escena previa. Viste muy a la moda: un traje de verano, tipo Miami Vice, de color muy claro. Casi blanco, con una camisa rosada y una corbata color lavanda mal anudada. El saco le queda más bien ancho y no muy bien, pero no se puede precisar si el efecto es intencional. Su arreglo debe sorprender, por lo inusitado, pero no debe producir comicidad. Su estado de deterioro sicológico debe imponerse. Por momentos será el Rubén del Primer acto; en otros, el del segundo; finalmente dará paso al carácter más atormentado y complejo del tercero. Todos los cambios representan transiciones intencionalmente abruptas: de la oscuridad cósmica a la realidad del escenario y la iluminación; de la quietud del carácter de la escena anterior, a la presencia inesperada y desajustada de Rubén.

RUBÉN. ¿Por qué se demoraron tanto en abrir? No me irán a decir que estaban ensayando.

VICTORIA. Tú sabes que ya yo no hago teatro, Rubén.

RUBÉN. Tú siempre harás tu poco de teatro, Victoria. *(Mirándola).* ¡Estás *gorgeous*, Vicky *darling*! ¡Lista para un *comeback*! ¡Estás de película! La Gorda se morirá de envidia cuando te vea.

VICTORIA. Eres tú el que está de película.

RUBÉN. *(Satisfecho por la observación de Victoria).* ¿Te parece?

VICTORIA. Claro. Listo para las cámaras. ¿Te preparo algo?

RUBÉN. Lo de siempre. Un cubalibre.

Victoria va al bar y prepara un cubalibre.

RUBÉN. Y tú estás de punta en blanco, Román.

ROMÁN. Pero tú debes arreglarte el nudo de la corbata. Piensa lo que dirá Beba si te ve así.

RUBÉN. ¿Cómo? ¿No oíste a Victoria? Me he puesto de última moda, Román. Este traje hecho un trapo, camisa rosa «flamingo» y corbata «lavander» es lo último que ha salido en *Miami Vice*. Y el nudo de la corbata se lleva así… *(desanudándoselo un poco más)*, ¡desanudado!

ROMÁN. En ese caso debiste haber venido en camiseta.

RUBÉN. No creas, lo estuve considerando. Pero no me pareció propio para la ocasión… Claro, como tú no vas por los bares, por las discotecas, por los lugares que yo frecuento, te has quedado con la mentalidad de Gregory Peck en *Gentlemen's Agreement*, y con el vestuario. Piensas como un «ejecutivo» de Madison Avenue. *(Se sienta. Enciende un cigarro. Fumará todo el tiempo, con cierto nerviosismo).* No te digo que te quede mal, porque va con tu tipo, así, conservador… Pero para mí esa moda está *out*. Beba dirá que eres un capitalista cavernícola.

ROMÁN. A mí no me importa lo que diga Beba. Si piensa eso, mejor. Pero a la verdad, no sé qué va a pensar de tu indumentaria.

RUBÉN. Que piense lo que le dé la gana. Pero te advierto, La Gorda estará de última. ¿O para qué tú crees que se ha estado dando viajes a Nueva York con ese cuento de las Naciones Unidas? ¿Es que tú crees que ella no va a Sacks, a Lord and Taylor y a Bloomis? Ella es la que dicta la moda entre la plana mayor del marxismo-leninismo cubano y ha nacionalizado los talleres de alta costura. Eso sí, le deja a las masas esos pañuelitos africanos que no sé de dónde han salido… Bueno, serán *souvenirs* de Angola… Lo que pasa es que La Gorda no ha podido escapar nunca de su complejo de factoría… *(Nervioso, se vuelve a poner de pie).* Claro, ella estará hecha un tonel. Es un caso que no tiene remedio, Vicky *darling*. Un injerto entre Nikita Krutchev y Joan Crawford, y, sin ofender, con algo de Panchita Jabón Candado, porque no hay que quitarle el sello cubano. Verás como se aparece con hombreras.

VICTORIA. Pero están de moda.

RUBÉN. Las de ella son de los años cuarenta. Me parece estarla viendo, caminando como si fuera un militar condecorado con la Medalla Lenin y pasándole revista a la tropa. ¡Qué injerto, Victoria, qué injerto!

ROMÁN. Debes tranquilizarte, Rubén.

VICTORIA. ¿Por qué hace tanto tiempo que no vienes por aquí?

RUBÉN. *(Evasivo, nervioso).* Por nada.

VICTORIA. ¿Por qué no te calmas? ¿Quieres un Valium?

RUBÉN. Ni Valium ni Meprobamato. ¿Con un cubalibre? ¿Es que te has puesto de acuerdo con La Gorda para practicar un genocidio? ¿Y cómo voy a calmarme pensando en los monstruos que ha dado Cuba? Unas especies extrañísimas, entre el museo y el zoológico. ¡Monstruos bíblicos! ¿Es que ustedes no los han visto? Yo los tengo metidos en el apartamento, en el clóset, en el refrigerador, debajo de la cama, como si fueran agentes de Fidel Castro que han venido para espiarme, gentuza de la delegación cubana, infiltrados que pululan por todas partes. ¿No les parece que el FBI debería hacer algo? En fin, ni hablar.

VICTORIA. Tú te ves mal, Rubén. Me tienes preocupada. ¿Qué te pasa?

RUBÉN. Nada, Vicky *darling*. Lo que pasa es que hay fantasmas que quitan el sueño. Y lo peor es que de nada me vale dormirme, porque los sigo viendo. ¡Qué aventuras oníricas, Victoria! Son unos sueños largos que no terminan jamás, como si vinieran en serie, llenos de pistoleros y de bandidos, de traficantes de droga y terroristas, asesinos a sueldo y agentes de Gadafi... Son unos sueños que siguen de una noche a la otra y por los que voy corriendo, perseguido, acosado, por todas las calles de La Habana... *(Alucinado, disonante).* El Consejo buscándome por los callejones de la Habana Vieja... «¡Carne fresca! ¡Carne fresca!»... Fichado para siempre, con nombre y apellidos... ¿No te acuerdas, Vicky? Los espías de la UMAP en cada esquina..., en Galiano y San Rafael..., Prado y Neptuno..., Belascoaín y San Lázaro... ¿Se acuerdan?

ROMÁN. No, Rubén, no nos acordamos.

RUBÉN. *(Irritado).* Ustedes se han hecho un lavado de cerebro. *(Con un fuerte reproche).* Claro, ¡con este *decor*! Se creerán que están metidos en una película de Fred Astaire y Ginger Rogers.

ROMÁN. Ahora no vengas a ponerle falta a este *decor*, que bien caro nos ha costado. Sin duda mucho más que eso que tú tienes puesto.

RUBÉN. ¿Cómo es posible que ustedes se hayan olvidado de esa esquina que era una de las más bellas del mundo?

VICTORIA. ¿Cuál? ¿Galiano y San Rafael?

RUBÉN. Estoy hablando de Belascoaín y San Lázaro.

ROMÁN. Ni que hubieras nacido en la Beneficencia, Rubén.

RUBÉN. Pajaritos... Zanja... Desamparados... Obispo... Muralla... San Miguel...

ROMÁN. No me vengas con esa, Rubén. No me irás a decir que tú eres más cubano que yo porque puedes recitar de memoria los nombres de las calles de La Habana.

RUBÉN. ¡Es que eso nunca puede olvidarse! ¡Aquella intersección de rieles que iban y venían como un enrejado entre los adoquines, como una tela de araña, tejida por hilos de plata que se desgajaban por La Habana como un enjambre de flechas...! ¿Cómo es posible olvidar tal cosa?

ROMÁN. No te admito esos cuentos, como los de esos que han llegado a última hora y se andan dando golpes de pecho. O los que vinieron hace no sé cuánto y todavía tienen la vista fija en 12 y 23. Pero yo lo he olvidado, porque esa es la Puerta del Cementerio. Eso no es ser cubano ni nada. Eso es estar muerto.

VICTORIA. *(A Rubén).* Tendrás tema de conversación con La Gorda, que estará al día en todo.

RUBÉN. Pero ella fue la que puso las bombas, Victoria. Ella fue la que dinamitó todo aquello, la que arrancó los adoquines de las calles para atacar la Beneficencia, el Apostolado, el Colegio de Belén. ¿No se acuerdan? ¿Es que también han olvidado todo eso? Porque todos estábamos allí, cuando atacaron a las monjitas y tiraron adoquines por los cristales de las ventanas y, después, cuando las sacaron encadenadas, amordazadas, todas ellas rezando el rosario y cantando «¡Viva Cristo Rey!»., prisioneras en las mazmorras de La Cabaña, con las prostitutas que se bañaban desnudas y, más tarde, cuando las llevaron a los barcos que estaban en la bahía, mientras los huérfanos, a quienes ellas mismas habían amamantado, gritaban: «¡Paredón! ¡Paredón! ¡Para las monjas, paredón! ¡Patria o Muerte! ¡Venceremos!». ¡Rodeadas de aquel paisaje todo lleno de ahorcados, de decapitados tirados en las cunetas! ¿Es que también de eso se han olvidado?

Román y Victoria se miran algo consternados.

VICTORIA. Sí, sí, nosotros también nos acordamos.
ROMÁN. *(A Rubén).* ¿Por qué no te acuestas? Pasa al cuarto y descansa. Eso te tranquilizará.
RUBÉN. *(Alarmado).* ¿Y si me duermo?
VICTORIA. Nosotros te avisamos cuando ellos lleguen. No te preocupes.
RUBÉN. No, no es eso. ¿Y si me duermo, qué hago? ¿Y si vuelvo a soñar? Cada vez que pongo la cabeza sobre la almohada, entorno los párpados y los veo venir…
VICTORIA. ¿A quiénes ves venir?
ROMÁN. ¿No te das cuenta que todo eso lo tienes metido en la cabeza?
RUBÉN. Sí, tienes razón, todo lo tengo metido en la cabeza. *(Más agitado y alucinado cada vez, Rubén se moverá de un lado para otro, seguido a veces por Román o Victoria, acrecentándose así el ritmo escénico).*
ROMÁN. No existen en realidad. Es pura imaginación, Rubén.
RUBÉN. Están ahí, agolpados, y no caben, y quieren salir, pero no salen, y entonces salen, y los veo venir, a los monstruos, esos injertos de la medianoche, que están ahí, paseando por el sueño, paseando por la pesadilla, saltando, contentos, felices, atormentándome siempre con la etiqueta encima: «Hecho en Cuba», «Hecho en Cuba», «Hecho en Cuba». Milicianos con metralletas, soldados de Angola, miembros del Comité de Defensa, guerrilleros que salen de las cloacas, que lo invaden todo y me están volviendo loco, Vicky *darling*!
VICTORIA. *(Abrazándolo).* Rubén, por favor, te lo suplico, no sigas, Beba no puede verte así. Tienes que descansar, tienes que dormir…
RUBÉN. *(Separándose con exagerada violencia, tirándola casi).* ¡Suéltame! ¡No me toques! ¡No te acerques a mí! *(Alejándose, algo consternado por sus propios actos y dejando a Victoria en un estado de confusión).* ¡No, no me duermo! He tomado esa decisión definitiva. Como en *Taxi Driver*. Se lo dije al loquero. ¡No, lo que quiero es no dormirme! Porque si me duermo no hago más que ir de una a otra pesadilla… El Valium no hace otra cosa que sacarme de quicio. *(Dejándose caer en el sofá).* ¡Estoy extenuado! ¡No puedo más!
ROMÁN. *(Pausa. Victoria y Román se miran; después, a Rubén).* Victoria y yo estábamos pensando en no recibirlos.
RUBÉN. *(Alarmado).* ¿No recibirlos?
ROMÁN. Sí, no abrirles la puerta.
RUBÉN. *(Alarmadísimo, se pone de pie. Sigue moviéndose agitadamente).* ¿Están locos? Todo esto ha sido planeado cuidadosamente.
ROMÁN. ¿Cómo planeado?
VICTORIA. ¿Qué quieres decir? Ni Román ni yo hemos planeado nada.
RUBÉN. ¿Pero qué van a pensar? Eso sería de muy mal gusto, Victoria. Dirán que somos unos mal educados. No, hija, eso no lo puedo consentir.
ROMÁN. Es que tú no estás en condiciones de verlos.
RUBÉN. ¿Cómo que no estoy en condiciones de verlos? ¡Ustedes no me pueden hacer eso! ¿Es que no estoy presentable? ¡Oh, Vicky *darling*, tú sabes que este es el último grito de la moda! *(Arreglándose la ropa, pasándose la mano por el pelo).* Miren, les prometo calmarme, entrar en razón. ¿Saben que había pensado en hacer de Robert de Niro en *Taxi Driver*? Pero me dije que no, que no podía hacerlo, que eso iba a asustarlos demasiado y el plan no me iba a dar resultado. Demasiado obvio digo yo. Entonces fue que se me ocurrió lo de *Miami Vice*, con este vestuario que me ha costado un ojo de la cara, por no decir otra cosa.

VICTORIA. Razona, Rubén. Tienes que pensar por un momento lo que va a pensar Beba si no te comportas correctamente.

RUBÉN. *(Desconcertado)*. ¿Correctamente? ¿Y a qué llaman ustedes correctamente? ¿A tener bien anudado el nudo de la corbata? ¿Es que así es como tenemos que comportarnos?

ROMÁN. Sí, así es. No puedes darles gusto hablando de monstruos que salen del refrigerador, que están debajo de la cama y te persiguen en los sueños.

RUBÉN. Pero es verdad.

ROMÁN. Pues tendrás que decirles mentiras. ¿Sabes qué pensarán? Que estás loco, que eres el resultado de esta sociedad capitalista, que todo lo que te dijeron cuando saliste de Cuba era verdad. No harás otra cosa que darles gusto, porque ellos no van a pensar que hicieron mal con lo que te hicieron en Cuba, con lo que nos hicieron a todos y lo que nos quieren hacer todavía.

RUBÉN. ¿Y dejarlos que se vayan de aquí tan frescos como una lechuga? ¿Que La Gorda se vaya cargada de paquetes de Bloomis y de Sacks? ¿Que siga sacándole partido a las liquidaciones de Alexander mientras le da a la sin hueso a favor de los comunistas de Nicaragua? Pues mira, Román, de eso nada. No te lo voy a permitir. *(Inesperadamente)*. ¿Dónde tienes metida aquella *Vida breve* que no terminaste jamás?

ROMÁN. ¿Qué *Vida breve*?

RUBÉN. La obra de teatro que te iba a dirigir en el Teatro Nacional.

ROMÁN. Pues no irás a dirigírmela esta noche. ¿Es que tú crees que yo he pasado veinte años de exilio con la vista fija en una *Vida breve* que no he terminado todavía? Te equivocas, Rubén, porque desde hace veinte años estoy viviendo una vida mucho más larga.

RUBÉN. Esos son tus veinte años, no los míos. Además, desde hace veinte años te faltan dos personajes y esta noche ellos hacen su *comeback*.

ROMÁN. Pero es que no me interesa, porque durante todo este tiempo yo he estado haciendo otras cosas. ¿Es que tú crees que yo he vivido aferrado a un tercer acto de una pieza que nunca voy a estrenar?

RUBÉN. Eso no es cierto. La has tenido en la cabeza todo este tiempo, como esos monstruos que habitan dentro de mi propia pesadilla.

ROMÁN. No te diré que yo no he tenido monstruos, Rubén. Pero no mezcles los tuyos con los míos.

RUBÉN. Esta es una oportunidad que no podemos desperdiciar. Ni siquiera ellos pueden desperdiciarla. ¿No te das cuenta que todo es un *thriller*?

VICTORIA. ¿Un *thriller*? ¿Una de esas obras que le ponen a uno los pelos de punta?

RUBÉN. Sí, un *thriller* que hay que terminar. Cuando supe que La Gorda y Miguel Ángel estaban aquí, empecé a darle vueltas a la idea en la cabeza, de aquí para allá, de arriba para abajo. La cabeza se me iba como por una montaña rusa, pensando y repensando, como si tuviera el dedo en el gatillo, apuntando al cráneo de La Gorda, a punto de destaparle la tapa de los sesos... Un acto brutal: todos muertos, aplastados como unas cucarachas..., con este calor, en este frío, metidos en el metro, escondidos en las estaciones de los trenes... Muertos, muertos y enterrados... Si el criminal vuelve a la escena del crimen, si La Gorda toca el timbre de la puerta, ¿no es justo que apretemos el gatillo de una vez por todas? Lógica..., pura lógica... *good guys vs. bad guys*... El crimen perfecto... La solución inesperada... El *vice squad* que cumple finalmente su misión... *La vida breve* cuyo *suspense* llega al punto final... Yo, hija, Vicky *darling*, que no mataba una mosca… Todos estos años que ya viví y que los tengo siempre por delante, como si no los hubiera vivido, asfixiándome, estrangulándome, como si fuera la horca…, ¡la horca, Román! Como si estuviera siempre camino del cadalso… Muerto por estrangulación. Porque a mí me han estado estrangulando desde aquella escena en la cárcel, cuando La Gorda dirigía la obra. Pero ahora voy a terminarla, a dirigirla yo, hasta el final, *good guys vs. bad guys*. ¡Este es mi *thriller*, Román!

Rubén se abre el saco y se ven los tirantes por los hombros, como llevan policías y detectives, con una pistola debajo del saco. Román y Victoria se sorprenden ante lo inesperado de la situación, indecisos. Hay un momento de vacilación, como si Román fuera a lanzarse sobre Rubén para desarmarlo, pero Román decide controlarse, dispuesto a seguir en el juego, que Victoria se da cuenta que también tiene que jugar.

ROMÁN. ¿Pero esto va en serio? ¿Es un chiste? Te advierto que no tiene la menor gracia.
RUBÉN. No es un chiste. Es por eso que no tiene la menor gracia.
ROMÁN. ¿Qué te parece, Victoria?
VICTORIA. ¡Qué idea tan loca, Rubén! ¿Cómo se te ocurrió una salida tan ocurrente?
RUBÉN. No es una salida ocurrente, Vicky *darling*.
VICTORIA. ¿Que no lo es? ¿Cómo nos íbamos a imaginar que tuvieras una pistola debajo del saco?
RUBÉN. *(A Román, refiriéndose a la idea).* ¿Te parece bien?
ROMÁN. Sí, claro. Pero es mejor que me des la pistola para guardarla. Beba y Miguel Ángel están al llegar.
RUBÉN. Pero es que no traje la pistola para guardarla.
ROMÁN. Bueno, por lo menos dámela hasta que llegue el momento de usarla. ¿No te parece una buena idea, Victoria?
VICTORIA. Claro. *(A Rubén).* Piensa que Beba o Miguel Ángel pueden darse cuenta. Yo creo que Román tiene razón.
ROMÁN. Después de todo yo soy el autor de la obra. Dame la pistola, Rubén.
RUBÉN. *(Como si fuera a acceder).* ¿Entonces estás dispuesto a terminarla?
ROMÁN. Por supuesto. Pero al menos, si yo soy el autor, debo terminarla como a mí me parezca mejor. No vamos a terminarla como a ti te dé la gana. *(Autoritario).* Dame la pistola, Rubén.
RUBÉN. *(Dando marcha atrás).* Pero yo la dirijo. Creo que tengo alguna responsabilidad sobre el particular.
ROMÁN. No puedo permitírtelo, no voy a dejar que me eches a perder, con una idea descabellada, esa obra que, como tú dices, es mía, y ha durado más de la cuenta. Si lo que tú quieres es dar por terminada *La vida breve*, soy yo el que tengo que decidir lo que los personajes hacen o dejan de hacer. *(Firme).* Dame la pistola, Rubén.
VICTORIA. *(A Rubén).* Piénsalo por un momento. Román tiene razón. Dale la pistola a Román.
RUBÉN. No puedo, Victoria. Yo soy el que tiene que ejecutarlos.
VICTORIA. ¿Pero has perdido el juicio por completo?
RUBÉN. Al contrario. Esta noche voy a recuperarlo de una vez para siempre.
ROMÁN. Te has vuelto loco. Lo único que vas a hacer es darle a Beba la satisfacción de verte en unas condiciones deplorables.

RUBÉN. Pero yo la voy a matar.

ROMÁN. Tú no vas a matar a nadie.

RUBÉN. ¿Cómo puedes estar seguro? ¿Es que tú sabías la vida que íbamos a vivir? ¿Es que yo sabía lo que iba a pasarme?

ROMÁN. A ti te ha pasado lo que le ha pasado a todo el mundo. Todos hemos sufrido lo mismo. ¿O es que tú te crees con un privilegio especial como si a ti te hubiera pasado algo diferente?

RUBÉN. *(Enfático).* Pero es que a mí me ha pasado algo diferente.

VICTORIA. *(Intrigada).* ¿Qué estás tratando de decir?

RUBÉN. Nada.

ROMÁN. Así no se hacen las cosas, Rubén. Estás equivocado. Lo que tienes que hacer es comportarte como un hombre y hacer las cosas correctamente.

RUBÉN. ¡¿Correctamente?! ¿Pero es que esa gorda indecente puede entender algo de «correctamente»? Tú no entiendes nada de nada, Román. Bueno, siempre lo dijo Miguel Ángel.

ROMÁN. Es Miguel Ángel el que estaba equivocado. Es por eso que no importa verlo o dejarlo de ver. Porque nosotros teníamos la razón. No es posible darle la cara en los términos que tú propones, como si nos hubiéramos vuelto locos.

RUBÉN. *(Muy afeminado, pero dramático).* ¿Y qué más da? ¿Y si volvieron loco a la «loca» que se ha vuelto loco? ¿Qué más da una «loca» más o menos «loca» y más o menos «loco»? ¡Tengo que matarlos, Román! Ellos me quitaron lo que yo tenía derecho a ser y a hacer. Nunca más he podido ser lo que yo era y se volvieron mis verdugos para siempre. ¿Y si estuviera herido de muerte?

VICTORIA. ¿Qué es, Rubén? ¿Es que estás… herido de muerte?

ROMÁN. *(Sacudiéndolo).* Déjate de metáforas, Rubén. ¿Es que te pasa algo? ¿Es que estás enfermo?

RUBÉN. *(Soltándose, violento).* No, no lo estoy. Pero podría estarlo, ¿no? ¡Podría estar enfermo de muerte!

ROMÁN. Todos podemos estar enfermos de muerte, Rubén. Quizás todos estemos enfermos de muerte.

RUBÉN. Es como si tuviera una pistola en la sien y de un momento a otro fuera a sonar el pistoletazo. ¿No les decía que esto era un *thriller*? ¿No es cierto que esto es eso que llaman *suspense*?

ROMÁN. Pero todos nos tenemos que morir, Rubén, y no podemos vivir atormentados por esa muerte que no ha llegado todavía. ¿Y quién te ha dicho a ti que la posibilidad de morir nos da derecho a matar?

RUBÉN. ¿Y lo que he sufrido? ¿Hay derecho para ello? Desde que salí de Cuba he vivido atormentado, perseguido por lo que me hicieron allí. Saben que nunca he vuelto a ser el mismo que era antes. ¿Qué mal hacía? Y vine para acá como un reo al que han declarado culpable. ¡Un indeseable! Y ahora lo sigo siendo. ¿Es que acaso pertenezco a una especie diferente que hay que hacer desaparecer de la faz de la tierra? ¿Se dan cuenta de que a partir de aquel momento no he podido quitarme la culpa y que vivo como si siempre hubiera estado condenado?

ROMÁN. Pero no lo estás. Y ese ha sido tu error. No quitarte esa culpa y esos miedos que nos quisieron meter en la cabeza. Viniste con el miedo y ese miedo fue lo que debiste haber dejado atrás. Elegimos, Rubén. Elegimos el derecho de hacer con nuestra mente, con nuestros actos, con nuestro cuerpo, lo que nos diera la gana.

RUBÉN. *(Gritando casi, especie de gemido histérico e inarticulado).* «¡Loca!». ¡Loco! «¡Loca!». ¡Loco! ¡Pues ahora voy a elegir matarlos! ¡Tengo que hacer algo útil antes de terminar mi vida breve!

ROMÁN. *(Se lanza sobre Rubén y lo abraza).* Entiende, Rubén. Cualquier cosa que te pudiera pasar a ti es como si nos pasara a nosotros mismos. Todos estamos juntos y todos tenemos que sufrir y todos tenemos que morir, porque ante la vida y la muerte todos somos iguales. Nadie está solo en la muerte si hay alguien más. Victoria y yo te queremos. No te abandonaremos jamás, no importa lo que pueda pasar después de todo lo que ya hemos pasado. Eres carne de nuestra carne porque todos hemos sufrido lo mismo y formamos parte de un mismo sueño.

Arrastrados ambos por la emoción del momento, se abrazan. Román trata de desarmar a Rubén y logra hacerlo parcialmente, tomando la pistola, pero Rubén se da cuenta. Forcejean. Román está a punto de controlar la situación, porque es más fuerte, pero Rubén es más ágil. Se desprende de Román con la pistola, dando un salto ligerísimo. Va al conmutador eléctrico y apaga las luces de la sala. Suena el timbre de la puerta. Hay una cierta confusión en la oscuridad y los personajes corren de un lugar a otro, pero nada se ve con claridad, salvo las luces a través de la puerta de cristal, que crean un efecto algo irreal, cósmico. Vuelve a sonar el timbre. Victoria enciende las luces. No se sabe lo que ha pasado con la pistola. Rubén tiene el saco abrochado, lo que crea la posibilidad de que haya puesto la pistola en su lugar. Lo más probable, sin embargo, es que la haya escondido por alguna parte. Durante la siguiente escena, a discreción del director y de acuerdo con el texto, Román y Victoria tratarán de encontrar la pistola. Cuando suena el timbre por tercera vez, los personajes se miran unos a otros. Rubén, que estaba junto a la puerta, se apresura a abrir. Son Beba y Miguel Ángel. Miguel Ángel viste de forma correctísima. Lleva un traje conservador muy parecido al de Román. Se conserva muy bien, pero ha adquirido cierta rigidez. Beba lleva un vestido oscuro con un broche, no de muy buen gusto y demasiado grande, que desentona. Las hombreras del vestido acentúan el fuerte carácter de Beba, y en general su aspecto responde a la descripción que de ella ha hecho Rubén un poco antes. Es una persona que quiere estar a la moda, pero no lo logra, y el peinado de peluquería que lleva, hecho sin duda para la ocasión y tal vez un poco exagerado, no le asienta. Mientras todo lo que se pone Victoria le queda bien, todo lo que lleva Beba le queda mal. Desde el primer momento sorprende su aburguesamiento, pero detrás de ese aburguesamiento, que es oportunismo y táctica, se perciben los rasgos de una militante comunista bien entrenada. En conjunto, todo parece enteramente «normal», pero tanto en uno como en el otro hay algo «diferente». Puede ser, simplemente, el paso del tiempo. Rubén los recibe con exageradas muestras de afecto, «lanzándose» literalmente sobre ellos, lo que produce un efecto de extrañeza en la situación. Abraza a Beba tan efusivamente que parece agresivo, besándola repetidamente en las mejillas. También abraza a Miguel Ángel con exageración, pero no tanto como a Beba. En general, existe un desconcierto entre todos los personajes, que no saben cómo actuar. En el umbral, se saludan, se miran, tratan de aparentar naturalidad. Rubén observa.

VICTORIA. ¡Beba!
MIGUEL. ¡Román!
ROMÁN. ¡Miguel Ángel!
BEBA. ¡Victoria!
MIGUEL. ¡Victoria!
BEBA. ¡Román!

VICTORIA. ¡Miguel Ángel!
ROMÁN. ¡Beba!
VICTORIA Y ROMÁN. ¡Pero pasen, pasen!

Entran. No saben qué decir y caen en el lugar común. Rubén cierra la puerta y queda delante de ella.

VICTORIA. ¡QUÉ SORPRESA NOS HAN DADO!
ROMÁN. ¡CUÁNTO NOS ALEGRA TENERLOS POR AQUÍ!
VICTORIA. PERO, BEBA, TÚ ESTÁS IGUALITA.
BEBA. No digas eso. Los años no pasan en vano. Tú sí que no has cambiado.
ROMÁN. Te ves muy bien, Miguel Ángel.
MIGUEL. Tú también, Román.
VICTORIA. Pero siéntense, por favor.

Beba y Miguel Ángel se sientan en el sofá. Victoria se sienta en una butaca frente a ellos.

Román se queda de pie.

ROMÁN. ¡Cuántos años sin vernos!
MIGUEL. Como veinte años, ¿no es verdad?
VICTORIA. ¡Cómo pasa el tiempo!
BEBA. Toda una vida.
RUBÉN. *(Desde la puerta)*. ¡O toda una muerte!
VICTORIA. ¡Qué ocurrencia, Rubén!
BEBA. Pero si Rubén es el mismo de siempre. ¡No ha cambiado nada! ¿No te parece, Miguel Ángel?
MIGUEL. *(Lo observa fijamente)*. Tienes razón. No ha cambiado nada.
BEBA. ¡Idéntico! ¡Idéntico! *(A Victoria)*. ¿Verdad?
ROMÁN. *(Cortés, a Beba y Miguel Ángel)*. ¿Qué quieren tomar?
MIGUEL. Lo que tengas, Román.
RUBÉN. *(Que inicia un vago movimiento circular alrededor de los personajes que están sentados. Enfático)*. Lo de siempre, Román.
ROMÁN. *(A Miguel Ángel)*. ¿Lo de siempre?
MIGUEL. *(Ligeramente turbado, porque no recuerda)*. Sí, claro.
BEBA. *(Natural, pero sin recordar tampoco)*. A mí me preparas lo mismo.
ROMÁN. ¿Se acuerdan, no?
MIGUEL. Sí, por supuesto.
RUBÉN. *(Alargándole su vaso a Román)*. A mí también me preparas un cubalibre.
BEBA. ¡Un cubalibre! ¡La especialidad de Román! Nunca se me ha olvidado lo bien que los hacía. ¿Te acuerdas, Miguel Ángel?
MIGUEL. *(Algo confundido, porque no lo recuerda)*. Sí, claro.
RUBÉN. Ahora, que si prefieren vodka…
BEBA. ¡Qué ocurrencia, Rubén! Yo el vodka no lo paso. Es demasiado fuerte. Ya se pueden imaginar los aprietos que paso en Moscú, donde no se brinda con otra cosa. *(A Victoria)*. ¿A ti te gusta?

VICTORIA. No. Aquí se toma con jugo de naranja, pero no me gusta. *(A Román)*. Por favor, Román, a mí me preparas un *gin and tonic*.

Mientras se dirige al bar, Román parece buscar algo. Miguel Ángel lo observa, algo extrañado. Después empieza a preparar las bebidas.

RUBÉN. ¿Saben lo que estoy pensando?
BEBA. *(Inesperadamente)*. «A penny for your thoughts!».
RUBÉN. Que ustedes no son Beba y Miguel Ángel.

Risas forzadas.

VICTORIA. *(Desconcertada, pero pensándolo tal vez)*. ¡Qué cosas se te ocurren, Rubén!
RUBÉN. *(A Victoria)*. ¿Pero tú no te has dado cuenta?
BEBA. *(Con mucha «tabla»)*. ¿Y quiénes somos, si se puede saber? *(Como un chiste, dándole unas palmaditas en los muslos a Miguel Ángel)*. ¿Y quién es este caballero tan apuesto que tengo a mi lado? ¡No me lo dejes de presentar, porque estoy loca por conocerlo!

Nuevas risas.

RUBÉN. *(Con la mayor naturalidad)*. Pero eso pasa todos los días, Beba. Y tú lo sabes perfectamente. Mucho mejor que yo. En Rusia hacen lo mismo. Hoy día hay un gran adelanto tecnológico. Otra persona, idéntica a ti, toma tu lugar y hace como si estuvieras donde tú no te encuentras. Te fabrican un doble. Mandan al otro. ¿Saben que yo siempre estoy preocupado que me lo hagan a mí? Sin que yo lo sepa, cuando estoy dormido, y que al despertarme no sea yo y no sepa dónde estoy. Como si me hubieran escondido. Por eso es que nunca duermo profundamente. Siempre lo hago a saltos, siestas cortas que apenas llegan a la media hora, con un ojo abierto y otro cerrado. Por si acaso. Aunque, claro, quizás si tuviera un sueño profundo al fin podría descansar.

Rubén ha dicho la última oración mirando hacia afuera por la puerta vidriera. Nadie sabe qué decir. Se miran desconcertados.

RUBÉN. *(Volviéndose)*. Eso no pasaba hace veinte años, cuando siempre éramos nosotros mismos.
BEBA. *(Riendo)*. Eso me parece muy práctico y original. *(A Miguel Ángel)*. ¿No es cierto, caballerito, quienquiera que sea usted?
ROMÁN. Pero eso no tiene sentido, Rubén. ¿Qué razón hay para que no dejaran venir a Beba y a Miguel Ángel?
RUBÉN. Para protegerlos.
BEBA. ¿Para protegerlos? ¿Protegerlos de quién? Porque estamos entre amigos, ¿no es cierto? ¿De qué tienen que protegernos?
RUBÉN. De un atentado.
BEBA. *(De pronto, irritada)*. ¡Ah, pero encima de todo va a haber un atentado! *(Se pone de pie, como si fuera a irse)*. ¡En ese caso, lo mejor que podemos hacer es irnos de aquí, Miguel Ángel!

ROMÁN. *(Sonriente, convincente, tan natural que parece algo sinuoso, dándole un cubalibre a Beba).* Por favor, disculpa a Rubén. No me irás a decir que vas a hacerle caso. Si fuera así me iba a poner a pensar que no eres Beba y que Rubén tiene razón. Es que se pasa la vida pegado al televisor y se le ocurren esas cosas. Piensa que se trata de un caso perdido, un producto de la sociedad capitalista.
BEBA. *(Se vuelve a sentar, molesta).* Es lo que le dije a Miguel Ángel. Que temía que viniéramos a pasar un mal rato. *(A Victoria).* No tenemos necesidad, ¿sabes?

Román vuelve al bar. Por un momento, mira fijamente a Rubén.

VICTORIA. Ni nosotros tampoco. ¿Por qué vamos a pasar un mal rato por un capricho de Rubén? No le prestes la menor atención, Beba. Tenemos que pasarlo lo mejor posible. Además, ustedes son nuestros invitados.
BEBA. *(Conmovida).* Gracias, muchas gracias. *(De pronto, la mira fijamente).* Gracias… *(Vacila, como si hubiera olvidado su nombre).* …Victoria. *(Se lleva la mano a la boca en gesto de sorpresa. Pero se recupera rápidamente).* No saben cuánto lamentamos haber llegado tan tarde. Espero que no les causara ningún inconveniente. *(Como un chiste).* ¡Figúrate, si tuviéramos un doble habríamos llegado a tiempo porque lo hubiéramos dejado en la embajada…!

Nuevas risas forzadas.

VICTORIA. No tienes que tener pena por tan poca cosa. Estarán ocupadísimos, ¿no es así?
BEBA. ¡Imagínate! Miguel Ángel ha venido invitado a dar una serie de conferencias en varias universidades y yo vengo presidiendo la delegación cubana con motivo de las reuniones que se están celebrando en las Naciones Unidas. ¡No te puedes imaginar el trabajo que dan esos asuntos diplomáticos! ¡Estoy extenuada!
RUBÉN. *(A espaldas de Beba).* No es para menos. Sin contar que te pasaste un par de horas buscando un par de medias.
BEBA. *(Torciendo el cuello para verlo).* ¿Cómo un par de medias?
RUBÉN. Un par de medias, porque las que trajiste de Cuba se te habían roto. Por la calle catorce. Yo pensé que no, que no eras tú.
BEBA. *(Volviéndose un poco más).* Yo no he estado por la calle catorce. ¿Con qué tiempo?
RUBÉN. Siempre te ha gustado comprar por la calle catorce. Cuando salías de la factoría siempre comprabas por ahí.
BEBA. ¿Y quién se acuerda de eso? Hace siglos que no he vuelto por ahí.
RUBÉN. Eso pensé yo, que no podía ser, que tú, si venías al frente de la delegación cubana, no ibas a ir por la calle catorce, porque ¿qué iban a decir los demás? Pero yo te veía, Beba, y no lo podía creer. Comprando un par de medias y una maleta. Porque no te podías decidir. ¿Y los creyones de labio? ¿Y los lápices de ceja? Era como si te lo quisieras llevar todo, porque estaban en liquidación. Y yo decía que no, que no podía ser Beba, debe ser otra, alguien que se le parece, la vendedora de castañas, la tamalera de 12 y 23… Y tú ibas y venías con la maleta, que sí, que no, que tal vez… No me irás a negar que eras tú, o tal vez era la otra Beba, que salió sin avisarte.
MIGUEL. *(A Beba).* ¿Te quieres ir?
BEBA. Me parece lo más indicado, Miguel Ángel.

ROMÁN. *(Mientras Miguel Ángel se pone de pie, se acerca con un trago y se lo da. Persuasivo, con la intención de retenerlos).* Por favor, disculpa. Acaban de llegar. ¿Cómo van a irse tan pronto?

MIGUEL. *(A Román).* Comprende. Rubén nos pone en una situación muy difícil. Yo le estaba diciendo a Beba que este encuentro no tenía sentido. *(A Beba).* ¿No es cierto?

BEBA. Sí, estuvimos a punto de no venir. Pero nos pareció una descortesía.

VICTORIA. *(Sonriendo).* Es curioso, nosotros pensamos que lo mejor era no abrirles la puerta.

BEBA. ¿De veras? Si me lo hubieran dicho por teléfono...

VICTORIA. Tú sabes, Beba, que esas cosas no se hacen.

BEBA. ¡Pero si somos como de la familia! No hubiera tenido nada de particular... Claro, que uno siempre debe dejar la puerta abierta al diálogo.

MIGUEL. De todos modos, si nosotros no somos nosotros y ustedes no son ustedes, ¿qué sentido tiene que hablemos?

En el bar, Román se inmoviliza, seriamente sorprendido. Pensativa, Victoria se pone de pie.

VICTORIA. ¿Que nosotros no somos nosotros?

ROMÁN. Pero Rubén no ha dicho exactamente eso.

MIGUEL. Es lógico, ¿no?

BEBA. *(Molesta, fuera del entendimiento que está subyacente en los demás).* Yo no sé nada de nada. Esas elucubraciones mentales resultan algo enfermizas.

ROMÁN. *(Recuperándose, volviéndose).* Hay que pensar que han pasado muchos años. Eso es lo que pasa. No hay nada raro en esto. El tiempo produce esa sensación de... ¿extrañamiento? *(Breve pausa).* Quiero que sepas, Miguel Ángel, que yo nunca te hubiera podido reconocer.

MIGUEL. Yo no he cambiado tanto, Román. Ni tú tampoco. *(Pensativo, se miran con secreta alarma ante lo sucedido).* Pero es cierto... No te hubiera podido reconocer.

ROMÁN. Es como cuando uno mira una fotografía de cuando uno era niño y piensa que bien pudo ser otro, porque ya uno no se parece. Como si fuera otro a quien no hemos conocido nunca. *(A Miguel Ángel).* ¿No te ha pasado eso?

MIGUEL. Sí. Es como si lo hubieran puesto en un lugar donde estuvimos nosotros alguna vez.

VICTORIA. ¡Pero eso no puede ser!

BEBA. A mí todo eso me parece algo disparatado. Sin embargo, me pasa otro tanto. Se han empeñado en afirmar que soy imprescindible, irremplazable, cuando cualquier otra...

VICTORIA. *(Abstraída).* Seguramente lo eres...

BEBA. No hay nadie imprescindible, Victoria. Tú lo sabes bien. Se puede prescindir de muchas cosas. Y a fin de cuentas, cualquier compañera responsable podría hacer el mismo trabajo que yo. *(Vacilante, sorprendida por lo que ha pensado).* En todo caso... cualquiera podría... ocupar mi lugar...

VICTORIA. Es cierto. Podemos prescindir de muchas cosas, y de mucha gente.

BEBA. *(Recuperándose).* En fin, hemos tenido una semana agotadora. Además de las sesiones de trabajo, los compromisos sociales. Porque nosotros también tenemos compromisos sociales, ¡no te vayas a creer!

VICTORIA. Me lo imagino. Después de todo ustedes son socialistas. *(Risas forzadas. Victoria se sienta frente a Beba).*

RUBÉN. ¿No es eso lo que se llama genocidio?

BEBA. ¿Los compromisos sociales?

RUBÉN. Como si Beba hubiera comprado la maleta para meterme en ella… descuartizado.

BEBA. ¡Qué exageración!

RUBÉN. Como esas pesadillas que uno tiene, que regresa a Cuba y después no puede salir. ¿Cómo iba a poder escaparme si Beba tenía la llave metida en la cartera?

BEBA. Hay compromisos de los cuales uno no puede prescindir.

ROMÁN. Es que Rubén se ha empeñado en terminar el último acto de *La vida breve*.

BEBA. ¿*La vida breve*? ¿Qué cosa es *La vida breve*?

VICTORIA. ¿Te acuerdas de aquella obra que Román estaba escribiendo antes de irnos de Cuba y que Rubén iba a dirigir en el Teatro Nacional?

BEBA. ¿De veras? *(Pensativa, sin recordar)*. ¡Sí, sí, algo me suena! *(A Miguel Ángel)*. ¿Te acuerdas tú, Miguel Ángel?

MIGUEL. *(A Román)*. ¿Pero todavía no la has terminado?

ROMÁN. No, no la he terminado. De hecho no pensaba terminarla.

MIGUEL. Creía que era una obra en dos actos y que el segundo acto terminaba veinte años atrás. Yo creo que fue allí donde la… terminamos…

ROMÁN. Estoy de acuerdo contigo. Hace veinte años dijimos lo que teníamos que decir. Eso es todo.

VICTORIA. Rubén piensa que Román no la ha terminado porque ustedes no estaban aquí. Es por eso que Beba…

RUBÉN. …es imprescindible.

ROMÁN. Lo peor es que la tengo metida en una gaveta, no recuerdo dónde.

MIGUEL. ¿Es eso lo que has estado buscando? Porque desde que llegamos me parece que estás buscando algo…

ROMÁN. *(Román mira a Rubén, después a Miguel Ángel)*. Sí, precisamente, es eso lo que estaba buscando.

VICTORIA. ¿Has mirado en la gaveta donde está la máquina de escribir?

ROMÁN. No, no he mirado.

Román va a la mesa, pero no hay nada.

ROMÁN. Aquí no está.

Aprovecha el contexto para buscar más decididamente por la habitación.

MIGUEL. A lo mejor Rubén la tiene escondida por alguna parte.

RUBÉN. *(Abriéndose el saco)*. No, yo no tengo nada.

ROMÁN. Y no tiene el menor sentido, porque si terminamos el tercer acto, como Rubén propone, tendría que escribir los dos primeros, que, como ven, lo más probable es que los haya perdido. Sin contar que los dos primeros actos no puedo recordarlos. Han ido a parar al rastro del olvido.

MIGUEL. No sé cómo vas a poder terminar el tercer acto si los dos primeros se te han olvidado. No tiene sentido. Sería la de nunca acabar.

RUBÉN. Precisamente, por eso hay que terminarlo. No tiene sentido vivir sin poder terminarlo.

VICTORIA. A Rubén se le ha metido en la cabeza que el tercer acto debe ser un *thriller*.

MIGUEL. ¿Un *thriller*?
BEBA. ¿Y eso qué cosa es?
RUBÉN. Una obra que te pone los pelos de punta.
BEBA. ¡Qué tontería, Rubén! No te arriendo la ganancia.
ROMÁN. A mí me parece una idea descabellada. Será algo así como un *suspense* en el olvido. ¿Quién se puede acordar de lo que pasó hace tantos años? ¿No es cierto?
RUBÉN. Pero yo sí puedo recordarlo.
MIGUEL. ¿Recordar qué?
RUBÉN. Recordarnos a nosotros.
MIGUEL. Pero aquí nadie quiere recordarse, Rubén.

Román vuelve al bar. Le prepara un gin and tonic *a Victoria.*

VICTORIA. Lo que quiere Rubén es hacer teatro, y yo he jurado mil veces no volver a poner los pies en un escenario.
BEBA. ¿Pero tú no has seguido haciendo teatro?
VICTORIA. No, ya no hago teatro. Ahora soy una mujer de negocios.
BEBA. ¡No te lo puedo creer!
VICTORIA. ¿Por qué no?
BEBA. ¿Y Román?
VICTORIA. Román ha seguido escribiendo y ha publicado bastante.
BEBA. Sí, alguien nos mencionó algo de eso, ¿verdad, Miguel Ángel? Pero no recuerdo cuándo ni dónde.
VICTORIA. Naturalmente, es difícil publicar en el exilio. Pero Miguel Ángel se lo advirtió antes de salir de Cuba. ¿No es verdad, Román?

Román ya ha terminado de preparar el trago de Victoria. Miguel Ángel y él se miran inexpresivamente.

BEBA. ¿Se lo advirtió?
VICTORIA. ¿No te acuerdas?
BEBA. No, no me acuerdo. ¡Qué memoria la mía!
VICTORIA. Es por eso que no nos agarró de sorpresa.
BEBA. ¿Qué cosa?
VICTORIA. El exilio.

Román le da el vaso a Victoria.

BEBA. ¿Así que ahora tú tomas *gin and tonic*?
VICTORIA. Sí, me ayuda a olvidar.

Beben en silencio. Román, en el bar, prepara el último trago. Se inicia una conversación un poco peculiar entre Beba y Victoria, con un ligero oscurecimiento del área que las rodea. La conversación resulta natural, aunque ciertas agresividades inesperadas en la voz de ambas producen una determinada disonancia. Poco después de iniciada, Román termina de prepa-

rar el trago. Cierra el bar. Queda de espaldas por un momento. Miguel Ángel, al lado opuesto del escenario, está de espaldas a Román. Beben. Rubén, frente a la puerta vidriera, está de espaldas al público.

BEBA. Pero tú tenías locura por el teatro… Eres otra, Victoria.
VICTORIA. Sí, lo soy. Me cansé de fingir.
BEBA. ¿De veras? Es una lástima.
VICTORIA. Todo lo contrario. Es más natural. Decidí meterme en el negocio de bienes raíces. Aquí en Nueva York es un negocio estupendo. La propiedad vale un dineral. Eso me hace sentir con los pies en la tierra.
BEBA. Es curioso. A mí me pasa todo lo contrario.
VICTORIA. No nos ha ido mal. No podemos quejarnos.
BEBA. A nosotros tampoco nos ha ido mal. No podemos quejarnos. Viajo mucho, porque tenemos una misión que cumplir. Claro, viviendo en los Estados Unidos no es raro que te dediques a esos negocios de bienes raíces.
VICTORIA. Como es lógico tú te dedicas a todo lo contrario. ¿Siguen viviendo en aquella residencia de Miramar que pertenecía a una gente de dinero que tuvo que salir de Cuba?
BEBA. Sí, pero yo tengo que pasar mucho tiempo en el extranjero por motivos de mi trabajo.
VICTORIA. Debe ser interesante Angola, ¿verdad?
BEBA. Si tú supieras, nunca he ido a Angola.
VICTORIA. Pero habrás ido a París.
BEBA. Sí, en París acabo de pasar como tres meses.
VICTORIA. Entonces Miguel y tú viajarán muchísimo.
BEBA. Bastante, pero cada uno lo hace por su cuenta. Es nuestro trabajo. Aunque todos los años vamos juntos a la Unión Soviética. ¿Y ustedes?
VICTORIA. Nosotros vamos todos los años a Europa, pero nunca nos llegamos a Moscú.
BEBA. Pero esos son viajes de placer.
VICTORIA. Hija, ¡tú no sabes el trabajo que cuestan!
BEBA. Si tú supieras, cada vez que estoy fuera de Cuba, ¡me entra una nostalgia! Y enseguida quiero volver.
VICTORIA. A mí también.
BEBA. ¿Volver a Cuba?
VICTORIA. No, a Nueva York.
BEBA. *(Falsa, exageradísima).* ¡Yo no puedo vivir sin las palmas!
VICTORIA. *(Con ferocidad en la voz).* Y yo sin los rascacielos.
BEBA. Además, no hay como la casa de uno.
VICTORIA. ¿Pero la casa es de ustedes?
BEBA. No, claro, es del Estado. Es un decir.
VICTORIA. La fuerza de la costumbre.
BEBA. Y este apartamento… ¿es de ustedes?
VICTORIA. Sí, naturalmente. Bueno, del banco. Es un decir.
BEBA. Es precioso. ¡La vista es un sueño! Y lo tienen muy bien puesto.
VICTORIA. Pero ustedes se quedaron con unos muebles preciosos cuando se instalaron en la casa de la Quinta Avenida.
BEBA. ¿Te parece? Yo siempre los he encontrado un poco anticuados.

VICTORIA. Es que son muebles de estilo.
BEBA. Sí, eso dice todo el mundo. Hubiera preferido algo más moderno. Pero no siempre es posible elegir. Sin contar que preferiría algo más céntrico. Pero como tenemos chofer, no importa.
VICTORIA. Miguel Ángel siempre lo dijo.
BEBA. ¿Qué cosa?
VICTORIA. Que no iba a montar en guagua.
BEBA. *(Sorprendida).* ¿Cuándo lo dijo?
VICTORIA. Hace más de veinte años. ¡Quién se acuerda! Pero nunca lo he olvidado. ¿No ha cumplido su palabra?
BEBA. Miguel Ángel es muy cumplidor. En veinte años no ha puesto un pie en una guagua.
VICTORIA. ¿Y todo el mundo tiene chofer ahora?
BEBA. No, claro que no. Nosotros tenemos chofer. Está a nuestra disposición porque tanto Miguel Ángel como yo somos altos funcionarios del Gobierno.
VICTORIA. Aquí tenemos taxis. Te advierto que yo nunca uso el *subway*.
BEBA. Tú sabes que Miguel Ángel viene a hablar sobre los últimos veinte años de poesía cubana. Y tendrá que recitar algunos de sus poemas. Miguel Ángel ha escrito una poesía preciosa en los últimos veinte años. *(Imperativa).* Recita, Miguel Ángel.

Victoria se pone de pie y camina hacia la puerta vidriera, quedando de espaldas. Miguel Ángel está junto a la máquina de escribir. Pone la mano sobre el forro. Se da cuenta de que allí hay escondida una pistola. La palpa. Rubén lo está mirando. Miguel Ángel baja la vista hacia el forro, después la levanta y mira a Rubén.

BEBA. *(Autoritaria).* Recita, Miguel Ángel. No esperes más. Recita esa de la muchacha de Vijín.
MIGUEL. *(Mira a Beba. Vacila todavía. Recita).*

> Al comandante que mira a lo alto,
> la noticia,
> crónica del diezmo y el martillo:
> con el rifle al hombro
> la ruda muchacha de Vijín
> no tuvo miedo,
> cuando la bomba de napalm cayó encima
> y saludaba alegre a Ho Chi Minh.

Román y Victoria se vuelven.

MIGUEL. Coño, Rubén, ¿por qué no disparas? ¿Qué carajo esperas? Porque este ha sido un asesinato lírico. Veinte años estrangulando la poesía, apretándole la garganta con estas manos, para no dejarla respirar, para que se asfixie, para que no quede ni rastro. Veinte años de comisario cultural. ¿Qué más quieres? Estrangulando las palabras, Rubén. Encarcelándolas en las mazmorras de la ciudad, prisioneras a pan y agua, humillándolas, vejándolas, metiéndolas en el torniquete. ¿Es que quieres más cargos? ¿Qué otra prueba puedo darte para que me destapes la tapa de los sesos? *(Quitando violentamente el forro de la máquina de escribir, poniendo la mano sobre la pistola).* ¿O es que quieres que los destape yo? ¿Es ese tu plan? ¿Es que eres tan cobarde que no te atreverás a hacerlo y vas a dejar que lo haga yo? *(Violentamente)*. ¿Es que quieres que te recite más mierda todavía?

BEBA. Pero Miguel Ángel, ¿qué estás diciendo? Esa no es manera de hablar.

MIGUEL. ¿A qué llamas tú manera de hablar? ¿A las porquerías que has estado diciendo? ¿Quién eres tú para decirme cómo debo hablar o cómo debo callarme?

BEBA. *(Poniéndose de pie)*. Eso sí que no te lo voy a tolerar. ¿Acaso te has olvidado quién soy? ¿Qué te has creído?

MIGUEL. *(A Rubén, pero dando un paso hacia donde está Beba y apuntándola con la pistola)*. ¡Coño, Rubén! ¡La matas tú o la mato yo? ¡Se acabó el *suspense*, carajo! ¡Esto ya no es ningún *thriller*!

BEBA. *(Amenazando con el dedo)*. Mira lo que haces y lo que dices, porque esto que estás haciendo puede costarte más caro de lo que imaginas.

MIGUEL. ¿Pero todavía no te has dado cuenta, gorda de mierda, que esto ha sido cuidadosamente preparado?

BEBA. ¿Preparado por quién?

MIGUEL. Por nosotros. Por Rubén. Por Román. Por Victoria. Por mí. Pero especialmente por ti, que has estado haciendo tu papel durante veinte años. ¿No has entendido todavía?

RUBÉN. ¡Por el Consejo, Beba, por el Consejo! ¿O es que tú creías que el Consejo no existía, que el Consejo eras tú? Pero si yo me acuerdo, como si fuera una película que acabara de ver... Cuando nos llevaban en las guaguas a los campos de concentración, a las cámaras de gas... Rehabilitados para que no hiciéramos lo que queríamos hacer... Fumigados... Enterrados hasta el cuello, con aquella miel derretida en la cabeza para que las hormigas bravas vinieran a comernos vivos... como te comerán a ti, Beba *darling*, como te comerán a ti...

BEBA. *(Como si fuera a dirigirse a la puerta)*. Yo me voy de aquí.

MIGUEL. *(Empujándola, tirándola en el sofá)*. Tú no vas a ninguna parte. Esta es una ceremonia ritual, Beba. ¡Estamos reunidos aquí para matarte!

Miguel Ángel, con la pistola en la mano, cae sobre Beba en el sofá, agarrándola violentamente por los cabellos. Sostienen una batalla agresiva y feroz, cuerpo a cuerpo. Este carácter se mantendrá durante toda la escena. El área que los rodea se oscurecerá. Las sombras de Victoria, Román y Rubén se verán contra el fondo de luces de la puerta vidriera.

BEBA. Estás loco. Esta es una trampa que te han tendido Rubén, Victoria y Román. Pero cuando salgas de aquí vas a pagarlas todas juntas, Miguel Ángel.

MIGUEL. Eres tú la que no vas a salir de aquí, porque aquí vamos a acabar contigo. Este será mi desquite, el desquite de todos estos años en el torniquete.

BEBA. Eso es lo que te crees tú. Yo soy más fuerte y no podrás acabar conmigo así como así. Si crees que matándome vas a resolver el problema, estás equivocado, porque cuando salgas de aquí vas a salir preso o deportado. Y si te vas deportado, cuando llegues a Cuba te van a arrastrar hasta el paredón de fusilamiento. Yo me encargo de eso. ¿Es que en veinte años no has aprendido a conocerme? ¿Es que no sabes que soy yo la que corta el bacalao?

MIGUEL. Eso es lo que crees tú. ¡Eso es lo que tú piensas! Eres la que lo cortaba, que no es lo mismo ni se escribe igual.

BEBA. ¡Suéltame! Estás dándoles el gusto a esos degenerados. A ese maricón de Rubén que no va a ninguna parte y que debimos haber exterminado hace años.
MIGUEL. Ese maricón y yo te vamos a tirar por esa terraza. Vas a caer como un tonel, cabrona, que para eso te trajimos aquí. Porque Rubén me llamó y yo lo sabía todo. Lo de la pistola escondida en la máquina de escribir, lo del *suspense* y lo de los pelos de punta.
BEBA. ¡Mentira! Estás inventando todo eso para meterme miedo.
MIGUEL. Nunca vas a saber si es verdad o mentira, porque sin saberlo te vas para la tumba, estrangulada y desterrada desde un rascacielos.
BEBA. ¡Mientes! ¡Mientes!
MIGUEL. ¿No dijiste que a ti nadie te ponía los pelos de punta? ¿No dijiste eso? ¿Y ahora cómo los tienes? Porque los tienes como un erizo.
BEBA. Eres un canalla, un degenerado. Te debí haber hecho fusilar por el Comité de Defensa cuando aquella vez empezaron a sospechar de ti. Pero les dije que te tenía amarrado cortico y que no ibas a ninguna parte sin que yo te diera permiso. Te salvé el pellejo, cabrón. Pero cuando salga de aquí te van a arrastrar por las calles de La Habana.
MIGUEL. *(Abofeteándola).* ¡No vas a salir de aquí! ¡No vas a salir de aquí! ¡No vas a salir de aquí!
BEBA. *(Alejándose del sofá, para escapar de los golpes).* No, no, tú no eres Miguel Ángel. Rubén tiene razón. Porque sí, es verdad, yo creo haberlo visto una vez. Cuando estaba en Moscú y querían llevar a aquel hombre para Siberia. ¿Qué es lo que dice Rubén? ¿Que yo no soy yo? No, pero eso no es cierto, tú eres el que no eres tú. Porque Miguel Ángel me decía que no quería venir aquí, que íbamos a pasar un mal rato. Lo decías tú no hace mucho, ¿no es verdad? Pero entonces estabas fingiendo, ¿no? Porque si ahora me haces esto antes no podías haber actuado de esa forma…
MIGUEL. ¿Es que no hemos actuado de esa forma toda la vida? Tú y yo y los demás siendo otros, haciendo trampas, sin ser jamás lo que somos porque siempre hemos tenido miedo de que nos corten la cabeza.
BEBA. *(Aterrada, alucinada).* ¿Quién era entonces esa mujer, la que estaba en la calle catorce, buscando las medias para no dejar huellas del crimen que iban a cometer y la maleta para descuartizarme? Porque no era yo, Rubén, no era yo… Estabas confundido… Era la otra, la que se parecía a mí, la que está ahora en el coctel tomando vodka, emborrachándose en la embajada. Es que ha habido una confusión. *(Como si fuera a irse del sofá, pero Román no la deja).* ¡Un teléfono, una llamada telefónica! Para explicarles, para decirles lo que ha sucedido, que el asesino está aquí, subiendo las escaleras, abriendo la puerta…
RUBÉN. *Sorry, wrong number, Beba! Sorry, wrong number!*
BEBA. Yo no soy Beba, entiende, Miguel Ángel. Estás confundido, obcecado. La que tú quieres matar no está aquí. Está tomando tragos de vodka uno tras otro… A esa, a esa es a la que tienes que matar.
MIGUEL. Eres Beba, Beba *darling*. A mí no me vas a confundir con tus juegos, con tus artimañas. Es demasiado tarde, porque de sobra sé quién eres tú. Y en la embajada lo sabe todo el mundo. Esta es una misión que me han encomendado, que tengo que cumplir. ¡Idiota! ¡Estúpida! ¡Yo te voy a matar! Has caído en desgracia y yo estoy aquí para eliminarte.
BEBA. Entonces… tú te has puesto de acuerdo con ella…, con la que no soy yo…, con alguien…, con quien sea…, no sé…, para acabar conmigo de una vez…, descuartizarme en la escena del *penthouse*… Pero yo no puedo ser yo, porque si fuera yo no iba a dejar que me hicieran esto… Es por eso que en realidad, yo, yo debo ser la otra… Y tú, y tú no eres Miguel Ángel, sino el otro, porque Miguel Ángel está en el torniquete y no se puede mover.

MIGUEL. *(Encima de ella, apretándole la garganta con una mano)*. ¿Y si no te eliminara? ¿Y si Rubén y yo cambiáramos el plan y decidiéramos eliminarte a fuego lento, asada a la parrilla, con el dogal al cuello como me has tenido a mí? Porque se sospecha de ti como antes se había sospechado de mí. Porque ahora es mi turno, degenerada. Has caído en desgracia, ¿entiendes? A nadie le va a importar que estés viva o muerta, que yo te descuartice o que haga contigo un asado, que yo te estrangule o te ponga el dogal al cuello y el bozal en el hocico. Porque te has pasado mucho tiempo fuera de Cuba, dándote buena vida, y ahora estás liquidada.

BEBA. Eso no es cierto.

MIGUEL. ¿Pero no es eso lo normal? Tú lo has hecho mil veces. Tú misma has condenado a mucha gente. ¿Cuántos no han caído en desgracia por una palabra tuya y no han levantado cabeza nunca más? Tú lo has hecho una y otra vez, con ese dedo que es como una pistola amenazante y que yo te voy a cortar a pedacitos. ¿Por qué tú crees que hemos dado este viaje juntos? ¿Cuándo carajo hemos podido viajar juntos, salvo a pasar hambre y frío en la Unión Soviética? Dime, cabrona, ¿cuándo carajo? ¿Por qué tú crees que nos han dejado venir juntos a Nueva York? ¿No te parece sospechoso?

BEBA. Porque tú vienes a dar unas conferencias y yo tengo que vigilarte. ¿Es que has pensado en otra cosa?

MIGUEL. Eso fue lo que te dijeron a ti. Eso es lo que tú te crees. Eso es lo que todos te hemos dejado creer. Pero tú estás aquí, conmigo, porque yo soy el que te estoy vigilando. Ya tú estás eliminada.

BEBA. Eso no es verdad.

MIGUEL. Has caído en desgracia y ahora me toca a mí ponerte el torniquete. Veinte años me ha costado. Veinte años asesinando la poesía verso tras verso para que todos creyeran en mí, para que pensaran que yo soy el verdadero comunista y poderme vengar, para hacerme más fuerte que tú y lograr la confianza de los demás, para tener mi revolución cultural y lavarles el cerebro a los demás como a mí me lo han estado lavando. Veinte años de suplicio, de palabras que no podían salir, que había que ahogar, que había que asfixiar en la garganta para que no salieran jamás. Y ahora me creen a mí. Ahora soy yo el más fuerte. Ahora soy yo el que tiene la confianza del Partido.

BEBA. ¡Estás mintiendo!

MIGUEL. Tú sabes que estoy diciendo la verdad. Tú sabes que no hubiera podido venir a Nueva York si las cosas no fueran ahora de otra manera. Y tú sabes que tuviste que regresar de París antes de tiempo, cuando menos te lo imaginabas… ¿No es cierto? *(Pausa)*. ¡Dime! ¿No es cierto?

BEBA. Sí, tuve que regresar a Cuba antes de tiempo.

MIGUEL. ¿Entonces qué? ¿Es que tú crees que yo no estaba dando los pasos necesarios? Porque todo el mundo empezó a tener sospechas. Y me llamaron. Para que hiciera declaraciones. Para que dijera lo que tenía que decir. Porque yo, si después de todo era tu marido, debía saber algo, algo más que no sabían los demás… ¿No pasó lo mismo conmigo?

BEBA. Pero yo te defendí. Pero yo di excusas y acabaron por pasarlo por alto.

MIGUEL. Pero yo no las di. Yo dije todo lo contrario. Que era verdad, que habías cambiado, que habías pasado demasiado tiempo fuera en la sociedad capitalista, que eso corrompe, que lo había notado en tu modo de arreglarte, en palabras sueltas que se te iban, y que después te llevabas la mano a la boca, haciendo un mohín teatral que habías copiado de alguna parte, en la Comedia Francesa, *off Broadway*, sabe Dios dónde. Que tus puntos de vista sobre el marxismo eran otros, que de vez en cuando te bajabas con alguna irreverencia que no valía la pena repetir por consideración a tus muchos años de servicio, diciendo que Marx y Lenin, aquí y allá, habían metido la pata. ¿Es que lo que te cuento tiene algo de raro? ¿No es esto lo normal?

BEBA. *(Vencida)*. Sí, todo lo que dices es normal. No tiene nada de extraño.

MIGUEL. De ahora en adelante no te creerán una sola palabra. Ahora soy yo el que censura las palabras. Ahora soy yo el que corta el bacalao. Podrás decir lo que quieras de lo que ha pasado aquí esta noche, pero no te lo van a creer. Antes de abrir la boca, más vale que hables conmigo.

BEBA. Pero no tendré que abrirla, Miguel Ángel, porque no voy a salir con vida de aquí.

MIGUEL. Te jodiste, porque te voy a perdonar la vida, que va a ser la mejor forma de acabar contigo. Ya yo terminé mi trabajo por esta noche. Ahora que haga Rubén lo que le dé la gana. *(Se pone de pie. Natural)*. Yo creo que debemos irnos, porque se ha hecho demasiado tarde.

Se aclara de nuevo el escenario.

BEBA. Yo no quiero ir contigo. No me vas a sacar con vida de aquí.
MIGUEL. En ese caso tendrás que pedir asilo político.
BEBA. Es ahora cuando tienes que matarme. ¡Dispara de una vez!
MIGUEL. Pídeselo a Rubén.

Miguel Ángel le da la pistola a Rubén. Este la toma. Apunta a Beba. Hay un instante de vacilación. Después, Rubén mira la pistola, en un momento que resulta demasiado largo, pensando algo que no sabremos jamás. Lentamente la coloca sobre la máquina de escribir.

MIGUEL. Sí, yo creo que tenemos que irnos.

Miguel Ángel se anuda la corbata, se pasa la mano por los cabellos, se ajusta el traje.

MIGUEL. *(A Beba)*. ¿Vamos?

Beba se pone de pie. Se acicala un poco, se arregla el peinado.

BEBA. Sí, vamos.
MIGUEL. *(Mirando la hora en el reloj pulsera)*. Ahora se estará terminando el coctel en la embajada.

Román abre la puerta.

VICTORIA. Adiós, Beba. Adiós, Miguel Ángel.
BEBA. *(Mirándolos detenidamente)*. Adiós.
MIGUEL. *(Rápido)*. Chao.

Román va a cerrar la puerta, pero Rubén lo detiene.

RUBÉN. No, no cierres la puerta. Yo también me voy.

VICTORIA. Pero ¿por qué tienes que irte? ¿Por qué no te quedas con nosotros? Aquí. Juntos. Para siempre.
RUBÉN. No, Victoria, ya no es necesario.
ROMÁN. ¿Estás seguro?
VICTORIA. *(Maternalmente, arreglándole los cabellos).* Pero te irás por ahí, por esas calles, con esos monstruos que te atormentan, que no te dejan vivir, con esos sueños que no te dejan dormir, con esos miedos.
ROMÁN. Quédate, Rubén.
RUBÉN. Tenía que ser así. Me siento mejor. Los monstruos se han ido para siempre.
VICTORIA. ¿Y los miedos?
RUBÉN. Ellos también se irán.
ROMÁN. No nos dejes solos, Rubén.
RUBÉN. Yo también tengo que irme. Todos tenemos que irnos alguna vez.
ROMÁN. Ven a ver el Cometa Halley desde la terraza, que no se va para siempre, sino para regresar. Haz como él.
RUBÉN. Sí, volveré.
VICTORIA. ¿Lo prometes?
RUBÉN. Sí, lo prometo.
ROMÁN. Es como un sueño de Dios… Un sueño de la luz que anda perdido por el universo… ¿Te imaginas cuántas cosas verá? Es como si se hubiera ido de aquí alguna vez… y estuviera… desterrado en el universo…, en el tiempo…, sin detenerse jamás…, que vuelve siempre para decirnos adiós… sin irse nunca del todo…

Los tres están junto a la puerta. Están abrazados, con las cabezas inclinadas, unas junto a las otras. Casi a oscuras, Rubén desaparece y cierra la puerta. Román y Victoria van al sofá, como hicieron antes de la llegada de Rubén. El escenario queda de nuevo completamente a oscuras. La constelación de luces que se ve por la puerta vidriera produce un efecto cósmico más intenso que nunca.

ROMÁN. Es lindo, Victoria. ¿No te parece?
VICTORIA. Sí, es lindo.
ROMÁN. Se está bien aquí.
VICTORIA. ¿Es…, es esto el exilio, Román?
ROMÁN. Sí, Victoria, el exilio es esto.

Larga pausa. Román y Victoria miran las luces. Estas se van oscureciendo lentamente, pero nunca del todo, mientras cae el telón muy lentamente.

FETOS

1988

Personajes

Feto 1
Feto 2

Oscuro total. Cambio a coloración rojiza. Aparecen los dos fetos abrazados, ovillados el uno en el otro. Están en el centro del área de representación. Entre los dos forman un círculo, como una pelota, un cuerpo metido en el otro. Visten una malla blanca que se ajusta al cuerpo, con manchas rojas, como de sangre, y están envueltos en unas cintas rojas también. Se oye el latido de un corazón gigantesco. Mientras hablan, ruedan por el escenario, sin cambiar la posición de un feto con respecto al otro.

FETO 1. ¿Oyes?
FETO 2. ¿Qué cosa?
FETO 1. Los golpes.
FETO 2. ¿Tocan a la puerta?
FETO 1. No, no es eso.
FETO 2. ¡No vayas a abrir!
FETO 1. Presta atención.
FETO 2. Yo no oigo ni pío.
FETO 1. Te estarás quedando sorda.
FETO 2. ¿Qué quieres decir?
FETO 1. ¡Lo que oíste!
FETO 2. Yo no oigo nada, ya te lo dije.
FETO 1. ¡Bum…! ¡Bum…! ¡Bum…! Debes ser tú… Lo oigo como si saliera de tu barriga…
FETO 2. ¡Será tu barriga! ¡No empujes así, que me haces daño!
FETO 1. Será una bomba de tiempo y acabaremos explotando las dos.
FETO 2. ¡Mientes! ¡Mientes! Eso lo dices para meterme miedo. ¡Vete, déjame tranquila! Tú no oyes ni jota. Aquí no se oye nada. Esto está a prueba de sonido. ¡Suéltame! ¡Déjame salir!

Forcejean.

FETO 1. ¡Estúpida! ¡Ignorante! ¡Mal agradecida!

Ruedan y se separan, quedando a extremos opuestos del área de representación; una cinta roja va de una a la otra, enlazándolas. El latido del corazón gigantesco deja de oírse.

FETO 2. *(Sacudiéndose la ropa).* ¡Siempre la misma! ¡Mira como me has puesto!
FETO 1. *(Desconcertada).* ¿Qué sería…?
FETO 2. ¿Crees tú que alguien esté tratando de abrir la puerta?
FETO 1. ¿Para qué? ¡Aquí no hay nada que valga un comino!
FETO 2. A lo mejor eran los perros policías.
FETO 1. *(Oyendo).* ¿Lo oyes? No, no, ahora no se oye nada… Era horrible… Era… Era como si de un momento a otro fuera a pasar algo…
FETO 2. ¡Qué complicada eres! Desde hace días tienes metidos esos ruidos en la cabeza.
FETO 1. Reconstruyo, trato de aprender.

FETO 2. ¿Y de qué te sirve? ¿Es que recuerdas? ¿Recuerdas lo primero que recuerdas? *(Pausa)*. ¿Ves? No recuerdas nada. Todos hemos olvidado. Estás en el mismo punto donde estabas hace un millón de años. Es un círculo vicioso.
FETO 1. ¿Quieres que te haga el cuento de la buena pipa?

El Feto 1 se empieza a mover alrededor del Feto 2, en círculos, envolviéndolo con la cinta.

FETO 2. No, no me hagas reír.
FETO 1. Yo no te digo que «no, no me hagas reír», yo te digo que si quieres que te haga el cuento de la buena pipa.
FETO 2. *(Atacada de la risa)*. ¡Basta, basta!
FETO 1. Yo no te digo «basta, basta», yo te digo que si quieres que te haga el cuento de la buena pipa.
FETO 2. No, por favor.
FETO 1. Yo no te digo «no, por favor», yo te digo que si quieres que te haga el cuento de la buena pipa.

El Feto 1 acaba envolviendo al Feto 2 con la cinta.

FETO 2. ¡Mira lo que me has hecho! ¡Me has enredado! ¡Acabarás ahogándome!
FETO 1. ¡Bárbara! ¡No tires así! Acabarás rompiendo el cordón umbilical y entonces no tendremos como alimentarnos.
FETO 2. ¡Eres tú la que me has enredado! ¡Mírame como estoy! ¡No puedo moverme! ¿Me vas a matar? Entonces tú eres Caín y no tengo escapatoria.
FETO 1. ¿Qué has estado leyendo? ¿Quién te ha metido esas ideas en la cabeza?
FETO 2. *(Gesto de quien recibe un golpe)*. Me has dado una patada. ¡Qué bruta eres! *(Como si las empujaran a las dos)*. Me haces daño ¡Ay!

Caen, ruedan.

FETO 1. No, no soy yo. Nos están empujando de fuera. Yo creo, yo creo que nos van a partir.
FETO 2. Es ese hombre, ese bestia que maltrata a mamá…
FETO 1. ¿Papá?
FETO 2. No, papá no. Ese que mete la mano, como un bruto, que me parece que me toca toda de arriba a abajo. Un puerco. Un indecente. ¿No lo has sentido?
FETO 1. ¡Dios mío, cuánta maldad! ¡Cuántas humillaciones! No hay la menor consideración, el menor respeto… Es como si fuéramos…
FETO 2. No lo digas, por favor.
FETO 1. ¡Es como si fuéramos un par de fetos! Eso es lo que somos. ¡Fetos! ¡Fetos nada más!
FETO 2. No quisiera oírte jamás. No haces otra cosa que decir cosas espantosas, como si no fuera lo suficiente tener que estar aquí, en esta pocilga llena de mierda y de sangre. No hay derecho para que nos hagan esto, pero menos derecho tienes tú a torturarme, a decirme esas cosas horribles….
FETO 1. La verdad, la verdad y nada más que la verdad. *(Agarrándole la cabeza y enfrentándola a la suya)*. Mírate, mírate en el espejo. ¡No, no me rehuyas la mirada! ¡No rehuyas

esa mirada que es la mía, la tuya, en un espejo transparente! ¡Porque tú eres yo y yo soy tú! No tenemos salida, escapatoria. ¡Somos un par de fetos!

FETO 2. ¡Algún día tendré alas! ¡Algún día volaré de aquí!

FETO 1. Entonces serás un pájaro de mal agüero, un pájaro feto.

FETO 2. Hay otras cosas, ¿sabes? Historias, fantasías, sueños… Cuando sea grande… Cuando yo salga de aquí…

FETO 1. Nunca se sale de aquí.

FETO 2. ¿Quién te ha dicho eso? Lo que pasa es que en el fondo eres una ignorante, no sabes nada, no te informas bien. Para que lo sepas, de aquí se sale a los nueve meses.

FETO 1. ¿Los nueve meses de qué?

FETO 2. ¿Cómo a los nueve meses de qué?

FETO 1. Sí, ¿a partir de qué? ¿cómo? ¿cuándo?

FETO 2. No sé. Según tengo entendido…

FETO 1. ¿Ves? No sabes nada. Nadie sabe nada. Nadie puede dar una explicación. Vaguedades. Cuentos. Acabarás creyendo que venimos de París o que nos trae ese animal estúpido que tiene un pico largo.

FETO 2. La cigüeña.

FETO 1. Bueno, lo que sea. Un feto como otro cualquiera. Un feto con alas y que vuela, pero un feto también… Y para que lo sepas: los nueve meses se cuentan a partir del momento que nos hicieron.

FETO 2. ¿Cómo que nos hicieron? Hablas de nosotras como si nos sacaran de una fabrica.

FETO 1. ¿Te acuerdas?

FETO 2. Yo no me acuerdo de nada.

FETO 1. Debió haber sido una sacudida, una explosión, como si uno estuviera en un cosmos en miniatura.

FETO 1. Explícate. No entiendo.

FETO 2. *(Angustiada)*. ¡Ni yo tampoco, hermana! ¡Yo tampoco entiendo nada!

Angustiados, los fetos se enroscan separadamente y ruedan por su cuenta.

FETO 1. *(Repite varias veces, mientras rueda)*. ¿Dónde? ¿Cuándo? ¿Cómo? ¿Por qué?

FETO 2. *(Repite varias veces, mientras rueda)*. ¿Dónde? ¿Cuándo? ¿Cómo? ¿Por qué?

Chocan.

LOS DOS FETOS A LA VEZ. ¡Contra! ¡Qué golpe me has dado!

Se ponen de pie. Caminan con inseguridad, como si no supieran. Resbalan.

FETO 1. Te lo dije.

FETO 2. Te pones a pensar esas boberías y a hacer maromas.

FETO 1. Me tiraste de la cinta y me hiciste caer.

FETO 2. ¡Qué niña eres!

FETO 1. Fue como si pisara una cascara de plátano.

FETO 2. Hay que tener cuidado.

FETO 1. Voy a ponerle un pleito.

FETO 2. ¿A quién?

FETO 1. A mamá. Mira las condiciones en que nos tiene. Todo está sucio. Pegajoso. Y después se vanaglorian de habernos tenido aquí. Por lo menos esto debería estar más limpio. Da vergüenza verlo.

FETO 2. Ella no tiene la culpa.

FETO 1. Como si fuéramos un par de delincuentes. Nueve meses metidas en esta pocilga solo por aquello del derecho de nacer. ¿Será eso que llaman derechos humanos? Una porquería. Ni en las cárceles tienen a la gente así. Es para traer una comisión. Para que investiguen. Si papá tuviera una pizca de vergüenza...

El Feto 1 tira de la cinta con violencia.

FETO 2. El no tiene la culpa.

FETO 1. Pues alguien la tiene que tener.

FETO 2. No tires tan duro. Me haces daño.

El Feto 1 da vueltas descabelladas, moviéndose de un lado para otro y enredando la cinta por entre las barras de algunos andamios.

FETO 2. No sigas pensando. Te vas a volver loca. Me vas a volver loca a mí. Déjame dormir, descansar, olvidarme de todo. Enredas la pita de una manera que después no sabrás como desenredarla. No podrás aclarar nada. No tiene sentido.

FETO 1. *(Sigue sin hacer caso)*. ¿Dónde? ¿Cuándo? ¿Cómo? ¿Por qué? ¿Dónde? ¿Cuándo? ¿Cómo? ¿Por qué?

El Feto 1 apunta con el dedo hacia un espacio indefinido, posiblemente en dirección al público.

FETO 1. ¡Entonces será Él! ¡Él! ¡Él!

FETO 2. ¿Quién es Él?

Se vuelve a escuchar el ruido de un corazón gigantesco.

FETO 1. ¡El Triturador! El que lo sabe todo. Lo puede todo. Se mete en todo. Lo tiene todo. *(Refiriéndose a algo que nosotros no vemos, no sabemos)*. ¡Que lo mate! ¡Que lo mate! ¡Que le triture el cráneo de una vez! ¡Que lo haga pedacitos! ¡Canalla! ¡Sinvergüenza! ¡Degenerado! ¡Miren esa cara! ¡Esa jeta! ¡Que no se nos despinte! ¡Tengo que matarlo! ¡Tengo que matarlo! ¡Déjenme salir! ¡Déjenme salir!

El Feto 1 está histérico dando golpes en el piso, por todas partes. El Feto 2 trata de calmarlo. Se abrazan. Entre gritos vuelven a la posición inicial y ruedan. El ruido del corazón gigantesco va en aumento. Luces rojas que anticipan el peligro de una explosión. Una gran luz enceguecedora lo ilumina todo, como si fuera una gran explosión. Desaparecen los fetos y después todo queda a oscuras.

LAS PARAGUAYAS

1988

Personajes

La Ipacaraí
La Asunción
La Magdalena
Porota
Palta
La Paraguaya
La Diosa del Iguazú
El Golfo
El Viejo
El Torvo
El Hombre
El Muerto

Primer acto

Crepúsculo rojizo. El escenario parece ser una gran mancha de sangre. Tonalidades rojizas, entre sangrientas y arcillosas, lo envuelven todo. Al centro, de pie, con la cabeza inclinada, está La Paraguaya. La Magdalena, La Asunción, Porota y Palta cavan una fosa al lado izquierdo del escenario. Todas visten túnicas andrajosas, manchadas de arcilla y de sangre. Un asta, con una bandera tricolor, azul, blanca y roja, de franjas horizontales, está clavada junto a la fosa. Como si hubiera sido arrastrada por el fango, está tan manchada de sangre y arcilla, que más bien parece una bandera colorada. Delante de la fosa, un madero cortado. Tirada en el piso, una cruz de madera, no muy grande. Al lado derecho del escenario, sobre el seco tronco de un árbol, yace El Muerto. Un manto blanco, también manchado de rojo, cubre su desnudez, el vientre y los muslos. Los pies, las piernas, el torso y los brazos, están al desnudo. Los brazos caen inertes a ambos lados del cuerpo. Se escucha, distante, un clarín. También se oyen lejanas detonaciones. El clarín permanece, penetrante. Se le superimpone un canto coral de carácter religioso con fondo de arpa. Finalmente se oye una flauta indígena acompañada de un casi remoto lamento de violín. Con estos elementos, que incluye ocasionales sonidos de metralla, se va componiendo una sinfonía, especie de música concreta, una anti-música ocasionalmente melódica pero más frecuentemente disonante, que sirve de fondo musical. Siempre muy remoto. Por un rato las mujeres cavan en silencio.

LA MAGDALENA. ¡No sé cuándo acabaremos de enterrarlos a todos!
PALTA. Tal vez entonces podamos descansar, que ya es hora.
LA ASUNCIÓN. ¿Cuántos nos quedan todavía?
LA MAGDALENA. No sé ni lo quiero saber. Me canso solo de pensarlo.
LA ASUNCIÓN. Habremos enterrado un centenar.
LA MAGDALENA. Un millar diría yo.
POROTA. *(Con sarcasmo).* ¡Un millón de muertos!
LA MAGDALENA. ¡Qué masacre!
PALTA. ¡Qué manera de matar!
LA ASUNCIÓN. ¡Qué guerra tan inútil!
LA MAGDALENA. Todas lo son.
POROTA. Bien pudo quedarse uno para cavar las fosas.
PALTA. Nos estarían cavando una a una.
POROTA. Pero de otro modo.
PALTA. Así jodían cuando estaban vivos.
POROTA. Para eso no se cansaban nunca.

LA MAGDALENA. No deberían hablar así delante de Asunción, que no sabe nada de eso.
PALTA. Puede hacerse una idea. Ya ella les ha visto lo que traen.
POROTA. Querrás decir lo que traían.
LA MAGDALENA. De todos modos, no ha quedado ninguno que pueda hacerle daño. Quizás nada tenga que aprender.
PALTA. Sí, ojalá que no sea ninguna Magdalena arrepentida.
LA MAGDALENA. *(Con la mirada endurecida).* Sería mucho mejor guardar silencio.
POROTA. Por si las moscas es mejor andar con el ojo alerta pero cerrado. Bicho malo nunca muere y hay muertos que no hacen ruido pero juegan con el escobillón. Asunción estará libre de culpa, pero algo habrá aprendido con la anatomía de los cadáveres. Solo falta el milagro de la fisiología, que es la otra mitad.
PALTA. La que cuenta, al fin y al cabo.
LA ASUNCIÓN. No hablen así.
POROTA. Cuidado con el «levántate y anda».
PALTA. Será cosa de echarse a correr, porque las ganas no vendrán caminando.

Se escucha un agudo lamento de violín. Todas se inmovilizan por un momento. La Paraguaya siente una fuerte sacudida. A partir de este momento los efectos sonoros funcionarán como fondo a sus movimientos: eco, nunca atronador, que determinará su distorsionada coreografía. De esta forma se inicia la coreografía ritual de La Paraguaya.

Esta «coreografía» se encuentra dividida en tres tiempos: Adoración («Padre»), Cópula («Hombre»), Parto («Hijo»), iniciándose en este momento el primero de los tres.

PALTA. *(Refiriéndose a La Paraguaya).* Mira a la mosquita muerta. Se hace la epiléptica y se disfraza con la sacudida, pero ya sabes de la pata que cojea. Pronto andará enseñando el culo.
POROTA. Como si tuviera a quien enseñárselo.
PALTA. Se buscará una piedra, que no hay cosa más dura.
POROTA. Y no se ablanda.
PALTA. Ni se la comen los gusanos, que ahora se dan banquete con las piltrafas.

La distante metralla produce en La Paraguaya intensas sacudidas. Se desploma y después se arrodilla. Arrodillada se mueve en círculos en el escenario.

LA ASUNCIÓN. No hablen así. No digan eso.
POROTA. Para eso tenemos lengua.
PALTA. Y culo también.
POROTA. Para cagar cuanto decimos.

Ríen Porota y Palta.

POROTA. *(Refiriéndose a La Paraguaya).* Ahora hace de «La Paraguaya en Oración», pero si le dan el dedo de un muerto se lo lleva al hoyo, aunque lo tenga hecho añicos.
PALTA. Si le queda un cacho de rabo, lo hará crecer como el de las lagartijas.
POROTA. Lo moverá por su cuenta, pero no tan blando.

PALTA. ¡Qué modo de consolarse!

Palta y Porota vuelven a desternillarse de la risa. Tiran las palas y van a sentarse en el madero. La Magdalena y la Asunción dejan de cavar.

LA MAGDALENA. *(Refiriéndose a Porota y a Palta).* Son unas puercas. Apestan más que los muertos.
LA ASUNCIÓN. *(Refiriéndose a La Paraguaya).* ¿Pero qué mal les ha hecho?
LA MAGDALENA. No les hagas caso, Asunción.
LA ASUNCIÓN. Primero perdió a su padre y a todos sus hermanos. A su marido le destaparon la tapa de los sesos y después murieron sus hijos uno tras otro. ¿Es que eso no es sufrir lo suficiente?
LA MAGDALENA. No escuches. No prestes atención.
LA ASUNCIÓN. ¿Por qué la gente es tan mala? ¿Por qué los hombres se han matado de ese modo?
LA MAGDALENA. No sé… No puedo decírtelo… No puedo darte una explicación… Será por costumbre, por tradición… ¿Quién puede entenderlos? Ellos son así. Siempre buscan alguna razón. No habrían querido vivir… ¡Qué sé yo!
LA ASUNCIÓN. No entiendo. No tiene sentido.
LA MAGDALENA. Cava. No preguntes más. Hay preguntas que no tienen contestación. Algún día lo olvidaremos todo y nada tendremos que recordar.
PALTA. *(A Porota, alto, refiriéndose a las otras y para que estas oigan).* Ahí las tienes, la ignorancia y el olvido. Con esa memoria no iremos a ninguna parte y por eso estamos así. ¡Nos han desterrado!
POROTA. ¡Son el hambre y la necesidad! ¡La Virgen de la Ignorancia y Nuestra Señora de los Taparrabos, Protectora de las Vírgenes por desvirgar!
PALTA. ¡Madre de los Descamisados, Reina y Mártir de los Bichos Destapados!

La Magdalena tira la pala y se dirige violentamente hacia donde están Porota y Palta. La Asunción, con la pala en la mano, da unos pasos.

LA MAGDALENA. ¡Ni las víboras son inmunes a la ponzoña de esas lenguas, y el cascabel de las serpientes enmudece ante filo tan viperino! Nunca se ha visto ponzoña tan mortal en escupitajo tan maligno!
POROTA. ¡Santo Dios, qué manera de desbarrar!
PALTA. *(A Porota, burlona).* ¡Oye a esa sinhueso! ¡Qué manera de exagerar los términos y darle a la puta madre! Pero, ¿de dónde lo habrá sacado? ¡Y luego dirá que es una Hija de María!
PALTA. *(A La Magdalena).* Y ese lenguaje, Sombra del Arrepentimiento, ¿en qué muelle lo aprendiste? ¿Qué estibador te enseñó esas metáforas de la mala leche?
LA MAGDALENA. Ustedes son como las pirañas, que no dejan ni huesos ni pellejos. ¿Por qué tanto encono?
POROTA. Porque sabemos.
PALTA. Porque nos han engendrado.
POROTA. Porque lo engendraremos.
LA MAGDALENA. ¿Por qué tanta maldad?
POROTA. ¿Y por qué no? ¿Qué razón hay para ser de otro modo? Esta tierra es una desgracia. No es más que un páramo desolado asolado por un viento del norte que nos asfixia y nos enloquece. Nuestra tierra es fértil y rica, pero como si no lo fuera. No da ni dice donde hay.

PALTA. Estamos hechos de barro. Tenemos este fango metido hasta los huesos y todo se ha teñido de un manto colorado tejido de arcilla y de sangre. Este cielo rojo es de plomo y no tenemos salida, no podemos ir a ninguna parte.
POROTA. Estamos entre el río y la selva, entre las pirañas y las serpientes, aplastados por todos los enemigos de la tierra. ¿Qué razón hay para que no tengamos veneno en la lengua?
LA MAGDALENA. Estamos ahora más solas que nunca, rodeadas de enemigos y sin hombres que nos protejan…
PALTA. ¿Que nos protejan? No me hagas reír…
POROTA. Siempre nos han vendido. Las putas del mundo nos han visitado y han sido nuestras reinas.
LA MAGDALENA. ¿Por qué no nos ayudamos las unas a las otras?
PALTA. Porque no hay remedio.
LA MAGDALENA. Estamos solas.
POROTA. Hemos cavado mucho muertos.
LA MAGDALENA. Somos mujeres.
POROTA. Precisamente…
LA ASUNCIÓN. *(Tímidamente).* Santa María, Virgen y Mártir…
PALTA. *(Violenta, poniéndose de pie).* ¡Mereces que te cubra con el más emponzoñado escupitajo!
LA MAGDALENA. *(Protegiendo a La Asunción).* ¡Que Dios te ampare!
POROTA. Miren a La Paraguaya y leerán las señales de los tiempos.
LA ASUNCIÓN. Ustedes no deberían hablar así.
POROTA. ¿Y a ti quién te ha dado vela en este entierro?
LA ASUNCIÓN. *(Con sencillez).* Soy Asunción.
PALTA. Como si fueras Juana. Razón de más para no meterte en camisa de once varas.
LA ASUNCIÓN. *(Refiriéndose a La Paraguaya).* Ella sufre también.

La Paraguaya, de rodillas, está a los pies del cadáver. Le besa los pies como se hace con una imagen clavada en la cruz.

PALTA. ¿Y es que nosotras estamos de fiesta?
POROTA. *(Poniéndose de pie).* Todas sufrimos lo mismo, pero eso no quiere decir que haya que ser puta por no tener marido. Mira como le lame los dedos, a falta de otra cosa.
LA ASUNCIÓN. Pero ese hombre está muerto.
POROTA. Precisamente, eso es lo que vengo diciendo. Se tira hasta con las piedras. Por eso estamos como estamos.
LA MAGDALENA. Eso no es cierto. Todo es mucho más complicado.
LA ASUNCIÓN. Ella no tiene culpa de nada.
PALTA. Eso lo veremos.
LA ASUNCIÓN. Ustedes son injustas con ella.
POROTA. Somos Las Viejas Sabias del Paraná. Las que todo lo sabemos.
PALTA. Conocemos el secreto de las arpías en su vuelo y el graznido de su muerte.

Puerilmente, casi, le meten miedo a La Asunción, que, aterrorizada, retrocede. La Magdalena la protege.

LA MAGDALENA. Déjalas, Asunción, no tengas cuidado. En el fondo hay que tenerles lástima porque no conocen otra cosa. Han vivido así mucho tiempo. Han cavado tantas fosas que están cavadas por dentro y ahora no saben hacer otra cosa que cavar cementerios con la lengua.

LA ASUNCIÓN. Pero tú has cavado también y no eres así. Y yo, aunque soy más joven, también tengo cavado mis cementerios. Aquí todos hemos sufrido. No deberíamos tratarnos de ese modo. No se puede vivir así.

LA MAGDALENA. Es por eso que estamos como muertos.

Poco a poco se va iniciando el segundo tiempo de la coreografía ritual de La Paraguaya: Cópula («Hombre»).

La Paraguaya pasa a acariciarle las piernas y los muslos al Hombre yacente. Abriendo las piernas, lo monta eróticamente, acariciándole el torso y la cabeza. Los brazos inertes del Hombre caen a ambos lados del cuerpo y La Paraguaya busca en ellos caricias que no pueden hacerse realidad. Todo el erotismo de esta secuencia debe expresarse por movimientos distorsionados, nada realistas, marcados por la frustración, la agonía, la desesperación y la muerte.

POROTA. *(Separando a La Asunción de La Magdalena, la arrastra hacia donde se encuentra La Paraguaya).* Oye y entiende lo que te digo. Cuídate de La Magdalena. Aquí no hay más que paraguayas arrepentidas. Nos han perdido antes y nos han perdido después, y lo harán por siempre, aunque tengan el chucho muerto. Te querrán cerrar los ojos para que abras las piernas. Aunque no hagas otra cosa que abrírselas al viento, que no tiene con qué; pero mañana, ¡quién sabe! Lo sé yo por bruja y por vieja, y porque he hablado con las raíces que conocen el secreto rojo de la arcilla, que nos envuelve como si fuera la asfixia de la bandera. Rojos de pies a cabeza, estamos abanderados por la muerte. No escaparás, aunque te adoren en las asunciones de los altares. Te comerán el culo con los dientes.

PALTA. *(Atrapando a La Asunción, que trata de huir, aterrorizada).* Dirán después que es cosa del Espíritu Santo, pero solo lo harán para cogerte de pies a cabeza. *(Torciéndole la cabeza hacia La Paraguaya).* Mira a La Paraguaya que nos pierde y después dice que es la resurrección y la vida cuando todo este paraje no es otra cosa que un cacho de la muerte. Hay que destupirte las entendederas, porque si te descuidas te tupen el caño. Mira a esa lame dedos que no hace más que repetir, «Tened fe y veréis lo que son milagros». Esos cuentos, Asunción, a esta vieja pelleja que ves aquí también se los hicieron, y cada milagro me ha costado una fosa en el cementerio. Hemos cavado tantas que todos los milagros están muertos, y ojalá que estén muertos y enterrados.

LA ASUNCIÓN. *(Soltándose).* ¡Basta! ¡Basta! ¡Déjenme ya!

En ese momento entra La Ipacaraí, también agitada, despeinada. A pesar de su mirada llameante y alucinada. despide fuerza, un cierto aplomo y seguridad en sí misma. La túnica se ve menos manchada, con un tinte gris ligeramente metálico. En la mano izquierda trae una antorcha y con la derecha arrastra un pesado fardo que está lleno de armas. Por un instante las dos mujeres quedan frente a frente, notándose entre ambas un remoto parecido.

LA IPACARAÍ. Creí que era yo.

La Asunción retrocede, confundida. Busca a La Magdalena y corre hacia donde está ella, abrazándola y escondiendo la cabeza.

LA IPACARAÍ. Pero fue solo un espejismo. En realidad es todo lo contrario.

La Ipacaraí deja el fardo junto a la fosa y entierra la antorcha en un promontorio de tierra que hay junto a la misma. Se seca el sudor. Está cansada, pero mira con cierta altivez, casi con audacia. Su figura produce algo de respeto y un poco de miedo. Palta y Porota se apaciguan y adoptan una actitud de falsa humildad. Toman las palas y se ponen a cavar en silencio.

LA IPACARAÍ. *(Secándose el sudor).* Al fin ha terminado todo.
LA MAGDALENA. ¿Qué quieres decir?
LA IPACARAÍ. Que todos están muertos.
LA MAGDALENA. ¿Todos?
LA IPACARAÍ. Todos. Y aquí traigo las armas, para enterrarlas donde nadie las pueda encontrar. Para que no se vuelvan a matar. Pero no habrá nadie para buscarlas ni para matarse otra vez. He recorrido el páramo de norte a sur, de este a oeste, y no ha quedado nadie. Muertos y enterrados. Para siempre. Para toda la eternidad. Podemos estar tranquilas.
LA MAGDALENA. Es posible que hayan huido hasta la selva.
LA IPACARAÍ. Es posible, porque son traicioneros y cobardes. Pero estaban heridos y hambrientos y la selva hará justicia. La selva no sabe perdonar. No tendrán fuerzas para luchar contra ella, que tiene sus alimañas y sus fieras. Las víboras cumplen con su obligación. Harán su trabajo. Será un trabajo que no tendremos que hacer nosotras.
LA MAGDALENA. Ese tipo de trabajo no lo hago yo.
LA IPACARAÍ. Sí, es cierto. Hubiera tenido que hacerlo yo sola. Sin ayuda de nadie. Pero como la muerte lo hace por mí no tengo que preocuparme. Soy yo la que he arrancado siempre las malas hierbas y ese es un trabajo que nadie quiere hacer. Lo sé mejor que nadie. Pero este es el final, el que ellos mismos se buscaron, y el principio de todas nosotras.
LA MAGDALENA. ¿Estás segura?
PALTA. *(Por lo bajo).* Se dice, sin embargo...
POROTA. *(También por lo bajo).* Me han dicho, de buena tinta...
LA MAGDALENA. Son nuestros hombres los que están muertos.
LA IPACARAÍ. No serán los míos. Los tuyos tal vez.
LA MAGDALENA. Nuestros padres, nuestros hermanos y nuestros hijos. Sangre de nuestra sangre.
LA IPACARAÍ. Por siglos aquí no se ha hablado de otra cosa. Me engendraron con una gota de sangre, que fue la herida de hermano contra hermano, el producto de la traición y la discordia. Viví con esa historia de odio, como si fuera una semilla, una gran tara familiar. Desde que nací, en mi casa no había otro tema de conversación. Yo misma no era más que una gota de sangre que buscaba la justicia para que pagara el criminal. Era una lucha de padres contra hijos, de hermanos contra hermanos, y solo se unían y recordaban a la tribu cuando eran atacados por los de fuera. Nunca he tenido descanso, porque en el crimen nací y en el crimen me educaron. En el crimen y en la mentira. No he tenido hijos ni nunca los tendré, porque primero me arrancaría las entrañas. Pero mi madre los tuvo, y solo le sirvieron para que le enterraran los puñales de la desolación. Nos sumergieron en el engaño, pero yo sabía la verdad y no hacía más que desangrarme. Ahora se han desangrado ellos. Al fin han tenido su castigo. Que descansen en paz.
LA MAGDALENA. Eres injusta con ellos. Este país está rodeado de enemigos muy peligrosos que nos atacan y quieren que desaparezcamos de la faz de la tierra. Nos quisieron invadir y llegaron con ejércitos más poderosos. Odian lo que fuimos y lo que podemos ser, y no nos perdonan

que una vez fuimos el centro de este continente. Nuestros hombres tenían que luchar. Aunque no lo quieras reconocer, también fueron héroes. Y esos héroes son los nuestros.

LA IPACARAÍ. No me hagas reír. Los hombres siempre han dicho lo mismo y cuando quieren matar hacen todos esos cuentos. Tú crees todo lo que les has oído decir, porque lo repetían cada día y nos lavaban el cerebro. Y hasta es posible que ellos hayan creído lo que estaban diciendo. Pero eran unos asesinos, como todos los demás. Maltrataban, explotaban y no tenían misericordia con nadie. Vivían del robo tanto como de la muerte. Y tú lo sabes mejor que yo, porque fuiste su víctima. Te arrastraron por el fango como a tantas otras mujeres y después te abandonaron en tu miseria. ¿Cómo puedes defenderlos? Ya tenían las manos manchadas de sangre por haber luchado unos contra otros, antes de ponerse de acuerdo para matar a los que venían de fuera. Eran igualmente culpables y esta guerra no ha sido otra cosa que una liberación. Me alegro que todo haya sido destrozado, porque era el único modo de hacer justicia. Si eran mis padres y mis hermanos, ya están enterrados.

LA ASUNCIÓN. *(Muy bajo)*. Yo no estoy de acuerdo.

LA IPACARAÍ. Sí, por eso me di cuenta que no era a mí a quien estaba viendo. Tú estás ciega, pero yo puedo ver. Espero que esta vez no tengas que arrepentirte.

LA ASUNCIÓN. Yo nunca me he arrepentido.

LA IPACARAÍ. Eres La Magdalena antes del arrepentimiento y La Paraguaya antes del estupro. Pero yo soy la más fuerte.

LA ASUNCIÓN. Yo siempre he sido débil.

LA IPACARAÍ. De todos modos ahora tú también podrás descansar. Nadie podrá hacerte daño.

LA MAGDALENA. Pero, ¿cómo vamos a vivir?

LA IPACARAÍ. Viviremos nosotras. Cultivaremos la tierra. Viviremos y moriremos en paz.

LA MAGDALENA. ¿Y los hijos?

LA IPACARAÍ. No serán necesarios.

LA MAGDALENA. ¿Cómo que no serán necesarios? Somos mujeres,

La Ipacaraí. ¿Es que no te das cuenta para lo que estamos?

LA MAGDALENA. Estamos aquí para vivir.

LA IPACARAÍ. No me irás a decir que estamos para parir. ¿Es que no ha sido suficiente la desolación, la miseria, la esclavitud y la muerte que los hombres nos han dado? Se han matado y muertos van a quedarse, porque para volver a vivir tendrán que pasar primero sobre mi cadáver, o de no ser así, viviré para volver a enterrarlos. Ellos se buscaron todo esto y con esto se van a quedar. Y si tenemos que engendrar, engendraremos solas, y engendraremos mujeres solamente.

LA ASUNCIÓN. *(Débilmente)*. Eso no tiene sentido.

LA IPACARAÍ. Tú solo tienes que esperar y guardar silencio.

LA MAGDALENA. No podrá ser.

LA IPACARAÍ. Será lo que nosotras queramos que sea.

LA MAGDALENA. No podrá ser porque no los conoces bien. Pero a mí me han recorrido como larvas, como si yo fuera un cadáver y se estuvieran alimentando de mis restos. ¡Qué poco sabes de ellos! Has recorrido el páramo, los hemos enterrado; has traído las armas con las que se mataron los unos a los otros y vamos a sepultarlas como hemos hecho con ellos. Y, sin embargo, todo será inútil. Conozco a los hombres demasiado bien, porque los he tenido en mis entrañas, enroscados como víboras. Tú no, y es por eso que para ti es tal vez más fácil. Estamos rodeados por la selva, que es implacable, como tú dices, y hará justicia en lo que esté a su alcance. Pero los hombres podrán más todavía, porque la han recorrido antes y la recorrerán después, y porque una vez la conquistaron para que nunca más pudiéramos vivir en paz. Nada podemos hacer contra ese fango que resbala por las laderas de las montañas, se desliza hacia abajo, como un torrente, y nos cubre a traición y acaba haciéndonos lo que somos. Desde allí nos acechan, enroscados en los árboles, como serpientes.

LA IPACARAÍ. No hables por mí. Yo soy yo, y no estoy hecha a la medida de ellos ni de su misma materia. Podrán ser la perdición de ustedes. La perdición tuya por débil, la de Asunción por inocente, y la de La Paraguaya por lo que sea, pero primero los perderé yo a ellos.

LA MAGDALENA. Estás perdida porque esa será su forma de perderte.

La Ipacaraí se pierde en la penumbra. La Magdalena hace otro tanto en dirección opuesta. Mientras tanto, La Paraguaya ha ido llegando al tercer tiempo de su movimiento coreográfico-ritual: Parto («Hijo»). Cubriendo la cabeza del Hombre con la túnica, deja caer el cuerpo hacia atrás. Colocada boca arriba sobre El Hombre, el vientre arqueado, produce un efecto de preñez. La cabeza, hacia atrás, cae a los pies del Hombre. Porota y Palta dejan de cavar. Se acercan a La Paraguaya.

POROTA. ¡Puerca! ¡Marrana! ¡Pasó lo que tenía que pasar!
PALTA. ¿No era lo que veníamos diciendo?
POROTA. Hay mujeres que pueden hacer revivir un muerto.
PALTA. No con caldo de gallina, sino con agua de culo.
POROTA. Bicho malo nunca muere.
PALTA. ¡Y qué bicho, Virgen del Clarinete!
POROTA. Hay que hacer algo.
PALTA. ¿Y qué se puede hacer? Ya La Paraguaya lo ha hecho todo.
POROTA. Pero eso no puede quedarse así.
PALTA. De eso no te quepa la menor duda. Ese monstruo sale por donde tiene que salir.
POROTA. Yo creo que saldrá por donde ha entrado.
PALTA. ¡Tanto hablar! ¡Esos sí son hechos! Hechos y no palabras, digo yo.
POROTA. Lo que es a este engendro no sé si vamos a poder enterrarlo. ¡Es de Padre, Hijo y Espíritu Santo!
PALTA. La Ipacaraí tendrá que tomar cartas en el asunto.
POROTA. No es cosa de coser y cantar. No creo que La Paraguaya deje que se lo saquen así como así. La barriga que le han hecho no es cuento de camino. ¡Esto va a ser cosa de bandera colorada!
PALTA. Una barriga *post mortem* hecha con el último buchito.
POROTA. No lo puedo creer. A la verdad, eso no es posible.
PALTA. ¿Y qué me dices de la Virgen? Era mucho más difícil y ahí tienes a Jesucristo.
POROTA. ¿Y qué vamos a hacer?
PALTA. No podemos hacer nada.
POROTA. Ni pinchamos ni cortamos.
PALTA. Caemos del lado que nos tiren.
POROTA. Joder nos está permitido.
PALTA. De tanto que nos han jodido.
POROTA. Se hace lo que se puede, pero acabaremos cavando, que para eso nos tienen.

PALTA. Y para pegar chillidos y gritos.
POROTA. Ladrar como los perros...
PALTA. Aullar como los lobos...
Porota y Palta: ¡Graznar con el graznido!

Enloquecidas, chillan, ladran, aúllan y graznan por el escenario, saltando como fieras, girando como aves milenarias, arrastrándose como reptiles, revoloteando de manera fantástica, coreográficamente, mientras exclaman:

POROTA Y PALTA. ¡Somos las Viejas Arpías del Paraná!
PALTA. Todo lo decimos con el graznido de nuestras voces.
POROTA. Todo lo sabemos con el grajo de nuestros olores.
PALTA. Tenemos alas gigantes de lechuzas y cuervos...
POROTA. Somos las grandes serpientes voladoras.
PALTA. Tenemos las entrañas abiertas.
POROTA. Nuestros intestinos son lianas milenarias que cuelgan de los árboles de la selva.
PALTA. Somos la rapiña...
POROTA. El hambre...
PALTA. Los vientos y las tempestades...
POROTA. La miseria y la necesidad...
PALTA. La desesperación y la muerte...
POROTA Y PALTA. ¡Somos las Viejas Arpías del Paraná! ¡Bandera colorada de la Paz y el Progreso! ¡Deidades de la Selva! ¡Monstruos de los Infiernos!

Llega un viento del norte, desolador y asfixiante, que sacude banderas y túnicas. La Magdalena, La Asunción y La Ipacaraí reaparecen y se mueven agitadamente, asoladas por la tempestad. Porota y Palta se agitan más todavía. Tal parece que no pueden respirar, buscando oxígeno desesperadamente y contrayendo el torso. La Paraguaya, tendida sobre El Hombre, se agita como si se ahogara y empieza a gritar como si también sintiera los dolores del parto. Todos se mueven desconcertados.

LA ASUNCIÓN. ¿Qué es esto, Magdalena? ¿Qué pasa aquí?
LA MAGDALENA. Es el viento del Norte, que cuando llega parece que nos asfixia y nos hace enloquecer.
LA ASUNCIÓN. Me ahogo... Apenas puedo respirar...
LA IPACARAÍ. Son Palta y Porota, que se han vuelto locas y parece que van a volar.
LA MAGDALENA. *(A La Asunción)*. No te asustes, que todo esto pasará.
LA ASUNCIÓN. La Paraguaya ha empezado a gritar. Parece que la van a matar.
POROTA. Es que está de parto y saca el monstruo por la Cueva de los Terremotos.
LA IPACARAÍ. *(Imponiéndose)*. ¡Eso no puede ser!
PALTA. ¡Está pariendo al Trueno y al Rayo!
LA IPACARAÍ. ¡Primero muerta! ¡Esa mujer tendrá que parir sobre mi cadáver!
POROTA. ¡Te ahogarás cuando se le reviente la fuente, que es la madre de todas las cataratas!
PALTA. *(A La Asunción)*. ¡Está pariendo tu Anticristo, Virgencita de la Ignorancia!
POROTA. *(A La Magdalena)*. ¡Nos está pegando los tarros, Magdalena de la Alcahuetería!
Porota y Palta: ¡Seremos las Amazonas de los Chulos, Mundo de Mierda!

LA IPACARAÍ. ¡Basta! ¡Cállense ya! Ese crimen no puede consumarse. Ese hombre estaba muerto. La Paraguaya no puede parir.

PALTA. Pero está pariendo, y lo que sale por ahí es más largo que una serpiente.

LA IPACARAÍ. Eso no puede ser. A ese muerto estoy yo aquí para enterrarlo.

La Ipacaraí se lanza a los pies de La Paraguaya y metiendo la mano por debajo de la túnica, empieza a sacar al Hombre, tirando de él por la cabeza mientras La Paraguaya trata de retenerlo entre las piernas.

LA IPACARAÍ. *(Gritándoles a Porota y a Palta).* ¡Tiren de ella! ¡Tiren de ella!

Se entabla una lucha feroz. Porota y Palta tiran de La Paraguaya por los hombros y los brazos, mientras esta lucha desesperadamente por soltarse, aferrándose al Hombre con las piernas. La Ipacaraí sigue tirando del otro lado. La Paraguaya grita enloquecida, desgarradoramente, como si estuviera de parto. Porota y Palta vuelven con sus aullidos y graznidos desarticulados. En medio de todo esto, sigue el viento y los personajes parecen asfixiarse. Finalmente, La Ipacaraí arrastra hasta la fosa el cuerpo desnudo del Hombre, mientras Porota y Palta retienen a la Paraguaya, que sigue forcejeando.

LA IPACARAÍ. Sobre mi cadáver tendría que ser. Estos hombres no escaparán mientras yo esté viva. La muerte solo con la muerte paga.

La Ipacaraí tira el cadáver en la fosa. La Magdalena, con gran esfuerzo también, clava la cruz en el lado opuesto a donde está la bandera. La Asunción, tambaleándose, se mueve por el escenario y se acerca al tronco del árbol donde estaba El Hombre.

LA IPACARAÍ. Pero no es suficiente todavía. Sobre ti caerá el peso de las armas que fueron el vehículo de tus crímenes. No hay patria que te perdone, porque el crimen es la única verdad con que voy a enterrarte. La Ipacaraí arrastra el fardo con las armas y después lo tira en la fosa.

LA IPACARAÍ. ¡Muerto y enterrado! ¡El Padre, el Hombre, el Hijo, y hasta el Espíritu Santo!

Todas las mujeres están extenuadas. La Ipacaraí toma la pala y deja caer un puñado de tierra en la fosa. La Magdalena está junto a la cruz. La Paraguaya cae de bruces cerca de la antorcha. La Asunción, desfallecida, se deja caer sobre el tronco del árbol. El viento se acrecienta por un último instante y cesa de pronto. Los personajes están inmóviles, congelados. Entonces, el lamento agudo de la cuerda de un violín se escucha en la distancia, haciéndose gradualmente más penetrante. Se disuelve en un canto coral cristiano, sobre el cual se superimpone el sonido de una flauta indígena. Un toque de arpa señala la aparición de La Diosa del Iguazú por el centro y el fondo del escenario. Al mismo tiempo otra flauta, más bien la de un encantador de serpientes entrará en contrapunto musical. El Golfo entra en escena arrastrándose como una serpiente por el lado del escenario donde se encuentra La Asunción. Con el torso medio desnudo, producirá un efecto salvaje y primitivo, acentuado por los restos de una piel de serpiente y pedazos de piel de jabalí que cubren los restos de un uniforme verdoso, a modo de camuflaje, manchado de sangre y arcilla. En la cintura trae un puñal. Durante esta escena se irá arrastrando sinuosamente hasta llegar cerca de donde está La Asunción, sin que ninguna de las mujeres note su presencia.

La Diosa del Iguazú está envuelta de pies a cabeza con un fantástico ropaje de ñandutí, todo blanco. El tejido blanco forma una especie de inmensa tela de araña que la envuelve por completo. El rostro apenas se vislumbra detrás del velo de ñandutí. Parece una novia fantástica, y las ondas del traje, sus vuelos y el velo que la envuelve, forman una inmensa catarata alrededor de ella. Es una verdadera aparición, atemporal, con textura de lo real maravilloso. Sus movimientos son pausados, sencillos y majestuosos, denotando tal vez el ancestral paso del tiempo.

La Diosa del Iguazú: Detrás del infierno está la Resurrección. Más allá del fango está el Hombre del Agua. (Pausa). Una gota de agua puede ser un torrente de espuma. Pero no, no necesariamente. ¿Lo sabía yo? No, yo no lo podía adivinar. No sabía nada, porque era inocente. Había, justamente, nacido, y solo era capaz de conocer mi propia transparencia. ¿Cómo iba a ser posible? ¿Qué podía anticiparlo? ¿Quién iba a sospechar el estruendo después de aquel silencio de agua? ¿Quién iba a decírmelo si nadie existía a mi alrededor? ¿Si nadie lo había conocido? Yo, inocente, iba y me dejaba llevar, cumpliendo mi destino de agua. Se deslizaban el surubí y el pacú, nadando lo suyo. Entraban los cocodrilos y despedazaban las pirañas, todo como de costumbre. Y yo así, como si nada pudiera pasarme. Los pájaros gigantes graznaban a la medianoche y yo me dormía como si fuera una canción de cuna. Soñaba peces multicolores y un agua que siempre nacía como si fuera un surtidor. Las mariposas se reflejaban en mí al amanecer, mientras bailaban sus diseños. Entonces yo no tenía miedo. Me sentía verde como la selva que se inclinaba a mi alrededor y me vestía con sus colores. Y pensaba en el mar, como si fuera mi destino. Es cierto que la selva estaba allí, pero, ¡qué lejos estaba! Era el territorio de otros días y otras noches que nada tenían que ver conmigo, y me dejaba acunar, dormirme, calladamente. Yo no era más que un espejo. Un espejo verde que seguía igual a sí mismo, siempre líquido y transparente. En mi inocencia de gota transparente me lo soñaba todo y no conocía nada. ¿Qué sabía yo de la tierra que se quedaba allí, fija en su roca de fango, y sobre la cual se deslizaba el río y resbalaba yo? Cuando llegaba a tocarme, sentía asco, como si el germen rojizo de alguna enfermedad desconocida fuera a mezclarse conmigo. ¿Quién era esa tierra y qué podía pasar? ¿Qué latía por debajo del agua? Y tenía pesadillas con volcanes de fuego, que yo no conocía, y ríos calientes y rojos que todo lo quemaban. ¿Cómo podía ser una gota de fuego? ¿Qué era una gota de fuego frente a una gota de agua? ¿Qué había debajo de mí, qué me rozaba con su pegajosidad de escama? Entonces fue como si una sacudida, en aquel paisaje inmenso de selva y de agua, me hubiera habitado de pronto. Quise retroceder, detenerme, esconderme para que el agua se olvidara de mí, para que la corriente no supiera que yo estaba corriendo dentro de ella, para que me dejara atrás en el escándalo primario de los tucanes. Y sin embargo, no podía, porque nunca hay retroceso posible. Zarandeada, convulsa, el agua era un terremoto. Dentro de mí misma se abrían fuentes de la tierra, y como un volcán comprendí de pronto los ríos de lava. Creía que iba a explotar en la corriente de mí misma, que toda mi transparencia no solo era un torrente de espuma, sino un vapor de aire que desciende y se eleva, buscando el significado de aquella catástrofe que nunca nadie había podido imaginar. Comprendí, en un minuto, los tajos de la tierra, las rocas desgarradas en su propia noche insondable, inexplicable para ellas. ¿Qué pudo ocurrir? ¿Cómo pudo explicarse aquella geología los barrancos brutales que la despedazaban, que se metían en las entrañas haciendo sangrar aquel vientre de arcilla? ¿Quién era? ¿Quién lo había hecho? ¿Qué animal tan feroz había rasgado el vientre de aquel universo que se quebraba, despeñándonos a nosotras, a mí, que era una gota de agua, hacia las fauces de aquel infierno líquido que también era maravilloso? Caía en un todo que no tenía explicación. Escuchaba el estruendo feroz de aquella conjunción, que era un grito sordo de la tierra y el agua. No había ya paisaje, sino un torrente de espuma que era yo, unida y multiplicada, vestida con un tejido que nunca había imaginado nadie, el encaje líquido de la espuma que me cubría en una nupcia milenaria. Volcada hacia mí misma, llegaba al fin al secreto de lo que quizás no iba a explicarme jamás. Un Erebo de espumas nacía del caos y la noche. La cópula feroz de la tierra y el agua, era aquel estruendo en que navegaba hacia abajo arrastrada hacia aquel orgasmo primigenio. Caía en la Garganta del Diablo, en las fauces de su lujuria de arcilla y de espuma. Dentro de mi gota de agua gritaba la infalible e implacable voz de la furia, clamando por el castigo y la venganza, la ley de la sangre por el crimen de la arcilla. Vivía las delicias de Eros, recibiendo aquella lluvia que solo entendía como amor, resurrección, parto y vida. La fuerza primigenia de todas las cosas latía dentro de mí en aquel instante de pasión, donde se volcaban al unísono amor y odio, muerte y resurrección, caos y vida, origen y final de todo lo inexplicable. No podía ser otra cosa que la Diosa del Iguazú, el Iguazú mismo, que me hacía suya en su líquido y su fango, construyendo mi cuerpo, gestación de la gloria. Trepidaba la Garganta del Diablo con su lujuria infinita. Descendía el lodo y bajaban las aguas turbias. Pero yo, rota y despedazada, era todavía yo misma, intocable en mí más remota identidad de la quietud y el sueño. Trascendía al estado puro, éter mismo. Me había vuelto un fuego indestructible convertido en aire, que iba formando lentamente las gotas del arcoíris.

Sale La Diosa del Iguazú. Pausa. Porota y Palta, muy lentamente, toman las palas y empiezan a echar puñados de tierra en la fosa. La Paraguaya, tranquilizada, se incorpora. Mira a La Magdalena, que está todavía junto a la cruz. La Ipacaraí, que ya no tiene la pala en la mano, se muestra pensativa. Se cruzan las miradas de las tres mujeres.

Hay un cambio de luces y salen todas las mujeres, menos La Ipacaraí, hacia un lado del escenario. Del lado opuesto La Asunción descansa sobre el tronco, como si estuviera dormida. El Golfo está junto a ella. En un sinuoso recorrido hacia La Asunción ha dejado caer el puñal, que ha quedado tirado en el centro del escenario. Se incorpora y se tira sobre ella. Esta despierta sobresaltada. A punto de gritar, El Golfo le tapa la boca y la arrastra fuera del escenario dispuesto a violarla. Intranquila, La Ipacaraí se mueve hacia el centro del escenario y encuentra el puñal. Un foco de luz cae sobre ella, con el puñal en la mano.

Cae el telón.

Segundo acto

¡Amanecer plomizo. La bandera y la cruz aparecen tiradas por el piso, conjuntamente con unos rudimentarios aperos de labranza. Enroscándose entre sí y al tronco del árbol al lado derecho del escenario, aparecen El Viejo, El Golfo y El Torvo. El Viejo domina la composición visual, ya que, aunque está aparentemente dormido, aparece erguido y en posición de fuerza. Su cabeza descansa, de forma algo torcida y poco natural, sobre una metralleta que sostiene verticalmente desde las piernas. Algo cargado de espaldas, se destaca su corpulencia. El Golfo y El Torvo se enroscan a él, tirados horizontalmente hacia abajo, torciéndosele entre las piernas y los muslos, pero alargando, cada uno de ellos, una de sus manos hacia la ingle, el vientre y la metralleta de El Viejo, como si fueran parte de él y encontraran allí su vida y el alimento que los nutre. La otra mano se la entierran entre sus propias piernas. Forman una especie de trilogía trágica y parásita representativa de los bajos instintos, la cobardía y la opresión, que se mantiene unida por el tronco velludo de la bestialidad, el sinuoso de la traición y el mortal de la violencia.

Los tres personajes cubren su desnudez con la piel con manchas de jabalí (que predomina en El Viejo, jefe de la tribu), la escamosa, metálica y oscura piel de la serpiente, y los restos de unos uniformes verdosos, a modo de camuflaje (o de otros uniformes militares, desgajados e imprecisos), como si estuvieran de vuelta de todas las guerras. Tanto El Torvo como El Golfo vestirán de idéntica forma, diferenciándose, en cuestión de grados, de la vestimenta que lleva El Viejo. A esto hay que agregar que están armados hasta los dientes, en particular El Viejo, con una combinación de armas antiguas y modernas, del machete a la metralleta, que se enroscan a cada uno de los tres, entorpeciendo a veces sus movimientos, los cuales fluctuarán entre los de las serpientes, los tigres, las aves de rapiña y los hombres en acción de guerra.

Estos atributos pueden llevar a una composición coreográfica similar a la que en el primer acto correspondió a La Paraguaya, basada en una distorsionada expresión corporal, en especial en los casos de El Golfo y El Torvo, ya que El Viejo, salvo en ocasiones, se moverá con mayor rigidez. Aunque será siempre el más fuerte y poderoso, el peso de las armas llegará a un punto que parecerá asfixiar su propia fuerza y movilidad. Del conjunto surge una composición irreal, abigarrada, casi surrealista.

Al principio, un foco de luz cae sobre ellos. Poco a poco, El Golfo y El Torvo van desenroscándose, desplazándose El Golfo hacia el madero y El Torvo hacia donde están la cruz y la bandera. A medida que se desplazan, emitirán sonidos inarticulados de ferocidad y lujuria, indefinidos y de variada intensidad. El Viejo, que ha permanecido erguido, sufre violentas sacudidas y despierta, dando un salto. Toma la metralleta, en actitud amenazante, y apunta con ella, primero de forma indefinida, después al Torvo y finalmente al Golfo.

VIEJO. *(Fuera de quicio, alucinado).* ¡Atención! ¡Apunten! ¡Fuego! ¡Atención! ¡Apunten! ¡Fuego!

Asustados y desconcertados, El Golfo y El Torvo se despiertan y se ponen a la defensiva.

GOLFO. Coño, Viejo, que somos nosotros, Golfo y Torvo. ¡No vayas a disparar!
TORVO. ¡Despierta, Viejo, despierta! Te quedaste dormido. Es una pesadilla.

El Viejo reacciona y deja de apuntarles.

TORVO. ¡Qué susto nos has dado, Viejo!
GOLFO. Creía que nos ibas a matar.
VIEJO. *(Bastante alucinado todavía).* ¡Aquí no se puede dormir, carajo! Al menor descuido de aquello nada y de lo otro tampoco… Se lo he repetido un millón de veces… Estamos vivos porque los otros están muertos… Les dije que hicieran guardia, pero tan pronto echo un pestañazo se me ponen a roncar entre las piernas… *(De forma algo incongruente).* Tengo ojos para no ver y ojos para verlo todo… Cuando menos se piensa, salta una alimaña y le devora a uno los testículos…*(Violento).* ¡No, aquí no se puede dormir, carajo, porque cuando me despierto me encuentro con un nido de serpientes que se me ha desprendido de la ingle!… *(Pausa).* Con los ojos bien abiertos para liquidar al enemigo que quiere liquidarme… tenderle la red al que me la tiene tendida… escuchar

la palabra que se dijo y la que no se ha dicho todavía... la mirilla telescópica que nos apunta con el dedo en el gatillo... Cien ojos y cien oídos que nunca serán suficientes... *(Como una persona decididamente desquiciada)*. Matar... Matar siempre, para que no quede nadie para hacer el cuento.

El Golfo y El Torvo se mueven con precaución, recelosos.

GOLFO. Cálmate, Viejo, que ya hemos matado bastante.
VIEJO. Nunca se mata lo suficiente.
TORVO. Pero no a nosotros, Viejo, que siempre hemos estado contigo.
VIEJO. Te hemos guardado las espaldas, coño.
TORVO. Hemos matado a los que han querido pegarte un tiro.
GOLFO. Soy Golfo, Viejo.
TORVO. *(Identificándose)*. Torvo, Viejo.
VIEJO. *(Volviéndose al público)*. Alguien está ahí para mandarme al hoyo... Lo siento, lo escucho, lo respiro... Alguien que busca mi lugar, que persigue mis huellas.
GOLFO. ¿Quién es, Viejo?
TORVO. Dime donde está, para enterrarle un puñal por la espalda y acabar con él.
VIEJO. ¡Coño! ¡Carajo! Eso es lo que quiero saber. *(Volviéndose de nuevo)*. Alguien está ahí para acabar conmigo, pero primero acabaré yo con la madre que los parió a todos ellos.
GOLFO. Mira, Viejo, entra en razón. *(Razonando)*. La guerra ha terminado y todo el mundo está muerto y enterrado. Ya ni las aves de rapiña tienen unas cabronas entrañas para llevarse al pico. Es hora de descansar.
VIEJO. ¿Quién eres tú para decirme lo que tengo que hacer? Ni tú ni nadie. ¿Es que te estás afilando los dientes para ocupar mi lugar? *(Pausa)*. No, eso no puede ser, porque ninguno de ustedes tiene pantalones para hacerlo.
GOLFO. Eres injusto. Solo queremos ayudarte. Hacerte entender.
TORVO. Cállate, Golfo. El Viejo tiene razón. Él lo entiende todo. Él lo sabe todo. Nosotros somos unos ignorantes. Aquí se hará lo que diga él.
GOLFO. Déjanos vivir, Viejo.
VIEJO. ¿Vivir? ¿A qué llaman vivir? ¿A preñar mujeres?
GOLFO. Se hace lo que se puede y aquí no hay otra cosa en que entretenerse. Si quieres guerra, hay que preñarlas, para hacer hombres que se maten.
VIEJO. Acabarás preñando a ese par de viejas que anda por ahí, que será un modo de consolarte. Son unos vagos y todo lo resuelven haciendo lo mismo, pero ni siquiera eso lo hacen bien. Cuando estábamos en la selva me jodieron con aquel cuento de la yaguareté que se les aparecía por las noches y que casi los preña a ustedes. ¡Son unos cobardes y unos mierdas! Eso es lo que son, que solo han preñado infelices que no se podían defender. Claro que no importa, porque no eran más que mujeres. Pero cuando llegamos aquí, ni siquiera pudieron caerle encima a esa Paraguaya que se les escapó de entre las manos y que ahora se estará acostando con todos los yaguaretés de la selva. Coño, son unos mierdas que solo pueden preñar con la cabeza.
TORVO. Suéltanos ya, Viejo.
VIEJO. Son unos blandos, y por hombres como ustedes perdimos la guerra. Poco más y acabaremos gobernados por las hembras. Pero hay que tener una mano de hierro. Garfios

más bien, para que nadie se mueva sin que le demos permiso. *(A los dos)*. ¡Atención, coño, atención! Párense como los hombres… ¡Alerta! ¡Firmes! ¡En pie de guerra y con la guardia en alto! ¡Alerta siempre, aunque sea ante el pelotón de fusilamiento!

El Golfo y El Torvo se miran desconcertados pero con cierto entendimiento. Adoptan finalmente una vaga actitud de atención, para que El Viejo los deje en paz.

VIEJO. Ustedes son un par de estúpidos, unos… incompetentes. Mi viejo decía que dos tetas podían más que dos carretas, pero nunca dejó que lo arrastraran a él. ¡Ese sí era un hombre y y sí sabía gobernar una casa, aunque después se desatara la guerra! Nunca dejó que mi madre levantara la cabeza. *(Pausa. Pensativo)*. Por eso no recuerdo cómo era su cara, y sus ojos, mucho menos. *(Sombríamente)*. Serían como los de todas las mujeres.

Ensimismado en lo que está diciendo, El Viejo deja de vigilar al Golfo y al Torvo, que volverán a moverse sinuosamente por el escenario.

VIEJO. En la selva nos metimos cuando nos tenían acorralados y allí nos protegimos en las entrañas de las fieras y en los nidos de las víboras, como si volviéramos a la casa de nosotros mismos. Ustedes temblaban de pies a cabeza, como un par de puñeteras mujeres, pero yo les dije que de allí íbamos a salir para poblar el mundo otra vez. Estábamos en pie de guerra. ¡Había que gestarse, hacerse de nuevo, como un retorno que se guarda para otro momento, hasta que pasaran las señales de peligro y pudiéramos reconquistar lo que era nuestro!… Pero en alguna parte está un Hombre escondido, con el machete que señala mi final y marca su principio.
GOLFO. ¿Quién, Viejo? ¿A quién te refieres?
VIEJO. Al Hombre, carajo, al Hombre que quiere acabar conmigo. Un Hombre al que habrá que decapitar para que no nos decapite, al que habrá que cortárselos. *(Desquiciadamente de nuevo)*. ¡Atención! ¡Apunten! ¡Fuego! *(Apuntando al público)*. ¡Alguien está ahí para acabar conmigo, pero primero voy a acabar yo con todos ellos!
GOLFO. Te has vuelto loco, Viejo.
VIEJO. *(Volviéndose, furioso)*. ¿Loco yo? ¿Loco yo? ¡Cabrón, te voy a destapar la tapa de los sesos!
TORVO. *(Interviniendo)*. Coño, Golfo, no jorobes más. El Viejo está más cuerdo que tú y que yo. Lo que pasa es que nosotros somos unos brutos y no sabemos ni la mitad de lo que él sabe, que para eso es el Viejo. *(Al Viejo)*. Por eso tienes que explicarnos, Viejo, porque nosotros somos un par de ignorantes. Si matamos a todo el mundo, ya no hay nadie que pueda matarte y no tienes que matar a nadie. Solo quedamos nosotros tres. A menos… a menos que quieras matarnos a nosotros…

El Golfo y El Torvo se miran.

VIEJO. *(Sombrío)*. Nunca se mata lo suficiente… *(Se aleja, pensativo)*. Hay un Hombre, por alguna parte… que me mira, que me quiere joder. En la selva… En el agua… No sé… Y esa mujer lo sabe, lo espera y no lo quiere decir, como si estuviera de acuerdo con él y fuera a quebrarnos lo que nos queda entre las piernas.
GOLFO. ¿Qué mujer, Viejo?

VIEJO. La Ipacaraí.

TORVO. Te he dicho que la mates. Que acabes con ella de una vez.

VIEJO. Voy a cortarle la lengua, pero primero tendrá que decir todo lo que sabe.

TORVO. Pero le has puesto una mordaza, y con una mordaza en la boca no podrá decir lo que tiene que decir. Déjala hablar. Déjala que grite, para saber lo que lleva por dentro y haga soga para su pescuezo.

GOLFO. Préñala, Viejo, para que sepa lo que es bueno.

TORVO. Le tiene atado los pies, y de ese modo no hay forma de preñar a nadie. Ni siquiera el Viejo.

GOLFO. Te hacemos el trabajo, Viejo. Dinos lo que tenemos que hacer.

VIEJO. Aquí no se puede dormir, no se puede descansar. Vigilar, vigilar siempre, porque el día menos pensado nos cortan los testículos. *(Transición, violento).* ¡Coño, estoy rodeado de mierda! Me debería meter un tiro en la sien. Cuando miro a mi alrededor no veo otra cosa. No huelo otra cosa. No toco otra cosa. *(A los otros).* ¡Aléjense de mí, porque no son más que un puñado de escoria, porque son una vergüenza de mi raza y de mi piel! Pero hubo una vez en que no conocíamos el miedo. Conquistamos el Norte, el Sur, el Este y el Oeste… Fronteras…Territorios desconocidos… Hambre de poder… Matamos a quienes teníamos que matar y fuimos el centro del universo… Durante años he estado luchando por crear una raza de titanes, un pueblo de héroes, de vencedores que supieran conquistarlo todo, y cuando miro a mi alrededor solo encuentro los despojos de lo que quisimos ser… Esto no es más que una letrina abierta. ¡Hombres blandos que no sirven para nada! Por eso perdimos la guerra, porque se pusieron a pensar en lo que tienen entre las piernas, a hacer lo que se hace en la cama, como si no se pudiera ser macho para hacer otra cosa. ¡Hacer la guerra, coño, que para eso somos hombres! ¡Conquistar hombres! ¡Patear mujeres! ¡Armarse hasta los dientes! La guerra… Siempre ha estado la guerra… Siempre estará la guerra… La guerra no puede terminar porque la guerra soy yo y estoy vivo. La muerte, carajo, es lo que nos hace inmortales… Matar, matar siempre… *(Fuera de quicio).* ¡Atención! ¡Apunten! ¡Fuego! *(En grito de guerra).* ¡Atención! ¡Apunten! ¡Fuego!

Cambio de luz. Sale El Viejo y empieza a disparar fuera de escena.

Durante un rato, a diferentes niveles, alternando y al unísono con los ruidos de la metralla y los gritos de guerra del Viejo, El Torvo y El Golfo repetirán:

GOLFO. ¡Ese hombre está loco! ¡Ese hombre no me deja vivir!

TORVO. ¡Ese hombre está loco! ¡Hay que acabar con él!

GOLFO. ¡Ese hombre está loco! ¡Ese hombre no me deja vivir!

TORVO. ¡Ese hombre está loco! ¡Hay que acabar con él!

En posición defensiva, dando saltos, arrastrándose y retorciéndose, en un constante juego de expresión corporal, casi coreográficamente, enloquecidos, El Torvo y El Golfo se mueven por el escenario.

GOLFO. Acabará matándonos.

TORVO. Acabará dejándonos con la lengua afuera.

GOLFO. ¡Coño, de aquí no vamos a salir con vida!

TORVO. Cuando tuvo la pesadilla…

GOLFO. Y vino encima de nosotros con la metralleta…

TORVO. Yo creí que iba a disparar.
GOLFO. Por poco lo hace. Yo creía…
TORVO. …que no íbamos a hacer el cuento.
GOLFO. ¡Lo sabe todo!
TORVO. ¡Lo oye todo!
GOLFO. ¡No nos deja vivir!
TORVO. Es una cabrona desgracia.
GOLFO. Un hijo de mala madre.
TORVO. El Viejo está loco.
GOLFO. *(Transición, con otra intención).* Y eso no le hace falta.
TORVO. *(Transición).* ¿Qué cosa?
GOLFO. Menear el rabo.
TORVO. Serán los años.
GOLFO. No es eso. Lo que quiere es matar.
TORVO. ¡Acabar con todos!
GOLFO. Pero todos están muertos, Torvo.
TORVO. Menos nosotros.

Se detienen. Se miran fijamente. Pausa. Se sientan, uno en el madero y el otro en el tronco del árbol. Unas tonalidades verdes que producen un efecto de selva, crearán una ambientación irreal, mágica, onírica. Cambio del ritmo escénico en contraste con la escena anterior.

TORVO. De contra, nos jodió todo el sueño.
GOLFO. Lo partió por el eje.
TORVO. Entonces, tú estabas soñando lo mismo.
GOLFO. Con la Paraguaya.
TORVO. Con la yaguareté.
GOLFO. La dejamos escapar.
TORVO. Sin siquiera tenerla del todo entre las piernas.
GOLFO. Sin siquiera ponerle el torniquete.
TORVO. Para que no se muriera todavía.
GOLFO. Canalla.
TORVO. Degenerada.
GOLFO. Huye.
TORVO. Se escapa.
GOLFO. Se deja coger.
TORVO. Nos pega los tarros con todos los yaguaretés que se le ponen por delante.
GOLFO. Como si no fuéramos machos.
TORVO. Coño, carajo, El Viejo tiene razón.
GOLFO. Estamos tarados, Torvo.
TORVO. Nos ronda.
GOLFO. Nos persigue.
TORVO. No se deja tocar.
GOLFO. Algún día caerá en la trampa que le hemos tendido.
TORVO. No podrá salir esta vez.

GOLFO. No escapará.

TORVO. Nada podrá hacer.

GOLFO. Lo siento.

TORVO. Lo presiento.

GOLFO. Viene y se va.

TORVO. *(Pausa)*. Como aquella vez.

GOLFO. Eso fue un sueño.

TORVO. Una pesadilla.

GOLFO. Tal vez.

TORVO. Eso no se puede saber.

GOLFO. Una corriente me sacudía la espina dorsal...

TORVO. Me recorría la cintura de un lado para otro...

GOLFO. Una sacudida...

TORVO. Un terremoto...

GOLFO. ¡Coño, qué manera de hacerlo!

TORVO. Yo sabía que esa mujer estaba aquí o en alguna parte. La olfateaba como los perros olfatean a la hembra cuando están en celo...

GOLFO. Cuando estábamos acorralados en la selva, creía que me iba a volver loco. De pronto, así...

TORVO. Me venía una sacudida, cuando menos lo esperaba...

GOLFO. *(Rectificando)*. Cuando menos lo esperábamos.

TORVO. Cuando estábamos enterrando el puñal en las entrañas de alguna fiera.

GOLFO. Tengo el estómago duro, pero en esos momentos estaba a punto de vomitar.

TORVO. Como aquella vez que casi me traga aquel gigante yaguareté que estuvo a punto de matarme.

GOLFO. Yo creía que lo que me salía era sangre. Ardía, me quemaba, como si tuviera una llama ardiente.

TORVO. Estábamos soñando, ¿no?

GOLFO. No sé. Era la yaguareté.

TORVO. En la selva todo puede suceder.

GOLFO. En la selva nunca se sabe. Yo le había metido el puñal una vez, pero no había logrado matarla, sino enfurecerla más todavía, como si a la vez quisiera devorarme y que se lo enterrara de nuevo. Yo tenía la cara cubierta de sangre y no podía ver. Se me venía encima, para acabar conmigo de una vez.

TORVO. No era una mujer. Era una fiera. Una yaguareté hembra que venía a buscarme a la medianoche...

GOLFO. *(Rectificando)*. ¡Que venía a buscarnos a la medianoche!

TORVO. Entonces, ¿tú también?...

GOLFO. Soñábamos lo mismo, Torvo.

TORVO. Estuvo a punto de acabar con los dos. Me apretaba la cintura como una boa y me empezaba a estrangular, pero estaba todo humedecido.

GOLFO. Yo me revolcaba por la tierra y me enredaba con las lianas. Gozaba lo mío.

TORVO. Era como si la preñáramos los dos al mismo tiempo.

GOLFO. No se me quita de la cabeza. No podré descansar hasta que caiga en la trampa que le hicimos. Me la comeré viva. Cuando caiga en la trampa será mía para siempre. Entonces seré yo el que le entierre los dientes.

TORVO. Coño, ¡ni que yo los tuviera postizos! Recuerda que yo estaba en lo mismo. Desde aquella noche de la yaguareté estaba como animal en celo. Olfateaba la tierra, como si fuera una bestia siguiendo el rastro de otra bestia. Fue así como llegamos hasta aquí. El Viejo creía que tú estabas muerto, pero yo sabía que te habías quedado vivo porque los dos estábamos en lo mismo... Encima de la yaguareté.

GOLFO. Yo los sentía venir. Al principio creía que todos estaban muertos y que yo era el único que había quedado después de la guerra, y que al fin iba a poder joder en paz. Pero desde aquella noche lo he tenido todo atravesado, como si tuviera un sabor a sangre en los testículos. Entonces me di cuenta de que El Viejo estaba dando guerra todavía, porque siempre había un muerto en el camino. No había otra explicación. Y después, cuando iba a hacer lo que tenía que hacer, y todo el tiempo me rayaban el cráneo con un cuchillo, supe que tú también estabas vivo.

TORVO. Esto es una maldición. No nos quedará más remedio que matarnos. Cosa de la puta madre que nos parió. Sentimos lo mismo y odiamos lo mismo. Nos sacaron en un mismo parto. Estábamos unidos y tuvieron que separarnos con un cuchillo. Tenemos cicatrices en el pellejo y en el cerebro. Un día de estos tendré que extirparme el cráneo para poder descansar.

GOLFO. ¡No comas mierda! Ahora estamos juntos y hay que ponerse de acuerdo. Tendremos que buscarnos a la yaguareté para que nos tranquilice.

TORVO. El puñal que tú tienes no sirve para eso. Una de ellas te lo quitó y hay puñales que cortan otros puñales.

GOLFO. Lo perdí aquella noche, cuando yo creía que ella era la yaguareté.

TORVO. Lo tendrá escondido La Paraguaya.

GOLFO. No, ella no lo tiene.

TORVO. Pues lo tendrá otra. Y habrá que buscarlo, porque tampoco se puede confiar en las mujeres. Ellas son nuestros enemigos y hay que tratarlas a la patada, como dice El Viejo. La que tiene el puñal algo tiene en la cabeza y no será nada bueno. Tiene que aparecer. Y si no aparece tendremos que acuchillarlas a todas.

GOLFO. Pero no a la yaguareté, porque a esa hay que acuchillarla de otra manera. El día que la yaguareté caiga en la trampa entonces sabrá quién es el macho de la tribu.

TORVO. ¿Y El Viejo?

GOLFO. ¡Lo sabe todo!

TORVO. ¡Lo oye todo!

GOLFO. ¡Todo lo ve!

TORVO. *(Alucinado).* ¡Vigila! ¡Acecha! ¡No nos deja vivir!

GOLFO. Estaba al fondo, detrás de nosotros, esperando con el machete.

TORVO. Explícate.

GOLFO. En la selva nada tiene explicación.

TORVO. Era una yaguareté hembra. De esas que se ponen en celo en las noches de luna y salen a buscar su presa. Debió olfatearme...

GOLFO. *(Rectificando).* ...olfatearnos.

TORVO. Olfatearnos, y pensaría que éramos un yaguareté macho. Casi no podía con ella.

GOLFO. Era un torrente. Yo he tenido mujeres, pero nunca como aquella vez, aunque no fuera más que un sueño.

TORVO. La noche era tan clara que en la oscuridad le podía ver los ojos, que brillaban como dos luceros que mordían entre las piernas.

GOLFO. ¿Qué era? ¿Cómo era posible? Estábamos soñando, ¿no?
TORVO. No sé, porque en la selva nada tiene explicación.
GOLFO. Sentía el filo de los colmillos rozándome la garganta, pero nada podía hacer. Estaba perdido.
TORVO. *(Rectificando)*. Estábamos perdidos.
GOLFO. El Viejo estaba allí, empuñando el machete, pero las lianas no lo dejaban avanzar.
TORVO. Sí, ahora lo recuerdo. En el sueño, la yaguareté me devoraba a mí con sus dientes. El Viejo tenía el machete en la mano, para cortar las lianas y abrirse paso, mientras yo escuchaba los gemidos de placer de la hembra yaguareté, que estaba a punto de devorarme.
GOLFO. *(Rectificando)*. De devorarnos a los dos.
TORVO. La dejaba hacer, para que hiciera lo que quisiera conmigo.
GOLFO. Sentía ya la sacudida…
TORVO. Estaba a punto de…
GOLFO. Era cuestión de un minuto…
TORVO. Un segundo tal vez…
GOLFO. ¡Pero ya era demasiado tarde, coño!…
TORVO. ¡Carajo, no podía ser!
GOLFO. El Viejo…
TORVO. …con el machete en alto.

Transición en el ritmo escénico, que ahora adquiere el mismo tono que al principio del diálogo entre Golfo y Torvo.

GOLFO. *(Desesperado)*. ¡Vigila! ¡Lo sabe todo! ¡No nos deja vivir!
TORVO. Cuando me desperté, él tenía el machete en la mano. Le cortó la cabeza de un solo tajo.
GOLFO. ¡Canalla!
TORVO. ¡Asesino!
GOLFO. ¡Degenerado!
TORVO. Nunca olvidaré el aullido.
GOLFO. Moría como si lo estuviera deseando.
TORVO. Cayó inerte sobre mí…
GOLFO. *(Rectificando)*. Sobre nosotros… Tuve que quitármela de encima y tirarla al piso.
TORVO Y GOLFO. *(Alucinados, al unísono)*. ¡Canalla! ¡Asesino! ¡Degenerado! Ese hombre está loco. No nos deja vivir. No nos deja respirar. ¡Terminará matándonos! ¡Hay que acabar con él!

Se vuelven a escuchar las descargas de metralletas de El Viejo. El Torvo y El Golfo se levantan y salen gritando.

TORVO Y GOLFO. ¡Acabará con nosotros! ¡Tendremos que acabar con él!

Despavoridas, entran Porota y Palta, que están encadenadas la una a la otra, con grillos en los tobillos. Las cadenas que unen a las dos mujeres no deben impedir su movilidad escénica. Esta escena puede interpretarse no solo como un diálogo entre Porota y Palta, sino que, en ciertos momentos y de acuerdo con el texto, los personajes pueden dirigirse al público para hacerlos copartícipes más directos de su circunstancia.

POROTA. ¡Corre, Palta, que ese Viejo nos tiene deparado un tiro en el directo!

PALTA. No te hagas ilusiones, mujer, que lo que quiere es acribillarnos a balazos para convertirnos en un colador de sangre.

POROTA. ¡Qué manera de meterle al gatillo! Ese Viejo mata como si nunca hubiera comido.

PALTA. ¡Criatura de Dios!

POROTA. Por Dios, Palta, no blasfemes y no metas a Dios en el Infierno.

PALTA. ¿Pero dónde voy a meterlo? Con lo que nos ha hecho se lo tendría merecido, porque encima de mandarnos callos y juanetes, ahora nos ha puesto grillos.

POROTA. Debe ser por la mala fama de brujas que tenemos, y pensará que vamos a salir volando con las escobas. Eso nos pasó por haberle metido miedo al susto con el dichoso vuelo de las arpías, cuando en realidad no podemos volar ni más alto ni más lejos de lo que vuelan las gallinas.

PALTA. ¡Cría fama y acuéstate a dormir!

POROTA. ¡Qué consuelo! ¡Ni que fuéramos mitos!

PALTA. Dios es inclemente, Porota. En vez de grillos, bien pudiera mandarnos mazorcas de maíz, que buena falta nos hacen.

POROTA. Te aseguro, Palta, que esos viejos están de acuerdo, porque es de la única forma que podemos explicarnos lo que nos está pasando. De tal palo, tal astilla.

PALTA. ¡Tal para cual!

POROTA. Te advierto que ese Viejo quemacartuchos es un desgraciado. Hay que llamar las cosas por su nombre, Palta, y ese Señor solo ha sabido crear mierda. Esto pinta mal, porque El Viejo es un pintor de brocha gorda. Con esos engendros que le ha dado al mundo, debe estar hecho una fiera. Quizás por eso eche chispas. Además, se le acabaron todas las guerras y es una víctima del desempleo. La guerra era su negocio y ahora que mató a la clientela no tiene a quien venderle la mercancía. Traficaba con carne y se quedó sin carniceros. Es por eso que está armado hasta los dientes. Cuando había guerra estaba encantado y entretenido, porque mientras los hombres se mataban los unos a los otros nadie se iba a molestar en matarlo a él. Dormía tranquilo. Nadaba en el cuerno de la abundancia. Pero ahora padece de insomnio y tiene pesadillas durante la duermevela, que hace con un ojo abierto y el otro cerrado. Y con esos hijos que le han salido, entre chulos y maricones, cabrones y mariguaneros, acabará por pegarse un tiro en la sien.

PALTA. Pero eso no es vida, Porota. Poco más y se me saltan las lágrimas.

POROTA. Ese Viejo se aburre, porque no hay nada completo en este mundo ni en el otro.

PALTA. No lo justifiques. En el cielo se vive bien, porque tengo entendido que hay de todo. Un surplús, como dicen los americanos. Y si se aburre, que se busque un hobby, como todos los que tienen dinero y poder.

POROTA. Yo no creo que estamos hablando de la misma persona.

PALTA. Ve tú a saber. Pero no es justo que se venga a entretener con este par de viejas. Bueno, acuérdate que abandonó al Hijo. De un padrecito así se puede esperar cualquier cosa.

POROTA. El trabajo duro lo hacemos las mujeres. Como los hombres no tienen nada que hacer, que es la mayor parte de las veces, les sobra el tiempo para pensar en lo malo. Y lo que es peor, para hacerlo, que en eso se conoce a los hombres de empresa. Nada, que se pasan la vida en el tiro al blanco. Acabaremos acribilladas como un guayo para rallar maíz.

PALTA. O como un colador, para que nos saquen el juguito.

POROTA. Eso es lo que yo llamo trasmisión del pensamiento. (*Pausita*). Ahí viene Magdalena a colar el café.

Entra La Magdalena con la misma vestimenta que en el acto anterior, pero con la cabeza cubierta, y se pone a preparar el fuego. Porota y Palta, en el transcurso del diálogo, se han ido acercando gradualmente al cultivo, donde se han puesto a trabajar con desgano.

PALTA. Esa sí que ha tenido suerte, porque no le han puesto ni grillos ni mordaza.
POROTA. Fama que tiene de arrepentida.
PALTA. Es que no hay comparación, Porota. Cada cual tiene que joderse con su sambenito. Con la lengua que tenemos, debemos darle gracias a Dios de que no nos hayan amordazado. Será por aquello de perro que ladra no muerde.
POROTA. Pero mira a la pobre Ipacaraí, que además la tienen metida en chirona y amarrada patas con manos. Y lo que es ladrar... Bueno, no es muda.
PALTA. Le habrán puesto la mordaza porque es un preso político. Acabarán soltándola primero que a nosotras.
POROTA. ¿Preso político? ¿Y nosotras qué carajo somos, si se puede saber?
PALTA. Hija, ¿pero ahora te enteras? Nosotras, las muertas de hambre, somos presas comunes.

Ríen. La risa se les congela cuando El Torvo y El Golfo cruzan la escena amenazando con las metralletas. Van a donde La Magdalena cuela el café y lo toman. De reojo, observan a Porota y a Palta, mientras parecen murmurar el latiguillo de «Todo lo sabe... Todo lo ve... Ese hombre está loco... Hay que acabar con él...». Esto crea una especie de crescendo musical que sirve de fondo a lo que dicen Porota y Palta.

POROTA. ¡Qué esbirros! ¡Qué par de matarifes!
PALTA. Están detrás del culo de La Paraguaya.
POROTA. ¡Pero a esa sí es verdad que no le meten el diente! Es una liebre difícil de coger que se les escapó de entre las manos. Ronda por las noches, pero de eso nada y de lo otro tampoco. Y con las piltrafas que deben tener esos, que esconden detrás de las metralletas. Andará entre los tigres y los yaguaretés, que están mejor armados. ¡No hay quien la coja, y con eso te lo digo todo!
PALTA. Pero la han preñado, como a La Asunción.
POROTA. Será por otros procedimientos.
PALTA. Yo no conozco más que uno, pero ¡quién sabe! Los designios de Dios son inescrutables, como dicen los curas.

El Torvo y El Golfo miran a Porota y a Palta con odio. Tiran los pocillos de café y, amenazantes, se van acercando a las dos viejas que, temerosas, dejan de hablar y cavan en silencio. Se ha producido un crescendo de la tensión, mientras los dos hombres las rodean, repitiendo siempre su letanía.

TORVO Y GOLFO. Todo lo sabe... Todo lo ve... Ese hombre está loco... Hay que acabar con él... ¡Atención!... ¡Apunten!... ¡Fuego!... Todo lo sabe... Todo lo ve... Ese hombre está loco... Hay que acabar con él... ¡Atención!... ¡Apunten!... ¡Fuego!...

Tal parece que van a disparar, pero de nuevo se oyen una detonaciones. Se detienen, furiosos. Les dan con las culatas de las metralletas a las dos viejas y las empujan, hasta que caen. Después, salen corriendo. La Magdalena se acerca a Porota y a Palta, ayudándolas a incorporarse, hasta que se sientan en el tronco del árbol.

PALTA. Esos hombres están encabritados.
POROTA. ¡Ay, Magdalena, qué dureza y qué ensañamiento!
LA MAGDALENA. Tranquilícense. No se pongan así.
PALTA. De aquí hay que irse, Porota.
POROTA. Pero, ¿adónde? Estamos atrapadas entre el Paraná y el Chaco. Nos han jodido de a muerte.
LA MAGDALENA. Hay que resignarse. Yo no espero nada y quizás sea mejor así.
PALTA. Nos han metido culatazos y dos rodillas en el vientre. Respirar no se puede.
LA MAGDALENA. Siempre se puede un poco más.
POROTA. Debe ser por eso que siempre estamos encarcavinados. Aquí se vive entre el sofoco y la asfixia.
LA MAGDALENA. Cuando se es mujer, siempre se sabe sufrir más allá de lo que a una le parece.
PALTA. ¡Pues está bueno!
POROTA. Tengo bascas. Yo voy del asco a la repugnancia.
LA MAGDALENA. ¿Y de qué sirve?
PALTA. ¡Ay, Magdalena, qué manera de doblar el lomo y que se lo doblen a uno! Hemos trabajado como bestias en el sembradero de la miseria, donde no crecen ni las ortigas ni el cardo.
POROTA. *(A La Magdalena)*. Sé buena y tráenos un buchito de café. A menos que para eso haya que entrarse a machetazos.
PALTA. ¿Es que hay que ser gamberra para meterle a esa tetera de agua sucia?

La Magdalena va a prepararles el café.

PALTA. Espero que esos hombres se acribillen a balazos. Nuestra única esperanza es que se desangren.
POROTA. ¡Qué utópica eres! No hay nada perfecto en este mundo. Uno abrigaba sueños, ilusiones, pensando que todos estaban muertos y enterrados, ¡y ya ves!

Ríen. La Magdalena vuelve con dos pocillos de café.

LA MAGDALENA. No sé como tienen ánimo para reírse en medio de tantas desgracias.
PALTA. ¿Y qué podemos hacer? Aquí llorar es darse ánimo.
POROTA. Nos refocilamos en nuestra pena, que es relajante y laxativo.
PALTA. Nos aflojamos en esta vida de purgante, porque de todas formas nos perforarán lo mismo.
POROTA. Hace meses le metíamos miedo al susto con el revuelo de las arpías, pero ahora no tenemos fuerzas para dar el salto y si lo diéramos sería el salto de los grillos. Nos arropamos con nuestra lengua de venablo, porque es la única bellaquería con la que nos podemos consolar. Somos unas desgraciadas como todas las mujeres que aquí han parido, pero somos tan viejas que ya no podemos ni parir.

Se oye de pronto un grito desarticulado, alarido, aullido animal, humano. Las mujeres se desconciertan. Momentos después, en avanzado estado de gestación y vestida como en el acto anterior, entra La Asunción, muy alarmada.

LA MAGDALENA. ¡Asunción!

Al verla, La Magdalena corre a su lado. Luce muy débil. La Magdalena la sostiene primero, caminando con ella, ayudándola a sentarse en el madero.

LA ASUNCIÓN. ¿Qué ha pasado aquí? ¿Quién da esos gritos?
LA MAGDALENA. No debiste venir sola. No estás para hacer disparates, Asunción. Estás muy débil. Te podrías caer y eso no es bueno para ti, en tus condiciones.
LA ASUNCIÓN. Dios me acompaña, Magdalena.
LA MAGDALENA. De todos modos.

Burlonas, Porota y Palta las contemplan desde el otro extremo del escenario.

POROTA. ¡Qué par de estampas!
PALTA. ¡Y con qué compañía!

Se inicia un gradual cambio de luz.

LA ASUNCIÓN. Quisiera ayudar. Me siento inútil viendo como los demás trabajan y sufren.
LA MAGDALENA. No estás en condiciones para hacerlo, y, además, no eres inútil. No olvides que has concebido.
LA ASUNCIÓN. Dicen que La Paraguaya también.
LA MAGDALENA. Eso será otra cosa.
POROTA. *(Aparte, burlona, hacia el público más bien).* Que es como decir lo mismo.
PALTA. *(Aparte, burlona, hacia el público más bien).* Dios los cría y ellas se juntan... Ellas, para parirlos; ellos, para entrarse a tiros.
LA ASUNCIÓN. *(Siguiendo el diálogo con La Magdalena).* ¿Tú crees que fuera ella la que pegó ese grito?
LA MAGDALENA. Es posible. Parecía el alarido de una bestia.
LA ASUNCIÓN. ¿O La Ipacaraí?
LA MAGDALENA. A La Ipacaraí la tienen amordazada.
LA ASUNCIÓN. Era algo horrible, como si a alguien le hubieran desgarrado las entrañas. Me siento mal de solo pensarlo.
LA MAGDALENA. Estás muy pálida. Has perdido el color.
LA ASUNCIÓN. A veces me parece que me voy a desmayar.
LA MAGDALENA. Déjame traerte un poco de café. Te ayudará a sentirte mejor.

La Magdalena vuelve a la fogata en busca de café. Lo sirve en un pocillo y se lo lleva a La Asunción.

POROTA. Yo me muero de sueño, entre la pena y el aburrimiento.
PALTA. Por lo menos tendremos un respiro, Porota.
POROTA. Ojalá que sea largo y tendido.
PALTA. Lo que soy yo, voy a ver si echo un pestañazo.
POROTA. Esa carta te escribo.
PALTA. Hay que aprovechar mientras dure, que ya nos tocarán tempestades.

POROTA. Yo no tengo ojos.
PALTA. Y yo no tengo oídos.

Porota y Palta, ovilladas uterinamente, se tiran a dormir la siesta junto al tronco del árbol. La luz sombría del principio del acto ha ido cambiando gradualmente, adquiriendo ahora, en la escena que va a tener lugar entre La Asunción y La Magdalena, una especial luminosidad, no muy exagerada pero de obvia connotación religiosa. La escena misma así lo es, como queda implícito en el texto. Esto debe complementarse con el tono, los gestos y los movimientos de las dos mujeres.

LA ASUNCIÓN. ¡Si pudiera hacer algo, Magdalena, si pudiera!... ¡Aquí todos hemos sufrido tanto! Hasta esas dos pobres viejas, que se burlan de nosotras porque no tienen lágrimas para llorar sus desgracias. ¿Qué otra cosa pueden hacer? Ahora las comprendo, como no las comprendía antes. De pronto, es como si también las llevara adentro. Este es un páramo adonde yo quisiera traer un poco de luz, de piedad y de cariño, para hacer más llevaderas estas cadenas.
LA MAGDALENA. Lo traes, Asunción. En medio de nuestras tristezas te vuelves nuestro consuelo, nuestra esperanza y nuestra salvación.
LA ASUNCIÓN. Muchas veces pienso que no es suficiente. Es como si nos faltara algo. Miro alrededor y cuando contemplo toda esta miseria me doy cuenta que vuestras miserias. No es posible que me conforme yo misma con el dolor de ustedes. Si fuera suficiente, las cosas serían de otro modo, ¿no te parece?
LA MAGDALENA. ¿Cómo puedo saberlo yo, Asunción, que soy la más infeliz de todas las mujeres? Yo no valgo nada, y es por eso que cuando te miro a ti, que eres inocente, pienso que eres la que lo puede todo.
LA ASUNCIÓN. Pero no es así. Yo soy débil. Recuerda que eres tú la que me sostiene. No puedo existir sin ti, porque tú me ayudas a que yo sea. Eres tú la que me alimenta y es de ti de quien recibo.
LA MAGDALENA. No hables así, Asunción, que me desconciertas. Si no eres tú la que lo puede todo, ¿quién puede serlo?
LA ASUNCIÓN. Ustedes.
LA MAGDALENA. Nosotras no hacemos otra cosa que atesorar culpas, que llevamos encerradas en nosotras mismas como en útero cerrado. Estamos preñadas de larvas que han gestado estos siglos de penas. Es como si nuestro vientre incubara un castigo que se encadena con otro, una condena que no se rompe con ninguna fuente. Atrapada en el útero, vivo ovillada dentro de mí misma, sin poder salir a la luz, regresando al lugar de mi partida. Vivo el pasado en el martirio del presente, aferrado a mí el ayer como si fuera mi futuro. Son cien años de soledad en un siglo de arcilla. *(Arrojándose a los pies de La Asunción)*. No, Asunción, no me digas que tu vientre es el mío. No mates las pocas esperanzas que hay en mí.
LA ASUNCIÓN. No, Magdalena, no mato las esperanzas, sino que las resucito. Si tú piensas en mí como si yo fuera una criatura inmaculada y mi vientre lo fuera, es porque tú lo eres y tu vientre lo es.

La Asunción comienza a pasarse las manos por el vientre, que La Magdalena, arrodillada ante ella, empieza a tocar tímida y ceremonialmente. Porota y Palta se mueven y se estiran, colocando las manos sobre el vientre de igual modo a como lo hace La Asunción.

LA ASUNCIÓN. He pensado mucho durante estos nueve meses que van llegando a su fin. A veces trato de entender aquel minuto de violencia, pero no lo recuerdo. Es como si no lo hubiera vivido, como si no fuera mío. Solo existe el fruto de mi vientre, que es el amor. Pienso que lo que se está gestando es el amor mismo, no solo aquí, sino también en el vientre de La Paraguaya. No puede ser de otro modo. Es como si nos estuviéramos gestando en nuestro propio seno, como si este fuera también nuestro propio parto, el mío y el de La Paraguaya, el tuyo y el de La Ipacaraí, el de Porota y Palta; como si todas fuéramos una, una sola, creando y creándonos a la vez. Pienso en mí como si pensara en un espejo y fuera un espejo de amor para todos, no solo para nosotras. Es como si en nosotras estuviera el parto del mundo. Levanta la cabeza y mírame, que yo soy tú, y mírame como si fuera a ti a quien miraras, porque el mundo va a nacer otra vez.

La Magdalena levanta la cabeza. Porota y Palta, algo confundidas, también lo hacen. Quedan en suspenso, como si algo irreal hubiera tenido lugar, marcado solamente por la quietud, el silencio y, cuando más, una claridad muy intensa. De pronto, todo se transformará en un crepúsculo rojo. Entra El Viejo seguido del Torvo y del Golfo, todos en actitud agresiva, como enloquecidos.

VIEJO. Al Norte… Al Sur… Al Este… Y al Oeste… He disparado en todas direcciones y por todas partes… Tiene que estar muerto…
TORVO. Cálmate, Viejo.
GOLFO. Tranquilízate.
VIEJO. El Hombre que me persigue…
TORVO. Piensa.
VIEJO. El tigre que me acecha…
GOLFO. Razona.
VIEJO. El destino que me acosa…
TORVO. Descansa.
VIEJO. El puñal que me quiere matar…
GOLFO. Duerme.
VIEJO. ¡Carajo! ¡Ustedes no sirven para nada! ¡He tenido que matar a todos los hombres habidos y por haber!
TORVO. *(Mirando a Golfo con intención).* Solo quedamos nosotros dos, Viejo.
GOLFO. *(Mirando a Torvo con intención).* Que somos los que te guardamos las espaldas.
VIEJO. *(Mirándolos fijamente).* Tiene que estar muerto.
Golfo y Torvo: *(Desviando la mirada del Viejo, mirándose rápidamente el uno al otro y volviendo la espalda).* Tiene que morir.
VIEJO. *(Razonando, intranquilo, alejándose).* Me quieren perder… Quieren acabar conmigo… *(Desentrañando la verdad).* En el fondo del ojo… En el fondo de la pupila… En las entrañas del agua… *(Comprendiendo).* ¡Esa mujer, coño! ¡La Ipacaraí! ¡Es ella, carajo, la que lo tiene escondido en un cabrón útero de agua, en una fuente maldita donde lo gesta y lo amamanta! *(Al Golfo y al Torvo).* ¡Pronto! ¡Tráiganme a La Ipacaraí para arrancarle toda la verdad, y después pegarle un tiro!

Salen El Golfo y El Torvo. Temerosas, las mujeres se han ido apartando.

VIEJO. *(Recordando)*. Aquella noche… Cuando salimos de la selva y llegamos aquí… Ella estaba ahí, sosteniéndome la mirada… Y era… Era como si hubiera llegado al fondo del lago… ¡El lago de Ipacaraí!… Esa agua estancada… Esa pátina gris… Esa cuna de nuestra sangre… Y aquel fondo azul, más allá, donde estaba el Hombre del Agua, el que yo creía extinguido, la leyenda de mi perdición… ¡El Hombre del Agua! ¡El futuro de mi muerte! *(Pausa)*. Pero no la maté, como debí haberlo hecho… Di un paso atrás… El paso que nunca había dado… Me hizo temblar la mano por primera vez… Cuando la miré vi en el fondo de sus ojos todos nuestros crímenes y nuestros muertos, encerrados en ese lago de Ipacaraí que ella guarda en la pupila… *(Violento, sacando un puñal)*. Pero ahora acabaré… De un tajo… Como quien corta la cabeza… Allí se reúnen todas la fronteras: el peligro que me acecha, la Garganta del Diablo que me quiere arrastrar en su corriente. ¡Soy la destrucción y la muerte y nadie podrá conmigo!… He nacido para matar como otros han nacido para dar vida, y tengo que cumplir mi destino… Nada podrá detenerme… Acabaré con él como se acaba con la resurrección y la vida!

El Golfo y El Torvo regresan con La Ipacaraí, que viene amordazada. La empujan, la golpean y la agarran brutalmente, como temiendo que se les pueda escapar. Ella forcejea.

VIEJO. Dejen que hable y que grite por última vez, antes que calle para siempre… Porque voy a arrancarle a ese Hombre del Agua que tiene escondido en el fondo de la pupila.

El Viejo se acerca y le arranca la mordaza. Se vuelve y se aleja, quedando al otro extremo del escenario. El Torvo y El Golfo sueltan a La Ipacaraí, pero le apuntan con las metralletas. A ambos extremos del escenario, El Viejo y La Ipacaraí quedan frente a frente.

LA IPACARAÍ. No podrás conmigo ni con él porque ese Hombre está escondido en las entrañas del agua y no saldrá hasta cuando estés muerto. Allí está, más allá de ti, protegido por el agua con la cual quisiste ahogarlo, donde se ahogaron tantos otros que quisieron escapar de ti; agua límpida él mismo que nos sacará al fin de este matadero donde hemos sido sacrificados siglos tras siglos, como si fuéramos un rito a los dioses de la guerra. ¡Pero ahora no! Su sobrevivida será tu destrucción, la salvación de un pueblo y nuestro destino. *(Pausa)*. Eres una paradoja de ti mismo. *(Pausa)*. Yo no entendía pero ahora lo entiendo todo. Esta espera que ya es un regreso. *(Pausa)*. Mírame bien y mátame si puedes, pero tu mano te temblará como aquella noche en que me miraste por primera vez y viste todos tus crímenes en la conciencia de tus ojos. ¡Por eso me amordazaste! Para no oírte a ti mismo. Para no saber lo que ya tienes sabido. Pero yo todo lo tengo grabado en la memoria como si tus muertos salieran de un callejón sin salida, y es como si todo lo viera en el infierno plateado de nuestro espejo, de nuestro lago de Ipacaraí… Mira esa pátina de plata que lo cubre, que es el llanto de nuestra tristeza: esa lápida gris de agua que es nuestro mármol y su fondo de arcilla. Pero más allá del Infierno está la Resurrección, y más allá del fango está el Hombre del Agua.

Agresiva, La Ipacaraí ha ido avanzando hacia El Viejo, quedando ahora al centro del escenario, firme. Entonces El Viejo avanza hacia ella.

VIEJO. Eso es lo que tú piensas, pero no lo que decido yo. Hay que acabar contigo porque tú eres peor que todas las fieras de la selva. Eres nuestra perdición. El lago de nuestra muerte del que nadie puede salir. La otra orilla a donde siempre nos has llevado. No son nuestros muertos, son los tuyos, Ipacaraí, un cultivo de siglos. Has perseguido a todos los hombres de la tierra, enterrándolos en tu estanque de fuego. Ese fondo rojizo son las llamas donde nos quemas. Mi padre me lo dijo aquella noche en que te miró a los ojos y eran la lava de un volcán escondido, un torrente de lava donde quemabas a los hombres en el fondo del agua. Estás al descubierto y no habrá cuchillo que te salve. En ti está todo nuestro odio y con él te consumiremos, hasta volverte cenizas, esparcirlas al viento y cubrirte con la pátina gris que es el color de tu muerte. Mi padre gobernó este pueblo con el látigo, porque no hay otro modo de gobernar a sus hombres y mujeres. Aquí todos estamos condenados al silencio, que es nuestra forma de gritar y es nuestro aullido yaguareté. Lo perdiste a él porque no mató lo suficiente. Creía que no le quedaban enemigos sobre la tierra, que el cauce del agua estaba dormido, eternamente muerto como una selva que se había cansado de sí misma. Pero en el fondo estabas tú. Vagabas como un fantasma enterrando a todos los muertos del mundo. Encerrabas en tu espacio el fragor de la primera vez y de la última. Eres un despeñadero inmóvil donde caen todos los cadáveres de todos los tiranos de la tierra. Pero nosotros también somos un torrente. No lo olvides. Aprende la lección. De nada valdrá que entierres nuestras armas, que robes nuestros puñales. ¡Somos los Dioses de la Guerra, que devoramos a nuestros hijos!

Furiosa, La Ipacaraí se lanza hacia El Viejo. El Golfo y El Torvo la retienen por la fuerza. Están en el centro del escenario.

LA IPACARAÍ. ¡Acaba, acaba si puedes! Aquí te entrego mi garganta para que la abras. ¡Haz de ella un tajo, un despeñadero! ¡Haz de mí un volcán de agua! Quiero ser el estruendo que debería ser, la catarata que no he sido, liberar mis aguas de su lecho de arcilla. Quiero ser el fragor que me lance al abismo y no la represa que me contenga y que me encauce, represa del Itaipú que has hecho de mí, para llevarme por donde a ti te convenga. ¡Déjame hervir en mi pendiente! Acabaría por siempre con todos los regresos y ya no habría marcha atrás, sino hacia adelante. Saldría de esta apatía de siglos. De este paisaje sin aire. De esta sequía de agua a la que he sido condenada. ¡Cobarde, asesino, mírame de una vez! ¡Atrévete en mis ojos! Yo soy el vórtice de ti y tú eres el miserable que me ha encerrado. Te escondes porque me has hecho. No das la cara porque no conoces otra voz que la que hay en tu mano de hierro. Contempla de una vez por todas tus pirámides de muertos. Mira en la bóveda de mis ojos el agua donde los tienes encerrados. ¡Tu lago de Ipacaraí! ¡Tus puertos sin mar y sin puentes! Pero no podrás hacerlo. Nunca podrás cortar el cuello por donde grito, la garganta por donde respiro, el útero donde está escondido el puñal de tu muerte. ¡Asesino de mujeres, mira al fondo de mis ojos y mírate tú! No los cierres como si vinieras a cumplir un destino de leyenda. ¡Mírame bien, que en mis ojos llevo tu cabeza de Medusa! Pero allí está también el agua de la salvación, que finalmente hará justicia. ¡El Hombre del Agua al que nunca podrás exterminar! ¡Todos los ahogados que resucitan! ¡Clávate el puñal en el corazón, en el odio de tu propio lago, y déjame ser la Diosa del Ipacaraí y correr como un torrente!

La Ipacaraí forcejea, trata de soltarse. El Viejo se le acerca con el puñal en alto, pero desviando la mirada. El Torvo tira de los cabellos de la mujer, que está con la cabeza hacia atrás, forzada a ofrecer su garganta al puñal del Viejo.

Golfo y Torvo: ¡Mátala, Viejo! ¡Acaba de una vez! ¡No jodas más!

De pronto se vuelve a escuchar, más desgarrador y más cerca, el grito inhumano, desarticulado, que se oyó anteriormente.

GOLFO. ¡Es la yaguareté! Es la yaguareté hembra que al fin ha caído en la trampa que le hemos tendido.
TORVO. Es La Paraguaya que va a aprender su lección y que ahora no se nos escapará de entre las piernas.
GOLFO. ¡Pronto, Viejo!
TORVO. ¡Déjanos vivir!
TORVO Y GOLFO. *(Refiriéndose a La Ipacaraí, que no han soltado).* ¡Mátala, Viejo! ¡Acaba de una vez!

Se vuelve a oír el grito. Aumenta el desconcierto.

VIEJO. *(Refiriéndose indirectamente a La Paraguaya).* Ahora sí, coño. Es la cabrona Paraguaya que no deja de joder. ¡A esa hay que matarla también! *(Tira el puñal y desenvaina un machete).* ¡A esa le voy a cortar la cabeza de un solo tajo!

El Viejo corre hacia el frente del escenario para ir a matar a La Paraguaya, cuyos últimos gritos tal parece que proceden del auditórium. La Ipacaraí forcejea. El Golfo y El Torvo terminan por soltarla y ella escapa hacia el fondo del escenario. Todo muy rápido. El Torvo y El Golfo, en vez de seguir a La Ipacaraí, se vuelven hacia El Viejo, que está de frente al público, apuntándole con la metralleta.

TORVO Y GOLFO. ¡Mátalo! ¡Mátalo! ¡No nos deja vivir! ¡Hay que acabar con él! ¡Dispara de una vez!

Disparan, pero en ese momento El Viejo se vuelve, disparando a su vez. Heridos de muerte, todos van el uno hacia el otro, hasta reunirse en el centro del escenario. En el momento de la muerte, los cuerpos caen abrazados, como si se sostuvieran los unos en los otros, un torso junto al otro torso. Los brazos se entrelazan y tuercen y después dejan caer la cabeza una sobre la otra, formando un grupo siniestramente escultórico. El crepúsculo rojo se oscurece de forma luctuosa. Los cuerpos de los tres hombres desaparecen en la oscuridad. Se escuchan unos acordes musicales que anticipan la presencia de La Diosa del Iguazú, y cuando una luminosidad azul y nocturna empieza a inundar el escenario, ya los cadáveres no están allí. La Diosa del Iguazú, inmóvil, domina el centro de la escena. (Un video de las cataratas del Iguazú sería una opción adicional como fondo de la escena).

La Diosa del Iguazú: Una gota de agua puede ser un torrente de espuma. Pero, ¿cómo podía anticiparlo? Había, justamente, nacido, y solo era capaz de conocer mi propia transparencia. Yo, inocente, iba y me dejaba llevar, cumpliendo mi destino de agua. Se desanudaba la red en una desnudez de espuma y nacíamos en la noche en un paisaje de magia. Mi gota de agua se volvía torrente de luz en la fuente del Ipacaraí, que se rompía y se abría en noches de soles, para darnos la vida. En mi inocencia de gota transparente lo soñaba todo y no conocía nada, envuelta en la delicia del nacimiento y el logro de la plenitud. Como un torrente nos abrazábamos. Al nacer, vivíamos las delicias de Eros, recibiendo aquella lluvia que solo entendía como amor y resurrección, parto y vida. Trascendíamos en estado puro, éter mismo, luz, e íbamos formando lentamente las gotas del arcoíris.

Cuando se retira La Diosa del Iguazú, queda en el centro del escenario una red de pescadores con un hombre desnudo en una postura fetal. Tiene el pelo mojado, como si lo hubieran sacado del agua. La posición ovillada del hombre en la red cubre parcialmente su desnudez. La Ipacaraí está de pie al centro del escenario, detrás del hombre en la red. Al frente, de un lado, La Paraguaya, vestida como en el acto anterior y en avanzado estado de gestación; del lado opuesto, La Asunción, también en estado, y La Magdalena. Al fondo, cerca de los cultivos, Porota y Palta. Todo debe producir un efecto marcadamente plástico, de carácter pictórico y escultórico.

LA PARAGUAYA. Ahora podrán descansar ellos también. Descansaremos todos y volveremos a la vida. No los odio, pero han hecho mucho daño. Eran hombres de barro. Solo entendían la vida en la medida de la muerte, el estruendo y la guerra, la conquista y el poder. Vivían en cadenas de fuego y solo fecundaban en la embriaguez de la sangre. Pero yo era la selva. Entendía el lenguaje del yaguareté como si fuera el mío. Me tendía sobre la tierra vuelta la tierra misma, dando los frutos de mi páramo salvaje y primitivo con la fecundidad de la selva que nos rodea. Era un caos de fuego.

La Paraguaya está frente a La Asunción, que está ya de pie junto a La Magdalena. La Paraguaya y La Asunción se miran largamente y después se abrazan.

LA PARAGUAYA. Perdóname, Asunción.
LA ASUNCIÓN. Yo no tengo que perdonar nada. Nadie tiene que perdonar. Tú eres mi hermana. Existo en la medida de ti de igual modo que tú existes en la medida de mí misma.
LA PARAGUAYA. A veces pienso que somos el barro de Dios.
LA ASUNCIÓN. No puedo explicar nada. Solo entiendo la misericordia y el amor.

Sosteniéndose mutuamente y ayudadas por La Magdalena, La Paraguaya y La Asunción se dirigen al fondo del escenario. Del lado opuesto, otro tanto hacen Porota y Palta. Agrupadas, formando también una especie de grupo escultórico y dando un efecto de unidad, están a punto de salir.

LA MAGDALENA. ¿Y La Ipacaraí?

Todas se vuelven.

LA PARAGUAYA. Miren el lago. Ahora todas vamos hacia él como si tuviera su cauce de río y su torrente de agua. Está todo cubierto de espuma. Mírale a los ojos, Ipacaraí, y al fin tú también quedarás libre, porque solo amando podrás serlo. Mírale a los ojos y no verás en ellos una gota de sangre.

Se vuelven nuevamente La Paraguaya, La Asunción y La Magdalena. Porota y Palta, a punto de salir, se detienen. Una de ellas toma la cruz y la otra la bandera que están tiradas por el piso. Después salen. Por unos momentos quedan la Ipacaraí y el solos en el escenario. Lentamente la Ipacaraí comenzará a desanudar la red mientras cae el telón.

LA GARGANTA DEL DIABLO

1989

Para mi yaguareté

PERSONAJES

EL VIEJO
EL TORVO
EL GOLFO

ESCENOGRAFÍA

Claro en la selva. Grueso tronco de árbol, ramas, espeso follaje.

Enroscados entre sí y al tronco aparecen tres hombres: «El Viejo», «El Golfo» y «El Torvo». Los brazos parecen enrollarse, anillarse y torcerse los unos con los otros. Las piernas están como encorvadas. El torso, distorsionado. Forman una especie de trilogía mítica representativa de la muerte, la opresión, el crimen y la tiranía. Se enroscan casi escultóricamente al modo agónico del Laocoonte. Parecen una representación mítico-primitiva de alguna deidad: tres hermanos nacidos en un mismo parto y unidos los tres por el tronco velludo de la bestialidad y el sinuoso de la traición, que se abre metafóricamente en el ojo del ombligo, por donde se les ven las entrañas y ellos mismos contemplan el mundo. «El Viejo» viene a ser el mayor dentro de una trilogía atemporal. En su vestimenta es más marcada la piel del jabalí, que ha de tener manchas blancas. «El Torvo» es el más sombrío y siniestro del grupo, predominando en él la escamosa piel de alguna serpiente gris, metálica y casi negra. En «El Golfo», físicamente más atractivo, hay una mayor desnudez.

Primeramente un foco de luz cae sobre ellos. Poco a poco los tres hombres van «desenroscándose». «El Viejo» quedará enroscado al tronco del árbol y se incorpora después. «El Torvo» y «El Golfo» se mueven hacia lados opuestos del escenario. Los tres hombres irán desperezándose a medida que cambia la luz y el escenario adquiere un tono irreal. Sus movimientos fluctuarán entre los de las serpientes, los tigres y las aves de rapiña. A medida que se va desarrollando el texto, se volverán a reagrupar en el área en donde está el tronco del árbol y donde ha permanecido «El Golfo».

VIEJO. Arriba...
TORVO. *(Sordamente).* Abajo...
VIEJO. Hacia atrás...
TORVO. *(Sordamente, después de una pausa).* Hacia adelante...

Se repite lo anterior varias veces. Todo esto debe decirse sin movimientos obscenos, sino de una forma erótica distorsionada, expresiva de una frustración.

VIEJO. Me recorría la cintura de un lado para otro... *(Como esperando una respuesta del «Torvo», que no acaba de darla).* Coño, dilo, Torvo.
TORVO. *(Torciéndose y dando un salto).* Una corriente me sacudía la espina dorsal... Una sacudida... Un terremoto...
VIEJO. Eres un cabrón, Golfo.
TORVO. ¡Un hijo de puta!
GOLFO. ¡El hijo de la madre que nos parió!
VIEJO. ¡Coño, que manera de hacerlo!
TORVO. Creía que nos íbamos a volver locos. De pronto, así, nos venía una sacudida, cuando menos lo esperábamos, cuando estábamos enterrando un puñal en las entrañas de alguna fiera.
GOLFO. Tengo el estómago duro, pero en esos momentos estaba a punto de vomitar.
VIEJO. Al Torvo casi le haces perder el juicio.
TORVO. Muchas veces lo veía venir, pero otras era de pronto, como aquella vez en que casi me traga aquel gigante yaguareté.
VIEJO. Al Torvo estuvo a punto de matarlo.
GOLFO. Yo creía que lo que me salía era sangre. Ardía, me quemaba como si tuviera una llama ardiente.

Al hacerse la historia del episodio, los movimientos de los tres, que se ubican nuevamente en el área donde está «El Viejo», pero manteniendo siempre una separación física, manifiestan una cierta unidad, ya que comparten una misma vivencia.

TORVO. Yo le había metido el puñal una vez, pero no había logrado matarla sino enfurecerla más todavía, como si a la vez quisiera devorarme y que se lo enterrara de nuevo.
GOLFO. Yo tenía la cara cubierta con su sangre y no podía ver. Se me venía encima, para acabar conmigo de una vez.

TORVO. No era una mujer. Parecía una fiera. Salió a buscarme a la medianoche, cuando yo estaba dormido, y saltó sobre mí cuando menos me lo esperaba.

GOLFO. Yo creí eso mismo, que era un yaguareté, y cuando fui a buscar el puñal, que siempre llevo en la cintura, me di cuenta que lo había perdido.

VIEJO. Era un yaguareté hembra. De esas que se ponen en celo en las noches de luna y salen a buscar su presa. Debió olfatear al Torvo y pensaría que era un yaguareté macho. El Torvo casi no podía con ella.

GOLFO. Era un torrente. Yo he tenido mujeres, pero nunca como aquella vez.

TORVO. La noche era tan clara que en la oscuridad le podía ver los ojos, que le brillaban como dos luceros que mordían entre las piernas. Sentía el filo de los colmillos rozándome la garganta, pero nada podía hacer. Estaba perdido.

VIEJO. Y yo no podía hacer nada tampoco, porque la muy cabrona se me había metido en el sueño. Me apretaba la cintura como una boa y me empezaba a estrangular, pero estaba todo humedecido. Yo me revolcaba por la tierra y me enredaba con las lianas. Gozaba lo mío. En el sueño tomé el machete, para cortarlas y abrirme paso, mientras escuchaba los gemidos de placer de la hembra yaguareté, que estaba a punto de devorar al Torvo.

GOLFO. Me devoraba a mí, con sus dientes.

TORVO. Iba a soltarla, para que hiciera lo que quisiera conmigo.

VIEJO. Cuando me desperté, tenía el machete en la mano. Le corte la cabeza de un solo tajo.

TORVO. Nunca olvidaré el aullido. Moría como si lo estuviera deseando.

GOLFO. Cayó inerte sobre mí. Tuve que quitármela de encima y tirarla al piso.

VIEJO. *(A Golfo).* Desde esa noche supimos que tú estabas vivo.

TORVO. Esto es una desgracia. No podré descansar hasta que caiga en la trampa que le hicimos. Me la comeré viva. No podrá escapar. Cuando caiga en la trampa será mía para siempre. Entonces seré yo el que le entierre los dientes.

VIEJO. No sé de qué te quejas. A caballo regalado no se le mira el colmillo. A mí no me importa compartir un dulce. No hay nadie que goce tanto como tú, Golfo.

GOLFO. Ni nadie que mate tanto como tú, Viejo.

VIEJO. Será por viejo y por sabio. Lo que haces tú con lo que tienes entre las piernas, lo acabo yo con las manos. Cada cual entierra sus puñales.

GOLFO. ¿Y el Torvo?

VIEJO. Coño, el Torvo tiene los puñales en el cráneo. Esa sí es una manera jodida de gozar y de matar. Se pone como loco y no se sabe por dónde va a sacar el machete. Desde aquella noche del yaguareté, anda como animal en celo. Se ponía a olfatear la tierra, como si fuera una bestia siguiendo el rastro de otra bestia. Fue así como llegamos hasta aquí.

GOLFO. Yo los sentía venir, Viejo. Al principio, cuando estaba medio muerto, creí que estaba solo, y que al fin iba a poder joderme en paz. Creía que era el único que había quedado después de la guerra, que todos estaban muertos. Pero desde aquella noche lo he tenido todo atravesado, como si tuviera un sabor a sangre en los testículos. Entonces me daba cuenta que estabas metido tú, Viejo, que había algún muerto en el camino. No había otra explicación. Y después, cuando iba a hacer lo que tenía que hacer, y todo el tiempo me rayaban el cráneo con un cuchillo, sabía que era el Torvo el que se me había metido.

TORVO. Esto es una maldición.

VIEJO. Coño, Torvo, no jodas más. Un día no me quedará más remedio que matarte y al fin viviremos en paz el Golfo y yo, cortando el bacalao con nuestros puñales. Es como si fueras una cabrona conciencia, aunque en tu cabeza hay más muertos que en un cementerio. Aquí no hay más puñetera maldición que la tuya. Es el destino y con eso habrá que seguir tirando. Cosa de la puta madre que nos parió y el cabrón que nos hizo. El Golfo y yo tenemos las cicatrices en el pellejo, pero tú, Torvo, las tienes grabadas en el cerebro. Un día de esto tendremos que extirparte el cráneo, para poder descansar. Ahora estamos juntos y más vale ponerse de acuerdo. Al Torvo tendrás que buscarle una hembra yaguareté, Golfo, para que lo tranquilice.

TORVO. *(Al Golfo).* ¿Quién es ella?
GOLFO. ¿Qué quieres decir?
TORVO. La yaguareté. La yaguareté que aquella noche estuvo a punto de devorarme.
VIEJO. A esa le corté la cabeza con un tajo de machete. Ya te lo dije, Torvo.
TORVO. Tú sabes lo que quiero decir, Golfo.
GOLFO. Será «La Anacaona», pero a esa ya la tengo preñada.
TORVO. A esa la preñé yo, Golfo, porque tú no has preñado nunca a nadie.
GOLFO. Vete al carajo, degenerado. Te voy a enterrar el puñal por la parte que te pica.

«El Golfo» se lleva la mano a la cintura para tomar el puñal que no tiene, abalanzándose al mismo tiempo hacia «El Torvo». Este hace un gesto parecido. «El Viejo», rápido, lo toma por la muñeca.

VIEJO. Basta, carajo, que no nos hemos reunido para sacarnos las tripas por una hembra yaguareté. De buena ganas te metería un puñal, Torvo, pero en eso tengo más cerebro que tú y sé que si se joroba uno acabaremos jorobándonos los tres. Más vale que ustedes lo sepan también. Aquí lo que sobran son hembras.
TORVO. Pero no como esa, que es una yaguareté.
VIEJO. Te aguantas, que no hemos venido aquí a quitarle al Golfo lo que le pertenece.

«El Viejo» y «El Torvo» se miran. «El Torvo» retrocede.

GOLFO. Te juro, Viejo, que si El Torvo sigue con esa lo apuñaleo.
VIEJO. No te olvides que aquí el que mata soy yo, y prefiero matar a gente que no sea de mi propia tribu. Pero bien sabes que mato cuando tengo que matar y cuando es necesario. Para eso no soy manco. Por lo demás, soy hombre de paz, Golfo. Además, el puñal que tú tienes no sirve para eso. Más te hubiera valido saber cuál de ellas te lo quitó, porque hay puñales que cortan a los otros puñales.
GOLFO. Lo perdí aquella noche, cuando yo creía que ella era una yaguareté.
VIEJO. Lo tendrá escondido debajo de la falda.
GOLFO. No, ella no lo tiene.
VIEJO. ¿Y cómo tú lo sabes?
GOLFO. Me lo hubiera dicho. Y debajo de la falda sé lo que tiene.
VIEJO. Pues lo tendrá otra y habrá que buscarlo.
TORVO. Habrá que buscarlo en «La garganta del Diablo»
GOLFO. ¿Cómo en «La garganta del Diablo»?
TORVO. Sí, en el despeñadero, en el vórtice de la catarata, ese remolino negro donde se entierran todos los puñales de la tierra en un un foso de fango.
VIEJO. No te atraques, Torvo. Lo tiene una de las mujeres. Si confías en ellas, Golfo, estás perdido. Y lo que es peor, nos perderás a nosotros. Ellas son nuestros enemigos y hay

que tratarlas como tales. La que tiene el puñal algo tiene en la cabeza y no será nada bueno. Tiene que aparecer. Y si no aparece, tendremos que acuchillarlas a todas.
GOLFO. No te metas en eso.
VIEJO. Me meto donde me tenga que meter. Tú te acuestas con quien tú quieras, que es lo único que sabes hacer bien. Pero de la ley y el orden me ocupo yo, y más vale que lo sepa pronto esa caterva de pellejas. Ustedes son un par de estúpidos. El viejo decía que dos tetas podían más que dos carretas, pero nunca dejó que lo arrastraran a él. Ese sí era un hombre y sí sabía gobernar una casa. Nunca dejó que nuestra madre levantara la cabeza. Por eso no recuerdo cómo era su cara ni cómo eran sus ojos. *(Sombríamente)*, Serían como los de todas las mujeres.
TORVO. Sería una yaguareté.
GOLFO. Será la yaguareté.

Se oye de pronto un grito desarticulado, alarido, aullido animal, humano, posiblemente de mujer.

TORVO. ¡La yaguareté!
GOLFO. ¡Es la yaguareté!
TORVO. ¡Es la yaguareté hembra que al fin ha caído en la trampa!
GOLFO. ¡No se va a escapar! ¡Es mía! ¡Me la voy a comer!

Confusión, gritos. Se mueven indecisos en varias direcciones.

VIEJO. ¡No es la yaguareté! ¡No es la yaguareté! ¡Pero acabaré con ella de una vez!

Salen en tres direcciones opuestas. Foco de luz sobre un puñal al centro del escenario. Regresa «El Golfo.» Toma el puñal. Sale.

Vuelven. Cruzan el escenario en direcciones diferentes, oyéndose el mismo grito, como si recorrieran la selva en búsqueda de la yaguareté. Todos llevan un puñal en la mano.

El escenario queda vacío por unos momentos. Cambio de efectos lumínicos.

De un salto, como el de una fiera, entra «El Torvo». Grita salvajemente:

TORVO. ¡Yaguareté! ¡Yaguareté! ¡Yaguareté!

Emite un sonido desarticulado que se confunde con el aullido que viene de fuera. «El Torvo», como después «El Golfo», está enloquecido. Entablan una lucha fantástica con la yaguareté y cada uno consigo mismo, con fuertes sacudidas de lujuria y de violencia.

TORVO. ¡Soy el Torvo y el Golfo! ¡Soy El Torvo con la carne del Golfo, la lujuria del Golfo, el cuerpo del Golfo! *(En posición de ataque, dispuesto a matar).* ¡Estás perdido, Torvo! ¡Estás perdido, Golfo! *(Transición, como si quisiera arrancarse la piel).* ¡Sal de mí, yaguareté! ¡Arráncate de mi piel, yaguareté! ¡Yaguareté hembra, huye a la selva, sacia tu celo en el yaguareté macho! ¡Inúndate de él! *(Movimiento circular).* ¡Por el día cuando me levanto escucho a la yaguareté! ¡Por la noche cuando me acuesto veo a la yaguareté! ¡Yaguareté! ¡Yaguareté!

Sale «El Torvo» y después entra «El Golfo» como en una línea de continuidad con el texto de «El Torvo».

GOLFO. ¡Soy El Golfo y El Torvo! Cuando te miro, Anacaona, nado en la yaguareté. La yaguareté te habita como si fueras el paraje de su piel. Tu carne es su tierra y su patria. Tus huesos son el término y el principio de su porfía y su tenacidad. Cuando te cubro, cubro a la yaguareté, la habito y la inundo. *(Transición).* ¡Sal de mí, Torvo degenerado, infecto, inmundo! ¡Sal de mí, espía de mi verga, castrado de la medianoche! *(Transición).* Cuando te acaricio, Anacaona, te acaricia el Torvo. Cuando me acuesto contigo, Anacaona, se acuesta el Torvo. *(Como si se lo quisiera sacar de adentro).* ¡Sal de mí, Torvo degenerado, bastardo! Toma lo tuyo y déjame lo mío. Saca tu piel de la punta de mis caricias. ¡Ladrón miserable, usurpador de mis deseos! *(Transición).* Yo le arranco las delicias con el delirio de mis dedos, con la sabiduría de mi instinto, el principio y el final de mi piel. ¡Sal de mí, Torvo malogrado! ¡Entiérrate en tu cráneo! ¡Ahógate! ¡Asfíxiate! ¡Vete!

Sale el Torvo. Entra el Golfo. Vuelve después el Torvo. Cada uno de ellos funciona por su cuenta. Ambos se refieren a una mujer yaguareté imaginaria que no está en escena.

GOLFO. ¡No te me acerques, puta de mala muerte!
TORVO. ¡No te me tires encima, caverna, hembra de la lujuria, fuego de mi piel!
GOLFO. Me emborrachas y me envuelves.
TORVO. Un líquido que se me derrama entre las piernas
GOLFO. Una hiedra que me cubre y se me pega.
TORVO. ¡Déjame, Anacaona, déjame!
GOLFO. Te siento sobre mí como si fueras a beberme.
TORVO. ¡Muérdeme! ¡Atácame! ¡Bésame!
GOLFO. ¡Muérdeme! ¡Atácame! ¡Bésame!
¡Vete de mí, sal de mi piel!
GOLFO. ¡Huye de mí puta inmunda, serpiente de mala muerte!
TORVO. ¡Huye Torvo, que te voy a matar!
GOLFO. ¡Vete, Golfo, que te voy a matar!
TORVO. Métete en la selva de dónde has salido, ahógate en la asfixia de tu cráneo sin oxígeno, enciérrate en la selva de tu cópula con la yaguareté de tu selva. ¡Sal de aquí! ¡Déjame en paz! GOLFO: Entierra tu cuchillo en tu cuchillo, tu puñal en tu puñal, tu machete en tu machete. ¡Huye de mí, huye de ti, huye de ella, huye de la muerte!
TORVO. *(Feroz, como si se acuchillara a sí mismo).* ¡Extremidad, pene, falo, verga, sal de mí! ¡Sal de mi cerebro y de mi carne, falo de mierda! ¡Entiérrate en la arcilla y muerte de tu sangre, verga maldita! ¡Brinco! ¡Sacudida! ¡Zarandeo! ¡Conmoción!
GOLFO. *(Feroz, en el mismo plano).* ¡Córtamelo, maldición! ¡Lujuria encadenada de mí mismo, descuartízame! ¡Arráncame lo que tengo entre las piernas para poder vivir! ¡No dejes un pedazo! ¡Tritúrame, desmenúzame! ¡Aniquílame de una vez!
TORVO. ¡Cómetelo! ¡Devóramelo, yaguareté!
GOLFO. ¡Trágate mi sangre, yaguareté!
TORVO. ¡Bébeme, yaguareté!
GOLFO. ¡Gózame, yaguareté!

Sale «El Torvo» y entra «El Golfo». Violencia, lujuria, expresión corporal casi danzaria.

GOLFO. ¡A él no, puta de mierda! ¡Sal de ahí, Torvo! ¡No te escondas en mi verga, Torvo solapado, siniestro! ¡Atrás, atrás! ¡Pagarán con la sangre el engaño y la traición! Saca tu lengua de su lengua, tu cuerpo de su cuerpo, tu miel de su miel.

Sale «El Golfo» y entra «El Torvo». Violencia, lujuria, expresión corporal casi danzaria.

TORVO. Te arrancaré lo que tienes en medio del brinco. Dejarás de respirar en medio de la sacudida. Del goce pasarás a la sangre, de la vida a la muerte. Caerás en los abismos de la yaguareté como si volvieras hacia adentro, volviendo hacia atrás, de donde no hemos salido.

Vuelve el Golfo. Ambos en escena. Violencia, lujuria, expresión corporal casi danzaria.

GOLFO. Al vientre sin salida, Torvo. Moriremos como serpientes encajonadas en el arca de esa maldición donde todo se esconde.
TORVO. Nos iremos para siempre en ese laberinto de la verdad donde habitan todos los engaños del mundo, Golfo.
GOLFO. ¡Estamos perdidos, Torvo!
TORVO. ¡Basta ya, hembra de la vida y de la muerte!
GOLFO. ¡Déjame comerte, coño, con la espina de mi selva!

Sale ambos por direcciones opuestas.

Se oye el aullido de la hembra, al mismo tiempo que «El Torvo» y «El Golfo» fuera de escena, repiten al unísono: «¡Yaguareté! ¡Yaguareté! ¡Yaguareté!».

De pronto, regresan ambos a escena desde lados opuestos (del lugar de donde han salido), y con los puñales en alto saltan el uno hacia el otro. El grito de los dos se une en el aire, mientras los cuerpos, como si se tratara de un salto coreográfico y dramático a la vez, se apuñalearan en el aire también, gesto feroz de una coreografía primigenia.

GOLFO. ¡Yaguareté! ¡Yaguareté! ¡Yaguareté!
TORVO. ¡Yaguareté! ¡Yaguareté! ¡Yaguareté!

Oscuro.

EL HOMBRE DEL AGUA[*]

1989

---

[*] Esta obra se desprende de *Las paraguayas*, cubanizándose en una pieza en un acto. Apareció en *Kubanische Theaterstücke* (Vervuert, Frankfurt am Main, 1999, pp. 397-412), edición de Heidrun Adler y Adrian Herr. El título en alemán es *Der Mann aus dem Wasser*. Traducción de Herbert Araúz. También se publicó, en español, en la revista literaria *Baquiana*, Anuario 5, 2003-2004, pp. 279-293.

Personajes

Jinetera
Santiaguera
Caridad
Yuca
Malanga
Habanera
Torvo
Golfo
Viejo
Hombre del Agua

Crepúsculo rojizo. El escenario aparece como una gran mancha de sangre. Al fondo, cañaverales mustios, palmeras que han perdido sus penachos, una ceiba ancestral con ramas secas. A un lado del escenario está «La Jinetera»; al lado opuesto, Caridad. «La Santiaguera» y un par de viejas con túnicas andrajosas, manchadas de fango y de sangre, Malanga y Yuca, cavan una fosa. En un palo, una bandera manchada de sangre. Delante de la fosa, tendido sobre el tronco de un árbol, un hombre muerto, cubierto de pies a cabeza con un sábana, igualmente sucia y manchada. Caridad, moviéndose recelosa alrededor del cadáver, se acerca a «La Santiaguera». Siempre, muy distante, se escucha una partitura musical, acentos indefinidos y disonantes de claves, guitarras y tambores, que servirán de fondo a la «coreografía» erótica pero distorsionada, nunca demasiado explícita, de «La Jinetera», que se acercará gradualmente hacia el cadáver.

SANTIAGUERA. No sé cuándo acabaremos de enterrarlos a todos.
YUCA. Tal vez entonces podremos descansar, que ya es hora.
CARIDAD. Habremos enterrado a un centenar.
MALANGA. Un millar diría yo.
SANTIAGUERA. ¡Qué guerra tan inútil!
CARIDAD. Todas lo son.
SANTIAGUERA. La de nunca acabar.
MALANGA. Bien pudo quedarse uno para cavar las fosas.
YUCA. Nos estarían cavando una a una.
MALANGA. Pero de otro modo.
YUCA. Así jodían cuando estaban vivos.
MALANGA. Jodían lo mismo, pero entre las piernas, que es otra manera de joder.
YUCA. Ya ella les ha visto lo que traen.
MALANGA. *(Burlona)*. Querrás decir lo que traían.
YUCA. En todo caso, ahí tienes a la jinetera, que es una gran maestra y ya sabes la pata de que cojea. Pronto andará enseñando el culo.
YUCA. Como si tuviera a quien enseñárselo.
MALANGA. Se buscará a una piedra, porque no hay cosa más dura.
YUCA. Y se ablanda mucho menos.
CARIDAD. No hablen así, no digan eso.
YUCA. Para eso tenemos lengua.
MALANGA. Y culo también. Para cagar cuanto decimos.
YUCA. Ahora hace de «La Jinetera en Oración», pero si le dan el dedo de un muerto se lo lleva al hoyo, aunque lo tenga hecho añicos.
MALANGA. Y si al muerto le queda un cacho de rabo, le crecerá como a una lagartija.

Malanga y Yuca, desternillándose de risa, van a sentarse al madero.

CARIDAD. *(Refiriéndose a La Jinetera)*. ¿Pero qué les ha hecho esa mujer? Primero perdió a su padre y a todos los hermanos. Muchos se fueron y la dejaron sola. A su marido le destaparon la tapa de los sesos, y después murieron sus hijos unos tras otros; unos por héroes, otros por traidores. ¿Qué podía hacer? ¿Es que no es sufrir lo suficiente?
SANTIAGUERA. No escuches. No prestes atención. Olvida.
CARIDAD. ¿Por qué la gente es tan mala? ¿Por qué los hombres se han matado de este modo?

SANTIAGUERA. Era la guerra. Era... la Revolución. Vivíamos en un peligro permanente, según decían. Lo repetían una y otra vez. Es lo único que te puedo decir. Los hombres son así. Inventan cualquier cosa para matarse unos a otros. No preguntes más. Hay preguntas que no tienen respuestas. Algún día lo olvidaremos todo y nada tendremos que recordar.
MALANGA. *(Burlona. Alto, para que la oiga)*. Ahí las tienes, la ignorancia y el olvido. Con esa pareja no iremos a ninguna parte y por eso estamos así. ¡Nos han desterrado!
YUCA. *(De forma similar)*. ¡Son el hambre y la necesidad! ¡«La Virgen de la Ignorancia» y «Nuestra Señora de los Taparrabos»!

La Santiaguera tira la pala y se dirige violentamente hacia donde están Yuca y Malanga.

SANTIAGUERA. ¡Ni las víboras son inmunes a la ponzoña de esas lenguas y el cascabel de las serpientes enmudece ante filo tan viperino! ¡Nunca se he visto ponzoña tan mortal en escupitajo tan maligno!
MALANGA. ¡Santo Dios, qué manera de desbarrar!
YUCA. ¡Qué palabrotas! ¿En qué muelle las aprendiste? ¿Qué estibador te enseñó ese lenguaje de la mala leche?
SANTIAGUERA. ¿Por qué tanto encono? ¿Por qué tanta maldad?
MALANGA. ¿Y por qué no? ¿Qué razón vamos a tener para ser de otro modo? Esta tierra es una desgracia. No es más que un páramo desolado donde ya no germina la semilla. Nos asfixia y nos enloquece. ¡Y dicen que era la tierra más bella que ojos humanos vieron! ¿Cuándo coño fue eso?
YUCA. Nuestra tierra es fértil, pero como si no lo fuera. Han acabado con ella. No da ni dice donde hay. Rodeada de tiburones, no tenemos salida.
SANTIAGUERA. Hemos cavado muchos muertos. Estamos solas. Debemos ayudarnos las unas a las otras.
MALANGA. Somos mujeres.
SANTIAGUERA. Precisamente.
YUCA. Miren a «La Jinetera» y leerán en el culo las señales de los tiempos.
CARIDAD. Ustedes no deberían hablar así. Ella sufre también.
MALANGA. Y a ti, ¿quién te da vela en este entierro?
CARIDAD. *(Con sencillez)*. Soy Caridad.
YUCA. Como si fueras Juana.
MALANGA. Razón de más para no meterte en camisas de once varas.
YUCA. Todas sufrimos lo mismo, pero eso no quiere decir que haya que ser puta para hacerle un servicio al Mayoral.
MALANGA. Ni ponerse a capitalizar con el trasero.

Yuca y Malanga se mueven alrededor de Caridad, separándola de «La Santiaguera» y atemorizándola.

YUCA. Somos «Las Viejas Sabias del Escambray».
MALANGA. La que todo lo sabemos.
YUCA. Esto no tiene remedio.

MALANGA. Ni pies ni cabeza.
YUCA. Ni principio ni fin.
MALANGA. Te comerán lo que tú llevas.
YUCA. Nos han perdido antes y nos perderán después, y lo harán siempre, aunque tengan el chucho muerto.
MALANGA. Te cerrarán los ojos, pero te abrirán las piernas.
YUCA. Te comerán el culo con los dientes.
CARIDAD. ¡Basta! ¡Basta! ¡Basta!

Entra «La Habanera». Viste como las otras, pero la túnica, también manchada, tiene un tinte ligeramente azul. Arrastra un pesado fardo lleno de despojos de guerra.

HABANERA. *(Autoritaria, firme).* ¡Basta! ¡Déjenla en paz!

«La Habanera» se sienta en el madero e irá sacando machetes, cuchillos, pistolas, metralletas, botas, cascos e insignias.

HABANERA. Al fin ha terminado todo.
SANTIAGUERA. ¿Qué quieres decir?
HABANERA. Que todos están muertos.
SANTIAGUERA. ¿Todos?
HABANERA. Todos. Y aquí traigo las armas, para enterrarlas donde nadie las pueda encontrar. Para que no se vuelvan a matar. Pero no habrá nadie para buscarlas ni para matarse otra vez. He recorrido las ciudades y todo está destruido. En ruinas. Solo hay mujeres solas, abandonadas, que lloran a sus muertos y que los entierras. He recorrido la isla del Cabo de San Antonio a la Punta de Maisí y no ha quedado un hombre para hacer el cuento. Todos los demás se han ido, huyendo o darse a la buena vida. Pero aquí no están. Muertos y enterrados. Para siempre. Para toda la eternidad. Podemos estar tranquilas.
SANTIAGUERA. No lo creo. Habrán huido hasta la Sierra. Como han hecho antes. Como han hecho siempre. Y volverán, como manadas de lobo.
HABANERA. Es posible, porque son traicioneros y cobardes. Pero están heridos y hambrientos, y además, se han arrastrado tanto, que no tienen nada que los sostenga. La muerte sabe hacer su trabajo.
YUCA. Ya es hora que doblaran el lomo, porque trabajo nos han dado.
MALANGA. Pero siempre quedaba uno vivo para matar un muerto. Caín y Abel, el bueno y el malo.
YUCA. Al revés, querrás decir.
MALANGA. Para el caso es lo mismo.
HABANERA. Una guerra fratricida.
SANTIAGUERA. Son nuestros hombres los que están muertos.
HABANERA. ¿Hombres? Aquí no ha habido ninguno.
YUCA Y MALANGA. *(Grotescas, burlonas).* Chulos y maricones.
SANTIAGUERA. Nuestros padres, nuestros hermanos y nuestros hijos. Sangre de nuestra sangre.

HABANERA. Por siglos aquí no se ha hablado de otra cosa. Me engendraron con una gota de sangre, que fue la herida de hermano contra hermano, el producto de la traición y la discordia. Viví con esa historia de odio por detrás, como si fuera una semilla, una gran tara familiar. Desde que nací, en mi casa no había otro tema de conversación. Mi padre y mis hermanos no hablaban de otra cosa, pero mi madre tenía que callar. Héroes y traidores, decían ellos; pero solo eran asesinos. Yo misma no era más que una gota de sangre que buscaba la justicia para que pagara el criminal. Era una lucha de padres contra hijos, de hermanos contra hermanos, y solo se unían y recordaban a la tribu cuando eran atacados por los de fuera, arrastrados por el reproche, la inquina, el odio y la intolerancia. El paredón era la fuerza que los unificaba, para matar o morir. Nunca he tenido descanso, porque en el crimen nací y en el crimen me educaron. En el crimen y en la mentira. No he tenido hijos ni nunca los tendré, porque primero me arrancaría las entrañas. Al fin han tenido su castigo y se han desangrado todos.

SANTIAGUERA. Eres injusta. Nos rodeaban enemigos poderosos que nos atacaban y querían invadir. Teníamos que defendernos.

HABANERA. No me hagas reír. Los hombres siempre han dicho lo mismo y cuando quieren matar hacen todos esos cuentos. Tú crees todo lo que les has oído decir, porque lo repetían cada día y nos lavaban el cerebro. Y hasta es posible que ellos hayan creído lo que estaban diciendo. Pero eran unos asesinos, como todos los demás. Tenían las manos manchadas de sangre por haber luchado unos contra otros, antes de ponerse de acuerdo para matar a los que venían de fuera. ¡La mujer nueva y el hombre nuevo! Acabamos ejerciendo la profesión más vieja del mundo. Y ellos... Bueno, ni te cuento. Si esos eran mis padres y mis hermanos, ahora están muertos y bien muertos deben quedarse.

CARIDAD. *(Tímidamente)*. Yo no estoy de acuerdo.

HABANERA. Tú estás ciega, pero yo puedo ver.

SANTIAGUERA. Pero, ¿cómo vamos a vivir?

HABANERA. Cultivaremos la tierra y viviremos en paz.

SANTIAGUERA. ¿Y los hijos?

HABANERA. No serán necesarios.

SANTIAGUERA. Somos mujeres. ¿No te das cuenta para lo que estamos?

HABANERA. Estamos aquí para vivir. No me irás a decir que estamos aquí para parir y engendrar el crimen.

CARIDAD. *(Algo más enfática)*. Yo no estoy de acuerdo contigo.

SANTIAGUERA. *(A «La Habanera»)*. No podrá ser porque no los conoces bien, pero yo los he tenido en mis entrañas enroscados como víboras. Para ti ha sido más fácil, quizás porque tu propio cerebro te ha defendido de ellos, pero nosotras hemos tenido otra suerte. Nada podemos hacer contra ese fango que se resbala de las laderas de la sierra, se desliza hacia abajo, como un torrente, nos cubre a traición y nos acaba haciendo lo que somos. Nos acechan y nos pierden, como ha pasado siempre.

HABANERA. No hables por mí. Yo soy yo, y no estoy hecha a la medida de ellos ni de su misma materia. Podrán ser la perdición de ustedes. La perdición tuya por débil, la de Caridad por inocente y la de «La Jinetera» por lo que es o por lo que sea, pero primero yo los perderé a ellos.

CARIDAD. Calla, porque ni tú lo sabes todo. Hay hombres buenos.
HABANERA. Lo dudo. Cuando menos yo no he conocido ninguno.
CARIDAD. *(Un foco de luz cae sobre ella, creando una cierta irrealidad mágica).* Acabarás creyendo. Había una vez un hombre en el mar, perdido en una balsa, que no podía llegar a la otra orilla. Era el Hombre del Agua. Pasaron noches y días. Sepultado en el fondo del océano, hizo una catedral con los restos de su propia muerte. Era un pez y era un ave, hecho de cielo y de mar, que venía en una balsa envuelta de espuma porque había sobrevivido a todas las tempestades y nadie, nadie, había podido acabar con él... como si estuviera hecho de una materia y de un espíritu que lo elevara frente a todas las adversidades de la vida. Era el Hombre del Agua que, finalmente, regresaba.

El foco de luz se desplaza de Caridad a «La Habanera», que queda vivamente impresionada. Mientras tanto, «La Jinetera», encima del cadáver y cubriéndose con la sábana, arquea el cuerpo y la cabeza hacia atrás, produciendo un efecto de cópula y preñez. Se incrementa el efecto musical y tiene lugar un cambio de luces.

YUCA. *(Señalando a «La Jinetera»).* ¡Miren! ¡Miren lo que está haciendo! ¡Pasó lo que tenía que pasar! Hay mujeres que reviven muertos.
MALANGA. ¡Bicho malo nunca muere!
YUCA. ¡Y qué bicho, Virgen del Clarinete!
HABANERA. Esto no puede ser.
MALANGA. Pues es, porque a «La Jinetera» la están preñando.
YUCA. La barriga que le han hecho no es cuento de camino.
MALANGA. Una barriga «post mortum», como dicen los especialistas. Hecha con el último buchito.
YUCA. Está sacando el veneno por la Cueva de los Terremotos.
HABANERA. ¡Primero, muerta! ¡Esta mujer tendrá que parir sobre mi cadáver! ¡A ese muerto estoy yo aquí para enterrarlo!

«La Habanera» se lanza hacia la cabeza del hombre, cubierta con una sábana, y comienza a tirar. «La Jinetera» parece retenerlo entre las piernas, pero Malanga y Yuca caen sobre ella, tirando en dirección contraria. Hay una lucha violenta. «La Habanera» arrastra el cuerpo desnudo fuera de la sábana y lo tira en la fosa, sepultándolo con las armas. Malanga y Yuca retienen a «La Jinetera», que forcejea y finalmente se suelta.

HABANERA. Estos hombres no escaparán mientras yo esté viva. La muerte solo con la muerte paga.

Todo al unísono, «La Jinetera» trata de escapar, pero aparecen Golfo y Torvo, armados, que le interceptan el paso. Hay un enfrentamiento entre amenazante y lujurioso. «El Viejo», armado hasta los dientes, agarra a «La Habanera» por detrás, la rodea por el cuello como si fuera una tenaza, la inmoviliza, y después la amordaza. Las otras mujeres retroceden asustadas. «La Jinetera», acechada por los dos hombres, escapa. Todo muy rápido.

VIEJA. ¡Eso te crees tú, hija de puta!
HABANERA. *(Forcejeando).* ¡Suéltenme! ¡Suéltenme! ¡Canallas! ¡Degenerados!

Oscuro total. Pausa larga. Al encenderse las luces, «El Viejo» está de pie al centro y de espaldas al público. Golfo y Torvo, sentados, limpian las armas.

VIEJO. *(Volviéndose al público).* Alguien está ahí para acabar conmigo... Lo siento, lo escucho, lo respiro... Alguien que busca mi lugar, que persigue mis huellas... Alguien que debe estar muerto pero está vivo.

GOLFO. ¿Quién es, Viejo?

TORVO. Dime donde está, para enterrarle un puñal en la espalda y acabar con él.

VIEJO. ¡Coño! ¡Carajo! Eso es lo que quiero saber. *(Pausa, pensativo).* Será lo que no ha sido. *(Volviéndose).* Pero a lo mejor son ustedes, que se están afilando los dientes para ocupar mi lugar. Como estoy viejo se estarán afilando los dientes para cuando yo estire la pata. Pero eso no puede ser, porque ninguno de ustedes tiene pantalones para hacerlo.

GOLFO. Eres injusto. Solo queremos ayudarte. Hacerte entender.

TORVO. ¡Déjanos vivir, Viejo!

VIEJO. ¿Vivir? ¿A qué llaman vivir? ¿A preñar mujeres?

GOLFO. Se hace lo que se puede y aquí no hay otra cosa que hacer. Si quieres guerra, hay que preñarlas, para hacer hombres que se maten.

VIEJO. Acabarán preñando a ese par de viejas que andan por ahí. Son unos vagos y todo lo resuelven haciendo lo mismo, pero ni siquiera eso hacen bien. Hasta «La Jinetera» se les escapó de entre las manos, y estará acostándose por ahí con todos los muertos que tengan rabo.

TORVO. *(Torciéndose).* Suéltanos ya, Viejo.

GOLFO. *(Desesperado).* ¡Déjanos en paz, coño!

VIEJO. Son unos blandos y por hombres como ustedes estamos como estamos. Poco más y acabaremos gobernados por mujeres. Pero hay que tener una mano de hierro. Garfios más bien, para que nadie se mueva sin que le demos permiso. Mi viejo decía que dos tetas podían más que dos carretas, pero nunca dejó que lo arrastraran a él. ¡Ese sí era un hombre y sí sabía gobernar una casa! Nunca dejó que mi madre levantara la cabeza. *(Pausa. Pensativo).* Por eso no recuerdo cómo era su cara y cómo eran sus ojos. *(Sombríamente).* Serían como los de todas las mujeres. Y esa mujer...

TORVO. ¿Qué mujer, Viejo?

VIEJO. «La Habanera»... Hay un hombre, por alguna parte, carajo, que me mira, que me quiere joder. Y esa mujer lo sabe, lo espera y no lo quiere decir, como si fuera a quebrarnos lo que nos queda entre las piernas.

GOLFO. Te he dicho que la mates, que acabes con ella de una vez.

VIEJO. Voy a cortarle la lengua, pero primero tendrá que decir todo lo que sabe.

TORVO. Pero le has puesto una mordaza, y con una mordaza en la boca no se puede hablar. Déjala que grite y hará soga para su pescuezo.

GOLFO. Préñala, viejo. Para que sepa lo que es bueno.

VIEJO. No quiero hijos suyos. Si tuviera hijos le saldrían de la cabeza. Tendré que matarla, porque nunca se mata lo suficiente. Vigilar, vigilar siempre, porque el día menos pensado nos cortan los testículos. ¡Coño, estoy rodeado de mierda! Me debería meter un tiro en la sien. Cuando miro a mi alrededor no veo otra cosa. Aléjense de mí, porque no son más que un puñado de escoria... ¡Hombres blandos que no sirven para nada! ¡El hombre nuevo! Por eso se ha perdido todo, pensando en lo que tienen entre las piernas, haciendo lo que se hace en la cama como si no se pudiera hacer otra cosa. Pero siempre estará la guerra, que no puede terminar, porque la guerra soy yo y es lo que nos hace inmortales. Matar, matar siempre. *(Fuera de quicio)*. ¡Atención! ¡Apunten! ¡Fuego! *(Amenazando con la metralleta)*. ¡Atención! ¡Apunten! ¡Fuego!

Sale. Empieza a disparar fuera de escena. Torvo y Golfo acrecentarán gradualmente el ritmo de la escena que sigue.

GOLFO. Ese hombre está loco. Ese hombre no me deja vivir.
TORVO. Ese hombre está loco. Ese hombre no me deja vivir.
GOLFO Y TORVO. ¡Ese hombre está loco! ¡Ese hombre no me deja vivir!
GOLFO. Acabará matándonos.
TORVO. Acabará dejándonos con la lengua afuera.
GOLFO. Acabará pegándonos un tiro en la sien.
GOLFO Y TORVO. ¡Lo sabe todo! ¡Lo oye todo! ¡Lo ve todo!
GOLFO. *(Con intención)*. ¡Eso no le hace falta!
TORVO. ¿Qué cosa?
GOLFO. Menear el rabo.
TORVO. Que no puede ser.
GOLFO. Que primero la obligación…
TORVO. Que si el Comité de Defensa…
GOLFO. Que si el Acto de Repudio…
TORVO. Que si el trabajo voluntario…
GOLFO. Que si el desfile del 26 de julio…
GOLFO Y TORVO. Que si esto y que si lo otro.
GOLFO. *(Con intención sexual)*. ¿Y de esto qué, carajo?
TORVO. De eso nada y de lo otro cero.
GOLFO. Con la mano boba…
TORVO. ¿Y «La Jinetera»?
GOLFO. Para que se la tiemplen los turistas.
TORVO. Para que te hagas el coco con ella.
GOLFO. Que me devore… Que me goce… Que se mueva.
TORVO. Que acabe conmigo… Que acabe yo con ella…
GOLFO. ¡Coño, carajo, esto no es vida!
TORVO. ¡Doblar el lomo!
GOLFO. ¡Hacer la guardia!
TORVO. Pero el viejo…
GOLFO. Con el dedo en el gatillo…
TORVO. Acabará con lo que tengo…
GOLFO. A esa mujer al tengo metida en la cabeza.
GOLFO Y TORVO. ¡Canalla! ¡Asesino! ¡Degenerado!
TORVO. La dejamos escapar, sin siquiera tenerla entre las piernas.
GOLFO. Huye… Se escapa… Se deja coger…
TORVO. Pero no coge conmigo.
GOLFO. Como si no fuéramos hombres para ella.
TORVO. Nos ronda… Nos persigue… Pero no la podemos tocar…

GOLFO. Estamos tarados, Torvo. Ese viejo nos ha jodido para siempre.
TORVO. Vigila. No nos deja vivir. Acabará con nosotros.
GOLFO. Tendremos que acabar con él.

Se escuchan descargas de la metralleta del viejo. Golfo y Torvo salen de escena gritando repetidamente:

GOLFO Y TORVO. ¡Acabará con nosotros! ¡Tendremos que acabar con él! ¡Acabará con nosotros! ¡Tendremos que acabar con él! ¡Acabará con nosotros! ¡Tendremos que acabar con él!

Despavoridas, entran Yuca y Malanga con grillos en los tobillos. Poco después, «La Santiaguera», que enciende un fogata y prepara el café. Frecuentes descargas de armas de fuego.

YUCA. ¡Corre, Malanga, que ese Viejo nos tiene deparadas un tiro en el directo! ¡Qué manera de meterle al gatillo!
MALANGA. No te hagas ilusiones, Yuca, que lo que quiere es acribillarnos a balazos para convertirnos en un colador de sangre.
YUCA. ¡Criatura de Dios!
MALANGA. Por Dios, no blasfemes y no metas a Dios en el Infierno.
YUCA. ¿Pero dónde voy a meterlo? Con lo que nos ha hecho, es lo menos que se merece, porque encima de habernos mandados callos y juanetes, ahora nos ha puesto grillos. Dios es inclemente, mujer. En vez de grillos bien pudiera mandarnos una buena zafra, que buena falta nos hace.
MALANGA. Te advierto que ese viejo quema cartuchos es un desgraciado. Hay que llamar las cosas por su nombre y ese Señor solo ha sabido crear mierda. Esto pinta mal, porque es un pintor de brocha gorda. Con esos engendros que le ha dado al mundo, estará hecho una fiera. Además, se le acabaron todas las guerras y es víctima del desempleo. Cuando había guerra estaba encantado y entretenido, porque mientras los hombres se mataban, nadie se iba a molestar en matarlo a él. Como Atila, donde pone la pata no crece la hierba, y después que inventó las utopías y todos se lo creyeron, acabó con ellas. La guerra era un negocio y ahora que mató a la clientela no tiene a quien venderle la mercancía. Traficaba con carne y se quedó sin carnicero. Dormía a pierna suelta, pero ahora padece de insomnio y cuando duerme lo hace con un ojo abierto y el otro cerrado.
YUCA. Pero eso no es vida, Malanga. Poco más y se me saltan las lágrimas.
MALANGA. ¿Y el par de perlas? Están detrás del culo de «La Jinetera» pero no le meterán el diente. Con la piltrafa que deben tener, que esconden detrás de la metralleta, no será suficiente.
YUCA. ¡Qué esbirros! ¡Qué par de matarifes!

Ríen. La risa se les congela cuando entran Torvo y Golfo, amenazantes. Van donde «La Santiaguera», que cuela café, y lo toman. Las dos mujeres hablan en un aparte. Se oye una descarga de ametralladoras. Entra «El Viejo» completamente desquiciado.

VIEJO. Al Norte... Al Sur... Al Este... Al Oeste... He disparado en todas direcciones... De San Antonio a Maisí... Tiene que estar muerto...

TORVO. Cálmate, Viejo. Tranquilízate.
VIEJO. El hombre que me persigue…
GOLFO. Piensa. Razona.
VIEJO. El machete que quiere cortarme la cabeza…
TORVO. Descansa. Duerme. Olvida. Eso es una pesadilla.
GOLFO. Una jinetera, Viejo…
TORVO. …para los tres. ¡Coño! ¡Imagínate!
GOLFO. Para que nos monte…
TORVO. Para que la montemos…
GOLFO Y TORVO. *(Dándose con las palmas de la mano)*. ¡Cómo en los buenos tiempos!
VIEJO. ¿Y la pistola? ¿Y el fusil? ¿Y el enemigo? ¿Y la guardia en alto? ¿Y el Ciego de la Bahía? ¿Y el mar? ¿Y los balseros? ¡Ustedes no sirven para nada! ¡He tenido que matar a todos los hombres habidos y por haber, pero puede que se me haya escapado alguno todavía!
GOLFO. *(Mirando a Torvo, con intención)*. Solo quedamos nosotros dos, Viejo.
TORVO. *(Apartándose. En voz muy baja, casi inaudible)*. Precisamente… Hay que matarlo…
GOLFO Y TORVO. *(Dándose de nuevo con las palmas de la mano, con interior)*. ¡De acuerdo, Viejo! ¡Tiene que morir, carajo!
VIEJO. La Habanera lo sabe bien. Tráiganme a ese mujer para arrancarle la verdad de la lengua y después pegarle un tiro.

Salen Torvo y Golfo.

VIEJO. La leyenda de mi perdición. El futuro de mi muerte. Todo lo veo, todo lo oigo y todo lo sé, pero algo se me escapa de la mano, como si no fuera posible abarcarlo todo. Y eso, y eso no puede ser. Es como si esa mujer lo tuviera metido en el fondo de las pupilas y también dentro de la cabeza. Habrá que sacárselo como una trepanación del cráneo. No, esta vez no podrá escapar. Porque es allí, coño, donde lo tiene encerrado, como si me mirara desde lo más profundo de su mirada, para sacarme los ojos que no tengo, estos ojos para no ver que no han visto nada por haberlo visto todo.

Torvo y Golfo regresan con «La Habanera», amarrada y amordazada. Se la tiran a «El Viejo», que desenvaina un puñal, le quita la mordaza y la desata, pero no la suelta.

HABANERA. Estás perdido. No podrás conmigo ni con él. Yo no lo entendía, pero ahora lo entiendo todo. El Hombre está escondido en las entrañas del agua y no podrá salir hasta cuando estés muerto. Allí está, más allá de ti, sumergido, donde tú mismo lo quisiste ahogar. Le robaste el oxígeno que respiraba, pero con él hiciste esa catedral de agua. De nada te valdrán tus ritos a los dioses de la guerra, tus consignas y tus mentiras. Mírame bien y mátame si puedes, pero tu mano te temblará como la primera vez que quisiste hacerlo y viste en mis ojos la conciencia de tus crímenes. Ese es el que tú buscas y no podrás encontrar. El que existe más allá de tu muerte. No quieres oír y por eso me amordazaste, ¡para no oírte a ti mismo! ¡Acaba, acaba si puedes! Aquí te entrego mi garganta, para que la abras y la conviertas en un volcán de voces. Ya no hay marcha atrás, sino adelante. ¡Atrévete en mis ojos y veras todas las madres y todas las mujeres, a todos los hijos que han muerto por ti! ¡A toda la miseria que has creado! Nosotros podemos más, porque tenemos la palabra. Mira en la bóveda de mis ojos el agua donde los tienes encerrados, las balsas que hundiste, los muertos que se ahogaron en el mar, y verás, una vez por todas, al enemigo, ¡al Hombre del Agua!

TORVO Y GOLFO. ¡Mátala, Viejo, mátala de una vez! ¡Déjanos vivir, coño, mátala de una vez! *(Mirándose el uno al otro)*. ¡Ese hombre está loco! ¡Hay que acabar con él!

Con el puñal en alto, «El Viejo» está a punto de matar a «La Habanera», pero se vuelve y ella logra separarse de él. Ve a Torvo y a Golfo, toma la metralleta y los ametralla, pero al unísono, ellos disparan contra «El Viejo». Los tres hombres caen muertos. Por el fondo del escenario entran Caridad y «La Jinetera», que traen al «Hombre del Agua», ayudadas por Yuca, Malanga y «La Santiaguera» que viene envuelto en una red de pescadores. Queda en el centro del escenario en una posición ovillada. La posición ovillada del hombre, como la de una criatura en el útero, cubre parcialmente su desnudez. Las mujeres se apartan formando un semicírculo, con Yuca y Malanga en los extremos, Caridad al centro. Armónicamente, unos acordes musicales se elevan mientras «La Habanera» comienza a desatar la red donde está El Hombre del Agua.

OSCURO GRADUAL.

SU CARA MITAD

1989

Personajes

Raul (que escribe su nombre sin acento), treinta y cinco años, parece tener veinticinco, tipo «latino», muy bien parecido.
Bob, unos diez años mayor que Raul, de aspecto más bien amorfo.
Sam, quince años mayor que Raul, algo grueso y tosco; podría ser confundido con un estibador.
Judy, por lo menos dos años mayor que Sam, atractiva y con un cuerpo digno de *Penthouse*[*], parece tener quince años menos.
Sara, treinta y cinco años, rubia, entre elegante y deportiva, es de la que las mata callando.
María, unos veinticinco años, muchacha de tipo latino de aspecto insignificante.

La obra se desarrolla en Nueva York en la década de los ochenta en el siglo xx. Se recomienda que no se desubique en cuanto el tiempo de la acción, se sustituya el teléfono por el celular, o se cambien las referencias a actores y actrices, y otros elementos que corresponden a la acción y la caracterización de los personajes.

Escenografía

La acción tiene lugar en el «living room» de un penthouse newyorkino con vista al Parque Central, tarde y noche de un día de primavera. Al fondo, la puerta de entrada del apartamento, que debe ser ancha. Hacia un lado debe verse parte de una puerta vidriera que conduce a una terraza. Sofá, butacas, mesa de centro, mesita para el teléfono (hacia el frente del escenario) y al lado opuesto, una consola con bebidas o algún mueble con función parecida.

---

[*] Revista que se empezó a publicar en el 1965, famosa en particular por el desnudo femenino que aparecía en las páginas centrales.

Primer acto

Al descorrerse el telón el escenario está completamente iluminado. Bien visible, con el respaldo hacia el público, hay una silla con un saco. Suena el timbre del teléfono. Entra Raul descalzo y en bata de casa o de baño. Descuelga y contesta, ligeramente alterado. Mira hacia el interior de la alcoba, cuya puerta ha quedado abierta.

Otra opción. El escenario está en una semipenumbra, iluminado básicamente por una claridad que entra a través de la puerta vidriera, tal vez con luces intermitentes procedentes de algún otro edificio, de algún anuncio lumínico. Al sonar el teléfono, se abre la puerta que conduce a la recámara y entra Raul desnudo. Va al teléfono y lo descuelga. Ya sea al principio, en algún punto de la conversación, o al final, a discreción del director, cuando entre Bob, Raul se pone la bata de casa o de baño y deja ver el saco de Bob en la butaca.

RAUL. ¡Hola! Sí, claro, soy yo. ¿Quién podría ser? No, no estaba durmiendo... Sí, ya he terminado el primer acto... He cambiado muchas cosas y le he dado un giro inesperado, ya verás... A medida que lo escribía se me fueron ocurriendo cosas que no había pensado cuando hablé contigo... No, no vengas ahora... Prefiero que lo oigas después, cuando todos estemos juntos... Así cada cual lee su parte... *(Pausa breve)*. De eso tendremos tiempo en cualquier otro momento, ¿no te parece? *(Bajo)*. Claro, claro que tengo ganas... ¿Cómo no voy a querer...? Ya sabes... Bueno, pero ahora... Sería mejor que no... No hay que mezclar una cosa con la otra... *(Pausa un poco más larga)*. Bueno, como quieras... Sí, a la misma hora, como de costumbre... *(Pausita)*. No, no me pasa nada... Bueno, lo que tú digas... Hasta luego...

Cuelga un poco molesto. Mira hacia la puerta de la alcoba. Se escucha la descarga del tanque de agua de un inodoro. Después entra Bob en mangas de camisa, terminando de anudarse la corbata. Viste con discreción y elegancia.

BOB. ¿Quién era?
RAUL. Era tu mujer.
BOB. ¿Mi mujer? ¿Y qué quería?
RAUL. Quería saber a qué hora era el *cocktail*.
BOB. ¡Dichoso *cocktail*, Raul! ¡Lo has complicado todo! Primero esa reunión... Después la lectura del primer acto... Y cuando terminemos, irnos a la entrega de premios... Es más de la cuenta, ¿no te parece?

RAUL. Te dije que no vinieras hoy.

BOB. Pero hoy es martes, ¿no?

RAUL. No hay que llevar las cosas a punta de lanza.

BOB. No sé por qué se te metió esa idea en la cabeza. Dentro de un par de horas tendré que estar de nuevo por aquí.

RAUL. Sabes que tenía ese compromiso.

BOB. ¿Compromiso con quién?

RAUL. Con ustedes.

BOB. ¿Con nosotros?

RAUL. Te debo mucho. Si no hubiera sido por ti, *Su cara mitad* nunca se hubiera llevado a escena.

BOB. No exageres. Por lo menos debiste haber escogido otro día de la semana.

RAUL. No creas que es tan fácil. Tengo un horario bastante complicado. Cada día le trae a uno obligaciones diferentes.

BOB. ¡Y esa idea de hacer una lectura del primer acto!

RAUL. No tomará demasiado tiempo, te lo aseguro.

BOB. En todo caso, no había necesidad de esta invitación. No me debes nada. Te lo he dicho un centenar de veces.

BOB. Más te debo yo a ti.

RAUL. ¿En qué sentido?

BOB. En muchos sentidos.

RAUL. Sin contar que le debo mucho a tu mujer.

BOB. ¿En qué sentido?

RAUL. En muchos sentidos también. No te olvides que ella fue la primera en reconocer mi talento, cuando tú no te habías dado cuenta de él.

BOB. Es cierto. Pero no te olvides que fui yo quien tuvo la idea de que Sara dirigiera la obra.

RAUL. Además, me tiene cierta ojeriza.

BOB. ¿Quién te ha metido esa idea en la cabeza?

RAUL. Ella y tú.

BOB. ¿Los dos?

RAUL. Ambos.

BOB. Pero eso fue hace mucho tiempo. Cuando tenía celos de ti.

RAUL. ¿Crees que ya no tiene celos?

BOB. Ya no. Eso fue al principio, cuando pasábamos mucho tiempo trabajando juntos y Sara pensaba que no me ocupaba de ella lo suficiente... Que cuando nos enfrascábamos en nuestros proyectos me olvidaba de todo lo demás. ¿Recuerdas?

RAUL. ¡Cómo no me voy a recordar! Gracias a eso terminamos algunas escenas de *Su cara mitad*. Sara jugó buena parte en el asunto. A la larga resultó divertido.

BOB. ¿Se lo has dicho?

RAUL. No, por supuesto. ¿Y tú?

BOB. Claro que no, pero yo creo que Sara se lo sospecha. En todo caso, no creo que le importe mucho.

RAUL. Bueno, me *tenía* ojeriza.

BOB. Es curioso. Ahora recuerdo que ella pensaba lo mismo.

RAUL. ¿Qué cosa?

BOB. Que *tú* nos tenías ojeriza.

RAUL. ¿Y por qué se la iba a tener?
BOB. Por hispano. Decía que tú creías que nosotros te discriminábamos.
RAUL. ¿Y eso no era cierto?
BOB. Te he demostrado que no.
RAUL. *(Con una casi imperceptible sonrisa, matizada de desdén).* ¿Te parece?
BOB. Por favor, Raul, no hables tonterías.
RAUL. Y ella, ¿no me discriminaba?
BOB. No, lo que pasa es que Sara pensaba que tú te creías el típico *Latin lover*, y eso la sacaba de quicio. A mí me producía gracia.
RAUL. Yo no se la veo por ninguna parte.
BOB. ¿De veras? No me hagas reír. Desde el primer día que viniste a vernos…
RAUL. Que te vine a traer el primer acto.
BOB. Sí, eso mismo. Yo tenía algo que hacer, no recuerdo, y fue Sara la que te recibió… Desde entonces empezó con aquello de *Latin lover*… No creas, que de vez en cuando me he puesto a pensar…
RAUL. Sus razones tendría.
BOB. …que no dejaba de tener gracia.
RAUL. A lo mejor tú piensas lo mismo… que yo soy el típico *Latin lover*.

Pausa. Se miran fijamente por un momento. Bob desvía la mirada.

BOB. En todo caso, cuando empezamos a trabajar juntos los tres y yo le dije que debía dirigir la obra…
RAUL. A instancias mías.
BOB. ¿Cómo a instancias tuyas?
RAUL. ¿Pero no lo recuerdas? Si Sara siempre había dirigido las obras tuyas, era lógico que ahora que nosotros habíamos escrito esa obra en colaboración fuera ella la que la dirigiera.
BOB. Estás equivocado de medio a medio. Sara en esos días estaba insoportable y se había vuelto muy suspicaz. Había que ponerla a hacer algo. ¿No te acuerdas? A veces hablaba más de la cuenta, y otras se ponía a hablar a medias tintas.
RAUL. A lo mejor fue una idea de Sara y no nos hemos dado cuenta. Ya sabes cómo es.
BOB. ¿Qué quieres decir con eso de «ya sabes cómo es»?
RAUL. No quiero decir nada, pero me parece que si los tres estuvimos de acuerdo…
BOB. ¿Los tres?
RAUL. *(Auténticamente sorprendido).* ¿Qué te pasa? ¿Por qué estás tan suspicaz?
BOB. No sé. Perdona.
RAUL. Pues no ha resultado mal. Después de todo, Sara te ha dejado en paz.
BOB. *(Sin doble intención).* Es que estaba pensando… Si aquel día… Cuando trajiste el libreto…*(Mirando fijamente a Raul).* Venías a verme a mí o venías a ver a Sara.
RAUL. A ti. Fue contigo con quien hablé por teléfono.
BOB. Pero tú sabías que Sara había dirigido todas mis obras.
RAUL. Pero eso lo sabe todo el mundo, Bob. ¿O es que vas a restarle importancia al trabajo que ha estado haciendo Sara durante estos años? Bien sabes que se ha dicho que es ella la que ha puesto el toque final a lo que tú has escrito. Lo cual es lógico, porque en última instancia es ella la que las lleva a escena. Es ella la que las dirige. *(Pausa).* Quizás… quizás desde antes que tú las hayas escrito.

Ambos se quedan pensativos.

BOB. Lo cual quiere decir...
RAUL. Que ella también ha dirigido *Su cara mitad*.

Pausa.

BOB. Exactamente. A lo mejor, desde el primer momento venías a ver a Sara.
RAUL. Cosa que, por lo demás, no tiene la menor importancia. El orden de los factores no alera el producto.
BOB. En todo caso, ya no tiene razón para decir que no me ocupo de ella. En realidad te ocupas tú... *(Pensativo)*. Que viene a ser, más o menos, lo mismo. Hay que ver las horas que pasan ustedes juntos.
RAUL. Si Sara va a dirigir la obra, es mejor que la consulte desde el principio. Después vienen los cambios. Quitar por aquí, poner por el otro lado. En eso estuvimos de acuerdo, ¿no? Es por eso que hemos pasado días, meses diría yo, trabajando juntos. Aunque a la larga, tengo que confesarlo, he hecho tantos cambios que en última instancia he acabado haciéndolo todo por mi cuenta.
BOB. ¿Tú crees? Uno nunca sabe. Tú mismo lo has dicho. A lo mejor, sin que te hayas dado cuenta, ella te lo ha estado escribiendo todo a ti, porque si lo ha hecho conmigo...
RAUL. Es un caso diferente, creo yo. Hay situaciones en la obra que ni la propia Sara puede imaginar.
BOB. Ni yo tampoco, supongo.
RAUL. Quiero agarrarlos de sorpresa.
BOB. Espero que con el público estés haciendo lo mismo. Ni que nos estuvieras tendiendo una trampa, Raul.
RAUL. Es una lástima que no lo sepas todo. No es mi culpa que tú no hubieras querido colaborar en *Juegos prohibidos*.
BOB. ¿Pero no se llamaba *Reglas de conducta*?
RAUL. Así querías llamarla tú, que eres un moralista. No te gusta llamar las cosas por su nombre.
BOB. Precisamente por eso tenía que dejarte por tu cuenta. Te has empeñado en decir las cosas por su nombre, y no hay nada más peligroso que eso. Creí que con el éxito de *Su cara mitad* te habías dado cuenta, pero, en fin... Si te empeñas... Era imposible que nos pusiéramos de acuerdo.
RAUL. Es lo que Sara me dijo. Que nunca nos pondríamos de acuerdo.
BOB. ¿Te dijo eso?
RAUL. Que a ti te gustaban las reglas de conducta, pero que yo prefería los juegos prohibidos.
BOB. Pero con *Su cara mitad* nos pusimos de acuerdo. Aunque, quizás no pasara de una escaramuza. Yo creía que nos había ido bien, ¿no?

Bob mira fijamente a Raul. Este no contesta la pregunta.

RAUL. Tenías que cambiar el título. Y en eso Sara está de acuerdo. Le pareció que en estos momento los juegos prohibidos se venden mejor que las reglas de conducta. No te olvides que tu mujer es un tiro para la compra-venta.
BOB. Pero a la larga todo depende de la calidad de la mercancía.

RAUL. Estás picado, Bob. Lo que pasa es que tienes celos de tu mujer por el tiempo que ahora pasamos juntos. Pero eso no tiene sentido. En el fondo, ella siempre me ha considerado un oportunista, un advenedizo… *(Muy violento)*. Que eso es lo que ella entiende por *Latin lover*. Eso fue lo que ella quiso decir desde el primer día que nos vimos. No me hago ninguna ilusión. Y es muy probable que tú pienses lo mismo, ya te lo he dicho. En el fondo, no te preocupes, ustedes dos acabarán siempre poniéndose de acuerdo.

BOB. Ahora eres tú el que tiene celos.

RAUL. Confundes los celos con la lucha de clase.

BOB. ¿Así que eso se llama así ahora?

RAUL. ¿Es que no te habías enterado todavía?

BOB. Estás molesto.

RAUL. Lo estás tú, porque con esta obra me he puesto a trabajar por mi cuenta. Aunque Sara no me lo ha recomendado, es cierto. Siempre quiso que la escribiéramos juntos, para *estabilizar* nuestras relaciones, dijo.

BOB. ¿Estabilizar nuestras relaciones? ¿Y qué quiso decir con eso?

RAUL. Yo no sé. No quise preguntarle.

BOB. ¿Las relaciones de quién?

RAUL. Quizás se refiriera a la de los tres.

BOB. Entonces ella sí está colaborando contigo.

RAUL. Pero no de la misma manera.

BOB. Bueno, eso está sobre entendido.

RAUL. m*(Conciliador, casi afectuoso)*. No debes ponerte así. Te has puesto de mal humor y sientes como si nosotros… como si yo… te hubiera desplazado… Pero para Sara… para mí…

BOB. *(Recuperándose)*. Ella querrá todo lo contrario. No conoces a Sara.

RAUL. ¿Estás seguro?

BOB. Conozco a mi mujer mucho mayor que tú, no se te olvide. Por algo he vivido quince años con ella.

RAUL. Quizás esa sea una buena razón para no conocerla.

BOB. Desde que vino a verme cuando tenía veinte años, sabía muy bien lo que Sara quería.

RAUL. Por lo visto, estás muy seguro.

BOB. Después de todo, es «mi cara mitad» y no la tuya.

RAUL. Yo creía… Yo creía que ella era para ti, algo así como todo lo contrario… Me sorprendes, Bob… Por lo menos eso es lo que me habías dado a entender… Lo que escribiste… Lo que escribimos… en *Su cara mitad*.

BOB. Mitad y mitad. No te olvides que no pasa de ser una obra de teatro.

RAUL. Yo creo que es hora de que te vayas, Bob. Esta conversación no conduce a ninguna parte y no hacemos otra cosa que irritarnos.

BOB. *(Pensativo)*. No recuerdo en qué momento Sara cambió su punto de vista y por qué lo hizo.

RAUL. ¿Qué punto de vista?

BOB. Su punto de vista respecto a ti.

RAUL. No tienes más que preguntárselo.

BOB. Me diría todo lo contrario.

RAUL. Sería un modo de saberlo, ¿no te parece?

BOB. Siempre es muy difícil saber la verdad, mucho más diciendo lo contrario. O diciendo una fracción de lo que uno piensa. Bueno, eso lo sabes tú tanto como yo, porque después de todo también eres dramaturgo. Aunque prefieras ser más explícito.

RAUL. Cambió de opinión cuando leyó lo que yo había escrito.
BOB. No, no, fue mucho después.
RAUL. Lo leyó de un tirón una noche en que no podía coger el sueño y tú estabas roncando.
BOB. ¿Te dijo eso?
RAUL. Dijo que le parecía una obra maestra. Y que no se parecía en nada a nada de lo que tú habías escrito.
BOB. No seas ridículo.
RAUL. Es cierto que el primer acto no acababa de cuajar. Sin embargo…
BOB. Eras un material utilizable.
RAUL. Si pretendes ponerme a mal con tu mujer… que es, por cierto, la que dirige lo que yo escribo…
BOB. ¿Por qué tú crees que ella quiso que yo colaborara contigo?
RAUL. ¿Quieres que te diga *todo* lo que ella me dijo?
BOB. Si quieres ponerme a mal con mi mujer, recuerda que entre marido y mujer nadie se debe meter. Que es un asunto estrictamente prohibido.
RAUL. Me parece que es mejor que te vayas. Estás imposible.
BOB. Me largo cuando me digas *todo* lo que ella te dijo.
RAUL. Te lo digo cuando me digas *todo* lo que te dijo de mí.
BOB. Que no ibas a llegar a ninguna parte porque eras un hispano acomplejado, el típico *Latin lover* con la cabeza vacía que creía que podía resolverlo todo con lo que tenía entre las piernas, pero que todo lo que habías escrito era una mierda.
RAUL. Entonces, ¿por qué insistió en que tú colaboraras conmigo?
BOB. Ella no insistió. El que insistió fui yo. Porque era yo el que quería hacerlo.
RAUL. ¡Estás mintiendo, Bob!
BOB. Tienes razón. Solo hemos dicho una sarta de mentiras.

Se miran fijamente. Hay una breve pausa. Se oye el sonido de una llave en la puerta del apartamento. Raul y Bob se inmovilizan por un instante, mirando hacia la puerta.

Entra Sam, de aspecto grosero, muy diferente a Raul y a Bob. Viste mal y con desaliño. Es robusto y nada refinado.

SAM. *(A Bob).* Ah, ¿estabas aquí?
BOB. Me iba. Hasta luego, Raul.
RAUL. Es obvio que estaba aquí, Sam. Ni que fueras ciego.
SAM. No te hagas el listo, Raul. Me agarró de sorpresa, pero en realidad era una exclamación.
RAUL. No diste el tono.
SAM. Porque no soy actor. Yo soy el que produzco la obra.
RAUL. Ni yo tampoco, porque yo soy el dramaturgo.
SAM. Ya sabemos que tú eres uno de los autores de *Su cara mitad.* ¿Por qué no dejas que la otra mitad diga su bocadillo?
BOB. Está bien, Sam. Dejemos esta conversación tan estúpida. Estaba aquí, pero ahora me largo.
SAM. No será porque he llegado. *(A Raul).* ¿Ves que fácil es? Hasta Bob sabe decir su parte. No había motivos para alterarse tanto. *(A Raul).* ¿Por qué no me preparas un trago? *(A Bob).* Hasta la vista, Bob. Nos vemos esta noche, ¿no? Cariños a Sara.

Raul prepara un trago. Sam se sienta en una butaca, estirando las piernas y poniéndolas, algo groseramente, sobre la mesa de centro. Bob va a la puerta. La abre. Queda pensativo. Se vuelve.

BOB. *(A Sam).* No sabía que tuvieras la llave del apartamento.
SAM. ¿Y por qué tenías que saberlo?
BOB. No, por nada. Pero me pareció algo raro. Entraste como perro por su casa, Sam.
SAM. Es que es mi casa, Bob. Después de todo, yo soy el dueño del apartamento. Raul no es más que un inquilino. Y se lo doy a buen precio. ¿No es cierto Raul?
RAUL. Una ganga.
SAM. Lo menos que puede hacer es dejarme la llave para pasar a inspeccionarlo cada vez que me dé la gana y ver cómo andan las cosas.

Raul se acerca con un trago y se lo da a Sam. Sin decir nada más, Bob cierra la puerta y sale.

SAM. ¿Y a ese qué le pasa? ¿Por qué está de tan mal humor?
RAUL. Yo creía que eras tú el que estaba de mal humor.
SAM. No me refiero al mío. Me refiero al humor de Bob. ¿A qué vino?
RAUL. No está conforme con el título de la obra. Prefiere que la llamen *Reglas de conducta*.
SAM. ¿Y eso era todo? Yo creía que esa obra la estabas escribiendo por tu cuenta.
RAUL. Sí, pero de todos modos Sara la dirige, Judy la interpreta y tú la produces. No es posible que Bob se quede fuera. Esto es un pentágono, Sam.
SAM. Un secreto de Estado. Todos eran y nadie parecía. Espía contra espía.
RAUL. No confías en nadie, Sam. Nunca has confiado en mí. Como hiciste con el apartamento, que te guardas la llave para inspeccionarlo de vez en cuando.
SAM. Te estás pasando de listo. No te olvides...
RAUL. Yo no me olvido de nada, pero no es necesario que me lo estés recordando. Me acuerdo de quien me saca una espina y no olvido aquel que me la entierra. Eso del apartamento fue de bastante mal gusto.
SAM. ¿Y qué le iba a decir? Después de todo, no hice otra cosa que decirle la verdad.
RAUL. Hubiera sido más sencillo tocar a la puerta.
SAM. ¿Así que ahora tengo que pedir permiso para entrar en mi propia casa?
RAUL. Esta no es tu casa. Tu casa es en la que vives con tu mujer.
SAM. Te estás soliviantando, ¿sabes? Se te ha dado un dedo y te quieres coger la mano. No sé si Bob se habrá dado cuenta.
RAUL. A lo mejor me he vuelto un revolucionario.
SAM. ¿Tú? Si te oye alguno que lo sea de verdad te manda al paredón, por darle mala fama a los revolucionarios. Y no le faltaría razón, te lo advierto.
RAUL. Ten cuidado, que te estás volviendo bastante desagradable.
SAM. No creía que te importaba demasiado.
RAUL. *(Frontal, abrupto).* ¿Querías algo?
SAM. *(Quitando los pies en la mesa de centro y poniendo el trago sobre ella).* Se me ha atravesado este trago en la boca del estómago.
RAUL. Si quieres algo podemos despachar rápidamente. No tengo tiempo que perder. Sabes que tengo invitados. Tú entre ellos.
SAM. ¿Y esta fiestecita a qué viene?

RAUL. Hoy se cumplen las doscientas representaciones de *Su cara mitad*. ¿Quién se lo iba imaginar? Lo más probable es que esta noche nos den un premio a cada uno de nosotros, incluyéndote a ti, por haberla producido, y que todos salgamos con una estatuilla en la mano. Eso podemos darlo por seguro y sobran razones para celebrarlo. Hemos llegado lejos. Además, quiero demostrarles mi agradecimiento.
SAM. ¿A quién quieres demostrarle tu agradecimiento?
RAUL. A ti. Sé lo que te debo.
SAM. Hay otras opciones. Prefiero que me lo demuestres de otra manera.
RAUL. Sé que arriesgaste un capital por «tu cara mitad».
SAM. Con Judy en el reparto no había pérdida. Es la inversión más segura que he hecho en mi vida. No te hagas ilusiones, Raul. Yo sé donde pongo mi dinero.
RAUL. Me alegro que reconozcas lo que vale tu mujer, porque a ella también le estoy agradecido. Sin ella no se hubiera llegado a las doscientas representaciones de *Su cara mitad*, tengo que reconocerlo.
SAM. Mucho menos hubiera llegado sin mi dinero, que es la mitad que les faltaba.
RAUL. No te lo niego, pero lo has recuperado con creces. No te puedes quejar.
SAM. Supongo que tú tampoco te quejes de nada. Has llegado donde menos te lo imaginabas. Eres el primer *latino* que conquista Broadway.
RAUL. Con la ayuda de ustedes. Porque no vamos a dejar de lado lo que Bob y Sara han puesto.
SAM. ¿Así que ellos han puesto algo también?
RAUL. Yo sé que tú has puesto tu dinero, pero Bob y Sara han puesto su talento y su esfuerzo.
SAM. ¿Y mi mujer? ¿Acaso ella ha puesto algo más?
RAUL. Bueno, tu mujer ha puesto su belleza. Ya sabes que es la mitad de su talento.
SAM. ¿Y qué más han puesto Bob y Sara?
RAUL. ¿Y qué más tú crees que ellos iban a poner?
SAM. No sé, pero lo que es el talento de Bob… Bueno, tú sabrás donde lo tiene. Cada cual pone lo que puede. Después de todo, ¿no eres tú el que paga los intereses? A lo mejor han puesto algo más y no me lo has dicho?
RAUL. ¿Y por qué tenía que decírtelo?
SAM. Yo creo que eso estaba implícito en el contrato.
RAUL. No me vengas con esas. Con el dinero que tienes y a estas alturas, sabes bien que en los contratos no hay nada implícito. Lo que no está estipulado por escrito no cuenta. Este es un contrato de arredramiento temporal, pura cuestión de intereses.
SAM. Pues si Bob y Sara no han puesto nada más que su talento, han hecho una inversión que no tiene pérdidas. Mucho mejor que la mía, que es sido más generoso, ¿no es así?
RAUL. Tus intereses son altos, Sam.
SAM. Creía que te gustaba pagarlos.
RAUL. A nadie le gusta pagar intereses.
SAM. Nunca me lo habías dicho.
RAUL. Nunca me lo habías preguntado. No conozco a nadie que se excite pagándole intereses a un banco.
SAM. Judy siempre ha pagado intereses con gusto.
RAUL. ¿Cómo puedes saberlo? Judy es una buena actriz. Eso lo sabe todo el mundo. ¿O es que tú no te habías enterado? Eres un ignorante. Después de todo, pensabas que yo pagaba con gusto. A lo mejor tu mujer y yo tenemos más cosas en común de lo que tú te imaginas.

SAM. Seré yo.
RAUL. O tu dinero.
SAM. Dios los cría.
RAUL. Y ellos se juntan.
SAM. Cría cuervos.
RAUL. Y te sacarán los ojos.
SAM. Pero para eso hay que tener agallas. Y ni tú ni ella las tienen.
RAUL. ¿Cómo lo puedes saber?
SAM. Porque sé de dónde han salido.
RAUL. Tú crees que tu mujer y yo estamos jugando el mismo papel.
SAM. No sé, pero así parece.
RAUL. Aunque no sea necesariamente lo que es.
SAM. Yo creía que a ti te gustaba llamar las cosas por su nombre. Se te debe haber pegado algo de Bob. Déjate de trabalenguas. ¿Por qué no llamas al pan pan y al vino vino? Habla de una vez.
RAUL. A lo mejor tu mujer y tú son los que tienen los mismos gustos.
SAM. Entonces serás tú lo que tenemos en común. ¿Es eso lo que quieres decir?
RAUL. ¿No te parece? La lógica es la misma, Sam. Solo hay que cambiar el punto de vista.
SAM. Vete al carajo, Raul. Me estás encabronando.
RAUL. No te hagas el macho, coño. Sé la pata de donde cojeas.
SAM. Habla de una vez y di lo que tengas que decir.
RAUL. Esto se acabó. Entrégame la llave.
SAM. Entonces has encontrado a alguien que te dé préstamos a intereses más bajos. Es Bob, ¿no? ¿Es Bob el prestamista? Yo también sé de la pata que cojeas.
RAUL. Tú no sabes nada, Sam. Todo lo quieres resolver con el signo del dólar.
SAM. Un signo al que le cae atrás todo el mundo. Se meten los dólares por donde pueden. Después que se atragantan con ellos vienen las repugnancia con el dulce. Y el que no se atraganta es porque no puede. No creas que tú eres la excepción, Raul, porque tú eres la regla. El mundo está lleno de degenerados como tú.

Se acrecienta la violencia. Tal parece que se van a entrar a golpes.

RAUL. No es lo mismo la necesidad que el gusto.
SAM. Eso lo dicen las putas, pero ve tú a saber.
RAUL. Crees que con el dinero puedes comprarlo todo, corromperlo todo.
SAM. ¿Y no es así?
RAUL. Deberíamos exterminarte.
SAM. ¡Pero tú no tienes pantalones para eso!
RAUL. Créete tú eso. Con los pantalones he armado todo este tinglado.
SAM. Puede que te arrepientas de lo que estás haciendo. ¿Así que Bob ha puesto su talento? ¿Le has dado la llave? ¡Coño! ¡Le has dado la llave! ¡Eres un hijo de puta! Le debes haber dado la llave a todo Nueva York. Será una llave de dominio público.
RAUL. Eres un bruto, Sam. Lo echas todo a perder. Bien me lo ha dicho Judy.
SAM. Este es un asunto entre tú y yo. Deja en paz a mi mujer. No metas a Judy en esto.
RAUL. Con eso no contabas. No sabías que yo iba a meter a Judy en todo esto. Y la tengo metida hasta el cuello.

SAM. Vete al carajo antes que te parta el alma en dos.
RAUL. La llave te la di yo a ti, pero ya es hora que me la devuelvas. Dame la llave, Sam.
SAM. Vete al carajo.
RAUL. *(Gritando).* ¡Dame la llave!
SAM. *(Gritando también).* ¡Coño, primero te mato!

Se abre la puerta de la calle. Entra Judy. Está cargada de paquetes. Es una mujer muy bella y atractiva, conservada maravillosamente bien gracias al maquillaje, los ejercicios, la dieta y la cirugía estética. Viste bien, pero demasiado llamativamente y con un toque de vulgaridad. Parece una réplica de Elizabeth Taylor, o alguna actriz de este tipo.

JUDY. ¡Pero qué escándalo! Los gritos de ustedes se oían desde la puerta del elevador.
SAM. ¿Así que tú también tienes la llave?
JUDY. ¿Qué llave?
SAM. La que tiene todo el mundo, por lo visto. La de este apartamento.
JUDY. *(Mirando la llave, que ya iba a guardar en la cartera).* Ah, la llave... ¿Estaban discutiendo por eso?
RAUL. No, no exactamente.
JUDY. *(A Raul).* Pero tú estabas gritando que te la devolvieran. *(Alargándole la llave).* Si tú quieres que te la dé...
SAM. ¿Por qué no tocaste?
JUDY. Porque ya había sacado la llave de la cartera.
SAM. Entraste como perro por su casa.
RAUL. *(A Sam).* ¿Te has dado cuenta?
SAM. No sabía que ibas a venir por aquí.
JUDY. Ni yo tampoco que tú ibas hacerlo. Le había prometido a Raul unos *o'dourves* para el *cocktail*. Si llego a saber que tú venías a verlo me hubiera ahorrado el viaje.
RAUL. ¿Ves? Todo tiene una explicación, Sam.
SAM. *(A Raul).* Entonces, también le has dado la llave a mi mujer.
JUDY. ¿Cómo que me ha dado la llave? Esta llave la tengo yo desde hace muchísimo tiempo. ¿Es que te has olvidado que antes éramos nosotros los que vivíamos aquí? Cuando Raul se mudó, yo me quedé con un juego de llaves.
SAM. Por lo visto la llave de este apartamento lo tiene medio Nueva York y es probable que la mitad y media del Barrio. Tendré que cambiarle la cerradura.
RAUL. A lo mejor soy yo el que tengo que cambiársela. Después de todo, Judy también es dueña de todo esto, Sam. Muebles incluidos, porque no olviden que se trata de un apartamento amueblado, con todo lo que tiene dentro.
JUDY. Oh, Raul, no digas tonterías. Ya sabes que detesto hablar de dinero. El dinero se ha hecho para gastarlo, querido. Es lo único que me interesa de él.
RAUL. En esta vida todo debe compartirse, Sam.
SAM. Hablas como si esto fuera una comuna.
RAUL. Particularmente el capital.
SAM. Especialmente si no es el capital de uno.
RAUL. No estés tan seguro.
SAM. El capital hay que sudarlo, Raul.

RAUL. No conozco a ningún capitalista con peste a grajo.
JUDY. ¡Qué inocente eres, Raul! ¡Yo he conocido a cada uno!
RAUL. Bueno, será por sucio, pero no porque la haya sudado. El que suda es el trabajo.
SAM. Así que la cosa es ahora de lucha de clases. Hay que tener cara dura.
RAUL. No te olvides que yo soy el que la ha sudado.
JUDY. Esto es ridículo. ¿De qué tonterías estamos hablando? En esta vida todo tiene que compartirse, Sam. *(A Raul)*. Es por eso que cuando el apartamento estaba desocupado y tú empezaste a trabajar en *Su cara mitad* y no tenías un buen lugar donde hacerlo, me pareció buena idea que ocuparas el apartamento. No pienses que los capitalistas somos unos ogros, Raul. No seremos comunistas, pero nos gusta compartir lo que tenemos. ¿Verdad, Sam?
RAUL. Pero yo creía que eso del apartamento había sido idea de Sam. *(Volviéndose a Sam)*. Al menos eso fue lo que tú me dijiste.
JUDY. *(A Sam)*. ¿Le dijiste eso?
SAM. Es mío, ¿no?
RAUL. De los dos, Sam. De Judy y de ti. No se te olvide. Es lo que llaman bienes gananciales. *(A Judy)*. Y es por eso que tú también te quedaste con la llave. Como parte del contrato.
JUDY. ¿Qué contrato?
RAUL. El contrato de arrendamiento.
JUDY. No sabía que había un contrato.
SAM. Claro que hay. Nunca se da nada de gratis. Siempre hay que pagar.
RAUL. Sam no da nada por nada, Judy.
JUDY. No me lo tienes que decir a mí. Por más de veinte años he tenido que pagar intereses muy altos. Tú no conoces a Sam, Raul.
RAUL. No creas, ya me estoy enterando.
JUDY. Después de todo, como dirías tú, soy «su cara mitad». *(Melosa, a Sam)*. ¿No es cierto?
SAM. *(Brusco)*. De todos modos, bien pudiste tocar a la puerta... Podrías haber sorprendido a Raul.
JUDY. ¿Sorprendido a Raul?
SAM. Con una amante.
JUDY. ¿Una mujer?
SAM. Naturalmente. ¿Qué te has creído?
JUDY. Eso no era posible, Sam.
SAM. ¿Cómo que no era posible? Después de todo, Raul es un hombre joven, guapo, que ha triunfado en Broadway, con un brillante porvenir y con un *penthouse* en la Quinta Avenida. Está en la nómina de los *latinos* que triunfan.
JUDY. Ya te dije que tus gritos se oían desde el elevador, Sam. Así que no era posible que Raul estuviera con una amante.
RAUL. A lo mejor tu marido acabará diciendo también que soy un típico *Latin lover*.
JUDY. ¿*Latin lover*? Pero eso está muy visto. ¡Ni que estuviéramos en la época de Rodolfo Valentino! Yo diría que Raul es un *yuppie* muy bien parecido.
SAM. ¿Con esa alcoba tapizada de espejos? Será la excepción que confirma la regla. Un producto del Barrio que ha dado el salto de la minoría de latinos muertos de hambre a los que se han sacado la lotería.
JUDY. Yo no creo que esa alcoba tenga nada de malo.
SAM. Pero, ¿la has visto?
JUDY. Ni que estuviera ciega. ¿No la has visto tú?

RAUL. Claro, Judy. Hay que pasar por ella para ir al baño.
SAM. Son unos espejos del dominio público.
JUDY. *(Acercándose a Raul, melosa).* Raul no tiene secretos para mí, Sam. Soy su confidente. Si tuviera una amante, me lo hubiera dicho. ¿No es cierto, Raul?
RAUL. *(Dejándose hacer).* Si, Judy, no tengo secretos para ti.
JUDY. Raul me lo cuenta todo, Sam. No es como tú, que te guardas muchas cosas. ¿No es cierto, Raul?
RAUL. Sí, te lo cuento todo, Judy.
JUDY. Sabría hasta los más mínimos detalles. *(Separándose de Raul, falsa).* Aunque nunca me ha querido decir de quién fue la idea de ese cuarto tapizado de espejos.
SAM. Será un secreto de alcoba que ni siquiera quiere compartir contigo. *(Mofándose de Judy).* ¿No es cierto, Raul? *(Violento).* Estos espejos debió sacarlos del Barrio, de algún lugar donde él o alguien de su familia estaría trabajando.

Gesto violento de Raul. Judy se le acerca nuevamente.

JUDY. Oh, no le hagas caso Raul. Son prontos de Sam que después se le quitan. También me los ha dicho a mí. Flor de fango o cosas por el estilo. En el fondo, Sam es un anticuado. Ni que estuviera viendo películas mexicanas. Lo que pasa es que Sam tiene celos. A lo mejor se le ha metido alguna idea descabellada en la cabeza.
SAM. ¡Coño, Judy! ¡Vete al carajo!

Sam sale violentamente. Judy y Raul miran hacia la puerta del cuarto por donde ha salido. Se oye a Sam tirando la puerta del baño. Judy y Raul se miran. Después se besan apasionadamente, pero de una forma teatral y cinematográfica.

JUDY. ¿No te importa que te diga algo?
RAUL. ¿Qué cosa?
JUDY. Júrame que no te vas a ofender.
RAUL. Te lo juro.
JUDY. Que es verdad... Que tu eres un *Latin lover*.

Mientras se besan nuevamente, se oye una puerta que se abre y la descarga del tanque de agua de un inodoro.

Cae el telón.

Segundo acto

Poco después del acto anterior. El escenario está completamente iluminado. Suena el timbre del teléfono. Entra Raul, vestido de etiqueta. Luce muy bien, pero se ve algo nervioso y despeinado. Está francamente intranquilo, aunque no quisiera aparentarlo. Contesta.

RAUL. ¡Oigo...! ¡Oigo...! ¿Cómo...? No, no, no entiendo... Sí, sí, este es el número de teléfono... En la Quinta Avenida, sí... No, no, aquí no vive ningún revolucionario... No, ni un terrorista tampoco… ¿Un atentado? ¿Qué quiere decir…? No, no lo entiendo, y quizás sea mejor así. De lo contrario habría que llamar a la policía… No, aquí nadie ha pedido una pizza con pepperoni… Ni una docenas de tacos tampoco… ¿Por qué no se deja de joder? No, le aseguro que aquí no queremos matar a nadie… ¿A mí? ¿Quién iba a querer matarme a mí? Ni yo quiero matar a nadie tampoco… *(Cuelga. Se queda como pensativo).*

Al unísono, Sara, con una copa en la mano, entra procedente de la terraza. Traje negro, de noche, muy elegante. Maquillada a la perfección, sin exageración, luce muy bien. Aunque debe parecer natural, tiene su toque de mujer fatal.

SARA. ¿Quién era?
RAUL. Un equivocado. Alguien que quiere traernos una pizza tapizada con pepperoni.
SARA. ¡Una pizza con pepperoni! ¡Qué asco! Querrá matarnos de una indigestión.
RAUL. Será un revolucionario.
SARA. Lo dudo. *(Pausa breve).* ¿Por qué dices que será un revolucionario?
RAUL. Me dio esa impresión.
SARA. Estará drogado.
RAUL. No lo entendí muy bien. Habló de una bomba, un acto terrorista.
SARA. ¿Te traes otra cosa entre manos? Por una noche hemos tenido bastante.
RAUL. Debe ser un loco, un drogado, de los muchos que andan sueltos por ahí.
SARA. A lo mejor es un personaje que no dejaste entrar en el primer acto. Como hiciste conmigo.
RAUL. No digas disparates.
SARA. Haz memoria. Piénsalo bien, porque si tenía tu número de teléfono… a lo mejor sabía tu nombre y apellido… Y es posible que llegue de un momento a otro.
RAUL. No, ese tipo no estaba en carácter. Desentonaría entre todos ustedes.
SARA. Entre todos nosotros, querrás decir. *(Irritada).* Después de todo, Bob, Sam y tú están vestidos de la misma manera. Eres igual que ellos.
RAUL. Que es como decir que también soy igual que tú.
SARA. Exactamente. Te hemos asimilado.
RAUL. ¿Me han asimilado?
SARA. Sí, te hemos asimilado. ¿Es que no te habías dado cuenta? ¿Es que pensabas que eras como ese que acaba de llamar por teléfono? Bueno, es posible que fueras tú, *antes*. Porque lo recuerdo como si te estuviera viendo. No fue así, vestido de etiqueta, como llegaste la primera vez. Parecías un terrorista, un revolucionario, un tigre tal vez.
RAUL. En todo caso, ese será el personaje de alguna obra que todavía tengo que escribir.
SARA. Estará furioso. Querrá acabar con todo, romper puertas y ventanas. Pero si llamó por teléfono entonces no será más que un personaje ausente, de esos que nunca entran en escena. Como hiciste conmigo. Aunque te advierto que no todos tienen la paciencia que yo he tenido.
RAUL. Estás de muy mal humor. Como todos los demás.
SARA. ¿Te has dado cuenta de lo que has hecho? ¿De qué humor quieres que estemos después que nos han dado una bofetada?
RAUL. Pero yo creía que ustedes eran americanos, que son medio masoquistas.
SARA. ¿Masoquistas nosotros? No nos entiendes.
RAUL. Es posible que entonces no *los haya* asimilado del todo.
SARA. Eres un mal agradecido.

RAUL. Yo pensaba que ustedes eran objetivos. Esto no es más que una obra de teatro. Solo he escrito el primer acto de *Su cara mitad* para celebrar las doscientas representaciones de *Reglas de conducta*. Eso es todo. Ficción y nada más que ficción. Ahora, si ustedes se empeñan en hacer realidad la ficción, eso es cosa de ustedes.

SARA. ¿Vas a decir que no somos nosotros? ¿Con nombre propio y casi con apellido? Has querido humillarnos. Eres un resentido. ¿Qué derecho tienes a quejarte? Tienes todo lo que siempre has deseado.

RAUL. Piensa por un momento en el resentimiento de los demás. Porque hay muchos que sí tienen derecho a quejarse. Recuerda que alguien está llamando por teléfono.

SARA. No creas que me vas a meter miedo con esa tontería. Has enredado todo esto de una forma que no sé cómo vamos a salir. ¡Lo has echado todo a perder! Pero no te olvides de quién eres tú y quiénes somos nosotros *(Pausa)*. Y de contra, para empeorar la cosa, hiciste de mí un personaje ausente, mientras que Judy...

RAUL. Ah, entonces es eso. Un problema de faldas.

SARA. Que por lo visto también es de pantalones.

RAUL. Una comedia de equivocaciones, Sara, en la que cada cual parece ponerse alguna prenda de vestir que le corresponde a los demás. Tómalo como un sueño de una noche de primavera en la que se renace en lo que cada uno es.

SARA. Interpreta el asunto como quieras, pero no tiene ninguna gracia andar de personaje ausente. Me has hecho hacer un papelazo, especialmente delante de Judy.

RAUL. *(Acercándosele, satisfecho).* Entonces... entonces tú también estás celosa.

SARA. No es para menos, pero no de la forma que tú te imaginas.

RAUL. ¿Y cómo me lo imagino yo?

SARA. Como se lo imaginan todos los hombres, no importan las circunstancias. Como si el asunto entre Judy y yo fuera una cosa de mujer a mujer...

RAUL. *(Como refiriéndose al personaje).* Entonces tú no sabías lo de Raul y Judy...

SARA. Como si yo estuviera celosa de Judy porque me estuviera disputando el... el amor... el amor de un hombre... *(Vacilando).* ¡Oh, Dios mío, qué ridículo suena esto, Raul! ¿Estás seguro que no estás escribiendo una telenovela?

RAUL. No, no parece... Pero a lo mejor nos hemos metido en una de ellas y no nos hemos dado cuenta. Después de todo, es la única mercancía que se vende. Aunque, a la verdad, creo que como están las cosas me he quedado corto.

SARA. El caso es que desde que colgaste el teléfono me veía entrar en escena de un momento a otro, esperando que llegara mi bocadillo.

RAUL. Lo estuve considerando, pero me parecía un poco monótono que *ella* también abriera la puerta.

SARA. Podría haber tocado el timbre.

RAUL. No, no hubiera sido una buena idea. Te hubiera colocado en una posición de inferioridad frente a los demás, que tenían la llave. Hubiera traicionado al personaje. Y lo que es peor, te hubiera traicionado a ti.

SARA. Una llave que parece tenerla todo el mundo.

RAUL. Entonces, ¿cómo no ibas a tenerla si tú eres la que más se lo merece? *(Acercándosele).* Entiende, Sara. Te aseguro que mientras más lo pensaba, mejor me parecía la idea de dejarte entrar a principios del segundo acto, como has hecho en este momento. De una forma más íntima, entre tú y yo, secreta, de la cual no se iban a enterar los otros personajes. *(Tomándola en sus brazos).* Algo... algo único... realmente diferente.

SARA. *(Separándose)*. No me interesa. Has calculado mal. Y a lo mejor a él también le has dado la llave.

RAUL. ¿A quién?

SARA. Al terrorista. A ese que llamó hace unos minutos, que quizás no sea más que un personaje ausente ansioso de decir su bocadillo. ¡Qué chasco! Así estará él, hecho un muerto de hambre, sin un bocadillo que llevarse a las cuerdas vocales. Eres un cobarde, Raul. Lo más seguro es que no se aparezca por aquí, que no le dejes asomar las narices.

RAUL. Vamos, no te pongas así. Ni que fueras actriz.

SARA. ¿No lo somos? Siempre estamos actuando, Raul. Lo que pasa es que a veces estamos tan metidos en nuestro papel que no nos damos cuenta. Yo no seré actriz, pero me gusta interpretar papeles que valgan la pena, y en este caso es evidente que Judy, con esa escena final, es la que se roba la obra.

RAUL. ¿Pero es que no te pareció bien ese final del primer acto? A Judy le gusta mucho.

SARA. ¿Cómo no va a gustarle? Ya la conoces.

RAUL. ¿Qué quieres decir?

SARA. Que la conoces mejor que yo *(Pausa breve)*. Quiero decir que tiene mentalidad de telenovela y que con finales como esos terminan todos los episodios de cada día, con un primer plano que es el «mañana continuaremos». Me temo que te estás contagiando con todos esos disparates. Nunca me pude imaginar que ahora te ibas a bajar con esa clase de teatro. Todo muy trasnochado. Lo cual no quiere decir que a la gente no vaya a gustarle.

RAUL. Así que te parece mal...

SARA. No he dicho exactamente eso.

RAUL. Por lo visto aquí nadie dice *exactamente* nada.

SARA. Tú lo sabrás mejor que yo, pero te advierto que es el único modo de decirlo exactamente todo.

RAUL. Yo creo que la que se está bajando con una telenovela eres tú. Nunca me hubiera podido imaginar que ibas a hacer tal cosa. De Judy no me extraña, pero de ti...

SARA. En todo caso, una mujer de su edad besándose con un *Latin lover* veinte años menor que ella, siempre está encantada con su papel, aunque ese papel no sea otra cosa que un papelazo.

RAUL. De veras, nunca te imaginé en ese plano. Pero es posible que lo presintiera y es por eso que no te dejé entrar en el primer acto. Un enfrentamiento con Judy lo hubiera echado todo a perder.

SARA. No creas, a pesar de todo siempre sabemos cómo comportarnos. No nos confundas con una de esas latinas del Barrio.

RAUL. Te hacía con más clase.

SARA. No me vengas con el cuento de que ese beso al final del primer acto era fingido. Te aseguro, Raul, que lo hiciste muy bien. Autor y personaje. Menos mal que Sam no faltó por alto los efectos de sonido y se fue para el baño.

RAUL. A la verdad, ahora eres tú la que estás a punto de hacer un papelazo. Más vale que te calmes, porque los otros pueden entrar de un momento a otro y no sería nada elegante que te encontraran en estas condiciones.

SARA. Eres un degenerado, Raul.

RAUL. *(Muy agresivo)*. Y tú ¿qué cosa eres?

SARA. Por lo menos no juego en los dos bandos, como tú. Con uno tengo más que suficiente.

RAUL. Eso será desde el punto de vista que se mire.

SARA. Me conoces bien poco, lo que a estas alturas me da igual. *(Pausa, pensativa)*. Yo creía... Bueno, conoces bien poco a las mujeres. *(Irónica)*. No en balde...

RAUL. Yo no te hacía tan convencional. Te aseguro que me parecías todo lo contrario. Lo siento. Aparentemente los dos estábamos equivocados. Quizás tengas la razón, y a lo mejor es Judy *mi* protagonista.

SARA. Pero no te creas que eres su primer dramaturgo. Ni el primero ni el último.

RAUL. Si no me equivoco el primer dramaturgo fue tu marido.

SARA. *(Transición. Tras una breve pausa, con autenticidad).* Cuando trajiste aquel libreto para que Bob lo leyera y viniste a verlo aquel día que él no estaba aquí, pensé que las cosas iba a ser diferentes... Pero después... Después empezaste a cambiar el texto.

RAUL. Le dijiste a Bob que yo que lo que yo escribía no servía para nada, que todo era una mierda.

SARA. ¿Quién te dijo eso?

RAUL. Me lo dijo Bob.

SARA. Eso te dijo Bob que le había dicho Sara, pero lo que le dije yo no lo puedes saber, porque no la dejaste entrar en escena... Lo has inventado todo, Raul, y ahora te crees que todo lo que inventaste es cierto. Si tú querías saber lo que yo pensaba, era a mí a quien me lo tenías que preguntar, sin contar que otras veces ya te lo había dicho.

RAUL. ¿Y cómo iba a poder saber que no me estabas mintiendo? Porque es como si lleváramos siempre una careta encima.

SARA. Es un riesgo que hay que tomar. ¿O es que tú crees que se puede ir por el mundo gritando la verdad siempre?

RAUL. Sí, debemos ir por el mundo gritando la verdad siempre. Ahí tienes a *Su cara mitad*.

SARA. *Su cara mitad... Reglas de conducta... Juegos prohibidos...* ¡Mentiras, no has dicho más que mentiras! ¿O es que tú crees que en ese primer acto de... de *Juegos prohibidos...*

RAUL. De *Su cara mitad...*

SARA. ...Sam, Bob, Judy y tú han dicho la verdad en algún momento...? Mentiras, no hay dicho más que mentiras... Solo Sara ha dicho la verdad, porque la dejaste entre bastidores... *(Pausa).* Pero... cuando trajiste aquel libreto la primera vez, pensé que las cosas iban a ser diferentes...

RAUL. *(Acercándosele, insinuante).* Pero lo han sido.

SARA. Todo ha vuelto a su lugar, como si fuera lo mismo. Hemos vuelto al punto de partida. Un poco más atrás, cuando no nos conocíamos... *(Pausa).* Pero... cuando yo te abrí la puerta por primera vez... ¿Te acuerdas?

RAUL. Sí, lo recuerdo, coño. Lucías tan bella que no parecías de verdad. *(Violento).* Cuando te vi por primera vez, sentí ganas de patearte, de acabar contigo, de arrancarte toda la piel a dentelladas. No sé cómo pude contenerme, porque tan pronto te vi quería tirarme encima de ti y entrarte a mordidas, arrojarte sobre el sofá y acabar contigo con lo que tenía entre las piernas. ¿Te acuerdas, no?

SARA. Me acuerdo, sí; pero te aseguro que de un momento a otro todo eso lo habré olvidado. Será como si no hubiera pasado jamás. En realidad, ya casi lo he olvidado.

RAUL. ¿Y qué te parecía yo? ¿Es que yo te parecía blando y lechoso como tu marido? ¿Es que yo te recordaba a Bob?

SARA. No, no me lo recordabas. En aquel tiempo tenías barba y vestías mal. Ese que acaba de llamar debe ser como tú fuiste.

RAUL. ¿Por qué lo dices?

SARA. Porque desde que te abrí la puerta me parecía que te estaba oliendo. Sí, era tu olor. Era como si la puerta la hubieras abierto a patadas y no fuera un hombre el que entraba, sino una bestia desbocada. Tampoco sé cómo pude contenerme, porque desde que te vi lo único que quería era tirarme encima de ti y empezar a morderte.

RAUL. Tendría ese olor especial de las clases bajas que vuelve loca a muchas mujeres. Ese olor que se llama peste. Sería un *Latin lover*.

SARA. Te aseguro que si me hubieras parecido un *Latin lover* nunca me hubiera acostado contigo.

RAUL. Lucías tan linda que no parecías de verdad. Eras como una estampa, pero de película. Cuando era niño fui a ver una película de Grace Kelly, no recuerdo cuál, y cuando te vi, fue ella la que me vino a la cabeza. No había visto nunca a una mujer así. Tan limpia como si siempre estuviera acabada de bañar y hubiera salido del agua, y al mismo tiempo estuviera maquillada, arreglada para mí, solamente para mí, pero siempre natural, acabada de nacer del agua. Fue ella la que me vino a la cabeza cando te vi, y me di cuenta que entonces tenía que acabar contigo, porque me excitabas de pies a cabeza y no sabía cómo iba a poder contenerme. Eras tan linda que creía que eras de mentira, pero todo tu cuerpo y todo cuerpo me decía que eras de verdad, y media hora más tarde ya sabía que eras más puta que las gallina.

SARA. Me apuesto a que no te recordaba a ninguna de las puertorriqueñas con las que te habías acostado en el Barrio.

RAUL. Pero a ti yo te debía recordar al chico de la bodega, al que mandabas a buscar para que te subiera los mandados; ese *Latin lover* de la hora del *lunch,* que siempre sale más barato, al que se despacha con una propina.

SARA. No, no me lo recordabas

RAUL. Por poco te mato.

SARA. Sí, por poco me matas.

RAUL. Pero después te quedaste rabiando, como si no te hubieras quedado satisfecha.

SARA. Me había quedado satisfecha.

RAUL. Como si quisieras más.

SARA. No, no era que quisiera más. Era que quería que me hubieras matado.

RAUL. Me odiabas, me detestabas.

SARA. Que me castigaras, que efectivamente acabaras conmigo, pero no de mentira, sino de verdad; no figurativamente… Que me ejecutaras de una vez para siempre con el arma que tenías entre las piernas.

RAUL. Me odiabas, me detestabas, aborrecías lo que te estaba haciendo.

SARA. Sí, Raul. Te odiaba, te detestaba, te aborrecía por todo lo que me estabas haciendo.

RAUL. Pero querías más. Que te pateara, que te triturara por lo que eres, por americana puta y perra, como esas que van por ahí buscando los machos del subdesarrollo, acostándose con ellos a la hora del *lunch,* aprovechando el alza del dólar y la baja de todas las monedas, la inflación y la miseria. Porque eso era lo que eras, ¿no? Y tú lo sabías, ¿no?, y tú lo sabías tanto como yo. Pero yo no era Bob, ni era como ninguno de los otros que habías conocido en el bar de la esquina, ni siquiera como esos *Latin lovers* hambrientos, limosneros, que te traían los mandados, ¿no es verdad?

Raul tira a Sara sobre el sofá. Forcejean.

En medio de la lucha, los parlamentos de Sara y Raul podrían acortarse, aunque en el montaje del estreno no se acortaron y funcionaron a la perfección. He preferido dejarlos como en la versión original para evitar pérdidas de textos que pudieran ser fundamentales, dejando cualquier opción en manos del director y las posibilidades de los actores y las específicas circunstancias de producción. Claro que cualquier corte debe tener en cuenta el desarrollo del juego de poder entre los dos personajes.

SARA. Sí, es cierto.
RAUL. Y estabas furiosa, furiosa contigo misma, y eras tú la que se quería patear, patearte a ti misma, porque pensabas que solo yo podía satisfacerte, que ni Bob ni ninguno de esos americanos descoloridos con los que lo habías engañado una y otra vez te gustaban, te satisfacían, que yo te gustaba más porque tenía ese olor, ese sabor a bestia que venía de algún lugar exótico que ni siquiera te podías imaginar, ese sudor que me corría y que caía sobre ti y que te bañaba; que yo la sudaba como no la sudaban ellos, que yo hacía un trabajo a conciencia como si fuera un camionero, un obrero, y que eso era lo que tú querías, así, a lo bruto, en una fantasía del Parque Central donde te veías acostada con hispanos como yo, mulatos y negros del Barrio que caían sobre ti, porque solo tú, que eras una americana blanca y rubia y con dinero podías gustarles.

Siguen forcejeando de una manera brutal en una escena de sexualidad y violencia.

SARA. ¡Déjame! ¡Déjame!
RAUL. Y era entonces cuando ibas a Bob con el cuento de que yo no servía para nada, ¿no es así? Porque eso es verdad y yo no he inventado nada, porque eso era lo que pensabas de mí mientras tenías otras razones metidas en la cama.
SARA. Sí, es cierto. Y es por eso que Bob y yo decidimos acabar contigo, cástrate de una vez.
RAUL. ¿Qué quieres decir?

Transición. Sara gana terreno y se pone de pie.

SARA. Que todo lo decidía yo. Que Bob y yo decidimos acabar contigo. Tragarte. Deglutirte. ¿O es que tú crees que eso que tú me repetías al oído era una caricia? «Puta, puta, hija de puta». Y me lo repetías en español una y otra vez, para que me lo aprendiera de memoria. «Puta, puta, hija de puta». Y eso era lo que yo era para ti. Y me gustaba oírlo, porque me insultabas, porque me hacías descender a lo que yo soy, a lo que tú eras: «hijo de puta, hijo de puta, hijo de puta». *(De pie los dos, Sara se le encima, pero él retrocede).* Y era entonces cuando más sentía, cuando más me apretaba a ti. Y tú me lo repetías porque te dabas cuenta que eso era lo que quería escuchar yo, esas patadas de tu voz que eran una caricia sobre mi cuerpo. Y me lo repetías. Ese sexo que te salía de la garganta, odiando y violándome como si todas las americanas rubias y putas del mundo estuvieran allí, reunidas en el sexo que tenía entre las piernas. *(Breve pausa. Transición).* Te acostabas conmigo como si estuvieras metido en una lucha de clases. Y yo me acostaba contigo por la misma razón. ¿Nos odiábamos, no? *(Pausa más larga. Transición. Se separa, se aleja).* Te juro que nunca he deseado tanto... he amado tanto... Te amaba de una manera que no se puede entender... esperaba esa voz en el teléfono... Una explosión que acabara con todo... Una descarga brutal... *(Volviéndose, pero alejada).* Que la puerta se abriera de un momento a otro y entraras tú en un vuelco que fuera el definitivo... El hombre, Raul, el hombre que tú fuiste... Que no fueras a ceder... Que escaparas a todas las leyes de la gravedad que te llevarían a una caída inevitable... Que no dieras un paso atrás... Que escapar del *glamour* de Judy... De los dólares de Sam... El hombre, Raul, el Hombre, con mayúsculas.

Sara domina la situación. De pie, recorre el escenario, domina la escena. Raul se deja caer en el sofá, anonadado. Como si ya no escuchara y Sara prosiguiera con su monólogo, quizás, a veces, más para nosotros y para sí misma.

SARA. ¿No era hermoso? *(Pausa)*. Hasta que un día me di cuenta que ya era diferente, que había pasado lo que tenía que pasar... Que ya no estabas aquí... No sé cuando fue exactamente... Un gesto tuyo... Tal vez fue una palabra de Bob que me dio el aviso... *(Pausa)*. Bueno, debo confesártelo, yo siempre he amado a Bob también. A nuestra manera nos hemos amado mucho. De una forma también que nadie entendería. «Mi cara mitad». Es por eso que Bob y yo siempre acabamos poniéndonos de acuerdo. *(Más directamente a Bob)*. ¿O es que tú crees que todo esto que tú cuentas nos ha cogido de sorpresa? Si tú crees que nos has dado una bofetada en pleno rostro, que nos has hecho una humillación, un chantaje, no te imagines que vas a ganar algo con ello. En todo caso, Bob y yo siempre hemos estado de acuerdo. ¿O es que tú crees que todo lo que ustedes estaban haciendo lo hacían a espaldas mías? ¿O es que tú crees que Bob no ha llamado también al chico que hace los mandados, despachándolo después con una propina? ¡Qué inocente eres! Era una guerra y teníamos que castrarte. Lo siento, de veras, más de lo que te puedas imaginar, pero no nos quedaba otro remedio. Una cuestión de seguridad, una medida preventiva. Por higiene. Como se hace con los perros y los gatos, para meterlos en casita y que laman las puntas de los dedos. Compréndelo. *(Pausa)*. Me temo... Me temo que vas a tener que volver a escribir ese primer acto otra vez.

Suena el timbre del teléfono. Raul, inmóvil en el sofá, levanta la cabeza, pero no va a contestar. Sara, decidida, contesta. Raul permanecerá en esta actitud hasta el final del acto, asimilando todo lo que se dice, internalizándolo. Los otros actuaran ignorándolo completamente, como si no existiera; salvo ocasionalmente, cuando lo indique el texto.

SARA. ¡Oigo...! ¡Hello...! ¡Oigo...! *(Ansiosa)*. ¿Quién llama? ¿Qué quiere? ¿Quién es usted?

Sara cuelga. La puerta vidriera que conduce a la terraza se abre. Entra Judy, también muy elegante, vestida de noche.

JUDY. ¿Quién era?
SARA. No sé.
JUDY. Pero, ¿qué quería?
SARA. No tengo la menor idea. Era... como si llamara para saber... para saber si todos estábamos aquí...
JUDY. Hija, que ideas se te ocurren. Será alguna amiguita de Raul... o algún amigo, ve tú a saber, de los muchos que tiene.
SARA. ¿Qué han decidido?
JUDY. Bueno, Bob y Sam no acaban de ponerse de acuerdo. Claro, como Bob es un demócrata liberal y Sam un republicano cavernícola, cada uno de ellos tira para el lado contrario. A cada uno se le ocurre un final diferente, aunque en el último momento

se pondrán de acuerdo. Pero a la verdad, no sé qué saldrá de todo esto. Eso sí, los dos quieren que sea un éxito de taquilla.

SARA. Entonces todo terminará en un *happy end*.

JUDY. Es mejor así, ¿no te parece? La gente viene al teatro a pasar un buen rato y no vamos a aguarles la fiesta. ¿No es verdad, Raul?

SARA. Raul se ha quedado mudo y con la boca abierta.

JUDY. *(Acercándose a Raul, despeinándolo cariñosamente).* ¡Pobre Raul! ¡Tan orondo que estaba a final del primer acto! *(Volviéndose a Sara).* ¿Qué le has hecho?

SARA. Bueno, habíamos quedado...

JUDY. *(Acariciando a Raul).* ¡Oh, Sara, qué mala eres!

SARA. Yo solo le he dicho la verdad.

JUDY. ¿Y te parece poco?

SARA. La verdad nunca duele.

JUDY. ¡Qué disparate! *(A Raul, como regañándolo).* Claro que tú te la buscaste, haciendo por ahí cosas que no se deben. ¿Quién te mandó a meterte en camisas de once varas y sacar las patitas del plato? Porque, ¡vamos a ver! ¿No te bastaba con Sara y conmigo para tener que meter a Bob y a Sam a hacer cosas feas? ¿Eh? ¿Es que no he sido siempre complaciente contigo? ¿Es que no te hacía todo lo que me pedías? ¡Di! ¡Contesta! *Raul no se mueve).* ¡Pero no te pongas así, Raul! ¡No lo tomes tan a pecho! No conozco ninguna obra de Bob que no tenga un *happy ending*.

SARA. Esta obra es de Raul, Judy. No te olvides que él es responsable de todo esto.

JUDY. Sí, es verdad. ¡Qué cabeza la mía! Desde que escribieron juntos *Reglas de conducta*, no hay diferencias entre uno y otro. ¡Pobre Raul! No creas, siempre le estaré eternamente agradecida por ese final del primer acto. ¡Es tan romántico! Espero que Bob y Sam no se pongan demasiado pesados... Porque si hubiera sido entre tú y yo, ya lo hubiéramos resuelto. Nos lo hubiéramos repartido de alguna manera. Tú sabes, con ese título de *Su cara mitad,* pensé que la cosa era mucho más sencilla.

SARA. Bueno, lo que pasó fue que Bob no quería colaborar en la comedia y me pidió que yo trabajara con Raul.

JUDY. ¿Entonces tú también has estado escribiéndola? No en balde esto se ha enredado de esta manera?

SARA. No, yo no he estado escribiéndola directamente. Simplemente, Raul y yo hemos trabajado juntos planeando el desarrollo del argumento, los caracteres, las situaciones, para no tener que hacer demasiados cambios después, al llevarla a escena.

JUDY. Entonces... ¿entonces tú lo sabías todo?

SARA. ¿Qué cosa?

JUDY. Lo de Bob y Raul.

SARA. Pues claro, Judy. Fue idea mía.

JUDY. ¿Y lo de Sam?

SARA. Bueno, eso se caía de su peso. Una ley económica que no tiene desperdicio.

JUDY. ¿Entonces es por eso que Bob y Sam también estaban de acuerdo?

SARA. *(Sorprendida).* ¿Cómo que Bob y Sam también estaban de acuerdo?

JUDY. No lo tomes al pie de la letra, porque con estos enredos a lo mejor estoy equivocada? *(Con intención).* Pero Bob y Sam...

SARA. ¿Bob y Sam?

JUDY. Lo que tú oyes. Algo de eso dijeron en la terraza, aunque no entraron en detalles. Pero yo creía que Bob no tenía secretos para ti.

SARA. Sí, pero no hay que explicarlo todo. Entrar en detalles sin importancia.

JUDY. Bueno, debe ser eso. Yo, en realidad, no le presto asunto a nada de eso. En definitiva, no me quejo. Sam tiene sus inconvenientes, pero he estado tirando. ¡En todo caso, era feliz con Raul! *(Mirando a Raul)*. ¡Pobre Raul! ¡Está destrozado! Da pena verlo.

SARA. Él se lo buscó. Bien merecido se lo tiene.

JUDY. Tengo que confesarte que lo de ustedes dos me agarró de sorpresa. Bueno, no me podía imaginar que tú… con ese tipo tuyo, así, tan arregladita siempre… Yo creía que tú y Bob eran felices.

SARA. Bob y yo somos felices.

JUDY. Sí, entiendo, porque cada cual es feliz a su manera. En todo caso, Sam me lo decía. Que no confiara en ti. Que tú eras de las que las mataba callando… Y Raul…

SARA. ¿Raul te hablaba de mí?

JUDY. Bueno, no exactamente.

SARA. ¿Qué quieres decir con eso?

JUDY. Eran epítetos… Bueno, insultos más bien.

SARA. Pero eso era de mal gusto, Judy.

JUDY. Eso le decía yo. Pero en fin, hay que tener en cuenta que después de todo Raul es un latino. Quizás Sam tenga razón en lo que dice. Que nosotros somos una raza superior. Gozamos por ahí, pero pensamos con la cabeza. Por eso estamos donde estamos. Pero ellos son tan ignorantes que piensan por el mismo lugar y que por eso están donde se han quedado, y Raul es tan latino como los otros, después de todo. ¿Qué se le puede hacer? Le gustaba decir malas palabras. Se empeñaba en que tú…

SARA. Dilo, Judy, dilo.

JUDY. Es que, hija, no te quiero ofender.

SARA. No, no, dilo de una vez.

JUDY. «Puta, americana puta», «Puta de tu madre», «Puta degenerada». Que eras una puta mosquita muerta. Bueno, ¡para qué contarte! Con decirte que yo creo que estaba obsesionado contigo, porque aquello era una exageración… Te advierto que a mí me decía lo mismo, pero como soy trigueña aquello de «puta rubia» no iba conmigo, y me hacía reír. ¡Qué locura! Espero no haberte ofendido.

SARA. ¡Habrá que castrarlo! ¡Cómo a los gatos y a los perros!

JUDY. ¡Qué bárbara, Sara! ¿Cómo puedes decir tal cosa? ¡Ni que fuera la historia de Judith y Holofernes! ¿De dónde has sacado eso? *(Tocando a Raul afectuosamente)*. ¡Mira cómo has puesto a Raul! ¡Lo tienes temblando de pies a cabeza! Te advierto que para ese tipo de obra no cuenten conmigo.

SARA. Es un canalla. Un latino degenerado y oportunista que detesta todo lo que tienen las mujeres como nosotras. Un resentido, Judy, que se ha acostado contigo y conmigo para humillarnos y hacer lo mismo con nuestros maridos.

JUDY. No sé qué decirte, pero lo que soy yo no me voy a poner en ese plano… Competir contigo, pase; pero con esa bestia de Sam, ¡ni pensarlo! *(A Raul)*. ¡Vamos, habla Raul! ¡No te hagas el mudo! ¿Te gustaba o no te gustaba acostarte conmigo? Te advierto que con ese mutismo no vas a llegar a ninguna parte, porque tenemos que tomar una decisión y con alguien tendrás que quedarte. *(A Sara, tomando a Raul por la barbilla)*. ¡Pero tú crees que a un hombre tan guapo puede gustarle estar con un gorila como mi marido! ¡Dímelo a mí, que he tragado mis buches amargos! ¡Y con Bob, que debe ser un hombre tan aburrido! *(Soltando a Raul, un poco como quien deja una cosa).* No, Sara, sus razones tendría. Será un canalla, un oportunista, un resentido, todo eso y mucho más, que en eso no me voy a meter ni lo voy a poner como un dechado de virtudes, pero lo cierto es que pasaba mis buenos ratos con él y estoy segura que él los pasaba conmigo. Ustedes han armado un alboroto por nada. Yo te creía más moderna, más sofisticada. Pero, en fin, como me imagino que a ti no te importa, *quiero que me lo dejes.*

SARA. ¿Cómo que te lo deje? ¿Qué quieres decir?

JUDY. Nada, dejar todo esto en una pieza en un acto y cuando Sam salga del baño yo le digo que me quedo con Raul. Si él quiere que se quede con el apartamento y todos los espejos, que por cierto, a estas alturas no he podido saber quién tuvo esa idea… En fin, que me quede con él.

SARA. Te quedarás con un gatito, con un misumisu, con un minino.

JUDY. ¿Con un minino? Por favor, Sara, tú bien sabes que Raul no es ningún minino.

SARA. Un minino, un misumisu, un perrito faldero que Bob y Sara sacarán a pasear por Park Avenue.

JUDY. Bueno, lo que tú digas, que a mí eso me importa un comino. Me quedo con el misumisu. Lo mío con Sam está finiquitado, de todas formas. No lo aguanto ni un día más. Y estoy segura que Bob podrá buscarse otro perrito faldero de los miles que andan por ahí… Latinos, italianos, griegos, chinitos también. De todas las marcas, tamaños y colores. Pero tú me dejas a Raul, que es mi ¡*Latin lover*! *(A Raul).* ¿Verdad, mi vida, que tú quieres quedarte conmigo? *(A Sara).* Que me dé un beso, que caiga el telón y se quede conmigo.

SARA. *(De pronto).* Ve a la cocina y trae el cuchillo.

JUDY. *(Sin entender).* ¿Cómo?

SARA. Que vayas a la cocina y traigas el cuchillo.

JUDY. ¿Qué dices? ¿Que yo vaya a la cocina a buscar un cuchillo? ¿Yo? ¿Vestida así? Te has vuelto loca de remate, Sara. Si tú crees que yo, que he interpretado las mejores comedias que se han puesto en Broadway, voy a entrar en escena vestida como estoy y con un cuchillo, es evidente que estás loca de atar y has perdido el juicio.

SARA. *(Amenazante, bastante desquiciada, a Judy, que retrocede).* Ve a la cocina y trae el cuchillo. Ve a la cocina y trae el cuchillo.

JUDY. ¡Ve tú, hija de puta! ¡Ve tú, puta de mierda! Entra por esa puerta como una loca. Haz el ridículo, como Anthony Perkins en *Psycho*, que se jodió para siempre y no ha puesto una nunca más. ¡Pero lo que es conmigo no cuentes para eso!

Se abre la puerta vidriera que conduce a la terraza. Entran Bob y Sam, ambos de etiqueta, como Raul. Al mismo tiempo, suena el timbre del teléfono. Sara, consternada, lo mira. Raul levanta la cabeza y lo mira también, pero no se mueve.

SAM. ¿Qué pasa aquí? ¿Qué escándalo es este?

Sara da uso pasos hacia el teléfono, pero Bob se adelanta y contesta.

BOB. ¡Oigo! Hello! ¡Oigo! Hello!

Bob cuelga.

JUDY. Nada, Sam, que Sara se ha vuelto loca y quiere que vaya a buscar un cuchillo a la cocina para…

Judy se lleva la mano a la boca como si ahogara un grito, sin terminar la oración, muy teatral.

SARA. *(A Bob).* ¿Quién era?
BOB. Nadie. Alguien que marcó un número equivocado, supongo.
SARA. ¿Estás seguro?
BOB. No, claro que no. ¿Cómo podría saberlo?
SARA. *(Histérica).* ¡Júrame que no me estás mintiendo, Bob!
BOB. ¿Pero cómo te voy a estar mintiendo por una tontería semejante?
SARA. Para no alarmarme. ¡Qué sé yo! O alguna otra razón para que yo no sepa la verdad.
SAM. ¿Han llamado antes?
SARA. Es la tercera vez. A lo mejor Raul se trae algo entre manos, Sam. Sabe Dios qué idea se le ocurre. No vamos a tener paz y tranquilidad hasta que acabemos con él.
SAM. Es lo que digo yo. Que vamos a tener que cambiar la cerradura, porque al menor descuido todo el Barrio tiene la llave y se nos echa encima. Aquí ya hay más latinos de la cuenta.
SARA. Tengo miedo, Bob.
SAM. Sara tiene razón. Son una partida de delincuentes.
SARA. Morfinómanos... Degenerados... Prostitutas...
BOB. Cálmate, Sara. Usa la cabeza.
SARA. No puedo, Bob. De pronto, estoy aterrada... Es como si nos fueran a atacar de un momento a otro... Ladrones... Asesinos... Terroristas... Revolucionarios tal vez...
BOB. Ven, ven, no te pongas así. Tienes los nervios destrozados.

Sara corre a los brazos de Bob, que la abraza y parece protegerla entre ellos.

JUDY. *(Desolada, en medio del escenario).* ¿Pero quién va a querer hacernos daño? ¿Qué mal hemos hecho, Sam?
BOB. *(A Sara, paternalmente).* Lo que pasa contigo es que todo lo quieres llevar al pie de la letra. Has asustado a Judy con esa historia del cuchillo. No es necesario llegar a esos extremos. También el pobre Raul ha querido llevar las cosas a punta de lanza. Ya estará aprendiendo su lección, como la hemos aprendido todos alguna vez. *(A Raul).* Porque no creas, Raul, que lo que te ha pasado a ti no nos ha pasado a todos los demás. A todos nos pasa, aunque seamos sajones. Lo que pasa es que a nosotros nos pasa en inglés, y es por eso que la gente no nos entiende.
JUDY. Es triste, Bob. ¡Oh, yo siempre seré una sentimental! Bob, no me hagas llorar.
SAM. Vamos, Judy, déjate de ridiculeces.
SARA. Termina, Bob. Termina de una vez.
BOB. Mira, Judy, alcánzame el libreto y dame las tijeras. Tenemos que hacer algunos cortes en el texto.

Sara se separa de Bob. Judy va a la mesita donde está el teléfono. Toma un libreto y unas tijeras que están allí. Se las lleva a Bob. Este las toma y le da las tijeras y el libreto a Sara.

BOB. Córtaselo tú.

Mientras dice el texto que sigue, Sara corta el libreto y tira los pedazos por el escenario. Lee en algunas ocasiones. No hay indicaciones específicas, pero el texto mismo va determinando la violencia y el creciente paroxismo de Sara. El escenario se va oscureciendo, aunque nunca queda completamente a oscuras, sino en una penumbra. Un foco de luz sigue a Sara y otro cae sobre Raul sentado en el sofá con la cabeza baja. Este monólogo lo mantengo en toda su extensión aunque naturalmente podría acortarse por razones prácticas a los efectos del montaje.

SARA. *(Sin dirigirse directamente a Raul, como si fuera una reacción al libreto que tiene en las manos).* Desde que leí la primera oración sabía que teníamos que acabar contigo. Exterminarte a ti y a los de tu ralea, como si los mandáramos a las cámaras de gas. ¡Canalla! ¡Degenerado! No sé qué te habías creído *(Pausa).* El texto estaba ahí, sobre la mesa de noche y su olor llenaba la habitación como si estuviera copulando... Aquel primer acto era una batalla campal, un grito de guerra, para acabar con todos nosotros. Con las rubias de ojos azules como yo. Con la vida barata de Judy. Con las claudicaciones de Bob. Con los dólares de Sam. Allí estaban todas las pateaduras que te habían dado, las de antes y después, que llevabas dentro como si te hubieran marcado para siempre. Era una amenaza, un caos, que me hacía temblar al lado de Bob. *(Pausa).* Bob roncaba como un bendito. *(Transición. Histérica).* ¡Despierta, Bob! ¡Despierta, Sam! ¡Despierten todos ustedes! *(Pausa).* Las palabras estaban allí, en cada una de las palabras escritas en el papel, con un pasado que te arrastraba hacia otro idioma, otro territorio... Sam pensando que sus dólares estaban seguros en la caja fuerte y Judy envuelta en pieles... Y yo con aquel texto en las manos que me hacía temblar al lado de Bob... Las palabras estaban ahí, delante de mí, devorándome como me iba a devorar él con su boca. *(Transición).* ¡Había que empezar a cortar! ¡Cuánto antes mejor! ¡Acabar de una vez con aquel lenguaje, con aquel ataque cuerpo a cuerpo! *(Violenta).* ¡Sí, sí, a tijeretazo limpio! ¡Córtalas una a una, Sara! ¡Que no levanten cabeza! ¡Desarticula, asesina, que no quede una palabra! ¡Que no puedan respirar! ¡Así! ¡Así! ¡Córtalas, hazlas pedacitos! *(Pausa larga).* Estaba en peligro de muerte, Bob! Su lenguaje dentro del mío, poseyéndome, arrastrándome hacia los bajos fondos... Un latino más en el territorio que era nuestro... Seduciéndome... Y yo surgiendo de las aguas como si acabara de nacer... *(Reaccionando).* ¡No, no te dejes engañar! ¿Qué te importa a ti que él esté buscando un lugar en el sol? Está haciendo trampas, ¿lo ves? Solo quiere acostarse contigo, aprovecharse de ti, humillarte. No escuches el texto, ¡no! ¡Métele tijera, ¿eh? Métele tijera! Oraciones llenas de odio, párrafos llenos de rabia, escenas llenas de inmundicias, siglos llenos de miseria, rencor y desesperación. ¡Tragedia y melodrama! ¡Un grotesco que no sirve para nada! *(Pausa).* ¿Sin poder levantar cabeza? ¡Jódete, cabrón, jódete! ¡Palabras y nada más que palabras! *(Transición, erguida).* ¡Nosotros, no! ¡Limpios, blancos, sonrientes, podridos en dinero! *(Transición, arrastrada eróticamente por el texto).* Cada letra... cada sílaba... cada palabra... Una lujuria... Un orgasmo... ¡No...! *(Transición).* Por eso aquella vez, cuando te apareciste con aquel primer acto que yo tenía que cortar... *(Muestra la tijera).* Con este filo, ¿ves? *(Cortando).* Así y así... A pedacitos... *(A punto de dejarse llevar eróticamente).* Tú, que me sacudías de pies a cabeza... *(Transición).* ¡Bob..! ¡Bob...! ¡Despierta, Bob! ¡Ahora! ¡Pronto! ¡Acaba con él! Destrúyelo... Digiérelo... Suavemente... despacio... lentamente... Hay que moldearlo, fabricarlo de nuevo, hacerlo otra vez... Hecho por nosotros mismos a la medida de nuestros intereses... *(A Judy).* ¡Es tuyo! ¡Te lo regalo! Una liquidación... Una baratija... *(Volviéndose a Sam).* Cómpralo, Sam... ponle el dinero entre las piernas... Dale la llave... Un lugar en el sol... Un lugar en el *penthouse...* ¡Trágatelo! Como a los italianos... a los griegos... a los mexicanos... ¡Dinero! ¡Dinero por todas partes! Por arriba... por abajo… por fuera… por dentro… ¡Dinero y nada más que dinero! *(Tiene el libreto en la mano y las tijeras, cortando, desgarrando el libreto).* Pero el libreto… sobre todo el libreto… Hay que acabar con él de una vez… *(Dirigiéndose a Bob).* Blando como tú, Bob… Déjalo que piense que es él el que escribe la obra, el que pone los puntos y las comas… Déjalo que él crea que sí, que al fin escala, que traza el argumento, que tiene su lugar en el sol… Que es él quien tiende la trampa… Quítale una palabra por acá… Otra por allá… Que no quede nada… Ablándalo bien, águalo todo, como tú bien sabes hacerlo. Quítale color a las palabras, quítale fuego. Enséñale a escribir ese lenguaje del éxito que todos quieren dominar y que todos quieren escuchar. Echa sus palabras por el tragante. Prostituye el texto. Que no diga nada que valga la pena escuchar, que valga la pena repetir. *(Vuelve a subir el tono, hasta llegar al paroxismo al final del monólogo. Tira algunas hojas por el aire).* ¡Trucos… técnicas… mentiras… engaños… sinónimos… sutilezas… hipocresías… medias tintas…! El éxito que lo entierre… La palabra que lo sepulte… ¡Moldearlo… recomponerlo… volverlo a hacer…! ¡Que no quede nada de lo que dijo ni lo que pueda decir! ¡Que se calle para a siempre! *(Cortando las páginas con las tijeras y esparciendo los pedazos).* ¡Que no quede nada del hombre que era! ¡Cortarle todas las palabras de raíz! ¡Así… así… así…!

Sara llega al paroxismo, destrozando el libreto completamente. Bob y Sam están junto a Raul, encimados casi. Le toman la cara y lo abofetean. Se acrecienta la oscuridad, salvo la luz en el sofá.

BOB. Está muerto, Sara. Es un minino. Un misumisu.
SAM. ¡Mira que piltrafa, Judy! ¡Es un perrito faldero!

De pronto Raul da un salto. Empuja a Sam y a Bob, que están desprevenidos.

RAUL. *(Con toda la furia que ha ido acumulando durante todo el tiempo que no ha dicho palabra).* Fuck you! Fuck you! Fuck you all!

Sam y Bob reaccionan de inmediato y caen sobre él. Se entabla una lucha. El sofá cae hacia atrás. Todo muy rápido. Judy pega un grito. Sara, con la tijera en alto es una figura diabólica, amenazante y corre hacia donde están los otros. Raul grita nuevamente, pero sin que se le vea, cubierto por los cuerpos de los demás: «Fuck you, hijos de puta! Fuck you, hijos de puta!». De pronto, al unísono, alguien le da una patada a la puerta, que se abre de par en par de modo violento. A contraluz se ve la silueta de un hombre en posición agresiva, con una metralleta en la mano, que dispara. Es «El Tiznado».

Cae el telón.

Tercer acto

El escenario está completamente iluminado, como a principios del segundo acto. La puerta de la calle está cerrada. Todo parece estar en orden y en su lugar. Entra Raul, vestido de etiqueta, como en el acto anterior, pero algo nervioso y ligeramente despeinado. Marca un número. Habla, pero mantiene la vigilancia sobre la puerta que conduce a la terraza.

RAUL. *(A veces, pausas brevísimas; otras, un poco más largas).* ¿María? Sí, soy yo, Raul. ¿Ya estás lista? Sí, ya puedes venir… Toma un taxi y ven para acá… Sí, el primer acto les ha gustado mucho… Una delicia, una maravilla, una obra maestra. Que ya no se escriben cosas así… Bueno, eso fue lo que dijeron; lo que piensan, ve tu a saber. No se puede ir más allá de la fachada… Esa gente muere con la careta puesta… *(Pausa un poco más larga que las otras).* Sí, yo creo que esta vez he dado en el blanco… ¡Figúrate! Trabajo me ha costado. Sexo, violencia, mariconerías… Lo que quiere el consumidor, mi vida. *(Pausita).* ¡No, chusmería no, porque yo todo lo tomo muy en serio! *(Pausita. Riéndose).* No, coño, en la cama no, pero eso es otra cosa… *(En otro tono).* Claro que el segundo acto se las trae, y se quedaron patidifusos… Sí, sí, yo sé que El Tiznado no hace más que joder y poco a poco les fue metiendo miedo, coño, hasta ese maldito final en que se apareció para joderlo todo. Bueno, ya tú sabes cómo es él. Voy a tener que estrangularlo, porque lo único que quiere es meter patadas por el culo… *(Pausa).* No, no, soy yo, Raul… No, no es el Tiznado… Sí, sí, ya sé que quiere salir otra vez, pero lo tengo amarrado cortico, porque si esa gente si lo ve se asusta y nunca podré poner la obra. Tendré que tomar medidas para el tercer acto, no te preocupes… Sí, te juro que tengo puesta la careta, y al cabrón ese lo tengo amarrado patas con manos. *(Tapando el auricular, como si le hablara a alguien).* ¡Coño, Tiznado, no jodas más! *(A María, en la línea).* Ven pronto, que solo faltas tú para ponerle a esto su champú de cariño… ¡Hay que celebrarlo! ¡Nada menos que bajarme con un Tony Award! Bueno, lo tengo que compartir con Bob, pero ya tú sabes como es la cosa! ¡Somos el Latino Stuff y nos quieren con claveles en las orejas y castañuelas en el culo! *(Tapando el auricular, furioso con El Tiznado, su otro interlocutor, invisible).* ¡Coño, Tiznado, carajo, qué manera de desbarrar! ¡Esta te la cortan seguro! *(Quitando la mano).* No, no, te juro que El Tiznado no está aquí… Esto entre tú y yo… ¡Cálmate! ¡Fue una trastada que no volverá a repetirse! Te aseguro que nadie nos está oyendo… *(Pausa ligeramente más larga).* No, eso no lo he dicho todavía… ¡Te advierto que El Tiznado tiene un coco contigo! Se van a caer de culo cuando les diga que nos vamos a casar *(Transición rápida).* Bueno, te dejo, que por ahí viene Doris Day… Sí, sí, me pongo la careta, que ella viene con la suya… Hasta la vista…

Raul cuelga. Se abre la puerta vidriera y entra Sara que, efectivamente, ahora se parece a Doris Day, porque ha perdido aquello de mujer fatal que tenía en el acto anterior. Debe ser la chaqueta gris, también de vestir y mostacillas, que se ha puesto por encima y le quita dramaticidad. Raul se transforma en una mansa paloma. Hablan con sinceridad, pero todo lo que dicen es mentira.

SARA. ¡Qué linda obra, Raul! ¡Te felicito!
RAUL. ¿De veras?
SARA. Te lo aseguro. Es una obra deliciosa. Como si ya estuvieras en pleno dominio de tus facultades creadoras. Es lo mejor que has escrito.
RAUL. ¿Te parece?
SARA. No me cabe la menor duda. Te ha quedado muy bien, Raul.
RAUL. Gracias, Sara. Aprecio mucho más esa opinión viniendo de ti, que eres tan exigente.
SARA. Si no fuera cierto, no te lo diría. Ya sabes cómo soy. Mis *standards* son altos.
RAUL. No me lo tienes que decir.
SARA. Yo nunca digo mentiras, y mucho menos en casos como este.
RAUL. Lo sé muy bien, Sara.

SARA. ¡Fue una suerte tan grande conocerte! ¡Esta es una amistad tan linda, Raul! ¡Tan pura! Para nosotros, para Bob y para mí, eres como un hermano.
RAUL. ¡Ustedes han sido tan generosos conmigo!
SARA. ¿Estás contento?
RAUL. Contento es poco. Estoy contentísimo.
SARA. Yo creo que debemos irnos. Se está haciendo tarde y debemos estar allí cuando nombren a los ganadores.
RAUL. ¿Crees que nos vamos a llevar el premio?
SARA. Estoy segura. Déjame arreglarte el cuello de la camisa. *(Gesto correspondiente).*
RAUL. ¿Tú crees que Bob esté contento también?
SARA. Está contentísimo.

Sara le arregla la corbata a Raul. Se abre la puerta vidriera y entra Bob, vestido de etiqueta.

BOB. *Great!*
SARA. ¡Hablando del rey de Roma!
BOB. ¡Qué linda obra, Raul! Te felicito.
RAUL. ¡Gracias, Bob!
BOB. Es lo mejor que has escrito.
SARA. *(A Raul, sonriente).* ¿No te lo decía?
BOB. Salvo el final, claro, que nos ha dejado con la boca abierta. ¿De dónde sacaste a ese delincuente?
RAUL. No sé. Saltó como salta la liebre. En el lugar menos pensado.
BOB. Pero eso no puede ser así, Raul. Tú lo sabes tanto como yo. ¿No te parece, Sara?
SARA. Sí, claro, habrá que eliminarlo.
RAUL. ¿Cómo eliminarlo?
SARA. Sacarlo de donde lo has metido. Porque no irás a ponerlo a disparar con la metralleta. ¡Qué locura!
RAUL. Pero eso es muy frecuente, Sara. ¿Es que ustedes no leen los periódicos? De vez en cuando se aparece alguien en un Mac Donald o en un Jack in the Box, salta de una hamburguesa y empieza a disparar con una metralleta.
SARA. Pero eso no tiene sentido.
RAUL. Te advierto que algún sentido debe tener. Piénsalo.
BOB. Mira, Raul, déjate de tonterías. Hay cosas que en teatro, sencillamente, no pueden hacerse, y a ese personaje hay que sacarlo de escena.
RAUL. Eso no es tan fácil, Bob. Se va a poner hecho una fiera. Después no habrá quién lo aguante.
BOB. Eso pasa siempre, porque yo también he tenido mis líos. Pero te advierto que todo tiene solución. Te estará mortificando por un tiempo, pero al final se morirá. Como todo el mundo.
RAUL. No querrá salir. No querrá irse.
BOB. Déjate de tonterías, Raul. No te olvides que tú eres el dramaturgo y que él tendrá que hacer lo que a ti te dé la gana. En definitiva, tú eres el que tiene la última palabra.
RAUL. Te aseguro que ese no entiende razones. Tendré que destaparle la tapa de los sesos.
BOB. Pues destápasela y termina de una vez.
SARA. Pero es muy importante que eso no lo haga en escena, Bob. Sería de mal gusto, y en una comedia de este tipo el buen gusto no debe perderse.

BOB. Eso por descontado. Lo pones entre bastidores, se oye un disparo y ya.
RAUL. Yo nunca estoy seguro con esos muertos entre bambalinas. Siempre me parece que se han quedado vivos.
BOB. Mira, Raul, te juro que estabas escribiendo una obra maestra. Una alegoría moderna. Ligera, fina, agradable, donde el público aprende su lección sin angustias y sin indigestarse. Es por eso que todos estábamos encantados con ese triángulo amoroso que venías manejando tan bien. Todo dicho a medias tintas, sin estridencias. Muy inglés, por cierto, que es lo mejor que puedo decirte.
RAUL. ¿A medias tintas? A lo mejor no estamos hablando de la misma obra.
BOB. Estamos hablando de *Reglas de conducta,* ¿no?
SARA. Pero si ese es el encanto que tiene. Empiezas con reglas de conducta y terminas con conducta impropia. No es más que una comedia de equivocaciones, deliciosa, divertida, puro entretenimiento.
RAUL. Nunca me pude imaginar que lo iban a tomar así.
SARA. Pero cómo lo íbamos a tomar, ¿en serio? ¡Qué tontería, Raul! La vida, como el teatro, claro, no es más que una comedia de equivocaciones, donde todo termina en su lugar. No te voy a negar que lo tuyo no tenga su moraleja, pero no es más que una alegoría moderna, a la moda, donde las cosas no se toman demasiado en serio. Te advierto que yo creía que esa era tu intención.
BOB. Es por eso que ese exterminador, ese asesino, tiene que desaparecer, esfumarse. Entiende.
SARA. Solo lo decimos por tu bien.
BOB. Esos exabruptos no conducen a ninguna parte. Bueno, te lo he dicho mil veces y tú lo sabes.
RAUL. «He sido educado por las fieras», como decía Olivia de Havilland en *Washington Square* mientras subía las escaleras.
BOB. Pues apréndete la lección. Y te repito que por lo demás esa obra es perfecta. Pero si me permites decirte algo más...
RAUL. Sí, por supuesto...
BOB. Que ustedes los latinos no escriben así... casi diplomáticamente...
RAUL. ¿Diplomáticamente?
BOB. Bueno, la mayor parte de las veces, porque debo confesarte que en el segundo acto la obra se te iba en otra dirección, como si una persona distinta fuera la que la estuviera escribiendo. ¿No es verdad, Sara?
SARA. Sí, pero son cosas menores, Bob. A mí me parece que, así y todo, esa situación tiene arreglo.
BOB. No, no, de eso no cabe la menor duda. Como siempre, algunos cortes no estarían de más.
SARA. Cambios menores, diría yo.
BOB. Pero necesarios, para darle unidad con el primer acto, que está tan bien hecho.
SARA. No, no. Si al primer acto no le sobra ni le falta nada. Es una delicia, Raul.
BOB. *(Persuasivo).* Estoy seguro que al final todos acabaremos poniéndonos de acuerdo. Como siempre. Este es un trabajo de equipo, Raul. Lo que pasa es que, como tú dices, cuando menos te lo esperas hablas de otra manera y salta la liebre.
RAUL. *(Hosco).* Sí, que nos gusta decir las cosas de sopetón. Meter una bofetada en pleno rostro. Como diría El Tiznado.
SARA. ¿Y quién es El Tiznado?
RAUL. Ese amigo mío que se mete en todo y no anda con reglas de cortesía.
BOB. Pero, ¿lo conocemos?

RAUL. ¡En escena, Bob, en escena! El Tiznado ese al que quieres arrancarle la lengua y cortarle la cabeza. *(Con cierta violencia).* Es un toro, que embiste brutalmente como si buscara el chorro de la sangre.

SARA. ¡Qué bárbaro!

RAUL. A lo mejor me ha estado escribiendo el segundo acto sin que yo me diera cuenta.

BOB. En ese caso, tendrás que quitar todo lo que él ha escrito, porque no tiene el menor sentido.

SARA. Te advierto, Raul, que esa amistad no te conviene. El Tiznado debe creerse un matador y lo que es a mí nunca me ha gustado la corrida.

RAUL. Ni a mí tampoco. Es por eso que él y yo siempre andamos de pique.

BOB. ¿Ves? Eso es precisamente lo que digo. Es la forma de actuar, de comportarse. Es la forma de hacer teatro.

RAUL. Eso no es hacer teatro, Bob. Eso es embestir, destarrarse.

BOB. Es por eso que tienes que deshacerte de él y eliminarlo del segundo acto. Si te descuida acabará con la obra y te llevará de encuentro.

RAUL. Es decir, que lo tome por los cuernos y lo lleve al matadero.

BOB. No sé si me expresé claramente, pero no era eso lo que quería decir. Ya te dije que no soy partidario de medidas violentas. Hay que tener mano izquierda. Deshacerte de él, no es mandar a nadie al matadero.

SARA. *Put it to sleep...* Ponlo a... descansar.

BOB. *(Penetrante, a Raul).* ¿Entiendes?

RAUL. Sí, sí, claro que entiendo. No creas que por ser latino no puedo entender esas sutilezas. «A buen entendedor pocas palabras bastan», que nosotros también tenemos nuestro refranero. *(Alterado).* ¡Sí, entiendo, sí! Tú y Sara siempre se expresan claramente, aunque hablen a medias tintas. Es como si utilizaran un estilete más delgado, más brillante, exacto y afilado, que puede penetrar más profundamente, cortar con la destreza de un cirujano y la astucia de una serpiente... Porque no es cosas de escribir una obra con los pies y arremeter con un machete, como si estuviéramos en las Filipinas... ¿No es eso lo que quieres decir?

SARA. Por favor, Raul, no te alteres de esa manera.

BOB. ¿Qué te pasa?

SARA. ¿Qué tienes?

Sara y Bob se miran. Hay un desconcierto, bastante sincero, entre los dos. Por un momento parece que no tienen la careta y que los dos son, verdaderamente, amigos de Bob.

RAUL. No, a mí no me pasa nada. Pero no en balde Shakespeare manejaba tan bien la intriga. No es casual, ¿no les parece? Shakespeare llevaba la intriga en las venas y por eso sus personajes enterraban el puñal con mano maestra sin que les temblara el estilete. Y por la espalda, precisamente. *(Transición).* Pero a un toro no se le mata a traición, Bob, y con un bisturí. Se le mata de una estocada y frente a frente.

BOB. ¡Qué exageración! ¡Qué dramatismo! Has dado un paso atrás, te lo aseguro. ¡Siempre ese afán de llenarse la boca de sangre! Te advierto que aquí, con esos términos, no llegas ni a la esquina. Por el contrario, si recuerdas las mejores escena de *Reglas de conducta* y te pones a tono con ellas...

RAUL. *(Como un poseído).* ¡Reglas de conducta! ¡Reglas de conducta! Bien me lo decía El Tiznado, que habla como si tirara un escupitajo! ¡Que acabaría como tú, escribiendo reglas de mierda!

SARA. ¡Pero Raul!

Con gran desconcierto, Sara y Bob se miran sorprendidos.

RAUL. *(Muy desconcertado).* Perdóname, Sara. Perdóname, Bob. No sé lo que me ha pasado. No sé lo que estoy diciendo.
BOB. ¡No creas que estoy dispuesto a aguantar tus insultos, Raul!
SARA. ¿Te sientes mal? ¿Te pasa algo? ¡Explícate!
RAUL. No, no me pasa nada. Fue un mal momento. Era… era como si una fiera me estuviera desgarrando por dentro… *(Pausa).* Entonces, un golpe de sangre me vino a la cabeza y no sabía lo que estaba diciendo. Una embestida, como diría El Tiznado. Es que se me olvidó el arte del estilete, la precisión del bisturí. *(Parece sincero).* Soy un bruto, Bob.
BOB. *(Distanciado, pero puede que sincero).* Debo haberte ofendido en algo, pero te aseguro que no fue intencional.
SARA. Así, de pronto, nos asustaste. Como si fuera otro el que hablara por ti. Como si fuera El Tiznado el que te pusiera las palabras en la boca.
RAUL. Lo siento, de veras que lo siento. Espero que me puedan perdonar.
BOB. Vamos, vamos. Dame un abrazo y que la cosa quede ahí.

Hay un momento que parece sincero en que Bob y Raul se abrazan. Sin embargo, algo queda en el aire que lo vuelve dudoso. Pensativa, Sara contempla la escena. Entra Judy procedente de la terraza, seguida de Sam, que viste de también de etiqueta, pero con cierta torpeza. Judy también está como en el segundo acto, pero más en plano de señora. El maquillaje queda reducido al mínimo, no lleva ninguna joya que resulte excesivamente llamativa y, posiblemente, se ha compuesto el peinado más discretamente. De todos modos, luce muy atractiva y elegante, envuelta en una estola de visón.

JUDY. ¿Pasa algo?
SARA. *(Evasiva).* No, no, no pasa nada.
SAM. *(Abrazando a Raul).* ¡Magnífico, mi hermano! ¡Felicitaciones!
JUDY. A mí se me saltaban las lágrimas. ¡Qué escenas tan tristes y emotivas! ¿No es cierto, Bob?
BOB. Estupendo.
JUDY. Uno no sabe qué decir… Uno se queda…
SAM. Alelado.
JUDY. Con la boca abierta.
SAM. Ustedes me anonadan con tantos elogios.
BOB. Sara y yo también pensamos que es una obra maestra.
JUDY. ¡Claro que lo es! La historia de esos cuatro amigos…
SARA. Cinco amigos…
JUDY. Cinco amigos… unidos por una amistad tan profunda… que así, por una incomprensión, por un malentendido… está a punto de irse a pique… *(A Raul).* Te digo, de veras, que me has hecho llorar.
BOB. Espero que estemos hablando de la misma obra. Yo, a la verdad, la encuentro excelente, Raul, pero tengo que confesarte que no me hiciste llorar.

JUDY. ¡Pero qué duro eres, Bob! Mira, no lo pareces. Porque hasta Sam, que a veces es una roca, se ha sentido conmovido... ¿No es verdad, Sam?
SAM. Sí, claro, por supuesto. Es que ese tema, el de la discriminación, nos toca a todos muy de cerca.
BOB. ¿De la discriminación? Pero... es que parece que estamos hablando de una obra diferente.
JUDY. ¿Cómo diferente? *Reglas de conducta*, ¿no? ¿No se llama así, Raul?
SARA. Yo la veía como una comedia de equivocaciones, un poco a lo Shakespeare... *(Algo desconcertada, como si se hubiera equivocada. Tras una breve pausa, reaccionando).* Y después pensamos, Bob y yo, que era una moralidad medieval, pero a la moda, moderna y entretenida...

Mientras prosigue, Sara se va acercando a Raul, como si fuera a él a quien le estuviera haciendo el cuento.

SARA. Una moraleja, eso que los ingleses llaman *cautionary tale*. Mi abuela, que era una viejita muy victoriana de Filadelfia, siempre me contaba la historia de Rebeca, una niña insoportable y desobediente que no hacía más que darle tirones a las puertas hasta que un día dio un tirón tan fuerte que le cayó un busto encima y la mató... O la de Jaime, que se escapó de la escuela, se fue al zoológico, se metió en una jaula y se lo comió un león... Yo, como es natural, me moría de miedo y es por eso que siempre he seguido las reglas de conducta... Te apuesto cualquier cosa, Raul, que a ti también te hacían esos cuentos.
RAUL. Sí, mi madre me los hacía, Sara, y los desobedientes siempre acababan en el Infierno. Es por eso que también yo me moría de miedo.

Raul la mira casi con tono profético. Por un momento se sostienen la mirada, pero finalmente Sara la desvía y se vuelve hacia los demás.

SARA. Bueno, en este momento no sé qué pensar.

Raul camina hacia la puerta vidriera, la abre y sale a la terraza. Los otros lo siguen con la mirada.

SAM. Será eso y mucho más, pero yo pienso que la discriminación es el meollo de la obra.
JUDY. Es por eso que Sam quiere producirla enseguida, porque ese muchacho... *(refiriéndose a Raul)* ha sufrido demasiado. Nosotros debemos ayudarlo.
SARA. Yo lo veo muy mal. Me tiene muy preocupada.
BOB. Quizás eso explique el estado de ánimo de Raul.
SARA. Y las ideas que El Tiznado le ha metido en la cabeza.
JUDY. ¿El Tiznado?
SARA. Ese personaje con la metralleta que aparece a final del acto.
SAM. Pero a ese personaje hay que eliminarlo, porque en eso no podemos tener concesiones. Los que soy yo, no hago negociaciones con los terroristas. Ni siquiera en escena.
BOB. ¿Entonces ustedes piensan lo mismo que nosotros?
SAM. Sí, claro, eso está sobreentendido.
BOB. Tendremos que tomar medidas radicales.
SARA. ¿Con Raul?

JUDY. Con Raul no, el pobre, porque ese muchacho es incapaz de hacerle daño a nadie.
BOB. *(A Sara).* Con El Tiznado, que un tipo que se las trae. Ya viste las palabrotas que dijo.
SARA. *(a Sam y a Judy).* Por boca de Raul. Antes de que ustedes llegaran, Raul nos contó después que creía que le estaba mordiendo las entrañas.
JUDY. *(Horrorizada, teatral).* ¡Qué hombre tan malo!
SAM. ¿Quién?
JUDY. El Tiznado. Porque hacerle eso a cualquiera es un crimen, pero hacérselo a Raul, que es un muchacho tan fino, tan educado. Y ahora, en este momento, cuando le sonríe el éxito.
SARA. Sin contar que El Tiznado le ha estado escribiendo parte del segundo acto.
SAM. Ya me lo sospechaba yo, porque el segundo acto a mí me pareció algo raro. Siendo así, habrá que cambiarlo. Raul tendrá que hacerlo de nuevo sin dejar que El Tiznado se meta en lo que no le importa.
JUDY. Pero eso no tiene sentido.
SARA. Eso le dijimos Bob y yo, pero él afirma todo lo contrario. Es como si se le metiera entre renglón y renglón para hacerle decir todo lo contrario de lo que tenía pensado. Inclusive para hacérselo decir a los demás. Porque tengo que confesarles que me lo sospechaba desde que leí esa parrafada de Sara al final del segundo acto, como si dijera las cosas que ella no quería decir. ¿Entiendes? Bueno, no sé si me explico.
JUDY. ¡Qué enredo, Dios mío! Yo creía que El Tiznado era un personaje ausente que quedaba corporeizado al final del segundo acto, pero que no se metía a decir lo que los demás no querían haber dicho.
BOB. Es evidente que Raul está pasando por una crisis muy seria.
JUDY. *(A Bob).* Yo pensé que el final del primer acto lo estaba escribiendo Raul en colaboración contigo; porque se parece mucho a lo que tú escribes.
SAM. Un poco más «risqué», claro.
JUDY. Y que el segundo acto lo estaba escribiendo en colaboración con Sara. Y ahora resulta que es El Tiznado el que le andaba escribiendo la obra.
SARA. Quizás lo más sencillo sea eliminar todo lo que El Tiznado ha dicho.
BOB. Raul ha estado sometido a muchas presiones últimamente. No es el primer hispano que después del éxito se ha pegado un tiro en la sien.

Breve pausa. Todos se sorprenden de la salida de Bob, y sin embargo... Se miran con un desconocido entendimiento y como si estuvieran preparando un atentado.

JUDY. Pero esto hay que evitarlo.
BOB. A toda costa.
SARA. Sea como sea.
JUDY. *(A Sara).* Y tú, ¿qué le has aconsejado?
SARA. ¡Figúrate! Que se deshaga del Tiznado. Que se lo saque como si tuviera clavada una espina.
BOB. Ojalá que fuera eso, pero me temo que sea mucho más serio. No va a ser fácil. Además, El Tiznado no lo quiere soltar.
SAM. Tendremos que mandarlo al loquero.
JUDY. Te advierto, Sara, que yo tengo uno excelente. Me salvó la vida cuando aquellas depresiones y se me metió en la cabeza que me tenía que suicidar. Claro que cuesta un ojo de la cara, pero Sam se ocupará de la cuenta con tal que Raul no se quede tuerto.

Risas.

BOB. Yo no creo que eso sea necesario. Tal vez nosotros podamos ocuparnos del asunto con un poco de terapia teatral. Un par de escenas, y ya. ¿Qué te parece, Sam?
SAM. No sé, ustedes saben de eso más que yo.
BOB. Pero tú eres el que pone la plata.
SAM. ¡Bah! Esa escena no costará mucho trabajo montarla, y si es por la salud de Raul, manos a la obra.
SARA. Habrá que sacarle El Tiznado.
BOB. Les advierto que ofrecerá resistencia.
JUDY. ¿Quién?
BOB. Los dos. Raul y El Tiznado.
JUDY. Estoy segura que Raul estará dispuesto a colaborar.
SAM. Por la parte que le conviene. Porque, a la verdad, no sé qué ganancia tiene con ese Tiznado de mala muerte.
BOB. El problema es que no sabemos dónde lo tiene metido… En el estómago… En el corazón… En el cerebro…
SAM. En el estómago no hay problemas. Los problemas de la digestión siempre se resuelven con dinero. Es un laxante que siempre produce efecto.

Risas.

BOB. Lo peor sería que el mal se le haya extendido por todo el cuerpo, porque un resentimiento así… O que lo tenga escondido en las circunvoluciones del cerebro… porque… en ese caso… no quedaría más remedio que levantarle la tapa de los sesos.

Silencio sepulcral.

JUDY. Pero, ¡Dios mío! ¿cómo es posible que Raul se haya puesto de ese modo? ¿Es que no hemos sido generosos con él?
SARA. Es que somos americanos, Judy.
JUDY. ¿Y eso qué tiene que ver? ¿Qué remedio nos queda?
SAM. Especialmente en mi caso, con ese nombre que me han dado.
JUDY. La vida en el Barrio debe ser terrible. Claro, uno aquí no se entera de nada. Yo, a la verdad… Bueno, uno sabe lo que sale en los periódicos, que es lo peor… O lo que se ve de reojo cuando nos vamos al teatro… Asaltos… Robos… Crímenes… Violaciones… Prostitución… Mariguaneros… Cocainómanos… Traficantes… Degenerados… ¡Y yo que ni siquiera tomo el *subway*! ¡Cosas que uno no se puede imaginar siquiera y de las que yo no quiero ni enterarme! Yo, en fin, soy una ignorante. ¿Y tú, Sara?
SARA. Así… Así…
JUDY. Y rodeado de gente tan horrible como El Tiznado, que no hace otra cosa que ponerlo todo peor y meter miedo.
SAM. Sin contar la discriminación. Porque hay mucha gente que se cree superior, que está por encima y se queda con los mejores puestos, y como es natural, con los mejores salarios, que es el principio económico de la discriminación, como si ellos, los hispanos,

fueran inferiores. No crean, no todo el mundo piensa como nosotros. Porque aunque Bob y Sara sean un par de liberales, y Judy y yo seamos un par de conservadores, llegado el momento creemos que todos los hombres son iguales.
JUDY. ¡Qué bien has hablado, Sam!
SAM. Por algo me llamo Sam, ¿no? ¡Cómo el tío ese!

Risas.

BOB. Lo que pasa es que algunos hombres son más iguales que otros.
SARA. Menos mal que no somos ningunos cavernícolas. Incluyendo a Sam, con todo el dinero que tiene encima.
SAM. *(Festinadamente).* ¡Tenía que salir a relucir el dinero de Sam! Eso no podía faltar, ¿verdad?

Risas cordiales.

BOB. ¡No hay que olvidar que hay muchos millonarios liberales en Massachusetts!
SAM. ¡Pero yo soy de Nueva York, Bob! ¡Y aquí está Wall Street!
SARA. ¡Menos mal que Sam tiene el complejo de culpa de la burguesía! De lo contrario no daría ni diría donde hay.
BOB. Alguien tiene que hacer teatro, Sara.

Risas. Ambiente festivo. La puerta vidriera se abre y aparece Raul. Sam, medio en serio, medio en broma, le apunta con el dedo, en un gesto que no es otra cosa que un chiste pesado.

SAM. *I want you, Raul!* ¡Cómo dice el tío ese!

Las risas se congelan cuando Sam, Bob, Sara y Judy se fijan en el aspecto de Raul, que parece se ha entrado a golpes con alguien y que tiene toda la ropa fuera de lugar. En la secuencia que sigue, Raul le hablará al Tiznado como si lo llevara dentro. El cual, por su parte, parece que lo golpea. De acuerdo con las circunstancias (actor, director, público) puede acortarse, pero queda ahí con todas sus opciones y posibilidades.

RAUL. Pero eso no puede ser, Sam, porque al Tiznado no le sale de adentro *(Al Tiznado).* ¡Coño, Tiznado, qué pesado te has puesto! ¡Qué pateadura me has dado! *(Se dobla, como si le hubieran dado una trompada en el estómago).* Esto es…, como llevar… un toro… al matadero… ¡Lo tendré que matar con un cuchillo de carnicero! *(Recibe golpes, como si hiciera referencia a las palabras del Tiznado).* ¡Que para matarlo a él hay que ser Tiznado como él, hecho de carbón y de fuego, y que yo soy un blando y un cobarde porque ustedes me han hecho con una pasta de mierda…! *(Gritándole al Tiznado).* ¡De barro, de barro! *(Recibiendo golpes, como si El Tiznado le gritara).* «¡De mierda, cobarde, de mierda!». *(Al Tiznado).* ¡Cochino, sucio, malhablado! Que no puedes estar entre las personas decentes, que no puedes hablar como habla la gente, que no puedo ir ni de aquí a la esquina, ¿te das cuenta? *(A los otros).* Nada, que no quiere entender. Se lo he dicho mil veces. Que me deje hablar a mí, que aquí no se puede andar tirándole escupitajos a todo el mundo, que todo tiene que decirse al revés para que salga bonito y al derecho. Que la gente habla así y donde dicen blanco quieren decir negro, que hay que seguir las instrucciones y cumplir las reglas de conducta, las reglas del juego… ¿Coño, qué más quieren? ¡Si esto no es un *cautionary tale*, que venga Dios y lo vea! *(Pausa)*. Nada. ¡Razonable, lógico, constructivo! ¡Pero no entiende, coño, no entiende, no quiere comprender. Que soy un monigote en manos de ustedes, un gorgojo, ¡qué sé yo! *(Al Tiznado)*. ¡Coño, Tiznado, entra en razón! Esto es mejor para todos. ¡Para mí, tu hermano, tu pinche, tu ecobio y tu compadre! ¡Para la madre que nos parió! ¿Comprendes? *(A los otros)*. ¡Pero no, de eso nada! ¡Insultos van! ¡Insultos vienen…! Porque es un porfiado y un rencoroso con una lengua que corroe como un ácido. Que yo soy un traidor, que abandoné a los míos y me puse al lado de ustedes. *(Como si lo golpearan, como si fuera la voz del Tiznado que lo estuviera insultando)*. «¡Traidor, degenerado, maricón!». *(Cae, transición)*. Que he vendido a mi madre y a mi abuela, que me he entregado al mejor postor como si fuera una puta de a peseta, que eso de «¡Váyanse a la mierda, degenerados», no es más que una metáfora del estercolero…! Que yo solo quiero plata, billetes, dólares, dinero. *(Apuntando a Sam, con el dedo índice, agresivo)*. «I want you Sam, I want you Sam!». *(Volviéndose al Tiznado, firme, amenazante)*. ¡No, eso sí que no! ¡No te doy la metralleta! ¡No entras otra vez! ¡No vas a disparar! ¡Atrás, cabrón, fuera de aquí! ¡No vas a entrar aquí para acabar con todos ellos! *(Forcejean por la posesión de la imaginaria metralleta)*. ¡Dame, suelta! ¡Aquí no vas a hacer ninguna masacre! ¡Dame la metralleta! *(Gana Raul, pero El Tiznado lo golpea)*. ¡Golpea, sí, golpea! ¡Patea más fuerte! ¡Bestia, bestia! *(Cae. Se incorpora de nuevo)*. No creas que vas a ganar, Tiznado. Tú y yo estamos perdidos. ¡Te jodiste, Tiznado! ¡Nos jodieron! ¡Razona! ¡Entiende! Porque, ¿dando golpes de ciego a dónde vamos a llegar? ¿Es que no te das cuenta que primero hay que poner el cloroformo, inyectar la anestesia, para que no duela, y después meter el puñalito y que el enemigo no se dé cuenta hasta cuando ya la hemorragia no se pueda contener? *(Volviéndose a los otros)*. ¿No es así? ¿No es eso lo que me enseñaron ustedes? *(Al Tiznado)*. ¡Coño, Tiznado, cabrón, que estoy hablando más de la cuenta! ¡Eres tú, hijo de puta, que siempre me haces decir lo que no debo! ¡Escribir la palabra que debí dejar en el tintero! ¡Enterrarme la palabra por el culo! ¡Callarme, coño, callarme para siempre! ¿No es eso lo que quieren? ¡Para que no me jodan! ¡Para que no me envidien! ¡Para que no me hagan picadillo! *(Apretándose la garganta, como si fuera El Tiznado quien se la apretara)*. ¡Sácame la palabra, Tiznado! ¡Cómetela! ¡Trágatela! ¡Tritúrala con los dientes! ¡Desgárrala con los colmillos! *(Transición. A los otros)*. Porque yo solo debo decir lo que ustedes quieren oír… Las palabras que ustedes me han dictado… *(De pronto)*. ¡Canallas! ¡Degenerados! *(Transición)*. ¿Ven? No sé lo que digo, porque El Tiznado viene y me enrosca la lengua, ¡así! ¡así! *(Como un loco, contorsión grotesca con la lengua)*. Y me la enreda como una serpiente, me la muerde como un alacrán, y me la tuerce! ¡Y me la desbarata!!! ¡Pica! ¡Envenena! Y yo me quiero callar, pero, coño, viene a joder, y me delata, me descubre, y me manda al paredón, al de ustedes, porque ustedes son aquí los que cortan el bacalao… *(Pausa, al Tiznado)*. Coño, Tiznado, ¿no es eso lo que querías? Ponerme a mal con toda esta gente, ¿no? ¡Darme el golpe de gracia! Destrozarme. ¿No es cierto? *(A ellos)*. ¿Y ahora qué?, la otra pateadura, ¿no? *(Al Tiznado)*. ¡Mira, Tiznado, mira como están gozando! ¡Saltó la liebre, dije lo que tenía que decir, tiré el escupitajo, ¿y qué? ¡Pero tú crees que esto se va a poner en alguna parte con coños y carajos? ¡Estúpido! ¡Cretino! ¡Hijo de mala madre! Nunca has aprendido la lección. ¡Eres un ignorante! Sí, lo dijiste, ¿y qué? Ahora te joderás. ¡Nos joderemos! ¡Coño, mírate a ti, Tiznado! ¡Tienes el culo en carne viva de tantas patadas que te han dado! ¡Jódete, estúpido! ¡Escupitajo de mierda! ¿Un desahogo, no? ¿Una catarsis? ¡Te dejarán al parir!

A punto de desplomarse, Raul se incorpora. Se vuelve. Mira a Sam. Alarga la mano, la palma extendida, como si pidiera algo.

RAUL. *I want you, Sam! I want you, Sam!*

Sam saca una pistola que tiene escondida en el pecho. Se la da a Raul. Desde ese momento Judy, Sara, Bob y Sam, formarán una masa coral que repetirá, en crescendo.

TODOS, MENOS RAUL. «¡Mátalo! ¡Destrúyelo! ¡Acaba de una vez!».

Esto se repetirá varias veces, rítmicamente, mientras Raul, de frente al público, se lleva la pistola a la sien. La tensión va en aumento, hasta un punto en que tal parece que se prolonga demasiado, como cuando a un personaje se le olvida entrar en escena y los actores se ven precisados a repetir algunas líneas. Finalmente, suena el timbre de la puerta. Repiten el estribillo, como para apagar el sonido, pero Raul, que estaba esperando que sonara el timbre, en una transición rápida, se quita la pistola de la sien (o de la boca, según determine el director), la pone sobre la mesa junto al teléfono y va a abrir la puerta. Es María. Viste un traje de noche, corto, apretado, bastante vulgar. No se puede determinar exactamente si es una muchacha decente pero cursi, o si es una prostituta. Sam deja la pistola en la mesita donde está el teléfono.

RAUL. ¡María!
MARÍA. ¡Raul!

María y Raul se besan. Sara, Judy, Sam y Bob «dejan de actuar» y se dejan caer en el sofá, en la butaca o en alguna silla, cansados de la tensión de la escena anterior. María pronunciará el nombre de Raul sin acento inglés.

JUDY. Santo Dios, yo creía que esa muchacha no llegaba nunca.
SARA. Pero esa entrada está muy desentonada. Habrá que repetirla otra vez.
JUDY. Por un momento llegué a pensar que Raul iba a tener que pegarse un tiro, pero como la escena la había montado Bob y a él no le gusta matar a nadie frente al público, eso me tranquilizaba.
BOB. Pero la escena no la monté yo, Judy.
JUDY. ¿Y quién la montó?
BOB. Yo creía que la estaba montando Sam, porque él era el que tenía la pistola.
SARA. Yo estaba temblando, porque se me metió en la cabeza que esa escena la estaba montando El Tiznado.
JUDY. ¡Por favor, Sara! ¡Qué ideas se te ocurren! Ya eso hubiera sido demasiado. *(Mirando a Raul, que sigue abrazado y besando a María en el umbral de la puerta).* El pobre Raul... Si lo han puesto como a Spencer Tracy en *Doctor Jekill and Mister Hyde*. Menos mal que la cosa aquí era de *happy ending*... ¡No sé cómo tiene ánimo!
SAM. El chico necesita desahogarse.
JUDY. *(Mirando a Raul y a María, que siguen más o menos en la misma).* Sí, ya lo veo.

Risas.

SARA. *(Mirando la hora)*. ¡Pero miren qué hora es! Si no nos vamos enseguida nos perdemos el Tony.

Se pone de pie y se preparan para marcharse. Raul se acerca con María. La trae de la mano.

RAUL. Un momento, por favor. Quiero presentarles a mi prometida, la señorita María Pérez. Nos casamos el mes que viene.

Se hacen las presentaciones pertinentes con las expresiones y manifestaciones de ritual, besos, abrazos: «Encantada», «Mucho gusto», «El gusto es mío», «Felicitaciones», etc. Aquí el director y los actores pueden tomarse las libertades que quieran.

SARA. Pero qué calladito te lo tenías, Raul. ¡Qué sorpresa nos has dado!
JUDY. ¡María! ¡Qué nombre tan bonito! ¡Parece una página arrancada de *West Side Story*!
BOB. ¿Y desde cuándo se conocen ustedes?
RAUL. ¡Oh, desde hace mucho tiempo! Nosotros somos novios desde que estudiábamos en la secundaria.
SAM. *The girl next door.*
SARA. Pero tu mamá, Raul, estará encantada de que te cases con una chica del Barrio.
RAUL. Sí, mi mamá está encantada con María. *(A María)*. ¿No es cierto, mi vida?
JUDY. *(A María, refiriéndose a Raul)*. Te advierto que te llevas una joya. ¡Nuestro Golden Boy! Nuestro William Holden, como diría Barbara Stanwick.
SARA. Nuestro Robert Redford.
JUDY. Te advierto, María, que si te demoras un minuto más, Raul se tiene que destapar la tapa de los sesos.
SAM. ¡Te quedas viuda sin haber llegado al altar!

Risas con motivo del nuevo «chiste» de Sam.

MARÍA. Es difícil conseguir un taxi a esta hora.
JUDY. *(A Raul)*. A la verdad, llegó un momento en que me tuviste verdaderamente preocupada, como si de verdad...
RAUL. Y yo llegué a pensar lo mismo. Que Sam lo había tomado en serio y me había dado la pistola para que realmente me destapara la tapa de los sesos. Te advierto que por un instante me vino a la cabeza y pensé que tenía que hacerlo. Y lo que es peor, que ustedes querían que lo hiciera.
BOB. Pero tú sabías que María tenía que llegar de un momento a otro.
RAUL. Sí, es cierto. Pero hasta llegué a pensar que María se había puesto de acuerdo con ustedes para que yo... para que yo matara al Tiznado.
JUDY. Que por cierto, andará por ahí vivito y coleando.
BOB. *(Fraternalmente, tocando a Raul por el hombro, con afecto)*. Pero seguro que ahora te sientes mejor, ¿verdad?
RAUL. Sí, me siento más tranquilo. Gracias, Bob.
BOB. ¡Pero, vamos, vamos, que se hace tarde!
SARA. *(Besando a María, despidiéndose)*. ¡Felicitaciones, María, hasta que la muerte los separe!
BOB. ¡Bueno, vámonos!

RAUL. Váyanse ustedes. No vamos a caber todos en el coche de Sam. Y tengo que arreglarme un poco, porque la ropa se me ha puesto hecha un trapo. Tomaremos un taxi y nos veremos en la entrega de premios.

Más despedidas del caso. Todo el mundo besa a María. Judy y Sara besan a Raul, mientras que Bob y Sam lo abrazan. Todo un poco exagerado, especialmente si se tiene en cuenta que se van a reunir unos minutos más tarde. Salen. Raul cierra la puerta y con gesto de extenuación se deja caer en el sofá.

RAUL. ¡Creía que no se largaban jamás!
MARÍA. Estarás extenuado.
RAUL. Extenuado es poco. El Tiznado me dio una pateadura que por poco me mata. A veces no sé qué voy a hacer con él. Creo que no voy a poder seguir. Menos mal que desde que tú llegaste me ha dejado tranquilo. Siempre se tranquiliza cuando estoy contigo. Pero si vuelve... no sé qué voy a hacer. *(Refiriéndose a los otros).* ¿Qué te parecen?
MARÍA. Unos canallas... Unos hipócritas... Unos farsantes... Uno degenerados...
RAUL. *(Poniéndose de pie).* ¡Unos hijos de puta!

Ríen. Se besan.

RAUL. ¿Por qué te demoraste tanto?
MARÍA. ¿Por qué me preguntaste si yo me había puesto de acuerdo con ellos?
RAUL. No sé. De pronto se me ocurrió que eso también era posible. Todo es posible en Nueva York, ¿no es cierto?
MARÍA. ¿Por qué no les destapaste la tapa de los sesos?
RAUL. ¿Al Tiznado?
MARÍA No, a ellos.
RAUL. Imagínate que reguero de sangre. No, no, eso hubiera sido de mal gusto, muy desagradable. Además, me hubieran metido en la cárcel.
MARÍA. Entonces, ¿nos vamos?

Raul le pasa el pestillo a la puerta. Se reclina contra ella. Se quita el saco y lo deja caer.

MARÍA. Pero yo creía que íbamos a salir.
RAUL. No me iras a decir que a estas alturas tú crees todo lo que oyes y todo lo que ves.
MARÍA. Pero el Tony, Raul. Piensa lo que este premio representa para ti.

Raul se quita la corbata y se acerca a María.

RAUL. La vida es sueño, María. No me hagas reír. He inventado todo esto para que ellos se fueran de aquí y quedarme contigo.

María se aleja.

MARÍA. *(Volviéndose hacia el público).* Por un momento creí que era verdad. Que nos habíamos conocido en la escuela secundaria y que había sido la novia tuya de toda la vida y que el mes próximo te ibas a casar conmigo.

RAUL. *(Se acerca. La abraza por la espalda. Le besa el cuello).* La vida es sueño, María.
MARÍA. *(Separándose, volviéndose).* El Tiznado se va a poner furioso con todo esto. ¿Por qué no lo sueltas, Raul? ¿Por qué no descansas y le destapas la tapa de los sesos? ¿Por qué no le das el tiro de gracia?

Raul la besa con furia, como tapando con la boca lo que ella está diciendo.

RAUL. Calla, calla.
MARÍA. Tengo miedo, Raul. Tengo mucho miedo.

Se besan apasionadamente.

RAUL. Te tengo una sorpresa. He mandado a tapizar la alcoba con espejos, como me pediste una vez. Te va a parecer el sueño de las meninas.

MARÍA. *(Sin comprender).* ¿De las meninas?

Raul arrastra a María hacia la habitación. El escenario se oscurece lentamente, hasta quedar en penumbras. Un foco de luz cae en la mesa donde está el teléfono y donde Raul ha dejado la pistola. Efectos de luces similares a los del principio de la obra. Suena el timbre del teléfono. Se abre la puerta de la alcoba como ocurrió en la segunda propuesta del principio de la obra. Entra Raul, con la bata o desnudo, según determine el director.

MARÍA. *(Gritando desde fuera).* ¡No contestes, Raul! ¡No contestes! ¡A lo mejor es El Tiznado! ¡Déjalo que suene!

Raul va hasta el teléfono. Va tomarlo, pero ve la pistola. Se detiene. Toma la pistola. Lentamente se la lleva a la sien (o a la boca). Se vuelve al público. Dispara. Oscuro total. Sigue sonando el timbre del teléfono).

Cae el telón.

Otra opción. Se escucha la descarga del tanque de agua del inodoro, a la que se sobreimpone el timbre del teléfono. A dos voces, forman un diálogo que es un grotesco contrapunto. El teléfono sigue sonando y cae el telón.

LA SOGA

1990

PERSONAJES

El Hombre
El Otro

El hombre, al frente e izquierda del escenario, contempla una soga, con nudo de ahorcado, que cuelga desde la parte superior, en el centro mismo del escenario y a una altura que el hombre no puede alcanzar. A medida que se desarrolla la escena, la soga irá descendiendo gradualmente.

El hombre empieza a correr, como si fuera un corredor que se prepara para una competencia. Lo hace primero siguiendo la forma cuadrangular del escenario, mirando en ocasiones a la soga, hasta que finalmente se detiene y la mira algo más detenidamente. Sacude la cabeza. Vuelve a correr, ahora en círculos, contemplando la soga con más frecuencia. El movimiento circular de la carrera empieza a desajustarse, adquiriendo una marcada irregularidad motivada en parte a que el hombre lo hace con la vista fija en la soga, hasta correr en zigzag y en forma evidentemente caótica. Finalmente, se tira en el piso y se da golpes en la cabeza.

EL HOMBRE. ¡No estaba ahí! ¡No estaba ahí! ¡No estaba ahí!

El hombre se desdobla en dos personajes, interpretando a los dos mediante cambios de voz y actitudes. El otro es más autoritario y seguro de sí mismo —posiblemente más «corpulento», en sentido figurado.

Esta duplicación requiere del actor por lo menos dos niveles básicos de caracterización y diferenciación, en un juego constante de transiciones. Al dirigirse a su correspondiente contraparte, lo hará como si el otro personaje estuviera en escena. En algunos casos esto aparece indicado; en otros es implícito y deberá ser marcado por la dirección en la puesta en escena.

EL OTRO. ¡Coño, no jodas más! Así no llegaremos a ninguna parte.
EL HOMBRE. ¡No estaba ahí! ¡Te aseguro que no estaba ahí!
EL OTRO. ¿Qué cosa, carajo? ¿De qué cosa estás hablando?
EL HOMBRE. *(Señalándola, pero sin mirar).* ¡La soga! ¡La soga!
EL OTRO. *(Mirando).* ¿La soga? Sí, la soga. ¿Y eso qué tiene que ver?
EL HOMBRE. ¡Que quieren acabar con nosotros! ¡Que la han puesto ahí para acabar contigo y conmigo!
EL OTRO. *(Poniéndose de pie, muy irritado).* ¡Contigo, coño, contigo! Tú eres el que quieres acabar conmigo con toda esa mierda que tienes en la cabeza. Cuando no es la soga es la cascara de plátano. Cualquier cosa se te puede ocurrir. Si han puesto la soga, déjala ahí, para ver si se ahorcan ellos. ¡No me jodas más! ¿No te das cuenta que la ponen ahí con toda intención? ¡Para joder! ¡Para que te destarres! ¡Para que no ganes la carrera! Lo que pasa es que no me prestas atención, que no me haces caso. Pero lo que es conmigo no van a acabar tan fácilmente. *(Tirándose en el piso, como el hombre, pero gritando como el otro).* ¡Levántate, carajo!

EL HOMBRE. *(Como si quisiera enterrar la cabeza en el piso)*. ¡No puedo! ¡Suéltame! ¡Déjame morir!
EL OTRO. *(Incorporándose un poco)*. No te voy a dejar, coño. No creas que te voy a dejar tirado ahí como una mujercita, maricón de mierda. De esta vamos a salir los dos de aquí como a mí me dé la gana y aunque nos anden colgando sogas del cielo raso. ¡No seas comemierda, coño! ¿No te das cuenta? Eso no es más que una pirotecnia para joder, un golpe de efecto.

Desde la posición en que se encuentra, vuelve la cabeza como el hombre, mirando la soga. Se tuerce, incorporándose con dificultad, mientras el otro le grita en su correspondiente carácter.

EL OTRO. ¡Levántate! ¡Levántate! ¡Levántate y anda!

El hombre se pone de pie, inseguro, tambaleándose.

EL OTRO. ¡Firme! ¡Firme! ¡No te vayas a caer!

El hombre empieza a hacer como si corriera, como quien empieza un entrenamiento, corriendo en el mismo lugar, sin avanzar.

EL OTRO. ¡Así…! ¡Así se hace…! ¡No te desanimes! Lo que quieren es eso, la parálisis, que no te muevas, que te tires a morir! Pero hay que darles una lección. ¡No van a ganarnos tan fácilmente!
EL HOMBRE. *(Reduciendo sus bríos)*. Pero esto no tiene sentido. Estoy cansado. Ellos pueden más que nosotros. Son muchos y nosotros somos dos. Tú y yo. Uno, quiero decir.
EL OTRO. *(Hace los ejercicios con mayor energía)*. ¡Vamos, vamos, no te dejes caer! La vida es eso, una lucha constante hasta que uno estire la pata y entonces sí que no hay más remedio… Pero mientras tanto hay que seguir… ¡Dale, dale duro! Son unos cabrones, unos cobardes y unos degenerados, eso lo has sabido tú siempre… ¡Te envidian el cerebro y lo que tienes entre las piernas!
EL HOMBRE. *(Cambiando el ritmo, sufriendo una momentánea agitación)*. ¡Déjame! ¡Déjame! ¡Pueden más que tú! ¡Pueden más que yo! Estamos cercados y no nos dejarán salir. Nos vigilan. ¡Nunca podremos salir de aquí! ¡Nunca podremos salir de aquí!
EL OTRO. ¡Cállate! No hables más… No pienses… No digas nada… ¡Basta! Uno, dos, tres… Uno, dos, tres… *(Aumentando la intensidad de los movimientos y empezando a avanzar)*. ¡Así, corre, hay que salir de aquí! ¡Así, así…! ¡Uno, dos, tres…!
EL HOMBRE. *(En progresiva aceleración)*. ¡Me echarán los perros! ¡Me descuartizarán! ¡Me comerán a pedacitos!
EL OTRO. ¡Cállate! ¡Corre! ¡Uno, dos, tres! ¡No hables más! *(Repitiendo)*. ¡Uno, dos, tres…!

Empieza a correr. Atraviesa el escenario diagonalmente, saliendo primero por el frente, entrando después por el fondo. Cruza de derecha a izquierda. Corre en línea recta por los cuatro lados del escenario. Esto se repite varias veces.

A medida que se desarrolla la carrera, la repetición del «¡Uno, dos, tres…!». varía en carácter. El ritmo de la carrera también, que disminuye en intensidad. El escenario se oscurece. La soga ha descendido algo. A medida que se oscurece, un foco de luz ilumina la soga. Extenuado, el hombre cae perpendicularmente debajo de ella, boqueando, bocarriba, bajo la soga. Un foco de luz le ilumina la cara.

OSCURO TOTAL.

LECCIÓN DE HISTORIA

1990

Personajes

Hombre 1
Hombre 2
Hombre 3
Hombre 4
Hombre 5
Hombre 6
Hombre 7

Oscuro. Descargas de ametralladoras. Luces intermitentes producidas por descargas de armas de fuego. Después, niebla. Iluminación gradual del escenario. Por la platea entra el Hombre 1 en uniforme militar, armado hasta los dientes, seguido de dos hombres uniformados de la misma manera, armados del mismo modo, que le guardan las espaldas.

HOMBRE 1. ¡Canallas! ¡Degenerados! ¡Hijos de puta! ¡Los saqué del estercolero, de la mierda, y miren como me han salido! ¡Como me pagan! ¡Traidores y cobardes! *(Volviéndose a los dos hombres, completamente fuera de quicio, amenazante, con la metralleta).* ¡Atención! ¡Apunten! ¡Fuego! ¡Patria o Muerte! ¡Venceremos!
HOMBRE 2. ¡Calma, calma! ¡No se ponga así! ¡Somos nosotros, que le guardamos las espaldas!
HOMBRE 3. Descuide. Tranquilícese. Descanse. Duerma. No le pasará nada mientras nosotros estemos vivos.

Los dos hombres, vigilantes siempre, se moverán alrededor del Hombre 1 apuntando con sus metralletas en dirección opuesta a donde se encuentra el Hombre 1 en actitud propia de los guardaespaldas. Se trata de un movimiento danzario que ejecutan alrededor del primer hombre, de forma ritual. Ocasionalmente, apuntan hacia él; otras veces, parecen vigilarse el uno al otro.

HOMBRE 1. Aquí no se puede dormir, carajo. ¡Estoy rodeado de enemigos y traidores por todas partes! Al menor descuido, de aquello nada y de lo otro tampoco…Tengo ojos para no ver y ojos para verlo todo… Cuando menos se piensa salta una alimaña y le devora a uno los testículos… No, aquí no se puede dormir, carajo, porque cuando me despierto me encuentro con un nido de serpientes que se me ha desprendido de la ingle! Con los ojos bien abiertos para liquidar al enemigo que quiere liquidarme… tenderle la red al que me la tiene tendida… escuchar la palabra que se dijo y la que no se ha dicho todavía… la mirilla telescópica que nos apunta con el dedo en el gatillo… Cien ojos y cien oídos que nunca serán suficientes… ¡Vigilar, vigilar siempre!

El Hombre 2 se desplaza, moviéndose independientemente. El Hombre 3 sigue funcionando como guardaespaldas del Hombre 1, pero, a medida que se desarrolla el texto, cambiarán de posición, pasando el Hombre 1 a ser el guardaespaldas del Hombre 3. Entra, por la platea, el Hombre 4, que está vestido y armado como los demás, moviéndose de forma parecida. Este hombre pasará a convertirse en guardaespaldas del Hombre 2.

HOMBRE 2. ¡Vigilar, vigilar siempre! Aquí siempre tenemos la guardia en alto para que no llegue el enemigo que quiere acabar con la Revolución que tanto trabajo nos ha costado. ¡Que forjamos a sangre y fuego! ¡A hoz y martillo! ¡Éramos un puñado de hombres que nos metimos en la Sierra para darles a todos una lección, una lección de historia que todos han aprendido a sangre y fuego!

Cuando ya el Hombre 4 está funcionando de guardaespaldas del Hombre 2, entra el Hombre 5 que va a repetir los movimientos del Hombre 4, hasta unirse a él en su función de guardaespaldas del Hombre 2. Mientras tanto, el 1 y el 3 prosiguen su juego.

HOMBRE 2. ¡Qué lección, coño, qué lección! Este era un pueblo de relajo y de pachanga y hubo que entrarlo en cintura a la fuerza. Hemos llegado a lo que somos doblando el lomo, con disciplina y con esfuerzo, y eso no me lo van a quitar unos cuantos degenerados que quieren darse a la buena vida. ¡No me lo van a quitar, no! ¡Aunque tenga que matarlos a todos para que aprendan! ¡Para que no se les olvide esta lección de historia que tienen que repetir al dedillo! ¡Que forjé a sangre y fuego! ¡A hoz y martillo! ¡Vigilar, vigilar siempre!

El Hombre 4 se desplaza por su cuenta, como hizo previamente el Hombre 2. De esta forma, los Hombres 1 y 3 por un lado, y los Hombres 2 y 5, funcionarán de forma paralela en dos lugares del escenario, mientras que el 4 va a moverse por su cuenta. De nuevo se va recreando una situación idéntica a la anterior, con la aparición, sucesivamente y por la platea, de los Hombres 6 y 7, que progresivamente, y como pasó con anterioridad, se convertirán en los guardaespaldas del Hombre 4. Es decir, se trata de un desplazamiento coreográfico repetitivo.

HOMBRE 4. Cuando bajamos de la Sierra creían que el relajito iba a seguir. Pero los puse en pie de guerra, ¡carajo! ¡Sin tregua! ¡Sin descanso! ¡Treinta años en atención, ¡apunten! ¡fuego! ¡Paredón, paredón! ¡En pie de guerra! ¡En pie de guerra! Aquí no se puede dormir, aquí no se puede descansar. Acabar con medio mundo si es necesario, sacar la escoria y arrojarla al mar, limpiar el terreno, crear una nueva raza de hombres poderosos, de hombres fuertes, que sepan meter miedo.

En este punto quedan establecidos tres núcleos que serán siempre de a dos, con un tercer hombre que se va desplazando constantemente de un grupo a otro. De esta manera todos los hombres cambiarán de posición, alternando en el juego de la «lección de historia». Aunque aparece asignado el texto a un hombre determinado, este orden puede alterarse en función de la movilidad de la escena. Lo importante es que el emisor del texto, en ese momento, no funcione como guardaespaldas.

HOMBRE 1. Este pueblo era un pueblo lleno de mierda que nunca hizo nada… Nos conformábamos con cualquier cosa… Jugábamos a la pelota, comíamos casabe y dormíamos la siesta desde antes de la llegada de los españoles…
HOMBRE 2. No teníamos ritos sagrados… No hacíamos sacrificios a los dioses… No conquistábamos, y cuando nos venían a conquistar, nos escondíamos en el monte como unos cobardes que ni siquiera sabíamos defender el territorio en que habíamos nacido, y nos suicidábamos sin levantar la cabeza…
HOMBRE 3. No hicimos pirámides… No teníamos tesoros en Machu Picchu… ¡Coño, carajo, cuánto he despreciado esos indios de mierda que no sabían hacer nada, blandos y fofos, y que solo sabían ahorcarse, envenenarse, pegarse un tiro en la sien…! ¡Coño,

cuánto he despreciado a esos indios de mala muerte! ¡Era como si lleváramos el estigma de la nada injertado en la piel!

En este momento, los hombres que estén en proceso de cambio de un grupo a otro, se desplazarán libremente repitiendo «¡Ese hombre está loco! ¡Hay que acabar con él!»., reintegrándose después al grupo y prosiguiendo de igual forma. Entonces, todos a coro, repetirán:

CORO DE HOMBRES. *(Varias veces)*. Unos vagos… Unos cobardes… Una porquería… Una bazofia… Un estercolero…

Se reanuda la «Lección de historia».

HOMBRE 4. Después vinieron los españoles, que sembraron furia con la furia de sus testículos… ¡Aquellos sí eran hombres, sí! Preñaron a las indias y a las negras, y a las criollas después… Nos formaron con sus gotas de semen donde estaba el espejo del crimen y el castigo, del goce y de la muerte.

HOMBRE 5. ¡Aquellos sí eran hombres, sí! Una raza de héroes y titanes que todo lo tenían entre las piernas. ¡Mitad hombre, mitad fieras! ¡A caballo y cortando cabezas! Nos domesticaron con la muerte y el cuchillo y trajeron los esclavos negros para que supiéramos lo que eran las cadenas.

HOMBRE 6. ¡Vivan, vivan las cadenas! ¡Qué manera de hacernos! ¡Primero nos hicieron machos, para después caparnos como cerdos! ¡Nos metían en el cepo de la noche al amanecer y después nos ponían a cortar caña de sol a sol! Eran nuestros padres y nos cortaban la cabeza con la saña de los verdugos y el hambre de Saturno devorando a sus propios hijos.

Todos los hombres repetirán varias veces:

CORO DE HOMBRES. Unos vagos… Unos cobardes… Una porquería… Una bazofia… Un estercolero…

Por su parte, los que hacen de guardaespaldas en ese momento, repetirán a coro, también varias veces: «¡Ese hombre está loco, hay que acabar con él!». Después se reintegrarán al movimiento previo.

HOMBRE 7. Cobardes, eso era lo que eran. Hicieron la guerra para proteger sus ingenios y sus intereses, para seguir enriqueciéndose. Desde el siglo pasado solo pensaban en el dinero… Y cuando vino la independencia nos vendieron al mejor postor, como los chulos venden a las mujerzuelas… Generales y doctores de mala muerte nos gobernaron, aprovechándose de todos y metiéndole mano a todo lo que se les pusiera por delante…

En este momento todos los hombres, menos el Hombre 1, pasarán a realizar la función de guardaespaldas, vigilándose los unos a los otros y «protegiendo» al Hombre 1. Mientras hacen esto, repetirán «¡Este hombre está loco, hay que acabar con él!», en crescendo y como fondo coral al texto que sigue.

HOMBRE 1. Este pueblo era un pueblo lleno de porquería. La ciudad apestaba por los cuatro costados y había un hedor que no nos dejaba respirar, que producía una asfixia y un ahogo. Todo estaba podrido. Las mujeres se dejaban preñar por cualquiera que viniera de fuera y los hombres no hacían más que recibir patadas por el culo. Pero entonces vine YO y los hice hombres a todos ustedes. Los levanté de la nada y los esparcí por el mundo sembrando la Revolución por todas partes. ¡Engendramos la Revolución en los territorios más distantes y que menos se podían imaginar! ¡Esparcimos al viento una semilla que iba de un continente al otro, devorándolo todo, abonando la tierra con la sangre de nuestro pueblo! ¡YO forjé ese acero! ¡YO los mandé de un lado a otro! Al Norte, al Sur, al Este y al Oeste... Matamos a quienes teníamos que matar... Pero ahora quieren acabar conmigo... ¡Coño! ¡Carajo! ¡No! ¡Que YO soy más fuerte! Aquí no se puede descansar. Aquí no se puede dormir. ¡Vigilar, vigilar siempre!

El Hombre 1 está al centro y los otros seis hombres se mueven ya alrededor de él, primero como guardaespaldas; pero después, decididamente, apuntándolo con la metralleta y repitiendo el latiguillo: «¡Ese hombre está loco, hay que acabar con él!»., que sigue funcionando como fondo coral.

HOMBRE 1. No, aquí no se puede dormir, ¡carajo! Con los ojos bien abiertos para liquidar al enemigo que quiere liquidarme... tenderle la red al que me la tiene tendida... escuchar la palabra que se dijo y la que no se ha dicho todavía... la mirilla telescópica que nos apunta con el dedo en el gatillo... *(Transición)*. Pero alguien está ahí para acabar conmigo... Lo siento, lo escucho, lo respiro... Alguien que busca mi lugar, que persigue mis huellas!... El machete que quiere cortarme la cabeza y acabar conmigo. ¡Vigilar, vigilar siempre! ¡Cien ojos y cien oídos que nunca serán suficientes! ¡Atención! ¡Apunten ¡Fuego!

Los otros gritan.

CORO DE HOMBRES. ¡Ese hombre está loco, hay que acabar con él!
HOMBRE 1. ¡Patria o Muerte! ¡Venceremos!
CORO DE HOMBRES. ¡Ese hombre está loco! ¡Hay que acabar con él!

Todos los hombres están vueltos hacia el Hombre 1. Disparan.

OSCURO TOTAL

1993

Personajes

Tony, 18 años
Oscar, 20 años
Tita, 45 años
Paco, 55 años

Es posible que en el segundo cuadro del tercer acto Tita y Paco, como están ya muy envejecidos, sean interpretados por otros actores. El texto, las pelucas y detalles menores dejarían sentado que se trata de los mismos personajes.

La acción tiene lugar en el domicilio de una familia acomodada en una zona residencial en las afueras de una ciudad, posiblemente Los Angeles, época actual.

ESCENOGRAFÍA

Sala de la casa. Al fondo, puerta de entrada que comunica con la calle. A la derecha, puerta vidriera por donde puede verse una mesa de hierro blanco y varias sillas. A lo lejos, luces distantes de una ciudad. Escalera que conduce al piso alto, con vista parcial, a través de una baranda, de la puerta que da al dormitorio. Muebles de cualquier estilo, pero todos buenos y de buen gusto. Debe haber, por lo menos, un sofá con dos butacas, un bar, y hacia el frente derecha, una mesita con un teléfono. Mesa de centro con revistas y papeles diversos y un retrato de familia, bastante convencional, que desentona un poco. Consola con gaveta y un espejo en uno de los laterales. Un clóset cerca de la puerta que da a la calle.
    Si se prefiere es posible utilizar una escenografía minimalista a base de bloques geométricos negros, plataformas que sirvan de escalera al supuesto piso alto, esquemas de puertas en gris y negro, uso intensivo de luces y sombras.

Primer Acto

Al descorrerse el telón la escena está a oscuras, aunque iluminada por una cierta claridad que llega del exterior. Fuera de escena se escucha un número indefinido de disparos. Abruptamente se abre la puerta del dormitorio y aparece Tony, bastante bien parecido. Viste un pantalón claro y un sweater ligero que le hace juego. Se oye un nuevo disparo. Tony se sostiene en la baranda para no desplomarse. Por un momento podría parecer que viene herido. La ropa está en completo desorden, la camisa fuera del pantalón. Baja la escalera a punto de caer, de una manera ligeramente espectacular. Al llegar a la planta baja se apoya en una butaca, al mismo tiempo que deja caer la pistola, que se dispara. Muestra inseguridad y produce el efecto de ser una criatura indefensa. Sus transiciones son abruptas, inesperadas, adoptando en algunas ocasiones una actitud afeminada muy marcada, que parece intencional. En el momento que cae la pistola, se oye el timbre del teléfono y hay en Tony un movimiento de temor y desconcierto. Inmediatamente después de sonar el teléfono, sale Oscar de la habitación del piso alto, con una pistola en la mano. Es mejor parecido que Tony, más seguro de sí mismo y más fuerte. Su entrada en escena es pausada y contrasta con la de Tony. Viste de una manera parecida con un sweater color claro, diferente al de Tony, y un pantalón que le hace juego y que lleva de forma apropiada. El escenario se va iluminando gradualmente.

OSCAR. *(Rápido, seguro).* No contestes.

Siguen unos timbrazos más. Oscar termina de bajar las escaleras. El teléfono deja de sonar.

OSCAR. Eres un mierda, Tony. ¿Acaso quieres despertar a todo el mundo? Eres un chapucero, un descuidado. A lo mejor hasta te has cagado en los pantalones. No sirves para nada. A última hora siempre haces un papelazo. No sé qué te harías sin mí. Acabaré creyendo que papá y mamá tenían razón.

Tony tiembla exageradamente, aunque trata de calmarse. Oscar lo mira fijamente.

OSCAR. *(Frío, impersonal).* Cálmate, ¿no? La cosa no es para tanto

Oscar va a la mesita donde está el teléfono, abre una gaveta y guarda la pistola que tiene en la mano. Después, recoge la otra que está en el piso. La limpia meticulosamente con un pañuelo y la mete en la gaveta. Mira al piso de los altos. Tony también.

TONY. Ellos... ya... no pueden oírnos.

No se sabe si es una afirmación o una pregunta. Pausa. Se miran fijamente.

OSCAR. Es posible... que no...
TONY. ¿Qué quieres decir? *(Más alto, histérico).* ¡Ellos ya no pueden oírnos, ¡¿no?!
OSCAR. *(Sombrío).* No te preocupes. Yo les di el tiro de gracia.

Vuelve a sonar el timbre del teléfono. Señal de Oscar a Tony para que no conteste.

TONY. ¿Quién crees que pueda estar llamando en este momento?
OSCAR. ¿Cómo lo voy a saber? Ni que fuera adivino.
TONY. ¿Crees que nos haya oído?
OSCAR. No me parecer. Pero por el momento, es mejor no matar a más nadie y dejarse de tiros al aire.
TONY. Las casas están demasiado cerca.
OSCAR. Sí, pero todas las ventanas están cerradas. Es verano. Todo el mundo está encerrado con el aire acondicionado a todo meter.
TONY. Debimos haberlo pensado antes.
OSCAR. Pudimos planearlo mejor, es cierto.
TONY. Pero no habíamos planeado nada.
OSCAR. Bueno, no exactamente. *(Pausa).* Lo teníamos en la cabeza. Como un barrenillo.
TONY. *(Alterado).* Era una necesidad. No quedaba más remedio. Eso no quiere decir que lo tuviéramos planeado.
OSCAR. *(Siguiéndole la corriente).* Sí, sí... Tienes razón.

El teléfono deja de sonar.

TONY. Pero y... ahora, ¿qué vamos a hacer?
OSCAR. ¿Cómo que qué vamos a hacer?
TONY. *(Vacilante, temeroso).* ¿Están... muertos...?
OSCAR. Espero que sí. Si tienes dudas, ve a ver.
TONY. Conmigo no cuentes.
OSCAR. Bueno, tendrás que verlos más tarde o más temprano, porque yo solo no me voy a meter ese paquete. Aunque no te guste, no queda más remedio, Tony. Tendrás que volver a la escena del crimen.
TONY. ¿Qué quieres decir?
OSCAR. Pero, ¿qué tú crees que quiero decir? Los muertos no se entierran solos.
TONY. Nunca me dijiste que teníamos que enterrarlos. Yo creía...
OSCAR. ¿Y qué íbamos a hacer con ellos? ¿Qué tú creías? ¿Que eran un par de muertos que iban a desaparecer por arte de magia? A veces no sé qué tienes en la cabeza. Acabarás llorando, histérico... gritando que te metan en la silla eléctrica. Debí pensarlo dos veces. *(Pausa breve. Transición, casi afectuosamente).* Te han dejado muy mal. Por poco acaban contigo.
TONY. Yo pensé, que íbamos a llamar a la policía. Que íbamos a decir que cuando llegamos aquí los encontramos muertos. Hablamos sobre esto un centenar de veces...

OSCAR. No recuerdo.

TONY. Es un decir, ¿comprendes?

OSCAR. Este no es un juego, Tony.

TONY. Yo creía…

OSCAR. Hay que cuidarse. Nos meterán en una trampa y no podremos salir. Ya tú sabes como son ellos.

TONY. ¿Ellos?

OSCAR. La policía… Los detectives… Los abogados… El fiscal…

TONY. *(Acobardado).* No, no… Eso no puede ser.

OSCAR. Es por eso que no podemos meter la pata.

TONY. Yo pensé que… que Gina y Giorno…

OSCAR. Deja a Gina y Giorno que descansen en paz.

TONY. Pero… ¿no habíamos dicho algo de esto?

OSCAR. Es posible, pero ahora… contigo en esa facha. Mira como te has puesto. No en balde mamá nunca estaba segura de ti, de lo que ibas a hacer, con lo que te ibas a bajar. Que no se podía contar contigo. Y tenía razón. Acabarás llorando, histérico… gritando que te metan en la silla eléctrica. Debí pensarlo dos veces. Por eso mamá te mandó al loquero, para que… te enderezaran.

TONY. *(Molesto).* ¿Qué quieres decir?

OSCAR. Nada, que poco más y te hacían la trepanación del cráneo.

TONY. *(Asaltado de vez en cuando por pausas imprecisas, como si se le fuera lo que tiene en la cabeza).* Entonces, los habrán matado Gina y Giorno. Unos ladrones… unos delincuentes… Como ellos mismos tenían pensado, pero al revés… ¿Se les viró la tortilla, no? Ese era el plan, el que no teníamos, precisamente. El que ellos inventaron y nosotros le dimos la vuelta. La idea de mamá, ¡que siempre se bajaba con cada una!

OSCAR. Si estuviera aquí apuesto cualquier cosa que se bajaría con algo diferente… Lo nunca visto… Porque mamá…

TONY. Con una buena mentira que enseguida sería la verdad… *(Pausa, queda pensativo. Después, reconstruyendo la mentira).* Gina y Giorno… Entraron para robar… las joyas de mamá… Rondaban la casa día y noche, con la motoneta… Todo el mundo sabe que papá y mamá son… eran millonarios… que estaban… podridos en dinero. Razona, piensa. Hay delincuentes sueltos por todas partes.

OSCAR. Dirán que somos unos privilegiados. Un par de niños ricos sin nada que hacer que solo quieren irse de parranda.

TONY. Unas alimañas. Una gusanera apestosa. Vagabundos muertos de hambre que matan a cualquiera por una peseta… Por nada. A un par de turistas… a un viejo que maneja despacio por la autopista… a un chico de cinco meses que los padres tiran contra una pared… Da lo mismo… La violencia… La criminalidad…

OSCAR. Cállate. No desbarres. No sabes lo que estás diciendo.

TONY. Esas cosas pasan, ¿no? Todos los días. Así, por hábito… por la mariguana… la cocaína… la heroína… cualquier cosa. Entonces, ¿qué tiene de raro que maten a un par de viejos millonarios como mamá y papá? Papá tenía enemigos… Mafiosos… Seguramente estaban en negocios sucios… en el tráfico de drogas… ¿O cómo crees que se hizo millonario? Los millones no se hacen así, doblando el lomo como hacen los braceros… Gina y Giorno lo sabían. No se cansaban de decirlo…

OSCAR. ¿Y te lo van a creer? Pensarán que fuimos nosotros, para heredarlos y quedarnos con todo lo que tenían. Serán implacables. No habrá jurado que diga lo contrario. Mírate a ti, precisamente, temblando de pies a cabeza y completamente descontrolado. Pareces un criminal nato.

TONY. *(Aparentando seguridad, aplomo, pero alterándose y volviéndose irracional a medida que va diciendo su parlamento. Al final, muy sombrío).* ¿Te engañé, no? ¿Te lo creíste todo? ¿De veras? ¿Pensaste que me estaba cagando en los pantalones? ¿Qué te pareció el *screen test*? ¡Qué actuación, ¡no!? No en balde mamá quería que siguiera con las clases de teatro. Que yo iba a ser un actorazo. A papá le gustaba también, ¿sabes? Que yo actuara, que yo hiciera papelazos... A veces, no todo el tiempo... Me enseñaba los movimientos. Me montaba las escenas. Decía que yo acabaría siendo un gran actor. Un gran actorazo maricón, para ser exactos. Porque él lo hacía todo: escribía el diálogo, dirigía la obra, filmaba la película... Una película pornográfica, ¿no? ¡Qué manera de mandar! Un gendarme, un capital de la guardia, un teniente coronel... *(Marcadamente afeminado, haciendo el papel con intención).* Que me pintara la boca... Que me pusiera la negligé de mama... Que me bajara los pantaloncitos...

OSCAR. No hagas eso, Tony. Ya te lo he dicho.

TONY. Que por delante... Que por detrás... Que por el otro lado...

OSCAR. Basta. No sigas te digo.

TONY. ¿Ves? ¿Comprendes? ¿No soy un gran actor? *(Transición).* ¿Matarlo? ¿Matarlo como un perro? ¿No se lo tenía merecido? *(Calmándose algo).* Por eso, cuando venga la policía, yo haré mi papel. El que tú me digas. Solo tienes que montármelo, como se hace en el teatro. Ahora tú escribes el diálogo, ¿no?

OSCAR. Yo no voy a escribirte nada, Tony. De ahora en adelante el diálogo lo escribes tú.

TONY. No, no puedo. Eso es demasiado difícil.

OSCAR. Para eso hicimos lo que hicimos. Para abrir la boca y decir lo que nos dé la gana.

TONY. Llama a la policía. Yo digo lo que tú me digas y lo digo como lo tenga que decir.

OSCAR. Basta, no te hagas el estúpido, como te hacía creer mamá. Digas lo que digas, la policía no nos va a creer ni jota. A mamá y a papá tendremos que descuartizarlos y meterlos en la congeladora en cartuchos plásticos.

TONY. *(Teatral, amanerado).* ¡Qué horror! ¡Qué barbaridad! ¡Qué desatino! Yo no puedo hacer eso. ¡Sería una monstruosidad! Quizás papá tuviera razón en lo que nos hacía y en las cosas que decía de ti, ¡terribles, Oscar, terribles! Que eras un dominante, un mandamás. Que tenía que cuidarme porque el día menos pensado... El lo sabía todo... todo. Y mamá, que tú eras un bruto, un salvaje... Su vivo retrato.

OSCAR. Coño, cállate.

TONY. Comprendo que había que matarlos, pero ¿cómo es posible que digas esas cosas? *(Afeminadamente).* Eran... nuestros padres. Yo los quería. ¡Yo los adoraba! ¡Eran exquisitos!

OSCAR. No te hagas el maricón, Tony. Lo haces para protegerte. Pero no podemos dar un paso atrás. Solo hacia adelante. Hicimos lo que teníamos que hacer. No nos quedaba más remedio. Y ahora...

TONY. No lo digas, no quiero saberlo.

OSCAR. No jodas más, carajo. Eres una pejiguera insoportable. No en balde siempre he tenido que estar sacando la cara por ti. A lo mejor en vez de matarlos a ellos debí matarte a ti. Mejor todavía, matarlos a todos.

TONY. *(Alucinado).* ¿Descuartizarlos? ¿Y si después todos los pedazos se ponen de acuerdo y se juntan otra vez?

OSCAR. Tú puedes eso y mucho más, porque ellos se lo merecen. No solo descuartizarlo, sino hacerlos picadillo y hasta comértelos a pedacitos. Eres capaz de cualquier cosa y en este momento no haces otra cosa que fingir, hacerte la víctima. A mí no me vengas con esas. Eres un hipócrita.

TONY. *(Entre alucinado y paródico, haciendo como Frankenstein).* Y después, viniendo como Frankenstein, con los brazos estirados, para estrangularnos, acabar conmigo... *(Acercándose a Tony).* Contigo...

OSCAR. *(A punto de echar una carcajada).* Tienes razón. Eres un actorazo. Después de todo, no nos ha quedado más remedio que fingir. A ti tendrán que darte el Oscar, como decía mamá. Aunque ella era una actriz del carajo. Te haces el flojo, el comemierda, el loco y el mariconcito para que te perdonen y no te manden a la silla eléctrica.

TONY. Yo no quiero vivir.

OSCAR. *(Sin hacerle caso).* Ensayas como si estuvieras ya ante el tribunal, pero este no es un juicio sumario. *(Pausa).* Lo cierto es que somos un par de criminales.

TONY. No me hables así. Tengo miedo de que... de que todavía estén vivos.

OSCAR. Pues ve y dales otro tiro de gracia, por si el que yo les di no hubiera sido suficiente.

TONY. *(Acobardándose, acercándose a Oscar, sincero).* Tengo miedo, Oscar. Siempre he tenido miedo, es verdad. ¡Créeme! No, no podré hacerle frente a la policía. No soy ningún actor. Soy un flojo, un cobarde. Nunca he hecho nada que valga la pena. Mamá lo decía una y otra vez. ¿Te acuerdas? Tú lo sabes bien.

OSCAR. *(Transición. Protector, lo cubre con sus brazos. Sus palabras tienen un aire de autenticidad, de ternura casi).* Está bien. Cálmate. No te pongas así. Yo soy tu hermano mayor. Yo soy, ahora, tu padre. Pero un padre de verdad, Tony. El que nunca tuvimos. No, no te pasará nada. No tengas miedo... Estaré... siempre... contigo... Ahora... solo... nos tenemos el uno al otro. No dejaré que te pase nada. Yo te lo prometí, que te sacaría de las garras de papá. *(Como a un niño).* ¿No es cierto? Eso no podía continuar. ¿No te he protegido siempre?

TONY. Sí, me has protegido siempre.

OSCAR. Inclusive de mamá, aunque era su niño mimado. *(Transición).* Su mariconcito, como ella, la muy cabrona, te decía. *(Con furia contenida).* Para tenerte en sus redes, en su cuevita, en su jardín de las delicias, donde me atrapaba.

Se abrazan y se repelen, en un texto que choca, inarticulado.

TONY. Regalándome muñecas.
OSCAR. Su bomboncito que se quería comer.
TONY. Jugando a las casitas.
OSCAR. Saboreándome.
TONY. Haciéndome chorongos.
OSCAR. Deglutiéndome.
TONY. Su Shirley Temple.
OSCAR. Una muñeca con la que se ponía a jugar.
TONY. La que le quitaron cuando era niña.
OSCAR. Con la que podía jugar cuando le diera la gana.
TONY. La niña que nunca pudo tener.

OSCAR. Un juego que no había jugado antes.
TONY. Poniéndome la sayita.
OSCAR. Un pícaro que sabía más que la bibijagua.
TONY. Entregándome al lobo...
OSCAR. Sucio... Puerto... Apestado... Expulsándonos después...
TONY. Digiriéndome... Triturándome... Sucio... Puerco... Apestado...
OSCAR. Pero eso se acabó. Tienes que ayudarme. Ahora tenemos que defendernos por nuestra propia cuenta. Ser otros... Mantenernos firmes... Ponernos de pie.
TONY. Olvidarnos... de... todo...
OSCAR. Empezar una nueva vida. Salir de este atolladero. Desde ahora ellos están muertos y tú y yo somos libres y estamos vivos.
TONY. ¿Estarán... tintos en sangre?
OSCAR. ¿Te das cuenta? Somos libres. Ahora podré vivir. Acostarme con las mujeres que me de la gana. Hacerlo de día y de noche y de madrugada... A la hora del desayuno, del almuerzo y la comida. Y nadie, nadie, me podrá decir que no. Nadie me dará órdenes. Podré tener aquí todas las putas que me de la gena. Acostarme... en la cama... de mamá...
TONY. Estarán tintos en sangre... *(Melodramático, afeminado e infantil)*. ¡Tintos en sangre! ¡Tintos en sangre!
OSCAR. Tintos en sangre es una expresión metafórica, una mariconería. Pero si te gusta, grítala. Sácatela de adentro. Sí, tintos en sangre como tú y yo queríamos verlos.
TONY. Con los tiros que tú les metiste.
OSCAR. *(Enfático)*. Y con los tiros que les metiste tú.
TONY. Yo no sabía dónde estaba mamá.
OSCAR. Yo no sabía dónde estaba papá tampoco.
TONY. Pero los teníamos delante.
OSCAR. Estaban frente a nosotros.
TONY. *(Evasivo)*. Una lluvia de estrellas.
OSCAR. Que los envolvía.
TONY. *(Evasivo)*. Un acertijo de luces.
OSCAR. Que no los dejaba escapar.
TONY. *(Horrorizado, melodramático)*. ¡Acribillados a balazos!
OSCAR. *(Enfático, realista)*. ¡Les destapamos la tapa de los sesos, coño!

Pausa larga. Se quedan pensando.

OSCAR. Los matamos a sangre fría, como habíamos planeado una y otra vez.
TONY. No, a sangre fría, no.
OSCAR. Hay que mirar los hechos cara a cara.
TONY. Todo menos a sangre fría.
OSCAR. Era una guerra a muerte a sangre y fuego. No des marcha atrás. Te conozco, Tony, como la palma de mi mano. Eres capaz de acabar con la quinta y con los mangos. No le tienes miedo a nada.
TONY. No, no...
OSCAR. Fíjate, nadie nos va a creer nada. No somos unos marginados, unos muertos de hambre. Teníamos de todo. Te pasabas la vida de una cancha de tenis a la otra. Y yo me

iba a «surfear» de playa en playa. Tenemos dinero. Bueno, lo tenían ellos. Técnicamente lo tienen ellos todavía. Hemos ido a los mejores colegios y todo el mundo piensa que somos un par de malcriados que hemos tenido siempre lo que hemos querido. Todo el mundo ha dicho siempre que somos inteligentes, brillantes.

OSCAR. Menos mamá y papá, naturalmente, que nos llamaban cretinos, estúpidos, y él, que nos abrazaba, nos abofeteaba y nos decía «hijos de puta» mientras miraba a mamá... *(Pausa).* No tenemos conciencia ni la queremos tener.

TONY. No es cierto, no es verdad.

Empieza a sonar el timbre del teléfono.

OSCAR. No, no quiero tenerla. Es mejor así, ¿comprendes? Hemos nacido para el crimen. Métetelo en la cabeza. Eres tan criminal como yo y no tuviste escrúpulos para matarlos. Matamos a nuestros padres, que eran unos tarados que nos engendraron. Somos un par de parricidas.

TONY. ¡No, no! ¡Cállate, basta ya! No sigas. ¡Y ese teléfono! ¡Que se calle también!

OSCAR. *(Refiriéndose al timbre del teléfono).* ¿Quién carajo será?

TONY. Déjalo, no contestes... A lo mejor...

OSCAR. ¿A lo mejor qué?

TONY. A lo mejor son... papá o mamá.

OSCAR. O la policía... Eso vamos a saberlo enseguida.

Oscar se dispone a contestar, pero el teléfono deja de sonar. Pausa larga. Oscar va al bar y prepara unos tragos.

OSCAR. Tómate esto.

TONY. No, no quiero.

OSCAR. Te hará bien. Si seguimos así acabaremos como un par de locos.

Oscar le da el vaso. Se sientan. Oscar en el sofá y Tony en la butaca. Los dos se tranquilizan.

OSCAR. *(Brindando).* ¡Salud!

TONY. *(Brindando).* ¡Salud!

Oscar bebe con ganas, disfrutando el trago. Tony, no.

OSCAR. *(Pausa, tranquilo).* Yo creo que nos debemos acostar. Mañana será otro día y nos despertaremos con la cabeza más despejada. Entonces decidiremos. Hoy ha sido un día bastante difícil. ¡Estoy extenuado! *(Se tira en el sofá a todo lo largo).* Matar... Matar cansa más que templarse a un par de jebas a la vez.

TONY. *(Sentencioso. Transición).* Él tiene el *joker*.

OSCAR. ¿Qué *joker*?

TONY. Esa carta de la baraja con la que se ganan todas las partidas.

OSCAR. ¿Y desde cuándo juegas a la baraja? Tú no sabes nada de las cartas de la baraja.

TONY. Pero papá sí. Por eso gana siempre.

OSCAR. Los muertos no juegan a la baraja.
TONY. *(Pensativo. Tras una pausa).* No la recuerdo bien.
OSCAR. ¿A quién?
TONY. A mamá.
OSCAR. Es mejor.
TONY. Es como una figura de cera caminando por un cementerio.
OSCAR. *(Aguantando la risa).* ¡Coño, no jodas!
TONY. Quería suicidarse.
OSCAR. Pero no lo hizo y por poco nos mata.
TONY. Tenía miedo.
OSCAR. ¿De qué?
TONY. De la ira de papá.
OSCAR. Muerta, no veo que más le daba.
TONY. Quería que la ayudáramos.
OSCAR. ¿Te lo dijo?
TONY. Tú sabes que una vez le encontramos una nota suicida.
OSCAR. Se hacía la interesante. Ya tú sabes cómo era mamá. Siempre quiso ser actriz y pensaría que era Marilyn Monroe.
TONY. Quería que la ayudáramos y por eso la tuvimos que matar.
OSCAR. Entonces no puede quejarse.
TONY. ¡Pobre mamá!

El texto crea una atmósfera de irrealidad que, quizás, pueda acompañarse de un imperceptible cambio de luz, que volverá a la normalidad cuando empiece a hablar del padre.

OSCAR. Lástima que no lo hubiera hecho ella misma. Nos hubiera ahorrado la mitad del trabajo. Pero era una vaga, una holgazana, y todo lo dejaba de un día para otro.
TONY. No hables así. Yo creo que... que también nos quería.
OSCAR. Lo dudo. A veces quería pensar que era así, pero me daba cuenta que solo lo inventaba.
TONY. Muchas veces la soñaba meciéndome en un sillón. Estábamos en un portal rodeado de árboles, tan inmensos que era como un bosque y apenas se veían las paredes de la casa, solo un espacio, y la pared se alejaba como si la casa no estuviera allí. Estábamos los dos solos y yo era muy pequeño y me dormía sin miedo y entonces la quería mucho, con los ojos cerrados... Y ella también me estaba queriendo, pensaba yo, porque no podía odiarnos. Tú te habías ido. Papá no estaba. Venía después en algún otro sueño.
OSCAR. Son trucos. Canciones de cuna. Como si estuviéramos... *(Se queda pensando. No termina la oración).* La escuchaba, como los marineros, que se pierden en el mar, en la bruma, y no regresan nunca... Porque también había una luz... negra... que lo eclipsaba todo, como un sol que se va, que nos dormía poco a poco. Era un sopor de niebla y de frío, muy intenso, que daba aquel sol oscuro. *(Pensativo).* Me parecía...
TONY. Debió ser lindo.
OSCAR. Nos íbamos entonces hacia un lugar donde estaba mamá, solo mamá, y entonces no teníamos miedo. Y sin embargo, no creas... No me podía dormir del todo, porque si llegaba a un sueño muy, pero muy profundo, mamá no me iba a dejar regresar. Porque ella, en realidad, era... *(Pausa, silencio, se queda pensando).* Las madres son muy

peligrosas. Se aprovechan de cualquier cosa. Por eso, cuando ella me cantaba no hacía otra cosa que despertarme. Cuando me dormía en sus brazos me dormía con los ojos abiertos. Temía que fuera una flor que me envolviera con sus pétalos. De esas flores carnívoras que se comen a los niños en los cuentos de hadas. Yo… quizás la amaba, puede ser. *(Hay una larguísima pausa y los dos quedan en silencio, pensando).* Pero era más seguro odiarla. Era posible que se trajera algo entre manos. *(Transición. Irritado, se vuelve a tirar en el sofá, volviéndose de espaldas).* Coño, déjame dormir.

TONY. *(Tras una pausa).* ¿Y papá?

OSCAR. *(Tras una pausa).* A veces pensaba que nos quería.

TONY. Jugaba con nosotros.

OSCAR. Era divertido.

TONY. Como si alguna vez todos nos hubiéramos querido en un estadio donde estábamos jugando y mamá aplaudía desde lejos.

OSCAR. Pero eso pasó… sí pasó… hace muchísimo tiempo… A lo mejor todo es inventado… No sé… Me estoy quedando dormido.

TONY. Es por eso que todo era muy fácil. Yo… lo quería… Confiaba… ¿Qué daño podía hacerme?

OSCAR. En el juego de fútbol siempre hay violencia. ¿Cómo no te diste cuenta?

TONY. No sabía nada. Yo no quería jugar, pero papá me obligaba, porque era un juego de hombres, como decía él. ¿Qué podía decirle? A ti no te importaba, porque también pegabas duro. Son unos brutos, decía mamá, y volvía la cara.

OSCAR. Pero le gustaba, especialmente si golpeaba papá.

TONY. Pero yo no quería jugar.

OSCAR. Decía que era un juego de hombres y no de maricones.

TONY. Y entonces empezaba a decir todas aquellas palabrotas en contra de los… mariquitas, como decía él.

OSCAR. *(Volviéndose).* Se hacía el macho, para que lo oyeran los vecinos. ¡Ya tú sabes! Nunca se sabe. Tenía una fachada del carajo.

TONY. Que si fulanito era maricón… Que si a ciclanito le gustaban los machazos de la película… Que esto era una maricaonada y que aquello también… Que había que tenerlos bien puestos… Que había que castrarlos a todos ellos. *(Tras una pausa).* Entonces, era necesario, ¿no?

OSCAR. ¿Qué cosa?

TONY. Matarlo.

OSCAR. Claro que sí. Había que hacerlo, porque si no lo hacíamos ya tú sabes lo que nos hubiera hecho. Era una medida defensiva. *(Pausa larga, sombría).* Ahora déjame dormir.

En el sofá, tirado a lo largo, Oscar da vueltas como si buscara una posición cómoda para quedarse dormido, pero con una intranquilidad que imposibilita que lo haga. Tony, insistente, da vueltas alrededor.

TONY. A sangre fría, no. No era posible.

OSCAR. *(Molesto).* OK, matamos como tú digas, pero déjame dormir.

TONY. Porque era necesario.

OSCAR. Pero de todos modos pensarán que matamos para hacernos millonarios. Es lo triste del caso. Nadie entenderá nada. Lo que vivimos y lo que nos queda por vivir. Es la lógica del dos y dos son cuatro. Es la conclusión más sencilla para mandarnos a la silla eléctrica.

TONY. Parece una película en blanco y negro, de las que ya no se hacen.
OSCAR. O a la cámara de gas.
TONY. Yo creía que ya eso no se usaba.
OSCAR. O una inyección, como hacen con los perros y los gatos. Lo que sea. ¿Adónde crees que van a mandarnos? ¿A Acapulco, de vacaciones y con gastos pagos?
TONY. Sería una injusticia.
OSCAR. Los matamos, ¿no?
TONY. Mis razones tenía.
OSCAR. Y yo tenía las mías.
TONY. No me refiero al dinero.
OSCAR. Ni yo tampoco.
TONY. Los matamos en defensa propia.
OSCAR. *(Poniéndose de pie)*. Coño, eres imposible. Ahora no podré dormir.

Oscar va al bar y se prepara otro trago.

TONY. Yo pienso que…
OSCAR. Desembucha, coño.
TONY. Que ellos nos iban a matar pero nosotros los matamos primero. Está en el *script*.
OSCAR. Esto no es una película, Tony. Eso más vale no sacarlo a relucir.
TONY. *(Argumentando)*. Recuerda el plan de mamá. Que Gina y Giorno…
OSCAR. No tenemos pruebas.
TONY. Estábamos amenazados. Gina y Giorno nos iban a matar. Era una cuestión de vida o muerte.
OSCAR. Eso es una frase, Tony. No vale nada.
TONY. Ellos lo pensaron. Ya sabes cómo era mamá.
OSCAR. *(Pausa. Pensativo)*. ¿Sí…? ¿Cómo era?
TONY. Era… *(Abstraído, pensando)*. Mamá se quedó sorprendida, ¿sabes? Lo menos que se podía imaginar.
OSCAR. Estás loco de atar. Estaba a oscuras y no podía vernos en la oscuridad. Era esa la idea. No sabía que éramos nosotros.
TONY. Ellos sospechaban.
OSCAR. A veces la gente se engaña. La venda en los ojos, como ella misma decía. Pensaría que éramos un par de ladrones y que veníamos a robar.
TONY. ¿Gina y Giorno?
OSCAR. Quizás no se dieran cuenta de nada. Todo fue muy rápido. *(Riéndose)*. Yo diría que no pudo decir ni pío, como hacen los pollitos.
TONY. No, no, se quedó con la boca abierta.
OSCAR. Eso sería después, cuando ya estaba muerta.
TONY. Te imaginas a mamá… que decía que yo… que yo no podía ni clavar un clavo. Ahora no pensará lo mismo. Estará orgullosa de mí. Dirá, «a lo que ha llegado». Porque no todas las madres paren a un… ¿matricida? Tuvo que verme. Saber que era yo. De lo contrario, no tendría sentido. Y papá, que también pensaba que yo era un flojo que no servía para nada. Un culito de mierda, como me llamaba él. Lo menos que se imaginaba era que yo, el mariconcito de la familia, como decía, ¿te acuerdas?, le entrara a tiros… La pistola… La pistola se me disparaba sola.

OSCAR. ¿Y qué estaba haciendo yo, mientras tanto? Acabarás diciendo que yo no maté a nadie, para llevarte todos los galones.

TONY. Solo el forense podrá determinarlo, de acuerdo con el ángulo por donde entraron las balas. Y la pistola, naturalmente. Un caso así como el de Kennedy, que no se sabe todavía.

OSCAR. Estás loco.

TONY. Claro que ellos no pueden comparecer como testigos de cargo.

OSCAR. ¿Quiénes?

TONY. Mamá y papá. Pero cuando venga la policía y se hagan las investigaciones.

OSCAR. No, no podemos saberlo. De veras, Tony, yo creo que voy a tenerte que meter un tiro. Contra mi voluntad, te advierto, pero es que me estás volviendo loco. *(Sincero).* Porque tú, tú eres lo único que tengo... Lo que más quiero... *(Abrazándolo).* No, no te me rajes así. No te me vuelvas loco... Después de todo lo que mamá y papá nos hicieron... lo que nos están haciendo... lo que nos van a hacer... Porque yo, Tony, te necesito también.

TONY. *(Siguiendo el hilo de sus pensamientos).* Pero es importante. En esto consiste toda la estrategia. Es importante saber cuál de los dos es el criminal. Uno de los dos tuvo que disparar la bala que acabó con cada uno de ellos. De esta manera solamente uno de nosotros... es el asesino, ¿entiendes?

OSCAR. *(Separándose, abrumado).* Yo... yo les di...

TONY. Entonces, naturalmente, no podrán condenarlo. Especialmente si no decimos nada. Porque siempre podremos cambiar las pistolas, como si fuéramos hermanos gemelos.

OSCAR. ...el tiro de gracia.

TONY. Sí, sí, pero no te olvides que yo fui el cerebro que planeó la película. Y eso lo digo entre tú y yo, en secreto. Tan en secreto que ni yo mismo lo creo y ni tú lo puedes repetir. Piénsalo. Un inocente no puede ir jamás a la silla eléctrica, a menos que sea culpable. Una coartada perfecta. Posiblemente... ellos... lo sepan todo. Mamá y papá tienen que saberlo, naturalmente. Pero ellos, claro, no pueden decir ni pío, así que es como si no supieran nada.

OSCAR. Estás loco de remate. Lo único que podemos saber en este momento es que tú eres el loco y yo soy el cuerdo. Estaba demasiado oscuro. Fue demasiado rápido. No pudieron saber nada.

TONY. Eran... como fuegos artificiales... una galaxia... líneas de luz por todas partes... una noche estrellada...

OSCAR. *(Se vuelve a tirar en el sofá a todo lo largo. Pone el vaso con la bebida en el suelo).* Sí, fue lindo.

TONY. *(Piensa, más tranquilo).* Puede que fuera todo lo contrario. A lo mejor ellos querían que los matáramos.

OSCAR. ¿Sí? ¿Por qué?

TONY. Para no tener que matarnos a nosotros.

OSCAR. ¡Qué disparate! ¡Y con la vida que se daban! Él acostándose con quien le daba la gana, de fiesta en fiesta y de trago en trago. Mamá comprándose joyas y tirándose pieles encima. Así no hay quien quiera estirar la pata.

TONY. Pero ellos sabían que eran culpables.

OSCAR. No tenían conciencia ni se sentían culpables de nada. Abusaban de ti y de mí, y se quedaban tan frescos, como si nada.

TONY. Era... como si fuéramos unas estatuas de barro... Nos hacían con la espátula, el cincel y el estilete.

OSCAR. ¡Qué idiota eres! Ellos nos hacían con otra cosa. Ellos nos hacían con mierda. *(Pausa)*. Te pareces a mamá, que cuando le daba por el melodrama se volvía una cursi. Había que tener ojo avizor con el *script*.

TONY. ¿Y papá? ¿Qué me dices de papá?

OSCAR. ¿Por qué no dejamos de hablar toda esta porquería y nos ponemos a vivir? Tenemos que cobrar lo que nos pertenece. La vida que nos robaron. La felicidad que nos merecemos. Que nos hemos ganado... a sangre y fuego.

TONYY: *(Con su barrenillo)*. ¿Es que tampoco supo que nosotros los estábamos matando?

OSCAR. Estaba roncando.

TONY. ¿Roncando? No, no podía ser. No creo que tuviera tiempo de quedarse dormido. Recuerda que no quisimos terminar de ver la película.

OSCAR. ¿Qué película?

TONY. La que pusimos... Esa en que el hombre viene con el cuchillo cuando la mujer está en la cocina y él marido la estrangula con el cordón de la cortina... El que violaba a las chicas a la medianoche y les metía un cuchillo y después les levantaba la tapa de los sesos y se veía el chorro de sangre en la pantalla y venía la palabra «fin»... se acabó lo que se daba.

OSCAR. *(Volviéndose en el sofá)*. Yo no estaba viendo nada.

TONY. Tú no, porque te quedaste dormido. Porque lo quieres resolver con eso, olvidar y ya, dormir y ya, pero yo no puedo. Dijiste que tenías que descansar para tener fuerzas con lo que venía después y que era mejor esperar un buen rato... hasta que ellos... hasta que ellos estuvieran dormidos... Que me durmiera yo, porque iba a estar más despejado, con los cinco sentidos... Y que a lo mejor papá se estaba acostando con ella porque era muy polifacético, de todo un poco, y que lo dejáramos hacerlo por última vez... Como una atención a lo que tenía entre las piernas... Pero yo no podía... ¿Qué derecho tenía a acostarse con mamá por última vez? ¿Por qué lo iba a dejar gozar después de lo que había hecho conmigo? ¿Y si mamá me engendraba de nuevo? ¿Y si volvía a salir todo hecho un feto? ¿Qué iba a pasar, Oscar? No, no podía permitirlo... Y tú medio dormido, sin entender, sin comprender el peligro. ¿Y si eran ellos lo que se metían en la habitación y nos entraban a tiros? De un momento a otro podrían abrir la puerta y acabar contigo y conmigo, y no dejar que nosotros acabáramos con ellos. La guerra es así, Oscar. Sale en la televisión todos los días. Vietnam, Israel, Palestina, Somalia, Bosnia-Herszegovina. Al que está dormido lo matan de pronto. Y papá y mamá estaban siempre armados, como Gina y Giorno, por si entraban los ladrones, por si venía la policía. Y además, copulando por última vez, un cochino en su pocilga, engendrándome en una última cochinada. Y tú dormido, como un lirón. A piernas sueltas. Si no te llego a llamar, nos matan... ¿Comprendes? ¿Te acuerdas de todo lo que te digo?

OSCAR. *(Levantándose, violento)*. ¡No, carajo! ¡No quiero acordarme de nada!

TONY. *(Perdiéndose en su propia lógica)*. Ellos lo sabían todo. Adivinaban nuestros pensamientos. Sabían que los íbamos a matar. Y por eso decidieron matarnos a nosotros. ¡Nos mataron en defensa propia!

OSCAR. Deliras, no sabes lo que dices. El que se queda vivo es el que dispara la pistola primero. Lo antes posible. Y por eso los muertos son ellos.

TONY. *(De pronto)*. Pero, ¿y la memoria? ¿Qué me dices de la memoria? ¿Esa jodida memoria que se aparece por todas partes?

OSCAR. Escúpela. Vomítala. Aplástala como si fuera una cucaracha.
TONY. ¿Qué hago con ella? La memoria se me metió en la cabeza cuando la pistola se me disparaba sola.
OSCAR. Hazte una trepanación del cráneo. Fabrica un olvido.
TONY. No puedo. Tendremos que matarlos otra vez.
OSCAR. Ya están muertos.
TONY. ¿Muertos y bien muertos?
OSCAR. Muertos y bien muertos. Olvida, Tony, olvida.

Están al pie de la escalera. Se sientan.

TONY. No puedo. Tengo pesadillas. Estaba desnudo de pies a cabeza y traía en la mano el cuchillo de la cocina. Yo lo veía por el ojo de la cerradura, pero mamá lo tapó con la mano. Allí estaba yo, podrido y apestado. Mamá nos miraba por el ojo de la cerradura y yo puse la mano, pero la mano se me deshacía, porque... estaba sucia... hecha de la sustancia de mí mismo... Yo temblaba, porque siempre le tuve miedo... No, no a él solamente... A mamá, que me había olido y entonces empezaba a vomitar. No sabía que aquello era un orgasmo. Ella gritaba. Pensaba que le estaba haciendo daño.
OSCAR. Eras muy pequeño. Casi no habías nacido, creo yo. Ella estaba gozando.
TONY. Debí defenderme como gato bocarriba. ¿Qué derecho tenía y qué sabía yo? Porque yo no sabía nada. No podía defenderme. ¡Soy un cobarde, un mierda, un maricón!

Oscar abraza paternalmente a Tony. Muy unidos, como dos niños amedrentados, se van enroscando gradualmente, rodando al pie de la escalera y hacia el centro del escenario, adoptando una posición fetal, uniéndose y desuniéndose rítmicamente.

OSCAR. Vamos, Tony, ven, cálmate, ya se acabó.
TONY. Era un carnicero.
OSCAR. Era capaz de todo. Es por eso que le tenías miedo.
TONY. Me puso el cuchillo aquí, en la garganta. Me dijo... que no podía decir ni pío... y que si decía algo... me iba a cortar... todo lo que tenía.
OSCAR. Era... como si lo supiera ya, que lo íbamos a matar. Como si hubiera consultado un oráculo antes que nosotros naciéramos... Que no nazca ese hijo maricón... Que no nazca ese degenerado... Se lo gritaba a mamá... Cuando no podía oírlo todavía...
TONY. ¿Estás seguro que dijo eso...?
OSCAR. Lo recuerdo todo. El médico. La enfermera. Y tú después, todo amoratado, que parecías un feto, como si tú tampoco quisieras nacer.
TONY. Pero yo quería.
OSCAR. Por poco te matan. Es por eso que no oyes bien, porque te dañaron el tímpano.
TONY. No, no, entonces yo oía. Lo recuerdo también. Lo escuché. Todavía no había nacido y ya lo escuchaba. Lo recuerdo claramente en el policlínico. Mamá me odió siempre. Mamá hacía contracciones para no dejarme salir. Quería matarme allí mismo. Papá le daba órdenes: «Mátalo. No lo dejes salir». Ella hacía lo que podía. Sentía la presión, en contra, para ahogarme. *(Pausa).* Yo empujaba, porque no me gustaba aquel lugar y quería estar vivo. Ser libre. Y después del parto, estaba débil porque había derramado

mucha sangre y no se podía acostar con él. Se ponía furiosa, se tiraba de los pelos, parecía una loca, y pensaba que yo era culpable de que él se fuera con otras mujeres. Eso no me lo perdonó jamás.

OSCAR. Ni a mí tampoco.

TONY. ¿Cómo lo sabes?

OSCAR. Porque lo escuchaba cuando estaba allí metido. Me quedaba bien calladito, para oírlo bien. Para escuchar todas las conversaciones. A mí no me pueden venir con cuentos. Desde ese momento planeaban el crimen.

TONY. Eso lo podremos declarar. Será razón suficiente para salir absueltos. Es eso que llaman el derecho de nacer. Teníamos derecho a vivir.

OSCAR. Claro. Oye esto. Después que me engendraron, papá me quería matar. Por eso se acostaba con mamá y ella tenía unos orgasmos bárbaros. Para ver si el orgasmo de mamá acababa por estrangularme. Imagínate. Todas las noches. Todos los días. Para eso, para ver si abortaba. Pero ella decía que yo la excitaba desde adentro. Era como una película pornográfica. ¿Entiendes?

TONY. ¡Qué bárbaro!

OSCAR. Después ella se emborrachaba. Pero no abortó. Como eran católicos, no podían ir a un médico para que se lo hicieran a mamá.

TONY. Quizás hubiera sido mejor.

OSCAR. Querían ver si me hacían daño, si nacía deforme. Pero nací saludable, aunque por mucho tiempo no pude hablar. Cualquier excusa para acabar conmigo. Papá estaba en celo. Y mamá también. Los orgasmos eran cada vez más fuertes y yo no sabía que era aquello. *(Pausa)*. Pero no he podido olvidarlo.

TONY. Es natural.

OSCAR. Estaba perplejo y por mucho tiempo no pude hablar. Ellos llegaron a creer que era mudo, y de chiquito siempre tartamudeaba. Después se me quitó. Papá me envidiaba, porque era un niño muy desarrollado y pensaba que cuando fuera grande los iba a tener más grande que él, como si hubiera hablado con un oráculo, con una santera. Tú sabes que papá era supersticioso y creía en todas esas cosas. Yo estaba espantado, porque en cualquier momento podía venir con una navaja y cortármelo todo. Dejarme pelón.

TONY. Yo no recuerdo nada.

OSCAR. Porque no oías bien. Copulaban con muy mala intención. Él, principalmente. *(Con ternura)*. Así fue como te engendraron a ti, cuando todavía yo no había nacido. Y es por eso que nos queremos tanto. Es… como si yo… fuera un padre para ti… El que nunca has tenido… Nacimos, Tony, pero estuvieron a punto de matarnos.

TONY. Es mentira. Todo lo que has dicho han sido mentiras.

OSCAR. Es por eso que eres un sietemesino.

TONY. *(Separándose. Poniéndose de pie)*. ¿De veras? *(Riéndose)*. Eres un cuentista, Oscar. Estamos locos, locos de remate. Fundidos. Locos de atar. *(Burlón)*. ¿Así que tú dices que eres el cuerdo?

OSCAR. *(De pie)*. Esto que te digo es cierto. No te rías.

TONY. Tostado. Fundido.

OSCAR. Era como verlo todo por el ojo de la cerradura, pero yo estaba dentro y por eso lo veía mejor.

TONY. *(Riéndose más)*. ¡Un *vouyer*, como dicen los franceses! No en balde papá sospechaba de ti y decía que sabías más que la bibijagua.

OSCAR. Es una película, Tony. La tuya y la mía. Es mejor verla toda para saber la verdad y llegar al final, cuando haya un oscuro total y no se vea nada en pantalla y nosotros no podamos vernos tampoco.
TONY. *(Con violencia, cambiando de actitud).* Corta, Oscar, no sigas.
OSCAR. *(Tocándose los testículos).* La memoria la tengo aquí, recordando cómo nos hicieron,
TONY. Sí, es la memoria. Yo tampoco puedo olvidar. Y es peor que la tuya. Abusaba de mí. En todos los sentidos. Me castigaba. Me bajaba los pantalones. *(Pausa larga).* La memoria está en todas partes. Acaba con la memoria. Arráncamela de raíz.
OSCAR. Voy a exterminarla. La voy a matar.

Oscar busca una de las pistolas y con ella en la mano «persigue a la memoria».

OSCAR. *(Enloquecido).* ¿Dónde está? ¿Dónde se ha metido?
TONY. Sube las escaleras.
OSCAR. ¿Sale a la terraza?
TONY. Se mete en el clóset.
OSCAR. ¿Huye por el tejado?
TONY. Toca a la puerta.
OSCAR. ¿Llama por teléfono?
TONY. Se sienta en el sofá.
OSCAR. ¿Se mira al espejo?
TONY. Nos sigue.
OSCAR. Nos persigue.
TONY. Nos jode.
OSCAR. Acaba con nosotros.
TONY. Papá gritaba: «¡Ahógalo, ahógalo, déjalo morir!».
OSCAR. Mamá decía: «¡Viven, viven, no quieren morir!».
TONY. Son unas ratas, hay que acabar con ellos. Termina de una vez. *(Apuntado a la cabeza).* La memoria está aquí.

Tony cae de rodillas, proscenio, centro; Oscar lo acorrala, colocándole la pistola en la sien. Clímax. Como si fuera una ejecución.

TONY. ¡Mátala, Oscar! ¡No me deja vivir!
OSCAR. Nacíamos, Tony. Despedazados.
TONY. Estaba escrito.
OSCAR. No había oráculo que pudiera evitarlo.
TONY. Encuestas… Pesquisas… Pruebas…
OSCAR. Fiscal… Juez… Magistrado
TONY. Consejo de guerra… Juicio sumario…
OSCAR. Fallo… Sentencia… Veredicto…
TONY. ¡Inocentes! ¡No hemos hecho nada!
OSCAR. ¡Culpables! ¡Condenados a muerte! ¡Juicio final!
TONY. La memoria es la pinga de papá, Oscar, con la que quiere matarnos.
OSCAR. ¡Te está templando el cráneo, el encéfalo, el cerebelo, toda la materia gris!

TONY. ¡Sácalo! ¡Sácamelo! Acaba de una vez.
OSCAR. *(Llevándole la pistola a la cien).* ¡Atención! ¡Apunten! ¡Fuego!

Tony se lanza sobre Oscar. Forcejean. En la lucha, cae al piso el retrato de familia. Se dispara la pistola. Oscar y Tony ruedan por el piso. El timbre del teléfono vuelve a sonar.

Oscuro total.

Segundo Acto

Gradualmente se va iluminando el escenario. Tony y Oscar siguen en el piso, como al final del acto anterior. Un foco de luz cae sobre Tita que aparece en lo alto de la escalera. Finalmente Tony se incorpora con dificultad, recoge la pistola, la guarda, toma el retrato de familia que está en el piso y lo mira detenidamente hasta el momento en que Tita comienza a hablar. Suena el teléfono. Arrastrándose casi, Oscar toma el libreto de la mesa de centro. Con él en una de sus manos, alarga la otra hacia el teléfono. Tita viste una elegante bata de seda de un rojo muy oscuro que le llega a los pies. Atractiva, elegante, se ve agotada y nerviosa, a pesar de lo cual, bajo su aparente debilidad, proyecta un carácter fuerte, dominante. Mientras baja, le echa un vistazo al libreto que lleva en la mano.

TITA. *(En el preciso momento que Oscar va a contestas, deteniéndolo).* No contestes, serán Gina y Giorno. *(Pausa. Baja los escalones).* Es un desastre.
OSCAR. ¿Qué cosa?
TITA. Lo de Gina y Giorno. ¡Estoy tan cansada! No sé si podré.
TONY. Entonces, podemos suprimirlo. Sacarlo del *script*.
TITA. Tu padre no querrá.
OSCAR. *(Burlón).* Papá ya no tiene vela en este entierro.
TITA. Gina y Giorno, Gina y Giorno. Es un barrenillo. Se le ha metido entre ceja y ceja. Cuando expiró no hacía más que repetirlo, como si fueran Romeo y Julieta.
OSCAR. Pero él no tuvo que ver con esto.
TITA. Pero después le cogió el gusto, Oscar. Tu padre era así.
TONY. En todo caso, fue idea de nosotros, mamá.
TITA. Idea mía, querrás decir.
OSCAR. Siempre pensaste que nosotros no íbamos a poder hacerlo por nuestra cuenta, sin contar contigo. Ya ves… Pasó todo lo contrario.
TITA. No estés tan seguro. Las apariencias engañan.
OSCAR. No en este caso.
TITA. Este libreto, por ejemplo. Todo lo trastocan. No sé que van a hacer cuando yo desaparezca… Por completo, quiero decir… A Gina y Giorno los metí yo en el *script*.
OSCAR. Es cierto. Una jugarreta. Los metiste sin darnos cuenta. Y ahora no hay modo de dejarlos fuera.
TITA. Hacía los arreglos, las correcciones. A petición de ustedes.
OSCAR. De Tony más bien. Por mí te hubiera dejado fuera.
TITA. Y después venías tú y ponías otra vez lo que ya yo había quitado. Enredando la trama. Creando situaciones inverosímiles. *(Acercándose a Tony, poniéndole la mano en la mejilla, maternalmente).* Sí, yo sé que tú, particularmente tú… No sabes cuánto lo siento.

OSCAR. *(A Tony)*. Cuidado, Tony, no te dejes embaucar por ella. Recuerda que está muerta.
TONY. *(Incorporándose)*. Quizás ya sea... demasiado tarde para arrepentirse.
TITA. *(Natural, dolida)*. No debieron hacerlo. Ahora ya nada tiene remedio.
OSCAR. Era inevitable, mamá. Tú lo sabías.
TONY. ¿Qué podíamos hacer? No había otra solución.
TITA. Sí, no había ninguna. Tendremos que pagar las consecuencias.
OSCAR. Nosotros, querrás decir.
TITA. Pienso que nosotros también, de alguna manera.
OSCAR. Ustedes ya... no cuentan.
TITA. Me temo, Oscar, que es todo lo contrario. Lo siento. Todo esto... saldrá a relucir...
TONY. Quisiera... encontrar... una solución, mamá.
TITA. *(Corrigiendo)*. Hubiera querido.
TONY. Alguna que no hayas imaginado todavía.
TITA. No, Tony. No hay ninguna más. *(Se apoya en el brazo de Oscar, apretándolo)*. Me duele, tanto...
TONY. ¿Qué cosa, mamá? ¿La herida...?
TITA. No, no... Eso no duele ya... Quizás, no dolió nunca... Me duele exactamente todo lo demás... la vida... el odio que nos teníamos... Que ustedes, algún día, llegaran a acribillarnos a balazos.
TONY. Entonces... ¿sabías que yo...?
TITA. Claro... ¿Cómo no iba a saberlo? Una madre... Inclusive yo...
TONY. Podías haber disparado.
TITA. ¿A ti...? ¿A Oscar...?
OSCAR. *(Brusco, separándose, a Tony)*. No le hagas caso.
TITA. ¿Cómo iba yo a... matarlos? Soy tu madre, Tony. Estaba condenada. Lo que me duele es que ustedes se hubieran podido imaginar...
OSCAR. Mamá, por favor, estás muerta. No es necesario...
TITA. ¿Cómo puedes ser tan duro? ¿Tan cruel? *(Hiriente)*. Cuando eres así me recuerdas a tu padre...
OSCAR. No digas eso. No lo repitas nunca más.
TITA. Lo diré, Oscar, cada vez que me dé la gana, aunque me tengas muerta y enterrada. Ver, así, que mis propios han sido capaces de matarme a sangre fría.
OSCAR. A sangre fría no, mamá.
TITA. Sobre todo... el tiro de gracia.
OSCAR. Tuve que hacerlo, mamá.
TITA. Supongo que tendré que estarte eternamente agradecida. Acabarás diciendo que me mataste por piedad, para que dejara de sufrir... Como si te lo hubiera pedido...
OSCAR. Exactamente...
TITA. Una solución francamente descabellada *(A Oscar)*. Como si yo te hubiera puesto el dedo en el gatillo. Pero ten cuidado con Gina y Giorno, que pueden llegar de un momento a otro y harán declaraciones. ¿Lo has olvidado?
OSCAR. Casi...
TITA. Acabarás resucitándolos, dándoles respiración artificial.
OSCAR. Es como si los hubiera olvidado, pero como si alguien, todavía, estuviera recordándolos...
TITA. Debe ser tu padre. Yo, personalmente, preferiría no recordar nada.
TONY. Pero papá está muerto, mamá. No es posible.

TITA. Tú no lo conoces bien todavía, Tony. Tu padre es uno de esos monstruos que hay que matar una y otra vez y siempre resucitan. Tendrán que pasarse toda una vida matándolos… una eternidad, quiero decir… dándole el tiro de gracia… y siempre acabarán teniéndolo delante… *(Pausa)*. Todo ha sido un desastre. Te lo advertí más de una vez.

OSCAR. En lo de papá tienes razón, mamá. Un injerto entre Drácula y Frankenstein.

TITA. Y todavía falta lo peor: el escándalo. Apareceremos en los cintillos de los periódicos. En la televisión. Me verán acribillada a balazos. A mí, que era tan presumida.

OSCAR. Por favor, mamá. No me hagas reír.

TITA. Yo no le veo la gracia. Pero tu padre y tú, que siempre se burlaban de mí, claro…

OSCAR. No te preocupes. Papá aparecerá tinto en sangre.

TITA. Hablarán de nosotros en todas partes. Seremos el pan nuestro de cada día, conversación de sobremesa y chismografía de peluquería. Caeremos en las garras de toda esa gente que durante años nos han envidiado y quería nuestra desgracia… Que si yo era así o del otro modo. ¡Y no podré hacer nada! Sabe Dios lo que ustedes dirán de mí.

TONY. ¿Nosotros?

TITA. Sí, ustedes. Dirán lo que tengan que decir. Me parece estarlo viendo… El juicio… El juez… El fiscal… Los testigos…

TONY. ¿Un juicio? *(A Oscar)*. ¿Es verdad?

OSCAR. No le hagas caso. Mamá quiere asustarnos.

TITA. ¿Asustarlos? ¿A ustedes, que por lo visto no le tienen miedo a nada ni a nadie?

TONY. Eso no es posible, mamá. Primero tendrán que acusarnos.

TITA. Y los acusarán. ¿Cómo es posible que piensen que no van a sospechar de ustedes? Tienen sus motivos.

TONY. ¿Qué motivos?

TITA. El dinero.

TONY. *(Débilmente, sentándose en el sofá)*. Entonces… Gina y Giorno…

OSCAR. No te acobardes, Tony. Gina y Giorno están muertos también.

TONY. Pero dijiste que había que resucitarlos.

OSCAR. *(Violento, amenazador, hacia la madre)*. Para matarlos después, como a ellos.

TITA. *(Burlona)*. ¡Pobrecitos! *(Acercándose a Tony, acariciándolo)*. ¿Podrías hacerlo tú, mancharte esas manitas de sangre, de nuevo? *(Volviéndose)*. Acabarás destruyéndolo, Oscar. Solo piensas en matar.

OSCAR. *(Llevándose las manos a la cabeza, tapándose los oídos, desesperado)*. No la oigas, Tony. No la dejes hablar. Que se vaya de una vez.

TITA. *(Pasándole las manos por la cabeza, a Tony)*. ¿Dejarme de oír? ¿A mí, que siempre le di los mejores consejos? No, Tony, no puedes dejarme ir, porque Oscar… Mira en la que te ha metido…

OSCAR. *(A Tony)*. Ella está aquí porque tú la estás oyendo.

TITA. *(Acercándose a Oscar, sinuosa)*. Mira, tócame, acuérdate de mí.

OSCAR. *(Déjame)*. No quiero saber nada de ti.

TONY. Tenemos derecho, mamá. Razones de sobra.

TITA. *(A Tony)*. Se descubrirá… Tú mismo no podrás resistirlo. La conciencia no te dejará tranquilo. Acabarás confesándoselo al primero que se ponga por delante. A un cura… A un siquiatra… A algunos de tus amiguitos…

OSCAR. Primero tendrán que encontrar el cuerpo del delito.

TITA. *(Asustada).* ¿Qué quieres decir?
OSCAR. Que si nos deshacemos de los cadáveres...
TITA. ¿De los cadáveres? ¿De nosotros quieres decir? ¿Y qué tienen pensado?
OSCAR. Cortarlos a pedacitos.
TITA. *(De pie. Cerca de Oscar).* Eres un bárbaro. *(A Tony).* Y tú, ¿te deshiciste de tu padre para caer en las garras de este criminal? Acabará haciéndote lo mismo.

Oscar le da una bofetada a Tita, que no se mueve, como si no la hubiera sentido, aunque se lleva la mano a la mejilla.

TITA. Eres un cobarde y un abusador, como tu padre.

Tita vuelve al sofá. Se sienta. Tony se pone de pie y mira hacia la planta alta. Oscar mira también.

TITA. De nosotros no podrán deshacerse jamás.

Paco aparece en lo alto de la escalera. Es un hombre alto y fuerte, muy bien parecido a pesar de sus años. De estas personas que producen un fuerte impacto cuando entran en un lugar, por su tamaño, su figura y sus maneras, aunque es una impresión superficial que tiende a desvanecerse después. Lleva una bata de casa bastante larga, de color rojo oscuro, que hace juego con la de Tita. Tiene un libreto en la mano. Sin volverse, Tita parece sentir la presencia de Paco y hay un cambio de actitud, mostrándose menos firme, algo insegura.

PACO. Claro que no van a deshacerse jamás. Mira como nos pagan. *(Indicando al libreto).* Y lo peor del caso es que todo estaba escrito. Si me hubieras advertido... Pero me mantuviste al margen y ahora tenemos que pagar las consecuencias.
TITA. *(Como si se justificara).* Escribían escenas a espaldas mías, sin que yo me diera cuenta.
TONY. Y tú también, mamá. Agregabas palabras que no dijimos. Inventabas situaciones que nosotros no habíamos escrito.
OSCAR. Para ver si nosotros éramos los muertos.
PACO. ¡Óyelos! Ahí tienes el resultado.
TITA. ¿Cómo pueden decir eso? Yo solo quería ayudar. Bien saben el trabajo que me dio ese manuscrito y el que me estaba dando cuando...
PACO. Dilo, no te quedes a medias. Cuando nos acribillaron a balazos.
TITA. La sarta de disparates, de escenas inconexas, de entradas y salidas incomprensibles... Como si nada tuviera sentido... Todo lleno de faltas de ortografía, porque Oscar, tienes que reconocerlo, siempre has tenido una ortografía pésima... Confusiones, contradicciones, textos que tenía que descifrar... Y Oscar, con esa mala intención, que no podía terminar una escena sin poner mi vida en peligro... *(Un poco a sí misma; descuidadamente, un poco al público).* Creía que me iban a matar de un momento a otro... Temblaba de pies a cabeza... No hacían otra cosa que posponer la escena del crimen...
TONY. No teníamos otra salida, mamá. Papá...
TITA. ¿Y la sintaxis? ¿Qué me dicen de la sintaxis? Oraciones sin sujeto y sin predicado. ¿Era intencional? Ideas de Tony, me imagino, que todo lo escribía con puntos suspensivos... como si fuera una tortura que no termina nunca...

OSCAR. *(A Tony)*. No le hagas caso.

TITA. Términos vulgares, malas palabras que Oscar repetía una y otra vez. *(Posiblemente al público, que «ve» como tribunal)*. Pero yo, ¿cómo iba a dejar esas cosas en el *script* cuando solo eran exageraciones, distorsiones de la verdad? *(A Tony)*. Cochinadas y mentiras, sobre todo mentiras... Que si yo... Que si tu padre... Que si una vez había tratado de ahogar a Oscar en la bañadera...

OSCAR. Me encerrabas en el clóset para que no fuera a jugar.

TITA. Que les poníamos una mordaza en la boca para que no gritaran y los vecinos no los oyeran.

PACO. ¿Eso dijeron?

TITA. ¿Por qué inventaban esas cosas tan horribles?

TONY. Es la verdad, mamá.

TITA. No, no. Las cosas no pasaron de ese modo. ¿Cómo iba a poder yo...?

OSCAR. *(Reprochándole)*. O nos dejabas sin comer por cualquier motivo, cualquier cosa que te viniera a la cabeza.

TONY. Encerrados, con una venda en los ojos y un esparadrapo en la boca.

TITA. ¡Qué exageración! Claro, ahora, muerta, ¿cómo voy a defenderme? Yo, que me ocupé siempre de ustedes, que no los perdía de vista.

OSCAR. Precisamente, mamá. Nos vigilabas, como si fueras un agente de la policía secreta.

TONY. O todo lo contrario, nos dejabas al borde de la acera y nos dejabas cruzar la calle por nuestra cuenta. *(Un poco infantilmente)*. Más de una vez estuvimos a punto de que nos atropellara un automóvil.

PACO. *(Casi riendo)*. ¡Qué cuentista, coño!

TITA. *(A ellos, pero también presentando su caso al público)*. Sigan, digan lo que quieran. Nunca quedaré bien. No importa lo que hiciera o dejara de hacer. Dominante, posesiva, inflexible e intransigente cuando me ocupaba de ustedes. Indolente e irresponsable cuando no lo hacía.

TONY. Podemos contar muchas cosas, mamá. *(Infantilmente)*. Nos dejaban sin postre y sin helado, que a mí me gustaba tanto.

OSCAR. *(En otro tono)*. Nos ataban con una correa al borde de la cama, mientras se ponían a templar en el cuarto de al lado.

PACO. *(A Tita)*. ¿Y tú dejaste que pusieran esas infamias en el *script*?

TITA. No, no. No exactamente.

PACO. ¿Cómo no exactamente?

TITA. Las borraba, pero claro, ellos siempre podían ponerlas después...

TONY. *(Volviéndose, convincente, con el público)*. Me ponía la sábana mojada alrededor del cuello porque me había orinado en la cama, para que no lo volviera a hacer.

OSCAR. *(De forma similar)*. Nos daba aquellos purgantes para limpiarnos por dentro, como decía él, y después nos íbamos en el baño. *(Resumiendo, categórico)*. Toda clase de abusos.

PACO. Confunden el abuso con la disciplina.

TITA. De él, no sé. Porque había que obedecerlo, es verdad. Lo sé mejor que nadie. Sin embargo...

PACO. *(A Tita)*. Muy convincente, muy práctico. Ir de un lado a otro, en una cuerda floja, del modo que te sea más ventajoso. Pero de nada te valió...

TITA. Era horrible. Como si todos quisiéramos ocultar algo para no entendernos... Un secreto de familia que nadie debía conocer... *(Pausa)*. Pero yo, Tony, adivinaba. Espantada, leía entre líneas.

TONY. Sí, había cosas, mamá, que no se podían decir.
OSCAR. *(A Tony)*. No le hagas caso. Miente hasta después de muerta. No hace más que fingir.
TITA. ¿Yo? ¿Fingir yo? Y ahora, después de muerta. Los muertos no fingimos, Oscar. Somos la más fea realidad. Todo lo contrario. Somos… la verdad pura… No, no. Yo no quería saber. Fue… horrible todo lo que estaban escribiendo. Tenía que cambiarlo.
OSCAR. A tu manera, de la forma que a ti te parecía mejor para que nosotros fuéramos los muertos. Te conozco, mamá. Te conozco como a la palma de mi mano. ¿Cómo dirías tú? Te conozco como si te hubiera parido.
TITA. *(Violenta, de pie)*. No, no me conoces. *(Volviéndose, de frente al público)*. A mí no me conoce nadie ni nadie me va a conocer, aunque todos no harán otra cosa que calumniarme.
PACO. *(Acercándose con violencia a Tita)*. ¿Te pusiste de acuerdo? ¿Te pusiste de acuerdo a espaldas mías?
TITA. Bien sabes que no.
TONY. Es cierto. Ella nunca estuvo de acuerdo con nosotros.
PACO. Te lo advertí mil veces. Que ellos nos estaban tendiendo una trampa y que de un momento a otro…
TITA. Al final…
OSCAR. *(A Tony)*. Siempre te lo dije, que no confiaras, que al final siempre nos traicionaría… *(A Tita)*. Que estabas de su parte y que no eras capaz de defendernos porque no nos habías defendido nunca.
TITA. Eso no es cierto. No es tan fácil, tan simple. Es mucho más complicado. Pero nosotros… todavía… ocultamos la verdad… como si estuviéramos vivos…
OSCAR. Nosotros estamos vivos, mamá.
PACO. No estés tan seguro, Oscar.
TITA. *(Desconcertada)*. Entonces, si estamos muertos, ¿dónde estamos? ¿Qué soy yo? Alguien tiene que explicarme.
OSCAR. Te estamos haciendo, mamá, con el recuerdo de ti misma.
PACO. *(A Tita)*. No le hagas caso. Lo dice para que te calles; para que no protestes. No digas nada y no los enfrentes a la verdad.
OSCAR. Pedazos de ti de los cuales no has podido deshacerte.
TITA. Un rompecabezas que se hace… con los restos… de mí misma. *(A Oscar)*. ¿Me has olvidado?
OSCAR. No, no te he olvidado. Con mis pedazos construyo las mentiras que dices todavía.
TITA. *(A Oscar)*. Recuerda que te quise.
OSCAR. Cállate, mamá. No sigas. Vete. Desaparece.
TONY. *(A Oscar, angustiado)*. Es como si no se hubiera ido. No hemos adelantado nada. ¿Qué vamos a hacer?
TITA. *(A Tony)*. ¿Por qué me hacen esto? *(A Paco)*. ¿Dónde estamos, Paco?
PACO. No seas tonta. Estamos aquí. Nos están metiendo miedo. En el peor de los casos… seremos… un par de cadáveres insepultos.
TITA. *(A Oscar)*. Me dejaste con él. Muerta, a su lado. Eso es lo que no te perdonaré.
OSCAR. Oye eso, Tony. Tendremos que matarlos otra vez, para separarlos. *(A Tita)*. Yo creía, mamá, que era hasta que la muerte nos separe.
TITA. Precisamente…
PACO. *(A Oscar)*. Saca la pistola y péganos un tiro. *(Riendo)*. Nos pasará como a Drácula y Frankenstein, ya lo saben. Bicho malo nunca muere. Ahora tendremos vida eterna,

Tita. Tanta película, tanta novelita de misterio. *(Tirando el libreto).* ¡Tanto *script* de mierda y no saben desarrollar un argumento! Un desastre, una porquería. Si me hubieran pedido consejo, por lo menos hubieran escrito un guión que valiera la pena, que por algo he hecho tanto dinero. *(Bruscamente, alejando a Tita).* ¿Qué sabía ella de todo esto? Una sesohueco, una modelo que si no se hubiera casado conmigo hubiera sido una cabaretera. Inestable, desquiciada, con la cabeza llena de pajaritos, que lo único que supo hacer toda su vida fue malgastar mi dinero. Fueron, son y serán un par de comemierdas. Unos incompetentes. Y pueden estarme matando un millón de veces.

TITA. Ojalá que te maten, sí. Valió la pena que me mataran a mí con tal de verte muerto. Lástima que nos mataran al mismo tiempo.

PACO. Un muerto que ve a otro muerto. ¿De qué sirve eso?

OSCAR. Estás furioso, Viejo, porque te jodiste. Esta vez te ganamos la partida. Costó trabajo. No te preocupes, que en una de estas te enterramos.

PACO. Los jodidos son ustedes. Están en un callejón sin salida. Empezado por ese guión de mala muerte que acabará por condenarlos cuando sepan la trama de ese crimen perfecto…

OSCAR. Solo tendremos que borrarlo de la computadora. Quitarle la memoria. Tirarlo al rastro del olvido y la computadora no recordará ni jota.

TITA. No, Oscar, yo no podía correr ese riesgo.

OSCAR. ¿Qué quieres decir?

TITA. Que hay una copia…

OSCAR. ¿Es verdad eso?

TITA. *(Descuidadamente, un poco hacia el público, exponiendo su situación).* Naturalmente… yo quería… conservar mis derecho de autor… Tenía miedo que después, cuando hicieran la película y se llevaran el Oscar, entonces mi nombre no estuviera allí… Cannes… El Festival de Venecia… Qué sé yo… *(Directamente, a los hijos).* Que ustedes, con las estatuillas en la mano, ni siquiera me dieran las gracias… Solo lamento no haberlo podido terminar… No haber puesto la palabra «fin»… *(Pausa. Se acerca a Tony. En otro tono).* Estoy tan cansada… Como si yo hubiera… cometido el crimen… Tony… debe ser… agotador… matarme… No sé cómo pudiste hacerlo…

TONY. *(Abrazándola).* Mamá…

TITA. *(Pasándole la mano por los cabellos).* Yo te hacía las tareas, ¿recuerdas?

TONY. Sí, mamá.

TITA. Yo te llenaba los formularios para que fueras a las mejores universidades. *(Melosa).* Quería lo mejor para ti.

TONY. Sí, mamá.

OSCAR. Ten cuidado, Tony.

PACO. *(A Oscar).* Está haciendo trampas otra vez… Es del carajo…

TITA. Claro que tu padre exigía demasiado. Quería que fueras el número uno… Soñaba con verte en las olimpiadas… Esquiando… Jugando al tenis… En las competencias de natación… Llevándote medallas, premios…

OSCAR. Los dos lo querían, mamá.

TITA. Bueno, yo también, pero no de la misma manera.

TONY. Para decírselo a tus amigas.

OSCAR. Para que se las comiera la envidia.

TONY. Que nos aceptaran en las mejores universidades.

PACO. ¿Y eso qué tiene de malo? Queríamos lo mejor para nuestros hijos...
OSCAR. A toda costa.
TONY. Costara lo que costara.
PACO. *(De frente al público, justificándose).* Si yo había llegado a donde había llegado, no podían dejarme atrás. Eran mis hijos y como tales tenían que comportarse. No podía aceptar términos medios. Tenían que estar a la cabeza de todos los demás.
TITA. *(A Oscar y a Tony).* Muchas veces traté de convencerlo, de explicarle que no era necesario ser el primero... que la importancia estaba en el esfuerzo que cada uno hace de acuerdo con sus posibilidades...
PACO. El éxito, Tita, es lo único que vale... El dinero... El poder... En esta sociedad si uno no lo tiene lo tiran a mierda... *(Nuevamente, de frente).* ¿Es que podía aceptar que mis hijos fueran del montón, para que les dieran patadas por el culo?
TONY. Era nuestra vida, papá.
OSCAR. Confundías nuestra vida con la tuya.
TONY. *(Al público).* Desde pequeño teníamos que ser los primeros en todo...
OSCAR. *(Al público).* En la clase...
TONY. *(Al público).* En las competencias...
OSCAR. *(Al público).* Siempre quería más y más...
TONY. *(Al padre).* Trataba de complacerte. Pero nunca quedabas satisfecho.
TITA. *(Al público).* Sí, era así. No importa lo que hiciera. *(A sí misma).* Exigente. Voraz.
PACO. *(Explicando su situación).* Les daba todo lo que me pedían. *(Volviéndose a ellos).* ¿Es que había algo que yo les negara?
TONY. *(A Tita).* Yo quería... hacerlo feliz...
TITA. Yo también, Tony. Todos queríamos su felicidad.
PACO. Ya lo veo.
OSCAR. Para que nos dejaras en paz, papá. Pero era pedirte demasiado. Por lo menos ahora ya no tenemos que pedirte nada.
TONY. Tenía que ser el número uno.
PACO. *(A Tony).* Cuando ganaba, ¿no te daba todo lo que me pedías? *(Pausa. Sombrío).* Te lo daba todo y mucho más.
TONY. ¿Y cuándo perdía?
PACO. *(Sombrío).* También te daba lo que merecías, para que me entendieras.
TONY. Como la última vez, en la cancha de tenis.
PACO. Cuando me alzaste la voz y todo el mundo se quedó mirándome. No te lo podía permitir.
TITA. *(Como al descuido, casi al público).* Un perfeccionista, un amante de la ley y el orden... Un disciplinario... Sí, sí, eso era lo que era tu padre, que en gloria esté. No quiero ni recordarlo. Dios lo haya perdonado.
TONY. Te metías en todo. No me dejabas jugar en paz.
TITA. *(Acercándose a Tony, con el dedo en la boca en señal de silencio).* Pero, ¿por qué estamos hablando de esto? ¿No sería mejor hablar de otra cosa? Después de todo, ya que estamos aquí... Quizás por última vez... No, Tony, esto no tiene sentido.
PACO. *(Sin prestarle atención, acercándose a Tony).* Porque estabas jugando mal. Era una vergüenza. Era lo único que hacías más o menos bien y estabas haciendo una porquería. No podía tolerarlo.
TITA. Yo no sabía qué hacer ni qué decir...

OSCAR. ¿Por qué no hiciste algo, mamá?
TITA. ¿Yo? ¿Qué podía hacer yo? *(Justificándose, al público)*. No, no podía hacer nada. Y no es que quiera justificarme. *(A Oscar)*. Si no, pregúntaselo a Cora, tu tía, que estaba delante y también quería que hiciera algo… Calmar a Paco… Decirle a Tony que perder una partida de tenis no tenía la menor importancia… ¿Te imaginas cómo se iba a poner tu padre?
OSCAR. Debiste dejar a Tony, papá. Te lo advertí.
PACO. ¿Y quién eras tú para meterte? Si Tony perdía la partida, eso era cosa mía y de él… cosa… nuestra.
TITA. Después… en el hotel… *(Acercándose a Oscar)*. Tú sabes que teníamos habitaciones separadas… Tony estaba en otro cuarto, en el quinto piso, a donde tu padre lo iba a ver. Para discutir las partidas, entrenarlo, según decía. Yo me quedaba viendo la televisión en mi cuarto, cualquier cosa, cualquier cosa que tuviera sonido para no oír nada, ni siquiera oírme a mí misma. La pobra Cora, que es una cursi y una sentimental, eso sí, estaba preocupadísima por el mal rato que Tony había tenido que pasar, y quería verlo, consolarlo, decirle algún disparate.
OSCAR. Pudiste…
TITA. Ya sabes que cuando tu padre se encerraba con ustedes y pasaba el pestillo, yo no me podía meter. ¿Por qué te haces el inocente? Yo no podía hacer nada. Yo se lo dije a Cora, que insistía en que subiera para ver lo que estaba pasando.
OSCAR. Pero tú no querías subir, mamá.
TITA. No sigas, Oscar. *(Alejándose)*. En realidad, yo no quería saber nada.
PACO. *(Acercándose a Tony)*. No podía permitir que me alzaras la voz. Tú lo sabías perfectamente. Lo hacías para provocarme. Tenía que castigarte. No me quedaba más remedio.
TONY. Te había pedido que… que me dejaras… que no lo volvieras a hacer…
PACO. Es posible que hasta quisieras que te castigara. Te conozco demasiado bien.
TONY. No me conoces nada. *(Sosteniéndole la mirada)*. No, no quería que me castigaras. *(Se aleja)*.
TITA. Cora, que es una sesohueco, quería decirle a Tony que no tenía importancia, que ganaría la próxima vez… *(Volviéndose a Paco)*. Te advierto, Paco, que me costó mucho trabajo evitarlo.
PACO. Cora ha sido siempre una entrometida. No sé como tu hermano pudo casarse con ella. Con una mujer así no se va a ninguna parte.
OSCAR. Hiciste mal, mamá. Debiste haber ido con Cora y no dejar que papá…
TITA. Sí, claro, yo siempre hago mal. *(Pausa)*. No pudimos ir hasta que tu padre llamó. En ese momento Cora estaba conmigo. Habíamos planeado ir a cenar después del partido de tenis, y subimos al cuarto de Tony para buscarlo. Pero Tony decidió no ir. *(Un poco al público, como si diera explicaciones)*. La habitación estaba en penumbras, casi completamente a oscuras, pero había unas velas encendidas, no sé por qué, que le daba a todo un tono extraño, sepulcral. Bueno, un poco raro. *(Pausa muy breve, a sí misma)*. Y Tony estaba en la cama, muy pálido, cubierto con una colcha. Parecía, efectivamente, que lo habían castigado. Solo se veía su cara blanca, intensamente blanca, como si estuviera muerto y no respirara. *(A Oscar)*. Por un momento pensé que, efectivamente, estaba muerto y que tu padre no había querido decir nada por teléfono, para darnos la sorpresa. Cora, tan decidida siempre, se quedó petrificada, y después de haber insistido en ver a Tony, para decirle esto y aquello, no sabía qué decir… *(A Tony)*. Yo, no sé, Tony, estaba a punto de llorar. Como si todo se desplomara, como si viera finalmente una verdad terrible y tú, desvalido en el lecho, rodeado de velas encendidas, como si

fuera un funeral. Creo que nunca te había querido tanto y que, sin embargo… también te odiaba. Quería correr hacia ti, pero… no podía hacer nada. Yo no quería ver, yo no quería saber nada.

TONY. Mamá…

TITA. Si, eso fue todo lo que dijiste. Tal parecía…

TONY. …que quería decir… que quería decir algo más sin necesidad de decirte nada…

TITA. Y sin embargo…

TONY. No había nada que decir.

OSCAR. *(A Tita)*. Quizás si entonces hubieras hablado.

TITA. ¿Con Cora delante? ¿Y el escándalo? ¿Qué me dices, Oscar, del escándalo?

PACO. ¿Y qué puede importarles a ellos? Lo que quieren es nuestro descrédito. No te preocupes, que Cora se encargará de dar a conocer su versión del caso. Aparentemente yo era el único que podía hacer uso de la palabra. Trabajo les costó enmudecerme… estrangularme… Finalmente todos le podrán dar a la sinhueso… Nos arrancarán la tira del pellejo. *(Al público)*. Me lo envidiaban todo. Mi fortuna. Mi poder. Mi casa. Mi mujer y mis hijos. No podían aceptar que un extranjero hubiera llegado a lo que había llegado yo y que estuviera por encima de ellos. Eso es todo. Tenían que acabar conmigo.

TITA. Inventarán.

OSCAR. La verdad será suficiente.

TITA. Sin contar que todo el mundo estará detrás de nuestro dinero.

PACO. ¿De *nuestro* dinero?

TITA. Bueno, del tuyo, si lo prefieres llamarlo así.

TONY. No lo hicimos por dinero, mamá.

TITA. ¿Y por qué lo hicieron?

TONY. Lo hicimos porque no podíamos más.

OSCAR. Lo hicimos para liberarnos.

TITA. ¿Liberarte de quién?

OSCAR. De ti, para hacer lo que me diera la gana.

TITA. ¿Cómo puedes ser tan duro? ¿Tan cruel? Siempre has hecho lo que has querido. No tienes escrúpulos, Oscar. Nunca los has tenido.

OSCAR. Tal vez tenga a quien salir.

TITA. Será a tu padre. No te quepa la menor duda. Yo sabía que algo estaba pasando, pero no lo podía precisar. *(A Tony)*. Que por eso no podías recordar el vocabulario, deletrear las palabras, sacar las cuentas… Que ibas a repetir el sexto… el séptimo grado… no sé… Estaba temblando de pies a cabeza, toda confundida, pensando que no podía ser…

TONY. *(Separándose)*. Regalándome muñecas… Haciéndome chorongos… Poniéndome la sayita… Preparándome la camita…

OSCAR. Bajándote los pantaloncitos… Pegándote en el culito…

TONY. Entregándome al lobo, mamá.

TITA. ¡Qué manera de hablar! ¡Qué empeño en trastocarlo todo! No, no es tan simple. Es mucho más complicado. ¿Cómo podría explicarlo?

OSCAR. Recuerden que nos iba a envenenar.

TITA. Claro que lo recuerdo. Pero también que nunca lo hice.

PACO. Aquella noche… en la terraza… estuviste a punto de matarnos… y a una invitada que no tenía vela en el entierro.

TITA. *(Furiosa, a Paco).* ¿Que no tenía vela en el entierro? ¿Marilyn? ¿La putica esa que se acostaba con Oscar y que por poco termina desbancándome a mí y acostándose contigo? No me hagan hablar. *(Camina hacia la terraza y abre la puerta vidriera).* Sí, lo recuerdo perfectamente. *(Señalando a la terraza).* Allí pasó todo. ¿Cómo lo iba a olvidar? Allí ocurrió la famosa escena de los hongos. *(A Oscar).* Está en el *script,* ¿no es cierto?

OSCAR. Sí, sí está.

TITA. Entonces no lo pueden quitar. Porque la idea fue mía, ¿no es verdad, Tony? Ustedes no querían, por lo que fuera a pensar Marilyn. *(A Oscar).* Y tú, naturalmente, no querías que la metiéramos en todo esto, pero bien que la metiste en la cama, debajo de mis narices. Y a tu padre, claro, no le faltaban las ganas. Precisamente porque tú te acostabas con ella. Para desbancarte. Para probar que él era más macho que tú y humillarme a mí de paso.

PACO. Estuviste a punto de envenenarnos.

TITA. Me trataron como a una criada. Peor, como un trasto que se descarta. *(Transición).* He fracasado siempre, Tony. Yo creía que al principio iba a triunfar. Cuando me casé con tu padre era, realmente, tan bonita. *(Volviéndose a Oscar y acercándose a él).* Todo el mundo me lo decía y, además, yo me veía en el espejo. Si me hubieras visto, Oscar, te hubieras enamorado de mí. ¡Mírame, mírame bien, mírame después de muerta con el tiro en la sien! Soy más bella que Marilyn. Siempre seré más bella que Marilyn. No sé cómo pudiste acostarte con ella. Júrame...

OSCAR. No, mamá, no tengo que jurarte nada nunca más.

TITA. Prométeme...

OSCAR. Estás muerta. No es posible dar marcha atrás. Ya nadie, jamás, puede cambiarlo. Jamás.

TITA. *(Perpleja).* Jamás, ahora... Quiere decir siempre... Y ahora... Piensan vivir así... Como si no hubiera pasado nada... Como si no hubiera existido jamás... Borrarme de la memoria...

OSCAR. Te di el tiro de gracia.

TITA. Bueno, de ti, Oscar, nada dudaría. En todo caso, Tony tendrá que cuidarse. *(A Oscar).* Nunca tuviste corazón. Ya te lo dije. Eres, en definitiva, como tu padre.

OSCAR. *(Empujándola).* ¡Déjame!

TITA. ¿Lo ves? Eres exactamente como él. Lo diré y lo repetiré una y mil veces. ¿Estoy muerta, no? Entonces puedo decir todo lo que quiera. No, no enmudeceré jamás. A grito pelado. Estoy muerta y nada puede detenerme. ¿Qué derecho tenías de darme ese tiro de gracia? ¿Es que crees que me estabas haciendo un favor? ¿Por qué me hiciste eso? ¿Porque una vez tuve el valor de acostarme contigo cuando tu padre se estaba acostando con tu hermano? ¡Sí, así, como lo oyen! No, nadie sabe el asco que he sentido hacia mí misma. ¿Cómo fue posible que hiciera algo semejante? Pero no me van a callar, porque también me he ganado el infierno. *(Pausa).* Sí, los muertos no tenemos vergüenza en la cara. Los griegos lo hacían y mira lo bien visto que están. Incestuosos y maricones. Criminales y parricidas. Eso era lo que eran, como ustedes. ¡De ellos no quedó nada! No hay más que ir a Grecia para darse cuenta. ¡Los clásicos, ¿no?! Unos desvergonzados. Y la griegas, ¿qué podían hacer sino acostarse con sus hijos? Los mismos que ellas *se* habían engendrado, porque esos maricones no pudieron preñarlas jamás. *(Pausa).* Por eso nunca los quise tener. Porque sabía que todo saldría corrupto, pervertido, podrido ya. Debí sacármelos a los dos, pero no lo hice. *(A Oscar).* Si lo hubiera hecho jamás me hubieras metido ese tiro de gracia, esa obra maestra de la que tanto te ufanas.

OSCAR. Tenía que hacerlo, mamá. No podía dejarte ahí, gritando mientras te desangrabas.
TITA. Entonces, ¿cuándo me pusiste la pistola contra la mejilla y disparaste... fue por lo mucho que me querías?
OSCAR. *(Se queda perplejo. Tartamudea, impreciso, angustiado).* Fue... mamá...
TITA. ¿Por lo mucho que me odiabas? *(Pausa. Volviéndose hacia la puerta de la terraza).* Aquella noche debí envenenarlos a todos pero no tuve valor. ¿Quién era Marilyn, con toda su normalidad de putica de barrio, para reprocharme nada? ¿Qué sabía ella de mí? *(A Oscar).* ¿Acaso le dijiste algo? Y yo, con la fuente de champiñones. ¿Es que no sabes que la escena fue preparada por tu padre? Como todas, en realidad. Porque desde que me casé con él todas las escenas eran suyas, como si fuera el guapo de la película. Después cambió de idea y tiró los platos, se levantó irritado y puso el grito en el cielo, para ponerme en evidencia, para sacarle fiesta a Marilyn y castrarte, ganarte la partida y hacerte ver que con todo su dinero y lo que tenía entre las piernas él podía más que tú y que Tony. Por eso le dimos el día libre a la criada y yo me encargué de la comida y el guiso con los champiñones. Pero no tuve valor. Y claro, tu padre pensó que los iba a envenenar a todos y tiró el plato. ¡Qué escándalo! ¡La pobre Marilyn se quedó con la boca abierta! *(Transición).* Te advierto, Oscar, que me dio pena... Aquella chiquilla tonta, banal, sin dos dedos de frente, metida de pronto en aquella tragedia griega... ¡qué chasco!
PACO. *(Riéndose).* ¡Qué bárbara! *(A Tita).* ¡Lo que no inventabas tú no lo inventaba el más pinto de la paloma! *(A Oscar y a Tony).* Les advierto que esa escena no la deben quitar por nada del mundo, porque eso vende.
TONY. *(A Tita).* Pero tú decías que ibas a envenenarnos. Lo dijiste un centenar de veces.
TITA. Y tú llegaste a creer que era verdad.
TONY. Yo era un niño, mamá. Lo recuerdo desde que tengo memoria. ¡Los voy a envenenar! ¡Los voy a envenenar! Lo decías una y otra vez. Y a veces te reías como si hubieras perdido el juicio.
TITA. Estaba perdiendo el juicio. ¿Cómo no lo iba a perder si estaba casada con tu padre?
TONY. Yo... yo tenía miedo. Pensaba que era verdad. Y a veces no podía tragarme el sándwich que me preparabas cuando iba al colegio. Oscar se reía de mí y me aseguraba que era mentira.
TITA. ¿Oscar?
TONY. No te creía. Y se lo comía todo y se quedaba vivo. Y se reía después a carcajadas, porque tenía hambre.
TITA. *(Conmovida, con un gesto hacia Oscar por haber pensado que ella no era capaz de tal cosa).* ¿Oscar...?
OSCAR. No le hagas caso. Yo te creía. También te tenía miedo. Pero... pero prefería estar muerto si eso era verdad.
TITA. Mil veces lo dije pero nunca llegué a hacerlo. *(Pausa, ilusa).* Si lo hubiera hecho una vez, nuestras vidas hubieran sido diferentes.
PACO. *(Burlón).* ¿Y cómo iba a llamarse la película? ¿»Edipo en Sodoma»? En todo caso, cuando el fiscal saque a relucir el *script* van a tener *script* para rato. Será una prueba irrefutable que los mandará a la silla eléctrica. No, no quisiera verme en el pellejo de ustedes. Y lo siento, porque, después de todo, ustedes son mis hijos. El crimen no paga.
TONY. Y el tuyo, papá, ¿crees que no paga?
PACO. *(Otro tono, a Tony).* Has sido un canalla conmigo más que con nadie. Porque... Mira, prefiero no hablar... Va contra mi dignidad.

OSCAR. Coño, papá, estás muerto. Eres un degenerado. Un pederasta. Un padre hijo de puta que tuvo el valor de abusar de sus hijos, y que si no lo seguiste haciendo conmigo fue porque le cogiste miedo a lo que llevaba entre las piernas.

PACO. *(Se levanta. Se dirige a Oscar como si fuera a pegarle, pero cambia y se dispone a subir las escaleras).* Me voy, porque no quiero entrarte a patadas.

OSCAR. Los muertos no entran a patadas.

PACO. Eso habría que verlo.

OSCAR. No vas a tirarte conmigo como hiciste con Tony. Y mucho menos ahora. Te pedí que nos dejaras en paz y me dijiste que no tenía que meterme en lo que pasara entre Tony y tú. Que para eso eras su padre.

TITA. ¿Tengo que oír todo esto?

TONY. Sí, mamá. Ya es hora que lo oigamos todo. Quizás así podamos descansar.

TITA. Pero eso no tiene sentido. Los muertos no tenemos que escuchar nada.

TONY. No te puedes ir. Ahora nos quedaremos juntos para siempre.

OSCAR. ¡Eso no, Tony! Se irán de aquí. Desaparecerán cuando dejemos de recordarlos y los enterremos de una vez. Pero ahora no pueden irse todavía.

PACO. ¿Con que esas tenemos? ¿Ahora tendremos que pedirles permiso para entrar y salir? ¿Ahora somos nosotros los que no podemos movernos porque nos entraron a tiros? Muy fácil, muy sencillo. Dos cadáveres insepultos que están aquí para entretenerlos. Y cuando a Oscar le dé la gana nos da tres patadas por el culo y hasta la vista. Sí, muy fácil, muy conveniente. El nene nos declara culpables, nos hace un juicio sumario y nos mete un par de tiros en la sien cada vez que le dé la gana. *(A Tita).* ¿Qué te parece? Les dábamos de todo: tarjetas de crédito para que Osar se fuera de parranda con las mujerzuelas que después se llevaba a la cama, viajes a Europa para que Tony no se enfermara de los nervios, automóviles para que les pusieran multas en las carreteras... *(Al público).* Claro, ahora dirán que abusábamos de ellos. Pero te advierto, les pagábamos con creces y bien que se apresuraban a pasarnos la cuenta. *(A Tita).* ¿No te decía que eran un par de cabrones que había que exterminar lo antes posible? ¿No los quería tirar por la borda aquel fin de semana que salimos de pesquería? Pero tú, siempre con remilgos. Y los pusiste sobre aviso, porque estaban en ascuas y eran dos contra uno. O tres, porque no creas que confiaba en ti. *(A Oscar).* Pero te equivocas, Oscar. Porque desde un principio todo respondía a un plan premeditado que tenía en los testículos. *(Acercándose a Tony).* Los hice para meternos en el infierno del útero mismo. Del útero de mamá, unidos, abrazados, nosotros tres, donde vamos a hacernos pedacitos.

TITA. ¡Basta, Paco, cállate, no sigas!

OSCAR. Eres un monstruo, papá, enviado por el mismísimo Demonio.

TONY. Por favor, papá, no sigas. Ten piedad.

PACO. *(Cogiendo a Tony por el cuello, brutal y monstruoso).* ¡No, no lo voy a tener, Tony! ¡Y mucho menos contigo!

Tony forcejea con el padre, que es más fuerte. Tita se tira sobre él, golpeándolo. Oscar trata de separar a Tony.

TITA. ¡Basta, Paco! ¡No sigas!

OSCAR. *(Interviniendo).* ¡Suéltalo! ¡Déjalo!

Paco acorrala a Tony, apoderándose de él con todo su cuerpo, que es más grande y más pesado. Lo abraza de una manera total, aprisionándolo contra sí.

PACO. Nunca, jamás. Lo que más quiero. Nadie, Tony, te va a separar de mí.
TONY. *(Luchando por separarse)*. ¡Suéltame, papá, suéltame!
TITA. *(Huyendo hacia la escalera)*. ¡Por favor, Oscar, Tony, déjenme salir!
OSCAR. *(Tirándola por la escalera)*. ¡No puedes, mamá, no puedes! *(Espantado)*. Estás adentro y no acabas de salir.
TITA. Destrózame, mátame allí.

Mientras esto ocurre, Paco domina a Tony y lo tira sobre el sofá, donde lo inmoviliza. Oscar se apodera de Tita en una confusión desesperada y monstruosa, como si fuera el parto mortal de su propia madre. Oscar cede, se desploma, y deja caer la cabeza en el regazo de Tita.

TITA. *(Le acaricia la cabeza maternalmente)*. Déjame. Sácame de esa cabeza donde me tienes metida. Eso es… lo que quiere decir… el tiro de gracia… Pero yo, yo nunca podré dejarte… Es… como si te tuviera de nuevo dentro de mí, para no dejarte salir jamás… Los hijos se aman de una manera tan intensa que uno nunca puede darlos. ¿Entiendes lo que te digo? Incluyendo a Tony, que he odiado tanto… *(Transición, incorporándose, alejándose)*. Pero no… Váyanse, sí, bórrenme de una vez. *(Pausa)*. Quiero irme donde nadie me vea. Donde esté completamente muerta. No es tan fácil. No es tan simple. La voz me falta. El grito no me sale. La palabra no me llega. *(Volviéndose, a Tony)*. Ni a ti tampoco.

Tony trata de librarse de Paco, que le ha tapado la boca brutalmente, como si quisiera decir algo, que solo se manifiesta con un sonido distorsionado que no llega a hacerse palabra.

TITA. No importa, Tony. Hablaremos de todas formas. Ahora te escucho claramente. Eres tú el que me haces hablar desde tu cabeza. Porque yo estoy allí. Tú sabes, mejor que yo, lo que él quería. No importa que me calle, porque lo tienes fijo en el cráneo como un grito que tampoco sale. No, no, no tienes que decir nada porque estoy dentro de ti. Te oigo, te escucho, aunque él te haya enmudecido. *(Pausa)*. Yo creía que tu padre tenía una querida. Y un día, cuando me negué, me dijo que iba a arrepentirme… Pensé que tendría mil mujerzuelas que se acostaban con él y que le dejaban hacer lo que yo no quería. ¿Qué otra cosa podía pensar? ¿Cómo podría imaginármelo? Estaba fuera de todo cálculo, de toda posibilidad, de toda perversión. Hasta que un día fui siguiendo las huellas, como un sabueso que va detrás de su presa. Una huella seguía a la otra como si estuvieran marcadas en la arena y me llevaran al lugar del crimen. Porque yo, además, después de todo, lo sabía. Era un instinto de mujer que descubre la falta, el engaño. Lo presentía quizás desde antes, desde antes que todo empezara… y quizás… por eso… Tony… nunca te quise. Porque, ¿cómo iba a poder quererte? No, no era posible… Pero, acaso, ¿no tenía derecho a mi rechazo, a mi propia falta de cariño? ¿Cómo era posible que él…? ¿Cómo era posible que tú…? Sí, lo entiendo, no me lo tienes que decir. Tú no tenías la culpa. Eras un niño. Ni siquiera entendías lo que estaba pasando. Yo debí hacer algo. El era el culpable… Pero yo era cobarde y tenía miedo… Hasta yo misma lo había acondicionado todo para que las cosas tuvieran lugar. Y, sobre todo, me sentía humillada, avergonzada por mi propio hijo, que había llevado en mis entrañas… Te dejabas hacer como yo no lo había dejado… *(Volviéndose a Paco).* No, no me voy a callar, Paco. Ahora estás muerto y no puedes decirme nada. Ahora todo lo sé y como estamos muertos no puedes mandar a callar a nadie.

La lucha entre Paco y Tony se intensifica. Tony va adquiriendo fuerza, como si las palabras de Tita lo liberaran, hasta que finalmente se deshace de Paco al conjuro del texto de Tita.

TITA. Lucha. Resiste. No te dejes vencer. No, Tony, Oscar no te va a defender. Tienes que hacerlo tú solo. Matarlo por tu propia cuenta. Liberarte. Salir de sus garras. No dejar que te atropelle. Es un cobarde. Un abusador. Un pederasta. Bórralo. Sácalo de la memoria. Tíralo al basurero. Es lo único que puedes hacer ahora para acabar con él y conmigo. Definitivamente. Bórranos de una vez.

Tony se libera de Paco y lo lanza finalmente hacia atrás, hasta colocarlo contra la pared cerca del espejo. Tony lo domina completamente. Después lo suelta. Pausa.

PACO. *(Inseguro, camina por el escenario, balbuceando de modo incoherente).* Gina y Giorno… Gina y Giorno… Gina y Giorno…

TITA. *(Mientras Paco balbucea el texto anterior).* A veces quisiera que en realidad me hubieran dado el tiro de gracia… Después de todo, nadie, en definitiva, existe en realidad… Es como si fuéramos el resultado de una memoria, la memoria de todos y cada uno de nosotros, que nos construye en medio de su propia desaparición…

PACO. Gina y Giorno… Gina y Giorno…

Paco se quita la bata de casa y la deja caer sobre la butaca. Está vestido como un pandillero, con un pantalón muy ajustado, de cuero, lleno de enchapados metálicos, una camiseta rota y un chaleco sin mangas. Tiene el pecho y los brazos llenos de tatuajes. Tita se quita la bata y la deja caer sobre la bata de Paco. Está vestida con una minifalda de cuero negro, también con algunos enchapados metálicos, y una blusa negra, encima de la cual tiene puesto un chaleco sin mangas, de estilo parecido al de Paco.

OSCAR. ¿Te acuerdas de Gina y Giorno?
TONY. ¿De Gina y Giorno?
OSCAR. Sí, de aquella pareja de delincuentes que mamá se empeñó en meter en el *script*.
TONY. ¿Aquel par de degenerados que volvían locos a papá y a mamá?
OSCAR. La fantasía ideal. El «coco» perfecto, como él decía. ¿Te acuerdas?
TONY. *(Muy sombrío).* Sí, me acuerdo. Pero creía que se me había olvidado.
OSCAR. *(Pensativo).* Yo también.

Mientras el siguiente diálogo tiene lugar, Tita y Paco siguen vistiéndose como Gina y Giorno. Paco va al clóset y guarda las batas de noche que estaban usando. Busca allí dos pares de botas de cuero, una para él y otra para ella, que se ponen en escena. Después, Tita va a la consola y se empieza a maquillar, mientras Paco busca unas gafas oscuras, navajas, cadenas, relojes y parafernalia por el estilo, que se irá poniendo. Gina también se pondrá pulsos, collares y aretes que sacará de la gaveta de la consola.

TONY. Recuerda el plan de mamá. Cuando Gina y Giorno…

OSCAR. Rondaban la casa con la motoneta... Unos melenudos... Un par de delincuentes que le metían miedo a su sombra, llenos de cadenas y todo eso...
TONY. Y la escena del teléfono, cuando mamá llamó a la vecina y le dijo todo aquello...
OSCAR. Que Gina y Giorno estaban en el tráfico de drogas y que eso era terrible, una cosa espantosa, y que lo último que le podía pasar a una madre era que sus hijos se volvieran unos drogadictos, pero que nosotros no, gracias a Dios, pero que Gina y Giorno eran capaces de todo... ¿No te acuerdas de esa conversación?
TONY. Claro, ¿cómo no me voy a acordar? Que Gina era una cualquiera y nos podía pegar una enfermedad venérea, que éramos tan jóvenes, unos niños casi, y que ver a su hijo enfermo de sida debía ser espantoso, pero que nada podía hacer porque yo, porque tú, estábamos locos con Gina y Giorno.
OSCAR. Que se emborrachaban y decían unas palabrotas espantosas que ella no tenía ni idea ni podía repetir, una jerga, un lenguaje que no se entendía. Que a lo mejor Giorno jugaba en las dos bandas, porque nos miraba a nosotros de una manera, bueno, que a ella no le parecía bien, pero que hoy en día la juventud está perdida.
TONY. Que Giorno no tenía puesto el ojo a ti y a mí, y a ella que ni se diga, porque lo había tenido que parar... un corruptor de menores..., y nosotros, que éramos tan inocentes, y que el día menos pensado sabe Dios lo que nos iba a ocurrir, una masacre, dos hijos muertos, asesinados por un par de delincuentes.

Al final del texto anterior, Tita y Paco ya están completamente «disfrazados» de Gina y Giorno. El se ha puesto una banda roja alrededor de la frente y se ha prendido un rabo de pelo en la parte posterior de la cabeza. Ella se ha puesto una peluca. El aspecto es grotesco.

TONY. ¿Te acuerdas?
OSCAR. Era horrible.

Tita y Paco suben las escaleras. Oscar y Tony, al frente del escenario, se vuelven para verlos subir. Tita y Paco se detienen cuando llegan al piso alto y se vuelven, mirando a Oscar y a Tony.

Después entran en la habitación de los altos. Gradualmente el escenario comienza a oscurecerse. Pausa. Oscar y Tony se miran fijamente. Después van a la gaveta de la mesita donde está el teléfono. Oscar saca las pistolas. Le da una pistola a Tony y se queda con la otra. Tony mete en la gaveta el retrato de familia. Con las pistolas en la mano empiezan a subir las escaleras. Se oscurece la escena. En la oscuridad se escuchan unos disparos y tal vez se vean un par de chispazos. O muchos, como una constelación de estrellas.

Oscuro total.

Tercer Acto

Cuadro Primero

Empieza de forma parecida a como se inició la obra. Se escuchan unos disparos. Tita sale del dormitorio con una pistola en la mano. Su salida es similar a la de Tony en el primer acto. Quizás sea un poco teatral y algo exagerada, pero no demasiado. Tiene puesto un negligé rojo muy oscuro, satinado, muy insinuante y de buen gusto. No está maquillada, pero lleva todavía la peluca, pulsos, aretes y otros restos del maquillaje de Gina, que se irá quitando a medida que se desarrolla la escena, excepto la peluca. Está anonadada. Se apoya en la baranda, inclinándose, dando la impresión de que va a vomitar. Cuando está a punto de llegar a la planta baja, parece tener un vértigo y se le cae la pistola, que se le dispara. Esto la asusta y retrocede, quedándose petrificada contra la pared. Ella, con el negligé negro y el cuerpo semi-desnudo, reclinada contra la pared, tiene la sexualidad de una mujer fatal, con un toque vulgar dado por la peluca y la joyería barata de Gina. Suena el timbre del teléfono, y de manera a como lo hizo Oscar, sale Paco de la habitación con otra pistola en la mano. Está en pantalones, descalzo y sin camisa. Mantiene gran parte de la vestimenta de Giorgio: collares, cadenas, manillas, etc. Tiene un aspecto brutal y lujurioso, pero no grotesco. Al llegar al pie de la escalera mira a Tita y parece que va a acercarse para poseerla. Tita, débilmente, apunta a la pistola. Paco se detiene, recoge la pistola de Tita y guarda las dos pistolas en la gaveta. Saca el retrato de familia. Se vuelve. Tita hace un movimiento en dirección al teléfono, que sigue sonando.

PACO. Déjalo.
TITA. Pero…
PACO. No, no, déjalo sonar…
TITA. ¿Será la policía?
PACO. El crimen perfecto, ¿recuerdas? No pueden hacer nada. Recuerda que Gina y Giorno son los asesinos.

Por un momento se quedan el uno frente al otro, escuchando el timbre del teléfono. La respiración de Tita, de nuevo contra la pared, parece acelerarse, casi sexualmente. Paco se tira sobre ella para besarla, imponiendo su corpulencia sobre el cuerpo de Tita. Ella vuelve la cabeza. Él la fuerza, la pone de frente y la besa. Después, ella se evade parcialmente. Mientras lo hace, se va quitando el maquillaje y él los tatuajes, que son falsos. Gradualmente, tanto ella como Paco, se irán arrancando toda la chatarra que llevan encima, menos las peluca. En el transcurso de esta escena se acrecienta el clima de sexualidad y violencia. Aunque el texto no sea sexualmente explícito, la actitud de Paco lo será, y Tita, a pesar de ofrecer resistencia, se deja llevar por el deseo. No siempre aparecen anotaciones específicas, pero el ritmo de la escena es de atracción-rechazo en un ir y venir de la sexualidad a la violencia.

TITA. Ahora no.
PACO. Ahora más que nunca.
TITA. Estás loco. No puede ser.
PACO. Estamos locos. Eso lo explicaría todo. Siempre soñé con acostarme contigo después de haber matado a alguien.
TITA. Pero no a ellos.
PACO. Es como una liberación. Casi un minuto de grandeza. Como si hubiera estado condenado y ahora fuera diferente.
TITA. Para mí no ha cambiado nada.
PACO. Esto solo puede ocurrir una vez.
TITA. No cuentes conmigo.
PACO. No me importa. Cuento conmigo mismo.
TITA. No es lo mismo.

PACO. Pero es algo parecido.
TITA. *(Sin mucha convicción en lo que dice).*Comprende… No puede ser… Con ellos…
PACO. ¿Por qué no?
TITA. No me obligues.
PACO. Es como si hubiera vivido bajo un oráculo que ha dejado de cumplir su profecía…
TITA. No sabemos todavía. *(Con retórica teatral).* La fatalidad es la fatalidad. El destino es el destino.
PACO. ¿Y eso qué tiene que ver? Los reyes lo hacían con las manos tintas en sangre.
TITA. Y los hijos de los reyes también, cuando mataban a sus padres.
PACO. Un parricidio… Un regicidio… A rey muerto, rey puesto… Eran unos cabrones. *(Movimiento brusco).* Pero aquí no les dio resultado. Les salió el tiro por la culata. ¿Qué consideraciones se merecen? Ninguna. Sin contar que eres una mentirosa.

Se separan.

TITA. No, no es cierto. Nunca te has dado cuenta que siempre digo la verdad.
PACO. Tú lo sabías todo mejor que yo porque tenías más información, más datos. Convivías con ellos. Pensé que me traicionabas.
TITA. Te traicionaba.
PACO. Pero también sabías que eran malos.
TITA. ¿Y eso que tiene que ver? Ni que fuéramos buenos. Sin contar que nosotros los engendramos.
PACO. No podías confiar en ellos. No tenías alternativa posible. Por eso confiaba en ti.
TITA. Estaba como ahora, acorralada. Entre la espada y la pared. Siempre me tocó jugar la peor parte.
PACO. No exageres. *(Con intención).* Mucho menos conmigo, que conozco todos tus movimientos.
TITA. No, no los conoces. Recuerda que yo creí conocer los tuyos.
PACO. Muchas veces.
TITA. Quizás siempre estuve equivocada.
PACO. Pero en lo que pasó estábamos en lo cierto. La cosa se veía venir. Tu misma me lo advertiste. La avaricia rompe el saco. Eso era todo. El resto son excusas para justificarse. Que si yo esto, que si yo lo otro. Calumnias. Cada día querían más. Se les daba un dedo y no pensaban más que en cogerse la mano… Viajar… Playas… Canchas de tenis… Las tarjetas de crédito estaban por las nubes. Dinero, dinero y dinero. No pensaban en otra cosa. Nunca les parecía suficiente. Ya ves la porquería que hicieron: irles a robar a los vecinos. La vergüenza que tuvimos que pasar.
TITA. Sí, no tenía donde meter la cabeza.
PACO. Sin contar lo que me costó evitar la denuncia. Un par de niños bien que solo pensaban en salirse con la suya. Pero esta vez se jodieron para siempre.
TITA. ¿Para siempre?
PACO. Lo querían todo, para hacer su capricho. Tú misma me lo decías.
TITA. No te lo voy a negar, pero nunca pensé que llegaríamos a estos extremos. A la larga me parecían cosas de menor monta.
PACO. El dinero nunca es de menor monta.
TITA. Quizás los mimábamos demasiado.
PACO. No había correctivo que los pusiera en su lugar. Solo querían gastar. Oscar solo pensaba en las faldas y Tony en los pantalones.

TITA. No hables de ese modo.

PACO. ¿Y de qué modo quieres que hable? Un chulo y un mariquita.

TITA. Bueno, tampoco así. Le hiciste cosas que nunca le debiste hacer. A Oscar lo veías a imagen y semejanza, y en cuanto a Tony... Abusabas de él.

PACO. Se dejaba. Se hacía la mosquita muerta.

TITA. Quizás. Es posible. Mamá decía que nunca metiera la mano en la candela por nadie. *(Pausa).* No sé si estaba pensando en sus propios hijos. O en los míos.

PACO. Me tentó con sus mimos, con sus movimientos. Era un descarado. Un hijo que le saca fiesta a su padre.

TITA. ¿Cómo puedes atreverte a tanto?

PACO. Tenías que verlo. Ni una ramera sabía tanto como él.

TITA. No sigas. No quiero oírte. Es una vergüenza.

PACO. Era un asco, una alimaña que tenía que aplastar como se hace con una cucaracha.

TITA. Eres un monstruo, Paco. Tienes que reconocerlo. Un cobarde. Un puerco.

PACO. *(En lo suyo, como si no la escuchara).* Un macho como yo se pierde con cualquier cosa... Un mal momento... Recuerda cuando nos conocimos... que nos tuvimos que casar antes de tiempo, porque de lo contrario...

TITA. Sí... Aquella lujuria...

PACO. ¿No se te ha olvidado?

TITA. Tampoco es cosa de hacer alarde.

PACO. La cosa no es así como así. Hay que oír las dos partes...

TITA. Muchas veces pensé que había otra mujer.

PACO. Me exigía dinero. Me amenazaba con el escándalo.

TITA. No, no, eso no pude ser. Mientes.

PACO. ¿Mentir en cosas como esas? ¿Crees que no me dolía? Era un depravado. Haciéndose el inocente. Con toda su estrategia de mariconcito. Fue él, no fui yo. Del agua mansa líbreme Dios, que de la otra... *(Transición. Sombrío).* Lo quería demasiado.

TITA. ¿Te has vuelto loco?

PACO. *(Bastante desquiciado).* Y Oscar. Interrumpiendo la cópula para separarnos. Tenía que acabar con él, porque te advierto que estaba dispuesto a acabar conmigo.

TITA. ¿Cómo iba a poder imaginarme nada parecido? Tú, que le caías atrás a cualquier mujer que te pasara por el lado.

PACO. Esto te prueba...

TITA. Eso no prueba nada.

PACO. Bien sabes cómo era yo. Tenías celos hasta de mi sombra.

TITA. *(Con cierta ironía).* Y no me faltaba razón. ¡Quién me lo iba a decir!

PACO. Que si la secretaria... Que si fulanita me sacaba fiesta... Que si estaba detrás de esta o de la otra...

TITA. Mientras estabas detrás de otra cosa.

PACO. Es más complicado de lo que tú piensas. *(Un poco retórico).* Los deseos de un hombre como yo.

TITA. Esto parece una farsa, Paco.

PACO. Yo lo quería todo. Yo lo quiero todo todavía.

TITA. A tu manera. A tu antojo. A tu santa voluntad. Por eso tuvimos que llegar a esto. Nada era suficiente para ti. En el trabajo humillabas a tus empleados, que temblaban cuando te veían llegar...

PACO. No iba a dejar ponerme rabo. Buen grupo de vagos, que se quedaban mano sobre mano cuando yo no los vigilaba. Siempre los traté como tenía que tratarlos. Para eso era el jefe.

TITA. Y entre tus colegas, con los que hacías negocios, que recelaban de ti. Eras un tirano.

PACO. ¿Y qué clase de gente piensas que eran ellos? Unos tramposos y unos envidiosos, que lo único que querían era llevarme a la ruina, apoderarse de todo como si fuera un botín de guerra. Le tenían echado el ojo a todo esto, incluyéndote a ti y a mis hijos. ¿Es que crees que estaba ciego? Más de uno hubiera querido acostarse contigo. Los conocía demasiado bien. Lobos y zorros que merodeaban esta casa para meterse aquí, devorarlo todo y quitarme las presas que eran mías. Despojarme de todo. Y mis hijos, si los dejaba de vigilar, eran capaces de ponerse de acuerdo con ellos con tal de acabar conmigo.

TITA. Por eso Oscar...

PACO. No era ninguna mansa paloma. Haciéndose el macho. Imitándome a mí. Los enseñé demasiado bien. Dispuesto a ocupar mi lugar a la primera de cambio. Y tú perdiéndonos a todos. Tú lo sabes mejor que yo. No me hagas recordarte lo que no quiero.

TITA. Tampoco podía moverme. Me dominabas.

PACO. No me vengas con esa y no te hagas la inocente. Oscar era un gallito de peleas. Pidiéndome explicaciones. Diciéndome lo que tenía que hacer. Como es natural, no se lo podía permitir. Pero bien se lo dije, que con lo que yo hiciera con mis hijos era cuenta mía. Un tramposo que aprovechó un descuido para ver si me podía desbancar. No tenía escrúpulos para llegar a su objetivo. Se te metió en la cama. Estamos de igual a igual.

TITA. *(Encarándosele. Irónica. Cínica).* Bueno, no exageres. Tengo que hacer justicia a su memoria. Lo envidiabas porque era más hombre que tú. Al otro porque no lo era y este porque lo era demasiado. Confiésalo. A los dos querías exterminarlos.

PACO. Eres tan cínica como yo. No lo niegues. Buena ficha eres tú.

TITA. En el fondo temías quedarte solo.

PACO. Quizás. Siempre existía esa posibilidad, por muy dudosa que pudiera ser. Que te fueras con uno de ellos. O con los dos. A Hawai, a las Islas Vírgenes, a Puerto Rico, o a Grecia, sobre todo a Grecia, a la cuna de toda esta mierda que nos rodea. Esa chusma que solo piensa en pasarla bien y andar en cueros. Que se fueran por ahí gozando de la vida con el dinero de un viejo muerto. Pero ahora estoy vivo. *(Con lujuria autoritaria).* No puedo esperar más. Ya es hora de callarnos y ponernos a hacer algo.

TITA. Eso se acabó, Paco. Ya te lo dije. No cuentes conmigo.

PACO. Soy un hombre.

TITA. *(Con sorna).* No me hagas reír. Haces lo que puedes. Has puesto de tu parte, no te lo voy a negar. Pero no siempre has quedado a la altura de las circunstancias. Si todos los hombres fueran como tú, arreglados estaríamos.

PACO. La sangre llama a la sangre.

TITA. Eran tus hijos.

PACO. Los tuyos.

TITA. Tuyos tanto como míos.

PACO. Eran mi propiedad, si es lo que quieres decir.

TITA. Todo lo mides por el dinero.

PACO. Y por otra cosa.

TITA. Me das asco. Quisiera vomitarte.

PACO. Quisieras que yo te vomitara.

TITA. Acostarse contigo es como vomitarse mutuamente. Ese es el deseo que nos tenemos.

PACO. Estas hablando por hablar. O en todo caso, para excitarte. Quizás te guste eso del vómito y por eso lo digas. ¿Un vómito? ¿Y qué?

TITA. Eres un puerco. Un hombre que es un vómito en la cama.

PACO. Te gusto. Me deseas. Te gusto precisamente por toda esa porquería. Por eso te quedaste conmigo hasta el final. Me querías así. Como un puerco que se ama en un chiquero. Yo soy el fondo de ti misma.

TITA. *(Horrorizada, como si fuera la cabeza de la Medusa viéndose a sí misma).* No, Paco, no. No puede ser.

PACO. *(Enfrentándola a su propia corrupción).* Mírame bien. Mírate en mí, que soy tu espejo. La sangre no ha hecho otra cosa que excitarte. Dicen que las mujeres se ponen bellas cuando las preñan. Tú te pusiste horrible. Ahora es todo lo contrario. Tienes un halo rojo, como de burdel. Pareces una ramera en el Infierno.

TITA. Eres un monstruo.

PACO. Somos la monstruosidad. Por eso te excitas. Desde el día que nos vimos. Porque tú eras una puta y eso fue lo que yo vi.

TITA. No te hagas ilusiones. Veía tu dinero.

PACO. También pensabas en otra cosa.

TITA. Pensaba en las cosas que iba a comprarme. Nunca creí que iba a estar vomitando todo el tiempo.

PACO. La lujuria es un vómito eterno. Pero en todo caso, si te casaste por dinero, bien sabes que esos engendros nos iba a dejar sin un centavo. Te diste cuenta del par de fichas que eran y eso no convenía a tus intereses. Acabarían arruinándonos. Eran una sanguijuelas voraces. Pero no. Hasta ellos estaban cansados de sacarme la sangre poco a poco. Había un procedimiento más sencillo y radical. Algo que le pondría punto final a aquellas peticiones, súplicas y humillaciones, como decían ellos.

TITA. *(Ahogadamente).* Matarlos.

PACO. Exactamente. Porque así no se podía vivir. Era un «suspense» que nos desequilibraba. Teníamos que acabar con él. Nos vigilaban. Nos seguían a todas partes. No nos dejaban respirar. Estaban en acecho. Día tras día. Era un reloj de tiempo que tenía que explotar de un momento a otro.

TITA. *(Transición. Cambiando de perspectiva).* Yo no lo quería creer.

PACO. *(Con más calma. En otro tono).* Algún trabajo me costó convencerte, aunque no demasiado. Las intenciones eran evidentes.

TITA. Te costó trabajo, pero finalmente llegué a pensar que era verdad. Cuando me di cuenta, quise morirme.

PACO. Cuando te diste cuenta lo que querías era salvarte, sobrevivir. Pensaste en la única solución posible. Y como no podías confiar en ellos, porque los dos estaban de acuerdo, no te quedó más remedio que confiar en mí. Aliarte, para salvar el pellejo. Tuviste que elegir.

TITA. *(Pausa, enfrentándose a los hechos).* Sí, tuve que elegir. Y ahora me he quedado contigo.

Hay una larga pausa.

PACO. A la verdad, nunca los creí capaz de llegar a tanto. Especialmente a Tony, que siempre se cagaba en los pantalones. Me alegró que al fin se decidieran. Hay que reconocer que les tomó algún tiempo. Tuve que ponerme en el duro, forzarlos un poco, amenazarlos, apretarles los tornillos, darles duro para que acabaran de entender. Meterle más miedo a Tony y sacarle el cuchillo de la cocina. Acorralar a Oscar, que siempre fue más duro de pelar. En fin, convencerlos de que tenían que matarnos. Por eso se me ocurrió la idea de la pesquería. Estaban aterrados, pensando que de un momento al otro se los iba a tirar a los tiburones. Después, como no lo hice, se quedaron desconcertados. Sobre ascuas. Sin saber cuál iba a ser el próximo paso.

TITA. Hacer de Gina y Giorno.

PACO. De Giorno, porque a Gina te lo dejaba a ti. Giorno apretaba el torniquete por todos lados. Esa idea fue lo mejor de todo. Les hizo ver que si no se decidían, nosotros tendríamos que decidirnos porque esa situación se volvía insostenible. Yo estaba cansado. *(Pausita)*. Aunque no lo parezca me estoy poniendo viejo.

TITA. Lo pareces. No te hagas ilusiones.

PACO. Pregúntaselo a Gina.

TITA. Precisamente. Por eso lo digo.

PACO. En conclusión, pariste un par de asesinos.

TITA. Asesinos en ciernes, como se puede ver.

PACO. Nunca debieron haber nacido.

TITA. Pero se empeñaron. Nunca lo olvidaré.

PACO. Es una lección de historia.

TITA. ¿Qué quieres decir?

PACO. Que soy el más viejo de la tribu. ¿Te pusiste de acuerdo con ellos?

TITA. No. Tú me has visto. ¿Qué más quieres de mí?

PACO. No se puede confiar en nadie. Ni de la sombra que nos sigue, a menos que vaya por delante.

TITA. ¿No puedes confiar en mí? ¿Acaso no tengo las manos tintas en sangre?

PACO. Déjate de Lady Macbeth. Esas son frases de teatro, que tanto te gustan. Bajo estas circunstancias, confío en ti en caso de que estén muertos, pero a lo mejor están vivos todavía. A lo mejor te has puesto de acuerdo contigo misma para acabar conmigo. Los dos estamos solos. Solos con cada uno. Lo cual quiere decir que no estamos con el otro. Todo es sospechoso. Todo puede ser lo contrario de lo que uno imagina. De hecho, todo puede ser lo contrario de lo que es. No, no, te aseguro que nada se sabe. Por eso siempre he estado vigilando. No creas que yo no estaba al tanto de lo del *script*. No se puede confiar. Los grandes hombres nunca han confiado en nadie. A lo mejor esto lo planeaste tú para que yo acabara con ellos. A lo mejor tú no sabías que ellos también venían a matarte a ti, porque después de todo, yo era el verdugo y tú eras una víctima inocente, aunque siempre has sido una mentirosa. Te he oído mentir.

TITA. A ellos.

PACO. ¿A ellos o a mí? ¿Y si cuando les estabas mintiendo a ellos no les mentías, sino que me mentías a mí para que yo pensar que les mentías a ellos? Es lógico, ¿no? Te conozco, porque tú también has estado detrás de mi dinero. Es posible que el plan fuera tuyo y que estés viva por un error de cálculo que no salió correctamente.

TITA. Da pena verte. Además de degenerado, estás completamente loco.

PACO. En todo caso ya se acabaron ellos y ahora solo me tienes a mí.

TITA. Me tengo a mí misma y no necesito a nadie.

PACO. Si me necesitas o no me tiene sin cuidado. Más vale que no ofrezcas resistencia. No te arriendo la ganancia. Ahora solo tienes lo que yo tengo. Nadie puede ocupar mi lugar.

Nadie. Aquí no hay ningún Edipo que se te meta en la cama para acabar conmigo. Si lo hubo, eso quedó atrás. Te consolarás con la memoria.

TITA. Te lo he dicho una y otra vez. No cuentes conmigo.

PACO. Lo siento, pero no puedes dar marcha atrás. La vida no es reversible. Todo el plan fue premeditado.

TITA. Yo no he planeado nada.

PACO. ¿Y el *script* y todo lo demás? Todo tu melodrama, tus contradicciones, tus enredos. Finges y mientes.

TITA. Tú eres el calculador. Posiblemente desde que me preñaste y tuve que casarme contigo. PACO: Hasta lo que planearon ellos ya lo habíamos planeado nosotros, paso a paso, gradualmente, para que ellos cayeran en la trampa y nos fueran a matar, para que ocurriera lo que tenía que ocurrir, para que se creara, exactamente, esta circunstancia que nos probara que nosotros estamos vivos y que ellos son los muertos.

TITA. ¿Cómo es posible que alguien haya creado un monstruo como tú?

Se acrecienta el asedio de Paco y la violencia de la escena. En medio de la violencia cae el retrato de familia, que queda oculto debajo del sofá).

PACO. ¿Pero es que tú no te has enterado que estas cosas pasan todos los días? ¿Es que no oyes las noticias en la televisión y lees el periódico? Esta es la realidad. Esto no es *Pulp Fiction*. Los asesinos no tienen escrúpulos de ninguna clase. ¿Por qué no me mataste allí, en la cama? En ese momento, cuando tenías el dedo en el gatillo, bien podías haber disparado contra mí, pero disparaste contra tus propios hijos.

TITA. Disparé porque me venían a matar.

PACO. Si me hubieras matado, ellos estarían vivos todavía y yo estaría tinto en sangre, esa frasecita que tanto te gusta. Podías haberte puesto de acuerdo con ellos.

TITA. No podía. No confiaban en mí.

PACO. No les faltaba razón. No has sido una madre jamás, porque primero has sido una puta.

TITA. Los maté para quedarme viva.

PACO. Los mataste para acostarte conmigo.

TITA. Eres un tarado, Paco. Recuerda que eres un maricón que tuvo que matar a sus hijos para acostarse con su mujer.

PACO. Lo dices para provocarme, para provocarte a ti misma, para excitarte y después dejarme con las ganas. Tienes olor a pólvora. Es lo más excitante que he sentido en mi vida. Estás envuelta en una substancia que parece deslizarse sobre todo tu cuerpo. Se desliza sobre ti como si estuvieras toda humedecida, bañada de pies a cabeza con una crema que se te resbala por la piel. Estás perfumada y tienes una fragancia que es la perdición de los hombres y de los perros… *(Oliéndola).* Tienes olor a muerte. *(Pasándole la boca por el cuello hasta llegar a la boca. La besa. Después desciende por todo su cuerpo).* Tienes… sabor a muerte.

Caen en el sofá. Se besan. Se acarician y luchan, como si una cópula fuera a consumarse. Se unen y se separan. Se van quitando la ropa. Tita huye del sofá. Paco la sigue, la retiene. Sexo y violencia.

TITA. Déjame. No te excitas conmigo. Te excitas con ellos.

PACO. En el cuarto estuvimos a punto de...
TITA. Todo lo hubiéramos podido evitar.
PACO. Pero no podíamos. La muerte era parte del juego. Nos excitaba pensar que llegarían de un momento al otro. Era una tensión brutal.
TITA. Yo sabía que ellos iban a subir. Tú lo sabías también.
PACO. Gina y Giorno lo sabían todo.
TITA. Preparabas la escena del crimen.
PACO. Era inevitable. Tarde o temprano.
TITA. Solo teníamos que haber pasado el pestillo.
PACO. Preparábamos la escena del crimen. Tú tanto como yo. Ellos tanto como nosotros.
TITA. Aquel perfume de Giorno...
PACO. Aquel perfume de Gina...
TITA. Estábamos a punto de asfixiarnos...
PACO. A punto de volverme loco...
TITA. Pero teníamos el oído en la manilla de la puerta, en aquel imperceptible chirrido que daba la puerta cada vez que la abrían...
PACO. El principio... El final...
TITA. El origen de todo...
PACO. Teníamos que matarnos porque no soportábamos no saber, desconocerlo todo. Era una cita. Todos estábamos de acuerdo. Estábamos perdidos. El oído atento en la manilla de la puerta mientras nos derretíamos de lujuria. Todos con el dedo en el gatillo dispuestos a acabarnos unos a otros, como si fuera un orgasmo de la muerte. Un orgasmo de pólvora que lo devora todo. Vomitarnos unos a otros. Una cópula al borde del abismo.

Ruedan por el piso. Se apagan las luces. Se oyen disparos. Los chispazos iluminan el escenario como una lluvia de fuego.

Oscuro total.

Cuadro Segundo

El escenario se va iluminando gradualmente. Del piso alto van a aparecer, primero Paco y después Tina, hechos un par de viejitos que apenas pueden sostenerse en pie. Están a punto de rodar por las escaleras, pero se sostienen en la barandilla de forma precaria. No se sabe si es a causa de la edad, o por cualquier otra razón. De todos modos, no llegan a caerse, y con dificultad llegan a la planta baja. A medida que se desarrolla la escena los movimientos de ambos serán más inseguros, vacilantes, retorcidos, como si padecieran una penosa artritis, en el caso de ella, o parkinsonismo, en el caso de él. Tita viene con una bata de florecitas rosadas, muy poco atractiva y bastante usada. Paco viene con un pijama también descolorido. Tita tiene puesta la peluca. Se detiene. Lentamente se lleva la mano a la cabeza y se la arranca, dejando ver un pelo canoso, no muy abundante, con un rizado de caracolillo bastante cursi. Paco se quita lo que era una peluca y deja al descubierto su calvicie. Hay momentos en que parece que están a punto de caer, pero no por ello permanecerán sentados, sino todo lo contrario, para acentuar de este modo su estado físico. Estos movimientos a libertad del director no aparecen indicados en el texto. El espectáculo es más penoso que grotesco.

TITA. A esta hora siempre tengo frío.
PACO. Esta carta te escribo.
TITA. Estamos viejos, Paco.
PACO. *(Ríe con una malicia senil).* No lo dirás por mí.
TITA. No, Tarzán.
PACO. Por cierto, se me había olvidado que... *(Pausa).*
TITA. ¿Sí...?
PACO. ¿Qué?
TITA. ¿Qué cosa se te había olvidado decirme?
PACO. ¿A mí?
TITA. ¡Oh, Dios! ¡No se puede hablar contigo!
PACO. ¿Quieres ver la televisión?
TITA. ¿Para qué? A ti todas las noticias se te olvidan.
PACO. Menos los crímenes.
TITA. Ni a mí tampoco.
PACO. Por eso tienes pesadillas.
TITA. Por las noches tú también te pones a gritar.
PACO. ¡Qué barbaridad!
TITA. Los otros días... El caso de María Pérez...
PACO. ¿La que mató a sus dos hijos a golpes?
TITA. No, esa es Linda Webb, la pobre...
PACO. Estaba desesperada.
TITA. Figúrate, no era para menos.
PACO. Tenía tres hijos.
TITA. Eran cuatro.
PACO. Como si fueran cinco.
TITA. Uno de ellos tenía solamente diecisiete meses.
PACO. Ese fue el que se salvó.
TITA. No, no, el que se salvó fue el mayor, porque estaba con la abuela.
PACO. ¿Y qué me dices de Gloria Acoin?
TITA. Bueno, esa mujer es tremenda.
PACO. Apuñaleó a su hijo de cinco años en el pecho.
TITA. No, no solo eso... Después le pasó el carro por encima.
PACO. Esa mujer no debería tener licencia de conducción. Es un peligro en la carretera.
TITA. Naturalmente.
PACO. ¡Qué barbaridad!
TITA. Juanita Jones tiró a su hijo de un lado al otro del cuarto.
PACO. Son cosas que no se olvidan.
TITA. Bueno, él ya no se acuerda, porque está muerto.
PACO. Y no podemos decir que se murió del susto.
TITA. Ella está vivita y coleando.
PACO. Puede que no se le haya olvidado.
TITA. Bueno, ya ves el caso de Medea.
PACO. Y la fama que tiene.
TITA. ¡Qué barbaridad!

PACO. Y no es que quiera justificarla, naturalmente.
TITA. María Pérez era la que tenía un bebito muy majadero.
PACO. Sí, el que no dejaba de llorar y tampoco dejaba dormir a los vecinos.
TITA. Eso declararon.
PACO. Una muchacha muy decente y trabajadora, por otra parte.
TITA. Y lo metió en el congelador para que se callara.
PACO. Niño que no llora no mama. Pero a ese de nada le valió.
TITA. ¡Qué barbaridad!
PACO. Y después se puso a dormir. Se acostó con el noticiero de las cinco de la tarde y se despertó con «La hora del desayuno».
TITA. Estaría cansadísima, con un niño tan majadero. Matar a un hijo debe ser agotador, ¿no te parece?
PACO. Dependerá de la edad. Los más pequeños, no creo.
TITA. ¿Cómo podrían hacer cosa semejante? Con niños tan pequeños, quiero decir, que son tan graciosos.
PACO. Afortunadamente, estoy perdiendo la memoria.
TITA. Menos mal.
PACO. Todo lo que se oyen son malas noticias.
TITA. Acabaremos por no acordarnos de nada.
PACO. Lo que tú digas, porque no vamos a discutir por tan poca cosa.
TITA. No es lo que yo diga, sino lo que dicen ellos.
PACO. ¿Quiénes?
TITA. Los asesinos.
PACO. ¿Esa no es una película?
TITA. ¡Oh, Dios, así no es posible sostener una conversación!
PACO. Si no la sostienes se te caerá de las manos.
TITA. No haces más que decir disparates.
PACO. Pon un ejemplo...
TITA. Imagínate... las gentes que matan en las autopistas.... en los restaurantes... en los colegios... en las universidades... en las paradas de ómnibus...
PACO. En los inodoros, haciendo sus necesidades
TITA. Sin contar la vieja que mataba a sus inquilinos para cobrarles el seguro social.
PACO. ¿Y qué hacía después?
TITA. Los enterraba en el jardín.
PACO. Un abono excelente
TITA. Y las cochinadas que hacen.
PACO. Yo creía que estaban muertos.
TITA. No me refiero a eso.
PACO. Cuenta.
TITA. No te voy a contar. Para eso eres ojos y oídos.
PACO. Y otra cosa.
TITA. ¡Las ganas!
PACO. ¡Ji, ji!
TITA. No seas ridículo
PACO. Me lo imagino.

TITA. Tú no puedes imaginarte nada.
PACO. Ni tú tampoco.
TITA. Mejor así.
PACO. O peor todavía.
TITA. Lo de esos muchachos no tiene perdón de Dios.
PACO. ¿Qué muchachos?
TITA. Los que mataron al padre y a la madre.
PACO. ¡Qué hijos de puta!
TITA. No digas ordinarieces.
PACO. ¿Los conocíamos?
TITA. Espero que no.
PACO. ¡Qué barbaridad!
TITA. Ahora dicen que son inocentes.
PACO. ¿Y por qué los mataron?
TITA. Para quedarse con el dinero.
PACO. ¿Para cobrar el seguro social?
TITA. Eso era la vieja.
PACO. ¿Qué vieja?
TITA. La que mataba a los inquilinos, Paco. ¡Estás lelo! Te acuerdas de los muertos, pero los confundes.
PACO. Todos los muertos son iguales.
TITA. Los pones a todos en el mismo saco. De esta manera no se puede sostener una conversación.
PACO. Si no la sostienes se te cae y se rompe a pedacitos. ¡Ji, ji!
TITA. Ahí tienes a esos perdidos.
PACO. Acabarán por encontrarlos
TITA. Están en la cárcel.
PACO. Menos mal.
TITA. Pero pueden salir absueltos
PACO. ¿Quién dice eso?
TITA. Por la televisión.
PACO. Será una película.
TITA. Los padres eran millonarios, pero ellos dicen que les hacían cochinadas.
PACO. ¿Por dónde?
TITA. Yo no hablo de esas inmundicias.
PACO. ¿Por delante o por detrás?
TITA. No seas puerco.
PACO. Son puterías...
TITA. Depravaciones...
PACO. Mariconerías...
TITA. ¿Es posible?
PACO. A veces las cosas no son lo que parecen.
TITA. ¡Quién sabe!
PACO. Yo no meto la mano en la candela.
TITA. Ni yo tampoco. El fiscal dice que todo ha sido inventado.
PACO. ¿Qué cosa?

TITA. Lo que el padre les hacía.
PACO. ¡Pero eso es del coño de su madre!
TITA. A la madre no la metas en el asunto...
PACO. Bueno, yo no estaba allí.
TITA. Ni yo tampoco.
PACO. Entonces nunca podremos saberlo.
TITA. Es posible que...
PACO. Eso no lo creo...
TITA. Seguramente.
PACO. ¿Y qué dice el padre? Él tiene que saberlo.
TITA. No dice ni pío, porque está muerto.
PACO. Entonces la madre tendrá que hacer declaraciones.
TITA. ¡La madre está destrozada!
PACO. ¡No es para menos!
TITA. ¡Acribillada a balazos!
PACO. Buena ficha sería.
TITA. ¿Qué tú sabes?
PACO. Bueno, yo no sé nada. Pero tú no sabes nada tampoco.
TITA. Somos unos ignorantes.
PACO. La verdad es...
TITA. O la mentira...
PACO. En eso estamos de acuerdo.
TITA. ¿Entonces tú crees que los dos...?
PACO. Posiblemente los cuatro.
TITA. ¡Ni pienses en eso! A tu edad esas cosas te pueden hacer daño.
PACO. ¡Ji, ji!
TITA. No te rías, porque no tiene la menor gracia. Tenían tanto dinero como nosotros.
PACO. ¿Y eso que tiene que ver?
TITA. Exactamente el mismo. Hasta creo que el mismo nombre y apellido, y vivían en esta misma dirección.
PACO. ¡Qué casualidad! ¿Y el número de teléfono?
TITA. Será por eso que están llamando.
PACO. Entonces somos ellos.
TITA. Lo serás tú. A mí no me confundas con esa gentuza.
PACO. Pero tú misma has llegado a esa conclusión.
TITA. Te advierto que es un peligro.
PACO. Lo será, pero yo no tengo la culpa.
TITA. Podrían matarnos.
PACO. ¿Quiénes?
TITA. Los muchachos.
PACO. Yo creía que estaban en la cárcel.
TITA. Pero no tus hijos.
PACO. ¿Qué hijos? Yo no tengo ninguno.
TITA. Haz memoria. No digas disparates.
PACO. Serán esos. Los que mataron a sus padres.

TITA. Imagínate. Tenemos dinero.
PACO. Y no nos acabamos de morir.
TITA. Entonces… Si dos y dos son cuatro.
PACO. Te equivocas. Eso no tiene sentido.
TITA. ¿Que dos y dos no son cuatro?
PACO. ¡Son nuestros hijos!
TITA. Ellos eran sus padres.
PACO. Le hemos dado todo lo que hemos podido.
TITA. Dirán… Dirán que abusabas de ellos.
PACO. ¿Y eso qué quiere decir?
TITA. ¡Por Dios, Paco! ¡Que eras un maricón y un pederasta!
PACO. ¿De dónde sacas esas palabrotas?
TITA. Pero esas las saben todo el mundo.
PACO. Eso es una calumnia. ¿Cómo van a decir mentira semejante?
TITA. Como lo dice todo el mundo. Para salvar el pellejo.
PACO. ¡No les permitiré…!
TITA. Si estás muerto no podrás prohibirles nada.
PACO. La gente no va a creer tal cosa.
TITA. Creerán eso y mucho más.
PACO. Entonces estamos perdidos.
TITA. Bueno, de mí no podrán decir nada.
PACO. Por algo te matarían.
TITA. ¿Qué quieres decir?
PACO. Que si yo mariconeaba con mis propios hijos…
TITA. Eso es diferente.
PACO. No tiene nada de raro que tú putearas con ellos.
TITA. Pero no hicimos nada de eso.
PACO. ¿Te parece? Yo, a la verdad, no me acuerdo de nada.

Se quedan anonadados, perplejos. Pausa.

PACO. ¿Y qué vamos a hacer?
TITA. Nada.
PACO. ¿Irnos?
TITA. ¿A estos años? Conmigo no cuentes.
PACO. Ni conmigo tampoco.

Al llegar a este punto los dos están sentados en el sofá, muy pensativos. Suena el timbre del teléfono. Tita, con gran esfuerzo, se levanta y contesta.

TITA. ¿Oigo? ¿Oigo? *(Cuelga, molesta).* ¡Qué indecencia!
PACO. ¿Quién era?
TITA. Un puerco.
PACO. Pero, ¿qué dijo?
TITA. Nada. Jadeos.

PACO. Le faltaría el aire. Como a mí.
TITA. No, viejo. De otra manera. ¡Por Dios, no se puede sostener una conversación!
PACO. Si no la sostienes…
TITA. No me saques de quicio.
PACO. Si te sales de quicio, te vas a caer y te haces pedacitos. ¡Ji, ji!
TITA. Estás por el estilo. Unas veces no oyes y otras no entiendes.
PACO. Me da lo mismo. Como si hablaras en chino.
TITA. ¿Crees que eran los niños?
PACO. ¿Qué niños?
TITA. Tus hijos. Los míos.
PACO. No cuentes conmigo, porque nunca he parido.
TITA. Oscar… Tony…
PACO. Se me habrán hecho pedacitos, porque no tengo la menor idea.
TITA. Viejo, por favor, haz memoria.
PACO. Tendré que traerte el retrato de familia.

Tita busca el retrato. No lo encuentra.

TITA. Dios mío, no está aquí.
PACO. Lo que te decía. Ni tú ni yo tenemos hijos. Es más conveniente. Los muchachos dan mucha guerra.
TITA. ¿Tú lo escondiste?
PACO. A lo mejor lo escondiste tú, que eres una urraca.
TITA. *(Desconcertada).* Esto no puede ser. No es posible.
PACO. Se lo habrán llevado.
TITA. ¿Quiénes?
PACO. Los niños.
TITA. *(Buscando).* Debe estar por aquí.
PACO. A lo mejor lo dejaste en la consola.
TITA. *(Buscando).* No, no.
PACO. Quizás en la gaveta donde está el teléfono.
TITA. Voy a ver.

Abre la gaveta. Mete la mano. Mientras busca, tira varias prendas íntimas en el piso. Saca una pistola.

TITA. *(Con una pistola en la mano).* ¡Dios mío!
PACO. ¡Qué barbaridad!
TITA. *(Sacando otra pistola).* ¡Qué barbaridad!

Descuidadamente una de las pistola se le cae de la mano. Accidentalmente, se dispara. Ambos se asustan. Tita, con una de las pistolas, apunta a Paco, sosteniendo la pistola con un calzoncillo tipo bikini.

PACO. Cuidado, vieja, que se puede disparar.

TITA. ¿Por qué las tenías escondidas?
PACO. Yo no las tenía escondidas. Serías tú.
TITA. Las tenías ahí para matarme y cobrar mi seguro de vida.
PACO. Has perdido el juicio (*Breve movimiento*). Dame esa pistola, que se te puede disparar.
TITA. ¡Levanta las manos!
PACO. No lo puedo creer.
TITA. ¡Levanta las manos! Si das un paso más, ¡disparo!
PACO. (*Levantando las manos*). ¡Estás chocha! ¡No sabes lo que dices!
TITA. Ya me lo imaginaba. Que tenías una querindanga. Que la has metido en esta casa cuando yo estaba dormida.
PACO. ¡Qué barbaridad!
TITA. ¡Qué barbaridad!

Tita se deja caer en la butaca, lloriqueando y perdiendo fuerzas. Paco aprovecha el momento y toma la otra pistola que está tirada en el piso, junto a un bikini de mujer, que toma con la otra mano. Sin darse cuenta, Tita se seca las lágrimas con el calzoncillo.

PACO. ¡Levanta las manos!
TITA. ¿Y eso qué cosa es?
PACO. Vieja, esta es una pistola y te voy a pegar un tiro.
TITA. No, lo otro, lo que tienes en la otra mano.
PACO. No sé.
TITA. (*Poniéndose de pie*). ¡Una bikini!
PACO. (*Mirándola*). ¿Una bikini? ¡Será tuya!
TITA. Jamás me he puesto cosa semejante. Ni que fuera una puta.
PACO. Será de Gina.
TITA. ¿De qué estás hablando?
PACO. ¿Y ese calzoncillo?
TITA. ¿Qué calzoncillo?
PACO. El que tienes en la mano.
TITA. Será tuyo, viejo degenerado.
PACO. Será de Giorno.
TITA. Te voy a pegar un tiro.
PACO. Y yo te voy a meter una bala en el directo.

Tita, con mucha dificultad, trata de levantarse para pegarle un tiro a Paco, pero la artritis apenas la deja moverse. Por su parte, el tembleque de Paco no le permite apuntar de manera precisa. Finalmente, los dos se desploman, derrotados, frente al escenario.

PACO. Coño, vieja, no tenemos que matar a nadie porque tú yo ya estamos muertos.
TITA. No creo.
PACO. ¿Qué cosa?
TITA. Que estemos muertos.
PACO. Entonces, si estamos vivos…
TITA. Pueden matarnos de un momento a otro.

PACO. ¿Quiénes?
TITA. Los niños.
PACO. ¿Qué niños?
TITA. Los tuyos y los míos. Oscar y Tony.
PACO. Los criminales. Los asesinos.
TITA. Pero, ¿por qué, viejo, por qué?
PACO. Por el dinero.

Oscurecimiento gradual. Tita y Paco, atemorizados, temblando, se abrazan frente al escenario. Sobre el oscuro del escenario caen las luces de un auto, con su correspondiente sonido, que se acerca a la casa y se estaciona. Pausa. Oscar y Tony abren la puerta de la calle. Visten correctamente, de gris oscuro, casi negro, con saco y corbata, impecables. Se va aclarando la escena.

OSCAR. *(Ligero cambio de tono).* Mamá… Papá…
TONY. *(Ligero cambio de tono).* Papá… Mamá…

Las voces suenan candorosas, íntimas, infantiles. La actitud de ambos es normal, muy equilibrada. Al darse cuenta de la entrada de Tony y Oscar, espantados, Tita y Paco se abrazan con mayor intensidad.

TONY. Papá… Mamá…
OSCAR. ¿Dónde están?
TONY. ¿Dónde están?
OSCAR. *(Viendo el reguero).* Pero, ¿qué es lo que ha pasado?

Alarmados, al ver a los padres.

TONY. ¿Qué tienen?
OSCAR. ¿Les ha pasado algo?
TONY. ¿Se sienten mal?
OSCAR. ¿Se cayeron?
TONY. ¿Qué ha ocurrido?
PACO. Nada, nada, aquí no ha pasado nada. Tu madre y yo, que estábamos jugando, pasando el rato… La vieja, como si tuviera quince años, se puso a dar pasos de baile, como si fuera Ginger Rogers. *(Ríe, nervioso).*
TITA. *(Con risa similar).* Y tú, Fred Astaire.

Oscar y Tony ven las pistolas. Se miran extrañados. Cada uno toma una pistola y, descuidadamente, apuntan hacia Paco y Tita, que se asustan ante la posibilidad de que se disparen.

OSCAR. ¿Y estas pistolas?
PACO. Estaban tiradas por ahí.
TONY. ¿Pero qué hacían ustedes con ellas?
PACO. Nada. Las vimos pero no sabíamos qué hacer con ellas.

TITA. Pensamos que a lo mejor eran de ustedes.
OSCAR. ¿Nuestras? ¿Y para qué íbamos a querer unas pistolas?
PACO. Eso pensé.
TITA. *(A Paco)*. ¿No te lo decía?

Sin soltar las pistolas, Oscar y Tony, solícitos y cariñosos, los ayudan a levantarse.

TONY. *(Ayudando al padre)*. Vamos, viejo. Haz un esfuercito.
OSCAR. *(Ayudando a la madre)*. Así, mamá. Ya.
TONY. ¿Y esto qué es?
TITA. Una peluca.
TONY. ¿Pero es tuya?
TITA. No, ¿cómo va a ser? Por supuesto que no.
TONY. *(Tomando la peluca de Giorno)*. ¿Y esto?
TITA. *(Riéndose, burlona)*. ¡Un peluquín!
PACO. Se le caería a alguien en el correcorre.
TITA. Por eso bajamos.
PACO. Había un ruido tremendo.
TITA. Como medida de seguridad. Espero que no les importe. Nos pareció lo indicado.
TONY. Pero, ¿por qué iba a importarnos, mamá? No tiene sentido.
TITA. Eso mismo, precisamente, comentaba con tu padre. Que nada tiene sentido. ¿No te parece?
OSCAR. Sí, mamá, tienes razón.
TITA. Además, me preocupaba que les hubiera pasado algo.
OSCAR. Pero, mamá, ¿qué nos iba a pasar?
TITA. Hay tantos peligros.
PACO. Delincuentes.
TITA. Ladrones.
PACO. Criminales.
TITA. Asesinos tal vez.
TONY. ¡Qué exageración!
TITA. *(Algo aprensiva)*. En todo caso, ya están aquí, sanos y salvos.
PACO. *(Aterrado)*. Vivitos y coleando.
OSCAR. Ustedes fueron los que nos dieron un susto tremendo.
TONY. Creímos que les había pasado algo.
OSCAR. Y con todo ese reguero por todo el cuarto.
TONY. Pensamos que a lo mejor algún ladrón…
OSCAR. Algún criminal.
TONY. Algún asesino…
OSCAR. Los había venido a matar.
PACO. *(Riendo falsamente)*. ¡Qué tontería!
TITA. Bueno, déjenme recoger la sala.
OSCAR. No, no, de ninguna manera. De esto nos encargamos nosotros.
TONY. Nosotros la recogemos.
OSCAR. Ahora ustedes deben irse a descansar, porque es muy tarde.

TONY. Ni una palabra más.
OSCAR. *(Besando a la madre en la mejilla).* Hasta mañana, mamá.
TONY. *(Besándola también).* Hasta mañana.
OSCAR. Buenas noches, papá.
TONY. Buenas noches, papá.
TITA Y PACO. ¡Que Dios los bendiga!

Lentamente Paco y Tita suben las escaleras, encorvándose más y más a medida que lo hacen. Abren la puerta del dormitorio. Entran. Desde la planta baja, Oscar y Tony los observan, algo extrañados. Después, Tony y recoge las dos pelucas. Hacen lo mismo con las prendas íntimas, que vuelven a poner en la gaveta de la consola. Se miran. Oscar encuentra el retrato de familia debajo del sofá. Tony lo toma y lo coloca en la mesita. El escenario se va oscureciendo gradualmente. Tony y Oscar se miran una vez más desde extremos opuestos del escenario. Lentamente, pistola en mano, comienzan a subir las escaleras.

Oscuro total.

Nota Del Autor

Toda la secuencia con la cual se inicia la obra está concebida a modo de film noir, aunque no estaba deliberadamente pensada así cuando la concebí. Quizás lo más específico que tenía presente era el crimen, porque siempre me ha fascinado el comienzo de The Letter, cuando Bette Davis pistola en mano le pega unos tiros a su amante en el portal del bungalow al principio de la película. Siempre había querido hacer algo así. De algún modo, hay algo también de The Killers. El negro debe ser parte esencial del comienzo de la obra, con un juego de luces en blanco y negro, si es que hay iluminación. Puro cine. La escenografía está concebida a modo de North by Northwest, pero no particularmente audaz, salvo indicar la presencia de la habitación en el piso alto donde se comete el crimen. La escalera debe producir un efecto de espectacularidad teatral y cinematográfica postmoderna, inclusive con toque remoto expresionista, como se veía también en las películas de Frankenstein, cuyos diseños eran espectaculares y se adelantaban a su tiempo, con sus líneas esquemáticas. La escalera da una impresión de verticalidad en una perspectiva panorámica y debe usarse con ese sentido teatral de grandes entradas y salidas, frecuente también en Hitchcock. Los disparos juegan como un chispazo de color en la oscuridad. El timbre del teléfono es casi un tributo a Hitchcock, como nota de suspense, a partir de Dial M. for Murder. En realidad la obra es un suspense noir. Naturalmente, en esto no estaba pensando cuando la escribí, pero a lo largo de la re-escritura me doy cuenta que eso lo tenía en mi cabeza, y la referencia al script que se menciona reiteradamente es una clara indicación del vínculo fílmico del texto dramático. El mismo título de la obra Oscuro total, y la traducción al inglés, Blackout, apunta al concepto del blanco y negro, y de toma fílmica, de un film noir. Pero, por otra parte, es eminentemente teatral. Posteriormente, he considerado la posibilidad de una escenografía esquemática, en negro y gris, como lo que podría llamarse teatro noir.

La versión original de la obra apareció publicada en la revista Ollantay, (Volumen V, No. 2, Summer/Autum, 1998). La presente edición es casi idéntica a la versión original, salvo algunos cortes de menor monta y cambios mínimos en los diálogos. La obra sigue dividida en tres actos. El último, sin embargo, aparece dividido en dos cuadros, lo cual no ocurría en la versión publicada en Ollantay. Este cambio se debe a que, dada la extensión de la obra, en el montaje que se hizo cuando el estreno mundial de Oscuro total, la parte correspondiente al segundo cuadro del tercer acto se omitió, lo cual me ha llevado a considerar una división más específica del tercer acto. Como el proceso de envejecimiento es tan brutal en los seres humanos, es posible que el último cuadro sea interpretado por otros actores, dando las pistas necesarias para que el espectador entienda que se trata de Tita y Paco.

De hecho, además, la estructura de la obra permitiría varias opciones Una de ellas, la omisión de el primer cuadro del tercer acto. Y otra, un tanto más radical, que la obra terminara en el segundo acto, de acuerdo con las necesidades y presiones del montaje, opción que dejaría en manos del director.

UN OBJETO DE DESEO

2006

Personajes

Carmen
Pepe
Lucía

Escenografía

La escenografía debe ser esquemática, prefiriéndose un sofá y dos butacas de mimbre blanco, haciendo juego una con la otra, similares a las que se usaban en Cuba a fines del siglo XIX, y una mesita con libros (Lucía Jerez de José Martí, La narrativa cubana entre la memoria y el olvido de Matías Montes Huidobro, etcétera) papeles, cartas, documentos. Debe evitarse la cubanización superflua e innecesaria del escenario. Después de todo, la acción se desarrolla cuando ya los personajes están muertos. En última instancia, una cámara negra sería suficiente. La «espectacularidad» de la obra puede reducirse a la luz y el sonido, sin asfixiar el plano de actuación. Varias plataformas escénicas son recomendables. Un panel, más documental que patriotero, podría cubrir todo el fondo del escenario con fotografías de Martí, Carmen Zayas Bazán, Carmen Miyares, etcétera, todos en blanco y negro, lugares relacionados con la biografía martiana, que podrían extenderse a la sala y al vestíbulo.

Los textos martianos, las referencias críticas y los documentos relativos a la acción aparecen entre comillas, pero esto no quiere decir que deban leerse, salvo indicaciones específicas. Están marcados entre comillas a los efectos de su publicación, no de su montaje. Las «lecturas» deben hacerse coreográficamente, con un sentido corporal, gestual, que les den movimiento, intensidad y teatralidad. En todo caso, el libro en la mano y papeles en función de cartas, indicarán referencia textual, lo cual es importante para que el espectador no pierda de vista la intertextualidad de la misma. Aunque no se lean las cartas y los actores las memoricen, para darle la correspondiente dramaticidad, debe quedar aclarado que se leen cartas o documentos, sin perderse la absoluta fluidez dramática. Las secuencias poéticas no deben llevarse a escena como «poesía» sino como «drama», integradas a la acción, quitándosele la consistencia rimada, en muchos casos, para que el texto poético adquiera la naturalidad de la prosa. Aunque los textos líricos de Martí deben participar «en vivo» dentro de la acción, en algunos casos funcionarán a modo de «distanciamiento» brechtiano, dirigidos directamente al público a fin de lograr su «complicidad» escénica. La obra podrá presentarse sin interrupción, o con una división en dos actos, de acuerdo con las indicaciones que aparecen en el texto.

NOTA DEL AUTOR

Un objeto de deseo tiene una fuente investigativa cuyo punto de partida se encuentran en mi ensayo «Lucía Jerez: una amistad funesta», publicado en mi libro La narrativa cubana entre la memoria y el olvido, *que entra en la obra, no como ensayo, sino como personaje dramático. Las fuentes martianas consultadas, algunas señaladas de modo específico, están aclaradas más concretamente en mi ensayo sobre la novela, pero que no es necesario consultar a los efectos estrictamente teatrales. Para más detalles, consultar mi ensayo. Cualquier secuencia poética que no esté entre comillas, es de mi autoría.*

Primer Acto

Con el teatro a oscuras se oyen los textos iniciales de la novela Lucía Jerez —también conocida como Amistad funesta— de José Martí, a discreción del director; voz masculina, preferiblemente la del actor que haga el papel de Martí. Después entran Lucía y Carmen por lados opuestos del escenario. Visten de forma casi idéntica, preferiblemente a la usanza de fines del siglo xix, y los colores hacen juego, siendo más intenso el de Carmen. Martí viste a Lucía de seda carmesí. A Carmen de un rojo casi negro, más oscuro, y llevará una flor negra en el pecho.

ESCENA I

CARMEN. *(Con naturalidad).* ¿Lucía?
LUCÍA. *(Tono coloquial).* ¿Carmen?
CARMEN. Por un momento creí...
LUCÍA. ...que era yo la que llegaba.
CARMEN. Es como si la una fuera...
LUCÍA. ...el espejo de la otra.
CARMEN. Lo siento, Lucía. A mí me ha tocado siempre la peor parte. Lamento que Pepe estuviera pensando en mí cuando te estuvo escribiendo.
LUCÍA. ¿No era yo?
CARMEN. Era yo. Bueno, claro, yo tengo también la culpa, después de todo, porque si no hubiera sido por el rechazo que sentía hacia mí nunca te hubiera creado. Toda la crítica ha repetido una y otra vez que cuando escribió *Amistad funesta*, no te escribía a ti porque era a mí a quien tenía en la cabeza.
LUCÍA. ¿Te parece?
CARMEN. No te quepa la menor duda, porque si todo el familión estaba metido en la novela, es lógico que yo estuviese metida también. Si Ana y Adela son sus hermanas, y don Manuel y doña Andrea sus progenitores, yo soy tú y tú eres yo.
LUCÍA. ¿Estás segura?
CARMEN. Bueno, lo que se llama segura, no te sé decir. ¿Cómo podemos estar seguros de lo que la gente piensa y siente?

ESCENA II

Pepe se encuentra en la semioscuridad al fondo del escenario. Gradualmente va saliendo de la penumbra. Martí aparecerá todo de negro, de acuerdo con las imágenes más tradicionales, sin que se pretenda ser copia de ninguna supuesta realidad. En otros momentos podrá aparecer sin chaqueta, en camisa blanca de seda, de mangas largas. Los cambios de la chaqueta irán de acuerdo con la naturaleza de las secuencias, asociándose la ausencia de ella con los episodios más juveniles, apasionados y violentos. El actor que interprete a Pepe en ningún momento debe intentar, físicamente, parecerse a un José Martí que no conocimos, y mucho menos adquirir una consistencia retórica y solemne. Se prefiere un actor que de una dinámica juvenil, atractivo, galante y seductor, lejos de un Martí rígido y apostólico, que se hará palpable, básicamente, en el cierre de la obra.

PEPE. *(Recitando el poema de forma confusa y torcida, desencajada, como si se estuviera fabricando a medida que lo dice, construyendo el cuerpo y la mente en un juego danzario. Al final queda erguido, iluminado, como hombre creado. Cae en un foco de luz. Ni Carmen ni Lucía parecen estar conscientes de su presencia, como si Martí estuviera en otro plano dramático).*
Un león con alas, enfrenado,
dentro de mí se encuentra.
En el bote iba remando
por el lago seductor.
con el sol que era oro puro
y en el alma más que un sol.
Las riendas que a mí me atan
aprietan mi corazón.
Vienen las fieras a verme
cuando entro al corredor.
El león allí encerrado
grita grita, remador,
y se oculta en mi cabeza
para frenarme mejor

CARMEN. *(Natural, al público, «brechtiana»).* Es posible comprobar hechos, pero no es posible llegar a estados emotivos y sicológicos, que ni siquiera podemos desentrañar entre personas muy allegadas. Sencillamente, nadie conoce a nadie.
PEPE. *(Bajo el foco de luz).*
«Como fiera enjaulada
Mi asiento dejo —empujo la entornada
puerta, vuelvo a mi libro.
Los anchos ojos en sus letras clavo,
como cuerdas heridas, tiemblo y vibro.
Dentro de mí
hay un león enfrenado»
entre puñales y cuervos.

Carmen y Lucía se han sentado en las butacas sin hacer caso de la presencia de Pepe.

ESCENA III

LUCÍA. ¿Y qué me dices de Sol?

CARMEN. ¿De María García Granados, «La Niña de Guatemala», esa que dicen que se murió de amor? Una mosquita muerta de la que siempre se han dicho maravillas. Pero a mí me han tratado a la patada.
LUCÍA. No creas que yo he salido mucho mejor.
CARMEN. Es cierto, pero después de todo, tú no eres más que un personaje de ficción.
LUCÍA. Pero, ¿no lo somos todos? ¿No es lo mismo…?
CARMEN. *(Pensativa)*. Sí, es posible.
LUCÍA. En todo caso, eso no quita. Muchas personas me han ignorado. En el mejor de los casos. Porque de mí se han dicho horrores: «un ser imperfecto, una criatura con ansias desmedidas de posesión, con una perversión moral absoluta».
CARMEN. ¡Qué barbaridad! *(Algo burlona)*. Parecen cosas de Fermín Valdés Domínguez.
LUCÍA. ¿Y ese quién es?
CARMEN. Un amigo de Pepe.
LUCÍA. Pedro Real era su mejor amigo.
CARMEN. En la novela, porque en la vida real todos dicen que él y Fermín eran uña y carne.
LUCÍA. Pero esto es muy complicado. *(Refiriéndose al público)*. No van a entenderlo.
CARMEN. Es posible. Hay personas que vienen al teatro para pasar el rato, porque no tienen mejor cosa que hacer.
LUCÍA. *(Pausa breve. Al público, de pie, con una inclinación)*. Yo soy Lucía Jerez.
CARMEN. Un personaje de novela.
LUCÍA. *(Enfática)*…la protagonista de *Amistad funesta* que escribió José Martí…
CARMEN. …que no necesita presentación…
LUCÍA. … Apóstol de la Independencia de Cuba.
CARMEN. *(Al público, de pie, con una inclinación)*. Y yo soy Carmen Zayas Bazán…
LUCÍA. Una mujer de carne y hueso.
CARMEN. … La esposa de José Martí…
LUCÍA. A quien llamaremos Pepe.
CARMEN. *(A Lucía)*. Habrá que explicárselo un poco más.
LUCÍA. Naturalmente, que para eso están los libros.
CARMEN. Seguramente entenderán mucho menos.

A modo de «aparte brechtiano», Lucía y Carmen le leen al público, didácticamente, del libro La narrativa cubana entre la memoria y el olvido *de Matías Montes Huidobro, autor de la obra dramática.*

LUCÍA. *(Leyendo, a alguien en el público)*. «Incapaz de cometer ningún pecado de carne y hueso, Juan Jerez, que es el bueno, el prometido de Lucía, los transfiere a su mejor amigo, Pedro Real, que es el malo, en una artimaña de Dr. Jekyll y Mr. Hyde».
CARMEN. *(Leyéndole a alguien en el público)*. «Esta duplicidad tan compleja de la novela de Stevenson, está presente en la que hay entre los dos amigos, que no es otra que una *Amistad funesta*».
LUCÍA. *(Leyéndole a alguien en el público)*. «Martí está desdoblándose. Juan es la figura pública, perfecta, preocupada por la justicia social…».
CARMEN. *(Leyéndole a alguien en el público)*. «Pero en el «laboratorio» de su identidad, oculto, a la medianoche, se desata y afila los dientes, envolviéndose en la capa de Pedro, que es el hombre lobo, y sale a hacer de las suyas».
LUCÍA. ¿Pero cómo te atreves a decir eso?

CARMEN. No, lo que soy yo no he dicho nada. Solo estoy leyendo lo que dice el libro. *(Breve pausa).* Un desdoblamiento.

LUCÍA. Pero eso debe ser muy doloroso. Como si uno tuviera adentro dos hermanos siameses que se aman y se odian al mismo tiempo.

CARMEN. Un enmascaramiento. En teatro se usa mucho. Y en la vida real también, te lo aseguro. *(Intencional, al público).* Hay muchos que solo salen a la calle con la careta puesta.

LUCÍA. Entonces Pepe no es Juan.

CARMEN. No, no lo es, claro. Juan es un idealista de postalita que poco tenía que ver con Pepe. Porque si Juan no pasó de salir un par de veces en defensa de los indios, lo cierto es que Pepe dio la vida por Cuba. Pedro, su antagonista, era el otro lado de la moneda. El que hacía lo que no debía hacerse. Bueno, su Mr. Hyde, que tenía dientes y sabía usarlos. El otro lado de Juan, el que tú no veías pero que andaba escondido por alguna parte y le daba informes más precisos sobre nosotras las mujeres.

LUCÍA. ¡Qué exageración, Carmen! ¡Las cosas no debieron pasar así!

CARMEN. ¿Y cómo debieron pasar? Pepe era un hombre de carne y hueso. Cuando me fui para Camagüey y pasé años separada de él pensé muchas cosas. Posiblemente más de la cuenta.

LUCÍA. *(Libresca).* Juan era noble criatura, Carmen. Tenía un corazón de luz. *(De carretilla, como si lo hubiera aprendido de memoria).* «Y veía en las desigualdades de la fortuna, en la miseria de los infelices, en los esfuerzos estériles de una minoría viciada por crear pueblos sanos y fecundos…».

CARMEN. Eso debes haberlo leído en alguna parte.

LUCÍA. Claro, en mi novela, Carmen.

ESCENA IV

PEPE. *(Entrando «en escena», natural, en mangas de camisa, como si fuera parte de la conversación que se viene desarrollando).* En mi novela, Lucía.

LUCÍA. ¿No es lo mismo?

PEPE. No, no es lo mismo. *(Leyendo de una edición de la novela, con autenticidad y sentimiento).* «Llevaba Juan Jerez, en el rostro pálido, la nostalgia de la acción, la luminosa enfermedad de las almas grandes, reducida por los deberes corrientes o las imposiciones del azar a oficios pequeños; y en los ojos llevaba como una desolación, que solo cuando hacía un gran bien, o trabajaba en pro de un gran objeto, se le trocaba como un rayo de sol que entra en una tumba, en centelleante júbilo».

LUCÍA. *(Fascinada, a Carmen).* ¿Qué te parece? No había hombre como él. Es lástima que no lo hubieras conocido.

CARMEN. *(Con amargura).* Lo conocí.

LUCÍA. *(Arrobada).* Era un hombre superior frente al cual todos los otros resultaban insignificantes. Yo siempre lo amé porque era puro, casto, incapaz de un mal pensamiento.

CARMEN. Un hombre ideal que no era de carne y hueso. *(Firme).* Pero lo celabas.

LUCÍA. Sí, es cierto, porque yo quería que ese hombre ideal fuera todo para mí. ¿Te acuerdas cuando nos contó aquella historia de Longfellow donde un joven, en medio de una tempestad de nieve, subía por una montaña con una bandera en la mano que decía *Excélsior*?

PEPE. *(Casi en términos de teatro dentro del teatro, entra en el juego y corre como si llevara una bandera, en mangas de camisa).* ¡Más alto! ¡Más alto!

LUCÍA. *(Corre tras él)*. Y subía y subía de puerto en puerto...
PEPE. ¡Más alto! ¡Más alto!
LUCÍA. *(Sigue en el juego)*. De montaña en montaña...
PEPE. ¡Más alto! ¡Más alto!
CARMEN. *(Advirtiendo el peligro)*. ¡Un torrente se viene abajo! ¡La tempestad les viene encima!
LUCÍA. Yo quería que descansara la cabeza fatigada en mi seno...
CARMEN. *(Despechada)*... pero me apartó para seguir escalando...
PEPE. ¡Más alto! ¡Más alto!
LUCÍA. *(Forcejean. Parece un juego. Pepe resiste)*. ¡No, no, tú no me apartarás de tu lado! ¡Yo te quito la bandera de la mano! ¡Yo soy lo más alto! *(Al tratar de quitarle la bandera, Pepe «cae» al abismo: gestualización dramático-corporal de la caída)*.
CARMEN. *(Al borde del abismo)*. Lo hallaron muerto al día siguiente, medio sepultado en la nieve, con la mano asida a la bandera con aquel letrero que decía: «¡Más alto!».
LUCÍA. Era un hombre extraordinario. No había otro como él.
CARMEN. Pura literatura. Pepe lo estaba novelando... Era una invención que hacía de sí mismo... Era como él se estuviera viendo ante un espejo...
LUCÍA. *(Sentenciosa)*. Recuerda que dio su vida por Cuba.
CARMEN. *(Implacable, vil)*. Quizás a ti pudo engañarte, pero a mí no, porque lo conocía demasiado bien ¡mejor que nadie!, digan lo que digan esos señores que se dan de historiadores.
PEPE. *(Arrastrándola hacia sí, violento, sin leer, en una escena compacta. Bajo ningún concepto debe leerse el texto)*. «En la mujer, Carmen, como es la hermosura mayor que se conoce, creemos hallar como un perfume natural donde se encuentran todas las excelencias del espíritu; por eso los poetas se apegan con tal ardor a las mujeres a quienes aman y cuando creen que algún acto pueril e inconsiderado las desfigura, o imaginan ellos alguna frivolidad o impureza, se ponen fuera de sí, y sienten unos dolores mortales, y tratan a su amante con la indignación con que se trata a los ladrones y a los traidores, y les parece que han estado usurpándoles y engañándoles con maldad refinada». *(La separa con violencia)*. «¡Los poetas de raza mueren! Los segundones... siguen su camino por el mundo besando en venganza cuántos labios se les ofrecen ¡tintos de veneno!».
CARMEN. Si mal no recuerdo, tú decías, Pepe, que había cierto espíritu de independencia en el pecado, que lo hace simpático cuando no es excesivo. *(Lee)*. «Pocas son las criaturas que, hallándose con las encías provistas de dientes, se deciden a no morder, o reconocen que hay placer más profundo que hincar los dientes, y es no usarlos. Pues, ¿para qué es la dentadura, se dicen los más, sobre todo cuando la tienen buena, sino para lucirla y triturar los manjares que se lleven a la boca?». *(A Lucía, pasándole el libro)*. Lee.
PEPE. *(Con otro ejemplar, se cruza con Carmen, agresivo, leyendo en parte, aunque no se trata de una simple lectura, sino de una acción dramática violenta. Lucía lee en silencio)*. «De fieras yo conozco dos clases: una se viste de pieles, devora animales, y anda sobre garras; otra se viste de trajes elegantes, come animales y almas y anda con una sombrilla o un bastón». *(Dejando el libro)*. No son más que fieras reformadas.

Pepe sale muy violentamente. Lucía se queda sorprendida.

ESCENA V

LUCÍA. ¡Qué exageración! ¡Qué susto me ha dado!

CARMEN. Nos cogió de sorpresa. Fue una transición demasiado rápida.
LUCÍA. ¿Qué le había hecho para que me tratara de ese modo? ¿Por qué ese ensañamiento?
CARMEN. Porque era yo.
LUCÍA. ¡Yo no sabía que vivir fuera tan complicado!
CARMEN. Tú no lo sabes bien.
LUCÍA. Es tan complicado como ser un personaje de novela.
CARMEN. O de teatro.
LUCÍA. ¡De teatro debe ser mucho más divertido!
CARMEN. Seguramente, porque a Pepe siempre le gustó el teatro… y ciertos lugares de aventuras galantes, como se dice.
LUCÍA. Y las actrices, me imagino.
CARMEN. ¡Sobre todo las actrices!

Ríen. El tono es ligero, festivo, Se empieza a escuchar un vals distante. Pepe regresa, entrando en situación, sin chaqueta, en otra actitud, como si no hubiera pasado nada. Escenifican.

PEPE. Yo quise, diestro y galán,
    abrirle su quitasol;
    y ella me dijo…
LUCÍA. *(A coro con Pepe).* «¡Qué afán!
    ¡Si hoy me gusta ver el sol!».
CARMEN. ¿No te lo dije? México lo recibió con los brazos abiertos.
LUCÍA. Especialmente las mexicanas.
CARMEN. ¡Dímelo a mí!
PEPE. *(En un juego, tomándolas a las dos por el talle, dándoles besos rápidos, casi bailando).*
    «Yo visitaré anhelante
    los rincones donde a solas
    estuvimos yo y mi amante
    retozando con las olas».
LUCÍA. ¡Conmigo no sería!
CARMEN. ¡Ni conmigo tampoco!
PEPE. *(Tomando a Lucía por el talle, casi bailando).*
    «Después, del calor al peso,
    entramos por el camino,
    y nos dábamos un beso
    en cuanto sonaba un trino».
LUCÍA. *(Separándose, con un gracioso gesto de advertencia).* Déjame, por favor, esto no es lo correcto.
PEPE. *(Tomando a Carmen por el talle, casi bailando).*
    «Solo los dos estuvimos,
    solos con la compañía
    de dos pájaros que vimos
    meterse en la gruta umbría».
LUCÍA. Así debió ser.
CARMEN. Lo cual no tiene la menor gracia, porque no fue conmigo.

LUCÍA. Ni conmigo tampoco.
CARMEN. Te han salido los colores a la cara.
LUCÍA. Y a ti también.
CARMEN. Sería el sol.
LUCÍA. No era Juan.
CARMEN. Era Pepe.
LUCÍA. *(A Carmen)*. ¿Eras tú?
CARMEN. ¿Quién?
LUCÍA. La que estuvo con su amante retozando con las olas.
CARMEN. Sería en Bath Beach, porque en México nunca estuvimos en la playa.
LUCÍA. ¿En Bath Beach?
CARMEN. Bueno, eso vino después y no fue conmigo.
PEPE. *(Regresando al grupo, contando)*. En Madrid la pasamos bien Fermín y yo. Las tabernas de Lavapiés, Las Vistillas, el Café de Artistas.
CARMEN. *(A Lucía)*. ¿No te lo dije?
LUCÍA. ¡La *Dolce Vita*, como dicen los italianos!
PEPE. Pero también sabíamos llorar. *(Al público, como si se dirigiera a Fermín, muy serio)*. «El próximo 27 de noviembre, Fermín, harás un libro que coronará dignamente tus lágrimas y tu martirio, y yo escribiré los versos, malos como míos, unidos indisolublemente al cariño que nos funde a Cuba». *(Pausa, sombrío)*. Los españoles me pusieron grillos en los pies, pero no faltaron cubanos que me pusieron grillos en el alma.
LUCÍA. *(Al público, en otro tono)*. Cuando Pepe y Fermín fueron al palco del Teatro Principal de Zaragoza, llamaron la atención. Todas las jovencitas querían saber quiénes eran esos mozos tan bien parecidos a quiénes nadie conocía. La curiosidad fue muy grande. Pepe examinaba al público y sus ojos querían devorar a todas las mujeres bellas que allí había, que eran muchas. Todas querían saber quiénes eran.
PEPE. Fermín me decía: «A ti te está haciendo falta un gran amor».
CARMEN. *(Coqueta, extendiéndole la mano)*. Blanca Montalvo, para servirle a usted.
PEPE. Después, Francia. ¡De noche y de día Fermín y yo recorríamos las calles de Paris! La Plaza de la Concordia, el Arco de Triunfo, Notre Dame, el Palacio Real, la Catedral de Montparnassee!
LUCÍA. ¡Oh, lalá!
CARMEN. ¡*L'Amour, L'Amour*, como dicen los franceses!

Todos ríen.

PEPE. ¡Éramos jóvenes, Carmen!

Dejan de reír.

PEPE. Pero llegó la hora de la partida. ¡Nunca lo olvidaré! Fermín quiso acompañarme hasta El Havre. Me preguntaba si volveríamos a vernos. Yo había sacado un boleto de tercera, porque no tenía mucho dinero. Cuando el barco salió mar afuera, vino un empleado de a bordo, haciéndome saber que Fermín había suscrito la diferencia para que viajara en primera clase. *(A Carmen)*. En México iba a conocerte. El gran amor que Fermín había anticipado.

CARMEN. «Amor con amor se paga».
LUCÍA. Presto, manos a la obra.
CARMEN. Al punto, ¿cómo comienza?
PEPE. *(A Carmen)*. Vos sentada, yo sentado *(Se sientan)*.
LUCÍA. Ved que ha empezado la escena
CARMEN. Antes que te cases mira…
PEPE. «No lo hagas y no temas…».
LUCÍA. «Amor con amor se paga».
CARMEN. No olvides esa conseja.
LUCÍA. Que un proverbio con el otro
　　　se encadena en la cadena.
PEPE. *(Galante, seductor, arrodillándose ante Lucía).*
　　　«Con ser tanta la verdad
　　　de vuestra rara hermosura
　　　mayor es mi desventura
　　　y mayor mi soledad.
　　　De roca os hizo en verdad
　　　vuestra buena madre el pecho.
　　　¿Qué ley os dará derecho
　　　para prendar hombre así»
　　　y enamorarme de ti?
LUCÍA. «Amor con amor se paga».

Todos ríen. Pepe saca a bailar a Carmen, después a Lucía, a medida que el siguiente diálogo se desarrolla. Cambian de pareja.

CARMEN. El teatro se vino abajo.
LUCÍA. Dicen que Conchita Padilla, la primera dama, no le soltaba la mano.
PEPE. *(Tono ligero)*. Eso te sacaba de quicio, porque desde el principio fuiste muy celosa.
LUCÍA. Me hiciste así.
CARMEN. La obra fue un éxito. Todo el mundo quería que salieras a escena.
PEPE. Pero yo no quería salir.
LUCÍA. *(Al público, haciendo de Conchita Padilla)*. Concha, tomándolo del brazo, lo condujo ante el público y a nombre de la compañía le ofreció la corona de laureles.

Pepe y Lucía, tomados de la mano, se inclinan ante el público. Carmen le pone a Pepe una corona de laureles imaginaria.

CARMEN. *(Aplaude)*. Yo no dejaba de aplaudir.
PEPE. *(A Carmen, galante, también sincero, convincente)*. Desde el escenario, no podía quitarte los ojos de encima, porque eras la mujer más bella entre todas las mujeres bellas que había allí, con tu piel nacarada que me recordaba aquellos cuadros que había visto en el Louvre, con la sonrisa enigmática de la Mona Lisa.

CARMEN. *(Coqueta, sonrojándose)*. ¡Por favor, Pepe, qué cosas tienes! ¡No me hagas reír!
LUCÍA. *(Con cierta burla ligera)*. ¡Qué elocuencia!
CARMEN. *(Riendo, con subyacente intención, otro tono)*. ¡Lo hizo famoso! ¿Qué mujer podía resistírsele?
PEPE. ¡Después bailamos hasta bien entrada la medianoche! Nunca lo olvidaré. ¡Parecías una reina egipcia!
LUCÍA. A lo mejor era con Sol con la que estaba bailando.
PEPE. *(Transición. Haciendo memoria)*. ¿Con María?
CARMEN. *(En otro tono)*. María García Granados, efectivamente. Que se disfrazaba de Cleopatra, más o menos, y que Pepe llamaba Sol en la novela *(A Pepe)*. Quizás te equivocaste de pareja.
LUCÍA. *(Riendo, tratando de no perder el tono festivo)*. ¡No en balde!
PEPE. *(Insinuante, sensual, a Carmen, seduciéndola)*.
«Duermo en mi cama de roca
mi sueño dulce y profundo.
Roza una abeja mi boca
y crece en mi cuerpo el mundo».
CARMEN. *(Resistiendo, con coquetería)*. ¡Por favor, Pepe, no sigas!
PEPE. *(Estrechándola fuertemente)*. Todos los días me esperabas con un vestido nuevo, todos con un escote de los cuales no podía separar mis ojos.
CARMEN. *(Separándose algo, riendo)*. ¡Qué mentiroso!
LUCÍA. ¿Es verdad todo eso?
PEPE. ¡Claro, naturalmente!

ESCENA VII

Cesa la música abruptamente. Transición. Cambio de tono.

CARMEN. *(A Pepe)*. Si no me querías, ¿por qué te casaste conmigo?
PEPE. Te quería, pero no te conocía lo suficiente.
CARMEN. Yo creía que en México habíamos sido felices.
PEPE. Lo fuimos. Pero yo tenía otro camino que recorrer y nada podía detenerme. Si me quedaba tendría que doblegarme, aceptar la dictadura de Porfirio Díaz.
CARMEN. Te trataron bien. Desde que llegaste todos se maravillaron de tu talento, de tu erudición. Allí hubieras podido llegar a donde hubieras querido. No te iba nada mal. Papá primero se opuso, porque bien sabes que mi familia tenía ideas diametralmente opuestas a las tuyas. Quería que yo rompiera contigo. Pero yo podía ser tan fuerte como él y ofrecí resistencia.
LUCÍA. Eras como yo.
CARMEN. Hasta que papá, finalmente, cedió. Tuvo que reconocer tu facilidad y elegancia de palabra, tu vasta erudición. *(A Lucía)*. Además, Pepe era un excelente ajedrecista y papá era un jugador empedernido. *(A Pepe)*. Estoy segura que hasta lo dejaste ganar alguna vez, para que no se sintiera. *(Tras una larga pausa)*. Yo creo que nos queríamos.
PEPE. Bien sabes que me enamoré de ti, locamente. Lo dije en infinidad de cartas. Cuando me fui de México para Guatemala iba lleno de ti, tu presencia me era indispensable. Me fortificabas, y al separarnos la nostalgia de tu amor llegó a ser tan fuerte como la nostalgia de la patria.

CARMEN. *(A Lucía).* En ese momento, aunque al principio tuve mis dudas, llegué a tener absoluta seguridad en su cariño. Le daba fuerzas, aliento, y la seguridad plena de que entre los dos lograríamos superar todas las dificultades. Yo me decía:

LUCÍA. *(Leyendo de una carta de Carmen que tiene en la mano).* «Pepe sufre mucho ahora, yo creo que más tarde vivirá mejor y más contento: ayudado él por mi cariño, olvidará un poco ese dolor de patria que tan grave es en las almas como la suya».

CARMEN. ¡Y luego dicen que no lo entendí! Claro, estaba equivocada. Quizás ambos nos engañábamos al mismo tiempo, pero yo lo hacía todo de buena fe. *(A Lucía).* Si nos hubiéramos quedado en México, nuestra vida hubiera sido muy diferente, Lucía. Comprende mi situación. Elocuente, fascinante, nadie se le resistía. Mucho menos aquellas mujeres a las que seducía con solo estar presente. Y yo, naturalmente, era hija de un hacendado camagüeyano, ilustre, respetado. En México, después de la aventura con Eloísa Agüero, formalizó sus relaciones conmigo. *(Pausa).* Y sin embargo, las malas lenguas, no se han cansado de injuriarme, hasta decir que... *(Vacila).* Hasta decir de mí cosas que no se han dicho de las otras...

LUCÍA. ¿A qué te refieres? *(Pausa breve).* Y en todo caso, ¿cómo es posible que otras personas llegaran a saber lo que pasó entre ustedes dos? A menos que... a menos que Pepe lo hubiera contado.

CARMEN. Exactamente.

PEPE. «¿De mujer? Puede ser,
Que mueras de su mordida.
¡Pero no empañes tu vida
Diciendo mal de mujer!».

CARMEN. ¡Precisamente! *(A Pepe).* ¿Cómo es posible, Pepe, que tuvieras el valor de decir de mí cosa semejante?

LUCÍA. *(Intercediendo).* No puede ser, Carmen. Fíjate que hay una contradicción entre lo que estaba escribiendo y lo que tú dices que andaba diciendo.

CARMEN. Eso es exactamente lo que digo. Hizo lo contrario de lo que estaba predicando.

PEPE. *(Irritado).* ¿Qué cosa? ¿A quién?

CARMEN. No me hagas hablar.

PEPE. *(Alterado).* ¿Cómo te atreves a decir lo que yo nunca he dicho y acusarme de faltas que no he cometido? Te advierto, Carmen, que si en algún momento llegué a dudar de que nunca debí casarme contigo, ahora estoy convencido de que estaba en lo cierto.

CARMEN. *(A Pepe).* ¿¡Que no has cometido!? *(A Lucía, que se estará sentada).* ¿Lo ves? No había modo de hacerlo entrar en razón. Tú, Lucía, tuviste suerte, porque Juan Jerez no se comportaba de ese modo, como bien sabes, y en la novela no decía una palabra más alta que la otra. Pero en la vida real Pepe no dejaba de tener sus prontos. *(Volviéndose al público, explicando la situación).* Juan Jerez era todo un caballero porque Pepe lo hizo de ese modo en la novela, cómo él quería que lo viéramos. Un plan premeditado, para que pensáramos que era él... Pero a mí... Sobre nosotras... Una mentira ha seguido a la otra... Bueno, ya saben ustedes como son los historiadores. Sin contar los poetas, los novelistas, los dramaturgos, ¡y los críticos! *(Irritada).* Se han descubierto cartas, se han falsificado documentos. *(Perdiendo la calma).* ¡Mentiras, mentiras todas! *(A Pepe).* Tú lo sabes perfectamente, Pepe. Quizás hasta lo planeaste todo.

PEPE. Eso es una infamia, Carmen. Tenía cosas más importantes que hacer más allá de esas rencillas, de esas mezquindades. Tú lo sabes bien.

CARMEN. ¿Y las rencillas y mezquindades de los otros? ¿Cómo te trataron? Yo era la que velaba por tus intereses, que eran los de la familia y en particular de tu hijo.

PEPE. «Yo sacaré lo que en el pecho tengo
de cólera y horror».
CARMEN. Cuando Maceo y Gómez se encontraron contigo en Nueva York, te humillaron, no te hicieron caso. Se los comía la envidia, porque tú tenías más cerebro que todos ellos juntos. Recuerda que desde aquel momento Máximo Gómez te tenía entre ceja y ceja.
PEPE. *(Para sí mismo).* «Conozco al hombre y lo he encontrado malo…».
LUCÍA. *(Haciendo de Máximo Gómez).* «Limítese a lo que digan las instrucciones y, en lo demás, aténgase a lo que disponga el general Maceo…».
PEPE. «¿Qué somos, General? ¿Los servidores heroicos y modestos de una idea que nos calienta el corazón, o los caudillos que con el látigo en la mano y la espuela en el tacón, se disponen a llevar la guerra a un pueblo para enseñorearse después? Un pueblo no se funda como un campamento».
CARMEN. *(A Lucía).* Como es natural, se buscó la enemistad de todo el mundo.
LUCÍA. Lo envidiaban. No querían reconocer su talento.
CARMEN. *(A Pepe).* Te envidiaban. No querían reconocer tu talento. Todo no era «cultivo una rosa blanca para el amigo sincero» con que lo han disfrazado siempre. Había otras citas, que no repiten con tanta frecuencia.
PEPE. *(Meditabundo, con cierta indecisión).* «Cada vez que me asomo a los hombres… me echo atrás como si viera un abismo».
LUCÍA. Repite aquello que me dijiste debajo de la enredadera.
PEPE. No era yo, era Juan.
LUCÍA. Que habías vivido poco y tenías miedo de vivir y que sabías lo que era porque veías lo que hacían los vivos. ¿Te acuerdas?
PEPE. Era Juan el que lo decía. Nunca debí escribirlo.
CARMEN. No solo eso. Escribiste mucho más.
PEPE. *(Sordamente).* «Me parece que todos están manchados, y en cuanto alcanza a ver a un hombre puro, empiezan a correrle atrás para llenarle la túnica de manchas. La verdad es que yo, que quiero mucho a los hombres, vivo huyendo de ellos».
LUCÍA. Peor todavía. *(Lee):* «Los hombres se encolerizan sordamente al ver en otros la condición que no poseen».
PEPE. *(Al público, sin leer).* «Los hombres no perdonan jamás a quienes se han visto obligados a admirar». «Al principio, por no parecer envidiosos, hacen como que te acatan; y ponen un empeño decidido en alabar al mismo a quien envidian, pero poco a poco, y sin decirse nada, reunidos por el encono común, van agrupándose, cuchicheando, haciendo revelaciones».
CARMEN. *(A Pepe).* No te quepa la menor duda, porque después, en el templo masónico, un grupo de cubanos que estaba allí, a ex profeso, no te dejaron hablar.
LUCÍA. *(Al público, mientras Pepe se pone la chaqueta que se había quitado previamente).* Pero más tarde, sereno, elegante, sin mencionar una sola vez aquel incidente provocado por la envidia, se enfrentó a quienes lo había agredido.
PEPE. *(Un tanto en oratoria, pero moderada, al público),* «¿Demostrar errores? ¿Censurar la locura de ir dividiendo en vez de juntar a los cubanos? Nunca. Nosotros somos la unión. Unimos lo que otros dividen. ¡Nosotros somos las reservas de la Patria!».
CARMEN. *(Indignada).* ¿Lo oyes, Lucía? ¿Cómo es posible que un hombre inteligente como Pepe hubiera creído en la posibilidad de unir a todos los cubanos? ¿En qué cabeza cabe? *(A Pepe).* Ni Maceo, ni Gómez, ni todos esos próceres que se reunieron en Nueva York por aquellos años, sin contar oportunista y politiqueros, creyeron en ti. Creían, en el

mejor de los casos, que estabas equivocado. *(Al público)*. No, yo no quería que él se sacrificara. ¿Para qué? Él lo sabía, porque yo se lo había advertido. Y hasta eso se lo han reprochado. *(Gesto de Pepe)*. Sí, Pepe, no te asombres. Primero te llamaron Capitán Araña y después… que fue una irresponsabilidad de tu parte dejarte matar en Dos Ríos.

LUCÍA. Lo amábamos más, porque lo queríamos vivo.

CARMEN. Además, en aquel momento Pepe no era el Apóstol. Esto vino después, mucho después, muchos años después de muerto. Porque hasta eso se lo escatimaron, como le dije mil veces. *(A Lucía)*. Yo pensaba que Pepe estaba loco. *(A Pepe)*. ¿No hubiera sido mejor que te hubieras quedado en Cuba, trabajando humildemente, cuidando a tu esposa y a tu hijo, en una paz hogareña que yo estaba dispuesta a darte? Y tu madre, con la que nunca me llevé bien, en eso estaba de acuerdo conmigo. *(Al público)*. ¿O es que ella no lo amaba tampoco? Pero él no quiso quedarse y yo no podía sacrificar a mi hijo.

PEPE. Hay madres que sacrifican a sus hijos… Mariana Grajales…

CARMEN. *(Violenta, convincente)*. ¿No es eso monstruoso? ¿Enorgullecerse de traer un hijo al mundo para que le peguen un tiro?

PEPE. Por la independencia de Cuba.

CARMEN. O por lo que fuera. Para que después se aprovechen unos cuantos descarados. No, Pepe, conmigo no cuenten. Además, si los otros no te comprendieron, ¿por qué pedirme a mí, que no sabía nada de política, que tanto mal nos ha hecho, un entendimiento que los demás no tenían?

PEPE. Porque te habías casado conmigo.

CARMEN. Yo te amaba. Era tu esposa y la madre de tu hijo. Velaba por tus intereses. No valieron explicaciones. Yo no quería que te sacrificaras y te mataran en Dos Ríos. Pero a lo mejor tenías otras cosas que hacer.

PEPE. Sabes perfectamente que desde que llegué a Nueva York no hice otra cosa que dedicarme a la causa cubana.

CARMEN. Y a otras causas.

PEPE. ¿Qué quieres decir?

CARMEN. Que eras incansable y tenías tiempo para todo. Un trabajador compulsivo que no conocía el descanso, ni escribiendo ni luchando por la libertad de Cuba. Pero también eras un hombre insaciable en el amor, un hedonista, que el trabajo era la única tregua que le daba al deseo. Te conozco como la palma de mi mano. También le dedicarías algún tiempo a tu querida.

LUCÍA. ¿A quién?

CARMEN. A Carmen Miyares de Mantilla. Carmita, como todos le dicen cariñosamente. Porque a mí me han regateado el diminutivo.

PEPE. No la metas en este entierro, Carmen, porque ella no está en la novela.

LUCÍA. Entonces yo no la conozco.

CARMEN. Nunca se sabe, porque los escritores nos meten en lo que escriben sin que nos demos cuenta… A lo mejor ella también nos estaba escribiendo, a espaldas tuyas y a espaldas mías, porque era ella la que estaba con Pepe cuando escribía *Amistad funesta*, mientras servía tacitas de café, preparaba la cena, engañaba a su marido y tenía una hija con Pepe.

PEPE. Eso no es cierto.

CARMEN. *(Frenética)*. ¿Cómo que no es cierto? ¿Irás a negarme que María Mantilla no era hija tuya? ¡Eso lo sabe todo el mundo!

PEPE. ¡No, no lo sabe todo el mundo! Lo que quieres es manchar la honra de Carmita.

CARMEN. ¿Cómo voy a manchar la honra de Carmita? La honra de Carmita la manchaste tú. No creas que esta es también una novela por entregas.
PEPE. No, Carmen, es una obra de teatro donde ustedes me han metido.
CARMEN. Como nos metiste tú en tu novela.
LUCÍA. Realmente, no lo puedo creer. Un argumento así... Parece cosa de folletín. ¿Lo escribió Pepe?
CARMEN. Pepe escribió *Adúltera*, que era por el estilo. Pero lo peor del caso es que lo vivió también.
PEPE. Hace muchos años contesté a esas insidiosas insinuaciones cuando le escribí una carta a Victoria Smith, en 1885, al enviudar Carmita, en la cual le decía que ni Carmita ni yo habíamos dado un solo paso del cual tuviéramos que avergonzarnos.
CARMEN. ¿Y te creyeron? Algunos historiadores han dicho todo lo contrario.
PEPE. No me irás a decir que te vas a poner ahora de parte de los historiadores, que según tú nunca están de acuerdo. Y en este caso tampoco, porque otros aseguran, y no soy yo el que lo digo, que María no era mi hija, sino la hija de Manuel Mantilla.
CARMEN. Tú y tus historiadores dirán lo que les dé la gana, pero yo tengo los míos. *(A Lucía, intima, en tono de chismografía, sentadas).* Imagínate mi situación, Lucía. Pepe se instaló en la pensión de los Mantilla en enero de 1880. A ella la conocí dos meses después, cuando llegué a Nueva York con el niño, y te advierto que no me causó mala impresión. No se vestía muy bien y era algo descuidada, poco presumida, pero no te diré que fuera fea. Me pareció que era una señora de su casa, decente, doméstica, nada del otro jueves.
PEPE. Solo tuvo atenciones para contigo.
CARMEN. No lo niego. Muy amable y hasta cariñosa. Lo cual, entre paréntesis, no quiere decir nada, porque las apariencias engañan. Pero cuando volvía la cabeza...
PEPE. No veías nada.
CARMEN. ¡Ay, Pepe, a una mujer no se le engaña tan fácilmente y no se le puede dar gato por liebre! Sin verlo, sin tenerlo que ver, cuando volvía la cabeza yo sabía que él y ella se estaban mirando.
PEPE. ¡Ni que fuéramos ciegos!
CARMEN. Te advierto que yo tampoco lo era.
LUCÍA. Ni yo, porque con Sol sufrí lo mismo y eso me llevó hasta la locura.
CARMEN. Yo siempre he sido celosa, no te lo voy a negar...
PEPE. Y con tus celos, Carmen, pude escribir los de Lucía.
LUCÍA. *(Despacio, explícita, racional).* Entonces... si yo no podía aceptar que Juan mirara a Sol, Pepe me escribió así porque él sabía que tú no podías aceptar que él mirara a Carmen Miyares. O a quien fuera, que para el caso es lo mismo.
CARMEN. ¿Cómo iba a ser posible que un hombre que a los dieciocho años volvió loca de amor a una madrileña, al que las mujeres le caían atrás, que hizo morir de amor a una chiquilla guatemalteca y que fue mi propia perdición según dicen las malas lenguas, no enloqueciera a una mujer que tenía una vida gris en una casa de huéspedes neoyorkina? ¿Crees tú realmente que Carmen Miyares hubiera podido resistírsele? ¿Quién era ella para resistir la seducción de Pepe y quién era Pepe para mantenerse en ayuno y abstinencia?
PEPE. Acabarás diciendo que yo era un libertino.
CARMEN. Si lo fuiste o dejaste de ser no seré yo quién lo diga ni quien lo desmienta. Pero, ¿cómo es posible que muchos metan la mano en la candela por esa mujer y que a mí me injurien del modo que lo han hecho? En fin, exactamente, lo que se dice exactamente, yo no sé cuando empezó la cosa, pero no estaba mal encaminada cuando volví a Nueva

York años después. *(A Lucía)*. Las mujeres tenemos un sexto sentido para esas cosas, y aunque no puedo asegurártelo, desde que la vi me dio algo así como una mala espina, como si un ave negra se me posara en el corazón.

LUCÍA. No me lo tienes que explicar, porque yo soy los celos. *(A Pepe)*. Y por eso me has llevado al crimen y al castigo.

PEPE. Era de la única forma que podía escribirte porque conocía los celos de una mujer que quería verme ciego para que no pudiera amar lo que veía. Te escribía con los celos de Carmen, que como tú, se celaba de su propia sombra.

CARMEN. *(A Lucía)*. Tú querías a Juan ciego, sordo, mudo, solo para ti. ¿Cómo iba Pepe a poder inventarte si no me hubiera conocido? *(A Pepe. Con un manojo de cartas en la mano)*. Te escribí cartas en que te pedía, te suplicaba… Yo te lo dije: *(Leyendo la carta)*. «Te estás matando por un ideal fantástico y estas descuidando sagrados deberes…». Yo tenía razón, aunque no quieras dar tu brazo a torcer.

PEPE. Y me acusabas también.

CARMEN. *(En otro tono)*. ¿Has vuelto a tu país? ¿Has visto lo que han hecho? ¿De qué valió tu lucha por la libertad cuando ahora somos más esclavos que nunca? Si resucitaras y quisieras unir a todos los cubanos, pero discreparas de lo que dicen los otros, como cuando no querías ir a la guerra porque no te parecía el momento oportuno, te llamarían traidor y levantarías las sospechas de todos. Los cubanos, Pepe, no han cambiado nada ni aprendido la lección. Si hoy estuvieras vivo y luchando en la emigración (el exilio, la diáspora, como le dicen ahora) para derrocar la tiranía que hay en tu patria, te harían trizas y dirían horrores de ti, como hicieron contigo cuando luchaste por la independencia de Cuba.

PEPE. Y me acusabas también. Eran cartas de una mujer resentida, implacable, que no podía escapar del laberinto de los celos.

CARMEN. No te dejaron en paz hasta que te sacrificaste en Dos Ríos. De estar vivo, los mismos que se dan golpes de pecho al mencionar tu nombre, serían los primeros en hacerte pedacitos. No me cabe la menor duda. Ya te lo dije: *(Leyendo una carta que le había escrito)*. «Te estás matando por un ideal fantástico y estás descuidando sagrados deberes». «Nunca se manchó ningún hombre ante la necesidad urgentísima de vestir a su mujer y a su hijo».

PEPE. Sigue, no te detengas. Lee lo que escribiste después.

CARMEN. *(Transición. Airada, agresiva, acusadora)*. «Si es bueno lo que haces, sea por Dios; si es malo, no olvides tu conciencia».

PEPE. Era un puñal… *(Como si se desplomara)*. Me sentía como si ya me hubieras matado en Dos Ríos.

CARMEN. *(Tras una larga pausa, recuperándose, a Lucía, más bien en tono chismográfico)*. Lo cierto es que en octubre yo regresé a Cuba con Pepito y en noviembre la Mantilla tuvo una niña, María, de la que Pepe fue padrino, y esa niña se la achacan a Pepe. ¿Te imaginas mi humillación? Porque si este es el caso, Pepe se estaba acostando con nosotras dos al mismo tiempo, bajo el mismo techo y no muy lejos de la habitación donde dormía su marido. Saberlo del todo, no lo sabía… Pero cuando la vi en estado… Ponte en mi lugar… Tuve que irme… Mi vida se convirtió en un infierno… Además, si es posible que yo no entendiera a Pepe, mucho menos podía entenderme él a mí, porque mi causa era la de nuestro hijo.

PEPE. Que me quitaste, que te llevaste de Nueva York como un ladrón que toma lo que no es suyo, haciendo uso de los ardides del enemigo.

CARMEN. ¿Qué no era mío? ¿Acaso no era mi hijo? Era lo único que tenía.

PEPE. Jugabas con él como si fuera una ficha en un tablero.

CARMEN. No sé cómo pude hacerlo, porque tú eras mejor ajedrecista. Cuando volví a Nueva York por última vez, no hice más que confirmar lo que en el fondo ya sabía. Pero tal vez quería engañarme. O hacer un último esfuerzo para ver si ganaba la partida.

PEPE. La ganaste. Te fuiste con lo que más quería.

«¡Él para mí es corona,
almohada, espuela!
Y como el sol, quebrando
las nubes negras
en bandas de colores
las sombras trueca».

CARMEN. Era lo único tuyo con lo que podía quedarme.

PEPE. Espantado de todo, me refugiaba en él. Sabías que estabas enterrando el puñal hasta el puño y por eso fuiste a ver, nada más y nada menos que al cónsul español, para llevártelo para Cuba. ¡Sabe Dios las infamias que le dijiste! Viniste con el niño, para chantajearme con mi Ismaelillo.

CARMEN. ¿Con tu Ismaelillo? ¿Y la foto de María que llevabas en el pecho cuando te mataron en Dos Ríos? A ella nunca la abandonaste.

PEPE. No los abandoné porque di mi vida por Cuba en Dos Ríos. Lo hice para darles una patria libre.

CARMEN. Podrías haber elegido a tu hijo legítimo y no a la que había sido el resultado de tu adulterio. Si hubieras roto los lazos que te unían a esa mujer, es posible que yo hubiera vuelto contigo.

PEPE. No podía, porque ella me apoyó cuando tú me diste la espalda. No pedía nada y lo daba todo. Daba y no tenía. No tenía que ser suyo. No quería cegarme para que yo no mirara aquello que fuera digno de amor y no se interponía entre mi destino y Cuba.

CARMEN. Era la mujer doméstica, la silenciosa tejedora de tu muerte. Aunque te niegues a reconocerlo, yo era el hilo de tu salvación. Si me hubieras seguido, no habrías muerto en Dos Ríos.

PEPE. Yo tenía que elegir.

CARMEN. Y yo también.

PEPE. La muerte.

CARMEN. O la vida.

PEPE. *(Transición rápida, acusador también)*

«He visto venir a un hombre
con el puñal al costado,
sin decir jamás el nombre,
de aquella que lo ha matado».

CARMEN. ¡Eso no es cierto!

PEPE. *(Implacable).*

«¡Qué importa que tu puñal
se me clave en el riñón!
¡Tengo mis versos, que son
más fuertes que tu puñal!».

CARMEN. Sería otra mujer, Pepe. Alguna de esas con la que estarías retozando en la playa y andarían besándose como si fueran pajaritos, mientras yo estaba en Camagüey pasando necesidades y cuidando de tu hijo.
PEPE. He vivido en un baile de máscaras.

ESCENA VIII

Transición abrupta. De pronto, Lucía y Carmen toman a Pepe por su cuenta, le vendan los ojos y juegan con él como si fuera a la gallina ciega. Como no ve, muestra inseguridad, va a tientas. Tropieza. Ellas funcionarán como si fuera un aquelarre goyesco. Hay una interacción física entre Pepe y sus versos. Los versos deben verse en sentido danzario, coreográfico: una distorsión expresionista, grotesca, esperpéntica. Esta secuencia se puede montar con aire carnavalesco y pantomímico con antifaces de mano. Música de fondo. Pepe parece ser víctima de una pesadilla expresionista creada por Lucía y Carmen. Secuencia alucinada y surrealista.

PEPE. «Estoy en el baile extraño
    de polaina y casaquín
    que dan, del año hacia el fin,
    los cazadores del año.
LUCÍA. Una duquesa violeta
    va con el frac colorado;
CARMEN. Marca un vizconde pintado
    el tiempo en la pandereta.
PEPE. Y pasan los chupas rojas,
    pasan los tules de fuego,
    como delante de un ciego
    pasan volando las hojas».

Transición muy rápida. Cambio del carácter dramático del texto, hacia un efecto paródico distorsionador. Parece un juego burlón para mortificar a Pepe.

LUCÍA. *(Burlona).*
    «Mi amor del aire se azora.
    Eva es rubia, falsa es Eva:
    viene una nube, y se lleva
    mi amor que gime y que llora».
CARMEN. *(Jugando también).*
    «Se lleva mi amor que llora
    esa nube que se va:
    Eva me ha sido traidora:
    ¡Eva me consolará!».
PEPE. *(Furioso, agresivo, directamente de la una y a la otra).*
    «El alma lúgubre grita:
    «¡Mujer, maldita mujer!».
    ¡No sé yo quien pueda ser
    entre las dos la maldita!».

CARMEN. *(Riendo, dándole una vuelta a Pepe).*
 ¡Quién sabe!
LUCÍA. *(Riendo, dándole otra vuelta).* ¡Ve tú a saber!
PEPE. *(Serio, enamorado).*
 «Es rubia: el cabello suelto
 da más luz al ojo moro:
 voy, desde entonces, envuelto
 en torbellino de oro».
LUCÍA. *(Riendo, con un mohín, ante un espejo imaginario, coqueta).* ¡Rubia no soy!
CARMEN. ¡Ni yo tampoco!
PEPE. *(A Carmen, seductor, enamorándola)).*
 «¡Ya sé: de carne se puede
 hacer una flor: se puede,
 con el poder del cariño
 hacer un cielo —¡y un niño!».

Transición rápida. Violento, duro, quitándole al texto toda condición lírica.

PEPE. «De carne se hace también
 el alacrán; y también
 el gusano de la rosa,
 y la lechuza espantosa».
CARMEN. *(Violenta).* ¡Basta, Pepe! ¡No sigas!
PEPE. *(Enfrentándosele a Carmen).*
 «Aquí está el pecho, mujer,
 que ya sé que lo herirás.
 ¡Más grande debiera ser,
 para que lo hirieses más!».
 «Porque noto, alma torcida,
 que en mi pecho milagroso,
 mientras más honda es la herida.
 es mi canto más hermoso».
 (Volviéndose al público, con cierta violencia).
 «Mas piensa, público amigo,
 que cuando el alma se espanta,
 y se tiene en la garganta
 fiero dogal por testigo»
 un león entre las fieras
 tiene en el monte su abrigo.

Pepe sale, rápido, casi violento. Agotadas por el «baile de máscaras», Carmen y Lucía se sientan. En un tono más pausado.

ESCENA IX

CARMEN. *(Abanicándose).* ¡Y de contra se hacía la víctima! ¿Te das cuenta? Porque la del puñal bien hubiera podido ser cualquier otra; pero, claro, yo siempre he sido la oveja negra en la vida de Pepe. No te puedes imaginar los enemigos que tengo. Ahora, todavía, más de un siglo después. Todo lo que te diga es poco. La vida es así.

LUCÍA. ¿La vida es así? No te creas, Carmen, que la ficción es mucho mejor. Tú no sabes lo que es ser un personaje de novela, vapuleado de un lado al otro, metida en el vórtice de la locura, en una confusión de sentimientos que me despedazaba, y sin poder hacer nada. Yo quería a Juan para mí sola.

CARMEN. Así yo quería a Pepe. Pero Pepe no iba a permitírtelo. Por eso, en la novela, te separó de Juan y te convirtió en una asesina. Pero la asesina era yo.

PEPE. *(Entrando, sonriente, coloquial, a Lucía)*. No le hagas caso. Carmen está inventando todo esto.

CARMEN. ¿Inventándolo yo? Yo no he inventado nada. A mí me han inventado todos los demás. Porque yo también, Lucía, soy un personaje de novela.

PEPE. *(Irónico)*. Sin contar que ahora lo eres de teatro.

CARMEN. *(Desdeñosa)*. Adúltera.

PEPE. *(Enfático)*. Abdala.

LUCÍA. *(Coqueta)*. Amor con amor se paga.

PEPE. *(Internalizándolo)*. Patria y Libertad.

CARMEN. *(Irónica)*. Todo un repertorio.

PEPE. A mí me han inventado de mil modos y maneras. ¿Crees que me ha sido fácil cargar con un siglo de invenciones? Ahora mismo, en este momento, se está discutiendo lo que era o dejé de ser. Lo que hice o dejé de hacer. Haciendo pública una vida íntima que nadie conoció ni podrá conocer. *(De pie. Toma un libro*: La narrativa cubana entre la memoria y el olvido, *para ser exactos)*. Mira lo que están escribiendo de *Lucía Jerez*.

LUCÍA. *(Sorprendida)*. ¿De mí?

PEPE. No, de lo que yo escribí. *(Leyendo, caminando. Movimiento circular entre ellos. Las lecturas de* La narrativa cubana entre la memoria y el olvido *deben ser vistas como una especie de contradanza intelectual)*. «La novela nos parece esencial para comprender la teoría erótica de Martí y la complejidad de las relaciones entre los sexos, particularmente en el caso de la protagonista». *(Pasándole el libro a Carmen)*.

CARMEN. *(Leyendo. De pie, caminando)*. «Colocando a Martí, el eros masculino, representado por Juan Jerez, como objeto de deseo de las dos figuras femeninas».

LUCÍA. ¿Nosotras?

CARMEN. No exactamente. No te olvides de Sol y de La Niña de Guatemala. Pepe no se conformaba con tan poca cosa. Tú y yo, recuerda, somos la misma persona. Una en la novela y otra en la ficción.

LUCÍA. *(De pie, leyendo)*. «Lucía y Sol crean un triángulo pasional que termina en tragedia. Juan Jerez es el objeto de deseo de dos activas femeninas, una agresiva, la de Lucía, otra pasiva, la de Sol». *(A Pepe)*. ¿Qué te parece? *(Pasándole el libro, irónica)*. No te puedes quejar.

PEPE. *(Leyendo)*. «Lucía usa técnicas de dominio que rompen con el canon de la actuación femenina, mientras que Sol mantiene su posición pasiva, acorde con la norma, para ganar la partida».

LUCÍA. ¡Era una mosquita muerta!

CARMEN. *(Se acerca a Pepe)*. ¿No es cierto?

PEPE. Esto lo deben saber ustedes mucho mejor que yo.

LUCÍA. *(Se sienta)*. Pero yo no le había hecho nada. No es justo que yo viniera a pagar los platos rotos.

CARMEN. Convéncete. Era a mí a quien estaba escribiendo. Además, te escribió de un tirón, en siete días. Como las cosas le venían a la cabeza. Una novela por entregas. *(A Pepe)*. Debiste tener más cuidado. Hay cosas, Pepe, que nunca deben decirse.

PEPE. Eso dicen los censores.

CARMEN. *(Se sienta)*. Eso dice el sentido común. Si me hubieras dado a leer el manuscrito...

PEPE. Pero tú estabas en La Habana y yo en Nueva York.

CARMEN. Sí, es cierto.

PEPE. Si no te hubieras ido quizás las cosas hubieran sido diferentes.

CARMEN. Estaba con mi hijo. Una madre siempre tiene ciertas obligaciones.

PEPE. Yo también las tenía.

CARMEN. Sí, un padre también.

PEPE. Las tenía con Cuba. De todos modos, la escribí, precisamente, para cumplir con mis obligaciones. *(Muy calmado, racional)*. Mi situación económica era muy difícil y si no te enviaba más dinero era porque no lo tenía. Siempre que lo tuve te lo mandé. La novela fue engendrada en horas de penuria y no tenía otra guía que mi conciencia, mi fe inquebrantable por la libertad de Cuba. Estaba en medio de la mayor desolación y muchos me dieron la espalda. Pero no podía claudicar. *(Pausa)*. Tenía que escribir cualquier cosa para salir de aprietos. Y para no volverme loco. Y de ahí surgieron ustedes.

CARMEN. Tú nunca escribiste cualquier cosa.

PEPE. *(Agitado)*. Fueron siete días que ahora ustedes están convirtiendo en mi pesadilla. Por una semana me interné en otro mundo. Nunca me imaginé que le iban a prestar mucha atención a algo que escribí así, un poco al descuido.

CARMEN. Se la han prestado al cabo del tiempo. Como a todo lo tuyo.

PEPE. La novela estuvo a punto de perderse y si no hubiera sido por Gonzalo de Quesada, que encontró unas páginas sueltas de *El Latino-Americano*, no quedaría nada.

LUCÍA. *(Leyendo)*. El editor te pidió que debía haber... «mucho amor; alguna muerte; muchas muchachas; ninguna pasión pecaminosa».

PEPE. *(A Carmen)*. ¿Crees tú que bajo tales restricciones lo iba a tomar en serio?

CARMEN. Precisamente. Salía de tu subconsciente.

PEPE. ¡Qué marisabidilla te has vuelto!

LUCÍA. Siempre pensaste que era una ignorante.

PEPE. ¡Jamás he dicho eso!

CARMEN. Pero sabemos leer. Bien sé todo lo que se ha escrito sobre ti. Después de cien años estoy mejor documentada que antes. El tiempo no pasa en vano. Ni entre los muertos.

LUCÍA. O las criaturas de ficción. *(A Pepe)*. Nos presentaste como unas muchachas inconscientes y frívolas tomando chocolate.

PEPE. Jamás menosprecié tu inteligencia, Lucía. Y bien sabes que tienes el papel principal en la novela.

CARMEN. A pesar tuyo.

LUCÍA. *(Soliviantada)*. Porque me impuse. Porque salí de entre los renglones, apareciendo cuando menos te lo esperabas.

PEPE. Sí, tienes razón, porque hasta en eso eras dominante. No me dejabas ni a sol ni a sombra. Recuerda que primero la llamé *Amistad funesta* y después le di tu nombre, *Lucía Jerez*.

LUCÍA. *(Protagónica)*. Era la protagonista. Lo menos que podías haber hecho. Pero hubieras querido que fuera Sol.

CARMEN. Pero no le salía.

LUCÍA. Es cierto que tocaba el piano, pero no sabía nada de nada.

PEPE. *(Auténtico. Como si la estuviera viendo)*. Era muy linda.

LUCÍA. *(Irónica)*. ¡La belleza personificada!

PEPE. *(En serio)*. Una heroína modernista.

CARMEN. ¡Qué tontería! De no ser por mí no hubieras dicho nada nuevo.

LUCÍA. Por mí, querrás decir.

CARMEN. *(Se pone de pie, a Pepe)*. Te salió una mujer de armas tomar. Una mujer moderna que quería elegir y no ser la elegida. Estabas entre la una y la otra y no sabías por cual decidirte, porque a Lucía le tenías miedo.

LUCÍA. *(Sentándose)*. ¿Cómo era posible que me tuviera miedo?

CARMEN. Pepe era un hombre con experiencia, que bien sabía dónde estaba el peligro. *(A Pepe)*. Quizás, en el fondo, esas son las mujeres que a ti te gustan.

PEPE. Eran exigencias editoriales que tenía que cumplir. Por eso empecé con la escena de las magnolias. Ana y Adela tomando el chocolate. *(Pausa, soñándola)*. Después Sol, espléndida, luminosa.

CARMEN. *(A Lucía)*. Claro, tú eras la oveja negra.

LUCÍA. Se ensañó conmigo.

CARMEN. Se ensañaba con las dos. *(A Lucía)*. Y después te puso una pistola en la mano.

LUCÍA. Como es natural, todo el mundo me ha detestado.

CARMEN. Ese era su objetivo, porque era a mí a quien estaba escribiendo. Me detestaba de tal modo que era yo la que salía de su cabeza como si fuera un monstruo.

PEPE. *(Inclinándose, al oído de Carmen, sentada, con muy mala intención, pero proyectando lo que le cuenta hacia el público)*. «Sobre una colina voy a pintar un monstruo sentado. Pondré la luna en cénit para que caiga de lleno sobre el lomo del monstruo. Y mientras la luna le acaricia el lomo y se ve por contraste toda la negrura de su cuerpo, el monstruo, con cabeza de mujer, estaba devorando rosas».

LUCÍA. *(Levantándose de la butaca, como si estuviera diciéndoselo a sí misma)*. ¡Esto es morboso!

PEPE. *(Amenazador, acercándose a Lucía, asustándola)*. «Allá, por un rincón se verán jóvenes flacas y desmelenadas que huyen, con las túnicas rotas, levantando las manos al cielo». *(Se pierde en las sombras)*.

LUCÍA. *(Corriendo hacia donde está Carmen, echándose en sus brazos)*. ¿Por qué escribiría eso? ¡No entiendo! ¡No entiendo!

CARMEN. Mi tortura es más grande que la tuya, porque la tuya es la mía y es como si la viviera una y otra vez, en la eternidad, dentro de las páginas de la novela.

LUCÍA. Vivir la infamia encerrada en un libro, en unas pocas páginas de las cuales uno no puede salir...

CARMEN. Bueno, tal vez a mí me escribieron también en muy poco tiempo. La vida nos escribe de un tirón y después no tenemos tiempo para arrepentirnos. No se puede borrar nada. Ni escribirla de nuevo.

LUCÍA. Cualquiera que fueran sus razones, esto no justifica lo que dijo de mí. *(Leyendo, muy irritadas, Lucía y Carmen dan vueltas una alrededor de la otra)*. «Lucía, robusta y profunda, que no llevaba flores en su vestido de seda carmesí, porque no se conoce en los jardines la flor que a ella le gustaba: ¡la flor negra!». *(Transición)*. Y eso desde la primera página. Como es natural, ¿quién iba a tenerme simpatía?

CARMEN. No eras tú: era yo. Ya te lo dije.

LUCÍA. *(Leyendo).* «Lucía, como una flor que el sol encorva sobre su tallo débil cuando esplende en todo su fuego el mediodía; amaba lo extraordinario y poderoso, y gustaba de los caballos desatados, de los ascensos por las montaña, de las noches de tempestad y de los troncos abatidos...». *(A Carmen).* ¿Me has leído? ¿No es esto una locura?

CARMEN. Me he leído una y otra vez. *(Leyendo).* «Lucía, en quien un deseo se clavaba como en los peces se clavan los anzuelos... quedaba rota y sangrando... como queda la carne del pez cuando se le arranca el anzuelo».

LUCÍA. Eso es monstruoso.

CARMEN. No te imaginas lo brutal que podía ser Pepe.

LUCÍA. Lo sé mejor que nadie. Era como... como si me hiciera nacer con odio.

CARMEN. *(Leyendo).* «Lucía, demudado el rostro y temblándole en las pestañas las lágrimas...».

LUCÍA. *(Leyendo, en torno a Carmen).* ... arrancó sin piedad de su talle lustroso una camelia blanca y volvió silenciosa a su mecedora, royéndole las hojas con sus dientes?». Pero, ¿dónde se ha visto eso?

CARMEN. *(Enfrentándose a Lucía, como su espejo).* Dos ojos llameantes, como dos amenazas. Celosa, implacable, posesiva, masticando camelias.

LUCÍA. *(Enfrentándose a Carmen, como su espejo).* Encorvaba, confusa, impaciente, recelosa. La mano fría, colérica. Las pasiones culebreándole en el pecho como si fuera lava ardiente. *(Volviéndose a Pepe, que reaparece de entre las sombras).* ¿No te dabas cuenta del amor que te teníamos? ¿Cómo es posible que amándote tanto dijeras esas cosas de mí?

PEPE. *(Violento).*

«Aquí estoy, solo estoy, despedazado.
Ruge el cielo; las nubes se aglomeran,
y aprietan y ennegrecen, y desgajan...
Máscara soy, mentira soy, decía...».

ESCENA X

CARMEN. *(Burlona).* ¡Qué exageración!

LUCÍA. Sufría. Hay que reconocerlo.

CARMEN. Nosotras también.

LUCÍA. Algo le estaba pasando que le hacía escribir esas cosas.

CARMEN. *(Al público).* Las mujeres, hay que reconocerlo, decimos muchas ridiculeces, y cuando nos ponemos a escribirlas es peor todavía. Yo misma no me quedé atrás y le escribí cosas como estas. *(Leyendo de otra carta).* «Mucho hace que te amo, pero en silencio hace mucho que mi corazón te pertenece».

LUCÍA. *(Sentada, natural, íntima, como si memorizara el final de la carta de Carmen. A partir de este momento ningún texto debe leerse).* «Es muy cierto que desde que te vi te amé, pero también es cierto que desde que te conozco no he tenido un día de calma, porque los celos...

CARMEN. ...me mataban».

LUCÍA. Era yo.

CARMEN. Éramos las dos porque tus celos eran los míos.

LUCÍA. Que también eran los celos de las otras.

CARMEN. Todo sea por La Madrileña, que debió volverlo loco.

LUCÍA. ¿La Madrileña?

CARMEN. Una mujer que conoció en Madrid cuando apenas tenía dieciocho años. Debieron ser amores apasionados. Pero de alguna manera, aquello se acabó. Y el debió querer que se acabara, porque no contestaba las cartas que ella le mandaba.

LUCÍA. ¿Hay cartas?

CARMEN. Claro que las hay. Aquí las tienes. *(Tira unas cartas sobre la mesita)*. No sé qué pensaría Pepe, que escribía tan bien, porque las cartas de La Madrileña estaban llenas de faltas de ortografía.

Pepe toma una carta. Lee. Asedio de Pepe por las dos mujeres, entre burlón, erótico y sartreano. Los tres, como si hicieran teatro, se besan, se acarician, se juntan y se separan, casi con independencia del texto, en una relación cargada de una dinámica erótica, que a veces va en serio y otras no. Pepe se encuentra entre la atracción y el rechazo, determinado por el montaje. Lectura muy parcial de las cartas, que no deben interferir con la dinámica de la acción. Con frecuencia, Lucia hacia el papel de Carmen, y viceversa, en contradicción aparente con el texto. Pepe se vuelve copartícipe del «juego» erótico. Cambio de luz.

LUCÍA. Posiblemente no le daría demasiada importancia.

CARMEN. Una mujerzuela, claro, una cualquier cosa. Sin clase, muy desfachatada. Y sin embargo, la entiendo, porque también es como si hablara yo.

LUCÍA. *(Toma una de las cartas. Lee, dirigiéndose a Pepe)*. «No quiero exclamar ahora como hacen todas las mujeres en ocasión semejante. Para ellas todos los hombres son iguales; pero no, tú no eres igual a ninguno, para mí tú solo eras mi idolatrado Pepe, mi vida, la vida de mi existencia, la vida de mi alma».

CARMEN. *(Continuidad del gesto de Lucía, con una carta en la mano que en realidad solo lee a medias. Se dirige a Pepe)*. «¡Ah, Pepe de mi vida! Me muero, ¡y lo que solo siento es no verte, no volver a verte más!». *(Displicente, tira la carta, burlona. Se vuelve a Lucía)*. ¡Le escribía como si estuviera cantando una zarzuela!

LUCÍA. *(Conteniendo la risa)*. Calla, no sigas, ¡qué cosas se te ocurren! *(Transición)*. Pero eso no tiene nada de gracioso, porque yo sentía lo mismo: padecía de amarle y lo quería irrevocablemente.

CARMEN. Esa mujer nos estaba escribiendo. Quería hacerlo suyo. Como todas las demás.

LUCÍA. Éramos ellas.

CARMEN. *(Tomando una carta. Se dirige a Pepe. Lee la primera oración y sigue sin leer, pero Lucía también entra en el juego de besos y caricias, en el cual también participa Pepe)*. «Tú serás capaz de conformarte con que yo no te ame. Tú serás capaz de pensar con calma en que yo bese otra boca que no sea la tuya».

LUCÍA. *(Siguiendo el juego rítmico de seducción, atracción y rechazo)*. «¿Tú crees que yo no tiemblo de pensar que otra mujer, aún después de muerta yo, se permita quererte, besarte y besar tu frente que yo quiero tanto…?».

CARMEN. *(Refiriéndose a La Madrileña)*. Era yo.

LUCÍA. Un día, cuando me dijo que quería irse a Granada y a Nápoles, yo le tapé los ojos y le dije *(Carmen le tapa los ojos a Pepe y lo besa. Pepe se deja besar y la besa. Lucía lee y vive la escena a través de la lectura)*. «Yo no quiero que tú veas nada…. Yo haré en este cuarto la Alhambra, y en ese patio Nápoles, y tapiaré las puertas. Tú y yo solos. Tú y yo ciegos para sentirnos el uno en el otro solamente». *(Pepe se deshace de Carmen y cae en las redes de Lucía. Las cartas van de una mano a la otra).*

CARMEN. «Perdóname, Pepe, perdóname que yo esté loca y yo no tenga la culpa de que mi alma haya formado su existencia…

LUCÍA. *(Besando a Pepe y terminando el texto).* …en la tuya».

CARMEN. *(Agresiva, forcejeando por apoderarse de Pepe).* «En vano será tu empeño y tu silencio…».

LUCÍA. *(Con la carta en la mano).* «Es inútil todo lo que intentes para arrancarme de ti…».

CARMEN. *(Furiosa, carta en mano, mientras Lucía y Pepe se besan).* «Yo no acierto a pensar como lo conseguirás, ni el amor propio ni el indecible tormento de lo imposible, ni la brusquedad de tu conducta, ni nada, nada bastará para conseguir tu vano intento». *(Rompe, tritura la carta. Pepe se deshace de Lucía, busca a Carmen).*

LUCÍA. *(A Pepe).* «¡Tenías solo dieciocho años! ¡Nunca podré olvidar los cuatro años en los cuales pude gozar de tus besos y tus caricias!».

CARMEN. *(Con otra carta, que termina rompiendo).* «Me queman, me abrasan las lágrimas el corazón, el rostro, y maldigo mi existencia…». *(Rompe la carta).*

LUCÍA. «¡Si estoy loca es por tu causa!».

CARMEN. *(Al público).* Después, en Zaragoza, Blanca de Montalvo, que era una seso hueco y estaba loca por él. *(Empezando a leer de otra carta, absolutamente paródica, poniéndola en ridículo. A Pepe).* «Desde que tú te fuiste no sé lo que me pasa que no me gusta nada y a todos los hombres los encuentro feos…». *(Pepe ríe, siguiendo el juego lúdico. La besa).*

LUCÍA. *(Intencional confusión nominal).* No sigas, Lucía, no me hagas reír.

CARMEN. *(Paródica, apenas leyendo, a Pepe).* «Muchas veces he deseado la muerte, y creo que sería un día bueno para mí, sabiendo que no puedo ser tuya y que no te volveré a ver, aunque de esto no he perdido las esperanzas».

LUCÍA. *(A Pepe, que parece divertirse).* ¡Ni que fuera Sor Juana! *(Ríen)*

CARMEN. *(Al público).* En México le cayó atrás a Rosario de la Peña, de eso no te quepa la menor duda, que fue de las pocas que no le hizo caso. Después vino Eloísa Agüero, una camagüeyana como yo, que le mandaba recaditos entre el tú y el usted, citas, sugerencias a medias tintas. Que si voy al teatro, que si me quedo en casa.

LUCÍA. *(A Pepe, burlona).* No salgo esta noche.

CARMEN. *(Idéntico tono).* ¿Vendrá usted, caballerito?

LUCÍA. *(Al público).* Hasta parar en lo mismo.

CARMEN. *(Con una carta en la mano. A Pepe, que experimenta un cambio brusco de actitud y abandona el juego, con otra carta en la mano).* «¡Te amo, mi bien, te amo con locura como solo yo soy capaz de amar!».

LUCÍA. *(A Pepe, aferrándose a él).* «Dime, ¿adónde nos conduce nuestro delirio?».

CARMEN. «Yo no sé ni para qué te quiero, aunque sí sé que te quiero por lo mismo que vivo…».

LUCÍA. «… y que si no te quisiera no viviría…».

Pepe forcejea. Sale.

CARMEN. Lo amaba con locura, es cierto. Y no podía perderlo. A toda costa tenía que hacerlo mío. No quiso escucharme y mucho menos entenderme.

LUCÍA. ¿Escucharte?

CARMEN. ¿Escucharme?

AMBAS. ¿Escucharnos?

ESCENA XI

Transición, cambio de tono. Cambio de luz. Lucía y Carmen se sientan.

CARMEN. Las consecuencias han sido terribles.
LUCÍA. Los críticos me han maltratado, sin comprender para nada el amor que yo sentía.
CARMEN. ¿Los críticos? Eso no es nada: Por lo menos a ti, ahora, te han estado revalorizando. Te tratan como si fueras de carne y hueso: un personaje que se le escapa al autor investido de un misterioso poder porque rehúsa quedarse en su sitio.
LUCÍA. ¿Y eso es positivo?
CARMEN. ¡Naturalmente! *(En la otra butaca. En tono coloquial: especie de comentario textual proyectado hacia el público: intencionalmente texto dentro del texto).* No te puedes imaginar las calumnias que levantan los historiadores. A mí no me han dado tregua. Se sacan a relucir cartas, papeles, y se ponen a sacar los trapos sucios como si fueran unas verduleras. No me han perdonado nada. *(Muy herida).* No tienes ni idea de las humillaciones, los desaires, todo lo que he tenido que pasar, como si fuera yo la que estuvo en falta, mientras para con la otra, con la cual no estaba casado, con la adúltera.
LUCÍA. Pero eso es una injusticia.
CARMEN. Es lo que digo yo, y ustedes *(volviéndose al público, haciéndolo copartícipes)* tienen que comprender las circunstancias en que me encontraba. Para con ella, Carmita, toda clase de atenciones, delicadezas, como si fuera la mujer de su vida. *(A Lucía).* Pero también de Pepe se han dicho cosas que no te voy a contar. Habladurías, naturalmente, y espero que él ni se haya enterado. No quiero entrar en el cotilleo, pero el propio Pepe dio tela por donde cortar.
LUCÍA. ¿A qué te refieres?
CARMEN. No, no debo mencionar el asunto, porque a lo mejor Pepe nos está oyendo.
LUCÍA. Si acabaras de decir.
CARMEN. ¡No, no, de ninguna manera! No creo que estés preparada para escuchar algo semejante. Son cosas de la vida de Pepe de las que prefiero no hablar, que tal vez dejaremos para después y así mantener «el suspense». *(Mirando al público).* Porque a ellos también les gusta el chisme.
LUCÍA. Me lo podrías decir al oído, sin que nadie lo oiga.
CARMEN. *(Riéndose de la ocurrencia).* Pero si nadie lo oye no tiene sentido que lo diga. ¡Una obra de teatro donde el público no oye lo que hablan los personajes! *(Desdeñosa).* Puede que oigan y no entienda, pero eso es otra cosa. Bueno, doblemos la página. Te lo diré después, cuando esté segura que Pepe no puede escucharnos. Sin contar lo que dice ese señor que nos está escribiendo. ¡El abogado del diablo, que somos nosotras!
LUCÍA. No le arriendo la ganancia.
CARMEN. Ni yo tampoco. Porque Pepe es intocable. Desde que dieron en llamarle El Apóstol, que por cierto bastante trabajo le costó, porque al principio se lo regatearon, el que se mete con él va muy mal encaminado.
LUCÍA. Nadie escarmienta en cabeza ajena.
CARMEN. *(Poniéndose de pie y tomando el libro* La narrativa cubana entre la memoria y el olvido*).* Le arrancarán la tira del pellejo

LUCÍA. *(Poniéndose de pie, dando vueltas, quitándole el libro a Carmen, leyendo de pie en un movimiento circular).* «Es posible que ni el propio Martí entendiera la modernidad de su heroína. Una George Sand con faldas...». *(Sorprendida).* ¿George Sand? ¿Están hablando de mí?

CARMEN. *(Tomando el libro, continúa leyendo).* «Una mujer donde las líneas entre lo masculino y lo femenino desaparecen, dominada por el negro, el luto, que quiere succionarlo, metérselo dentro...». *(Al público, pasándole el libro a Lucía).*

LUCÍA. *(Leyéndole al público, engreída).* «La incógnita de Lucía Jerez es la mayor incógnita de la novela».

CARMEN. *(Avanzando, al público).* «Es un personaje desconcertante, voluntarioso, inexplicable, donde Martí crea una mujer que rompe con el molde dentro de su propia concepción idílica de lo femenino, apuntando hacia otra mujer, la escondida en el desván...».

LUCÍA. ¿En el desván?

CARMEN. *(A Lucía).* Lo que oyes. *(Al público).* A las mujeres nos metían en el desván para que no asomáramos la cabeza y los hombres pudieran hacer de las suyas. *(A Lucía).* Pero no te asustes, Lucía. Ahora somos nosotras los que los metemos a ellos. *(Sigue leyendo, al público).* «Lucía Jerez cae en los términos muy fin de siglo diecinueve de la mujer vista como una histérica destinada al pabellón siquiátrico y crea la heroína de una novela moderna que descubre otra clase de mujer».

LUCÍA. ¿Otra clase de mujer?

CARMEN. Una mujer nueva, independiente y agresiva. *(Pausa muy breve).* No te puedes quejar, porque te han puesto al día. Todo esto han dicho de ti.

LUCÍA. *(Pensativa, sentándose).* No creo que Pepe estuviera pensando eso.

CARMEN. Saliste así. Te le escapaste de las manos.

LUCÍA. Es posible, Carmen, pero tengo que hacerle frente a la realidad. En la novela, Juan quería a Sol. No creo que me quisiera a mí. Y por extensión en la vida real, Pepe no te quería a ti tampoco.

CARMEN. Creía querer a Sol porque no representaba ningún peligro.

LUCÍA. ¿Y qué peligro podría representar yo, que lo adoraba con el alma?

CARMEN. El mismo que yo. Nos quería a nosotras, pero no se atrevía a confesárselo. Éramos lo que no podía aceptar: la mujer a la que él le tenía miedo.

LUCÍA. Son invenciones tuyas.

CARMEN. Tan válidas como todas las demás. Que si era así o que si era del otro modo. Que si amaba a una y no le gustaba la otra. Biógrafos que dan... ¿cómo dijeron?... minucias... anécdotas inventadas... pecadillos eróticos... Pepe es, Lucía, el gran personaje ausente de todos los cubanos y cada cual lo pinta con los colores de su propia paleta. No veo por qué yo no pueda hacer lo mismo, sin contar que tengo conocimiento de causa... Los hombres, te advierto, son tan complicados como las mujeres.

LUCÍA. No entiendo.

CARMEN. Ni yo tampoco.

LUCÍA. Pero después de todo, yo no soy nadie.

CARMEN. O lo eres todo.

LUCÍA. Un ente de ficción.

CARMEN. Una mujer hecha con los retazos de todas las demás.

LUCÍA. Eso no tiene la menor gracia. Yo solo quería tenerlo.

CARMEN. Hacerlo mío.

LUCÍA. Para que no fuera de las otras.

CARMEN. De nada ni de nadie. Para que no diera su vida por Cuba, que me lo quitaba.
LUCÍA. Esas son palabras mayores.
CARMEN. Bien caro me han costado.
LUCÍA. Pero Sol…
CARMEN. No hacía nada. Brillaba pero no metía miedo. Nosotras éramos la noche, Lucía.

ESCENA XII

Transición. Cambio de iluminación. Pepe vuelve a escena, agresivo.

PEPE. *(Transición. Agresivo, acusador, alucinado, brusco)*
    «Esta es rubia; esa oscura; aquella, extraña
    mujer de ojos de mar y cejas negras…».
    y otra como un canario gorjeadora.
    «Pasan y muerden; los cabellos luengos
    echan como una red; como un juguete
    la lánguida beldad ponen al labio
    casto y febril del amador…».
CARMEN. ¡Casto y febril! ¡No me hagas reír, Pepe!
PEPE. «Ella sin velos
    Yace, ¡y a su merced!, él, casto y mudo».
LUCÍA. ¡Casto y mudo!
PEPE. *(Ellas se le acercan, diabólicas)*
    «Se hace el vino satánico. Mañana
    El vaso sin ventura que lo tuvo,
    Cual comido de hienas, y espantosa
    Lava mordente, se verá quemado».
LUCÍA. *(Entregándosele).* Soy tuya.
CARMEN. *(Poseyéndolo).* Eres mío

Pepe se desprende de ellas. Lucía y Carmen quedan frente a frente.

LUCÍA. *(La una a la otra).* Soy yo.
CARMEN. *(La una a la otra).* Eres tú.
AMBAS: *(Al unísono).* La una y la otra.

Se vuelven hacia Pepe. Firmes, pausadas, lentas, seguras. Lo acorralan

LUCÍA. «Yo no quiero que tú conozcas a nadie, Juan».
CARMEN. «Yo te querría mudo, yo te querría ciego, Pepe».
LUCÍA. «Me muero de una envidia enorme por todo lo que tú puedas querer y lo que pueda quererte».
CARMEN. «Odio un libro si lo lees, y un amigo si lo vas a ver…».
LUCÍA. «Y a una mujer si dices que es bella y puedes verla tú».
CARMEN. *(Directamente a Pepe).* Nadie puede quererte más que yo.
LUCÍA. *(Directamente a Pepe, separando a Carmen).* No, no, nadie puede quererte más que yo.

CARMEN. «¡Yo no te basto!».
LUCÍA. «¡Yo no te basto!».

Oscuro. Foco de luz sobre Pepe solamente.

PEPE. *(Asqueado).*
   «En el bote iba remando
   por el lago seductor,
   con el sol que era oro puro
   y en el alma más de un sol.
   Y a mis pies vi de repente,
   ofendido del hedor,
   un pez muerto, un pez hediendo
   en el bote remador».

Hay un apagón prolongado. Si el montaje correspondiera a una división en dos actos, podría utilizarse este momento como intermedio entre un acto y el otro, aunque el autor propone la continuación de la obra, si intermedio.

Segundo Acto

ESCENA XIII

Durante el entreacto se escucha una flauta indígena. Gradualmente la música se intensifica. Entra Pepe, fascinado, oyéndola. Cae un foco de luz. Escucha. Mira alrededor y todo se va iluminando en un efecto visual con variaciones del verde y el azul que deben crear una atmósfera mágica. La luz producirá la impresión de un oleaje que se mezcla con la música. Es una sinfonía, un concierto de luz, que produce un efecto de encantamiento. Pepe se quita los zapatos y empieza a quitarse la camisa. Se escucha el galopar de un caballo que es como el latido de un corazón gigantesco.

PEPE. Ni ríos más hermosos, ni más altas montañas, ni barrancos más profundos donde deslizarse en éxtasis de lobos y serpientes… No, no, Carmen no podía entenderlo… Ni siquiera podía imaginarse que pudieran existir… Grutas secretas, escondidas, a donde jamás había llegado el sol ni una boca para besarlas, penetrando en un territorio virgen y húmedo… escondido, donde me arropaba… Era el desnudo de la selva, un desnudo que no había vivido nunca… Así, al alcance de mis labios, de mis brazos y mi cuerpo, ¿cómo iba a poder resistirlo? Nunca había visto ríos más hermosos y montañas tan altas… farallones de exuberante vegetación… cortinajes de verdura prendidos en el cielo… aguas turbulentas y mansas a la vez, cristalinas y turbias… y el lago de Izabal, poblado de islas con orillas que forman horizontes y olas tan altas como un mar… Una tierra quebrada, agreste… un camino hecho a trechos más bien para águilas y gatos salvajes… lechos de piedra envueltos en velos… Y aquella india desnuda escondida en el fondo de la cueva, que empezó a desgajarme… Nos lanzamos al fondo del lago, buscándonos el uno al otro.

Fascinado, Pepe se pierde en la penumbra y se intensifica la melodía de la flauta. Efecto de luces, latidos del corazón. Creciente éxtasis erótico, estilizado.

PEPE. Cuando cruzaba tu espléndida rivera,
palmeras que saludan al viajero
para perderlo en un mar de fuego,
sueñan y cantan,
Venus de agua,
menuda
flexible y voluptuosa india
se desnudaba.
Entre volcanes fieros
llenos de lava,
me desnudabas.
Almolonga terrible
y risueño Valle de las Vacas,
Valle del Pauchoy, de ricas aguas.
Río colgado.
Dormidos volcanes que cantaban
en un abrigo nocturno de montañas.
Ni cielo más azul,
ni más sabroso aire,
ni agua más clara,
preñado el suelo
con el llanto de fuego de mis entrañas.
Eva del agua
allí esperaba.
Emerge del cristalino río,
muestra su escala.
Cortinajes de verdura,
que a mí me cantan.
Enhiesto pico de mi montaña
ama a quien ama.
Cuenca de Venus
me coronaba.

Oscuro.

ESCENA XIV

Transición musical. Una música se disuelve en la otra. Se empieza a escuchar el Vals de Mefistófeles No. 1, de Franz Liszt, preferiblemente en la grabación de Arthur Rubinstein. Nada de música cubana, porque no hay sugerencia en la novela que invite a tal cosa, ya que tiene una visión cosmopolita martiana. Este concierto se debe escuchar prolongadamente, sin concesiones al tiempo, con la sala completamente a oscuras. Reaparecen los muebles que inician la obra. Se incrementa la música de Liszt. Pepe se reintegra a escena. Sin camisa. Empapado, Descalzo. Se va vistiendo. Lucía y Carmen, con sombrillas, entran y cruzan el escenario. Charlan animadamente, sin tomar conciencia de la presencia escénica de Pepe).

CARMEN. ¡Irse a bañarse así, al río, como había venido al mundo!

LUCÍA. ¡Qué disparate!

CARMEN. Eso le decía yo. ¡Aquella agua helada que descendía desde lo alto de las montañas! No sé cómo no cogió una pulmonía, pero no podía hacer nada. A él le encantó el país. Yo tuve que seguirlo. Fue un viaje espantoso, entre barrancos, cruzando ríos caudalosos, montañas, abismos, durmiendo en chozas miserables. No podía entender que le encontraba Pepe a todo aquello. *(Como si contemplaran el paisaje)*. Era un empecinado, y cuando se le metía una cosa en la cabeza, no había quien pudiera quitársela de encima.

LUCÍA. Cuba, por ejemplo.

CARMEN. Sí, Cuba. Esa mujer que tanto daño le hizo.

LUCÍA. ¡Qué ocurrencia, Carmen!

CARMEN. Y los indios, pero sobre todo las indias, sucias, feas, con aquellas ubres al descubierto con las que amamantaban a aquellos chiquillos de aspecto macilento, enfermizo. ¡No, no podía entenderlo!

LUCÍA. Gracias a Dios no he tenido que vivir cosa semejante. Menos mal que en la novela no le dio por ahí y no hacía esas cosas.

CARMEN. A lo mejor las hacía y tú sin enterarte.

Ríen. Abren las sombrillas, como si hubiera un sol muy intenso. Salen.

ESCENA XV

Luz enceguecedora, que viene a ser un lenguaje de las luces, hasta que finalmente se reduce a una luz cenital que cae sobre Pepe, al centro del escenario, que reaparece como un «iluminado», vestido de la forma que nos encontramos en la iconografía más tradicional.

PEPE. «Quiero a la sombra de un ala,
contar este cuento en flor:
la niña de Guatemala,
la que se murió de amor.
Eran de lirios los ramos
y las orlas de reseda
y de jazmín la enterramos
en una caja de seda.
Ella dio al desmemoriado
una almohadilla de olor:
el volvió, volvió casado:
ella se murió de amor.
Iban cargándola en andas
obispos y embajadores:
detrás iba el pueblo en tandas,
todo cargado de flores.
Ella, por volverlo a ver,
salió a verlo al mirador:
él volvió con su mujer,
ella se murió de amor».

Al decir «él volvió con su mujer», entra Carmen por un lado del escenario, mientras que Lucía lo hace por el lado opuesto, con un papel en la mano. Pepe, inmediatamente, se acerca para darle el brazo a Carmen, pero en el momento en que dice «ella se murió de amor». Carmen se detiene y lo rechaza. Esto debe decirse de forma muy bien coordinada.

CARMEN. ¿Cómo es posible que me hicieras responsable de un crimen que tú estabas cometiendo?
PEPE. Yo no te he hecho responsable de nada.
CARMEN. Desde el momento y hora en que ella se murió de amor porque tú habías vuelto conmigo, me hacías culpable.
LUCÍA. *(A Carmen, sentenciosa).* Cualquier cosa que digas contra ella es inútil, porque deslumbró a todo el mundo, incluyéndome a mí.
CARMEN. Pero tú no la conociste.
LUCÍA. ¿A Sol? ¡Claro que sí!
CARMEN. Estaba hablando de La Niña de Guatemala.
PEPE. *(Corrigiendo).* María García Granados, para ser más exactos.
LUCÍA. *(Al público).* Que en la novela se llamaba Sol del Valle. *(A Pepe).* ¿No eran la misma persona?
PEPE. La una era el espejo de la otra.
CARMEN. Como tú y yo.
LUCÍA. *(Sentándose).* No te puedes imaginar, Carmen, lo bella que era.
CARMEN. *(Con sorna).* Me lo imagino.
LUCÍA. La noche del concierto en que tocó Keleffy, el famoso pianista húngaro…
CARMEN. En que tocó Pepe, porque Keleffy era Pepe… *(Al público).* La crítica, afortunadamente, ha puesto las cosas en su lugar, porque Pepe se desdobla para hacer de las suyas. *(Toma un libro de la mesita,* La narrativa cubana entre la memoria y el olvido, *y le lee al público).* «La unión que tiene lugar entre Keleffy y Sol, a través del piano, es una cópula de la armonía, que todos presencian. Tanto la música del pianista, donde se pone de manifiesto la habilidad de un virtuoso, como la presencia de Sol, que también toca el piano, le sirven al narrador para llegar a esa cópula suprema de la estética».
LUCÍA. *(Asombrada).* ¡¿Públicamente?! Me parece un descaro, por muy metafórica que sea la cosa.
CARMEN. *(Prosiguiendo con la lectura).* «El concierto de Keleffy es el concierto que toca Martí y mediante el cual se llega a la relación suprema del amor gracias a la estética, sin semen y sin carne, en un simbolismo de orgasmo trascendente».
LUCÍA. *(Poniéndose de pie).* ¡Qué desparpajo!
CARMEN. En resumen, Pepe era el que estaba tocando, delante de todo el mundo.
LUCÍA. ¡Qué bárbaro! ¿Pero quién te ha dicho tal cosa?
CARMEN. El que te está escribiendo.
LUCÍA. ¡No lo puedo creer!
CARMEN. Pues créelo, pues está en blanco y negro.
PEPE. *(Pausadamente, tomando el libro).* Sí, yo también soy Keleffy… *(Todo este parlamento, que se refiere a Carmen, va a ser dirigido a Lucía que, desconcertada, vuelve a sentarse, mientras Carmen desarrolla su angustia al otro extremo del escenario, hacia el proscenio, asediada por el texto de Pepe, que lee del libro ocasionalmente).* «Venía precedido de una fama singular y viajaba porque estaba lleno de águilas que le comían el cuerpo… Viajaba porque se casó con una mujer a quien creyó amar, y la halló luego como una copa sorda en que las armonías de su alma no encontraban eco… Y aquel

dolor de vivir sin cariño y sin derecho, aquel dolor que no dormía ni tenía paces», le salía del pecho con imágenes torcidas y siniestras, propias de un león entre las fieras...

CARMEN. No creas, Pepe, que vas a acabar conmigo, porque yo también tengo dolor, armas, palabras y tábanos fieros. *(Acercándose a Lucía y abrazándose a ella, que ha quedado aniquilada bajo el peso de las palabras de Pepe).* Sí, Lucía, Pepe es Keleffy... Pepe es... todos los hombres... Que nos aman y nos detestan al mismo tiempo... Como nosotras a ellos... Pepe es... el eterno masculino.

LUCÍA. ¿Y Sol?

PEPE. *(Sin leer).* «Una copa de nácar, en quien nadie hubiese aún puesto los labios».

CARMEN. *(Burlona).* Oye como declama... Pepe siempre fue un gran orador... ¡El Doctor Torrente! Que fue el nombrete que le pusieron los guatemaltecos.

PEPE. No era un nombrete. Fue un apodo cariñoso que me dieron mis estudiantes.

LUCÍA. *(Pensativa).* Sol... *(Pausa muy breve).* No te puedes imaginar lo bella que era. La noche del concierto fue como una luz que nos cegara a todos. Cuando entró, todos los ojos se volvieron hacia ella... Como si entrara un rayo de sol hasta las candilejas... Las mujeres se erguían en sus asientos para verla... «Keleffy la miraba como si con ella fuese una parte de él, y al verla, la concurrencia aplaudía, como si la música no hubiera cesado, como si se sintiese favorecida por la vista de un ser de esferas superiores...».

PEPE. Los hombres... Los hombre sentíamos como una cuerda rota... o como un ala... «Tenía esa hermosura de la aurora, que arroba y ennoblece. Una palma de luz era...».

LUCÍA. Yo, que estaba dispuesta a odiarla, ya la amaba

CARMEN. Sí, todo muy bonito. Muy romántico y muy lírico. Como si fuera, efectivamente, María García Granados.

LUCÍA. Tienes que reconocer, Carmen, que a Pepe, en Guatemala, lo recibieron con los brazos abiertos.

CARMEN. Sí, es cierto. Parece que el país lo inspiró... En más de un sentido... *(Se oye, distante, brevemente, el sonido de una flauta indígena, que Martí parece escuchar, absorto. Este motivo se va a repetir varias veces).* El, claro, caía como una onza de oro.

LUCÍA. *(Al público).* Allí fue donde escribió *Patria y libertad*, el drama indio.

CARMEN. *(Irónica).* Y «La niña de Guatemala», naturalmente. *(Se escuchan los arpegios de un piano, muy breve, que produce en Pepe una confusa reacción, casi imperceptible).*

PEPE. *(Recuperándose. Racional, a Carmen).* En Guatemala hice todos los preparativos para recibirte lo mejor posible. Nuestro matrimonio era mi objetivo inmediato, como te había prometido.

CARMEN. Antes de que yo llegara las cosas marchaban sobre ruedas. *(A Lucía).* Entró por la puerta grande y el ex presidente, Don Miguel García Granados, el padre de María, le abrió las de su casa y sus salones elegantes donde Pepe pasaba largas veladas hasta bien entrada las horas de la madrugada, hablando de política y jugando al ajedrez, como había hecho con papá en México. Estoy segura que se dejó ganar algunas partidas.

LUCÍA. *(Al público).* Mientras María tocaba el piano. *(Se oye la música muy distante de un piano. Reticente).* De una forma exquisita, naturalmente. María era...

CARMEN. Alta.

LUCÍA. Esbelta.

CARMEN. Airosa.

LUCÍA. La casa tenía un amplio patio central, de pila al medio, con un risueño emparrado y graciosas galerías por las que se accedía a las habitaciones.

CARMEN. Que tú conociste mejor que nadie, Lucía, porque eran las de la novela. *(Al público, con ironía)*. De María se han dicho maravillas, como decían de Sol: una sensibilidad exquisita, una aguda inteligencia, una formación romántica.

LUCÍA. Al fondo de la galería había un comedor extremadamente espacioso, como para no dejar duda de la tradicional hospitalidad guatemalteca.

CARMEN. *(Al público)*. Que duró lo que un merengue en la puerta de un colegio, porque empezaron a envidiarlo. No iban a ver con buenos ojos que un cubano de apenas veinticinco años fuera a darles lecciones de historia de la filosofía, historia del arte, y no sé cuántas cosas más. *(Más calmada, sentándose. A Lucía)*. Cuando llegamos a Guatemala, tengo que confesarte, Pepe hizo todo lo que pudo para que me sintiera lo mejor posible.

PEPE. Al principio todo estuvo bien, hasta que se desató la tiranía. *(Irritado)*. Era imposible disimular, usar la máscara, ocultar mi ideario. Me trataban con ira, con resentimiento.

CARMEN. *(A Pepe)*. Nunca pudiste escapar de la envidia y Guatemala no iba a ser la excepción. Te privaron de sueldo.

PEPE. Trate de pasar inadvertido para evitar la envidia de los mediocres.

CARMEN. *(A Pepe)*. De nada te valió. *(A Lucía, coloquial, íntima, muy fin de siglo xix. Se diluye la música del piano)*. No te puedes imaginar mi situación.

Lucía se pone de pie. Se interroga a sí misma. Ambas dan vueltas una alrededor de la otra haciéndose preguntas. También en torno a Pepe. Pepe se evade y finalmente sale.

LUCÍA. Pero, ¿qué pasó en las galerías que conducían a las habitaciones interiores?.

CARMEN. ¿En el patio, junto a la fuente?

LUCÍA. ¿En el emparrado?

CARMEN. ¿Durante esas veladas donde se siguieron todas las convenciones sociales del caso y no se decía una palabra más alta que la otra?

LUCÍA. ¿Cuáles fueron las miradas que se cruzaron, la intención subyacente en las palabras, los roces y las insinuaciones?

CARMEN. ¿Qué cosas se dijeron y se callaron en esas veladas inolvidables hasta bien entrada la medianoche, donde se hablaba de política, de literatura, se leían poesías y se tocaba el piano, en cenas donde se servía lo mejor en un inmenso comedor que era una muestra de la hospitalidad guatemalteca?

LUCÍA. ¿Qué ocurrió realmente entre una «niña» de unos quince años y un joven nueve años mayor que ella, cubano por más señas, seductor e insinuante, con ese atractivo insular que los ha hecho famosos, respaldado por apasionadas cartas de mujeres con conocimiento de causa que configuraban su «dossier» amatorio; que dondequiera que entraba llamaba la atención, y que cuando se ponía a hablar le llamaban el ¡Doctor Torrente!, envidiado por todos los que le rodeaban, que acababan sintiéndose como pigmeos?

CARMEN. *(A Pepe, acosándolo)*. ¿Qué fue, Pepe, que fue lo que pasó?

LUCÍA. *(A Pepe, de la misma forma)*. ¿Un amor platónico?

CARMEN. *(A Pepe)*. ¿Un *flirt* sin consecuencias, como dirían los ingleses? ¿Qué callaron, qué dijeron y qué hicieron?

PEPE. No pasó nada, Carmen. Muchas veces te lo hice saber en mis cartas, y lo mismo le decía a Manuel Mercado, que quizás me entendiera mejor que tú. Jamás le oculté a nadie mi situación y mi compromiso contigo.

LUCÍA. *(Susurrándole a Carmen)*. Un compromiso…

PEPE. *(Mostrándole una carta)*. ¿Y esta carta que la propia María me escribió? ¿No es testimonio suficiente? *(Leyéndole la carta)*.«Yo no tengo resentimiento contigo, porque tú siempre me hablaste con sinceridad respecto a tu situación moral de compromiso de matrimonio con la señorita Zayas Bazán…». *(Le alarga la carta, que Carmen no toma, como si ya lo supiera todo)*.

CARMEN. Sí, sí, todo muy formal, muy correcto, pero en el fondo absolutamente impropio. Porque hay que leer entre líneas. Además, para empeorarlo todo, poco después de nuestro regreso, casado ya, María García Granados *(reticente, irónica)* «se murió de amor» y no de una incurable dolencia pulmonar, como dijeron los médicos. *(A Lucía)*. Yo no sabía exactamente lo que estaba pasando, pero tuve que resistir el comadreo, las murmuraciones del vecindario, porque después de todo yo era una extranjera y María, la víctima, una guatemalteca hija de un ex presidente. Aquellos intercambios amatorios, explícitos o implícitos, se convirtieron en una cuestión de estado. Si no había pasado nada entre ellos, ¿por qué no me llevó a conocerla? *(Al público)*. ¿En qué medida era Pepe responsable? ¿Qué hay detrás de la reticente afirmación de María cuando dice «me hablaste con sinceridad» y su melodramático «te suplico vengas pronto» de una carta que Pepe nunca le contestó? Si no había nada comprometedor, ¿por qué Pepe y yo no la fuimos a ver cuando regresó casado? Carticas, noticas que se pueden interpretar de una manera o la otra. Hicieron de ella un mito, una leyenda… *(Volviéndose, a Lucía)*. Si Pepe no fue a verla ni me llevó a conocerla, por algo sería. Y luego vinieron los golpes de pecho. Bueno, tú lo sabes tanto como yo, porque con Sol hicieron lo mismo.

LUCÍA. Pero Sol, ¿qué hizo Sol para merecer esa admiración, ese cariño?

CARMEN. ¡Nada! ¡Absolutamente nada! Quedarse impasible como quien oye llover. Dejarse hacer. Una criatura que no servía para nada.

LUCÍA. Para ella todos los cuidados, todas las delicadezas.

CARMEN. Y para mí, ¿qué había? No te puedes imaginar cómo fue el viaje de regreso. Fue peor todavía, porque cuando nos fuimos y yo tenía cinco meses de embarazo. ¡Temía que de un momento a otro pudiera perder el niño! *(Se pone de pie, al público)*. Naturalmente, era mi obligación seguirle. Y para los hombres, que nunca han tomado en consideración esas vicisitudes, que nunca han pasado nueve meses bajo esas circunstancias y que desconocen los dolores del parto, claro, eso no representa nada frente a los conciertos de piano de Sol y María… que tampoco sabían lo que era tener un hijo.

LUCÍA. Si lo amábamos, tú a Pepe y yo a Juan, ¿qué diferencia había entre las dos? Si él era el mundo para mí, ¿por qué no podía ser yo el mundo para él? ¿Por qué teníamos que compartir lo que era nuestro? ¿Acaso Sol amaba a Juan más de lo que yo lo amé, o acaso María pudo amar a Pepe mucho más de lo que tú lo amaste? No, eso no es posible

CARMEN. Ella sería el Sol, pero yo era el otro lado de la Luna. El lado oscuro de Eva al que los hombres jamás pueden llegar.

PEPE. *(Avanzando hacia el proscenio)*.

«Como de bronce candente
al beso de despedida
era su frente, ¡la frente
que más he amado en la vida!
Se entró de tarde en el río,
la sacó muerta el doctor:

dicen que se murió de frío,
yo sé que murió de amor».
CARMEN. *(Desgarradoramente, a Pepe)*. ¿Y de qué me he muerto yo? Di, ¿de qué he muerto yo?
PEPE. *(Cruel, implacable)*. De rabia, como hubiera dicho Fermín. *(Sale violentamente)*.

ESCENA XVI

Apagón rápido, momentáneo. Sin salir de escena, Lucía y Carmen, cruzan el escenario, se abrazan.

CARMEN. Estoy destrozada.
LUCÍA. Y yo también.
CARMEN. Aún después de muerta ha acabado conmigo.
LUCÍA. «Esplendía», como él no se cansaba de repetir.
CARMEN. Ni tú ni yo podíamos nada contra ella. Particularmente yo, que era una mujer de carne y hueso que hasta le dio un hijo.
LUCÍA. Y sin embargo, no podía odiarla. ¿Acaso no hubiera sido lógico que la odiara? ¿Qué es lo que me estaba pasando?
CARMEN. Quizás Pepe te lo pueda decir, porque era él quien te escribía.
PEPE. *(Entrando en escena. Frío, calculador, perverso)*. La odiabas.
LUCÍA. Pero la amaba también. *(Pausa. Tratando de reconstruir sus emociones)*. Para mí fue como una sacudida de lo inesperado. Era como si dentro de las páginas me estuvieran vapuleando. Me estuvieran sacudiendo de un lado para otro. No lo puedo explicar, porque no acabo de entenderlo. Era una confusión de sentimientos que no podía comprender. ¿Qué me estaba pasando?
CARMEN. Era Pepe que te estaba creando.
PEPE. *(Leyendo)*. «No era un hombre, no, el que con más insistencia y un cierto encono, mezclado ya de amor, miraba a Sol del Valle, y con dificultad contenía el llanto que se le venía a mares a los ojos, abiertos, en los que apenas se veían los párpados. Lucía la conocía en aquel momento, y ya la amaba y la odiaba al mismo tiempo».
LUCÍA. Cuando los vi juntos, Carmen, cerré los ojos e incliné la cabeza, porque me sentía morir. Yo hubiera querido odiarla, pero no podía.
PEPE. *(Se inclina sobre Lucía, que está sentada. Sin leer)*. «Se te puso el rostro amarillo cuando me viste llegar llevándola del brazo, y cuando volviste a abrir los ojos, que parecían turbios, tal parecía que había cruzado por tus ojos el pensamiento de un ave negra».
LUCÍA. *(Se aleja de Pepe, asustada. Se levanta. Carmen y Lucía representan la escena)*. Días después, en el jardín, caminé hacia la enredadera donde había dos rosas rojas y me puse una de ellas. Por primera vez, porque nunca me las ponía. Sol tenía las mejillas encendidas y yo también. Me acerqué, le puse otra de las rosas en el pecho y la abracé. Entonces Sol ahogó un grito. *(Lucía ahoga un grito)*. Era que, al abrazarla, le clavé una espina en el seno.
PEPE. *(Leyendo. Ellas hacen lo que dice el texto)*. «Con su propio pañuelo secó Lucía la sangre, y del brazo las dos entraron en la sala. Lucía también estaba hermosa».
LUCÍA. ¿No te parece raro?
CARMEN. Sí, muy extraño.

LUCÍA. ¿Qué era lo que me estaba pasando? No sé si todo aquello era la causa de mi desasosiego. ¿Se me encendía el rostro o se me desvanecía el color? *(A Pepe)*. Yo te amaba. Tú lo sabes mejor que nadie, porque conocías mis sentimientos por dentro. A veces, sufría tanto que me tendía en el suelo de mi cuarto, cuando nadie me veía, como una muerta. Me levantaba como si estuviera por dentro toda despedazada. *(Pausa)*. ¿Me perdonas por haberte querido tanto? ¿Es que no lo sabías?

PEPE. ¿Cómo no lo iba a saber si era yo el que te estaba creando y conocía todas tus emociones y sentimientos?

LUCÍA. *(A Carmen)*. Yo lo celaba noche y día, mientras él se alejaba de mí, preocupado por las injusticias que les hacían a los indios, la miseria de los infelices, protegiendo a los desamparados.

PEPE. Y por Cuba. Principalmente por Cuba.

LUCÍA. ¿Qué podía hacer yo mano sobre mano?

PEPE. *(Absorto, tal vez a sí mismo, o al público, pero muy enfático. Un texto que debe marcarse, sobresalir)*. Cuba era... Cuba era mi objeto de deseo.

LUCÍA. Sí, sí, yo comprendo que eso estaba bien. Pero, ¿y yo? *(Al público)*. ¿Qué hubieran dicho de mí si hubiera abandonado el lugar en que me habían colocado, que era sencillamente no hacer nada, como hacía Sol, y hubiera salido por el mundo a luchar por el bien de todos y a derrocar la tiranía? *(A Carmen)*. ¿Lo hubieran aceptado?

CARMEN. *(Continuando un discurso, que es también el de ella, irónica)*. Como éramos mujeres, no podíamos hacer nada y tampoco exigir que él nos lo diera todo. Tenías que ser buena, bonita e inútil. Te querían arrepentida y sumisa.

LUCÍA. ¿Era eso justo? ¡Yo lo quería a él! ¡Yo quería que me tuviera en sus brazos y que no me abandonara nunca! ¿Por qué no podía complacerme?

CARMEN. Porque había otra mujer.

LUCÍA. ¿Sol? ¿Carmita? ¿Quién era esa mujer?

CARMEN. Cuba. Una mujer fatal que acabaría con él.

PEPE. Pero era yo el que las sentaba en el sofá mientras Sol se tendía a sus pies y Lucía destrenzaba su cabellera...

LUCÍA. *(Carmen está en el sofá y Lucía está tendida a sus pies. La contradicción textual es intencional)*. Alisándosela y dejando ver aquel cuello que tenía una infinita delicadeza y que yo amaba y detestaba a la vez... *(A Pepe, angustiadísima)*. ¿Qué estabas haciendo conmigo? Yo no entendía, porque a Sol debía odiarla, por celos, por envidia... porque la detestaba... como si quisiera matarla para acabar conmigo misma... Pero al mismo tiempo...

CARMEN. *(Alisándole los cabellos a Lucía, como un eco de lo que antes dijo Pepe)*. Era... una amistad funesta...

PEPE. *(Ensimismado, contemplándolas)*. Parecían dos reinas hermosas. Era como si estuviera pintando un cuadro, de esos que hacían los pintores prerrafaelitas.

CARMEN. *(Incorporándose)*. Pepe te escribía de ese modo. Estabas en sus manos y no podías escapar. Ni yo tampoco.

LUCÍA. Mientras Sol parecía una reina, a mí me estaba volviendo loca. Actitudes, decisiones, gestos, palabras. Me hacía amable y despótica al mismo tiempo, toda llena de contradicciones.

CARMEN. Ese es el Infierno. Estar encerradas en las páginas de una novela. Sin poder ir a ninguna parte. Que es la vida.

Cambio de iluminación. Los tres personajes se entrecruzan en el escenario, con la novela de Martí en la mano, leyendo ocasionalmente de ella, otras veces memorizando textos, y haciendo las acciones correspondientes de acuerdo con el texto, que en modo alguno deben grabarse. Están enloquecidos, encerrados en un infierno. De alguna manera debe hacerse explícito que leen de la novela de Martí.

PEPE. *(Carmen cruza el escenario, simulando lo que indica Pepe).* Lucía, «arrancó sin piedad una camelia blanca y volvió silenciosa a la mecedora royéndole las hojas con los dientes».

LUCÍA. «Tenía el rostro demudado, a punto de llorar».

CARMEN. Mi sombrero, arrogante y amenazador, se salía del borde del costurero con cintas carmesíes que se enroscaban desde el fondo de seda negro como una boa sobre una tórtola. «Y la boa era yo».

LUCÍA. «¡Y la boa era yo!».

PEPE. «Estaban las tres amigas en aquella pura edad en que los caracteres no se definen: ¡ay, en esos mercados es donde suelen los jóvenes generosos que van en busca de pájaro azules, atar su vida a lindos vasos de carne que a poco tiempo, a los primeros calores fuertes de la vida, enseñan la zorra astuta, la culebra venenosa, el gato frío e impasible que les mora en el alma!».

LUCÍA. *(De pie, enloquecida. Abriendo gavetas imaginarias, dándole a Carmen vestidos y sombreros que no están allí, alucinada. Tratando a Carmen como si fuera Sol, brusca y amable al mismo tiempo. Texto martiano, pero sin leerlo, dramatizado, llevando a la práctica las «acotaciones» de Martí sobre la gestualidad de Lucía).* «Todo, todo para ti. Mira, pruébate este sombrero. Yo nunca me lo he puesto. Pruébatelo, pruébatelo. Y este, y este otro. Estos tres son tuyos. Mira, trajes, uno, dos, tres. Este es el más bonito. ¿Oyes?». Quiere a quien tú quieras, ¡pero a Juan me lo dejas para mí sola!

CARMEN. *(Feroz).* ¡Pero a Pepe me lo dejas para mí sola!

PEPE. *(Al público, más bien frío).* Tenía cambios bruscos de disposición, que no podía explicarme, más o menos irracionales, como si volviera de una enfermedad.

CARMEN. Los que tú mismo estabas provocando.

LUCÍA. *(Desquiciada, mirándose al espejo que es Carmen. Sin leer, naturalmente).* «Sí, sí, hoy estabas muy hermosa. Dime, tú, espejo, ¿la querrá a ella o me querrá a mí? ¿Por qué no soy como ella? Me rasgaría las carnes, me abriría con las uñas las mejillas...».

PEPE. *(Casi en éxtasis).* Se le veía la sangre y se le sentía el perfume por debajo de la muselina blanca... Una criatura única, convertida en añicos...

CARMEN. *(Diciéndoselo a sí misma, contradictoriamente, al final, casi en éxtasis).* Nos odiaba, y sin embargo... es posible que no dejara de amarme...

LUCÍA. *(Carmen se aleja, con el propósito de no seguir en su papel de «espejo». Lucía la retiene, mirándose en ella).* ¿Qué es lo que tengo que me parezco fea a mí misma? Yo no lo soy, pero lo estoy viendo. ¡Él lo ha de ver! ¡Él verá que estoy siendo fea, monstruosa! ¿Por qué tengo este miedo? ¿Quién es mejor que él en todo el mundo? *(Sacudiendo a Carmen, siempre en el juego de espejos).* «¿Cómo no me ha de querer a mí, si él quiere a todo el que lo quiere?». *(Alucinada, incoherente).* ¡Sol! ¡Sol! ¡Juan! ¡Pepe! ¡Pepe va a quererla! *(Como una loca, textos de Martí, que no lee).* «Juan va a quererla: lo conozco cada vez que la mira. Se sonríe con un cariño que me vuelve loca». Pero, ¿quién es Sol para quererlo como yo lo quiero? ¿Y yo misma? ¿Yo misma no la quiero? ¡La quiero y la odio! ¡Todo al mismo tiempo! ¡No puede ser! *(A Pepe, directamente).* ¡No sigas, Pepe, no sigas!

PEPE. *(Implacable).* Seca y altanera, con Lucía no había paces. Desquiciada, salía con despecho, entraba iracunda, corría por los pasillos. En su habitación, se vestía y se despeinaba, echándose sobre la cama, desesperada, lastimándose el rostro y llorando, hasta que vio la pistola con la que hubiera querido matarme.

CARMEN. Era yo. *(A Pepe)*. ¿Era yo, Pepe, esa mujer a quién has odiado tanto?
PEPE. Se clavaba los dientes en los labios y los dejaba clavados en él. Un día entró Sol a su habitación y vio a Lucía tan descompuesta, que pensó que no era ella sino que había otra en su lugar, los ojos quemados y encendidos, la voz ahogada, con los celos que se le entraban como garfios venenosos.
LUCÍA. Un laberinto… Un callejón sin salida…
CARMEN. *(Angustiada)*. ¡Soy yo, Lucía, soy yo! ¡El gato, la zorra, la culebra!
LUCÍA. *(Angustiada)*. Nos odiaba, nos detestaba a las dos.
CARMEN. *(Angustiada)*. No, no, a mí solamente.
LUCÍA. *(Angustiada)*. Quizás nos amara con locura.
CARMEN. *(Angustiada)*. Se ha dicho todo lo contrario.
LUCÍA. *(Angustiada)*. Nunca podremos saberlo.
CARMEN. *(Angustiada)*. ¡La vida íntima de Pepe!
LUCÍA. *(Angustiada)*. ¡Quería acabar conmigo!
CARMEN. ¡Quería acabar con las dos!

ESCENA XVII

Transición. Cambio de luces. Una atmósfera normal. Casi un tono coloquial, británico, irónico, mordaz. Aunque, claro, va cambiando gradualmente.

CARMEN. *(A Lucía)*. Estábamos en un verdadero peligro. Para los victorianos de fines del siglo diecinueve, la sexualidad de la mujer y la locura eran una misma cosa.
PEPE. *(En otro tono)*. No seas ridícula, Carmen. Yo nunca fui victoriano.
CARMEN. Para algunas cosas sí; pero no para otras. *(A Lucía)*. A las neuróticas como tú, y a las histéricas como yo, las hacían pasar por locas, se les practicaba la castración y la clitorectomía para curarles trastornos nerviosos y mentales.
PEPE. ¿Te has vuelto loca?
CARMEN. De amor por ti, Pepe. Por eso me escribiste de ese modo.
LUCÍA. Vivía dentro de mi propio manicomio. *(A Carmen, aterrada)*. ¿Qué pasaba conmigo?
CARMEN. Que Pepe te estaba construyendo con el rechazo que hacia mí sentía. Te construía y te destruía al mismo tiempo. *(A Pepe)*. ¿Te das cuenta de lo que has hecho con Lucía? A pesar de toda tu modernidad, la encerraste en el siglo diecinueve. *(Transición, volviéndose a Pepe)*. No creas, querido Pepe, que te vas a salir con la tuya, así como así. Tengo que decirte algo que ni te imaginas. *(Pausa. Como quien no dice nada importante, tono conversacional)*. Los críticos andan diciendo por ahí que tú estabas escribiendo una novela homoerótica…
LUCÍA. ¿Homoerótica? ¿Y eso qué quiere decir?
CARMEN. *(A Lucía, cariñosa)*. Quiere decir que tú y Sol se querían…
LUCÍA. *(Ingenua)*. Eso es verdad. Nos queríamos. ¿Y eso tiene algo de malo?
CARMEN. No, no es que lo tenga. Pero no estaba, precisamente, bien visto ni se escribía mucho sobre el asunto. Pepe siempre se adelantó a su tiempo y fue uno de los primeros en hacerlo. Tú y ella sentían una pasión… lésbica… Era una amistad… funesta. *(Volviéndose a Pepe)*. Bueno, Pepe, no sé como explicárselo. Creaste una heroína moderna que, como tal, no sabía lo que estaba haciendo. Explícaselo tú, que fuiste el que *la* escribiste.

PEPE. ¿Se ha dicho eso?

CARMEN. ¡Sí, claro! ¿Qué te creías? ¿Qué la situación iba a pasar inadvertida?

PEPE. ¿Y quién coño lo ha dicho?

CARMEN. Pues lo ha dicho la crítica. Prácticamente es *vox populi*. Al principio se soslayaba, no se quería hablar del asunto. No voy a darte nombres, porque sería enredar la pita. Además, no lo han dicho para ofenderte. Todo lo contrario. Lo han dicho para ponerte al día.

PEPE. ¿Ponerme al día?

CARMEN. Porque el homoerotismo está de moda. Hoy día no se habla de otra cosa, y si tú lo escribiste, después de todo, no hiciste más que colocarte en una posición de avanzada, aunque quizás no supieras exactamente lo que estabas haciendo. Como bien sabes, una obra, después de escrita y dada a conocer, ya no es de quien la escribe. Hay que tener mucho cuidado con lo que uno hace, dice y escribe, porque el pez por la boca muere.

PEPE. Si me fui de Cuba fue para poder decir lo que pensaba, ¿cómo crees posible que me fuera a guiar por esas pequeñeces y mezquindades de capillas?

CARMEN. Allá tú. Tendrás que atenerte a las consecuencias. Te lo dije mil veces, pero nunca me hiciste caso. Escribías lo que te venía a la cabeza. Cuando hablabas, hacías lo mismo, cara a cara y sin trastienda. Como es natural, te buscaste miles de enemigos. Muchas veces te dije que no escribieras esto y no dijeras aquello. Cada cual ha tomado de ti lo que le ha dado la gana para probar lo que tiene en su propia cabeza.

PEPE. Como tú estás haciendo en este momento.

CARMEN. Se han dicho muchas cosas, Pepe. Que eras homofóbico, creo que por aquello que escribiste de Oscar Wilde, y misógino, lo cual no te favorece en lo más mínimo.

LUCÍA. ¿Misógino? ¡Eso debe ser espantoso!

CARMEN. *(A Lucía).* Y tienes razón, porque dijo horrores de nosotras las mujeres. No lo cito, porque sería largo y tendido, pero es así.

LUCÍA. Yo creía que tenía locura por ellas.

CARMEN. De eso no te quepa la menor duda. Pero lo cortés no quita lo valiente, Lucía. Se acostaba con ellas, pero después decía horrores de nosotras.

PEPE. ¿Es posible que se digan tales cosas?

CARMEN. Más de lo que tú te imaginas

PEPE. *(Ido, deambulando).*

«¿Qué hará mi corazón, que amar no quiera

Si le asalta el amor por el costado?».

CARMEN. Te advierto, Pepe, que no vas mal encaminado. Porque esa relación entre Juan Jerez y Pedro Real también ha dado tela por donde cortar.

PEPE. ¿Y la amistad? ¿Es que la amistad no existe? La mano que se estrecha, de hombre a hombre, el abrazo que se da y el que se recibe. ¿Es que ya eso no significa nada?

LUCÍA. *(Pueril).* Será que está muy visto, digo yo.

CARMEN. Algo trasnochado.

PEPE. ¿Pero quién se dedica a levantar tales calumnias?

CARMEN. No te lo voy a decir, porque no quiero meter en ningún lío a nadie. ¡Y meterme yo, mucho menos!

LUCÍA. *(Leyendo, entre inocente y sorprendida).* «Y Juan, por aquella seguridad de los caracteres incorruptibles, por aquella benignidad de los espíritus superiores, por aquella afición a lo pintoresco de las imaginaciones poéticas, y por los lazos de niño, que no se rompen sin gran dolor del corazón, Juan quería a Pedro».

PEPE. ¿Y eso que tiene que ver?

LUCÍA. Es cierto, Pedro y Juan no tenían secretos el uno para el otro.

CARMEN. Pedro es Fermín. Y una pista conduce a la otra.

PEPE. ¿A esto hemos llegado? ¿Es que no hay nada sagrado? Los sueños que se comparten... Los ideales por los cuales se lucha...

CARMEN. Las juergas prostibularias...

LUCÍA. Las mujeres que se persiguen...

PEPE. Los dolores que nos desangran... Las persecuciones de que somos víctimas... Las cárceles en que nos encierran...

LUCÍA. Las reputaciones que se destruyen...

CARMEN. *(Reteniéndolo por el brazo. Sin gritar. Enterrando el puñal hasta el puño)*: «Alfredo...». una «*Amistad funesta*». *(Recitando, muy lentamente, saboreando perversamente el texto).* «Beso me disteis del amor proscrito...». *(Pepe musita en voz baja el verso que Carmen dice en voz alta)*

PEPE. *(Continuando, en voz alta, mientras Carmen lo musita).* «Que en fango traigo sobre el alma impreso».

CARMEN. ¿Lo ves? ¿Entiendes?

PEPE. ¡¿Cómo te atreves, Carmen?!

CARMEN. *(Radical, dura).* Porque no tuviste piedad para conmigo. Y porque Fermín es uno de los que me condenó al Infierno.

PEPE. «Cultivo una rosa blanca
En julio como en enero
Para el amigo sincero
Que me da su mano franca...».

LUCÍA. «Y para el cruel que me arranca
El corazón con que vivo...».

PEPE. *(Interrumpiendo)*
«Si en un retrato el corazón se envía,
Toma mi corazón, y cuando llores
Lágrimas de dolor, con ellas moja
La copia fiel de tu doliente amigo...».

CARMEN. Le escribiste versos que a mí no me escribiste.

PEPE. Porque él se los merecía. *(Transición, con intención).* A ti te escribí otros. *(En otro tono, sincero, auténtico).* Esos versos, Carmen, los escribí cuando estaba en presidio, y era a él a quien le correspondían, porque era mi doliente amigo, al que estaba unido por una causa común que jamás entendiste. ¿Es que tú no sabes lo que es la amistad? ¿Es que tú no sabes lo mucho que sufrí en presidio? ¿Es que tú misma, con tus propios ojos, no has visto las yagas que me marcaron para siempre en el cuerpo y en el alma? *(Desplomándose).*
«Hermano del dolor, no mires nunca
En mí el esclavo que cobarde llora.
Ve la imagen robusta de mi alma
Y la página bella de mi historia».
A los dos nos persiguieron, a los dos nos maltrataron, nos ultrajaron, y los dos estábamos luchando por la libertad de Cuba. La deuda que tenía con Fermín era muy grande. Me apoyó, me sostuvo, y creyó siempre en mí, cuando muchos me dieron la espalda. Nunca entendiste.

CARMEN. «Toma mi corazón...». Es mucho, Pepe.

PEPE. También te lo di a ti, a pesar de todo lo que has dicho, cuando en México nos comprometimos.

CARMEN. ¿Qué quedaba para mí sí ya se lo habías entregado a él? Tu corazón, Pepe, no estaba dispuesta a compartirlo con nadie, porque te amaba demasiado. Lo cual confirma también que Fermín no pudiera aceptarme, porque tenía que compartir tu corazón conmigo.

LUCÍA. Que no dejaban de ser celos.

PEPE. *(A Carmen)*. Estás hablando de dos cosas diferentes, Carmen. La amistad que sentía por Fermín y el corazón que le daba se forjaban en unas circunstancias de hermandad y lucha muy diferentes a los vínculos que nos unían. No, tú no entendías nada de esto.

CARMEN. Pero para ti la amistad era lo primero.

LUCÍA. «Si dicen que del joyero,

Tome la joya mejor,

Tomo un amigo sincero,

Y pongo a un lado el amor».

CARMEN. No en balde dijo lo que dijo.

LUCÍA. ¿Qué cosa?

CARMEN. *(A Lucía)*. Que yo había sido capaz de todo. Comprometerlo, sí, comprometerlo, entregarme a él para obligarlo a casarse conmigo.

LUCÍA. Pero, ¿quién lo dijo?

CARMEN. Su amigo de carne y hueso, Fermín Valdés Domínguez. Porque para él sería «su hermano del dolor», pero para mí era su compinche, que siempre me tuvo entre ceja y ceja y que no hizo más que hablar mal de mí con cualquiera que se le pusiera por delante. Su lleva y trae, su confidente.

PEPE. *(Interrumpiendo)*. ¿Qué tienes en contra de él?

CARMEN. ¡Lo que dijo de mí! Que yo no era virgen cuando me casé contigo.

Los tres enmudecen, no saben qué hacer ni decir. Pausa.

CARMEN. Cuando le dijiste a Fermín que no era virgen la noche de nuestra boda, no me hacías ningún favor.

PEPE. ¿Cómo puedes pensar que yo dijera tal cosa?

CARMEN. Porque Fermín lo dejó escrito en su *Diario de campaña*.

PEPE. Componendas de historiadores, que quitan y ponen donde quieren, que se contradicen unos a otros, sin ponerse de acuerdo, haciendo referencia a documentos que no ofrecen la menor garantía. En todo caso no quieren decir nada y bien pueden ser inventados. Nunca me han dejado en paz. Cada cual ha dicho de mí lo que le ha dado la gana.

LUCÍA. *(Arrogante)*. Como de mí los críticos.

CARMEN. Como ese manuscrito está en Cuba en unas condiciones precarias, mi única esperanza es que se lo coman las polillas. *(Al público)*. ¿Cómo es posible que se diga que yo fui capaz de entregarme a él para asegurarme que iba a casarse conmigo, mientras meten la mano en la candela por la honra de las otras, que es mucho más dudosa? ¿En tan mal concepto tienen a mi marido, que dio la vida por la independencia de Cuba, para considerar que fue capaz de hacer pública mi deshonra? *(A Lucía)*. Y en el supuesto caso que lo hubiera dicho, ¿te parece bien que Fermín lo repitiera y lo dejara por escrito?

LUCÍA. No entiendo.
CARMEN. Ni yo tampoco.
LUCÍA. Sin contar, Carmen, que esto no tiene el menor sentido… Porque si Pepe no era… no era el que… el que te había… Bueno, tú me entiendes.
CARMEN. Sí, te entiendo perfectamente.
LUCÍA. ¿… por qué Pepe se iba a tener que casar contigo?
CARMEN. *(Al público)*. Si yo me había acostado con otro, ¿cómo es posible que Fermín dijera que me acosté con Pepe para que se casara conmigo?
LUCÍA. *(Al público)*. ¿Les parece que un hombre como Pepe hubiera podido aceptar papel semejante?
CARMEN. *(Al público)*. Una cosa o la otra, digo yo.
LUCÍA. Un rompecabezas, un acertijo.
PEPE. Un poema:
   (Separándose, absorto, meditando sus versos)
   «¿Me casé? Yo me casé
   Con un cestillo de nubes;
   Y en la noche de bodas
   Vi que era un cesto de cintas azules.
   Y vi el cesto, yo lo vi
   A la luz de la tormenta.
   Y hallé —¡no hallaras la muerte!
   Que era un cesto de cintas negras».
CARMEN. Sin contar la notica que Pepe escribió en la cartulina.
PEPE. ¿Qué notica?
CARMEN. La que encontró LeRoy según cuenta Ripoll.
PEPE. ¿Quién es LeRoy?
CARMEN. ¿Pero tú no sabes quién es LeRoy?
LUCÍA. *(Probando lo que dice con un libro en la mano)*. Un señor que se fue a Cuba para registrar entre los archivos secretos de Gonzalo de Quesada.
CARMEN. Tu albacea, Pepe. El mismo que no dejó que yo me quedara con nada.
LUCÍA. *(Poniéndose del lado de Carmen)*. Como tú lo escribiste, debes saberlo mucho mejor que nosotras. Ciertamente mucho mejor que yo.
PEPE. *(A Lucía)*. ¿Entonces te pones del lado de ella?
LUCÍA. ¿De qué lado me voy a poner? ¿Acaso no somos la misma?
PEPE. Pero eres mi personaje. Todo lo que eres me lo debes a mí.
LUCÍA. *(Retándolo)*. ¿Y mis sufrimientos? ¿Y las penas por las que he tenido que pasar? No creas que por ellas voy a darte las gracias.
CARMEN. Era tu personaje, Pepe, pero ya no. Ahora es otro el que la está escribiendo.
LUCÍA. *(Releyendo)*. ¡En una cartulina!
CARMEN. ¡En una cartulina que me compromete!
PEPE. En lo que a mí respecta, todo esto es una sarta de disparates. No tengo la menor idea de los que están hablando.
CARMEN. Haz memoria. No te hagas el loco y el desmemoriado.
LUCÍA. No se puede tapar el sol con un dedo.
CARMEN. Escrito a lápiz en una cartulina perteneciente a una guía de museo, fechado en Caracas, en 1884.

PEPE. No, yo no recuerdo nada. Sería en alguna exposición. ¡No tengo la menor idea! ¿Cómo me voy a acordar de esas pequeñeces?
CARMEN. Lo serán para ti, pero no para mí.
PEPE. ¿Y en Caracas? ¿En 1884? No, no lo creo.
CARMEN. Son pruebas fehacientes.
LUCÍA. Será un error de fecha.
PEPE. *(Leyendo de una cartulina)*. «Cuando me casé con Carmen, más que por amor que yo tuve, por agradecimiento al que aparentemente me tenía, y por cierta obligación de caballero..., sentí que iba a un sacrificio, que acepté, en desconocimiento del verdadero amor...».
LUCÍA. *(A Pepe)*. ¿Es cierto eso?
CARMEN. ¿Te atreviste a escribirlo?
LUCÍA. Y nada más y nada menos que ¡en la cartulina de un museo!
PEPE. ¡Claro que no escribí eso! ¿Qué clase de persona creen que soy?
LUCÍA. *(Leyendo de la cartulina que Carmen le da)*. «Un albor de amor tuve, después de conocer a mi mujer, en Guatemala, que sofoqué con mi creencia de que me debía a la mujer que me tenía dada prendas anticipadas de amor».
CARMEN. ¿Cómo es posible pensar que estuvieras deshonrándome de ese modo con noticias que dejabas por ahí? De tu puño y letra.
PEPE. Pero sin firma, en una cartulina que se me atribuye, reproducida en un facsímil de dudosa autenticidad, que no representa ninguna prueba legal en contra mía, tratándome como si fuera un delincuente común a quién llevan al banquillo de los acusados. *(Alterado)*. Te advierto, Carmen, que si en algún momento llegué a pensar que nunca debí casarme contigo, estoy seguro ahora que estaba en lo cierto. *(Enfurecido)*. ¿Quién eres tú para someterme a tales interrogatorios? *(Volviéndose al público)*. ¿Qué derecho tienen? ¿Cómo se atreven a encontrarme falta cuando yo lo di todo por ustedes? ¡Esto es una injusticia! ¡Una bajeza! Yo tenía cosas más importantes que hacer que ponerme a escribir noticas de esa naturaleza en la cartulina de un museo. ¡Estaba trabajando por la libertad de Cuba! ¡Iba de un lado para el otro estableciendo nexos, buscando dinero para comprar armas, preparando discursos por la causa cubana, arriesgándome, sufriendo, pasando toda clase de humillaciones! ¡Cuánta infamia! ¡Nadie tiene derecho a hacerlo!
LUCÍA. ¿Ni el autor de la obra?
PEPE. Ni el autor de la obra.
LUCÍA. ¿Y qué derecho tenías tú a escribirme de ese modo?
CARMEN. Y a mí, a ponerme en el lugar donde me pusiste.
PEPE. En ese lugar te pusiste tú y no te puso nadie.

Violento, Pepe da un salto, se quita la chaqueta y se lanza sobre Carmen, desquiciado, en una especie de monólogo en verso y en prosa, en el cual puede lanzarse indistintamente a Carmen o Lucía, o siguiendo un discurso interior.

PEPE. *(Amenazante, se va acercando a Carmen, que se aleja)*. «Una mujer sin ternura, ¿qué es sino un vaso de carne repleto de veneno, aunque lo hubiese moldeado Cellini?».
«¡Dios las maldiga! ¡Frívolas e impuras
Guardan tal vez el cuerpo con recato,
Como un vaso de Sèvres donde humean

Hiedras ardientes y espantosos trasgos».

(Ausente). «Vagabundo y como sin objeto anda el ser vivo por la tierra si no tiene, en cada encuentro rudo, para su frente sudorosa y herida, asilo en algún seno de mujer».

CARMEN. *(Herida, sarcástica)*. ¡No me hagas reír!

PEPE. *(Volviéndose al público)*. Así, en un día, dejan de amar los hombres a la mujer que quisieron entrañablemente, cuando un acto claro e inesperado les revela que en su alma no existe la dulzura y la superioridad con que la invistió su fantasía. *(Enloquecido)*.
«Como fiera enjaulada...
Como cuerdas heridas, tiemblo y vibro,
Y ruge y muerde el alma atormentada,
Como en cuerpo de mármol encerrada».
(Retorciéndose. Intenso juego corporal).
«Venid, tábanos fieros,
Venid, chacales,
Y muevan trompa y diente
Y en horda ataquen,
Y cual tigre o bisonte
Sítienme y salten!
¡Por aquí, verde envidia!
¡Tú, bella carne,
En los dos labios muérdeme:
¡Sécame: mánchame!
¡Por acá, los vendados
Celos mortales!».

CARMEN. ¡Termina, Pepe! Estoy muerta, muerta y enterrada y solo quiero que me digan: descansa en paz. Ponle la pistola a Lucía en la mano, como en la novela, y acaba de una vez.

LUCÍA. Había que acabar con Sol y la idea se me había metido en la cabeza y no podía salir. Él mismo me había metido el crimen en el cráneo, no entiendo por qué, pero las sienes me latían cuando pensaba en ello. Me había convertido en una mujer fatal y siniestra que tenía que llevar las cosas a sus últimas consecuencias. *(Avanza hacia el centro del escenario, en dirección hacia donde está Pepe)*. Lo recuerdo claramente. Las pistolas estaban en una cesta... Él me había vestido de negro, de luto... O de un rojo sangriento... No recuerdo bien... Predestinada, desde la primera página, condenada, encerrada... Liberarme de una vez... Salir de aquel callejón sin salida.

Lucía ha tomado una pistola imaginaria y parece apuntar a Pepe. Él se lanza sobre ella y evita que dispare. Todo muy rápido.

PEPE. ¡No, como en la novela no! ¡Como en Dos Ríos! ¡Cómo en la vida! ¡Con Cuba y con nada más que con Cuba! *(Apagón rápido)*.

ESCENA XVIII

Oscuro total. Poco a poco entran compases del primer movimiento de la sonata op. 54, N. 22, para piano, de Beethoven, que se disuelven en la música del aria «Non pio andrai» de Las bo-

das de Fígaro de Mozart, cuando el protagonista dice «delle Belle turbando il riposo», sin que se escuche la letra, de donde se pasará a los acordes del Himno Nacional de Perucho Figueredo, sin la letra, que se disolverán finalmente en «El Mambí», de Luis Casas Romero, que cerrará la obra. Todo esto coordinado con los galopes de un caballo, que evocarán los latidos del corazón, reiterándose este «diseño melódico», a modo de «concierto», hasta el final de la pieza donde se escuchan descargas de balas. Recuérdese que los textos martianos aparecen entre comillas y los que no lo están corresponden al autor de la obra.

MARTÍ. *(En la penumbra, acercándose).*
    Dos Ríos que en el Cauto se desbordan.
    Sin tiempo y sin espacio y sin recuerdo.
    Torrente y furia: Cópula final de sangre y fuego
    (Luz cenital sobre Martí, centro de la escena).
    «¡Por fin potente mi robusto brazo
    Puede blandir la dura cimitarra,
    Y mi noble corcel volar ya puede
    ligero entre el fragor de la batalla!
    ¡Por fin mi frente se orlará de gloria;
    Seré quien libre a mi angustiada patria!
    ¡Y el opresor se humillará ante el libre!
    ¡Y el oprimido vengará su mancha!».
    «¡A luchar, con los brazos, con los dientes!
    ¡A luchar con las aguas y las fuentes!
    ¡A luchar con las ondas de los ríos!».
    «¡Que de un gran pueblo la cólera despierta!».
    (Transición).
    Me despojo de todo:
    De riendas y de bridas,
    De besos, brazos, cuerpos,
    Encuentros, despedidas,
    Mas nunca de palabras.
    De esa lucha voraz
    Que nos despoja.
    En un corcel de fuego
    Encuentro el río que me da la vida.
    «Yo quiero salir del mundo
    Por la puerta natural:
    En un carro de hojas verdes
    A morir me han de llevar».
    Lo que en un principio fue,
    Ahora termina.
    Vuelve el sol al sol,
    Me besa la guadaña.
    Sin ayer, ni ahora, ni mañana.
    Enigma soy

Volcán que ama.
En aire, tierra y ala.
Mi único amor, total y verdadero,
«Es el que siempre he sentido por la Patria».
(Pausa. Se intensifica el galope).
«No me pongan en lo oscuro
A morir como un traidor:
¡Yo soy bueno, y como bueno,
Moriré de cara al sol!».

Descarga cerrada de balas. Martí cae.

Oscuro total.

ANOTACIÓN SOBRE EL MONTAJE

Un objeto de deseo se estrenó el 20 de enero del año 2006 en una producción de Pro Teatro Cubano dentro del contexto de congreso «Celebrando a Martí», bajo la dirección de Maro Salas Lanz, con Nattacha Amador en el papel de Carmen, Jorge Hernández en el de Martí y Lucía de Yamilé Amador. La cubierta del programa y el afiche oficial fue diseñado por el pintor catalán Josep Lloveras de Reina. El montaje fue excelente. Salas Lanz hizo cortes en cuanto a la concepción intertextual de la obra, pero su trabajo de dirección fue impecable. Transformó la interpretación melódica de la obra, particularmente en lo que respecta al concierto de Liszt, con su propia musicalización, que la cubanizó melódicamente, lo cual funcionó muy bien y para gusto del espectador. No obstante, mi aproximación textual teórica se basaba en el cosmopolitismo martiano, que era un hombre de su época. La concepción coreográfica de muchas secuencias se mantuvo, inspirando a Lloveras de Reina a diseños gráficos, ya que concebía la obra como un ballet.

TIRANDO LAS CARTAS

2009

Personajes

Ella
Él

Cámara negra.

Dos sillas, una mesita con las cartas de la baraja.

Una pantalla donde se puedan proyectar las cartas de la baraja

Nota Del Autor

Hay una relación intertextual entre Los acosados, La navaja de Olofé, La soga y Tirando las cartas. Los acosados es una obra seminal que viene a ser un punto de partida que ubica a los protagonistas en los cincuenta, a los cuales retomo en Tirando las cartas, en plano de montaje intertextual con algo de teatro dentro del teatro, ya que la vinculo a un montaje en Cuba, dentro de un supuesto re-encuentro, ya para el siglo xxi. Así que cubre República, Revolución y Exilio, en torno también a un hipotético montaje de La navaja de Olofé en Cuba. En las producciones que hizo Mauricio Rentería en Madrid de Los acosados y La navaja de Olofé, montó también La soga, que puede servir de puente entre una obra y la otra, y que utilizo aquí como punto de referencia para iniciar Tirando las cartas. En realidad, como ya La navaja de Olofé reaparece como intertexto en Tirando las cartas, un montaje ideal podría estar formado por un tríptico que empiece en Los acosados, siga con La soga como puente escénico y termine con Tirando las cartas. También podría formarse un díptico dramático entre La navaja de Olofé y Tirando las cartas. La idea de la sábana representando una tela de araña viene del montaje de La navaja de Olofé que hizo Mauricio Rentería en Madrid en el 2008.

Al frente, una soga donde el protagonista se está ahorcando. Ella corre hacia donde está él y corta la soga con una navaja.

ELLA. Basta, basta, no sigas.

El cae en una silla, medio muerto.

ÉL. *(Temblando).* ¡La soga! ¡La soga!
ELLA. ¿Has perdido el juicio o estás haciendo teatro? Me has dado un susto tremendo.
ÉL. ¿Y el que me he dado yo? No podía respirar. ¡Tenía que ahorcarme! Era un torniquete que me estrangulaba. Creía que por esta vez… ¡coño…! ….estiraba la pata.
ELLA. *(Tira la soga sobre la mesa donde estaban las cartas).* Esa soga ha fastidiado bastante.
ÉL. ¿Y la navaja?
ELLA. ¿Qué navaja?
ÉL. La que tienes en la mano.
ELLA. *(Ella la mira desconcertada).* No sabía qué hacer. Me puse a buscar como una loca y abrí la gaveta…
ÉL. ¿Qué gaveta?
ELLA. La del juego de cuarto…
ÉL. ¿Pero todavía tenemos el juego de cuarto? Yo creía que el juego de cuarto lo habíamos dejado en Cuba… Se quedaron con todo… El juego de cuarto… El traje de novia… Las obras de teatro… Las caretas… ¡Todo!
ELLA. Las caretas no.
ÉL. ¿Cómo que no? Cuba es el país de las caretas, aunque no haya carnaval.
ELLA. En todo caso, la navaja estaba en la gaveta de la cómoda.
ÉL. Ese juego de cuarto no hace más que joder.
ELLA. Pero esta vez te ha salvado la vida…
ÉL. Creía que habías botado la navaja después que hicimos la obra.
ELLA. ¿Qué obra?
ÉL. *La navaja de Olofé.*

En la distancia se escuchan instrumentos de percusión, música afrocubana que podrá ir y volver a lo largo de la obra, como un eco.

ELLA. ¿Cómo la iba a botar si querías montarla otra vez?

ÉL. Tú sabes que esa navaja no me hacía la menor gracia.

ELLA. Pues tú fuiste el de la idea.

ÉL. ¿Qué idea…?

ELLA. La de volver a montarla. La de llevarla a Cuba y ponerla de San Antonio a Maisí… En el Milanés de Pinar del Río… El Sauto de Matanzas… El Terry de Cienfuegos… Y el Nosequé de Jatibonico…

ÉL. ¿Con el trabajo que nos dio?

ELLA. De La Habana a Santiago de Cuba. ¡Hasta en Cifuentes y Sagua la Grande! Y en Miami, naturalmente. ¡El montaje de las dos orillas! Como tú sabes, en Miami se hace mucho teatro. Y en Cuba, ¡ni se diga!

ÉL. ¡Ni lo sueñes! Fue un dolor de cabeza.

ELLA. *La navaja de Olofé* no dice nada malo.

ÉL. ¿Cómo tú lo sabes?

ELLA. Bueno… quiero decir… no es un texto político.

ÉL. En Cuba político puede ser cualquier cosa… El arroz con pollo o el café con leche.

ELLA Bueno, eso fue lo que dijiste, pero como hoy te sales con una cosa y mañana con otra. Después de todo nos sabemos el texto de memoria y ahora que ha aparecido la navaja… Sería una lástima no volverla a poner…

ÉL. Pero cortaste la soga.

ELLA. Para ahorcarse sogas son las que sobran. Tenía que hacerlo, porque de lo contrario no ibas a montar nada.

ÉL. Yo creo que tú te traes algo entre manos.

ELLA. *(Todavía con la navaja en la mano).* Si te refieres a la navaja…

ÉL. Cuando te vi venir creía que venías a cortármelos.

ELLA. Pues estabas equivocado. *(Se acerca. Cariñosa).* Lo que venía era a salvarte.

ÉL. A mí no me beses con la navaja en la mano. Ya viste lo que pasó en la obra.

ELLA. *(Deja la navaja en la mesa del Tarot).* Pero esto no es teatro.

ÉL. Todo es teatro.

ELLA. *(Con un gesto. Se incrementa algo la música).* ¡Calla! ¿No lo oyes?

ÉL. Yo no oigo nada.

ELLA. Pues te estarás quedando sordo, porque los cubanos llevamos la música en la sangre… Los bastones de ritmo… Los tambores de madera… Los sonajeros de calabaza…

ÉL. ¿Y eso que cosa es? ¿Las maracas?

ELLA. Los brazaletes de cascabeles… Los crótalos y los platillos… Presta atención, escucha.

ÉL. ¿Qué es lo que te propones?

ELLA. Regresar

ÉL. ¿Adónde?

ELLA. A Cuba.

ÉL. ¿Para qué quiero volver a ese país que tanto daño nos ha hecho?

ELLA. Porque somos cubanos.

ÉL. Cuba es un punto…

ELLA. Porque no la podemos olvidar…

ÉL. *(En un vacío).* Cuba es un punto… en el desierto… de la memoria…

ELLA. ¿Cómo es posible que digas eso?

ÉL. Esto es nuestro.

ELLA. ¿Qué cosa?

ÉL. Tú y yo. Nosotros. No tenemos que ir a ninguna parte.

ELLA. Yo creía que el teatro lo representaba todo para ti.

ÉL. No todo.

ELLA. ¿Ensayamos? ¿Lo hacemos? No te olvides que *La navaja de Olofé* fue un éxito y en Cuba no se ha estrenado todavía. Enviaste el DVD y es posible que te contesten. Han pasado muchos años y las cosas se olvidan…

ÉL. ¿Cuántos…?

ELLA. Bueno, exactamente no te sé decir. Hay cosas de las que no me acuerdo… Pero, ya tú sabes…. La reconciliación… El reencuentro…

ÉL. Si te he visto no me acuerdo…

ELLA. No has cambiado nada. Siempre piensas lo peor y mira a donde hemos llegado.

ÉL. Precisamente. Las cosas no son como parecen. Los cubanos tenemos memoria de elefante.

ELLA. ¿Y eso qué quiere decir?

ÉL. Que no se nos olvida nada.

ELLA. ¿Quién te dijo eso? El elefante no recuerda lo que hizo ayer y no tiene ni idea de lo que hará mañana. Si no se nos olvidara nada no estaríamos donde estamos.

ÉL. ¿Y dónde estamos?

ELLA. En un limbo. Ni aquí ni allá. Ni antes, ni después, ni ahora. Somos atemporales. Sin espacio, sin tiempo y sin nada. Una mano alante y otra atrás.

ÉL. Cuando uno se va de Cuba es para no volver.

ELLA. Eso era antes.

ÉL. Bueno, sucederá mañana porque el verano está cerca.

ELLA. Déjate de retórica. Te dices y te contradices. Te has pasado la vida diciendo todo lo contrario. ¡Que si Cuba! ¡Que si el teatro! ¡Que si Cojímar y la playa de Varadero!

ÉL. ¿Y la Plaza de la Revolución? ¿Y el último combate y mañana es el desfile?

ELLA. Eso ya pasó. ¿Quién se acuerda de eso? Olvídate. Ahora se están tendiendo puentes.

ÉL. Que se estarán cayendo.

ELLA. Eso no lo sabemos.

ÉL. Eso lo dices porque no has pasado lo que yo he pasado… Cuando me hicieron el juicio sumario…

ELLA. ¿Qué juicio sumario? No inventes.

ÉL. A mí no se me ha olvidado. Lo recuerdo al dedillo. Estuve entre la horca y la guillotina, entre la espada y la pared, muerto y en el cementerio. No te puedes imaginar lo que fue aquello.

ELLA. Eso es una exageración.

ÉL. Porque no lo viviste. Los cubanos son ojos para no ver y concierto para sordos. ¿No conoces esa historia de la gente que en el momento de morir recuerda toda su vida y la vive de nuevo para morirse otra vez y empezar a vivir lo que ya había vivido como en el cuento de la buena pipa? Cuando me ahorqué….

ELLA. Bueno, ahorcarte, exactamente ahorcarte, no te has ahorcado todavía. ¡No me hagas reír!

ÉL. ¿Reír? Eso no tiene la menor gracia. Una verdadera tortura, un suplicio de Tántalo, o de lo que sea. Si no hubieras cortado la soga, lo estaría viviendo de nuevo.

ELLA. De todos modos…

ÉL. ¡Coño! ¡No jodas! Oye lo que te digo, para que lo comprendas. *(Entrando en situación)*. Estaba en el cementerio de Colón y en un minuto pude verlo todo, porque ya estaba muerto. ¿Te das cuenta? ¡Te aseguro que se me pusieron los pelos de punta! *(Delirante)*.

No sabía cómo había llegado a aquel lugar herméticamente cerrado donde no se podía respirar. Era una caja de tortura completamente sellada donde no existía la posibilidad de ir a ninguna parte, sin escapatoria de ningún tipo…

ELLA. ¿Te has vuelto loco?

ÉL. *(Desquiciado)*. Oye. Escucha. La investigación se había desarrollado de una manera precisa, como una ecuación matemática, pitagórica… Dos y dos son cuatro… No podía decir ni que sí, ni que no, porque siempre quedaba mal y la cabeza me la iban a cortar de todos modos. Los números, tú sabes. «¿Culpable? ¿Culpable de qué?», le dije sin abrir la boca. ¿Condenado a muerte? ¿Acaso me aplicaban la ley de fuga y de un momento a otro la metralla me entraría por el omóplato y me saldría por el corazón? ¿Patria o Muerte? ¿Viva Cristo Rey? ¿Venceremos? No podía saberlo mientras corría por aquella pesadilla circular. ¡Con la Revolución todo! Como es natural, me mandaron al cementerio.

ELLA. Te lo advertí. Te lo dije mil veces. En boca cerrada no entran moscas…

ÉL. ¿Callarme yo? Tú me conoces. A mí no hay quien me ponga un tapón en la boca.

ELLA. Y ahí tienes el resultado… El pez por la boca muere… No se puede decir todo lo que uno piensa…

ÉL. Radio bemba…

ELLA. Pasó lo que tenía que pasar… Te advierto que con ese argumento nunca podrás estrenar en Cuba…

ÉL. Las cosas son como son, ¿no es cierto? Se formó una empujatiña, un alboroto tremendo. ¡Otra vez, todo aquel barullo…! ¡La cabeza estaba a punto de explotarme! Porque en el Cementerio de Colón no hay un minuto de silencio…

ELLA. Bécquer decía… ¿te acuerdas? «¿Vuelve el polvo al polvo?/ ¿Vuela el alma al cielo?/ ¡Dios mío, Dios mío! ¡Qué solos/ Qué solos se quedan los muertos!». A mí me parecía muy romántico y muy bonito.

ÉL. No te olvides que estaba en un cementerio cubano y que los cubanos hacemos mucho ruido.

ELLA. Declarado Patrimonio de la Humanidad…

ÉL. Claro, es lógico… ¡Con los muertos que tiene!

ELLA. Muertos de todas clases y de todo tipo. ¡No te puedes quejar! ¡Una gloria de Cuba!

ÉL. Ya te puedes imaginar, porque allí no se puede decir aquello de «en paz descanse» y «la paz de los sepulcros…».

ELLA. Bueno, eso me lo explico, porque en Cuba…

Se escuchan, indistintamente y de forma disonante, acordes de música cubana, incluyendo las comparsas y referencias musicales procedentes del texto. Esta secuencia puede acortarse o alargarse, porque está concebida como monólogo en manos de un actor dispuesto a trabajarlo escénicamente y sacarle el mejor partido.

ÉL. ¡Escucha! Cuando llegué, me recibieron las tres virtudes teologales, Fe, Esperanza y Caridad, todas vestidas de mármol de Carrara. *(En plano de actuación)*. «Creía que no ibas a llegar nunca», me dijo Caridad. Esperanza, por su parte, sonrió y agregó: «Caridad es un alma de Dios, pero a veces le falta la Fe». «No es para menos, ya te puedes imaginar lo que hemos visto desde esta posición privilegiada. Porque los cubanos siempre se han tirado a matar. Además, la ciudad se cae a pedacitos y yo pensaba que nos íbamos a caer de un momento a otro». «¡Qué tontería! Lo último que se pierde es la Esperanza», dijo Esperanza, que era una bromista empedernida…

ELLA. *(Doblándose de la risa)*. ¡Calla, calla, no me hagas reír!

ÉL. ¡Lo que tú oyes! Como era la época de los carnavales...

ELLA. ¿Los carnavales? Debías tener *La navaja de Olofé* en la cabeza. Esa obra la tienes entre ceja y ceja, pensando que Olofé te tiene ojeriza.

ÉL. ¿Y por qué me iba a tener ojeriza?

ELLA. Porque me tienes a mí.

ÉL. No te olvides que fui yo quien lo llevó a escena.

ELLA. Bueno, eso no quita.

ÉL. En todo caso... Eso pensaba yo, que a lo mejor Olofé estaba metido en aquel tinglado, porque Olofé se mete por todas partes. Entonces fue cuando empecé a oír acordes pachangueros, porque ya tú sabes como a los cubanos nos gusta la música, los tambores, los güiros, las claves...

ELLA. ¡Y los instrumentos de percusión....!

ÉL. ¡Los timbales! Y un par de maracas, naturalmente.

ELLA. *(Atacada de la risa)*. ¡Calla! ¡Calla!

ÉL. El Ángel del Silencio nos mandaba a callar a todos, pero nadie le hacía caso... Me parecía oír de lejos aquello de... *(Cantando y echando un pie)*. «¡Ay, caballero, esto le zumba tan pronto sintió la conga el muerto se fue de rumba!». Daba ganas de bailar, de echar un pie. Pero a la verdad pensé que el lugar no se prestaba... Al principio no me di por enterado, pero como poco a poco fueron entrando los esqueletos rumberos que se veían venir por el fondo de la Avenida Central, bailando y deshuesándose todos... No venía mal, justo es decirlo, porque empecé a estirar las piernas... Es un decir, claro, porque era puro esqueleto. Poco a poco se empezaron a entremezclar la rumba, el guaguancó, la conga, el danzón, el son, el mambo y el chachachá, con la plana mayor de la música cubana... *(Entonando algo de lo que sigue)*. De Hubert de Blank a Rita Montaner cantando «El Manisero», y a Joseíto Fernández tocando «La Guantanamera»... Se creó un concierto que iba del Areíto a la Nueva Trova, los clásicos y los populares, todos como vinieron al mundo. ¡Qué espectáculo! ¡Qué orquesta, Santo Dios! ¡Aquello era un concierto para sordos! Sin contar los más patrióticos, que tarareaban el himno nacional *(tararea)* pero que sin darse cuenta paraban en la Internacional.... *(Tararea, paródico, del Himno Nacional a la Internacional)*.

ELLA. *(Atacada de la risa)*. ¡Calla, por favor, que hay que respetar a los muertos y a nuestra música, que tan famosos nos ha hecho! ¡No sigas! ¡No te metas con ellos!

ÉL. *(Cada vez más entusiasmado y delirante)*. Cuando salieron las comparsas aquello fue el acabose. *(Cantando. Dando unos pasos)*. Al son de «siento un bombo-mamita me está llamando-son los dandis», aparecieron unos esqueletos vestidos de etiqueta y con sombreros de copa. Se supone que fueran negros, pero como no tenían piel y estas comparsas se habían puesto de moda entre la alta sociedad, bien puede que se colaran algunos blancos...

ELLA. ¿Y «Los alacranes»?

ÉL. No podían faltar. Se contorsionaban al filo del machete mientras entonaban aquello de «no se asusten cuando veas/ al alacrán tumbando caña/ costumbre de mi país, hermano». *(Baila, se contorsiona)*. Puro surrealismo. Era de ver aquellos esqueletos rumberos entre vírgenes y cristos crucificados.

ELLA. Algo así como entre Tropicana y el Conjunto de Danza Nacional.

ÉL. ¡Tú lo has dicho! ¡Me quitaste las palabras de la boca! Como todo el cementerio se fue llenando de aquella alegría carnavalesca, el ritmo del bongó fue acentuando los movimientos y enardeciendo aquellas partes que habían pasado a mejor vida. Cuando hicieron su aparición «Las bolleras» se formó una algarabía de apaga y vámonos, provocando la más absoluta desesperación de las falanges. Fue entonces cuando los esqueletos se dieron cuenta que les faltaba el instrumento musical que más necesitaban y sin el cual no hay música que valga.

ELLA. ¡Qué chusmería!

ÉL. ¿Chusmería? Aquello era la gran tragedia nacional, porque nos habíamos quedado sin la flauta y las maracas... Al ritmo de «bolleras somos, no lo podemos negar», toda la necrópolis se sintió recogida de arriba abajo por una sacudida espasmódica y una respiración entrecortada que anticipaba el más luctuoso de los orgasmos.

ELLA. No me irás a decir que llevarán eso a escena.

ÉL. ¡Imposible! ¿Cómo hacerlo? Aquello era una danza de la muerte que se le escapó al ballet de Cuba... Cuando entonaron aquello «del tiempo aquel, que queremos recordar», era pura internalización, como si al añorar el tiempo antaño reconocieran que se les había olvidado todo y que les faltaba lo principal.

ELLA. *(Muy teatral).* Pero eso si es un ejercicio de actuación. Una creación colectiva que acabo en danza de la muerte. *(Riéndose).* No, no. Eso no hay modo de llevarlo a escena. Eso es irrepresentable. ¡Ni en Teatro Estudio!

ÉL. ¡Pura tragedia griega! *(Manteniendo un doble nivel, entre lo trágico y lo paródico, hasta el distanciamiento brechtiano).* La memoria luchaba por revivir el recuerdo, y en particular revivirlo como se revive a un muerto. Desesperadas, las bolleras estaban a punto de desplomarse, pero no fue hasta que cantaron «sí señor, yo traigo el bollo caliente...». que se formó un verdadero pandemonio con aquel «bollo caliente» que no se podía comer. Enardecidos más y más por la música de las bolleras y un centenar de melodías que no hablaban de otra cosa, por aquel chachachá de la engañadora que no podía engañar o por la chiquita que iba por Prado y Neptuno que todos los hombres querían mirar, los esqueletos se golpeaban y se deshuesaban, esparciéndose por todo el cementerio. Allí no había ni cuando calienta el sol ni mulata con cola, ni camarera del amor, ni alardoso, ni tres lindas cubanas ni calculadora ni caimito y marañón, ni cañonero ni nena me muero, ni más y más ni cuba cubita cubera, porque aquella música se había vuelto un réquiem y todos éramos el mismísimo Ikú que llevamos por dentro.

ELLA. ¡Qué exageración! ¡Qué dramatismo! Sin contar que es más largo de la cuenta. Tienes que cambiar el texto, porque aunque las cosas no sean las mismas, no se habrá llegado a tanto.

ÉL. ¿Que no se ha llegado a tanto? A tanto y a mucho más. ¡Y en Miami, ni se diga! ¡Viva la chusmería!

ELLA. El reencuentro... El discurso de las dos orillas...

ÉL. No, no, conmigo no cuentes. ¿No somos felices? ¿Por qué vamos a complicarnos la vida? ¿Qué garantía tenemos? Aquí estamos bien... No nos falta nada... La Calle Ocho... La Carreta... El Versailles... Sedano's... Navarro... Radio Mambí... ¡*El Nuevo Herald*!

ELLA. ¡Los pastelitos de guayaba!

ÉL. ¡Y la pizza cubana!

ELLA. Pero, ¡Cuba...! El Parque Central... El Malecón... La Rampa... La playa de Varadero...

ÉL. Entonces, ¿tú crees que sea posible que podamos reclamar lo que nos quitaron cuando nos fuimos de Cuba?

ELLA. La verdad es que nosotros no teníamos nada...

ÉL. ¡¿Que no teníamos nada?! ¿Y qué me dices del juego de cuarto que nos costó un ojo de la cara?
ELLA. Bueno, eso fue otra cosa. ¿Quién lo tendrá? Porque recuerda que era de una madera excelente, de esas que duran toda la vida. De hasta que la muerte nos separe...
ÉL. Tendremos que buscarlo... Se levantarán actas... Se harán investigaciones... No descansaremos hasta que podamos recuperarlo...
ELLA. ¿Y el traje de novia?
ÉL. Bueno, en ese caso me temo que se lo han comido las polillas.
ELLA. ¡Sabe Dios cuántas novias se casaron con él!
ÉL. ¿Y aquellas vacas que yo tenía en Camagüey? Las que metí en una obra de teatro cuando vino la reforma agraria y se quedaron con ellas? ¿Adónde habrán ido a parar?
ELLA. Me temo que...
ÉL. ¡Partir o quedarse! *That is the question*, como decía Shakespeare. El ser o no ser de todos los cubanos.
ELLA. *(Gesto para que haga silencio).* ¡Calla! ¡Escucha!

En la distancia se va escuchando una música afrocubana y una melodía, su propia voz en off, que ella empieza a tararear en escena.

ELLA. *(En off).*
  Oculé Mayá, oculé Mayá,
  negro prieto, ¿dónde estás?
  Oculé Maya, oculé Mayá,
  negra prieta, ¿dónde tú vas?
ÉL. ¿Qué cosa?
ELLA. ¡La música! ¡Los tambores, los timbales y las maracas!
ÉL. *(Tapándose los oídos).* Estoy sordo como una tapia.
ELLA. *(Entusiasmada).* Ensayemos.
ÉL. ¿Hacer teatro?
ELLA. Naturalmente
ÉL. Ha pasado mucho tiempo.
ELLA. Es por eso que nos sabemos la obra al dedillo.
ÉL. Pero confundimos algunos textos.
ELLA. Eso es natural. Como sabemos tantos, se nos va de una obra a la otra. A los grandes actores siempre les pasa así.
ÉL. ¿Quién te ha dicho tamaño disparate? Imagínate: Ricardo III diciendo el monólogo de Hamlet. Lady Macbeth recitando los versos de Ofelia. No habrá quien lo entienda.
ELLA. En la vida real eso pasa muchas veces. Por eso nos llevamos tan mal. Pero, a la verdad, solo hay que ponerse en situación y escuchar lo que otro está diciendo. Dejarse llevar por el texto. Así de simple. Tú mismo lo has dicho, porque de lo contrario todo se dice de carretilla. Oye. Escucha. Presta atención.

Vuelve la música y el estribillo.

ELLA. *(Canta, todavía por lo bajo).*
  Oculé Mayá, oculé Mayá,

negro prieto, ¿dónde estás?
Oculé Maya, oculé Mayá,
negra prieta, ¿dónde tú vas?

ÉL. *(Ofreciendo resistencia)*. No, no, no quiero hacerlo. Me estás haciendo trampa.
ELLA. *(Insinuante. Lo atrae. Lo besa)*. Cuba soy yo.
ÉL. *(La besa)*. Precisamente. Es por eso que no tenemos que ir a ninguna parte.
ELLA. Ofreces resistencia.
ÉL. La mujer fatal. La perdición de los hombres. El arma de doble filo.
ELLA. Olofé…
ÉL. No estés tan segura.
ELLA. Judith con la cabeza de Holofernes.
ÉL. Salomé con la de San Juan Bautista.
ELLA. ¡Una tragedia griega!
ÉL. ¡Teatro! ¡Puro teatro!
ELLA. Hay que decidirse. No podemos quedarnos con los brazos cruzados. ¿Volvemos o nos quedamos?
ÉL. Habrá que ver lo que dicen los caracoles.
ELLA. Tira las cartas.
ÉL. El tarot lo dice todo y no tiene pelos en la lengua.

Van a la mesa del Tarot. Empiezan a tirar las cartas, que aparecen en pantalla al fondo del escenario. Ambos participan en el juego. Aunque tiran las cartas, esto no quiere decir que tengan que permanecer sentados todo el tiempo. Él, en particular, se mueve de forma acelerada. Ella, más pausada, llevará el control de las cartas. El director jugará libremente con este concepto. Es una secuencia rítmica. Las cartas en pantalla corresponderán con la descripción de los personajes y cualquier diseño es posible en concordancia con el texto.

Carta en pantalla: «Dragón, fuego, hombre». Se ve en pantalla.

ÉL. *(Tira la carta)*. Esto pinta mal. Mira, mira… Un dragón que lanza fuego está a punto de tragarse todo lo que tiene por delante. Todo lo destruye y como el caballo de Atila donde pone sus patas y su lengua lo arrasa todo y no crece más nunca la yerba…
ELLA. *(Agresiva)*. El fuego se combate con fuego.
ÉL. Si me alcanza con la lengua arderé en un instante y me convertiré en cenizas.
ELLA. ¡No te quemarás! Utiliza las mismas armas y acabarás con él. *(Agresiva)*. El fuego se combate con el fuego.
ÉL. *(Retrocediendo)*. ¡Solavaya! No estoy seguro… No puedo…
ELLA. *(Acercándosele, decidida)*. Tu astucia es el fuego mismo y acabarás ganando la partida. Tenemos que volver.
ÉL. *(Negativo)*. No puedo hacer nada, no daré en el blanco.
ELLA. *(Racional, insistente)*. No te dejes vencer. Piensa lo que dices y lo que haces. Utiliza las mismas armas y serás tú el que lo ponga en un callejón sin salida. Darán marcha atrás y caerán en su propio infierno. EL fuego se combate con el fuego.
ÉL. Estoy envuelto en llamas porque me han llevado a la hoguera y piden que me retracte, que dé mi brazo a torcer.

ELLA. *(Gira la carta)*. Eso está muy visto. El litigio, la lucha, la pelea, la contienda, la riña, la guerra, han terminado.
ÉL. ¿Volver para qué? Nada tiene sentido. Uno vive lo suyo y después se muere. Se acabó lo que se daba.
ELLA. Nadie te quita lo bailado.
ÉL. Perdóname, mi amor. Pero eso se llama comer mierda.
ELLA. Renueva tus fuerzas. Olvida. Recuerda que el fuego todo lo purifica.

El saca otra carta: «La cacería». Se ve en pantalla.

ÉL. El tiempo de cacería y persecución ha comenzado y los cañones de nueve rifles se dejan ver. El cazador apunta a un pájaro por la mirilla telescópica. *(Como si fuera la víctima ante el paredón)*. ¡Apunten! ¡Fuego!
ELLA. *(Desdeñosa)*. Eres un pájaro de mal agüero. Piensas lo peor y por eso nadie viene a que le tires las cartas, porque siempre te bajas con malas noticias. *(Impulsándose para que se esconda)*. ¡Escóndete entre los matojos! ¡No dejes que te maten!
ÉL. *(Gestualizando el texto)*. ¡No puedo! ¡Ni para adelante, ni para atrás! ¡Ni para la derecha, ni para la izquierda! ¡Si me muevo, me matan! ¡Y si no me muevo también! *(Cayendo de rodillas)*. Ese pajarraco de mierda soy yo, ¡coño! Ese cabrón me pegará un tiro de momento a otro.
ELLA. *(Impulsándola a hacer lo que dice)*. Huye, escapa, vuela. No te quedes ahí.
ÉL. Nada... *(Dando vueltas en un callejón sin salida, argumentando)*. Ruina económica y material... Mala salud... Presagios de mala muerte. ¡Infortunios de toda índole! ¡Estoy atado de pies y manos! Preocupaciones... Sufrimientos... Presiones... Peligros por todas partes... ¡Resolver! ¡Resolver! ¡Resolver! ¡El arroz! ¡La yuca! ¡Los frijoles!
ELLA. *(Gira la carta)*. ¡Basta! ¡Basta! ¡Basta!

Otra carta. «Diez pájaros muertos». Sale en pantalla.

ÉL. ¿No te lo dije? Aquí no se puede confiar en nada ni en nadie. Diez pájaros muertos yacen en el suelo, sus alas se llevan ilusiones y sueños que no podrán hacerse realidad.
ELLA. ¡No le hagas caso! Todo pasará y todo tiene solución. No hay mal que dure cien años ni cuerpo que lo resista.
ÉL. *(Desarticulándose)*. Partido por la mitad... Desmembrado... Hecho pedacitos...
ELLA. *(Gira la carta)*. No te dejes vencer. Haz como el Ave Fénix... Hay que ver las cosas de otra manera... El hombre nuevo... La mujer nueva... La creación colectiva y la construcción del socialismo...
ÉL. ¡Dios me ampare!

Él tira otra carta: «Un balsero entre tiburones»: Sale en pantalla.

ÉL. *(Se lleva las manos a la cabeza)*. No hay salida. ¡Ni por tierra ni por mar! Un hombre en medio del agua, en medio de una tempestad de rayos y centellas, norte, sur, este y oeste, rodeado de tiburones dispuestos a despedazarlo.
ELLA. ¿Un balsero? Te dije que tuvieras paciencia porque a lo mejor te sacabas la lotería.

ÉL. ¿La lotería?

ELLA. La suerte es loca y a cualquiera le toca.

ÉL. ¡Coño, dale la vuelta, porque esos tiburones lo que quiere es meterme el diente! ¡No te hagas ilusiones! ¡Mira la jeta esa!

ELLA. *(Gira la carta)*. Cálmate. Verás como todo se resuelve de un momento a otro. No te pongas así, porque ya ha pasado lo peor. Las medidas tomadas a tiempo producen un profundo alivio. El ciclo ha terminado y hay que prepararse para una mejor vida… Tengo la impresión…

ÉL. ¡No te hagas ilusiones! Mira esta.

ELLA. ¿Cómo?

ÉL. Lo que tú ves.

Él se apresura y tira una carta. Sale en pantalla. Se ve Ikú.

ÉL. ¡Ikú! ¡Coño!

ELLA. Dios aprieta pero no ahoga.

Ella tira otra carta. La pantalla y todo el escenario se iluminan de una luz cegadora. Es Olofi Olodumare, representado por la luz.

ELLA. ¡Libres, libres, libres! ¡Es Olofi Olodumare! ¡El que viene a salvarnos!

Efecto de luces.

ÉL. ¿Olofi Olodumare?

ELLA. Claro, naturalmente. ¿O es que tú creías que nos iba a dejar así, abandonados? Después de todo, tú escribiste *La navaja de Olofé*. Somos el sueño de Dios. ¡El teatro! ¡El teatro dónde somos libres! Escapábamos por las bambalinas que nuestra imginación había creado ¡Un teatro que no deja de crear más allá de todos los torniquetes y de todos los exilios! ¿Representamos?

ÉL. ¿Qué cosa?

ELLA. *La navaja de Olofé*. Esa obra tuya que vamos a poner en La Habana.

ÉL. ¿Ahora?

ELLA. *(Ella lo besa, seductora, agresiva. Él resiste, pero finalmente cede y se besan apasionadamente)*. Siempre.

Oscuro total. Se escucha música afrocubana en crescendo, más cerca pero todavía fuera de escena indicando una transición, que será en parte una secuencia de «La navaja de Olofé. Se oye el estribillo que ella canta y aparece una sábana con una tela de araña (*). Frente a la pantalla hay una sábana con un colchón con el mismo diseño que hay en pantalla. El escenario se aclara con luces rojizas. Se incrementa la música y después baja cuando se inicia la escena. Debe quedar bien claro que se está haciendo teatro dentro del teatro, pero en ningún momento los personajes deben usar máscaras.

El Hombre, al frente, el torso desnudo, con una navaja, afeitándose, que ella le quitará de la mano. Pueden jugar con este motivo de la navaja a lo largo de la escena.

ELLA. *(Ella, insinuante, para que él entre en situación).* La fiesta... La conga... La rumba... El toque de tambor... ¡Hay que arrollar! ¡Nadie puede quedarse en casa!

ÉL. *(Ofrece alguna resistencia).* La fiesta... La conga... La rumba... El toque de tambor... ¡Hay que arrollar! ¡Nadie puede quedarse en casa!

ELLA. *(Teatral, en situación).* ¡Pero qué lindo era Olofé cuando venía por las nubes! ¡Encuerito y sin taparrabos! La madre, la vieja Olofé, estaba en la nube que ya iba a llover, y le decía llorando, porque eran lágrimas. «¡Tápate el rabito, Olofé, porque las perras te lo van a comer! Y Olofé no lo quería creer, porque Olofé el Padre le había dicho: «Mira, Olofé, no le hagas caso a los cuentos de Mamá Olofé, porque hay rabo, que sigue viviendo aunque se lo corten las lagartijas». Recuerda, Olofé... Haz memoria, negrito lindo...

ÉL. *(Saliendo de situación).* ¡De eso, nada! No lo voy a hacer. Te lo he repetido una y otra vez. No voy a volver a representar esta obra, ni en Cuba ni en ninguna parte. ¡No quiero hacer más teatro! ¿Entiendes?

ELLA. *(En otro tono, para convencerlo).* Entonces fue cuando entendí. Tenía los ojos cerrados pero lo veía todo claramente. ¡El teatro donde éramos libres! ¡Las candilejas, los vestidos, el maquillaje! ¡Las luces, un centenar de luces que venían hacia mí, hacia nosotros, aquello fuegos artificiales de nuestra imaginación! ¡El teatro! ¡La única salvación posible!

ÉL. ¿No te lo dije? No te acuerdas de nada. Cambias los textos. Confundes la situación. Das saltos de una obra a la otra.

ELLA. *(Lo abraza, lo besa apasionadamente, como si fuera un texto con contenido sexual, pero no lo tiene).* ¡Algún día llegará un mundo que no tendrá cobradores! *(Se muere de la risa).*

ÉL. ¿Y eso a qué viene? ¿Te has vuelto loca? ¿Te has vuelto marxista-leninista? ¿A estas alturas? Con lo que pasamos con el período especial. ¡Coño, mi vida! *(Y se pone a cantar y a dar unos pasos).*

Oculé Mayá, oculé Mayá,
negra prieta, ¿dónde tú vas?

ELLA. *(En serio).* Sí, canta, baila, diviértete, ponle la musiquita... Búrlate de mí... *(Acercándosele, insinuante).* Pero, hijo, neno, machón. Eso se oye, se escucha todos los días...

ÉL. ¿Qué cosa?

ELLA. Lo que dice todo el mundo... En la bodega de Pancho, en la carnicería de Felipe, en la quincalla de Paulina... La novela... La novela del mediodía... Lo de todos los días...

ÉL. ¿El abogado que se acuesta con la condesa?

ELLA. El chulito que sube como la espuma y se hace representante por la oposición.

ÉL. ¿La señorita que dejó de serlo por una visita inesperada del tamalero...?

ELLA. Y después adiós... Si te he visto no me acuerdo...

ÉL. Me lo sé de memoria... La escena de celos... Que si hay una señorita decente, de buena familia, la hija del alcalde, a la que por descuido has preñado... Una encerrona... ¿Qué puede hacerse? ¿Es de eso de lo que estás hablando? ¿Volver al punto de partida?

ELLA. Exactamente...

ÉL. Entonces, ¿qué? ¿Nos vamos o nos quedamos?

ELLA. En Cuba... En Cuba se goza de lo lindo.

ÉL. ¿Y aquí que pasa? ¿Es que acaso la gente se pone a llorar?

ELLA. Llueva o no llueva.

ÉL. Coma o no coma.

ELLA. *(Cursi)*. ¡El sueño de Tropicana!
ÉL. ¡La nostalgia del Malecón!
ELLA. ¡Los helados de Coppelia!
ÉL. *(Burlón)*. ¡El reencuentro!
ELLA. *(Besándolo)*.¡Acuérdate que Cuba era el París de las Américas y que Olofé era el King Kong del Caribe!
ÉL. *(Burlón)*. ¡El tema de las dos orillas!
ELLA. *(Melodramática)*. Me siento... entre el Diablo y el profundo mar azul... ¡Entre la espada y la pared!
ÉL. ¡Coño! ¡Mi amor! ¡No seas chusma!

Caen en la cama: erotismo y violencia, reintegrándose al texto de «La navaja de Olofé». Entran en papel.

ELLA. Entonces me di cuenta que ya estaba aquí, en el cuarto, en la cama, más bello que nunca, más bello que nunca a como lo había visto siempre desde mi cabeza. Y me dijo todo aquello que ya tú sabes: «¡Ven, tócame Olofé! ¡Olofé soy yo! ¡Olofé eres tú!». ¡Ven, Olofé, le decía la montaña que estaba partida por el valle! ¡Ven, Olofé, que yo soy Tierra Olofé, la que lo tiene todo. ¡Mira estas cumbres, Olofé, rico, sabroso, chulito de la lengua! Y Olofé era dueño del mundo... Y Tierra Olofé...
ÉL. Cabrón, desvergonzado, hijo de puta... ¡Me estabas pegando los tarros con él!
ELLA. ¡Vamos, déjate de celos, tú sabes que solo te quiero a ti!
ÉL. Hasta que aquella noche yo lo dejé sin cabeza.
ELLA. ¿Aquella noche? No entiendo, Olofé, ¿qué quieres decir?
ÉL. Que me hice el dormido y lo dejé hacer, para que él creyera que yo era él. Me había metido y cuando empezó a silbar «negra prieta, ¿dónde tú estás?»., yo empecé a dejarlo silbar por mi boca para que tú creyeras que yo era él.
ELLA. ¡Qué inmoralidad! ¡Qué historia tan indecente! Y yo así, de inocente, sin darme cuenta. Las mujeres, como siempre, somos juguetes en manos de los hombres... Imposible, imposible... No, no, no pudiste ser Olofé.

El está en la cama. El saca la navaja. Le acaricia el cuello con ella. Encima de ella. Domina la situación.

ÉL. Eso se creía él, pero yo tenía la navaja, y el que tuviera la navaja iba a ser Olofé. El muy canalla... El muy hijo de puta... Me la había escondido... Pero ahora la tenía yo... Ya él no tenía lo que yo quería tener... Afilada, cortante... Entiende, entiende de una vez. No lo reconociste. Porque cuando tú llegaste ya yo tenía puesto lo que no tenía Olofé.

ELLA. ¡No, no, lo que yo quería tener!

Ella lo acaricia, lo seduce, para ganar la partida.

ÉL. ¡Yo tengo lo que no tiene Olofé! Ahora es mío. Ahora lo tengo yo. Ahora yo soy, para siempre, el hijo de Olofé. ¡Yo soy Olofé!

Aparentemente él domina la situación, encima de ella. Forcejean. Pero ella, logra imponerse y lo hace girar, montándolo, jineteándolo, encima de él. La cabeza de él cae hacia atrás, en la cama, hacia el público, invirtiéndose la situación de poder. Ella se apodera de la navaja. Levanta el brazo.

ELLA. ¡Ni te lo imagines! ¡Yo soy Olofé! ¡Eres mío y ya no puedes irte! ¡Yo soy la que tiene lo que tiene Olofé! ¡Yo soy la tierra y el cielo! ¡Yo tengo la espada de Olofé!

A punto de enterrarle la navaja, él la retiene y de nuevo se invierte la situación. El es más fuerte y no la deja. Ella tiene que soltar la navaja. El da un salto navaja en mano y se pone en pie, guardándose la navaja en el bolsillo del pantalón. Se ríe.

ELLA. *(Furiosa, da un salto, se pone de pie).* ¡Eso no vale! ¡Haces trampas! Has cambiado el final de la obra

ÉL. *(Se ríe).* ¡Pero claro que hago trampas! ¿Crees que te iba a dejar que me cortaras los testículos como hiciste en aquel montaje?

ELLA. Eso no tiene la menor gracia.

ÉL. Bueno, que me los cortaras tendría menos gracia todavía.

ELLA. Pero es un gran momento trágico. Judith con la cabeza de Holofernes.

ÉL. *(Burlándose, muerto de la risa).* ¡Salomé con la de San Juan Bautista! ¡Teatro, puro teatro!

ELLA Pero así no sirve… Le quitas toda la trascendencia, todo el pathos… ¿No te das cuenta? Será un fracaso… Un anticlímax….

ÉL. Es el triunfo del amor, ¿no te das cuenta?

ELLA. Entonces… ¿no nos vamos?

ÉL. ¿Para dónde?

ELLA. Para Cuba, naturalmente.

ÉL. ¿Te has vuelto loca?

Se abrazan y se besan. Caen en el lecho.

Oscuro total.

CARAVAGGIO EN MILÁN

Pesadilla paródica bufo-goyesca

2010

Personajes

Caravaggio, pintor
Francisco Sforza, Conde
Lucía Aratori
Carlos Borromero, cardenal
Capitán de la Guardia

Unos farseros, con media careta y al modo de la comedia del arte, que ya habían hecho de las suyas en aquellos grandes disparates, irrumpen en la plaza y suben a un escenario improvisado en el pórtico mismo de la Catedral de Milán, con guitarras y panderetas que funcionan como sonajeros y haciendo más ruido que otra cosa, empiezan a dar brincos y volteretas, hasta que de un lado entra Lucía Aratori de Colombina, de media careta, modosita, pero haciendo carantoñas de fletera callejera. El Capitán de la Guardia, seguido de Polichinela, sale por la puerta de la iglesia. No fue grande la sorpresa de Caravaggio al poder reconocer, por lo que quedaba al descubierto, la madre que lo parió, con las tetas casi al aire, toda pintarrajeada, y Francisco Sforza con un jubón más apretado de la cuenta, causa de una ojeras negras como el carbón, que le daban un aspecto de vampiro lúbrico y siniestro; todo muy manierista.

SFORZA. Buena moza.
CAPITÁN. Entera está ciertamente.
SFORZA. Testigo soy de la boda
    porque de otra manera
    no asomo aquí la cabeza.
CAPITÁN. Tú no te puedes quejar
    que buen banquete te has dado
    con damas y cocineras
    sin contar que tu Constanza,
    con su donaire y estilo,
    se codea entre las bellas.
SFORZA. No creas, que algún trabajo
    me cuesta meterme en ella,
    pues cuando se pone terca
    todas las puertas me cierra.
    ¡Trabajo que me ha costado
    y despliegue de proezas!
    Tratándose de honesta y casta
    no es tan fácil que la meta,
    aunque de ello haya pruebas.
    Como se casó conmigo
    a tan tierna primavera
    mucho miedo le tenía
    a mi endurecida oferta.

(*Refiriéndose a la novia*).
    Además, el manjar que en otra mesa…
CAPITÁN. Cómertelo quizás no puedas.
    Remilgos tiene.
SFORZA. No hay muchos
    que resistan las monedas.
    Aunque sus humitos tiene
    por el lado de Constanza,
    con toda su parentela.
    Donde caerse no tienen
    yo soy quien paga la cuenta.
    Cederá aunque no quiera
    y es muy posible que quiera
    como pasaba con Lope
    en sus mejores comedias.
    ¡Lucha de clases es esta!
CAPITÁN. Es posible que la pierdas.
SFORZA. A la doncella, sin duda.
CAPITÁN. Los albañiles te tienen
    de una a la otra oreja.
SFORZA. Hasta el euro tiene fuerza,
    y a ese cagado palurdo
    no le arriendo la encomienda.
    Usará lo que le han dado
    con consumada torpeza.
    Soy hombre especializado
    con los dedos y la lengua.
    Sin contar con las miradas
    que cerradas conchas abre
    que después sueltan sus prendas.

Sale Caravaggio de entre las columnas, violentísimo, con un puñal en la mano y una espada en la cintura.

CARAVAGGIO. ¡Ese cabrón es mi padre
    que solo piensa en meterla!
    ¡La menor duda no quepa!
    ¡Un cabrón degenerado
    que tiene dinero y fuerza,
    y al que pasa como mío
    hasta los tarros le pega!
    Cabrón más grande que este
    en ningún lugar se encuentra.
    Uno sostiene los tarros
    y el otro mete la verga.

¡Coño, carajo, un hijo
de su misma madre
desde su leche me engendra
y con conciencia de culpa
de fango todo me llena!
Apesto por todas partes
y el asco mismo me quema.
¡De caballero es la ofensa!
Entre la pared y la espada
no hay capa que me proteja.
Solo sacando la mía
metiendo por donde metan.
«Sin esperanza y sin miedo»
que es de mi puñal el lema
y se la entierro a cualquiera.
Un callejón sin salida
sin ventanas y sin puertas
es el foso en que he vivido
y que en el útero empieza.
Como los freudianos dicen,
allí todo mal comienza
donde los penes engendran.

Caravaggio se esconde. Entra Lucía Aratori, la novia, madre de Caravaggio, con una copa de vino. Se acerca a Sforza, modosita, bajando la cabeza.

LUCÍA. Aquí mi marido le envía
esta copita de vino
para celebrar la fiesta.
Sangre de toro se llama
que enardece y la garganta
quema, para saborear mejor
lo que al paladar le tienta.
SFORZA. Es el marido perfecto
y tendrá su recompensa.
(Bebe). ¡Buen sabor tiene!
¡Y bebe por donde beba!
LUCÍA. *(Bebe, saborea, con un mohín).*
¡Se me sube a la cabeza!
¡Me mareo! ¡Un bastón
que me sostenga!
(Alarga la mano, tratando de sostenerse en la verga de Sforza).
SFORZA. Detrás del altar mayor,
en un banco de la iglesia
o donde más te convenga.

Entran en la iglesia. Caravaggio desenvaina la espada.

CARAVAGGIO. ¡Maldita sea la hora
en que me trajo a este mundo
esa papaya indigesta!
Matarlo debo al instante
para desangrar su espada
que con su leche me crea.
Verlo muerto yo quisiera
por muy macho que parezca
y en la ingle desangrarlo
sin dejar sangre en sus venas.
Con lo que tiene entrepiernas
nos llena todo de mierda.
Sin contar que me parezco:
mi jeta va con su jeta.
Sus ojos dos azabaches
en las siniestras ojeras
donde se mete la noche
para que en noche nos pierda
con unas cejas espesas.
Soy yo, no me cabe duda
aunque bastardo yo sea
por mucha jeta que tenga.
Si mi espada le atravieso
antes que su bastón meta
mi jeta será la mía
y no la que son caprichos
de horizontales proezas.
Un comandante de barrio
que sus cojones impone
a su diestra y su siniestra.
Se vive en gran desparpajo
de la Casa de Marina
a Colón y Trocadero,
del burdel de Marlon Brando
al solar de doña Tecla.
Una tradición machista:
el que tiene se la lleva.
La ley que tiene el más fuerte
es poder entre las piernas.
Cuchillos, dagas y espadas,
mentiras y canalladas,
putas, chulos y dinero,
por doquier, ¡ay! me rodean

en un asedio de fieras.
Banqueros y cardenales,
policías y ladrones,
en este mundo gobiernan.
No hay palo que se detenga.
Solo metiendo la espada
(gesto obsceno)
hasta el puño de la daga
se acaba con tanta mierda.
¡Mándanos, Señor, la plaga:
por este territorio apesta!

Entra el Arzobispo de Milán, don Carlos Borromeo.

BORROMEO. *(Entra con una cruz en la mano que enfrenta a Caravaggio).*
¡Detente, muchacho loco,
que con la espada te pierdes
y la cabeza te cuesta!
(Señalando a la portañuela con el crucifijo).
¡Que el que por la espada vive
también por la espada yerra!
Es por tu bien que digo
que oigas estas consejas.
CARAVAGGIO. ¿Y tú quién carajo eres?
BORROMEO. *(Sorprendido ante tanta ignorancia).*
¡La Iglesia! ¡Naturalmente!
Con su poco de Tiresias
porque también soy profeta.
¡O el Partido Comunista,
que para el caso es lo mismo
y el poder es lo que cuenta!
Lo mismo da el Vaticano
que aunque de capa caída
todavía la endereza
y hace sus componendas.
¡Que la ignorancia te absuelva!
Oye bien lo que te digo
para que no te arrepientas.
Con esa espada que tienes,
en la mano y entrepiernas,
mucho más en la cabeza,
no vas a llegar muy lejos.
Si quieres salir con vida
de este inmenso cementerio
entre estos huesos de mierda

　　　　　para que Dios te perdone
　　　　　esa lluvia de blasfemias
　　　　　y puedas llegar al Cielo
　　　　　donde la Gloria te espera,
　　　　　oye bien lo que te digo
　　　　　y buena lección aprendas.
CARAVAGGIO. *¡Gloria tendrá mi paleta!*
BORROMEO. ¡Eres un gran comemierda!
　　　　　En este mundo traidor
　　　　　ninguna paleta cuenta,
　　　　　ni escritores ni poetas.
　　　　　Te harán todo lo posible
　　　　　para que tu cabeza pierdas.
　　　　　Y ni sueñes con la prensa
　　　　　que para prensarte queda
　　　　　la libertad de expresión
　　　　　y toda esa cantaleta.
　　　　　Si no entras por el aro
　　　　　al culo vas de cabeza.
CARAVAGGIO. ¿Estoy muerto?
BORROMEO. Quién sabe,
　　　　　que bien puede que así sea.
　　　　　Yo soy Carlos Borromeo
　　　　　y recomiendo obediencia.
CARAVAGGIO. Creía que la pata tenías
　　　　　bien estirada y yerta.
　　　　　No me lo tomes a ofensa.
　　　BORROMEO. ¡Un cementerio es el mundo
　　　　　aunque otra cosa parezca!
　　　　　Como me han santificado
　　　　　vida tengo que es eterna.
　　　　　En el Concilio de Trento
　　　　　se establecieron las bases
　　　　　para salvar nuestra Iglesia.
　　　　　Mucho me ocupé del caso
　　　　　y he tenido recompensas.
　　　　　Como bien sabes, muchacho,
　　　　　los protestantes quieren solo
　　　　　que nos corten la cabeza,
　　　　　por lo cual nos corresponde
　　　　　cortar la que ellos tengan.
　　　　　Justa y lógica es la cuenta
　　　　　o que nos coma la mierda.
　　　　　En una isla asediada
　　　　　por las mayores potencias

once millones de muertos
morirán en la contienda.
Es cuestión de vida o muerte
y al que se muere lo entierran.
Mucho hemos lamentado
mandar sabios a la hoguera,
narradores y poetas
que dando pasos dudosos
a la candela acercaron
novelitas y poemas
pagando las consecuencias.
Fuera de juego quedaron
aunque la historia después
siempre nos pase la cuenta,
En todo caso te advierto:
si tú quieres de esta juerga
sacar el mejor partido
que la lengua deshuesada
en el culo te la metas.
Más vale que sigas
mis divinas encomiendas
y las que dicte la Iglesia,
que el realismo socialista
manda aunque no lo parezca
y él apertrecha frijoles
a los que siguen las reglas.
En los altares te digo
no pintes culos o tetas.
Sin contar que muy ilustres
por conocerlas de cerca
enseguida reconocen
caras que tienen las tetas.
Son reglas del bien decir
que los diestros recomiendan.
Las bestias saben leer
aunque otra cosa parezca
y aunque vengan disfrazadas
de señoras muy honestas
o de diestras jineteras.
En las covachas del mundo
la cola el diablo menea.
Eso explican viajecitos
al París de las Américas.
Antes, ahora o más tarde,
que para follar hay tiempo

　　　　entre desfiles y agendas
　　　　donde las putas y chulos
　　　　por todas partes campean.
　　　　Famosos son por el mundo
　　　　bugarrones y fleteras.
　　　　Marxistas o leninistas,
　　　　el capital y el trabajo
　　　　por debajo las conectan.
　　　　Eso explica que curas y cardenales,
　　　　conscientes de los peligros
　　　　que amenazan a la Iglesia,
　　　　busquen entre piernas traseros
　　　　donde el diablo se recrea.
CARAVAGGIO. Todo es posible
　　　　si jugamos bien el juego
　　　　y si tendemos la trampa
　　　　sin que nos vean la cuerda.
　　　　¡Hagan juego, hagan juego!
BORROMEO. Aquí como en todas partes…
CARAVAGGIO. Entonces la sodomía encontrará
　　　　entre prelado, soldados y camaradas,
　　　　razones que la consientan
　　　　con su sal y su pimienta.
　　　　Por un camino o por otro
　　　　de una o de cualquier manera
　　　　aquel que busca la encuentra.
　　　　BORROMEO. Tiene que ser bajo cuerda
　　　　y sin que nadie lo sepa,
　　　　porque el partido no quiere
　　　　que nadie partido sea,
　　　　que son razones de Estado
　　　　que requieren obediencia.
　　　　A mí no me la menciones
　　　　porque no la recomiendo
　　　　y hasta sus enredos arma
　　　　y se aprovecha la prensa.
　　　　Depende de la sotana
　　　　que busque tal desafuero.
　　　　Todo depende del culo
　　　　y donde allí la entretengas.
　　　　La libertad de expresión
　　　　hay que usarla con reserva
　　　　para que nunca se sepa.
　　　　Es una regla segura
　　　　para preservar la jeta

> y para poder comer
> y hacer digestión correcta
> lo indicado es no meterla
> y dar el mejor ejemplo
> para hablar en la asamblea.
> No obstante…
> si no queda más remedio
> ya sabes que todo apesta.
> No es cuestión de destapar
> y entrar en lista muy negra.
> Cagar con el culo al aire
> donde los demás te vean
> no es sin dudas lo indicado
> a menos que gran urgencia
> lleve a tan gran indecencia.
> Los pecados innombrables
> se hacen en gran silencio
> sin contar que siempre puedes
> pagar por tan gran pecado
> con los escudos que sean.
> Discreción es la palabra
> y, junto a la discreción, el oro,
> como en los míticos tiempos
> del cabaret Tropicana
> con las mulatas encueras,
> es el mejor complemento,
> no importa el culo que sea,
> para cubrir una ofensa.

CARAVAGGIO. ¿Y lo que los hombres tienen
> metidos entre las piernas
> o cuando se dan la vuelta?

BORROMEO. Eso ni siquiera pienses
> porque también es ofensa.
> Bando capital te espera
> si por la puerta de atrás
> entraras en una iglesia.

CARAVAGGIO. No cuentes conmigo, no.
> No hay ayuno ni abstinencia
> con un pincel en la mano
> y otro pincel entre piernas.
> Pintaré lo que yo quiera
> con uniforme o sotanas,
> comandantes y trompetas.
> *¡Lo que mi espada apetezca!*
> ¡La libertad de expresión!

¡Pintar lo que más yo quiera!
¡Culos, vergas, coños, tetas!
BORROMEO. ¡Te cortarán lo que tengas!
¡Ni pío podrás decir,
porque te quemarán la lengua
si a la Iglesia no respetas
ni al Comité de Defensa!
¡Seguridad del Estado
te hará pagar toda ofensa!
CARAVAGGIO. En medio de un trabalenguas
haré que nadie lo entienda.
BORROMEO. La plaga nos viene encima:
un callejón sin salida
cerrará todas las puertas.
CARAVAGGIO. *(Retándolo, amenazando con la espada a nivel de la entrepierna).*
¡Pues que venga lo que venga!
BORROMEO. Las pagarás todas juntas.
En la Cabaña te esperan.
¡Patria o muerte, venceremos!
Al paredón, ¡de cabeza! *(Sale).*

Retumbar de campanas, vientos huracanados, tiroteos, fuegos artificiales, etcétera.

UN SAINETE CALLEJERO

2011

Personajes

Papo, más bien gordo, fornido, gimnástico
Pipo, flaco
Tota, más bien gorda, trigueña
Tita, delgada, rubia

La acción se desarrolla en La Habana, ajustando la música y el vestuario a la época que se decida para el montaje. Entre las múltiples opciones, se recomienda la época en la cual el músico cubano Enrique Jorrín, director de la Orquesta América, creó «La engañadora» inventando el chachachá.

Dos paneles unidos en diagonal, detrás del cual entran y salen los personajes, simulan una esquina en que confluyen dos calles, y podría ser una reproducción de Prado y Neptuno, en La Habana, en esa época, También, si se tratara de dos paneles en blanco, se podrían proyectar imágenes habaneras de los cincuenta, que sería una mejor opción. Esto abriría las puertas para dejar constancia gráfica de los cambios de la moda a través del tiempo. Inclusive, una orquesta «de verdad» puede irrumpir en escena «a modo de happening*».*

Se escucha la música de «La engañadora».

A Prado y Neptuno/ iba un chiquita/ que todos los hombres/ la tenían que mirar./ Estaba gordita,/ muy bien formadita,/ era graciosita,/ en resumen, colosal.

Lo mismo puede ocurrir con el vestuario de los personajes, que puede ser «de época», siguiendo la moda que llevaba la Orquesta América, con diferentes cambios de chaqueta, incluyendo una satinada de tres botones para uno de los personajes masculinos, y otra, que puede ser un saco cruzado, de cuatro botones o solapa ancha; o, si se prefiere, un personaje puede vestir a lo Elvis Presley, en contraposición con otro a la moda del reggaetón, preferiblemente en negro. Las mujeres podrían llevar, una de ellas, saya acampanada como en los cincuenta y la otra un vestido apretado, como tubo, de falda muy corta. Otras opciones contrastantes son posibles, pero en particular una llevará una peluca rubia y la otra una peluca negra.

Entran Pipo y Papo por lados opuestos del panel de fondo, como si siguieran una conversación.

PAPO. ¿Cómo que no se me ocurra?
PIPO. Que no te hagas ilusiones, porque eso ya está decidido.
PAPO. ¿Qué cosa?
PIPO. Que María no va ni de aquí a la esquina sin pedirme permiso.
PAPO. Ni que fueras policía.
PIPO. La tengo comiendo en la palma de la mano.
PAPO. Estará comiendo de lo que pica el pollo.
PIPO. A ti lo que te come es la envidia.
PAPO. ¿Envidia de qué? Porque a mí me sobran.
PIPO. Sobras será lo que te sobra. Algún plato de segunda mesa.
PAPO. *(Despectivo).* Sin contar que Fefa es hueso y pellejo.
PIPO. ¿Hueso y pellejo? ¿Estás ciego? Lola es de la que tiene curvas y yo sin freno.
PAPO. ¿Fefa, Lola o Caruca?
PIPO. Como si fuera Juana, que para el caso es lo mismo. Porque a esa jeba la llevo yo de rama en rama.
PAPO. Ni que fueras Tarzán. Pero con ese peso ligero no te costará trabajo. Nada por delante y menos por detrás.
PIPO. Eso lo dices porque no la has visto en bikini.
PAPO. ¿En bikini por Prado y Neptuno? Se la llevan presa.
PIPO. No, no. En bikini la vi en Varadero. ¡Aquello fue el acabose!
PAPO. ¡Qué coco, señor, qué coco!
PIPO. *What you see is what you get*, como dicen los americanos.
PAPO. De noche todos los gatos son pardos.
PIPO. Lo que pasa es que a ti te gusta el tamal mal envuelto.
PAPO. Envuelticas en carne, que no es lo mismo.
PIPO. Eres de caballo grande ande o no ande.
PAPO. ¿De quién estás hablando?
PIPO. De Maricusa. Ese tonel que sale contigo.
PAPO. Yo no salgo con ninguna Maricusa, Paco. Con esa ni de aquí a la esquina.
PIPO. La jeba que bailaba contigo en «Marte y Belona».
PAPO. No jorobes, Chucho. Que esa se llama Carlota.
PIPO. ¿La del volumen?
PAPO. Precisamente.

PIPO. Esa mujer es el globo de Cantoya.

PAPO. Lo que tú tienes es repugnancia con el dulce.

PIPO. Bueno, en todo caso, no te hagas coco con María, porque yo soy el queso crema que la acompaña.

PAPO. Ni que fuera un pastelito de guayaba. La mona aunque se vista de seda mona se queda. Una engañadora, como aquel que dice. Que hasta los dientes son postizos.

PIPO. ¿Postizos? ¿De quién estás hablando? Porque a Lola la conozco yo como si fuera su dentista. ¡Ni una carie! Sin contar la palma de la mano, como si fuera mi mano.

PAPO. Ni que fueras adivino, ni siquiera cartero.

PIPO. Bueno, te dejo.

PAPO. No te pierdas, coño. Porque si te pierdes no la encuentras y a mí también se me hace tarde. Porque... *(Hay una pequeña vacilación)*. Porque María me espera en... En Galiano y San Rafael.

PIPO. *¿En la esquina del* pecado? Yo creía que era en Prado y Neptuno.

PAPO. Lo mismo es una como la otra, pero en todo caso, ni se te ocurra parquear donde yo parqueo, porque ese carro es mío.

PIPO. Si tienes la llave y no está mal estacionado. No vaya a ser que te lo lleven.

Salen por lados opuestos hacia detrás del panel. Entran Tita, con peluca rubia, y Tota, con peluca negra. Tita es flaca y lleva saya acampanada de esas que se usaban en los años cincuenta. Tota es gorda y lleva un vestido muy ajustado, como un tubo, con una minifalda que deja ver parte de los muslos con los hombros al descubierto. Se ven, pero no se reconocen. Después se vuelven, como si se reconocieran.

TITA. ¿Tota?

TOTA. ¿Tita?

TITA. ¡Pero qué sorpresa!

TOTA. ¡Cuánto bueno por aquí!

TITA. ¿Hacía años, no?

TOTA. ¡Figúrate!

TITA. Estás igualita.

TOTA. Y tú también, chica.

TITA. ¡Pero qué alegría verte!

Se besan.

TOTA. Te advierto que a primera vista no te pude reconocer.

TITA. Debe ser el pelo.

TOTA. Sí, es verdad, porque tú tenías un pelo negro, así, como azabache, que era la envidia de todas tus amigas, ¿te acuerdas?

TITA. Sí, claro, pero ahora... Ya ves...

TOTA. Ni que fueras la rubia de platino.

TITA. Te advierto que Pipo no quería.

TOTA. Sí, ese muchacho que está saliendo conmigo.

TITA. Entonces, ¿se acabó lo de Chicho?

TOTA. ¿Chicho?

TITA. No, no, ese era José.
TOTA. ¿Aquel jovencito tan bien parecido que se pasaba la vida en el gimnasio, que hacía pesas y que tenía celos hasta de su sombra?
TITA. No, no, aquel era Tony. Flaquito él, un peso ligero que se parecía a Frank Sinatra.
TOTA. Claro, claro, como si lo estuviera viendo.
TITA. Pero tú has bajado de peso, ¿no?
TOTA. Me puse en una dieta de esas que llaman mediterránea.
TITA. Me dijeron que te habías casado.
TOTA. ¿Yo? ¡Ni loca! ¡Como están los hombres hoy en día! ¡Que ni se sabe de la pata que cojean!
TITA. Son una cajita de sorpresas, chica. Porque a veces cojean de las dos.
TOTA. La que se casó fue Tita, la amiga de Tota.
TITA. ¿Sí? ¡No me digas!
TOTA. *(Mirando el reloj pulsera).* ¡Pero Dios mío, mira la hora que es! Pipo estará hecho una fiera, ¡porque para él la puntualidad…! Bueno, ni que fuera un inglés. Menos mal que Prado y Neptuno está a la vuelta de la esquina. *(Confundiéndose de nombre).* ¡Te dejo, Tota!
TITA. *(Mirando el reloj pulsera).* ¡Ay, muchacha, si estamos en las mismas! ¡Se me ha hecho tarde a mí también! Y pensará que yo… Por suerte, Galiano y San Rafael está a un paso de aquí. *(Confundiéndose de nombre).* ¡Bueno, Tita, chao, nos vemos!

Se besan y se despiden. Van a salir de carrera. En eso entra Papo por el lado del panel hacia el cual se dirige Tota. Pipo entra por el lado del panel hacia donde se dirige Tita. Ambos están a punto de tropezar con Tota y Tita respectivamente. Se ven, pero de inmediato no se reconocen. Se vuelven. Se reconocen.

Todos hablan al mismo tiempo.

PAPO. ¿Tota?   PIPO: ¿Tita?

TOTA. ¡Papo!   TITA: ¡Pipo!

PAPO. Yo creía que…
PIPO. Nos ver*íamos* en …
TOTA. ¡Prado y Neptuno!
TITA. ¡La esquina del pecado!
PAPO Y PIPO. *(Agresivos, los dos, al mismo tiempo, a punto de irse a las manos).* ¡Te advierto que este carro es mío, y donde parqueo yo no parquea ningún otro!
TOTA Y TITA. *(A Papo y a Pipo, respectivamente, separándolos).* ¡Pero por favor, mi vida, no te pongas de ese modo!
PAPO. *(A Tota).* ¡Pero Tota! ¿Y ese pelo de dónde lo sacaste?
PIPO. *(A Tita).* ¡Pero Tita! ¿De dónde acá eres la rubia de platino?
PAPO Y PIPO. *(A ellas, al mimo tiempo).* ¡Conmigo no cuentes!
TOTA Y TITA. *(A Papo y a Pipo, al mismo tiempo, pero a cada uno por su cuenta).* ¡Pero mi vida! ¡Ay, mi amor, no te pongas así!
PAPO Y PIPO. *(Al mismo tiempo, el uno al otro).* Por mí, compañero, parquea donde tú quieras.
TOTA Y TITA. *(Al mismo tiempo, la una a la otra).* ¿Has visto? ¡Qué locura! ¡Qué disparate! ¡Ponerse así por tan poca cosa!

TOTA. *(Llevándose las manos a la cabeza)*. ¿Estás de acuerdo?
TITA. *(Gesto parecido)*. ¡Claro! ¡Naturalmente! ¡Una cosa como la otra!

Se escucha la música de «La engañadora».

> *A Prado y Neptuno*
> *iba un chiquita*
> *que todos los hombres*
> *la tenían que mirar.*
> *Estaba gordita,*
> *muy bien formadita,*
> *era graciosita,*
> *en resumen, colosal.*

Tita y Tota van hacia el fondo, hasta detrás del panel, y salen por el lado opuesto. Se han cambiado las pelucas y ambas entran arreglándose la blusa de una forma sugestiva. Papo y Pipo a punto de salir de escena casi tropiezan con ellas por los lados opuestos del panel. Todos exclaman al mismo tiempo. Se abrazan, se besan y si se quiere cambian de pareja a los acordes de «La engañadora».

PAPO, PIPO, TITA, TOTA: ¡Papo, Pipo, Tita, Tota! ¡Papo, Pipo, Tita, Tota! *¡Papo, Pipo,* Tita, Tota! ¡Papo, Pipo, Tita, Tota!

Sigue la música, pero no la letra, de «La engañadora».

LA SAL DE LOS MUERTOS II*

2012

---

* Versión corta realizada por el autor. Apareció publicada en *Tres dramaturgos; tres generaciones*, edición de Rodolfo Martínez Sotomayor (Miami: Editorial Silueta, 2012) y fue la que se utilizó para el estreno mundial de la obra en 2013.

Personajes

Lobito
Aura
Lobo
Tigre
Cuca
Caridad

Lugar: Cuba.

Tiempo: Diciembre, 1958

Los cambios de luz indican transiciones, cambios de ambiente.

Cámara negra. Rampa. Bloques pintados de negro donde se sentarán los actores. Dos piezas de tela, plateadas, como cortinajes de una vara de ancho, a izquierda y derecha, cuelgan hacia el fondo del escenario, aunque se puede prescindir de esto. En última instancia, se puede prescindir de casi todo.

1

Oscuro total. Después, foco de luz.

LOBITO. *(Rápido, entra por la rampa al fondo del escenario. Cae un foco de luz sobre él. Tendrá cerca de quince años, tal vez menos, tal vez más, aunque puede ser interpretado por un actor de cualquier edad; hay una fuerza precoz que resulta chocante, como si estallara. A primera vista nos luce un ser brutal. En cualquier caso, estará sucio, con manchas de fango y de sangre… Es terriblemente fuerte, atronadoramente sólido. Insolente, malcriado, ordinario. Viste un sucio pullover y un pantalón mecánico no menos sucio. Viste un pullover blanco o verde olivo y un pantalón mecánico del mismo color, que deberá hacer juego con el color que lleve Tigre. En el estreno mundial de la obra se le dio un carácter revolucionario, con botas, como miliciano. Puede ser interpretado por un actor de cualquier edad. Se detiene, poniendo las manos en la cara).* ¡Coño! ¡Las luces! ¡Las cochinas luces! *(Avanza, volviendo el rostro, como si le molestara la luz).* ¡Apaguen esas luces! ¡A la mierda con esas luces! *(Cambio de luz).* ¡Cabrones! ¡Degenerados! *(Gira. Da media vuelta de espaldas al público, apuntando a los cortinajes).* ¡Voy a acabar con todo, porque todo lo que hay aquí tendrá que ser mío! *(Volviéndose, apuntando al público).* ¡No va a quedar títere con cabeza! *(Tirándose sobre un par de bloques al frente del escenario).* ¿Quieren verme, no? ¡Pues me van a ver desnudo! *(Todavía en posición supina).* Si me quieren ver y requetever y meterse en lo que no les importa, tendrán que oírme… Van a tener para rato… ¡No volverán a sus casas con los estómagos vacíos! *(Se incorpora. Transición. Moviéndose distorsionadamente, como quien se burla. Inicia una especie de pantomima en tono de mofa).* ¡Soy el niño lindo de mamá! ¡Soy el niño lindo del abuelo! Y todo el mundo sabe lo que hace el niño lindo de mamá y del abuelo *(Pausa).* ¡Soy Lobito y me dicen Bola de Churre! Cada cual ha puesto su grano de arena para hacerme! ¡Soy el engendro de todo esto y mucho más! ¡La escoria engendra la escoria! ¡La mierda engendra la mierda! *(Pausa).* No saben dónde se han metido… *(Pausa breve).* Tengo catorce años. ¡Sí, coño, tengo catorce años! Y un centenar de malas palabras. ¿Y por qué, no? ¡El abuelo las dice! ¡Mi padre las dice! ¡Hasta mi madre las dice si le pisan un callo! Yo no he inventado ¡ni una! Aprendí muchas en el colegio… *(Inicia una especie de pantomima, en tono de mofa).* La fila… La misa de las siete y media… La clase de cate-

cismo… Entre una cosa y otra, la lista de malas palabras… «¡Coño!». «¡Carajo!». «¡Hijo de puta!». En el pizarrón, como una bofetada, ¡mil veces la palabra coño! ¡Sí, coño, mil veces la palabra coño! *(Inicia un juego mímico múltiple, parodiando, interpretando personajes, falseando la voz, moviéndose rápidamente. Juego con los cortinajes).*
«—¿Qué aprendió el niño?
—¿Adelanta el pequeño?
—¿Cuántas malas palabras sabe ya?
—¿Las lee, las escribe, las coge al dictado?
—Confiese, hable ¿qué mala palabra se dijo en el almuerzo?
—Y el viejo Tigre, ese cochino viejo mal hablado, ¿a quién mandó al carajo?».
(En tono jovial casi, al público). ¡El viejo Tigre, mi abuelo! Las sabe de los años que fue concejal, alcalde, gobernador, representante, senador, ministro, embajador, presidente del senado… ¡Una colección de ellas! ¡Es mi maestro, mi verdadero maestro! Porque de él lo he aprendido todo. *(Iniciando la parodia otra vez, falseando la voz).*
«—Crece.
—Aprende.
—Llegará a algo con el tiempo.
—No es más que un niño».
(Riendo, natural). Es cierto. No soy más que un niño… Tengo catorce años y siempre he jugado con fango. Y cuando me decían bola de churre los mandaba a casa del carajo. Y el viejo Tigre me reía las gracias… Las criadas también gritaban cuando el viejo Tigre les metía mano detrás de las puertas ¡Soy un niño precoz y le recuerdo sus buenos tiempos de concejal, alcalde, gobernador, representante, senador, ministro, embajador, presidente del senado…! *(Transición, desesperado).* ¡Pero no me dejan vivir en paz, coño! *(Saca un tabaco. Lo enciende. Fuma, haciendo la caricatura de un hombre mayor).* Al grano. Esta casa está llena de plata, plata por todos lados. Y no se piensa en otra cosa que no sea en el dinero… La avaricia… Una pirámide de mierda… Acciones… Cuentas bancarias… Negocios sucios… Que es un pecado capital, según me enseñaron los curas. Pero la avaricia rompe el saco… *(Fuma).* Toda la plata de esta casa está contada. ¡El canalla de Tigre hizo los negocios sucios y se amarró el dinero entre las piernas! ¿Y quién se lo saca? Mamá lo quiere, papá lo quiere, la vieja Cuca lo quiere. Y yo soy Lobito y lo quiero también… *(Va los cortinajes. Se esconde. Juega con los cortinajes).* Nos vigilamos todos… Mamá vigila a papá, papá vigila a Cuca la Cava, Cuca vigila al viejo Tigre… *(Tira el tabaco. Da puñetazos).* ¡Dinero! ¡Dinero! ¡Dinero! Pero algún día todo esto será mío… *(Pausa).* ¡Las pagarán todas juntas, carajo! *(Dando un salto).* ¡Quiero vivir! ¡Coño, coño, quiero que me suelten!

AURA. *(Susurrante, en tono muy bajo, como si apenas quisiera que la escucharan).* ¡Lobito…! ¡Lobito…!

LOBITO. ¡Aquí la tenemos! ¡La que faltaba en el entierro! ¡La vieja! Me persigue por todas partes. Se queja y se lamenta y si puede se hace la mártir, pero es para ver el entierro que le hacen. Dice que me quiere, pero ¡lo único que quiere es el dinero!

2

Cambio de luz.

AURA. *(Viste de negro, con cierta elegancia. Lleva un discreto collar de perlas. Viendo a Lobito).* ¿Estabas aquí? ¿Por qué no contestabas? ¿No me estabas oyendo?

LOBITO. *(Sin prestarle mucha atención).* No soy sordo, mamá. Te estoy oyendo.
AURA. *(Gesto, como si oyera algo. Se le acerca)).* ¡Escucha! ¡Presta atención! Anoche, cuando dieron las tres, oí pasos por el tejado. Temí que fueran ladrones y comencé a correr por toda la casa, por si se llevaban algo... ¿No eras tú? *(Se separa, camina).* Tu padre se levanta y camina como si estuviera en una jaula... Todos estamos como encerrados, prisioneros de algo; pero tenemos derecho a un descanso. *(Se le acerca nuevamente).* ¿Me entiendes?
LOBITO. *(Gracioso casi. Separándose).* Tengo catorce años, mamá. No soy más que un niño.
AURA. *(Melodramática. Se le vuelve a acercar).* Nada más que piensas en escaparte por ahí, no sé por dónde y no quiero imaginarlo... Pero no tienes derecho a dejarnos solos. *(Teatral, abrazándolo).* ¡Estamos viejos! ¡No nos abandones!
LOBITO. *(Burlón).* ¡Mamá hace la comedia! ¡Mamá interpreta la tragedia! *(Separándose. Desesperado).* ¡Quiero jugar solo, mamá! ¡Suéltame, déjame de una vez!
AURA. *(Reteniéndolo).* No, no puedo perderte de vista. A los catorce años aún se cuida a los hijos... *(Pausa breve).* Hace un instante te veía jugar en el patio con los otros niños y me decía que eras el de siempre, mi pequeño Lobito. *(El se aleja, ella lo sigue).* Corría detrás de ti, pero no podía alcanzarte. ¡Catorce años! ¡Todo ha sido tan rápido! ¡Tan violentamente rápido! Cuando tenías un año, ya parecías tener cinco.
LOBITO. *(Como un niño malcriado).* ¡Mamita, mamita linda!
AURA. *(Falsa, melodramática).* Soy tu madre y tengo miedo de que pueda pasarte algo. Temo que ahogues en la cuna, que no puedas respirar. Por la noche corro a tu cuarto como si fueras un recién nacido... Pero no estás. Tu cuarto está vacío, ¡vacío! ¡Tan pronto, santo Dios!
LOBITO. *(Igual juego, abrazándola, besándola. Burlón).* ¡Mamita, mamita linda!
AURA. *(Cambio de actitud. Lo rechaza. Ahora se aleja).* ¡Lobito, por Dios, déjame! Me haces más daño todavía.
LOBITO. No sigas, mamá. No me hagas reír.
AURA. *(Herida).* Te gustan los corazones de plomo.
LOBITO. *(Penetrante).* De plata. De oro. De hierro. Como a ti.
AURA. *(Con amargura).* Eres cruel y malo.
LOBITO. ¿Y qué otra cosa se podría esperar?
AURA. *(Ausente, monologando).* En esta vida lo peor es la imposibilidad de hacer un pacto. No hay remedio para la soledad.
LOBITO. *(Muy cerca).* Porque mientes, mamá.
AURA. ¿Cómo puedes decir eso de mí?
LOBITO. *(Agresivo).* ¡Mentiras, solo mentiras! Esta misma mañana jugabas en el patio a los policías y a los ladrones. *(Gesto, abriendo los brazos).* Respiraba, era libre, podía vivir. *(Cambio).* Pero descubrí que me estabas mirando detrás de las persianas, persiguiendo a tu pequeño Lobito... *(Apuntando a uno de los cortinajes).* ¡Estabas ahí, escondida, jorobada, enroscada, hecha un ovillo!
AURA. Estoy loca. No tengo a Lobito. Eso es todo.
LOBITO. Tienes a papá. Por las noches los oigo. Hablan, susurran horas y horas...

Movimiento circular. Ella sigue a Lobito. Lobito se aleja. A veces se aferra a él y él se deshace.

AURA. ¿Y de quién hablo yo, Lobito? Hablo de Lobito... Lobito por todas partes, como si fueras el único tema de conversación... Lobito, Lobito, Lobito... Que si Lobito esto...

Que si Lobito aquello... Que si Lobito es malo... Que si llegaste tarde... Que si juegas a las cartas... Que si juegas al billar... Que si tienes las manos manchadas de sangre...¿Qué sería de ti si no te defiendo? Te advierto que tu padre... *(Transición)*. No, no te lo debo decir. El sospecha cosas...

LOBITO. ¿Qué cosas?

AURA. Todo le intriga. Tus gritos en los juegos, como si hubieras perdido el juicio. Tus pleitos sangrientos y brutales con los otros muchachos. Que debíamos meterte en correccional. No te puedes imaginar. Que qué vamos a hacer contigo. Disciplina. Castigos. ¿No te das cuenta que todos son cargos en contra tuya?

Se detiene el movimiento circular. El se vuelve hacia ella.

LOBITO. *(Colérico)*. ¡Mientes, mamá, haces trampa! ¡Tramposa, cochina tramposa!

AURA. *(Herida)*. ¿Y mis sacrificios por ti no cuentan para nada? ¿Cómo puedes hablarme así? ¿Cómo te atreves a decir eso? *(Sentándose)*. ¡Una madre...!

LOBITO. *(Agresivo, encimándosele)*. Te conozco bien. Los conozco bien a todos.

AURA. *(Melodramática)*. Sacrifícate, arruina una vida, destruye una juventud... ¿Y cuáles son los resultados? ¡Yo no presentía tanta lucha, Dios mío!

LOBITO. Quieres tenerme para ti, meterme debajo de tu falda. Cortarme lo que tengo entre las piernas, como hiciste con papá...

AURA. *(Gesto amenazante con la mano, como si fuera a darle una bofeteada, pero no se la da)*. ¡Eres un canalla! *(Transición, como si fuera a decir algo más...)*. Tu padre... *(Firme, autoritaria, poniéndose de pie)*. Pues bien, yo también tengo derechos. *(Gesto amenazante con la mano)*. No te vayas a equivocar. *(Se mueve)*. En esta casa se vive en un constante sobresalto, es cierto. *(Enumerando)*. Que si tu padre quiere salirse con la suya... Que si Cuca la Cava solo quiere tirar la casa por la ventana... Que si Caridad está enferma de los nervios... Que si esto y que si lo otro... Que si Tigre vigila mañana, tarde y noche y no se acaba de morir... *(Gesto amenazante con las manos)*. Pero no creas que por eso vas a hacer lo que te dé la gana... *(Transición. Otro tono. Nostálgica)*. Cuando yo tenía tu edad, jugaba a las muñecas... Mi hermano jugaba con sus soldaditos de plomo... Era un pequeño mundo de juguetes, donde todo el mundo era feliz... Cuando crecí me di cuenta que me estaban haciendo trampa... que otros habían tomado la delantera... Tienes que esperar... como todos los demás.

LOBITO. ¿Hasta cuándo, mamá?

AURA. Tienes que portarte bien, porque de lo contrario vas de cabeza al Infierno.

LOBITO. Coño, mamá, no me hagas reír.

AURA. *(Diciéndoselo a sí misma)*. El hijo de su padre... El nieto de su abuelo... *(A Lobito)*. Cuando naciste pensé que todo podría evitarse... Que ibas a ser diferente... Pero desde que tuviste cinco años ya eras como ellos.

LOBITO. Como tú, mamá, que solo piensas en el dinero.

AURA. *(Reteniéndolo por un brazo))*. ¡No digas eso!

LOBITO. *(Separándose)*. Al carajo entonces, porque esto no tiene remedio *(Lobito sale rápidamente)*.

3

Cambio de luz.

AURA. *(Con las manos en la sien)*. Representamos una comedia de espanto... *(Levantando la cabeza. Mueve la mano derecha hacia el pecho. Después, desciende hacia el vientre)*. Diré que quiero a Lobito, pero nadie me lo creerá, porque cuando se engendra un monstruo, dentro de nosotros mismos, se detesta. *(Suspirando, poniéndose de pie, como si llegara a la casa. Rápida, feliz)*. Cuando llegué a esta casa yo era otra cosa. Pero Lobo y yo empezamos a esperar a que se muriera el viejo Tigre. Soñábamos cada día con su entierro y que todo lo que había aquí iba a ser nuestro. *(Da unos pasos hacia una de los cortinajes... Actuando en pasado. Entusiasmada)*. «Dicen que se muere el viejo... Todas las joyas serán mías... Los muebles... La casa... Las propiedades... Las acciones... Todo...». *(Se envuelve en la cortina. Otra voz, gruesa. Parodia de Lobo)*. «Hay oro escondido. Hay que buscarlo». *(Otra voz. Parodia de Lobito)*. «¿Qué podré comprar, mamá?». *(Otra voz. Parodia de Lobo)*. «Ya falta poco, Aura». *(Entre los cortinajes. Parodia de Lobito)*. «¿Tendré juguetes?». *(Otra voz. Parodia de Lobo)*. «Lobito empieza a pensar en sí mismo... Es una idea que no se le quita de la cabeza». *(Saliendo de entre las cortinas, como ella)*. «¿Cuándo se morirá, Lobo? ¿Cuándo se morirá?». *(Transición, pausada)*. Entonces toda la casa se comenzó a llenar de aquel cuándo se morirá. Hasta el viejo Tigre, en medio de la comida, comenzaba a preguntarlo *(Actuando, centro del escenario, pero sin ir a las cortinas. Haciendo de Tigre)*. «¿Cuándo se morirá el viejo Tigre, eh?». *(Gesto, movimiento corporal)*. ¿Qué dice Lobo? *(Gesto, movimiento corporal)*. ¿Qué dice Aura? *(Gesto, movimiento corporal)*. ¿Qué dice Lobito? *(Gesto, movimiento corporal, frente a una ruleta imaginaria)*. «Hagan juego, señores, hagan juego». *(Pausa breve. Se sienta. En otro tono)*. No sabía qué hacer. Estaba desconcertada. Me veía al espejo y no me podía reconocer, algo cargada de espaldas. Después de todo, era mi imaginación y a lo mejor ellos tampoco estaban jorobados. Como si fuera una metáfora. Como si nuestra deformidad... estuviera por dentro. *(Comiéndose la desesperación)*. La avaricia... La sal de los muertos... *(De pronto, gesto corporal, desplome)*. ¡Basta, basta, basta!

4

Cambio de luz.

LOBO. *(Entra, rápido pero cauteloso. Saco y corbata. Bien vestido, de gris. Surge de la penumbra. Se acerca a Aura. Delgado, algo cargado de espaldas. Sacudiendo a su mujer)*. Aura, despierta... Sal de esa pesadilla... El viejo está al bajar y no debe encontrarte en esas condiciones...
AURA. *(En una duermevela)*. ¿Cuándo se muere, Lobo, cuándo?
LOBO. *(Junto a ella, dándole ánimo)*. Pronto bajará las escaleras. Despierta.
AURA. ¿Bajará? Entonces... ha mejorado otra vez...
LOBO. *(Casi cariñoso, muy cerca, sentado a su lado o de rodillas, tomándole las manos. Natural)*. No, no lo creas. Se siente mal, pero no confía en Cuca... Dice que le están ocultado cosas y que necesita hacer un inventario. *(Dándole ánimo, con humor)*. Al menos, y se ríe cuando lo dice, para morir en paz.
AURA. *(Sentada. Pausada. Recobrando la «normalidad»)*. Ahora mismo estaba soñando, Lobo. Estaba soñando que mejoraba y que comenzaba a correr apoyado en el bastón, pero muy ágilmente, tan ágilmente que casi alcanzaba a Lobito en su carrera...*(Casi alegre, como quién cuenta un sueño disparatado)*. Al principio no me daba cuenta, pero después comprendí que era a Lobito a quien perseguía, como si jugara con él a los policías y ladrones y lo quisiera matar, y en su propia vejez volviera a la infancia para

empezar otra vez... *(Pausa, transición).* ¿Qué te parece? *(Como si siguiera contando).* Y los veía hacerme muecas desde lejos, trastocados y burlones, la cabeza de Tigre en el cuerpo de Lobito y la de Lobito en el cuerpo de Tigre... *(Transición).* ¡Qué locura! *(Sigue contando).* Fue entonces cuando entraron en un edificio blanco y yo los seguí y la enfermera me llevó a la habitación al final del pasillo diciéndome que todo había salido bien, un parto perfecto. Y en la habitación estaba Tigre, acostado, que era la parturienta, y decía, sonriente, *(Voz paródica de Tigre).* «Yo lo he acabado de engendrar; me dolió, pero es todo mío». Y me lo enseñaba acunado en sus brazos. No de niño, sino grande, completamente desnudo, obsceno y sucio...

LOBO. *(Casi riéndose).* Estás loca, has perdido el juicio. *(Gesto de alejamiento).* ¿Qué arreglas con esto? Deliras. El viejo no puede encontrarte en este estado. ¿Es que quieres hacerlo feliz?

AURA. *(Aferrándose a él).* ¿Cuándo se muere, Lobo? ¿Cuándo?

LOBO. ¡Basta, Aura! No sigas. Estará aquí de un momento a otro. *(De pie, mirando alrededor).* No puede faltar nada. Cada cosa debe estar en su lugar. ¿Has tocado algo?

AURA. ¿Qué quieres decir? *(Transición. De pie. Agresiva).* ¿Acaso no lo habrás tocado tú? Porque anoche...

LOBO. *(Se siente. Ella de pie).* Anoche dormía como una piedra...

AURA. ¡No me hagas reír! No duermes jamás... ¿No oíste los pasos por el tejado? A eso de las tres.

LOBO. Dormía...

AURA. Alguien rondaba por esta casa... Creí que era Lobito, jugando a los policías y los ladrones... O que regresaba de madrugada... ¿Eras tú...?

LOBO. Dormía.

AURA. Estabas despierto y oías como yo... Caminabas de un lado para otro y temblabas... Tenías miedo...

LOBO. *(Con mucha calma, en contraste con ella).* Estás muy alterada, Aura. Necesitas un descanso. ¿Por qué no te tomas unas vacaciones? Esta tensión te hace daño. Yo podría estar alerta, esperar que el viejo se muera. A tu regreso todo estaría terminado. Yo y Lobito nos encargaríamos de los últimos detalles.

AURA. *(Sarcástica, violenta casi, riéndose tal vez).* Lobito me lo dice: que todos somos unos cochinos y redomados hipócritas. Hasta te pondrías de acuerdo con el viejo Tigre para que se muriera cuando yo no estuviera aquí... Padre e hijo... El oro, después de todo, quedaría en casa... Pero, ¿por qué crees que tengo esta joroba, Lobo? ¿Por qué supones que lo he resistido todo durante todos estos años? No me iré a ninguna parte. Te debo demasiados favores para abandonarte en el último momento...Este juego lo hacemos por partida doble... ¡Hasta el final!

LOBO. *(Impasible).* Claro... Naturalmente...

AURA. En esta vida lo peor es la imposibilidad de hacer un pacto. No hay remedio para la soledad. Tú y Tigre se habían puesto de acuerdo aquella tarde, cuando yo subía las escaleras.

LOBO. *(Impasible).* Te he dicho mil veces que no te mentía, pero nunca lo has creído. Las cartas estaban boca arriba.

AURA. Le habías dicho: «Hazte el muerto, papá, hazte el muerto... Haz como si no te quedase más que una hora de vida... Caerá en la trampa... El oro la seduce... No podrá resistirlo... Hazte el muerto, papá, hazte el muerto...». *(Pausa breve).* ¡Todo era una maldita farsa!

LOBO. *(De pie, se le acerca, como si fuera cierto lo que dice).* Eso era el amor, en el que no creíste. *(Pausa. Le acaricia el rostro. Le toma por la barbilla. Ella se deja hacer).* Te

amaba. Durante todos estos años te lo he repetido: Tigre se burlaba de los dos, nos tendía una trampa. *(Se aleja, con amargura)*. Ni siquiera has querido comprender que yo también estaba en ella.
AURA. *(Con convicción)*. Creí, pero me mentías.
LOBO. *(Burlón)*. ¿Lo creí o no lo creí…? ¿Era cierto o fingía…?¿Sí o no…? ¿Me quiere o no me quiere?

5

Gradual cambio de luz.

Toda la secuencia que sigue debe hacerse como una escena de amor. Se escuchan los acordes distantes de un bolero: «Bésame, bésame mucho…». Se abrazan. Se besan. Se acarician. Bailan. Cada oración debe decirse con intención, aunque texto y movimiento se contradigan.

LOBO. *(Tomándola por la cintura)*. Cuando nos casamos…
AURA. Sabía perfectamente a lo que me estaba ateniendo…
LOBO. Mi joroba no era precisamente seductora…
AURA. *(Le pasa la mano por la espalda)*. En el primer momento sentí una especie de repugnancia…
LOBO. Pero después supiste pasarla por alto…
AURA. Como si fuera menos desagradable…
LOBO. Apenas la distinguías…
AURA. En la penumbra…
LOBO. Iluminada por objetos de plata…
AURA. Brillaba.
LOBO. Relucía.
AURA. ¡Todo era tan romántico!
LOBO. El dinero de mi padre…
AURA. Las cuentas…
LOBO. *(Gesto correspondiente)*. Y dejé caer libreta de banco…
AURA. Descuidadamente…
LOBO. Como el que no quiere las cosas…
AURA. Con una intención deliberada…
LOBO. *(Gesto correspondiente)*. Te apresuraste a recogerla…
AURA. Era amor a primera vista…
LOBO. ¿No era realmente seductor?
AURA. El viejo Tigre estaba a punto de morirse.
LOBO. Temblabas cuando subiste al piso alto.
AURA. Tenías las manos heladas…
LOBO. Eran las suyas.
AURA. Parecía que se iba a morir de un momento al otro.
LOBO. Estabas transfigurada.
AURA. Estaba tan enfermo que no pudo asistir a la boda.
LOBO. Durante la luna de miel comenzamos a hacer planes.
AURA. La herencia…

LOBO. Había que invertir un poco en los funerales.
AURA. Apenas pudo reconocerte.
LOBO. Hasta el médico pensó que se nos iba.
AURA. ¡Fue una escena conmovedora!
LOBO. Estaba a punto de echarme a llorar.
AURA. Por un momento llegué a creer que te quería…
LOBO. Que nos queríamos.
AURA. ¡Éramos tan buenos actores!
LOBO. Nadie nos podía poner un pie por delante.
AURA. Salvo, Tigre, naturalmente.
LOBO. ¡El lucía tan cadavérico!
AURA. Yo temía reír… ¡Era tan divertido!
LOBO. ¿Qué peligro podía ofrecernos?
AURA. Nos hacía abrigar sueños.
LOBO. Ilusiones.
AURA. Eras tan guapo, Lobo…
LOBO. Unos buenos ingresos…
AURA. Un padre al borde de la muerte…
LOBO. Una herencia estupenda…
AURA. Cuentas en el banco…
LOBO. Propiedades… Apartamentos…
AURA. ¿Qué más se podía pedir?
LOBO. Una buena joroba cargada de oro.
AURA. Mi joroba, naturalmente.
LOBO. Que era toda para ti.
AURA. Mientras más la miraba más bonita me parecía.
LOBO. Éramos felices.
AURA. Haciendo cuentas…
LOBO. No dormimos en toda la noche.

Se separan.

6

Cambio de luz.

AURA. *(En otro tono. Con cierto desdén e ironía, pero sin exagerar).* Nunca lo olvidaré. Pocas novias han abrigado tanta dicha. Salvo el traje de novia, todo lo que me había comprado era negro. Del luto más riguroso…
LOBO. *(Con intención).* Especialmente la ropa interior…
AURA. *(Insinuante).* Te enardecías con aquellas señales de luto sobre mis pechos… Yo era una novia, después de todo, y tenía derecho a aquellos minutos de felicidad.
LOBO. Eres capaz de todo, de atraparme entre la lujuria y las lágrimas. *(Rechazándola, dolido).* No te esfuerces. No hacías más que mentirme. *(Transición. Con amargura).* Pero nunca me engañaste con tu sufrido corazón.

AURA. *(Herida).* Te gustan los corazones de plomo.
LOBO. De plata… Como a ti… De oro, que es mejor todavía… La avaricia… *(pausa, meditándolo)* es la sal de los muertos. Y no termina nunca. Se trasmite de una generación a la otra.
AURA. *(Pausa).* En todo caso, anoche, a eso de las tres…
LOBO. *(Rectificando).* Como a las cinco de la madrugada…
AURA. Sentí cuando abriste la puerta.
LOBO. Dormía. La situación está clara. Fuiste tú la que corriste fuera de este cuarto. Oíste a Lobito. Como si estuvieran de acuerdo.
AURA. ¿Y qué certidumbre tenemos? Cualquiera de nosotros…
LOBO. Sabes que era Lobito. Lo sabes mejor que nadie. Yo no me moví.
AURA. Te haces el sordo.
LOBO. Cría cuervos y te sacarán los ojos. ¿Por qué tratas de encubrirlo?
AURA. Quizás fueras tú. Saliste de la habitación cuando yo dormía profundamente. Sabes que cuando caigo en la cama….
LOBO. ¿Qué certidumbre tenemos el uno del otro? Precisamente, cuando cerraste los ojos, ¿cómo podías saber lo que estaba haciendo yo?
AURA. No soy tonta. Te amo y te conozco como la palma de mi mano.
LOBO. *(Angustiado).* ¿No te das cuenta que la respiración se nos escapa?
AURA. *(Angustiada).* Las paredes de esta casa se me vienen encima. Tengo un nudo en la garganta.
LOBO. *(Angustiada).* ¿Es que acaso me quisiste alguna vez?
AURA. *(Resentida).* En esta vida lo peor es la imposibilidad de hacer un pacto.
LOBO. *(Riendo, irónico).* ¡No hay remedio para la soledad!
AURA. *(Aferrándose a él).* ¡No hay remedio, Lobo! ¡No lo hay! *(Se abrazan aterrados).*

7

Gradual oscurecimiento.

Se separan. Deambulan como fantasmas. Oyen, como si un peligro muy grande los acechara. Internalizar la agonía. Evadir la lógica. Dejarse llevar por lo irracional. No debe usarse ningún tipo de música. Ruidos quizás. Sonidos imprecisos, sordos. Silencios. Los latidos del corazón.

LOBO. ¿Oyes?
AURA. ¿Será Lobito?
LOBO. Es Tigre que respira…
AURA. Es Tigre que nos vigila…
LOBO. Es el corazón de Tigre que palpita…
AURA. ¿Te has movido? ¿Me he movido yo?
LOBO. En esta oscuridad, ¿cómo podremos saberlo?
AURA. ¿No será Caridad que baja las escaleras?
LOBO. ¿Será Cuca que las sube?
AURA. ¿No será Tigre que nos tiende una trampa?
LOBO. Es Lobito… Atacará, no te quepa la menor duda.
AURA. Estamos vencidos.
LOBO. Es nuestro peor enemigo. Más que Tigre. Tenemos que acabar con él.

AURA. Es posible. No podemos luchar. El acabará con nosotros.
LOBO. No te olvides que Saturno devoraba a sus propios hijos.
AURA. Lo amo y lo odio. Lo quiero ver vivo y lo quiero ver muerto. Son dos pasiones intensas. Solo a un hijo se puede amar así.
LOBO. El que vive de ilusiones muere de desengaños.
AURA. Tigre no duerme jamás.
LOBO. No dejará que Lobito se salga con la suya.
AURA. ¿Te imaginas lo que hará Tigre con Lobito?
LOBO. Lo hará pedacitos.
AURA. ¿Te imaginas lo que hará Lobito con Tigre?
LOBITO. Lo hará pedacitos.
AMBOS. ¡De tal palo tal astilla!
LOBO. Es joven y fuerte. Nos comerá vivos.
AURA. A Tigre no le quedará más remedio que morirse.
LOBO. *(Riéndose)*. «Bicho malo nunca muere».
AURA. *(Haciéndole el juego)*. «No hay mal que dure cien años…».
LOBO. La avaricia rompe el saco.
AURA. ¡No me hagas reír! Después de todo, es tu padre y es nuestro hijo.
LOBO. Acabarán con nosotros.
AURA. Es un callejón sin salida.
LOBO. Llegarán de un momento a otro.

8

Cambio de luz.

Entra Cuca, seguida de Tigre, que baja por la rambla lentamente, con un bastón, caminando con dificultad y apoyándose en Caridad, delgada, débil, con un vestido azul celeste de organdí o alguna tela que caiga sobre el cuerpo, como una túnica. Tigre viste de blanco, en este caso guayabera impecable, o con un uniforme verde olivo, si se prefiere; en cualquier caso, debe hacer juego con el color de la ropa de Lobito. En el estreno de la obra, el director lo representó con uniforme tradicional de un dictador militar latinoamericano. Avanza hacia el proscenio en dirección a la silla de rueda, sin prestarle atención al monólogo de Cuca. (Otra opción: bajar por la rambla en la silla de ruedas). Las luces se van aclarando hasta llegar a la normalidad cuando se inicia el monólogo de Cuca. Vulgar, viene muy maquillada, con prendas que no son de muy buen gusto. Debió ser bella, pero ahora no es otra cosa que una criatura pintarrajeada, chillona, que lleva por el cuello una piel barata con cabeza de zorro o algo por el estilo, de mal gusto. Viste de guarabeado, con flores, colores chillones. Ella se adelante en la escena, va hacia el proscenio y hace su presentación. Utiliza una especie de costumbrismo expresionista, algo «brechtiano», con cierta dosis de humor que interrumpe la tensión.

CUCA. Yo soy Cuca… Alias la Cava, gracias a un Secretario de Educación, muy culto, y cuyo nombre no recuerdo… El sabría por qué me lo puso… Los otros empezaron a repetirlo por hábito, porque eran unos brutos… Yo no tengo la menor idea… Le gustaba mucho poner esos nombres, porque se la daba de leído y escribido, y a Caridad la llamaba «la Casandra criolla»… «¿Y eso qué quiere decir?», le pregunté un día… «Que es un pájaro del mal agüero». *(Mirando alrededor)*.

¡Qué oscuridad, Dios mío! A esta gente le encanta vivir en la penumbra, como si estuvieran de luto. Claro, razones no les faltan, porque el pequeño Lobito —esa alimaña que acabará por comernos vivos— se nos viene encima… *(Notando la presencia de Aura)*. Y la pobre Aura… ¡Da pena verla! ¡Esa muchacha no sabe lo que es la vida! Claro, con la vida que llevan, pensando en el dinero. Y no es que yo tenga nada contra los billetes de banco, pero no me pongo a pensar en ellos… *(Más directamente al público)*. Ya ven: esas escenas se repiten: Lobo, Aura y Lobito, que les da punto y raya a todos, incluyendo a Tigre. Y la pobre Caridad, que le agua la fiesta a cualquiera, con algo de tartamuda y esquizofrénica. *(Pausita)*. Según dicen los detractores de mi marido, la fortuna empezó con el abuelo de esa muchachita, un viejo veterano al que Tigre se comió por una pata… *(Transición)*. Pero a mí todo esto me importa un bledo… ¡Dios mío, yo no he nacido para este brete! *(Al público)*. ¡Qué va, hija mía, qué va! ¡Les aseguro que si me imagino que el dinero de Tigre me iba a traer esta vida de perro…! Al principio sí, mientras no nos casamos, que fueron los mejores años de nuestra vida… Muchos abanicos de marfil, muchos collaritos de perlas, muchas copitas del Rin, muchos cubiertos de plata; pero después… baratijas y nada más que baratijas de la tienda de los diez centavos… Que si en el Ministerio de Gobernación le dieron la mala… Que si el Presidente le dijo primero que sí y después que no… Que si la Primera Dama se hace papelillos… Después que me convertí en «señora» todo se acabó y hasta se acabó «aquello». Y aquí me ven, con Lobo, con Aura y el bicho de Lobito… Y la pobre Caridad, que no cuenta para nada… *(Pausa breve, dubitativa)*. El caso es que de aquellas fiestonas del Cerro no ha quedado nada. ¡Abur, Lola! *(Conversando con el público)*. Éramos tres hermanas, y papá, que era más bueno que un pan, nos dejó una casa en el Cerro cuando se murió… Como mamá estaba muerta también y no teníamos a nadie que nos vigilara, comenzamos a divertirnos… Y no nos vino mal, ¡ah, no! ¡de ningún modo! ¡En esa casa se daban las fiestas más divertidas de La Habana! *(Gesto)*. ¡Qué ratos aquellos, señor mío! *(Apuntando a diferentes lados del escenario)*. Un día venía el Secretario de Justicia, el otro el Secretario de Hacienda Pública y el tercero el Secretario de Comunicaciones… *(Gesto, se pasa las manos a lo largo del cuerpo)*. ¡Ay, Dios mío, el Secretario de Comunicaciones! Y ningún compromiso… Quítate tú para ponerme yo… Liberales y Conservadores… ¡Cuántas leyes del congreso se aprobaron allí! ¡Sin contar las negociaciones del Ministro de Hacienda! *(Pasos de baile)*. Y todo sin dejar uno de divertirse… *(Transición)*. Hasta que vino Tigre… *(Cuenta. Acompaña la historia con la gesticulación del caso)*. Ya estábamos un poco jamonas y una comenzaba a resentirse… Los jaleos aquellos producían su desgaste… Yo había llegado a los cuarenta y no tenía nada en firme… Blanca Emilia, la mayor, estaba realmente preocupada. En fin, que fue la primera en asentar cabeza… Sindulfo Arias, comerciante en vinos y licores… Y no le fue muy mal, aunque nos visitaba poco… Sindulfo le metía mano a cualquier cosa, pero se daba golpes de pecho… *(Pausita)*. Marina, la del medio, no se decidió por nada. Y por ahí anda, tirando de un lado para otro, un ratico de farandulera y casi siempre de puta. *(Pausita)*. Yo me tiré a Tigre… Bueno, no estaba mal, porque en aquel entonces no tenía barriga y andaba derechito… Me llevaba quince años y lo cogía cansado, porque ya había corrido lo suyo… Tal vez, con suerte, es posible que pudiera mandarlo al cementerio… En todo caso, no me daría mala vida. *(Transición)*. ¡Créete tú eso! *(Pausa)*. Casarme fue lo peor que pude hacer. *(Gestos)*. ¡Qué tacañería, Dios mío! *(Las manos en la cara)*. ¡Y tener que verlo a todas horas! Para sacarle un centavo me costaba un ojo de la cara… O de cualquier otra parte. *(Mostrando lo que lleva encima)*. ¿Ven esta piel? Un poco vieja, pero legítima, eso sí… Se la saqué una semana antes de la boda… Y el collar, y los aretes, y la sortija… Todo bueno… Después, pura chatarra de a peseta…. En fin, que cuando me di cuenta ya había caído en la trampa. ¡Y aquí me ven, jodida hasta la médula de los huesos!

9

Cambio de luz.

TIGRE. *(Malhumorado, ayudado por Caridad, sentándose con dificultad en la silla de ruedas. Utilizará la silla de ruedas para moverse de un lado para otro, agresivamente, según el texto).* ¡Cállate, Cuca, no jodas más! Esta vieja sinvergüenza no hace más que darle a la sinhueso. *(Caridad se pierde en las tinieblas. Por momentos Tigre, como el resto de los personajes, se mueve en el pasado —pero el pasado y el presente tienen una línea divisoria difícil de definir—, salvo en las secuencias marcadas específicamente entre comillas; los personajes pasan del presente al pasado, o viceversa, de un modo natural. Tigre se mueve en la silla de ruedas, dirigiéndose a los personajes según el texto).* Espero que no me haya llamado el Secretario. ¿Por qué no me avisaste, Lobo? La reunión estaba señalada para las tres y voy a llegar tarde. Repartirán sin mí... *(A Aura, insinuante, insultante, libidinoso, manoseándola un poco).* A ti, Aura, procuraré conseguirte un abono en la ópera, de esos que reparten en la Alcaldía... ¿Qué te parece?

AURA. *(Separándose, algo violenta. A Lobo).* Actúa...

LOBO. *(A Aura).* Delira...

TIGRE. *(Gira en la silla de ruedas).* Por lo visto en esta casa todo el mundo conjura... ¿No lo ha notado mi fiel Cuca? *(A Lobo, en una transición rápida al pasado).* ¿Y los liberales qué hacen? ¿Ya se saben los escrutinios de Camagüey?

CUCA. *(Dando un paso de baile).* Para Camagüey se va Panchita.

TIGRE. ¡Cállate, Cuca! ¡Contesta, Lobo!

LOBO. Estaba seguro que Bolaños te iba a hacer traición...

AURA. *(Agresiva, a Lobo, como si Tigre no estuviera allí).* ¿Te ha hecho caso tu padre alguna vez?

CUCA. *(Por su cuenta).* ¡Liberales y conservadores! ¡Qué locura! ¡Qué pachanga, Dios mío!

LOBO. *(Racional).* Cuca tiene razón, papá. Ahora será el corre-corre y todo el mundo querrá impugnar las elecciones.

AURA. *(Acercándose a Lobo, ignorando a Tigre).* No le hagas el juego, Lobo.

TIGRE. El Partido Conservador no puede llevarse la Alcaldía en el pico...

LOBO. ¿Y la coalición? ¿Qué me dices de la coalición?

TIGRE. ¿Qué sabes tú de la coalición? Te he dicho que eso no va. Los liberales llevan la delantera en la compra de células electorales. Siempre te he dicho que la política de la mano abierta es la mejor. ¿Qué averiguaste del reparto de dinero?

AURA. *(Aparte, a Lobo, también en el pasado).* Es necesario exigir ahora. No te demores más. Dispone de ti como una ficha en el tablero. *(Tomándolo por un brazo).* Exige, Lobo. Es el momento.

TIGRE. *(Se aleja, se vuelve).* ¿Qué averiguaste, Lobo?

LOBO. No he podido averiguar nada, papá.

AURA. *(A Lobo).* ¿Por qué pierdes tu tiempo? Es inútil con él.

TIGRE. *(Al público).* Decir que yo no tengo la solución a todos los problemas es comer de lo que pica el pollo. Todo el mundo que se ha sometido a ese régimen alimenticio ha tenido que lamentarlo. A nadie le gusta mi historia, pero todos se aprovechan de ella... «Tiburón se baña pero salpica...». *(Volviéndose a Lobo).* Oye el lema Lobo, pero no te afiles los dientes, Lobo. *(Al público).* «La política de la mano abierta...». Muy bonito, pero Cuca abre las piernas para otra cosa…*(A Lobo, más natural).* Convéncete, Lobo, yo soy el hombre fuerte del partido. Los negocios son los negocios. La política es la política. Y aquí la política no conduce a otra cosa que a los buenos negocios. ¿Por qué tú crees que me metí en el negocio del acueducto de Vento.

AURA. *(A Lobo, natural, ignorando la presencia de Tigre, pero no como aparte).* ¿Está tu padre metido en el negocio del acueducto? ¿Sabes tú lo que ha rendido eso? ¿Qué parte te ha dado?

LOBO. *(A Aura, irritado).* Las piltrafas. Eso es lo que me ha dado.

AURA. *(A Lobo).* Tienes que hacer algo

LOBO. *(Transición. A Tigre).* Todo tiene su límite, papá. No metas la mano de ese modo. Te desacreditas. Hay muchos modos de hacer las cosas… No es necesario… Los periódicos no hacen más que hablar del asunto.

TIGRE. Coño, Lobo, no seas hipócrita. *(Transición, a Aura).* Lobo dice que yo frustré su carrera política, Aura. Pero tú debiste haberlo conocido antes. Si lo hubieras visto, ni siquiera te hubieras casado con él. Convéncete, mujer. No servía para nada. ¿Por qué tú crees que lo hice mi secretario?

LOBO. *(A Tigre, reprochándole en presente).* ¿No era ridículo que fuera solo tu secretario? ¿No tenías nada mejor que ofrecerme?

TIGRE. *(A Aura).* Nunca sirvió para otra cosa, y no creas que hacía su trabajo bien del todo. Un flojo, un pusilánime. ¿Por qué no te buscaste alguien que valiera la pena?

LOBO. *(Violentamente).* Suéltame, papá, suéltame.

TIGRE. *(Al público).* ¿Lo oyen? Así se ponía, hecho un histérico.

LOBO. No quiero hacer alarde de que soy tu hijo, pero llevo tu apellido…

TIGRE. *(Volviéndose, moviendo la silla).* No harás alarde, pero cada vez que compras algo lo pones a cuenta mía… Y tu mujer hace lo mismo… Con el apellido no se come… Lo cierto es que tú comes con mucho más que mi apellido. *(Racional).* Si te interesara la política, podría darte una oportunidad por Las Villas.

AURA. *(A Cuca).* El viejo quiere que nos vayamos a vivir donde el diablo dio las tres voces.

TIGRE. ¿Qué tiene de malo Las Villas? Si emplearas el tiempo en abrirte un porvenir por tus propias manos…

CUCA. *(Interviniendo).* No es que esté de su parte, Tigre. Lobo, después de todo, nunca ha sido santo de mi devoción, pero tenía algunas simpatías por el barrio de San Lázaro…

TIGRE. *(A Lobo).* Si pretendes ir contra mis propios intereses, allá tú. Haz lo que te parezca, si crees que sirves para algo. Pero no voy a repartir botellas entre una pila de vagos que no aportan nada. Ninguno valía dos kilos. ¿Qué pasó cuando vino el ejército y les sonó el cuero? Nadie fue a la manifestación. Se acabó en la misma explanada de la Punta. ¿Cuántas cédulas conseguiste, vamos a ver?

AURA. *(A Lobo, confidencial).* No hagas eso. Es el trabajo sucio.

TIGRE. ¿Por qué se mete tu mujer? ¿Qué cartas tiene ella en este asunto? ¿Quién le dio vela en este entierro?

CUCA. *(En otro ángulo del escenario. Vivamente).* ¿En este entierro?

AURA. *(Burlona, a Cuca).* ¿Ha dicho en este entierro?

LOBO. *(A Tigre).* ¿En este entierro, papá?

CUCA. *(En otro tono. A Aura, en pasado).* Vete, Aura, vete… Esta casa es un infierno… No te cases con Lobo… Oye mis consejos…

TIGRE. Déjala, Cuca. Métete la lengua en el culo. No te metas en lo que no te importa. Si no fueras una vieja chismosa te iría mejor. Que se case con quien le dé la gana.

LOBO. El egoísmo de papá. *(A Aura)*. ¿Qué puedo hacer frente al egoísmo de papá?
AURA. Luchar. Defenderte.
TIGRE. *(Girando)*. Dile a tu mujer que no siga empujando.
LOBO. *(A Tigre, alejándose de Aura)*. ¿Por qué no me das ese puesto en el Senado? Me tienes de cachanchán, papá. Es una vergüenza.
TIGRE. Todo lo que hay en esta casa lo hice yo y todo lo que hay aquí es mío. No te hagas ilusiones. Y si no te parece bien, lárgate. Por eso quiero un inventario de todo lo que dejo. Al menos, cuando me muera quiero hacerlo en gracia de Dios.
CUCA. *(Aparte)*. El viejo Tigre se divierte con sus funerales... *(Dando unos pies, con intención)*. «A esto le zumba, apenas sintió la conga el muerto se fue de rumba...».
TIGRE. Es mejor que te metas la lengua en el culo, porque esto va en serio, vieja puta.
CUCA. ¡Qué bárbaro eres! ¿Es que aquí no se puede hacer una broma?
TIGRE. Esto no es una broma. *(A Aura, en presente)*. Un inventario, Aura, ¿qué te parece si hacemos un jodido inventario?
LOBO. ¿Inventario de qué, papá?
TIGRE. De todo lo que tengo en esta casa. De mi dinero. Quiero saber si alguien le ha metido mano antes de tiempo.
LOBO. *(Como un sonámbulo)*. Anoche... A eso de las tres...
TIGRE. Dramatizan. Hacer un inventario es cosa de contador público. Todos ustedes son unos exagerados. Además, es un asunto de justicia...
AURA. *(A sí misma)*. Es demasiado tarde. Aun para arrepentirse.
TIGRE. *(Al centro del escenario)*. Yo no me arrepiento de nada. Es muy fácil querer ahora todo esto. Pero, ¿por qué se creen ustedes que llegué a la Secretaría de Justicia? ¿Por mi linda cara? ¿Por mis manos limpias?
AURA. *(Impersonal, al público)*. Fue Ministro de Justicia para poner la balanza de su parte.
TIGRE. *(Volviéndose al público)*. Precisamente ¿Quieren ver mayor interés en la Justicia? La oposición era injusta cuando me atacaba. ¿Cómo iba a edificar todo esto sin la ayuda de la Justicia? En este país hemos tenido muchos buenos Ministros de Justicia, pero yo les he dado punto y raya a todos. Y de Hacienda, ¡ni se diga! La Justicia es ciega y hay que abrirle bien los ojos. Es por eso que tan pronto me vio se puso de mi parte. No es tan boba como parece. *(Gira)*.
CUCA. *(Al público)*. Eso mismo digo yo. En la casona del Cerro, cuando Tigre empezó a cortejarme, se reunían los mejores jurisconsultos de La Habana. *(Al público)*. Entonces fue cuando empezó a abrir bien los ojos.
TIGRE. *(Directamente, a Cuca)*. Coño, Cuca, yo siempre tuve los ojos bien abiertos. No empieces a coger galones. No fue precisamente para que me abrieras los ojos para lo que fui a la casona del Cerro, porque allí se abrían otras cosas.
CUCA. Eres un puerco, Tigre.
AURA. *(Sonámbula)*. Algún día no tendré nada de qué arrepentirme.
TIGRE. Un juego sucio. ¿Sabe Aura lo que es un juego sucio?
AURA. Lo comprendo. Este es un juego sucio.
TIGRE. Nuestra especialidad. Un juego limpio sería la excepción. *(A Lobo, pero tomándole las manos a Aura)*. Mira estas manos, Lobo. ¿Cómo puedes dormir con ella? Tiene uñas de cuervo, como las mías. Podría sacarte los ojos, aunque fuera sin querer. Se han visto casos. Aprende de mí. *(Acercándose a Cuca, sentándola en las piernas)*. Vieja, puta y pelleja, perro que ladra no muerde. Es violenta, pero no es peligrosa....

CUCA. *(Levantándose).* Es un viejo decrépito. No hay que hacerle caso. *(Burlona).* ¡Hasta las grandes torres se derrumban...!
AURA. *(Riéndose, llevándose las manos a la boca).* ¡Para pasar a la historia!
LOBO. *(A Cuca. Se acercan los tres, Cuca, Aura, Lobo, apretadamente, lejos de Tigre).* Se alimenta bien.
CUCA. Este viejo no se quiere morir nunca.
LOBO. Pero tiene miedo. Son los síntomas. Esta vez la enfermedad va en serio.
AURA. Hace quince años... Recuerdas, Lobo: «¿Qué peligro puede ofrecernos?». Pero acabará enterrándonos a todos.
CUCA. La esperanza es lo último que se pierde. *(Separándose, al público)...* Oigan esto: cuando bajaba las escaleras se inclinaba tanto sobre la pobre Caridad que creí que ambos iban a rodar hacia abajo... Yo tenía que apoyarme en la baranda... Presentía que iba a suceder... Y no iba a poder resistirlo... Ya saben que cuando veo caer a alguien, especialmente si tiene bastón, me orino de la risa...
AURA. *(Abrazándose a Lobo, angustiada).* ¡Dile que se muera, Lobo, no lo tolero más!
CUCA. *(Cambio de tono, más conversacional).* Necesito una taza de café. Caridad, haz el favor de preparar un poco de café, porque tengo mareos...
TIGRE. Anoche, a eso de las tres...
CUCA. Es mejor que Caridad prepare una taza de café.
TIGRE. Coño, Cuca, el café es un estimulante y nosotros no necesitamos ninguno.
CUCA. Lo que eres tú, no; pero yo lo necesito para soportar todo esto. *(A Aura, en aparte).* Convéncete, Aura. Tigre es un bicho y no podemos nada contra él.
TIGRE. Todo lo que ustedes quieren es mi dinero. Saber donde lo tengo metido. *(A Lobo).* ¿Dónde, Lobo? *(A Aura).* ¿En qué lugar? *(Dando vueltas en la silla de ruedas, con júbilo).* ¡Dinero, dinero, y nada más que dinero!

10

Parpadeo lumínico.

CARIDAD. *(Emite un ruido sordo, inarticulado. Estos ruidos de Caridad se van a repetir libremente a lo largo de la acción antes del monólogo de Caridad. La actriz que lo interprete tendrá que internalizar la monstruosidad del texto, proyectando el efecto sonoro de forma anómala, como un esquizofrénico, un loco, un sordomudo, o cualquier persona con un desarreglo físico y fisiológico que no tiene control sobre sus medios de expresión y sus movimientos. Esta internalización va más allá de lo racional, como reflejando una angustia total, que solo puede hallar su modo de expresión por medio de un sonido desarticulado. A partir de su participación física en escena de Caridad proponiendo la huida, entrará en acción más directa mediante movimientos anómalos visibles en relación con los personajes, molestos por los mismos, pero que no tienen que interrumpir lo que los otros se dicen entre sí. Salvo textos explícito, no tendrán que comunicarse racionalmente con ella).*
TIGRE. *(Parándose en seco, al escuchar gemidos que ha empezado a emitir Caridad, que se mueve convulsa en el rincón donde había quedado).* ¿Ha vuelto Caridad con esa gritería?
CUCA. *(A Aura).* Es mejor que Caridad se calme. Saca a Tigre de quicio.
CARIDAD. *(Saliendo a la luz. Como si al fin lograra sacar las palabras de la garganta, de una forma distorsionada).* ¡Huir! ¡Salir de aquí! ¡Irnos!

CUCA. *(A Caridad, que se ha puesto de pie como si fuera a salir de escena).* No Caridad, siéntate. No es contigo. ¡Cálmate! Porque tú tampoco puedes salir de aquí, ya lo sabes… Y nosotros estamos aquí para ayudarte. *(La hace volver a la penumbra).*

TIGRE. *(Algo sorprendido).* ¿Qué le pasa a esa muchacha?

CUCA. *(A Caridad).* Niña, ¿pero qué te duele?

TIGRE. Dile que no joda más, Cuca. No la resisto. ¿Qué coño quiere?

CARIDAD. *(Con dificultad).* ¡Huir! ¡Salir de aquí! ¡Irnos!

TIGRE. *(Molestísimo).* ¡Pues que se vaya, coño, que se vaya!

CUCA. *(Tranquilizadora).* No te preocupes, Tigre. ¡Cálmate, que te puede dar un infarto!

LOBO. *(Con naturalidad paródica).* Son ejercicios de actuación, papá…. La internalización del personaje.

AURA. *(Burlona).* Cosas de Teatro Estudio.

LOBO. Stanislavski.

AURA. Por favor, Lobo. Eso pasó. Ya Stanislavski no está de moda. Ni Brecht tampoco. Yo diría que Grotowski.

LOBO. *(Muerto de la risa).* No me hagas reír, Aura, porque todo esto va en serio.

CARIDAD. *(Que se ha vuelto a levantar y camina hacia una dirección imprecisa).* Por aquí… Vamos…

CUCA. ¿Estás loca? No sigas, muchacha, porque te vas a caer.

LOBO. *(Atontado).* ¿Es Caridad?

AURA. *(A Lobo).* Caridad conoce el camino.

CUCA. *(Riéndose).* ¡Qué disparate!

TIGRE. Supongo que si a ustedes les resta un ápice de sentido común, no irán a hacerle caso a una chiquilla que tiene guayabitos en la azotea. Pero, en fin, no será Tigre quien los detenga… Vamos, Cuca, embúllate, lárgate.

CUCA. ¡Déjame, suéltame!

CARIDAD. Aho…ra… Aho…raaa

AURA. *(A Lobo, que ha dado unos tímidos pasos como si fuera a salir también, aunque en dirección opuesta a Caridad).* No podremos irnos. Estamos copados. El ejército. La guardia rural. La policía. Si no te ayuda es porque no quiere. Todos son sus amigos… ¡La política, Lobo! ¡Es un callejón sin salida!

LOBO. *(Deteniendo a Aura).* ¿Es que nos vamos a dejar guiar por las locuras de Caridad? ¿No te das cuenta? No sabe a dónde va ni de dónde viene.

AURA. Precisamente.

LOBO. ¿Y qué pasará cuando salgas de aquí? Tú misma, hace un momento, me lo decías… ¡No podemos ir a ninguna parte!

TIGRE. *(A Aura).* ¿Lo ves? ¿No era eso lo que les venía diciendo? ¡Coño, qué manera de comer mierda!

CARIDAD. *(Manoteando imprudentemente, parkinsoniana).* ¡Vámonos! ¡Vámonos!

TIGRE. *(Burlándose).* ¡Hagan juego, señores, hagan juego! ¿Alguien quiere arriesgarse?

AURA. *(Como si bajara por alguna parte y temiera caerse. Paródica, con melindres).* ¡No puedo bajar! ¡Esos escalones! ¡Con estos tacones! ¡Puedo resbalarme…!

CUCA. *(A Caridad).* Pero Caridad, piénsalo detenidamente, ¿cómo vamos dar todo ese viaje? ¿En guagua, en tranvía o en bicicleta?

TIGRE. ¡Coño, Cuca! Un ratico a pie y otro caminando…

CARIDAD. El pájaro de plata…

CUCA. ¡Un avión! Muchacha, ¿por qué no lo dijiste antes?
CARIDAD. El pez de acero...
CUCA. ¡El Magallanes! Hija, pero si esto se pone bueno... La verdad es que a mí me encantan los viajes...
AURA. *(Retrocediendo)*. Pero, ¿y el dinero? ¿Dónde está el dinero de Tigre? ¿No es esa la herencia que nos pertenece?
CUCA. *(A Caridad)*. Vamos, nena, ayúdame a empacar.
CARIDAD. *(Tomando a Cuca por un brazo, arrastrándola casi. Gestos incoherentes)*. Dejarlo... Todo...
CUCA. *(Sorprendida, deshaciéndose de Caridad)*. ¿Estás loca? ¿Dejar todo esto? Mi vestido de organdí... Mi blusa de tafetán... Mi sombrero de plumas...
AURA. *(Desconcertada)*. El dinero... Las joyas... Esta casa... ¡Los años perdidos! No, no, no puede ser.
CUCA. *(Contando un equipaje imaginario)*. Uno... Dos... Tres... Cuatro baúles... Ocho maletas... Dos jabas de papel...
TIGRE. *(Agarrando a Cuca violentamente y arrancándole la piel)*. Vieja pelleja, si te vas de aquí te vas encuera.
AURA. *(A Caridad)*. Comprende, si al menos fuera posible esperar un tiempo... El tiempo necesario para que Tigre se muera... *(Consternada)*. No es posible irse así, perderlo todo de la noche a la mañana...
CUCA. *(A Caridad)*. Con una mano alante y la otra atrás. ¡De eso, nada! No soy demasiado vieja, Caridad, pero ya no soy la misma que era antes... Comprende...
CARIDAD. *(Incoherencia gestual)*. Abrir... Salir... Irse...
AURA. *(Buscando a Lobo)*. Lobo... Lobo... ¿Dónde te has metido?
LOBO. Conmigo no cuentes.
AURA. *(Calmándose)*. Sí, quizás tengas razón... Llueve a cántaros... Un resfriado... Una pulmonía tal vez... Nos iremos otro día, Caridad... Cuando deje de llover...
CARIDAD. *(Tratando de hablar, no puede hacerlo. Abre la boca...)*. ¡Ahh... ahh...!
LOBO. *(Como si entendiera)*. Pero eso es una locura, un verdadero disparate.
CUCA. ¿Cómo? Muchacha, habla más alto.
AURA. ¿Qué dice Caridad? ¿Alguien entiende lo que dice Caridad?
LOBO. *(Acercándose a Caridad)*. Vamos, Caridad, explícate.
CUCA. A esta niña no se le entiende ni pío...
CARIDAD. *(Tratando de hablar, no puede hacerlo. Abre la boca...)*. ¡Ahh... ahh...!
AURA. Pero, ¿qué le pasa?
CARIDAD. *(Acorralada por Aura y Lobo, Caridad trata de decir algo)*. Hay que...
LOBO. *(A Caridad)*. Habla...
AURA. *(A Caridad)*. Contesta...
CARIDAD. *(Deshaciéndose de Lobo y Aura, corre hacia donde está Cuca)*. ¡Hay que... hay que...! *(Como si fuera a vomitar)*
CUCA. *(Deshaciéndose de Caridad, empujándola)*.. Muchacha, ¿te has vuelto loca? *(Buscando protección en Tigre)*. A esa chiquilla hay que hacerle un despojo.
LOBO. Un electroshock...
AURA. La trepanación del cráneo...
CUCA. ¿Está loca?
LOBO. ¿Ha perdido el juicio?
AURA. ¿Qué tiene esa muchacha metido en la cabeza?

CARIDAD. *(Finalmente)*. ¡Irse...!
TIGRE. *(Avanzando en la silla de ruedas)*. Se lo dije, no pueden dejarse llevar por una loca. Se lo he repetido un centenar de veces. Si se descuidan, acabará dejándolos con una mano alante y la otra atrás. Allá ustedes, pero tendrán que pagar las consecuencias.

Unos a otros, de forma irracional.

AURA. ¿Las consecuencias?
LOBO. ¿Las consecuencias?
CUCA. ¿Las consecuencias?
TIGRE. Claro, naturalmente, ¿o ustedes creen que en esta vida no se pagan las consecuencias? Porque las consecuencias son inevitables. Una cuestión de causa y efecto. Y las consecuencias se las trae.
CUCA. *(Temerosa)*. Anoche, a eso de las tres...
AURA. *(Insomne, como quien recuerda su propia voz)*. «Anoche a eso de las tres...».
LOBO. No, no... No escuchaba nada... Yo dormía profundamente...

11

Cambio de luz. Las luces parpadean, juegan con el texto.

Puro caos. Los personajes se comunican entre sí como si convivieran en una jaula de locos. Cada uno va por su cuenta. Prácticamente pueden hacer cualquier cosa. Cruzan el escenario de un lado al otro. Ritmo muy rápido.

CUCA. ¿No eran los pasos que se escucharon a eso de las cinco?
LOBO. El reloj daba doce campanadas. Estoy seguro.
AURA. Entonces, ¿quién vino a las cinco?
LOBO. No sabemos nada.
CUCA. Eso es un disparate. Porque si todos estábamos durmiendo...
AURA. ¿Qué estabas haciendo?
LOBO. ¿Dónde te habías metido?
AURA. *(Al unísono)*. ¿Por qué no te callas?
LOBO. *(Al unísono)*. ¿Por qué no te callas?
CUCA. *(Al unísono)*. ¿Por qué no te callas?
LOBO, AURA, CUCA. *(Dándose golpes en la cabeza)*. ¿Por qué? ¿Por qué? ¿Por qué?
AURA. Anoche a las tres, comencé a escuchar pasos por el tejado.
LOBO. *(Movimiento con la cabeza)*. ¿No eras tú?
AURA. *(Movimiento con la cabeza)*. ¿No eras tú?
CUCA. *(Movimiento con la cabeza)*. ¿No eras tú?
TIGRE. Construye una casa, edifica un mundo, inclina la balanza... Al final, ¡porquería! ¡basura! ¡ladrones! ¿Pero qué se han creído ustedes? ¿Es que van a jugar conmigo? Anoche, a eso de las tres, me estaban robando lo que es mío.
LOBO. *(Consternada)*. ¿Ladrones?
AURA. *(Perplejo)*. ¿Robo?

CUCA. *(Radical).* Es necesario que la policía tome cartas en el asunto.
TIGRE. ¡Porquería! ¡Basura! ¡Ladrones!
LOBO. *(Dando vueltas).* Debemos vigilar a Cuca.
AURA. *(Dando vueltas).* Debemos vigilar a Lobo.
CUCA. *(Dando vueltas).* Debes vigilar a Aura.
LOS TRES. *(Girando, unos detrás de otros).* ¡Vigilar! ¡Vigilar! ¡Vigilar!
TIGRE. *(Girando también en la silla de ruedas).* ¡Vigilar, vigilar, vigilar!
LOBO. ¿Quién era?
AURA. ¿Quién tocó?
CUCA. ¿Quién llama?
TIGRE. *(Gritando, deteniéndose).* ¡No se atraquen más! ¡Está claro! ¡Fue Lobito!

12

Cambio de luz. Neutra. Normal.

Pausa. Consternación. Cambia el tono. Todo más despacio. Solo Tigre, más alterado, se mueve en la silla de ruedas.

AURA. ¿Lobito? ¿Mi hijo Lobito?
LOBO. Pero Lobito, papá…
AURA. No es más que un niño…
TIGRE. *(Advirtiéndoles. Todavía tranquilo).* Si lo apañan les sacará los ojos.
CUCA. ¿Lobito?
AURA. No es posible que Lobito…
LOBO. ¿Qué seguridad tenemos, papá?
AURA. Un error… Una equivocación…
CUCA. La educación de ese muchacho, a propósito, no es justamente la más correcta. La moderna pedagogía…
TIGRE. *(Más alterado).* A la moderna pedagogía me la paso yo por el culo. De ese chiquillo me encargo yo. El y yo arreglaremos cuentas.
AURA. ¡No sabemos nada!
LOBO. Quizás Caridad…
TIGRE. *(Alterado).* ¡Cabrones, malditos cabrones! Dejen a esa mosquita muerta en paz. Ustedes son una partida de cobardes, pero Lobito es un ladrón de mi misma especie y tendrá que rendirme cuentas… Conmigo no se juega y no va eso de ladrón que roba otro ladrón… Me avisan cuando llegue… Pero de algo quiero que estén seguros… Lo que soy yo, no me voy a morir. Bicho malo nunca muere. *(Girando en la silla de ruedas. Alteradísimo).* ¡Bicho malo nunca muere! *(Sale en la silla de ruedas).*

Un cono de luz se intensifica sobre Caridad mientras el resto del escenario se oscurece lentamente.

13

CARIDAD. *(Sin anomalías léxicas).* Cuando volví la cabeza, ya las palmas no estaban. El verano había avanzado demasiado y hacía demasiado calor. Todo parecía quemarse. Todo ardía. La playa estaba desierta y comencé a caminar. El mar tenía inmensas olas rojas con espumas de sangre... Todo el mundo comenzaba a conjurarme, pero en el fondo solo había un abismo... Era el mar, me decía, porque la isla solo tenía mar por todas partes y nadie podría librarme de aquel mar que era rojo, de un solo color. Comencé a correr como si aquella huida tuviera significado, pero no la tenía... ¡Cuántas ilusiones dentro del mar que nunca fue azul! Y no tenía sentido abrir puertas, porque todo era lo mismo. Yo sabía que al final de cada puerta solo hallaría el abismo. ¡Cuánta lástima sentía por mí misma! Y nadie me daba la mano, para ayudarme. No tenía sentido... Pero yo me empeñaba en correr, en correr, siempre engañada y rodeada por el mar... Y aquel verdor de los campos, arecas, cañas, palmas, que se perdía en aquel mar que yo había soñado azul, y que era rojo, con aquella proliferación maligna...

Las luces se apagan lentamente hasta un oscuro total. Música minimalista, martilleante.

14

Tras una larga pausa, vuelven las luces.

En general, bajando el tono en relación con las escenas anteriores.

TIGRE. *(Entra en la silla de ruedas, agitado)*. ¿Ha regresado?
CUCA. *(Natural)*. ¿Ves? Te agitas y te fermentas. Acabarás matándote. Te lo vengo diciendo.
TIGRE. *(Al público, confidencial)*. ¿La oyen? Resulta que ni siquiera Cuca quiere que me muera. Cuca tiene miedo de Lobito y piensa que se va a quedar con todo.
AURA. *(De pie. Obsesivamente, irreal)*. Cada puerta que se abre es Lobito. Cada ventana que se cierra es Lobito. Cada palabra se torna Lobito una y otra vez. Cada instante es el peligro de Lobito que nos amenaza. Estoy cansada. *(A Tigre)*. ¡Acaba de una vez, Tigre!
TIGRE. *(Contraste, natural)*. Al fin la pequeña Aura invoca a los dioses tutelares. El feroz Lobito a unificado a la familia. Me siento conmovido.
AURA. *(Sintiendo lo que dice)*. ¿Es que no he sufrido lo suficiente? ¿Es que no tengo derecho a vivir, a ser feliz alguna vez?
TIGRE. *(Natural, algo burlón)*. Lo tienes, nena, claro que lo tienes.
CUCA. *(Eufórica)*. Esta casa se volverá luz y alegría...
TIGRE. *(Natural, lógico)*. En la unión está la fuerza, ¿no? Y para la mano dura, no hay nadie mejor que el viejo Tigre. Porque lo cierto es que ese feto se las trae.
CUCA. *(Se sienta. Natural, lógica, comunicativa, en tono de conversación, entre ellos, pero en algunos momentos al público)*. Siempre lo dije. La educación de Lobito no ha sido la más adecuada. Pero yo no he contado para nada en esta casa. Ahora tenemos que pagar las consecuencias... *(Gestos con las manos)*. Los mimos de Aura... Las debilidades de Lobo... Todo se unió para que Lobito acabara haciendo las cosas que no debía... *(Gesto)*. ¡Yo no he tenido la culpa!
AURA. *(Natural, se sienta)*. ¿Un reformatorio? ¿Cómo puedes decir tal cosa?
CUCA. *(Sentenciosa)*. Árbol que crece torcido jamás su tronco endereza.
LOBO. Nunca es tarde si la dicha es buena.
CUCA. *(Natural, pero absurda)*. ¿Podía alguien en esta casa regañar a Lobito? ¿Quién le castigaba cuando le daba una perreta? ¿Quién podía cambiarle los pañales cuándo se

orinaba y se cagaba en la sala? ¿Quién lo requería cuando mordía al perro y al gato? Y se fue poniendo peor.

AURA. *(Volviendo la cabeza hacia el público, muerta de la risa).* ¡Está loca, completamente loca!

CUCA. *(Natural).* Aura, convéncete, así no se puede criar a un muchacho. Era yo quien decía, quien señalaba, quien ponía los puntos sobre las íes.

TIGRE. Te advierto, Aura, que por algo soy el abuelo y no hago otra cosa que recordarlo. El pequeño Lobito no era más que un pequeño Tigre feroz que afilaba sus garras. Todo el mundo lo recuerda. Las paredes están llenas de fotografías. Lobito cumpliendo tres años, apagando las velitas, comiendo el cake de cumpleaños… *(Paródico).* «¡Abuelito! ¡Abuelito!».

AURA. Era un niño monísimo.

LOBO. *(Rondando).* Teníamos una camarita de la Kodak. No nos cansábamos de tomar fotografías. *(Como si tuviera la camarita, retratando)*

AURA. *(Posa).* Lobito tomando el biberón…

CUCA. *(Imitándolo).* Haciendo el pollito de la vecina…

AURA. Rompiendo el jarrón de porcelana…

LOBO. Destruyéndolo todo.

CUCA. ¡Qué muchacho, Dios mío! *(Irónica, con intención).* ¿Quién iba a decir que llegaría tan lejos?

TIGRE. ¡Acabando con la quinta y con los mangos!

LOBO. ¿En qué fallamos, papá?

TIGRE. Fuimos demasiado lejos.

LOBO. *(Reflexionando).* Sí, fuimos demasiado lejos.

AURA. *(En otro tono, enigmática).* Demasiado… lejos…

LOBO. ¿Entonces?

AURA. *(Espantada).* ¿Es que no queda más remedio?

TIGRE. De acuerdo. Por primera vez estamos de acuerdo.

CUCA. *(En otro tono, resumiendo).* Demasiado lejos. Ahora tendremos que pagar las consecuencias.

AURA. *(Fatalista, casi para sí misma).* Hay cosas que se llevan en la sangre.

LOBO. *(Casi preguntándoselo a sí mismo).* ¿El robo se lleva en la sangre? ¿El odio se lleva en la sangre?

AURA. *(Ahogadamente).* Precisamente, en la sangre.

CUCA. *(Natural, en tono de conversación normal).* Bueno, no hay que exagerar, pero un reformatorio no estaría de más. Sería una solución, ¿no les parece?

TIGRE. *(Burlón, casi para sí mismo).* Cuca cura el cáncer con aspirinas…

CUCA. La herida tal vez no sea demasiado profunda y quizás pueda cicatrizar.

AURA. *(Natural, conversando).* Pero la infección tiene pus…

CUCA. Existe la penicilina, ¿no?

AURA. Nadie puede ir a la farmacia con esta lluvia.

LOBO. No hay yodo…

AURA. Ni mercurocromo…

CUCA. Un reformatorio no es el fin del mundo… Detesto la tragedia… Soy la alegría personificada y prefiero la pachanga, porque soy más cubana que las palmas. Si Tigre me dejara, esta casa sería tan alegre como aquella en el Cerro… *(Se pone de pie).* ¡Qué vida aquella! *(En crescendo delirante).* Levantarse, acostarse, dormirse, despertarse, peinarse, desvestirse, desnudarse, sobarse, alegrarse, orinarse, cagarse, olerse, bañarse, apestarse, tentarse, chuparse, romperse, gozarse, irse, venirse, enfriarse, calentarse…

TIGRE. *(Violento).* ¡Cállate, Cuca! ¿A dónde vas a llegar?

CUCA. ¡Al final, Tigre, al último buchito!

TIGRE ¡Yo no doy marcha atrás, Cuca la Cava! Si no te gusta la tragedia, lárgate con la música a otra parte.

CUCA. *(Bajando el tono).* Un correctivo… Lobito no ha sido nunca santo de mi devoción, Tigre, pero tampoco es cosa de matarlo.

LOBO. *(Enfático).* ¿De matarlo?

AURA. *(Falsamente asustada).* ¡Dios **mío!** ¿Quién ha dicho cosa de matarlo?

TIGRE. *(Categórico).* Cuca ha dicho cosa de matarlo.

AURA. *(Melodramática).* ¡Pero una madre…! Una madre no puede aceptar cosa semejante. *(Se pone de pie. Actuando. Histérica).* Yo he vivido sin un minuto de amor, falta de cariño. ¿Sabe alguien lo que es eso?

LOBO. *(A Aura, íntimo casi).* Quizás no nos dábamos cuenta de la que estábamos engendrando.

AURA. ¿Engendrando?

CUCA. ¿Un delincuente?

LOBO. Un criminal…

CUCA. ¡Qué exageración!

AURA. Un anormal… Un loco…

CUCA. Por favor, Aura, no me asustes.

LOBO. Un terrorista… Un revolucionario…

TIGRE. ¡Un hijo de puta, coño, un verdadero hijo de puta! *(Pausa. Todos quedan en silencio. Transición. Tranquilizador, pero gradualmente se va alterando).* No se pongan así. Todo se andará a su debido tiempo. Nunca has sabido tener paciencia, Aura. Estoy aquí. No hay que perder la calma. ¿La pierdo yo porque un mocoso intente ponerme rabo? Todavía soy un hombre fuerte. A mí, que no me vengan con amenazas. No me gusta que jueguen conmigo. Y no me han gustado las jugadas de Lobito, que tendrá que pagar sus faltas. Yo me encargo de todo, Aura. No te preocupes.

CUCA. Cálmate, Tigre. Yo solo quiero que no te excites.

15

Las luces se van concentrando en Tigre. Foco de luz.

TIGRE. ¡No quiere que me excite! ¡Me pone rabo, me parto una costilla, y Cuca la Cava quiere que me calme! ¡Me excito, me violento, me vuelvo un toro! Ya le he pensado bastante. *(Muy violento, a Cuca).* ¡Ese muchacho, vieja reputa, era el orgullo de mamá, de papá y del abuelo! *(Calmándose algo).* Recordarán que lo mimaba también, yo que soy una fiera… Recordarán que le compré un tren eléctrico cuando tenía cinco años y lo rompió a patadas y no le dije nada… Pero, ¿qué pago nos ha dado? Lo sabemos bien. No es necesario que nadie lo diga. Y a mí, en particular, a su propio abuelo… Después de viejo, un mal paso. Una cáscara de plátano. Un hueso partido. ¡El viejo Tigre con un hueso partido! Detesto la injusticia, Aura. Me gusta la Justicia cuando está de mi parte. Cuando la Justicia no está conmigo, me dan ganas de echar mano a mi pistola y pegarle un tiro. Mi pequeño Lobito ha hecho mal. Soy su abuelo del alma pero tengo que reconocerlo. *(Racional, pero ligeramente alterado).* Pero el pequeño cabronzuelo se ha puesto a jugar con el dinero del abuelo y esa es una deuda que tiene que pagar. Voy a castigarle y todos estarán conforme... ¿Es que alguien se opone?

LOBO. *(Foco de luz. Al frente, escuchando, izquierda del escenario, firme, interrumpiendo).* ¿Oyen ustedes?

AURA. *(Foco de luz. Al frente, izquierda del escenario. Firme, segura).* Es Lobito...

16

Rápido cambio de luz: neutra, normal.

Lobito entra de pronto, muy rápidamente. Queda paralizado ante el súbito encuentro con todos los demás. Todos lo miran fijamente.

LOBITO. ¡Coño, carajo, la familia!

AURA. ¡Qué manera de hablar! ¿Qué palabras son esas?

TIGRE. ¡Bah, déjate de mojigaterías, Aura! Lobito repite lo que oye. ¡Coños y carajos! Todo el mundo los dice. No es para alarmarse por tan poca cosa. ¿No es cierto, muchachón?

LOBITO. *(A Tigre).* Mamá, ya sabes... Siempre aguando la fiesta...

TIGRE. *(Abriéndole los brazos).* ¡Vamos muchachón, dame un beso y un abrazo! *(Lobito lo besa).* ¡Pero que no sea el beso de Judas, cabronzuelo! *(Festivo, le da una cachetadas ligeras en la mejilla).*

CUCA. *(Vacilante).* Todo esto acabará afectándote la digestión... ¿Acaso no sería mejor dejar para mañana el caso de Lobito? *(A Tigre).* ¿Que... subieras a... subieras a ponerte las gotas... y tomar una siestecita? Cuando se consultan los asuntos con la almohada...

TIGRE. ¡La vieja Cuca! Acabo de llegar y no voy a subir tan pronto... Particularmente ahora que Lobito ha venido a hacernos compañía... ¿No es cierto, Lobo?

LOBO. Tú dirás... Es asunto tuyo, papá.

TIGRE. De acuerdo, ya lo sabemos. Fue una pregunta... retórica. Tú serás el mismo hasta el final, pero no creas que vas a lavarte las manos como Poncio Pilatos, porque aquí no hay ningún Jesucristo.

LOBITO. *(Extrañado).* ¿Jesucristo?

AURA. *(Acercándose a Lobito, muy cariñosa, acariciándolo).* El sacrificio pascual. El cordero que nos redima de los pecados que hemos cometido. *(Lobito se separa, receloso).*

LOBO. O la fiera a la que hay que cortarle la cabeza.

TIGRE. *(Sigue a Lobito y se le acerca, casi cariñosamente).* Es una lástima, Lobito, que te portes de ese modo ¡Tú me entiendes tan bien! Sabes que soy una cosa sucia, aunque siempre me visto de limpio. *(Lo agarra por el brazo, y lo retiene, con fuerza, sentándoselo en las pierna).* Pero no te olvides que el que la hace la paga.

LOBITO. *(Con inocencia).* ¿Es cierto eso, abuelo? Yo creía que eso solo pasaba en las películas. *(Lobito forcejea para deshacerse de las garras de Tigre. Finalmente lo logra).*

AURA. ¡Qué ocurrencia!

CUCA. Es mejor que me vaya, porque yo detesto los problemas de familia.

TIGRE. *(Acercándose a Lobito, que lo evade).* ¿Problemas de familia? ¿Pero qué problemas hay aquí? En el peor de los casos esto no es más que una familia mal llevada.

LOBO. En la tragedia griega solo hay problemas de familia, Cuca.

CUCA. Pero esta es una familia cubana, ¿no es así?
TIGRE. *(Mismo juego con Lobito)*. La «Gran Familia Cubana», para ser exactos.
CUCA. No, no, que va, en las familias cubanas no pasan esas cosas
AURA. *(Junto a Lobito, tomándole el brazo, como si fueran a pasear, casi susurrante, pero claramente)*. Matricidio... Parricidio... Fratricidio...
LOBO. *(Muy claramente, enfático)*. Filicidio...
CUCA. ¿Y eso qué cosa es?
LOBO. *(Lobito se separa de Aura, pero al hacerlo casi choca con Lobo)*. Los padres que matan a sus hijos...
CUCA. Pero eso no tiene sentido... ¿Cómo es posible matar a las criaturas que hemos traído al mundo?
LOBO. Medea...
AURA. No es que quiera justificar a nadie, Cuca, pero hay atenuantes...
CUCA. En todo caso... con meter a Lobito en un reformatorio...
LOBITO. ¿En un reformatorio?
AURA. Bajo ciertas circunstancias...
LOBO. Somos capaces de hacer cualquier cosa...
TIGRE. *(Junto a Lobito, casi interceptándole el paso)*. Especialmente cuando los hijos son unos hijos de puta.
CUCA. Lo que soy yo, ¡me largo! Y es mejor, Lobito, que tú hagas lo mismo.

Cuca sale de escena. Lobo y Aura se han acercado a Lobito y lo van acorralando. El retrocede, hasta que finalmente los dos lo toman por la muñeca y lo dominan. Lobito forcejea.

LOBITO. ¿Qué sucede ahora? ¿Qué pasa conmigo?
AURA. Matricidio...
LOBO. Parricidio...
AURA Y LOBO. *(Muertos de risa)*. Sobre todo filicidio...
LOBITO. *(Tratando de irse)*. ¡Coño! ¡No jodan!. ¡Quiero irme a dormir!
LOBO. «Cuatro pilares tiene mi cama. Cuatro angelitos que me la guardan».
AURA. «Duérmete mi niño, duérmete mi amor... Duérmete pedazo de mi corazón».
LOBO Y AURA. *(Cantando una canción de cuna)*. «Matricidio... Parricidio... Y sobre todo filicidio»... «Matricidio... Parricidio... Y sobre todo filicidio...».
LOBITO. ¿Qué pasa, mamá? ¿Qué se traen ustedes? ¡Coño! ¡Puta! ¡Cabrón! ¡Carajo! ¡Coño! ¡Puta! ¡Cabrón! ¡Carajo! ¡Suéltenme, suéltenme! *(Logra soltarse)*.
TIGRE. *(Que se ha ido moviendo hacia el proscenio. Se dirige al público)*. Es evidente que nuestra familia degenera. El cerebro de Lobito no da para mucho. No lo voy a negar, pero a mí también me gustan las malas palabras. Yo soy el primero en decirlas. Pero la mezclaba con otros asuntos: partido conservador, partido liberal, capitalismo, revolución y cosas por el estilo. *(Girando en la silla, volviéndose a Lobito)*. Pero coño, Lobito, tú solo dices: coño, puta, puta, coño, coño, carajo...
LOBITO. *(Sentado. Transición. Otro tono. Infantil)*. Solo soy un niño, abuelo. Tengo mucho que aprender. Es que me he asustado. Y todo esto me dio un poco de miedo.
TIGRE. *(Otro tono)*. Vamos, muchacho, no te pongas así, que esto no es más que un juego. Acabarás haciendo llorar a tu madre.

AURA. *(Maternal, al lado de Lobito, de pie. Lobito está sentado. Le acaricia los cabellos y lo oprime contra su vientre).* Solo Dios sabe lo mucho que te quiero y lo mucho que he sufrido por ti.

LOBO. ¿Lo ves? ¡Tranquilízate! Solo queríamos jugar contigo... Bueno, meterte un poco de miedo, es cierto, para ver si te portas bien.

LOBITO. Sí, sí, claro... ¿Cómo iba a dudarlo? *(Canta).* «Esta puta vieja que nació de noche... quieren que la lleven a putear en coche». *(Canta, agresivo, pero en tono de canción de cuna).* «Duérmete mi padre... Duérmete mi abuelo... Duérmanse cojones, de mi corazón... Duérmete mi madre... Duérmete mi vieja... Duérmete coñona de mi corazón». *(Se levanta, toma la silla de ruedas donde está Tigre y bailando y cantando le da vueltas. Repite la rima. Todos ríen, jugando y divertidos).* «Duérmete mi padre... Duérmete mi abuelo... Duérmanse cojones, de mi corazón... Duérmete mi madre... Duérmete mi vieja... Duérmete coñona de mi corazón».

TIGRE. ¡Basta, basta, que me mareo! ¡Este muchacho es un jugador empedernido! ¡Lo que se está perdiendo Cuca! ¡Sabe más que la bibijagua y me ha cortado la tripa del ombligo! ¡Juguemos, coño, juguemos! *(Dándole un empujoncito a Lobito).* ¿Qué te parece, muchachón? ¡Aquí mismo! *(Señalando al piso).* ¡Como si el piso fuera un tablero de ajedrez y nosotros fuéramos las fichas! ¡El juego de las trampas abiertas! Basta jugar y el que pierde grita, «¡Tramposa, cochina tramposa!». o «¡Tramposo, puerco, tramposo de mierda!»., según el caso ¿Qué me dicen? ¡Esto me rejuvenece! *(Dando vueltas en la silla de ruedas).* ¡La adrenalina me va de la cabeza a los cojones! ¡Doy vueltas!, ¡Me agito! ¡El juego de las trampas abiertas!

LOBITO. Estás muy viejo, abuelo. Podría darte un infarto.

TIGRE. Ese es el juego. Me partiría un hueso, pero podríamos divertirnos un rato. *(A Aura).* Aura, ¿qué te parece? Tú eres una mujer de empuje, ¿qué dices?

AURA. Si el niño y el abuelo quieren... ¿Cómo podría oponerme?

TIGRE. *(A Lobo)* ¿Y tú, Poncio Pilatos, qué piensas?

LOBO. Lo que tú digas, papá, porque después de todo esto es cosa tuya.

TIGRE. *(A Lobito).* ¿Jugamos?

LOBITO. ¡Juguemos!

TIGRE. ¡Juguemos! ¡Mi bastón, coño, denme mi bastón!

16

Cambio de luz.

Aura le da el bastón. Tigre se levanta con dificultad. Dará pequeños saltos, jugadas insignificantes. Cada personaje se coloca como una ficha en un tablero y comienzan a moverse dando saltos, como si el piso fuera el tablero. Así cambiarán de posición en el transcurso de la escena, usando la silla de ruedas como parte del juego, cuyo desarrollo será casi coreográfico a manos de la imaginación del director, estableciendo relaciones dramáticas entre los personajes de acuerdo con el texto. Todo debe estar dispuesto para que haya suficiente espacio para que el juego se pueda realizar con movilidad.

LOBITO. Vamos a disponer las fichas. *(Animando a su madre).* Juega, mamá, juega.

LOBO. Un juego de ajedrez... Un juego de damas...

TIGRE. *(Señalando al piso).* He aquí el tablero.

AURA. *(Moviéndose teatralmente: falsa, exagerada).* Es difícil. Me puedo caer.

LOBO. *(Animándola)*. Un paso más, Aura… Un paso hacia el centro.
TIGRE. *(Levantándose con dificultad, caminando como si lo estuviera haciendo por una cuerda floja)*. ¡Miren! ¡Miren!
LOBO. *(Indicándole)*. Un pasito hacia alante… Un pasito hacia atrás…
LOBITO. *(Gesto)*. ¡Cuidado! El abuelo hace juego.
TIGRE. La vieja Aura al centro.
AURA. *(Moviéndose)*. ¡Me entusiasmo! Lobito es un niño y lo tengo nuevamente entre mis brazos. *(Acercándose a Lobito)*. «Duérmete mi vida, duérmete mi amor». *(Se bambolea, como si fuera a caer)*.
LOBITO. *(Da un salto, cantando)*. «Duérmete cabrona, de mi corazón». ¡Tramposa, cochina tramposa!
TIGRE. *(En juego con Aura, cercando a Lobito, paródico)*. «Duérmete pedazo…».
LOBITO. *(Salta y se les escapa)*. ¡De eso, nada!
AURA. *(Moviéndose, cantando)*. «¡Este niño lindo, que nació de día…!». *(Lobito la empuja)*.
TIGRE. Haces trampa, Lobito.
AURA. *(A punto de caer)*. Me empujas, mi hijo… Así no vale.
LOBITO. Es el juego, mamá… Yo no hago trampas…
AURA. *(A punto de caer)*. «…que nació de día…».
LOBO. *(Sosteniéndola)*. ¡La trampa!¡El abismo!
LOBITO. ¡Tramposo, puerco, tramposo de mierda!
TIGRE. *(Molesto. Sosteniéndose en el bastón)*. ¡Coño, carajo! ¡Yo saltaba, Lobito, yo saltaba! ¡Por encima del partido conservador y del partido liberal! ¡En las mismas narices del presidente! Yo saltaba en La Habana como no saltaba nadie. Aún puedo hacerlo. *(Toma impulso, pero no salta)*.
AURA. ¡Cuidado, cuidado…! Una cáscara de plátano… Un viejo con una costilla partida… ¿Hay algo más ridículo?
LOBITO. *(Animándolo)*. ¡Salta, abuelo, salta!
AURA. *(Animándolo)*. ¡Salta, Tigre, salta!
LOBO. *(Animándolo)*. ¡Salta, papá, salta!
TIGRE. ¡Salto, salto como un canguro! ¡Salto como un hombre! ¡No tengo miedo! *(Dando un pequeño salto, grotescamente corto)*. Salté. *(Está a punto de caer, pero se apoya en la silla de ruedas y no cae)*. ¡Me la gané! ¡A mí no hay quien me ponga un pie por delante!
LOBITO. ¡Esto es una mierda, coño! ¡Así no se puede jugar!
TIGRE. *(Riéndose)*. Es el juego de las trampas abiertas, muchacho. Todo está permitido. Hacemos trampa. De otro modo no tendría sentido. No creas que estás ganando la partida. *(Alargando sus brazos)*. ¡Ven, abraza a tu abuelito! ¡Te enseñaré a saltar como un mono!
LOBITO. *(Dando santos agilísimos)*. ¡Créete tú eso! ¡Mira, abuelo! ¡Mira como salta tu nietecito!
LOBO. *(Salta con cuidado)*. Un paso mal dado…
AURA. *(Salta)*. Y como si nos lanzáramos al abismo.
LOBITO. *(Mientras salta, como si pasara por varios cuadros a un mismo tiempo y como si rodeara a Tigre y a Aura)*. Tengo catorce años, viejo Tigre. ¡Salto! ¡Yo puedo saltar así! ¿Lo ves? Hay que saltar. ¡Darle la vuelta a la silla y saltar junto a ella! ¡Cómo un canguro! ¡Tengo catorce años, abuelo! Dos fichas. Me las llevo de encuentro. ¡A mí no hay quien me gane esta partida!

17

Luces intermitentes.

La escena se oscurece. El área de juego se va reduciendo. Al frente cae un cono de luz, que será el área lúdica, cada vez más apretada.

AURA. ¡La trampa está abierta! ¡Estamos perdidos!
LOBO. ¿Dónde está la trampa, Aura?
AURA. ¿Dónde está la trampa, Lobo?
LOBO. ¿Quién escondió la ficha?
AURA. ¿Quién apagó las luces?
LOBO. ¿Quién movió la silla?
LOBITO. ¿Quién se llevó el dinero?
AURA. ¿Fuiste tú?
LOBO. ¿Fuiste tú?
LOBITO. ¿Fuiste tú?
TODOS. ¿Yo? ¿Tú? ¿Él? ¿Nosotros? ¿Vosotros? ¿Ellos?
TIGRE. *(Al frente y centro del escenario).* ¿Quién fue el cabrón que anda robando lo que yo tengo? ¿Quién quiere llevarme a la ruina? ¿Quién quiere quitármelo todo? ¿Quién quiere acabar con este edificio? ¿Quién quiere hacer la Revolución?
LOBITO. *(Detrás, con un cuchillo en alto, o como si lo tuviera en la mano dispuesto a enterrárselo).* ¡Yo, coño, tramposo, puerco, viejo de mierda!
TIGRE. *(Volviéndose, le tuerce el brazo. Lucha feroz, cuerpo a cuerpo).* ¡Bicho malo nunca muere! ¡Bicho malo nunca muere! *(Apagón rápido).*
TODOS AL MISMO TIEMPO. ¡Bicho malo nunca muere! ¡Bicho malo nunca muere!

Luchan. Ruedan por el piso. Caen los cortinajes.

Oscuro total.

18

Luces. El fondo del escenario aparece cubierto por una cortina roja o un inmenso panel en rojo.

Gradualmente el escenario se va iluminando. Aura y Lobo sostienen una conversación. Entonación normal que gradualmente se va perdiendo.

LOBO. ¡Al fin podremos descansar!
AURA. El juego era agotador.
LOBO. Parecían dos fieras.
AURA. Eran dos fieras.
LOBO. Pero ganamos. Matamos dos pájaros de un tiro.
AURA. *(Pausita).* ¿Estás seguro? *(Larga pausa).* No sabemos si están muertos o si están vivos.
LOBO. *(Racional).* Cuando se encendieron las luces, había un charco de sangre que parecía un río.

AURA. Pero los cadáveres ya no estaban allí. *(Pensativa)*. Y además, ¿de qué nos ha valido?
LOBO. Es posible que tengas razón.
AURA. Quizás sea un castigo.
LOBO. No es que quiera ser bíblico, pero no te olvides que la avaricia es un pecado capital.
AURA. ¿Qué ha dejado Tigre? ¿Qué hemos podido encontrar?
LOBO. Nada, en eso tienes razón.
AURA. Documentos, libretas de banco con las cuentas cerradas, papeles que no tienen ningún valor. Somos inocentes, Lobo
LOBO. Fotografías, expedientes, tarjetas postales, recortes de periódico…
AURA. Sellos, hipotecas, cuentas por pagar, números…
LOBO. Y este mal olor. Este desagradable olor a muerto.
AURA. A veces he llegado a pensar… *(Larga pausa)*. Que los dos están vivos
LOBO. ¡Qué locura! Se mataron el uno al otro. El pasado y el futuro.
AURA. *(De pie)*. ¿Y este es el presente?
LOBO. *(De pie)*. A lo mejor estamos en un limbo
AURA. Un cataclismo…
LOBO. Una apocalipsis…
AURA. Un genocidio…
LOBO. ¿Un engaño?
AURA. ¿Un matricidio?
LOBO. ¿Un parricidio?
LOBO Y AURA. ¡Es necesario salir de aquí.!

Cada una de las intervenciones de los personajes estará acompañada del gesto de palpar paredes, abrir y cerrar puertas y ventanas.

AURA. ¿Cómo?
LOBO. ¿Cuándo?
AURA. ¿Por dónde?
LOBO. *(Abre)*. ¡Abre, abro! ¡Cierra, cierro!
AURA. *(Abre)*. ¡Abre, abro! ¡Cierra, cierro!
LOBO. Araña la tierra
AURA. Palpa las paredes.
LOBO. Encuentra el dinero.
AURA. Busca la botija
LOBO. No hay nada.
AURA. Ni vivos ni muertos.
AMBOS. Busco. Escarbo. Nada
LOBO. Aquí. Allá. En el otro lado.
AURA. Antes. Después. Mañana. Siempre.
LOBO. Ni antes ni después.
AURA. Abre… Sigue… Abre… Cierra… Vive… Muere…
LOBO. Abre… Cierra… Sigue… Muere… Vive
AURA. Cierra… Muere… Sigue… Abre…
LOBO. Abre… Muere… Sigue… Muere…

AURA. Cierra... Muere... Sigue... Abre...
LOBO. Abre... Vive... Sigue...
AURA. Abre... Cierra...
LOBO. Muere...

19

Oscuro gradual. Después, Caridad aparece dentro de un cono de luz.

CARIDAD. Cuando volví la cabeza, ya las palmas no estaban. No habían estado nunca. Yo las había soñado alguna vez. El verano había avanzado demasiado y hacía demasiado calor. Todo ardía. Todo parecía quemarse. Yo misma era una llama, porque me habían prendido fuego y empezaba a arder. No existía nada en mí, porque todos me habían despojado. Inútilmente gemía, inútilmente palpaba las paredes, porque había visto. Y al ver tenía que cegarme, porque al ver todo se me había rebelado. La playa estaba desierta y comencé a caminar, pero ya yo sabía hacia adonde. Todo estaba perdido. El mar tenía olas rojas con espumas de sangre. Voces inútiles las mías. ¡Cuánto gemir! ¡Cuánto palpitar inútil! Porque ellos me desposaban para siempre y yo no podía decir ni que sí ni que no, sino desposarme en un beso de agua, siempre al final de la escalera. Era... la historia de mi vida. Porque la Isla tenía mar por todas partes y nadie podría librarme de aquel mar que ya era rojo, de un solo color. Ya no corría, sino que avanzaba porque había comprendido. Ciega por haber visto.... Y ya no soñaba aquel verdor del campo ni aquel azul del mar que nunca había sido, porque el Padre había engendrado al Hijo, tres en uno, y me sumergía en aquella trinitaria proliferación maligna como si ese fuera el único modo de redimirnos.

Oscuro total.

Nota sobre el montaje

El estreno mundial de La sal de los muertos *tuvo lugar en Miami el 27 de julio del año 2013, en Akuara Teatro, dirección de Christian Ocón, con un reparto formado por Yoelvis Batista (Lobito), Ivette Kellems (Aura), Orestes Graupera (Lobo), Orquídea Gil (Cuca), Christian Ocón (Tigre) y Liset Jiménez (Caridad), con la participación de Lilliana Espeleta, Martha Lizana y Octavio Gallardo en la escena del baile que introdujo Ocón y la iconografía de la Virgen de la Caridad. Escenografía de Cristian Ocón. Iluminación y banda sonora de Mario García Joya. El montaje fue absolutamente fiel al texto de la versión corta. La escenografía no fue tan minimalista como la de la propuesta, con dos columnas al frente que servían de pedestal para identificar la posición de Aura y Lobo. Al fondo, izquierda, una rampa que conducía a una especie de vacío. Lobito vistió traje de campaña, militar, con botas, entrando desde la platea. Tigre vestía traje militar, tipo dictador latinoamericano. Ocón destacó una relación incestuosa entre Lobito y Aura, sugerida de forma menos definida en el texto. Lobo entró en escena con una linterna, con efectos de claroscuros, con carácter de film noir. A instancias mías, se utilizaron acordes procedentes de* Music for 18 Musicians *de Steve Reich. Con posterioridad al monólogo de Cuca, Ocón introdujo una escena bailable y terminó la primera intervención de Caridad con una imagen iconográfica de la Caridad del Cobre, con los tres Juanes remando en medio de la tormenta, que en todo caso funcionaría más efectivamente al final de la obra, y que no fue idea del autor. Toda la secuencia de «las trampas abiertas» resultó francamente espectacular con el uso de las luces y la música. La escena final entre Aura y Lobo fue fiel al texto, aunque Ocón jugó con un marco de tela metálica mediante el cual los personajes terminaban encerrados en lo alto de la rampa.*

LA AVELLANEDA UNA Y OTRA VEZ

2014

Personajes

Gertrudis Gómez de Avellaneda: desdoblada en:
>   Tula, joven, bellísima, delgada, atractiva —bata blanca de dormir, de hilo, casi transparente, de época.
>   Gertrudis, bella, atractiva, en todo su esplendor: visión clásica de la escritora, monumental —traje de época según los dictámenes de la moda.
>   La Peregrina —luctuosa, envuelta en un manto negro.
>   La Avellaneda, en el unipersonal del tercer acto, que puede ser interpretada por la misma actriz que hace el papel de Gertrudis, o por cualquier otra actriz con un vestuario igual al que usa Gertrudis.

La Madre
El Padre/Fantasma o sombra del padre
Tassara
Cepeda, que no habla, rostro envuelto en una gasa gris o cubierto por una máscara

Tassara y Cepeda vestirán de forma parecida, de chaqué. Tassara, pantalón negro, chaqueta gris, chaleco verde; Cepeda: pantalón gris, chaqueta negra, chaleco gris.

>   Escalada (interpretado por el actor que haga de Tassara)
>   Sabater (interpretado por el actor que haga de Cepeda)
>   Carrel (interpretado por el actor que haga de Tassara)
>   Sab, mulato bien parecido, joven y fuerte
>   Autor, envuelto en una capa se desdoblará en varios personajes y en conjunción con el coro
>   Coro (masculino, tres actores) a cargo de:
>>   Manuel, hermano de Tula
>>   Loynaz
>>   Ricafort
>>   verdugo.
>>   Antonio Médez Vigo
>>   José Martí
>   Coro (femenino, tres actrices)

Cuando se indica «coro», quiere decir que cualquier miembro del «coro» puede hacer el papel correspondiente.

Personajes de la vida real, histórica, literaria, interpretados por el Autor y actores y actrices del coro: Valera, Fornaris, Portuondo, Vitier, Piñera, Luisa Pérez de Zambrana, Condesa de Santovenia.

Otros personajes procedentes del teatro de la Avellaneda interpretados por actores y actrices del coro: Elda, Bada, Micol, Alfonso Munio, Príncipe de Viana, Recaredo, Saúl, Baltasar, Catilina.

Escenografía

En el nivel superior, un muro desde donde empieza una rampa que desciende desde el nivel superior a un primer nivel en el centro del escenario. Detalles a la izquierda y derecha del escenario variarán según las indicaciones de cada acto.

Si se desea, tal vez al principio de la obra o en los intermedios se pueden proyectar sobre el muro imágenes de la época: Camagüey, La Habana, Santiago de Cuba, Cárdenas, Cienfuegos, Matanzas, Sagua la Grande, Pinar del Río, Burdeos, La Coruña, Santiago de Compostela, Lisboa, Cádiz, Sevilla, Madrid, Bilbao, San Sebastián, París, Nueva York, etcétera, por donde estuvo Gertrudis Gómez de Avellaneda, aunque no es necesario hacerlo, con música de fondo.

Música

En cuanto a componentes musicales que podrían utilizarse en el montaje, el autor recomienda, por cercanía cronológica, de época y de carácter, a Giuseppe Verdi. Respecto a la música cubana no pasar de las danzas de Cervantes, José White («La bella cubana») y, tal vez, Louis Moreau Gottshalk. Para secuencias funerales o religiosas usar el Réquiem de Mozart. Si se fuera a utilizar música afrocubana, solo aplicable en la escena con Sab, evitar estridencias folclóricas.

I

Al Partir

Tula, Gertrudis, La Peregrina, Cepeda, Tassara, Loynaz, La Madre, Escalada, Autor, El fantasma del padre, Manuel, Coro

Escenografía previamente indicada. A la derecha del espectador, área del cementerio: una cruz delante de una fosa, con una calavera y unos libros. Al lado opuesto, salón íntimo: un par de butacas, un secreter con una silla, de frente al público, de efecto realista estilo siglo xix, quizás algún toque cubano-camagüeyano: mamparas, persianas, arco de medio punto, ausentes en los actos que siguen, un tinajón, que puede reaparecer al final de la obra. Un amplio espacio intermedio en el proscenio entre izquierda y derecha. Tula entra desde lo alto, huyendo, despeinada. Rayos y truenos. La Peregrina sale de la fosa envuelta en un manto negro. Por el lado opuesto, Gertrudis, en toda su majestad y opulencia, entra en escena. De pie junto al secreter, escucha. Todo al mismo tiempo. Redoblar de campanas al iniciarse la obra. La Peregrina se vuelve. Ven a Tula, en lo alto de la rampa. La Peregrina y Gertrudis van hacia la rampa, suben a su encuentro. Empiezan a ascender por la rampa mientras recitan versos de Abufar de Ducis. Tula recita, apasionada, enfática, romántica. Viento seco del desierto.

TULA. «Era el amor. Él era el
 devorante ardor que te ocultaban
 mi languidez continua y mi tristeza.
 Esta pasión por la virtud proscrita
 turbaba mi razón con su fiereza
 y en vano combatirla pretendía.
PEREGRINA. Este aire del desierto envenenado
 abrasa menos que la llama horrenda
 que en mis sentidos arde.
 En el sepulcro silencioso
 donde he turbado tus cenizas yertas,
 en dudas con horror me escuchas.
GERTRUDIS. En el furor de mi pasión funesta
 todo lo he profanado: esta morada,
 lazos de sangre, honor, naturaleza».

Tula, La Peregrina y Gertrudis se encuentran en lo alto de la rampa, al unísono.

TULA. *(Perpleja).* ¿Soy yo?
PEREGRINA. Eres tú.
GERTRUDIS. ¿Somos nosotras?
TULA. El principio…
PEREGRINA. …y el final…
TULA. El antes…
PEREGRINA. …y el después…
TULA. Ahora y siempre.
GERTRUDIS. Dos siglos más tarde.
TULA. Por un momento pensé que no ibas a recordarlo.
PEREGRINA. ¿Qué cosa?
TULA. Los versos.
PEREGRINA. ¿Cómo olvidarlos? *Abufar*, de Ducis, en traducción de José María Heredia. Era como si los hubiera escrito yo.
TULA. Eras tú.
GERTRUDIS. *(Bajando por la rampa).* «Mi gran placer y única afición por aquella época era representar tragedias con otras muchachas de mi edad».
TULA. *(Bajando por la rampa).* «Desde muy niña hacía versos y aun novelas que tenían por protagonistas gigantes y vampiros».
TULA, PEREGRINA, GERTRUDIS. ¡Éramos felices!
GERTRUDIS. *(Sentada, escribe, lee lo que escribe).* «Cuando en Puerto Príncipe se llevó a cabo una función benéfica para recaudar fondos para huérfanos pobres, me escogieron a mí para interpretar *Abufar*. Llena de gozo y entusiasmo empecé a estudiar mi difícil papel, y el éxito extraordinario que alcancé en su desempeño, los elogios que toda la prensa me prodigó por aquel motivo, los versos que se hicieron en mi alabanza y la fama de artista trágica que alcancé en mi país, por poco me trastorna el juicio».
TULA. Tuviste un éxito extraordinario y no se hablaba de otra cosa. Quizás no debiste irte.
PEREGRINA. Quizás no debimos irnos.
GERTRUDIS. Teníamos que hacerlo. No nos quedaba más remedio.
PEREGRINA. Siempre hay otra opción. Vivíamos tranquilas.
TULA. Soñaba con darme un viaje.
PEREGRINA. Pero no para toda la vida.
GERTRUDIS. Me tendían una trampa y tenía que escaparme. Irme o quedarme. No había otra alternativa.
TULA. Nos aplaudieron como locos. Me encantaba el teatro. Siempre quise ser una gran actriz.
PEREGRINA. Una gran actriz trágica.
TULA. Pero mamá se oponía.

Gertrudis se pone de pie. Entra Tassara, se acerca a Gertrudis. La abraza por la espalda.

TASSARA. *(Seductor).* Eras una gran actriz. De eso no te quepa la menor duda. Lo eres todavía y lo serás siempre. Aún cuando no estabas en escena. Tan buena actriz, que es posible que no estuvieras fingiendo.

GERTRUDIS. No, no fingía. Tú lo sabes bien, Tassara. Cuando tuve a Brenhilde no estaba fingiendo. *(Se separa y se vuelve).*
PEREGRINA. Estuve a punto de volverme loca.
GERTRUDIS. Y no era una actriz. Yo era poeta, novelista y dramaturga… A mi Brenhilde y a mí misma, tuve que hacerlas nacer de nuevo. Darles vida nuevamente y transformar aquella locura de un instante en otra cosa, sin mancha concebida. Un desliz versallesco en Castellón de la Plana. *La hija de las flores.*

Breve juego escénico hacia el proscenio, centro. Entra Tula. Hombre del coro, con máscara. Gertrudis escribe.

CORO. *(Actuando. Galante, a Tula, que se acerca por el proscenio).*
«Pero… ¿eres mujer… o flor?
¿Flor, mujer, duende o deidad?».
TULA. *(Actuando, coqueta).* «Mujer o flor, ¿no es igual?
Mujer me dicen que soy.
Y yo me siento sin cesar
que soy flor…». ¿y tú, qué eres?
TASSARA. *(A Gertrudis).* Soy un hombre y nada más.
TULA. «Jamás llegué a imaginar
que un hombre hubiese en la tierra
tan diferente de Juan.
Pedro, Pablo, Diego, Antonio,
Benito, Ignacio y Tomás».

Tassara se le acerca. Juguetón, la besa. Sale riéndose. Entra otro actor, también enmascarado, haciendo de anciano.

CORO. «Tamañita así, sabía…
que de flores procedía.
Sus madres son sin falacia.
De muy pequeña dormía
como en regazo materno
en el jardín, y en invierno
—cuándo en él sus galas perdía—
quedaba ella sin colores,
pero en llegando el abril
retoñaba con las flores».
GERTRUDIS. «Que en cuanto a lo de nacer,
no le puedo responder
ni bueno ni malo a usía.
¿Quién puede decir nació?
CORO. ¿No lo sabes tú?
GERTRUDIS. *(Se pone de pie, enfática).* ¡No!
CORO. ¿No tiene madre?

GERTRUDIS. ¡Las flores!».
    Que el mundo lo creo yo.

La Peregrina, en el cementerio, empieza a recitar. Cruza el proscenio hasta donde está Gertrudis, en el salón.

PEREGRINA. «He aquí el asilo de la eterna calma,
    do solo el sauce desmayado crece…
    Dejadme aquí, que fatigada el alma
    el aura de las tumbas apetece.
    los que aspiráis las flores de la vida
    llenas de aromas de placer y gloria,
    no piséis el lugar do convertida
    veréis su pompa en miserable escoria».

Gertrudis y la Peregrina se abrazan. Lloran.

GERTRUDIS. Sufrí mucho.
PEREGRINA. Todo el mundo pensaba que eras feliz y te divertías.
GERTRUDIS. Era feliz y me divertía. Pero también sufría.
PEREGRINA. Me tenías aplastada.
GERTRUDIS. No tenía tiempo para descansar. Escribía. Era lo que me sostenía.
PEREGRINA. Me tenías agotada.
GERTRUDIS. Era mi trabajo y no podía dormir.
PEREGRINA. Siempre de un lado para otro.

Entra todo el coro, masculino y femenino. Se mueve de un lado para otro, muy teatralmente, siglo xix al modo casi de un musical. Gertrudis, Tula y la Peregrina forman parte del juego. Efecto coreográfico, irregular. Debe acompañarlo música —disonante, no alusiva a una específica localización; como espectáculo, pero nada folclórica ni como lista de lugares—. Síntesis del recorrido de la Avellaneda.

CORO. Puerto Príncipe.
CORO. La Habana.
CORO. Santiago.
CORO. Burdeos.
CORO. La Coruña.
CORO. Lisboa.
CORO. Sevilla.
CORO. Madrid.
CORO. París.
CORO. Bilbao, San Sebastián, Barcelona.
CORO. Cuba.
CORO. Camagüey.
CORO. Cienfuegos.

CORO. Cárdenas.
CORO. Sagua.
CORO. Matanzas.
CORO. ESPAÑA.

El coro se vuelve en torno a las tres mujeres, en un cambio de movimiento. Tassara entre ellos, al final.

CORO. La fuerza de un torrente.
CORO. Avasalladora y temible.
CORO. Enérgica y apasionada.
CORA: Una catarata y un huracán.
CORO. Grandiosa y abrumadora.
CORO. Una mujer guapísima.
CORO. Ojos negros.
CORO. Cutis de raso.
CORO. Pecho opulento.
CORO. Amplios descotes.
CORO. Cintura brevísima.
CORO. Seductora, atractiva.
TASSARA. *(Agresivo, a Gertrudis).*
«Por el salón donde en tu gloria imperas
como un tigre de Hircania me paseo.
Contemplo con pavor los demás osos.
Se me antoja un rival cada uno de ellos».

Oscuro, abajo. Efecto pirotécnico en lo alto de la rampa. Aparece el Autor, envuelto en una nube de humo. Empieza a bajar por la rampa.

AUTOR. *(Interpretado a Munio).* «¡Horrible tempestad! ¡Desata un rayo!».
GERTRUDIS. *(Escribe, lee).* «¡Alfonso Munio!».

Empieza a bajar por la rampa.

AUTOR. «La pasión nace ciega, involuntaria,
sabe comunicarse aún siendo muda
y cuando más se oculta más se arraiga».
TULA. ¿Y ese quién es?
PEREGRINA. El autor que nos está escribiendo.
TULA. ¿Dios?
PEREGRINA. Nadie. Un atrevido.
AUTOR. *(Delirante).*
«¡Era una hembra!
¿No conocisteis en aquel gemido
su dulce voz, de pérfida sirena?
¡Aquella voz que bendición pedía

al padre que engañaba vil y artera...!
¿No sentisteis su mano, blanca y leve,
[mi espada] asir, y desprenderse yerta
cuando al golpe cruel saltó la sangre,
para lavar de mi blasón la afrenta?».

TASSARA. *(Sentándose en una butaca y poniendo los pies en la otra, con desparpajo)*. ¡Qué bárbara!
GERTRUDIS. El final del tercer acto. Un éxito rotundo.
TASSARA. Un golpe bien calculado. Con todos los ingredientes del caso.
GERTRUDIS. Con ese final tenía ganada la batalla.
TASSARA. ¿Pero quién era él?
GERTRUDIS. Un filicida.
TASSARA. ¿Acaso era yo?
GERTRUDIS. Ni sueñes que te hubiera dado un papel de tal categoría. La épica no es lo tuyo.
TASSARA. *(Cínico)*. Pero la espada sí.
PEREGRINA. Los aplausos eran más fuertes que las campanas de la Soledad. Dejé de escucharlas.
AUTOR. *(Pueril casi)*. ¿Cómo es posible que se te ocurriera tal cosa?
GERTRUDIS. ¿Qué cosa?
AUTOR. Un padre que le corta la cabeza a su hija.
TULA. No, no lo entiendo.
GERTRUDIS. El código del honor. Era lógico.
PEREGRINA. Una confusión de identidades. Eso se usaba mucho.
AUTOR. El subconsciente. Una freudiana que se adelantaba a su tiempo.
TASSARA. *(Socarrón)*. Un *coitus interruptus,* que puede tener terribles consecuencias.
GERTRUDIS. *(Segura de sí misma, de pie)*. Un golpe de efecto. Bien sabía lo que estaba haciendo.

Las campanas tocan estruendosamente a vuelo, en celebración. Gradualmente van dejando de sonar y hacen una transición a un repique fúnebre.

PEREGRINA. ¡Las campanas de la Soledad! Las he estado escuchando toda la vida. Me taladran la sien.
TULA. Sí, las reconozco.
GERTRUDIS. Eran inconfundibles.
PEREGRINA. Aprisionaban mi alegría. Me encerraban en la tristeza. Y empezaba mi insomnio. No dejaban de sonar. Nunca. Jamás. No me dejaban dormir.
GERTRUDIS. Es por eso que he escrito tanto.
PEREGRINA. *(Un tanto enloquecida, de un lugar a otro)*. Como si fuera una sonámbula me esperaban al doblar de la esquina. Siempre estuve huyendo de ellas, pero cuando caía el telón, cesaban los aplausos, me perseguían de una casa a la otra...

Entra el coro masculino. Baja por la rampa. De un lado al otro del escenario, de una dirección a la otra, la Peregrina hace el mismo juego.

CORO. Clavel No 3.
CORO. Desengaño No. 15.
CORO. Jacometrazo 50.

CORO. San Quintín No. 8.
CORO. Ballesta No. 4.
CORO. Independencia No. 3.
CORO. Montera 51.
CORO. Fuencarral No. 9.
CORO. San Marcos 18.
CORO. Puebla 19.
AL UNÍSONO. Ferraz número…

AUTOR. Te equivocas. No son las mismas. Son las campanas madrileñas. Las del Cementerio de la Sacramental de San Martín, 1873.

Entra Cepeda. Hay unos libros esparcidos al lado de la fosa. Toma unos pliegos de papel. Lee. Después, en lo alto de la rampa, aparece un féretro, cargado por varios actores vestidos de negro, que va descendiendo lentamente hasta llegar a la fosa. Les sigue el Autor, con un paraguas abierto. Aparentemente, llueve. Cepeda se aleja.

AUTOR. Poca gente. Juan Valera entre ellos.
VALERA. *(Interpretado por un actor del coro).* «Sí, yo asistí al modestísimo entierro de la poetisa. Parvo, escaso, mínimo. La Avellaneda era enterrada en soledad. Aquella que había levantado en la vida un estrépito resonante, se iba en silencio. No llegaban a diez los individuos que la acompañaban a su última morada».

Se procede a enterrar el féretro.

GERTRUDIS. *(Alterada, se pone de pie).* ¡Esto no sirve! ¿A quién se le ocurre escribir un final semejante?
AUTOR. ¿Un final o un principio?
GERTRUDIS. Me da lo mismo.
AUTOR. Lo has escrito tú, con tu vida.
GERTRUDIS. Un principio que me da mala espina y un final, decididamente, inaceptable. Si es el final, tendremos que enmendarlo. No crean que me voy a conformar con tan poca cosa…
AUTOR. ¿De qué te quejas? Te están resucitando después de doscientos años.
GERTRUDIS. *(Da unos pasos ascendiendo por la rampa).* ¿Resucitar? Yo no sabía que estaba muerta.
TULA. Serías la última en enterarte…
GERTRUDIS. ¿Muerta yo? ¡Eso es imposible!
TASSARA. ¡No te hagas ilusiones! El que se hace ilusiones muere de desengaños. Y entre los cubanos, que cada cual tira por su lado, no es mucho más fácil. Al contrario.
CORO. Quítate tú para ponerme yo.
CORO. El muerto al hoyo y el vivo al pollo.
PEREGRINA. Convéncete, Gertrudis, ya no podemos dar marcha atrás. La vida no es reversible. Un final que nunca pudimos imaginar… Vapuleada de un lugar para otro, desterrada en los anaqueles de las bibliotecas, como si fuéramos un error de catalogación… Ni cubana ni española… Muchos nos han negado en las dos orillas… Tienes que reconocer que todo ha sido un fracaso…

TULA. *(Con cierta simpleza)*. Quizás no debimos irnos de Cuba. Las cosas no las pensamos dos veces y puede que mamá tuviera razón.
AUTOR. Quizás puedas volver. Se están haciendo gestiones para llevarte para Cuba con motivo del bicentenario. Cuba, como todos sabemos, recibe a los muertos con los brazos abiertos.
CORO. Más vale tarde que nunca.
GERTRUDIS. *(A las otras)*. Tendremos que decidir.
AUTOR. No, no, ustedes no tienen que decidir nada.
PEREGRINA. A lo mejor ni nos enteramos.
TASSARA. Bueno, no se hagan muchas ilusiones, porque los cubanos nunca se ponen de acuerdo para nada.
TULA. Pues nos quedaremos en Sevilla, porque después de todo allí viví los días más felices de mi vida.
PEREGRINA. Da lo mismo, Tula, ¿qué nos importa ya?
GERTRUDIS. No obstante ello, debemos considerarlo dos veces.
PEREGRINA. Este destierro... Esta desazón...
GERTRUDIS. Ni muerta van a poder conmigo.
PEREGRINA. *(A Gertrudis)*. Tú, claro, con esos delirios de grandeza. Nada te era suficiente. Cuando rompiste con Enrique Otway, todo el mundo se indignó... que eras una mala cabeza, una engreída que te creías mejor que los demás, una novelera y que algún día te ibas a arrepentir de lo que estabas haciendo.
TULA. No podía casarme con Enrique, que era un hombre vacío y sin sentimientos, que solo buscaba una joven con dinero.
AUTOR. Estás confundiendo la ficción con la realidad.
TULA. ¿Pero no es eso lo que pasa siempre?
PEREGRINA. *Alfonso Munio, El Príncipe de Viana, Recaredo, Baltasar, Catilina...*
GERTRUDIS. Los conocía como la palma de mi mano.
PEREGRINA. Fronilde, Isabel de Peralta, Bada, Micol, Elda, Aurelia, Fulvia, las que ofrecían resistencia, las que decían que no y pagaban las consecuencias y hasta les cortaban la cabeza.
GERTRUDIS. ¡Yo sabía lo que quería!
PEREGRINA. Eso no lo sé, Gertrudis. No estés tan segura.
GERTRUDIS. Si es necesario, tendré que nacer de nuevo. *(Está iracunda. Recita mientras se dirige al secreter)*.
«¡Del huracán espíritu potente,
rudo como la pena que me agita!
¡Ven, con el tuyo mi furor excita!
¡Ven con tu aliento a enardecer mi mente!

¡Que zumbe el rayo y con fragor reviente,
mientras —cual a hoja seca o flor marchita—
tu fuerte soplo al roble precipita,
roto y deshecho al bramador torrente!

Del alma que te invoca y acompaña,
envidiando tu fuerza destructora,
lanza a la par la confusión extraña.

¡Ven al dolor que insano la devora,
haz suceder tu poderosa saña,
y el llanto seca que cobarde llora!».

(Se sienta en el secreter. Escribe. Lee en voz alta. No debe grabarse ni leerse de carretilla. Con naturalidad. Como una persona que piensa y escribe lo que está pensando y, a su vez, nos lo comunica. Algunas pausas). «Mi padre era un caballero y gozaba de toda la estimación que merecía por sus talentos y virtudes, y todo aquel prestigio que en una ciudad naciente y pequeña gozan los empleados de cierta clase. En su vida pública y en su vida privada siempre fue el mismo, noble, intrépido, veraz, generoso e incorruptible».

Don Manuel Gómez de Avellaneda, el padre, aparece en lo alto de la rampa, envuelto en la niebla, casi como una figura fantasmagórica, shakesperiana.

GERTRUDIS. ¡Padre!
PADRE. *(Interpretado por el actor que hace de Cepeda, con una espada. Cambio rápido de chaqueta).*
«De tus locos terrores… ¡te bendigo!
Que el pecado jamás su sello de vergüenza imprima
de este semblante en los hermosos rasgos…
No altere de tus alas la pureza
Ni aún leve mancha de terrestre fango!».
TULA. *(Da unos pasos en dirección a su padre).* ¿Es usted? ¿Dónde estaba? ¿Vino a verme? ¿He cometido alguna falta? Mamá me dijo que acababa de morir.

Tula corre a donde está La Peregrina, atemorizada. Se abrazan.

PEREGRINA. ¿Qué te pasa?
TULA. ¡Papá! Como si lo estuviera soñando, la espada en alto…
PEREGRINA. ¡Qué tontería!
TULA. Por un momento temí… que fuera a… cortarme la cabeza.
PEREGRINA. Papá era un santo… Cuando murió apenas teníamos nueve años… Bueno, generoso, cariñoso… no decía una palabra más alta que la otra…
GERTRUDIS. *(De pie, junto al secreter).* Era un hombre incorruptible, y nadie tuvo su prestigio. Ni sus antecesores ni sus sucesores. *(Se sienta. Escribiendo en el secreter).* «Pronto se cumplirán 16 años de su muerte, mas estoy cierta, muy cierta, que aún vive su memoria en Puerto Príncipe, y que su nombre no se pronuncia sin elogios y bendiciones; a nadie hizo mal y ejecutó todo el bien que pudo…». Y nunca, jamás, llevó espada… *(Gertrudis detiene la pluma en el aire. Se levanta alarmada, como quién ve un fantasma. Desconcertada, da unos pasos, pero manteniéndose dentro del área del secreter. Un poco alucinada).* Ignacio, ¿estás ahí?

El Padre desaparece dentro de una espesa niebla que lo oculta. Disuelve. Cepeda, como tal, sin espada, baja por la rampa leyendo una carta, y se acerca a la fosa. Se arrodilla junto a una calavera. La toma y la contempla. Se pone de pie con la calavera en la mano.

PEREGRINA. *(Camina hacia la fosa)*. Cuando tenía ocho años escribí un cuento que se llamó «El Gigante de Cien Cabezas». Se me aparecía por las noches y me ponía a gritar, para salir de aquella pesadilla. Y todas las cabezas eran la de Papá, que venía a comerme y también a liberarme con una espada que se me atravesaba en la garganta. No sabía qué hacer, como salir de allí. Estaba aterrorizada y me di cuenta que corría hacia ti... *(Se va a abrazar a Cepeda pero este le da la calavera y se vuelve lentamente, dándole finalmente la espalda)*. Para que no me comiera nadie, porque solo tú podías protegerme.

GERTRUDIS. *(Desde el secreter)*. Porque eras mi mejor amigo y el hombre que más había amado en mi vida.

PEREGRINA. Hablaba y hablaba, pero yo sabía que no escuchabas una palabra de lo que decía.

Cepeda la separa y se aleja.

TULA .*(Se mueve hacia la rampa)*. Era el hombre más bueno del mundo, pero cuando le pedía la bendición antes de acostarme levantaba la mano para hacerlo, y no la tenía.

PEREGRINA. Los sueños son así, terribles.

TULA. *(Sube por la rampa)*. Y se nos fijan, como si nos estuvieran enterrando una espada.

PEREGRINA. «Mi amor lo absorbe entero
—segura estoy— el héroe sin mancilla
que por glorioso padre me dio el cielo».

TULA. *(Hacia lo alto de la rampa)*. «Aún no tenía nueve años cuando le perdí. De cinco hermanos que éramos, solo quedábamos a su muerte dos: Manuel y yo; así que éramos tiernamente queridos, con alguna preferencia por parte de mamá hacia Manolito y por papá hacia mí».

Tula corre hacia lo alto de la rampa, extendiendo los brazos hacia el padre que no está y cae al abismo. Gertrudis, en el proscenio, corre hacia un Cepeda que no está, y queda paralizada.

GERTRUDIS. *(Alucinada)*. ¿Ignacio? Anoche te estuve esperando y no te apareciste. ¿Te pasa algo? ¿He cometido alguna falta?

PEREGRINA. *(En el área del cementerio)*. Pero esto no tiene sentido. ¿Qué es lo que nos pasa?

GERTRUDIS. *(Natural, en el saloncito)*. Ningún hombre me parecía bien.

TASSARA. *(En el saloncito, natural)*. Coqueteabas con ellos.

GERTRUDIS. Ninguno me apreciaba lo suficiente.

TASSARA. Tú te lo perdías.

GERTRUDIS. No me iba a vender por tan poca cosa.

TASSARA. Todo tiene su precio.

GERTRUDIS. Pero tú no valías nada.

TASSARA. Y sin embargo... *(Cínico)*. Los últimos serán los primeros.

GERTRUDIS. *(Se sienta en el secreter, escribe, lee)*. «Acaso por esto, y por ser mayor que Manuel cerca de tres años, mi dolor en la muerte de papá fue más vivo que el de mi hermano. ¡Cuán lejos estaba entonces de conocer toda la extensión de la pérdida!».

TULA. A Papá lo tenía en un altar. Lo idolatraba.

GERTRUDIS. *(Prosigue escribiendo y leyendo)*. «Mamá fue la más fiel y virtuosa de las esposas. Sin embargo, no fue dichosa con él; acaso porque siendo demasiado joven y mi papá más maduro, no pudieron tener simpatías. Mas siendo desgraciados, ambos fueron por lo menos irreprochables». *(Se pone de pie, anonadada).*

TULA. Papá pasaba horas y horas hablándome de Sevilla, y paseábamos todas las tardes a orillas del Guadalquivir, la Torre del Oro, la Catedral y la Giralda, los jardines del Alkázar, los bailes, las ferias, el teatro, ¡la Semana Santa! Después, ya muerto papá, cuando apenas había cumplido los quince años, «mi familia me trató casamiento con un caballero, pariente lejano de nosotros».

GERTRUDIS. *(De pie, al público).* «Era un hombre de buen aspecto personal y se le reputaba el mejor partido del país...».

Entra la Madre, un tanto autoritaria y agresiva.

LA MADRE. Lo hacíamos por tu bien

TULA. *(Frívola).* «En aquella época comenzaba a presentarme en los bailes, paseos y tertulias, y se despertaba en mí la vanidad de mujer».

GERTRUDIS. En el principio no me importó, porque no me daba cuenta, y como el matrimonio no iba a tener lugar hasta cuando cumpliera los dieciocho años, no le di mayor importancia.

Tula corre hacia donde está La Peregrina, la toma por la mano y dan vueltas en torno a Cepeda que lee por el área del cementerio, confundido con la locuacidad de ellas.

TULA. *(En torno a Cepeda, dándole vueltas, con la Peregrina).* Un hombre perfecto...
PEREGRINA. ¡El ingenio de Saint-Preux!
TULA. *(Divertida).* ¡Las gracias de Lindor!
PEREGRINA. ¡Las virtudes de Grandison!
GERTRUDIS. Un ser ideal con todas las cualidades de los héroes de mis novelas favoritas...
LA MADRE. Te mimábamos. Te dábamos todo lo que querías. Y tu padre te idolatraba. ¡Eras feliz!
AUTOR. No, no lo era, porque quería mucho más. Desde niña, tenía delirios de grandeza.
LA MADRE. *(A Gertrudis o a Tula, o a ambas).* Debí haber tomado medidas. Prohibirte aquellas lecturas. Aquellas obritas de teatro que representabas con tus amiguitas en el traspatio, como si estuvieras haciéndolo en el Teatro Principal. Tenías la cabeza llena de pajaritos.

Con gran algarabía, euforia, por todo el escenario, atolondradas, coreográficas.

TULA. ¡Corneille!
PEREGRINA. ¡Racine!
GERTRUDIS. ¡Molière!
TULA. ¡Chateaubriand!
PEREGRINA. ¡Quintana!
GERTRUDIS. ¡Heredia!
TULA. ¡Calderón!
PEREGRINA. ¡Herrera!
GERTRUDIS. ¡Byron!
TULA. ¡Schiller!

PEREGRINA. ¡Voltaire!
GERTRUDIS. ¡Shakespeare!
AUTOR. *To be or not to be, that is the question!*
GERTRUDIS. *(Sentada ante el secreter. Escribe y lee en voz alta, siempre con pausas e intención; no de carretilla. Distantes notas de un vals)*. «Había cumplido dieciocho años y excepto leer y representar comedias nada sabía. Todos los desvelos de mi madre por hacerme progresar en la música y el dibujo no habían podido llevarme más lejos que a tocar de memoria algunos valses, a cantar algunas arias de Rossini y a pintar algunas flores; y sin embargo, me gustaba el francés, que me permitía declamar trozos trágicos, escribía y hablaba con más corrección de lo que es común en mi país, leía mucho y pensaba mucho más...».
TASSARA. No eras nada modesta, pero no se te olvide decir que eras la más linda de todas.

Música. Tula está al pie de la rampa. Se le acerca un personaje del coro y la saca a bailar. Bailan.

TULA. *(Bailando)*. «Casarme con el soltero más rico de Puerto Príncipe, que muchas deseaban, tener una casa suntuosa, magníficos carruajes, ricos aderezos, era una idea que me lisonjeaba...».
TASSARA. *(Tassara se le acerca, hipnotizado. Ella baila con otro, pero coquetea con él)*. Hubiera dado lo que no tengo por haberte conocido en aquel tiempo. Bella, flexible, ligera, un cuerpo delicado y esbelto, coqueta y seductora... *(Se vuelve hacia donde se encuentra Gertrudis, de espaldas a él. Recita)*.

«Si en la edad de los dioses por ventura
tal como te hizo Dios, nacido hubieras,
¡cuántas hicieran por ti, cuántas locuras,
aquellos inmortales calaveras!
Con sonreír un poco
al Olimpo mortal volvieras loco».

La abraza, la besa, ella se deja hacer.

GERTRUDIS. *(Se separa con gracia, seduciéndolo más)*. Era una niña, Tassara.
TASSARA. Tú siempre fuiste una mujer. *(Galante, seductor)*.

«Allá soñando en solitarias horas
vuelas por el Olimpo y el Parnaso.
Arde tu fantasía
y siente sed de néctar y ambrosía,
yo que aún pruebo el arpón de ese Cupido».

Se abrazan, se besan, ríen. Gertrudis se separa. Se sienta en el secreter.

TULA. *(Se separa de su pareja y otro la saca a bailar)*. «Bailaba con los mejores danzantes y los jóvenes más atractivos, montaba a caballo en compañía de los mejores jinetes, y en las tertulias escogía al de más amena conversación. Era la primera en todo».

GERTRUDIS. Aquel pretendiente que me habían seleccionado desde los quince años era un ignorante. *(Escribe, lee)*. «Su talento era muy limitado, su sensibilidad muy común, sus virtudes muy problemáticas». No sé cómo pude engañarme y pensar que Enrique Otway era un ser superior. Mi familia me vendía al mejor postor.

LA MADRE. ¿Y por qué me lo reprochas? Si tuve que casarme con un hombre mayor, aunque fuera un padre ejemplar, por el que no sentía, como tú dices, particular simpatía, ¿cómo es posible que no entendieras que mi situación y la tuya eran la misma?

GERTRUDIS. La situación no era la misma.

LA MADRE. No me entendías, cuando de hecho eras la primera que debió haberme entendido.

GERTRUDIS. Era una niña, mamá. No podía entender situaciones tan complejas. Y tú no me entendías tampoco.

TULA. Fue un padre como no había otro.

PEREGRINA. Al que no olvidé jamás.

GERTRUDIS. Pudiste haber esperado para casarte nuevamente.

MADRE. No tenía tiempo. No tenía quince años.

GERTRUDIS. Yo tampoco, mamá. Tenía mucho que escribir y no podía perder el tiempo, y el pretendiente que me habían asignado, al cual tenía que entregarme, «desnudo del brillante ropaje de mis ilusiones, me pareció un hombre odioso y despreciable».

TULA. *(Dando una explicación racional).* «Y enlace que repugna al albedrío,/ nunca, mamá, la ventura labra».

PEREGRINA. Hubo momentos en que no quería ver a nadie y me encerraba en mi habitación. ¿Cómo iba a casarme con un hombre vulgar con un talento limitado, con el que tendría que pasar el resto de mi vida? Neuralgias, jaquecas, pesadillas. No podía dormir. Y las campanas de la soledad martillando dentro de mi cabeza.

AUTOR. Ser o no ser

PEREGRINA. Tenía que decidir que no. No me quedaba otro remedio.

AUTOR. Pero eso no se hacía.

GERTRUDIS. ¡Pero yo lo iba a hacer!

PEREGRINA. Pudiste quedarte. Casarte como todos querían. Tener una familia. Cuidar a los hijos. Ser sumisa, obediente, ponerte a bordar, o, sencillamente, no servir absolutamente para nada.

TASSARA. Escribir un poema de vez en cuando. Ponerte la careta.

AUTOR. *(Se inclina. Toma la calavera. La contempla).* Ser o no ser. He ahí el problema.

GERTRUDIS. Soy. Aunque me costó mucho trabajo.

TULA. En aquel momento, cuando tenía quince años, no me lo podía imaginar.

GERTRUDIS. Los obstáculos no hacían otra cosa que incitarme. Eran un acicate. Y si mamá no quería que leyera obras de teatro, lo único que podía hacer era inventarlas.

AUTOR. Polvo eres y en polvo te convertirás. No somos nada.

Cepeda lee en torno al sepulcro. Decidida, Gertrudis va hacia el secreter.

GERTRUDIS. *(Sentada ante el secreter. Escribe. Lee en voz alta).* «Quedó mamá joven aún, viuda, rica, hermosa (pues lo ha sido en alto grado), y es de suponer no le faltarían amantes que aspirasen a su mano».

Tassara mira a la Madre de arriba abajo, de forma atrevida. La Madre se da cuenta, y retrocede turbada. Tassara se acerca al pie de la rampa, se quita la chaqueta, y se acerca al Autor, que lo espera con una chaqueta militar, muy llamativa, que Tassara se pone para hacer el papel de Escalada, dándole al Autor la que el lleva puesta. Sube ágil, a tiempo para que su presencia haga juego con lo que escribe y lee Gertrudis. Se deja ver por un momento, guapísimo, vestido ya de teniente coronel, consciente de su persona. La Madre avanza hacia el pie de la rampa, mirando a Tassara que hace de Escalada.

AUTOR. «Entre ellos, Escalada, teniente coronel del regimiento que entonces guarnecía a Puerto Príncipe, joven también, no mal parecido, y atractivo por sus dulces modales y cultivado espíritu».

TULA. *(Sin leer).* «Mamá lo amó acaso con sobrada ligereza y antes de diez meses de haber quedado huérfanos tuvimos un padrastro. Mi abuelo, mis tíos y toda la familia llevó muy a mal este matrimonio; pero mi mamá tuvo para esto una firmeza de carácter que no había manifestado antes, ni ha vuelto a tener después».

Escalada desciende y la Madre sube a su encuentro. Se inicia un coqueteo entre ambos y la Madre baja del brazo de Tassara haciendo de Escalada.

GERTRUDIS. «Aunque tan niña, sentí herido de este golpe mi corazón; sin embargo, no eran consideraciones mezquinas las que me hicieron tan sensible a este casamiento: era el dolor de ver tan presto ocupado el lecho de mi padre y un presentimiento de las consecuencias de esta unión precipitada».

TULA. *(En Hamlet, con jubón, en lo alto de la rampa).*
«¡Ser o no ser: he ahí el problema!
¿Qué es más penoso para el espíritu:
sufrir los golpes y dardos de la insultante fortuna,
o tomar las armas contra un piélago de calamidades
y, haciéndoles frente, acabar con ellas?
¡Morir! ¡Dormir! ¡Tal vez soñar!
Porque ¿quién soportaría los ultrajes y desdenes del tiempo,
la injuria del opresor, las congojas del amor desairado,
las tardanzas de la injusticia, las insolencias del poder,
y las vejaciones que el mérito recibe,
cuando uno mismo podría conjurar su reposo con un simple estilete?
¡Morir! ¡Dormir! ¡Tal vez soñar! ¡Dejarlo todo!».
(Sale).

La Madre y Escalada se separan. La Madre sale por un lateral. Cepeda sigue leyendo y dando vueltas. Gertrudis escribe en el secreter infinidad de pliegos, que deja caer en el piso. El Autor y Escalada conversan familiarmente en el saloncito.

ESCALADA. ¡Qué exageración! ¡Y nada menos que bajarse con *Hamlet*!
AUTOR. No, no, te advierto. No fue idea de Gertrudis. Cosas de Carmen Bravo Villasante, que dice que te consideraba un usurpador y que pensaba que su madre ni siquiera

pudo esperar un año para calentarse contigo. Y de Rafael Marquina también, que decía cosas por el estilo. Sin contar, lo de Electra y Orestes, por el cariño tan grande que le tenía a su hermano Manolito y la preferencia de la madre por el chiquillo.

ESCALADA. Era necesario quitarle esas ideas que tenía metidas en la cabeza.

AUTOR. No creas, no creas, que algo hay.

ESCALADA. *(Interpretado por Tassara).* ¡Ni que su madre fuera Clitemnestra y le pegara los cuernos a su marido, y yo fuera un asesino!

AUTOR. Estuve a punto de meter la tragedia griega en ese enredo de familia, pero me pareció que con lo de *Hamlet* era suficiente. Inclusive escribí un par de escenitas, que acabaron en el basurero, para que Gertrudis no se molestara después de muerta. Claro que era una gran actriz y cualquier papel le venía bien, ya fuera para vivirlo, interpretarlo o inventarlo, y lo mismo hacía una cosa como la otra.

ESCALADA. No tuvo la menor consideración para con su madre, que siempre cumplió las obligaciones que tenía adquiridas conmigo.

GERTRUDIS. *(Bastante furiosa, se levanta, con un papel en la mano. Leyendo y actuando, camina de un lado para otro).* Un matrimonio que me ataría de pies y manos. No, no podía aceptarlo. *(Sube por la rampa).*
(Texto del autor).
¡Acabar con todo! Porque si mi madre persiste
en esa unión horrenda
y al mejor postor le da sus fueros,
no seré yo quien tal cosa permita
y los vea festejar la muerte de mi padre
en el banquete del deseo.
¡Oh, lecho inmundo!
¡Orestes, ay, la pena me traspasa,
Electra soy, Manolito, hermano,
ligados estamos en feroz destino!
¡Clitemnestra feroz!
¡Agamenón santificado!
Corred, huyamos por este agreste mundo,
¡a llorar las desgracias de este desamparo!
¡De aquí hay que irse, partir, dejarlo todo!
(Sale).

En el saloncito, Tassara se quita la chaqueta militar que identifica a Escalada, se la entrega al Autor y se pone la suya. Conversan.

AUTOR. No creas, eso puede que lo explique todo.

TASSARA. ¿Qué cosa?

AUTOR. Lo que pasó... con los hombres que la amaron y que ella dejó plantados... incluyéndote a ti... El tiempo que le tomó, verdaderamente, dar un mal paso que la asediaba con todos aquellos hombres que la cortejaban. Y su actitud con el pobre Cepeda, que se ha pasado la vida leyendo sus cartas y la autobiografía...

TASSARA. No sé qué coño le vio. Ese hombre tenía más paciencia que un chino.

AUTOR. (*A Tassara, en plan de chismografía, más o menos*). Como se preguntaba Marquina: ¿cuál fue el motivo que naciera súbitamente en el alma de Gertrudis una inmediata y honda y tierna simpatía por el nuevo amigo?».

PEREGRINA. «La pasión nace ciega, involuntaria,
Sabe comunicarse siendo muda
Y cuando más se oculta más se arraiga».

AUTOR. (*En plan de Marquina*). «¿Qué vio en él para señalarlo con una predilección que hasta entonces no había logrado nadie despertar?».

TASSARA. A la verdad no era gran cosa.

Cepeda baja por la rampa mientras tiene lugar la descripción.

AUTOR. Bueno, eso depende. Mi buen amigo Lorenzo García de la Fuente lo estimaba muchísimo (*lee*): «Graduado de abogado en 1840, cuando apenas cumplía los veinticuatro años, joven brillante, de buena familia con una holgada posición económica, culto, sin presunción; elegante sin amaneramiento, bondadoso y afable por naturaleza, con una cierta hermosura varonil...».

TASSARA. Un buen burgués, convencional y distanciado...

AUTOR. Que como decía Cotarelo, por otra parte (*leyendo*), «era hombre sin imaginación, poco expansivo, aunque talentudo y amigo del saber, y en lo moral, egoísta; más que frío, helado; amigo del dinero, metódico, buen administrador de sus bienes, temerosos de perderlos y deseosos de aumentarlos, sabía y podía dominar sus pasiones más comunes...».

TASSARA. ... y resolverlas como cualquier hijo de vecino. ¡Que después de sus románticos coloquios con Gertrudis se iba de putas!

AUTOR. En todo caso un tipo que no quería buscarse ningún lío.

TASSARA. Hay que reconocer que Tula jodía mucho.

GERTRUDIS. (*Entrando en el saloncito, a Tassara. El Autor se aleja*). Sí, sí, búrlate. No pretendo que entiendas nada. Con la muerte de mi padre, entraban en juego una serie de intereses, de los que yo, a los nueve años, no podía darme cuenta y me veía atrapada. La predilección que mi abuelo tenía por mamá y por mí, les hacía creer a todos que yo era una manipuladora, hasta que lo convencieron y le hicieron anular el testamento en que nos favorecía. Yo lo que quería era salir de aquel mundo de intereses y de intrigas, escribir, llegar a un mundo que fuera más alto y diferente, y acabé considerando que la única solución era irme de mi país, porque aquel materialismo me daba asco.

TASSARA. Una chiquilla mimada y caprichosa que hacía exactamente lo que le daba la gana.

GERTRUDIS. (*Riendo*). Es posible. Después de todo tú también lo hacías.

TASSARA. Eran labores propias de mi sexo.

GERTRUDIS. Obviamente, y aunque no lo creyeras, como te pude demostrar, también eran del mío.

TASSARA. Sabías que eras linda y que todos los jóvenes se volvían locos por ti.

TULA. (*Se le acerca, coqueta. Gertrudis se aleja*). No, no, eso no te lo voy a negar.

TASSARA. Eras una rebelde.

TULA. (*Al público*). En vano mi madre empleaba hasta el rigor para hacerme aprender el dibujo y la música, a la que era muy aficionada. Pero era inútil que me diera maestros de geografía, de historia —yo era excesivamente perezosa y desaplicada.

GERTRUDIS. Tenía cosas más importantes que hacer. No podía perder el tiempo. Me encerraba en mi alcoba y me dedicaba con gusto a aprender francés. Para después declamar en público escenas de Racine y Moliere y dejarlos a todos, que no entendían nada, con la boca abierta.

TULA. ¿Y eso qué tenía de malo?

TASSARA. *(Al público)*. Siempre fue una ambiciosa y ofrecía resistencia, pero no había hombre que no se enamorara de ella y quisiera domesticarla.

GERTRUDIS. ¿Domesticarme a mí? ¡Como si fuera un animalito casero!

TASSARA. Eso es lo que todos los hombres queremos hacer con las mujeres. Además de otras cosas, naturalmente.

GERTRUDIS. Pues no cuentes conmigo.

TASSARA. *(Al público)*. Tengo que reconocer que era deliciosa. A mí me enloqueció desde que la vi. *(A Gertrudis)*. Y eso que no te conocí en Puerto Príncipe cuando tenías quince años.

TULA. La muerte de papá me agarró de sorpresa.

GERTRUDIS. Era inexplicable. Fue una verdadera conmoción. Es lástima que no lo hayas entendido.

TASSARA. Quizás lo haya comprendido mejor de lo que tú piensas. Fui yo, en definitiva, quién logró liberarte.

PEREGRINA. No fue más que una aventura pasajera con terribles consecuencias.

TASSARA. Tu madre tenía derechos que le escatimabas, mientras que tú querías que respetaran los tuyos. Con el tiempo, claro, es posible que te dieras cuenta.

MADRE. Te advierto Gertrudis que el teatro se acabó. Escalada y yo lo hemos decidido y te lo prohibimos terminantemente.

GERTRUDIS. Me prohibía los derechos que se otorgaba a sí misma. Y eso no podía ser, porque bien sabes que yo tenía que ser libre...

TULA. Pero, ¿de qué servían aquellas prohibiciones?

GERTRUDIS. Nada, que si no me dejaban leerlas no me quedaba más remedio que escribirlas. Improvisaba con mis amigas tremendas escenas de pasión, de muerte, y más de una vez me posesionaba de tal modo, que después de unos aquellos exabruptos caía en cama con calentura.

AUTOR. *(En un aparte brechtiano)*: Como dijo Carmen Bravo Villasante: ahora se adentra en un ensueño de endecasílabos, de alto coturno, y se abisma en las estrofas que adormecen. La pesadilla diaria se conjura con la adoración del verso, y su amante labio tembloroso prefiere crear las rimas salvadoras. Se inventa esas tragedias donde goza tanto que enferma de fiebre y queda yerta, hasta que le prohíben representar.

TASSARA. Sería un orgasmo.

GERTRUDIS. No seas cínico.

TULA. No recuerdo haber experimentado igual placer en todo el curso de mi vida, ni haber sentido tan fuerte fe en mi talento y el porvenir de gloria que él me prometía.

TASSARA. *(A Tula)*. Pudiste casarte con Loynaz y hubieras experimentado lo mismo.

Entra Loynaz, bajando por la rampa.

AUTOR. *(Leyendo)*: «Un hombre original, gallardo, mujeriego, que tenía el arranque y la persuasión del seductor. Cortejaba a la Avellaneda en salones y fiestas. Ella lo veía con agrado, con tanto agrado que se enamora de él, aunque él parecía mucho más enamorado. Un mozo gallardo y bien dispuesto, con una gracia sobria, segura, decisiva, varonil».

TASSARA. Un muchacho razonable, un punto intermedio entre el equilibrio y el caos.

TULA. Pero yo quería el caos.

LOYNAZ. *(A Tula)*. Rosa Carmona nos presentó. Eras la más bella, la más inteligente de todas aquellas chiquillas que te rodeaban. Desde que te vi no te podía quitar los ojos de encima. Eras una marisabidilla, pero no tenía mayores inconvenientes de que te pudieras poner a escribir un par de poesías de vez en cuando. Con el tiempo se te quitarían de la cabeza todas esas tonterías. Decidí pasarlo por alto, porque eras más linda que cualquier poema que pudieras escribir. Estar contigo lo compensaba todo. Yo te quería.

TULA. Pero tu amor duró lo que un merengue en la puerta de un colegio.

LOYNAZ. No digas eso. Fuiste tú la que no me aceptaste y tu familia ponía obstáculos.

PEREGRINA. Creí que Rosa era mi amiga.

TULA. Rosa Carmona no era más que una enredadora que lo que quería era quedarse con Ignacio Loynaz. A fuerza de decirme que yo amaba a Loynaz, llegó a persuadírmelo, pero yo siempre supe que no podría llegar a comprenderme, que no era lo que yo buscaba.

TASSARA. *(Sentado en una butaca. Con cierto desparpajo, a Gertrudis)*. Tienes que reconocerlo. Los hombres se volvían locos por ti, pero tú te volvías loca por ellos también. Te encantaba que te hicieran la corte. Particularmente si eran jóvenes y guapos. Desde que tu madre, a petición tuya, le dio entrada en la tertulia de los Arteaga, le echaste el ojo a Loynaz con miraditas que iban y venían. Le seguías con los ojos. No pudiste resistirlo. Seguro de sí mismo, dominaba la situación sin dejarse intimidar por ti. No te atreviste.

GERTRUDIS. El tuvo la culpa. Tenía que escribir esas poesías que él despreciaba

TASSARA. Hasta que la propia Rosa Carmona, para enredar la pita, se lo dijo a tu madre para que dejara de cortejarte y no dejar que volviera a las tertulias porque estabas comprometida con un mejor postor, y ella quería quedarse con Loynaz.

LOYNAZ. *(Se inclina ante Tula)*. Insistí. Pero ella ofreció resistencia. *(Le da una carta. Tula lee. Gertrudis lee también)*. «No ignoro los compromisos que respecto a usted ha contraído su familia, y usted sabe mejor que nadie con cuánta delicadeza los he respetado, pero, puesto que no se ha sabido apreciar mi conducta, no quiero por más tiempo violentarme; sepa usted que la amo y que a todo estoy dispuesto, si encuentro en usted iguales sentimientos».

Las tres Tulas se acercan, intercambian ideas.

GERTRUDIS. *(De pie ante el secreter, leyendo la carta de Loynaz)*. Decididamente, estuve a punto de ceder.

TULA. Se portaba como un caballero, a pesar de los obstáculos.

PEREGRINA. Pero a pesar del noble tono de aquella misiva, conocíamos su frivolidad.

GERTRUDIS. Había sido injustamente tratado por mamá. Y sin embargo…

TULA. No hay duda que valía más que el pretendiente que nos habían impuesto… No obstante lo dicho…

GERTRUDIS. Sí, tienes razón, pero de todas maneras…

AUTOR. *(Aparte, al público).* Tenía que elegir. Una cosa o la otra.
GERTRUDIS. *(Escribiendo y leyendo una nota, que firma con mano resuelta).* «No soy insensible al afecto de usted, pero respetaré mis vínculos, y suplico a usted no vuela a escribirme». *(La sella, y se le pasa al Autor. Da media vuelta).* ¡Todos los hombres son unos estúpidos!

Gertrudis se dispone a salir. Tassara intercepta el paso en medio del escenario.

TASSARA. Eras una mujer de armas tomar que se adelantaba a su tiempo.
GERTRUDIS. Los hombres se creían que tenían todos los derechos y que yo no tenía ninguno. Pero eso no iba conmigo. Desde el primer momento me di cuenta lo difícil de mi situación y que si daba un mal paso estaba liquidada.
TASSARA. Hasta que lo diste conmigo.
GERTRUDIS. Fue un mal paso, no te lo voy a negar. Pero no creas que me sedujiste. Lo hice por libre elección, porque a mí me dio la gana. No creas que eras tú el que me perdía.
TASSARA. A ti te perdió Cepeda, que no comía ni dejaba comer.
GERTRUDIS. Cepeda, no. Porque Cepeda ha sido… mi amigo, mi confidente… El hombre que… El hombre que más he amado en mi vida.

Salen en direcciones opuestas.

Ventolera. Entra Manuel, el hermano de Tula, envuelto en una capa de viaje y con una boina, con la Madre, Tula, ambas con capas y las cabezas cubiertas. Gestos. Están a punto de caer. Después Escalada, que se va cerrando la chaqueta y se pone una gorra militar. Viento. Se paran en la barandilla del barco, que se supone esté en el proscenio, frente al público: Escalada a un lado, con su mujer, y un poquito separados, Manuel y Tula, que está al otro extremo. Se tambalean un poco con motivo del oleaje. Gestos de adiós.

ESCALADA. ¡Al fin! ¡Yo creía que no nos íbamos nunca!
MADRE. *(Corren unas lágrimas. Se abraza a su marido).* Tengo la premonición de que nunca volveré. Me mareo. No sé cómo he tenido valor para abandonar los lares queridos.
ESCALADA. Tu familia, y la del que fuera tu marido, puso toda clase de obstáculos.
MADRE. Yo no quería irme.
ESCALADA. Menos mal que pude vender tierras y esclavos y depositar el dinero en los bancos europeos.
TULA. La herencia de mamá y algo de lo que tenía mi padre, salvo lo que nos correspondía a Manolito y a mí.
ESCALADA. *(Que no oye bien).* ¿Cómo?
TULA. Nada… Nada…
MADRE. Quería morir en Puerto Príncipe y sabe Dios a dónde irán a parar mis huesos.
ESCALADA. Sí, costó trabajo convencerte. No te preocupes, porque todo saldrá bien. En La Coruña no les faltará nada.
MANUEL. ¿En la Coruña? Yo creía que nos íbamos para Sevilla.
TULA. *(Le da un codazo a su hermano, para que se calle).*
MADRE. Me siento mareada.

MANUEL.*(A Tula)*. Tula, gracias por apoyarme. Cuando menos en eso nos pusimos de acuerdo.
TULA. No tiene que darme las gracias, Escalada. Yo también quería irme.
MADRE. Me siento mal, Gabriel. Es mejor que regresemos al camarote.

Escalada y la Madre salen.

MANUEL. Yo me voy también, porque aquí hace mucho viento. El tiempo está de perros.
TULA. Bueno. Nos vemos más tarde. Voy a recitar el poema que escribí.

Manolito se va por un lateral. Tula sube por la rampa y llega al extremo más alto de la misma. Hay un viento tremendo. El viento le arranca el pañuelo que le cubría la cabeza, y ella está toda despeinada. Recita de una manera natural, nada declamatoria, como si en realidad sintiera lo que recita, aunque en realidad no lo sabemos.

«AL PARTIR»

¡Perla de mar! ¡Estrella de Occidente!
¡Hermosa Cuba! Tu brillante cielo,
la noche cubre con su opaco velo,
como cubre el dolor mi triste frente.

¡Voy a partir…! La chusma diligente
para arrancarme del nativo suelo
las velas iza, y pronta a su desvelo
la brisa acude de tu zona ardiente.

¡Adiós, patria feliz! ¡Edén querido!
Doquier que el hado de su furor impela
tu dulce nombre halagará mi oído.

¡Adiós!, ya cruje la turgente vela.
El ancla se alza, el buque estremecido
¡las olas corta y silenciosa vuela!

Oscuro total.

II

EL FIN DEL MUNDO

Gertrudis, Tula, Peregrina, Autor, Tassara, Escalada, Ricafort, Madre, Manuel, Coro

El mismo escenario que en el acto anterior. A la izquierda del espectador, el secreter con una silla. A la derecha, donde estaba la cruz, una cama individual, sin cabecera, cubierta con una sábana de satín rojo. El ritmo de este acto debe ser muy rápido y debe montarse con sentido coreográfico, casi como un ballet. Se puede mantener el vestuario del acto previo, pero podría optarse con un vestuario estilizado (particularmente si se hiciera un montaje independiente del mismo) en el caso de «las tres Tulas», con una túnica larga, sin adornos: Tula en rojo vivo o en blanco; Gertrudis en beige, marrón o rojo oscuro, y la Peregrina en negro. Los hombres en gris y negro. Manuel más informal. Escalada de uniforme. Libre uso de la rampa, entradas y salidas. Distante fondo musical, tal vez de Mozart.

El uso irregular de los tiempos verbales, que alternan a veces entre el presente y el pasado, es intencional.

Las «tres Tulas» bajan rápido por la rampa.

GERTRUDIS. ¡Cuánta estupidez! ¡Este es el fin del mundo!
TULA. ¡Finisterre!
PEREGRINA. ¡Y yo, que creía que en Puerto Príncipe eran unos ignorantes!
GERTRUDIS. ¡Una murmuración constante!
TULA. Que si fulanita es una niña tonta.
PEREGRINA. Que la mujer del comandante es una zafia.
GERTRUDIS. Que si el novio de menganita no tiene donde caerse muerto.
TULA. Que yo tengo muchos humos.
PEREGRINA. Que si me creo una doctora.
GERTRUDIS. Que no quiero hacer nada.
TULA. Que no sé planchar, ni cocinar, ni hacer la cama, ni barrer mi cuarto.
PEREGRINA. Que soy una atea porque como manteca los viernes.
GERTRUDIS. Y porque leo a Rousseau todos los días.
TULA. Que no rezo el rosario.
PEREGRINA. Que soy una aguafiestas.
GERTRUDIS. Que soy una atrevida.

Coro, revoloteando, como brujas vestidas de negro —La Madre puede formar parte del coro, pero sin identificarse como tal, cubriéndose la cara con un velo, o usando un abanico.

CORO. ¡Qué barbaridad!
CORO. ¡Qué atrevimiento!
CORO. ¡Qué escándalo!
CORO. *(Alarmadísimas, al mismo tiempo)*. ¡Qué barbaridad! ¡Qué atrevimiento! ¡Qué escándalo!
PEREGRINA. La señorita Escalada, hermana de mi padrastro, es una harpía que no hace más que criticar a mamá.
GERTRUDIS. ¿Y aquí es dónde hemos venido a parar?
TULA.: ¡La Habana era un sueño!
GERTRUDIS. ¡El teatro de la Alameda!
PEREGRINA. ¡El Teatro Tacón!
TULA. ¡Las volantas, y aquellos quitrines conducidos por aquellos negros esplendorosos, guapos y altivos, magníficamente vestidos con botas acharoladas y galones dorados! ¡Con los fuelles plegados!

GERTRUDIS. ¡Las habaneras vestidas de blanco, de muselina y linón, con la cabeza descubiertas!
PEREGRINA. ¡Y los jóvenes de frac, corbata, chaleco y pantalón blanco!
GERTRUDIS. ¡Tan guapos!
TULA. Hasta Santiago, donde la pasé tan bien y la gente era tan divertida.
GERTRUDIS. ¡Cuánta animación! ¡No había un minuto de descanso!
PEREGRINA. ¡Procesiones! ¡Recitales! ¡Aplausos!
TULA. ¡Era querida y obsequiada! ¡Toda clase de atenciones!
PEREGRINA. Inclusive, Puerto Príncipe, que era una ciudad con clase, con sentido innato de la elegancia, con aquellas campanas de la Soledad, bodas, bautizos, que cuando tocaban a rebato nos daban ganas de bailar.
AUTOR. *(Bajando por la rampa).* Pero yo creía que querías irte de Puerto Príncipe. Ser o no ser. Partir o quedarse.
PEREGRINA. No a ese precio.
AUTOR. Tu madre lo aceptaba con resignación.
PEREGRINA. Mamá era una santa.
TULA. ¿Qué remedio le queda? Escalada es su marido, pero no el mío.
GERTRUDIS. Escalada ha sacado las uñas del plato y ahora, con toda su parentela, se ha vuelto el dueño de la situación.
MANUEL. *(Entrando en escena, rápido).* Tiene la sartén por el mango. No lo resisto. Un día de estos le voy a pegar un tiro... Enterrarle una espada... O cuando menos voy a entrarle a puñetazos... Tengo que irme al extranjero.
TULA. ¿Y qué será de mí? Sola, abandonada. Me buscarán otro pretendiente. *(Reteniendo a Manuel, teatral).* No, Orestes, no puedes hacerlo.
TASSARA. *(Entra por el lado opuesto por donde lo hizo Manuel).* Se creía Electra y que estaba metida en una tragedia griega. *(Sale).*
GERTRUDIS. Conmigo no cuenten para que vaya a las tertulias de esas enredadoras. Ya se los mandé a decir con la sirvienta.
CORO. *(Paródico).* «La señorita Gertrudis les ruega la disculpen porque no podrá venir a causa de la jaqueca».
MANUEL. Tenemos que irnos, Tula. Este es el fin del mundo, por no decir otra cosa. Frío, lluvia, cielos nublados. ¡Ni siquiera un teatro! Le he pedido a mamá que me mande al extranjero, pero Escalada no quiere soltar la plata. Me trata a la patada y mamá le da la razón.
GERTRUDIS. *(Al público).* Mi padrastro se había manejado bien con nosotros hasta el momento, pero entonces se desenmascaró. Estaba en su país y con su familia. Nosotros lo habíamos abandonado todo. Su alma mezquina abusó de estas ventajas.
TULA. ¡Tengo que salir de aquí!
PEREGRINA. *(Al público).* Gertrudis no podía aceptar esa situación. ¡Tula ni se diga, soñando con bailes y diversiones! Pero yo trataba de resignarme, porque pensaba que aquellos cielos grises y aquella lluvia nos acercaban a Dios.
GERTRUDIS. *(Firme).* ¡Habíamos caído en una trampa!
AUTOR. *(A Gertrudis).* Apoyaste a Escalada, a pesar de la antipatía que sentías por él. Aceptaste todas sus trapisondas y que hubiera ocupado el lugar que le había pertenecido a tu padre.

El coro de mujeres, revoloteando.

CORO. Escalada, la verdad, no puede con ella.
CORO. No he visto hijastra como esa.
CORO. No puede disimular su antipatía.
CORO. Discusiones, amenazas, imposiciones y violencias fracasan ante ella, tanto como las buenas palabras y los tratos afables.
CORO. No hay nada que hacer.
ESCALADA. *(Incorporándose al grupo).* Su madre la ha consentido en sus extravagancias y la ha educado según su capricho. Como allá en Cuba no podía vivir con ellas casi todo el año, la casa anduvo de cualquier manera. Ahora es tarde para enderezar el carácter orgulloso de la marisabidilla, que se cree poeta, dramaturga y novelista. ¿Qué les parece?
CORO. *(Al unísono).* Pues que se vaya.
ESCALADA. No es tan fácil como parece. Pide la parte del dinero que le corresponde. Solicita a la Corte el derecho de mayoría. Exige. *(Al Autor).* Era una mujer del carajo, coño.
LA MADRE. *(Incorporándose al grupo).* Es mi hija, Escalada. Piensa que me encontraba entre la espada y la pared.
ESCALADA. *(A la Madre, muy violento).* Hay que buscarle marido. Un buen partido de los que no faltan en La Coruña. Que la domestique para que no joda más. Trata de convencerla para vez si tenemos paz y tranquilidad. No es posible que siga comportándose de ese modo. ¡Es escandaloso!
MADRE. Cálmate, Escalada, no te pongas así.
ESCALADA. ¡Esa chiquilla me tiene hasta el último pelo!

Escalada camina hacia donde está Tula. El actor que hace de Tassara, que también interpreta a Escalada, se quita la chaqueta que lo caracteriza como tal y la tira violentamente. Queda en mangas de camisa. Se dirige hacia donde está Tula cerca de la cama.

AUTOR. *(A Gertrudis).* Me imagino lo que estarías pasando. El romanticismo estaba en su apogeo. Consagraban a Zorrilla. García Gutiérrez estrenaba *El trovador*, Hartzenbusch *Los amantes de Teruel* y Mesonero Romanos fundaba *El Semanario Pintoresco*. Debió ser una verdadera tortura.
GERTRUDIS. *(Al otro lado).* Leía. Eugenio Sue, Balzac, Paul de Kock, Walter Scott, Alejandro Dumas, Victor Hugo, Lamartine, Chateaubriand, Lord Byron, Scribe, Goethe, Schiller.
TASSARA. *(Se acerca a Tula).* Me hubiera gustado verte. Cuando te enfurecías te volvías más bonita y me enloquecías. *(La besa).*
TULA. Los tenía a ellos. Tenía más que suficiente. ¿Para qué iba a necesitar un hombre de carne y hueso?
TASSARA. ¡Por favor, Tula, no me hagas reír!
TULA. *(Se separa de Tassara. Tropieza con el lecho).* ¿Y esto qué cosa es?
TASSARA. *(Entre burlón y diabólico).* ¿Pero no lo reconoces? ¡El tálamo nupcial! ¡Lo que te espera!
TULA. ¡Un abismo!
TASSARA. Hasta que apareció Ricafort.

Aparece Ricafort.

TULA. *(Transición. Calmándose de inmediato).* Sí, Ricafort fue mi ángel de salvación.

RICAFORT. No se preocupe, Tula, porque aquí estoy yo. Desde que la vi, me volví loco por ti *(Cambio pronominal intencional)*. Ha sido un amor a primera vista.

TULA. En aquella situación doméstica tan desagradable conocí a Ricafort y fui amada por él: también yo lo amé desde el primer día que lo conocí. *(Pasea del brazo de Ricafort, siempre muy fino)*. Pocos corazones existirán tan hermosos como el suyo: noble, sensible, desinteresado, lleno de honor y delicadeza… *(Se detienen junto al lecho. Pausita)*. No obstante ello… dicho lo anterior… *(Pausa larga)*. En honor a la verdad, tengo que decirlo… Ricafort era un poco bruto y su talento no llegaba, desgraciadamente, a la altura del mío…

Se separan. Se acercan La Peregrina, Gertrudis y Tula, como tres buenas amigas, intercambiando ideas.

GERTRUDIS. ¡Qué hacer, Dios mío!
TULA. ¡Lo adoro! ¡Sin contar que es guapísimo! Pero, ¿lo tomo o lo dejo?
PEREGRINA. No te sé decir.
GERTRUDIS. Casarme me daba escalofríos…
TULA. Pero nos amábamos cada día más, Gertrudis.
GERTRUDIS. Bueno, lo que tú digas.

Se acerca Ricafort. Rompe el grupo.

RICAFORT. *(Un tanto abrupto, a Tula)*. ¿Por qué lees tanto y de qué te sirve…?
TULA. Para instruirme, Francisco.
RICAFORT. ¿Y para qué tienes que escribir poesías, Tula? Eso no es una buena idea.
TULA. ¿Te parece?
RICAFORT. ¡Claro! Te envidiarán. Se levantarán calumnias y murmuraciones. Tienes un gran corazón, Tula, pero eres un poco loca, tienes que reconocerlo, y ese carácter tuyo te va a hacer muy desgraciada.
TULA. *(Indecisa)*. ¡Sí, sí…! ¡No, no…! ¡No te falta razón!
TASSARA. *(Insinuante, a Tula, encimándosele, seductor)*. Ese tipo no te conviene, no es lo que tú quieres. Piénsalo bien. *(Sale)*.
RICAFORT. Yo te adoro. Confía en mí. Estoy aquí para amarte y protegerte, hacerte feliz. Dártelo todo.
GERTRUDIS. *(En el secreter)*. «¡Nunca olvidaré aquel momento! ¡Yo vi sus ojos arrasados de lágrimas! Entonces, con aquel acento que la falsedad no podrá nunca imitar, me rogó aceptase su corazón y su mano, le diera el derecho de protegerme y casarse conmigo!».
TULA. *(Corriendo a los brazos de Ricafort)*. ¡Sí, sí!

Se ponen de pie. Se besan cariñosamente, con tímida pasión.

GERTRUDIS. *(Dramática, romántica, teatral)*. «Talento, placeres, la fama, todo se aniquiló para mí: solo deseaba cumplir las obligaciones que acababa de contraer y hacer todo lo que estuviera en mi mano para aligerar las cadenas que Ricafort se imponía, y tomé la resolución de consagrar mi existencia a hacer la suya dichosa, y quitármela en aquel momento en que no pudiera cumplir esta promesa».

Entra Manuel, corriendo, regresando del extranjero, con algún equipaje y un paraguas.

MANUEL. ¿Te has vuelto loca?
TULA. ¡Orestes!
MANUEL. ¡Electra!

Tula se separa de Ricafort. Abraza a Manuel.

MANUEL. ¡Ese matrimonio no puede consumarse! Ese muchacho no tiene más que un sueldo mal pagado y tendrían que depender de la ayuda de su padre.
TULA. ¡No, de ninguna manera!
MANUEL. Ese pretendiente no te conviene. Son condiciones inaceptables.
TULA. ¡Le pediré a Escalada que me dé la porción que me toca de la herencia de mi padre!
ESCALADA. *(Apareciendo de pronto, interpretado por Tassara, con chaqueta).* ¡Imposible! ¡De eso nada! En estos momentos tus intereses están embrollados y no hay modo de resolverlo. Tendrás que esperar para más adelante.
RICAFORT. *(Perplejo, anonadado, con un papel en la mano).* ¡Papá me pide que me una al regimiento y que me vaya de aquí lo antes posible!
TULA. ¿Qué hago, ¡Dios mío! qué hago?
MANUEL. Decidir, Tula. ¡Partir o quedarse! ¡Nos vamos para Lisboa y de ahí para Sevilla!
TULA. ¡La Patria de mi padre!
MANUEL. *(Abriendo el paraguas. Tomando a Tula por el brazo).* ¡Coño, esta lluvia es del carajo!
TULA. ¡Vámonos, vámonos!

Salen Tula y Manuel por la izquierda del escenario. Ricafort no sabe qué hacer. Indeciso, se mueve de un lugar a otro. Finalmente sale por el lugar opuesto por donde ha salido Tula. El escenario queda vacío.

Cae el telón.

El telón, efectivamente, cae, y es algo más que una figura retórica. Se cierra la boca del escenario con un telón, preferiblemente rojo, que se abre al principio del acto que le sigue.

El uso del telón, naturalmente, podrá ser eliminado por razones de presupuesto y decisiones del director, pero su uso es lo que propone el autor.

III

Cartas de una enamorada

monólogo

Gertrudis y Cepeda

Se descorre el telón —físicamente—. El escenario es idéntico al del acto anterior, excepto que al frente del mismo hay un féretro. Libros, cartas, documentos, esparcidos sobre el féretro o por el piso del escenario. A la izquierda, secreter con una silla; a la derecha, cama individual, sin cabecera, sábana roja de seda.

Gertrudis Gómez de Avellaneda aparece en lo alto de la rampa. Otra actriz puede hacer el papel de la escritora, como si se tratara de una representación adicional; en este caso, se recomienda traje de época, idéntico al de Gertrudis en el primer acto. Sin ninguna intención de que se busque una identificación física con las otras actrices, ya que puede verse como teatro dentro del teatro y este acto puede ser interpretado por otra actriz. Si la memorización del texto resultara demasiado larga, algunas partes del monólogo, procedentes mayormente del epistolario de la Avellaneda, pudieran leerse tomando alguna carta de entre los papeles que hay sobre el féretro y el secreter. La actriz debe estar en un punto que va de la autenticidad de los sentimientos al espíritu exuberante del melodrama romántico, pero alternando entre ellos.

Al iniciarse el acto, Cepeda (que no habla durante este monólogo) está sentado sobre el féretro, leyendo. La cabeza aparece envuelta en una gasa transparente, gris o casi blanca, que no permite que se le distinga el rostro, como en un cuadro de Magritte, lo que produce un efecto surrealista. En todo caso, aparecerá enmascarado, de una forma abstracta más bien, que pudiera ser una mascarilla blanca que le cubre la cara. Por lo demás, está vestido como en el primer acto. A lo largo del acto estará leyendo las cartas, dando vueltas con frecuencia alrededor del féretro, ignorando en diversas ocasiones la presencia de la Avellaneda, ensimismado en la lectura, salvo acotaciones en contrario, evadiendo a la Avellaneda o distanciándose. Además de este movimiento circular, se desplazará por el escenario, concentrado en la lectura. Con alguna frecuencia Gertrudis se moverá circularmente alrededor de Cepeda, o interceptará su paso, estableciéndose así un movimiento rítmico. Por consiguiente, es un monólogo con una acción dramática explícita. En otros momentos, la Avellaneda se pondrá en su camino, obligándolo a retroceder, a tomar otra dirección, acosándolo. Esto no tiene que estar especificado en el monólogo. Ocasionalmente, caminarán uno en brazos del otro, como si estuvieran paseando, ya bien en la forma tradicional, galante, o de forma que puede reflejar el apoyo o sostén que busca la Avellaneda, u otra manifestación posesiva de su carácter. La idea es la de un movimiento pendular de atracción y rechazo; de tira y encoge; de persecución de parte de ella y de huida de parte de él.

Esta proyección horizontal de la acción, en primer plano, se complementará con una proyección vertical, dada por la rampa, por donde en algunos momentos aparecerán, ascenderán y descenderán los personajes, de acuerdo con las indicaciones.

Las fuentes de este texto son las cartas de la Avellaneda, con cambios de acuerdo con las necesidades de la acción, a partir de la edición de Emil Volek; referencias procedentes de los libros de Carmen Bravo Villasante y Rafael Marquina; poesías de la Avellaneda y textos del autor de esta obra dramática, de acuerdo con las necesidades del monólogo y mi propia intención para caracterizar el personaje. Hay adiciones, cortes, cambios determinados por las necesidades dramáticas y teatrales de la obra, pero los más fieles al epistolario de la escritora aparecen entre comillas.

El autor propone, dada la monumentalidad de Gertrudis Gómez de Avellaneda, que este monólogo se presente como una unidad escénica en sí misma, aunque naturalmente funcional y esencial al entendimiento total de la pieza y la protagonista, pero que debido a su extensión puede (y seguramente así ocurrirá si se llevara a escena) reducirse, ya que me doy cuenta de su extensión, aunque creo que una buena actuación y un buen montaje demostrarían su eficacia escénica. He preferido no acortarlo, para dejar la puerta abierta a que otros lo hagan y no ser yo el responsable de ponerle mayores límites al desborde pasional de la Avellaneda.

LA AVELLANEDA.(*Entra por lo alto de la rampa, en todo su esplendor, como un volcán y «en gran teatro». Va bajando por la rampa*).
«¡Ensancha! ¡Ensancha, oh vida,
 para mí tu camino!
 Brota a raudales de placer divino,
 de amor, de gloria y vivas emociones
 que en devorante sed mi alma encendida,
 pide grandes pasiones».
(*Se detiene*). ¿Me he vuelto loca? ¿He perdido el juicio? ¿Qué significa está pasión alucinante que me conmovió de pies a cabeza cuándo lo vi por primera vez? ¿Era yo? ¿Era él? (*Transición, volviendo a declamar*).
«Hierve la vida en mi agitado pecho,
 exuberante por mis venas corre
 sangre pura y ardiente,
 y el ansia generosa me devora,
 de admirar y de amar».
(*Transición*). ¿Lo inventaba? ¿Esta pasión que me conmovía de arriba abajo, que me sacudía, era real o una fantasía de aquel romanticismo que lo envolvía todo? ¡Al fin, Dios mío, al fin! ¡Aquella luz! ¡Aquel resplandor! ¿La Giralda? ¿El paseo del Duque? ¿El Alkázar? ¿El Patio de los Naranjos? ¿Sevilla misma? ¿El romanticismo? ¿La poesía?
«¡Deja que pueda mi dorada lira
 cantar la gloria que tu fuego inspira!».
(*Llega ya al pie de la rampa*). ¡Ignacio de Cepeda! ¡Lo amo, sí, lo amo! (*Es en este momento que Cepeda se levanta y cruza el escenario leyendo las cartas, un tanto a lo Hamlet, de un lado al otro*). ¡No puedo negarlo! No, no, aquella pasión no la había sentido antes. ¡Y estaba allí, vivo, en cuerpo y alma! (*En otro tono, más frívolo, casi conversando con el público*). De veintitrés años, guapísimo, elegante, y ¡sevillano además! ¡Cómo papá, que tanto me quería y que no olvidaré jamás! ¡Su misma voz, su porte, su elegancia! Con una inteligencia clara, diáfana… Sin decir estupideces… Soserías… Frases galantes y retóricas que nada significan… Ripios que todas las mujeres conocemos… ¡Bueno! ¡Noble! ¡Sincero! Sensato como Ricafort, pero más brillante, con más mundo, que no se irrita porque lea, escriba, tenga ideas brillantes. (*Pausa breve*). Comparte mis ideas, mis puntos de vista, mis intereses literarios. (*Pausita. Decidida*). Lo invitaré a casa, con el permiso de mamá, por supuesto. Tomaré la iniciativa. ¡No me importa! ¡Digan lo que digan! Ese protocolo, esas formalidades ridículas no significan nada para mí.
(*Corre hacia él, apasionada. Lo intercepta, lo detiene*). ¡Nadie te amará como yo te amo! ¡Cepeda! ¡Cepeda! Debes gozarte y estar orgulloso, porque ese poder absoluto que ejerces en mi voluntad desde el momento y hora que te vi por primera vez, debe envanecerte. (*Lo*

besa, lo acaricia, lo adora: él no sabe qué hacer. Es una locura de amor que no tiene límites). ¿Quién eres? ¿Qué poder es ese? ¿Quién te lo ha dado? Tú no eres un hombre, no, eres el Ángel de mi Destino. Te juro por ese Dios que adoro, por tu honor y el mío, te juro que mortal ninguno ha tenido la influencia que tú tienes sobre mi corazón. Tú eres mi amigo, mi hermano, mi confidente, y como si tan dulces nombres aun no bastasen a mi corazón, ¡el de Dios sobre la tierra!

(Él se asombra, retrocede, se aleja, perplejo, ante las declaraciones. Ella se siente de pronto contrariada, sin saber qué hacer, como si hubiera ido demasiado lejos. Da marcha atrás. Sobreponiéndose al impacto, hace un mohín, se arregla el peinado, y finalmente, con gesto de fraternal cordialidad, lo toma por el brazo. Caminan armónicamente, como si se entendieran y él no se sintiera acosado). ¿Amigos? ¡Claro, naturalmente, porque el amor...! *(Con falso desdén).* No, no, ¿amor? a quién se le ocurre... Amor no, porque las consecuencias pueden ser funestas... ¡No, no, de ninguna manera! Desengaños... Jaquecas... Dolores de cabeza... *(Decidida, convincente, más racional).* ¡Un amigo de verdad, sobre el cual pueda apoyarme, compartir ideas! *(Se separa. Inicia una transición. Va hacia el secreter. Si fuera imprescindible, pudiera leer textos de cartas que busca en el secreter, y dispersa por el escenario mientras lee, lo cual permitiría mantener la dinámica de la acción, sin necesidad de memorizar o sacrificar textos).* «Estoy cansada del amor. He jurado no casarme jamás, Cepeda. De eso puedes estar seguro... El matrimonio no es más que una estratagema legal, un contrato... Bueno, tú lo sabes mejor que yo, porque has estado a punto de casarte tres veces... ¡Qué disparate! Y estoy decidida a no amar nunca. ¡Oh, no! Esos profanados nombres de amante y querida déjalos a otros y a otras». *(Gradual cambio de tono).* Yo perdería mucho si tú dejases de ser mi amigo para ser mi amante. ¡Amantes! *(Lee de una carta, después la tira en el piso).* «Los hombres cercan tanto a una mujer joven para dominarla y hacer de ella un objeto de deseo, de los instintos y pasiones de los hombres y finalmente convertirlas en una esclava, en su capricho, su juguete, su pasatiempo, su placer de algunos días! No, yo no puedo ser esa clase de mujer y aceptar una condición impuesta de esa forma». *(Él se pone en guardia. Se detienen. Ella cambia el tono. Se acerca más a él, reintegrándose al tono fraternal, para darle confianza, que él acepta como buena. Racional y cariñosa, dando vueltas alrededor de su presa, íntima, engañosa).* Pero un amigo, ¡un amigo entrañable como tú! ¡A quién se le puede confiar todo y cuyos consejos no son más que un alivio en medio de dolores y quebrantos! Tú serás mi amigo, yo tu amiga de toda la vida y no debes temer que sea degradado nunca el santo carácter de nuestros vínculos. Soy libre y lo eres tú; libres debemos ser ambos siempre. *(Ya más amenazante).* Pero el hombre que adquiere un derecho para humillar a una mujer, el hombre que abusa de su poder para arrancarle a la mujer esa preciosa libertad, no me merece ni merece mi respeto! *(Él se pone en guardia, receloso. Se separa. Ella lo sigue).* Mi amigo, sí, mi amigo. A pesar de lo mucho que te amo, e inclusive contra mi voluntad, yo acepto esa amistad que me lisonjeo merecer, y la correspondo con la mía.

Se ha pasado a un tono más agresivo. Ella intercepta el camino de Cepeda, que se ha separado, como si quisiera escapar. En toda la secuencia que sigue, ella será la que persigue a Cepeda y él trata de escapar del asedio. Traza círculos alrededor de él. Él recela, huye. A veces la Avellaneda se lanza hacia él, sin poderse contener. Él escapa y la situación se repite, así que el desarrollo no reside únicamente en el texto, sino en el movimiento. Ella lo sigue.

La Avellaneda da vueltas en torno a Cepeda, que recorre el escenario de un extremo al otro. Después, él logra escapar hacia la rampa. Ella lo intercepta varias veces. Sube y ella también lo hace, detrás de él, agresiva y suplicante: una mujer liberada que al mismo tiempo se arrastra, se humilla. Pero no deja que se le vaya. Un juego por el escenario y la rampa, de ascenso y finalmente de descenso al nivel del proscenio.

(Lee. Los cambios pronominales son intencionales). «Una amistad exclusiva, Cepeda, eso sí, que no repartirá con nadie. Únicamente suya. Cuando fuese preciso retirarla no sería para colocarla en otro, no». *(Arroja la carta).* ¡Ningún hombre después de Cepeda la obtendrá de mí! *(Pausa, lee otra carta, didáctica).* «Claro, tengo que advertirte, porque estás en peligro: hay mujeres vulgares que lo que desean es un estado, que dicen amar pero lo que quieren es una colocación, un bienestar material, que degradan la dignidad de su sexo». *(Lo retiene físicamente, a la fuerza).* No temas, no. Pero desde el momento en que te vi, me di cuenta que eras el hombre que me llevaría a la desesperación y la locura. *(Posesiva, a él).* ¡No, no me dejes! ¡No te alejes de mí! *(Auténtica).* A veces me arrasa esa plenitud de vida, como la llamo yo, que es como un volcán, una furia, que no puedo detener, y no sé qué voy a hacer conmigo misma. Temo mi intensa facultad de padecer y presiento que un amor vehemente suscitaría en mi pecho tempestades, que trastornaría acaso mi razón. *(Casi suplicante).* ¿Entiendes?
(Transición. Se aleja hacia la rampa, sube por ella. Se distancia). Ayer, tengo que reconocerlo, me ofusqué de una manera tal que perdí el control de mí misma. ¡Estoy avergonzada! ¡Dios mío! ¿Qué habrás pensado de mí, Cepeda, después de la ridícula conducta que tuve? Si fueras un fatuo presumido, uno de esos hombres vanidosos que abundan en este mundo, ya sé lo que pensarías. He dado motivos para que me creas enamorada y celosa. *(Va volviendo desde lo alto de la rampa, con algunos gestos teatrales, inauténticos).* ¡Cómo me he degradado por un capricho inconcebible, con una violencia pueril y extravagante! ¡Sí, sí, tienen razón los que me acusan de ligera, caprichosa e inconsecuentes! ¡Te pido perdón! A los 24 años no soy más niña que una de cinco. Yo no tengo talento ninguno, ni prudencia, ni tengo mundo como la gente piensa; pero sí tengo una ingenuidad que raya en necedad y en locura. ¿Me perdonas? *(En el primer nivel del escenario, recobrando su autenticidad romántica).* Lo que dije, lo que hice, yo no lo sé exactamente. Sé que me volví loca nada más, loca de dolor, al ver destruida mi última y más querida ilusión: la de haber encontrado al fin un corazón sensible, puro, ardiente, capaz de grandes pasiones y acaso de grandes faltas, pero no de tibios y multiplicados afectos… *(Transición).* ¡Celos! Yo nunca he sido celosa, nunca, pero era porque no amaba. Porque a ti, a ti estaba reservado hacerme conocer esa pasión única que yo me engañé alguna vez creyendo sentir por otro, y a ti que tanto amo estaba reservado también hacerme celosa. Porque yo te amo con un amor que tú mismo no comprendes, no. *(Se interroga, algo desquiciada).* ¿Qué es esto que por mí pasa? ¿Qué ha sucedido? ¿Es que no basto yo a llenar los votos de tu corazón? Si así es, Cepeda, dejemos esta horrible vida, este mundo en el cual ya estaríamos separados por una barrera insuperable.
(Están ya en el primer nivel. Ella lo arrastra hacia el féretro. Él ofrece resistencia. Auténtica). Muramos ambos, vida mía y vamos a buscar juntos delante de Dios esa felicidad que no pudimos conseguir en la tierra. *(Se tira sobre el féretro. Él retrocede).* No, no soy esa mujer que busca el mundo, como tú dices. Esta mujer que

tú crees acaso alegre y ansiosa de diversiones, estaría pronta, a una palabra tuya, a dejarlo todo y a morir contigo, si tú le dijeras: ¡soy desgraciado y quiero morir! *(Cambio abrupto. Se incorpora. Transición radical. Como si siguiera un discurso iniciado previamente. Con un gesto de aceptación).* Está bien, me parece razonable lo que dices.

En toda esta secuencia, y en particular en la que sigue, debe mantenerse un ritmo alterno, un cambio emocional, a veces sutil y otras francamente explícito. Un vaivén emocional. Caminan, se detienen; caminan, se detienen.

(Movimiento lineal de un extremo a otro del escenario, como si pasearan por un parque o caminaran por una avenida, en dirección contraria pero como sosteniendo una conversación. Se cruzan en línea recta en dirección contraria. Leyendo, natural, alguna carta). «He pensado, pues, que debemos convenir en una cosa, y siempre que tú vengas y esté yo sola aprovechemos tales momentos para leer contigo alguna obra interesante». *(Tira la carta. Se detienen).* ¿Qué te parece? *(Caminan. Lee).* «Con este objeto he hecho una lista de algunas obras de mi gusto, que voy a nombrarte para que tu escojas la que te parezca. En primer lugar, quiero que conozcas al mejor prosista de Europa, al novelista más distinguido de la época, Sir Walter Scott: *El pirata*, *Los privados rivales. El Wawerly, El anticuario. El Atala* de Chateaubriand, ¡y *Corina* de Madame de Staël, naturalmente! Luego las poesías de Lista, Quintana, Heredia». *(Tira la carta).* Selecciona tú y yo obedezco. No quiero imponerme. *(Cambio).* ¿No te parece buena idea? *(Al cruzarse, se detienen y se miran. Hay un cambio. Ella se apoya en su brazo. Recorren el escenario. Pasean uno en brazos del otro, armónicamente, más o menos. Lee).* «¡Una vez por semana! Solamente te veré una vez por semana, si así lo deseas y lo exigen tus actuales ocupaciones; pues señálame el día para separarle de los otros días de la larga y enojosa semana». *(Tira la carta. Pausa. Pasean. Se detienen. Ella se altera. No lee).* Es preciso para sosegar mi corazón que te vea esta noche. Creo que iremos esta tarde a casa de las Jurado, pero de todos modos, a las ocho u ocho y cuarto, estaré en casa sin falta. No dejes de venir a verme. *(Ligera transición negativa, recelos de parte de él, pero siguen paseando).* No, entiéndeme, yo no estoy en modo alguno enojada, y te he probado con mi conducta que era necia e imprudente. *(Con cierta amistosa reticencia).* Aunque usted también probó, querido amigo, que no tenía un corazón tan puro como me había dicho y yo creía, capaz de una grande, tierna y santa amistad. *(Pausa breve. Sigue el paseo. Se detienen. Ella, con tono ligero, pero ya con una suspicaz intención).* ¡No me hagas caso! *(Ríe).* Voy adquiriendo una resignación admirable, de la que no me creía capaz, que me recuerda aquel verso de Moreto, «¡qué tibio galán hacéis!»., y sin embargo, lo sufro con un estoicismo heroico. ¿Sabes que a veces me pregunto a mí misma, por qué he de querer a un hombre tan poco complaciente, tan poco asiduo, tan poco apasionado? Me lo pregunto, y no alcanzo respuesta de mi pícaro corazón. *(Ríe. Prosigue el paseo. De mal talante).* Ven cuando quieras. *(Amonestándolo cariñosamente, retórica, didáctica).* Te dejo en plena libertad; pero ten presente que eres joven y tienes toda una vida que consagrar al estudio, al amor, a la patria, a tu familia, y que la amistad solo le pide unos días. No dejes de venir a verme.

Él se separa, de muy mal talante. Da una vuelta, y haciendo trampa, se aleja en dirección a lo alto de la rampa. No aguanta más. El*la lo sigue, furiosa, histérica.*

«He ido al teatro y estaba resuelta a ir aunque lloviesen rayos, porque estaba incómoda, ofendida; porque soy tan loca que me llené de sospechas al saber que no estabas en tu casa cuando mandé la carta; porque cuando vi que viniste de tarde a casa me figuré que lo hacías para poder retirarte temprano y marcharte a otra parte».

GERTRUDIS. *(Pausa. Derrotada por la resistencia pasiva de Cepeda, va bajando. En vivo).* Es más; cuando bajé y te dije que iba al teatro, me enfadó la frescura con que lo oíste: yo deseaba que te incomodases, que te quejases, que te dieses por sentido. Tu frialdad me pareció una prueba de tu indiferencia, una consecuencia de tu resolución de hacer otra visita esa noche. Hubo un momento en que me dije que no me habías amado nunca. *(Llega al nivel inferior y se deja caer sobre el féretro, abrumada por el peso de su desolación. Pausa, Llorando ya).* ¡Cuidado, Cepeda! ¡Ten cuidado de mi corazón! ¡Tenlo! ¡Mira que puede morir! Tú no sabes, no puedes saber, que puedes matarme, no lo sabes. ¡Desgraciados los que quieren apretar el corazón hasta romperlo! ¡Mañana acaso mi corazón estará paralizado y frío! Tu no querrás darme sino felicidad. ¡Si para dármela antes bastaba amarme; para dármela ahora es preciso más!
(Se pone de pie. Puede alternar lectura de cartas y secuencias sin leer. Deja caer las cartas a medida que recorre el escenario. Va al secreter. Debe haber un tintero y una pluma. Ella toma un papel y, por un momento, hace como si escribiera. Después, lee en voz alta. Cepeda lee, en voz baja, una carta en lo alto de la rampa). «Parecíame que me había transportado a otro mundo, a un infierno, y aquella carta de usted que tenía en mi seno, me quemaba como un ascua de fuego». *(Se pone de pie. Cruza el escenario hacia el lecho).* «En cuanto a mí, es preciso que te diga, que te quiero aún más que a ningún hombre he querido, que diga de una vez todo lo que mi corazón tiene que decir, y que si el destino ha ordenado que no te vuelva a ver más, conservaré de ti una imborrable memoria. Pero no me voy a callar». *(Se deja caer en el lecho. Se tiende sobre la sábana. Voz grabada).* «Tengo que decírtelo de una vez por todas, para que te enfrentes a la verdad de tu cobardía. Los hombres débiles le tienen miedo a mujeres como yo, pero los hombres fuertes las conquistan, porque son un campo de batalla. Me temes, Cepeda, no lo niegues, temes que me posesione de tu corazón, temes los lazos de hierro, que pudieran ser consecuencia de tu amor por mí, y quieres evitar algo acogiéndote a la sagrada sombra de la amistad. Y no ha faltado quien afirme que soy viril porque escojo lo que a mí me gusta. ¿Viril yo? ¿Porque no oculto mis sentimientos y mis deseos?». *(Cesa la grabación. Se pone de pie. Va hacia donde está Cepeda. Sube, avanza).* «¡Me tienes miedo! No en balde han dicho «es mucho hombre esa mujer» ¡Me tienes miedo, Cepeda, y no eres el único!». *(Pausa breve).* ¡He leído tu carta! ¡Tu carta es dura, bien dura! Ella me enfría el alma, me desilusiona, me vuelve al estado de disgusto y de hastío de la vida y del amor en que estaba cuando te conocí, y del cual tu afecto pudo sacarme... Todo te lo conté: ilusiones, quimeras, hastíos y desengaños. *(Se vuelve. Empieza a bajar).* ¡Te amé y todo varió! Todo me fue devuelto y tu amor me dio nueva vida, nueva alma. Te amé y me creí feliz y creía que tenía el poder de darte lo que de ti recibía: alegría, esperanza, ilusiones, felicidad... *(Destrozada).* Oh, qué crueldad es la tuya

en arrancarme de este dulce error y en arrojar sobre mi naciente ventura el velo negro y fúnebre de la desconfianza y la desilusión ¡Posible es, Dios mío, que cuando yo me creía libre ya del dominio del amor; cuando me persuadía haberle conocido, cuando me lisonjeaba de experta y desilusionada, haya caído como una víctima débil e indefensa en las garras de hierro de una pasión desconocida, inmensa y cruel!». *Gertrudis se desploma sobre el féretro. Un foco de luz cae sobre Cepeda, en lo alto de la rampa, que se va extinguiendo, hasta que Cepeda desaparece y el espacio queda vacío. Lentamente va levantando la cabeza, incorporándose).* Fuiste injusto al decir que pedía más de lo que podías darme, porque en el fondo no pedía nada. Tu amor solamente. *(Se pone de pie).* «Un momento de ilusión y delirio hubo, es verdad, en que creí ser amada, creí amar yo misma con ese amor que había yo concebido y no había gozado jamás. Con ese amor de mis sueños que ocupó con frecuencia mi imaginación, y que ningún hombre me había todavía inspirado. Si en aquel momento osé pedir tu corazón todo entero y me indigné de verle partido, ahora no lo deseo ni lo admito». *(Camina hacia un lateral. A punto de salir, se vuelve, sin mirar a lo alto de la rampa).* Nada me queda que decir, querido Cepeda, salvo que reduzcas a cenizas todo lo que te he escrito. Quiero que estas cartas solo sean leídas por ti y que después las quemes. *(Se vuelve, agresiva).* ¡No existe lazo ya! ¡Todo está roto! *(Sale).*

Cae el telón.

IV

Una fantasía erótica

Peregrina, Tula, Gertrudis, Tassara, Autor, Antonio Pérez Vigo

La misma escenografía, pero ahora, a la izquierda del espectador, secreter con silla, más dos butacas, como en el primer acto, pero sin detalles que lo cubanicen. A la derecha, cama individual, con sábana roja, sin cabecera. Por la rampa, baja La Peregrina recitando. Por el lateral, izquierda del público, entra Gertrudis, seguida de Tassara. Por el lateral derecho entra Tula, con la bata blanca de hilo.

PEREGRINA. «No existe lazo ya: todo está roto:
 plúgole al cielo así: ¡bendito sea!
 amargo cáliz con placer agoto:
 mi alma reposa al fin: nada desea.
 Te amé, no te amo ya: piénsolo al menos.
 ¡Nunca, si fuere error, la verdad mire,
 que tantos años de amarguras llenos
 trague el olvido, el corazón respire!
 Lo has destrozado sin piedad: mi orgullo
 una vez y otra vez pisaste insano...
 mas nunca el labio exhalará un murmullo
 para acusar tu proceder tirano».

TULA. *(Del autor, al modo de la Avellaneda, en el lecho).*
    Quisiera yo encontrar tu boca
    para que te encuentres también tú con la mía.
    Tu cuerpo abrazar para que calle
    el deseo voraz que lo atestigua.
    Busco el peligro cuando auxilio imploro
    de dejarme morir entre tus brazos.
    Siempre a los pies del hombre que me pierde
    que ni muerte me da ni me da vida.
    Acaba conmigo, desata mis cadenas,
    ni libre soy ni la prisión me encierra.
    Conmigo acaba, desarma mi desdicha,
    que al sentirme morir me das la vida,
    de fuego devorado sufro el frío,
    que solo tu calor me resucita.
GERTRUDIS. *(Burlona, desenfadada).* Yo doña Safo segunda
    entre avellaneda y fresa:
    musa que sopló a los nueve
    y hago viento a los poetas. *(Ríe).*
TASSARA. ¡No me hagas reír! *(La besa. Ella lo esquiva, coqueta. Transición).* No sé cómo te fijaste en un hombre tan mediocre.
GERTRUDIS. Porque lo amaba.
TASSARA. Más vale que te hubieras casado con Antonio. Declamaba tus versos por toda Sevilla. Y cuando recitaba «Suplicio de amor» parecía que estaba en trance. O en otra cosa.
GERTRUDIS. ¿Con Pérez Vigo? ¡Ni que estuviera loca!
TASSARA. Vivía en una fantasía romántica en la cual tú eras el objeto de deseo.
GERTRUDIS. Le pedí que no, que no siguiera, porque aquella relación no podía ir a ninguna parte. Se me declaraba en salones, paseos y conferencias.

Entra Antonio Pérez Vigo por la izquierda. Galante, a Gertrudis.

ANTONIO. «¡Feliz quien junto a ti por ti suspira,
    quien oye el eco de tu voz sonora,
    quien el halago de tu risa adora
    y el blando aroma de tu aliento aspira!».
GERTRUDIS. (Separándolo). Por favor, Antonio, no sigas…

Antonio va al lado de Tula, que está en el lecho.

TASSARA. No te perdía ni pie ni pisada.
GERTRUDIS. Precisamente. Me seguía a todas partes. Era un impertinente.
TASSARA. Te amaba con locura y no te quitaba los ojos de encima.
GERTRUDIS. Me pasaba papelitos declarando su amor en verso y pidiéndome la mano.
ANTONIO. *(Tirándosele encima a Tula. Tula ríe, coqueta).*

> Dame esa mano cuyos dedos busco
> para chuparlos todos con boca enamorada,
> que como miel de abeja entre mis labios,
> dulzor fatal que a mi cuerpo embriaga.

GERTRUDIS. No versificaba mal, pero me empalagaba. Me perseguía. Acabó por convertirse en una sombra. Si iba para allá, él iba para allá. Si venía para acá, él hacía otro tanto.

TASSARA. Se sabía tus poemas de memoria.

Tula juega con Antonio. Corre hacia el lado del secreter. Se escabulle entre Tassara y Gertrudis. Antonio la sigue.

GERTRUDIS. No podía dar dos pasos sin que él no se apareciera por alguna parte. Me asfixiaba.

TASSARA. No era el único. Y tú dejabas que te hicieran la corte.

GERTRUDIS. *(A Tassara).* No me puedes declarar culpable por lo que los otros hacían. No te puedes imaginar lo que eso me molestaba.

TASSARA. Pérez Vigo no podía vivir sin ti. ¿No era eso lo que tú querías?

GERTRUDIS. Tomaba versos míos y los mezclaba con los suyos. Por momentos creí que se burlaba de mí. Pero no, no, todo aquello lo tomaba en serio.

TASSARA. Lo inspirabas. Era el espejo de ti misma.

GERTRUDIS. *(Molesta. A Tassara).* ¿Cómo te atreves a decir tal cosa?

ANTONIO. *(A Tula, que corre hacia la cama, ríe).*
> «Trémulo, en vano resistirte quiero.
> De ardiente llanto mi mejilla inundo.
> ¡Delirio, gozo, te bendigo y muero!».
> Solo estaré tranquilo cuando estemos juntos.

GERTRUDIS. Traté de convencerlo de la forma más racional posible. Que yo lo quería, pero que eso no significaba que lo amara. Que me disculpara, pero que no podía comprometerme y casarme.

TASSARA. ¿Cómo podías hacerle eso? Un hombre que se arrodillaba ante ti y te declaraba su amor con los versos que tú misma habías escrito. ¿Acaso no te oías? ¿No eras tú la que declamabas?

GERTRUDIS. No te burles, Tassara, porque no tiene la menor gracia. Y lo peor de todo es que trastocaba mis versos, agregaba palabras, componía y descomponía la rima a su antojo, y eso sí que no se lo podía perdonar.

ANTONIO. *(Arrodillándose ante Gertrudis. Tassara se ríe).*
¿Por qué acallar tu nombre que me inflama,
cuando solo gritarlo es lo que puedo?

GERTRUDIS. *(A Antonio).* Yo lo quiero, Antonio, pero no puedo decir, realmente, que lo ame. *(A Tassara).* Me llamó cruel, inconstante, perversa, despiadada, no sé cuántas cosas más. *(A Antonio).* ¿Lo recuerdas?

ANTONIO. ¿Quieres ver en mi frente el sello del amor que me devora?
Si fuera necesario, me cortaré las venas donde mi pasión palpita.

GERTRUDIS. A veces el verso no le salía, porque descuidaba la métrica, pero le vi padecer tanto que me conmoví. Un momento llegó que, para ver si me dejaba tranquila y como se ofrece la luna a un chiquillo que llora por ella, le prometí que sería suya algún día.

ANTONIO. ¿Es posible que el sueño convierta en realidad
    el delirio insano de mi corazón herido?
GERTRUDIS. De nada me valió, porque estaba obsesionado. Un día, por una bagatela, creyendo que no volvería a verme, ¡qué sé yo lo que pasó en esa cabeza!, hizo mil locuras irreparables, y después de unos días de mortal inquietud que mis cartas no podían calmar, cometió la imprudencia de decirle a su padre que se iba a casar conmigo, a lo que su padre se opuso y, afortunadamente, puso el grito en cielo.
ANTONIO. *(En medio del escenario).*
    A mi padre le exigiré mañana
    que tu mano pida en matrimonio adjunto
    con la dote que me dejó mi madre muerta.
    Y si a casarte tu insidia se negara
    terminaré mis días con un pistoletazo
    y mi sangre infeliz, a borbotones,
    mancharía de seguro el cielo raso.
TASSARA. No creas, tiene su gracia. Sí, sí, me parece estarlo viendo. Lloraba en los cafés, iba por las calles y los paseos como un vagabundo. Se burlaban de él y lo llamaban «El caballero de París». ¿No te daba pena verlo?
GERTRUDIS. Cuando dijo que se metería un pistoletazo, me alarmé. ¡Dios mío, la idea de ver su cadáver tinto en sangre, por mi culpa, me ponía los pelos de punta!
ANTONIO. *(Como pidiendo limosnas, a los pies de Gertrudis).*
    Mísero esclavo de tirano dueño mi corazón está.
    ¡Lucero del amor! ¡Rayo argentado!
TASSARA. *(Irritado, casi dándole un empujón).* ¡Coño, Antonio, no jodas más!

Tassara, efectivamente, le da un empujón. Antonio Pérez Vigo sale corriendo como un pordiosero.

GERTRUDIS. *(Al público).* ¿Qué podía hacer? ¿Qué iba a decir la gente? ¿Se imaginan el escándalo? Tenía que poner punto final a aquellas majaderías, porque no de otro modo podía llamársele. *(Dando explicaciones, frívola, superficial: al público, a Tassara).* No me quedó otro remedio que escribirle una carta al padre, diciéndole que yo no tenía nada que ver con los disparates que su hijo estaba haciendo, que no tenía la menor intención en casarme con él, y que lo mandase a viajar para que se distrajese y se olvidara de mí, cosa que afortunadamente hizo. *(Pausa).* Finalmente, cuando se fue, me quité un peso de encima, y pude respirar.
TASSARA. Era más romántico que tú.
GERTRUDIS. Precisamente. Eso no podía permitirlo.
TASSARA. ¡Eras tú! El espejo donde te veías y que te hacía volver la cara. ¿No hacía él exactamente lo mismo que tú hacías con Cepeda? ¡Caerle atrás! Estuviera en Madrid o se fuera para Sevilla. Pero también yo era él, dándole la vuelta, aunque no tuviera necesidad de petición de mano. Detrás de ti, pero con otro estilo. También te eché el ojo, aunque fuera de otra manera. Y también me perdías.
GERTRUDIS. ¿Perderte yo?
TASSARA. Un poeta menor que podías eclipsar, que no te ofrecía peligro, y que apenas entraba en las antologías. Lo calculaste todo.

GERTRUDIS. Soy una impulsiva. Todo el mundo lo sabe. Yo nunca he calculado nada.

TASSARA. Otro más en la lista de «los hombres que te amaron».

GERTRUDIS. Mentirosos y farsantes. Ninguno servía para nada. Se creían que podían hacer con las mujeres lo que les diera la gana. Los machangos que no me dejaron entrar en la Academia y me pusieron zancadillas.

TASSARA. «Es mucho hombre esa mujer», como decían.

GERTRUDIS. Eso lo sabrás tú mejor que nadie. Un incentivo más para que picaras el anzuelo.

TASSARA. Me tiene sin cuidado lo que quieres decir.

GERTRUDIS. Bien sé lo que estoy diciendo.

TASSARA. *(Dando unos pasos. Calculando. Razonando la situación. Contando con los dedos).* Loynaz... Ricafort... Y muchos otros más, anónimos, desconocidos, que no te quitaban los ojos de encima. ¡Y Cepeda! ¡El muy cabrón al que le escribías carticas! ¡Haciéndose el bueno! ¡El mosquita muerta! ¡El hijo de puta que te dejaba hacer para que te calentaras por tu cuenta y yo hiciera el trabajo! No lo dejabas ni a sol ni a sombra. ¡Tu albacea! ¡El depositario de Gertrudis Gómez de Avellaneda...! Tu confesor...

GERTRUDIS. Le dije a Cepeda que las cartas eran un asunto entre él y yo. Que esa era la única condición que ponía para abrirle mi corazón y que después de leerlas las quemara.

Durante el siguiente texto de Tassara, Gertrudis se levanta, rehuyéndolo, caminando hacia el lecho, que Tula ha dejado vacío. Como un fantasma, aparece Cepeda y deambula por el escenario. En algún punto, sube y desaparece por lo alto de la rampa. Tassara persigue a Gertrudis, y se mueven un par de veces, en círculo, alrededor de la cama, volviendo después al punto de partida.

TASSARA. ¿A un hombre que no decía ni un sí ni un no cuándo tú, prácticamente, le pedías su mano? El trabajo me lo dejó a mí, porque yo era el que te amaba, el que te reconocía como mujer, el que te deseaba, aquí, de carne hueso, como lo que eras, y no te tenía miedo. No en balde vivías en la calle del Desengaño, número 15, cuarto segunda izquierda. Un hombre blando, incoloro e insípido, me lo imagino, porque lo que es tú ni lo pudiste saborear. Inclusive después, cuando ya estabas en Madrid, seguiste humillándote. Y él rondando como un cobarde. Dando vueltecitas. ¿Cómo es posible que depositaras tú confianza en un individuo que, en realidad, te pisoteaba y era un pusilánime, que se casó después con una mujer que en nada se te parecía, porque lo curaste de espanto? Si querías confesarte, ¿por qué no te buscaste un cura? Las cartas se las mandaste a él, porque sabías que no iba a romperlas. Las guardó para ponerte en ridículo y hacer gala de que te había perdido, como a una estúpida. Una inversión a largo plazo. Porque después de todo, aunque no se le vea la cara, él es el personaje ausente que te escribía.

Gertrudis y Tassara están en el centro, hacia el proscenio, donde se desarrolla la discusión que sigue.

GERTRUDIS. Mientes, Tassara. Lo dices para acabar conmigo. Para vengarte. Para enterrarme un puñal en el alma, no conforme con lo cruel que fuiste con la madre de tu hija. Pero, hombre al fin, ¿eso qué puede importarte?

TASSARA. Lo dije, sí, para herirte. Lo dije en venganza. Porque a tu modo, con ese mequetrefe, me has humillado hasta la médula. Yo te amaba. Detrás de esta máscara de cinismo, estaba loco por ti. Fui el hombre que pasó por tu lado y desperdiciaste.

Pero sobre todo, te deseaba. Lo sabes bien. Sabes que no fingía, y quiero pensar, porque si no lo pensara me volvería loco, que tú no fingías tampoco.

GERTRUDIS. Yo nunca he fingido nada.

TASSARA. Sin contar que yo era un poeta sin importancia, que naturalmente no podía hacerte la competencia, por muy macho que fuera. Eso bien lo sabía, pero cuando escribí *El oso* no me quedé atrás, y me estaba acoplando contigo. ¡Una romántica empedernida! Estabas jugando con él y conmigo. Estabas escribiendo una novela de amor en la cual tú eras la protagonista y los demás teníamos los papeles secundarios

GERTRUDIS. Porque me lo había ganado. Estás loco. Más loco que Pérez Vigo

TASSARA. Por lo visto, aquí el único cuerdo era Ignacio de Cepeda, que se quedó con el epistolario. Ese fue el que ganó la partida, aunque se perdió lo mejor y ni siquiera se ha dado cuenta. El burgués acomodado que acabó contigo, que pasa a la posteridad como si fuera el gran chulo.

GERTRUDIS. Entonces, eso es lo que te saca de quicio. Que él te ganara la partida.

TASSARA. Estabas jugando con los dos. Un hombre de postalita y otro de carne y hueso.

GERTRUDIS. Bien caro me costaba, porque era mi honra la que perdía, aunque bien sabes que poco caso le hacía a insignificancias como esas. Pero, de todos modos, había descendido a los bajos fondos, como si fuera una mujerzuela de esas que conquistabas cuando ibas al teatro. Pero no creas que me conquistaste. Yo me acosté contigo porque a mí me dio la gana, porque si ustedes los hombres tenían el derecho de hacerlo, no había la menor razón para que yo no lo hiciera.

TASSARA. Bueno, algo es algo. No sería el gran amor de tu vida, pero si me elegiste a mí como el semental para la ocasión, favor que me haces.

Tassara, violento, sale del área del secreter y se va al lado de la cama. Tula aparece en lo alto de la rampa. Tassara la ve.

GERTRUDIS. Cuando te pedí un poema para el álbum en que yo los coleccionaba, rotundamente te negaste.

TASSARA. Pero te escribí «El oso».

Gertrudis se sienta en el secreter. Se oscurece rápidamente el lado izquierdo del escenario. Tassara sube, muy ágil, hacia donde está Tula.

Todo el recitativo que sigue es de fuerte intensidad erótica y debe desarrollarse desde lo alto de la rampa donde Tula aparece con la bata blanca de dormir. Es un descenso apasionado y brutal, una relación agresiva de atracción y rechazo, donde se recorre una peligrosa línea divisoria entre la entrega de ella y la agresión de él. En el descenso, Tassara se quitará la chaqueta y la tirará por cualquier parte, y empezará a quitarse la camisa, sin llegar a desnudarse, naturalmente, ni ella tampoco, hasta caer en la cama abrazados.

TASSARA. *(Texto de Tassara, con ligeros cambios).*
«¿Qué soy yo para ti? Según tú dices,
soy el niño mimado de la tribu.
Tu favorito soy, tu ojo derecho,

y aún hay quien cree que mi privanza llega
hasta el cenit de tu encumbrado cielo.
Lo que soy es tu oso, tu oso blanco,
porque no soy siquiera un oso negro.
Un oso blanco, si, no ya criado
al calor de esos climas donde hay fuego.
Soy un oso polar, un pobre oso,
ayuno y lacio, aterido y yerto,
bajo el clima glacial de tus desdenes,
vagando entre las nieves y los hielos
de tu hiperbóreo corazón. En vano
las llamas de un volcán llevo aquí dentro.
Di que soy brusco, antisocial, grosero,
que en vano quieres tú civilizarme,
que el mundo no entra en mí donde yo entro.
Un oso es lo que tú quieres que yo sea.
Un oso es lo que ha tiempo estoy yo siendo.
Un oso por las calles y las plazas,
un oso por teatros y paseos.
De par en par el corazón me abro.
Te encajo una verdad mayor que un templo.
¿Que estoy enamorado? No me atrevo
a decir como un bestia y, sin embargo,
no hay palabra mejor para el concepto.
Soy oso como Otelo y como Herodes,
soy el oso terrible de los celos.
Mas yo me enmendaré… Cuestión de guantes.
Ya le pondré yo guantes a mis versos.
Y hasta en los labios me pondré yo guantes
cuando te dignes concederme un beso».

Tassara se va vistiendo. Se arregla la camisa. Busca la chaqueta tirada por el escenario. Se la pone. Gradualmente se va oscureciendo el lado derecho del escenario. Tula sale por la derecha. Foco sobre La Peregrina en la rampa.

PEREGRINA. *(Baja recitando).*
Duerme tranquilo, inocente
en el maternal regazo,
y deja que admire atenta,
tu delicioso descanso.
Tal vez sueñe de su madre
recibir el beso caro;
tal vez a un ángel sonría
entre las nubes velado.
Duerme sí, pobre inocente,

prolonga tu sueño grato:
por los ángeles mecido.
por las brisas arrullado *(Sale de escena)*.

Oscuro. Aparece Cepeda en lo alto de la rampa leyendo una carta y comienza a bajar hasta el final de la carta. Todo a oscuras, salvo la luz sobre Cepeda y un tenue foco de luz sobre Gertrudis.

GERTRUDIS. *(Gertrudis escribe y lee)*. «Escúchame, Cepeda. Dijiste que deseabas hablar de mí con Tassara. Yo no temo que hables de mi con él, porque yo te he dicho más de lo que por él puedes saber; no es porque recele que le oigas decir algo en mi daño. He sido su amiga, y si él es un caballero, como creo, no puede hablarte mal de mí, por orgullo al menos. Si no es caballero, si me tiene mala voluntad, si su franqueza contigo es mayor que con otros de sus amigos, te dirá que soy un carácter voluble, inconsecuente, que no tengo corazón, que he querido hacer con él una comedia. Pero aún cuando tenga de mi el peor concepto posible, y sea capaz de expresarlo, es bien cierto que no puede decirte cosa más grave que lo que por mí sabes. Esto es, que lo he querido. Esto no te lo dirá, Cepeda, porque él no lo sabe tanto como yo. Además, ¿es tan grave delito amar a una mujer que era libre? Te he dicho más de lo que tú me preguntabas, y más de lo que tienes derecho a saber. Siendo ya tan franca como te he expresado, si llegara un caso en que creyera mi deber dar cuenta de cada palabra o afecto de mi vida anterior, lo haría también, como hice noble y lealmente cuando Sabater me dijo «yo te amo». Yo no podría mentir negando lo que realmente fue. Ya me hagas tu amiga, ya tu amante, debes comprender que soy exclusivista y exigente, y que no tolero nada a medias. Te he dicho que soy un poco loca, y para que sepas que estoy loca por completo, acabo diciéndote que te amo».

Cepeda sale. Luces que iluminan todo el primer nivel del escenario. Gertrudis en el secreter. Tassara violento, cruzando el escenario de la cama al secreter.

TASSARA. *(Violento)*. ¡Nunca me escribiste cartas como las que le escribiste a él, en las que te entregabas como si fueras una cualquier cosa! Y de paso, le ponías una postdata de mentirita. *(Burlándose, paródico, toma una carta del secreter y lee)*. «Querido Cepeda, ¿querrás hacerme un pequeño obsequio? Una persona desea, por motivos personales que sería largo de explicar, saber cómo se llama el padre de Gabriel García Tassara, sevillano, que reside en esta. Si puedes averiguarlo, sin que nadie sospeche el motivo porque lo haces, te estimaré me lo digas… Dime también el nombre de su madre y padrastro». Si lo querías saber, ¿por qué no me lo preguntaste? ¿O es que creías que estabas escribiendo una novela epistolar y debías despertar el interés del lector con una notica de lo que seguramente ya sabías?

GERTRUDIS. Eres un rencoroso, a pesar de todo el daño que me hiciste y lo inclemente que fuiste conmigo.

TASSARA. Le perdonaste.

GERTRUDIS. Pero también te perdoné a ti. Y a ti te escribí la carta más espantosa que he escrito en mi vida.

PEREGRINA. *(Bajando desde lo alto de la rampa hasta llegar junto a Tassara, leyendo).* «Había ofrecido usted venir anoche y yo lo deseaba, no para renovar las escenas porque ellas han despedazado mi corazón, y, se repitieran, caería muerta a los ojos de usted. He comprendido perfectamente todo el horror de mi suerte... Ha pesado sobre mi alma toda la grandeza de mi desventura... Pero las almas fuertes se rompen sin plegarse... Espero a usted esta noche: es una necesidad absoluta que nos veamos por última vez».

TASSARA. *(A Gertrudis).* ¿Por qué no le escribiste a Cepeda si era el hombre que amabas y al cual le enviabas esas cartas que no terminaban nunca mientras que a mí me tratabas como un segundón?

GERTRUDIS. Pero eras tú, no Cepeda, el que me hiciste una hija.

TASSARA. No, claro, él sabía más de la cuenta. Mantenía las distancias. Yo era plato de segunda mesa, inclusive aunque comiera primero. El objeto que utilizaste para que te hiciera madre, como siempre quisiste, para poder escribir después la Aurelia de tu *Catilina*, la mora que lo celaba y lo perdió, y esa hembra que detestaba Alfonso Munio y a la que le cortó la cabeza.

GERTRUDIS. Nunca me imaginé lo cruel que podías ser. Fuiste implacable. No tuviste piedad.

TASSARA. Era un reto, Gertrudis, y yendo a bendecir a Brenhilde, que ni siquiera se llamaba así, no iba a resolver lo que ya no tenía solución posible.

PEREGRINA. *(Sacudiendo a Tassara, en un mar de lágrimas. Arrodillándose, físicamente, a sus pies, casi en plan de melodrama; sin embargo, ciertamente está desesperada).* «Mi Brenhilde, mi hija, se está muriendo. Este pobre ángel que desde que vino al mundo no hace más que sufrir. Pero no morirá sin que su padre la bendiga. Venga usted, Tassara, de rodillas se lo pido. Para mí no hay nada fuera de mi niña. Ni temo desprecios ni evito humillaciones: me arrojaré a los pies para suplicarle que le dé una primera y última mirada a su pobre hija. Ella no es culpable de mis delitos, si usted me cree cargada de ellos. Si no vienes, te arrojaré a tu hija moribunda o muerta en medio de tus queridas del Circo a la hora que te presentes allí».

La Peregrina sale de escena. Hay una largo silencio.

GERTRUDIS. 1845. Fue un año terrible.
TASSARA. El año que te acostaste conmigo.
GERTRUDIS. No, fue el año en que murió Brenhilde.

Gertrudis y Tassara se van moviendo hacia el centro del escenario hasta llegar al pie de la rampa. No hay nadie más en escena, casi como una despedida operática.

GERTRUDIS. Nadie se puede imaginar lo mucho que sufrí.
TASSARA. ¿Cómo no pudimos reconocer que habíamos nacido el uno para el otro?
GERTRUDIS. Me cortejabas en salones y fiestas, y era muy difícil que pudiera resistirte. No creas que me resultó fácil.
TASSARA. Todo en ti era la perdición que yo buscaba. Tu arrogancia, tu lenguaje, tus contradicciones, tu coquetería, tu bravura. Todo eso me excitaba.
GERTRUDIS. No, no voy a negar que te quise. Tus desplantes sarcásticos no dejaron de hacerme efecto, tus feroces humoradas.
TASSARA. Era una competencia. Una batalla campal, cuerpo a cuerpo. No te dejabas conquistar del todo. Un acicate y una resistencia.

GERTRUDIS. Eres injusto al decir que no te amaba. ¿Quién mejor que tú para entregarme? Te lo di todo, Tassara. Bien lo sabes.
TASSARA. Eras una pendiente, un abismo que podía hundirme, acabar conmigo, arrasarme.
GERTRUDIS. ¿Por qué no dejaste que te arrasara?
TASSARA. Porque eras mucha mujer, Tula.

Se separan. Tula asciende por la rampa. Tassara se queda al centro del escenario, al pie de la rampa.

GERTRUDIS. Han acabado conmigo
TASSARA. Eso va a ser muy difícil
GERTRUDIS. 1844. Fue un año terrible.
TASSARA. El año en que te acostaste conmigo.
GERTRUDIS. No, fue el año en que murió Brenhilde.
TASSARA. El año en que se estrenó *Munio Alfonso*, con aquello de que me parta un rayo.

Rápido, sale por la derecha.

GERTRUDIS. *(En lo alto de la rampa).*
    Era yo la que gritaba:
    «¡Horrible tempestad! ¡Desata un rayo!».

Apagón. Cae físicamente el telón.

V

TOUR DE FORCE

Dividido en varios cuadros. Las transiciones de un cuadro al otro deben hacerse prácticamente sin interrupción.

Cambio de la disposición de las áreas de actuación. A la izquierda del espectador, cruz representativa del cementerio; al centro, más esparcido, salón: secreter al frente, dos butacas hacia los lados; lecho con sábana roja, a la derecha.

I

UNA HISTORIA DE AMOR

Peregrina, Gertrudis, Tula, Sabater, Coro

PEREGRINA. *(Baja por la rampa, casi como una aparición).*
    «Escrito estaba, sí; se rompe en vano
    una vez y otra la fatal cadena
    y mi vigor por recobrar me afano.

>   Escrito estaba: el cielo me condena
>   al tornar siempre al cautiverio rudo.
>   Y yo obediente acudo
>   restaurando eslabones
>   que cada vez más rígidos me oprimen
>   pues el yugo fatal no me redime
>   de mi altivez.
>   ¡Heme aquí! ¡Tuya soy! ¡Dispón, destino,
>   de tu víctima dócil! Yo me entrego
>   cual hoja seca al raudo torbellino
>   que la arrebata ciego!
>   ¡Tuya soy! ¡Heme aquí! ¡Todo lo puedes!
>   Tu capricho es mi ley: sacia tu saña…».

Al pie de la rampa, Sabater la contempla fascinado. Le extiende una mano.

SABATER. *(Voz ronca).* «Las almas poderosas no se agotan jamás. Renacen como el Fénix de sus propias cenizas».

El Autor aparece en lo alto de la rampa. Baja.

AUTOR. *(Bajando por la rampa).* Don Pedro Sabater… Dos años más joven que Tula… Treinta años… Jefe político de Madrid… Diputado a las cortes por Castellón de la Plana… Amable, digno, guapo… Con buenas aldabas y recomendaciones… Noble… Una persona decente… Un excelente partido… *(Pausa muy breve).* Enfermo… Herido de muerte…

La Peregrina se va deshaciendo de la mano de Sabater.

SABATER. Si tuviera a bien casarse conmigo…

Gertrudis, desde el salón, se le acerca. Recita, pero de forma natural, sin el menor énfasis, sin ninguna retórica.

GERTRUDIS. Querido Sabater:
>   «Yo no puedo sembrar de eternas flores
>   la senda que corréis de frágil vida.
>   Pero si en ella recogéis dolores
>   un alma encontraréis que los divida…».

PEREGRINA. *(De rodillas ante la cruz).* ¡San Juan Nepomuceno, abogado contra las calumnias y la envidia, ampárame! ¡Sácame de aquí!

GERTRUDIS. «Yo pasaré con vos por entre abrojos:
>   el uno al otro apoyo nos daremos…».

SABATER. Eso es exactamente lo que quiero…

GERTRUDIS. «¿Qué más podéis pedir? ¿Qué más pudiera

ofrecer con verdad mi pobre pecho?».
(Pausa). Cepeda…
SABATER. *(Se lleva los dedos a los labios; señal de silencio).* Todo lo sé.
GERTRUDIS. Tassara…
SABATER. No tienes que explicarme nada.
GERTRUDIS. «Vedme cual soy en mí, no en vuestra mente,
bien que el retrato destrocéis con ira,
que aunque cuál creación brille eminente
vale más la verdad que la mentira».
SABATER. ¡Calla! *(La besa tiernamente).*
PEREGRINA. ¡Una tregua! ¡Un descanso! *(Arrodillada ante la cruz).* ¡Gracias, Dios mío!

Sabater sube por la rampa. Gertrudis avanza hacia el salón. Lee en voz alta una carta que lleva en la mano.

GERTRUDIS. «Mi muy estimada amiga y señora Doña Gertrudis Gómez de Avellaneda de Sabater. Doy a usted el parabién más cumplido y sincero por su efectuado enlace con el señor Sabater, a cuya disposición ruego a usted me tenga la bondad de ponerme. No dudo que en su nuevo estado será tan feliz como todos sus amigos puedan desear. Mas supongo que esto será quedando a salvo el antiguo compromiso que usted tiene contraído con el Parnaso. Lleve usted con el señor su esposo, felicísimo viaje. Recoja usted en París los aplausos que merece, en particular con el proyectado estreno de su nueva tragedia *Saúl*, con todos los reconocimientos que la esperan. Quede de usted su afectísimo amigo y seguro servidor, José Quintana».

Al llegar al final de la carta Sabater se vuelve y desaparece. Entra el coro.

CORO. ¡Últimas noticias! El 12 de mayo de 1846 se celebró el matrimonio del Sr. Jefe Político D. Pedro Sabater con la célebre escritora doña Gertrudis Gómez de Avellaneda.
CORO. El 2 de junio de 1846 salieron de Madrid rumbo a París, en viaje de boda, el Sr. D. Pedro Sabater y su esposa doña Gertrudis Gómez de Avellaneda de Sabater.
CORO. Con motivo de una grave afección en la laringe, el Sr. D. Pedro Sabater ha sido sometido a una urgente operación quirúrgica cuyos resultados han sido insatisfactorios.
CORO. Camino de Madrid, con motivo de la gravedad del Jefe Político, D. Pedro Sabater, falleció en Burdeos el primero de agosto.
CORO. Gertrudis Gómez de Avellaneda, viuda de Sabater, destrozada por la pérdida irreparable de D. Pedro Sabater, abandona su exitosa carrera y se retira al Monasterio de Nuestra Señora de Loreto en Burdeos.

Gertrudis se vuelve y ve desaparecer a Sabater. Se lleva la mano a la cabeza en gesto de desesperación.

GERTRUDIS. *(Texto del autor).*
Esto no puede ser.
Es mi destino.
¿Cómo es posible que,

tras breves nupcias,
la muerte me persiga?
¿Qué razón hay y qué castigo?
El único hombre que en realidad me amara,
cae conmigo al fondo del abismo.

Oscuro de Gertrudis. Aparece La Peregrina en lo alto de la rampa. Foco de luz sobre la Peregrina. El resto del escenario a oscuras.

PEREGRINA. «Otra vez llanto, soledad, tinieblas...
¡Huyó cual himno la ilusión querida!
¡Luz de dicha que, alumbró mi vida,
    un relámpago fue!
Brilló para probar sombra pasada.
Brilló para anunciar sombra futura.
Brilló y se disipó y en noche oscura
    para siempre quedé.
El que ayer era mi sostén y amparo
Hoy de la muerte es mísero trofeo...
¡Por corona nupcial me dio Himeneo
mustio y triste ciprés!».

II

Devocionario

Gertrudis, Peregrina, Madre, Coro

La Peregrina y Tula se encuentran y abrazan junto a la cruz del cementerio. Ambas están envueltas en un manto oscuro que cubre cualquier otra vestimenta. La secuencia que sigue se desarrolla en el espacio del cementerio, junto a la cruz. Todo se oscurece y solo cae un foco de luz sobre las dos mujeres y la cruz. De pie, como una «visitación». Tono menos dramático, más íntimo.

PEREGRINA. «Soy un gusano del suelo,
        cuyo anhelo
se alza a tu eterna beldad».
GERTRUDIS. «Soy una sombra que pasa,
        mas se abrasa
ardiendo en sed de verdad».
PEREGRINA : «Soy una hoja que el viento lleva,
        pero eleva
a ti un susurro de amor».
GERTRUDIS. «Soy una vida prestada,
        que en su nada
tu infinito ama, ¡señor!».

PEREGRINA. Finalmente lo has comprendido todo. Las verdad no está en los hombres.
GERTRUDIS. ¡El Monasterio de Loreto! ¡Creí que no llegaba nunca!
PEREGRINA. Cuando llegamos al monasterio todas las puertas se cerraban para dejar abierta una sola, que era el camino de Dios. ¿Lo recuerdas?
GERTRUDIS. *(Cae de rodillas junto a la cruz)*. «Señor, Tomad mi orgullo inspirándome vuestra humildad. Poned freno a mi ira con el espíritu de vuestra mansedumbre».
PEREGRINA. *(También de rodillas)*. «Concededme la gracia de que me conozca, de que comprenda todo el delirio de mi orgullo, todo el desorden de mis pasiones y toda la indignidad de mis flaquezas».

Abrazadas junto a la cruz, parecen una imagen iconográfica, en oración, arrodilladas. Efecto de luces simulando una celda.

PEREGRINA. Recemos Tula para salir del mundo. Quedémonos para siempre en esta celda que nos envuelve y no regresemos al mundo que tanto daños nos ha hecho.
GERTRUDIS. *(Algo asustada)*. ¿No salir de aquí?
PEREGRINA. Nunca jamás. Por años he estado esperando este momento en que entremos en el reino de Dios, donde todo lo demás desaparece. Es la única verdad posible. Pero has ofrecido una resistencia brutal.
GERTRUDIS. ¿Estoy muerta?
PEREGRINA. No, Gertrudis, estamos más vivas que nunca porque te hallas a la puerta del reino de los cielos. En este momento de dolor de la muerte de Sabater, debemos entrar en el reino de Dios y encadenarnos a él. Oye la voz de Dios
«Naturaleza doble en ti se encierra
de un rayo de mi mente iluminado,
más de esa tierra mísera formado».
GERTRUDIS. *(Siguiendo el texto, recordándolo)*.
«Materia deleznable
y espíritu soberbio,
grande y pequeño, fuerte y miserable…».
GERTRUDIS, PEREGRINA. *(Al mismo tiempo)*: «… suspenso entre la nada estás y el infinito».
PEREGRINA. Ves, tú misma lo has dicho.
GERTRUDIS. No, no, lo has dicho tú.
PEREGRINA. Aférrate a la cruz. ¡Cántale a ella!
GERTRUDIS. «¡Canto a la cruz! ¡Que se despierte el mundo!».
PEREGRINA. *(A dos voces, alternando los renglones)*.
«¡Alzad la Cruz! Su apoyo necesita,
   la vacilante humanidad
lanzada entre abismos pavorosos,
y a impulsos ¡ay! de un vértigo profundo,
¿qué nos valdrán esfuerzos dolorosos,
si de esa cruz los brazos poderosos
no hallen asiento en que descanse el mundo?».
AMBAS. *(Al mismo tiempo)*. «¡Alzad, alzad, vuestro pendón divino!».

La Peregrina levanta la cruz. Las dos se abrazan a la cruz casi en la posición de un ícono religioso. Procesional, suben por la rampa. Recitan. No debe ser grabado.

«Sea mi vida un acto reverente,
Un éxtasis de amor mi alto destino,
Y cada aliento de mi pecho ardiente
En holocausto a tu amor divino».

Ambas mujeres, seguidas por el foco de luz, desaparecen por lo alto de la rampa. Oscuro.

Luces. Seguido, de inmediato, sin mucha transición, Gertrudis, que se ha quitado la capa, dejando ver su vestuario de época y está ya en el primer nivel del escenario, corre hacia su madre, en el salón, que la recibe con los brazos abiertos. Todo de forma convencional.

La Peregrina baja por la rampa. Se dirige a la cruz. Se arrodilla. Foco de luz.

PEREGRINA. «Sálvame, oh Dios, porque las aguas
de la aflicción han penetrado hasta mi alma.
He llegado a alta mar y la tormenta me ha anegado.
Mi garganta se ha enronquecido a fuerza de clamar,
y mis ojos se han cansado de mirar al cielo,
esperando el socorro de mi Dios.
Sin embargo, oh mi Dios, tú sabes si soy culpable,
porque ningún pecado
puede estar oculto a tu vista».

La Peregrina y Tula se encuentran y abrazan junto a la cruz del cementerio. Ambas están envueltas en un manto oscuro que cubre cualquier otra vestimenta. La secuencia que sigue se desarrolla en el espacio del cementerio, junto a la cruz. Todo se oscurece y solo cae un foco de luz sobre las dos mujeres y la cruz. De pie, como una «visitación». Tono menos dramático, más íntimo.

PEREGRINA. «Soy un gusano del suelo,
    cuyo anhelo
se alza a tu eterna beldad.
Soy una sombra que pasa,
mas se abrasa
ardiendo en sed de verdad».
GERTRUDIS. «Soy una hoja que el viento lleva,
    pero eleva
a ti un susurro de amor.
Soy una vida prestada,
que en su nada
tu infinito ama, ¡señor!».
PEREGRINA. Finalmente lo has comprendido todo. Las verdad no está en los hombres.
GERTRUDIS. ¡El Monasterio de Loreto! ¡Creí que no llegaba nunca!
PEREGRINA. Era el momento, Gertrudis. Cuando llegamos al Monasterio de Loreto todas
    las puertas se cerraban para dejar abierta una sola, que era el camino de Dios. ¿Lo
    recuerdas?

GERTRUDIS. *(Car de rodillas junto a la cruz).* «Señor, Tomad mi orgullo inspirándome vuestra humildad. Poned freno a mi ira con el espíritu de vuestra mansedumbre».

PEREGRINA. *(También de rodillas).* «Concededme la gracia de que me conozca, de que comprenda todo el delirio de mi orgullo, todo el desorden de mis pasiones y toda la indignidad de mis flaquezas».

Abrazadas junto a la cruz, parecen una imagen iconográfica, en oración, arrodilladas. Efecto de luces simulando una celda.

GERTRUDIS. «¡Dios mío! Combatid por mí con vuestro brazo omnipotente y salvadme».

PEREGRINA. Recemos Tula para salir del mundo. Quedémonos para siempre en esta celda que nos envuelve y no regresemos al mundo que tanto daños nos ha hecho.

GERTRUDIS. *(Algo asustada).* ¿No salir de aquí?

PEREGRINA. Nunca jamás. Por años he estado esperando este momento en que entremos en el reino de Dios, donde todo lo demás desaparece. Es la única verdad posible. Pero has ofrecido una resistencia brutal.

GERTRUDIS. ¿Estoy muerta?

PEREGRINA. No, Gertrudis, estamos más vivas que nunca porque te hallas a la puerta del reino de los cielos.

GERTRUDIS. ¿Nunca jamás?

PEREGRINA. Nunca jamás. En este momento de dolor de la muerte de Sabater, debemos entrar en el reino de Dios y encadenarnos a él. Oye la voz de Dios.
«Naturaleza doble en ti se encierra
de un rayo de mi mente iluminado,
más de esa tierra mísera formado.»

GERTRUDIS. *(Siguiendo el texto, recordándolo).*
«Materia deleznable
y espíritu soberbio,
grande y pequeño, fuerte y miserable…».

GERTRUDIS, PEREGRINA. *(Al mismo tiempo):* «… suspenso entre la nada estás y el infinito».

PEREGRINA. Ves, tú misma lo has dicho.

GERTRUDIS. No, no, lo has dicho tú.

PEREGRINA. Aférrate a la cruz. ¡Cántale a ella!

GERTRUDIS. «¡Canto la cruz! ¡Que se despierte el mundo!».

GERTRUDIS. «¡Canto la Cruz! El ángel, de rodillas,
postra a tal voz la luminosa frente…!».

GERTRUDIS, PEREGRINA. *(A dos voces, alternando los renglones).*
«¡Alzad la Cruz! Su apoyo necesita,
la vacilante humanidad
lanzada entre abismos pavorosos,
y a impulsos ¡ay! de un vértigo profundo,
¿qué nos valdrán esfuerzos dolorosos,
si de esa cruz los brazos poderosos
no hallen asiento en que descanse el mundo?
¡Alzad, alzad, vuestro pendón divino!».

La Peregrina levanta la cruz. Ambas mujeres se abrazan a la cruz casi en la posición de un ícono religioso. Procesional, suben por la rampa. Recitan. No debe ser grabado.

> «Borra, tú, borra de la mente mía,
> de aquel delirio la tenaz memoria,
> ya sea ya mi eterna poesía
> el himno santo de tu eterna gloria.
> Sea mi vida un acto reverente,
> un éxtasis de amor mi alto destino,
> y cada aliento de mi pecho ardiente
> en holocausto a tu amor divino».

Ambas mujeres, seguidas por el foco de luz, desaparecen por lo alto de la rampa. Oscuro.

Luces. Seguido, de inmediato, sin mucha transición, Gertrudis, que se ha quitado la capa, dejando ver su vestuario de época y está ya en el primer nivel del escenario, corre hacia su madre, en el salón, que la recibe con los brazos abiertos. Todo de forma convencional.

GERTRUDIS. ¡Mamá!
MADRE. ¡Tula, hija mía, creía que te había perdido para siempre!
GERTRUDIS. No, mamá, no. ¿Cómo podías pensar que te iba a dejar abandonada?
MADRE. ¡Menos mal que la Virgen de los Dolores ha escuchado mis súplicas!
GERTRUDIS. Estaba desesperada. La muerte de Sabater fue espantosa. Él, que era el alma más generosa que había encontrado en mi vida, sufrió mucho. Y yo nunca había sufrido tanto. Me encerré en el Monasterio de Loreto para que Dios me perdonara por todos mis pecados. Quería purificarme. Estaba aterrada. Pero la oración me ayudó a ir saliendo de aquella espantosa pesadilla.
MADRE. Claro, hija mía…
GERTRUDIS. *(Transición, más superficial).* Y empecé a escribir mi *Devocionario*… Yo creo que te va a gustar. *(Lee, con naturalidad y sentimiento).* Esta oración la he llamado «Para cuando se manifiesta una contrariedad». Escucha: «Cuán cierto es, oh Jesús mío, que los contratiempos y contrariedades son de grandísimo provecho al cristiano que sabe soportarlos con humildad y paciencia. *(Enfática).* Yo lo conozco en esta dificultad que experimento al salir triunfante de tales pruebas. *(Tratando de controlarse, con cierta irritabilidad).* Mi corazón me impacienta y mi orgullo se irrita por el menor obstáculo que se presenta a mis deseos. *(Enfática).* Cada esperanza frustrada, cada oposición imprevista a mi voluntad, son motivos de turbación y desorden. *(Muy alterada; después se calma. La Madre se le acerca, con un gesto con el propósito de tranquilizarla… En otro tono, como arrepentida de su propia alteración).* Penetrada del dolor al ver mi flaqueza vengo a vos para rogaros que me perdonéis esta impaciencia que hace tan irritantes y penosas las contrariedades. *(Ha llegado al perímetro de la cama).* Controla mis deseos. *(Se vuelve).* Dirigid mi ambición…». *(Confundida y desconcertada, le pasa a la Madre el* Devocionario. *Al hacerlo, se da cuenta de la presencia de La Peregrina, que se le acerca. Corren la una hacia la otra).*

LA PEREGRINA. *(Amonestación cariñosa)*. Yo creía que... No íbamos a volver a separarnos...
GERTRUDIS. Nunca nos hemos separado. Somos hermanas siamesas y no podemos vivir la una sin la otra. Precisamente, le estaba hablando a mamá de mi *Devocionario*. *(Volviéndose a la madre, con naturalidad)*. ¿Qué te parecen las oraciones, mamá? ¿Te gustan?
MADRE. *(Poco convencida y poco convincente)*. ¡Preciosas, Tula, preciosas!
GERTRUDIS. No pensaba publicarlo, porque es una comunicación íntima entre mi alma y Dios... Por lo menos por ahora... Pero le mandaré un manuscrito a la reina...¿Te parece bien?
MADRE. Claro, Gertrudis, lo que tú digas. Tú sabes de eso mucho más que yo.
GERTRUDIS. *(Ya en el secreter. Escribe, decidida. Lee)*. «A su Majestad la Reina Madre Doña María Cristina de Borbón. Dígnese Vuestra Majestad recibir benignamente esta piadosa obrita, fruto de las horas de soledad y amargura que me ha enviado la providencia en estos tristes días de mi azarosa vida. La justa desconfianza de mis fuerzas me retrae presentarla al público si no creyese mi deber *(enfática)* el prescindir de toda consideración de amor propio para tributar este humilde homenaje a la religión divina que ha sido consuelo en la desgracia...». *(Se pone de pie)*. La muerte de Sabater ha sido un golpe brutal para mí, pero tengo que recuperarme. Mis enemigos quieren verme muerta y enterrada.*(Pausa breve)*. ¡Haré de tripas corazón, Dios mío, ¿qué remedio me queda?! ¡No es posible que me dé por vencida! ¡Sería darle por la vena del gusto! *(Alterada)*. ¡Estoy viva todavía!
PEREGRINA. Sí, lo comprendo, me doy cuenta. Yo creía que todo había cambiado. Que te ibas a retirar del mundanal ruido. Que en el Monasterio de Loreto habías encontrado la paz espiritual que tanto necesitábamos.
GERTRUDIS. Y la encontré. Le pedí a Dios que me diera la paz que nunca he tenido.
PEREGRINA. ¡Estoy agotada, Gertrudis, no puedo más! ¡Necesito una tregua!
GERTRUDIS. ¿Y qué tú crees que sería lo más cómodo para mí? ¡Qué más quisiera yo! Terminar con esta búsqueda, con este peregrinaje que nos ha llevado de un lugar a otro... Pero Dios no me lo ha concedido...
PEREGRINA. Porque no has tenido fuerza de voluntad...
GERTRUDIS. La fuerza de voluntad es lo que me sobra. Pero tú siempre has sido una atormentada y Tula una apasionada, de una locura a la otra... Yo no he hecho más que escribir.
MADRE. *(Interviniendo, amonestándola)*. Nunca has seguido mis consejos.
GERTRUDIS. Poesía... Novelas... Dramas... ¿Qué más querían?
MADRE. Lo que yo quería para ti era tu felicidad... Aunque nunca lo has reconocido... Que te tranquilizaras... Que te casaras con el pretendiente... Aquel camagüeyano que daba gusto ver... Lo hicimos todo pensando en tu bienestar, con las mejores intenciones...
TULA. *(De paso, entra en escena. En plan de actuación, pero natural)*.
    La de Fronilde consultar debemos,
    pues de su suerte y porvenir se trata.
    Y enlace que repugna al albedrío,
    nunca, mamá, la ventura labra.
GERTRUDIS. Me casé con Sabater, mamá. Que era el más noble de los hombres.
MADRE. Con muy mala salud, desgraciadamente. Yo me lo sospechaba...

GERTRUDIS. Un hombre como no había otro en el mundo... Delicado... Amable... Refinado... Inteligente...
MADRE. Pero con muy mal color... ¿Es que no te diste cuenta?
GERTRUDIS. Nunca me imaginé que estuviera tan grave... No lo amaba con locura y él lo sabía, pero cumplí con mi deber.
MADRE. Como yo hice con tu padre, Gertrudis.
GERTRUDIS. Y como era tan bueno, estoy segura que hubiera podido amarlo.
PEREGRINA. Quizás... lo hiciste por ir a París ¡Estrenar *Saúl*! ¡Por todo lo alto! Con Rachel haciendo de Micol...
GERTRUDIS. ¿Cómo puedes decir cosa semejante? ¡Tú, que estás dentro de mí, y que sabes lo mucho que he luchado y sufrido! ¡Las barreras que he tenido que vencer! ¡Los obstáculos que nos han puesto en el camino!
PEREGRINA. Todo lo conozco al dedillo y eso ha acabado conmigo. ¡Las locuras de Tula! ¡Su frivolidad! ¡Su coquetería! ¡Cepeda! ¡Cartas fogosas! ¡Billetes ardientes! ¡Propuestas amatorias del mayor desparpajo! Y Tassara... Todos los errores de tu vida.
GERTRUDIS. ¿Acaso no somos la misma?
PEREGRINA. No, no lo somos.
GERTRUDIS. Me lo han criticado todo... No me han entendido... Ni yo misma lo sé, llena de contradicciones. Pero, ¿qué podía hacer?
MADRE. Hacer un buen matrimonio y no hacer absolutamente nada, como corresponde a una mujer de tu clase y condición. Oportunidades no te han faltado. *(Natural. Tratando de calmarla).* ¡Razona! ¡Piensa! Soy tu madre y sé lo que te digo...
GERTRUDIS. *(Alteradísima).* Quieren que fracase... Que mis obras no tengan éxito...
MADRE. Siempre has tenido unas amistades estupendas...
GERTRUDIS. Me odian... Quieren ganarme la partida...
MADRE. El éxito te acompaña... Todo el mundo te conoce...
GERTRUDIS. Me calumnian...
MADRE. Te aplauden y te admiran...
GERTRUDIS. Me envidian...
MADRE. Si nos hubiéramos quedado en Puerto Príncipe.
GERTRUDIS. *(Como si fuera a irse, irritada).* Pero no nos quedamos y estamos en Madrid, mamá.
MADRE. Precisamente, eso es lo que quiero decir...
PEREGRINA. ¡No cometas una locura, Tula! ¡Piensa con la cabeza y no con el corazón, que tanto daño hace!
MADRE. Te codeas con lo mejor...

Gertrudis se aleja, agitada. Entra el coro por la rampa. Gertrudis va de un lugar al otro. Movimiento. Acción. Idas y venidas del coro y de Gertrudis.

CORO. Todo lo que viste y calza.
CORO. Del Teatro Principal al Lope de Vega.
CORO. Del Teatro Novedades al Teatro Español.
CORO. Con el Duque de Rivas...
CORO. Hartzenbusch...

CORO. Espronceda...
CORO. Zorrilla...
CORO. Quintana...
CORO. Lista...
CORO. Juan Nicasio Gallego...
CORO. Mesonero Romanos...
CORO. Juan Valera...
CORO. Sin contar la familia real. Vas a todas partes...
CORO. El Rey...
CORO. La Reina...
PEREGRINA. ¿Qué más quieres, Gertrudis, di, qué más quieres?
GERTRUDIS. Todo... Lo quiero TODO.

Gertrudis hace como si fuera a salir de escena, pero no llega a hacerlo. El coro masculino, la Madre y La Peregrina se desplazan de forma irregular. Caos. Luz intermitente, por breves momentos. Apagón rapidísimo y muy breve.

III

LA REAL ACADEMIA

Gertrudis, Coro Masculino

La acción prosigue sin detenerse, como si fuera la continuación de alguna escena interrumpida. Entra Tula seguida del coro, todos con bombín negro.

GERTRUDIS. *(Rápida, furiosa).* Como usted verá tengo mis credenciales y bien que me he ganado el puesto que ha quedado vacante en la Real Academia Española de la Lengua.
CORO. No, no, no deja de ser cierto.
CORO. No obstante ello...
GERTRUDIS. Mucho siento la muerte de don Juan Nicasio Gallego. Mi mentor por más de doce años. Pero esto no quiere decir...
CORO. Es prematuro...
GERTRUDIS. ¿Cómo que es prematuro? He escrito más que muchos de ustedes. Teatro, poesía, novela y unas cuantas cosas más. Reconocidas por la crítica, porque tampoco han sido unas chapucerías infladas por unos cuantos.
CORO. Te conviene esperar para más adelante.
GERTRUDIS. De ninguna manera. Ese sillón es mío y me lo he ganado yo.
CORO. La cosa no es así.
GERTRUDIS. Por méritos propios que nada tienen que ver con mi sexo.
CORO. Sí, sí, cálmate.
CORO. Muchos de nosotros te apoyamos.
CORO. No todos somos machistas y cavernícolas.
CORO. Hartzenbusch votará a tu favor.
CORO. Mesonero Romanos ni se diga.

CORO. Rivas te apoya.
CORO. No obstante ello.
CORO. Quizás lo más indicado…
CORO. Es que retires tu candidatura, querida Tula.
CORO. Que esperes por un momento más propicio…
CORO. Doscientos años, por ejemplo.
CORO. Se recogerán firmas.
CORO. Se reparará cualquier injusticia.
GERTRUDIS. ¡Ni lo sueñen! ¡Esa silla me pertenece! ¡Ahora! Sin contar que soy una mujer, y bien tendrán esos canallas que darme la distinción que me corresponde.
MADRE. *(Alarmadísima)*. Tula, por favor, no te expreses de ese modo.
GERTRUDIS. *(Volviéndose al coro)*. Al compensarme en la medida que yo merezco, la Academia no hará otra cosa que dejar bien sentado que en España ser mujer no es anatema para ser reconocida como se debe y que el sexo no priva del justo galardón al legítimo merecimiento.
CORO. ¡Créete tu eso!
CORO. Pero, ¿qué se cree?
CORO. ¿Adónde piensa llegar?
CORO. ¡Qué afán de protagonismo!
CORO. ¡Tiene un ego más grande que la Catedral de Sevilla!
CORO. ¡Una mujer, coño, una mujer!
CORO. ¿Cómo se atreve?
CORO. ¡De ninguna manera!
CORO. ¡Señores, calma, señores!
CORO. ¡Que se calle! ¡Que no joda más!
CORO. ¡Votemos, coño, votemos!
CORO. *(Todos)*. ¡Seis votos a favor y catorce en contra!
AUTOR. *(Haciendo del Marqués de Palenzuela, muy afectuoso)*. Queridísima Gertrudis. No sabes cuánto lamento ser el portavoz de tan mala noticia. El señor Duque de Rivas, Pacheco, Apecechea y yo, hicimos lo que pudimos. Nos derribó la mayoría. En mi juicio, casi todos valemos menos que usted; pero, sin embargo, por la cuestión del sexo (y el talento no debe tenerlo), los partidarios de usted sufrimos todos la pena de no contarla, por ahora, entre nuestros académicos…
GERTRUDIS. *(Furiosa)*. ¡Allá ustedes! ¡Los muy canallas! ¡Quedarán como unos puercos, y yo como la primera mujer a la que le usurparon el derecho de ocupar un sillón en la Academia! *(Sale echando chispas)*.

IV

ENTRE UNA CAMA Y LA OTRA

Gertrudis, Tula, Carrel, Madre, Autor

Gertrudis sale violenta en dirección a la rampa. Está a punto de tropezar con Armando Carrel, que después la saluda con una inclinación. Ella sigue de largo y sube por la rampa. Él se queda mirándola. Carrel, impecable, viste de blanco con un chaleco rojo.

CARREL. ¡Coño! ¡Esa mujer está buenísima! ¡Tendré que escribirle una cartica!
AUTOR. *(Presentando a Armando Carrel)*. Antonio Romero Ortiz. Ocho años más joven que Tula. Periodista, revolucionario y descarado. Interesante y atrevido. Vida agitada y tumultuosa. Escribe con el seudónimo de Armando Carrel, que suena mucho mejor. Mujeriego. ¡El diablo en persona! ¡Un verdadero hijo de puta!

Carrel saca un papel del bolsillo, un lápiz o una pluma, y apoyándose en una muro, en una pared, en cualquier cosa, escribe una cartica. Pasa La Madre y se la da.

CARREL. Una carta para Tula. *(Baja la cabeza, para que no lo vea bien. Sale rápido).*

La escena que sigue está concebida con un sentido paródico, entre la autenticidad de los sentimientos de Gertrudis, la exuberancia romántica, el melodrama, y el tono cínico, paródico y bizarro de las salidas de Carrel. El tono descaracterizador es intencional y rompe con el carácter de otras escenas.

MADRE. *(Pasándole la carta a Gertrudis)*. Te dejaron esta carta.
GERTRUDIS. *(Toma la carta. Mira el sobre)*. ¿Quién la trajo, mamá?
MADRE. No sé, hija mía. Un hombre vestido de blanco. No lo vi bien, porque como sabes no veo bien y me estoy quedando ciega. *(Sale).*
GERTRUDIS. *(Mirando la carta, sin abrirla)*. ¡¿Quién podrá ser, Dios mío!? ¿Cepeda que al fin se decide? ¿Una notica de Tassara? ¡¿Una carta de la Real Academia de la Lengua Española pidiéndome disculpas por la metedura de pata que han cometido!? *(Rompe el sobre, ansiosa. Lee un poquito)*. ¡Una carta de amor! ¿Cómo es posible? Y a estas alturas, ¡cuando estaba a punto de meterme en un convento! ¡Firmada con un seudónimo! ¡Armando Carrel! ¡Un hombre que no existe! ¡Qué romántico! ¡Como si estuviera dentro de una novela epistolar! ¿Un ente de ficción que se materializa? ¡Un hombre inventado como Dulcinea del Toboso! ¿Un milagro? *(Lee otro poquito)*. ¡Ingenioso, además, con elegancia y sentido del humor! Con el incentivo de un antifaz, porque ¿quién se oculta detrás de este nombre tan lindo, tan novelero? *(Va al secreter. Escribe. Cierra el sobre. Se lo da una mujer del coro, que entra haciendo de sirvienta. Se pone de pie. Camina de un lado para otro. Entra también el coro masculino, que se pasea por el escenario. Gertrudis se tropieza con algunos y le pregunta: «¿Armando Carrel?»., «¿Es usted Armando Carrel»?).* Pero, ¿dónde nos hemos visto? ¿En el paseo de la Montaña del Príncipe Pío? ¿En el Prado? ¿En el Teatro del Príncipe? ¿En el del Circo? ¿En el de Variedades? ¿En la tertulia de Eloísa, ese muchacho tan guapo, que no me quitaba los ojos de encima y que me desnudaba de arriba a abajo? Creo, creo que estoy perdiendo el juicio. Tendré que escribirle nuevamente. *(Vuelve al secreter. Escribe. Lee en voz alta).* «Comienzo a comprender que hice mal en contestar a la primera carta. En una novela, lo que está pasando entre nosotros no tiene sentido, con una protagonista inverosímilmente loca. Así y todo, lo hecho hecho está y no quiero ni arrepentirme…».

A partir de este momento la acción se desarrollará en una especie de vértigo. En líneas generales, Carrel persigue a Gertrudis, para ver si la lleva a la cama. Por consiguiente, algunos momentos se desarrollarán en torno a esta, con Carrel cayéndole atrás a Gertrudis. Ella coqueteará con él, en el acostumbrado estira y encoge, y unas veces se mostrará respetable al referirse a las relaciones con Sabater; otras romántica, apasionada, auténtica o exagerada. Todo al mismo tiempo. A veces se leerán las cartas, que aparecen entre comillas; otras, no; todo entre realista, paródico, melodramático y romántico. En ocasiones, Tula escribirá en el secreter, pero no necesariamente, aunque el texto aparezca entre comillas. En general es opcional a los efectos del montaje. Unas veces Gertrudis lo llamará Antonio y otras Carrel.

GERTRUDIS. «Mi posición, Carrel, es indudablemente la más libre y desembarazada que puede tener una mujer hoy en día».

CARREL. ¡Estupendo! ¡Esa es una gran noticia!

GERTRUDIS. «Viuda, poeta, independiente, siendo como soy, sin necesidad de nadie, ni nadie de mí, y con edad bastante, porque ya sé que no soy una niña, para que no pueda pensar el mundo que me hacen falta tutores, es evidente que estoy en la posición más propia para hacer lo que me dé la gana, sin más responsabilidad que la de dar cuentas a Dios y mi conciencia».

CARREL. ¡Magnífico! *(Cínico, burlón, ordinario)*. ¡Coño, Tula! ¡Eres una mujer moderna que se adelanta a su tiempo! ¡Del siglo veintiuno cuando menos! ¡Las feministas te van poner por las nubes! Y los hombres se irán con el rabo entre las piernas.

GERTRUDIS. «Tengo una madre a cuyo lado vivo, a la que he hecho sufrir mucho con mis excentricidades, y a la que ahora, en su vejez, procuro complacer tanto como antes la he contrariado. Teme que me baje con meterme en un convento...».

CARREL. ¡Pero eso es una locura! ¿Te imaginas lo que se perdería el mundo? ¿Monja? Y los hombres en particular. ¡Sin contar tú! ¡Imagínate! ¡Ayuno y abstinencia! ¡Un suicidio! ¡No, no, en eso no le falta razón a tu madre! Además, y como si fuera poco, lo que perdería la literatura.

GERTRUDIS. «O que pensase que a pesar de mi aburrimiento podría tener un amante».

CARREL. Eso lo comprendo, pero no tiene que enterarse, porque si el amante fuera yo ese asunto quedaría entre nosotros.

GERTRUDIS. «¡Es tan feliz cuando ve que solo dejo la pluma para rezar con ella el rosario!».

CARREL. Por mí, puedes rezar todo lo que te dé la gana.

GERTRUDIS. No te imagines que soy una tonta, Antonio. Sé Carrel quién eres tú y por dónde vienes, y no te lo critico. Después de todo, eres un hombre como cualquier otro por muchas palabras lindas que me digas. O precisamente por ello.

CARREL. ¡Desde que te vi leyendo aquellos versos sobre una mariposa o unos pajaritos, me tienes como un animal en celo!

GERTRUDIS. *(Riéndose; amonestándolo)*. ¡No sigas, Antonio, que estoy hablando en serio!

CARREL. ¡Y yo también!

GERTRUDIS. ¡Basta! ¡Escucha! *(Tomando el texto muy en serio)*. «Hay una razón más poderosa para que no me acueste contigo. He tenido, tengo y tendré, grandísimo respeto al nombre que llevo, el de ser viuda de Sabater, que confió en mí su apellido y me lo dio todo... La calumnia no me hiere, estoy avezada a despreciarla, pero me lastimaría el confesarme motivos verdaderos a que se me impute una falta por no respetar el nombre de aquel que tanto estimé. El depósito de aquel honor me es más sagrado que mi propia reputación. Cuando era soltera, jugaba sin escrúpulos con esto último, por ostentación de libertad. Ahora viuda, no me creo autorizada a hacerlo».

CARREL. *(Aparte, retrocediendo)*. ¡Coño! ¡Esto pinta mal!

GERTRUDIS. *(Apasionada, verdaderamente intensa y hasta atormentada).* «Solamente una vez amé de verdad, y quiero que lo sepas, para que no te hagas ilusiones. Estaba alucinada. No concebía que pudiese un hombre comprenderlo todo y no sentir nada. Le conté todo lo que tenía en mi corazón, sin ocultarle nada. Me entregué, de palabra, naturalmente. No podía entender la amalgama de un pobre corazón en una cabeza que consideraba tan rica, tan brillante. Pero mi amor murió porque pude exclamar como Santa Teresa al hablar del Diablo: 'Compadezco a aquel infortunado que no puede amar'».

CARREL. ¡No, no, Tula! ¡Te aseguro que este no es mi caso! Porque amar, lo que se llama amar, yo amo todos los días y en particular por la noche.

GERTRUDIS. *(Muy en serio).* Tres meses después me casé. Esto explica por qué no me inspiró amor mi marido. Hallaba en él todo lo que había buscado en el otro, pero había perdido la fe.

CARREL. Pero Tula, piensa, razona por un momento. Si tu marido está muerto, no tiene por qué enterarse. ¿Quién le va a ir con el chisme? *(La fuerza a caer en el lecho).* ¡Vamos, no seas exagerada, no te alarmes por tan poca cosa! ¡No es para tanto!

GERTRUDIS. *(Dramática de verdad, ofreciendo resistencia).* ¡Déjame! ¡Suéltame! ¡No sigas! *(De pie, absolutamente en serio).* Me había maleado en la lucha que había sostenido. Mi corazón no estaba muerto, pero sí ulcerado. Pero cuando empezaba a curarse, en los pocos meses de alguna felicidad auténtica, pero pasajera, que he tenido en mi vida, aquel médico que curaba mi alma me fue arrebatado. Empezaba a conocerle, pero solo pude apreciarlo después de haberlo perdido.

CARREL. ¡Qué exageración! ¿De dónde has sacado todo eso? Una cosa *o* la otra.

GERTRUDIS. No, Antonio, una cosa *y* la otra.

CARREL. Pero... ¿lo tomas o lo dejas? ¿Me quieres o no me quieres?

GERTRUDIS. Soy sincera. No estoy mintiendo. Te he abierto mi corazón. Ahora tú eres, no yo, el que debe juzgarme. ¿Debo amar todavía? ¿Merezco ser amada?

CARREL. Claro, naturalmente. ¿No es eso lo que te venía diciendo?

GERTRUDIS. *(Desconcertada, sigue en su propio discurso).* Solo añadiré otra cosa, aunque no quisiera tocar más ese punto. No soy un ángel.

CARREL. De eso no me cabe la menor duda.

GERTRUDIS. *(Apasionada, caminando hacia Carrel, agresiva).* «Soy mujer de tal temple de alma que acaso sería capaz de amar a un pirata, a un bandido, a un fraile, si se me presentara con la cara descubierta; un corazón varonil capaz de amar como yo concibo el amor, pero sin falsedad, sin egoísmos y artificios mezquinos».

CARREL. Soy tuyo, Tula, tu pirata, tu bandido, y tu fraile capuchino, todo al mismo tiempo.

GERTRUDIS. *(Con autenticidad).* Ninguna mujer te diría lo que yo voy a decirte, pero yo sí. Escucha, creo, siento que más tarde o más temprano llegará un momento en que toda la pureza de mi amor no sea bastante hasta el punto de hacer insensible mi cuerpo...

CARREL. ¡Menos mal!

GERTRUDIS. *(Creyendo lo que dice):* «Es cosa horrible que el alma esté asociada a este cuerpo miserable, que para expresar las más altas aspiraciones de aquellas, tenemos que valernos del lenguaje de los hombres más comunes».

CARREL. ¡Qué remedio!

GERTRUDIS. Me escribes, cosas que no me atrevo a repetir...

CARREL. *(Aparte, preguntándose a sí mismo).* ¿Qué puedo hacer cuando veo el abismo insinuante de tus pechos? Bueno, no lo dije así, pero se sobrentiende.

GERTRUDIS. «Esto se me ocurre a propósito de ciertas líneas de tu carta, en las que me dices cosas muy bellas y ardientes, pero que revelan y excitan sensaciones corporales y vulgares, contra cuyo poder ofrezco resistencia...».

CARREL. ¡Ni que estuviera muerto!

GERTRUDIS. *(Acercándosele)*. «¡Hazte un ángel, hazte un ángel, aún cuando me quieras menos! Ten un idealismo superior a mi propio idealismo, porque, de otro modo, ¿adónde iremos a parar».

CARREL. *(En un aparte)*. «¡A la cama, coño, a la cama!».

GERTRUDIS. *(Se aleja. Con convicción)*. «Dejaría de verte si creyese que después de todo lo que me has hecho soñar no eres más que un hombre. No lo seas, no por tu vida; no lo seas nunca».

CARREL. ¿Un maricón? ¿Un gilipollas?

GERTRUDIS. *(Se acerca. Con cierta desesperación)*. «No me arrebates mis últimas posibilidades de dicha, buscando su realización en lo que la desnaturaliza».

CARREL. ¿Desnaturalizado yo?

GERTRUDIS. *(Irritada)*. «Dices que quieres verme a solas, y me hablas de que hay *casas* donde puedes llevarme. En mi opinión, creo que has perdido completamente el juicio. ¿Me supones mujer que se deje conducir ni por ti ni por nadie a *casas* que no conoce?».

CARREL. No, no, no lo tomes a mal. No lo hice por ofenderte.

GERTRUDIS. ¿De veras? No, no, quizás no me explico bien. *(Gertrudis se le acerca en firme, pero hay en sus palabras una convicción que va en serio, que no corresponde estrictamente a las intenciones de Carrell, y él rehúye el afán posesivo de Gertrudis, a pesar del erotismo que hay en lo que dice)*. «La felicidad que durante dos horas he gozado cerca de ti, me ha hecho mucho daño, tanto que si quieres conservar a tu amiga por algún tiempo en la tierra, es necesario que le economices; de que te acuerdes que está físicamente enfermo su pobre corazón, y, como todo enfermo, apetece, comúnmente, lo que le hace más daño. Estoy segura que más tarde o más temprano llegará un momento en que toda la pureza de mi amor no sea bastante para hacer insensible mi cuerpo. Que habrá un momento en que no sepa ni quiera negar nada a mi corazón ni al tuyo: un momento fatal en que solo quiera unirme a ti de todos modos, sin pensar en más».

Él da un paso atrás. Ella se le viene encima. Él se acobarda, da marcha atrás, se apendeja.

GERTRUDIS. *(Decididamente sin leer o escribir. Muy en serio)*. «Ahora bien, de ti dependerá todo. Tu puedes ser mi ángel, el esposo de mi alma; o puedes ser mi amante, el esposo de mi cuerpo. Tú escogerás y yo te anuncio desde hoy el resultado final. Tu completo triunfo sería la ruina de tu dominación en la región elevada de mi ser.»

Carrel trata de salir con la mayor dignidad posible. Se atilda y arregla debidamente camisa y pantalones. Gertrudis se dirige al centro del salón, donde la espera su madre con los brazos abiertos, como si estuviera viendo una obra de teatro.

GERTRUDIS. «Tu renuncia de ciertos derechos te asegurará la soberanía sobre mi alma; pero si ganas esa soberanía, tienes que hacerlo de veras, de forma invariable y completa, sin medias tintas. Con eso te lo tengo dicho todo».

Carrel trata de salir de escena con la mayor dignidad posible. Erguida, Gertrudis se dirige al centro del salón, donde la espera su madre con los brazos abiertos, como si estuviera viendo una obra de teatro.

MADRE. ¡Hija mía! ¡Me tenías el alma en un vilo! ¡Creí que te perdía para siempre! ¡En qué peligro has estado! ¡Estaba temblando de pies a cabeza! ¡Qué escena, Dios mío! ¡Qué susto me has dado! *(Pausa breve. Gertrudis se dirige al secreter).* Por aquí pasó Verdugo, todo uniformado, que vino a pedir tu mano.

GERTRUDIS. *(Se vuelve, algo calculadora).* ¿Verdugo?

MADRE. ¡Me recordó tanto aquel pretendiente que te habíamos buscado en Puerto Príncipe! Y me dejó sus credenciales, que me parecen excelentes. *(Lee de una tarjetica).* «Don Domingo Nicolás Verdugo y Massieu. Caballero de las Órdenes de Carlos III y de Isabel la Católica, Coronel graduado de Caballería, teniente coronel electivo de dicha arma y segundo comandante de artillería». ¿Qué te parece? Me insinuó, discretamente, que si te casabas con él su Majestad el Rey y su Majestad la Reina serían padrinos de la boda. Figúrate, tú que querías ser azafata de la reina. Yo le dije que sí, que encantada y que le daba tu mano, y espero que tú lo aceptes.

GERTRUDIS. ¡Claro, mamá! ¡Qué remedio me queda? Pero mientras tanto, voy a escribir una escena de *La aventurera*, que era lo que tenía en la cabeza y no quiero que se me olvide.

Gertrudis escribe. Un foco de luz sobre Tula, que aparece en lo alto de la rampa, interpretando a Natalia en un momento de La aventurera.

> Si él necesita del vino,
> para ser, don Juan, sincero,
> a mi franco corazón
> para arrojar la ficción
> le basta ser altanero.
> Yo en ese mundo orgulloso
> que me rechaza inclemente,
> no entro cubriendo mi frente
> con un disfraz engañoso.
> La máscara ante su puerta
> con noble audacia depongo
> porque probar me propongo
> que puedo entrar descubierta.

Oscuro total.

VI

El juicio de Tula

Gertrudis, Tula, La Peregrina, Autor, Tassara, Marquina, Valera, Betancourt, Fornaris, Martí, Piñera, Portuondo, Vitier, José Ramón Betancourt, Munio Alfonso, El Príncipe de Viana, Recaredo, Saúl, Baltasar, Catilina, Bada, Elda

Se descorre el telón, físicamente hablando. Escenario vacío. Como en el primer acto, en lo alto de la rampa, aparece un féretro, cargado por varios actores vestidos de negro, que lo van bajando. Por el proscenio entra el Autor, con paraguas. En esta escena participará toda la compañía alternativamente, de acuerdo con las necesidades, como si fuera el coro, cambiándose detalles de maquillaje y de vestuario.

AUTOR. *(Bajando detrás del féretro)*. Aquel final fue un verdadero desastre. Llovía a cántaros. No había público, ni en la platea y apenas en el escenario. Una escenografía minimalista, para ahorrar. Un montaje de bajo costo, con poca acción y muchas palabras. ¿A quién se le ocurre? Sí, sí, pasaron las invitaciones, porque el espectáculo era gratis. Si no lo hacíamos así, ¿quién iba a venir? *(Lee)*. «La señora doña Gertrudis Gómez de Avellaneda y Arteaga, viuda de Verdugo. Ha fallecido el día 1ro. de febrero de 1873, a las tres de la mañana, R.I.P. Sus hermanos, hermanas políticas, sobrinos y demás parientes y testamentarios suplican a los amigos que por olvido no hayan recibido esquela de invitación, se sirvan encomendarla a Dios, y asistir a la conducción del cadáver, que tendrá lugar el día dos, a las once de la mañana, desde la casa mortuoria, Ferraz Nro. 2, al cementerio de la Sacramental de San Martín. El duelo se despide en el Cementerio de San Martín». Entrada gratis.

Mientras tanto, el coro ha colocado el féretro en medio del escenario. Después de colocar el féretro en el lugar indicado, participa en la acción.

CORO. *(Al Autor)*. ¿Es usted el que despide el duelo?
AUTOR. ¡No, no, yo soy el Autor!
CORO. Pues si usted es el Autor sabrá quién lo despide.
AUTOR. El duelo no lo despide nadie. Está lloviendo a cántaros y habrá que enterrarla lo más pronto posible, para que nadie coja un resfriado.
CORO. ¡No somos nada!
CORO. ¡Figúrese usted! ¡Pensaba que aquí estarían todos los escritores de Madrid!
CORO. ¡Dramaturgos, poetas, novelistas! ¡Los artistas que interpretaron sus personajes!
CORO. ¡Habrán ido a olerle el trasero a alguien que esté vivito y coleando!
VALERA. *(Extendiéndole la mano a los otros que están allí)*. Juan Varela, para servirle a usted.
BETANCOURT. *(Acercándosele, extendiéndole la mano, con una corona de laurel en la otra)*. ¡Juan Valera, qué gusto conocerlo! *(Presentándose)*. José Ramón Betancourt, director del Liceo de La Habana.
CORO. ¡Un cubanito!
BETANCOURT. *(Al público)*. El que estuvo al frente de aquel acto en el Teatro Tacón, por si no lo saben.
CORO. Menos mal…
VARELA. *(En un aparte)*. Fue verdaderamente vergonzoso. Yo cumplí, como casi siempre hacía. Aquella que había levantado en su vida un estrépito resonante, se iba en silencio. Como diría Marquina:
MARQUINA. «A la que habían arrastrado en pos de su garbo y de su genio, de su gallardía y de su fama, admiraciones numerosas, se iba sola hacia la eternidad de los gusanos…».

Entra Gertrudis, también con paraguas, furiosa y dinámica como siempre, vestida para la escena de la coronación.

GERTRUDIS. ¡Estoy empapada! ¡Qué manera de llover! ¡Dios mío, Dios mío, a quién se le ocurre! ¿Cómo es posible que me hayan hecho esto? ¡Empezar una obra con un funeral y terminar con lo mismo! ¿Quién va a venir a verla, particularmente, hoy en día que todo el mundo, del género que sea, sale encuero en escena?

Entra Tula, vestida con su bata, ligera de ropa. Sin paraguas. Corren y se abrazan.

TULA. ¡Gertrudis!
GERTRUDIS. ¡Tula!
TULA. ¡Las igualitas!
GERTRUDIS. ¡Menos mal que a ti te han sacado ligera de ropa! ¡Pero vas a coger una neumonía!
TULA. ¿Te sientes bien?
GERTRUDIS. ¡Sí, claro! ¿Quién no se puede sentir bien descansando en paz?
TULA. Pero, ¿cómo fue posible?
GERTRUDIS. Nada. Eran las tres de la mañana y no me podía dormir... La obra... Esos disparates del autor... Tenía una jaqueca y me tiré un rato en la cama... Y ya ves donde vine a parar... Una puñalada trapera, como de costumbre...
TULA. ¡Doscientos años después! Por lo menos quiere decir que no te han olvidado.
GERTRUDIS. ¡Vaya modo de recordarme! Yo que siempre temí que me enterraran viva.
AUTOR. Lo cual quiere decir que no te has muerto todavía.
TULA. Se habla mucho de ti y hasta se están recogiendo firmas para que la Academia enmiende la plana.
GERTRUDIS. ¡A buena hora casquitos de guayaba, como decían en Cuba!
TULA. ¿Decían eso?
GERTRUDIS. ¿Y la Peregrina?
TULA. Hecha un mar de lágrimas. Tu muerte le ha dado por la vena del gusto.

La Peregrina aparece en lo alto de la rampa, envuelta en el manto negro. Baja. Doblar de campanas.

PEREGRINA. «Abrumada por el peso de una vida tan llena de todo,
    excepto de felicidad;
    resistiendo con trabajo la necesidad de dejarla;
    buscando lo que desprecio, sin esperanzas de hallar lo que ansío;
    adulada por un lado,
    destrozada por el otro;
    lastimada de continuo por esas punzadas de alfiler
    con que se venga la envidiosa turba de mujeres envilecidas,
    tropezando sin cesar en mi camino
    con las con las bajezas
    de las miserias humanas;
    incensada y mordida sin cesar...».

Al llegar al pie de la rampa, La Peregrina, Tula y Gertrudis, se abrazan y se miran.
GERTRUDIS. ¡No hemos cambiado nada!
TULA. ¡Somos las mismas!
PEREGRINA. Será el Infierno.
TULA. Será la paz de los sepulcros.

PEREGRINA. ¿Y el juicio?
TULA. ¿Pero habrá juicio?
PEREGRINA. Por supuesto.
TULA. ¿El juicio de quién?
PEREGRINA. De nosotras. De Gertrudis Gómez de Avellaneda.
GERTRUDIS. Pero, ¿quién planea tal cosa?
TULA. El Autor, posiblemente.
AUTOR. La posteridad.
GERTRUDIS. ¿Quién se atreve a juzgarme? ¿Quién puede hacer de juez? ¿Quién será el fiscal? ¿Quién se encargará de la defensa?
TULA. Será un juicio sumario, como esos que hacen en Cuba.
PEREGRINA. O en el exilio.
TULA. ¿Pero en el exilio se hacen juicios sumarios?
GERTRUDIS. Naturalmente. A su modo y manera, que cada lugar usa sus propias estrategias.
AUTOR. Es inevitable, Gertrudis. ¿O es que tú crees que en el reino de los Cielos se entra así como así?
TULA. Habrá que esperar por San Pedro.
GERTRUDIS. Arregladas estamos, ¡porque si es el actor que venía a despedir el duelo!
TULA. El Autor nos ha metido en un callejón sin salida.
PEREGRINA. La muerte es un callejón sin salida.
GERTRUDIS. ¡La vida es un callejón sin salida! Pero estoy bien entrenada, y de esto me encargo yo. *(Al Autor)*. Me vestí para la escena de la coronación, como en mis mejores tiempos, con todos los perifollos, y te bajaste con la escena del cementerio, para que ni asomara la cabeza. Y ahora planeas la del juicio. Como bien sabes yo estoy lista para lo que sea. Haz lo que quieras, porque estoy preparada para todo y mi papel me lo sé al dedillo. Pero la escena de la coronación va, aunque tengan que pasar por encima de mi cadáver.
AUTOR. Pensé eliminarla, porque era un poco rígida y tendría, además, que buscar un centenar de actores y, lo que es peor, llenar el teatro.
TULA. Aquello fue un éxito rotundo.
PEREGRINA. Tan apoteósico que me sentí deprimida.
GERTRUDIS. *(Al Autor)*. ¿Y mi matrimonio con Verdugo? ¿Lo eliminaste porque era un militar español? Quiero advertirte que con él pasé los años más tranquilos de mi vida, y que en todo momento se portó como un caballero. ¡Ni un sí ni un no!
TULA. Sin la tentación de cometer alguna locura y sin la pejiguera de Cepeda, que finalmente se casó y nos lo quitamos del camino.
PEREGRINA. *(A Gertrudis)*. No tuviste un minuto de descanso. Claro, escribías siempre, aunque fuera una fuente de dolor.
TULA. ¡Un concierto para sordos!
PEREGRINA. Una y otra vez…
GERTRUDIS. Porque no conforme con lo que me hacían a mí, tiraron un gato en escena cuando se estrenó *Tres amores*…
TULA. ¡Qué gentuza!
GERTRUDIS. Hasta Verdugo fue objeto de un atentado en la acera izquierda entrando por la Puerta del Sol, entre las calles del Candil y de Rompeplazas.
PEREGRINA. Estuvo en peligro de muerte. Creía que el episodio de Sabater se repetía y que Verdugo se moría de un momento a otro, pero Dios oyó mis oraciones.

TULA. A su modo y manera, porque nunca se recuperó del todo.
PEREGRINA. Dios aprieta pero no ahoga.
GERTRUDIS. *(Al Autor).* Claro, todo eso lo has querido omitir...
AUTOR. Porque alarga la obra y no es posible meterlo todo.
GERTRUDIS. ¿Y por qué no? Mi vida fue así.
AUTOR. Eras responsable de tus actos.
GERTRUDIS. Pero no de la historia. ¿Qué culpa tenía yo de ella? Escribía. Eso era lo que sabía hacer y no iban a detenerme mis enemigos.
AUTOR. Todos los géneros literarios te eran válidos: novela, poesía, teatro...
GERTRUDIS. ¡Teatro! ¡Sobre todo, el teatro!
TASSARA. *(De paso. Rápido. Cruza, entra y sale. Aparición inesperada. Muy pegado a ella).* Tenías tiempo para todo.
TULA. Se sacarán a relucir los trapos sucios.
GERTRUDIS. Porque si me acusa, es esencial que mis personajes tomen la palabra, para que ellos mismo me defiendan... Teatro dentro del teatro...
AUTOR. Tú nunca hiciste teatro dentro del teatro.
TASSARA. ¡Quién sabe!
GERTRUDIS. *(Al Autor).* Pero tú sí... De hecho, que se representen todas mis obras... y que la Real Academia de la Lengua Española me dé el lugar que me ha escatimado.
AUTOR. No te preocupes. Se están recogiendo firmas.
GERTRUDIS. En contra de la voluntad de algunos, supongo: Vitier, Portuondo, Piñera, hasta Chacón y Calvo.
AUTOR. No te preocupes, porque todos están muertos.
GERTRUDIS. Hasta tú, posiblemente.
AUTOR. *(Sorprendido).* ¿Yo? ¿Que te rindo homenaje?
GERTRUDIS. No faltan insinuaciones, invenciones, reticencias...

Torbellino. Entre el coro, con los académicos, con toga y con bombín, que también harán de José Antonio Portuondo, Cintio Vitier, Virgilio Piñera y Chacón y Calvo. Otros personajes pueden participar en la secuencia. En algunos momentos, Gertrudis aparece acorralada, rodeada de sus «jueces». Todo el reparto que entra y sale de escena funciona como «tribunal». El féretro puede ser utilizado como banquillo de los acusados, donde se sentará Gertrudis con alguna frecuencia.

CORO. Pero, ¿qué se cree?
CORO. ¿Adónde piensa llegar?
CORO. ¡Qué afán de protagonismo!
CORO. *(Todos).* ¡Qué, ego, Dios mío, qué ego!
TULA. Hice todo lo que estaba de mi parte.
TASSARA. *(Besando a Tula, en una de sus apariciones inesperadas).* La que más yo quería.
AUTOR. Las feministas te apoyan y Martí, entre ellas, está muy desacreditado.
GERTRUDIS. *(Al Autor).* ¿De veras?
AUTOR. Lo que tu oyes... Que te adelantaste a tu tiempo... Que te rebelaste contra todos esos machistas... Contra el discurso masculino y patriarcal... Contra el concepto de nación... ¡No, no, no te puedes imaginar!

TULA. Quizás me quedé corta. Hubiera podido hacer mucho más.

TASSARA. *(A Tula).* Porque ganas no te faltaban.

PEREGRINA. *(A Tula).* Yo creo que hiciste lo suficiente, Tula.

GERTRUDIS. *(Se sienta sobre el sarcófago. El coro se mueve en torno de ella).* Se peleaban unos a otros, pero llegado el momento, se ponían de acuerdo para ver si podían acabar conmigo.

TULA. Sin contar Cintio Vitier, un curita a la puerta de una iglesia. Un pedante.

VITIER. «Desde el punto de vista en que estamos situados, persiguiendo la iluminación progresiva de lo cubano en nuestra lírica, decrece notablemente su interés e importancia porque no hay en ella una luz específicamente cubana».

GERTRUDIS. Y Portuondo, que pretendía que me hiciera marxista-leninista, afirmando que tenía una «dramática neutralidad», que no era una escritora comprometida.

PORTUONDO. «Su vida es una lección para nosotros, en el sentido de que esto es lo que le ocurre a un escritor, por grande que sea, cuando no se compromete, cuando se mantiene en un limbo sin ecos».

TULA. No le hagas caso, porque las feminista nos respaldan.

GERTRUDIS. La lista sería larga y tendida, porque hasta Piñera, a quien trataron a la patada y que era buen pájaro pinto, se puso a decir «que naufragaba en aguas de sospechosas imitaciones, una versificadora que pecaba por exceso». Todo para llamar la atención.

PIÑERA. «He aquí el secreto de la Avellaneda: adornarlo todo con las galas orientales de las palabras y frases más escogidas, hablar mucho sin decir nada…».

GERTRUDIS. Incluyendo a Chacón y Calvo, que era lo menos que me podía imaginar, que me tenía hasta en las cien mejores poesías. Cuando lo leí, me quedé perpleja.

CHACÓN Y CALVO. «Es menester que se diga de una vez y con voz alta: la verdadera Avellaneda, la de la posteridad, está reducida a una corta serie de composiciones…».

GERTRUDIS. Se han ensañado conmigo.

Aparece Fornaris en lo alto de la rampa. Baja recitando.

FORNARIS. *(Interpretado por un actor del coro).*

> Esa torcaz paloma dejó el nido
> cuando apenas sus alas se entreabrieron
> entre las plantas que nacer la vieron
> bajo la luz del trópico encendido.
>
> Los campos exhalaron un gemido,
> los bosques a la par se estremecieron,
> y las índicas palmas repitieron:
> —¿A do se va volando? ¿Do se ha ido?
>
> —A España —dijo en su partida, ufana,
> rompiendo el lazo del paterno yugo,
> que la ligara a la región indiana.

>   Hoy vuelve a Cuba, pero a Dios le plugo
>   que la ingrata torcaz camagüeyana
>   tornara esclava, en brazos de un verdugo.

GERTRUDIS. *(Al público).* ¿Fornaris? Un redomado hipócrita que ocupó el cargo oficial de Regidor de la Audiencia de Bayamo, que por haber sido encarcelado en Palma Soriano durante cinco meses con Carlos Manuel de Céspedes y Lucas del Castillo, quería eliminarme de las letras cubanas, como si fuera un agente de seguridad del estado. Luchaba por la libertad dándole a la sin hueso. Un atrevido que no se llegaba a la chancleta de mi marido con cuyo apellido quería insultarme. Un siboneísta dulzón y acaramelado, que cuando Céspedes inició la Guerra de los Diez Años no quiso comprometerse y se fue para La Habana, y en 1870 se fue a dar viajecitos por España, Francia e Italia, mientras en Cuba muchas vidas se perdían.

AUTOR. Tu marido era un militar y un funcionario español. Tu posición tenía que crear recelos y críticas.

GERTRUDIS. Nunca negué que fuera cubana. Con mi sola presencia y mi carácter no hacía otra cosa que reafirmarlo. Era una mujer, y ya eso era batalla suficiente. Tenía que enfrentarme a un mundo de hombres y usar todas las estrategias posibles para ganar la batalla. Les costaba trabajo encontrarse con una mujer que no se creía inferior a ellos.

AUTOR. Te codeabas con la familia real y la nobleza española, que eran los que mantenían a Cuba bajo el poder colonial. Hasta quisiste ser azafata de la reina. En 1843 asististe a la jura de Isabel II como reina de España. Es Cuba la tiranía estaba en su apogeo y al año siguiente fusilaron a Plácido.

GERTRUDIS. Pero en una suntuosa fiesta que se celebró en el Liceo Artístico y Literario de Madrid, a la cual asistió la reina, me salí del protocolo, y levantando la voz, reclamé los derechos que mis paisanos pedían para Cuba. Le recordé a la reina que
    «en los mares de Occidente»,
    «tienes de tu corona
    la perla más valiosa y peregrina,
    que allá, olvidada en su distante zona,
    con ansia aguarda que le lleve el viento
    la que hoy nos luce espléndida esperanza».

TULA. Los aplausos fueron atronadores, la oda se publicó en casi todos los periódicos de la corte y se recitaba por todas partes.

GERTRUDIS. Cualquier excusa era buena para excluirme de las antologías. Cuando preparaba su edición de *La lírica cubana* escribió un artículo que se llamó «Una vez por todas», para justificar la exclusión.

FORNARIS. «La idea de editar *La lírica cubana* fue la siguiente: Publicar un libro en el que solamente parecieran composiciones de poetas cuyo genio haya producido sus mejores frutos bajo todas las influencias que nos rodean».

GERTRUDIS. ¡Pero no me puso un tapón en la boca, porque protesté por la injusticia que se cometía! Una excusa, para excluir a su antojo a quien le diera la gana y le hiciera la competencia. Y este recurso se aplica todavía. Una excusa política de los envidiosos y los mediocres, que cuando no tienen otra cosa que hacer o decir, usan bajezas semejantes. Falso patriotismo y pura demagogia. Tenía que caminar con pie de plomo en un territorio que estaba dinamitado. Una treta para quitar y poner.

AUTOR. Le dedicaste tus obras completas a la Madre Patria.

GERTRUDIS. Después de mi viaje a Cuba, tuve mis grandes dudas.

AUTOR. Muchos te aplaudieron.

GERTRUDIS. Pero otros no. Aquellos escritores que tenían la sartén por el mango no eran de confiar. Le ponían la zancadilla a cualquiera. Esos textos eran mi vida y no podía asumir riesgo semejante.

AUTOR. Exageras. Todo eso te perjudica. No debes expresarte de esta manera.

GERTRUDIS. *(De pie, se mueve por el escenario. Esta arenga de la Avellaneda en la cual se defiende como gato boca arriba, puede acortarse, naturalmente, cosa que dejo a juicio del director, en la quimérica asunción de que se lleve a escena algún día).* Me han envidiado siempre, inclusive después de muerta. No solo en España, donde me persiguió la calumnia una y otra vez. Había trabajado mucho y los cubanos, no me lo irás a negar, son capaces de cualquier cosa para quitarse un estorbo del camino. Llegué a donde ellos no pudieron llegar. Luché contra viento y marea, como solo una cubana hubiera podido hacerlo. En territorio enemigo, si quieren llamarlo así. Les hice la competencia, cara a cara, faldas contra pantalones, y tuvieron que reconocerlo. No les quedó más remedio, porque yo era una mujer de armas tomar. Tenía todas las de perder. Mujer y extranjera. Después de todo, si ellos llevaban los pantalones, bien podían haber tomado un machete en lugar de luchar por la libertad de Cuba dándole a la lengua. ¿Qué querían? ¿Que me pusiera a coser la bandera como me correspondía de acuerdo con las labores propias de mi sexo? No, yo no iba a aceptar papeles secundarios, yo no iba a ser un actor de reparto. Pero ni Narciso López, ni Maceo, ni Máximo Gómez, y ni siquiera Martí, al que por mucho tiempo nadie le hacía mucho caso, me hubieran permitido hacer realmente algo, salvo, en el mejor de los casos, darme pluma y papel para que me pusiera a escribir elegías. ¿Qué hacían, realmente, los demás? En 1812, dos años antes de que yo naciera, a José Antonio Aponte lo decapitaron y pusieron la cabeza en una picota, y los criollos se acobardaron, no dijeron ni una palabra y se aterraron de que pasara en Cuba lo que había pasado en Haití. Arango y Parreño fue nombrado Consejero Perpetuo de Indias, y se aceptó como bueno. José Antonio Saco, Félix Varela, José de la Luz y Caballero, Cirilo Villaverde escribían, daban conferencias y clasecitas. *(Vuelve a sentarse en el féretro).* En 1844...

PEREGRINA. 1844 fue un año terrible...

FORNARIS. Cuando fusilaron a Plácido y otros diez implicados en la Conspiración de la Escalera...

GERTRUDIS. A los negros y a los mulatos, para meterles miedo a los blancos, que salieron absueltos...

FORNARIS. Mientras tú traducías, en Madrid, a la Condesa de Merlín, ibas al teatro y a la modista, estrenabas *Alfonso Munio* y *El Príncipe de Viana*, publicabas *Espatolino*...

GERTRUDIS. ¿Y te parece poco? Un bandido rebelde que luchaba contra el libertinaje de los poderosos, una novela donde me oponía a la pena de muerte. ¿No era eso comprometerse?

FORNARIS. En 1844, de paso, te acostabas con Tassara y parías una hija ilegítima un año después.

GERTRUDIS. ¿Y ustedes con quiénes se acostaban? Se acostaban con quienes les daba la gana, aunque no podían parir a nadie.

AUTOR. Querías ser reconocida en todas partes. En España y en América.
TULA. *(Con su gracia juvenil)*. Y en Cuba, principalmente en Cuba.
AUTOR. Acabarás diciendo que eras más cubana que las palmas. Tenías delirios de grandeza.
GERTRUDIS. *(Se pone de pie. Se dirige a los otros)*. Me impuse con mi talento y por mucho que quisieran negarlo, e inclusive aunque yo no hubiera querido hacerlo, era más cubana que nadie. Pero las palmas no me interesaban. Y si de pajaritos se trata, también los tengo, tórtolas, jilgueros y ruiseñores, aves prisioneras en la estrechez de la jaula, con la nostalgia de libertad y los azares de los espacios abiertos, que eran los que yo buscaba.
TULA. Fugaz mariposa,
de oro y zafir
las alas ostentas
alegre y feliz.
PEREGRINA. ¡Temeraria, tente!
¿Do vas infeliz?
¿No ves las espinas
de punta sutil?
GERTRUDIS. Torna a tu violeta,
torna a tu alelí,
no quieras, incauta,
clavada morir.
TULA. Que triste, cual tú, vivo
PEREGRINA. por siempre separada
GERTRUDIS. de mi suelo nativo
LAS TRES. ¡de mi Cuba adorada!
AUTOR. *(A Gertrudis, sentada en el féretro)*. Sé razonable.
GERTRUDIS. Nunca lo fui. Y si estoy muerta, es demasiado tarde.
AUTOR. Sería la de nunca acabar.
PEREGRINA. Si estamos muertos todo es posible.
GERTRUDIS. El teatro dentro del teatro…
AUTOR. Tú nunca hiciste teatro dentro del teatro.
TASSARA. ¡Quién sabe!
GERTRUDIS. *(Al Autor)*. Pero tú sí.
PEREGRINA. No nos dejemos engañar, Gertrudis. Nuestros coterráneos nos han negado una y otra vez.
TULA. No hay peor cuña que la del mismo palo.
GERTRUDIS. Pero mi pluma siempre se manifestó contra la tiranía.
FORNARIS. ¿La tiranía de quién?
GERTRUDIS. La de todos.
FORNARIS. ¿La de un drama bíblico que se desarrollaba en las quimbambas? ¿Qué tenía todo eso que ver con los cubanos?
GERTRUDIS. *(De pie, iracunda. Fornaris retrocede)*. ¿Que Cristo no tenía que ver? ¿Que el destierro de los hebreos no tenía que ver con nosotros? ¿O es que tú crees que los siboneyes, de los cuales no sabemos nada, tenían más que ver con el asunto? ¿Que Dios no tenía que ver con nosotros? Y los negros, ¿cuándo te ocupaste de los negros? Sin contar que lo primero que hice fui escribir *Sab*, una novela antiesclavista

FORNARIS. Una novelita romántica que después omitiste de tus obras completas.
GERTRUDIS. En esas páginas, querido Fornaris, estaban la injusticia social, la tiranía y la libertad. Era el mundo que yo conocía o que yo imaginaba, pero mi compromiso por la libertad era el mismo. Era la tiranía y la libertad las que estaban en juego... El destierro... la fe en *Recaredo*... la indolencia en *Baltasar*... la locura en *Saúl*... El abismo al que nos lanzaba mi recreación de *Catilina*.
AUTOR. También te aplaudían, te admiraban, te rendían homenajes y reconocían tu obra.
GERTRUDIS. Pero Martí, el Apóstol de la libertad de Cuba, ¿qué necesidad tenía de tratarme como me trató? Eso es lo que más me duele. Y esa cizaña con Luisa Pérez de Zambrana, esa muchacha tan fina, con la que nunca tuve ni un sí ni un no y me coronó en La Habana. ¿No es también una injusticia?

Interpretado por un miembro del coro, Martí aparece en lo alto de la rampa, en un el vestuario tradicional que se presenta en la iconografía cubana.

MARTI: «No hay mujer en Gertrudis Gómez de Avellaneda; todo anunciaba en ella un ánimo potente y varonil; era su cuerpo alto y robusto como su poesía ruda y enérgica; no tuvieron las ternuras miradas para sus ojos, llenos siempre de extraño fulgor y de dominio; era algo así como una nube amenazante. La Avellaneda no sintió el dolor humano; era más alta y potente que él, su pesar era una roca».
TASSARA. ¡Qué bárbaro! Poco más y dice que eras lesbiana.
GERTRUDIS. Sería por lo de Safo.
TASSARA. *(A Tula, cortejándola, insinuante).* ¿Robusta? Me sorprende que se bajara con esa, porque yo creía que se las sabía todas. ¿Potente y varonil? Bueno, pensaría que soy maricón, ¡coño! Porque a mí me volviste loco. Él no sabe lo que se estaba perdiendo. Estaba un poco atrasado, no creas.
GERTRUDIS. Me tendría miedo.
TASSARA. *(Volviéndose a Gertrudis).* Eso es posible, porque ahí tienes el caso de Cepeda, que no se atrevió contigo. A ti había que darle la vuelta a la tuerca, apretar los tornillos, porque siempre fuiste muy competitiva.
TULA. Le meterían algún chisme. Alguien que quería perjudicarme.
TASSARA. No te conocía bien. Como estaba tan ocupado por la libertad de Cuba, te leería de corre-corre.
TULA. Entre un viajecito y el otro.
GERTRUDIS. ¿Y los versos que le dedicó a Rosario Acuña, una poeta que creía cubana, y que Martí escribió pensando en mí, para desacreditarme? ¡Una verdadera metedura de pata!

Martí, bajando por la rampa, distanciado.
MARTÍ. ¿Cómo no te dueles
de que en extraña
tierra enemiga te ornen los laureles
amarillos y pálidos de España?
(A Gertrudis, más directo, agresivo).
¡Pecadora inmortal!
Si pluguiese a sus fáciles oídos

canto de amor que no es amor cubano,
y junto a sus laureles corrompidos,
el cadáver no viese de su hermano,
¡arroje de su frente,
porque no es suyo, nuestro sol ardiente!
¡Devuélvanos su gloria,
página hurtada de la patria historia!
Y ¡arranca, oh patria, arranca
de tu seno al ser perjuro
que no es tórtola ya, ni cisne puro,
ni garza regia, ni paloma blanca!
(Sale por la derecha).
GERTRUDIS. ¡Pecadora inmortal!
TASSARA. *(Siguiendo a Martí, para caerle a puñetazos).*
«¡Dulcísima pagana!»., coño,
«¡De los dioses la dicha soberana!».
AUTOR. Espera, porque hay más todavía.
GERTRUDIS. ¿Hay más?
TASSARA. ¡¿Hay más?!
TULA. ¿Más todavía?
AUTOR. El caso de *Sab*, que le pone la tapa al pomo.
GERTRUDIS. ¿Sab? ¿La novela antiesclavista con la cual me comprometía como no había hecho ningún cubano?
AUTOR. Ni te lo sueñes, porque tus detractores se han encargado de hacerla ripios.
CORO. Una versión romántica de unos amores imposibles...
CORO. Que poco tenían que ver con la esclavitud.
CORO. Que solo tenía que ver contigo porque Sab eras tú.
GERTRUDIS. ¿Han dicho eso?
TULA. No les hagas caso. Lo dicen para molestarte, porque las feministas han salido a tu favor, afirmando que es una analogía entre la posición del esclavo y la mujer.
TASSARA. Menos mal.
AUTOR. Pero por otra parte...
CORO. Que es un discurso de la marginación híbrida...
CORO. Que Sab es sexualmente ambiguo...
TASSARA. ¿Sab? *(Burlón).* ¡Quién iba a decirlo! Todos eran y ninguno parecía.
CORO. Ni una cosa ni la otra...
CORO. Un «mulato femenino»...
CORO. Un mariconcito...
TASSARA. ¿Ese mulatico que se revolcaba en el colchón haciéndose el coco con Tula?
CORO. Lo que tú oyes.
GERTRUDIS. ¿Sab? ¿El hombre que más me ha querido en la vida, capaz de dar su vida por mí?
AUTOR. Precisamente, porque los otros no la daban.
TULA. Cálmate, Gertrudis.
GERTRUDIS. Con tal de hacerme daño son capaces de inventar las mayores infamias. ¡Yo, que fui la primera mujer, el primer escritor, capaz de borrar las barreras eróticas,

de igual a igual, entre una blanca y un africano…! ¡Una mujer a la cual el color de nuestra piel le importaba un comino!
TASSARA. ¡Coño, Tula! ¡Así te pagan esos cabrones! *(Sale)*.

Gertrudis sube por la rampa.

GERTRUDIS. ¡Hombres! ¡Canallas!
   En mi cabeza,
   en la palma de mi mano,
   en la punta de mis dedos,
   la venganza.
   Los hombres que llevaba en la garganta
   los parí como mujer,
   los engendraba.
   «¡Y aunque duerma el león, no hagáis la prueba
   de llegar a punzarle entre sus garras!».
   ¡Con ser mucha mujer eso me basta!

Apagón. Rápido. Breve. Sale Gertrudis por el tope de la rampa. Entra Munio Alfonso por el mismo lugar, de inmediato, con una espada ensangrentada. Desciende. Tula al pie de la rampa, con reminiscencias de una escena del primer acto en que se aparece el padre de Gertrudis.

AUTOR. *Munio Alfonso.*
MUNIO. «¿No conocisteis en aquel gemido
   su dulce voz, de pérfida sirena?
   ¡Aquella voz que bendición pedía
   al padre que engañaba vil y artera…
   allí, en la estancia en que el amante impuro
   iba a esperar entre las sombras densas!».

Tula está de rodillas al pie de la rampa.

TULA. «¡Padre, de vuestro afecto paternal reclamo,
   la bendición!». *(Se arrodilla)*.
   «¡La confesión de aquel secreto infausto
   me venía a los labios por momento…!».
   «¡El miedo y la vergüenza sofocaban el cariño filial!».
   ¿Qué ciega fatalidad terrible
   pudo vuestra mano descargar
   en la flaqueza de un ser inerme como yo?».

Delirante, Munio va bajando, incrementándose la fuerza del texto a medida que desciende, hasta llegar a donde se encuentra Tula, a quien amenaza.

MUNIO. «¿No sentisteis su mano, blanca y leve,

> la mía asir, y desprenderse yerta
> cuando al golpe cruel saltó la sangre,
> para lavar de mi blasón la afrenta?
> Me destrozaba el corazón, ¿la prueba
> no tuvisteis, decid, de que era mía
> esa sangre infeliz?».
>   ¡Era una hembra!

Con la espada en la mano, parece que va a enterrársela. Tula huye hacia Tassara.

TASSARA. Entonces, ¿era eso lo que te impulsaba y detenía al mismo tiempo?
AUTOR. *El príncipe de Viana.*

La Peregrina, bajando por la rampa, con jubón, como Príncipe de Viana.

PRÍNCIPE. «¡Ah! ¡No sabéis cuán bárbara e injusta
> siempre la suerte se ensañó conmigo!
> ¡Cómo desde la infancia me atormenta
> el aislamiento lúgubre en que vivo!
> Porque ávida de amor me siento el alma;
> porque solo en amar mi gloria cifro.
> Y nunca —¡Dios lo sabe!— abrigar puedo
> los odios ¡ay! que por desgracia inspiro».
> «Sabré morir, mas deshonrarme, ¡nunca!».
> «¡Todos a una contra mí conspiran,
> y de la muerte acusan la pereza!
> ¿Por qué no viene? ¿Deberé yo propio,
> para llamarla desgarrar mis venas,
> terminando la lucha encarnizada
> en la cual ya mi corazón flaquea?».
> «Bien, ¡que se junten todos! ¡Para hundirme
> aún son pocos quizás! ¡Yo al mundo
> sabré esperar con dignidad serena…».

AUTOR. No es posible, Gertrudis. No es posible meter todas tus obras.
GERTRUDIS. Y mis poesías.
AUTOR. Sé razonable.
GERTRUDIS. Tengo que defenderme.
AUTOR. *Recaredo.*

Tula desciende desde lo alto de la rampa, haciendo el papel de Bada en Recaredo, *envuelta en harapos.*

BADA. «¿Perdonarlo yo
>   cuándo vierten sangre
>   mis hondas heridas,
>   mientras que llega,

>   glorioso con pompa altiva,
>   el hijo vil del tirano
>   destructor de la familia?».

AUTOR. *Baltasar.*

BALTASAR. *(Interpretado por un actor del coro, con traje contemporáneo, la retiene, recita y la sigue. Con ironía).*

>   «¡Ya lo ves! Ese Dios justo
>   que todo lo ordenó con su sapiencia,
>   y del que debo ser remedo augusto,
>   hizo, mostrando su alta providencia,
>   que presa del león fuera el cordero,
>   del águila el milano, del milano
>   la paloma indefensa. El mundo entero
>   —¡obra estupenda de la excelsa mano!—
>   doquier la ley te muestra inexorable
>   hace que al débil lo devore el fuerte,
>   al chico el grande, el rico al miserable».

BADA. «¡Miseria, infamia, ignominia!
>   El que liberte a estos pueblos
>   de la antigua tiranía,
>   y haga que le aclamen héroe
>   y que justo le bendigan,
>   —solo aquel tendrá derecho
>   de que a su yugo se rinda
>   mi corazón, y orgullosa
>   a los altares le siga».
>   *(Pausa, transición).*
>   «¿No era bastante la desgracia mía?
>   ¿Merezco más rigor y lo resisto?
>   ¿Yo la culpable soy,
>   yo que jamás de aborrecerte deje,
>   ni que mi orgullo a tu placer domines?
>   Fuerza es que ya de aquí me aleje…
>   ¡Que huya de ti a incógnitos confines!».

BALTASAR. *(Agresivo, reteniendo a Tula con violencia).*

>   «¡Muéstrame un bien soberano
>   que deba el alma admirar!
>   ¡Dame un poder que rendir…
>   crímenes que cometer,
>   venturas que merecer
>   o tormentos que sufrir!
>   ¡Dame un placer o un penar
>   digno de esta alma infinita,
>   que su ambición no limita
>   a solo ver y gozar!

              ¡Dame en fin —cual lo soñó
              mi mente en su afán profundo
              algo... más grande que el mundo!
              ¡Algo más alto que yo!
              ¡Para mí solo tus cantares guarda!
              ¡Para mí solo tu hermosura altiva!
              ¡Mi sangre a tu mirar se activa!
              Llégate. Acércate más» ¡Y de una vez,
              canta, que el rey Baltasar lo exige!
ELDA. *(Tula, firme, deshaciéndose).*
              «Si ambicionas comprarme la virtud
              que es mi tesoro,
              no basta de todo el mundo todo el oro,
              ¡son nada en tu frente mil coronas!
              Para rendir, señor, los corazones,
              ¡no alcanza el cetro de ningún tirano!
              ¡Tu furor no me intimida,
              ni tu grandeza y majestad me asombra;
              que un poder ante el cual el tuyo es sombra,
              protege mi inocencia desvalida!
              ¡Mi vida es tuya, pero mi alma es mía!
              Las gentes de mi creencia,
              solo de Dios en su presencia
              deben doblar las rodillas».
AUTOR. *Catilina.*

En el primer nivel irrumpe el populacho. Todo el reparto, cubierto de andrajos. Caos.

CORO. «Váyanse fuera esos hombres
              falsos padres de la patria
              que engordando a costa suya,
              dicen al pueblo —¡Trabaja!
CORO. ¡No más trabajo, soy libre!
              ¡Todos queremos holganza!
CORO.   ¡Y caigan
              esos ladrones del pueblo
              que con discursos lo embaucan!
CORO. [...] ¡Catilina! Ese es el hombre
              que las deidades nos mandan
              para labrar la ventura
              de Roma, que hoy gime esclava
              de aquel senado insolente.
CORO. ¡Poco importa! Si compacta
              la plebe sigue a su jefe,
              tenemos la victoria asegurada.

CORO. ¡Voto a Jove! Yo también
		quiero suntuosas estancias
		como esta... Quiero pisar
		mármoles y alfombras blandas.
CORO. Y mirar en torno mío
		lujosos muebles, estatuas.
CORO. Tapices, púrpuras, flores...
		¡Descansar en muelles camas!
TODOS. ¡Esto es vivir, camaradas!
CORO. ¡Lo que hoy tenemos no es vida,
		sino engaño, oprobio, rabia!
CORO. Pues y yo, que tuve tierras,
		esclavos, reses y casas,
		¡a no ser por Catilina,
		hoy hasta el pan me falta!
		¡Me despojaron los mismos
		que de ladrones nos tachan!
CORO. ¡Al cielo acusan sin causa!
CORO. No al cielo culpar debemos
		que es el cielo quien iguala,
		sino a esa codicia infanda
		de los mismos que os predican
		orden, paciencia y constancia.
CORO. Si miras entronizada,
		como has dicho, la injusticia,
		fuerza es, señor, derrocarla.
CORO. Solo el brazo de un gigante
		a tal empresa bastara.
CATILINA. Ese gigante es el pueblo
		y yo empeño mi palabra
		de darle entonces cabeza
		¡que dirija la pujanza!».

Gran algarabía. Catilina, en traje de campaña revolucionaria, aparece por lo alto y va bajando.

CATILINA. «¡Tiende el águila romana
		su vuelo, midiendo el mundo
		y un enjambre de ciudades
		que entre sus garras palpitan!
		¡Rompamos en seis pedazos
		todo ese mundo, y tomad
		este sólido edificio!
		¡Quiero escuchar de esa explosión el trueno,
		que al mundo arrojará nuevos titanes!

¡Quiero abrir los millones de volcanes
que de ese mundo hierven en el seno!

Catilina sale furioso por el tope de la rampa.

AUTOR. *Saúl.*
SAÚL. *(De inmediato, otro actor del coro, viejo y con barba, magullado y alucinado, deambula por la escena, enloquecido, hacia donde está Micol).*
«¡Siempre me has de seguir, sombra implacable!
¡Incesante de la saña antigua
guarda tu exhausto corazón de fuego,
y enciende las inmóviles pupilas
de tus vidriosos ojos! Mas, ¿adónde
me quieres conducir? ¿Por qué esa fila
de sangrientos espectros te acompaña,
que tendiendo sus manos amarillas
y exhalando sus hálitos de muerte,
me llaman, me trastornan, me reclaman?
¡Oh, qué vértigo atroz! ¡Cual hojas secas,
que el viento con su soplo arremolina,
peñascos, sacerdotes, batallones,
con raudo movimiento en torno giran!».
MICOL. *(Interpretada por Tula, al pie de la rampa, envuelta en harapos, lo intercepta).*
«¡Vuelve en ti! Tu ofuscada mente engendra esas visiones!».
SAÚL. *(Sube por la rampa, alucinado, totalmente loco).*
«Mas ¿no vibra
ya en mi diestra la espada? ¿Quién presume
mi corona tocar? ¿Quién la mancilla,
dictando al corazón cobarde espanto?
¡El combate me llama! ¡Corre, aguija a tus legiones!
¡Suena el clarín! ¡Al campo! ¡Aprisa, aprisa,
mis valientes…! ¡Tened! ¡Me cierra el paso
un piélago de sangre sin orillas,
hondo, espumante, inmensurable!
¡Al borde estoy de una profunda sima!».

Cae al abismo.

Cae el telón.

VII

LA VUELTA A LA PATRIA

I

La araña

Tula, Gertrudis, La Peregrina, Autor, Verdugo, Coro

Se descorre el telón. Escenario vacío. Entra El Autor con un taburete, que coloca a la izquierda del escenario.

ACTOR. ¡Vamos, vamos, rápido! ¡No hay un minuto que perder! *(Entran dos actores del coro con una mesita de madera que deben de colocar delante del taburete).* ¡Allí, allí, un poco a la derecha, el secreter camagüeyano!

Entran Tula, Gertrudis y Verdugo. El vestuario es, o se parece, al que se usa al final del primer acto. Debe haber una reminiscencia del mismo en esta secuencia. Además, un parecido entre el porte militar de Verdugo y Escalada.

TULA. *(Vistiendo una capa de viaje).* ¿Estás segura de que nos vamos?
GERTRUDIS. Sí, claro. Verdugo ya tiene el nombramiento real y las reservaciones.
VERDUGO. *(Uniformado, con un papel en una mano y una capa en la otra).* Nos vamos en el San Francisco de Borja, con Francisco Serrano, que ha sido nombrado Capitán General de la Isla de Cuba. ¡Un hombre encantador! ¡Una compañía excelente!
GERTRUDIS. *(Con cierta preocupación).* ¡Claro, claro! *(Verdugo, amable, ayuda a que se ponga la capa).* ¡Espero no marearme!
VERDUGO. ¿Estás contenta? ¿No era eso lo que querías?
GERTRUDIS. Sí, por supuesto. Pero no dejo de estar preocupada.
TULA. *(Dándole un beso).* ¡Todo saldrá bien, Tula! ¡Volver a Puerto Príncipe! ¡Sueño con volver a ver a papá! *(Sale corriendo).*

Se empiezan a oír las campanas de la Soledad. Pasa La Peregrina, como un fantasma, que se estremece.

PEREGRINA. ¡Las campanas de la Soledad! Las he estado escuchando toda la vida. Me taladran la sien. Aprisionaban mi alegría. Me encerraban en la tristeza. Y empezaba mi insomnio. No dejaban de sonar. Nunca. Jamás.
AUTOR. *(Al técnico de sonido).* ¡Por favor, no! ¡Dejen las campanas para cuando lleguemos a Puerto Príncipe!

Cesan las campanas. Casi al unísono, entra un actor del coro con una palma de material plástico algo raquítica.

CORO. *(Al Autor).* ¿Dónde la pongo?
AUTOR. *(Señalando a la derecha del escenario).* Allí, donde estaba la cruz.

Gertrudis y Verdugo se dirigen a la rampa. Se cruza con el Autor. Lo retiene por un momento. Mientras tanto, otros dos miembros del coro traen un estrecho camastro de hierro, sin colchón.

GERTRUDIS. ¿Lo reconociste?
AUTOR. ¿A Saúl?
GERTRUDIS. Al viejo loco. Luego dirán que no me había comprometido.
AUTOR. Deja que piensen lo que les dé la gana.
GERTRUDIS. *(Al Autor).* Estaba como loco. ¿Tú crees que se haya suicidado?

AUTOR. Lo dudo.
GERTRUDIS. Estaría más tranquila si estuviera muerto.

Entra un técnico de luces con una escalera. En el centro del escenario baja un cordón de electricidad con el enchufe para un bombillo. Se dispone a ponerlo.

CORO. ¡La araña del Teatro Tacón! ¡Qué maravilla! ¡Tula! ¡Qué maravilla! ¡El teatro, Victoria, el teatro! ¡El teatro donde éramos libres! ¡Las candilejas, los vestidos, el maquillaje! ¡Las luces, Tula, las luces! ¡Un centenar de luces que venían hacia mí, hacia nosotros, aquellos fuegos artificiales de nuestra imaginación! ¡La única verdad posible!

Se enciende el bombillo. Viento huracanado. Gertrudis, casi al tope de la rampa, trata de que el viento no le lleve el sombrero, o el pañuelo que lleva en la cabeza, que finalmente se le va.

VERDUGO. Espero que no se te haya olvidado «El himno del desterrado».
GERTRUDIS. *(Algo molesta).* Por favor, Verdugo, «El himno del desterrado» es de José María Heredia. Lo que yo escribí fue «La vuelta a la Patria».

VERDUGO. *se vuelve y sale por la parte más alta de la rampa. Gertrudis baja, recitando el poema con sencillez y un auténtico sentimiento, conmovida. El poema, ya acortado, puede acortarse más todavía a juicio del director, pero no eliminarse.*

¡Perla del mar! ¡Cuba hermosa!
Después de ausencia tan larga
que por más de cuatro lustros
conté sus horas infaustas,

torno al fin, torno a pisar
tus siempre queridas playas,
de júbilo henchido el pecho,
de entusiasmo ardiendo el alma.

¡Salud, oh tierra bendita,
tranquilo edén de mi infancia,
que encierras tantos recuerdos
de mis sueños de esperanza!
Por esos campos felices,
que nunca el cierzo maltrata,
y cuya pompa perenne
melifluos sinsontes cantan…

Esos campos do la ceiba
hasta las nubes levanta
de su copa el verde toldo,
que grato frescor derrama…

Donde el naranjo y la piña
vierten al par su fragancia;
donde responde sonora
a vuestros besos la caña...

Llevadlos por esos montes,
de cuyas vírgenes faldas
se desprenden mil arroyos
en limpias ondas de plata.

Llevadlos por los vergeles,
llevadlos por las sabanas,
en cuyo inmenso horizonte
quiero perder mis miradas.

Doquier los hijos de Cuba
la voz oigan de esta hermana,
que vuelve al seno materno
después de ausencia tan larga,

con el semblante marchito
por el tiempo y la desgracia,
mas de gozo henchido el pecho,
de entusiasmo ardiendo el alma.

Oscuro. Se escucha el fuerte doblar de las campanas de la Soledad. Se oye la voz de la Peregrina.

PEREGRINA. ¡Las campanas de la Soledad! Las he estado escuchando toda la vida. No dejaban de sonar. Nunca. Jamás.

Luces. En lo alto de la rampa, aparece el padre, como una figura de ultratumba.

TULA. *(Con la bata blanca de hilo, casi transparente, aterrorizada).* ¡Papá!

El padre baja por la rampa, shakesperiano, el rostro envuelto en una gasa, parecida a la que llevaba Cepeda, pero negra. Tula corre a abrazarse en los brazos de Gertrudis.
TULA. ¡Tula, tengo miedo, estoy aterrada! ¡La sombra de papá! ¿Es que he hecho algo malo?
GERTRUDIS. No, no hemos hecho nada malo.
PEREGRINA. *(Cae de rodillas).* Como si fuera una sonámbula me esperaban al doblar de la esquina. ¡Las campanas de la Soldad! Siempre estuve huyendo de ellas, pero cuando caía el telón, cesaban los aplausos, me perseguían de un lugar a otro... Matanzas... Cienfuegos... Sagua... Cárdenas...
PADRE. *(Con una voz de ultratumba).* ¿No era eso lo que querías?
TULA, GERTRUDIS, PEREGRINA. *(Todas al mismo tiempo).* ¡No, no era eso lo que queríamos!

Dan vueltas. Caminan de un lugar para otro. El Padre desaparece en la oscuridad.

PEREGRINA. Estoy desesperada.
GERTRUDIS. No puedo más.
TULA. No resisto esto.
PEREGRINA. No tengo un minuto de paz y sosiego.
GERTRUDIS. Los nervios.
TULA. Dolores de cabeza.
PEREGRINA. Una neuralgia constante.
GERTRUDIS. Pesadillas.
TULA. Vértigos.
PEREGRINA. Depresión.
TULA. Miedo.
TULA. Irritable, furiosa, frenética.
PEREGRINA. Un abatimiento que no me deja vivir.
GERTRUDIS. Una pereza y un frenesí. Ambas cosas al mismo tiempo.
TULA. Una inquietud que acababa conmigo.
PEREGRINA. Reticencias, insinuaciones, mentiras.
GERTRUDIS. La envidia, la calumnia, el insulto.
LAS TRES AL MISMO TIEMPO. ¡Basta, basta, acaben de una vez!
PEREGRINA. Pero, ¿por qué te fuiste, Gertrudis, qué necesidad tenías de salir de aquí y lanzarte, lanzarme, lanzarnos, a ese torbellino de ambiciones desmedidas? Yo… Yo no quería eso… Me convertiste en La Peregrina… ¿Por qué teníamos que partir si aquí lo teníamos todo?
GERTRUDIS. La Fama… La Gloria… La Inmortalidad…
TULA. ¿Acaso ha valido la pena?
PEREGRINA. Todo sucumbe a la eternal mudanza:
por ley universal todo perece:
GERTRUDIS. el genio solo a eternizarse alcanza,
y como el Sol, eterno resplandece.

Una coloración rojiza lo va envolviendo todo en un atardecer soñado. Si la memorización lo dificulta, el texto se puede leer, a coro, en tres voces, con las tres Tulas deambulando por el escenario. Texto de Sab.

GERTRUDIS. El sol terrible de la zona tórrida se acercaba a su ocaso entre ondeantes de púrpura y plata…
TULA. …y sus últimos rayos, ya tibios y pálidos…
PEREGRINA. …vestían de un colorido melancólico los campos vírgenes…
GERTRUDIS. …de aquella joven naturaleza…
TULA. … de vigorosa y lozana vegetación…
PEREGRINA. …de árboles agostados por el calor del día…
GERTRUDIS. …Bandadas de golondrinas se cruzaban en todas direcciones buscando el albergue nocturno…
TULA. …el verde papagayo con sus franjas de oro y de grana…
PEREGRINA. …el caos de un negro nítido y brillante…
GERTRUDIS. …el carpintero real de férrea lengua y matizado lenguaje…
TULA. …la alegre guacamaya…

PEREGRINA. ...el ligero tomeguín...
GERTRUDIS. ...la tornasolada mariposa...
TULA. ...pasaban por las ramas del tamarindo y del mango aromático...
PEREGRINA. ...prados coronados de palmas y de gigantescas ceibas...
GERTRUDIS. ...sabanas inmensas donde la vista se pierde...
TULA. ...los dos horizontes que forman el cielo y la tierra...
GERTRUDIS. ¡El Paraíso Perdido!
TULA. ¡Puerto Príncipe!
PEREGRINA. ¡CUBA!

II

SAB

Sab, Gertrudis, Tula

Oscuro total por un instante brevísimo. La luz de un candil sobre la mesita de madera. Todo se aclara muy lentamente, con focos sobre los personajes. Luces. Gertrudis en la mesita, escribe y lee. Sab, mulato, torso desnudo, pantalón blanco, acostado en el camastro. Tula, bajo un foco de luz, desciende por la rampa. Va dispersándose la oscuridad muy gradualmente. Sab parece despertarse de un sueño. Esta escena debe desarrollarse como un ballet, si es posible con una breve partitura musical creada al efecto.

GERTRUDIS. *(Escribiendo).* «La última noche que pasé en la ciudad, estaba más atento que nunca al más leve rumor que sentía. Ya muy avanzada la noche, creí oír andar a Carlota, y poco después aproximarse a la ventana contra la cual estaba apoyado...».

Gertrudis seguirá escribiendo. A dúo, Sab intervendrá. Tula seguirá bajando, en éxtasis. Sab se deslizará en la semi-oscuridad. Mientras Tula se acerca al lecho, Sab camina hacia donde está Gertrudis.

SAB. *(Se mueve hacia donde está Gertrudis. Tula se va acercando a la cama).* «Redoblé entonces mi atención y oí distintamente su dulce voz... Sabiendo que dormía sola me causó admiración y poniendo toda mi alma en el oído», escuché lo que murmuraba... y profirió algo así como una súplica o una melodía...
Tula ha llegado al camastro y se ha tendido sobre él: sensualidad, erotismo.

GERTRUDIS. «Venid a mí...».
TULA. «Venid a mí...».
SAB. «Venid a mí...».

Tula, en el camastro, como un susurro, repetirá «Venid a mí» varias veces, casi en tono de oración, al unísono con el texto que sigue.

SAB. *(Movimiento coreográfico de Sab).* «Después de estas tiernas palabras... dejé de oír la argentina voz. Trémulo, conmovido hasta lo más profundo del alma, repetía yo interiormente las palabras que había oído, y parecíame ¡insensato! que a mí habían sido dirigidas».

Gertrudis se pone de pie, como si reaccionara al texto de Sab.

SAB. «Súbitamente sentí descorrer el cerrojo de la ventana y apenas tuve tiempo de ocultarme detrás del rosal que le da sombra, cuando apareció Carlota».

Movimiento coreográfico entre Gertrudis, Sab y Tula, sin tocarse y sin verse, pero jugando el uno con el otro en una especie de asociación libre, como si fuera un ballet. Se repite.

GERTRUDIS. «Venid a mí…».
TULA. «Venid a mí…».
SAB. «Venid a mí…».

Movimiento danzario entre Sab y Gertrudis. Tula se aparta.

GERTRUDIS. «A pesar de ser la noche una de las más frescas del mes de noviembre, no tenía abrigo ninguno en la cabeza…».
SAB. «Sus hermosos cabellos flotaban en multitud de rizos sobre su pecho y espalda. La palidez de su rostro y el brillo de sus ojos humedecidos, daban a toda su figura algo de aéreo y sobrenatural».
GERTRUDIS. «La luna en su plenitud colgaba del azul mate del firmamento, como una lámpara circular…».
SAB. «… y rielaban sus rayos entonces sobre la frente virginal de aquella melancólica hermosura».

Se repite el estribillo.

GERTRUDIS. «Venid a mí…».
TULA. «Venid a mí…».
SAB. «Venid a mí…».

Gertrudis se aleja. Sab y Tula se acercan. Coreografía entre los dos.
SAB. *(Movimiento acorde con el texto).* «Yo me arrastré por tierra hasta colocarme otra vez junto a la ventana, y de pecho contra el suelo mis ojos y mi corazón se fijaron en Carlota».
TULA. *(Movimiento acorde con el texto).* «También yo estaba agitada y un minuto después caí de rodillas junto a la reja».
SAB. *(Movimiento acorde con el texto).* «Entonces estábamos tan cerca que pude besar un canto de la cinta que ceñía la bata a su cintura, que colgaba fuera de la reja, mientras apoyaba en ella sus dos hermosos brazos y su cabeza de ángel. Permaneció un momento en esta postura, durante el cual yo sentía mi corazón que me ahogaba, y abría mis secos labios para recoger, ávidamente, el aire que ella respiraba».

Se repite.

GERTRUDIS. «Venid a mí…».

TULA. «Venid a mí…».
SAB. «Venid a mí…».

Se separan. Sab cae de bruces en el lecho, como herido. Tula asciende por la rampa. Gertrudis vuelve al secreter.

GERTRUDIS. *(Escribe, lee).* «Luego levanté lentamente la cabeza y mis ojos, llenos de lágrimas, tomaron naturalmente la dirección del cielo».
SAB. *(En la cama, incorporándose).* «Sus manos, desprendiéndose de la reja, se elevaron también y la luz de la luna, que bañaba su frente, parecía formar en torno suyo una aureola celestial! *(Corre hacia la rampa, en pos de Tula, que está en lo alto de la rampa).* ¡Jamás se ha ofrecido a la mirada de los hombres tan divina hermosura! Nada había de terrestre y mortal en aquella figura: era un ángel que iba a volar al cielo abierto ya para recibirle, y estuve próximo a gritarle: ¡detente! ¡aguárdame! ¡Dejaré sobre la tierra esta vil corteza y mi alma te seguirá!».
GERTRUDIS. *(Deja de escribir, se pone de pie, exclama).* ¡Sab, Dios mío! ¡Eras tú! ¡Nunca, nunca había amado tanto!

Al llegar a lo más alto de la rampa, como en una pesadilla, Tula levanta los brazos y cae al abismo, supuestamente al otro lado de la rampa. Sab, al unísono, trata de alcanzarla pero rueda en dirección contraria y cae a los pies de Gertrudis.

Oscuro total, rápido.

III

CORONACIÓN

Gertrudis, Tula, Luisa Pérez de Zambrana, Condesa de Santovenia, Autor

GRABACIÓN. «El Liceo de La Habana, legítimo representante de las letras en Cuba, creyó enaltecerlas otorgando una corona de laurel a la eminente poetisa, nacida en nuestro suelo, la señora doña Gertrudis Gómez de Avellaneda, que acaba de regresar de España, y al efecto el gran Teatro Tacón florecía la noche del veinte y siete de enero de mil ochocientos setenta presentando el espectáculo más deslumbrador y sorprendente que puede concebir la fantasía, decorado por ricos espejos, estatuas y festones de ramos y flores naturales. En el palco contiguo al del señor Presidente del Liceo, estaba la inmortal autora de *Alfonso Munio, Saúl, El Príncipe de Viana, Recaredo, Baltasar*. Llevaba vestido blanco de moaré *antique*: en la cabeza un sencillo adorno que figuraba hojas de parra: en el cuello un collar de corales, y en el brazo y seno un brazalete de brillantes, y un alfiler de perlas, magníficos regalos que le hizo nuestra Soberana». *(Texto de Francisco Javier Balmaseda).*

Se encienden las luces de una forma tan brillante que resultan enceguecedoras. No hay decoración de ningún tipo —ni tampoco el mencionado bombillo paródico.

AUTOR. *(Cruza el escenario leyendo un texto de Carmen Bravo Villasante).* «Todos los homenajes anteriores, las coronas en los escenarios de Sevilla, Madrid y Barcelona, las aclamaciones y los aplausos en el Liceo y en el Ateneo madrileño, representaban algo bien diferente al aplauso que recibió en el país donde había nacido. Con una magnificencia propia del temperamento tropical, exuberante siempre en todo, con una esplendidez propia de la riqueza emocional de los cubanos, se organiza un acto que sirve de pedestal rutilante a la Avellaneda».

Gertrudis entra por el lateral izquierdo. En lo alto de la rampa se encuentran la señora Condesa de Santovenia, interpretada por una actriz del coro femenino, con una corona de laurel en la mano. Luisa Pérez de Zambrana da unos pasos para recibir a Gertrudis. Recita.

LUISA. Por fin alzaste el vuelo majestuoso
en un rapto de amor de tu alma inquieta,
y te vemos llegar cuando orgulloso
te aclama el siglo su primer poeta.

Vuelves a Cuba, en fin, que tantas veces
lloró tu ausencia con acerbo duelo,
y por fin más espléndida apareces,
bella constelación en nuestro cielo.

Gertrudis llega al punto más alto de la rampa. La condesa le da la corona a Luisa Pérez de Zambrana. Gertrudis se vuelve. Luisa la corona. En este momento, todo el elenco estará en escena. Desde la derecha a la izquierda del frente del escenario, respectivamente, Tula en la bata blanca y La Peregrina en un manto negro, cortan el escenario en diagonal para reunirse con Gertrudis. Las dejan pasar. Se escucha, como música de fondo, «La bella cubana» de José White, y muy distantes, las campanas de la Soledad.

GERTRUDIS. *(Baja por la rampa, recitando)*
Si en estos que me dais dulces momentos,
¡oh ilustres socios del Liceo habano!
no os revela mis vivos sentimientos
la profunda emoción que oculto en vano,
romped, romped mi lira, que impotente
nunca puede alcanzar de la armonía
tono que os den en vibración valiente
la voz que al labio el corazón envía.
Enalteciendo, cual alumnos fieles,
de artes y letras a las nobles musas,
prodigáis generosos los laureles
que en tan bella región vierten profusas:
y hoy que con uno coronáis mi frente,
dispensando la prez de la victoria,
al culto que les rindo reverente,
¡suyo el triunfo será, vuestra la gloria!

Solo la gratitud debe ser mía
y el alma encierra sus afectos santos...
mas ¡oh! dejad que os muestre su energía
con lágrimas de amor y no con cantos.

Aplausos. Gertrudis, Tula y la Peregrina se abrazan y besan. Sube la música de White y las campanas de la Soledad tocan a rebato.

Oscuro total
y
cae el telón.

CRONOLOGÍA TEATRAL
BIBLIOGRAFÍA, ESTRENOS, MONTAJES

Las cuatro brujas (1949/2015)
Mención honorífica. Concurso Prometeo, La Habana.

Sobre las mismas rocas (1950)
Premio Prometeo, La Habana, Cuba, 1951.
Estrenada por Prometeo en La Habana, en la Sociedad Nuestro Tiempo, 21-22 de abril de 1951. Dirección: Francisco Morín. Reparto: Julio Riera, Ramón Ventoso, David Fernández, Armandito Zequeira, Roger Riva, Josefina Elósegui, Gliceria Soto, Haydée Olivera, Manuel Amor, Orlando Torres, Orlando Tajonera.
Publicada en *Obras en un acto*. Honolulu: Editorial Persona, 1991, 11-52.

Sucederá mañana (1953/2015)
Sin estrenar.

El verano está cerca (1954/2015)
Sin estrenar.

Los acosados (1959)
Estrenada por la Asociación Pro Teatro Dramático: inauguración de *Lunes de Teatro Cubano*. Sala Arlequín, La Habana, 1960. Dirección: René Ariza. Reparto: Julio Riera y Gladys Anreus.
En Cuba fue llevada a escena por Teatro de Camagüey, Comisión de Cultura Municipal. Dirección de Miguel Ponce, 1960. También por Amigos de la Cultura Cubana, Auditorio del Colegio Irene Toland, La Habana, 30 de mayo de 1960.
Llevada a la televisión en *Pueblo y cultura*. CMBF. Producción de Manuel Rifat. 1960.
En Madrid la lleva a escena el Grupo de Teatro Olofe, en la Casa Teatro Janagah, en junio de 2008. Dirección de Mauricio Rentería. Reparto: Mauricio Rentería e Izaskun Cruz.
Montaje de Ernesto García, Teatro en Miami Studio. Reparto: Ivette Kellems y Cristian Ocón, 2008.
Llevada a escena en Conference on Caribbean Studies, Marquette University, Milwaukee, en octubre de 2010, basada en el montaje de Ernesto García, cortesía Teatro en Miami Studio.
Ha tenido las siguientes lecturas dramáticas: Biblioteca Nacional de Caracas, Instituto de Cultura, Venezuela. Dirección de Julio Riera, febrero de 1994. Instituto Cultural René Ariza, Cámara Obscura, Miami, julio de 2006. Reparto: Orlando Rossardi y Natacha Amador.

Publicada en *Lunes de Revolución*. La Habana, 4 de mayo de 1959, 10-14. También en *Obras en un acto*. Honolulu: Editorial Persona, 1991, 53-81.

Las vacas (1959)
Premio Nacional José Antonio Ramos, La Habana, 1959. Perdida. Estrenada en el Palacio de Bellas Artes. Auspiciada por el Departamento de Bellas Artes del Municipio de La Habana, Departamento Nacional de Cultura. La Habana, 1960. Dirección: René Ariza. Reparto: Octavio Álvarez, Zenaida Aranguren, Carlos de León, Loly Ángeles Buján, Julio Riera.

La botija (1959)
Estrenada por la Asociación Pro Teatro Dramático en la inauguración de *Lunes de Teatro Cubano*, Sala Arlequín, La Habana, 1960.

Otros montajes en Cuba: Ministerio de Hacienda, Ciclo de Actividades Sociales y Deportivas, 1960; Amigos de la Cultura Cubana, Auditorio del Colegio Irene Toland, La Habana, 30 de mayo de 1960; Agrupación Teatro Experimental, Ayuntamiento de Regla, 25 de octubre de 1960; Grupo Joven Teatro, El Sótano, La Habana, 6 de marzo de 1961.

Publicada en la revista *Casa de las Américas*, La Habana, 1960, y en *Obras en un acto*. Honolulu: Editorial Persona, 1991, 83-98.

Gas en los poros (1960)
Estrenada por *Prometeo*, La Habana, diciembre de 1961. Dirección: Francisco Morín. Reparto: Parmenia Silva y Verónica Lynn.

Llevada a escena en el City College of New York, 1987; y en Drew University, New Jersey, 1987. Ambos motajes con dirección de Francisco Morín. Reparto: Teresa Yenque y Jeannette Mirabal.

Llevada a escena por Ditirambo Teatro en Bogotá, septiembre de 2012, dirección de Rodrigo Rodríguez, con Virginia Ariza y Erika Lozano.

Estrenada en Miami por Artefactus Theater, dirección de Eddy Díaz Souza, con Deisy Fontao y Belkis Proenza, octubre de 2016, en celebración de los cincuenta y cinco años de su estreno en La Habana en 1961.

Llevada a la televisión con guión del autor, dirección de Clara Ronay y Julio Matas, CMBF TV Revolución. Reparto: Lilliam Llerena y Ernestina Linares.

Lecturas dramáticas: ILYCH International Conference, Córdoba, Argentina, agosto de 1989. Theater Fest 94, Dallas, Texas, enero de 1994; El Patio, Caracas, Venezuela, agosto de 1994, bajo la dirección de Laura Zarrabeitia; The First Conference on Caribbean Culture and Literature, Marquette University, Milwaukee, octubre de 2004, y en el Instituto Cultural René Ariza, en Havanafama, Miami, con Julie de Grandy e Ivette Kelems, 2011, dirigida por el autor.

Ha sido publicada en *Lunes de Revolución*. La Habana, 27 de marzo de 1961, 40-43; en la antología *Teatro cubano en un acto*, editada por Rine Leal. La Habana: Ediciones Revolución, 1963, 221-242; y en *Obras en un acto*. Honolulu: Editorial Persona, 1991, 103-124. También en *El tiempo en un acto*. New York: Ollantay Press: 1999, 119-143.

Incluida, en traducción al inglés bajo el título de *Once Upon a Future*, en *Little Havana Blues: A Cuban-American Literature Anthology*, editada por Virgil Suárez y Delia Poey. Traducción de Doris Waddel. Houston: Arte Publico Press, 1996, 299-325.

El tiro por la culata (1960)

Estrenada en el Teatro Nacional. Festival de Teatro Obrero y Campesino, La Habana, 22 de marzo de 1961. Dirección: Tomás González. Reparto: Elio Moya, William Machado, Jesús Gil González, Ido Peñate, Ana Molinet.

Llevada a escena por Teatro Estudio, en el Teatro Popular, presentada por el Instituto de Cultura de Marianao. Dirección: Vicente Revuelta. Reparto: Rigoberto Águila, Jorge Hernández, Orquídea Rivero, Vivian Guie, Henry Santana.

Publicada en *Tres obras dramáticas de Cuba revolucionaria*. La Habana: Ediciones del Municipio de Marianao, 1961, 3-19.

Parcialmente traducida al inglés por Phyllis Zatlin.

La sal de los muertos (I) (1961)

Versión original escrita en Cuba. Incluida en *Teatro selecto contemporáneo hispano-americano*, editado por Orlando Rodríguez-Sardiñas y Carlos Miguel Suárez Radillo. Madrid: Escelicer, 1971, 115-220.

Bebé y el señor don Pomposo (1961)

Adaptación de un cuento de José Martí. Sin estrenar.

La madre y la guillotina (1961)

Estrenada por *Prometeo* en Contemporary Theater, Symposium and Festival. Queensborough Community College, CUNY, abril de 1976. Dirección de Francisco Morín. Reparto: Lourdes Ferré, Regina Suárez, Mirta Cartaya, Luz Marina Cárdenas/Teresa Yenque. Francisco Morín, también con el grupo *Prometo*, monta la obra en el Hispano Festival II, Mercy College, New York, 6-22 de agosto de 1976; y en Café Teatro El Portón, 1976.

En inglés, bajo el título de *The Guillotine*, ha tenido los siguientes montajes: Symposium on Alienation and Revolution, Marquette University, Milwaukee. Dirección de John Dial, el 27-29 de marzo de 1980. Reparto: Terry Neumann-Hayes, Chris Kubicki, Mary Hovel, Carole Lipari; en la Universidad de Wisconsin-Superior, abril de 1981, por Larry A Szymanowski. Reparto: Meg Burdett, Pat Sundvick, Diana Lund, Lori Libersky; en Florida International University, New Theater Symposium on Cuban Theater in the United States, abril de 1987. Dirección de Rafael Prieto. Reparto: Marilyn Downey, Lourdes Guigou, Fara Schiller, Mary-Jo Corta. En marzo y abril de 1991 es llevada a escena en New York por Pulse Ensemble Theater. *One Act Plays Festival: Rebels With a Cause*, bajo la dirección de Jeanie Dobie, con un reparto formado por Susan Walke, Keeley Stanley, Susan O'Hearn, W. McGregor King.

Lecturas dramáticas: por Teatro Campesino, California, verano de 1988, bajo la dirección de Tony Curiel; en la Universidad de Hawaii, Department of European Languages, bajo la dirección del autor, con Marina Llorente, Cristina Delva, Patricia de Julio y Karin Hill, en 1991; en el Instituto Cultural René Ariza, 2010, bajo la dirección del autor, con Julie de Grandy, Belkis Proenza, Orquídea Gil e Ivette Kellems.

Incluida bajo el título de *The Guillotine*, en traducción al inglés de Julio Matas y Francesca Colecchia, en *Selected Latin American Play*. Pittsburgh: University of Pittsburgh Press, 1975, 93-126. En español, fue seleccionada para su publicación en *Literatura Revolucionaria Hispanoamericana*, edición de Mirza González. Madrid: Betania, 94-118.

Ojos para no ver (1977-1979)
Estreno en el VIII Festival de Teatro Hispano de Miami. Prometeo, 1993. Dirección: Marilyn Romero. Reparto: Nattacha Amador, José Emilio Zubero, Luz Marabel, Aurora Castellanos, Oscar Torres, Javier Siut, Lizaida Mansito, Julissa Alberich, Diri Cantillo, Patricia Azán, Regino Arias, Carlos Velázquez, Jossylin Polo.
Publicada por Ediciones Universal, Miami, 1979.

Hablando en chino (1977)
Adaptación de una secuencia de *Ojos para no ver*. Estrenada en Marquette University, 1977. Dirección: Armando González-Pérez.
Publicada en la revista *Escolios*, California State University, mayo-noviembre de 1977, 76-82. También en *Obras en un acto*. Honolulu: Editorial Persona, 1991, 193-200.

Funeral en Teruel (1979)
Sin estrenar.
Publicada en *Verbena. Revista bilingüe de las artes*. Verbena Press: Summer 1982. Traducción al inglés de escenas del primer acto por Francesca Colecchia, 2-29. También por Editorial Persona, Honolulu, 1990.

La navaja de Olofé (1981)
Estrenada en el Primer Festival de Teatro Hispano de Miami, Teatro Nuevo, mayo de 1986. Dirección: Rafael de Acha. Reparto: Nattacha Amador y Reynaldo González.
Montajes: *A Navalha de Olofé*, Universidade Federal do Espírito Santo, NIAC, Núcleo Integral de Artes Escénicas. Dirección y traducción de Paulo de Paula. Reparto: Alcione Dias y Alex Pandini. Apertura del Festival Universitario de Teatro de Blumenau, 5 de junio de 1991; Teatro Cimarrón, sala Dora Alonso, Centro Cultural Edison, La Habana. Festival de Oralidad Escénica. Director cultural y artístico: Alberto Curbelo, 3-13 de agosto de 2002; Madrid, Grupo de Teatro Olofe, en la Casa Teatro Janagah, junio de 2008. Dirección: Mauricio Rentería. Reparto: Mauricio Rentería.
Lectura dramática en el Theatre Fest 94, Dallas, Texas 1994.
Publicaciones: *Prismal/Cabral*, University of Maryland, Primavera de 1982, 118-133. También en *Obras en un acto*. Honolulu: Editorial Persona, 1991, 203-218. Incluida en *Presencia negra: teatro cubano de la diáspora*, edición de Armando González-Pérez, Madrid: Ediciones Betania, 1994, 94-118. En inglés, bajo el título de *Olofe's Razor*, en *Cuban Theater in the United States*. Editores y traductores: Luis Gonzáles-Cruz y Francesca Colecchia. Tempe: Bilingual Press, 1992, 43-58.

Exilio (1987)
Finalista, concurso Letras de Oro, Universidad de Miami, 1987.
Estreno: Gran Teatro Cubano. Museo Cubano de Arte y Cultura, Miami, marzo-abril de 1988. Dirección: Heberto Dumé. Reparto: Nattacha Amador, Celia Do Muiño, Manolo de la Portilla, Rubén Rabasa y Marcos Casanova. Escenografía de Rafael Mirabal.
Montajes: Llevada a escena por Gran Teatro Cubano en el Creation Art Center. Dirección: Herberto Dumé. Reparto: Julie de Grandy, Eliana Iviricú, Jorge Trigoura, Pedro Rentería, Jorge Reyes, Miami, diciembre 1997. Llevada a escena también durante el Congreso

del Milenio, Asociación Nacional de Educadores Cubano-Americanos, Miami, por Gran Teatro Cubano. Dirección: Herberto Dumé. Reparto: Julie de Grandy, Eliana Iviricú, Germán Barrios, Gustavo Laborie. Miami, octubre de 2000.

Lecturas dramáticas: Coconut Grove Playhouse, Coral Gables, 1986. Dirección: Rafael de Acha. Reparto: Mario Ernesto Sánchez, Alina Interián, Hall Estrada, Norberto Perdomo y Luisa Gill; y en El Portón, Nueva York, por Latin American Theatre Ensemble, en 1987. Dirección: Orestes Matachena. Reparto: Rafael Martínez, Lula Santos, Juan Alcalá, Graciela Más y José Corrales. En el 2011 tiene lugar una lectura del primer acto en La Habana.

Publicada en Honolulu por Editorial Persona en 1988. Incluida en alemán bajo el título de *Exile* en *Theaterstücke des lateinamarikanichen Exil*. Traducción de Heidrun Adler. Frankfurt: Vervuet, 2002, 261-307. También en el segundo volumen de *Dramaturgia de la Revolución (1959-2008). 30 obras en 50 años*. Selección y nota introductoria de Omar Valiño con la colaboración y la edición al cuidado de Ernesto Fundora. La Habana: Ediciones Alarcos, 2011, 537-623.

Las paraguayas (1988)
Sin estrenar.
Finalista, Concurso Letras de Oro, Universidad de Miami, 1988.
La Fundación Lila Wallace-Readers Digest le concedió $45,000 a El Teatro Campesino que dirigiera Luis Valdés para un montaje cuyo estreno se anunció por el propio Teatro Campesino para la primavera del 1989, que se redujo a una lectura de mesa en la sede de dicho teatro en San Juan Bautista, California. La subvención nunca fue utilizada en el montaje de la obra.

Publicada como suplemento especial de la revista *Caribe* con motivo de la celebración del Primer Congreso de Literatura y Cultura Caribeñas, Marquette University, 13-16 de octubre de 2004.

Fetos (1988)
Sin estrenar.
Publicada en *Obras en un acto*. Honolulu: Editorial Persona, 1991, 221-228.

La garganta del diablo (1989)
Adaptación de una secuencia de *Las paraguayas*. Sin estrenar.
Publicada en *Obras en un acto*. Honolulu: Editorial Persona, 1991, 229-240.

El hombre del agua (1989)
Sin estrenar.
Lectura dramática: Biblioteca Nacional, Caracas, Venezuela, bajo la dirección de Julio Riera, agosto de 1994.
Publicada en la revista *Baquiana*, Anuario V, 2003-2004, 279-293, y en alemán bajo el título de *Der Mann aus dem Wasser* en *Kubanische Theaterstücke*, editado por Heidrum Adler y Adrián Herr. Frankfurt am Main: Vervuert, 1999, 396-412.

Su cara mitad (1989)
Finalista, Concurso Letras de Oro, Universidad de Miami, 1989.

Estrenada en Teatro de las Américas, Oxnard, California, durante tres fines de semana entre el 1 y el 23 de octubre de 2005 en el Heritage Square Petit Playhouse. Dirección: Christina Aerenlud-Veliz. Reparto: Armando Rey, Lourdes Solórzano, Irany Pellican, Oscar Franco, Roberto Sánchez y Barbara Sánchez. Con subtítulos en inglés.

Publicada en inglés bajo el título de *Your Better Half* en *Cuban American Theatre*, editado por Rodolfo J. Cortina. Houston, Arte Publico Press, 1991, 53-110. Traducida por David Miller y Lynn E. Rice Cortina.

Incluida en *Teatro cubano contemporáneo. Antología.* Madrid: Centro de Documentación Teatral, Fondo de Cultura Económicam Sociedad Estatal Quinto Centenario. Editor: Moisés Pérez Coterillo. Coordinador: Carlos Espinosa Domínguez, 1992, 621-703.

Publicada por Editorial Persona, Miami, 2016.

Lección de historia (1990)
Sin estrenar.
Lectura dramática en Caracas, Venezuela.
Publicada en *Obras en un acto*. Honolulu: Editorial Persona, 1991, 247-252.

La soga (1990)
Estrenada en Madrid por Grupo de Teatro Olofe, Casa Teatro Janagah, en junio de 2008. Dirección: Mauricio Rentería. Reparto: Mauricio Rentería e Izaskun Cruz.
Lectura dramática en Teatro Ensayo, Caracas, Venezuela, 1994.
Publicada en *Obras en un acto*. Honolulu: Editorial Persona, 1991, 241-245.

Oscuro total (1993)
Estrenada en XV Festival Internacional de Teatro Hispano de Miami en el Koubek Center, en junio de 2000. Una producción de Trigolabrado y Pro Teatro Cubano. Dirección: Jorge Trigoura. Reparto: Leanne Labrada, Frank Quintana y Humberto Rossenfeld.
Publicada en la revista *Ollantay*, Vol. V, No. 2, verano de 1998.
Publicada por Plaza Editorial, Miami, 2014.

La diosa del Iguazú (1995)
Monólogo. Tomado de *Las paraguayas*.
Publicada en *Puentelibre. 66 Creadores Cubanos*, Vol. II, Nos. 5-6, Verano de 1995, 135-136.
Lectura dramática durante la presentación de *Puentelibre* en Miami en 1995.

Un objeto de deseo (2006)
Una producción de Pro Teatro Cubano, llevada a escena en Teatro Ocho, como parte de las actividades del Congreso Celebrando a Martí, durante tres fines de semana, enero-febrero de 2006. Dirección: Mario Salas-Lanz. Reparto: Nattacha Amador, Jorge Hernández y Jamilé Amador.
Publicada por Ediciones Universal, Miami, 2006.

Tirando las cartas (2009)
Sin estrenar.
Incluida en *Teatro cubano en Miami*. Selección de Luis de la Paz. Miami: Editorial Silueta, 2010, 85-120.

Caravaggio en Milán (2010)
Sin estrenar.

Un sainete callejero (2011)
Sin estrenar.

La sal de los muertos (II) (2012)
Estrenada en 2012 por Akuara Teatro en una producción de Pro-Teatro Cubano. Dirección: Christian Ocón. Reparto: Christian Ocón, Ivette Kellems, Orester Graupera, Yoelvis Batista, Orquídea Gil, Liset Jiménez.

Incluida en *Tres dramaturgos, tres generaciones*, editado por Rodolfo Martínez Sotomayor. Miami: Editorial Silueta, 2012, 11-84.

La Avellaneda una y otra vez (2014)
Sin estrenar.

Lectura dramática: Congreso Internacional "La Avellaneda y Gastón Baquero", convocado por Ediciones La Gota de Agua, Florida International University y Centro Cultural Español, 2014.

Publicada por Plaza Editorial, Miami, 2014.

ÍNDICE

Palabras preliminares	7
Las cuatro brujas	9
Aquelarre teatral	9
Sobre las mismas rocas	31
Sucederá mañana	53
El verano está cerca	95
Los acosados	135
La botija	153
Gas en los poros	163
El tiro por la culata	179
La sal de los muertos	193
Bebé y el señor don Pomposo	239
La madre y la guillotina	251
Ojos para no ver	271
Funeral en Teruel	307
La navaja de Olofé	365
Exilio	375
Fetos	441
Las paraguayas	447
La garganta del diablo	479
Su cara mitad	499
La soga	541
Lección de historia	545
Oscuro total	551
Un objeto de deseo	603
Tirando las cartas	651
Caravaggio en Milán	667
Un sainete callejero	679
La sal de los muertos II	685
La Avellaneda una y otra vez	717
Cronología teatral	803
Bibliografía, estrenos, montajes	803

www.ingramcontent.com/pod-product-compliance
Lightning Source LLC
Chambersburg PA
CBHW080526300426
44111CB00017B/2628